Managementwissen für Studium und Praxis

Herausgegeben von Professor Dr. Dietmar Dorn und Professor Dr. Rainer Fischbach

Bisher erschienene Werke:

Arrenberg · Key · Knobloch · Lange, Vorkurs zur Mathematik
Behrens · Kirspel, Grundlagen der Volkswirtschaftslehre
Behrens, Makroökonomie – Wirtschaftspolitik
Bichler · Dörr, Personalwirtschaft – Einführung mit Beispielen aus SAP® R/3® HR®
Blum, Grundzüge anwendungsorientierter Organisationslehre
Bontrup, Volkswirtschaftslehre
Bontrup, Lohn und Gewinn
Bradtke, Mathematische Grundlagen für Ökonomen
Bradtke, Übungen und Klausuren in Mathematik für Ökonomen
Bradtke, Statistische Grundlagen für Ökonomen
Busse, Betriebliche Finanzwirtschaft, 4. Auflage
Clausius, Betriebswirtschaftslehre I
Clausius, Betriebswirtschaftslehre II
Dorn · Fischbach, Volkswirtschaftslehre II, 3. Auflage
Drees-Behrens · Schmidt, Aufgaben und Fälle zur Kostenrechnung
Ellinghaus, Werbewirkung und Markterfolg
Fank, Informationsmanagement
Fank · Schildhauer · Klotz, Informationsmanagement: Umfeld – Fallbeispiele
Fiedler, Einführung in das Controlling
Fischbach, Volkswirtschaftslehre I, 11. Auflage
Fischer, Vom Wissenschaftler zum Unternehmer
Frodl, Dienstleistungslogistik
Götze, Techniken des Business-Forecasting
Gohout, Operations Research
Haas, Kosten, Investition, Finanzierung – Planung und Kontrolle, 3. Auflage
Haas, Marketing mit EXCEL, 2. Auflage
Hardt, Kostenmanagement
Heine · Herr, Volkswirtschaftslehre, 2. Auflage
Hofmann, Globale Informationswirtschaft
Hoppen, Vertriebsmanagement
Koch, Marketing
Koch, Marktforschung, 2. Auflage
Koch, Gesundheitsökonomie: Kosten- und Leistungsrechnung
Krech, Grundriß der strategischen Unternehmensplanung
Kreis, Betriebswirtschaftslehre, Band I, 5. Auflage
Kreis, Betriebswirtschaftslehre, Band II, 5. Auflage
Kreis, Betriebswirtschaftslehre, Band III, 5. Auflage
Laser, Basiswissen Volkswirtschaftslehre
Lebefromm, Controlling – Einführung mit Beispielen aus SAP® R/3®, 2. Auflage
Lebefromm, Produktionsmanagement – Einführung mit Beispielen aus SAP® R/3®, 4. Auflage
Martens, Statistische Datenanalyse mit SPSS für Windows
Mensch, Kosten-Controlling
Olivier, Windows-C – Betriebswirtschaftliche Programmierung für Windows
Peto, Einführung in das volkswirtschaftliche Rechnungswesen, 5. Auflage
Piontek, Controlling
Piontek, Beschaffungscontrolling, 2. Auflage
Piontek, Global Sourcing
Posluschny, Kostenrechnung für die Gastronomie
Posluschny · von Schorlemer, Erfolgreiche Existenzgründungen in der Praxis
Reiter · Matthäus, Marktforschung und Datenanalyse mit EXCEL, 2. Auflage
Reiter · Matthäus, Marketing-Management mit EXCEL
Rudolph, Tourismus-Betriebswirtschaftslehre
Rüth, Kostenrechnung, Band I
Sauerbier, Statistik für Wirtschaftswissenschaftler
Schaal, Geldtheorie und Geldpolitik, 4. Auflage
Scharnbacher · Kiefer, Kundenzufriedenheit, 2. Auflage
Schuchmann · Sanns, Datenmanagement mit MS ACCESS
Schuster, Kommunale Kosten- und Leistungsrechnung
Specht · Schmitt, Betriebswirtschaft für Ingenieure und Informatiker, 5. Auflage
Stahl, Internationaler Einsatz von Führungskräften
Steger, Kosten- und Leistungsrechnung, 2. Auflage
Stock, Informationswirtschaft
Weindl · Woyke, Europäische Union, 4. Auflage
Zwerenz, Statistik

Betriebswirtschaft für Ingenieure + Informatiker

Von
Prof. Dr. Olaf Specht
und
Prof. Dr. Ulrich Schmitt

5., überarbeitete Auflage

R. Oldenbourg Verlag München Wien

Sie finden unsere Tabellen, Grafiken, Aufgaben und Lösungen im Internet
http://www.knowcation.de

Die Deutsche Bibliothek - CIP-Einheitsaufnahme

Specht, Olaf:
Betriebswirtschaft für Ingenieure + Informatiker / von Olaf Specht und Ulrich Schmitt. – 5., überarb. Aufl.. – München ; Wien : Oldenbourg, 2000
(Managementwissen für Studium und Praxis)
ISBN 3-486-25550-9

Rosenheimer Straße 145, D-81671 München
Telefon: (089) 45051-0
www.oldenbourg-verlag.de

Gedruckt auf säure- und chlorfreiem Papier
Gesamtherstellung: Druckhaus „Thomas Müntzer" GmbH, Bad Langensalza

ISBN 3-486-25550-9

Vorwort zur 5. Auflage

Kompaktes Managementwissen für "Profis" auf den Punkt gebracht, mit zahlreichen Praxisbeispielen und Übungsteil, in jeder neuen Auflage um neueste Methoden ergänzt, das sind die Merkmale dieses fundierten, sorgfältig strukturierten Management-Handbuchs, das sich in unzähligen Beratungsprojekten und Führungssituationen der Praxis als "Toolbox" und Ratgeber ebenso bewährt hat wie als Leitfaden für systematische Lehre und Selbststudium. Mit diesem Buch kaufen Sie verdichtete Erfahrung aus zusammen mehr als 50 Jahren internationaler Forschungs-, Berater-, Führungs- und Lehrerfahrung der Autoren, beide Wirtschaftsingenieure der TU Karlsruhe bzw. TU Berlin, mit mehrjähriger Lehrerfahrung aus Hochschulkooperationen in Europa und Übersee, sowie Planung und Aufbau des MBA-Programms an der University of Fort Hare in Südafrika.

Die ersten 4 Auflagen erschienen mit gutem Erfolg im Kiehl Verlag Ludwigshafen. Für die langjährige gute Zusammenarbeit gilt diesem Verlag unser Dank.
Für neue Wege im Zeichen der Globalisierung und schnellen Vordringens des Internets konnten die Autoren den Oldenbourg Wissenschaftsverlag gewinnen.
Eine deutsch-englische Kurzfassung als Handbuch für internationale Kooperationen ist in Vorbereitung. - Im Internet **(http://www.knowcation.de)** stellen die Autoren dem interessierten Anwender folgende Module als Share Ware zur Verfügung:

- mehr als 150 Tabellen und Graphiken zum Buch als Power Point Datei zur Verwendung als Overheads oder Handouts in Vorlesungen und Präsentationen, etc.
- Fragen und Übungsteil mit Aufgaben, Fällen, Lösungen, zur didaktischen Unterstützung.

Vorwort zur 1. Auflage

Dieses Buch verdichtet Erkenntnisse und Methoden aus einer 25-jährigen Tätigkeit in internationalem Consulting, industriellem Management und technisch-wirtschaftlicher Lehrtätigkeit zu einem zukunftsorientierten Instrumentarium für technische Führungskräfte.
Die Sicherung der Unternehmen auf lange Sicht und der berufliche Erfolg des Ingenieurs als Leistungsträger und Führungskraft im Industrieunternehmen erfordern angesichts schneller technologischer Veränderungen, verkürzter Produktlebensdauer und wachsenden Wettbewerbs auf zunehmend gesättigten Märkten vom Ingenieur wesentliche Beiträge zu Problemlösungen, die nicht nur nach technischen Kriterien, sondern auch unter wirtschaftlichen Gesichtspunkten und nach dem Urteil der Kunden erstklassig sind.
Um dieses Ziel zu erreichen, benötigen die Unternehmen eine exzellente Zusammenarbeit zwischen ihren Ingenieuren und Wirtschaftsfachkräften. Da der Ingenieur in der Praxis als Fach- und Führungskraft die Verantwortung für die erfolgreiche Lösung technischer Aufgaben zu tragen pflegt, widmet er den größten Teil seiner Zeit in der Ausbildung und im Betrieb der Erkennung und Nutzung technischer Entwicklungen, Fortschritte und Möglichkeiten. Die Einarbeitung in die wirtschaftlichen Aspekte industrieller Ingenieuraufgaben sollte deshalb praxisnah und schwerpunktmäßig ausgerichtet auf die erfolgsbestimmenden Felder der Zusammenarbeit zwischen Ingenieur und Kaufmann erfolgen.

Olaf Specht

INHALTSÜBERSICHT

Inhaltsverzeichnis

Teil I: Unternehmens- und Existenz - gründung

1 Der Aufbau der Unternehmung

1.1 Zusammenhang Unternehmung und Betrieb

Die Betriebswirtschaftslehre (BWL) ist die Lehre von der Gestaltung und Steuerung der Betriebe und Unternehmungen. Im Einklang mit dem vorherrschenden Gebrauch in der Praxis gilt im Folgenden:

Betrieb:
- ❑ Technisch-wirtschaftliche Einheit als Stätte der Leistungserstellung, also die gegenständliche Form der Unternehmung. Eine Unternehmung kann einen oder mehrere Betriebe haben. Die Betriebsleitung ist vorrangig für die Optimierung des technischen Prozesses der Leistungserstellung verantwortlich.

Unternehmung:
- ❑ Finanziell-juristische Einheit als Rechtsgebilde für einen oder mehrere Betriebe. Im Namen der Unternehmung werden Rechtsgeschäfte getätigt. Die Unternehmensleitung ist vorrangig verantwortlich für die mittel- und langfristige Koordination der Betriebe durch Planung und Kontrolle sowie die Sicherung der Unternehmenssubstanz durch Bestgestaltung von Marktposition, Finanzierung und Rechtsbeziehungen.

1.2 Produktionsfaktoren, Teilaufgaben und Wertefluss des Betriebes

Im Gegensatz zu den klassischen Produktionsfaktoren der Volkswirtschaftslehre (Boden, Arbeit, Kapital) unterscheidet die BWL nach *Gutenberg*[1] elementare und dispositive Leistungsfaktoren:

<table>
<tr><td rowspan="3">Elementar-
faktoren</td><td>1. Arbeitsleistungen (objekt-
bezogene menschliche Arbeit)</td><td rowspan="4">originäre
Faktoren</td></tr>
<tr><td>2. Betriebsmittel</td></tr>
<tr><td>3. Werkstoffe</td></tr>
<tr><td rowspan="3">dispositive
Faktoren</td><td>4. Geschäfts- und Betriebsleitung
(dispositive Arbeitsleistung)</td></tr>
<tr><td>5. Planung</td><td rowspan="2">derivative
Faktoren</td></tr>
<tr><td>6. Organisation</td></tr>
</table>

Der Praktiker setzt vereinfachend die dispositiven Faktoren gleich mit der Aufgabe des Managements. Dazu gehört die systematische Wahrnehmung der folgenden Teilaufgaben:

Die Funktionen des Managements:
- ❑ Zielsetzung
- ❑ Planung
- ❑ Organisation

[1] *Gutenberg, E.*, Grundlagen der Betriebswirtschaftslehre, Bd. 1, Die Produktion, Berlin, Göttingen, Heidelberg,

- Entscheidung
- Anweisung
- Kontrolle
- Motivation

Die Vernachlässigung einer oder mehrerer dieser Management-Teilaufgaben ist vielfach die Ursache für unbefriedigende Erfolge und Unternehmenskrisen.

Menschliche Arbeitsleistungen

Nach *Wöhe*[2]: **Determinanten der Arbeitsleistung**

Leistungsfähigkeit	**Leistungswille**
❑ Körperliche Konstitution	❑ Arbeitsentgelt
❑ Begabung	❑ Freiwillige Sozialleistungen
❑ Ausbildung	❑ Arbeitsbedingungen
❑ Alter	❑ Arbeitszeit
❑ Erfahrung	❑ Betriebsklima

Unter menschlicher Arbeitsleistung der **elementaren Leistungsfaktoren** versteht man die objektbezogene menschliche Arbeit, die lediglich ausführenden Charakter hat. Als Elemente der Leistung können das WOLLEN als Leistungsantrieb und das KÖNNEN als Leistungsfähigkeiten herangezogen werden. Die Bewegungsgeschwindigkeit (geistig wie körperlich) und die Intensität der Anstrengung bilden das WOLLEN, die Eignung, Übung, fachliche Erfahrung und Einarbeitung spezifizieren das KÖNNEN.

Aus einer Vielzahl von Messungen und Vergleichen lässt sich ein Mittelwert der Arbeitsleistung, die Normalleistung, ermitteln. Normalleistung nach *REFA*[3] ist definiert als die Leistung, die von jedem geeigneten Arbeitnehmer bei gegebener Arbeitsmethode nach normaler Einarbeitung und Übung ohne Gesundheitsschäden auf die Dauer im Durchschnitt erreichbar ist, wenn die in der Vorgabezeit enthaltenen Verteil- und Erholungszeiten eingehalten werden.

Unter dem **dispositiven Leistungsfaktor** versteht man die schöpferische Arbeit, die durch Planung, Organisation und Kontrolle bei der Zusammenführung von ausführender Arbeit, Betriebsmitteln und Werkstoffen leitend und lenkend wirkt, um die Unternehmensziele zu erreichen. Der **Planung** kommt die Aufgabe zu, die Ziele und Wege des Unternehmens in Gegenwart und Zukunft festzulegen und Maßnahmen zur Zielerreichung zu definieren sowie durch die Festlegung von „Etappen-Zielen“ Messgrößen zu schaffen, so dass Periodenerfolge überprüft (kontrolliert) und ergänzende Steuerungsmaßnahmen veranlasst werden können. Planung will einen geordneten, gegen Störungen abgesicherten oder bei Störungen zielgerichtet „nachjustierbaren“ Gang für den betrieblichen Ablauf definieren.

Die **Organisation** hat die Aufgabe, die Erreichung der in der Planung fixierten Ziele zu ermöglichen. Organisation dient der Sicherung des zielorientierten erfolgreichen Zusammenwirkens von Systemen aus Menschen, Betriebsmitteln, Werkstoffen und Informationen. Aus dem Unternehmen wird zu diesem Zweck eine gegliederte Einheit geschaffen, die auf mehreren Ebenen zweckmäßig und möglichst reibungslos arbeitet. Dazu müssen Verantwortungsbereiche geschaffen (Pflichten definiert) und damit übereinstimmende Kompetenzen eingeräumt (Rechte gewährt) werden.

---

[2] *Wöhe*, G., Einführung in die Allgemeine Betriebswirtschaftslehre, München

[3] *REFA* bedeutete 1924 „Reichsausschuss für Arbeitszeitermittlung”, 1933-1945 „Reichausschuss für Arbeitsstudien” und ist heute die allgemeine Kurzbezeichnung für „Verband für Arbeitsstudien *REFA e. V.*”, Darmstadt

Eine effiziente Nutzung der EDV in den Bereichen der elementaren Produktionsfaktoren schafft für den Erfolg im dispositiven Bereich der Planung, Organisation und Kontrolle wichtige Grundlagen. Näheres zu den Managementaufgaben vgl. Kap. 8: Unternehmensführung.

Betriebsmittel

Unter dem Sammelbegriff „Betriebsmittel" versteht man die Gesamtheit aller Grundstücke, Gebäude, Anlagen sowie Betriebs- und Geschäftsausstattung zur Erstellung von Gütern und Erbringung von Dienstleistungen.

Nach *E. Gutenberg* stellen Betriebsmittel „die Gesamtheit aller betrieblichen Anlagen, die zur Erfüllung der Betriebszwecke erforderlich sind",[4] dar. Betriebsmittel werden über einen längeren Zeitraum genutzt und unterliegen der Abnutzung. Bedenke: Abschreibung, im Steuerrecht AfA (Absetzung für Abnutzung). Vielseitige Einsetzbarkeit (Flexibilität) der Betriebsmittel ist in der Regel aufwendig. Hohe Spezialisierung schafft starke Abhängigkeit von bestimmten Produkten, Kunden und Marktentwicklungen. Die Eignung von Produktionsanlagen ist deshalb abhängig von den Anforderungen des Marktes.

Werkstoffe

Roh-, Hilfs-, Betriebsstoffe sowie Halb- und Zwischenfabrikate werden unter dem Begriff „Werkstoffe" zusammengefasst. Sie sind Ausgangs- und Grundstoffe für die Herstellung von Gütern und gehen durch Einbau, Umformung oder Substanzveränderung in die Fertigprodukte ein. Zur Optimierung der Materialkosten sind die folgenden Ziele anzustreben:

- Minimierung der Lagerbestände und der Lagerdauer
- Materialverluste gering halten
- Bearbeitungsfehler und Ausschuss vermeiden
- möglichst genormtes Material einsetzen
- Konstruktion frühzeitig mit der Arbeitsvorbereitung abstimmen, um fertigungsgerechte Konstruktion zu erreichen.

Teilaufgaben des Betriebsprozesses und Wertefluss des Betriebes
(Grobansatz einer betrieblichen Systemanalyse)

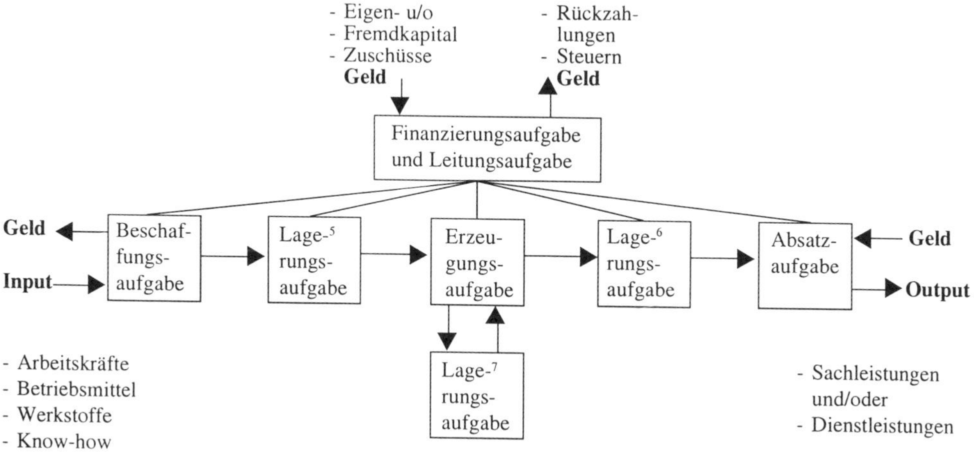

[4] *Gutenberg, E.*, Grundlagen für Betriebswirtschaftslehre, Band 1
[5] Aufwands-, Roh-, Hilfs- und Betriebsstoffe
[6] Fertigfabrikate
[7] unfertige Erzeugnisse

1.3 Rechtsformen der Unternehmen

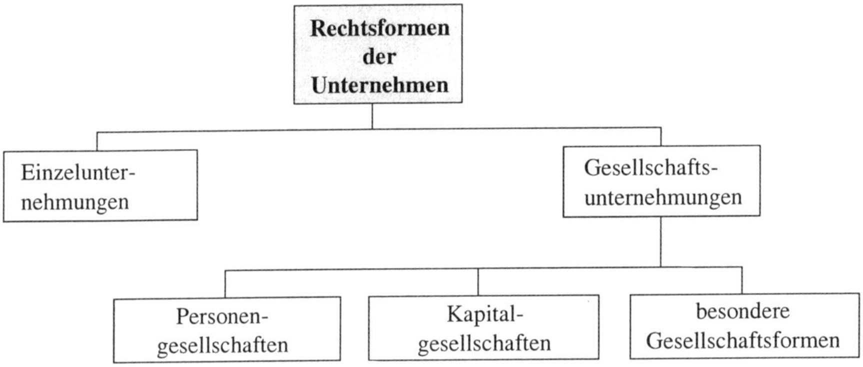

Personengesellschaften:
1. BGB-Gesellschaft
2. Partnerschaftsgesellsch.
3. OHG
4. KG
5. Stille Gesellschaft
6. Partnerschaftsgesellschaft

Kapitalgesellschaften:
1. GmbH
2. AG
3. KGaA

besondere Gesellschaftsformen:
1. Genossenschaft
2. Versicherungsverein aG
3. Wirtschaftsformen der öffentlichen Hand

1.3.1 Hauptunterschiede zwischen Kapital- und Personengesellschaften

Kapitalgesellschaften

a) eigene Rechtspersönlichkeit
b) keine Gesellschafter, die mit persönlichem Vermögen haften
c) Abstimmungen in der Gesellschafterversammlung erfolgen nach Kapitalanteilen.

Personengesellschaften

a) haben keine eigene Rechtspersönlichkeit,
   Konsequenz
   - jeder voll haftende Gesellschafter haftet gesamtschuldnerisch
   - Gewinn und Vermögen der Gesellschafter, nicht der Gesellschaft, steuerpflichtig
b) jede Personengesellschaft hat mindestens einen Gesellschafter, der persönlich mit seinem Privatvermögen haftet (Ausnahme: GmbH & Co KG, in der die GmbH der Vollhafter ist)
c) in Personengesellschaften sind nur Vollhafter zur Geschäftsführung befugt
d) Abstimmung in der Gesellschafterversammlung erfolgt nach Köpfen

1.3.2 Einzelunternehmung

Gesetz: HGB §§ 18ff., Arten der Kaufleute HGB §§ 1 - 7

Die Einzelunternehmung ist ein Gewerbebetrieb, dessen Eigenkapital von einer Person aufgebracht wird, die das Unternehmen verantwortlich leitet und das Risiko alleine trägt. Die Aufnahme eines stillen Gesellschafters ist möglich. Nach §18 HGB muss die Firma, der Name des Unternehmens, zur Kennzeichnung des Kaufmanns geeignet sein und Unterscheidungskraft besitzen. Die Firma darf keine irreführenden Angaben enthalten. Sie muss bei Einzelkaufleuten die Bezeichnung "eingetragener Kaufmann" (e.K.) enthalten (§ 19 HGB).

Der Inhaber einer Einzelunternehmung führt in der Regel die Geschäfte. Ihm steht der gesamte Gewinn zu. Andererseits haftet er für Verbindlichkeiten mit seinem gesamten Vermögen.

Vorteile einer Einzelunternehmung

- der Unternehmer kann schnell und unabhängig entscheiden
- dem Unternehmer steht der Gewinn in voller Höhe zu
- flexible Handhabung, da keine rechtliche Regelung
- Gründung einfach und mit geringsten Kosten zu vollziehen.

Nachteile einer Einzelunternehmung

- der Unternehmer trägt das Risiko alleine
- er haftet mit seinem gesamten Vermögen (auch Privatvermögen)
- begrenzte Kapitalkraft.

1.3.3 Personengesellschaften

1.3.3.1 BGB-Gesellschaft

Gesetz: BGB §§ 427, 705 - 740

Die Gesellschaft des bürgerlichen Rechts ist eine vertragliche Vereinigung von Personen (natürliche, juristische) zur Erreichung eines gemeinsamen Zwecks in der durch den Vertrag bestimmten Weise. Sie kann für jeden beliebigen, gesetzlich zulässigen Zweck gegründet werden, auf Dauer oder nur vorübergehend (Gelegenheitsgesellschaft).

Beispiele:

- mehrere Leute spielen gemeinsam Lotto
- mehrere Leute mieten gemeinsam ein Auto
- mehrere Banken platzieren gemeinsam Wertpapiere

Die BGB-Gesellschaft ist durch folgende Punkte gekennzeichnet:

- keine Firma (beachte: Firma = Name!)
- wird nicht ins Handelsregister eingetragen
- die Geschäftsführung steht allen Gesellschaftern gemeinsam zu
- Vertretungsbefugnis nur soweit Geschäftsführungsbefugnis besteht
- eingebrachte Werte, Rechte usw. gelten als gemeinsames Vermögen
- die Gesellschafter haften unbeschränkt und gesamtschuldnerisch
- Gewinn und Verlust werden, wenn nicht anders im Vertrag geregelt, ohne Rücksicht auf die Art und die Größe der Beiträge nach gleichen Anteilen verteilt
- Gewinn- und Verlustverteilung erst bei Auflösung der BGB-Gesellschaft bzw. zum Ende des Geschäftsjahres.

1.3.3.2 Offene Handelsgesellschaft (OHG)

Gesetz: HGB §§ 19, 105-160, BGB §§ 313, 705 ff.

Die Offene Handelsgesellschaft ist eine vertragliche Vereinigung von mehreren Personen zum Betrieb eines Handelsgewerbes unter gemeinsamer Firma mit unbeschränkter Haftung. Die Firma muss die Bezeichnung "offene Handelsgesellschaft", OHG, führen, § 19 Abs.I Nr.2 HGB.

Die OHG entsteht im Innenverhältnis durch Abschluss eines formfreien Gesellschaftsvertrages und im Außenverhältnis, abhängig von der Art des Handelsgewerbes, durch Eintragung ins Handelsregister oder mit dem Geschäftsbeginn. Eine Eintragung im Handelsregister des lokalen Amtsgerichtes ist in jedem Fall notwendig.

Rechte der Gesellschafter

- alle Gesellschafter sind zur Geschäftsführung berechtigt, Regelung üblich im Gesellschaftsvertrag
- jeder Gesellschafter kann jederzeit Einsicht nehmen in Geschäfts- und Handelsbücher, GuV und Bilanzen
- wird im Gesellschaftsvertrag nichts anderes geregelt, so ist der Gewinn wie folgt zu verteilen: 4 % auf die Einlage, der Rest wird nach Köpfen verteilt
- ein Gesellschafter kann unter Einhaltung einer Frist von mindestens 6 Monaten zum Abschluss des Geschäftsjahres kündigen.

Pflichten der Gesellschafter

- gemäß Gesellschaftsvertrag ist die Einlage zu tätigen (bar, Sachwerte, Rechte)
- Verlust wird nach Köpfen vom Einlageanteil abgezogen oder Regelung im Vertrag
- gesamtschuldnerische, persönliche und unbeschränkte Haftung, also auch mit dem Privatvermögen.

Die OHG wird aufgelöst

- auf Beschluss aller Gesellschafter
- nach Ablauf der festgelegten Vertragsdauer
- durch Eröffnung des Insolvenzverfahrens über das Vermögen der Gesellschaft
- durch Kündigung oder Tod eines Gesellschafters oder durch gerichtliche Entscheidung

Die Auflösung der Gesellschaft ist zur Eintragung ins Handelsregister anzumelden.

1.3.3.3 Kommanditgesellschaft (KG)

Gesetz: HGB §§ 19, 161 ff.

Die Kommanditgesellschaft ist eine vertragliche Vereinigung von mehreren Personen zum Betrieb eines Handelsgewerbes unter gemeinsamer Firma. Ein Hauptmerkmal der KG ist die unterschiedliche Haftung der Gesellschafter: mindestens ein Gesellschafter haftet unbeschränkt mit der Einlage und dem Privatvermögen (Komplementär) und mindestens ein Gesellschafter haftet nur mit der Einlage (Kommanditist). Wegen dieser Haftungsbeschränkung für die Kommanditisten muss die Rechtsform KG in der Firmenbezeichnung ausdrücklich genannt werden, §19 I Nr.3 HGB. Die Voll- und Teilhafter können auch juristische Personen sein. Eine in der Praxis häufig anzutreffende Form ist die GmbH & Co KG, bei der aus Gründen der Haftungsbeschränkung eine GmbH als Komplementär auftritt. Meist tritt der Komplementär als Geschäftsführer auf. Der Kommanditist hat, soweit nichts anderes vertraglich festgelegt wurde, nur auf die Prüfung des Jahresabschlusses beschränkte Kontrollrechte. Für die Form der Gründung und den Beginn der Gesellschaft gelten dieselben Vorschriften wie bei der OHG.

Pflichten des Kommanditisten

- ❑ Leistung der Kapitaleinlage
- ❑ Verlustbeteiligung in angemessenem Verhältnis.

Rechte des Kommanditisten

- ❑ Widerspruch bei außergewöhnlichen Geschäften
- ❑ Anspruch auf Mitteilung des Jahresabschlusses, Einsichtnahme in Bücher und Geschäftsunterlagen zur Überprüfung der Bilanz, jedoch kein Recht auf laufende Kontrolle
- ❑ Recht auf Gewinnanteil (4 % auf Kapital, Rest in angemessenem Verhältnis)
- ❑ Recht auf Kündigung (wie bei der OHG).

Die Rechte und Pflichten des Komplementärs
entsprechen denen eines OHG-Gesellschafters.

Die für die Auflösung der OHG genannten Gründe gelten auch für die KG. Jedoch löst der Tod eines Kommanditisten nicht die KG auf. Der Kapitalanteil geht auf die Erben über.

1.3.3.4 Stille Gesellschaft

Gesetz: HGB §§ 230 ff.

Die Stille Gesellschaft ist eine vertragliche Vereinigung eines Kaufmanns oder eines Unternehmens mit einem Kapitalgeber. Der Kapitalgeber (Stiller Gesellschafter) tritt nach außen hin nicht in Erscheinung. Die Einlage geht in das Vermögen des Handelsgeschäfts über. Der Kapitalgeber ist am Gewinn beteiligt, Beteiligung am Verlust kann vertraglich ausgeschlossen werden. Der Stille Gesellschafter kann im Insolvenzfall seine - dann noch bestehende Einlage - wie ein Gläubiger durch Anmeldung zur Insolvenztabelle geltend machen.

Für die Kündigung und Auflösung der Stillen Gesellschaft gelten die Bestimmungen für die OHG. Bei Tod des Stillen Gesellschafters wird die Gesellschaft nicht aufgelöst, sondern die Beteiligung durch die Erben fortgeführt.

Man unterscheidet zwei Arten der Stillen Gesellschaft:

- ❑ **typische Stille Gesellschaft:** der Stille Gesellschafter ist nicht an den stillen Reserven beteiligt
- ❑ **atypische Stille Gesellschaft:** der Stille Gesellschafter ist an den stillen Reserven beteiligt.

1.3.3.5 Partnerschaftsgesellschaft (PartGG)

Gesetz: PartGG, BGBl I S. 1744

Mit dem Partnerschaftsgesellschaftsgesetz wurde 1994 eine neue Rechtsform geschaffen, in der sich Angehörige freier Berufe (z. B. Ärzte, Rechtsanwälte, Steuerberater) zusammenschließen, um gemeinsam ihren Beruf auszuüben (kein Handelsgewerbe!). Mitglieder können nur Angehörige eines freien Berufs sein.

Der Partnerschaftsvertrag muss mindestens die Namen und den Sitz bzw. Wohnort der Partnerschaft und aller Partner enthalten sowie die Berufe und der Gegenstand der Partnerschaft, die wiederum im Partnerschaftsregister anzumelden ist.

In Hinsicht auf Geschäftsführung und Vertretung gelten die Bestimmungen über die Offene Handelsgesellschaft. Die Partnerschaft kann unter ihrer Firma Rechte erwerben und Verbindlichkeiten eingehen, die Partner haften neben der Partnerschaft gesamtschuldnerisch.

Die Beendigung kann durch vorher festgelegten Ablauf, Beschluss der Partner oder Insolvenz erfolgen.

1.3.4 Kapitalgesellschaften

1.3.4.1 Gesellschaft mit beschränkter Haftung (GmbH)

Gesetz: GmbH-Gesetz

Die GmbH ist eine Handelsgesellschaft mit eigener Rechtspersönlichkeit, deren Gesellschafter mit Einlagen beteiligt sind, ohne persönlich für die Verbindlichkeiten der Gesellschaft zu haften.

Die Rechtsform der GmbH wird häufig aufgrund folgender **Kriterien** gewählt:

- die Haftung ist auf das Stammkapital (die Eigenkapitalanteile der Gesellschafter) begrenzt
- Gründung ist mit relativ wenig Kapital möglich: EUR 25.000
- die Veröffentlichungspflicht ist größenabhängig gemäß Bilanzrichtlinien-Gesetz (BiRiLiG), vgl. 9.1)
- Die Gesellschafterversammlung ist gegenüber der Geschäftsführung weisungsbefugt
- die Gründungs- und Verwaltungskosten sind niedriger als bei einer AG
- die Stammeinlage je Gesellschafter beträgt mindestens EUR 100

Gründungsphase: Die Gründung erfolgt durch einen oder mehrere Gesellschafter. Vor der Eintragung in das Handelsregister besteht die GmbH als solche nicht.

Die Firma muss den Zusatz GmbH tragen. Eine öffentliche Beurkundung des Gründungsvertrages sowie die Eintragung ins Handelsregister ist notwendig.

Die **Leitung** der GmbH liegt bei einem oder mehreren Geschäftsführern, die von der Gesellschafterversammlung meistens ohne Zeitbeschränkung eingesetzt werden. Häufig sind Gesellschafter zugleich Geschäftsführer. Ein Aufsichtsrat ist nur zwingend vorgeschrieben bei Gesellschaften mit mehr als 500 Arbeitnehmern.

Die Haftung für Verluste der Gesellschaft beschränkt sich auf die Stammeinlage. Im Gesellschaftsvertrag kann jedoch eine beschränkte oder unbeschränkte Nachschusspflicht vereinbart werden. Dann erweitert sich die Haftung entsprechend.

Für die Gewinn- und Verlustverteilung gibt es keine einheitliche Regelung. Meist erfolgt die Verteilung entsprechend den Geschäftsanteilen.

1.3.4.2 Aktiengesellschaft (AG)

Gesetz: Aktiengesetz

Die Aktiengesellschaft ist eine Handelsgesellschaft mit eigener Rechtspersönlichkeit, deren Gesellschafter (Aktionäre) mit der Einlage auf das in Aktien geteilte Grundkapital beteiligt sind, ohne persönlich für die Verbindlichkeiten der Gesellschaft zu haften. Die Firma der AG muss den Zusatz "AG" enthalten, §4 AktG.

Zur Gründung einer AG sind mindestens ein oder mehrere Gesellschafter notwendig, die eine Satzung aufstellen. Die Satzung (Gesellschaftsvertrag) muss notariell beurkundet werden. Die AG entsteht erst mit der Eintragung in das Handelsregister.

Die Rechtsform der AG wird in der Regel aufgrund folgender **Kriterien** gewählt:

- ❑ Haftung begrenzt auf die erworbenen Aktien
- ❑ leichte Kapitalbeschaffung für große Unternehmungen
- ❑ Möglichkeit der Beteiligung an einem Unternehmen ohne eigene Mitwirkung
- ❑ keine Nachschusspflicht bei Verlusten.

Das **Grundkapital** der AG muss mindestens EUR 50.000,- betragen (bei Neugründung). Es ist bei deutschen Aktien meist gestückelt in 1 EUR oder ein Vielfaches davon. Aktien dürfen nicht unter dem Nennwert ausgegeben werden. In aller Regel werden die Aktien mit einem Agio ausgegeben. Das Agio wird als Rücklage gebucht.

Die Geschäftsführung der AG wird vom **Vorstand** wahrgenommen. Die weiteren Aufgaben des Vorstandes sind:

- ❑ regelmäßige Berichterstattung an den Aufsichtsrat
- ❑ Aufstellung des Jahresabschlusses
- ❑ Einberufung der Hauptversammlung mindestens einmal im Jahr
- ❑ Vorschlag für die Gewinnverteilung.

Für die Tätigkeit bekommt der Vorstand ein festes Gehalt und in der Regel eine Tantieme (Beteiligung am Jahresgewinn).

Ein weiteres Organ der AG ist der **Aufsichtsrat**, der auf 4 Jahre gewählt wird. Der Aufsichtsrat besteht aus mindestens drei und je nach Grundkapital höchstens 21 Mitgliedern. Die Mitgliederzahl muss durch drei teilbar sein.

Die Aufgaben des Aufsichtsrats sind:

- ❑ Bestellung und Abberufung des Vorstandes
- ❑ Überwachung des Vorstandes
- ❑ Prüfung des Jahresabschlusses
- ❑ Einberufung einer außerordentlichen Hauptversammlung
- ❑ Berichterstattung an die Hauptversammlung.

Der Aufsichtsrat erhält für seine Tätigkeit ein Entgelt, das in der Satzung der AG festgelegt wurde oder aber von der Hauptversammlung bewilligt wird.

Das dritte Organ der AG ist die **Hauptversammlung**, die Versammlung der Aktionäre der AG, in der sie ihre Rechte durch Ausübung des Stimmrechts wahrnehmen. Eine Übertragung des Stimmrechts auf andere Personen ist zulässig.

Die Aufgaben der Hauptversammlung sind u.a.:

- ❑ Wahl der Aufsichtsrats-Mitglieder (mit Ausnahme der Arbeitnehmervertreter im Aufsichtsrat)
- ❑ Wahl des Abschlussprüfers
- ❑ Entlastung von Vorstand und Aufsichtsrat
- ❑ Beschlussfassung über die Verwendung des Gewinns.

Für die **Verwendung des Jahresgewinns** bei der AG bestehen folgende gesetzliche Regelungen:

(1) Gesetzliche Rücklagen
5 % des um einen etwaigen Verlustvortrag verringerten Überschusses müssen ihr solange zugeführt werden, bis sie den zehnten Teil des Grundkapitals erreicht hat

(2) Freie Rücklagen
Vorstand, Aufsichtsrat und Hauptversammlung können weitere Beträge den freien Rücklagen zuführen

(3) Dividende für die Aktionäre

(4) Vortrag des Restgewinns auf das neue Geschäftsjahr.

Eine Aktiengesellschaft kann aufgelöst werden:

- ❑ nach Ablauf der in der Satzung festgelegten Zeit
- ❑ durch Beschlussfassung der Hauptversammlung
- ❑ durch Eröffnung des Insolvenzverfahrens
- ❑ durch Ablehnung des Insolvenzverfahrens (mangels Masse).

Vorteile der Publikums-AG[8]

Primär aus Sicht des Unternehmens:

(1) Finanzierungsvorteile:
- ❑ kontinuierliche Beschaffbarkeit langfristig zur Verfügung stehenden Risikokapitals
- ❑ Möglichkeiten der Ausgabe spezieller Finanzierungsinstrumente
  - Wandelanleihe, Optionsanleihe
  - Vorzugsaktien, Genussscheine
  - Belegschaftsaktien
- ❑ Erweiterung des Kreditspielraums

(2) Gewinnung eines qualifizierten Managements

(3) Befriedigung eines unter Umständen zersplitterten (zerstrittenen) Gesellschafterkreises

(4) positive Auswirkungen der Informationen in der Wirtschaftspresse auf Werbung, Marketing, Public Relations und Corporate Identity.

Primär aus der Sicht der Unternehmerfamilie:

(1) Eigenkapitalaufstockung ohne finanzielle Inanspruchnahme der Familie

(2) Abtretbarkeit der Anteilsrechte zur Liquiditätsbeschaffung

(3) Erhaltung der Selbständigkeit trotz Wachstumschancen und ohne erhebliche Änderung des Einflusses der Unternehmerfamilie.

Nachteile der Publikums-AG

(1) Abhängigkeit der Finanzierungsmöglichkeit von der Kapitalmarktverfassung
(2) vermehrte Rechnungslegungs-, Prüfungs- und Publizitätspflichten ab 01.01.1987 BiRiLiG
(3) Gefahr der Überfremdung
(4) verringerter Einfluss der Familie auf die Geschäftsführung
(5) höhere Steuerbelastungen.

[8] Nach *Rudolph, B.*, in Jahrbuch für Betriebswirte, Stuttgart

Vergleich: GmbH — AG

Kriterium	GmbH	AG
Gesetz	GmbH-Gesetz	Aktiengesetz
Firma	Sach-, Personen- oder Mischfirma mit Zusatz GmbH	bei Neugründung nur Sachfirma mit Zusatz AG
Gründung	ein oder mehrere Gründer keine Prüfung	ein oder mehrere Gründer Prüfung kompliziert
Mindestkapital	Stammkapital 25.000 EUR kein Börsenhandel	Grundkapital 50.000 EUR Emission an der Börse möglich
Anteil	Stammeinlage mind. 100 EUR	Aktie mindestens 1 EUR oder ein Vielfaches davon
Anteils-übertragung	notarielle Form des Abtretungsvertrages	formlos bei Inhaberaktien, durch Indossament bei Namensaktien, Zustimmung der Gesellschaft bei vinkulierten Namensaktien
Nachschusspflicht	geregelt im Gesellschaftsvertrag, beschränkt oder unbeschränkt möglich	keine
Leitung	Geschäftsführer ohne Zeitbeschränkung nach Gesellschafterbeschluss	Vorstand, berufen auf maximal 5 Jahre durch den Aufsichtsrat
Haftung	begrenzt auf Stammkapital	begrenzt auf Grundkapital
Aufsichtsrat	nur notwendig bei mehr als 500 Arbeitnehmern oder bei Montangesellschaft	immer notwendig
Jahresabschluss	Prüfungspflicht für mittelgroße und große GmbH Veröffentlichungspflicht nach BiRiLiG (vgl. 9,1) größenabhängig keine gesetzlichen Rücklagen	Prüfungspflicht für mittelgroße und große AG Veröffentlichungspflicht größenabhängig (vgl. 9.1) gesetzliche Rücklagen
Gründungskosten	gering	hoch
Bedeutung	1957 rd. 35.000 GmbHs 1998 rd. 700.000 GmbHs in der Bundesrepublik Deutschland	1938 7.000 AGs in der BRD 1998 4.500 AGs in der BRD

1.3.4.3 Kommanditgesellschaft auf Aktien (KGaA)

Gesetz: Aktiengesetz §§ 278 ff.

Die KGaA ist eine Mischform aus KG und AG. Sie ist eine Handelsgesellschaft mit eigener Rechtspersönlichkeit. Das Kapital wird von mindestens einem Vollhafter (Komplementär) und den übrigen Gesellschaftern (Kommanditaktionären) aufgebracht, wobei - im Gegensatz zur KG - die Kommanditeinlage in Aktien verbrieft wird. Die Komplementäre haften mit ihrem gesamten Vermögen, die Kommanditisten nur mit ihrer Einlage. Zur Gründung sind mindestens fünf Gesellschafter notwendig.

Die Firma der KGaA muss den Zusatz Kommanditgesellschaft auf Aktien "KGaA" führen, § 279 AktG. Die Organe der Gesellschaft sind Vorstand, Aufsichtsrat und Hauptversammlung. Zum Unterschied zur AG sind die Vollhafter Vorstand kraft Gesetzes ohne zeitliche Begrenzung. Die Vollhafter können nicht Aufsichtsratsmitglieder werden.

1.3.4.4 Reederei

Gesetz: HGB §§ 474 - 905

Die Reederei ist eine besondere Rechtsform für Betriebe der Seeschifffahrt. Sie ist dadurch charakterisiert, dass sich mehrere Personen zusammenschließen, um ein ihnen gemeinschaftlich gehörendes Schiff einzusetzen. Rechte und Pflichten der Reeder sind im Gesellschaftsvertrag festzulegen, der weitgehend frei von Vorschriften gestaltbar ist.

Diese besondere Unternehmensform hatte früher - insbesondere vor Entstehung der Rechtsform einer AG - die Aufgabe, das für den Erwerb und Betrieb von Seeschiffen notwendige Kapital aufzubringen und das Risiko zu verteilen. Heutzutage ist sie weitgehend durch die AG ersetzt worden.

1.3.5 Besondere Gesellschaftsformen

1.3.5.1 Genossenschaft (GenG)

Gesetz: Genossenschaftsgesetz

Die Genossenschaft ist eine Gesellschaft von mindestens sieben Mitgliedern zur Förderung des Erwerbs oder der Wirtschaft ihrer Mitglieder durch gemeinschaftlichen Geschäftsbetrieb. Die Firma muss eine Sachfirma sein mit einem Zusatz eG.

Gründung: mindestens sieben Personen müssen eine Satzung (Statut) aufstellen und unterzeichnen sowie den Vorstand und Aufsichtsrat wählen. Nach der Prüfung durch den Prüfungsverband wird die Genossenschaft beim Amtsgericht in das Genossenschaftsregister eingetragen. Erst durch die Eintragung wird die Genossenschaft eine juristische Person. Alle Genossen haben gleiche Rechte. Bei der Mitgliederversammlung erfolgen die Abstimmungen nach Köpfen und nicht nach der Zahl der Geschäftsanteile.

Die **Haftung** ist in den Statuten geregelt. Die Haftsumme ist der Höchstbetrag, mit dem ein Genosse für Verbindlichkeiten der Gesellschaft haftet. Die Haftsumme darf nicht kleiner sein als der Geschäftsanteil. Nach dem Hauptzweck sind zu unterscheiden: Einkaufs-, Liefer-, Binnenschiffer- und Straßenverkehrs-, Kredit-, Waren-, Betriebs-, Teilproduktions-, Absatz- und Baugenossenschaften.

Die Genossenschaft hat die folgenden drei Organe:

Vorstand muss aus mindestens zwei Genossen bestehen, die von der Mitgliederversammlung oder vom Aufsichtsrat gewählt werden, der Vorstand führt die Geschäfte

Aufsichtsrat muss aus mindestens drei Genossen bestehen, die von der Mitgliederversammlung gewählt werden.

Mitgliederversammlung (MV): Versammlung aller Genossen der Gesellschaft. Jeder hat nur eine Stimme. Die MV ist mit der Hauptversammlung bei der AG zu vergleichen.

Wurde ein Gewinn erwirtschaftet, so hat jeder Genosse ein Recht auf Anteil am Gewinn nach der Höhe seines letztjährigen Geschäftsguthabens.

1.3.5.2 Versicherungsverein auf Gegenseitigkeit (VVaG)

Bei dem VVaG wird ein Versicherungsnehmer mit Abschluss eines Versicherungsvertrages automatisch Mitglied im Unternehmen. Die Versicherungsleistungen werden aus den Beiträgen bezahlt. Verluste werden durch Beitragserhöhungen aufgefangen. Gewinne werden an die Versicherungsnehmer weitergegeben. Mit Beendigung des Versicherungsvertrages endet auch die Mitgliedschaft. Der VVaG hat die gleichen Organe wie eine Genossenschaft.

1.3.5.3 Wirtschaftsformen der öffentlichen Hand

- **Anstalten des öffentlichen Rechts**

Die Anstalten des öffentlichen Rechts sind Körperschaften mit eigenen Rechtsformen. Für sie gelten individuelle gesetzliche Bestimmungen. Beispiele für diese Anstalten sind: öffentliche Bausparkassen, Girozentralen, Rundfunkanstalten (ARD).

- **Öffentliche Kapitalgesellschaften**

Die öffentlichen Kapitalgesellschaften sind Unternehmen, die in der Rechtsform einer Aktiengesellschaft oder GmbH geführt werden. Sie sind auf Gewinnerzielung ausgerichtet. Ihre Anteile befinden sich ganz oder teilweise im Besitz der öffentlichen Hand.
Beispiele: Salzgitter-Konzern, VEBA AG, Volkswagen AG.

- **Regie- und Eigenbetriebe**

Öffentliche Unternehmen in der Form von Regie- und Eigenbetrieben sind an die jeweilige Gebietskörperschaft (Bund, Land, Kreis, Stadt) gebunden. Finanzpositionen für Einnahmen und Ausgaben sind in den Haushaltsetats der Gebietskörperschaften ausgewiesen. Beispiele für diese Betriebsformen sind: Theater, Bibliotheken, Krankenhäuser, Verkehrs- und Versorgungsbetriebe, Schlachthöfe, Friedhöfe.

1.3.6 Vergleichende Übersicht der wichtigsten Unternehmensformen

A. Einzelunternehmen und Personenhandelsgesellschaft

	Firma	Gründung	Leitung
Einzelunternehmen	• Personenfirma: (Familiennamen und mindestens einen ausgeschriebenen Vornamen) • Sachfirma • Phantasiefirma Die Firma muss die Bezeichnung „eingetragener Kaufmann", eingetragene Kauffrau" oder eine allgemein verständliche Abkürzung dieser Bezeichnung enthalten, insbesondere „eK".	Beginn des Gewerbebetriebes durch den Unternehmer. (Pflicht zur Anmeldung bei Gemeinde, Handelsregister, Finanzamt, Industrie- und Handelskammer bzw. Handwerkskammer.)	Alleinige Geschäftsführung durch den Einzelunternehmer. (Erteilung von Vollmachten möglich, Prokura nur durch Vollkaufmann.)
Offene Handelsgesellschaft	Personenfirma, Sachfirma, Phantasiefirma Die Firma muss die Bezeichnung „offene Handelsgesellschaft" oder eine allgemein verständliche Abkürzung dieser Bezeichnung enthalten.	Mindestens 2 Gründer, die Gesellschaftsvertrag schließen. (Anmeldepflichten wie bei Einzelunternehmen.) Eintragung aller Gesellschafter im Handelsregister.	Jeder Gesellschafter hat Recht zur Geschäftsführung. (Vertragliche Beschränkungen im Innenverhältnis zwischen den Gesellschaftern möglich, nach außen jedoch unwirksam.)
Kommanditgesellschaft	Personenfirma, Sachfirma, Phantasiefirma. Die Firma muss die Bezeichnung „Kommanditgesellschaft" oder eine allgemein verständliche Abkürzung dieser Bezeichnung enthalten.	Wie bei der OHG. (Besonderheiten: Mindestens ein Gründer muss Komplementär sein). Eintragung der Komplementäre und der Zahl der Kommanditisten (Teilhafter) ins Handelsregister.	Nur Komplementäre haben Befugnis zur Geschäftsführung. Kommanditisten haben nur Widerspruchsrecht bei außergewöhnlichen Geschäften (ferner Recht auf Kontrolle der Bilanz).
Stille Gesellschaft	Die Stille Gesellschaft tritt weder in der Firmenbezeichnung hervor noch wird sie ins Handelsregister eingetragen.	Ein stiller Gesellschafter beteiligt sich an einem Unternehmen durch Kapitaleinlage.	Die Geschäftsführung liegt beim Inhaber des Unternehmens. Der Stille Gesellschafter hat Kontrollrecht (ähnlich dem Kommanditisten, doch kein Widerspruchsrecht).

B. Kapitalgesellschaften und Genossenschaften

	Firma	Gründung	Leitung
Aktiengesellschaft	Die Firma muss die Bezeichnung „Aktiengesellschaft" oder eine allgemein verständliche Abkürzung dieser Bezeichnung enthalten.	Ein oder mehrere Gründer, Übernahme- oder Stufengründung. Grundkapital mindestens 100.000 DM (50.000 EUR). (Beurkundung der Satzung. Eintragung ins Handelsregister.)	Geschäftsführung durch den Vorstand in eigener Verantwortung. Kontrolle durch den Aufsichtsrat
Kommanditgesellschaft auf Aktien	Die Firma muss die Bezeichnung „Kommanditgesellschaft" oder eine allgemein verständliche Abkürzung dieser Bezeichnung enthalten.	Wie bei der AG, doch unter Beteiligung mindestens eines Vollhafters (Komplementärs).	Durch den oder die Vollhafter als gesetzlichen („geborenen") Vorstand.
Gesellschaft mit beschränkter Haftung	Die Firma muss die Bezeichnung „Gesellschaft mit beschränkter Haftung" oder eine allgemein verständliche Abkürzung dieser Bezeichnung enthalten.	Öffentliche Beurkundung des Gründungsvertrages von mindestens einem Gesellschafter. (Eintragung ins Handelsregister)	Sie liegt bei einem oder mehreren Geschäftsführern.
Genossenschaft	Die Firma muss die Bezeichnung „eingetragene Genossenschaft" oder die Abkürzung „eG" enthalten.	Wenigstens 7 Gründer unterzeichnen Satzung. Wahl von Vorstand und Aufsichtsrat. Eintragung ins Genossenschaftsregister.	Die Geschäftsführung liegt beim Vorstand (mindestens 2 Genossen).

nach *Doering, W.*, *Schlepper, H.*, Rechts- und Sozialwesen, Würzburg

Fortsetzung des Vergleichs der Unternehmensformen

	Finanzierung	Gewinn- u. Verlust	Haftung
K	Das Einzelunternehmen beruht auf dem Eigenkapital des Unternehmers. (Fremdfinanzierung nur insoweit, als Eigenkapital Garantiegrundlage bietet).	Gewinn steht allein dem Unternehmer zu. Verlust wird allein von ihm getragen. (Der Gewinn ermöglicht die Selbstfinanzierung und Investition.)	Es besteht Vollhaftung: Der Unternehmer haftet allein und unbeschränkt mit seinem Geschäfts- und Privatvermögen.
OHG	Sie erfolgt nach Maßgabe der vertraglichen Einlagen der Gesellschafter (bei späteren Veränderungen durch Gesellschafterbeschluss).	a) Zunächst 4 % Zinsen auf die Einlagen. b) Überschüsse oder Verluste (werden) nach der Kopfzahl der Gesellschafter verteilt.	Jeder Gesellschafter haftet unbeschränkt, unmittelbar und gesamtschuldnerisch (auch für bei seinem Eintritt in die Gesellschaft bereits bestehende Schulden, bei Austritt noch 5 Jahre).
KG	Durch die vertraglichen Einlagen der Komplementäre und Kommanditisten (Nur Einlagen der Kommanditisten sind übertragbar.)	Nach Gesellschaftsvertrag, meist unter Bevorzugung des Komplementärs (mit Rücksicht auf seine Geschäftsführung und Vollhaftung.). Wenn nichts anderes im Gesellschaftsvertrag bestimmt, werden die ersten 4 % des Gewinns nach Einlage verteilt.	Komplementäre wie bei der OHG (Vollhaftung). Kommanditisten haften nur mit ihrer Einlage (Teilhaftung).
StG	Darlehensähnliche Geldeinlage des Stillen Gesellschafters wird Eigenkapital des Unternehmensinhabers. (Bevorzugte Finanzierungsform, regelmäßig ohne Realsicherheiten für den Stillen.)	Nach Vereinbarung, da keine gesetzlichen Vorschriften. Nichtbeteiligung am Verlust kann vereinbart werden.	Der Stille Gesellschafter haftet höchstens bis zur Aufzehrung seiner Einlage, der Unternehmensinhaber unbeschränkt.
AG	Finanzierung Sie erfolgt über den Börsenhandel mit Aktien im Nennwert von mindestens 5 DM (Gesetzliche Rücklagen von mindestens 10 % des Grundkapitals).	Gewinn- u. Verlust Nach Deckung eines etwaigen Verlustvorganges (Auffüllung der gesetzlichen Rücklagen). Dann Gewinnausschüttung an Aktionäre (Dividende).	Haftung Aktionäre haften Gesellschaftsgläubigern nicht unmittelbar. (Sie können bei Insolvenz bzw. Auflösung der AG nur ihre Einlage einbüßen.)
KG aA	Neben einem oder mehreren Vollhaftern (Komplementären) beteiligen sich (Gesellschafter durch Einlagen auf das in Aktien zerlegte Grundkapital) Kommanditaktionäre.	Wie bei der AG. Komplementäre erhalten wie Vorstand der AG Tantiemen.	Komplementäre haften unbeschränkt und gesamtschuldnerisch (wie bei der KG), Kommanditaktionäre beschränkt wie Aktionäre der AG.
GmbH	Stammkapital von mindestens 50.000 DM (25.000 EUR). Stammeinlagen (Geschäftsanteil) der Gesellschafter von mindestens 500 DM (250 EUR).	Nach den Bestimmungen des Gesellschaftsvertrages (meist entsprechend den Geschäftsanteilen). Wenn nichts anderes im Gesellschaftsvertrag bestimmt ist, wird Gewinn nach Gesellschaftsanteilen verteilt.	Wie bei den Aktionären der AG (beschränkt auf die Geschäftsanteile). (Doch kann die Satzung eine beschränkte oder unbeschränkte Nachschusspflicht vorsehen.)
eG	Durch Einlagen der Genossen lt. Satzung	Nach Zuführung zur gesetzlichen Rücklage werden Gewinne dem Geschäftsguthaben der Genossen zugeschrieben oder ausgeschüttet. Verluste werden abgesetzt.	Satzung kann Nachschusspflicht der Genossen in der Insolvenz der eG - beschränkt auf Haftungssumme oder unbeschränkt - vorsehen oder auch ausschließen.

1.3.7 Unternehmensformen in der Europäischen Union

Alle EU-Länder kennen ähnliche Formen der persönlichen Vollhaftung sowie kleiner und großer Kapitalgesellschaften. Aber trotz der erreichten Vereinheitlichung der Bilanzierungsrichtlinien für Kapitalgesellschaften (4., 7. und 8. EU-Richtlinie), bestehen in der EU wesentliche nationale Unterschiede in den Haftungs- und Formvorschriften. Deshalb sollte mit zunehmenden EU-weiten Kooperationen die Schaffung einer EU-weiten supranational gültigen Unternehmensform an Bedeutung gewinnen. Das ist jedoch nicht gesicherte Erkenntnis und allgemeine Meinung.

Mit der Verordnung Nr. 2137/85 des Rates der europäischen Union wurde erstmalig eine **europäische supranationale Gesellschaftsform** definiert, die über nationale Grenzen hinweg den rechtlichen Rahmen für die Kooperation von Unternehmen und Angehörigen freier Berufe schafft, die **Europäische Wirtschaftliche Interessenvereinigung (EWIV)**.

Die EWIV als kooperationsförderndes Instrument des europäischen Gesellschaftsrechts hat lediglich Hilfscharakter. Sie entfaltet nicht selbst wirtschaftliche Aktivität, sondern bietet ihren Mitgliedern den rechtlichen Rahmen, sich den Besonderheiten in den verschiedenen Mitgliedsländern anzupassen und unterstützt die wirtschaftliche Tätigkeit ihrer Mitglieder. Beispiele solcher Hilfsfunktionen sind: Zusammenlegung von Forschungs- und Entwicklungsaktivitäten, Poolung von Transportmitteln, Lagergemeinschaften, gemeinsame Teileherstellung und Schulungs- und Fortbildungszusammenarbeit. Die EWIV darf keine Leitungs- oder Kontrollmacht über die Tätigkeiten ihrer Mitglieder oder Tätigkeiten anderer Unternehmen ausüben und darf keine Anteile an Mitgliedsunternehmen halten. Die EWIV ist also ein Hilfsinstrument zur Optimierung von EU-weiten Kooperationen bei Beibehaltung nationaler Managementunabhängigkeit ihrer Mitglieder.

Weiter gehende Möglichkeiten wird die europäische supranationale Gesellschaftsform einer **Europäischen Aktiengesellschaft, Societas Europea (SE)**, bieten. Konzeption und juristische Einzelfestlegungen für die SE sind weit fortgeschritten. Die nationalen Mitbestimmungsrechte für Arbeitnehmer sind jedoch so wesentlich verschieden, dass sich in diesem Bereich immer wieder Verzögerungen für die Verabschiedung einer EU-weit gültigen gesetzlichen Regelung für die SE ergeben haben.

Detaillierte Informationen zum EU-Gesellschaftsrecht sowie eine umfassende Einführung in das gesamte Wirtschaftsrecht der EU findet der Leser im **EU-Rechtshandbuch für die Wirtschaft**, herausgegeben von *Dr. Jürgen Schwappach,* Verlag C.H. Beck, München.

1.3.8 Kriterien zur Wahl der Unternehmensform

Aus den vorangegangenen Erläuterungen der einzelnen Unternehmensformen ergibt sich, dass die einzelnen Rechtsformen sich insbesondere in folgenden Punkten unterscheiden:

- Firma und Rechtspersönlichkeit
- Gründungsformalitäten
- Leitung
  - bei Personengesellschaften mit unbeschränkter Haftung verbunden
  - bei Kapitalgesellschaften grundsätzlich von der Beteiligung getrennt
- Finanzierungsmöglichkeiten

- ❑ Gewinn- und Verlustverteilung
- ❑ Haftungsumfang
- ❑ Publizitätspflichten.

Die Größe des Kapitalbedarfs und die Vorstellungen über die Organisation der Leitungsbefugnis bestimmen in der Praxis in aller Regel vor den anderen Merkmalen die Wahl der Unternehmensform. Etwas vereinfacht kann die Überlegung über die Wahl der Unternehmensform wie folgt charakterisiert werden:

Wann welche Rechtsform?

(1) **Einzelfirma oder OHG**
wenn Eigenkapital ausreicht und die Eigenkapitalgeber voll haften (mit Privatvermögen) und Eigenkapitalgeber Geschäfte selbst führen wollen (Stiller Gesellschafter möglich).

(2) **KG** (Weiterentwicklung von (1))
wenn Kapital der Komplementäre nicht ausreicht und
- ❑ Geschäftsführungsrecht von Komplementär(en) nicht geteilt werden soll
- ❑ auf Einlage begrenzt haftendes zusätzliches Eigenkapital von Kommanditisten benötigt wird (Stiller Gesellschafter möglich).

(3) Zu **(1)** und **(2)** bedenke neue Form der **Beteiligungsgesellschaften** (z. B. DEG, WFG)

(4) **GmbH,** wenn angestrebt wird
- ❑ Haftungsbeschränkung
- ❑ Begrenzung der Publizitätspflicht (gestattet nach Bilanzrichtlinien-Gesetz)
relativ geringes Gründungskapital EUR 25.000
geringe Gründungskosten
Nachschusspflicht regelbar im Gesellschaftsvertrag
- ❑ Geschäftsführer durch Gesellschafter berufen (Stiller Gesellschafter möglich).

(5) **AG,** wenn
- ❑ hoher Kapitalbedarf (für Anlagen, Vorräte und Wachstum)
- ❑ hohe Gründungskosten und
- ❑ Beachtung strenger Gläubigerschutz- und Rechtsvorschriften gerechtfertigt
- ❑ Vorstands- und Aufsichtsratsberufung (streng vom Kapitaleigentum getrennt)

Für kleine, nicht börsennotierte AG's wurden mit dem „Gesetz für kleine Aktiengesellschaften und zur Regulierung des Aktienrechts" vom 02.08.1994 einige Erleichterungen eingeführt.

(6) **KGaA,** wenn
- ❑ vollhaftender Komplementär Geschäfte führen und
- ❑ Kommandit-Anteile als Aktien ausgeben will.

(7) **GmbH & Co KG**, wenn
- ❑ Komplementär Haftung auf Kapital der GmbH begrenzen will und
- ❑ Kapitalerhöhungen von Kommanditisten kommen.

(8) **Einmann-GmbH** ist erlaubt.
- ❑ Gründungsaufwand vergleichsweise niedrig
- ❑ schlanke Satzungen, da keine komplizierten Regelungen nötig
- ❑ Volleinzahlung des Stammkapitals, bei Bargründung mindestens zur Hälfte über den Rest muss eine Sicherheit gestellt werden.

1.4 Unternehmenszusammenschlüsse

1.4.1 Ziele und Merkmale

Unternehmenszusammenschlüsse entstehen durch Verbindung von bisher rechtlich und wirtschaftlich selbständigen Unternehmen zu größeren Wirtschaftseinheiten. Dabei reichen die Formen der Zusammenschlüsse von relativ lockeren Bindungen, bei denen die rechtliche und wirtschaftliche Selbständigkeit der Unternehmen erhalten bleibt, bis zur Verschmelzung von zwei oder mehreren Unternehmen unter Aufgabe ihrer wirtschaftlichen und rechtlichen Selbständigkeit.

Zweck

Die Ziele von Zusammenschlüssen können sein (nach *Korndörfer*[9]):

- **Erhöhung der Wirtschaftlichkeit der Produktion** durch gemeinsame Festlegung von Rationalisierungsmaßnahmen, Nutzung der Massenproduktionsvorteile und Einführung produktionstechnischer Verbesserungen
- **Stärkung** der Wettbewerbsfähigkeit durch Verbesserung der **Vertriebsorganisation und Marktstellung**
- gemeinsame **Entwicklung von neuen Produkten** und neuen **Produktionsverfahren**
- **Verbesserung der Kapitalausstattung** durch Erleichterung bei der Eigen- und Fremdfinanzierung sowie bei der Selbstfinanzierung
- **steuerliche Vergünstigungen** besonders durch Ausnutzung der „Organschaft" oder des Schachtelprivilegs im Konzern
- **Risikoverteilung oder -minderung** durch Diversifikationen, gemeinsame Forschung und Entwicklung sowie Deckung der Rohstoffversorgung oder Sicherung eines gleichmäßigen Absatzes.

Weitere Ziele können sein:

- gemeinsame Werbung
- Durchführung gemeinsamer betriebswirtschaftlicher Vorhaben (z.B.: Betriebsvergleiche, Marktuntersuchungen)
- gemeinsame Nutzung von Datenverarbeitungsanlagen
- gemeinsame Öffentlichkeitsarbeit (Public Relations)
- gemeinsame Lobby.

Man unterscheidet - wirtschaftlich betrachtet - zwei Formen von Unternehmenszusammenschlüssen:

- die Kooperation und
- die Konzentration.

[9] *Korndörfer, W.*, Allgemeine Betriebswirtschaftslehre, Wiesbaden

1.4.1.1 Kooperation

Die Kooperation ist gekennzeichnet durch freiwillige Zusammenarbeit von Unternehmen, die rechtlich und in den nicht durch vertragliche Zusammenarbeit unterworfenen Bereichen auch wirtschaftlich selbständig bleiben. Diese Zusammenarbeit verfolgt den Zweck, durch Zusammenlegung einzelner Unternehmensfunktionen die Leistung der beteiligten Unternehmen zu steigern und dadurch die Wettbewerbsfähigkeit zu verbessern.

1.4.1.2 Konzentration

Eine Konzentration von Unternehmen liegt vor, wenn die Partner einer Unternehmensverbindung entweder ihre wirtschaftliche Selbständigkeit verlieren oder sogar ihre rechtliche Selbständigkeit aufgeben.

Unternehmensverbindungen:

Kooperation

- ❑ Interessengemeinschaft
- ❑ Arbeitsgemeinschaft
- ❑ Konsortium
- ❑ Kartell
- ❑ Wirtschaftsfachverband

Konzentration

- ❑ mit Mehrheit beteiligte bzw. in Mehrheitsbesitz stehende Unternehmen
- ❑ abhängige und herrschende Unternehmen
- ❑ Unterordnungskonzerne
- ❑ Gleichordnungskonzerne
- ❑ Fusionen

Formen der Kooperation und Konzentration (nach *Wöhe*[10])

Arten der Unternehmenszusammenschlüsse (nach Beschränkung der Selbständigkeit)

Bezeichnung	**Selbständigkeit der beteiligten Unternehmen**		**Häufige Richtung des Zusammenschlusses**
	in wirtschaftlicher Hinsicht	**in rechtlicher Hinsicht vertragl. Bindung**	
Kartell	wenig eingeschränkt	bleibt erhalten (vertragl. Bindung)	horizontal
Interessengemeinschaft	stärker eingeschränkt	erhalten (vertragliche oder kapitalmäßige Bindung)	horizontal
Konzern	aufgegeben	erhalten (kapitalm. Bindung)	vertikal, horizontal, diagonal
Trust	aufgegeben	aufgegeben (kapitalm. Bindung)	horizontal, vertikal

Vergleichende Übersicht der wichtigen Kooperationsformen nach *Weis*.

[10] *Wöhe, G.*, Einführung in die Allgemeine Betriebswirtschaftslehre, a.a.O

Arten der Unternehmenszusammenschlüsse (nach Integrationsrichtung) [11]

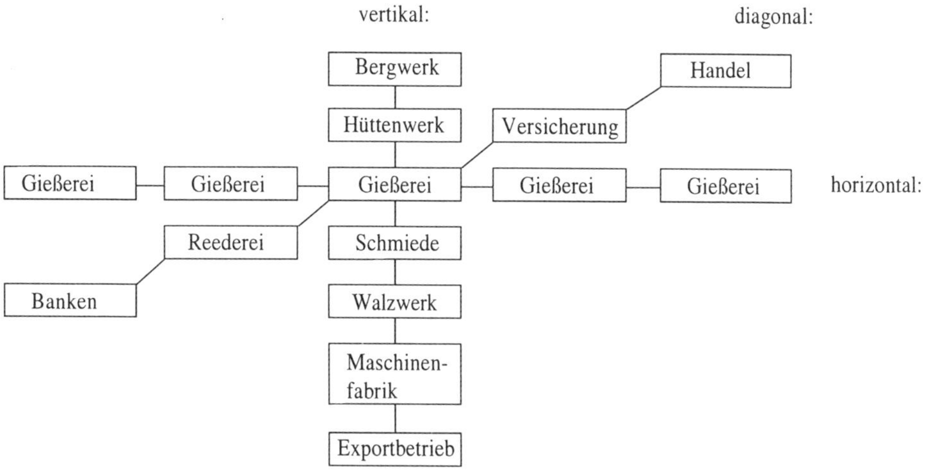

Die Richtung des Zusammenschlusses kann sein:

- vertikal: mit vor- und nachgelagerten Leistungsstufen
- horizontal: auf gleicher Leistungsstufe
- diagonal: ohne direkten Leistungszusammenhang (Conglomerate).

1.4.2 Konzern

Der Konzern ist ein horizontaler oder vertikaler Zusammenschluss von Unternehmen, die rechtlich selbständig bleiben, aber ihre wirtschaftliche Selbständigkeit vollständig verlieren. Eine einheitliche Leitung bestimmt die gemeinsamen Interessen und Aufgaben. Sie entstehen durch gegenseitige Beteiligung (z. B. durch Aktientausch) bzw. durch den Erwerb von Majoritäten (Aktienmajoritäten) anderer Unternehmen (= Beteiligungskonzerne).

1.4.2.1 Gründe der Konzernbildung

Die Gründe, die zur Bildung von Konzernen führen können, sind mannigfacher Art. Man unterscheidet hierbei zwischen vertikalen und horizontalen Zusammenschlüssen. Der horizontale Konzern versucht durch Ausschaltung der Konkurrenz eine marktbeherrschende Position zu erringen, zur Schaffung von Möglichkeiten zur autonomen Preispolitik. Vertikale Konzerne zielen im Allgemeinen nicht primär auf eine Marktbeherrschung als vielmehr auf eine Sicherung der Rohstoffbasen und der Absatzmärkte ab.[12]

Weitere Gründe sind die Erweiterung des Produktionsprogramms, gemeinsame Forschung und Entwicklung sowie Stärkung der Kapitalbasis und der Verbundwirtschaft (z. B. Verbindung von Kohle, Eisen- und Stahlerzeugung) und andere.

---

[11] Modifiziert nach *Korndörfer,* Allgemeine Betriebswirtschaftslehre, a.a.O.

[12] Vgl. *Korndörfer, W.,* Allgemeine Betriebswirtschaftslehre, a.a.O.

1.4.2.2 Arten der Konzerne

Zur Konzernbildung eignet sich vor allem die Rechtsform der AG, weil sich die gegenseitige Bindung durch Aktientausch herbeiführen lässt.

Häufig findet man folgende drei Formen der Verflechtung vor:

(1) **Ein führendes Unternehmen hat die Mehrheit** der Aktien der übrigen Unternehmen erworben und beherrscht diese dadurch (Erwerb von Aktienmajorität =**Beteiligungskonzerne**).

(2) Die **Unternehmen** tauschen ihre Aktien gleichmäßig aus und **haben** dadurch **gegenseitigen** Einfluss auf die Geschäftsführung (Schwestergesellschaften = **Gleichordnungskonzerne**). Eine herrschende Gesellschaft wird Muttergesellschaft genannt. Sie kann selbst produzieren (Dachgesellschaft) oder lediglich aus dem Kapitalbesitz heraus herrschen (**Holding-Gesellschaft**). Die beherrschten Gesellschaften sind die Tochtergesellschaften, gleich gestellte Gesellschaften sind Schwestergesellschaften.

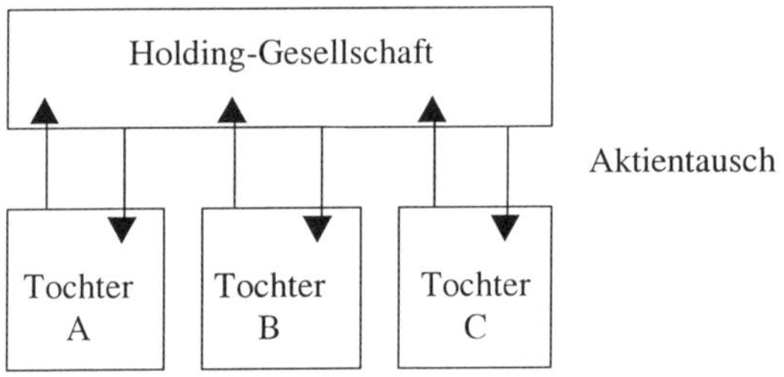

(3) Unterscheidung in horizontal und vertikal:

Horizontale Konzerne sind Zusammenschlüsse von gleichartigen Unternehmen bzw. von Unternehmungen der gleichen Produktionsstufe (z. B. Warenhauskonzerne, wie die Karstadt AG, Versicherungskonzerne).

Vertikale Konzerne sind Zusammenschlüsse von Unternehmen aufeinander folgender Produktionsstufen (z. B. der Mannesmann-Konzern umfaßt unter anderem Bergwerke, Hüttenwerke, Röhrenwerke, Maschinenfabriken, Handelsunternehmen und Telekommunikation).

1.4.3 Trust (Fusion)

Gesetz: Aktiengesetz

Der Trust ist eine Verschmelzung von Unternehmen, die sowohl ihre rechtliche als auch ihre wirtschaftliche Selbständigkeit aufgeben. Die Fusion von Aktiengesellschaften macht einen Aktientausch erforderlich. Dieses geschieht, indem den Aktionären der übertragenden Gesellschaft Aktien der übernehmenden Gesellschaft überlassen werden; auch genannt Verschmelzung durch Aufnahme (§§ 340 - 352 AktG) oder indem die fusionierenden Aktiengesellschaften eine neue AG bilden und die Aktionäre Aktien der neuen Gesellschaft erhalten, auch genannt Verschmelzung durch Neubildung (§ 353 AktG).

Man unterscheidet auch beim Trust einen horizontalen bzw. vertikalen Zusammenschluss.

Der **horizontale Trust** bezieht sich auf die Fusion von Unternehmen, die auf der gleichen Produktionsstufe stehen (wie z. B. die früheren „Vereinigten Stahlwerke", der seinerzeit größte Stahltrust Europas, oder der deutsche „Mühlenbautrust").

Der **Vertikaltrust** bezieht sich auf die Fusion von Unternehmen aufeinander folgender Produktionsstufen (wie z. B. der schwedische Zündholztrust von Ivar Kreuger, der vom Sägewerk bis zur Zündholzfertigung sämtliche Produktionsstufen zusammenfasste und rund 70 % der Gesamtproduktion herstellte), (nach *Korndörfer*[13]).

1.4.4 Kartelle und Kartellgesetz

Kartelle sind vertragsmäßige Zusammenschlüsse selbständig bleibender Unternehmen des gleichen Wirtschaftszweiges (z. B. der Tafelglasfabrikanten oder der Seifenindustrie), die den Zweck verfolgen, den Wettbewerb auf dem Absatzmarkt zu beschränken, oder ganz auszuschalten (Monopol).

Ihre Ziele reichen von der bloßen Vereinbarung über ein gemeinsames Verhalten am Markt, über die Beeinflussung des Marktes zur Beschränkung der Konkurrenz bis hin zur Erringung einer Monopolstellung und damit zur Beseitigung der Konkurrenz.

Nach dem Grad der Bindung kann man wie *Korndörfer*[14] unterscheiden in:

(1) **Kartelle niederer Ordnung**

Darunter versteht man Kartelle, die keinen direkten Einfluss auf Produktion und Absatz der zusammengeschlossenen Unternehmen ausüben und nach außen hin nicht in Erscheinung treten.

(2) **Kartelle höherer Ordnung (Syndikate)**

Darunter versteht man Kartelle, die einen direkten Einfluss auf Produktion und Absatz ihrer Mitgliederfirmen ausüben und nach außen hin in Erscheinung treten. Dazu gehört etwa das Aufziehen einer gemeinsamen Marktorganisation, so dass die Kartellmitglieder den Kunden nicht mehr selbständig gegenüberstehen (z. B. Nordzucker-Kartell, Flachglaskartell).

Nach dem Kartellgesetz (Gesetz gegen Wettbewerbsbeschränkungen von 1957) sind in der Bundesrepublik Deutschland Kartelle grundsätzlich verboten, wenn sie nicht durch Anmeldung oder Genehmigung erlaubt sind.

Einen Überblick über die Kartellzwecke und die Rechtslage gibt das folgende Schema von *Beschorner*[15]:

[13] Vgl. *Korndörfer, W.*, Allgemeine Betriebswirtschaftslehre, a.a.O.
[14] Vgl. *Korndörfer, W.*, Allgemeine Betriebswirtschaftslehre, a.a.O.
[15] *Beschorner, A.*, ABWL kurzgefasst, Allgemeine Betriebswirtschaftslehre in komprimierter Form, München

Kartelle

Zweck: Regelung	Kartelltypen		rechtliche Behandlung
Verkaufs- und Geschäftsbedingungen	Konditionenkartelle		anmeldepflichtig
	Ausschreibungsmethodenkartelle		
Preisermittlung und/oder Preisstellung	Kalkulationskartelle		verboten
	Rabattkartelle		anmeldepflichtig
	Preiskartelle		verboten
	Submissionskartelle		
Art der Produktion	Rationalisierungskartelle	Normungs- u. Typisierungskartelle	genehmigungspflichtig
		Spezialisierungskartelle	
Umfang der Produktion	Kontingentierungskartelle	Produktionseinschränkungskartelle	
		Absatzkontingentierungskartelle	
Art u. Umfang der Produktion	Patentverwertungskartelle		verboten
	Auftragsverteilungskartelle		
Verkaufstätigkeit	Syndikate		
	Gewinnverteilungskartelle		
Auslandslieferung	Exportkartelle (nur mit Auslandswirkung)		anmeldepflichtig
	Exportkartelle (auch mit Inlandswirkung)		genehmigungspflichtig
	Konjunkturkrisenkartelle		in Ausnahmesituationen erlaubt

1.4.5 Interessengemeinschaft (IG)

Die IG ist ein vertraglicher Zusammenschluss von in der Regel juristischen Personen, die rechtlich selbständig bleiben, jedoch deren wirtschaftliche Entscheidungsfreiheit eingeschränkt wird. Meist kommen diese Kooperationen als Gewinngemeinschaft in der Rechtsform einer BGB-Gesellschaft vor (Gewinnpool). Überwiegend ist der Zusammenschluss und die Zusammenarbeit enger als im Kartell.

Ziel einer IG ist allgemein ein wirtschaftlicher Zweck, z. B.:

- gemeinsame Versuchs- und Entwicklungsabteilung (chem. Industrie)
- Kostensenkung durch gemeinsamen Einkauf
- gemeinsame Patentverwertung.

Gelegenheitsgesellschaften sind Arbeitsgemeinschaften und Konsortien.

1.4.6 Arbeitsgemeinschaften (ARGE)

ARGEs sind Zusammenschlüsse von rechtlich und wirtschaftlich selbständigen Unternehmen, die das Ziel verfolgen, eine bestimmte Aufgabe gemeinschaftlich zu lösen oder einen einzigen Werkvertrag (§ 631 BGB) oder Werklieferungsvertrag (§ 651 BGB) bzw. eine begrenzte Anzahl derartiger Verträge gemeinsam zu erfüllen, vorwiegend im Baugewerbe.

1.4.7 Konsortium

Konsortien sind Unternehmenszusammenschlüsse auf vertraglicher Basis zur Erreichung eines kurzfristig realisierbaren Zwecks, z. B. Abwicklung von Großprojekten, Emission von Wertpapieren etc. Meist findet man Konsortien in der Form einer BGB-Gesellschaft als Gelegenheitsgesellschaft.

1.4.8 Gesamtwirtschaftliche und betriebswirtschaftliche Würdigung von Unternehmenszusammenschlüssen

Hierzu schreibt *Korndörfer:*[16]

„Über Wert und Unwert von Unternehmenszusammenschlüssen wird seit Jahren gestritten. Es ist unzweifelhaft, dass größere wirtschaftliche Gebilde wirtschaftliche und oft auch politische Macht besitzen, deren Ausübung nicht immer zum Vorteil des Einzelnen gereicht.

Unternehmenszusammenschlüsse - so sagt man - beschränken den Wettbewerb und bedrohen die Selbständigkeit kleinerer Unternehmen. In Kartellen zusammengeschlossene Unternehmen können zum Nachteil ihrer Kunden durch überhöhtes Preisniveau künstlich am Leben erhalten werden, obwohl Betriebstechnik und Organisation völlig überaltet sein können. Auf der anderen Seite kann jedoch auch nicht geleugnet werden, dass Großunternehmen ohne Zweifel zur Steigerung des Sozialproduktes und des Wohlstandes erheblich beigetragen haben, da sie die Größendegressionen besser ausnutzen können und da Forschung und größere Entwicklungsprojekte oft nur auf der Grundlage großer Kapitalreserven realisierbar sind. Eine gesamtwirtschaftliche Würdigung von Unternehmenszusammenschlüssen im Hinblick auf Nutzen und Nachteile für die Gesamtwirtschaft kann deshalb nie generell, sondern immer nur von Fall zu Fall erfolgen.

Auch der betriebswirtschaftliche Nutzen von Unternehmenszusammenschlüssen ist umstritten, obwohl sich ohne Zweifel mehr Vor- als Nachteile aufzeigen lassen. In der einschlägigen Literatur ist man zum großen Teil der Auffassung, dass die Großunternehmen in fast allen Bereichen Kostenvorteile gegenüber kleineren Wirtschaftseinheiten besitzen. Vom Beschaffungsbereich über den Produktions-, Finanz- und Absatzbereich bis hin zur Forschung und Entwicklung lassen sich aus der Praxis eine Menge Gründe anführen, wonach wachsende Unternehmenseinheiten erhebliche Kostenersparnisse realisieren können. Der Nachweis allerdings, ob die Kostenvorteile mit wachsender Unternehmensgröße kontinuierlich zunehmen, lässt sich erfahrungsgemäß nur sehr schwer führen. Von einem gesetzmäßigen Zusammenhang, einem „law of increasing returns to scale" zu sprechen, ist auf jeden Fall nicht möglich. Dennoch gilt die Überlegenheit des Großbetriebes im Vergleich zu kleineren Einheiten als eine Tatsache."

[16] *Korndörfer, W.*, Allgemeine Betriebswirtschaftslehre, a.a.O.

Folgende Überlegungen sollten den Leser zu einer kritischen Würdigung anregen:

- Der Wohlstand der westlichen Demokratien ist ohne Großunternehmen technisch nicht realisierbar (bedenke: Energieerzeugung, Luftfahrt und Automobilindustrie).
- Aber die Grenzen der Beherrschbarkeit großtechnischer Prozesse scheinen erkennbar zu werden (bedenke: Tschernobyl, Sandoz und Absinken der Bohrinseln in der Nordsee).
- Es erscheint wesentlich, dass demokratische Kontrollmechanismen auch für Großunternehmen funktionieren (bedenke: Parteispendenproblematik).
- Die multinationalen Konzerne stellen für manches Land der Dritten Welt kaum kontrollierbare und damit problematische Partner dar, aber es sind diese Konzerne, die den wirksamsten Know-how-Transfer in die Dritte Welt leisten (bedenke: Automobilfabriken in Lateinamerika und Südafrika sowie Stahlwerk Rurkela in Indien als positiven und die Aspekte des Gewinntransfers durch Verrechnungspreisgestaltung als zum Teil kritischen Aspekt).
- Es gibt hoch innovative Branchen in der Bundesrepublik, in denen die sogenannten „mittelständischen" Unternehmen dominieren, z. B. den Maschinen- und Anlagenbau mit etwa 60 % Exportquote. Dieser Sachverhalt unterstreicht, dass kein Grund dazu besteht, die Lösung großer Zukunftsaufgaben primär von Großunternehmen zu erwarten.
- Aus der Erfahrung langjähriger Konzerntätigkeit und der Arbeit in kleineren Unternehmen komme ich zu der persönlichen Überzeugung, dass Ideenreichtum, Unternehmungsgeist und Risikobereitschaft die Grundlagen einer demokratischen Ordnung sind. Und das bedeutet, dass wir für die großen technischen Zukunftsaufgaben große Unternehmen brauchen. Aber genauso brauchen wir die Exzellenz der mittleren und kleinen, damit die großen nicht zu Verwaltungen werden und damit wirtschaftliche und juristische Unabhängigkeit ein realisierbarer Wert in unserem Land bleibt.

1.5 Standortwahl der Unternehmung

1.5.1 Bestimmungsfaktoren der Standortwahl

Der Standort ist der Ort innerhalb eines Wirtschaftsraumes, an dem sich die Verwaltungs- und Fertigungsstätten, Lager und sonstige Teile des Unternehmens befinden. Dabei müssen nicht alle Bereiche eines Unternehmens denselben Standort haben. Es kann von Vorteil sein, die Teilbereiche des Unternehmens verschiedenen Standorten zuzuordnen, z. B. dezentrale Läger, Zweigniederlassungen usw.

Daher ist es erforderlich, die in Betracht kommenden Standorte vor einer Entscheidung zu analysieren, Vor- und Nachteile abzuwägen und Kenntnise über derzeitige Gegebenheiten um künftige Erwartungen und Entwicklungen zu ergänzen, um den Standort auszuwählen, der auf Dauer die günstigsten Bedingungen für die Leistungserstellung bietet.

Generell ist zu unterscheiden zwischen dem

- inneren Standort (Arbeitsplatz, Maschinen, Läger) und dem
- äußeren Standort (Domizil des Unternehmens).

Der innere Standort wird festgelegt im Rahmen der Fertigungswirtschaft, die sich mit der Gesamtheit aller Einrichtungen, Maßnahmen und Verfahren zur besten und somit kostenminimalen Leistungserstellung befasst.

Äußerer Standort

Eine Reihe von **Standortfaktoren** kommt für die Wahl des Unternehmensdomizils in Betracht:

(1) **naturgegebene Verhältnisse / Rohstofforientierung**
Bergwerke können nur dort angesiedelt werden, wo entsprechende Bodenschätze vorhanden sind. Fischkonservenfabriken wird man an Fischereiplätzen errichten, Zuckerfabriken in Bereichen der Landwirtschaft, wo Zuckerrüben oder Zuckerrohr angebaut werden.

(2) **Energieorientierung**
Aufgrund des großen Energiebedarfs einiger Unternehmen (Aluminiumgewinnung) wird man deren Standort nach Kraftwerken ausrichten.

(3) **Absatzorientierung**
Konsumorientierte Unternehmen (z. B. Supermärkte, Einzelhandelsgeschäfte) werden die räumliche Nähe zu den Abnehmern suchen.

(4) **Verkehrsorientierung**
Die Anbindung des Standortes an die verschiedenen Verkehrsformen (Wasserwege, Straßen, Eisenbahnen, Flughäfen) ist für die meisten Unternehmen bedeutungsvoll.

(5) **Arbeitskräfteorientierung**
Im Vordergrund stehen dabei Verfügbarkeit, Kosten und Qualifikation der benötigten Arbeitskräfte (beachte: Lohngefälle Stadt-Land beziehungsweise vom Industrie- zum Entwicklungsland).

(6) **Politische Gegebenheiten**
Politisch gefährdete Gebiete werden gemieden. Zur Umgehung von Zöllen werden Filialen im Ausland errichtet. Vergünstigungen von bestimmten Ländern und Gemeinden werden bestmöglich genutzt (z. B. standortspezifische Vergünstigungen, Kostenvorteile bei Grundstückserwerb).

(7) **Steuerorientierung**
Nationale Unterschiede: Einkommensteuervergünstigungen durch Sonder-AfA, (z. B. neue Bundesländer), Gewerbesteuerunterschiede (unterschiedliche Hebesätze).

Internationale Unterschiede: oft gibt es eine Steuerermäßigung bei Investitionen in den ersten Jahren. Vorsicht ist geboten, denn oftmals ist eine Vergünstigung an Bedingungen gekoppelt (z. B. Eingliederung von einheimischen Arbeitskräften und Kauf von einheimischen Lieferanten bis zu einem bestimmten meist hohen Prozentsatz, genannt Integrationsgrad).
Bedenke: Steueroasen z. B. Liberia/Westafrika (Welttankerflotte)

(8) **Umweltorientierung**
In den letzten Jahren hat das Umweltbewusstsein stark zugenommen. So sind z. B. die Emissionswerte für Abgase drastisch gesenkt worden. Oft sind teure Filteranlagen vorgeschrieben. Bedenke: TA-Luft! Die Vorschriften und Auflagen bei der Entsorgung von Müll/Sondermüll werden ständig verschärft.

Der Umweltaspekt gewinnt zunehmend an Bedeutung. Somit muss die Standortplanung besonders diesbezüglich auch die Zukunftserwartungen einschließen.

(9) **Sonstige Gesichtspunkte**
- ❑ Zufall
- ❑ Tradition
- ❑ gesetzliche Vorschriften insbesondere bezüglich Sozialleistungen
- ❑ Abgaben
- ❑ Erwartungen bezüglich Geldwert- und Wechselkursentwicklung sowie wirtschaftliche und politische Rahmenbedingungen
- ❑ Konkurrenz
- ❑ subjektive Aspekte, z. B. Geburtsort des Gründers
- ❑ Grundstücks- und Immobilienpreise / Miete / Pacht

1.5.2 Chancen und Risiken der Niedriglohn-Standorte

Zu den **Niedriglohnländern** zählen u. a. zahlreiche Entwicklungsländer sowie einige Schwellenländer, d.h.Länder an der Schwelle zu voller Industrialisierung.

Bedenke zu Investitionen in Entwicklungsländern:

❑ niedrige Stundenlöhne werden vielfach überkompensiert durch wesentliche Zusatzkosten, z. B.:
  - bei Investitionen
  - Materialkosten werden in aller Regel unterschätzt
    Entwicklungsländer verlangen häufig eine sogenannte Integrationsquote, d. h. einen bestimmten Anteil lokaler (= inländischer) Materialbeschaffung:
    1. Jahr 40 %
    2. Jahr 75 % denkbare, übliche Größenordnungen
    3. Jahr 95 %
  - die Arbeitsproduktivität ist geringer
    (bedenke: wenn z. B. Löhne um den Faktor 5 niedriger und die Leistung je Fertigungsstunde um den Faktor 7 schlechter, dann ist ein Verlust programmiert)
  - Führungskräfte sind oft mehr als doppelt so teuer
    (häufig sind keine einheimischen Fachkräfte verfügbar; Fachkräfte müssen also in das Land entsandt und im Rahmen von Entsendungsverträgen hoch bezahlt werden)
  - unrentabler Leerlauf
    durch Transportzeiten und Verzollungsverzögerungen
  - die Ausschussquoten sind höher
  - der Transport der fertigen Waren ist oftmals zu teuer
  - höhere Streikfreudigkeit kann bestehen.

Durch besondere Vergünstigungen werden häufig Anreize für Investitionen geschaffen. Entwicklungsländer bieten ausländischen Unternehmen oft Steuer- und Zollvorteile, wenn die dort hergestellten Produkte wieder ausgeführt werden, um auf diese Weise neue Exportmärkte zu erschließen.
Der weitaus größte Teil bundesdeutscher Auslandsinvestitionen ist nach einer Untersuchung von *Kebschull* zur Sicherung ausländischer Absatzmärkte vorgenommen worden[17]. Durch Zollschutz haben produzierende Unternehmen in der 3.Welt vielfach nach einiger Zeit Marktdominanz erreicht.

[17] Vgl.: *Schmalen, H.,* Grundlagen und Probleme der Betriebswirtschaftslehre, Köln

Bedenke:

- Zahlreiche Hersteller von Automobilen und kommunikationstechnischen Geräten etc. verlagerten Produktionen für den Weltmarkt in Schwellenländer(das frühere Jugoslawien, Südafrika, Mexiko, Brasilien und jetzt auch China. Sie sicherten sich durch eigene Deviseneinnahmen Importpräferenzen für ihre übrigen Produkte in dem Gastland.
- Honda produziert in der Freihandelszone von Manaus (Brasilien) am Amazonas mit einer Integration von nahezu 100 % Motorräder, die auf dem brasilianischen Markt dominieren.
- Eine Reihe von Herstellern von Büro- und Kommunikationstechnik produzieren in Brasilien oder Mexiko und genießen dadurch Präferenzen in der amerikanischen Freihandelszone. Für Konkurrenten, die außerhalb dieser Region produzieren, ist es vielfach unmöglich, zu wettbewerbsfähigen Konditionen in die Länder Lateinamerikas zu exportieren. BMW, Mercedes, Opel und VW produzieren in Südafrika und montieren zum Teil in Kooperation japanische KFZ-Modelle und dominieren auf dem südafrikanischen Automobilmarkt.
- Im Ausland liegen also beträchtliche Herausforderungen für den unternehmerisch engagierten Ingenieur.

1.5.3 Quantitative Standortanalyse

I **Investitionen/Einmalkosten in TDM**

Grundstückspreis
\+ Gebäudepreis
\+ Maschinenpreis

= Gesamtinvestitionen

Jährliche Abschreibungen[18] oder alternativ Mieten sind Bestandteil der jährlichen Gemeinkosten. Förderungsmaßnahmen der Länder oder Kommunen reduzieren die Investitionssumme und die laufenden Kosten daraus.

II **Ermittlung der Periodenkosten in TDM pro Jahr**

Fertigungsmaterial inklusive Transportkosten
\+ Materialgemeinkosten inklusive AfA

= Materialkosten inklusive Transportkosten
\+ Fertigungslöhne
\+ Fertigungsgemeinkosten inklusive AfA
\+ Sondereinzelkosten der Fertigung inklusive Energie

= Herstellkosten inklusive Energie
\+ Verwaltungsgemeinkosten inklusive AfA
\+ Vertriebsgemeinkosten inklusive AfA

= Selbstkosten inklusive Transport, Energie, AfA

III **Periodenumsatz in TDM pro Jahr**

Absatzmenge x Verkaufspreis = Umsatz

[18] Abschreibungen sind jährlicher anteiliger Werteverzehr einer Investition, kurz AfA. Das ist ein Kostenbetrag für die Kalkulation und ein Aufwandsbetrag für die Unternehmenserfolgs- (Gewinn- und Verlust-) Rechnung.

IV **Perioden- und Gesamtergebnis (je Standort) in TDM pro Jahr**

	Umsatz
–	Selbstkosten
=	Betriebsergebnis vor Förderungsmaßnahmen[19]
+	Förderungsmaßnahmen
=	Ergebnis nach Förderungsmaßnahmen[20] vor Kostensteuern und Abgaben
–	(Kostensteuern und Abgaben)
=	Ergebnis nach Kostensteuern und Abgaben vor Gewinnsteuern
–	Gewinnsteuern
=	Ergebnis nach Förderungsmaßnahmen und Steuern

Eine **Berücksichtigung der Unsicherheit** der Erwartungen ist durch drei alternative Rechnungen mit realistischen, optimistischen und pessimistischen Erwartungen/Werten möglich.

[19] Beachte: Wenn Investitionszuschüsse Abschreibungen mindern, dann im Folgenden nicht nochmals als Einnahmen berücksichtigen.
[20] Beachte: Förderung z. T. aus Gewinnen rückzahlbar, dann in einer Zusatzzeile berücksichtigen.

Kontrollfragen zu Kapitel 1

1. Wie unterscheiden sich Betrieb und Unternehmung?
2. Erläutern Sie die Bedeutung der Produktionsfaktoren nach Gutenberg.
3. Stellen Sie die Teilaufgaben und den Wertefluss des Betriebsprozesses dar.
4. Welche Gesellschaftsformen kennen Sie?
5. In welchen Hauptmerkmalen unterscheiden sich Personen- und Kapitalgesellschaften?
6. Nennen Sie für die Ihnen bekannten Gesellschaftsformen deren Hauptmerkmale bezüglich: Firma, Gründung, Leitung, Finanzierung, Gewinn und Verlust sowie Haftung.
7. Welches sind die Hauptunterschiede zwischen AG und GmbH?
8. Erläutern Sie die Rahmenbedingungen, die für die Wahl bestimmter Gesellschaftsformen maßgeblich sein könnten.
9. Erläutern Sie Ziele und Merkmale bestimmter Unternehmenszusammenschlüsse.
10. Wie unterscheiden sich Konzern und Kartell?
11. Welche Arten von unterschiedlichen Konzernen/Kartellen kennen Sie und welches sind deren Merkmale?
12. Welche Möglichkeiten der Ergebnisverbesserung werden durch horizontale beziehungsweise vertikale Konzentration erschlossen?
13. Erläutern Sie die Bestimmungen des Kartellgesetzes.
14. Wie beurteilen Sie die Bedeutung von Unternehmenszusammenschlüssen unter betriebswirtschaftlichen und volkswirtschaftlichen Gesichtspunkten?
15. Erläutern Sie die Bestimmungsfaktoren der Standortwahl.
16. Welche Chancen und welche Risiken müssen bedacht werden im Zusammenhang mit der Prüfung von Niedriglohnstandorten?
17. Nennen Sie die Zeilenfolge einer Berechnungstabelle für eine quantitative Standortanalyse.
18. Wie berücksichtigen Sie das Problem der Unsicherheit der Erwartungen in Bezug auf Erlöse, Kosten, etc. im Rahmen einer quantitativen Standortanalyse?
19. Erläutern Sie die Bedeutung von Steuern und Subventionen für die Standortwahl.

2 Praxis der Existenzgründung

2.1 Prüfungen, Planungen und Schritte vor der Gründung

2.1.1 Prüfung der persönlichen Erfolgsvoraussetzungen

2.1.1.1 Fachliche und persönliche Eignung

Das Grundgesetz der Bundesrepublik (Artikel 12) sowie GewO § 1 garantieren die Gewerbefreiheit, sichern die freie Berufswahl und deren Ausübung, soweit keine rechtlichen Beschränkungen bestehen. Nur in wenigen Fällen (z. B. für Ärzte, Steuerberater und Rechtsanwälte) sind bestimmte Qualifikationsnachweise erforderliche Voraussetzungen.

Als Grundlage für die Wahrnehmung qualifizierter Arbeitnehmerfunktionen genügen vielfach bereits Fähigkeiten, wie sie in der Gehilfenausbildung vermittelt werden. Da die Tätigkeiten von Arbeitnehmern sich vielfach auf Spezialgebiete konzentrieren, kann eine spezielle berufliche Fortbildung zum Erfolg führen. Für eine Unternehmertätigkeit genügt das nicht, weil der Unternehmer in der Lage sein muss, seinen Betrieb funktionsübergreifend fachkundig zu koordinieren und in den verschiedenen Bereichen auftretende Schwierigkeiten selbständig zu lösen.

Deshalb ist es vielfach ratsam, Lücken in der fachlichen Qualifikation vor dem Schritt in die Selbständigkeit z. B. durch eine Meisterprüfung oder IHK-Fortbildung zu beseitigen. Für Ingenieure ist vielfach der ergänzende Erwerb betriebswirtschaftlicher Kenntnisse eine Erfolgsvoraussetzung.

Die Frage nach der persönlichen Eignung umfasst auch die seelischen, geistigen und körperlichen Aspekte. Gute Nerven sind Voraussetzung, um im harten Wettbewerb zu bestehen. Vom Jungunternehmer werden Durchsetzungsvermögen und Führungsqualitäten verlangt und die Bereitschaft zu kämpfen. Das gesamte persönliche Umfeld, die Familie, der Freundes- und Bekanntenkreis wird zurückstehen müssen.

2.1.1.2 Einstellung zur Arbeit

Während ein Arbeitnehmer in der Regel eine geregelte und festgelegte Arbeitszeit in der Größenordnung einer 40-Stunden-Woche hat, wird der Jungunternehmer sich auf einen Arbeitstag einstellen müssen, der häufig 12 und zeitweise 16 Stunden hat, und das über längere Zeiträume.

Deshalb ist es wichtig, vorab zu prüfen, ob man diese starke Belastung auch über einen längeren Zeitraum durchhalten will und kann. Ein entsprechender Ausgleich, z. B. durch eine sportliche Betätigung, ist wichtig, um die Dauerbelastung in der Gründungsphase durchstehen zu können.

2.1.1.3 Bereitschaft zum Risiko

Ein Jungunternehmer gibt oft einen sicheren Arbeitsplatz mit sozialer Absicherung, geregelter Arbeitszeit und gleichbleibendem regelmäßigen Einkommen auf und tauscht ihn gegen viel Arbeit, finanzielle und soziale Unsicherheit mit einem erheblichen Risiko. Nach Ermittlungen der Creditreform e.V. betrifft jeder dritte Insolvenzfall ein Jungunternehmen. Dies weist auf das hohe Risiko hin.

2.1.1.4 Erwartungen und persönliche Gründe für eine selbständige Tätigkeit

Auf die Frage, was für den Einzelnen für eine selbständige Tätigkeit sprechen kann, gibt es sehr verschiedene Antworten. Im Vordergrund dürfte sehr oft der Wunsch nach individueller und unabhängiger Gestaltung des Berufslebens stehen.

Dabei darf nicht übersehen werden, dass diese Zielsetzung abgestimmt werden muss auf realistische Einkommenserwartungen. Denn allzu oft stimmen die Erwartungen in Bezug auf hohes Einkommen und umfangreiche persönliche Freiheiten absolut nicht überein. Vielmehr bedeutet eine Selbständigkeit unter ungünstigen Markt- und Wettbewerbsbedingungen vielfach ein Übermaß an Arbeit bei vergleichsweise schmalem Einkommen über längere Zeit.

Die Schaffung von Wettbewerbsvorteilen erfordert indes vielfach relativ hohe Vorlaufkosten, die mit entsprechendem Risiko vorfinanziert werden müssen. Und mit dem Risiko steigt dann in der Regel die Notwendigkeit hohen persönlichen Arbeitseinsatzes, sowie auf mittlere Sicht, die Einkommens- und Erfolgschancen.

Gründe für Existenzgründungen können sein:

- ❑ Selbständigkeit/Unabhängigkeit
- ❑ leistungsgerechteres Einkommen
- ❑ höheres Ansehen/Geltungsbedürfnis
- ❑ Durchsetzung eigener Ideen
- ❑ Umgehung des Kündigungsrisikos
- ❑ Vermeidung von Arbeitslosigkeit
- ❑ Nutzung steuerlicher Vorteile
- ❑ sinnvolle Investition verfügbarer Geldmittel
- ❑ Geschäftsübernahme
- ❑ Ausnutzung von Marktchancen
- ❑ Nutzung von öffentlichen Förderungen.

2.1.1.5 Soziale Absicherung

Im Gegensatz zum Arbeitnehmer muss sich der Unternehmer selbst versichern und die Beiträge und Prämien aus seinem Geschäft entnehmen. Oft wird man deshalb zu Beginn die Möglichkeit der freiwilligen Weiterversicherung in der gesetzlichen Rentenversicherung ungenutzt lassen, weil der Betrag zu hoch erscheint. Es sollten aber zumindest die oft preiswerten Alternativen privater Lebensversicherungen geprüft werden. Experten raten, die bisherigen Beträge des Arbeitnehmers und des Arbeitgebers in etwa gleichem Umfang einzuplanen, damit keine Lücke im sozialen Netz entsteht.

Zur weiteren Absicherung im privaten Bereich gehören:

- ❑ Krankenversicherung für sich selbst und die Familie
- ❑ Unfallversicherung
- ❑ Verdienstausfall- oder Krankentagegeldversicherung.

Bedenken sollten alle Existenzgründer, dass Selbständige weder Arbeitslosengeld noch eine Lohnfortzahlung erwarten können. Es ist empfehlenswert, sich diesbezüglich intensiv beraten zu lassen. Ein in einem anderen Beruf und nicht im eigenen Betrieb verdienender Ehepartner kann einen wesentlichen Beitrag zur finanziellen Absicherung der Familie leisten.

2.1.2 Prüfung und Gestaltung der sachlichen Voraussetzungen

2.1.2.1 Suche eines Erfolg versprechenden Betätigungsfeldes

Im Vordergrund der Karriereberatung von *Mewes* und *Bürkle*[1] stehen zwei Empfehlungen, deren Beachtung eine wesentliche Voraussetzung ist für dauerhaften Erfolg:

(1) systematische Engpassorientierung und
(2) die konsequente Ausnutzung von Synergieeffekten.

(1) **Systematische Engpassorientierung**
Üblicherweise lautet der entsprechende Rat, man müsse, um erfolgreich zu sein, nur eine Marktlücke finden. Dieser Gedanke ist richtig, aber nicht hinreichend präzise, um eine Existenzgründungs-Strategie zu definieren. *Mewes* vertritt eine wesentliche Systematisierung. Er beginnt seine Überlegungen mit der Erkenntnis von *Justus von Liebig*, der bezüglich der Steigerung landwirtschaftlicher Erträge durch Düngung festgestellt hat, dass der Ertrag immer dann am stärksten steigt, wenn man jeweils den Engpassfaktor vermehrt zuführt. Sobald der Engpassfaktor in ausreichender Menge verfügbar ist, wird bei seiner weiteren Vermehrung ein anderer Einsatzfaktor zum Engpass. Nun muss dieser vermehrt zugeführt werden.
Dem Ingenieur sind diese Überlegungen aus der Netzplantechnik wohl vertraut. Auf die Situation des Existenzgründers übertragen bedeutet die Anwendung dieser **Erfahrung, dass diejenigen Aktivitäten ihren Markt finden, die bei bestimmten Kunden einen Engpass darstellen. Langfristig kommt es jedoch darauf an, dass die gefundene Engpasssituation nicht kurzfristiger Natur ist, oder dass auf dem Wege der Produkt- und Problemlösungsentwicklung später auf die Belieferung anderer, neuer Engpassbereiche übergewechselt werden kann. Dabei kann erheblicher Kapitalbedarf entstehen, der aus inzwischen erwirtschafteten Erträgen deckbar sein sollte** (vgl. dazu Fallstudie I im Übungsteil).

---

[1] *Bürkle, H.*, Strategie-Beratung, Nierstein; ULA-Seminar,

(2) **Ausnutzung von Synergieeffekten**

Zur erfolgreichen Durchsetzung auf dem Markt genügt es nicht, genauso gut wie die Konkurrenz oder nur etwas besser als diese zu sein. Es kommt für den Erfolg ganz wesentlich darauf an, die Kunden zu finden, zu überzeugen und zur Zusammenarbeit und Kauf zu veranlassen.

Ein Ingenieur, der eine intelligente Leistung vermarkten will, hat keinen Grund zu der Annahme, dass sein Mitbewerber nicht auch intelligent vorgeht. Er muss deshalb alle Möglichkeiten umsichtiger Kundengewinnung auszunutzen. Dazu gehört es, systematisch darüber nachzudenken, was getan werden muss, um dem Mitbewerber keine Gelegenheit zu lassen, beim Kunden professioneller und überzeugender anzubieten. Dazu gehört die Ausnutzung aller Kommunikationsmittel und Referenzen, die den Verkauf fördern können (z. B. Einsatz von Fördermitteln, Presseveröffentlichungen, Referenzen etc.). Die volle und systematische Nutzung aller möglichen Unterstützungsmaßnahmen außerhalb des Unternehmens, die dem Erfolg dienen können, nennt man Ausschöpfung der Synergieeffekte. Dies schließt selbstverständlich auch die interne Nutzung technisch ähnlicher Projekte zur gegenseitigen fachlichen und werblichen Unterstützung ein (Cross-Supports). *Bürkle*[2] nennt hierzu ein Praxisbeispiel, das ebenso speziell wie treffend ist. Rechtsanwälten ist es nicht erlaubt zu werben. Ein Anwalt soll aber die Idee gehabt haben, einen Bäcker auf seine Brötchentüten drucken zu lassen: „Bäcker Müller, gegenüber von Rechtsanwalt Meyer". In diesem Zusammenhang vgl. Pkt. 3.4.1 „Das perfekte Systemangebot".

2.1.2.2 Neugründung oder Übernahme

Sobald die Art und der Bereich der Betätigung geklärt sind, können Überlegungen angestellt werden, ob eine Neugründung oder eine Übernahme eines Unternehmens/Geschäftsbetriebs vorteilhafter ist, falls die Möglichkeit besteht, ein Unternehmen/Geschäftsbetrieb zu übernehmen.

Folgende **Anlässe** begünstigen vielfach eine Übernahme:

- Generationswechsel
- Insolvenz oder bevorstehende Liquidation
- Geschäftsaufgabe aus sonstigen Gründen.

Die Übernahme hat im Gegensatz zur Neugründung möglicherweise folgende **Vorteile**:

- bereits vorhandener Organisationsaufbau
- Kunden- und Lieferantenstamm
- Betriebs- und Geschäftsausstattung, Maschinen und Fuhrpark sind kostengünstiger als bei Neugründung/Neukauf
- Erfahrungswerte und Statistikzahlen liegen vor
- eine gute Firma (=Name!) kann übernommen werden.

Mögliche **Nachteile** können sein:

- Investitionen sind wegen bevorstehender Auflösung nicht getätigt worden
- Ausstattung, Einrichtung, Maschinen, Fuhrpark usw. sind veraltet
- fehlerhafter Organisationsaufbau ist schwer veränderbar
- Umsatz ist rückläufig bei geringem oder fehlendem Gewinn

[2] *Bürkle, H.*, Strategie-Beratung, a.a.O.

- ❑ Image wirkt sich nachteilig aus
- ❑ Personal entspricht nicht den Anforderungen
- ❑ spezielle bisher gewohnte Kundenwünsche sind nur schwer zu erfüllen
- ❑ personenbezogene Konditionen/Absprachen sind nicht zu übernehmen.

Phasen der Übernahme nach *Nathusius*[3]:

Suchphase: In dieser ersten Stufe wird versucht, eine Anzahl geeigneter Unternehmen zu finden. Eine erste Vorauswahl wird getroffen.

Prüfphase: Einige geeignete Betriebe sind gefunden. Sie werden jetzt detailliert untersucht. Eine weitere Auswahl wird getroffen.

Bewertungsphase: Für die Unternehmen, die bis zu diesem Zeitpunkt übrig geblieben sind, wird im Rahmen der Unternehmensbewertung ein Wert bestimmt, der als Ausgangspunkt für die Preisverhandlungen dient.

Verhandlungsphase: Wenn alle Prüfungen und Bewertungen zu einem positiven Urteil geführt haben, tritt der Käufer in die Verhandlungsphase ein. Hier stehen die Preisverhandlungen mit dem bisherigen Inhaber und als Ziel der Abschluss des Kaufvertrages im Vordergrund.

Übergabephase: In dieser letzten Stufe der Existenzgründung durch Kauf oder Beteiligung muss für die reibungslose Abwicklung des Kaufes gesorgt werden.

2.1.2.3 Standortwahl

Die Kriterien zur Standortwahl wurden bereits im Teil „Aufbau der Unternehmung" als Pkt. 1.5 abgehandelt und sind dort nachzulesen.

2.1.2.4 Voll- oder Nebenerwerb

Im Abschnitt 2.1.1.3 wurde bereits auf das Risiko bei der Unternehmensgründung hingewiesen. Das unternehmerische Risiko und insbesondere das finanzielle Risiko kann dadurch gemindert werden, dass eine Alternativlösung in der Form eines Nebenerwerbs gewählt wird. Hierbei ist einerseits ein regelmäßiges (wenn auch meist vermindertes) Einkommen erzielbar bei gleichzeitiger sozialer Absicherung mit Kranken- und Rentenversicherung.

Eine selbständige Nebentätigkeit muss in Bezug auf ihren Ertrag mit den Alternativen volle Arbeitnehmertätigkeit und volle Selbständigkeit verglichen werden. In vielen Berufen, insbesondere für den Ingenieur in der Industrie, müssen Nachteile daraus befürchtet werden, dass zwei Berufe nebeneinander - beide nicht mit vollem Einsatz - wahrgenommen werden, was durchaus zu mittelmäßigen Ergebnissen und Interessenkonflikten führen kann. Dennoch gilt, dass die Nebentätigkeit als Test-Phase für eine spätere volle Selbständigkeit mit Aufgabe der Nebentätigkeit sehr geeignet sein kann.

2.1.2.5 Finanzierung

Der finanziellen Überbrückung der Start-Phase, der Optimierung des Kapitalbedarfs und der Kapitalbeschaffung, d. h. der gesamten Finanzierungsaufgabe, kommt im Rahmen der Existenz-

[3] *Nathusius, K.*, Praxis der Unternehmensgründung, Köln

gründung große Bedeutung zu. Diesen Aufgaben und ihrer planmäßigen Lösung sind das Kapitel 7, Finanzwirtschaft und Investition, sowie eine Fallstudie zur Drei-Jahresplanung im TEIL III Kapitel 12 gewidmet. Der Leser wird gebeten, an den genannten Orten die Lektüre fortzusetzen.

2.1.2.6 Gestaltung des rechtlichen Rahmens

(1) **Wahl der Rechtsform**

Hierzu vgl. den Abschnitt 1.3 Rechtsformen der Unternehmen und speziell Pkt. 1.3.6 Kriterien zur Wahl der Unternehmensform. Dort wurde bereits zusammenhängend erläutert, dass

- ❑ Gründungsformalitäten
- ❑ Leitungsbefugnisse
- ❑ Finanzierungsmöglichkeiten
- ❑ Gewinnverteilung und
- ❑ Haftungsverhältnisse sowie
- ❑ Publizitätspflichten

für die Wahl der Unternehmensform maßgeblich sind.

Für den Existenzgründer steht vielfach die Notwendigkeit im Vordergrund, mehr Start-Eigenkapital zu beschaffen, als er selbst verfügbar hat und das private Vermögen aus der Haftung herauszuhalten. Wenn gleichzeitig die Grenzen der persönlichen Fachkenntnisse die Gewinnung eines Partners mit komplementären Kenntnissen nahe legt, dann bietet sich in der Regel die Gründung einer GmbH mit gemeinschaftlicher Geschäftsführung an. Aus diesem Grunde werden im Folgenden ein GmbH-Vertrag und ein Geschäftsführer-Vertrag vorgestellt.

(2) **Praxisbeispiel: GmbH-Vertrag**

Der folgende Vertrag stammt aus der praktischen Anwendung einer Ingenieurgesellschaft. Konkrete Angaben, wie Namen, Zweck und Sitz, sind fiktiv gewählt:

GESELLSCHAFTSVERTRAG

§ 1
Name, Sitz der Gesellschaft
RATIOTEC Gesellschaft für Rationalisierungstechnik
und Wirtschaftsberatung mit beschränkter Haftung
Sitz der Gesellschaft ist Berlin.

§ 2
Gegenstand der Gesellschaft

Gegenstand der Gesellschaft ist:

- ❑ die Rationalisierung von Arbeits- und Informationsprozessen
- ❑ die Entwicklung, Herstellung und Vertrieb von Maschinen und elektronisch gesteuerten Hilfsmitteln zur Rationalisierung
- ❑ Organisationsberatung
- ❑ Beratung in allen wirtschaftlichen Fragen
- ❑ Marketing-Dienstleistungen
- ❑ sowie alle damit im Zusammenhang stehenden Geschäfte.

Die Gesellschaft kann sich an anderen Gesellschaften beteiligen und Zweigniederlassungen gründen. Sie kann ebenfalls die Stellung einer persönlich haftenden Gesellschafterin in einer noch zu gründenden Kommanditgesellschaft übernehmen.

§ 3
Stammkapital

1. Das Stammkapital beträgt EUR 25.000,- (EUR fünfundzwanzigtausend).
2. Als Stammeinlage haben übernommen

Herr Peter Schulze	DM 12.500,- (EUR zwölftausendfünfhundert),
Herr Helmut Meyer	DM 12.500,- (EUR zwölftausendfünfhundert).

Die Stammeinlagen sind in bar zu leisten. Die Stammeinlagen sind vor Anmeldung der Gesellschaft zur Eintragung in das Handelsregister zu mindestens 25% einzuzahlen. Für den Rest sind Sicherheiten zu stellen.

§ 4
Beginn und Dauer der Gesellschaft, Geschäftsjahr

1. Das Geschäftsjahr ist das Kalenderjahr.
2. Das erste Geschäftsjahr beginnt im Innenverhältnis am ... und endet mit Ablauf des Kalenderjahres.
3. Die Gesellschaft wird auf unbestimmte Zeit gegründet.

§ 5
Geschäftsführung, Vertretung

1. Die Gesellschaft hat einen oder mehrere Geschäftsführer.
2. Sind mehrere Geschäftsführer bestellt, so wird die Gesellschaft durch je zwei Geschäftsführer gemeinschaftlich vertreten. Die Gesellschafterversammlung kann die Vertretung und Geschäftsführung abweichend regeln, insbesondere einem oder allen Geschäftsführern Einzelvertretungsmacht erteilen. Die Geschäftsführer werden von der Beschränkung des §181 BGB befreit. (Erläuterung vgl. Fußnote 4)
3. Die Geschäftsführerbefugnis erstreckt sich nur auf Handlungen, die der gewöhnliche Geschäftsverkehr mit sich bringt, mit der Maßgabe, daß für alle darüber hinausgehenden Geschäfte die vorherige Zustimmung der Gesellschafterversammlung einzuholen ist.
4. Ein Geschäftsführer kann von der Gesellschafterversammlung nur mit einer Mehrheit von 80 % abberufen werden.
5. Kein Gesellschafter darf der Gesellschaft während seiner Vertragszeit mittelbar oder unmittelbar Konkurrenz machen oder sich an einem Konkurrenzunternehmen beteiligen.

§ 6
Gewinnverteilung, Gewinnausschüttung

1. Am Jahresgewinn sind die Gesellschafter im Verhältnis ihrer Stammeinlagen bezugsberechtigt.
2. Über die Höhe des nicht auszuschüttenden Gewinns entscheidet die Gesellschafterversammlung mit einer Mehrheit von 80 %.

---

4 Erläuterung, nicht zum Vertragstext gehörend:
§ 181 BGB untersagt Geschäftsführern im Namen der Gesellschaft mit sich selbst zu kontrahieren.

§ 7
Gesellschafterversammlung

1. Innerhalb der ersten sechs Monate nach Ablauf eines Geschäftsjahres ist eine Gesellschafterversammlung einzuberufen, die über die Feststellung des Jahresabschlusses und die Gewinnverteilung/-verwendung beschließt. Im Übrigen ist jederzeit eine Gesellschafterversammlung einzuberufen, wenn einer der Gesellschafter dies verlangt.
2. Die Gesellschafterversammlung kann von jedem Geschäftsführer einberufen werden und zwar durch Brief unter Einhaltung einer Frist von vier Wochen und Mitteilung der Tagesordnung.
3. Für alle Beschlüsse, die nicht eine Änderung des Gesellschaftervertrages und eine Auflösung der Gesellschaft betreffen, genügt einfache Stimmenmehrheit, soweit dieser Gesellschaftsvertrag nicht andere Stimmenmehrheiten festlegt; vgl. § 5, Abs. 4, § 6 Abs. 2, § 8, Abs. 1.
4. Jeder Gesellschafter kann sich in einer Gesellschafterversammlung nur durch einen mit schriftlicher Vollmacht versehenen Familienangehörigen oder zur Berufsverschwiegenheit verpflichteten Angehörigen der rechts-, steuer- oder wirtschaftsberatenden Berufe vertreten lassen.
5. Gesellschafterversammlungen können ohne Einhaltung der in Abs. 2 festgelegten Fristen und Formen abgehalten werden, wenn alle Gesellschafter bei der Beschlussfassung mitwirken. Einstimmige Gesellschafterbeschlüsse können auch auf schriftlichem Wege gefasst werden.

§ 8
Veräußerung sowie Abtretung und Einziehung von Kapitalanteilen

1. Geschäftsanteile und Teile von Geschäftsanteilen können nur mit Genehmigung der Gesellschafter veräußert, abgetreten oder belastet werden. Für die Erteilung der Genehmigung ist eine Mehrheit der Gesellschafterversammlung von 80 % erforderlich. Eine Genehmigung ist nicht notwendig, wenn die Geschäftsanteile oder Teile daran an Mitgesellschafter abgetreten werden.
2. Stirbt ein Gesellschafter, so haben der Erbe/die Erben die Pflicht, den Anteil den anderen Gesellschaftern zum Ankauf innerhalb von drei Monaten anzubieten. Sind mehrere Gesellschafter zur Übernahme bereit, haben sie das Recht, einen ihrer Beteiligung entsprechenden Anteil zu übernehmen. Wird die Erklärung gegenüber dem/den Erben nicht innerhalb einer Frist von sechs Wochen nach Anbietung abgegeben, gilt das Angebot als abgelehnt. Die Höhe des Kaufpreises für den zu übernehmenden Anteil bestimmt sich nach § 9.
3. Die Gesellschaft kann eigene Anteile unter Beachtung der gesetzlichen Bestimmungen erwerben. Mit Zustimmung des betreffenden Gesellschafters kann die Gesellschafterversammlung die Einziehung eines Gesellschafteranteils jederzeit beschließen, ohne Zustimmung jedoch nur dann:
   a) wenn ein Gesellschafter ohne Genehmigung Konkurrenzgeschäfte für eigene oder fremde Rechnung vornimmt,
   b) wenn über sein Vermögen das Insolvenzverfahren eröffnet ist,
   c) wenn ein Dritter die Zwangsvollstreckung in den Kapitalanteil eines Gesellschafters betreibt,
   d) wenn ein Gesellschafter seinen Kapitalanteil verpfändet oder wenn er in irgend einer anderen Form ohne Genehmigung der Gesellschafterversammlung darüber verfügt. Dabei gilt die Einräumung einer stillen Unterbeteiligung ohne jede Gesellschaftsrechte nicht als Verfügung über den Kapitalanteil.

Bei Beschlussfassung über die Einziehung eines Geschäftsanteils hat der betroffene Gesellschafter kein Stimmrecht. Die Höhe der Abfindung bestimmt sich nach § 9.

§ 9
Abfindung

1. Im Falle der Übertragung von Anteilen durch Erben an andere Gesellschafter oder der Einziehung eines Anteils, ist der Wert des Anteils durch eine Auseinandersetzungs-Bilanz zur Wertermittlung des Anteils festzustellen.
   In dieser Auseinandersetzungs-Bilanz sind alle Sachwerte und Schulden mit ihren wahren Werten anzusetzen, jedoch unter Absetzung von 50 % der aufgelösten stillen Reserven für eine sog. latente Ertragsteuerbelastung. Die Bewertung der Firma, des Kundenkreises oder anderer immaterieller Werte in der Auseinandersetzungs-Bilanz erfolgt derart, dass der Durchschnittsbetrag der Gewinne der letzten drei Jahre unter Ausklammerung der außerordentlichen, nicht laufend wiederkehrenden Erträge und Aufwendungen ermittelt und als Wert der dreifache Jahresgewinn angesetzt wird.
2. Die Auseinandersetzungs-Bilanz ist auf das Ende des dem Ausscheiden vorangegangenen Geschäftsjahres aufzustellen. Die Auseinandersetzungs-Bilanz ist innerhalb von sechs Monaten nach Ablauf des Geschäftsjahres aufzustellen. Die Auszahlung des Auseinandersetzungsguthabens erfolgt in Monatsraten verteilt über ein Jahr, beginnend sechs Monate nach dem Zeitpunkt des Ausscheidens. Die Beträge sind bis zur Auszahlung mit 2 % über dem Diskontsatz der Deutschen Bundesbank zu verzinsen, berechnet auf den jeweiligen Stand des Auseinandersetzungsguthabens. Eine frühere Zahlung ist möglich. Eine Sicherstellung des Abfindungsguthabens findet nicht statt.

§ 10
Schlussbestimmungen

1. Alle das Gesellschaftsverhältnis betreffenden Vereinbarungen der Gesellschafter untereinander und mit der Gesellschaft müssen schriftlich erfolgen, soweit das Gesetz nicht eine notarielle Beurkundung vorschreibt.
2. Dieser Vertrag bleibt auch dann gültig, wenn einzelne Vorschriften sich als ungültig erwiesen haben. Die ungültige Vorschrift des Gesellschaftsvertrages ist alsdann durch Beschluss der Gesellschafter so zu ergänzen oder umzudeuten, dass der mit der ungültigen Vorschrift beabsichtigte wirtschaftliche Zweck erreicht wird.
3. Soweit der Gesellschaftsvertrag keine Bestimmungen enthält, gelten die gesetzlichen Bestimmungen.

Berlin, den ...

(Helmut Meyer) (Peter Schulze)

Beglaubigungsvermerk und Unterschrift eines Notars.

(3) **Praxisbeispiel: Geschäftsführervertrag**

GESCHÄFTSFÜHRER-ANSTELLUNGSVERTRAG

Die

RATIOTEC Gesellschaft für Rationalisierungstechnik
und Wirtschaftsberatung mit beschränkter Haftung, Berlin
- im Folgenden RATIOTEC genannt -

und

Herr Helmut Meyer

vereinbaren:

§ 1
Stellung und Aufgaben

Herr Meyer ist von der Gesellschafterversammlung zum alleinvertretungsberechtigten Geschäftsführer der RATIOTEC bestellt worden. Als Geschäftsführer ist Herr Meyer verantwortlich für den gesamten Geschäftsbereich der RATIOTEC.

Herr Meyer wird seine Arbeitskraft und Fähigkeiten uneingeschränkt für die RATIOTEC einsetzen. Entgeltliche Nebenbeschäftigungen sind nur mit Zustimmung der Gesellschafter statthaft.

Herr Meyer hat bei seiner Tätigkeit das Gesetz und die Bestimmungen des Gesellschaftsvertrages zu beachten. Zu allen Entscheidungen und Maßnahmen, von denen Herr Meyer annehmen muss, dass die Gesellschafter sie sich wegen ihrer Tragweite und Bedeutsamkeit vorbehalten möchten, muss Herr Meyer die Einwilligung der Gesellschafter einholen.

§ 2
Verschwiegenheit

Herr Meyer wird unbedingte Verschwiegenheit wahren über alle vertraulichen geschäftlichen Angelegenheiten und Vorgänge, insbesondere über Bilanzen, Umsätze, Kalkulationen, Kundenverzeichnisse, Preislisten, Arbeits- und Werbemethoden, Auftragsunterlagen und Rentabilitätsberechnungen sowie wichtige Korrespondenzen, soweit sie Kundenaufträge betreffen, sowie schließlich über alle Angelegenheiten der Gesellschafter. Die Pflicht der Verschwiegenheit umfasst alles, was Herr Meyer in Ausübung seiner Tätigkeit anvertraut worden oder ihm bei Gelegenheit seiner Beratungstätigkeit bekannt geworden ist. Das Beratungsgeheimnis wird auch von den Gesellschaftern respektiert mit der Maßgabe, dass den Gesellschaftern die Überwachung der finanziellen Situation der RATIOTEC möglich ist.

Diese Verpflichtung besteht auch nach Beendigung des Vertragsverhältnisses fort. Herr Meyer darf der Gesellschaft während seiner Vertragszeit mittelbar oder unmittelbar keine Konkurrenz machen oder sich an einem Konkurrenzunternehmen beteiligen.

§ 3
Gehalt

Herr Meyer erhält ein Brutto-Jahresgehalt in Höhe von DM ... zahlbar in monatlichen Teilbeträgen jeweils am letzten Tage des Monats nach Abzug der Steuern und etwaiger Sozialbeiträge. Durch die vorstehend genannten Beträge sind sämtliche Leistungen von Herrn Meyer einschließlich etwaiger Überstunden vorbehaltlich einer anderweitigen Vereinbarung im Einzelfall abgegolten.

§ 4
Spesen

Herrn Meyer werden Spesen (Reisekosten, Bewirtungsaufwand etc.) nach Maßgabe besonderer, noch aufzustellender betrieblicher Richtlinien gewährt.

§ 5
Urlaub

Herr Meyer hat Anspruch auf einen Jahresurlaub von 30 Arbeitstagen. Herr Meyer wird die Urlaubszeit nach Maßgabe der geschäftlichen Erfordernisse jeweils bestimmen. Übertragungen auf das folgende Kalenderjahr sollen grundsätzlich nicht erfolgen.

§ 6
Gehaltszahlung bei Krankheit und Tod

Im Falle der Erkrankung von Herrn Meyer zahlt die RATIOTEC das Gehalt bis zur Dauer von 3 Monaten weiter. Im Falle des Ablebens von Herrn Meyer erhalten seine Hinterbliebenen (Witwe und unterhaltsberechtigte Kinder) die vollen Bezüge noch für 3 Monate, beginnend mit Ablauf des Sterbemonats.

§ 7
Erfindungen und Urheberrecht

Für die Behandlung von Erfindungen im Dienst gelten die Vorschriften des Gesetzes über die Arbeitnehmererfindungen sowie die hierzu ergangenen „Richtlinien für die Vergütung von Arbeitnehmererfindungen in privatem Dienst".

Der RATIOTEC stehen das Eigentum und alle Rechte an Zeichnungen, Formularen, Entwürfen usw., die im Zusammenhang mit der Tätigkeit von Herrn Meyer bei der RATIOTEC entstehen, zu. Bezüglich der vorgenannten Werke räumt Herr Meyer, wenn sie Urheberrechtsschutz genießen, schon jetzt der RATIOTEC ausschließliche Rechte ein, sie auf alle Nutzungsarten zu nutzen.

Herr Meyer hat das Recht, Fachvorträge zu besuchen und zu halten und unter eigenem Namen zu publizieren. Die Interessen der RATIOTEC dürfen dabei nicht verletzt werden. Die außerhalb der RATIOTEC eventuell entstehenden Entwürfe und Dokumente fallen nicht unter die Regelung dieses Paragraphen.

§ 8
Vertragsdauer und Kündigung

Der Vertrag wird auf unbestimmte Zeit geschlossen. Er kann mit einer Kündigungsfrist von 6 Monaten zum Quartalsschluss gekündigt werden.

§ 9
Vertragsänderung und -ergänzung

Änderungen und Ergänzungen des Vertrages bedürfen der Schriftform. Die Arbeitszeitregelung der Gesellschaft in ihrer jeweils gültigen Fassung ist Bestandteil dieses Vertrages.

§ 10
Streitigkeiten

Unklarheiten oder Streitigkeiten, die sich aus diesem Vertrag ergeben könnten, sollen in sachlicher Aussprache, gegebenenfalls unter Hinzuziehen von Persönlichkeiten des beiderseitigen Vertrauens, geklärt werden.

Berlin, den ...

(Helmut Meyer)

RATIOTEC Gesellschaft für Rationalisierungstechnik und Wirtschaftsberatung m.b.H.

(4) **Genehmigungen**

Prinzipiell gilt in der Bundesrepublik Deutschland der Grundsatz der Gewerbefreiheit. Damit wird jedem Bürger zugesichert, dass er sich in einem Gewerbe seiner Wahl ohne Beschränkungen des Zutritts zu dem Gewerbe selbständig betätigen kann. Dabei sind Ausländer, die aus Staaten der Europäischen Union (EU) kommen, den deutschen Staatsbürgern weitgehend gleichgestellt.
Allerdings gibt es eine Vielzahl von Ausnahmen von dieser grundsätzlichen Regel. Diese muss der Gründer beachten, will er nicht Gefahr laufen, dass ihm sein Unternehmen wegen Nichtbeachtung von Genehmigungspflichten stillgelegt wird.

Besondere rechtliche Bestimmungen gelten unter anderem für:

- Industrieunternehmen, deren Aktivitäten die Umwelt belasten durch Lärm, Schmutz etc.
- Einzelhandel mit Lebensmitteln und Arzneien
- Handwerksbetriebe, die ausbilden
- Makler, Kredit- und Versicherungsvermittler
- Versicherungs- und Bankgewerbe
- Gaststätten.

Näheres hierzu vgl. *Nathusius* [5].

2.1.2.7 Wettbewerbsverhältnisse

Zur Marktanalyse gehört neben der Prüfung des Bedarfes gleichrangig die Prüfung der Frage, welcher Teil des Marktes vom Mitbewerber beliefert wird und wie sich in Zukunft die Wettbewerbssituation entwickeln wird. Näheres hierzu finden Sie in den Abschnitten über Marktforschung (Pkt. 3.2) und Produktpolitik (Pkt. 3.3.1).

2.1.2.8 Steuerliche Überlegungen

Unternehmer haben mehr und direkter als die Arbeitnehmer mit dem Finanzamt zu tun:

- sie müssen ihre Geschäftsvorgänge sorgfältig aufzeichnen und Belege aufbewahren
- sie müssen Steuererklärungen abgeben
- sie müssen pünktlich Steuervorauszahlungen leisten und Steuerbescheide bezahlen.

[5] *Nathusius,* K., a.a.O.

Außerdem können Selbständige zu folgenden Steuern steuerpflichtig werden, die, mit Ausnahme der Einkommensteuer, für die Mehrzahl der Arbeitnehmer ohne Bedeutung sind:

- Einkommensteuer
- Körperschaftsteuer (nur bei Kapitalgesellschaften)
- Lohnsteuer müssen sie jetzt einbehalten und weiterleiten, wenn Arbeitnehmer beschäftigt werden
- Gewerbesteuer (Ausnahme: Freiberufler)
- Umsatzsteuer.

Nicht selten tragen mitarbeitende Familienangehörige wesentlich zur Kostendämpfung bei. Bedenke: Pauschalversteuerung von Einkommen aus Nebentätigkeiten. - Bei der Entscheidungsfindung sollte der Grundsatz befolgt werden, keine Entscheidungen ausschließlich aus steuerlichen Gründen zu treffen, da Steueränderungen diesen die Grundlage entziehen könnten. Wichtig bleibt jedoch in jedem Fall, steuerliche Gesichtspunkte in die Entscheidungen von Anfang an einzubeziehen, um steuerliche Vorteile zu nutzen und Nachteile zu vermeiden. Es ist deshalb wesentlich, den Rat eines guten Steuerberaters frühzeitig zu suchen und zu berücksichtigen.

2.1.2.9 Gründungsberatung und Informationsquellen

Wer sich ernsthaft entschlossen hat, eine selbständige Tätigkeit aufzunehmen, sollte sich nicht scheuen, für spezielle Problemlösungen den Rat von erfahrenen Fachleuten in Anspruch zu nehmen. Berufsverbände, Handwerks- und Handelskammern führen laufend Existenzgründungsseminare durch.
Auskünfte erteilt auch der Bundesverband Deutscher Unternehmensberater BDU e.V.

2.1.3 Mindestplanung

2.1.3.1 Grundüberlegungen zur Planung neuer Aktivitäten

Auf der Suche nach neuen Aktivitäten sollten folgende Gesichtspunkte beachtet werden.

- Ein langfristiger Erfolg ist nur auf der Grundlage eines effektiven Bedarfes zu erwarten. D. h. die **realistische Markteinschätzung** ist zwingende Grundlage für eine richtige unternehmerische Entscheidung.
- Soweit einigermaßen verlässliche **Absatz- und Umsatzprognosen** nicht möglich erscheinen, muss **mit**
  - optimistischen
  - realistischen und
  - pessimistischen

  Erwartungswerten alternativ gerechnet werden.
- Fixkosten sind strikt auf einem Minimum zu halten und möglichst ebenso kurzfristig abbaubar zu halten, wie unbefriedigende Umsatzentwicklungen es notwendig machen.
- Die wohl **günstigste Form des Aufbaus** neuer Aktivitäten ist die Nutzung eines Großauftrags und des zugehörigen Großkunden zur Abdeckung der Startkosten und zur Erschließung von Folgeumsätzen.

- ❑ Die Ableitung neuer Aktivitäten auf der Grundlage von **Vorentwicklungen mit Vorlaufkosten** sollte möglichst auf Basis einer kostenminimalen Start-Phase mit flexibler Möglichkeit zu weiterem Wachstum gestaltet werden. Nur so entsteht die Fähigkeit, eine längere Anlaufzeit kosten- und ergebnismäßig durchstehen zu können.
- ❑ Es muss versucht werden, die **Kundenkontakte** und Referenzen älterer, laufender Aktivitäten für neue Geschäftszweige kostenoptimal zu nutzen. Das Gleiche gilt für die Übertragung und Mitbenutzung von Know-how aus bestehendem Geschäft. Die Nutzung dieser **„cross supports"** sind ein wesentlicher Schlüssel zum Erfolg.
- ❑ Selbstverständlich gilt bei allem Zwang zu äußerster Sparsamkeit, dass **„volle Professionalität"** bei höchstmöglicher Eigenleistung unverzichtbar ist für jedes Geschäft, das auf Vertrauen der Kunden beruht. Dazu gehört die systematische Erschließung von **„Synergieeffekten"**.

2.1.3.2 Minimalanforderungen systematischer Planung

Der monatliche Deckungsbeitrag (Umsatzerlöse netto minus variable Kosten) sollte jeden Monat, auch in Monaten mit geringen Umsätzen ausreichen, um die monatlichen Fixkosten zu decken.

Diese selbstverständliche Erfolgsvoraussetzung kann nur erfüllt werden, wenn vor der Gründung und auch danach für jedes Jahr im Rahmen einer bestmöglichen Minimalplanung realistische Ziele entwickelt und festgelegt werden. Deshalb befindet sich im TEIL III Kapitel 12 als Fallstudie ein kompletter Mehrjahresplan für ein Kleinunternehmen, der geeignet ist, dem Existenzgründer als nachvollziehbares Vorbild für die von ihm durchzuarbeitenden Planungsschritte zu dienen. Dazu gehören insbesondere Vorschaurechnungen zu folgenden Punkten:

(1) Marktprognose und Umsatzplanung
(2) Planung der Einmalkosten
(3) Planung der laufenden Kosten
(4) Zur Kostendeckung erforderlicher Monatsumsatz
(5) Ergebnisplanung mit Risikoanalyse
(6) Maßnahmenplanung
(7) Blick in die fernere Zukunft.

2.2 Maßnahmen zur Realisierung der Gründung

1. Prüfung der Verträge
2. Abschluss der Verträge - Gesellschaftsvertrag vor einem Notar - (veranlasst Eintragung in das Handelsregister)
3. Anmeldung eines Gewerbebetriebes beim Wirtschafts- und Ordnungsamt
4. Anmeldung Finanzamt
5. Anmeldung Personal bei der Kranken- und Sozialversicherung
6. Anmeldung beim Arbeitsamt (Erteilung einer Betriebsnummer)
7. Anmeldung Berufsgenossenschaft
8. Anmeldung bei der Post (Postvollmachten)
9. Einrichtung einer Bankverbindung
10. Druck von Geschäftsbriefen und sonstigen Formularen

11. Räume (Anmietung, Strom, Wasser, Dekoration)
12. Einrichtung Telefon
13. Beschaffung der Einrichtungsgegenstände
14. Abschluss Geschäftsversicherungen (Haftpflicht, Feuer, Einbruch, Diebstahl)
15. Dokumentation aller Kosten vor Gründung
16. Erstellung einer Eröffnungsbilanz.

2.3 Erfolgssicherung nach der Gründung

Die zu diesem Abschnitt gewählten Einzelüberschriften stellen ein geschlossenes Programm dar, zu dem der erfolgreiche Gründer seine eigenen Ideen entwickeln sollte. Darüber hinaus ist eine ausführliche Behandlung fast überflüssig, da die Gesamtheit dieses Buches der bestmöglichen Beantwortung dieses Themas gewidmet ist. Vorab sei auf ein spezielles Buch zu diesem Thema hingewiesen. Es ist das Werk von *Pitter A. Steinbuch* „So sichern Jungunternehmer den Erfolg"[6]. Nun kurzgefasst einige wichtige Anregungen.

2.3.1 Vorbildliche Selbstorganisation

Wie einleitend zum Thema Existenzgründung erläutert, ist das zu bewältigende Arbeitsvolumen des Gründers so umfangreich, dass physische und geistige Selbstdisziplin ebenso wie eine strenge Organisation des Tagesablaufs die notwendige Voraussetzung für eine Erledigung des Pensums darstellen. Um Mitarbeiter ebenfalls zu effizienter Arbeit anzuhalten, ist es notwendig, durch präzise Besprechungsvorbereitung klare Anweisungen sowie konsequente Termineinhaltung und -überwachung ein Vorbild zu geben.

2.3.2 Optimaler Mitarbeitereinsatz

2.3.2.1 Richtige Auswahl

Ebenso wie vom Gründer muss von den ersten Mitarbeitern erwartet werden, dass sie in bestimmten Gebieten fachlich exzellent, möglichst führend sind. Gleichzeitig müssen sie in der Lage und bereit sein, auch außerhalb ihres Spezialgebietes effizient zu arbeiten. Darüber hinaus muss die Bereitschaft zu zeitweise erheblichen Überstunden bestehen, die - falls die Unternehmenssituation dies erfordert - später „abgefeiert" werden sollten. Zur Vermeidung von Fehlern bei der Auswahl der ersten Mitarbeiter sind diese Anforderungen deutlich anzusprechen. Außerdem ist für die speziellen Leistungsbereiche der neuen Mitarbeiter ein wohl überlegter kluger Anwendungsfall vorzubereiten und zumindest sorgfältig mit dem Bewerber zu diskutieren; in der Regel empfiehlt sich, den Bewerber einen qualifizierten Test machen zu lassen. Zumindest sollten die Bewerbungsgespräche durch sorgfältig vorbereitete Fragen qualifiziert Aufschluss geben über die zu erwartenden Leistungen des künftigen Mitarbeiters. Deshalb ist darauf zu achten, dass die gesamte Auswahl von Mitarbeitern mit der erforderlichen Ruhe und Sorgfalt vorgenommen wird.

[6] *Steinbuch, P.*, So sichern Jungunternehmer den Erfolg, Landsberg am Lech

2.3.2.2 Motivation durch Ziele, Vorbild und Erfolgshonorierung

Das Engagement eines Mitarbeiters sollte am ersten Tag seiner Mitwirkung durch eine systematische Einweisung gefördert werden. In Abstimmung mit den Mitarbeitern sollten zumindest für jede Woche, wenn nicht gar kürzere Zeiträume, konkrete Ergebnisziele für deren Arbeit vorgegeben werden. Wöchentliche kurze oder längere Besprechungen über die Arbeitsergebnisse der Woche und die Anforderungen der nächsten Periode steigern den Einsatz und die Leistung der meisten Mitarbeiter wesentlich. Der Leiter des Unternehmens sollte möglichst bestimmte schwierige Aufgaben selbst wahrnehmen und zumindest in wichtigen Punkten in der Lage sein, seinen Mitarbeitern die Lösung einer Aufgabe vorzumachen. Eine Erfolgshonorierung durch Lob und/oder Prämien trägt wesentlich zur Leistungsmotivation und -steigerung bei.

2.3.3 Kundenzufriedenheit

Kurz kann man zu diesem Punkt sagen, dass jedes Unternehmen, insbesondere jedes Ingenieur-Unternehmen, das komplexe Problemlösungen verkaufen will, darauf angewiesen ist, zufriedene Kunden als Referenz angeben zu können und als ständige Auftraggeber zu bewahren.

2.3.4 Effizientes Controlling

Unternehmensplanung ist systematische Vorgabe von Zielen und Definitionen des Weges zum Erreichen der Ziele. Wie ein Navigator hat ein Controller die Aufgabe, den Fortschritt und die Abweichungen vom geplanten Weg zu überwachen. Die Wahrnehmung dieser Führungsaufgabe hat ein einwandfreies Rechnungswesen zur Voraussetzung. Das ist der Grund, weshalb im Kapitel 9 dieses Buches auf die rechtlichen Vorschriften und die Verfahren des Rechnungswesens eingegangen wird. Diese sind vom Zeitpunkt der Gründung an zu beachten.

2.3.5 Schnelle, strategisch richtige Entscheidungen

Neugegründete kleine Unternehmen haben vor allem häufig mit Finanzierungsengpässen zu kämpfen. Damit diese sich nicht zu einer Existenzbedrohung ausweiten, ist es erforderlich, in den Bereichen Umsatzsicherung und Faktoreinsatz (sparsamer Umgang mit Kosten) keine Fehler zu machen. Da die Fähigkeit zu umfangreichen systematischen Studien und Projektentwicklungsanstrengungen häufig fehlt, ist das kleine Unternehmen darauf angewiesen, sehr wachsam maßgebliche Entwicklungen auf den Absatz- und Beschaffungsmärkten zu beobachten und sich Vorteile aus frühzeitigen richtigen Entscheidungen zu sichern. Es gehört zu den wichtigsten Führungsaufgaben, für diese strategische Marktbeobachtung und -analyse stets die erforderliche Zeit verfügbar zu halten und einzusetzen.

2.3.6 Zukunftsorientierung des Leistungsprogramms

Aus vorher erwähnten Überlegungen geht hervor, dass auch das Leistungsprogramm kleiner und neuer Unternehmen den Marktveränderungen angepasst werden muss. Dieses geschieht am erfolgreichsten, wenn es gelingt, die bereits besprochene Engpassorientierung zu realisieren, auf eine Veränderung, d.h. neue Engpässe im Markt, zu reagieren und dieses mit einem Maximum an Synergieeffekten und Cross-Supports zu verbinden.

Weitere Anregungen zu dieser Thematik enthalten die folgenden Kapitel dieses Buches.

Kontrollfragen zu Kapitel 2

1. Was verstehen Mewes und Bürkle unter Engpassorientierung und Synergieeffekten?
2. Welche Vorteile und welche Nachteile können bei einer Geschäftsübernahme im Vergleich zu einer Neugründung entstehen?
3. Welche Bearbeitungs-Phasen, mit welchen Aufgabeninhalten, empfiehlt Nathusius im Zusammenhang mit einer möglichen Geschäftsübernahme?
4. Erläutern Sie Ihre Vorstellungen über den Inhalt eines Gesellschaftsvertrages für eine GmbH.
5. Entwerfen Sie einen Geschäftsführervertrag für den Geschäftsführer einer GmbH.
6. Welche steuerlichen Fragen klären Sie vor einer Unternehmensgründung?
7. Erläutern Sie die Minimalanforderungen systematischer Planung im Zusammenhang mit einer Unternehmensgründung.
8. Welche Informationsquellen bieten Unterstützung für Existenzgründer?
9. Welche Maßnahmen werden bei der Realisierung der Gründung notwendig?
10. Wie sichern Sie den Erfolg nach der Gründung?

Teil II: Aufgaben und Arbeitsmethoden der Hauptfunktionsbereiche des Industrieunternehmens

3 Vertrieb

3.1 Strategisches und operatives Marketing

3.1.1 Aufgabe und historische Entwicklung

Als Marketing bezeichnet man heute in der Regel die Gesamtheit aller Aktivitäten, die darauf ausgerichtet sind, den nachhaltigen Erfolg des Unternehmens im Markt systematisch zu sichern. Marketing umfaßt nach *Hill*[1] damit die folgenden Elemente:

- alle Aktivitäten und Prozesse, die mit Absatz oder Vermarktung von Gütern und Dienstleistungen sowie de Transaktionen zwischen Abnehmern und Herstellern zu tun haben
- die gezielte und systematische Marktbearbeitung basierend auf Marktforschungsergebnissen über Markt, Konkurrenz, Konsumentenverhalten und Wirkung einsetzbarer Instrumente
- eine absatzmarktorientierte Unternehmensführung, die alle Aktivitäten systematisch und wirksamer und effizienter als die Konkurrenz an Abnehmerbedürfnissen ausrichtet, um die Erreichung der Ziele zu gewährleisten.

Die historische Entwicklung des Marketings ist dabei durch den Wandel vom Verkäufermarkt, auf dem angebotene Produkte aufgrund allgemeinen Mangels unschwer ihren Käufern finden, zum Käufermarkt geprägt, auf dem die Entwicklung eines relativ anspruchsvollen Bedarfes der Kunden über die Absatzchancen von Produkten entscheidet. *Magyar*[2] unterscheidet vier **Entwicklungsstufen:** Produktions-, Verkaufs-, Markt- und Marketingorientierung (vgl. Tabelle S.74).

Seit Anfang der neunziger Jahre nehmen die Informationstechnologie und die mit ihr einhergehenden Kommunikationsmöglichkeiten, die Ausrichtung von Produkten und Dienstleistungen auf individuelle Erlebnis- und Wellness-Bedürfnisse sowie ökologische Gesichtspunkte einen zunehmenden Einfluß auf die Entwicklung des Marketings. Gleichzeitig zwingen Überalterung und Arbeitslosigkeit in den westlichen Industrienationen, Bevölkerungswachstum in der übrigen Welt und der dynamische globale Wettbewerb zwischen Unternehmen wie auch Nationen dazu, alte Werte und Denkstrukturen zu überprüfen.

Der einhergehende Wandel der Märkte machte und macht in den Unternehmen eine laufende Prioritätenveränderung notwendig, von der Dominanz des Fertigungsbereiches zum Vorrang des Marketingbereiches. Dabei ist zu beachten, daß die systematische Ausrichtung des Unternehmens auf die Anforderungen des Marktes verbunden ist mit einem hohen Maß von Einflußnahme des Marketing auf alle anderen Funktionsbereiche. Die daraus resultierenden organisatorischen, planerischen und abwicklungstechnischen Aufgaben sind im folgenden zu behandeln.

Die Mitwirkung des Ingenieurs ist insbesondere in folgenden Teilaufgaben erfolgsbestimmend, deshalb werden diese schwerpunktmäßig behandelt: Marktforschung als Grundlage für die Planung des Produktprogramms und der Absatz- und Produktionsmengen der nächsten Periode, Produktprogrammplanung, Angebotserstellung für technische Produkte und Problemlösungen, praktische Abwicklung von Kundenaufträgen im Rahmen der technischen Serienfertigung.

---

[1] *Hill, W.*, Marketing-Management, UTB, Bern, Stuttgart

[2] *Magyar, K. M.*, Das Marketing-Puzzle, Landsberg/Lech

Orientierung Marketingauffassung Periode	Produktion Pré-Marketing bis ca. 1920	Verkauf angebotsorientiert ca. 1920-1950	Markt nachfrageorientiert ca. 1950-1970	Marketing Neo-Marketing ab ca. 1970
Merkmale des Umfeldes und Folgewirkung	• Industrielle Revolution • Billige Energiequellen • Ergiebige Rohstoffvorkommen • Massen- statt Einzelfertigung • Steigende Anlagenproduktivität durch technischen Fortschritt	• Landflucht, Entstehung von Ballungszentren • Weltwirtschaftskrise und Rezession • Verbessertes Verkehrs- und Transportwesen • Leistungsfähigere Kommunikationstechnologie	• Technologische Wissensexplosion (2.Weltkrieg), bessere Materialien, Werkstoffe, Verfahren • Wachstum, Steigerung Bruttosozialprodukt, Lebensstandard • Computerzeitalter, Multinationalisierung • Verwissenschaftlichung des Managements	• Generelle Konjunkturwende, Staatsverschuldung • Struktur- und Wertewandel, Steigendes Umweltbewusstsein • Konsumentenorganisationen, Verbraucherschutz • Konzentrationsprozesse, Wettbewerb auf regionaler, nationaler und internationaler Ebene
Merkmale der Anbieter	• Produktions- und arbeitstechnische Probleme • Konzentration auf Scientific Management (Taylorismus) • Dominanz von Technikern, Ingenieuren, Finanzfachleuten • zumeist regionale Markträume • Absatzfunktion zumeist der Produktion unterstellt • Fokus des Managements auf Finanzwirtschaft, Rentabilität	• Produktivitätssteigerungen • Unausgelastete Kapazitäten • Pumpen von Produkten in Handelskanäle für Neukunden • Aggressive Werbung • Neue Distributionsformen mit wachsender Vermarktungs- und Distributionskomplexität • Aufwertung der Verkäufer (direkt der Leitung unterstellt)	• Nachahmungseffekte, Verkürzung der Produktlebensdauer • Wahl der richtigen Produkte, um Fehlplanung zu verhindern • Kampf um Spitzenpositionen der Innovativität • Fokus auf Probleme und Erwartungen der Nachfrager • Zunehmende Differenzierung • Breite Auffächerung des Marketingspektrums, einschließlich Koordination und Integration	• Sättigung der Märkte in den westlichen Industrienationen • Wachstum nur auf Kosten der Konkurrenten (Verdrängung) • Konzentration auf eigene Stärken und Kompetenzen • Schaffung von Nachfrage durch clevere Lösungen/ Konzepte • Differenzierung für genau definierte Segmente • Ziel: Gute Position auf interessanten rentablen Märkten
Merkmale der Kunden	• Massen- statt Klassenmärkte aufgrund der Güterknappheit • Niedrige Einkommen breiter Bevölkerungsschichten • Preis ist entscheidendes Auswahlkriterium für Konsum	• Kundenknappheit • intensive koordinierte Verkaufsanstrengungen zum Absatz nichtlebensnotwendiger Güter	• Zunehmendes Anspruchsniveau breiter Schichten • Hohe Kaufkraft und Nachfrage • Wegwerfmentalität	• Wohlstandsgesellschaft mit hohem Lebensstandard • Im Überfluss lebende Regionen

Die Entwicklungsstufen des Marketings

Zusammengestellt aus: *Magyar, K. M.*, Das Marketing-Puzzle, Landsberg/Lech

Die Mitwirkung des Ingenieurs ist insbesondere in folgenden Teilaufgaben erfolgsbestimmend, deshalb werden diese schwerpunktmäßig behandelt: Marktforschung als Grundlage für die Planung des Produktprogramms und der Absatz- und Produktionsmengen der nächsten Periode, Produktprogrammplanung, Angebotserstellung für technische Produkte und Problemlösungen, praktische Abwicklung von Kundenaufträgen im Rahmen der technischen Serienfertigung.

3.1.2 Einbindung in das strategische Management

Die Aufgabe, alle Bereiche kurz- und langfristig auf eine erfolgreiche Befriedigung von sich änderndem Bedarf auszurichten, stellt hohe Anforderungen an die Kommunikation und Zusammenarbeit zwischen den verschiedenen Funktionsbereichen des Unternehmens. Entsprechend ist das Marketing einerseits als Inputgeber eng in die operative und strategische Unternehmensplanung einzubinden, während es andererseits eines der wichtigsten Instrumente darstellt, um die den Plänen zu Grunde liegenden Unternehmensziele zu realisieren.

Ziel des strategischen Managements ist der Aufbau und die Erhaltung von **Wettbewerbsvorteilen** in einer dynamischen Umwelt, um den mittel- und langfristigen Erfolg des Unternehmens zu gewährleisten. Die Ursachen dieser Vorteile können in den jeweiligen Industrien vielfältiger Natur sein, angefangen bei produktbezogener Preisführerschaft, Qualität, Image oder Service, über bessere Forschung und Infrastruktur oder den gesicherten Zugriff auf kritische Ressourcen, bis zu Effizienzen in der Entwicklung, Produktion oder Distribution.

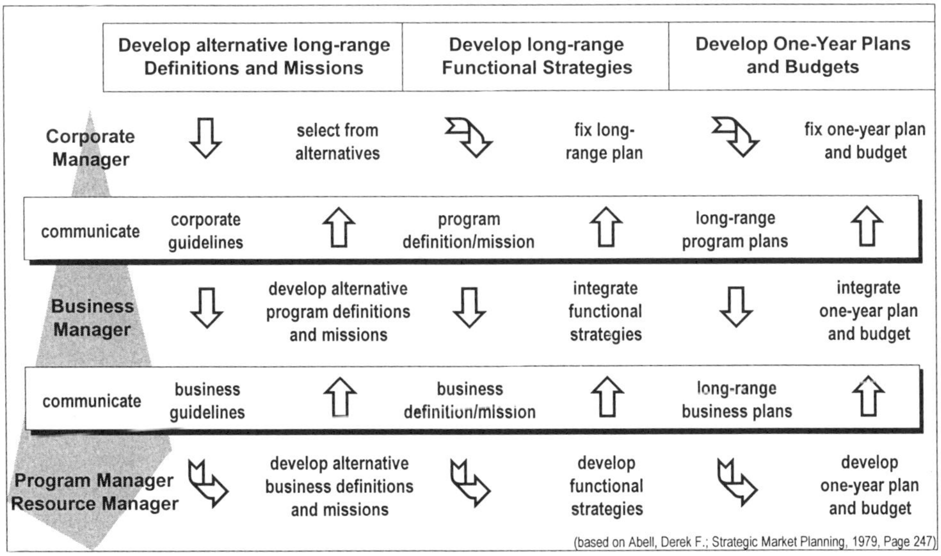

Führungsebenen bei der Verfeinerung von Strategien[3]

[3] based on *Abell, Derek F.*, Strategic Market Planning

Der strategische Managementprozess gliedert sich in die nachstehend beschriebenen vier Phasen: Analyse, Auswahl, Umsetzung und Controlling. Die Aufgabe ist, bestehende und zukünftige **Erfolgspotentiale** zu sichern bzw. zu erkennen und aufzubauen sowie die zur Umsetzung notwendigen aufbau- und ablauforganisatorischen Maßnahmen zu definieren und durchzuführen. Dies setzt eindeutige Planungsverantwortlichkeiten und eine enge Abstimmung zwischen den Führungsebenen voraus. Neben den top-down-Verfahren der zunehmenden Differenzierung von Zielen und Vorgaben stellt ein gegenläufiger bottom-up-Prozess die Genehmigung, Verabschiedung und Koordinierung der Pläne sicher. Die obige Abbildung gibt anhand einer vereinfachten organisatorischen Struktur Beispiele für die Umwandlung der strategischen Pläne in operative Zielvorgaben für Geschäftssegmente und Funktionsabteilungen, wie z.B. Marketing oder Vertrieb.

3.1.2.1 Strategische Analyse

Ziel der Analysephase ist, zu verstehen, welche Faktoren zum Unternehmenserfolg beitragen können. Zum einen gilt es, die relevanten externen Einflüsse zu identifizieren und zu bewerten, so dass gegenwärtige und zukünftige **Chancen und Gefahren** des Umfeldes erkannt werden können. Hierbei sind neben den rechtlichen, wirtschaftlichen, gesellschaftlichen und technologischen Bedingungen und Entwicklungen (im angelsächsischen Bereich auch als **PEST-Analysis** bekannt: Political, Economical, Social, Technological) insbesondere die für das eigene Unternehmen relevanten Kunden, Konkurrenten und Anbieter systematisch zu berücksichtigen.

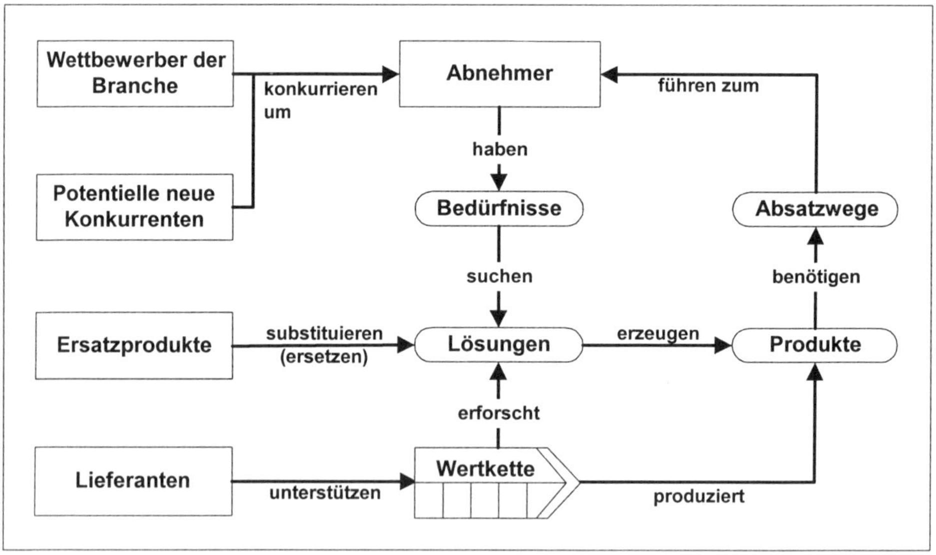

Porters Triebkräfte des Wettbewerbs (Porter's Five Forces)

Mit seinen **Triebkräften des Branchenwettbewerbs** (Five Forces) hat *Porter*[4] der heutigen Dynamik der Märkte Rechnung getragen, in dem er zusätzlich ‚Neue Anbieter' und ‚Ersatzprodukte' einbezieht. Als zu untersuchende Determinanten führt er beispielsweise an:

- ❑ Lieferantenmacht: Differenzierung des Inputs, Konzentration, Umstellungskosten
- ❑ Abnehmerstärke: Verhandlungsmacht, Abnehmerkonzentration, Preisempfindlichkeit
- ❑ Rivalität: Branchenwachstum, Phasen der Überkapazität, Austrittsbarrieren
- ❑ Eintrittsbarrieren: Economies of Scale, Markenidentität, Kapitalbedarf, Politik
- ❑ Substitutionsgefahr: Substitutionsneigung der Abnehmer, Relative Preisleistung.

Die zweite Aufgabe ist, die internen **Stärken und Schwächen** des Unternehmens kritisch zu hinterfragen, insbesondere kulturelle und unternehmenspolitische Rahmenbedingungen, Organisation, Führung und Management, verfügbares Know-how und Ressourcen, Technologie und Prozesse.

Mit seiner **Value Chain Analysis** stellt *Porter*[5] ein Instrument zur Verfügung, das die internen Faktoren von Unternehmen auf ihre Leistungs- und Wettbewerbsfähigkeit hin untersucht. Ausgehend vom Value, den ein Kunde für ein Produkt oder einen Service bereit ist zu zahlen, werden alle zur Leistungserstellung notwendigen Aktivitäten auf ihre wertsteigernden Merkmale untersucht, damit nach Abzug aller entsprechenden Kosten eine ausreichende Marge erzielt werden kann. Die resultierende **Wertkette** (Value System) reflektiert dabei den Erfolg und Misserfolg der vergangenen Strategien und zeigt die heutigen und potentiellen Quellen auf, um sich gegenüber dem Wettbewerb erfolgreicher zu differenzieren.

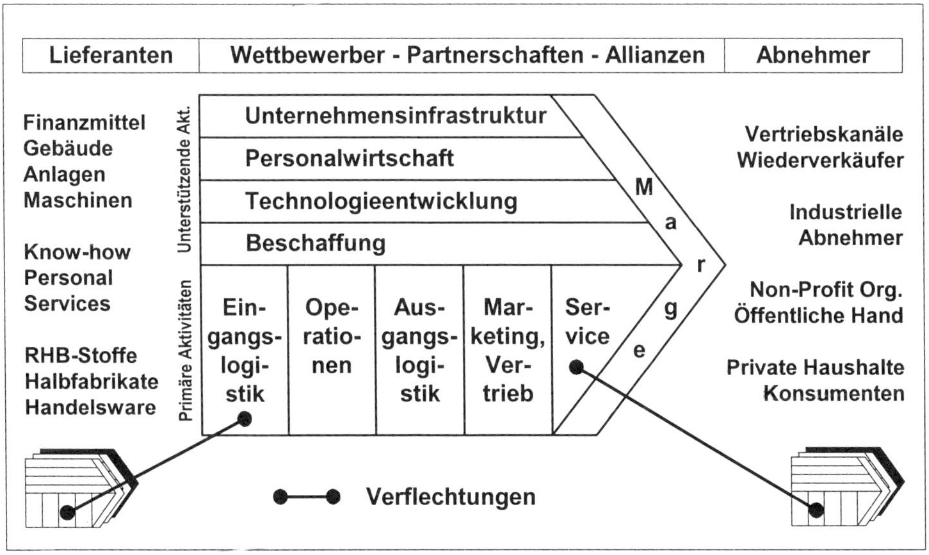

Primäre und unterstützende Aktivitäten von Porters Wertkette (Value Chain)

[4] *Porter, M.*, Wettbewerbsvorteile (Competitive Advantage), New York
[5] *Porter, M.*, Wettbewerbsvorteile (Competitive Advantage), New York

Porter schlägt vor, die Wertkette des Unternehmens in Hinsicht auf **primäre und unterstützende Aktivitäten** zu segmentieren, die in weitere fünf bzw. vier generische Kategorien untergliedert sind (siehe Abbildung). Durch Zuweisung der Betriebskosten und der Anlagen können die jeweiligen Aktivitäten wirtschaftlich bewertet und kontrolliert werden. Das Ziel ist die Analyse, wo und wie Value bzw. Wert geschaffen wird, wie sich der Wettbewerb unterscheidet, welches Optimierungspotential besteht und wo ein zusätzlicher, kommerziell lohnender Value entstehen könnte.

Dabei sind insbesondere die **Verflechtungen (linkages)** der Aktivitäten untereinander und mit den Aktivitäten von Lieferanten, Partnern, Absatzmittlern und Kunden zu untersuchen, um gegebenenfalls Kostensenkungs- und Leistungspotentiale erschließen zu können (z.B. Verzicht auf Wareneingangslager und -kontrolle durch Just-in-Time-Lieferung). Ebenfalls möglich ist der Vergleich mit branchenfremden Markt- oder Qualitätsführern, um im Sinne eines Benchmarking best-practise-Potentiale zu identifizieren.

Anschließend sind die Stärken und Schwächen den Chancen und Risiken, d.h. die internen Fähigkeiten den externen Möglichkeiten, in einer **SWOT-Analyse** (strengths, weaknesses, opportunities, threats) gegenüberzustellen. Die daraus abzuleitenden Schlüsselprobleme und Erfolgsfaktoren (key problems, success factors) bilden die Grundlage zur Bestimmung der generell geeigneten strategischen Ausrichtungen, z.B. Expansion, Konsolidierung oder Rückzug aus bestimmten Geschäftsfeldern.

3.1.2.2 Strategische Auswahl

Unter Berücksichtigung der Analyseergebnisse und möglicher **Umweltszenarien** sind die generellen Optionen in der Entwicklungs- und Auswahlphase detaillierter auszuarbeiten. Es ist festzulegen, welche Chancen und Risiken wahrgenommen werden sollen, welche zu meiden sind und wie das Unternehmen seine knappen Ressourcen am besten zuordnet. Die resultierenden **Alternativen** sollte möglichst die gesamte Breite des Handlungsspielraumes abbilden, um dem Management eine echte Wahl bei der Festlegung der Gesamtstrategie zu ermöglichen. Nach *Porter*[6] stehen Unternehmen, die erfolgreich im Wettbewerb bestehen wollen, lediglich drei **generische Strategien** zur Verfügung:

- ❑ **Kostenführerschaft:** mit dem Ziel, zu den geringsten Kosten zu produzieren, wobei gleichzeitig eine durchschnittliche Produkt- und Servicequalität zu sichern ist
- ❑ **Differenzierung:** mit dem Ziel, Produkte/Dienstleistungen zu bieten, die industrieweit als einzigartig angesehen werden (z.B. Design, Technologie, Qualität, Innovation, Service)
- ❑ **Fokussierung auf Marktnischen:** mit dem Ziel spezifische Käuferschichten, Regionen oder Produktsegmente zu bedienen, anstatt industrieweit zu konkurrieren.

[6] *Porter, M.*, Wettbewerbsvorteile (Competitive Advantage), New York

Für eine differenziertere Ableitung strategischer Maßnahmen steht mit der **Portfolio-Analyse** ein bewährtes Analyse- und Visualisierungsinstrument zur Verfügung. Im finanziellen Bereich bezeichnet ein Portfolio die verschiedenen Investments eines Investors. Im strategischen Kontext entspricht ein Investment einem Geschäftsfeld, so dass das Portfolio das Gesamtunternehmen repräsentiert.

Die visuelle Darstellung erfolgt in einer Matrix, deren Achsen zum einen durch vom Unternehmen nicht zu kontrollierende Größen gebildet werden (z.B. Marktwachstum, Marktattraktivität) und zum anderen durch beeinflussbare Faktoren (z.B. Marktanteil, Wettbewerbsstärke). Dabei werden die Geschäftsbereiche entsprechend den gewählten Bewertungen, Ist- oder Planzahlen in der Matrix positioniert, wobei Umsätze oder Deckungsbeitrag durch Kreis- und Segmentgrößen dargestellt werden können (siehe Abbildung).

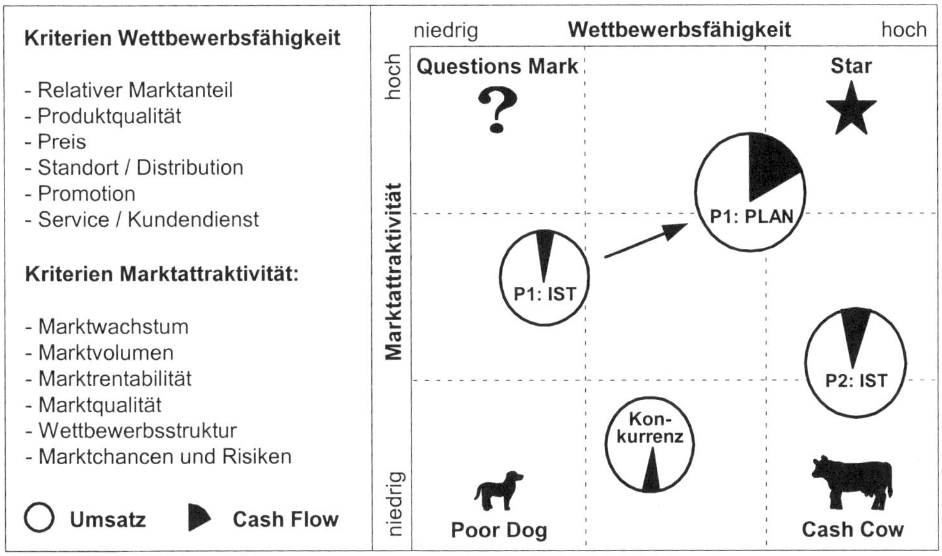

Portfolio-Diagramm einer Geschäftseinheit im Zeitverlauf

Abhängig von der Positionierung einer Geschäftseinheit innerhalb der Matrix können so genannte Normstrategien als generelle Empfehlung abgeleitet werden, z.B. investieren bei Star, melken bei Cash Cow, desinvestieren bei Poor Dog (falls dem nicht z.B. Sortiments- oder Synergiegesichtspunkte entgegenstehen).

Neben der Visualisierung der eigenen Geschäftseinheiten ermöglicht die Portfolio-Matrix auch Vergleiche im Zeitablauf oder mit den Wettbewerbern. Idealtypisch durchläuft ein erfolgreiches Geschäftsfeld mit seinen Produkten oder Dienstleistungen während seiner Lebensphasen alle Sektoren der Portfolio-Matrix: **Question Mark** während der Einführung, **Star** während des Wachstums, **Cash Cow** während der Reife und **Poor Dog** während der Sättigung, wenn das Unternehmen langsam beginnt, sich zurückzuziehen.

Diese Phasen eines **Produkt-Lebenszyklusses** können erweitert und durch spezifische Merkmale beschrieben werden (siehe Abbildung mit Legende). Da der Verlauf ideal-typisch und nicht allgemeingültig übertragbar ist, sind aktuelle Einordnungen und Vorhersagen von Märkten und Produkten immer hypothetisch. Obwohl das Tool damit weniger für die zukünftige strategische Positionierung geeignet ist, bietet es doch eine wertvolle Hilfe für die historische Analyse und eine nützliche Systematik zum Verständnis der Auswirkungen der Lebenszyklus-Phasen auf den Ressourcenbedarf und die zu hegenden Erfolgserwartungen.

Durch Monitoring des wissenschaftlich-technologischen Umfeldes entstehen erste Ideen, die in einer Evaluationsphase näher untersucht und konkretisiert werden, um sie eventuell in der Innovationsphase bis zur Marktreife zu führen. Bestimmende Auswahlkriterien sind:

- **Tauglichkeit** beurteilt den Beitrag von strategischen Maßnahmen zur Deckung festgestellter Handlungsbedarfe aus der SWOT-Analyse und zu den Unternehmenszielen
- **Machbarkeit** wägt die Umsetzungswahrscheinlichkeit ab, wobei u.a. die Fähigkeiten der Organisation (z.B. Know-how, Qualität), zu erwartende Reaktionen des Wettbewerbs (z.B. Dumping-Preise), Verfügbarkeit von Ressourcen (z.B. Finanzmittel, Material, Technologie, Skills) und zeitliche Restriktionen einzubeziehen sind
- **Akzeptanz** beinhaltet die Bewertung von Kosten, Nutzen, finanziellem Risiko (z.B. Liquiditätsengpässe), des Umfangs organisatorischer Anpassungsbedarfe und des Zustimmungsgrads auf Seiten der Belegschaft und des Managements. Ökologische Aspekte, Ansichten der Öffentlichkeit, die Beziehungen zu Stakeholders (z.B. Kunden, Aktionäre, Gewerkschaften) oder die kulturelle Eignung sind weitere wichtige Gesichtspunkte. Risiken, die auf schwer einschätzbare Entwicklungen beruhen, sind durch pessimistische und optimistische Szenarios näher zu bewerten.

Den Kosten im Entstehungszyklus stehen erst nach Eintritt in den Marktzyklus in der Einführungs-, Wachstums-, Reife-, Sättigungs- und Verfallphase entsprechende Umsätze gegenüber. Nicht jede Idee wird zur Nullserie, und manche Markteinführung erweist sich leider zu oft als Flop. Produktinnovationen sind immer mit einem hohen Risiko verbunden, zumal immer kostenintensivere Forschungs- und Entwicklungsaufwendungen aufgrund des zunehmenden Wettbewerbs in immer kürzeren Marktzyklen erwirtschaftet werden müssen.

Andererseits zeigen die Zahlen des IFO-München (siehe Abbildung) deutlich, dass die Umsätze von Firmen, die sich aufgrund mangelnder innovativer Nachfolgeprodukte vorwiegend in gesättigten oder verfallenden Märkten engagieren, eher stagnieren oder schrumpfen. Die langfristige Überlebensfähigkeit hängt eindeutig von der systematischen Planung und Entwicklung neuer, marktgerechter Produkte ab. Die notwendigen finanziellen Mittel müssen durch die Produkte in der Reife- und Sättigungsphase aufgebracht werden, den sogenannten Cash Cows, für die sich die Reinvestition der Mittel - anders als bei den Stars - wegen der nachlassenden Attraktivität des Marktes nicht mehr lohnt.

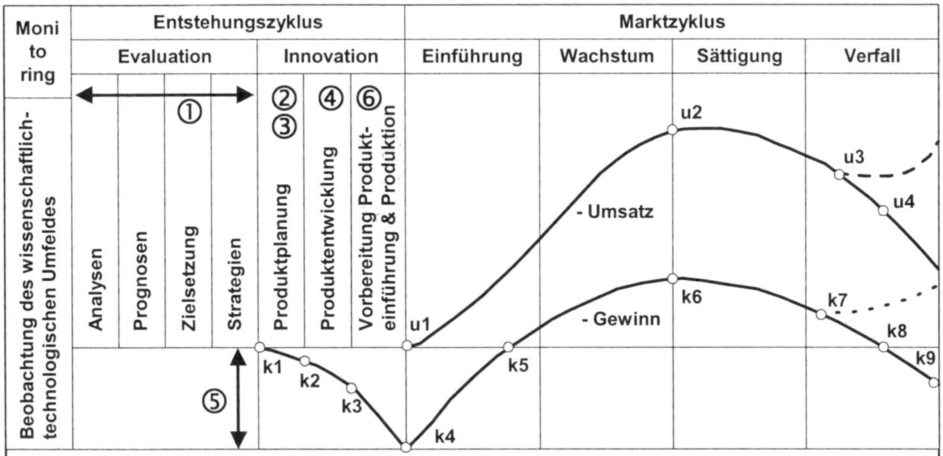

Firmenumsatzstruktur nach Entwicklungsdynamik (Ziffern nach Ifo-München)		Einführung	Wachstum	Sättigung	Verfall
	wachsend	12%	44%	34%	10%
	gleichbleibend	7%	20%	62%	11%
	schrumpfend	6%	12%	50%	32%

Die Kurve des Produktlebenszyklus (Product Life Cycle)[7]

① Analyse- und Prognosephase, hier besonders
- Unternehmenspolitik, Leitbild, Ziele, Strategien
- Unternehmenspotential, Produktlebenskurve
- Prognosen, wahrscheinliche Entwicklung

② Produktplanung, besonders systematische Suche nach zukunftsträchtigen Produktideen
- Suchwege, Ideenquellen, Kundenprobleme
- Bewerten, Auswählen, Bewertungskriterien
- Bewertungssystem, Ideenspeicher, Ausfallkurve

③ Produktplanung, Produktvorschläge erarbeiten
- Definition des Produktes
- Entwicklungs- und Konstruktionsauftrag

④ Produktentwicklung und Konstruktion
- Aufgabenstellung, Konzeption, Entwurf
- Alternativenbewertung, Wertanalyse
- Versuche (Funktion, Prinzip), Prototyp, Muster
- Betriebsmittelkonstruktion, Nullserie

⑤ Rentabilitätsberechnung
- Produktkalkulation, Bestimmung Grenzstückzahl
- Rentabilitätsberechnung (ROI)

⑥ Vorbereitung zur Produkteinführung, Produktion
- Fertigungsplanung, Marketingplanung, Zeitplan
- Lager-/Vorratsbildung, Organisation, Kontrolle
- Vorbeugende und Eventualmaßnahme

u1: Zeitpunkt der Produkteinführung
u2: Sättigungsphase: Umsatz beginnt abzufallen
u3: Erneuter Wiederanstieg des Produktumsatzes, z.B. durch Mode, neu aufkommender Bedarf
u4: Verlustzone, keine Gewinnerzielung mehr
k1: Beginn der Produktinnovation
k2: Abschluss der Produktplanung und Beginn der Produktentwicklung
k3: Abschluss der Produktentwicklung und Beginn der Vorbereitungsarbeiten zur Produkteinführung
k4: Abschluss der Innovationsphase mit Höhe der bisher angefallenen Kosten
k5: Zeitpunkt, bei dem die aufgelaufenen Kosten des Neuproduktes durch Umsätze gedeckt werden
k6: Zeitpunkt der maximalen Gewinne bei dem bisher höchsten Umsatz, Wendepunkt der Gewinnkurve
k7: Gewinnanstieg durch evtl. erneute Mehrumsätze
k8: Zeitpunkt, zu dem Produktgewinne ausbleiben
k9: Verluste durch zu kleine Umsätze / hohe Kosten.

[7] Leicht verändert aus: *Kramer, F.*, Produktinnovation, in: Die Orientierung, Nr.66, Schweizerische Volksbank

Produktlebens-zyklusphasen	Merkmale	Politik
Einführungs-Phase	• Dauer Einführungs-Phase hängt ab von: - technischer Erklärungsbedürftigkeit - Neuheitswert - Übereinstimmung mit Bedarfsstruktur - Konkurrenzangebot am Markt • als Abnehmer treten „Innovatoren" auf	• Werbung • Ausbau Distributionsnetz • Preisgestaltung - bei Massenkonsumartikeln oft niedrige Einführungspreise - bei hochwertigen technischen Produkten oft hohe Neuheitenpreise
Wachstums-Phase	• Phase reicht bis Wendepunkt der Umsatzkurve • Marktform Monopol geht in Oligopol über • immer mehr Konkurrenten treten auf mit Angeboten • als Abnehmer treten "Frühaufnehmer" auf	• anfänglich niedrige Preise werden abgelöst durch höhere und umgekehrt • als Gegenmaßnahme gegen wachsende Konkurrenz werden Produktvariationen vorgenommen sobald Kunden abwandern • Werbung wird intensiv fortgesetzt
Reife-Phase	• Umsatz wächst bis Zuwachs null • Markteintritt konservativer Anbieter ergibt polipolistische Angebotsstrukturen • auch auf der Nachfrageseite nimmt die Zahl der Teilnehmer zu. Es entsteht also Nachfragepolipol • als Abnehmer tritt "Frühe Mehrheit" auf	• da Umsatzmaximum erreicht ist, streben Anbieter Differenzierung des Produktprogramms an • Produktpolitik gewinnt an Bedeutung zur Schaffung von Präferenzen durch Produktmerkmale • da Nachfrage sehr elastisch auf Preisänderungen reagiert, werden Preissenkungen vorgenommen
Sättigungs-Phase	• Umsatz und Gewinn sinken • Pionier-Unternehmen der ersten und zweiten Phase verlagern ihre Aktivitäten auf andere Märkte • Preiselastizität der Nachfrage groß • als Abnehmer tritt "Späte Mehrheit" auf	• Unternehmen weichen zunehmend in Produktvariation und –differenzierung aus
Rückgangs-Phase	• Umsatz sinkt stark • bei nunmehr meist oligopolistischem Angebot keine Gewinne mehr erzielbar • Deckungsbeiträge sinken, können anfänglich noch bedeutend sein (Vorsicht vor Verkäufen unter Grenzkosten!) • verbleibende Anbieter oft dynamisch behauptend bis zum Übergang auf neue Märkte und Produkte • als Abnehmer treten "Nachzügler" auf	• Werbung wird meist eingeschränkt • Preise konstant oder zur Programmbereinigung manchmal sogar angehoben.

Merkmale und dominierende Politiken der Produktlebenszyklus-Phasen

Die Wettbewerbsfähigkeit erfordert, die Entstehungszyklen durch abteilungsübergreifende Entwicklungsteams zu verkürzen, um so als erster am Markt zu sein. Diese Position eines Marktführers ermöglicht über eine Abschöpfungs- (hohe Preise) oder eine Penetrationsstrategie (hoher Absatz bei tieferen Preisen und gleichzeitigem Aufbau von Eintrittsbarrieren), die F&E-Investitionen schnellstmöglich zu amortisieren. Die höchsten kumulierten Absatz- und Produktionsmengen und die damit verbundenen Erfahrungs- und Mengenvorteile aus Einkauf, Produktion und Verkauf schaffen zugleich die Voraussetzung für die niedrigsten Kosten. Die **Erfahrungskurve** besagt, dass die Selbstkosten pro Stück durch eine Verdoppelung der kumulierten Produktionsmenge um 20-30% gesenkt werden können.

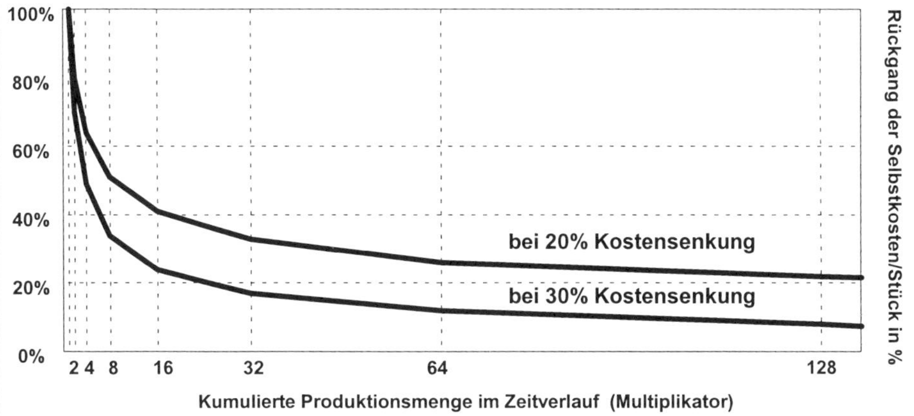

Daumenregel: 'Die Selbstkosten pro Stück können typischerweise um 25 bis 30 Prozent bei jeder Verdoppelung der kumulierten Produktionsmenge gesenkt werden.'

Die Erfahrungskurve (Experience Curve)

Die strategische Analyse und Auswahl verlangt eine ganzheitliche Betrachtungsweise und bezieht sich in der Regel auf ein weites Spektrum unterschiedlichster Daten, die sich auf interne und externe **Informanten** verteilen. Unter Beachtung der Beschaffungskosten, sind deren Erfahrungen und Ansichten zu mobilisieren und im Sinne einer soliden Absicherung der Entscheidungsgrundlagen zu nutzen.

Neben den strategischen Zielen sind jeweils auch die **Mittel zur Umsetzung** festzulegen. Diese können sich auf interne Entwicklungen, Akquisitionen oder Kooperationen gründen und vom Verkauf, Ausgliederung oder Liquidation gegenwärtiger Aktivitäten bis zum Aufbau von Profit-Centern, Kauf von Firmen oder strategischen Allianzen mit Zulieferern oder Wettbewerbern reichen. Die Entscheidung für die konkrete Ausgestaltung ist nicht zuletzt eine Frage von Kosten, Risiko und gewünschter Umsetzungsgeschwindigkeit.

Einen wesentlichen Einfluss auf die Transparenz und Qualität des Auswahlprozesses hat die Art der **Strukturierung**. Strategien sind analog der Organisation zu differenzieren. Die einzelnen wirtschaftlichen Interessen werden auf mittlerer Ebene durch Geschäftsstrategien repräsentiert, die durch untergeordnete funktionale Strategien (z.B. Finanzen, Marketing, Produktion) umzusetzen sind. Auf höchster Ebene soll die Basisstrategie sicherstellen, dass ein abgestimmtes Portfolio von selektierten Einzelstrategien, neben der Entwicklung zukünftig erfolgreicher Produkte und Dienstleistungen, auch ausgeglichene Zahlungsströme und befriedigende Zielerreichungsgrade bei einem 'ausgewogenem' Risiko langfristig sicherstellt.

Argentis **Gap-Analyse** ermöglicht eine Bündelung von Einzelstrategien, um ihre Gesamtwirkung zu bewerten. Basierend auf den wahrscheinlichen Umweltbedingungen und einer Fortschreibung der gegenwärtigen Aktivitäten ('Weiter-So'-Strategie) ergibt sich im Vergleich zur angestrebten Zielgröße ein Gap, der den strategischen Handlungsbedarf symbolisiert. Der Nutzen dieses Tools erschließt sich dem Planer, wenn er

- ❑ die für die Lücke verantwortlichen Ursachen identifiziert (Pfeil nach unten)
- ❑ Maßnahmen/Strategien sucht, um die Lücke zu füllen (Pfeil nach oben)
- ❑ Wettbewerbsreaktionen und Fehlschläge durch Übererfüllung kompensiert
- ❑ den Zeitbedarf für strategische Entscheidungen und Umsetzungen beachtet
- ❑ mehrere Zielgrößen auf Wirkungen analysiert (z.B. Cash Flow, Gewinn).

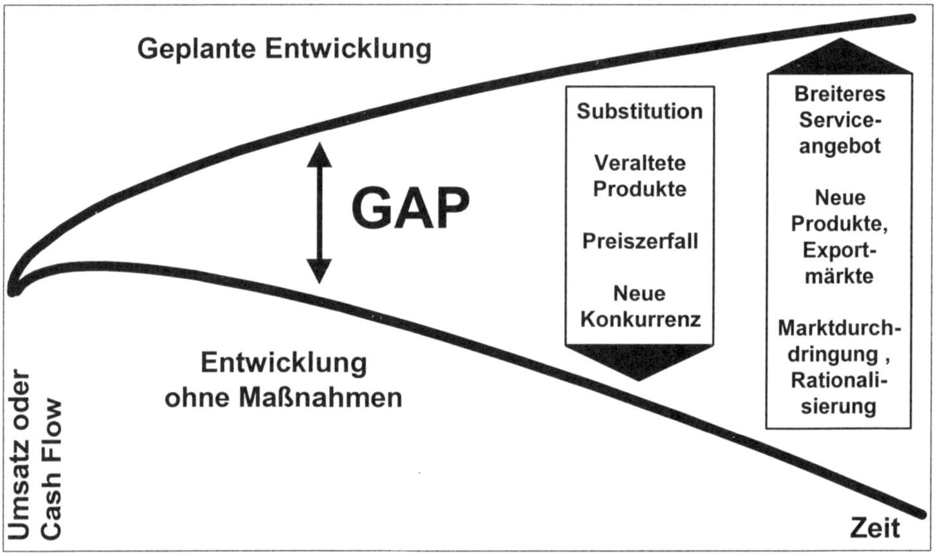

Argentis Lückenanalyse (Gap Analysis)

3.1.2.3 Strategische Umsetzung

Mit der Gesamtstrategie werden zugleich die internen Abhängigkeiten festgelegt, so dass die untergeordneten **Geschäfts- und Funktionsstrategien** klar ausformuliert werden können. Die Abbildung zeigt anhand einer vereinfachten organisatorischen Struktur Beispiele für die Umwandlung der strategischen Pläne in operative Zielvorgaben für Geschäftssegmente und Funktionsabteilungen. Falls notwendig, ist das Unternehmensleitbild anzupassen, um Änderungen gegenüber den vorherigen Unternehmenszielen und Aktivitäten zu dokumentieren. Anschließend kann die neue Unternehmenspolitik gegenüber den internen und externen Stakeholdern kommuniziert werden.

Um die Vorhaben umzusetzen, sind entsprechende **Budgets, Projekte und Aktionspläne** aufzustellen. Strategische Ziele müssen dabei in kürzerfristige und operativere Planungsvorgaben heruntergebrochen werden (z.B. Jahresbudgetierung differenziert nach Divisionen, Regionen, Funktionen). Zugunsten klarer Verantwortlichkeiten und Kontrollen sollten den einzelnen Managern Vorgaben im Sinne von Zielen, Etats und Meilensteinen gegeben werden, damit sie die zur Realisierung der notwendigen Pläne erforderlichen Schritte umgehend einleiten und, falls nötig, Strukturen und Systeme anpassen, Technologien und Prozesse modifizieren, Mitarbeiter instruieren, Fortschritte überwachen und Feedback geben können. Zudem können aus den Plänen von Abteilungen und Vorgesetzten individuelle Ziel- und Terminvorgaben für die Mitarbeiterführung abgeleitet (Management-by-Objectives MbO) und mit Incentive-Systemen verknüpft werden.

Die Umsetzung von Strategien verursacht Kosten; Art und Umfang der **Ressourcenzuteilung** sind daher wesentliche Entscheidungen der Strategieentwicklungs- und -auswahlphase. Mittelausstattungen können in Form von Investitionen (z.B. Personal, Material, Know-how, Technologie, Akquisitionen) und Desinvestitionen (z.B. Immobilien-/Maschinenverkauf) erfolgen sowie in der vorübergehenden Tolerierung finanzieller Verluste bestehen (z.B. Marktentwicklungskosten). Die Infusion oder der Entzug von Cash bereits über kurze Zeiträume kann den Charakter und den Wert eines Unternehmens dramatisch beeinflussen und ist deshalb sorgsam zu kontrollieren.

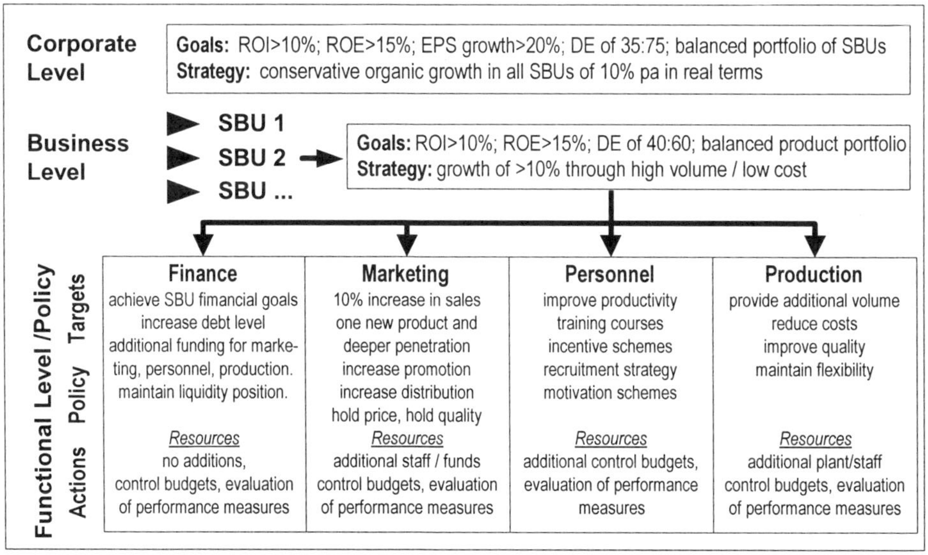

Der Fluss des Umsetzungsprozesses [8]

[8] *McNamee,* Strategic Management, Oxford

3.1.2.4 Strategisches Controlling

Um die Erfüllung der angestrebten Ziele sicherzustellen, muss das Ergebnis der Aktivitäten überwacht und beurteilt werden. Die Analyse von Planerfüllungen und Abweichungen ermöglichen ein konstantes **Feedback** und, falls notwendig, korrigierende organisatorische Maßnahmen. Reichen diese nicht aus, müssen die Erkenntnisse der **Lernprozesse** in neue Projektionen einfließen und die strategischen Pläne gegebenenfalls revidiert werden.

Zur wirksamen Kommunikation von Controlling-Informationen empfiehlt *Kaplan* eine **Balanced Scorecard**[9]. Die Struktur dieses Management-Reports besteht aus finanziellen und operativen Kennzahlen, die qualifizierte Signale für eine ständige Verbesserung liefern und eine umfassende Darstellung gewährleisten sollen, die Suboptimierungen vermeiden hilft. Der Ansatz verlangt die Bestimmung der wichtigsten strategischen Ziele sowie die Angabe kritischer Indikatoren zu deren Messung. Die aktuellen Zahlen dieser Indikatoren sind zeitnah und periodisch zu berichten. *Kaplans* Ansatz umfasst vier grundlegende Perspektiven (mit Beispielen von Indikatoren):

- **Kunden:** mit Schwerpunkt auf Kosten, Zeit, Qualität, Leistung und Service (Laufzeiten, Reklamationen, Lieferzuverlässigkeit, Wartezeiten nach Ruf)
- **Organisation:** mit Schwerpunkt auf Prozesse, Kompetenzen und Technologie (Taktzeit, Stillstandzeiten, Bestellzeiten, Produktivität, Entwicklungszeiten)
- **Finanzen:** mit Schwerpunkt auf Rentabilität, Wachstum, Shareholder Value (Umsatzrentabilität/wachstum, Cash Flow, Marktanteil, Kapitalrentabilität)
- **Lernerfolge:** mit Schwerpunkt auf Innovation, Produkt und Prozesseffizienz (Produkteinführungen, Anteil der Neuprodukt-Umsätze, Ausschussraten).

Die hochaggregierten Daten der Scorecard sollten durch ein entsprechend detailliertes **Informationssystem** unterlegt sein. Mittels Drill-down-Techniken ist der Planer bzw. Manager so in der Lage, Problemquellen genauer zu lokalisieren und zu analysieren, um die jeweils geeigneten Korrekturmaßnahmen einzuleiten. Obwohl ein solches Instrument speziell auf die Strategie und seine damit verbundenen Visionen zugeschnitten ist, erinnert *Kaplan* daran, dass der Erfolg damit natürlich keineswegs schon garantiert ist: „Nicht alle langfristigen Strategien sind profitable Strategien. Falls sich eine verbesserte Leistungsfähigkeit, wie durch das Scorecard ausgewiesen, nicht auch in verbesserten Erträgen niederschlägt, sollte das Management die Strategie oder Umsetzungspläne kritisch überprüfen“.

Am Anfang einer solchen Entscheidungskette steht der strategische Controller. Mit seinen Vorschlägen, wann in welchem Umfang welche Korrekturen notwendig sind, befindet er sich in einer auch unternehmenspolitisch sensiblen Position. In diesem komplexen Bereich verzahnter Verantwortlichkeiten, können sich vor allem die folgenden Probleme ergeben[10]:

---

[9] *Kaplan, R.*, 'The Balanced Scorecard', in: Harvard Business Review
[10] *Hrebiniak, L.*, Implementing Strategy, New York

- ❑ Unzureichende Zielvorgaben, die nicht als Leistungsmaßstab für Ist-Zahlen taugen; wegen unzulänglicher Planungs- und Implementierungsprozesse
- ❑ Mangelhafte Informationen, um auf aktuelle Entwicklungen zu reagieren; wegen fehler- oder lückenhafter Daten oder wegen zu langsamer oder schlechter Such-, Erfassungs-, Filter-, Berichts-, Klassifikations- und Interpretationsprozesse
- ❑ Schlechte Leistungskontrollen, durch ungenügende formale Review- und Beurteilungsprozesse; wegen fehlender Systeme oder lückenhaften Know-hows
- ❑ Management by negative Exception, welches den Planungsbeteiligten die organisatorischen Lernerfahrungen aus positiven strategischen Planabweichungen vorenthält
- ❑ Kontraproduktive Unternehmenskultur als Folge zu restriktiver Kontrollaktivitäten, die tendenziell zu einer strikten Fehlervermeidungsmentalität führen und so Innovationen und Risikobereitschaft hemmen.

3.1.3 Marketing-Management und –Organisation

Nach *Andrews*[11] hat das strategische Management die Aufgabe, die externe Möglichkeiten (was **könnten** wir tun?) mit den internen Fähigkeiten (was **können** wir tun?) in Einklang zu bringen. Während der Strategieentwicklung sind zusätzlich die Unternehmensziele (was **wollen** wir tun?) und ethische Aspekte (was **sollten** wir tun?) einzubeziehen. Dabei bedarf es einer frühen Einbeziehung des funktionalen und operativen Managements, teils um von vorhandener Erfahrung zu profitieren, aber vor allem um eine schnelle Reaktionsfähigkeit und die rasche Umsetzung von organisatorischen Anpassungen zu gewährleisten.

3.1.3.1 Marketing-Instrumente

Dem Marketing und seinen Instrumenten kommt bei der Umsetzung der strategischen Vorgaben eine herausragende Bedeutung zu. Die systematische Kombination dieser Instrumente, die im angelsächsischen Bereich auch als die 4 P's bekannt sind, bezeichnet man allgemein als **Marketing-Mix**. *Kühn*[12] versteht darunter jene Kombination außengerichteter absatzpolitischer Instrumente, mit deren Hilfe eine Unternehmung versucht, in unmittelbarer Weise ihre Beziehungen zu den für sie absatzbedeutsamen Marktteilnehmern zu gestalten und deren marktrelevantes Verhalten im Sinne der Marketingziele zu beeinflussen.

a) **Produktpolitik** (**P**roduct)
umfasst alle Maßnahmen der Produktentwicklung und -gestaltung, die darauf abzielen, durch bestmögliche Bedarfsbefriedigung, bei technischen Produkten in der Regel eine Problemlösung, einen bestmöglichen Marktanteil zu sichern. Dazu gehören auch Markenpolitik, Packungsdesign, Qualität und Sortimentsgestaltung. Eine zunehmend wichtigere Rolle spielen dabei die Pre- und After-Sales-Serviceleistungen, die eine Profilierung gegenüber dem Wettbewerb erlauben.

---

[11] *Andrews, K.*, The Concept of Corporate Strategy
[12] *Kühn, R.*, Marketing-Mix in: Die Orientierung, Nr.83, Schweizerische Volksbank

b) **Distributionspolitik** (**P**lace)
betrifft alle Maßnahmen im Zusammenhang mit dem Weg eines Produkts vom Hersteller zum Kunden, dazu gehören insbesondere alle Fragen der Lagerung, der Bestellorganisation, des Transports und der Absatzkanäle.

c) **Kontrahierungspolitik** (**P**rice)
regelt die Grundsätze und Einzelheiten der Gestaltung der Leistung und des Entgelts, die Gegenstand des Kaufvertrages werden. Dazu gehören neben der Preis- und Rabattpolitik die Liefer- und Zahlungsbedingungen (inklusive Lieferantenkreditbedingungen) sowie die Garantieleistungspolitik (letztere kann auch der Produktpolitik zugeordnet werden).

d) **Kommunikationspolitik** (**P**romotion)
beinhaltet die Instrumente der Werbung, des persönlichen Verkaufs, der Verkaufsförderung, der Produktpräsentation am POS (Point-of-Sale) und Public Relations.

Neben diesen extern wirksamen Instrumenten des Marketing-Mix bedarf es einer intern wirkenden **Marketing-Infrastruktur**. *Kühn*[13] fasst unter diesen Begriff die Gesamtheit der primär unternehmensintern wirkenden Marketinginstrumente und Potentialfaktoren, deren Einsatz sicherstellen soll, dass der Marketing-Mix zielgerecht konzipiert und realisiert werden kann und unterscheidet dabei drei Instrumente:

a) Gestaltung des **personellen, anlagerelevanten, finanziellen und rechtlichen Potentials** der Bereiche, die in erster Linie Marketingaufgaben wahrnehmen, insbesondere die Zahl der Stellen, das verfügbare Know-how, Patente, Lizenzen, Verträge sowie Distributionssysteme und EDV-Hardware
b) Gestaltung des **Führungssystems und Einsatz der Führungsinstrumente** des Marketingbereichs. Dazu gehören die formulierte Marketing-Philosophie, die Marketingorganisation, der Führungsstil sowie die Motivations-, Trainings- und Planungssysteme
c) Gestaltung und Einsatz des **Marketinginformationssystems**, einschließlich der Marktforschung mit Monitoring- und Frühwarnsystemen, des Controllings und internen Reportings sowie der Anwendung moderner Informationstechnologien, wie zum Beispiel Online-Datenbanken, mikrogeographische Segmentierungsdaten, Decision Support-, Data-Warehouse- und Data-Mining-Systeme sowie Inter- und Intranetanwendungen.

Als dem Marktgeschehen am nächsten stehende Unternehmensfunktionen, kommen dem Marketing und dem Vertrieb sowohl bei der Definition und Umsetzung von Strategien als auch bei der Marktbeobachtung und Informationsbeschaffung zentrale Bedeutung zu. In allen stark technologieorientierten Branchen fällt damit auch dem Ingenieur eine aktive Rolle in diesem Aufgabenspektrum zu, deshalb muss kurz auf den Ablauf des Managementprozesses und mögliche Strukturen der Organisation eingegangen werden.

[13] *Kühn, R.*, Marketing-Mix in: Die Orientierung, Nr.83, Schweizerische Volksbank

3.1.3.2 Marketing-Managementprozess

Als Bestandteil der konzeptionellen Grundlage der Absatzpolitik charakterisiert *Meffert* den Marketing-Managementprozess als Sequenz von Analyse, Prognose, Zielfestlegung, Strategie, Detailplanung und Realisation mit Kontrolle. Die Vernetzung zum eingangs diskutierten strategischen Management und den vorgestellten Methodiken wird anhand der Elemente der Abbildung deutlich.

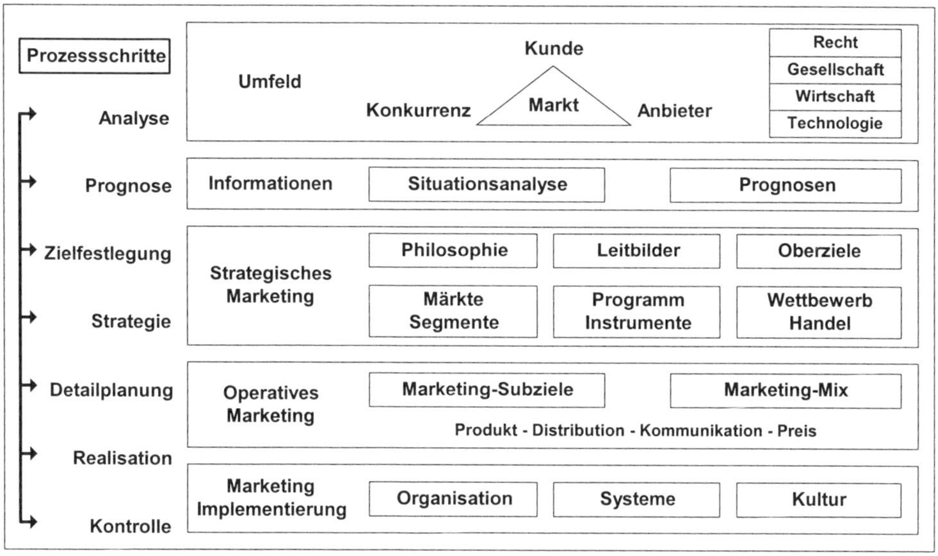

Aufgaben des Marketing als Managementprozess[14]

„Sämtliche Aufgaben und Aktivitäten des Marketing können zusammenfassend auch als eindeutig identifizierbarer Prozess der Willensbildung und Willensdurchsetzung gekennzeichnet werden. Dieser Managementprozess umfasst sowohl den Planungs-, Koordinations- und Kontrollprozess als auch den Transaktionsprozess und läuft in mehreren Phasen mit Rückkopplungsschleifen ab“[15].

Dabei ist es selbstverständlich, dass aufbauend auf realistischen Bedarfsprognosen von gleichermaßen realistischen Einschätzungen und Prognosen der Stärken und Schwächen des eigenen Unternehmens und der konkurrierenden Unternehmen auszugehen ist. Besonders für kleinere und mittlere Unternehmen stellt sich die Aufgabe, mit begrenzter personeller Kapazität im Marketingbereich ein treffsicheres und pragmatisches Planungs- und Steuerungs-Instrumentarium aufzubauen. Die grundlegende Klärung über die folgenden Punkte nennt *Meffert* den entscheidungstheoretischen Ansatz im Marketing:

[14] *Meffert, H.*, Marketing, Grundlagen marktorientierter Unternehmensführung, Wiesbaden
[15] *Meffert, H.*, Marketing, Grundlagen marktorientierter Unternehmensführung, Wiesbaden

- das marktorientierte Zielsystem des Unternehmens
- die vom Unternehmen beeinflussbaren Variablen und
- die nicht vom Unternehmen beeinflussbaren Variablen.

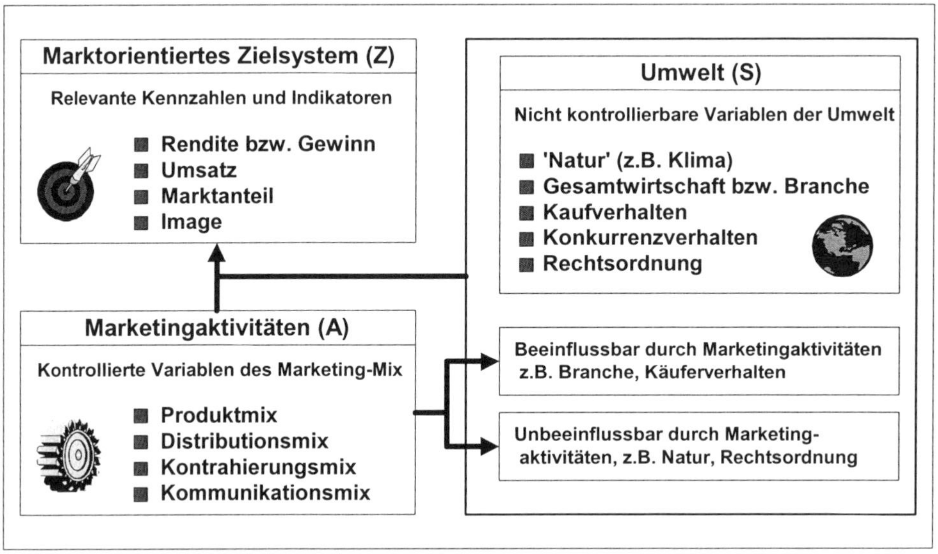

Entscheidungstheoretischer Ansatz im Marketing[16]

3.1.3.3 Marketingorganisation

Die Marketingorganisation ist ein für den Gesamterfolg besonders wichtiger und zugleich schwieriger Teilbereich der Unternehmensorganisation. Die Schwierigkeit liegt darin begründet, dass das Marketing eine Vielzahl von Stabs- und Linienaufgaben umfasst, die sich im Tagesgeschäft zu behindern pflegen und dass es mit vielen anderen Unternehmensbereichen, besonders Entwicklung und Fertigung, aber auch Finanzen und Personal, auf engste Zusammenarbeit angewiesen ist.

Eine erfolgreiche Marketingorganisation kann demgemäß nur konzipiert werden, wenn der Organisator das Zusammenspiel zwischen Stab und Linie und mit den anderen Unternehmensbereichen gut abgestimmt ordnet. Ausgehend von den branchenspezifischen Anforderungen des Marktes und der Strukturorganisation des Unternehmens ist die Marketingorganisation so zu regeln, dass folgende Teilaufgaben erfolgreich wahrgenommen werden:

[16] *Meffert, H.*, Marketing, a.a.O.

a) Kompetenzen (Handlungsrechte) und Verantwortung (Pflichten) müssen übereinstimmend und zugleich so verteilt sein, dass schnelle und effiziente Kommunikation zwischen den Funktionsbereichen gewährleistet ist
b) Zukunftsmärkte müssen erkannt und erschlossen werden durch kreative und rentable Produktinnovation.
c) Auf bereits erschlossenen Märkten müssen mit bestehenden Produkten Marktanteil, Absatz, Umsatz und Rentabilität planmäßig gesichert werden.
d) Das erfordert eine zügige und wirksame Erfüllung aller Marketingfunktionen, d. h. sichere Handhabung der Marketing-Instrumente.
e) Dazu gehört die Fähigkeit zur Schaffung von "Gruppen, die für das Unternehmen jagen", also leistungsfähigen und hochmotivierten interdisziplinären Teams.
f) Das erfordert selbstverständlich auch die Ausschaltung von Misstrauen und Furcht durch Fairness in der Führung und Ausführung der Marketingaufgaben.

Der Praktiker und der Leser dieses Buches (vgl. Punkt 8.4 über Unternehmensorganisation) wissen, dass eine Strukturorganisation geordnet sein kann nach Funktionen, nach Produktbereichen (Divisions) und nach regionalen Gesichtspunkten. Ferner ist bekannt, dass zu unterscheiden ist zwischen einerseits der Linienabteilung mit Weisungsbefugnissen und Effizienzvorteilen in der Abwicklung von "Tagesaufgaben" und, andererseits, der Stabs- oder "Zentral"-Abteilung mit dem Recht, Richtlinien zu erarbeiten, jedoch ohne Weisungsrechte, aber zumeist ausgestattet mit speziellen Forschungs-, Entwicklungs- oder Planungskapazitäten.

Aufbauend auf die genannten Aufgaben des Marketing, der Marketingorganisation und die angeführten Ordnungsmerkmale der Strukturorganisation wird die folgende in der Praxis eines mittelständischen Unternehmens denkbare Organisation (siehe Abbildung) zum Ausgangspunkt weiterer Erläuterungen.

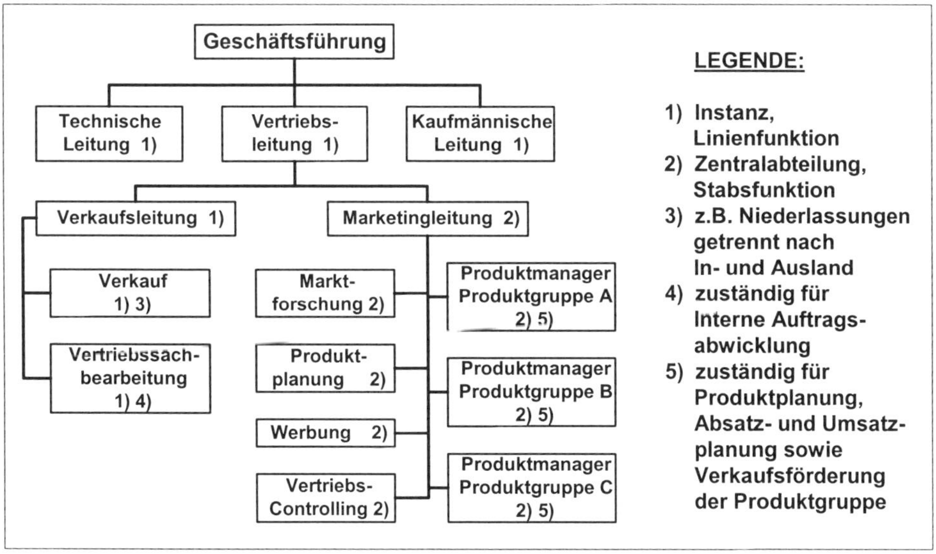

Modell einer Marketing-Organisation für ein mittleres Unternehmen

Das Unternehmen ist funktional in die Bereiche Technik, Vertrieb und kaufmännische Angelegenheiten gegliedert. Dabei unterstehen der Vertriebsleitung für den Verkauf und die Verkaufsabwicklung die entsprechenden Linienabteilungen sowie eine Stabsabteilung Marketing. Im Marketingbereich sind Verantwortliche für die wichtigsten Teilaufgaben benannt.

Abstrahieren wir zunächst von den Produktmanagern A, B und C. Dann können wir festhalten, dass die vorgestellte Organisationsform geeignet ist, in kleinen Unternehmen sowie Unternehmen mit nur einer Produktgruppe und Produkttechnik gute Erfolge im Marketing zu erzielen. Unzulänglich wird diese Organisation erst, wenn das Unternehmen wächst und in allen Funktionsbereichen Interessenkonflikte durch Entwicklung, Produktion und Vertrieb unterschiedlicher Produkte entstehen, die sich in ihrer Technologie und der Inanspruchnahme der Kapazitäten der Funktionsbereiche unterscheiden.

Durch Schaffung so genannter **"Produktmanager"** als Mitglieder des Marketing-Stabes sollte dann versucht werden, das Ergebnis je Produktgruppe zu optimieren. Ihre Aufgabe ist, eine Vernachlässigung von Forschung, Entwicklung, Fertigung und Vertrieb in Bezug auf das Produkt, für das sie verantwortlich sind, durch systematische Planung, Beratung und Berichterstattung an die Geschäftsleitung zu vermeiden und durch gute Kooperation mit den Leitern der Funktionsbereiche den Erfolg ihres Produktbereiches zu sichern.

Sobald sich Technologie und Kapazitätsbedarf unterschiedlicher Produktbereiche sehr stark auseinanderentwickeln, erweist sich der Einsatz von Produktmanagern im Rahmen einer im übrigen funktionalen Organisation häufig als zu schwach. Systematische Innovation im Bereich komplexer Produkttechnologien erfordert starke Teams aus allen Funktionsbereichen. Mit wachsendem Markterfolg muss in der Regel ergänzend auf eine Beschleunigung der Produktentwicklung und eine systematische, gleichzeitige Rationalisierung der Fertigung plus Optimierung von Logistik und Vertrieb geachtet werden. Der Gesamtheit dieser Forderungen kann ein Produktmanager in der Regel nicht entsprechen. Damit ist eine Situation definiert, in der sich die Frage stellt, ob von der funktionalen Strukturorganisation des Unternehmens auf eine **Divisionalisierung**, d. h. Gliederung nach Produktbereichen übergegangen werden muss.

Vor der Einführung einer Unternehmensorganisation nach Produktbereichen ist zu bedenken, dass diese die vorgenannten Schwächen, d. h. Unzulänglichkeiten in der Produktinnovation und Marktdurchsetzung, beheben kann. Das gilt allerdings nur, wenn gleichzeitig die geeigneten Führungskräfte verfügbar sind. Außerdem muss beachtet werden, dass die Schaffung von Divisions (Einzelheiten vgl. Punkt 8.4) mit erheblichen Mehrkosten im Managementbereich verbunden zu sein pflegt. Diese Maßnahme muss also mit "durchschlagenden" Markterfolgen verbunden sein, um sich als rentabel zu erweisen. Anders ausgedrückt: zur Divisionalisierung eines Unternehmens gehört eine sinnvolle Mindestgröße. Die Zweckmäßigkeit kann im Rahmen einer mittelfristigen Unternehmensplanung (Strukturplanung) überprüft werden.

3.2 Marktforschung

3.2.1 Aufgabenstellung

Der Begriff Marktforschung definiert sich als ‚systematisches Vorgehen zur Beschaffung und Bereitstellung von Informationen über den Zustand und die Veränderung des Marktgeschehens, die zur Entdeckung von Marketingproblemen und -chancen sowie zur Durchführung von Marketingentscheidungen benötigt werden‘[17].

Eine der wichtigsten Aufgaben der Marktforschung besteht darin, alle Daten zu beschaffen, die für eine realistische (kurz-, mittel- und langfristige) Absatz- und Umsatzplanung erforderlich sind, um so - durch Begrenzung von Prognoseunsicherheiten – den Unternehmenserfolg zu unterstützen. Die dazu entwickelten Methoden finden aber auch zur Erforschung von z.B. Personal- und Beschaffungsmärkten ihre Anwendung, so dass die Relevanz der Marktforschung sich heute auf viele Unternehmensbereiche erstreckt.

So stellen sich dem Fertigungs-, Entwicklungs- und Vertriebsingenieur vor allem die Fragen, wie das Produktprogramm weiterentwickelt werden muss, um marktgerecht zu sein bzw. zu bleiben und wie man zu realistischen Absatz-, Umsatz- und Fertigungsplänen für die nächsten Perioden gelangt. Der Produktprogrammplaner erhofft sich z. B. Antworten über die Entwicklung des Marktes in den nächsten Jahren, die Marktchancen für ein neues Produkt, die Deckungsbeitragssituation bei den Marktpreisen, die Anforderungen und Erwartungen der verschiedenen Marktsegmente oder das Verhalten der Konkurrenz.

3.2.1.1 Informationssuche und -verarbeitung

Die Arbeit des Marktforschers bewegt sich damit in einem komplexen Feld, da vielfältige Ansichten und Strukturen, Historien und Erfahrungen, Erwartungen und Ziele zu vereinen sind. Eine unter Umständen wirre Informationsbasis gebietet, gezogene Schlussfolgerungen und ihre Auswirkungen mit anderen zu diskutieren, so dass Regelkreise entstehen können und sich durch erneütes Suchen, Lernen und Bewerten bessere Aussagen und Lösungen entwickeln lassen.

In diesem Sinn bedarf die kontinuierliche Marktbeobachtung einer ständigen Überprüfung, Ergänzung, Korrektur ihrer Daten und Informationsquellen sowie einer zielgerichteten Anpassung ihrer Vorgehensweisen. Nur auf diese Weise kann das Risiko subjektiver Fehlschlüsse - selbstverständlich stets unter Beachtung des Ressourceneinsatzes – minimiert werden. Zwar werden im Zuge der technologischen Entwicklung und der globalen Informationsvernetzung die Recherchemöglichkeiten immer besser, die Probleme sind und bleiben aber vielfältig:

[17] *Kühn, R.*, Marktforschung, Bern

- Redundanzen durch zunehmende Informationsüberflutung
- zumeist unsystematisch erfasste Fakten mit Widersprüchlichkeiten
- keine verfügbare oder akzeptierte oder alleinige Struktur
- viele Einflussfaktoren mit unendlichen Permutationen bzw. Varianten
- unsichere Erwartungen oder Eintrittswahrscheinlichkeiten
- hohe Umweltdynamik mit geringer Halbwertzeit von Informationen
- Änderung von Prioritäten oder Risikobereitschaft im Zeitablauf
- Verzerrung durch subjektive Erlebnisse und Zufälligkeiten
- zufällige und subjektive Gewichtungen bei der Meinungsbildung
- Innovationen, d.h. unbekannte neue Aktivitäten, Technologien, Prozesse, Märkte
- kein verfügbarer oder akzeptierter oder alleiniger Maßstab

Marktforschungsdaten sind zum großen Teil stark zukunftsorientiert, von qualitativer und quantitativer Natur, aus externen wie internen Quellen stammend und multi-dimensional. Um sinnvolle Aussagen ableiten zu können, sind die relevanten Daten aus der wahrnehmbaren Masse (**Noise**) herauszuarbeiten und so zu strukturieren, dass wesentliche Lücken identifiziert, bereits bekannte Fakten einbezogen und vorgefasste Meinungen verifiziert oder korrigiert werden können.

Durch die Erfassung, Filterung, Klassifizierung und Interpretation reift ein zunehmendes Verständnis, und **rohe Daten** werden schließlich zu **Informationen**. Um ihre Qualität und ihren Wert im Sinne des Entscheidungsprozesses besser beurteilen zu können, schlägt *Rowley*[18] zehn Kriterien vor:

Relevanz	im Hinblick auf den Zweck und die anstehende Problemlösung
Genauigkeit	die eventuell mit höherem Aufwand verbessert werden kann
Zuverlässigkeit	im Sinne von Wahrheit und Vertrauenswürdigkeit der Quelle
Rechtzeitigkeit	um Aktualität und Periodizität des Reportings zu garantieren
Detaillierung	in Bezug auf Differenzierungs- und Aggregationsebenen
Vollständigkeit	um möglichst alle relevanten Faktoren einzubeziehen
Konsistenz	um auf der Basis solider Strukturen Zeitvergleiche vorzunehmen
Zielbewusstsein	um die Informationen den richtigen Empfängern zu liefern
Kommunikation	um geeignete Kanäle (Sender-Empfänger) zu nutzen
Verständnis	bezüglich Präsentation und Visualisierung sowie Backgrund und Prioritäten des Nutzers.

Daten und Informationen können in Massen erfasst und zu umfangreichen Berichten und Zahlenaufstellungen verarbeitet werden. Basierend auf ihren Informationsgehalt wird durch den Gebrauch intellektueller Fähigkeiten und Erfahrungen bei der Verarbeitung **Wissen oder Knowledge** geschaffen. Die effektive Wissensakquisition ist nicht nur Voraussetzung einer soliden Marktforschung, sondern auch für die Entwicklung von Lern- oder Expertensystemen für das Marketing.

[18] *Rowley, J.*, Strategic Management Information Systems and Techniques

Kategorie	Aktivitäten	Beispiele für Medien und Hilfsmittel
Quellen	identifizieren bewerten	Kataloge, Who is Who, Gelbe Seiten, Berater, Auskunfteien, Web-Verzeichnisse
Noise	erfassen filtern	Fachgespräche Zeitungsarchive Marktreport Online-Recherchen (z.B. Genios), Internet
Daten	klassifizieren interpretieren	Branchen-Codierungen, Postleitzahlbezirke, Schlüsselbegriffe, Statistikprogramme
Information	verknüpfen verifizieren	Relationale Datenbanken, Data Warehousing, Decision Support Systeme
Wissen	demonstrieren anwenden	Data Mining, Wissensbasierte Systeme, Neuronale Netze
Expertise	▶ Weisheit	

Stufen der Daten- und Informationsverarbeitung

Neben schriftlich dokumentierten Quellen (z.B. Geschäftsberichte, Prospekte, Ziel- und Aufgabenbeschreibungen, Konzepte, Methoden, Heuristiken, Checklisten, Diagramme, Regeln, usw.) sind vor allem undokumentierte Quellen (Personen) zur Erfassung der verschiedenen Wissensarten heranzuziehen. Da undokumentiertes Wissen nicht direkt erfassbar ist, müssen strukturierte Interviewtechniken eingesetzt oder Handlungsweisen beobachtet werden.

Das Ziel dieser Aktivitäten kann unter anderem auch sein, **Expertise** zu identifizieren und zu verstehen, die als die demonstrierte Anwendung von Wissen verstanden werden kann. Ein Zitat des französischen Philosophen Michel de Montaigne verdeutlicht allerdings auch die Grenzen: „We can be knowledgeable with other men's knowledge, but we cannot be wise with other men's wisdom."

3.2.1.2 Daten- und Informationsbasis

(1) Interne Daten

Die Mehrzahl der internen Daten sind in der Regel vorhanden und brauchen nicht gesondert erhoben werden. Sie haben ihren Ursprung innerhalb der Unternehmungsbereiche:

- Vertrieb und Rechnungswesen, z.B. Fakturierung, Umsätze, Deckungsbeiträge, Herstellkosten, Verkäuferberichte (regelmäßig oder auf Anforderung)
- sonstige Bereiche, wie Fertigung, Qualitätswesen, usw., z.B. Maschinenkapazitäten, Investitionserfordernisse, Fehlerstatistiken, Renner- und Pennerlisten

(2) Externe Daten

Zu den externen Daten zählen alle Daten, die außerhalb des Betriebes erhoben werden. Externe Daten betreffen u.a. die Bedarfsträger, die Absatzmittler und die Konkurrenten.

(2.1) Bedarfsforschung

Es interessiert die Zahl und Verteilung der Bedarfsträger in einem Gebiet (siehe Punkt 3.2.5) und deren leistungsspezifisch relevante Struktur.

Strukturdaten des Bedarfes:

- ❑ Bedarfsverteilung (In der Regel keine teuren Luxusgüter in Discountgeschäften)
- ❑ Bedarfshäufigkeit (Christbaumschmuck nur einmal im Jahr)
- ❑ Bedarfsrhythmus (tägliches Brot, 1/2 jährlicher Urlaub)
- ❑ Bedarfsbeziehung (Auto nur mit Lenkrad und Reifen)
- ❑ Bedarfsrangordnung (satt zu essen vor weit verreisen)

(2.2) Absatzmittlergerichtete Forschung

Sie beschränkt sich auf das Erfassen des Mittlerpotentials je Fläche und/oder je Konsument, Motivierbarkeit/Image bei den Konsumenten sowie der Handelsspanne und Vertriebskosten.

(2.3) Konkurrenzforschung

Sie soll Daten bringen sowohl über die unmittelbare Konkurrenz als auch über die Substitutionskonkurrenz. Die unmittelbare Konkurrenz liefert gleiche oder ähnliche Produkte oder Leistungen. Die Substitutionskonkurrenz liefert ein (neu entwickeltes) Substitutionsgut. Die Nachfrage nach solchen Gütern unterliegt stark dem modischen Wandel und dem Meinungsführermodell (Opinion Leader); z. B. Bekleidung von bekannten Popstars. Sind die Aktions- und Reaktionsmöglichkeiten der Konkurrenten nahezu bekannt und schätzt man seine eigenen Möglichkeiten richtig ein, so lassen sich Schlüsse bezüglich der Größenordnung des aus dem Marktpotential erreichbaren Marktanteils herleiten.

3.2.1.3 Systematische Strukturierung und Prämissen

Um unterschiedliche Märkte, gerade auch im Hinblick auf strategische Entscheidungen, zielgerichtet analysieren und vergleichen zu können, kommt der **Strukturierung, Interpretation und Präsentation** von Marktforschungsergebnissen eine wichtige Bedeutung zu. Dabei ist den differierenden Informationsbedürfnissen sowie der Zeitverfügbarkeit der Informationsnachfrager durch Summaries, Visualisierungen und sinnvolle Selektions- und Zugriffsmöglichkeiten Rechnung zu tragen. Gleichzeitig sind vom Marktforscher die Ergebnisse seiner Analysen hinsichtlich ihrer Qualität und Plausibilität zu bewerten. Um die Akzeptanz der abgeleiteten Maßnahmen zu sichern, sind zudem Informationslücken, Widersprüche oder Risiken nachvollziehbar zu dokumentieren.

Die Komplexität der Umwelt oder des Untersuchungsgegenstandes kombiniert mit knappen Zeit- und Kostenbudgets macht es häufig notwendig, sich in Marktforschungsprojekten früh auf bestimmte Grundannahmen zu verständigen. Die auf dieser Basis abgeleiteten Ergebnisse können jeweils nur so gut sein, wie diese zu Grunde liegenden **Prämissen**. Um mögliche Fehleinschätzungen im Hinblick auf diagnostizierte oder prognostizierte Daten frühestmöglich zu erkennen, ist daher auch eine transparente Dokumentation der Annahmen notwendig. Übertragen auf das folgende Beispiel aus der Mathematik, bedeutet dies nicht nur die Problemstellung, die Fakten, das Lösungsverfahren und das Ergebnis in einem Marktforschungsbericht aufzuzeigen, sondern auch die - in der Mathematik stillschweigend unterstellten – in der Marktforschung keineswegs offensichtlichen Prämissen.

Problemstellung	Wie hoch ist die Laterne?
Fakten	Ein zwei Meter großer Mann steht vier Meter entfernt von einer Laterne und wirft einen zwei Meter langen Schatten.
Lösungsverfahren	(Höhe Laterne / (Abstand Mann + Schatten)) entspricht dem Verhältnis (Größe Mann / Länge Schatten)
Ergebnis	(Höhe Laterne / (4 + 2)) = (2 / 2) -> Höhe Laterne = 6 · 2 / 2 = 6 Meter
Prämissen	• Lampe und Person sind vertikal, Grund ist eben und horizontal • Mann steht aufrecht nicht gebückt, kein Hut oder hohe Schuhe • Birne der Laterne ist an der höchsten Position • keine anderen Lampen in der Nähe, die Schatten verursachen.

3.2.1.4 Planung und Durchführung von Studien

Aufgabe der empirischen Marktforschung ist es, die für das strategische und operative Marketing notwendigen Daten systematisch zu erheben. Wie für viele Tätigkeiten der Forschung kann auch für die Marktforschung ein **forschungslogischer Ablauf** [19] definiert werden. Die Durchführung einer Studie als problemlösendes Handeln vollzieht sich in vier Phasen.

[19] Vgl. *Stadtler, K.*, a.a.O.

Phase I	Phase II	Phase III	Phase IV
Grobformulierung des Untersuchungs-problems; Definieren relevanter Begriffe der zu untersuchen-den Hypothesen	Verknüpfen der theoretischen Überlegungen mit der beobachtbaren Realität; Beschaffen von quantitativen Daten in Form einer verarbeitbaren Datenbasis	Extrahieren wesent-licher Informationen aus der Datenbasis als Grundlage für möglichst nachvoll-ziehbare, exakte, objektive Aussagen; Anwenden mathe-matisch-statistischer Modelle/Methoden	Erklären der ver-dichteten Daten und Bereitstellen der Ergebnisse für wei-tere Bearbeitungen in geeigneter Form.

Die erste Phase ist dabei durch den Entscheid gekennzeichnet, ob die formulierte Aufgabenstellung überhaupt durch die Durchführung einer Marktforschung einer sinnvollen Problemlösung näher gebracht werden kann. *Kühn* formuliert dazu vier **Überlegungsschritte**[20]:

a) **Beurteilung des zu lösenden Problems**
Welches Marketingproblem soll durch Marktforschung gelöst werden?
Wie bedeutungsvoll ist dieses Problem?
Wie groß sind die negativen Konsequenzen eines Fehlentscheides?
Sind sie hoch genug, um grundsätzlich ein Marktforschungsprojekt zu rechtfertigen?

b) **Schätzung des zu erwartenden Nutzens**
Welche Marktforschungsdaten werden zur Aufgabenlösung überhaupt benötigt?
Welche dieser Daten sind bereits vorhanden?
Kann Marktforschung überhaupt neue Erkenntnisse bringen?
Wie groß ist die Wahrscheinlichkeit dafür?
Benötigt man Marktforschung eventuell als Hilfe zur Überzeugung und Rechtfertigung gegenüber vorgesetzten Stellen oder anderen Personen?

c) **Schätzung der zu erwartenden Kosten**
Bestimmung der Marktforschungszielsetzung
(Studientyp, Untersuchungsgegenstand/-subjekte)
Grobe Bestimmung des Studiendesigns
(insbesondere der Marktforschungsmethode und des Stichprobenumfangs)
Welche Kosten sind auf dieser Basis realistischer Weise zu erwarten?
- bei Einschaltung eines Marktforschungsinstituts (Normalfall)?
- bei unternehmenseigener Durchführung (Ausnahmefall)?
- Ist die benötigte Studie überhaupt realisierbar?

d) **Grundsatzentscheid**

Abwägung der Konsequenzen eines Fehlentscheides und der	(gemäß Schritt 1)
Verringerung des Fehlentscheidrisikos durch Marktforschung	(gemäß Schritt 2)
gegenüber den erwarteten Marktforschungskosten	(gemäß Schritt 3).

[20] *Kühn, R.*, Marktforschung, Bern

3.2.1.5 Briefing, Arbeitsvorschlag und Bewertung

<table>
<tr><th></th><th>Inhalte eines Briefings</th><th>Bestandteile eines Arbeitsvorschlages</th></tr>
<tr><td>1.</td><td>Angaben zur Ausgangssituation
Unternehmen: Produkte; Marken; wichtige Marketingmaßnahmen
Markt: Marktabgrenzung; Konkurrenten; Absatzkanäle; Produktverwender</td><td rowspan="2">Kurze Rekapitulation der Problemstellung
zu Grunde liegendes Marketingproblem und Zielsetzung</td></tr>
<tr><td>2.</td><td>Angaben zu den Zielen
zu Grunde liegende Problematik; Studientyp; Gegenstand, Subjekte und Themen der Untersuchung</td></tr>
<tr><td>3.</td><td>Angaben zum Design
Methodik; Grundgesamtheit; Stichprobengröße</td><td rowspan="2">Detaillierte Darstellung des Studiendesigns
Marktforschungsmethode; Universum, Stichprobenverfahren und -größe; Art der eingesetzten Interviewer, Organisation der Feldarbeit, Interviews pro Interviewer; Angaben zur Interviewerkontrolle</td></tr>
<tr><td>4.</td><td>Angaben zur Durchführung
Besondere Anforderungen an: Interviewertyp und -information; Vergleichbarkeit mit früheren Studien; Datenauswertung (z.B. spez. statistische Analysen)</td></tr>
<tr><td rowspan="2">5.</td><td rowspan="2">Organisatorischer/zeitlicher Rahmen
Anforderungen an Bericht (Tabellen/Grafiken/Interpretation); Terminliche Vorgaben für Angebotserstellung und Berichtsabgabe; Budget; Anforderungen an Arbeitsvorschlag (erwarteter Inhalt und Detaillierungsgrad); Kontaktperson auf Auftraggeberseite; Fixierung der Projektverantwortung auf Seiten des Instituts</td><td>Kosten- und Leistungsumfang
Gesamtkosten und damit abgedeckte Leistungen; evtl. Einzelkosten für Teilleistungen (Forschungsplan inklusive Fragebogen, Feldarbeit, Datenauswertung, Interpretationsbericht); im Falle externer Marktforscher: Preise statt Kosten mit Zahlungsbedingungen</td></tr>
<tr><td>Organisation und Durchführung der Studie
Projektleitung; Vorgehen zur Fragebogenerstellung, Beteiligung des Kunden; Präsentation der Ergebnisse, Art der Berichterstattung; grober Zeitplan</td></tr>
</table>

Die Durchführung einer Studie macht zumeist die Einbeziehung von internen oder externen Marktforschern oder Beratern notwendig. Die obige Tabelle, die auf Ausführungen von *Kühn* beruht[21], bietet dem Auftraggeber wie dem Anbieter eine **Checkliste von Essentials**, die im Briefing besprochen bzw. im Angebotsvorschlag beschrieben sein müssen, um nicht den Studienerfolg von vornherein durch schlechte Kommunikation der Erwartungshaltungen und Kompetenzgrenzen in Frage zu stellen. Bei alternativen Arbeitsvorschlägen, ist mittels geeigneter Kriterien eine systematische Beurteilung und Auswahl zu treffen[22]:

---

[21] *Kühn, R.*, Marktforschung, Bern
[22] *Kühn, R.*, Marktforschung, Bern

- ❑ **Institutsleitung/Projektleitung:** z.B. berufliche Qualifikation; persönliche Integrität; Erfahrung mit dem Typ der vorgesehenen Untersuchung, insbesondere mit Methode und Thematik; Einfühlungsvermögen in die Untersuchungsproblematik
- ❑ **Institut und Feldarbeit:** Organisation der Feldarbeit; Typ und Zahl der Interviewer; Zahl der Interviews pro Interviewer; Art der Interviewerinstruktion, -kontrolle und -führung
- ❑ **Methodik:** Einstellungen zur Interviewlänge; Art der Kalkulation; Einstellungen zur Verweigerungsquote; Eignung für Studientyp und Thematik sowie zur Sicherung repräsentativer bzw. (bei qualitativer Forschung) "typischer" Ergebnisse
- ❑ **Stichprobe:** Eindeutigkeit/Ergiebigkeit der Grundgesamtheit; Eignung von Stichprobenart und -größe im Hinblick auf die geforderte Genauigkeit und Sicherheit; Anwendbarkeit der Stichprobentheorie und statistischer Tests
- ❑ **Wirtschaftlichkeit und Preis-Leistungsverhältnis**

3.2.2 Methoden der Marktforschung

3.2.2.1 Sekundär- oder Schreibtischforschung (Desk Research)

Die Sekundärforschung besteht in der Neuauswertung von Datenmengen, die ursprünglich für andere als die nun verfolgten Marketingaufgaben erhoben bzw. zusammengestellt wurden[23], u.a. Unterlagen des statistischen Bundesamtes und anderer staatlicher Institutionen, Veröffentlichungen von Verbänden und Marktforschungsinstituten, Fachzeitschriften und Tagespresse, sowie Markt-, Geschäfts- und Forschungsberichte aus Industrie, Banken, Handel oder dem Hochschulbereich.

Dazu gehören auch innerbetriebliche Unterlagen aus dem Rechnungswesen oder Controlling, Planungsvorgaben und Budgets, Vertriebs- und Absatzstatistiken, frühere Marktforschungsberichte sowie Besuchsprotokolle der Außendienstler oder Kunden-, Kundenzufriedenheits- und Wettbewerbsanalysen.

Zudem sollten neben den Internet-Angeboten und den zahlreichen Datenbankanbietern (siehe Tabelle) vor allem die Verzeichnisse über Sekundärdatenquellen herangezogen werden.

(1) CD-ROM Datenbanken

Die nachstehende Tabelle gibt eine Übersicht, welche CD-ROM Datenbanken dem Marktforscher für die Bereiche Wirtschaft, Handel und Politik allein im Bereich der Hamburger Bibliotheken zur Verfügung stehen.

[23] *Kühn, R.*, Marktforschung, Bern

CD-ROM Datenbanken	Inhalt und Fachgebiet[24]
ABI/Inform	über 300.000 Zitate und Abstracts aus über 800 Zeitschriften; Wirtschaft
BDI Industriedatenbank	über 30.000 Unternehmen der deutschen Industrie; Wirtschaft
European Kompass	über 400.000 Unternehmen mit ca. 100.000 Produkten in 13 Ländern Westeuropas
FIZ Technik-BWL	über 300.000 Zitate und Abstracts aus über 800 Zeitschriften; (Betriebs-)Wirtschaft
International Statistical Yearbook	Monats-, Vierteljahres- und Jahresstatistiken; Wirtschaft und Politik; einschließlich EUROSTAT, OECD, IMF, CITICORP, Deutsche Bundesbank, Statistisches Bundesamt
Kompass Deutschland	über 50.000 Firmenprofile zu 42.000 Produkten; 650.000 Lieferantennachweise
National Trade Data Bank	Handelsdaten zu Im- und Export; Wirtschaft und Handel
Personal und Recht	Volltexte und bibliographische Hinweise zum Arbeits- und Sozialrecht; Recht
Social Sciences Citation Index (SSCI)	über 500.000 Zitate ohne Abstracts von Artikeln aus rund 1.400 Zeitschriften; Sozial- und Wirtschaftswissenschaften
Statistical Abstracts of US	Statistische Daten über die USA; Sozialwissenschaften, Statistik, Wirtschaft
Thomas Register	über 15.000 Firmenprofile und – adressen mit ca. 50.000 Produkten; Wirtschaft
Wer liefert was?	Verzeichnis von Firmenprodukten; Wirtschaft
WISO I: BLISS/FITT	über 340.000 Zitate und Abstracts aus über 300 Zeitschriften und Presse; Wirtschaft
WISO II: HWWA, usw.	über 550.000 Zitate ohne Abstracts von Büchern und Zeitschriftenartikeln; Wirtschaft
WISO III: SOLIS/FORIS	über 210.000 Zitate mit Abstracts von Zeitschriften, Büchern, Forschungsberichten

(2) Online Informationsquellen

In den letzten Jahren sind zunehmend Online-Datenbanken zu einem unverzichtbaren Bestandteil externer Informationsbeschaffung geworden. Sie sind dadurch gekennzeichnet, dass

- Informationen aus einer Vielzahl von Wissensgebieten in zentral installierten Computersystemen gespeichert werden
- die gespeicherten Informationen prinzipiell für jeden öffentlich zugänglich sind
- das Betreiben auf kommerzieller Basis erfolgt
- die Abfrage von Informationen dezentral unter Einsatz eines Programms gegen Entgelt über Datennetze möglich ist (daher auch Online-Datenbank).

[24] zusammengestellt für den Bereich Wirtschaft aus:
Universität der Bundeswehr Hamburg, CD-ROM Datenbanken in Hamburger Bibliotheken

Ein Angebot von über 8700 Online-Datenbanken, mehr als 500 deutschsprachig, stehen der Wirtschaft heute zur Verfügung. Die Kundenvorteile sind laut Studie des BMFT (MIKUM: Modellversuch zur Informationsbeschaffung aus Datenbanken für Klein - und Mittelbetriebe):

a) **Schneller Zugriff** und Lösung des Problems von der „Nadel im Heuhaufen". Unabhängig von der Größe der Datenbank können die zur Lösung des Entscheidungsproblems benötigten spezifischen Informationen auf Knopfdruck abgefragt werden. Komfortable Benutzeroberflächen unterstützen aktiv den User, z.B. mit Schlüsselwörtern. Möglichkeit der mehrdimensionalen Suche bzw. der Kombination von Suchbegriffen.

b) **Hohe Aktualität,** ohne durch historischen Datenverknüpfung an Tiefenschärfe zu verlieren, beispielsweise durch Zusammenstellungen von „elektronischen Kiosken", um jeden Morgen die aktuelle Ausgabe der Financial Times online schneller und komfortabler zu erhalten.

c) **Umfassendes Informationsangebot**, in einzelnen Bereichen tendenziell vollständig. Die Menge der verfügbaren Datenbestände würde die Grenzen einer jeden physisch existierenden Bibliothek sprengen. Entsprechend bieten immer mehr Informationsanbieter wichtige Daten nur noch über elektronische Medien an.

d) **Zeitunabhängige und ortsunabhängige Verfügbarkeit.** Keine Bindung an Öffnungszeiten, ständiger Zugriff auf aktuelle Daten, über Handy/Laptop von überall auf der Welt.

e) **Komfortable Weiterverarbeitung und Integration mit Inhouse-Systemen.** Informationen können nicht nur betrachtet, sondern heruntergeladen, gespeichert, analysiert und mit Inhouse-Systemen und -Daten verknüpft werden.

f) **Gutes Preis-Leistungs-Verhältnis** bei laufenden Kosten und Investitionen. Wissen ist teuer - Nichtwissen ruinös. Gute Informationen haben ihren Preis, sonst würden sie nicht bereitgestellt werden. Wer die Kosten für Online-Recherchen als zu hoch bewertet, unterschätzt oft die Opportunitätskosten die ihm entstehen, wenn er gleichwertige Informationen aus konventionellen Quellen wie z.B. Bibliotheken bekommen möchte. Aufgrund steigender Personalkosten sowie sinkender PC-/Modem-/Telefonkosten steigt das Preis-Leistungsverhältnis für schnelle Informationserschließung per Datenbank ständig.

Neben einer Auswahl von Online-Datenbank-Anbietern mit wirtschaftlichen Schwerpunkten, die die folgende Tabelle zeigt, sollen exemplarisch zwei Unternehmen vorgestellt werden, die bedeutende Positionen in der Informationsbranche inne haben[25].

[25] *Carroux, A.; Heidenreich, J.*; Seminararbeit; FH Wedel

Datenbank	Regionaler Schwerpunkt	Inhaltlicher Schwerpunkt
Knight-Ridder Data-Star	Europa	Medizin, Pharmazie, Wirtschaft
Knight-Ridder Dialog	USA	Wirtschaft, Patente, Literatur
ECHO	Europa	Forschung, Wirtschaft
FIZ-Technik	Deutschland	Wirtschaft, Umwelt, Technik
GBI	Deutschland	Wirtschaft, Firmendaten, Presse
Questel-Orbit		Pharmazie, Wirtschaft, Technik, Patente, Warenzeichen
STN	International	Wissenschaft, Technik, Patente
Genios	Deutschland	Wirtschaft, Firmendaten, Presse

Auswahl von Online-Datenbank-Anbietern mit Schwerpunkten[26]

(2.1) Genios - ein Datenbankpool

Die 1985 gegründeten *Genios*-Wirtschaftsdatenbanken sind ein Unternehmensbereich der Verlagsgruppe Handelsblatt GmbH aus Düsseldorf und Frankfurt. *Genios* betreibt einen sogenannten Datenbankpool, in dem verschiedene Anbieter - u.a. die bedeutenden deutschen Verlage, Wirtschaftsforschungsinstitute, Industrieverbände und Dokumentationsstellen im öffentlichen und privaten Bereich - ihre Datensammlungen zur elektronischen Online-Abfrage anbieten. Hier findet man Zugang zu insgesamt über 2.000 (!) Datenbanken aus den Bereichen Wirtschafts- und Finanzpresse, Marketing und Management, Markt- und Branchen-informationen, Firmeninformationen, u.a.:

- Handelsblatt, Wirtschaftswoche, Süddeutsche Zeitung, VDI Nachrichten, Wall Street Journal
- Direktzugriff auf die Meldungen der Nachrichtenagenturen wie z.B. dpa
- betriebswirtschaftliche Literatursuchsysteme

Die Daten werden von *Genios* im Volltext abgespeichert und können aus der großen Menge der Datenangebote mit Hilfe von Suchfeldern wie Firma, Name, Erscheinungstag oder Schlagwort selektiert werden. Interessiert man sich für die bereits oben erwähnten Firmen- und Bilanzdatenbanken, so wird man über den Pool *Genios* unweigerlich auf die Datenbanken von *Creditreform* stoßen.

[26] zusammengestellt aus Helpdesk- und Recherche-Angebot der IHK Hamburg

(2.2) Creditreform - ein Datenbankanbieter

Creditreform ist ein Verband aus derzeit 142 selbständigen Vereinen in Deutschland und Österreich, an deren Spitze jeweils ein Gesellschafter steht, der mit seinem eigenen Vermögen haftet. Diese 142 dezentralen Datenbanken sammeln Informationen über Unternehmen der jeweiligen Region. Dieses dichte Netz von Niederlassungen, zweieinhalb Millionen (!) gespeicherte Unternehmen (in Deutschland) und die große Anzahl von 140.000 (!) Mitgliedern (Bezugsjahr: 1995) machen *Creditreform* zum Marktführer der Branche in Deutschland.

Stärkstes Produkt von *Creditreform* ist die EDV-gestützte Datenbank, die ein kurzgefasstes Firmenportrait anbietet, die Zahlungsweise der Firma bewertet und sich dann auf zwei nützliche Ziffern festlegt. Zum einen ist dies ein mit Schulnoten vergleichbarer Bonitätsindex und zum anderen der maximale Kreditbetrag, den ein Lieferant der Firma nach Auffassung von *Creditreform* besser nicht überschreitet. In einer Schnellauskunft sind folgende Daten zu beziehen:

- vollständige Adresse zur Kontaktaufnahme
- Vorstand/Gesellschafter, Geschäftsführer
- Rechtsform, Gründungsdaten, eventuell Stammkapital
- Einträge im Handelsregister
- Allgemeines zum Leistungsangebot des Unternehmens
- Mitarbeiterzahlen, Umsatzzahlen
- Aktiva und Passiva, besondere Anlagenwerte wie z.B. Immobilien etc.
- Bankverbindungen, übliche Zahlungskonditionen

Diese Daten werden telefonisch, per Briefpost, Fax oder auf dem komfortabelsten und schnellsten Wege mit einem direkten Zugriff auf die Online-Datenbank übermittelt.

3.2.2.2 Primär- oder Feldforschung (Field Research)

Die Primärforschung umfasst die Gesamtheit der speziellen zur Erfüllung einer bestimmten Marketingaufgabe durchgeführten Datenerhebungen in Form von primär diesem Zweck gewidmeten Befragungen oder Beobachtungen[27].

Primärforschung im Konsumgüterbereich bezieht sich auf die Feststellung der Meinungen, Einstellungen, Absichten, Wünsche und Motive der Konsumenten. Grundlage dieser Marktforschungsmethoden sind die sozioökonomischen Verhaltensweisen der Bedarfsträger unterteilt in Altersgruppen und soziale Schichten. Ziel einer systematischen Befragung ist es, Erkenntnisse über das Kaufverhalten produktspezifischer Zielgruppen zu erhalten.

[27] *Kühn, R.*, Marktforschung, Bern

Im Investitionsgüter-Marketing sind andere Faktoren maßgeblich als im Konsumgüterbereich. Investitionsgüter sind Anlagegüter, die für die Produktion eingesetzt werden. Im Rahmen des Marketing sind diesem Bereich auch Roh-, Hilfs- und Betriebsstoffe sowie Zulieferteile zuzurechnen, weil sie wie die Anlagegüter nicht dem Konsum zugeführt, sondern im Produktionsprozess eingesetzt werden. Das Marktpotential wird daher bestimmt durch die Zahl der Abnehmerbetriebe sowie deren Kaufkraft, Investitionspolitik etc. Generell gilt für Investitionsgüter, dass sie Problemlösungen bieten und vor allem ihr Preis-Leistungsverhältnis über ihre Wettbewerbsfähigkeit entscheidet. Wirtschaftlichkeitsvergleiche und Vergleiche mit Konkurrenzprodukten unter dem Gesichtspunkt unterschiedlicher Preis-Leistungsverhältnisse sind deshalb wesentlicher Bestandteil der Investitionsgütermarktforschung.

Erfolgsentscheidend sind vielfach die richtigen Prognosen über lukrative Diversifikationsfelder oder zukünftige Technologieentwicklungen - z. B. Einsatz von CAD-Systemen in der Bekleidungsindustrie[28] - sowie die rechtzeitige Erkennung neuer Produktionstechniken und Produktentwicklungen bei Konkurrenten und Abnehmern. Solide Branchen- und Technologie-Kenntnisse sind daher Voraussetzung für eine erfolgreiche Investitionsgüter-Marktforschung und das Experten-Interview dominiert als wichtigste Informationsquelle.

(1) Befragungsmethoden

Unterschieden wird in der Primärforschung zwischen quantitativer Forschung, die auf der Basis standardisierter Fragebögen und großer Stichproben zu statistisch repräsentativen Aussagen führt und damit möglichst objektive Daten (hard facts) zum Ziel hat sowie, auf der anderen Seite, qualitativer Forschung, die auf der Grundlage kleiner Stichproben, offener Fragen und halb-strukturierter Gesprächsleitfäden subjektive Informationen erhebt, um z.B. Wünsche, Zielvorstellungen oder Einstellungen zu ergründen. Die wichtigsten Befragungsformen mit ihren Merkmalen zeigt die nachfolgende Tabelle.

(1.1) Effektive Fragebogen- und Umfeldgestaltung

Praktische Primärforschung steht in einem mehrdimensionalen Spannungsfeld. Die Zielsetzung:

- ❑ treffsichere Entscheidungsgrundlagen
- ❑ kurzfristig und kostengünstig
- ❑ für ein konkret zu lösendes Marketing-Problem zu erhalten,

führt häufig zu Konflikten zwischen der Erhebungsmethodik und den Auswertungsverfahren. Unter Berücksichtigung eines einwandfreien Untersuchungsplans[29] wird zwischen den divergierenden Einflüssen und Zielvorstellungen in der Regel ein Kompromiss zu suchen sein, gerade auch im Hinblick auf die Höhe der anvisierten Rücklaufquoten oder Interviewtermine.

[28] Näheres hierzu vgl. Pkt. 12, Fallstudie, in Teil III.
[29] Auszugsweise entnommen aus: *Lehmeier, H.*, Grundzüge der Marktforschung, Stuttgart

Befragungsformen	Quantitative Befragung			Qualitative Befragung	
Kriterien	**schriftlich**	**telefonisch**	**persönlich**	**Gruppengespräch**	**Einzelgespräch**
Anforderungen an Qualifikation der Befrager (QB)	keine	beschränkte QB	mittlere QB	hohe bis sehr hohe QB (Qualifikation als Fachexperte oder Sozialwissenschaftler)	
Interviewereinfluss (IE), Einfluss durch Dritte (DE), Kontrollmöglichkeit (KM)	unkontrollierbarer DE, keine KM	beschränkter IE, sehr gute KM	mittlerer bis hoher IE, mittlere KM	sehr hoher IE, schlechte bis gute KM in Abhängigkeit von Datenerfassung (Video, Tonband, Handprotokoll)	
Einschränkungen in der Fragestellung (FS) und Interviewlänge (IL)	nur einfache geschlossene FS, beschränkte IL	vorzugsweise geschlossene FS, kein Zeigematerial, beschränkte IL	alle FS möglich, geschlossene FS dominieren, längere IL („in home")	offene, nicht oder vorstrukturierte oder z.T. vorstrukturierte FS, beschränkte Zahl geschlossener FS (insbesondere Beurteilungsskalen) möglich	
Möglichkeiten zur Sicherung der Repräsentanz der Stichprobe (RS)	beschränkte RS (Rücklaufproblematik)	gute bis sehr gute RS möglich; gewisse Gruppen schwer erreichbar (Randgruppen, Jugendliche, Männer)		keine RS angestrebt, RS unmöglich	keine RS angestrebt, aber an sich möglich
„normale" Stichprobengröße	mittlere bis große Stichproben sind üblich			einige wenige Gruppen	kleine Stichproben dominieren
Kosten pro Befragung	eher gering	mittel	mittel (Straßenbefragung) bis hoch („in home")	hoch bis sehr hoch	sehr hoch
weitere Vorteile	wenig Prestige-/Gefälligkeitsantworten; durch Zeit zum Überlegen weniger hingeworfene Antworten; sonst schwer zu erreichende Berufskreise können erfasst werden	schnelle, kostengünstige Abwicklung; Kontrolle über den Befragungsablauf	der Interviewer kann sich auf die befragte Person einstellen		
weitere Nachteile	geringe Antwortquote aus Bequemlichkeit; Gefahr zu sehr überlegter Antworten; Fehlinterpretation des Fragewortlauts möglich	am Telefon lässt sich leichter übertreiben, evtl. Ergebnisverzerrung	Befragter fühlt sich unter Zeitdruck gesetzt; aufwendig		

Vor- und Nachteile der wichtigsten Befragungsformen[30] [31]

In einer durch Informationsüberflutung und Anfragebegehren gebeutelten Schar von Auskunftsfähigen, die es ohnehin jeweils zunächst zu identifizieren gilt, macht sich zunehmend die Fraktion der Auskunftsverweigerer bemerkbar, die nicht zuletzt aufgrund der eigenen beruflichen Belastung, nicht mehr oder nur noch selektiv an Befragungsaktionen teilzunehmen bereit ist.

[30] *Kühn, R.*, Marktforschung, Bern
[31] Vgl. *Bänsch, A.*, a.a.O.

Eine Fragebogengestaltung darf sich nicht nur auf die inhaltlichen Anforderungen beschränken, wie z.B. auf bewährte Fragetechniken setzen, erfahrungsgestützte Formulierungsregeln berücksichtigen und auf einen logischen Aufbau achten. Vielmehr ist an den Zeiteinsatz zu denken, den ein Befragungsteilnehmer zu investieren bereit sein könnte, an die optische Gestaltung und etwaige „Belohnungen“ der Teilnehmer, z.B. durch Telefonkarten, Spenden für gemeinnützige Zwecke pro zurückgesandten Fragebogen oder Kurzfassungen der ermittelten Resultate.

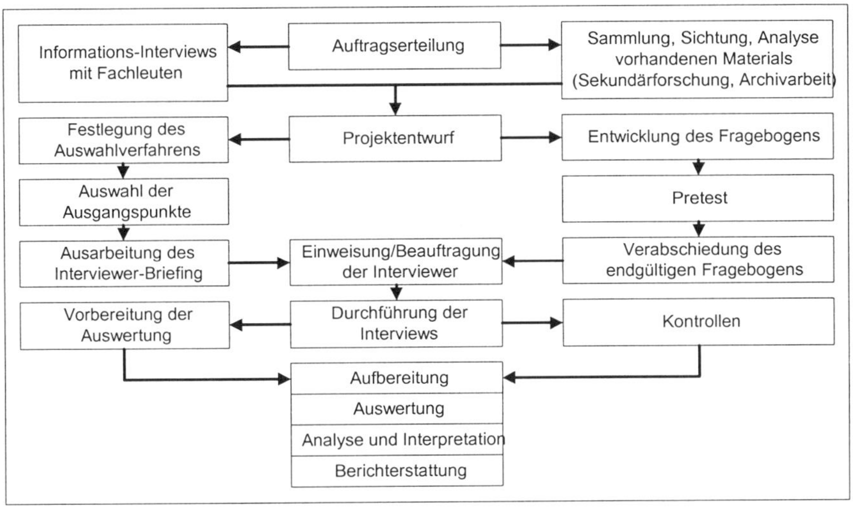

Untersuchungsplan für Marktforschung

Um eine hohe Rücklaufquote oder Interviewbereitschaft zu sichern, ist es, je nach Status, Funktions- oder Hierarchieebene der potentiellen Interviewees, ratsam oder notwendig, sich auch über begleitende Motivationsmaßnahmen Gedanken zu machen. Einbezogen sollten dabei neben den obigen fragebogen- oder interviewbezogenen Aspekten auch die Vorgehensweise im kommunikativen Umfeld, beispielsweise (in Klammern der jeweilige Zusatzaufwand):

- Anonyme oder persönliches Anschreiben an Funktionsinhaber (Identifizierung)
- Klären der Teilnahmebereitschaft vor Verschickung (telefonische Kontaktaufnahme)
- Sichern der Teilnahme nach Verschickung (telefonische Nachfass-Aktionen)
- „Charmante“ Gesprächsterminabstimmung (Einsatz geschulter MitarbeiterInnen)
- Wissenstransfers anbieten (Ermittlung der individuellen Informationsbedarfe)

(1.2) Skalenniveau und Aussageformen

Jede Erhebungstechnik führt zur Informationsaufnahme, die auf einem bestimmten Skalenniveau abgebildet wird. Die folgende Tabelle fasst die Eigenschaften der vier **Skalentypen** mit ihren möglichen Aussageformen, ihrer rechnerischen Handhabbarkeit sowie einigen Anwendungsbeispielen für zu erhebende Merkmale zusammen[32]. Zu unterscheiden sind[33]:

- **Nominalskala:** findet Verwendung bei Erhebungen von Merkmalsausprägungen, die keine natürliche Reihenfolge bilden, sondern gleichberechtigt nebeneinander stehen.
- **Ordinalskala:** gibt Rangordnungen zwischen den Merkmalsausprägungen der Erhebungseinheiten an sowie subjektive "größer/besser als"-Beziehungen der Befragten.
- **Intervallskala:** ermöglicht zusätzlich zur Rangordnung die Angabe und Interpretation der Abstände zwischen den Merkmalsausprägungen; es existiert kein natürlicher Nullpunkt.
- **Verhältnisskala:** beinhaltet die Eigenschaften der Intervallskala, ergänzt um einen absoluten Nullpunkt (Bezugspunkt). Damit werden Quotienten aus Abstandswerten von der gewählten Maßeinheit unabhängig.

Skalentyp	Merkmale	Aussagen	Handhabung	Beispiele
Nominalskala	Klassifizierung qualitativer Eigenschaften	Gleichheit Verschiedenheit	Bildung von Häufigkeiten	Geschlecht Religion Familienstand
Ordinalskala	Rangwerte	größer-kleiner Relationen	Ermittlung des Medianes	Farben Düfte Anmutung
Intervallskala	Skala mit gleich großen Abschnitten ohne natürl. Nullpunkt	Gleichheit von Differenzen	Addition, Subtraktion	Kalenderzeit
Verhältnisskala	Skala mit gleich großen Abschnitten mit natürl. Nullpunkt	Gleichheit von Verhältnissen	Addition Subtraktion Multiplikation Division	Gewichte Längenmessung

Das gewählte Skalenniveau beeinflusst direkt den Detaillierungsgrad der zu gewinnenden Information und indirekt das für die Untersuchung notwendige Budget, denn:

- die **statistische Sicherheit** der Information ist eine Funktion der Fallzahl (⇨ Stichprobe, Anzahl befragter Personen).
- der **Zeitbedarf** pro befragter Person ist vor allem eine Funktion des Fragebogenumfangs und der Differenziertheit der Antwortmöglichkeiten pro Frage (⇨ Skalenniveau)
- die in Frage kommenden **Auswertungsverfahren** werden durch das Skalenniveau begrenzt. So verbietet sich z. B. die Mittelwertbildung ordinal skalierter Merkmalsausprägungen; ein "Durchschnittsduft" zu testender Parfüms ist nicht sinnvoll ermittelbar.
- Die statistische Sicherheit der zu gewinnenden Information im Hinblick auf treffsichere Entscheidungsgrundlagen einerseits, der Zeitbedarf pro befragter Person und der Zeitbedarf für die Gesamtauswertung andererseits, beeinflussen die **Kosten der Erhebung**.

[32] Vgl. *Bortz, J.*, Statistik für Sozialwissenschaftler, Berlin, Heidelberg, New York, Tokyo
Backhaus, K. et al., Multivariate Analysemethoden, Eine anwendungsorientierte Einführung, Berlin

[33] Vgl. *Bleymüller, J., Gehlert, G., Gülicher, H.*, Statistik für Wirtschaftswissenschaftler, München

Repräsentative Erhebungen erfordern eine **Mindestfallzahl**, die mit Hilfe der Stichprobentheorie[34] errechnet wird. Diese notwendige Fallzahl kann im Widerspruch zum verfügbaren Budget stehen. Sind überschlägig die Fixkosten und variablen Fallkosten der Studie kalkulierbar, kann die maximale Fallzahl X bei gegebenem Budget B wie folgt ermittelt werden; die Bestimmungsgleichung für ein Budget wird nach der unbekannten Fallzahl X aufgelöst:

$\mathbf{K_F}$	=	Fixkosten für Planung der Erhebung und Vorbereitung
$\mathbf{K_V}$	=	Variable Kosten pro Fall, z. B. für Interviewerlohn pro Befragtem, Kosten eines Fragebogens, Kosten der Auswertung pro Bogen (z.B. Rechnerzeit)
B	=	$\mathbf{K_F + K_V \cdot X}$ und man erhält $\mathbf{X = (B - K_F) / K_V}$

Falls diese Fallzahl kleiner ist, als es für den geforderten Sicherheitsgrad der zu gewinnenden Information notwendig wäre, bieten sich verschiedene Auswege aus diesem Dilemma an:

- Senkung des Sicherheitsgrades, mit der Konsequenz von weniger präzisen Informationen, aber auch kleinerer Fallzahl
- Senkung des Skalenniveaus, mit der Konsequenz der Senkung der Befragungszeit pro zu Befragendem und der Senkung des Informationsgehaltes der zu erfragenden Antworten
- Erhöhung des Budgets.

(1.3) Rating-Skala und Polaritätsprofil

In der Praxis überwiegen Untersuchungen zu Markenartikeln. Durch zunehmend kürzere Produktlebenszyklen, schnelleren Wertewandel (Modeströmungen) sowie härteren nationalen und internationalen Wettbewerb müssen Produzenten ihre Artikel in immer kürzeren Zeitabschnitten konzipieren, zur Marktreife weiterentwickeln und in hohen Stückzahlen verkaufen, um ihre Vorlauf- und Selbstkosten zu decken. Aus Wettbewerbsgründen muss vielfach bereits der "erste Wurf" punktgenau positioniert werden (Zielgruppenbestimmung). Dafür ist es für den Produzenten wichtig zu wissen, welche Eigenschaften seines Produktes entweder den Verkauf fördern oder ihn hemmen. Dieses Informationsbedürfnis besteht sowohl für neue, noch nicht am Markt eingeführte Produkte als auch für bereits vorhandene, die sich auf den schnell wandelnden Käufermärkten zu behaupten haben.

Kaufakte werden in hohem Maße von kulturellen, sozialen, persönlichen und psychologischen Faktoren beeinflusst. Das Zusammenspiel dieser Faktoren äußert sich im Verhalten der Konsumenten (Kauf oder Nichtkauf). Zur Messung der Wirkungszusammenhänge dieser Faktoren werden u.a. Fragebogenaktionen durchgeführt, die in der Regel soziodemographische Größen, wie z. B. Geschlecht, Familienstand, Beruf und Alter enthalten. Damit können entweder Zielgruppen bestimmt werden (Marktsegmentierung) oder, bei Kenntnis bestimmter Segmenteigenschaften, gezielt Personen aus diesem Personenkreis befragt werden. Das Produkt wird mit einem Bündel von Eigenschaften (Merkmalen) beschrieben, von denen der Produzent annimmt, dass sie wesentlich die Kaufentscheidung beeinflussen. Für das Messen der vom potentiellen Käufer subjektiv empfundenen Ausprägungen der Produkteigenschaften sind eine Vielzahl von Varianten entwickelt worden[35]. In der Marktforschungspraxis haben sich die Rating-Skala und das Polaritätsprofil durchgesetzt.

---

[34] Vgl. *Bleymüller, J., Gehlert, G., Gülicher, H.,* Statistik für Wirtschaftswissenschaftler, a.a.O.

[35] Vgl. *Nieschlag, R., Dichtl, E., Hörschgen, H.,* Marketing, Berlin

Mit der **Rating-Skala** wird einer Produkteigenschaft ein Ausprägungsspektrum zugeordnet, das dem Prinzip der Schulzensuren entspricht. Beispiel: Geschmack des Speiseeises XY ist:

sehr gut (1) gut (2) befriedigend (3) ausreichend (4) mangelhaft (5) ungenügend (6)

Der Befragte ist gehalten, die Wertigkeit der von ihm subjektiv empfundenen Eigenschaft anzugeben. Es erfolgt also eine Zuordnung numerischer Werte zu verbalen Umschreibungen dieser Intensitäts- oder Empfindungsgrade. Die äquidistante Einteilung (gleiche Abstände) der Skala setzt eine ähnlich strukturierte subjektive Differenzierung bei allen Befragten voraus. Die Skala ist ordinalskaliert, erlaubt also nur Aussagen über Rangfolgen. Es hat sich aber in der Praxis durchgesetzt, die Messwerte als intervallskaliert zu behandeln. Da bei der Beurteilung von Speiseeis eventuell nicht nur die Geschmackskomponente den Verkauf beeinflusst, sondern auch die Eisform, die Waffel- oder die Verpackungsart, werden häufig formal identische Rating-Skalen zu einer sogenannten Item-Batterie zusammengefasst.

1. Motiv des Titelbildes	nicht ansprechend	1----2----3----4----5----6----7	ansprechend
2. Farbigkeit des Motivs	grell, unnatürlich	1----2----3----4----5----6----7	angenehm, natürlich
3. Redaktionelle Themen	uninteressant	1----2----3----4----5----6----7	interessant
4. Farbigkeit der Schrift	kontrastarm	1----2----3----4----5----6----7	auffällig
5. Größe der Schrift	zu extrem/klein/groß	1----2----3----4----5----6----7	genau richtig
6. Gestaltung Titelbild	durcheinander	1----2----3----4----5----6----7	klar, übersichtlich

Welche Eigenschaften eines Titelbildes sind für Sie von besonderer Bedeutung?
Bringen Sie bitte die oben angeführten Eigenschaften in eine Reihenfolge abnehmender Bedeutung.

Rangplatz: 1______2______3______4______5______6 Ihr Alter: ☐ < 40 ☐ > 40
Sonstige: ________________________ Geschlecht: ☐ M ☐ W

Beim **Polaritätsprofil**, einer Variante der mehrdimensionalen Einstellungsmessung, werden als relevant erachtete Produkteigenschaften durch adjektivische Gegenpole beschrieben. Obiger Beispielfragebogen zur Ermittlung der Bedeutung von Titelbildern bei Zeitschriften für den Einzelverkauf (Kiosk) soll den Testaufbau verdeutlichen.

Mit Hilfe der Merkmale Alter und Geschlecht kann eine grobe Segmentierung der potentiellen Käufer vorgenommen werden. Darüber hinaus können bei bestehenden Titeln die jährlich von der Arbeitsgemeinschaft Media-Analyse (MA) publizierten Anteilswerte dieser Merkmale zur Auswahl der Befragten im Sinne des Quotenauswahlverfahrens genutzt werden. Es werden sechs als relevant erachtete Titelbildeigenschaften jeweils durch adjektivische Gegenpole beschrieben. Sie sind - ähnlich der Rating-Skala - durch ein Ausprägungsspektrum verbunden. Die von der befragten Person subjektiv empfundene Wertigkeit wird auf der Skala eingetragen. Bezüglich der Eigenschaften der Skala gelten die Prämissen der Rating-Skala.

Da die Titelbildeigenschaften untereinander nicht "gleichgewichtig" sein müssen, werden die Befragten gebeten, eine Rangfolge der Eigenschaften anzugeben. Aus den Rangfolgen aller Befragten können hilfsweise Gewichtungsfaktoren ermittelt werden, die die Bedeutung der Eigenschaften untereinander vereinheitlichen.

(1.4) Auswertungsverfahren

Primärforschung ist durch die Verarbeitung großer Datenmengen gekennzeichnet. Die Fallzahlen - je nach Grundgesamtheit (Marktsegment) und geforderter statistischer Sicherheit - können bei Markenartikeln leicht 2000 und mehr Befragte betragen. Notwendige zeitnahe Auswertungen sind praktisch nur durch EDV-Einsatz mit entsprechender Auswertungssoftware möglich.

Die Methoden zur Auswertung liefert die Statistik. In der Praxis weit verbreitet sind Auswertungen bezüglich eines Merkmals (**univariate Methoden**) mit den Maßen Mittelwert, Standardabweichung, Median sowie Häufigkeitsanalysen mit graphischer Aufbereitung. Ebenfalls haben sich **Zwei-Merkmalsbetrachtungen** durchgesetzt, etwa mit Kreuztabellen oder Regressions- und Korrelationsrechnungen.

In zunehmendem Maße setzen sich aber auch die Methoden der **multivariaten Datenanalyse** in der Praxis durch. Begünstigt wird diese Entwicklung durch die Verfügbarkeit leistungsfähiger Software, z.B. SPSS. Die Ziele multivariater Verfahren bestehen im

- ❑ Entdecken von in Daten vorhandenen Strukturen mit den Verfahren Faktorenanalyse, Clusteranalyse oder Multidimensionale Skalierung
- ❑ Prüfen von in Daten vermuteten Strukturen mit den Verfahren multivariate Regressionsanalyse, Varianzanalyse, Diskriminanzanalyse, Conjoint-Analyse und LISREL-Ansatz zur Kausalanalyse

Die Verfahren zeichnen sich durch die gemeinsame, gleichzeitige Analyse aller erhobenen Merkmale beziehungsweise deren Ausprägungen aus. Ihr Vorteil gegenüber den univariaten Verfahren besteht darin, dass die Abhängigkeiten aller erhobenen Daten simultan berücksichtigt werden[36].

(2) Beobachtungsmethoden

Die Beobachtung lässt sich nach *Kühn*[37] definieren als zielgerichtetes planmäßiges Erfassen von sinnlich wahrnehmbaren physischen Reaktionen oder Verhaltensweisen der Untersuchungspersonen sowie von Fakten, wobei das Erfassen direkt, d.h. durch die subjektive Wahrnehmung des Beobachters oder indirekt mit Hilfe von Messgeräten geschehen kann.
Sie wird zum einen bei geringer Auskunftsfähigkeit oder Auskunftswilligkeit der Informationsträger angewendet. In der Konkurrenzforschung erstreckt sie sich von der Feststellung der Besucherfrequenz beim Konkurrenten bis hin zu zweifelhaften Praktiken am Rande der Wirtschaftsspionage. Beobachtet werden auch die Einzelhändler (z.B. durch Testkäufe) oder das Käuferverhalten selbst (z. B. durch Videoaufnahmen in einem Supermarkt am Sonderstand, mit einseitigen Spiegeln oder mit Hilfe von Scannerkassen).

[36] Eine praxisorientierte Darstellung der Verfahren mit Beispielen bieten: *Backhaus, K.*, Multivariate Analysemethoden
[37] *Kühn, R.*, Marktforschung, Bern

Die starke Ausweitung der Medien mit der einhergehenden Informationsüberflutung und dem zunehmendem Wettbewerb um Werbekunden hat zu einer intensiveren Analyse der Kauf- und Werbereize geführt. Die entsprechenden Untersuchungen können durch Messungen des Hautwiderstandes (Psychogalvanometer), der Wiedererkennungsleistungen von Werbebotschaften (Tachistokopen), der schnellen Erfassung von Produkt- und Firmennamen (Augenkamera) oder auch des Blutdrucks und der Gehirnströme unterstützt werden.

(3) Interviewmethoden

Nach dem Grad, in dem bei einer Befragung der Wortlaut und die Reihenfolge der Fragen im Voraus festgelegt sind, werden folgende drei Interviewformen unterschieden:

- **Vollstrukturiertes Interview**: durch genau festgelegten Fragenwortlaut und vorgeschriebene Reihenfolge der Fragen gekennzeichnet. Vorteil: minimaler Interviewereinfluss, dadurch unverzerrtes Ergebnis, leichte Auswertung. Nachteil: verfügbare oft wichtige Zusatzinformationen werden nicht erfasst
- **Halbstrukturiertes Interview**: Fragegerüst ist vorgegeben, Interviewer kann sich mehr auf den Befragten einstellen
- **Unstrukturiertes Interview**: relativ freies Gespräch, eignet sich nur zur Gewinnung von Ansätzen oder zur Erkundung von wichtigen Expertenurteilen z. B. in der Investitionsgütermarktforschung. Die Auswertung ist schwierig.

(4) Marktforschungsunternehmen

Hohe Entwicklungs- und Durchführungskosten schrecken viele Unternehmen ab, selbst Primäruntersuchungen vorzunehmen. Wenn möglich werden die zur Entscheidungsfindung wichtigen Informationen von Marktforschungsunternehmen gekauft, z.B.:

- Gesamtmarkt- oder quantitative Spezialstudien, d.h. Untersuchungen von Marktsektoren, Produktgruppen oder einzelner Produkte, z.B. zur Beurteilung der Nachfrageentwicklung
- Explorative Studien, z.B. zur Findung von Ideen oder innovativen Problemlösungen
- Pretests bzw. Posttests, z.B. zur Wirkungsprognose bzw. punktuellen Kontrolle
- Panelforschung zur regelmäßigen Untersuchung bestimmter Stichproben für zeitliche Entwicklungen, z.B. zur Analyse des Werbeerfolgs in Haushalten oder Handelsunternehmen
- Omnibus-Umfragen zur meist zeitlich befristeten Teilnahme an periodisch durchgeführten Befragungen bestimmter Kontaktpersonen (mehrere Auftraggeber mit jeweils eigenen spezifischen Fragestellungen).

3.2.3 Theorie und Praxis des Käuferverhaltens

Nach Auswertung der durch die empirische Marktforschung gewonnenen Daten bleiben Fragen zum Käuferverhalten offen. Die Behandlung der diesbezüglichen Erklärungstheorien würde den Rahmen dieses Buches sprengen[38]. Für den Praktiker gilt es im konkreten Fall folgende Erkenntnisse zu bedenken:

Erfahrungsgemäß wird Käuferverhalten weitgehend durch **Bedürfnisse** bestimmt. Diese sind Gefühle des Mangels, begleitet von dem Wunsch, den Mangel zu beseitigen. Bedürfnisse werden in verschiedene Ebenen eingeordnet. Produktplanung muss deshalb darauf zielen, dass Kunden mit dem Wunsch ein bestimmtes Bedürfnis zu befriedigen die Vorstellung verbinden, das bestimmte geplante Produkt sei dafür geeignet. Beispiel: Mittelklassewagen geeignet, um

- billig zur Arbeit zu fahren
- mit ganzer Familie zu verreisen
- einen sportlichen Eindruck zu erzielen.

Der Produktplaner sollte die **Maslows Bedürfnispyramide** beachten, da Bezieher niedriger Einkommen bekanntlich zunächst ihre Grundbedürfnisse befriedigen müssen und für die übrigen Bedürfnisse vergleichsweise niedrige Mittel zur Verfügung haben (Rentner kaufen wenig Luxuswagen). Aus diesem Grunde sind die Bundesstatistiken über Struktur und Einkommen der Haushalte wichtige Informationsquellen für die Produktplaner von Konsumgütern.

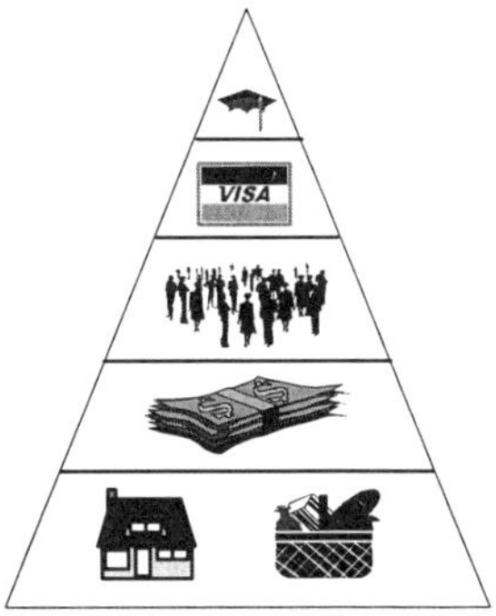

Selbstverwirklichung
(Persönlichkeit, Erfolg, Verantwortung, Kreativität)

Ego-Bedüfnisse
(Ansehen, Prestige, Status, Beförderung, Karriere)

Soziale Bedürfnisse
(Anerkennung, Kontakte, Freundschaft, Zugehörigkeit)

Sicherheitsbedürfnisse und Ordnung
(Arbeit, Zukunftsvorsorge, Versicherungen)

Physiologische Grundbedürfnisse
(Schlafen, Essen, Kleidung, Wohnung, Lohn, Sex)

- fünf elementare Bedürfnisstufen lassen sich als Pyramide darstellen
- niedrige Bedürfnisstufen werden jeweils zuerst befriedigt (Defizitmotive)
- Bedürfnis wirkt solange motivierend, wie es nicht hinreichend erfüllt ist
- Bedeutung der Selbstverwirklichung steigt mit zunehmender Erfüllung der unteren Stufen (Wachstumsmotiv) - nicht anwendbar auf alle Kulturen

Maslow's Bedürfnishierarchie

[38] Dazu vgl.: *Meffert, H.*, Marketing, a.a.O.

3.2.4 Kommunikations-Systemzusammenhang

Die Planung und Koordination kommunikationspolitischer Maßnahmen verlangt die Analyse der Systemzusammenhänge in ihren Hauptstrukturen. Dabei sollte stets bedacht werden, dass der Kommunikationsempfänger gleichzeitig das Ziel von Nachrichten des Mitbewerbes ist, von denen Störungen ausgehen können. Diese Zusammenhänge stellt *Stern* wie folgt dar[39]:

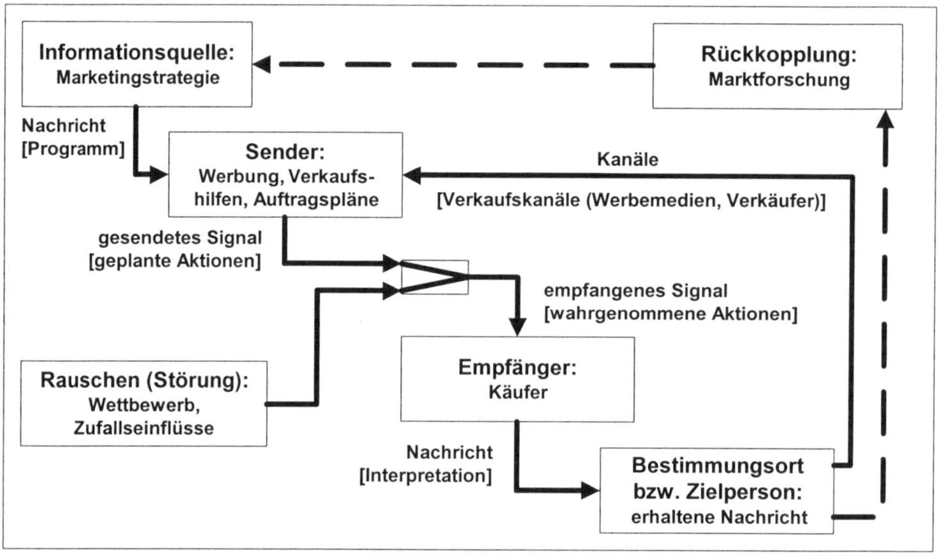

Die Analyse ermöglicht die zielgerichtete Ableitung von Werbeetats sowie Werbeerfolgskontrollen. Da eine detaillierte Behandlung den Rahmen dieses Buches sprengen würde, sei auf die entsprechende Fachliteratur verwiesen[40]. Zudem wird der Ingenieur in einem Großunternehmen durch die Werbe- bzw. Marketingabteilung unterstützt. Die folgenden Ausführungen richten sich daher in erster Linie an den jungen Praktiker, der für seine neue Firma einen ersten Prospekt in Form eines preiswerten Faltblattes entwerfen will. Die Anforderungen im Einzelnen (vgl. Lösungsbeispiel im Übungsteil 3.9, S.660f.):

Struktur eines Faltblattes für ein technologieorientiertes Kleinunternehmen

(1) Vorderseite:	Hauptarbeitsgebiete	
(2) Rückseite:	Art der angebotenen Leistungen, Wege der Zusammenarbeit und Adresse mit Ansprechpartnern und Telefonnummer	
(3) halb aufgeklappt:	linke Innenseite	Referenzen, Gründer, Kunden oder Projekte
	rechte Innenseite	Kapazitätsdarstellung: Know-how u. Ausrüstung
(4) voll aufgeklappt:	Darstellung der Arbeitsgebiete und Projekte, unter Umständen mit Namen von Verantwortlichen und Durchwahl-Telefon-Nr.	

Die nächste werbliche Entwicklungsstufe würde ein größeres Format und informative Fotos von erfolgreich abgewickelten Projekten oder Produkten und Fertigungsanlagen beinhalten.

[39] Entnommen aus *Stern, M. E.*, Marketingplanung, a.a.O.
[40] Vgl. dazu: *Weis, H. C.*, Marketing, a.a.O.

3.2.5 Marktsegmentierung

Im abnehmerorientierten Marketing wird von den Wünschen, Bedürfnissen und Einstellungen der potentiellen Kunden ausgegangen, um das Leistungsangebot optimal an diesen auszurichten. Primäres Ziel der Unternehmung ist es, durch die Marktsegmentierung möglichst **homogene** Kundenkreise zu bilden, die sich zueinander weitgehend **heterogen** verhalten. Auf diese Weise können die Segmente eindeutig beschrieben werden und bieten die Voraussetzung, mit allen zur Verfügung stehenden Mitteln effizient bedient werden zu können.

Die Kriterien, nach denen eine Segmentierung des Gesamtmarktes in Teilmärkte vorgenommen werden kann, sind vielfältig (siehe Tabelle). Darüber hinaus sind Merkmalsausprägungen auch kombinierbar, und es bedarf einer Entscheidung über den geeignetsten Detaillierungsgrad (siehe Abbildung unten mit fünf Beispielen). Theoretisch kann man den Markt bis zur vollständigen Marktsegmentierung (Kreis 2) teilen. Ökonomisch sinnvoll ist eine jeweils weitere Segmentierungsstufe jedoch nur, wenn der durch sie zusätzlich erreichte Deckungsbeitrag größer ist als die durch sie verursachten Kosten.

Da letztlich die Auswahl bestimmt, wie Daten aufbereitet, Anstrengungen konzentriert, Ressourcen eingesetzt und Umsetzungserfolge kontrolliert werden, sollte generell die Alternative den Vorzug erhalten, die die Forderung nach isolierbaren, qualifizierbaren und erreichbaren Teilmärkten am besten erfüllt.

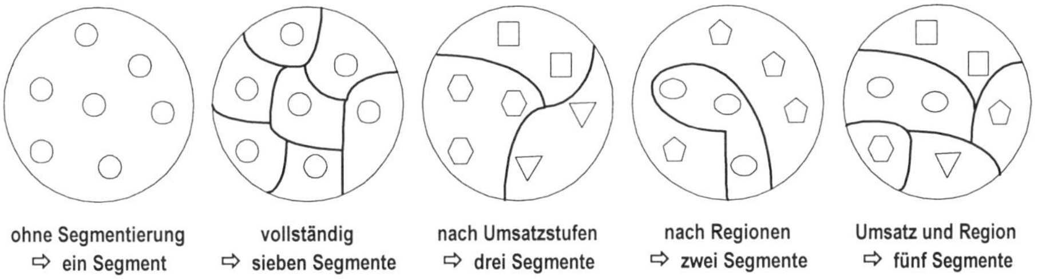

- ⇨ **bessere Werbewirksamkeit durch spezifische Werbung und Zielkundenansprache**
- ⇨ **eindeutigere organisatorische und personelle Zuordnungen / Verantwortlichkeiten**
- ⇨ **Konzentration der Aktivitäten mit besserer Durchdringung bestehender Märkte**
- ⇨ **systematische Identifikation neuer Käuferschichten bzw. Marktsegmente**
- ⇨ **transparentere Analyse des Wettbewerbs mit Etablierung von Nischenstrategien**
- ⇨ **differenzierte Grundlage für Planung, Umsetzung und Kontrolle**

Alternativen der Marktsegmentierung und Nutzenpotentiale

Bestimmung der Segmente:	Allgemeine Attribute von Konsumenten	Funktions- (Produkt-) spezifische Unterschiede
direkte und objektive Erfassung	**Statistische Merkmale** geographisch (Land, Stadt, Gemeinde) demographisch (Geschlecht, Alter) sozioökonomisch (Beruf, Ausbildung)	**Verhaltensunterschiede** Verbrauchsintensität Informations- und Kaufverhalten Reaktion auf Marketingaktivitäten
indirekte Erfassung, plausibles Schließen	**Psychologische Kriterien** Persönlichkeit Lebensstil	**Individuelle Anforderungen** Kaufmotive und Nutzenerwartungen Präferenzen Wahrnehmungen und Einstellungen

Kriterien zur Bestimmung der Marktsegmentierung nach *Hill* [41]

Die folgenden beiden Tabellen zeigen, das Ergebnis eines Segmentierungsprozesses am Beispiel eines mittelständischen Leiterplattenherstellers. Tabelle 2 zeigt das Beurteilungsergebnis der mittels eines Brainstorming generierten alternativen Segmentierungskriterien, Tabelle 1 zeigt die zuvor diskutierten zu Grunde liegenden Bewertungskriterien. Die Branche erwies sich letztlich als das geeignetste Segmentierungskriterium, und es entstanden im weiteren Verlauf des Workshops sieben Teilmärkte (z.B. Radio, Computer) mit klar zugeordneten Verantwortlichkeiten und Maßnahmenpaketen.

Bewertungskriterien:	**Hauptaugenmerk auf:**
Klare Abgrenzungen	• Marktbearbeitung einzeln möglich (Standort der Entscheidungsträger) • Homogenität der Kundenbedürfnisse in den Segmenten • Verteilung der Umsatzvolumen und Marktpotentiale in etwa gleichmäßig
Messbarkeit	• Statistische Basisdaten vorhanden (Marktvolumen) • Kundeneigenschaften (Größe, Lokalisierung) • Kundenverhalten (Entscheidungsgründe) • Erfolg (Mengen, Finanzen) • Zuordnung von branchenspezifischen Anwendungswissen
Größe	• Verteilung der Umsatzvolumen und Marktpotentiale in etwa gleichmäßig • Aufwand der Marktbearbeitung (Kundenanzahl, vorhandene Kapazitäten)
Segmentstrukturen	• Personelle Zuordnung des Vertriebs • Steuerung der Absatzkanäle • Überschaubarkeit (Anzahl der Kunden, Komplexität der Abläufe)

Bewertungskriterien zur Beurteilung der alternativer Segmentierungskriterien (Tabelle 1)

[41] Vgl. *Hill, W.*, Marketing-Management, Bern

Segmentierungskriterien:	**Score**
Leiterplattentechnik	-5
Leiterplattengröße	11
Losgröße	13
Qualitätsanforderungen	-7
Lieferzeit	-23
Sortimentstiefe (Dienstleistungsumfang)	-1
Geographische Gesichtspunkte	-26
Zukunftsperspektiven	-32
Nähe zum Endabnehmer	-7
Unternehmensgröße der Abnehmer	-23
Branche der Kunden, Attraktivität	16

Bewertung alternativer Marktsegmentierungen - ein Beispiel (Tabelle 2)

Wie bereits unter Punkt 3.1.2.2 angesprochen, basiert auch die Portfolio-Analyse auf einer Segmentierung. Unter dem Begriff ‚**Strategische Geschäftseinheiten**' oder **SGE**'s (strategic business units - SBU) sind operative Unternehmensteile zu verstehen, die sich über ein klar abgrenzbares Produkt- und Marktsegment bzw. eine bestimmte Kundengruppe oder geographische Region definieren. Mit der Begriff '**Strategisches Geschäftsfeld**' oder **SGF** (strategic business area - SBA) erweitert Ansoff[43] die SGE's zusätzlich um Bereiche, in denen ein Unternehmen noch nicht tätig ist, aber potentiell tätig werden könnte. Da sie die Möglichkeiten zum Wachstum und zur Diversifikation bieten, sind sie wesentlicher Bestandteil der strategischen Analyse und der anschließenden Strategieentwicklung.

Das Ziel der **strategisches Geschäftsfeldsegmentierung** ist, das Unternehmen auf die wettbewerbsrelevanten Produkt-Markt-Kombinationen auszurichten, so dass möglichst autonome Verantwortungsbereiche die Voraussetzung für die Formulierung relativ unabhängiger Teilstrategien schaffen und einen modularen Aufbau der Unternehmensstrategie gewährleisten. Jede Einheit sollte einen charakteristischen Set von Marktattributen (z.B. Wettbewerber, Wachstumsraten, Marktanteile, Profitabilität, Eintrittsbarrieren) und möglichst eigenständige Erfolgsfaktoren aufweisen (z.B. Kosten- oder Kaufverhalten, Informationszugriff). „The segmentation process must identify a large enough number of significantly different combinations [of business attributes] to permit management to make meaningful competitive and strategic resource allocation decisions. On the other hand, the number of strategic business areas must be small enough to keep strategic decisions comprehensible and manageable"[44].

Abell schlägt für die Auswahl der **Segmentierungskriterien** vor, ein Produkt als „physical manifestation of the application of a particular technology to the satisfaction of a particular function for a particular customer group" anzusehen[45]. Entsprechend sollten die folgenden Dimensionen berücksichtigt werden:

[43] Ansoff, I., Implanting Strategic Management, 1984, S. 37
[44] Ansoff, I., Implanting Strategic Management, 1984, S. 44
[45] Abell, D., Strategic Market Planning - Problems and Analytical Approaches, 1979, S. 170

- **Wer und wo ist der Abnehmer?** (Kundengruppen, Geographischer Markt) Um potentielle Konsumenten oder industrielle Kunden zu identifizieren, müssen ihre Merkmale festgelegt werden, z.B. geographische Lage, demographische oder sozioökonomische Zugehörigkeit, Industriesegment, Größe, Besitzverhältnisse, Distributionskanäle.
- **Welche Bedürfnisse werden befriedigt?** (Kundenfunktionen, Marktbedarf) Produkte und Dienstleistungen dienen aus Sicht der Kunden bestimmten Funktionen und befriedigen spezifische Bedürfnisse. Sie können daher entsprechend ihrer Aufgabe oder ihres Nutzens klassifiziert werden.
- **Wie werden diese Bedürfnisse befriedigt?** (Produkt-/Dienstleistungstechnologie) Ein Bedarf kann oft durch alternative Problemlösungen gedeckt werden, welche von sich ändernden Umweltbedingungen abhängig sein können (z.B. Energiebedarf: steigender Ölpreis führt zum wirtschaftlichen Einsatz von Windrädern) oder, da veraltet, durch neue Lösungen substituiert werden (z.B. Nass- oder Trockenrasierer ersetzt Rasierklingen).

Für eine feinere Untergliederung empfiehlt die revidierte **Ansoff-Matrix** die drei Dimensionen Marktsegment (z.B. Touristen, Geschäftsleute), Produkt/Service Technologie (z.B. Taxi, Schiff, Helikopter, Bus) und Kundenfunktionen (z.B. Mobilität, Transport)[45]. Aufbauend auf den heutigen Geschäftsfeldern (im Falle der Beispiele etwa ein Reiseunternehmen), können zukünftige Optionen anhand dieser Dimensionen positioniert und in aktuelle, verwandte und neue Aktivitätenfelder unterschieden werden. Sämtliche Felder können anhand ihrer Merkmale analysiert werden (z.B. Schnelligkeit, Komfort, Preis, Umweltverträglichkeit, usw.), um auf diese Weise systematisch innovative Kombinationen oder wettbewerbsarme Segmente zu identifizieren.

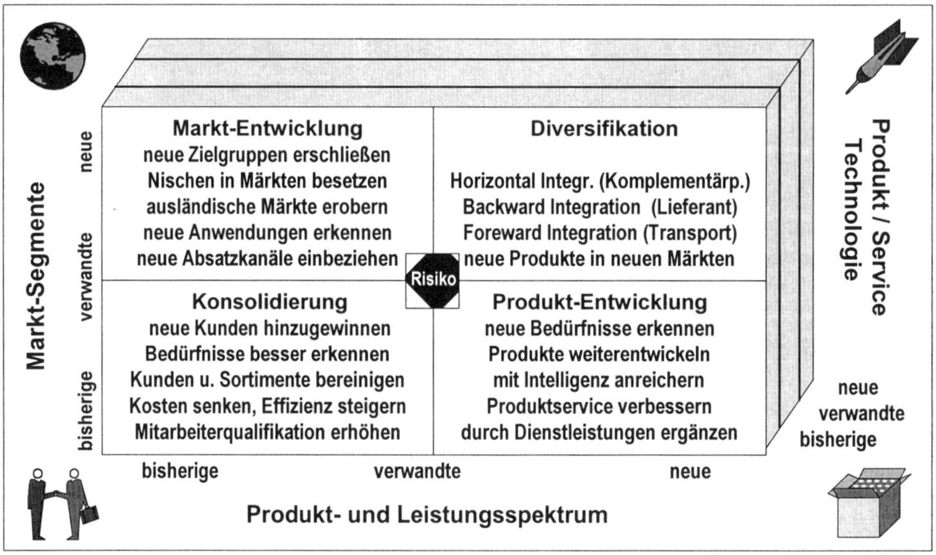

Wachstumsstrategien - Die Ansoff-Matrix

[45] *Ansoff, I.*, The New Corporate Strategy, New York

Die Ansoff-Matrix unterstützt damit die Suche nach Wachstumsfeldern, etwa im Falle einer strategischen Lücke nach durchgeführter Gap-Analyse, und zeigt mögliche Ansätze zur Realisierung auf (siehe Abbildung). Aktuelle Geschäftsfelder ermöglichen beispielsweise Rückzugs-, Konsolidierungs-, Durchdringungs- oder 'Weiter-So'-Strategien, während innovative Aktivitäten andere Kundenschichten, Bedürfnisse oder Regionen bedingen bzw. Produktentwicklungen, neue Technologien, Absatzkanäle oder Marketing-/Servicekonzepte und damit in der Regel auch ein erhöhtes Risiko des Scheiterns in sich bergen (siehe Blitz).

Werden **Diversifikationen** angestrebt, steigt auch hier die Erfolgswahrscheinlichkeit mit der Nähe zum angestammten Geschäft. Horizontale und vertikale Integrationen bieten mit ihren **Synergiepotentialen** die besten Bedingungen. Ob die Vorhaben über internes Wachstum, Partnerschaften oder Unternehmensakquisitionen realisiert werden, ist eine Frage von Kosten, Risiko und Schnelligkeit.

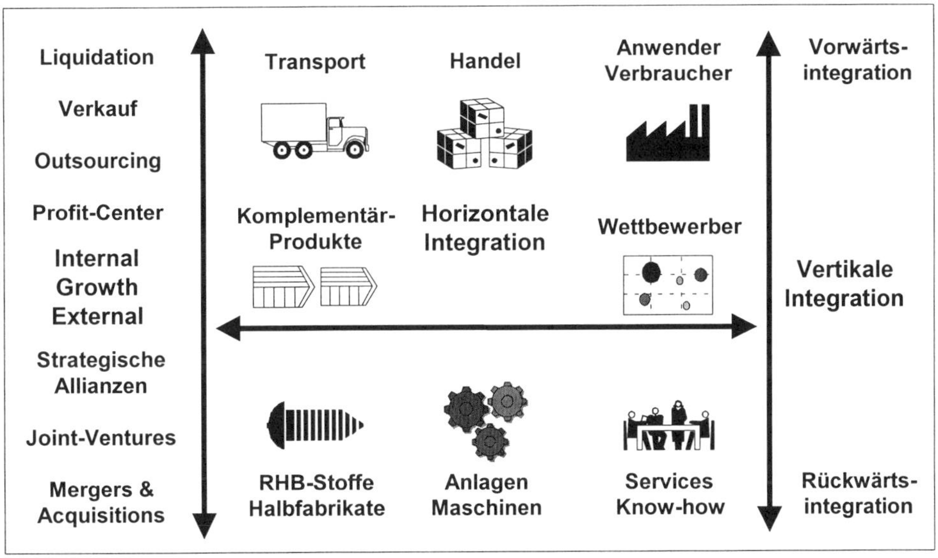

Umsetzung von Wachstumsstrategien (Foreward, Horizontal, Backward Integration)

3.3 Marketing-Mix

3.3.1 Produktpolitik am Beispiel technischer Serienprodukte

Angesichts der globalen Umwälzungen, wie Zusammenbruch des Sowjetblocks, Bevölkerungsexplosion, Ressourcenverknappung und Umweltzerstörung, begleitet von weltweiter Devisenspekulation und überhöhten Staatsverschuldungen sowie Überdehnung der sozialen Netze, sehen die Unternehmen sich im globalen Wettbewerb konfrontiert mit wachsenden Risiken und schwerer abschätzbaren Chancen.

Von "gutdotierten" Unternehmensführungen muss angesichts dieser Herausforderungen besondere Verantwortungsbereitschaft - für Mitarbeiter, Umwelt und Partnerländer - gefordert werden. Dabei wird eine der wichtigsten Verantwortungen für die Unternehmensführung die Verantwortung für systematische und kreative Produktinnovation bleiben, denn international wettbewerbsfähige Produkte sind die Hauptgrundlage für offene Volkswirtschaften mit konvertiblen Währungen und weltoffene Demokratien. Deshalb nehmen Produktplanung und Qualitäts-Management hier breiten Raum ein. (Vgl. auch Kap. 11, Praxisbeispiel Produktprogrammplanung)

Dem amerikanischen Historiker *Paul Kennedy* ist zuzustimmen, wenn er sagt: "Klar ist in diesen Tagen, da der Kalte Krieg zurücktritt, dass wir keiner "neuen Weltordnung" gegenüberstehen, sondern auf einen problembeladenen und zerrissenen Planeten blicken, der die ernsthafte Aufmerksamkeit der Politiker und der Völker verdient. Die Kraft und die Komplexität der Kräfte des Wandels sind enorm und einschüchternd; dennoch mag es noch immer intelligenten Männern und Frauen möglich sein, ihre Gesellschaften in die komplizierte Aufgabe der Vorbereitung auf das vor uns liegende Jahrhundert zu führen. Stellt die Menschheit sich indessen diesen Herausforderungen nicht, so wird sie sich die Katastrophen, die vor ihr liegen könnten, ausschließlich selbst zuzuschreiben haben."[46]

3.3.1.1 Neuproduktplanung

M. E. Stern schrieb in seinem Buch **Marketing-Planung**, Eine Systemanalyse, zur Produktplanung: "Es wird heute allgemein anerkannt, dass eine Hauptaufgabe des Marketing darin besteht, zu einer systematischen Entwicklung neuer Produkte beizutragen. Die Produktplanung steht ohne Zweifel im Mittelpunkt aller Aufgaben des Marketing-Management." Es ist daher notwendig, auf einige Aufgaben und Probleme der Produktplanung näher einzugehen. Dabei werden Veränderungen bereits bekannter Produkte als neue Produkte betrachtet, so dass die Produktvariation nicht mehr ausdrücklich erwähnt zu werden braucht.

[46] *Kennedy, P.*, In Vorbereitung auf das 21. Jahrhundert, Frankfurt/M.

Introvertierte Einstellung	Extrovertierte Einstellung
• Konzentration auf das Innere der Unternehmung • Kostensenkung erhält Vorrang vor Erlössteigerung • Konzentration auf Produkte hoher Kostendegression • Push-Verkauf, Technologie- und Kostenorientierung	• Konzentration auf Kunden und Markt • Servicefunktion mit zentraler Bedeutung • Verstärktes Angebot von Problemlösungen • Wettbewerbsvorteile durch Kunden- und Marktnähe • Pull-Verkauf, Verkaufs-, Qualitäts-, Kunden-orientierung

Einstellungen nach *Pümpin*

Die Entwicklungsstufen im **Produktplanungs-Prozess** sind sowohl unter dem Aspekt des Marketing als auch aus dem Blickwinkel der Technik zu sehen. Dabei sind im Sinne einer konstruktiven Zusammenarbeit (siehe Schema von *Stern*) die für diese Aufgabenbereichen auch zum Teil heute noch typischen Einstellungen zu berücksichtigen (siehe Tabelle).

(1) Beurteilung neuer Produkte und Produktideen – Marketingindex [47]

2) Marketing-index	**7) Gewicht**	**4) Werturteile** **3) Teilfaktoren**	sehr gut	gut	durch-schnittl.	schlecht	sehr schlecht
I Marktfähigkeit	1	a Konkurrenzfähigkeit					
	1	b Preis- Qualitäts-verhältnis	**5) Merkmalsausprägungen und** **6) Wahrscheinlichkeiten** **8) gewichtete Wahrscheinlichkeiten (6) x (7)**				
	2	c Beziehung zur bestehenden Produktgruppe					
	3	d Erforderliche Absatzwege	nur vor-handene 0 % 0	wenige neue 60 % 18	teils / teils 30 % 9	viele neue 10 % 3	nur neue 0 % 0
II Lebensdauer	1	...					
III Produktions-möglichkeit	1	...					
IV Wachstums-potential	1	...					
		9) Spaltensummen	.. %	.. %	.. %	.. %	.. %

[47] *O'Meara,* Selecting profitable products, in: New decision making tools for manager, Cambridge, Mass., zitiert nach *Stern, M. E.,* Marketing-Planung, a.a.O.

1) **Wahrscheinlichkeits- und Punktbewertungstechniken:** Gesamtproblem neues Produkt in Teilprobleme auflösen durch Einführung von einfachen Wahrscheinlichkeits- und Punktbewertungstechniken (zusätzlich zur notwendigen Umsatz-, Investitions- und Wirtschaftlichkeitsprognose).

2) **Faktoren:** Der Marketingindex besteht aus den vier Faktoren (I) Marktfähigkeit, (II) Lebensdauer, (III) Produktionsmöglichkeit und (IV) Wachstumspotential.

3) **Teilfaktoren:** Jeder dieser Faktoren wird in minimal 3, maximal 5 Teilfaktoren aufgefächert.

4) **Werturteile:** Zu diesen Teilfaktoren werden Werturteile vergeben und tabellarisch sortiert.

5) **Merkmalsausprägungen:** Das erfolgt systematisch durch vorherige Zuordnung der Urteile von sehr gut bis sehr schlecht zu bestimmten signifikanten Merkmalsausprägungen, die für jeden Teilfaktor eintreten können.

6) **Wahrscheinlichkeiten:** Der Beurteilende könnte nun vor die Wahl gestellt werden, für jeden Teilfaktor nur ein Werturteil abzugeben, das er für wahrscheinlich hält. Dadurch würden wichtige Erwartungswerte geringerer Wahrscheinlichkeit unterdrückt! Deshalb hat der Beurteilende für jede der fünf möglichen Merkmalsausprägungen gemäß (4) und (5) eine Wahrscheinlichkeit zu schätzen. Je Teilfaktor also je Zeile muss eine der Merkmalsausprägungen eintreten, deshalb muss die Summe der vergebenen Wahrscheinlichkeiten 100% betragen.

7) **Gewichte:** Als nächster Schritt werden für jeden Teilfaktor Gewichte vergeben, um deren unterschiedliche Relevanz als Element des Gesamtfaktors zu berücksichtigen. Die Summe der Gewichte summiert sich auf 1 oder der Einfachheit halber auf 10.

8) **Gewichtete Wahrscheinlichkeiten:** (8) = (6) x (7): Teilfaktorausprägungswahrscheinlichkeiten werden durch Multiplikation mit den Gewichten zu gewichteten Wahrscheinlichkeiten.

9) **Spaltensummen:** Als nächster Schritt addiert man die gemäß (8) ermittelten Spaltensummen und erhält je Spalte die gewichtete Wahrscheinlichkeit je Faktor gemäß (2), also beispielsweise für die Marktfähigkeit usw.

10) **Gesamturteil:** Ergebnis ist eine systematisch erarbeitete Beurteilung der wesentlichen Marketing-Erfolgsfaktoren mit Angabe der Wahrscheinlichkeiten zu deren Ausprägung.

Mit der Methode lassen sich die subjektiven Erwartungen eines Gremiums oder Expertenteams zur Beurteilung neuer Produkte zu einer einfachen Maßgröße zusammenfassen. Sind die weniger aussichtsreichen Produktideen auf diese Weise ausgesondert, dann können die weiteren Schritte der Produktplanung vollzogen werden.

(2) Zusammenarbeit zwischen Vertrieb und Technik bei der Neuproduktplanung [48]

Das nachstehende Ablaufschema zur Produktplanung von *Stern* stimmt eindrucksvoll überein mit dem entsprechenden Ablauf auf der folgenden Seite, der bei der Firma Hako, einem Hersteller von technischen Serienerzeugnissen wie Industriekehrmaschinen, für die Produktplanung praktiziert wird.

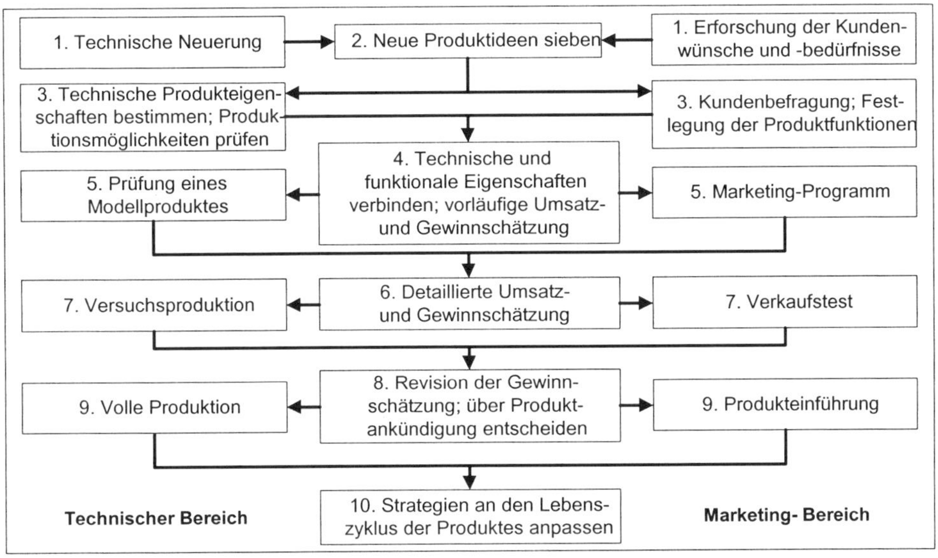

Arbeitsprogramm zwischen Vertrieb und Technik

[48] Entnommen aus *Stern, M. E.*, Marketing a.a.O.

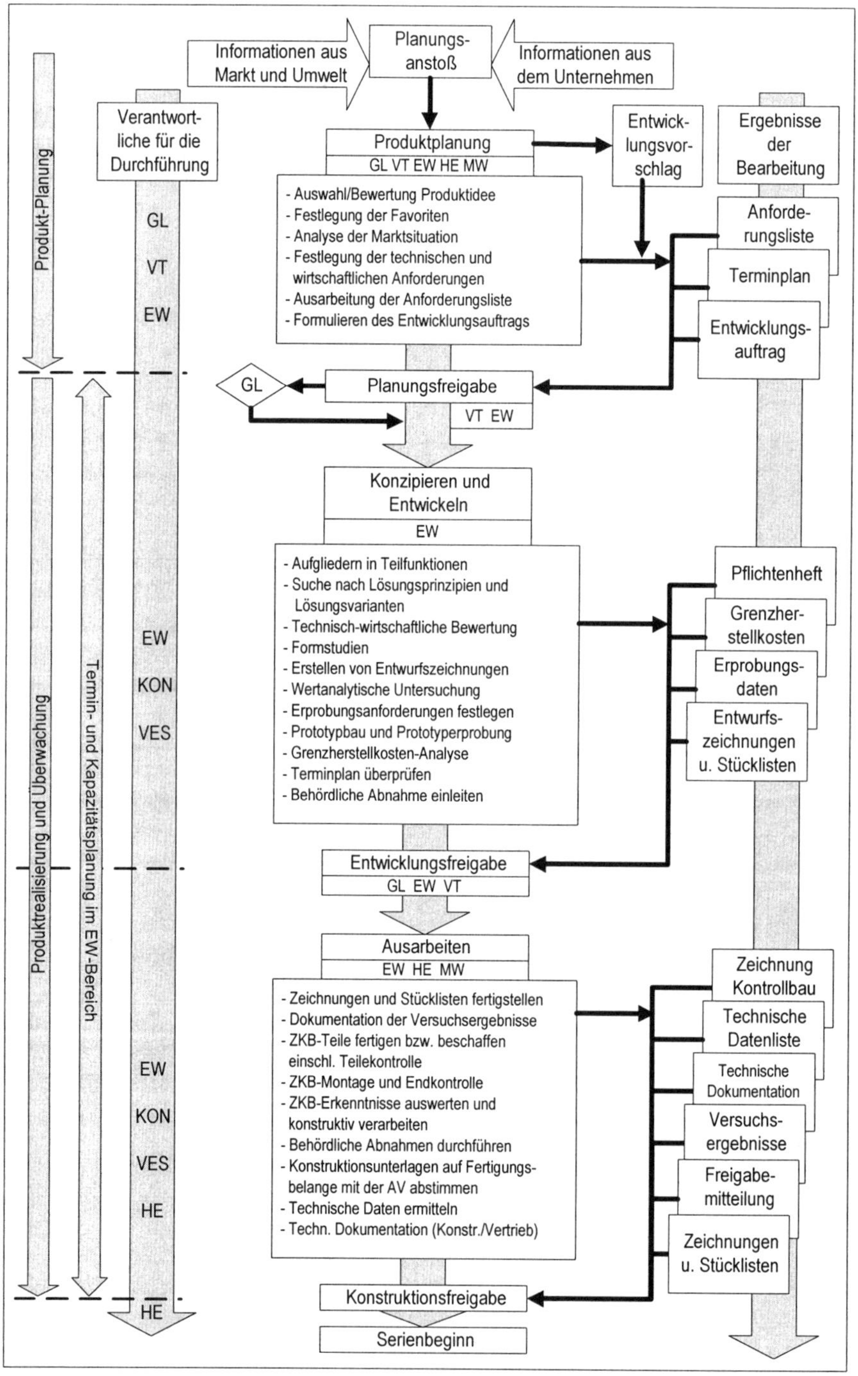

Ablauf der Produktplanung bei HAKO

	sehr gut	gut	durchschnittlich	schlecht	sehr schlecht
I Marktfähigkeit					
A. Erforderliche Absatzwege	Ausschließlich gegenwärtige	Überwiegend gegenwärtige	Zur Hälfte gegenwärtige	Überwiegend neue	Ausschließlich neue
B. Beziehung zur bestehenden Produktgruppe	Vervollständigung der zu schmalen Produktgruppe	Abrundung der Produktgruppe	Einfügbar in die Produktgruppe	Stofflich mit der Produktgruppe verträglich	Unverträglich mit der Produktgruppe
C. Preis-Qualitätsverhältnis	Preis liegt unter dem ähnlicher Produkte	Preis liegt zum Teil unter dem ähnlicher Produkte	Preis entspricht dem ähnlicher Produkte	Preis liegt zum Teil über dem ähnlicher Produkte	Preis liegt meist über dem ähnlicher Produkte
D. Konkurrenzfähigkeit	Produkteigenschaften werblich verwertbar und Konkurrenzprodukten überlegen	Mehrere werblich verwertbare Produkteigenschaften sind Konkurrenzprodukten überlegen	Werblich bedeutsame Produkteigenschaften entsprechen den Konkurrenzprodukten	Einige überlegene Produkteigenschaften	Keine überlegenen Produkteigenschaften
E. Einfluss auf den Umsatz der alten Produkte	Steigert Umsatz der alten Produkte	Unterstützt Umsatz der alten Produkte	Kein Einfluss	Behindert Umsatz der alten Produkte	Verringert Umsatz der alten Produkte
II Lebensdauer					
A. Haltbarkeit	Groß	Überdurchschnittlich	Durchschnittlich	Relativ gering	Schnelle Veralterung zu erwarten
B. Marktbreite	Inland und Export	Breiter Inlandsmarkt	Breiter Regionalmarkt	Enger Regionalmarkt	Enger Spezialmarkt
C. Saisoneinflüsse	Keine	Kaum	Geringe	Etliche	Starke
D. Exklusivität der Ausführung	Patentschutz	Zum Teil Patentschutz	Nachahmung schwierig	Nachahmung teuer	Nachahmung leicht und billig
III Produktionsmöglichkeit					
A. Benötigte Produktionsmittel	Produktion mit stilliegenden Anlagen	Produktion mit vorhandenen Anlagen	Vorhandene Anlagen können zum Teil verwendet werden	Teilweise neue Anlagen notwendig	Völlig neue Anlagen erforderlich
B. Benötigtes Personal und technisches Wissen	Vorhanden	Im Wesentlichen vorhanden	Teilweise erst zu beschaffen	In erheblichem Umfang zu beschaffen	Gänzlich neu zu beschaffen
C. Benötigte Rohstoffe	Bei Exklusiv-Lieferanten erhältlich	Bei bisherigen Lieferanten erhältlich	Bei einem Neulieferanten zu beziehen	Von mehreren Neulieferanten zu beziehen	Von vielen Neulieferanten zu beziehen
IV Wachstumspotential					
A. Marktstellung	Befriedigung neuer Bedürfnisse	Erhebliche Produktverbesserung	Gewisse Produktverbesserung	Geringe Produktverbesserung	Keine Produktverbesserung
B. Markteintritt	Sehr hoher Investitionsbedarf	Hoher Investitionsbedarf	Durchschnittlicher Investitionsbedarf	Geringer Investitionsbedarf	Kein Investitionsbedarf
C. Erwartete Zahl an Endverbrauchern	Starke Zunahme	Geringe Zunahme	Konstanz	Geringe Abnahme	Erhebliche Abnahme

Marketing-Index für neue Produkte

(3) Voraussetzungen für optimale Fertigungsan- und -hochläufe
(eine Checkliste für technische Serienprodukte)

(3.1) Produkteinführung

- ❑ Fertigungsgerechte Konstruktion (abgestimmt auf Servicebelange)
- ❑ Gütegesicherter Konstruktionsstand (Funktion und Zuverlässigkeit)
- ❑ Termingerechte Bereitstellung aller erforderlichen Betriebsmittel, Vorrichtungen, Maschinen und insbesondere Prüfmittel
- ❑ Betriebsmittel müssen sicherstellen, dass zeichnungsgerechte Teile gefertigt werden können
- ❑ Termingerechte Bereitstellung aller Einkaufsteile, gütegesichert hinsichtlich Funktion, Qualität und Zuverlässigkeit
- ❑ Planung und Einrichtung einer arbeits- und materialflussgerechten Werkstatt
- ❑ Bereitstellung des erforderlichen Personals
- ❑ Schulung der Führungs- und Fachkräfte (Technologie, Funktionen, Abläufe)
- ❑ Schulung und Einarbeitung der produzierenden Mitarbeiter
- ❑ Qualitätskonzept hinsichtlich Prüfung, Kontrolle, Qualitätssicherung
- ❑ Fertigungs- und Konstruktionsabsicherung durch Null-Serie und bei Bedarf Vorserie (ausreichende Gütesicherungsprüfung dieser Geräte)
- ❑ ausreichende Felderprobung sowie Transportversuche
- ❑ unter Umständen Testverkäufe auf einem möglichst isolierten Testmarkt
- ❑ Planung und Realisierung des Kundendienstkonzepts

(3.2) Serienproduktion und Hochlauf

- ❑ Produktionsplanung für größeren Zeitraum (mindestens 1 Jahr)
- ❑ darauf abgestimmter Arbeitsablauf (nicht zu oft umstellen)
- ❑ maximal 4 - 5 Steigerungsstufen pro Jahr (zur Minimierung von Qualitätseinbrüchen beim Umtakten der Bänder und damit ändern der Arbeitsplatzinhalte)
- ❑ rechtzeitige Bereitstellung, Schulung und Einarbeitung des erforderlichen Mehrpersonals (eventuell Anlernwerkstatt)
- ❑ Absicherung und Beherrschung aller notwendigen Technologien und Prüfverfahren
- ❑ rechtzeitige Bereitstellung aller zur Steigerung erforderlichen Betriebsmittel (insbesondere Prüfmittel)
- ❑ Sicherstellung der Materialversorgung, besonders bei Einkaufsteilen (hierzu ausreichender Lagersicherheitsbestand)
- ❑ in der Anfangsphase keine Änderungen von Teilen außer aus Funktions-, Qualitäts- oder Zuverlässigkeitsgründen.

3.3.1.2 Produktprogrammplanung

(1) Systemanforderungen für die Analyse und Planung von Produktprogrammen

- ❑ Sicherstellung der periodischen Überprüfung des heutigen Produktprogramms im Rahmen einer kurz-/mittelfristigen Planung: Infragestellung bestehender Produkt-Markt-Strategien
- ❑ Sicherstellung der langfristigen Produkt-/Markt-Strategien: Entwicklung der Produkte vor dem Wettbewerb, zukunftsgerichtete Innovationsplanung
- ❑ Unterstützung bei der systematischen Entwicklung von Alternativen
- ❑ Einsatz als Frühwarnsystem, um Unausgewogenheiten des Produktprogramms zu erkennen
- ❑ Selektive Wettbewerbsausrichtung durch Marktsegmentierung nach Produktgruppen und Produkttypen
- ❑ Eignung als Instrument zur Ableitung von produktbezogenen Maßnahmenplänen.

(2) Hauptschritte (in der Praxis eines Konzernunternehmens)

Konkrete Arbeitshilfen bieten der nachfolgend dargestellte Ablauf einer Systemanalyse zur Produktfindung und Produktprogrammplanung, sowie ein im Großunternehmen erprobter, bewährter Formularsatz: "Produktprogramm-Planungsverfahren eines Großunternehmens der Investitionsgüterindustrie" im TEIL III.

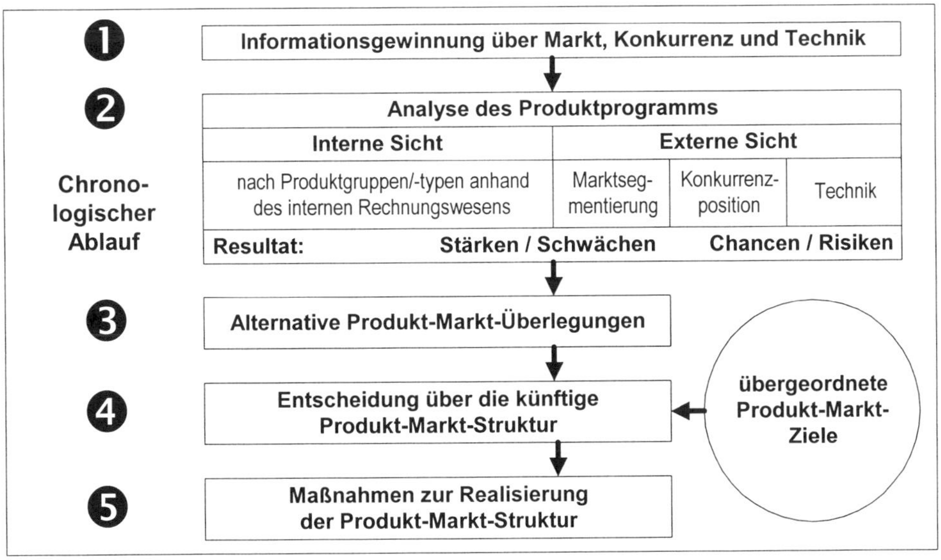

Systematische Analyse und Planung des Produktionsprogramms

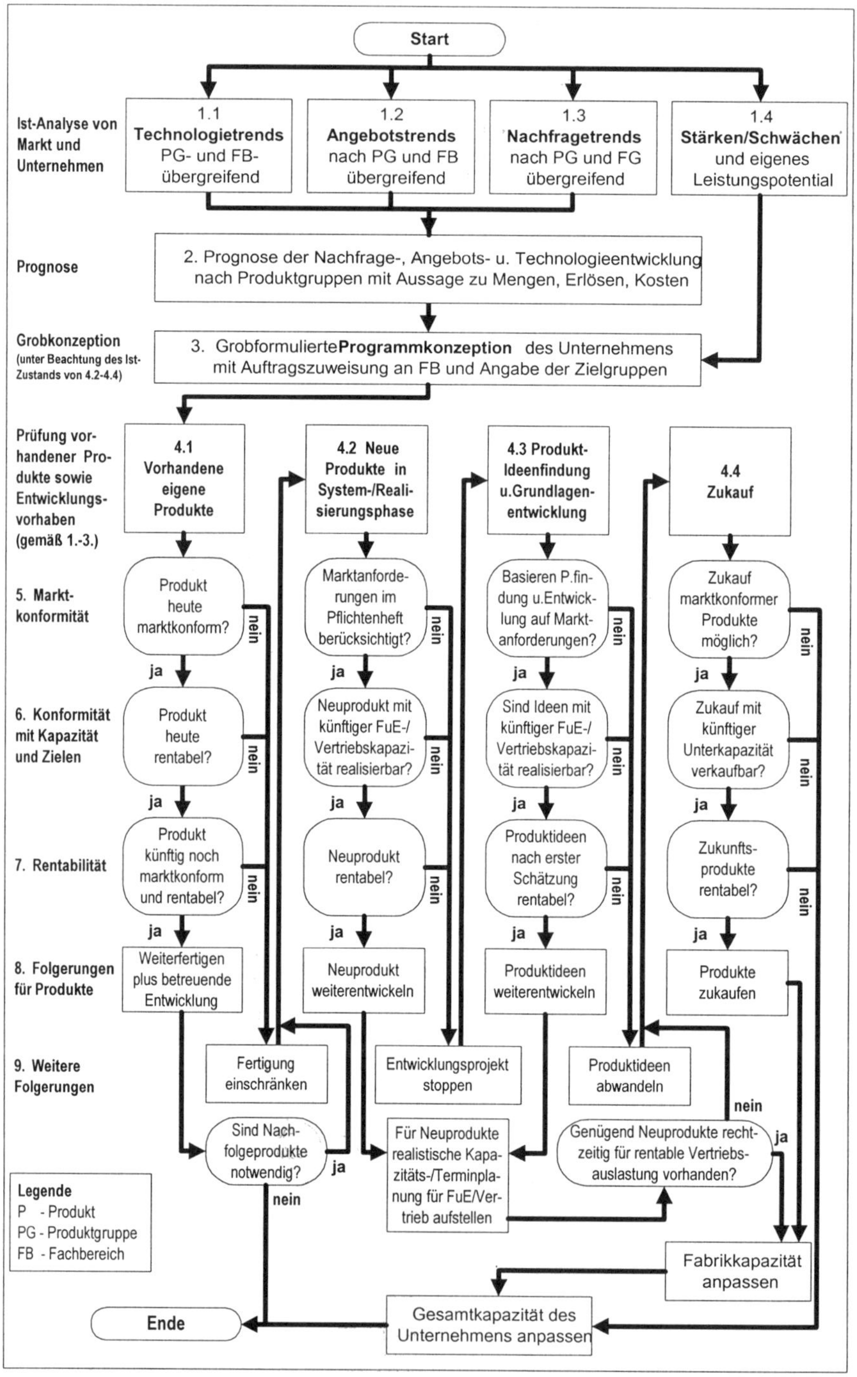

Systemanalyse (Detailprogramm) zur Produktfindung und Programmplanung

3.3.2 Distributionspolitik

3.3.2.1 Wahl des Vertriebsweges, Merkmale und Nachteile

(1) Indirekter Vertrieb

Zum indirekten Vertrieb zählen alle Vertriebsformen, bei denen die Ware nicht unmittelbar vom Hersteller an den Verbraucher sondern über den Groß- und/oder Einzelhandel verkauft werden. Die vielfältigen Organisationsformen indirekten Vertriebs sind vielfach branchenspezifisch bedingt.

Der Handel übernimmt außer der Verkaufsfunktion vielfach weitere Aufgaben, wie Lagerhaltung, Verteilung in kleineren Mengen, Finanzierung, Kundendienst, Know-how-Vermittlung. Daraus wird erkennbar, dass es für viele Produzenten notwendig sein kann, sich der Leistung des Handels zu bedienen, um einen überregionalen Vertrieb ohne eigene Vertriebsorganisation zu erreichen. Dabei darf aber nicht übersehen werden, dass der indirekte Vertrieb häufig mit folgenden Nachteilen verbunden ist:

- ❑ Angebot des Produktes zugleich und zusammen mit den Erzeugnissen des Mitbewerbs.
- ❑ Bei intensiv erklärungsbedürftigen Produkten nicht selten unzureichende Qualifikation der Mitarbeiter bei kleineren Handelsbetrieben.

Dem erstgenannten Nachteil ist durch gezielte Verkaufsförderung, Aktionen etc. entgegenzuwirken. Dem zweiten Nachteil kann durch Schulung und im ungünstigsten Fall durch Übergang zum direkten Vertrieb begegnet werden.

(2) Direkter Vertrieb

Zum direkten Vertrieb zählen alle Vertriebsformen ohne Zwischenschaltung von Groß- und/oder Einzelhandel. Der direkte Vertrieb ist immer dann von Vorteil, wenn folgende Faktoren den Einsatz der damit verbundenen fixen Kosten rechtfertigen:

- ❑ besonders erklärungsbedürftige Produkte
- ❑ effizientere Betreuung von Großkunden
- ❑ Einsparung der an den Handel gewährten Rabatte erhöht den Bruttonutzen und deckt die zusätzlichen fixen und proportionalen Kosten der eigenen Vertriebsorganisation
- ❑ direkter Kundenkontakt festigt die Marktposition und verbessert die Produktinnovation durch Zusammenarbeit mit den Endkunden.

Die Beantwortung der Frage, welche Vertriebsform die vorteilhaftere ist, sollte im Rahmen einer realistischen Umsatz- und Kostenplanung geprüft und entschieden werden. Nicht wenige Hersteller technischer Produkte bedienen sich des Fachhandels und bearbeiten ihre Großkunden direkt. Bei dieser Form aggressiven Marketings sind Dauerkonflikte mit dem Handel programmiert.

Bei der Kostenplanung von Vertriebsniederlassungen und Vertriebstochtergesellschaften sind nach *Stern* folgende Kostenarten und Zusammenhänge zu berücksichtigen[49]:

Vertriebseinzelkosten (VE)
- ❑ Verkäuferprovision
- ❑ Rabatte, Nachlässe und Sonderleistungen
- ❑ Repräsentationskosten
- ❑ Kosten für Werbung und Verkaufsförderung

Reisekosten (R) (können Einzel- oder Gemeinkosten sein)
- ❑ Fahrtkosten (Bahn und PKW etc.)
- ❑ Übernachtungskosten und Tagegelder
- ❑ Bewirtungskosten
- ❑ Telefon- und Portokosten

Vertriebsgemeinkosten (VG)
- ❑ Gehalt des Niederlassungsleiters (oder Leiters der Tochtergesellschaft)
- ❑ Verkäuferfixum
- ❑ Gehälter für Personal der Vertriebssachbearbeitung und des Lagers
- ❑ Miete und sonstige Betriebskosten wie Versicherungen etc.
- ❑ Verwaltungsbedarf
- ❑ Abschreibungen auf Anlagegüter, wie Gebäude, Büro- und Geschäftsausstattung
- ❑ Zinsen auf Warenbestände sowie Forderungen

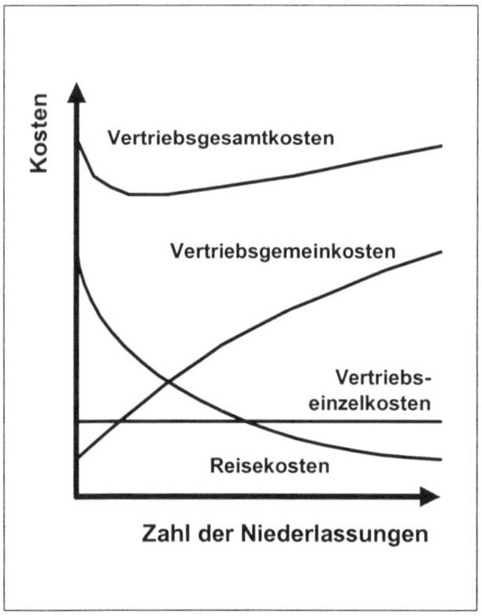

Bei der Planung der Anzahl der Niederlassungen oder Tochtergesellschaften sind folgende übliche Kostenverläufe zu bedenken:
- ❑ Die Vertriebsgemeinkosten steigen mit der Zahl der Niederlassungen
- ❑ Die Reisekosten sinken mit der Zahl der Niederlassungen und
- ❑ die Vertriebseinzelkosten sind abhängig von der Höhe des noch nicht genutzten Marktpotentials. D. h. mit zunehmender Ausschöpfung des Marktpotentials (der insgesamt maximal möglichen Verkäufe) steigen die Vertriebsgemeinkosten. Nimmt man realistischerweise an, dass die Vertriebseinzelkosten unabhängig von der Zahl der Niederlassungen sind, dann darf mit folgenden Kostenverläufen in Abhängigkeit von der Zahl der Niederlassungen gerechnet werden:

Das Ergebnis einer Niederlassung kann erst beurteilt werden, wenn zusätzlich zu den Kosten auch die Erlöse berücksichtigt werden. Dabei sollten der Bruttonutzen und mehrstufige Deckungsbeiträge für wichtige Produktgruppen differenziert geplant werden.

[49] Vgl. *Stern, M. E.*, Marketing Planung, a.a.O.

(2.1) **Beispiel einer Vertriebsplanung für eine Vertriebstochtergesellschaft** (Gestaltungsvorschläge für einen Tabellensatz)

1) Absatzmenge je Kostenträger, Nettoerlös je Stück minus Einstandswert je Stück gleich Bruttonutzen je Stück. Für Bruttonutzen und Absatzmenge Angabe der Veränderung gegenüber Vorjahr.
2) Absatzmenge in Stück je Kostenträger je Vertriebsweg mit Angabe der Veränderung gegenüber Vorjahr. Die Absatzmengen von (1) und (2) sind abzustimmen.
3) Ermittlung des Bruttonutzens je Kostenträger-Einheit (Stück) und je Vertriebsweg:
   3.1 Nettoerlös je Kostenträger je Vertriebsweg
   3.2 minus Einstandswert je Kostenträger je Vertriebsweg
   3.3 gleich Bruttonutzen je Kostenträger je Vertriebsweg
4) Durch Multiplikation der Absatzmengen je Kostenträger aus (2) mit den Zeilen gemäß 3.1, 3.2, und 3.3 erhält man
   4.1 Gesamterlös je Kostenträger je Vertriebsweg
   4.2 Gesamteinstandswert je Kostenträger je Vertriebsweg
   4.3 Gesamtbruttonutzen je Kostenträger je Vertriebsweg
   Aus diesen Werten leitet man durch Addition die Werte für (5) und (6) ab.
5) Durch Addition der Werte aus (4) je Kostenträger über alle Vertriebswege erhält man für jeden Kostenträger
   5.1 Gesamtnettoerlös über alle Vertriebswege
   5.2 Gesamteinstandswert über alle Vertriebswege
   5.3 Gesamtbruttonutzen über alle Vertriebswege
   Es kann zweckmäßig sein, diese Nettoerlöse aus der Rabattplanung in (6) auf Umsatz zu Listenpreisen zu ergänzen.
6) Durch Addition der Werte aus (4) je Vertriebsweg über alle Kostenträger erhält man für jeden Vertriebsweg
   6.1 Gesamtnettoerlös aus allen Kostenträgern
   6.2 Gesamteinstandswert aus allen Kostenträgern
   6.3 Gesamtbruttonutzen aus allen Kostenträgern
   Durch Ergänzung des Gesamtnettoerlöses (aus Kostenträgern) um die vertriebswegspezifischen Rabatte kommt man zum Kostenträgerumsatz zu Listenpreisen je Vertriebsweg.
7) An die Ermittlung der Gesamtbruttonutzen je Vertriebsweg schließt sich eine mehrstufige Deckungsbeitragsermittlung (stets mit Vergleich von Vorjahreswerten) an. Der resultierende Deckungsbeitrag II ist dabei ein echtes Vertriebsergebnis:

Kostenträgerumsatz zu Listenpreisen	
./. Rabatte (mit Angabe der Prozentsätze)	= Kostenträgerumsatz netto
./. Einstandswerte	= Bruttonutzen
./. proportionale Vertriebskosten (in der Regel Einzelkosten)	
./. Erlösschmälerungen	= Deckungsbeitrag I
./. fixe Vertriebskosten (in der Regel Gemeinkosten)	
./. Werkstattkosten (oder -umlage)	
± sonstiges Umsatzergebnis (z. B. Mieteinnahmen)	= Deckungsbeitrag II (absolut und in Prozent vom Kostenträgerumsatz).

(2.2) Optimierung des Verkäufereinsatzes

Die Zahl der erforderlichen Verkäufer errechnet man wie folgt: **Zahl der Verkäufer =**

$$\frac{\text{Zahl der zu besuchenden Kunden} \times \text{geplante Zahl von Besuchen pro Periode und Kunde}}{\text{Zahl der Besuche pro Verkäufer und Tag} \times \text{Zahl der Arbeitstage pro Periode}}$$

Für den Erfolg ist es entscheidend, dass durch Planung (z. B. Wegeminimierung und gute Vorbereitung der Verkaufsunterlagen etc.) eine gute Zahl von Kundenbesuchen pro Tag geplant und realisiert wird. Mängel in diesem Punkt schlagen über erhöhten Verkäuferbedarf direkt auf die Kosten durch. Mit einer überschlägigen Ermittlung des Bedarfs an Verkäufern ist jedoch deren Einsatz noch nicht optimiert. Dafür ist ergänzend zu berücksichtigen, dass die einzelnen Verkaufsgebiete und die einzelnen Verkäufer unterschiedliche Anforderungen bzw. Leistungsmerkmale aufweisen.

Die Kundendichte eines Gebiets geht in die Anzahl der Besuche pro Tag ein (Stadtregionen haben meist kürzere Wegezeiten als ländliche Gebiete). Dieser Sachverhalt ist in der obigen Betrachtung berücksichtigt. Im Folgenden ist ergänzend zu ermitteln, wie die unterschiedliche Anteile an großen, mittleren und kleinen Kunden in einer Region und die unterschiedlichen Verkaufsfähigkeiten von Vertriebsmitarbeitern in diesen Segmenten mit dem Ziel optimaler **Marktausschöpfung** kombiniert werden sollten. Voraussetzungen dafür sind:

- ❑ signifikante Unterschiede bezüglich der Kundengrößen in den einzelnen Regionen sowie
- ❑ signifikante und bekannte Leistungsunterschiede der einzelnen Verkäufer bezüglich ihrer Fähigkeiten, das Umsatzpotential bestimmter Kundengrößen auszuschöpfen.

Dann kann für jeden Verkäufer dessen Umsatz in jeder Region ermittelt werden und der Verkäufereinsatz so vorgenommen werden, dass insgesamt der maximal mögliche Umsatz erzielt wird. Die folgende Tabelle zeigt den Rechengang mit dem Ergebnis, dass der Verkäufer A in der Region I und der Verkäufer B in der Region II einzusetzen ist mit einem gemeinsamen Gesamtumsatz von 15.275 TDM (=11.700+3.575).

Beispiel:	Region I Umsatz-potential je Kunde TDM	Region I Kunden-anzahl	Region II Kunden-anzahl	Region II Umsatz-potential je Kunde TDM	Verkäufer A Potentialaus schöpfung	Verkäufer B Potentialaus schöpfung
Großkunden	500	30	15	400	75%	40%
Mittl.Kunden	100	10	10	100	30%	30%
Kleinkunden	75	10	35	50	20%	50%

Optimie-rung des Verkäufer-einsatzes	Region I Umsatz-potential gesamt TDM	Verkäufer A Umsatz in I	Verkäufer B Umsatz in I	Region II Umsatz-potential gesamt TDM	Verkäufer A Umsatz in II	Verkäufer B Umsatz in II
Großkunden	15.000	11.250	6.000	6.000	4.500	2.400
Mittl.Kunden	1.000	300	300	1.000	300	300
Kleinkunden	750	150	375	1.750	350	875
Gesamt		**11.700**	**6.675**		**5.150**	**3.575**

Bei einer großen Zahl von Verkäufern kann eine Ermittlung des Optimums mit OR-Methoden in Frage kommen. In der Praxis wird jedoch eine größere Zahl von Nebenbedingungen zu beachten sein, d.h. mit Rücksicht auf erforderliche Kontinuität und zur Minimierung von Versetzungskosten wird von einem errechneten Optimum mit guten Gründen kreativ abgewichen werden. Im Interesse eines effizienten Verkäufereinsatzes ist ergänzend zu beachten:

- Die **Klassifizierung der Kunden** (z. B. in große, mittlere und kleine) ist unter anderem wichtig, um zu vermeiden, dass Kleinkunden mit einem unvertretbaren Übermaß an Besuchen (und Reisekosten) ohne angemessenen Umsatz "gepflegt" werden.
- Eine **Festlegung von Kreditlimits** muss die Verkäufer daran hindern, mit Kunden Umsätze zu tätigen, die deren Zahlungsfähigkeit übersteigen.
- Die **Verkäufer** sind bei Bedarf **in das Inkasso einzuschalten**, dafür sind klar verständliche Kontoauszüge je Kunde als Gesprächsgrundlage bereitzustellen.
- **Sonderpreise** unter Vollkosten können in Einzelfällen sinnvoll sein, die Entscheidung darüber ist **Geschäftsführungs- und nicht Verkäuferaufgabe**, da nur so sichergestellt ist, dass trotzdem die gesamten Fixkosten gedeckt werden, also keine Verluste entstehen.

(3) Handelsvertreter, mit Kostenvergleich zum angestellten Verkäufer

Der Handelsvertreter ist ein selbständiger Kaufmann, der damit betraut ist, einem oder in der Regel mehreren von ihm vertretenen Unternehmen Geschäfte zu vermitteln und in deren Namen abzuschließen. Der Handelsvertreter erhält als Vergütung eine Provision auf die von ihm getätigten Abschlüsse. Die Zusammenarbeit mit Handelsvertretern erschließt produzierenden Unternehmen die Möglichkeit des überregionalen Vertriebes ohne vom Handel abhängig zu sein oder eine eigene Vertriebsorganisation aufbauen zu müssen. Außerdem fallen im Wesentlichen nur Vertriebskosten an, wenn Abschlüsse erzielt wurden. In einigen Fällen wird auch ein im Vergleich zu den Fixkosten einer eigenen Vertriebsorganisation geringes Fixum als Beitrag zu den Reise- und Bürokosten des Handelsvertreters vereinbart.

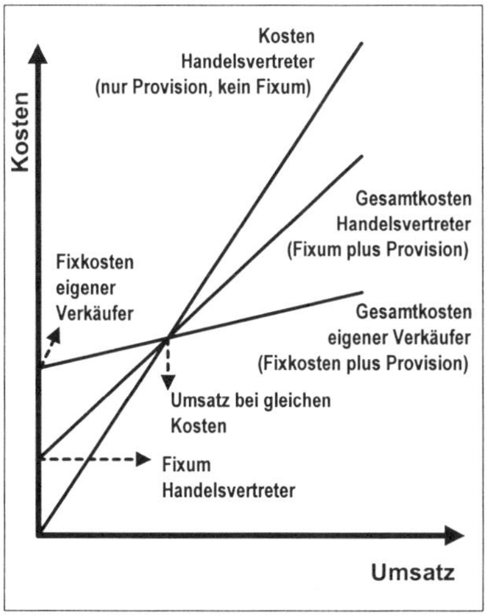

Für die Unternehmens- oder Produkteinführung bietet diese Zusammenarbeit neben dem Vorzug niedriger fixer Kosten zusätzlich den Vorteil, dass man einen Handelsvertreter wählen kann, der bei den wichtigen Zielgruppen als Vertreter anderer nicht konkurrierender Hersteller bereits gut eingeführt ist. Ab einem bestimmten Umsatz kann der Einsatz eigener Verkäufer kostengünstiger werden. Dieser Punkt kann durch gestaffelte Provisionssätze, die sich mit wachsendem Umsatz verringern, weiter hinausgeschoben werden. Falls ein Unternehmen sich von einem Handelsvertreter trennen möchte, hat der Gesetzgeber festgelegt, dass der Handelsvertreter einen Ausgleichsanspruch hat in Höhe von maximal einem Jahresdurchschnittsverdienst der letzten fünf Jahre (näheres vgl. § 89b HGB).

(4) Praxisbeispiel: Handelsvertretervertrag [50]

Handelsvertretervertrag

Zwischen der Firma ____________________
in ____________________
und der Firma ____________________
in ____________________ wird folgender V e r t r a g vereinbart

1
Der vertretene Unternehmer, die Firma ____________________
("Unternehmer") betraut den Handelsvertreter, die Firma ____________________
("Handelsvertreter") mit ihrer Alleinvertretung für sämtliche Waren ____________________
für den Bezirk ____________________
und zwar für die Zeit vom __.__.19__ bis zum __.__.19__, also auf __________ Jahre.
2
Der Handelsvertreter erhält vom Unternehmer eine Provision von ______ vom Hundert,
in Worten ____ vom Hundert,

vom Rechnungsbetrag einschließlich/ausschließlich Umsatzsteuer für alle Geschäfte, die mit Abnehmern des unter 1 angegebenen Bezirkes abgeschlossen worden sind. Zu der Provision sowie etwaigen sonstigen Vergütungen und Erstattungen erhält der Handelsvertreter die darauf entfallende Umsatzsteuer in der gesetzlich bestimmten Höhe, soweit er sie dem Unternehmer aufgrund gesetzlicher Vorschriften berechnen muss. Die dem Handelsvertreter erstattete Umsatzsteuer ist abzugsfähige Vorsteuer für den vertretenen Unternehmer. Die berechnete Umsatzsteuer ist zusammen mit der Provision sowie etwaigen sonstigen Vergütungen und Erstattungen zahlbar.
3
Der Handelsvertreter ist verpflichtet, das Interesse des Unternehmens mit der Sorgfalt eines ordentlichen Kaufmannes wahrzunehmen, ihm die erforderlichen Nachrichten zu geben, namentlich ihm von jeder Geschäftsvermittlung und jedem Geschäftsabschluss unverzüglich Mitteilung zu machen und ihn bei der Erkundigung über die Kreditfähigkeit der Abnehmer zu unterstützen.
4
Der Unternehmer wird den Handelsvertreter in seiner Tätigkeit unterstützen, ihm insbesondere Muster, Drucksachen und Werbematerial in ausreichender Menge kostenlos zur Verfügung stellen. Er wird ihm die erforderlichen Nachrichten geben, ihm vor allem auch die Annahme oder Ablehnung eines übermittelten Auftrages unverzüglich mitteilen; andernfalls gilt der Auftrag als angenommen.

[50] Zitiert nach und als Vordruck zu beziehen bei *Albert Limbach* Verlag, Braunschweig

5
Der Unternehmer erteilt dem Handelsvertreter für jeden Kalendermonat, spätestens bis zum 10. des folgenden Monats, eine Provisionsabrechnung über die in dem Monat ausgeführten Lieferungen. Wenn der Handelsvertreter der Umsatzsteuer unterliegt, muss die Provisionsabrechnung die Provision und die darauf berechnete Umsatzsteuer enthalten. Der dem Handelsvertreter zustehende Provisionsbetrag zuzüglich der Umsatzsteuer ist mit der Abrechnung zahlbar. Zu viel gezahlte Provision wird bei der nächsten Abrechnung berücksichtigt.

6
Der Handelsvertreter hat Anspruch auf Erstattung der Porto-, Fernsprech- und Telegrammkosten, die im Verkehr mit dem Unternehmer und durch die Weiterleitung von Post an die Abnehmer entstehen, ferner folgende Kosten: ____________________

7
Damit der Handelsvertreter die Belange des Unternehmers auch bei der Abwicklung der Geschäfte nach Möglichkeit wahrnehmen kann, unterrichtet der Unternehmer den Handelsvertreter über die mit den Abnehmern seines Bezirks geführte unmittelbare Korrespondenz durch gleichzeitige Übersendung von Durchschriften.

8
Alle Ansprüche, die etwa gegen den Handelsvertreter aus Verletzung von Patent-, Musterschutz-, Warenzeichen- und Urheberrechten erhoben werden sollten, fallen ausschließlich dem Unternehmer zur Last, der dem Handelsvertreter die nötigen Prozesskostenvorschüsse bereitzustellen und auf Verlangen vorzulegen, sowie alle für die Prozessführung erforderlichen Unterrichtungen zu erteilen hat. Der Unternehmer hat in solchen Fällen dem Handelsvertreter auch alle eigenen Aufwendungen zu ersetzen.

9
Wird der Vertrag nicht sechs Monate vor Ablauf durch eingeschriebenen Brief gekündigt, so gilt er jeweils auf die gleiche Dauer als verlängert, für die er nach Ziffer 1 ursprünglich abgeschlossen worden war. Ist der Vertrag auf unbestimmte Dauer abgeschlossen, so kann er von jedem Vertragspartner mit der in Absatz 1 erwähnten Frist durch eingeschriebenen Brief zum Schluss eines Kalendervierteljahres gekündigt werden.

10
Sollten sich aus diesem Vertragsverhältnis Streitigkeiten ergeben, so kann jeder Teil die Entscheidung durch ein Schiedsgericht unter gleichzeitiger Ernennung eines Schiedsrichters zur Vermeidung des ordentlichen Rechtsweges fordern oder die ordentlichen Gerichte anrufen. Gerichtsstand ist in beiden Fällen der Sitz des Klägers. Wird ein Schiedsgericht gefordert, und lehnt der andere Teil innerhalb einer Woche nach Zugang dieser Aufforderung die Entscheidung durch ein Schiedsgericht ab, so sind nur noch die ordentlichen Gerichte zuständig. Im anderen Falle hat er innerhalb 14 Tagen nach Zugang der Forderung auf Entscheidung durch ein Schiedsgericht ebenfalls einen Schiedsrichter zu ernennen. Ernennt er innerhalb dieser Frist keinen Schiedsrichter, so ist der erste Teil berechtigt, von der für ihn zuständigen Industrie- und Handelskammer den zweiten Schiedsrichter ernennen zu lassen. Die Schiedsrichter ihrerseits wählen einen Obmann. Einigen sie sich innerhalb 14 Tagen nicht über die Person des Obmannes, so kann jeder Teil die für den Sitz des Klägers zuständige Industrie- und Handelskammer ersuchen, den Obmann zu bestimmen. Dem Spruche dieses Schiedsgerichtes sich zu fügen, verpflichten sich beide Teile. Ist eine Streitigkeit bereits vor dem ordentlichen Gericht anhängig, so ist schiedsrichterliche Entscheidung nur mit Einverständnis beider Teile möglich.

Ort: ____________ Datum: __.__.19__	Ort: ____________ Datum: __.__.19__
______________________________	______________________________
(Unterschrift des vertretenen Unternehmers)	(Unterschrift des Handelsvertreters)

3.3.2.2 Marketinglogistik

Unter dem Begriff Marketinglogistik werden die Aufgaben der physischen Distribution zusammengefasst. Mit dem Ziel die Kunden optimal zu bedienen sind bei gleichzeitiger Kostenminimierung insbesondere folgende Entscheidungen zu treffen bzw. Teilaufgaben zu lösen:

- ❑ Zahl der Lagerstandorte
- ❑ Eigen- oder Fremdlager
- ❑ Eigen- oder Fremdtransport
- ❑ Mindestauftragsgrößen
- ❑ Packungsgestaltung

(1) Zahl der Eigen- oder Fremdläger [51]

Ein Auslieferungslager hat die Aufgabe, vom Hersteller Waren in großen Mengen zu empfangen, zwischenzulagern und in kleineren Mengen an Kunden auszuliefern. Für die Entscheidung über die Anzahl der Läger und deren Standort sind folgende Gesichtspunkte relevant:

- ❑ angestrebter Lieferservice
- ❑ Nachfragevolumen und Struktur des Absatzgebietes
- ❑ Nachfrageentwicklung
- ❑ Verkehrsanbindung
- ❑ Transport und Lagerkosten

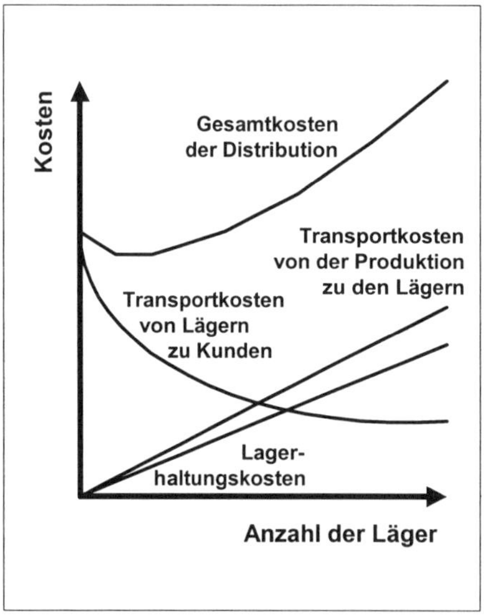

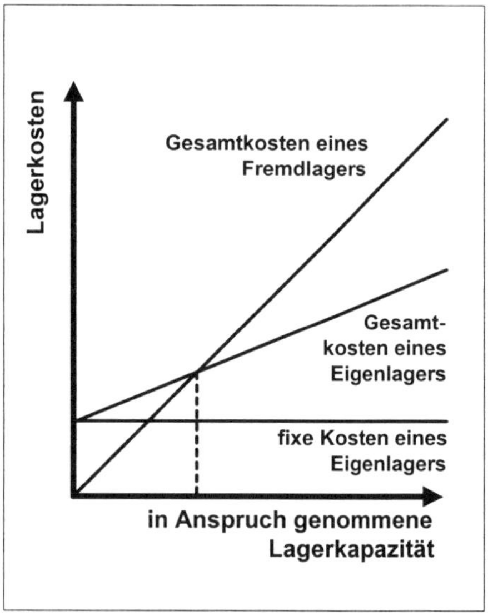

Eigen- und Fremdtransport

[51] Die folgenden Ausführungen zu Lagerfragen und zu Auftragsgrößen basieren weitgehend auf Ausführungen von *Weis* zur Marketinglogistik. Vgl. *Weis, H. C.*, Marketing, a.a.O., S. 242 ff.

Die Entscheidung wird primär unter Kostengesichtspunkten zu fällen sein, da die Qualität der Leistung weitgehend unabhängig von der Frage Eigen- oder Fremdlager gestaltbar ist. Die üblichen und im konkreten Fall zu prüfenden Kostenverläufe zeigen die obigen Graphiken.

Wie bei der Entscheidung über Eigen- oder Fremdläger ist zunächst zu klären, welche Leistungen erbracht werden sollen, und ob diese gleichwertig eingekauft oder nur selbst erbracht werden können. Dann ist zu bedenken, dass ein eigener Fuhrpark für längere Zeit irreversibel relativ hohe Fixkosten verursacht, während Fremdtransporte bei großem Transportvolumen, das über längere Zeit anfällt, vielfach teurer werden. Allerdings verfügen Transportunternehmen vielfach über Rückfracht, während eigene Werksfahrzeuge leer zurückfahren würden, also eine geringere Produktivität aufweisen. Die Kostenverläufe können also in der Praxis sehr verschieden ausfallen.

(2) Mindestauftragsgröße

In schwierigen Zeiten, bei niedrigen Umsätzen und schlechter Beschäftigungslage neigen viele Einkäufer (in Industrie und Handel ebenso wie Endkunden) dazu, nur das erforderliche Minimum, also in kleinen Mengen einzukaufen. Dadurch nehmen Arbeit und Kosten der Auftragsabwicklung in % vom Umsatz zu. Oft stellt sich die Aufgabe, zu errechnen, welche Aufträge nicht mehr hereingenommen werden sollen, weil sie die fixen Kosten der Auftragsabwicklung nicht decken. Für diesen Fall muss die Forderung aufgestellt werden, dass jeder Auftrag mindestens einen Deckungsbeitrag in Höhe der fixen Kosten der Auftragsabwicklung (Vertriebssachbearbeitung) erwirtschaften muss. Diese Mindestauftragsgröße kann grob nach folgender Formel ermittelt werden:

$$\text{Mindest-nettoerlös je Auftrag} = \frac{100 \times \text{Fixe Kosten der Auftragsabwicklung (in DM)}}{\left(100 - \begin{array}{c}\text{propotionale Herstellkosten}\\ \text{in \% vom Nettoerlös}\end{array} - \begin{array}{c}\text{proportionale Vertriebskosten}\\ \text{in \% vom Nettoerlös}\end{array}\right)}$$

Bei einem so errechneten Mindestnettoerlös fällt kein Deckungsbeitrag zu den übrigen Fixkosten an. In der Praxis gestaltet sich die Lösung des Problems etwas komplizierter, wenn die Deckungsbeiträge der einzelnen Produkte verschieden sind und einzelne Kunden sowohl kleine als auch größere Aufträge erteilen. Dann sollte man eine ABC-Analyse über den Anteil jedes Produkts (oder von Produktgruppen) am Gesamtumsatz und am Gesamtdeckungsbeitrag machen und diese ergänzen und vergleichen mit einer ABC-Analyse der Kunden, um den Anteil jedes Kunden am Gesamtumsatz und Gesamtdeckungsbeitrag zu kennen. (Näheres zur ABC-Analyse vgl. Punkt 4.4.2).

Auf der Grundlage solcher ABC-Analysen kann und sollte eine systematische Reduzierung aller Vertriebskosten bei der Bearbeitung von Kleinkunden erfolgen. Dazu kann ein Bündel von Rationalisierungsmaßnahmen gehören, wie: Keine Kundenbesuche, sondern nur Versand von Werbematerial an Kleinkunden, keine Sonderrabatte, keine Aufträge unter der Mindestgröße, keine Lieferantenkredite. Es ist selbstverständlich möglich und sinnvoll, solche Analysen per EDV im Rahmen des Vertriebs-Controllings im Anschluss an die Fakturierung durchzuführen.

(3) Packungsgestaltung

Avé-Lallemant hat als Leiter des Instituts für Packungsgestaltung darauf hingewiesen, dass Packungsgestaltung Kreativität und Systematik erfordern und einen bei diesem Institut üblichen Arbeitsablauf eingehend erläutert[52]. Die folgende Kurzfassung der wichtigsten Funktionen der Packung und der bei ihrer Entwicklung zu beachtenden Fragen gibt *Weis*[53]:

(3.1) Hauptfunktionen einer Markenartikelpackung

- ❑ Schutz- und Bewahrungsfunktion
- ❑ Produktidentifizierung
- ❑ Wertausdruck des Produkts
- ❑ Verkaufsförderung
- ❑ Imagebildung
- ❑ Ermöglichung optimaler Distributionsfähigkeit
- ❑ Produktdifferenzierung
- ❑ Selbstpräsentation
- ❑ Information

(3.2) Hauptfragen zur Entwicklung einer Markenartikelpackung

- ❑ Welchen technischen Vorschriften muss die Packung genügen?
- ❑ Welche versandtechnischen Vorschriften sind zu beachten?
- ❑ Welche rechtlichen Vorschriften sind bei der Gestaltung zu berücksichtigen?
- ❑ Wie lange und unter welchen Bedingungen muss die Packung lagerfähig sein?
- ❑ Welche Forderungen stellt der Handel an die Packung?
- ❑ Welche Wünsche haben die Abnehmer in Bezug auf die Packung?
- ❑ In welcher Weise soll sich die Packung von Konkurrenzprodukten unterscheiden?
- ❑ Welche Anforderungen in Bezug auf Display muss die Packung erfüllen?
- ❑ Soll die Packung getestet werden, und wenn ja, durch welche Tester?

Weis formuliert die vorgenannten Funktionen und Fragen als maßgeblich für die Gestaltung der Verpackung. Ich habe seine Aussagen modifiziert bezogen auf die Markenartikelpackung, die damit zugleich in ihren Marketingfunktionen übereinstimmend mit den Auffassungen des Instituts für Packungsgestaltung definiert sind. Verpackung sollte abweichend von *Weis*, enger, etwa wie in *Gablers* Wirtschaftslexikon definiert werden als: "äußere Umhüllung einer Ware (auch: Emballage) zum Schutz auf dem Transport vom Hersteller zum Verbraucher"[54]. Systematische Entwicklungsmethoden erläutert *Avé-Lallemant*[55].

---

[52] Vgl. *Avé-Lallemant, W.*, Packungsgestaltung, in: Marketing, Hrsg.: *Geisbüsch, H.-G., Weeser-Krell, L. M., Geml, R.*, Landsberg

[53] Vgl. *Weis, E.*, Marketing, a.a.O.

[54] *Gabler*, Wirtschaftslexikon, a.a.O., Stichwort: Verpackung

[55] Vgl. *Avé-Lallemant*, W., Packungsgestaltung, in: Marketing, Hrsg.: *Geisbüsch, H.-G., Weeser-Krell, L. M., Geml, R.*.

3.3.3 Kontrahierungspolitik

Als Kontrahierungspolitik definiere ich den Teil der Marketingpolitik, in dem alle einen Kaufvertrag bestimmenden Leistungen und Gegenleistungen gestaltet und festgelegt werden. Dabei stehen nach allgemeiner Auffassung im Vordergrund:

- ❑ Preispolitik - Rabattpolitik - Liefer- und Zahlungsbedingungen - Kreditpolitik.

Wesentlicher Vertragsinhalt bei technischen Erzeugnissen sind auch Garantieleistungen, für die zwar die qualitativen Voraussetzungen in der Entwicklung und Herstellung geschaffen werden müssen, die aber für Lieferanten und Käufer die Kosten stark beeinflussen und vielfach hart verhandelt werden. Deshalb zähle ich ergänzend zur Kontrahierungspolitik auch die

- ❑ Garantieleistungspolitik.

3.3.3.1 Bestimmungsfaktoren der Preisbildung

(1) Nachfrage und Konkurrenz

Für die Preisbildung sind insbesondere folgende Faktoren von Bedeutung:

- ❑ die Nachfrage — das Konkurrenzangebot
- ❑ die Marktform — der Produktlebenszyklus
- ❑ die Selbstkosten (fixe und variable) — die Kapazitätsauslastung sowie
- ❑ Rechtsvorschriften für öffentliche Aufträge.

In der **Preis-Absatz-Funktion des vollkommenen Marktes** ist derjenige Preis als Gleichgewichtspreis definiert, zu dem die gleiche Menge eines Gutes nachgefragt und angeboten wird. Liegt der Angebotspreis [Nachfragepreis] über dem Gleichgewichtspreis, dann entsteht eine Nachfragelücke [Angebotslücke], die Nachfrage ist kleiner [größer] als das Angebot.

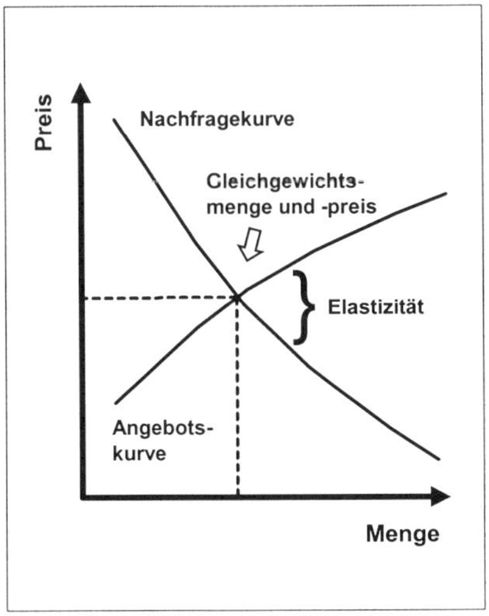

Umsatz und Ergebnis hängen ferner ab von der Preiselastizität der Nachfrage (η), die definiert ist als relative Änderung der Nachfragemenge bezogen auf die relative Änderung des Preises. Ist $\eta < -1$, dann sinkt der Umsatz bei einer Preiserhöhung.

$$\eta = \frac{(\Delta M / M)}{(\Delta P / P)}$$, wobei

M: = Nachfragemenge vor Preisänderung
ΔM: = Änderung der Nachfragemenge durch die Preisänderung
P: = Ausgangspreis vor Preisänderung
ΔP: = Preisänderung

Diese Erkenntnis hat *Cournot* zur Definition des Gewinnmaximums, des **"Cournot'schen Punktes"**, geführt. Es ist von geringer Bedeutung, weil Preiselastizität der Nachfrage und Grenzkosten nur näherungsweise bestimmbar sind und weil die zu Grunde liegenden Annahmen des vollkommenen Marktes in der Realität nicht zutreffen:

- Maximalbetrieb, d.h. Nutzen- und Gewinnmaximierung bei allen Marktteilnehmern
- Unendlich schnelle Reaktions- und Anpassungsgeschwindigkeit
- Freie Preisbildung am Markt ohne übergeordnete Eingriffe
- Vollkommene Markttransparenz für Anbieter und Nachfrager
- Keine sachlichen, zeitlichen, örtlichen, persönlichen Präferenzen der Marktteilnehmer.

In der Praxis sind die Dringlichkeit des Bedarfs und die Kaufkraft der Nachfrager von durchschlagender Bedeutung. Während für Konsumgüter die Präferenzen und Einkommen der Abnehmer wichtige Beurteilungskriterien bilden, sind es bei Investitionsgütern die Ertragskraft und der Ertragseffekt für die Nachfrager.

Darüber hinaus bestimmen wesentlich die **Qualität** (mit allen ihren Teilaspekten, wie Eignung, Schönheit, Zuverlässigkeit, Service) und der **Preis des Konkurrenzangebotes** den auf dem Markt für ein Gut erzielbaren Preis. Ein schlechtes **Preis-Leistungsverhältnis** beeinträchtigt die Wettbewerbsfähigkeit gegenüber den Konkurrenten.

(2) Marktformen

Nachfrager Anbieter	viele	wenige	einer
viele	Polypol (atomistisch)	Nachfrage-Oligopol	Nachfrage-Monopol
wenige	Angebots-Oligopol	zweiseitiges Oligopol	beschränktes Nachfrage -Monopol
einer	Angebots-Monopol	beschränktes Angebots-Monopol	zweiseitiges Monopol

Die Tabelle zeigt das übliche **Marktformenschema** (nach *Eucken*[56]). Der **vollkommene Markt** ist dabei durch die folgenden **Prämissen** gekennzeichnet:

- **Polypol**: zahlreiche Marktteilnehmer auf beiden Seiten, jeweils nur **geringe Marktanteile**
- **homogenes** Gut, d. h. Angebot aller Mitbewerber völlig gleichartig
- beliebige **Teilbarkeit** des Gutes
- vollkommene **Markttransparenz**
- **Fehlen von Präferenzen**
- **freier Marktzutritt**
- **Fehlen von Wettbewerbsbeschränkungen**
- völlige **Mobilität der Produktionsfaktoren** Boden, Arbeit und Kapital.

[56] Vgl. *Gabler*, Wirtschaftslexikon, Stichwort: Marktformen

Zum **Marktverhalten von Polypolisten** gilt:
Der polypolistische Anbieter hat aufgrund seines geringen Marktanteils keinen Einfluss auf die Preisbildung am Markt. Er kann nur auf den Marktpreis durch Anpassung seiner Angebotsmenge reagieren. Er verhält sich als "Mengenanpasser".

Der **Anbieter eines Angebotsoligopols** muss folgendes bedenken:
Er muss damit rechnen, dass bei Anhebung seiner Preise die Kunden zur Konkurrenz abwandern, die diese Entwicklung begrüßen und deshalb ihre Preise nicht ändern wird. Bei einer Senkung seiner Preise muss der Oligopolist damit rechnen, dass die Konkurrenz eine Abwanderung ihrer Kunden befürchten und zur Vermeidung einer solchen Entwicklung die Preise ebenfalls senken wird.

D. h. im ersten Fall, bei einer Preisanhebung, hat der Oligopolist allein Nachteile, bei einer Preissenkung haben beide Konkurrenten Nachteile. Diese Theorie findet man in der Praxis nicht selten bestätigt, z. B. bei Zulieferanten der Automobilindustrie sowie bei Systemanbietern im EDV-Bereich. Es gibt allerdings auch Abweichungen von dieser Regel, z. B. auf dem Treibstoffmarkt.

Um die Blockierung der Preispolitik im Oligopol zu überwinden, versuchen viele Oligopolisten systematisch (zumindest vorübergehend) durch Produktentwicklung einen Leistungsvorsprung vor der Konkurrenz zu realisieren, der die Anhebung der Preise ohne Kundenabwanderung ermöglicht. Hier liegt ein weiterer Beweis dafür, dass Technik und Vertrieb gute Erfolge im Markt nur durch gute Zusammenarbeit erreichen können.

(3) Erfordernisse der Kostendeckung

	+	+	+	+	+	+	=
Material-einsatz	Fertigungs-löhne	Proportio-nalkosten	Sonderein-zelkosten	Rabatte	Fixkosten	Gewinn	Bruttopreis

Kalkulation als Wegweiser in Preisverhandlungen[58]

Die Summe der fünf rechten Kostenpositionen kann dabei als kurzfristiger Mindestpreis angesehen werden; die Summe von Fixkosten und Gewinn kann im Falle von zusätzlichen Umsätzen damit als Verhandlungsspanne angesehen werden. Aber Vorsicht! Wer mittel- oder langfristig zu Grenzkosten anbietet, erwirtschaftet keine Deckungsbeiträge für die Fixkosten, wird illiquide oder geht in Konkurs.

(4) Preispolitik im Produktlebenszyklus - hierzu vgl. Punkt 3.1.2.2

[58] Handbuch des kaufmännischen Geschäftsführers, Bd. 1, S. 850

(5) Rechtsvorschriften für die Preisfindung bei öffentlichen Aufträgen

Da Einzelfirmen und Personengesellschaften keine Geschäftsführungsgehälter zu zahlen pflegen, sondern von den Gesellschaftern geführt werden, die aus dem Gewinn honoriert werden und da Eigenkapital nicht verzinst wird, erweisen sich die Finanzierungs- und Geschäftsführungskosten als abhängig von der Gesellschaftsform. Außerdem gibt es öffentliche Aufträge, für deren Vertragsgegenstände (z.B. Rüstungsgüter) keine Marktpreise bestehen. Aus diesen Gründen hat der Gesetzgeber Richtlinien für die Kalkulation öffentlicher Aufträge erlassen. Sie heißen

- ❑ Leitsätze für die Preisermittlung aufgrund von Selbstkosten (LSP).
- ❑ Für öffentliche Ausschreibungen gelten ergänzend
- ❑ die Verdingungsordnung für Leistungen - ausgenommen Bauleistungen - (VOL) sowie
- ❑ die Verdingungsordnung für Bauleistungen (VOB).

3.3.3.2 Kalkulationsverfahren

Die Verfahren der Kalkulation werden im Abschnitt 9.2 über Kosten- und Leistungsrechnung behandelt (vgl. Kostenträgerrechnung).

3.3.3.3 Teilkostendeckung bei nicht voll ausgelasteten Kapazitäten

Unter der Bedingung, dass durch andere Aufträge die Liquidität gesichert und eine Deckung der Gesamtfixkosten sichergestellt wird, ist es zweckmäßig bei nicht voll ausgelasteten Kapazitäten auch solche Aufträge hereinzunehmen, die nur einen Teilbeitrag zur Deckung der Fixkosten erbringen, also einen positiven Deckungsbeitrag haben. Und zwar ist jeweils zunächst der Auftrag mit dem relativ höchsten Deckungsbeitrag hereinzunehmen. Der Deckungsbeitrag ist definiert als Nettoerlös minus variable Kosten (in der Regel Herstellkosten). Dabei ist zu bedenken, dass die Herstellkosten in der Praxis für variable Kosten stehen, obwohl sie bereits anteilige Fixkosten (nämlich Materialgemeinkosten und Fertigungsgemeinkosten) enthalten.

3.3.3.4 Break-Even-Analyse
Praxisbeispiel: Preisfindung für eine Kleinserie

Für einen Regionalmarkt soll ein technisches Serienprodukt modifiziert werden. Beispielsweise soll eine Fakturiermaschine für den italienischen Markt mit einer "Drei-Nullen-Taste" versehen werden. Dabei ist der Marktpreis vom Marktführer bestimmt. Es geht also um die Bestimmung einer Mindestmenge bei einem bestimmten Preis oder um die Bestimmung eines Mindestpreises bei Abnahme einer vorgegebenen Menge.

Den Rechengang zeigt folgende Tabelle. Dabei wird von pessimistischen, optimistischen und wahrscheinlichen Absatz-Erlösrelationen ausgegangen. Es wird angenommen, dass wahrscheinlicher und optimistischer Preis bei 10.000 DM liegen, weil dieser Preis beispielsweise etwa 10 % niedriger als der des Marktführers angenommen wurde und auch im optimistischen Fall kaum überschreitbar erscheint. Es sollen die nachstehenden Abkürzungen gelten:

M	NE	EK	DB	KM	KNE
Menge	Nettoerlös	Einmalkosten	Deckungs-beitrag	kritische Menge	kritischer Nettoerlös

I Verkauf	optimistisch	pessimistisch	wahrscheinlich
Absatzmenge in Stück (M)	75	40	50
Nettoerlös DM (NE)	10.000	8.000	10.000
Umsatz DM	750.000	320.000	500.000

II Kostenstelle	Vertrieb[58]	Entwicklung	Fertigung[59]	Gesamt
Einmalkosten DM (EK)	DM 20.000	DM 70.000	DM 30.000	DM 120.000

III Herstellkosten DM/Stück	DM 7.000

IV Gesamtergebnis DM	optimistisch	pessimistisch	wahrscheinlich
Umsatz gesamt	750.000	320.000	500.000
- Σ Herstellkosten DM	525.000	280.000	350.000
= Σ Deckungsbeitrag I	225.000	40.000	150.000
------------------> *DM pro Stück*	*3.000*	*1.000*	*3.000*
- Einmalkosten DM	120.000	120.000	120.000
= Deckungsbeitrag II[59]	105.000	- 80.000	30.000

V Preisfindung auf	Basis: wahrscheinliche Daten
Bei festem Preis	**(NE = 10.000)**
kritische Menge KM = Einmalkosten / DB I (St)	= 120.000 / 3.000 = 40 Stück
Bei fester Menge	**(M = 50)**
erforderlicher DB I (St) = Einmalkosten / Menge	= 120.000 / 50 = 2.400 DM/Stück

erforderlicher DB I	**= 2.400 DM/Stück**
zuzüglich Herstellkosten	**= 7.000 DM/Stück**
ergibt kritischen Nettoerlös KNE	**= 9.400 DM/Stück**

[58] Inklusive Umlaufvermögen: z. B. Bestände an Forderungen

[59] Beiträge zu übrigen Fixkosten

3.3.4 Kommunikationspolitik

Man ordnet in Übereinstimmung mit der jüngeren amerikanischen Marketingliteratur der Kommunikationspolitik folgende Teilaufgaben des Marketing zu:

- Werbung - Übermittlung von Informationen, die den Empfänger veranlassen sollen, zu tun was der Sender der Informationen wünscht,
- Verkaufsförderung - Aktionen am Point of Sales, mit dem Ziel im Vergleich zum Mitbewerb bevorzugt zu werden,
- Persönlicher Verkauf – durch direkte Beratung des Kunden durch den Verkäufer,
- Öffentlichkeitsarbeit – zum Zweck der Sicherung eines positiven Unternehmensimages. Der Kommunikations-Systemzusammenhang wurde in Pkt. 3.2.4 dargestellt.

3.3.4.1 Corporate Identity - Grundlage jeder Werbung

Für nahezu jeden Ingenieur, der als Dienstleister und Problemlöser am Markt auftritt, ist es von erheblicher Bedeutung, dass sein Unternehmen überzeugt und Vertrauen erweckt. Dazu gehört ein unverwechselbares überzeugendes "Firmenbild", das Professionalität und auf keinen Fall Experimente und Unzuverlässigkeit auf Kosten der Kunden vermuten lässt. Dieses unverwechselbare Bild eines Unternehmens nennt man "Corporate Identity". Dazu gehört neben sachlichen Aussagen in der Werbung auch und vor allem ein einheitliches Layout für alle Schriftstücke vom Briefkopf bis zur LKW-Planenbeschriftung und zum Firmeneingang. Manche in diesem Bereich tätige Berater und Designer erwarten Honorare, die für Existenzgründer zu hoch sind. Dennoch ist es gerade für kleine Firmen in der Start-Phase notwendig, eine erstklassige Corporate Identity zu entwickeln. Vieles davon kann man allein erarbeiten, man muss nur auf Wahrheit, Kontinuität und Konsequenz in Form und Aussage achten.

3.3.4.2 Werbung – Aufgabe, Planung und Erfolgskontrolle

(1) Begriff und Aufgabe der Werbung

Wenn das Leistungsprogramm, das Produkt, und die potentiellen Abnehmer definiert sind, müssen die Abnehmer auf das Produkt aufmerksam gemacht, interessiert und zum Kauf des Produkts veranlasst werden. Das ist die Aufgabe der Werbung. Der Weg zum Werbeerfolg erfordert üblicherweise, folgende Teilschritte zu vollziehen, bekannt als **AIDA**:

- **Attention**, Weckung von Aufmerksamkeit
- **Interest**, Erzielen von Interesse
- **Desire**, Hervorrufen von Wünschen und
- **Action**, das Bewirken der Kaufentscheidung.

Um AIDA über das Kommunikationssystem zum Erfolg zu führen, müssen folgende Fragen beantwortet werden:

- Welchen Absatz x Preis = **Umsatz** plant das Unternehmen als **Werbeerfolg** zu erzielen?

- ❑ Welche **Werbebotschaft**, also Informationen und Argumente sollen an welche **Zielgruppen** übermittelt werden?
- ❑ Welche **Werbemittel**, real wahrnehmbare Erscheinungsformen (*Hill*), z.B. Anzeige, oder Fernsehspot, sollen gewählt werden?
- ❑ Welche **Werbeträger**, d.h. Informationskanäle, Medien, z.B. Tageszeitungen, Fachpresse, Rundfunk oder Fernsehen, sollen eingesetzt werden?
- ❑ **Werbungskosten** bis zu welcher Höhe und in welcher sachlichen und zeitlichen Zuordnung sollen bereitgestellt werden?
- ❑ Wie weit können **Werbeplan und Werbebudget** durch Einsatz von **Werbeerfolgskontrolle** objektiviert werden?

In der Praxis mittelständischer Unternehmen dominiert oft Unklarheit über den Erfolg bestimmter Werbemaßnahmen, da die Werbeerfolgskontrolle mit großer Unsicherheit behaftet und deren Überwindung mit erheblichen Kosten verbunden zu sein pflegt. Der Erfolg von Werbemaßnahmen kann in Wirkungsanalysen vor (oder nach) einer Kampagne als Pretest (oder Posttest) in Labor- oder Feldexperimenten getestet werden. Erkenntnisse über den Verkaufserfolg bleiben jedoch meist unsicher wegen vielfältiger anderer Einflüsse auf den Umsatz (z.B. Konjunktur, Wettbewerb, Wetter). Zufriedenstellende Erfolgsmessung ist immer dann preiswert möglich, wenn es gelingt, dass Käufer (z.B. durch Einsenden von Coupons) auf eine bestimmte Werbemaßnahme Bezug nehmen müssen. Dann misst man den sogenannten **Streuerfolg** gleich Anzahl der Käufer dividiert durch Anzahl der Werbeadressaten.

(2) **Werbebudget, Werbeerfolg** und **Werbeerfolgskontrolle**

Ein Zitat des Unternehmers *Henry Ford* veranschaulicht die verbleibende Unsicherheit der Werbeerfolgskontrolle. Es lautet: "Die Hälfte unsere Werbeausgaben ist unnötig. Leider wissen wir nicht welche Hälfte." Die bestehenden Unsicherheiten verursachen folgende in der Praxis verbreitete **unbefriedigende** Verfahren der **Festlegung von Werbebudgets:**

- ❑ Veränderung der Werbeausgaben des Vorjahres proportional zur geplanten Veränderung des Umsatzes (erlaubt kein offensives Marketing).
- ❑ Werbeausgaben als Prozentsatz vom Umsatz (entspricht dem oberen Verfahren; gefährlich bei Umsatzrückgang, wenn Werbung vielmehr gesteigert werden müsste)
- ❑ Orientierung an den Werbeaktivitäten der Konkurrenz (kann zur Sicherung des Marktanteils in Ordnung sein).
- ❑ Werbeausgabenkürzung als Sparmaßnahme (kann den Marktanteil und die Existenz eines Unternehmens gefährden).

Um diese mangelhafte Bestimmung des Werbebudgets zu überwinden, muss man versuchen, die Auswahl der Werbemittel und Werbeträger zielstrebig auf den Verkaufserfolg (Absatz oder Umsatz) auszurichten, obwohl die Erfolgsprognose mit großer Unsicherheit behaftet zu sein pflegt und dic systematische Erfolgskontrolle möglicherweise zu teuer ist.

(3) Tausender-Kontakt-Preis-Kriterium (TKP)

Ein wesentliches Hilfsmittel zur Auswahl der Werbeträger (der Medienselektionsstrategie) im Rahmen der Werbeplanung ist der Tausender-Kontakt-Preis (TKP), der gezahlt werden muss, um mit einer einmaligen Schaltung bei einem bestimmten Werbeträger tausend Personenkontakte zu erzielen. Dabei bleibt ungeklärt, ob wenige Kontakte zu vielen Personen oder viele Kontakte zu wenigen Personen erzielt werden. Die Kenntnis des TKP für eine Vielzahl von Publikationen bietet die Möglichkeit, mit einem bestimmten Werbebudget die Summe der Kontakte mit der Werbebotschaft zu maximieren. Im Jahr 1999 galten beispielsweise folgende zielgruppenspezifische TKP's: Focus 10,48 DM, Die Zeit 30,11 DM, Spiegel 15,72 DM, Manager Magazin 59,63 DM.

(4) Werbeträgerauswahl mit der High-Assay-Methode

Young's und Rubicam's **High-Assay-Methode** ist ein Verfahren, mit dem jeder Werbeleiter zu einem Planabsatz das erforderliche Werbebudget und dessen bestmögliche Aufteilung auf die relevanten Werbeträger planen kann, wenn folgende Bedingungen erfüllt sind:

- ❑ Für jeden relevanten Werbeträger liegen die Preise für die erste Einschaltung sowie die Rabattstaffeln für möglicherweise sinnvolle mehrere Wiederholschaltungen vor.
- ❑ Über den Absatzeffekt der ersten Einschaltung jedes Mediums können realistische Schätzungen gemacht werden (aus vorangegangenen Schaltungen oder Pretests).
- ❑ Die Absatzeffekte von Wiederholschaltungen folgen einer Gesetzmäßigkeit. Bei abnehmendem Effekt aus Wiederholschaltungen könnte z.B. gelten, dass durch die k-te Schaltung ein Absatz erzielt wird, der sich ergibt als 1/k multipliziert mit dem Absatzeffekt der ersten Schaltung im jeweiligen Medium.

Der **Ablauf der Planung** sei am folgenden stark vereinfachten Beispiel verdeutlicht: es gelte die Medien Werbefernsehen, Werbefunk, ganzseitige Anzeige in einer Zeitschrift und halbseitige Anzeige in einer Tageszeitung zu vergleichen und zu kombinieren, so dass ein Planabsatz von 960 Einheiten erzielt werden kann.

Einschalt-frequenz	**Werbefernsehen**	**Werbefunk**	**Zeitschrift**	**Tageszeitung**
	Medien-/Werbeträger-Rabattstaffel Grenzkosten der Einschaltung der Medien in EUR			
1	20.000	16.000	10.000	2.000
2	20.000	15.000	10.000	2.000
3	18.000	15.000	10.000	2.000
	Absatzeffekte der Einschaltungen der Medien in Einheiten			
1	200	400	100	40
2	100	200	50	20
3	60	133	33	13
	Werbekosten der Medien pro Absatzeinheit in EUR			
1	100	40	100	50
2	200	76	200	100
3	286	112	300	150

Auf Grundlage der so aufbereiteten Daten kann nun wie folgt mit dem kostengünstigsten Medium beginnend und jeweils mit dem nächstgünstigsten fortfahrend die Kombination von Medien gewählt werden bis der Planabsatz erreicht und damit zugleich das geschätzte erforderliche Gesamtbudget gefunden ist.

Gruppierung der Werbeträger und ihrer Einschaltfrequenzen				
Werbeträger	**Einschalt-frequenz**	**Werbekosten je Absatzeinheit**	**Werbekosten der Einschaltung in EUR (kumuliert)**	**Absatz in Einheiten (kumuliert)**
Werbefunk	1	40	16.000 (16.000)	400 (400)
Tageszeitung	1	50	2.000 (18.000)	40 (440)
Werbefunk	2	76	15.000 (33.000)	200 (640)
Werbefernsehen	1	100	20.000 (53.000)	200 (840)
Zeitschrift	1	100	10.000 (63.000)	100 (940)
Tageszeitung	2	100	2.000 (65.000)	20 (960)

3.3.4.3 Verkaufsförderung - Erfolgsvoraussetzung im indirekten Vertrieb

Wer seine Produkte indirekt, also über den Handel vertreibt, steht beim Händler gegenüber dem Endkunden im Wettbewerb mit seiner Konkurrenz, es sei denn, der Händler wäre sein Generalvertreter und führe nur exklusiv die Erzeugnisse des einen Herstellers. Wer erklärungsbedürftige Produkte über den Handel vertreibt, muss die Effizienz der Erklärungen sicherstellen. Beide genannten Fälle unterstreichen die Notwendigkeit, bei indirektem Vertrieb beim Handel (und soweit möglich direkt beim Kunden) verkaufsfördernde Maßnahmen zu ergreifen, die Kaufentscheidungen für das eigene Produkt fördern und dieses im Vergleich zum Mitbewerb in den Vordergrund rücken. Die wichtigsten Merkmale bestimmter Verkaufsförderungsmaßnahmen zeigt die tabellarische Zusammenstellung: "Analyse der wichtigsten Verbraucher-Promotions"[60].

[60] Entnommen aus: *Weis, H. C.*,Marketing, a.a.O.

Analyse der wichtigsten Verbraucher-Promotions (nach Weis)

Promotions-Methoden	Produktproben	Sonderpreisaktionen	Zugaben	Gewinnspiele	Persönlicher Verkauf	Merchandising-Maßnahmen	Publicity-Maßnahmen
Kenn-zeichen	Kurzzeitige Probenverteilung des geförderten Produktes auf oder ohne Anforderung des Verbrauchers	Preisvorteil für den Verbraucher durch Großverpackungen, Sonderangebote, Wertgutscheine, Boni, Treuerabatte, Rabattmarken etc.	Vergaben von Waren, Gutscheinen, Trading Stamps, Sammelplänen, Kassen (Laden) - Self-Liquidators etc. beim Kauf des geförderten Produktes	Der Produktkauf schließt die Teilnahme an einem Wettbewerb und die Chance eines Gewinns ein	Demonstration und Verkauf des Produktes durch Propagandisten, Passantenanwerbern sowie in privaten oder öffentlichen Verkaufsparties	Besondere Placierung und Hervorhebung des geförderten Produktes am Verkaufsort durch Displays, Dia-Einsatz u.a.m.	Das geförderte Produkt wird durch Veranstaltungen, Leitfigurauftritte, Messen und Ausstellungen sowie durch Werbegeschenke in die Aufmerksamkeit der Öffentlichkeit gerückt
Umsatz-Wirkung	Sehr wirkungsvoll bei bisherigen Nichtkäufern und bei der Einführung neuer Produkte	Steile Umsatzsteigerungen erfahrungsgemäß ab mindestens 13 Prozent Preisermäßigung Nur kurzfristiger Umsatzanstieg	Durchschnittliche Umsatzerfolge ohne langfristige Wirkung	Schnelle Umsatzanstiege, aber kurzfristig (Erfahrungswert mit begrenzter Gültigkeit: bis 30 % Umsatzanstieg in der ersten Laufwoche)	Gute Umsatzerfolge, aber nur kurzfristig	Nach deutschen Erfahrungen Umsatzsteigerungen bis 300 Prozent Nach amerikanischen Erfahrungen Umsatzsteigerungen von durchschnittlich 41 – 46 %	Nur indirekter Einfluß auf den Verkaufserfolg
Vorteile	Können zum Markenwechseln bei bisherigen Nichtkäufern führen Machen Verbraucher mit Neuprodukten bekannt Bedürfen der Unterstützung des Handels nicht	Besonders geeignet zur Verstetigung saisonaler Schwankungen Erhöhen kurzzeitig die Konkurrenzfähigkeit des Produktes Stärken die Käufertreue (Rabattmarken)	Ideal für den Herstellerverbund Fördern den Wiederkauf und stärken die Käufertreue Gewinnung neuer Kunden (bei Self-Liquidators)	Keine Gewinneinbußen, da der Preis unverändert bleibt Können wichtige Werbebotschaften penetrieren und den Verbraucher einlernen	Anwendbar in allen Produktphasen Führen zur Imagesteigerung Heben den Einzelhandel vorübergehend von der Konkurrenz ab	Kostengünstig Anwendbar in allen Produktphasen Gezielt und schnell einsetzbar	Erhöhen den Bekanntheitsgrad des Produktes und vertiefen die Käufertreue Erhöhen das Produktimage Einsetzbar in allen Produktphasen
Nachteile	Hoher Kostenaufwand Können Marktverstopfungen verursachen Nur für länger haltbare Produkte anwendbar	Anwendbar nur bei eingeführten Produkten Setzen Mitarbeit des Handels voraus Können das Image gefährden Vermitteln keine Neukäufer Sehr kostspielig	Nur in den Phasen nach Einführung des Produktes anwendbar (Ausnahme: Self-Liquidators) Nur bei Produkten mit hoher Kaufgeschwindigkeit durchführbar	Nur wirkungsvoll nach der Einführungsphase Enttäuschung der Mehrzahl der leer ausgehenden Wettbewerbsteilnehmer	Aufwendig Können bei den Verbrauchern das Gefühl der Nötigung hervorrufen	Technische Schwierigkeiten beim Handel aus Raumnot	Aufwendig Bewirken keinen direkten Umsatzanstieg
Rechtliche Situation	Die Größe der Probe muß tatsächlich zur Erprobung notwendig sein, andernfalls unlauterer Wettbewerb	Höhe des Rabatts gesetzlich eingeschränkt Handelsüblichkeit wird vorausgesetzt Sonderangebote unterliegen besonderen Vorschriften	Der Wert der Zugabe ist auf 0,30 DM gesetzlich beschränkt	Produktkauf als Voraussetzung zur Teilnahme am Wettbewerb ist in der BRD gesetzwidrig	Passantenanwerbung verstößt – nach der deutschen Gesetzgebung – gegen die guten Sitten und ist daher unzulässig	Keine Probleme	Werbegeschenke dürfen mit dem Produktkauf nicht gekoppelt sein

3.3.4.4 Persönlicher Verkauf und technische Kompetenz - Erfolgsvoraussetzung im Verkauf komplexer Problemlösungen

Den Inhalt und die Zusammenhänge von persönlichem Verkauf in Bezug auf andere Marketingpolitiken zeigt das folgende Schema von *Stern*[61]. Für den Ingenieur ist ergänzend hervorzuheben, dass komplexe technische Problemlösungen durch überzeugende technische Gespräche über Konzeption und Details der Lösung verkauft werden. Das bedeutet, dass der Vertrieb nicht nur attraktive technische Aufgaben bietet, sondern dass der Vertrieb technischer Problemlösungen auf technische Kompetenz angewiesen ist. In kleineren Firmen kommt deshalb dem Entwicklungsleiter vielfach gleichzeitig eine wichtige Funktion im technischen Vertrieb zu.

Außerdem ist zu bedenken, dass der Verkauf von Problemlösungen, die speziell für einen Kunden entwickelt werden und deren "Herstellung" noch nicht abgeschlossen ist, in der Regel nicht von Verkäufern ohne Durchsetzungsrechte in ihrem Unternehmen verkauft werden können. Für den Kunden ist in einer solchen Situation zweierlei wichtig:

- Erstens braucht er verbindliche Zusagen über zugesicherte Leistungen und Termine von einem Gesprächspartner, dessen Wort die Lieferfirma in die Pflicht nimmt und
- Zweitens vertraut der Kunde vorzugsweise solchen Zusagen, die von einer Führungskraft gegeben werden, deren Durchsetzungsvermögen im eigenen Unternehmen offenkundig ist.

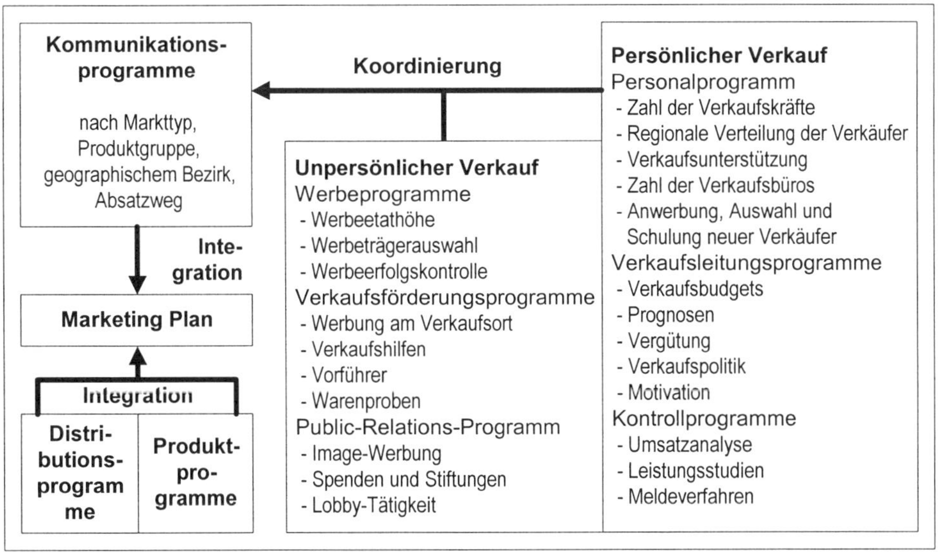

Kommunikation als Teil des Marketingplans

[61] Entnommen aus: *Stern, M. E.*, Marketing Planung, a.a.O.

3.4 Verkauf und Vertriebsabwicklung mit EDV

3.4.1 Das perfekte Systemangebot

In allen Fällen, in denen die Lösung von Kundenproblemen Gegenstand des Verkaufs ist, muss der Anbieter in der Lage sein, den Kunden vor dem Kaufabschluss davon zu überzeugen, dass er das in ihn gesetzte Vertrauen verdient und das Problem auch tatsächlich lösen wird. Dies ist besonders delikat bei individuellen Einzelanfertigungen und der Gewinnung von Neukunden. Für den Erfolg eines Systemangebotes ist es deshalb notwendig, dass das Angebot zumindest die folgenden Kriterien erfüllt:

1) Nachweis, dass **Kundenproblem** erstklassig **erkannt** ist.
2) **Fähigkeit** aufzeigen, **Problem zu** konkurrenzfähigem Preis zu **lösen.**
3) Stufenweise Projektlösung und Zusammenarbeit anbieten, mit **Möglichkeit für den Kunden**, bei unbefriedigender Lösung der Stufe 1, **mit minimalen Kosten** von weiteren Stufen **zurückzutreten**. Unter Umständen Stufe 1 als kostenminimale Voruntersuchung und Planung anbieten.
4) Dem **Kunden** die Möglichkeit zur **Mitwirkung** bei Detailplanung der Stufen bieten.
5) **Zuverlässigkeit** in Nutzung und Wartung **nachweisen**, dazu auf
6) **Referenzprojekte** hinweisen („meantime between failure" wichtig) und
7) **Garantiezeit und Wartung wettbewerbsfähig anbieten**, Arbeitsaufnahme bei Fehlermeldung innerhalb von 24 Stunden zusichern und notwendige Ersatzteilversorgung für zügige Fehlerbehebung sichern und anbieten.
8) Sicherstellen, dass Angebot im **Preisleistungsvergleich mit** der **Konkurrenz wettbewerbsfähig**, dazu Leistungsvorsprung gegenüber der Konkurrenz deutlich herausarbeiten.
9) **Interesse an langfristiger Zusammenarbeit wecken** durch Herausarbeiten von Zukunftsmöglichkeiten, die für den Kunden interessant sind oder werden können. Dieser Punkt wird am ehesten glaubwürdig, wenn er durch neuere technologische Spitzenleistungen des Anbieters untermauert wird, die nicht notwendig in direktem Zusammenhang mit dem Angebot stehen müssen, aber den Anbieter als technologisch führend oder zumindest erstklassig und zukunftssicher ausweisen.
10) **Gute**, d. h. klare und saubere **Präsentation** sowie **professionelles follow up** sind schließlich für den Angebotserfolg entscheidend. Dazu gehört u. a., dass ein Angebot für den Empfänger alle obigen Punkte in kürzest möglicher Form (schnell lesbar) verständlich machen muss. In komplexen Fällen ist es wünschenswert, dass ein knapp formulierter Hauptteil durch einige Anlagen ergänzt wird.
11) Die **juristische Spezifikation** der **Lieferbedingungen** darf nicht fehlen (beispielsweise kann im Hauptteil auf die Gültigkeit der **allgemeinen Geschäftsbedingungen** hingewiesen werden, die dann als Anlage zwingend beigefügt werden müssen, eine Nachreichung ist juristisch unwirksam). **Dazu gehören** unter anderem meistens:
    Preisstellung (z. B. ab Werk oder frei Haus inkl. Installation zuzüglich MwSt.); Zahlungsbedingungen (z. B. 1/3 bei Vertragsabschluss, 1/3 bei Lieferung, 1/3 bei Abnahme, netto ohne Abzug); Lieferzeit; Garantiezeit; Gerichtsstand; Haftung für Folgeschäden in der Regel ausgeschlossen; für Fahrlässigkeit und Vorsatz nicht ausschließbar.
12) **Praxisbeispiel:** Allgemeine Geschäftsbedingungen eines EDV-Systemhauses (vgl. Lösung SYNTAX 3.6(b) im Übungsteil, S.663f.)

3.4.2 Praxisbeispiel: EDV-gestützte Auftragssteuerung vom Auftragseingang bis zur Fakturierung im Maschinenbauunternehmen IXION

3.4.2.1 Einleitung

Ich gebe in dieser Fallstudie eine Darstellung eines optimalen Auftragsdurchlaufes bei der Firma IXION, einem Hamburger Werkzeugmaschinenhersteller, vom Eingang eines Kundenauftrags (evtl. mit vorausgehendem Angebot) über die Materialdisposition und Fertigungssteuerung bis hin zur Fakturierung. Dabei sollen die Abhängigkeiten zwischen den beteiligten Unternehmensbereichen und deren Aufgaben verdeutlicht werden. In der Fallstudie wird von einem EDV-Einsatz in allen Bereichen der Kundenauftragsverwaltung, Materialwirtschaft und Fertigungssteuerung ausgegangen. Die sich daraus ergebenden Zusammenhänge werden am Ende durch eine schematische Darstellung verdeutlicht.

3.4.2.2 Produktionsprogrammplanung und Grundstruktur des Fertigungsprozesses

Das Produktionsprogramm für die kommende Periode (1 Jahr) wird produktgruppenbezogen geplant. In diesen Produktgruppen sind Maschinen zusammengefasst, die sich nur in wenigen Ausführungsdetails unterscheiden. Die Planung jeder einzelnen Maschinenausführung würde sich äußerst schwierig gestalten und eine Sicherheit dieser Planung wäre nicht gewährleistet.

Der sich aus der Planung ergebende Primärbedarf ist die Grundlage der Sekundär- und Tertiärbedarfsermittlung für das erste Quartal der kommenden Periode. Für die folgenden Quartale werden aktuelle Änderungen im Auftragseingang berücksichtigt. Die beschafften bzw. gefertigten Kaufteile und Eigenfertigungsteile werden eingelagert. Maschinen werden nicht auf Lager gefertigt, sondern erst für einen Kundenauftrag aus den Lagerteilen montiert. Deshalb sind Teilefertigung und Montage organisatorisch getrennt. Nur bei der Fertigung von Sondermaschinen[62] besteht eine enge Bindung der beiden Abteilungen, denn hierbei werden Teile direkt für die Montage gefertigt.

3.4.2.3 Ablauf der EDV-gestützten Auftragsabwicklung

Der folgenden Darstellung liegt der Einsatz des Standardprogramms STRUCTURA von MCS Weigang zugrunde. Die Nummerierung der Schritte wird auch in der schematischen Darstellung im Anschluss an diese Ablaufbeschreibung verwendet.

[62] Sondermaschinen werden nach Kundenwünschen gefertigt.

(1) Anfrage eines Kunden / Angebot erstellen

Wenn es sich um einen neuen Kunden handelt, sollte zunächst seine Bonität und Kreditwürdigkeit geprüft werden. Der neue Kunde wird dann in den Kundenstamm oder zunächst nur in den Interessentenstamm aufgenommen. Um im Angebot eine verbindliche Lieferzeit angeben zu können, muss der Verkauf eine diesbezügliche Anfrage an die Materialwirtschaft (MAWI) und die Montage richten, die die Teile- und Betriebsmittelverfügbarkeiten überprüfen.

Die Preise, Rabatte, Liefer- und Zahlungsbedingungen richten sich nach der Art und Menge der nachgefragten Maschinen und nach der Bonität des Kunden. Mit bekannten Kunden können auch individuelle Sonderpreise und -bedingungen vereinbart sein, die im Kundenstamm oder im speziell dafür angelegten Verkauf-Artikelstamm abrufbar sind oder automatisch dem Angebot zugeordnet werden.

Die vergebenen Angebote werden regelmäßig überwacht, um rechtzeitig beim Kunden nachfassen zu können, wenn kein Auftrag eingegangen ist.

(2) Eingang eines Kundenauftrages

Ein Kundenauftrag kann auch ohne vorheriges Angebot eingehen. Für die Auftragsbearbeitung gelten dann die gleichen Bedingungen wie für die Angebotserstellung[63]. Wenn ein verbindliches Angebot vorausgegangen war, muss der Auftrag nach den darin enthaltenen Bedingungen ausgeführt werden.

Der Verkauf erfasst den Kundenauftrag, der sich hauptsächlich aus Kunden- und Artikelstammdaten zusammensetzt. Außerdem erstellt der Verkauf einen Betriebsauftrag, aus dem detaillierte Angaben über die Ausführung der bestellten Maschine hervorgehen.

Den Betriebsauftrag erhalten die Montage und die MAWI. Aus den dort ermittelten Bereitstellungszeiten der Teile[64] und der Kapazitätsauslastung in der Fertigung und Montage[65] ergibt sich die Lieferzeit für den Kundenauftrag. Mit dieser Information kann nun der Verkauf die Auftragsbestätigung erstellen und versenden.

(3) Auftragsbearbeitung in der MAWI

In der MAWI werden die Betriebsaufträge gesammelt, die georderten Maschinen über Stücklisten aufgelöst und die benötigten Teile (= Sekundärbedarf) im Artikelstamm reserviert[66]. Wenn dabei die Bestellbestände von Teilen erreicht werden oder Fehlmengen auftreten, müssen die Teile neu disponiert und eingekauft oder gefertigt werden.

Bei Kaufteilen ist der Einkauf zuständig. Er sucht aus dem Lieferantenstamm den für den Fall "optimalen" Lieferanten aus oder holt Angebote von den möglichen Lieferanten ein. Die Auswahl des Lieferanten kann stark vom Einzelfall abhängig sein. Bei dringenden Bestellungen

---

[63] Siehe Punkt (1.1)
[64] Siehe Punkt (1.3) und (1.4)
[65] Siehe Punkt (1.4) und (1.5)
[66] Eine nicht seltene Besonderheit des Standardprogramms "STRUCTURA" besteht darin, dass wichtige Bestandsdaten wegen ihrer Bedeutung als Basisdaten für die Disposition zusammengefasst im Artikelstamm gebucht werden.

wird der Lieferant mit der kürzesten Lieferzeit ausgewählt und bei einer anderen "normalen" Bestellung der Lieferant mit den niedrigsten Preisen und günstigsten Konditionen. Diese Informationen sind im Lieferantenstamm und im Zusatzartikelstamm-Einkauf enthalten.

Der Einkauf bestellt die Teile und überwacht die Bestellausführung bis zur Lieferung. Beim Eingang der einwandfreien Teile am Lager werden die gelieferten Mengen den Beständen im Artikelstamm zugebucht. Wenn bei Eigenfertigungsteilen ein Bedarf entstanden ist, erhält die Arbeitsvorbereitung (AV) eine Teileanforderung.

(4) Auftragsbearbeitung in der Fertigung

Die Teileanforderung aus der MAWI erzeugt einen Fertigungsauftrag. Die AV[67] bestimmt eine optimale Losgröße und plant den Fertigungsauftrag ein. Folgende Daten sind notwendig:

a) Stücklisten zur Ermittlung des Bedarfs an Rohmaterial (= Sekundärbedarf).
Das Material wird im Artikelstamm reserviert. Wenn dadurch Bestellbestände erreicht werden oder Fehlmengen auftreten, wird wiederum der Einkauf beauftragt. Die Beschaffung des Rohmaterials läuft prinzipiell wie die Kaufteilebeschaffung[68] ab.
b) Arbeitspläne und Konstruktionszeichnungen für die zu fertigenden Teile.
Die Arbeitspläne sind für jedes Fertigungsteil gespeichert. In ihnen ist definiert, aus welchem Material, an welchen Arbeitsplätzen, mit welchen Verfahren und mit welchem Zeiteinsatz das Teil bearbeitet wird. Die Konstruktionszeichnungen werden aus der Konstruktion angefordert, wenn sie nicht in der AV vorhanden sind.
c) Informationen über die Anlagen- und Personalauslastung.
Sie ergeben sich aus den aktuellen eingeplanten und eingelasteten Fertigungsaufträgen. Die Fertigungsmaschinen und das Fertigungspersonal sind in Stammdateien gespeichert und stehen somit für die Einplanung zur Verfügung.

Aus diesen Daten erstellt die AV einen Plan für die Durchlaufterminierung und legt den Start- und Endtermin fest. Außerdem erstellt sie alle nötigen Fertigungsunterlagen wie Materialentnahmescheine, Lohnscheine, Lauf- und Terminkarten.

Während des Auftragsdurchlaufes wird die Auftragsfortschrittskontrolle permanent über die Rückmeldungen der einzelnen Arbeitsplätze an den Leitstand durchgeführt. Dadurch ist ein Soll-Ist-Vergleich von Zeiten und Mengen möglich. Analysen der Maschinennutzung, Ausschussmengen u. ä. können aufgetretene Probleme verdeutlichen. Die für die einzelnen Fertigungsstufen notwendigen Materialentnahmescheine werden im Materialbestand verbucht.

Nach der Erledigung des Fertigungsauftrages werden die tatsächlich gefertigten Teile an das Lager gegeben und im Artikelstamm dem Bestand zugebucht.

[67] Die AV nimmt alle Aufgaben der Fertigungsplanung und -steuerung wahr.
[68] Siehe Punkt (1.3)

(5) Auftragsbearbeitung in der Montage

Wenn die Bereitstellungstermine aller Teile gesichert sind, wird die Montage der Maschine eingeplant. Hiermit ist der voraussichtliche Fertigstellungstermin der Maschine festgelegt. Er wird dem Verkauf mitgeteilt, der den Liefertermin in den Kundenauftragsdaten ergänzt und die Auftragsbestätigung erstellen und versenden kann[69].

Zum eingeplanten Termin wird die Montage der Maschine gestartet. Dazu sind Lagerentnahmelisten, die in der Stücklistenverwaltung erstellt werden, und Konstruktionszeichnungen notwendig. Auf den Entnahmelisten sind alle für die Montage der Maschine benötigten Teile aufgeführt. Die Listen sind die Grundlage für die Entnahme der Teile aus dem Lager.

Nach der Fertigstellung der Maschine werden die Bestände der entnommenen Teile durch die Abbuchung des gesamten Auftrags im Artikelstamm vermindert. Gleichzeitig erhöht sich der Bestand an Maschinen im Artikelstammsatz der Maschine entsprechend. Die Maschine wird in der Qualitätskontrolle geprüft und an die Expedition zum Versand gegeben.

(6) Versand und Fakturierung

Die Expedition wiegt und verpackt die Maschine und erstellt die Frachtpapiere für Bahn oder Spedition. Danach gibt die Expedition die Fertigmeldung mit den Angaben über Gewicht, Fracht- und Verpackungskosten an den Verkauf, der daraufhin die Auftragsdaten ergänzt, den Lieferschein erstellt und den Auftrag fakturiert.

Der Lieferschein wird mit der Maschine als Warenbegleitpapier versendet und die Rechnung direkt an den Kunden geschickt. Die Übernahme der Maschine quittiert die Spedition oder Bahn auf dem Lieferschein oder dem Frachtbrief.

Die Fakturierung löst verschiedene Verbuchungen aus:

- Verbuchung in den offenen Posten der Debitorenbuchhaltung. Hiermit wird die Grundlage für die Durchführung des Inkasso und des Mahnwesens geschaffen.
- Durch die Verbuchung im Artikelstamm wird der Maschinenbestand vermindert.
- Der Auftrag wird in die Buchungsdatei des Verkaufs übertragen. Diese Datei ist die Grundlage zur Erzeugung verschiedener Vertriebsstatistiken.
- Verbuchung in der Kostenträgerrechnung des betrieblichen Rechnungswesens zur Ermittlung von Deckungsbeiträgen.

[69] Siehe auch Punkt (1.2)

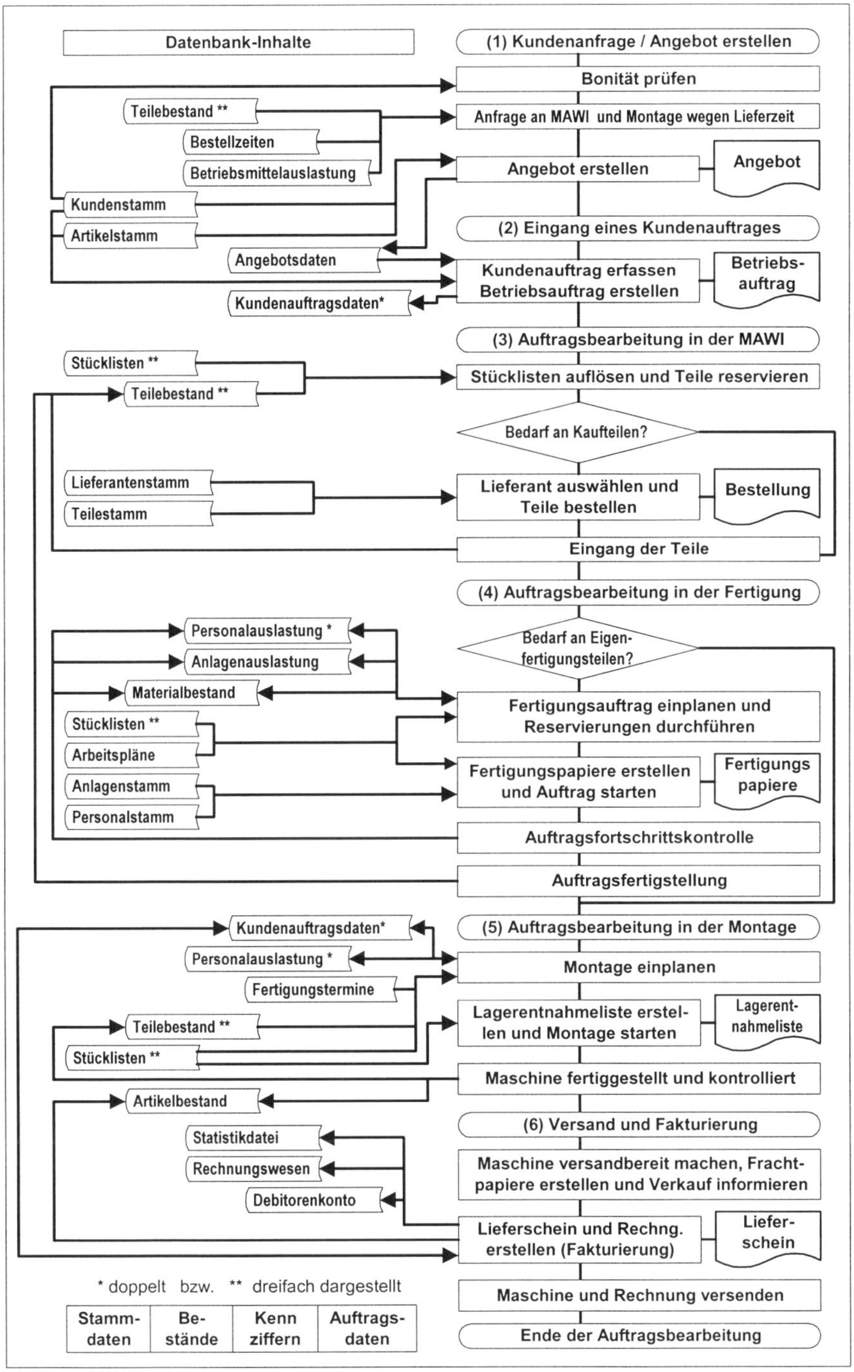

Schematische Darstellung der Auftragsabwicklung

Kontrollfragen zu Kapitel 3

1. Erläutern Sie Begriff und Aufgabenstellung des strategischen und operativen Marketing.
2. Nennen und erläutern Sie die wesentlichen Marketinginstrumente und deren Aufgaben.
3. Erläutern Sie den Marketing-Management-Prozess nach Meffert.
4. Strukturieren und erläutern Sie kritisch eine Management-Organisation für ein mittelständisches Unternehmen mit mehreren Produktgruppen und Produktmanagern.
5. Erläutern Sie zum Aufgabenbereich Marktforschung:
   5.1 die Unterschiede von Konsum- und Investitionsgütermärkten und -marktforschung.
   5.2 den Unterschied zwischen Primär- und Sekundärforschung.
   5.3 Verfahren der Befragung und
   5.4 Ihre Vorstellung über auswertungsbezogene Fragebogengestaltung.
6. Was verstehen Sie unter Maslow'scher Bedürfnispyramide?
7. Erläutern Sie (a) die Arbeitsschritte zur systematischen Entwicklung und Einführung eines einzelnen neuen Produktes und (b) das Vorgehen zur Produktprogrammentwicklung.
8. Was verstehen Sie unter Marketingindex?
9. Erstellen Sie eine Checkliste für Produktionsstart und den -hochlauf eines neuen Produktes.
10. Erläutern Sie den Begriff Produktlebenszyklus und phasenspezifische Marketingpolitiken.
12. Erläutern Sie zur Distributionspolitik:
    12.1 den Unterschied zwischen indirektem und direktem Vertrieb, sowie deren Vorzüge und Nachteile abhängig von bestimmten Unternehmens-, Produkt- und Marktmerkmalen.
    12.2 den Inhalt einer Kostenplanung für eine Vertriebsniederlassung.
    12.3 den Kostenverlauf in Abhängigkeit von der Zahl der Niederlassungen.
    12.4 ein Verfahren zur Optimierung des Verkäufereinsatzes mit kritischer Würdigung in Bezug auf die in der Praxis ergänzend zu beachtenden Sachverhalte.
    12.5 praktische Bedeutung des Einsatzes von Handelsvertretern sowie Kostenverlauf, Probleme und Lösungen bei wachsendem Umsatz.
    12.6 Lagerkostenentwicklung für Eigen- und Fremdläger, in Abhängigkeit von der Kapazitätsinanspruchnahme.
    12.7 Gesamtkostenentwicklung in Abhängigkeit von der Anzahl dezentraler Fertigfabrikateläger.
    12.8 Nennen Sie den Berechnungsansatz zur Ermittlung wirtschaftlich vertretbarer Mindestauftragsgrößen.
13. Erläutern Sie zur Kontrahierungspolitik:
    13.1 Bestimmungsfaktoren der Preisbildung.
    13.2 das übliche Marktformenschema nach Eucken.
    13.3 die Voraussetzungen des „vollkommenen Marktes".
    13.4 die Preispolitik im Angebotsoligopol.
    13.5 Ihre Vorstellungen über Mindestpreise bei nicht voll ausgelasteten Produktionskapazitäten.
    13.6 die Ermittlung von „kritischer Menge" oder „kritischem Preis" für eine Kleinserie.
14. Erläutern Sie (a)den Zusammenhang im Kommunikationssystem.
    (b)Corporate Identity und skizzieren Sie
    (c)einen Prospektentwurf für ein junges Ingenieurbüro.
15. Erläutern Sie die Elemente und Merkmale, die ein gutes Systemangebot charakterisieren.
16. Erläutern Sie den Arbeitsablauf bei der Auftragsabwicklung eines Kundenauftrages in einem Unternehmen mit Auftragsfertigung.

4 Materialwirtschaft

4.1 Stellung der Materialwirtschaft im Gesamtunternehmen

4.1.1 Begriff, Aufgaben, Ziele und Probleme

Unter dem Begriff Materialwirtschaft fasst man die Gesamtheit der Aufgaben der Materialbeschaffung und -bereitstellung zusammen.[1]

Die Materialwirtschaft umfasst im Einzelnen folgende Teilaufgaben:

- Materialplanung
- Disposition
- Einkauf
- Wareneingang
- Wareneingangskontrolle
- Rechnungsprüfung
- Lagerwirtschaft.

Jeder Betrieb ist in doppelter Weise mit anderen Wirtschaftseinheiten verbunden. Zum einen als Nachfrager nach Produktionsfaktoren (Arbeit, Betriebsmittel, Werkstoffe und Kapital) über den Beschaffungsmarkt, zum anderen als Anbieter von Sachgütern und Dienstleistungen über den Absatzmarkt.

Die Materialwirtschaft befasst sich in diesem Rahmen mit der Beschaffung und Bereitstellung folgender **Beschaffungsobjekte**:

- **Rohstoffe**, diejenigen Ausgangs- und Grundstoffe, die im Fertigungsprozess in das Erzeugnis eingehen
- **Hilfsstoffe**, diejenigen Stoffe, die im Fertigungsprozess in das Erzeugnis eingehen, ohne Rohstoff zu sein, die nur Hilfsfunktionen am fertigen Erzeugnis erfüllen (z. B. Leim bei Möbeln, Knöpfe an Kleidungsstücken)
- **Betriebsstoffe**, Stoffe, die ohne Roh- und Hilfsstoffe zu sein, zum Fertigungsprozess benötigt werden (z. B. Schmiermittel für Maschinen, Büromaterial etc.)
- **fremdbezogene unfertige Erzeugnisse** (z. B. Baugruppen)
- **fremdbezogene Fertigerzeugnisse** (Handelswaren).

In der Regel werden die beschafften Güter nicht sofort im Produktionsprozess verbraucht bzw. als Handelswaren weiterveräußert, so dass eine Lagerung notwendig wird.

Aus der Tatsache, dass die Materialkosten im Durchschnitt der Industrie in einer Größenordnung von 50 % von den Selbstkosten liegen, ergeben sich folgende zum Teil konkurrierende Ziele für die Materialwirtschaft:

- Erschließung und Ausnutzung optimaler Einkaufsmöglichkeiten in Bezug auf Preise, Mengen, Qualitäten und Termine, d. h. Optimierung des Preis-Leistungs-Verhältnisses des eingesetzten Materials, vielfach vereinfacht als Optimierung der Beschaffungs- oder Bereitstellungskosten.

[1] Personal- und Kapitalbeschaffung erfolgen nach anderen Gesichtspunkten und Regeln und sind anderen Funktionsbereichen zugeordnet.

- ❑ Erreichung einer möglichst niedrigen Kapitalbindung in allen Lägern, zwecks Minimierung der Zinskosten durch Bestandsoptimierung, in den USA kurz als „Assetoptimization" bekannt.
- ❑ Sicherung einer ständigen hohen Lieferbereitschaft als Grundlage für wettbewerbsfähige Versorgung der Absatzmärkte.

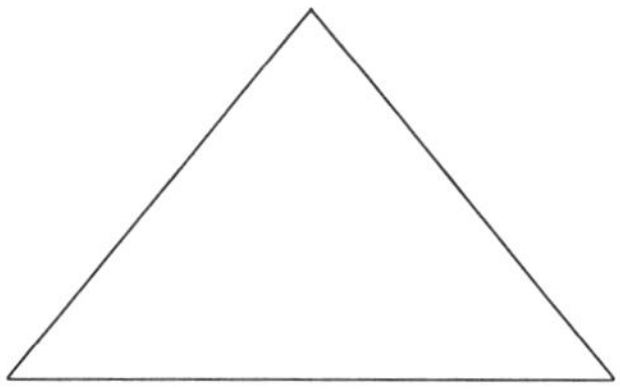

Wenn man bedenkt, dass bei Abnahme großer Mengen wesentliche Rabatte gewährt werden, dann wird deutlich, dass die Ziele niedriger Einkaufspreis und niedrige Kapitalbindung sich widersprechen. Ebenso konkurrieren hohe Lieferbereitschaft und niedrige Kapitalbindung. Die Materialwirtschaft muss also konkurrierende Ziele durch geeignete Optimierungsmethoden in Einklang bringen. Angesichts hoher Komplexität der Aufgabe und eines bedeutsamen Kostenvolumens im Materialbereich bietet die Materialwirtschaft in vielen Unternehmen große Rationalisierungsreserven und damit attraktive und lohnende Projekte für Wirtschaftsingenieure.

Optimale Materialwirtschaftspolitik bedeutet das Erreichen der niedrigsten Summe aller Kosten unter Berücksichtigung der unternehmensspezifischen Zielsetzungen.

Die hier zu beachtenden Unternehmensziele können sein:

- ❑ Gewinnstreben / Kostenminimierung / Materialkostenminimierung
- ❑ Sicherheitsstreben / Vorratshaltung / hohe Lieferbereitschaft
- ❑ Liquiditätsstreben / begrenzte Kapitalbindung
- ❑ Erreichen bestimmter Marktanteile / Absatzplanung
- ❑ Erhalten / Aufbau eines bestimmten Images.

Um die Gesamtkosten der Beschaffung bzw. Materialbereitstellung zu optimieren, müssen die einzelnen Kostenarten dieses Kostenblockes planmäßig unter Kontrolle gehalten werden. Die zugehörigen Kostenarten zeigt folgende Aufstellung.[2]

---

[2] Etwas modifiziert nach *Blohm, Beer, Seidenberg, Silber,* Produktionswirtschaft, Herne, Berlin

Beschaffungskosten im **weiteren** Sinne = Materialbereitstellungskosten = Kosten, die durch die Bereitstellung von Material ausgelöst werden

Beschaffungskosten im **engeren** Sinne

- variable Bestellkosten in Bezug auf die Bestellmenge (Einstandspreis x Menge)
- fixe Bestellkosten in Bezug auf die Bestellmenge, variabel in Bezug auf die Bestellanzahl
- variable Anlieferungskosten in Bezug auf die Anlieferungsanzahl

Lagerhaltungskosten

- Kosten für die einzelnen gelagerten Güter, z.B. Zinsen für das gebundene Kapital
- Kosten für die Verwaltung des Lagers, z. B. anteilige Personalkosten
- Kosten für den Lagerraum, der durch Lagerung der Beschaffungsgüter entsteht
- Kosten für Lagerschwund, Verderb von gelagerten Waren

Fehlmengenkosten

- zusätzliche Kosten, z. B. für Eillieferungen
- Konventionalstrafen
- Opportunitätskosten, z. B. entgehende Deckungsbeiträge bei Einschränkung der Geschäftstätigkeit, abhängig davon, ob:
  (1) Fehlmengen nachgeliefert werden können,
  (2) Fehlmengen "verloren" gehen,
  (3) Kombination aus (1) und (2) vorliegt.

Ergänzend zu den Kostenelementen der vorstehenden Systematik ist zu bedenken, dass ein reibungsloser, optimaler Materialfluss im Betrieb Voraussetzung ist für eine Minimierung der betrieblichen Bestände. Die Aufgabe der Materialflussoptimierung hat deshalb konkurrierend zur Kapazitätsoptimierung stark an Bedeutung für die Erreichung der Kapitalkostenoptimierung durch Bestandsoptimierung (auch: Asset-Optimierung) gewonnen.

Materialfluss gilt als Sammelbegriff für einen geordneten Ablauf sämtlicher Transport-, Förder- und Lagerungsvorgänge. Er ist definiert als Verkettung aller Vorgänge beim Gewinnen, Be- und Verarbeiten sowie bei der Verteilung von stofflichen Gütern innerhalb festgelegter Bereiche. Wegen seiner starken Abhängigkeit von den Bedingungen des konkreten Falls und des hohen Anteils an komplexen technischen Aufgaben, kann das Thema Materialflussoptimierung in diesem Rahmen nicht vertieft werden.[3]

4.1.2 Arbeitsteilung und Arbeitsablauf der Materialwirtschaft

Da im Industrieunternehmen mehrere Funktionsbereiche bei der Sicherstellung optimaler Materialversorgung zusammenwirken müssen, ist es notwendig, die Verantwortung für die verschiedenen Teilaufgaben eindeutig zu verteilen und durch klare organisatorische Anweisungen einen einwandfreien Arbeitsablauf und Informationsfluss sicherzustellen. Eine mangelhafte Materialversorgung zerstört die Produktivität und Wirtschaftlichkeit der Fertigung. Solche Mängel

[3] Näheres dazu vgl. *REFA* Methodenlehre der Planung und Steuerung, Bd. 5, München

manifestieren sich in Maschinenbauunternehmen beispielsweise in mehreren hundert Teilearten, die am Anfang einer Produktionswoche für die jeweilige Woche noch fehlen (Fehlteile). Die folgende schematische Darstellung der Arbeitsteilung und des Arbeitsablaufs ist aufgrund seiner klaren Struktur weitgehend allgemeingültig.

Weiter detaillierte Darstellung vgl. Punkt 4.7, EDV-Unterstützung in der Materialwirtschaft.

Arbeitsteilung und Arbeitsablauf der Materialwirtschaft in einem Unternehmen, das technische Serienprodukte herstellt:

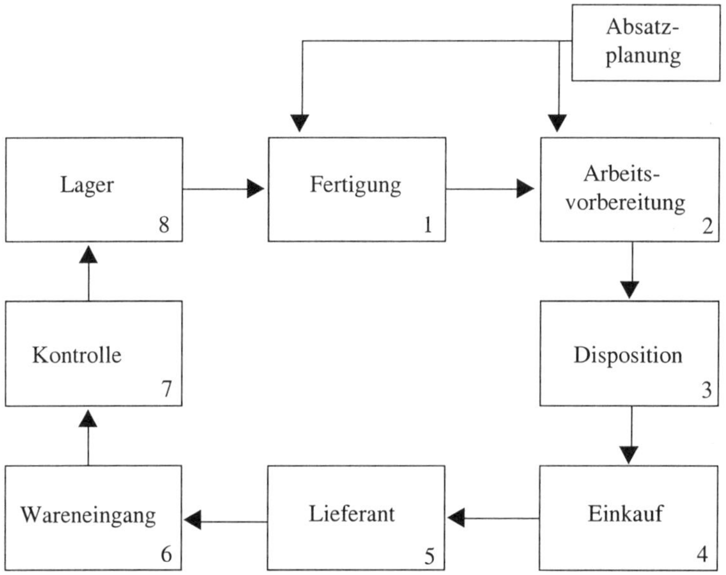

1 = Die Fertigung hat Bedarf an bestimmten Waren.
2 = Die Arbeitsvorbereitung ermittelt unter der Bezeichnung Materialplanung den Bedarf je Erzeugniseinheit und für das Fertigungsprogramm einer Periode und teilt diesen der Disposition mit.
3 = Die Disposition ermittelt die Bestelltermine und Bestellmengen und meldet diese Daten mit einer Bedarfsmeldung an den Einkauf.
4 = Der Einkauf ermittelt den günstigsten Lieferanten durch Würdigung von Preis, Qualität und Termintreue und gibt die Ware in Auftrag.
5 = Der Lieferant stellt die Ware her und sendet sie an den Wareneingang.
6 = Der Wareneingang nimmt die Ware an, prüft die Menge und gibt die Ware an die Qualitätskontrolle (Wareneingangskontrolle).
7 = Die Wareneingangskontrolle überprüft die Qualität der Ware und gibt einwandfreie Ware mit Freigabe an das Lager zur späteren Verarbeitung und Bezahlung bzw. sperrt mangelhafte Ware, veranlasst ihre Einlagerung in ein Sperrlager und löst Reklamationsbearbeitung beim Einkauf aus.
8 = Das Lager ergänzt nach Freigabe die vorhandenen Bestände und beliefert die Fertigung.
1 = Die Fertigung verarbeitet die Ware und benötigt danach erneut Material.

4.2 Auftragsunabhängige Grundlagen der Beschaffung

4.2.1 Materialplanung mit Stücklistenaufbau als Teilaufgabe der Erzeugnisplanung und Beitrag der Arbeitsvorbereitung

Aufgabe der Materialplanung ist die Planung des auftragsunabhängigen Materialbedarfs nach Arten und Mengen je Erzeugniseinheit. Sie bildet die Grundlage (Stammdaten) für die Materialdisposition im Rahmen der programm- und auftragsbezogenen Beschaffungsplanung. Diese Definition entspricht einer engeren Auslegung, die in der Praxis verbreitet ist. Im weiteren Sinne kann der Begriff der Materialplanung nach *REFA* auch auf die Gesamtheit der Planungsaufgaben im Materialbereich ausgedehnt werden.[4]

Die Materialplanung im engeren Sinne, also die Erstellung der Grundlagen für die Materialdisposition, ist eine Teilaufgabe der Erzeugnisplanung und hat die Stücklisten (oder Rezepturen) als Ergebnis, deren Einsatz es erlaubt, die Erzeugnisse der Absatz- und Produktionsplanung in ihre Einzelteile und -stoffe aufzulösen und deren Bedarf zu ermitteln. Näheres vgl. Punkt 5.3.1 Erzeugnisplanung.

4.2.2 ABC-Analyse und XYZ-Analyse, Grundlage für eine effiziente Gestaltung der Bestellverfahren

Aufgrund der Vielzahl und der unterschiedlichen Wertigkeit der zu bewirtschaftenden Artikel ergibt sich in der Regel die Notwendigkeit, Schwerpunkte zu setzen und für die Materialarten mit dem höchsten Jahresverbrauchswert besonders wirksame Planungs- und Steuerungsverfahren einzusetzen, um durch Bestandsoptimierung Kapitalbedarf und Zinsaufwand zu optimieren. Der diesbezüglichen Klassifizierung der Lagerartikel dient die ABC-Analyse.[5]

Durchführungsschritte einer ABC-Analyse:

(1) Errechnung des Jahresverbrauchswertes für jeden Artikel durch Multiplikation des Einstandspreises mit der Anzahl der jährlichen umgeschlagenen Mengeneinheiten.
(2) Sortieren der Artikel in absteigender Folge nach ihrem Gesamtjahresverbrauchswert.
(3) Für die so vorliegende Reihenfolge kumulierte Aufrechnung der Jahresverbrauchswerte.
(4) Einteilung der Artikel nach ihrem kumulierten Gesamtjahresverbrauchswert in 3 Gruppen, z. B.: A-Artikel die ersten 75 % des Gesamtjahresverbrauchswertes
B-Artikel die folgenden 20 % des Gesamtjahresverbrauchswertes
C-Artikel die letzten 5 % des Gesamtjahresverbrauchswertes.
(5) Vergabe des so bestimmten ABC-Kennzeichens im Artikelstamm.

Gesondert behandelt werden müssen hierbei An- und Auslaufgüter, sowie besonders sperrige oder beschränkt lagerfähige Artikel.

[4] Vgl. *REFA*, Methodenlehre der Planung und Steuerung, Bd. 2, a.a.O.
[5] Die ABC-Analyse wird auch in anderen Bereichen, z. B. im Vertrieb zur Klassifizierung der Kunden in Umsatzgrößenklassen als Grundlage für Rationalisierungsüberlegungen mit Erfolg eingesetzt.

Aus der **ABC-Analyse** ergibt sich eine Verteilung, die etwa der folgenden Abbildung entspricht. Wenn auch der genaue Verlauf der ABC-Kurve unternehmensspezifisch bedingt ist, zeigt die Erfahrung, dass man in den überwiegenden Fällen eine ähnliche Verteilung findet.

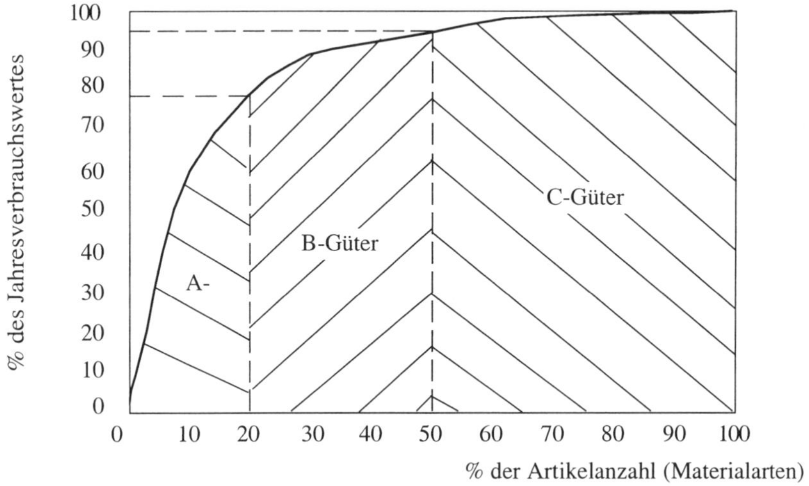

Die Grafik sagt Folgendes aus:

20 % der Artikel vereinigen 75 % des Jahresverbrauchswertes auf sich (A-Güter)
30 % der Artikel vereinigen 20 % des Jahresverbrauchswertes auf sich (B-Güter)
50 % der Artikel vereinigen 5 % des Jahresverbrauchswertes auf sich (C-Güter).

Aufgrund der ABC-Analyse kann über die Eignung bestimmter Planungsverfahren für die einzelnen Materialgruppen entschieden werden. Da A-Teile nur aus wenigen Positionen bestehen, trotzdem aber den überwiegenden Teil des Jahresverbrauchswertes repräsentieren, beeinflussen sie die Wirtschaftlichkeit des Materialwesens maßgeblich. Deshalb ist eine genaue und zuverlässige Vorratsplanung sowie laufende Bestandsfortschreibung für A-Teile erforderlich. Man wird in kurzen Intervallen häufiger kleinere Bestellungen des genau ermittelten Bedarfes aufgeben. Für A- und C-Teile sind unterschiedliche Bestellverfahren zweckmäßig (vgl. Pkt. 4.3.2.1 Bedarfsermittlung).

Für die Optimierung des Materialflusses bei minimalen Beständen ist ferner die Kenntnis der Bedarfsschwankungen wesentlich. Eine entsprechende Klassifizierung erreicht man durch die XYZ-Analyse. Dabei werden folgende Material-Gruppen unterschieden:

X-Artikel: Konstanter Verbrauch mit nur gelegentlichen Schwankungen und hoher Vorhersagegenauigkeit (ca. 50 % der Artikel)

Y-Artikel: Der Verbrauch ist mit einem bestimmten Trend fallend oder steigend oder unterliegt saisonalen Schwankungen mit einer mittleren Vorhersagegenauigkeit (ca. 20 % der Artikel)

Z-Artikel: Der Verbrauch ist völlig unregelmäßig mit geringer oder ohne Vorhersagegenauigkeit (ca. 30 % der Artikel)

Die angegebenen Prozentsätze stellen nur grobe Orientierungshilfen dar, da die Merkmalscharakteristik von Branche zu Branche verschieden ausfällt. Ausgehend von der ABC- und der XYZ-Analyse können weitgehend generalisierbare Leitsätze für die Anwendung bestimmter Verfahren der Beschaffungsplanung formuliert werden:

Folgerungen aus der ABC-Analyse:

- A-Güter sollten in sehr kurzen Intervallen bedarfsabhängig (gemessen am zukünftigen Bedarf) beschafft werden, um die Kapitalbindung und Zinskosten gering zu halten.
- C-Güter sollten in der Regel in größeren Intervallen verbrauchsabhängig (gemessen am **Verbrauch der Vergangenheit**) beschafft werden, um ungerechtfertigten Arbeitsaufwand zu vermeiden.
- B-Güter sind nach den Anforderungen des jeweiligen Unternehmens einem der beiden vorgenannten Verfahren zuzuordnen.

Folgerungen aus der XYZ-Analyse:

- X-Güter können fertigungssynchron beschafft werden.
- Y-Güter können zweckmäßig verbrauchsabhängig disponiert und auf Vorrat beschafft werden.
- Z-Güter sollten möglichst bedarfsabhängig beschafft werden.

Rigorose Strategien der Beschaffungsoptimierung bedürfen der systematischen Kombination von ABC- und XYZ-Analyse mit gleichzeitiger Schaffung wichtiger organisatorischer Voraussetzungen (vgl. Pkt. 4.8 Kanban-System).

4.2.3 Beschaffungsmarktforschung zur langfristigen Sicherung von Kosten- und Leistungsvorteilen

Die Beschaffungsmarktforschung dient der systematischen Erkundung und langfristigen Sicherung optimaler Beschaffungsmöglichkeiten im Hinblick auf Qualität, Preis und Termintreue bei der Versorgung mit den erforderlichen Einsatzstoffen, Teilen und Baugruppen. Die dafür erforderlichen Beobachtungen und Analysen müssen sicherstellen, dass im Vergleich zum Mitbewerb in Gegenwart und Zukunft keine Beschaffungsnachteile entstehen. Mit dieser Zielsetzung sind folgende Hauptaufgaben wahrzunehmen und Methoden anzuwenden:

(1) **Aufgaben**

- Systematische Überwachung und Analyse der Beschaffungsmärkte in Bezug auf Veränderungen von Leistungsmerkmalen,Qualitäten,Technologien, Preisen und sonstigen Konditionen,
- Mitwirkung an der Produktprogrammplanung durch Technologie- und Kostenprognosen im Beschaffungsbereich,
- Vorbereitung von zukunftssichernden, langfristigen Rahmenvereinbarungen mit Hauptlieferanten, deren Zukunftsorientierung und erwarteter Leistungsfortschritt die eigene Wettbewerbsfähigkeit abstützen kann,
- Früherkennung von Lieferantenschwächen z. B. durch Lieferantenbeurteilung in Zusammenarbeit mit Einkauf und Qualitätssicherung.

In dieser Aufgabenstellung fließen Stabs- und Linienaufgaben zusammen. Dem ist durch geeignete Kooperation von Marktforschung und Einkauf Rechnung zu tragen.

(2) **Methoden zur Beschaffung von Informationen**

- direkte (primäre) Marktforschung
  - Kontakte mit Lieferanten
  - Kontakte mit Verkäufern
  - Besuche von Messen und Ausstellungen
  - Einkaufsreisen und Betriebsbesichtigungen
- indirekte (sekundäre) Marktforschung
  - Markt- und Börsenberichte
  - Internet, Zeitschriften, Tageszeitungen, Funk und Fernsehen
  - Hauszeitschriften der Lieferanten, IHK etc.
  - Angebote in Katalogen, Broschüren und Prospekten
  - Branchenadressbücher, Messekataloge, technische Handbücher.

4.3 Programm- oder auftragsabhängige Planung der Beschaffung

4.3.1 Beschaffungsplanung

4.3.1.1 Zusammenhang mit anderen Bereichsplänen

Der Beschaffungsplan ist Teil des Gesamtplanes des Unternehmens und muss mit den übrigen Teilplänen abgestimmt werden. Er baut auf dem Produktionsplan auf und beeinflusst den Finanzplan.

Bei der Beschaffungsplanung sind nicht nur die günstigsten Preise, Liefer- und Zahlungsbedingungen durch Auswahl geeigneter Lieferanten zu berücksichtigen, sondern auch die Lager- und Zinskosten müssen mit in die Planung einbezogen werden.

Die Beschaffung großer Mengen, die den Bedarf evtl. für mehrere Monate decken zu einem günstigen Preis (Mengenrabatte), ist nur dann sinnvoll, wenn der durch Großeinkauf erzielte Mengenrabatt größer ist als die Kosten der Lagerung und Verzinsung. Eine wichtige Aufgabe der Beschaffungsplanung ist daher die Ermittlung der optimalen Bestellmengen. Ausgangspunkt für eine Mengenplanung ist eine Bedarfsplanung, für die in Industriebetrieben der Produktionsplanung die Endleistung nach Art und Menge angibt. Zur Ermittlung des Materialbedarfs werden Stücklisten, Rezepturen und andere mehr herangezogen.

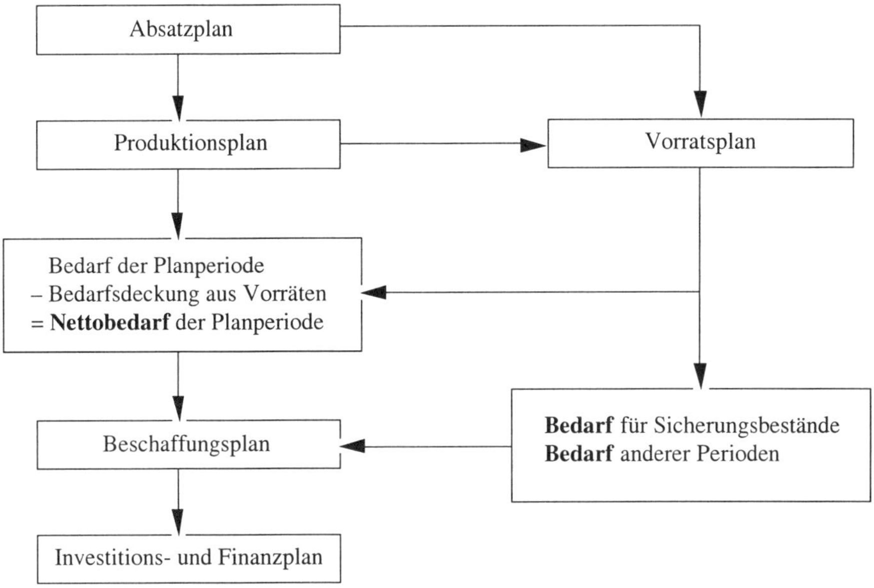

4.3.1.2 Ziele

- **Sicherstellung der Versorgung** zu niedrigen Kosten und geplanten Terminen
- **Verbesserung der Liquidität und Rentabilität** durch Optimierung der Kapitalbindung
- **Erfassung von Abweichungen und Risiken** (Engpässen) im Beschaffungssektor zwecks rechtzeitiger konkreter Gegensteuerung
- **wirksame und systematische Kontrolle** zwecks Soll-Ist-Vergleichs mit laufender Optimierung z. B. durch Lieferantenbeurteilung.

4.3.1.3 Aufgaben

- Mengen- und Terminplanung
  - Erstellung eines Bedarfsplans
  - Erstellung eines Lagervorratsplans
  - Feststellung der zeitlichen Verteilung des Bedarfs (Bereitstellungstermine)
- Jahresplanung (oft genannt: Budgetierung) stellt einen messbaren Einblick zur Verbesserung und Sicherung der Leistungen innerhalb aller Materialwirtschaftsbereiche dar;
  Planziele:
  - Auffangen von Preiserhöhungen
  - Abbau von Überbeständen
  - Reduzierung von Lagerkosten
  - Reduzierung der Bestellkosten

- Planung des Beschaffungsvollzugs
  - Planung der Bereitstellung
    - direkter Bezug vom Erzeuger
    - indirekter Bezug über den Handel
    - Beschaffung aus dem Ausland
    - Kooperative Beschaffung
  - Planung der Lieferantenauswahl mit Vorgabe von Kriterien für die Lieferantenauswahl
  - Planung der Beschaffungszeit unter Berücksichtigung von inner- und außerbetrieblichen Beschaffungszeiten
  - Wahl des Transportweges und der Transportmittel.

Damit sind die Aufgaben der Beschaffungsplanung umrissen. Nun geht es darum, die Verfahren zu erläutern, mit denen nicht nur aus dem Produktions- oder Fertigungsprogramm bzw. den Kundenaufträgen einer Periode der Periodenbedarf an Material ermittelt, sondern mit denen auch eine zeitgerechte und zinsoptimale Bereitstellung gesteuert werden kann. Die Gesamtheit dieses Instrumentariums fassen wir unter dem Begriff Materialdisposition zusammen.

4.3.2 Materialdisposition

Unter Materialdisposition versteht man alle Tätigkeiten mit dem Ziel, den Betrieb termin- und mengengerecht sowie zinsgünstig mit allen erforderlichen Einsatzstoffen oder Handelswaren zu versorgen.

Unter Berücksichtigung der Produktionsart und der Verbrauchsmerkmale gemäß ABC- und XYZ-Analyse, sollten zur Optimierung der Beschaffungskosten bei gleichzeitiger Sicherstellung der Lieferbereitschaft unterschiedliche Dispositions-, Bedarfsermittlungsverfahren eingesetzt werden. Dabei ist zu unterscheiden zwischen der **Ermittlung von Bedarfsmengen (Bedarfsermittlung) und Ermittlung von Bestellmengen und -terminen (Bestellrechnung)**.

Die Dispositionsfunktion ist abhängig von den Daten der Arbeitsvorbereitung (bezüglich Fertigungsprogramm einer Periode und Umwandlung von Fertigungsmengen in Bedarfsmengen über Stücklisten und/oder Rezepturen). Die Disposition liefert in erster Linie Daten für den Einkauf, der ergänzend Lieferantenmerkmale wie Preis, Qualität, Lieferzeit und Zuverlässigkeit beachten muss. Aus dieser Mittlerfunktion der Disposition ergibt sich die Notwendigkeit, die Dispositionsfunktionen zwischen Arbeitsvorbereitung und Einkauf sorgfältig definiert aufzuteilen oder nach den praktischen Anforderungen einem der beiden Bereiche zuzuordnen. In jedem Fall muss eine optimale Funktionserfüllung gewährleistet werden.

4.3.2.1 Bedarfsermittlung

(1) **Bedarfsarten**

Bei der Bedarfsermittlung sind folgende Bedarfsarten zu unterscheiden:

- **Primärbedarf**
  ist der Bedarf an Erzeugnissen und Ersatzteilen, die für den Verkauf bestimmt sind. Sie können aus eigener Fertigung oder als Handelswaren aus Zukauf stammen. Für die Erzeugnisse, deren

Primärbedarf aus eigener Fertigung gedeckt wird, liegen im Maschinenbau Stücklisten vor, die Grundlage zur Bestimmung des Sekundärbedarfs sind.

- **Sekundärbedarf**
  ist die Menge an Rohstoffen, Einzelteilen und Baugruppen, die zur Erzeugung des Primärbedarfs benötigt wird.
- **Tertiärbedarf**
  ist der zur Aufrechterhaltung der Produktion erforderliche Bedarf an Hilfs- und Betriebsstoffen sowie Verschleißwerkzeugen.
- **Bruttobedarf**
  ist ein Bedarf vor Berücksichtigung von Lagerbeständen, bereits eingegangenen Lieferverpflichtungen und bereits erhaltenen Lieferzusagen. Er kann Primär-, Sekundär- oder Tertiärbedarf sein.
- **Nettobedarf**
  ergibt sich durch Berücksichtigung der Lagerbestände sowie der bereits eingegangenen Lieferverpflichtungen und der bereits erhaltenen Lieferzusagen aus dem Bruttobedarf.

Zur Ermittlung der Bedarfsmenge gibt es zwei dominierende Verfahren, die für unterschiedliche Gütergruppen vielfach parallel eingesetzt werden.

(2) **Deterministische (bedarfsabhängige) Bedarfsermittlung**

Diese Methode stützt sich nicht auf Vergangenheitswerte und statistische Verfahren, sondern sie leitet den Sekundärbedarf brutto aus dem Primärbedarf der gleichen Periode ab. Dazu dienen Stücklisten oder Rezepturen. Einzelheiten dazu werden im Abschnitt 5.3.1 Erzeugnisplanung behandelt. Dieses Verfahren findet nicht nur Anwendung bei der Abwicklung von Kundenaufträgen im Maschinenbau, sondern ist auch verbreitet im Einsatz für die Bedarfsermittlung von A-Gütern im Rahmen der Programmfertigung.

(3) **Stochastische (verbrauchsabhängige) Bedarfsermittlung**

Sie greift zur Ermittlung des Zukunftsbedarfs auf den Verbrauch der Vergangenheit zurück, unter Anwendung statistisch-mathematischer Verfahren.[6]

(3.1) Gleitendes arithmetisches Mittelwert-Verfahren

$$\text{Künftiger Periodenbedarf} = \frac{\text{Verbrauch Perioden 1 bis n}}{\text{n}}$$

Beispiel:

$$\text{Periodenbedarf April} = \frac{\overset{\text{Verbrauch Oktober bis März}}{10 + 14 + 12 + 23 + 19 + 30}}{6} = 18$$

Um Trendentwicklungen zu berücksichtigen, können neuere Perioden stärker gewichtet werden (z. B. doppelt für Februar und März).

$$\text{Periodenbedarf April} = \frac{10 + 14 + 12 + 23 + 2 \cdot 19 + 2 \cdot 30}{8} = 19{,}6$$

[6] Vgl. *Hartmann, H.*, Materialwirtschaft, Gernsbach

(3.2) Exponentielle Glättung ohne Trendberücksichtigung (= exp. Glättung 1. Ordnung)

$$\text{künftiger Periodenbedarf} = \text{alter Vorhersagewert} + \text{Faktor } \alpha \cdot \left[\begin{array}{l} \text{Verbrauch} \\ \text{letzte} \\ \text{Periode} \end{array} - \begin{array}{l} \text{alter} \\ \text{Vorhersa-} \\ \text{gewert} \end{array} \right]$$

„Alter Vorhersagewert“ ist das Ergebnis der Vorhersage der Vorperiode. Korrekturfaktor α, der in der praktischen Anwendung zwischen 0,1 und 0,3 liegt, legt fest, in welchem Maße der Vorhersagefehler (= Differenz zwischen Vorhersage und Verbrauch der letzten Periode) in der neuen Vorhersage berücksichtigt werden soll.

Beispiel: alte Vorhersage : 100
Verbrauch der letzten Periode : 110
α-Faktor : 0,2

neue Vorhersage = 100 + 0,2 · (110 - 100) = 102

Der Korrekturfaktor α legt dabei fest, in welchem Maße die Prognose an Bedarfsschwankungen der jüngsten Vergangenheit angepasst werden soll.

α = 0
Vorhersage nimmt auf Bedarfsschwankungen keine Rücksicht

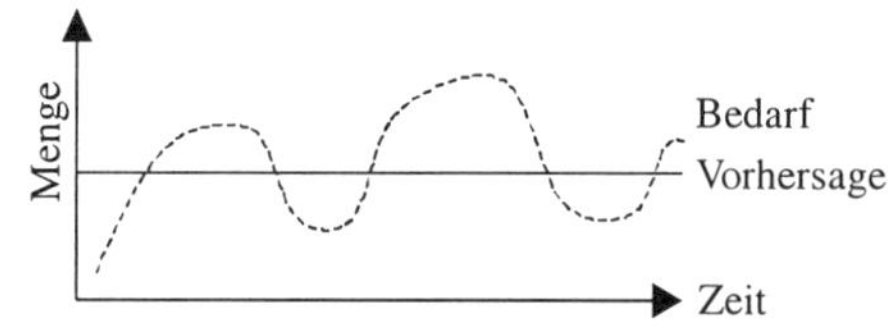

α = 1
Vorhersage folgt voll den Bedarfsschwankungen, jeweils um 1 Periode verschoben

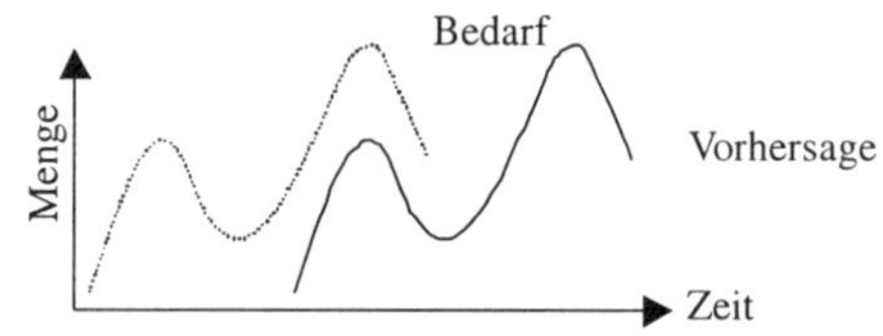

α = 0,3
In diesem Fall folgt die Vorhersage nicht den vollen Bedarfsschwankungen, sondern „glättet“ sie. Längerfristig macht die Vorhersagekurve den Bedarfsverlauf mit. Die Reaktionen auf Bedarfsschwankungen sind um so geringer, je kleiner der Faktor α gewählt wird.

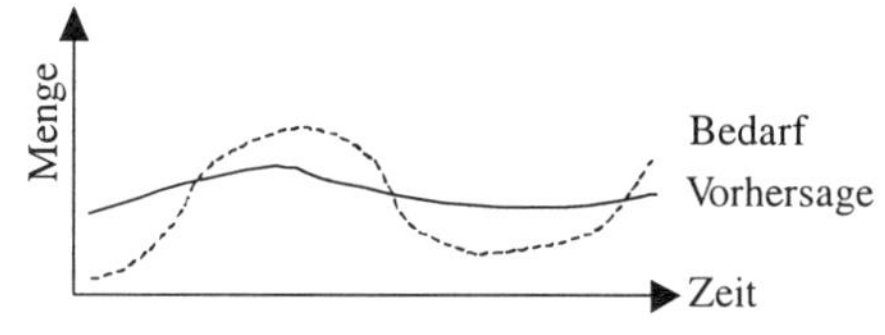

Liegt eine starke Trendentwicklung oder starke Saisonschwankung vor, so lässt sich das Verfahren der exponentiellen Glättung in modifizierter Form anwenden. Eine gesonderte Behandlung wird notwendig z. B. bei

- ❑ einmaligen Großaufträgen,
- ❑ Bedarfssprung durch Erschließung neuer Märkte.[7]

(4) **Anwendungsbereiche der Verfahren der Bedarfsermittlung**

Da die Auflösung von Primärbedarf in Sekundärbedarf mit Hilfe von Stücklisten (kurz: Stücklistenauflösung) aufwendig ist, wird die deterministische Bedarfsermittlung meistens für A-Artikel

[7] Zur Vertiefung vgl. *Oeldorf, G., Olfert, K.*, Materialwirtschaft, Ludwigshafen und *Hansmann, K.-W.*, Kurzlehrbuch Prognoseverfahren, Wiesbaden

eingesetzt, während für C-Artikel verbrauchsabhängige (stochastische) Verfahren bevorzugt werden.

Das unter Pkt. 4.8 erläuterte Kanban-System, ein Verfahren der Direktbelieferung der Fertigung „Just in Time", ist Artikeln vorbehalten, die zugleich A- und X-Artikel sind, d. h. hochwertig mit geringen Bedarfsschwankungen. Diese Bedingung muss deshalb erfüllt sein, weil im Kanban-System auf der Zulieferseite gewisse Kapazitätsreserven vorgehalten und gerechtfertigt werden müssen.

Tertiärbedarf wird in der Regel stochastisch ermittelt.

4.3.2.2 Bestellrechnung

In der Bedarfsermittlung werden Primär- und Sekundärbedarf als Bruttobedarf für eine Periode errechnet. Die Bestellrechnung berücksichtigt ergänzend Lagerbestände, bereits zugesagte Lieferverpflichtungen und bereits erhaltene Lieferzusagen und gelangt dadurch zum Nettobedarf.

  Bruttobedarf (sekundär)
+ ggf. Werkstattbedarf (bei Ersatzteilen)
+ Vormerkbestand (bereits eingegangene Lieferverpflichtungen)
+ Sicherheitsbestand (der nicht unterschritten werden soll)
– Lagerbestand (effektiv)
– Bestellbestand (bereits eingegangene Bestellobligen bzw. erhaltene Lieferzusagen)
– ggf. Werkstattbestand (bei Ersatzteilen)
= Nettobedarf (sekundär)

Unter Berücksichtigung der Lieferzeit, sowie ergänzender Kriterien der Bestandsoptimierung, sind aus dem Nettobedarf einer Periode die Bestellmengen und Bestellzeitpunkte abzuleiten.

(1) **Bestellpunktverfahren**

Der Lagerbestand wird bei jeder Entnahme fortgeschrieben. Bei Unterschreiten des Bestellpunktes Bp wird die Menge q zur Wiederauffüllung des Lagers auf Höchstbestand bestellt. Die Zeitintervalle t_i zwischen den Bestellungen variieren hierbei.

Diese Skizze stellt nur den Idealzustand dar. Im Normalfall muss der Disponent mit schwankenden Bedarfen und/oder Änderungen der Bestellzeit oder Veränderungen des Sicherheitsbestandes rechnen und sie berücksichtigen.

Bp = Bestellpunkt, Meldebestand
Be = Sicherheitsbestand, „eiserner" Bestand
q_i = Bestellmenge
t_i = Bestellperioden
t_B = Wiederbeschaffungszeit
t_m = Mindestbevorratungszeit

Der Bestellpunkt (Meldebestand) Bp ist die Menge in Einheiten, die erforderlich ist, um den

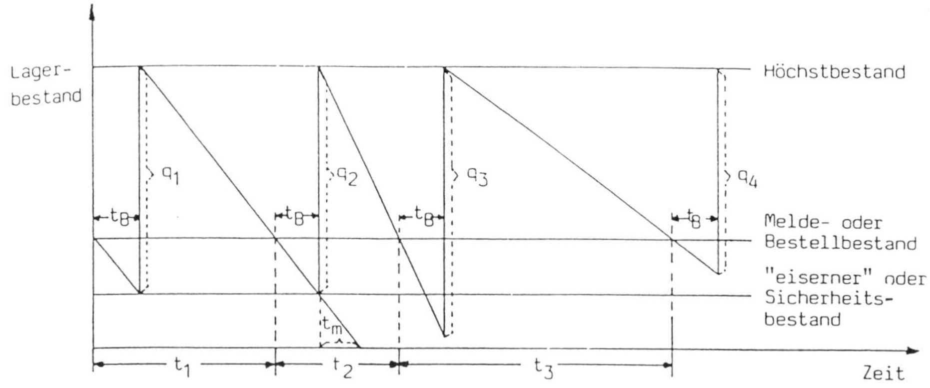

Bedarf abzudecken, der zwischen Bestellauslösung und der Bereitstellung der neuen Lieferung im Lager voraussichtlich auftreten wird. Die neue Lieferung sollte am Lager verfügbar sein, wenn der Sicherheitsbestand Be gerade erreicht wird.

Der Bestellpunkt errechnet sich folgendermaßen:

$Bp = V_t \cdot t_B + Be$

wobei V_t = durchschnittlicher Bedarf je Zeiteinheit
t_B = Beschaffungszeit
Be = Sicherheitsbestand (eiserner Bestand) sind.

Die Intervalle zwischen zwei Bestellungen (t_1, t_2 etc.) sind je nach Verbrauch unterschiedlich. Die Bestellmengen sind etwa gleichbleibend, da Bestellpunkt und Höchstbestand festgelegt sind.

Dieses Verfahren zielt auf minimale Bearbeitung und ist wenig flexibel in Bezug auf Veränderungen des Bedarfs; es ist deshalb geeignet für C-Güter.

(2) **Bestellrhythmusverfahren**

Der Lagerbestand wird hierbei fortgeschrieben und in konstanten Intervallen $t_0 = t_1 = t_2$ überprüft. Es wird jeweils die Menge q bestellt, die zur Deckung des deterministisch ermittelten Nettobedarfs erforderlich ist.

(3) **Berechnung der Bestellmenge**

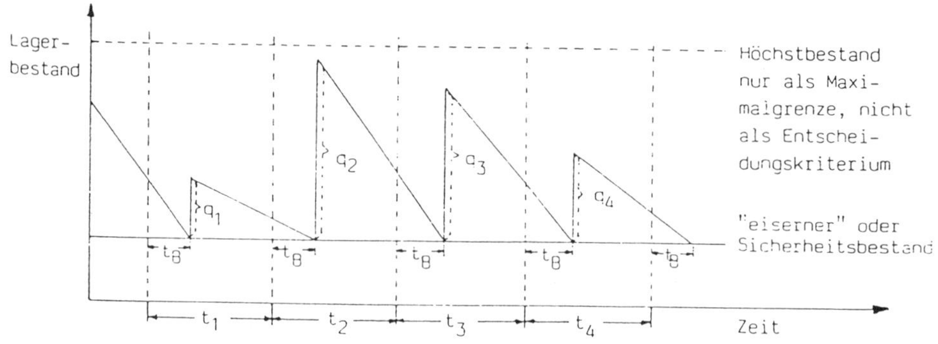

(3.1) Berechnung der Bestellmenge bei Orientierung am geplanten Höchstbestand

Die Mindestbestellmenge entspricht jeweils dem Bedarf zwischen dem verfügbaren Bestand und dem Lagerhöchstbestand. Sie ist also diejenige Menge, die zur Auffüllung des Lagers bestellt werden muss.

Vorteile:
- Lager- und Bestellbestand sind nicht höher als zur Aufrechterhaltung der Lieferbereitschaft bei kontinuierlicher Bedarfsentwicklung unbedingt erforderlich
- auf Bedarfsvorhersage kann verzichtet werden.

Nachteile:
- Anfälligkeit gegen starke Bedarfsschwankungen
- sehr viele evtl. kleine Bestellungen
  - Verzicht auf Kostenvorteile
  - hohe Bestellkosten.

Voraussetzungen:
- fixe Bestellkosten sind sehr gering
- keine Mengen- und Preisvorteile
- Zahl der jährlichen Lagerzugänge unterliegt keiner Restriktion.

(3.2) Berechnung der optimalen Bestellmenge

Bei diesem Verfahren wird auch das Kostenprinzip berücksichtigt. Die optimale Bestellmenge ist diejenige Menge, bei der die mit der Beschaffung und Lagerung zusammenhängenden Kosten je Einheit ein Minimum ergeben. Der Bestellzeitpunkt muss dabei so gewählt werden, dass die Dauer des Beschaffungsvorgangs und der Bedarfspunkt aufeinander abgestimmt werden.

In Abhängigkeit von der Bestellmenge ergeben sich folgende Kostenverläufe:[8]

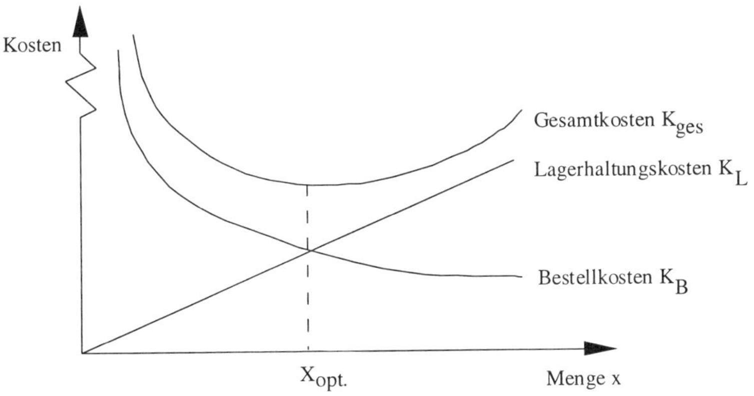

Gesamtkosten $K_{ges} = K_L + K_B$

Die optimale Bestellmenge kann nach der folgenden so genannten *Andler'schen* Formel

[8] *Oeldorf, G., Olfert, K.,* Materialwirtschaft, a.a.O.

errechnet werden:

$$x_{opt} = \sqrt{\frac{2 \cdot \text{Periodenbedarfsmenge} \cdot \text{bestellfixe Kosten}}{\text{Einstandspreis pro Mengeneinheit} \cdot (\text{Zinssatz} + \text{Lagerkostensatz})}}$$

***ANDLER'sche* Formel**

Die theoretische, optimale Bestellmenge nach der Andler'schen Formel basiert jedoch auf vereinfachenden, selten zutreffenden Annahmen:

- ❑ Periodenbedarf ist konstant und bekannt
- ❑ Lagerabgang ist gleichmäßig
- ❑ Beschaffungsgeschwindigkeit unendlich groß
- ❑ eiserner oder Mindestbestand nicht erforderlich
- ❑ Schwund und Verderb des Lagergutes ausgeschlossen
- ❑ keine Mengenrabatte
- ❑ keine Teillieferungen
- ❑ alle Kosten im Planungszeitraum konstant
- ❑ keine finanziellen und lagertechnischen Restriktionen.

Diese Gründe führen in der Praxis häufig dazu, dass die Andler'sche Formel vorwiegend für verbrauchsgesteuerte Verfahren (C-Teile) mit Berücksichtigung eines Trendwertes angewendet wird und im konkreten Fall unter Berücksichtigung der jeweiligen abweichenden Bestellkriterien modifiziert werden muss.

Eine andere weitaus bessere Möglichkeit der Bestellmengenbildung ist die Anwendung der gleitenden wirtschaftlichen Losgröße (WILO), die auch schwankende Bedarfswerte berücksichtigt. Eine Losgröße ist in Fertigungsbetrieben die Anzahl der in einer Serie oder einer Auflage hergestellten Leistungseinheiten. (Vgl. Pkt. 5.4.1.4 (3))

Hierbei werden die Wiederbeschaffungs- und sonstigen Einmalkosten den Lager- und Kapitalbindungskosten gegenübergestellt, unter der Voraussetzung, dass sich beide stetig verhalten.

Bei Gleichheit wird das Erreichen des Optimums angenommen, wobei schrittweise über die Zeit fortschreitend festgestellt wird, wann das Optimum erreicht wird.

Mit Hilfe der EDV kann man durch Simulationsverfahren optimale Bestellmengen anstreben. Dabei werden auf der Grundlage vergangener bzw. prognostizierter Bedarfswerte verschiedene Lagerhaltungs- und Bestellpolitiken mit einem Simulationsprogramm durchgetestet. So können Entscheidungshilfen gefunden werden für:

- ❑ die Aussage eines zweckmäßigen Bedarfsvorhersagemodells
- ❑ die Feststellung ausreichender Sicherheitsbestände bei vorgegebener Lieferbereitschaft (und umgekehrt)
- ❑ die Feststellung zweckmäßiger Steuergrößen für die Losgrößenrechnung
- ❑ die Auswirkung unterschiedlicher Lagerhaltungspolitiken bei der ABC-Klassifikation.

4.4 Durchführung der Beschaffung

4.4.1 Einkauf

Der Beschaffungsvorgang umfasst den gesamten Arbeitsablauf von der Bedarfsaufgabe über die Anforderungstätigkeit, die Angebotsbearbeitung (Lieferantenauswahl und Bestimmung des Lieferanten), die Bestellung und Bestellbestätigung bis hin zur Bestellüberwachung.

Die Hauptaufgabe des Einkaufs besteht darin, die betriebsnotwendigen Materialien und Dienstleistungen zum benötigten Termin in der vorgesehenen Menge und Qualität mit relativ geringem wirtschaftlichen Aufwand zu beschaffen und bereitzustellen.

4.4.1.1 Aufgaben des Einkaufs

- ❑ Angebotseinholung über
  - Bezugsquellenverzeichnis
  - Anfrageregister
  - Lieferantenkartei
  - Anfragevordruck
  - Anfragesammelbogen
- ❑ Angebotsvergleich
  - Kosten
  - Termine
  - Qualität
  - Zahlungs- und Lieferbedingungen
- ❑ Lieferantenauswahl
  - Ermittlung des günstigsten Angebots unter Berücksichtigung von Preis, Qualität und Termintreue
  - Aushandeln von Rahmenbedingungen
- ❑ Bestellvorgang
  - Bestellvorgang, Zusammenfassung von Bestellanforderungen zu einer Mehrpositionsbestellung
- ❑ Bestellbestätigung
  - Überprüfung der Bestellbestätigung des Lieferanten anhand der Bestellung
- ❑ Bestellüberwachung
  - Liefererinnerungen und Mahnungen
  - Termine verfolgen und sichern
- ❑ Lieferantenbewertung
  - anhand von Preis, Liefertreue, Qualität, Mengen und Terminen in Zusammenarbeit mit Wareneingang und Qualitätskontrolle
- ❑ Veranlassung von Rücksendungen
  - Waren, die nicht der vereinbarten Qualität entsprechen und/oder nicht termingerecht geliefert wurden.

4.4.1.2 Arbeitsablauf des Einkaufs im Zusammenhang mit Lager und Rechnungswesen

Warenbeschaffung

Arbeitsvorgang		
Nr.	Objekt	Verrichtung
1	Bedarf	melden
2	Bezugsquellen	analysieren
3	Angebote	einholen
4	Bezugspreise	kalkulieren
5	Bestellung	durchführen
6	Bestellungs-durchschläge	weiterleiten
7	Ware	kontrollieren und lagern
8	Wareneingangs-meldung	ausfüllen
9	Wareneingangs-meldung	weiterleiten
10	Lagerbestand	fortschreiben
11	Eingangsrechnung	prüfen
12	Eingangsrechnung	buchen
13	Zahlung	durchführen

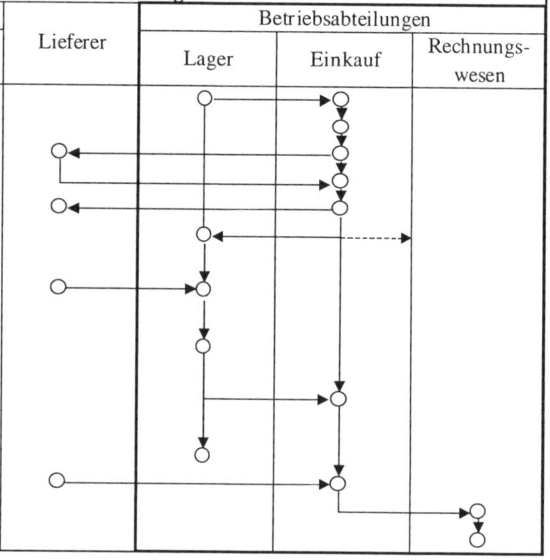

Quelle: *Zschenderlein*, Wirtschaftslehre – Fachstufe Industrie [9]

Im obigen Schema ist unterstellt, dass Lager, Disposition und Wareneingangskontrolle mit dem Lager zu einer Funktion zusammengefasst sind.

4.4.1.3 Interne Organisation des Einkaufs

Zwei Hauptgesichtspunkte bestimmen die innere Organisation des Einkaufs:

- ❑ zentraler bzw. dezentraler Einkauf
- ❑ Gliederung nach Materialgruppen (Objektprinzip) oder nach Tätigkeiten (Funktionsprinzip)

Der zentrale Einkauf ist überwiegend bei kleineren Betrieben anzutreffen. Bei wachsender Betriebsgröße, insbesondere bei zunehmender Unternehmens- und Betriebsspaltung wächst häufig das Bedürfnis nach einem dezentralen Einkauf. Er ist näher am Ort des Geschehens, jedoch gehen dadurch Vorteile des zentralen Einkaufs, z. B. Mengenrabatte, optimale Bestellmengen, günstige Lieferbedingungen usw. oft verloren. Für Unternehmen mit mehreren dezentralen Großbetrieben kommt deshalb vorwiegend der dezentrale Einkauf mit zentraler Führung und Überwachung in Frage.

[9] Nach *Kruse-Heun*, Allgemeine Betriebswirtschaftslehre, kurzgefasst, Wiesbaden

4.4.2 Wareneingang

Zum ausgehandelten Termin wird die Ware vom Wareneingang erwartet, angenommen, mengenmäßig geprüft, der Bestellung zugeordnet und dem Lager bzw. der Qualitätskontrolle übergeben.

Aufgaben:

- ❑ Erfassung aller in das Unternehmen gelangten Lieferungen im Wareneingangsbuch
- ❑ Unterrichtung des Einkaufs
- ❑ Weiterleitung an die Qualitätskontrolle, wenn die Teile geprüft werden sollen, sonst direkt an das Lager.

4.4.3 Qualitätskontrolle

Die Qualitätskontrolle nimmt die Ware vom Wareneingang an, prüft sie anhand hinterlegter Prüfvorschriften auf die geforderte Qualität.

Aufgaben:

- ❑ Stichprobenverfahren festlegen
- ❑ geeignete Prüfmethoden vorbereiten
- ❑ Prüfarbeiten und Ergebnisse aufzeichnen (Prüfbericht) und Entscheidung treffen
- ❑ Freigabe einwandfreier Ware zur Einlagerung und anschließender Verarbeitung und Bezahlung
- ❑ Sperrung mangelhafter Ware mit Veranlassung der erforderlichen Maßnahmen, wie Einlagerung auf Sperrlager, Verständigung der Disposition, Auslösung der Reklamation beim Einkauf zwecks Erzielung von Preisnachlass oder Umtausch und Nachlieferung entsprechend des Ausmaßes der festgestellten Mängel.

4.4.4 Rechnungsprüfung

Aufgaben:

- ❑ alle eingehenden Rechnungen werden in einem Rechnungsbuch erfasst
- ❑ die Rechnungen werden im Einkauf, der Fachabteilung oder in einer speziellen Abteilung Rechnungsprüfung mit der Bestellung verglichen, auf sachliche Richtigkeit geprüft und
- ❑ bei Vorliegen der Bestätigung von Wareneingang und Qualitätskontrolle über richtige Menge und einwandfreie Qualität zur fristgerechten Zahlung freigegeben und
- ❑ an die Kreditorenbuchhaltung zur Buchung und anschließenden Bezahlung weitergeleitet
- ❑ dabei ist für eine richtige Berücksichtigung von Teil- und Nachlieferungen sowie Minderungen wegen Qualitätsbeanstandung zu sorgen.

4.5 Lager

4.5.1 Begriff, Aufgaben, Arten

Begriff:

Der Begriff des Lagers kann drei Begriffsinhalte umfassen:

(1) der Raum, in dem die Materialien bevorratet werden
(2) die Gegenstände, die gelagert werden
(3) die Lagerverwaltung, die für Lagerung und Abrechnung die Verantwortung trägt

Aufgaben:

(1) Speicherfunktion
Sie steht im Vordergrund der Lagerwirtschaft. Aufgabe des Lagers ist es, dafür Sorge zu tragen, dass die benötigten Waren im Bedarfsfall rechtzeitig zur Verfügung stehen. Die Speicherfunktion erlaubt:
- ❑ die Überbrückung von Zeitunterschieden zwischen der Beschaffung und dem Materialverbrauch in der Produktion,
- ❑ eine fließende Fertigung in geeigneten Losgrößen und eine optimale Fertigungsorganisation,
- ❑ eine Überbrückung von Zeitdifferenzen zwischen dem Wareneingang im Verkaufslager und der Auslieferung an den Kunden.

(2) Umformfunktion
Sie ermöglicht eine Anpassung der gelagerten Waren an die Anforderung der Produktion oder des Betriebes. Beispiele hierfür sind die Lagerung von Holz (Austrocknen) vor der Fertigung oder das Lagern von Wein und Sekt (Reifeprozess).

(3) Spekulationsfunktion
Sie kann als Folge unternehmerischer Dispositionen entstehen, die in bestimmten Preisentwicklungen ihre Ursache haben (Blei, Gold).

(4) Detaillierungsfunktion
Einlagerung in großen Mengen, Abgabe in kleinen Mengen.

Arten:

Das Lagerproblem stellt sich bei einem Industriebetrieb in mehrfacher Weise für folgende Güter:

- ❑ Roh-, Hilfs- und Betriebsstoffe sowie Fertigteile vor der Fertigung = Werkstofflager
- ❑ Halbfabrikate während der Fertigung = Zwischenlager
- ❑ Fertigfabrikate nach der Fertigung = Verkaufslager

Beim Handelsbetrieb stellt sich das Lagerproblem nur einmal im Zusammenhang mit der Abstimmung von Beschaffung und Absatz.

4.5.2 Lagerplanung

Die Wirtschaftlichkeit des Lagers hängt weitgehend von seiner funktionsgerechten Planung ab. Die zu lösenden Kernprobleme sind:

- ❑ Planung des Lagerstandortes und der Lagerkapazität
  Die Standortwahl des Lagers hängt von den organisatorischen Abläufen und den Kosten alternativer Lösungen ab. Daraus ergeben sich ein zentrales oder mehrere dezentrale Läger (vgl. Pkt. 3.3.2.2 Marketinglogistik).
- ❑ Planung der Lagergestaltung hinsichtlich
  - Bauart
  - Einrichtungen
  - Lagerordnung
- ❑ Innerbetrieblicher Transport.

4.5.3 Lagerhaltung

Hauptprobleme der Lagerhaltung sind eine Optimierung der Lagerkosten und die übersichtlich funktionierende Lagerorganisation. Die wichtigsten Lagerkosten sind:

- ❑ Zinsen für das im Lager gebundene Kapital
- ❑ Personalkosten des Lagers (Löhne, Gehälter usw.)
- ❑ Energiekosten (Strom, Gas, Treibstoffe usw.)
- ❑ Raumkosten (Miete oder Abschreibung)
- ❑ Kosten der Lagereinrichtung und der Transportmittel (Abschreibung und Instandhaltung)
- ❑ Kosten für Gemeinkostenmaterial
- ❑ Wagniskosten oder Versicherungsprämien.

Die räumliche Zuordnung der Lagerplätze für die einzelnen Artikel entscheidet wesentlich mit über die Optimierung der Lagerkosten. Eine höchst effektive Form der Platzausnutzung stellt das so genannte „chaotische Lager" dar.

4.5.3.1 Lagerungsablauf und Bereitstellung

- ❑ Materialannahme und Identitätsprüfung von
  - Wareneingang
  - Qualitätsprüfung
  - Produktion
- ❑ Materialeinlagerung und -umlagerung
- ❑ Materialausgabe
  - Rohmaterial für die Einzelfertigung über Entnahmeschein
  - Bereitstellen und Komplettieren anhand von Fertigungsstücklisten für die Montage
- ❑ Materialfluss
  Der Materialfluss der Lagerartikel zu den verbrauchenden Stellen kann prinzipiell auf zwei Arten erfolgen:
  - Holsystem: Die Bedarfsstellen müssen das Material selbst vom Lager abholen.
  - Bringsystem: Die Materialausgabestelle des Lagers liefert das Material rechtzeitig der Bedarfsstelle an.

Die Vorteile des Bringsystems gegenüber dem Holsystem bestehen darin, dass bessere Möglichkeiten einer zeitlichen und räumlichen Abstimmung der Materiallieferungen zu den Verbrauchsorten und damit einer wirtschaftlichen Nutzung der vorhandenen Transportmittel und des Lagerpersonals gegeben sind.Es ist jedoch nur dort anwendbar, wo die Lagerentnahmen vorausgeplant werden können. Der Hauptvorteil eines Holsystems liegt in der konsequenten Kundenorientierung. Geliefert wird nur auf Anforderung des externen oder internen Kunden. Zur Vermeidung von Irrtümern ist eine einheitliche Anwendung nur **eines** Prinzips ratsam.

4.5.3.2 Lagerfreiplatzverwaltung, „chaotisches“ Lager Praxisbeispiel: Ablauforganisation eines Hochregallagers

Alle einzulagernden Artikel können an jedem beliebigen freien Platz eingelagert werden, da - beispielsweise durch Palettierung - alle Artikel und alle Lagerplätze auf einheitliches Format gebracht wurden. Dadurch kann jeder freie Platz für jedes beliebige Gut genutzt werden. Es werden keine speziellen Lagerflächen für bestimmte Artikel reserviert.

Beispiel: Ablauforganisation eines Hochregallagers für palettierte technische Produkte mit einmaliger Produkt-Kennnummer für den Nachweis von Garantiezeitbeginn bei der Entnahme/Komissionierung (Vgl. Abbildung auf folgender Seite).

Ziele:

- ❑ Hochregallager mit Kommissionierung(Zusammenstellung von Lieferungen für Kunden)
- ❑ Computerfakturierung
- ❑ Expressbedienung aus Hochregallager
- ❑ Einhaltung von FIFO (first in, first out) mit Nachweis des Starts der Garantiezeit

Probleme:

- ❑ Früher, bei Stapellagerung, legte der Computer fest (nach FIFO)
  - zu Auftrag 4711
  - Produkt 4712
  - und fakturierte sofort simultan.
- ❑ Bei Hochregallager führt das zu Warteschlangen für Expresslieferungen, da der Computer alle „parterre“ greifbaren Produkte bereits im voraus fakturiert hat.

Lösung:

(1) Jedes Produkt erhält festen Parterre-Palettenplatz für Auslieferung/Kommissionierung.

(2) Computer- und Expressaufträge werden zur Entnahme stes an diese Adresse verwiesen.

(3) Alle eingehenden **Produkte können beliebig eingelagert** werden **und bei Bedarf** nach FIFO **zur Ausgangsadresse geschafft werden**. Voraussetzung ist, dass

  a) Paletten zusammengestellt werden mit nur einem Produkt,

  b) diese Paletten jeweils eine Plakette erhalten, die anzeigt, an welchem freien Lagerplatz einzulagern ist,

  c) nach Einlagerung diese Plakette am Platz der Auslieferadresse (sichtbar) so abgelegt wird, dass FIFO gewährleistet wird (z.B. links- oder rechtsbündig)

(4) Computer druckt für jeden Auftrag (Kunde oder Filiale) je Produkt eine Position mit Auslieferadresse des jeweiligen Produktes im Lager.

(5) Dort wird die Sendung geholt und im Rahmen der Ausgangskontrolle die Produkt-Kennnummer zum Entnahmeauftrag erfasst. Hier liegt ein neuer Arbeitsschwerpunkt. Frühere Stapel- und Umschichtungsarbeit (um FIFO zu gewährleisten) wird durch Datenerfassung der Produkt-Kennnummer zwecks Garantiezeitüberwachung abgelöst.

(6) Dann erfolgt die Datenerfassung

- ❑ Auftragsnummer
- ❑ Menge je Produkt und Produkt-Kennnummer für jede Einheit

(7) Erstellung eines Lieferbeleges und der Faktura für das anschließende Inkasso. Bei Lieferung an eigenen Niederlassungen nur Liefernachweis ohne Faktura.

Lagerfreiplatzverwaltung, auch kurz: **"Chaotisches Lager"**

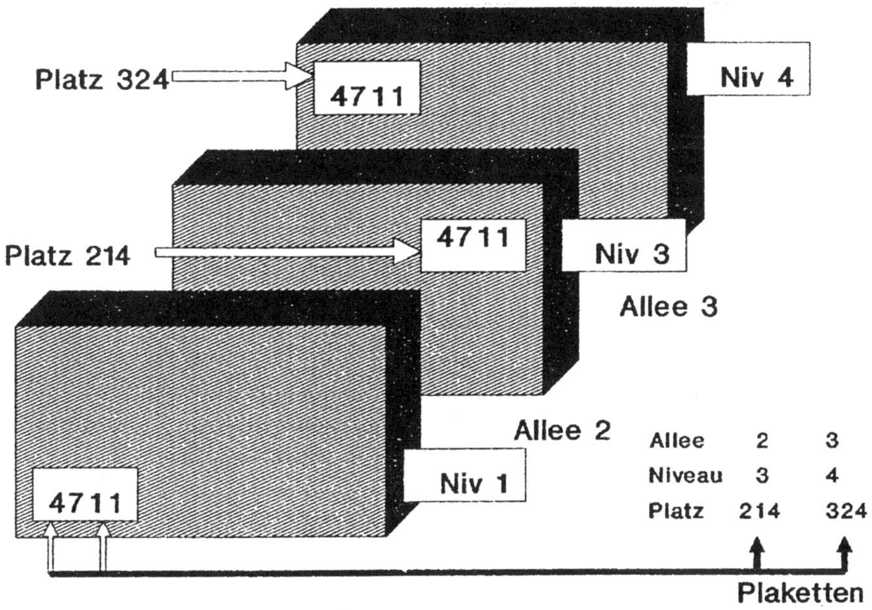

4.5.3.3 Material-(Lager-)Buchhaltung

Die Materialbuchhaltung dient der rechnerischen Erfassung der Materialzu- und -abgänge und des Materialbestandes im Lager. Sie ist eine Hilfsbuchhaltung, und innerhalb der Materialwirtschaft ist sie im Wesentlichen eine Kontrollrechnung. Mit Hilfe der Inventur (permanent oder Stichtag) ermöglicht sie einen mengenmäßigen Soll-Ist-Vergleich.

Die Bewertung des Lagerbestandes kann nach folgenden Methoden durchgeführt werden:

(1) Bewertung zu durchschnittlichen Anschaffungskosten
Man rechnet einen Durchschnittspreis als gewogenes arithmetisches Mittel aus allen Einkäufen einer Waren- oder Rohstoffart, deren Einheiten im Wesentlichen gleichartig sind und ungefähr die gleiche Preislage haben.

(2) Bewertung zu gleitenden Durchschnittspreisen
Die durchschnittlichen Anschaffungskosten werden laufend, d. h. nach jedem Zugang, neu ermittelt.

(3) Bewertung nach der FIFO-Methode (first in, first out)
Die zuerst erworbenen Materialarten werden auch zuerst verbraucht.
Endbestand wird mit den Anschaffungskosten der zuletzt beschafften Güter bewertet.

(4) Bewertung nach der LIFO-Methode (last in, first out)
Die zuletzt beschafften Güter werden zuerst verbraucht.
Endbestand wird mit den Anschaffungskosten der zuerst beschafften Güter bewertet.

(5) Bewertung nach der HIFO-Methode (highest in, first out)
Die teuersten Güter werden zuerst verbraucht.
Endbestand wird mit den Niedrigst-Wertansätzen bewertet.

Die Ergebnisse werden der Finanzbuchhaltung übermittelt.

4.6 Kennzahlen der Materialwirtschaft

Die Kennzahlen der Materialwirtschaft sollen den Verantwortlichen Auskünfte und Hilfen (Kontrollen) für die Steuerung des Materialwirtschaftsbereichs geben. Für die unterschiedlichen Funktionen der Materialwirtschaft lassen sich folgende Kennzahlen bestimmen:

$$\text{Bedarfsservice (= Lieferbereitschaftsgrad)} = \frac{\text{Anzahl der sofort bedienten Anforderungen pro Jahr}}{\text{Gesamtzahl der Anforderungen pro Jahr}} \cdot 100\ (\%)$$

$$\text{durchschnittlicher Lagerbestand} = \frac{\text{Jahresanfangsbestand} + 12\ \text{Monatsendbestände}}{13}\ (\text{DM})$$

gibt den durchschnittlichen Kapitalbindungsgrad der Lagerbestände an

$$\text{Umschlagshäufigkeit} = \frac{\text{Jahresverbrauch}}{\text{durchschnittlicher Lagerbestand}}$$

$$\text{Lagerdauer (in Tagen)} = \frac{\text{durchschnittlicher Lagerbestand}}{\text{Gesamtmaterialkosten DM/Jahr}} \cdot 360$$

Kennzahl für die Effizienz der Materialwirtschaft $= \dfrac{\text{durchschnittliche Gesamtkapitalbindung einer Periode in Materialbeständen inkl. Fertigerzeugnisse}}{\text{Einstandswerte des Periodenumsatzes}} \cdot 100\ (\%)$

Materialgemeinkostensatz $= \dfrac{\text{Materialgemeinkosten}}{\text{Fertigungsmaterialwert}} \cdot 100\ (\%)$ wichtig für die Vorkalkulation

Nutzungsgrad der Transportmittel $= \dfrac{\text{transportierte Menge}}{\text{Transportkapazität}} \cdot 100\ (\%)$

Termin-/Mengen-/Qualitätstreue des Lieferanten $= \dfrac{\text{Anzahl der beanstandeten Lieferungen (Termin / Qualität / Menge)}}{\text{Zahl der Lieferungen}}$ dient zur Lieferantenbewertung

4.7 EDV-Unterstützung in der Materialwirtschaft

Moderne Beschaffungs- und Fertigungsstrategien setzen kürzeste Lieferzeiten bei hoher Termin- und Qualitätstreue voraus. Die Kostenoptimierung fordert für die Beschaffung den günstigsten Preis. Für eine präzise Abwicklung der Beschaffung muss der Sachbearbeiter von allen Routinearbeiten entlastet bzw. befreit werden, die der Computer exakter und schneller erledigen kann.

4.7.1 Zielsetzung

Hiervon ausgehend lässt sich eine Optimierung für die Hauptzielsetzung und Hauptproblematik der Materialwirtschaft erreichen.

- ❑ Lieferbereitschaft erhöhen
- ❑ Kapitalbindung in den Lägern senken
- ❑ Beschaffungskosten senken.

Mit Hilfe eines gezielten EDV-Einsatzes können folgende wichtige Grundtatbestände erreicht werden.

- ❑ Senkung der Bestände durch
  - Minimierung der Durchlaufzeiten
  - optimale Bestellmengenbildung
  - schnellere Beschaffung
- ❑ Reduzierung von Dispositionsmängeln durch
  - exakte Datenermittlung
  - Abbau von Fehlmengenkosten
  - Bestelloptimierung

- ❑ Reduzierung von Personalaufwand in Planung und Disposition durch
  - Vermeidung von Mehrfachkarteien
  - ABC-Analyse
  - optimale Anwendung von Bestellverfahren
- ❑ Optimierung von Arbeitsabläufen im Lager
  - Inventurunterstützung
  - einwandfreie Bewertung
  - Erstellung von Ausgabelisten, d. h. Komplettierung von Bereitstellmengen zur Montage (Lagerarbeiter erhält Listen mit Artikel, Menge und Lagerort).

4.7.2 Voraussetzungen

Wichtige grundlegende Voraussetzungen müssen erfüllt, überprüft oder veranlasst werden, um die EDV erst sinnvoll einsetzen zu können. Dazu gehören:

- ❑ einheitliches Nummernsystem (Parallelverschlüsselung)
- ❑ Identifizierungs- und Klassifizierungsschlüssel für
  - Artikel
  - Lieferanten
- ❑ Anlegen von Stamm-, Kennzifferndateien und Stücklistenverknüpfungen
- ❑ Anlegen von Bewegungsdateien
  - Bestellvorschläge
  - Bestellung
  - Wareneingang
  - Rahmenvereinbarungen usw.
- ❑ Vorkehrungen treffen für klare Abläufe und Minimierung des Datenerfassungsaufwandes
- ❑ Schulung des betroffenen Personals.

4.7.3 Vorbereitung für die EDV-Einführung in der Materialwirtschaft

Die gesamte Materialwirtschaft muss klar funktionell gegliedert sein und es muss ein Informationsflussdiagramm existieren oder erstellt werden.

Danach muss eine Wirtschaftlichkeitsanalyse erfolgen, die neben dem erfassten Ist-Zustand von bewertbaren und unbewertbaren Tatbeständen auch die Zielsetzung des EDV-Einsatzes klärt und bewertet.

In einem Pflichtenheft wird der Leistungsumfang des EDV-Systems erfasst und beschrieben. Anhand dieses Pflichtenheftes wird die Software (Applikationssoftware) ausgewählt oder, wenn kein Standardsoftwarepaket auf dem Markt existiert, entschieden, die Software selbst zu entwickeln oder entwickeln zu lassen.

Danach wird ein Stufenkonzept für die Realisierung mit Terminplanung für Teilfunktionen vereinbart.

4.7.4 Einsatzmöglichkeiten in den unterschiedlichen Materialwirtschaftsfunktionen

Die hier dargestellten EDV-Funktionen werden von ca. 80 % aller am Markt befindlichen Standardsoftwarepakete für die Materialwirtschaft abgedeckt.

4.7.4.1 Materialplanung und Disposition

Die Materialplanung im engeren Sinne, d. h. die Erstellung von Stücklisten, ist eine Aufgabe der Arbeitsvorbereitung.

Das Vorliegen von Stücklisten-Dateien, die mit EDV verarbeitet werden können, ist erforderliche Grundlage für eine EDV-gestützte Beschaffungsplanung und Disposition. Durch den EDV-Einsatz werden der Disponent und Planer über alle Änderungen des Dispo- bzw. des Planungsgeschehens informiert. Sie werden auf alle Ausnahmen (Unterdeckung von Anforderungen, Terminprobleme u.ä.) hingewiesen. Dadurch können sie schnell und sicher reagieren. Es können folgende Funktionen durch ein EDV-System abgedeckt werden:

- ❑ Verwaltungsfunktionen
  - Bestellvorschläge (Mengen, Termine)
  - Reservierungen (Vormerkungen für Aufträge)
  - Artikelstammverwaltung
    (Dispositionskennzeichen, Angabe des Bedarfsermittlungsverfahrens, Angabe der Abmessungen und Gewichte, Angabe der Lieferantenverweise, Angabe des Lagerortes)
- ❑ ABC-Analyse
- ❑ Bedarfsermittlung (deterministisch / stochastisch)
- ❑ Verfügbarkeitskontrolle
  (Vergleich der Anforderung mit den Beständen)
- ❑ Bestellrechnung
- ❑ Materialauskunft.

(1) **Praxisbeispiel: Schemadarstellung EDV-Materialdispositions-System advor - 220 von ADV-ORGA Meyer**

Es gilt also festzustellen, welche Parameter die Bestellmengen und Sicherheitsbestände generell bestimmen. Die Kenntnis dieser Parameter versetzt den Systembenutzer in die beneidenswerte Lage, die Lagerhaltungspolitik entsprechend der zur Zeit zweckmäßigen Prioritäten sicherzustellen.

Weiterhin wird die Kapitalbindung durch die effektive Nutzung der Produktionsmittel bestimmt. Dies ist dann gegeben, wenn Leerlaufzeiten und Kapazitätsengpässe in der Produktion vermieden werden.

Die exakte Ermittlung von Bedarfsterminen/-mengen und Auftragsvernetzungen sind hierfür primäre Voraussetzungen.

Die **Materialdisposition** bildet innerhalb eines Gesamtsystems zur Produktionssteuerung das Bindeglied zwischen Produktionsplanung und Fertigungssteuerung und ist Grundlage für ein funktionierendes Beschaffungswesen, indem sie an den Einkauf die notwendigen Informationen liefert.

Einordnen in ein Gesamtsystem

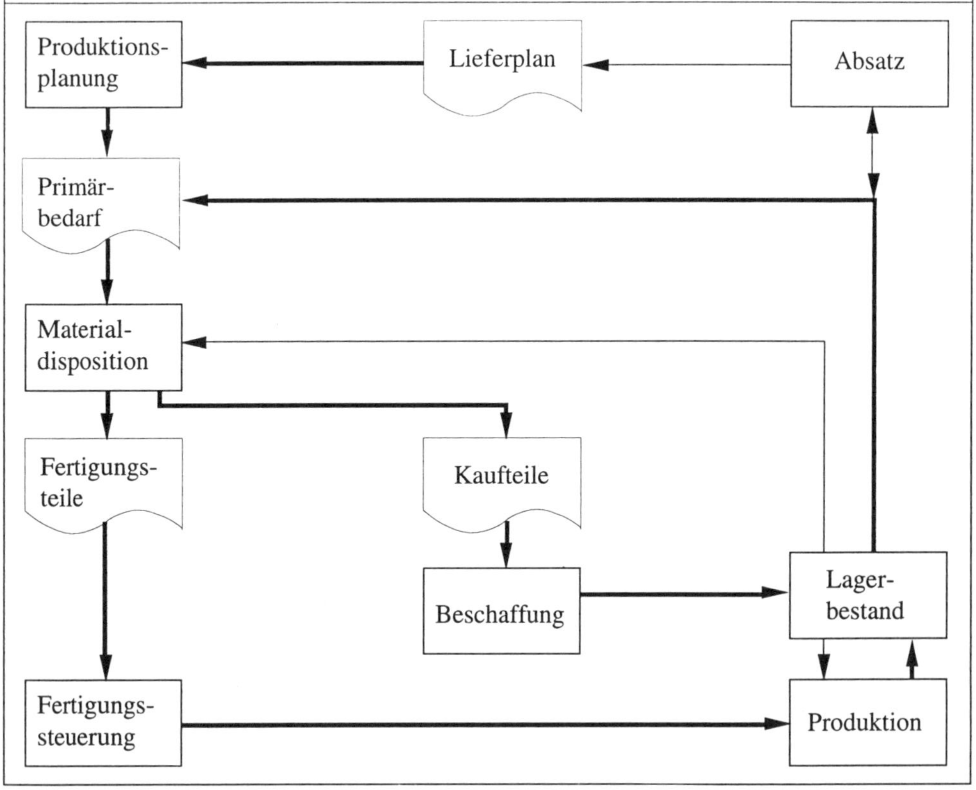

Für die Materialwirtschaft ist also die Materialdisposition von zentraler Bedeutung. Das **Dispositionssystem** baut auf einer Reihe von Verwaltungsaufgaben auf. Dazu gehören:

- ❑ Bestandsführung
- ❑ Einkaufsbestellverwaltung
- ❑ Fertigungsauftragsverwaltung
- ❑ Primärbedarfsverwaltung
- ❑ Stücklistenverwaltung.

Die Integration des Software-Paketes mit den Problemkreisen der Materialwirtschaft und angrenzenden Integrationskreisen ist gewährleistet. Unabhängig von bestehenden Organisationen kann das System durch die klare Trennung der Datenbereitstellung von den übrigen Programmfunktionen mit relativ geringem Aufwand eingeführt werden. Dadurch und durch die Konzeption des „offenen Baukastensystems" ist eine stufenweise Einführung möglich. Der Anwender wird in die Lage versetzt, sich sein individuelles System so zusammenzustellen, wie es seinen Erfordernissen oder seinem momentanen Organisationsstand entspricht.

Die **Hauptfunktionen der Disposition** sind:
- ❑ Disposition - Nettobedarfs- und Bestellrechnung
- ❑ Deterministische Bedarfsermittlung
- ❑ Stochastische Berechnungen.

Die Interdependenz der Einzelbausteine zeigen die folgenden Schaubilder.

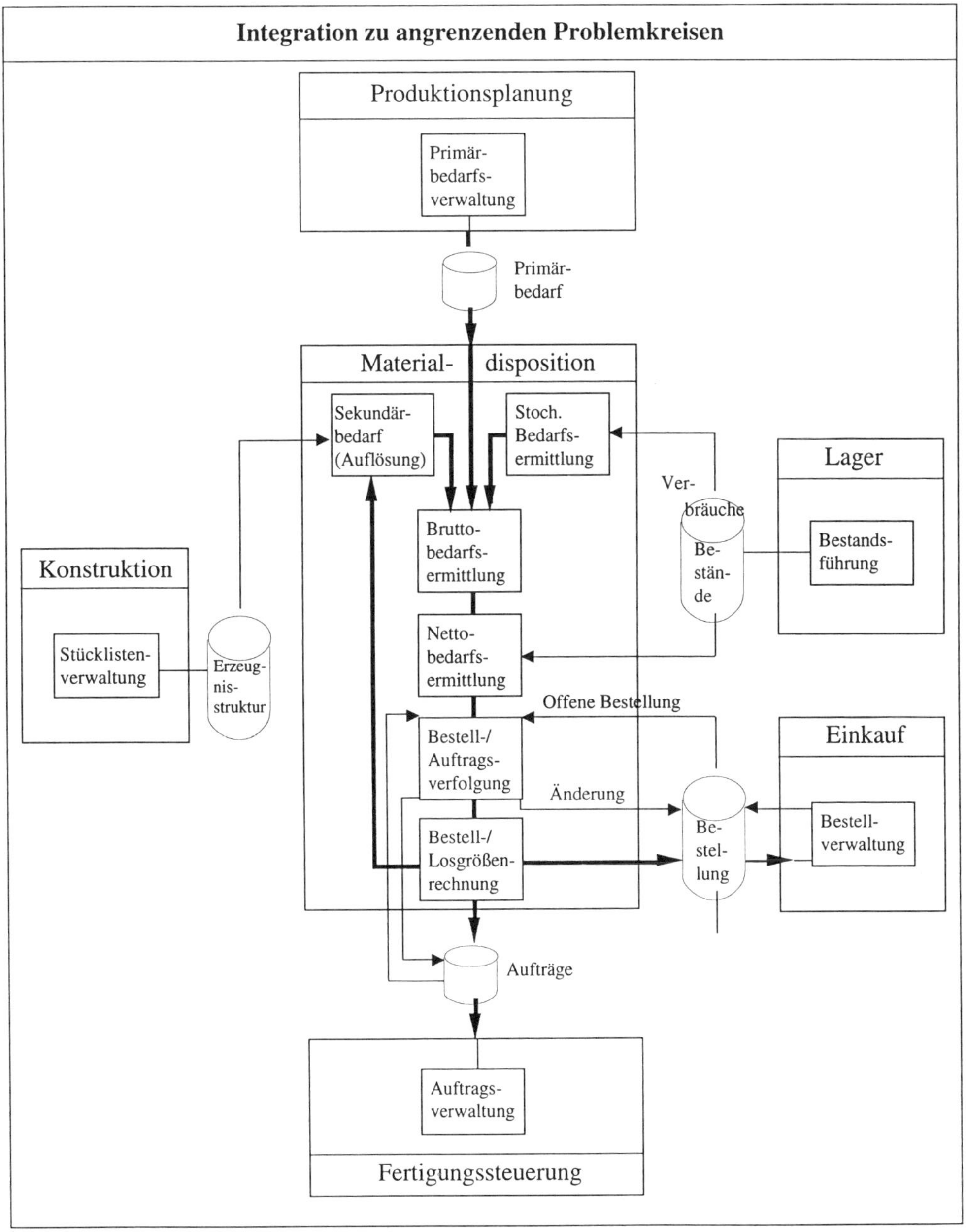

(2) **Eingliederung der Materialdisposition in betriebliche Planungs- und Arbeitsabläufe**

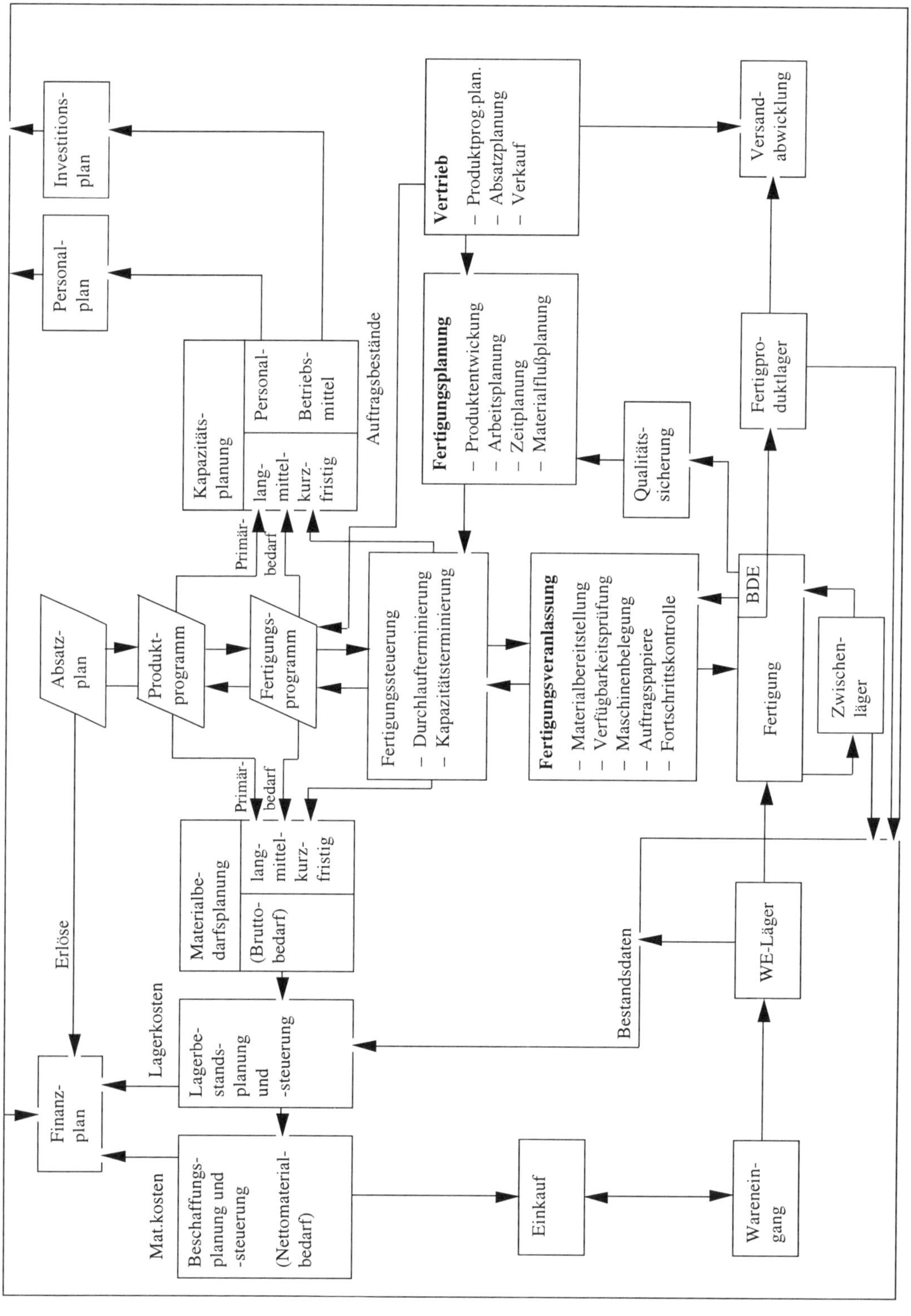

(3) **Ablauf einer EDV-gestützten Materialdisposition**

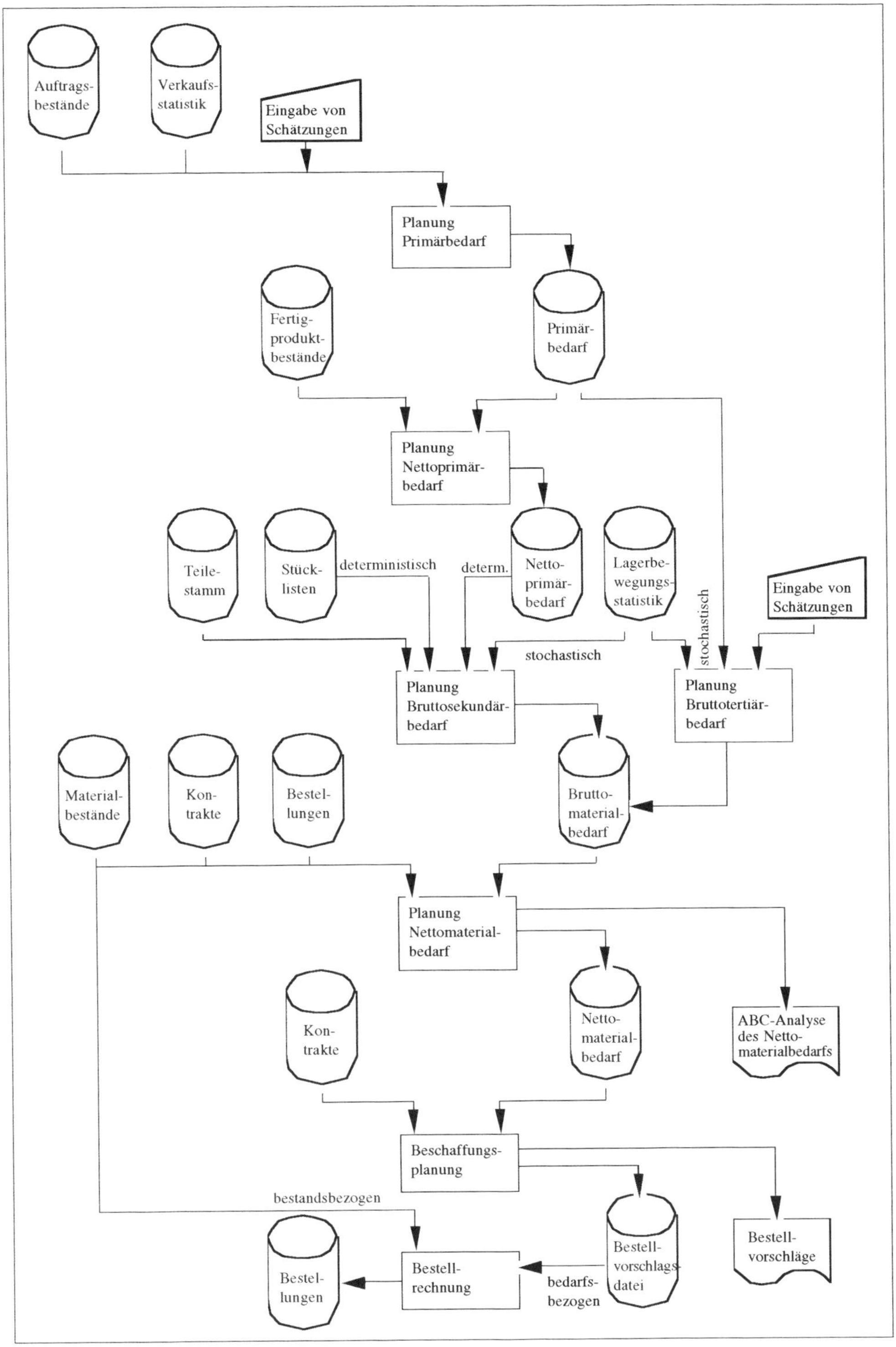

4.7.4.2 Einkauf und Bestellwesen

Einkäufer können bei Verhandlungen und Telefonaten gezielt auf absolut aktuelle Informationen sofort zugreifen und eine sofortige Auskunftsbereitschaft gewährleisten.

Sie erfüllen eine zentrale Aufgabe und benötigen eine Vielzahl von Informationen, die von den übrigen Materialwirtschaftsfunktionen zur Verfügung gestellt werden.

Dabei handelt es sich um:

- ❑ Verwalten von Rahmenvereinbarungen
  (ausgehandelte Mengen, Termine, Preise mit dem Lieferanten)
- ❑ Einholen von Angeboten, Preisen und Terminen
- ❑ Bearbeiten von Bestellvorgängen
- ❑ Vergleich von Angeboten und Auswertungen
- ❑ Verwalten der Bestellungen
  - Ändern
  - Löschen
  - Storno
  - Teilstorno
  - Bestellbestätigung
  - Bestellabschluss
- ❑ Erfassen der Bestellbestätigung
- ❑ Bestellbestätigungsprotokoll
- ❑ Überwachung der Bestellung
  - Mahnung und Liefererinnerung
  - Terminverzugsliste
- ❑ Bearbeitung von Rücksendungen
- ❑ Lieferantenauskunft
- ❑ Lieferantenbewertung.

4.7.4.3 Wareneingang und Qualitätskontrolle

Im Wareneingang werden gelieferte Materialien erfasst und Probleme gelöst, die mit fehlenden Bestellnummern, Lieferverzug, notwendigen Qualitätskontrollen und der Bearbeitung kritischer Lieferungen zusammenhängen.

Dazu gehören die Funktionen:

- ❑ Wareneingangserfassung mit Bestellermittlung und Gültigkeitsprüfung
- ❑ Liste der anstehenden Lieferungen
- ❑ tägliche Wareneingangsliste (-buch) sowie ggf. Chargenverfolgung
- ❑ Auslösen einer Qualitätskontrolle der eingegangenen Lieferung.

(Näheres zur Qualitätskontrolle vgl.Pkt. 5.5 Qualitäts-Management.)

4.7.4.4 Rechnungsprüfung

Die maschinelle Rechnungsprüfung senkt den manuellen Aufwand entscheidend. Alle Belege werden nur einmal am Entstehungsort bearbeitet. Die einwandfreie Zuordnung der Belege kann das EDV-System gewährleisten. Der Rechnungsprüfer bearbeitet dann nur noch die Ausnahmen. Die Rechnungen können am Tage des Posteingangs geprüft, gebucht und abgelegt werden. Hierdurch ist eine maximale Skontonutzung möglich.

Funktionen, die abgedeckt werden:

- ❑ Rechnungseingangserfassung mit Lieferanten- und Bestellermittlung
- ❑ Rechnungsprüfung (Vergleich der Bestellung mit der Rechnung)
- ❑ Rechnungseingangsbuch (Schnittstelle zur Kreditorenbuchhaltung).

4.7.4.5 Lager

Aus den Auswertungen der Lagerbestandsführung erfolgen die Rückmeldungen für die Beschaffungsplanung. Falsche Lagerbuchungen und mangelnde Aktualität führen zu Planungsfehlern. Die automatische Buchung der Mengen und Werte in der Bestandsführung wird durch das EDV-System durchgeführt.

- ❑ Lagerbestandsführung
  - innerbetrieblicher Zugang
  - Lagerentnahmen
  - Mengen- und wertmäßige Lagerbewertungskorrekturen
  - Bestandsrückrechnung
  - Umlagerungen zwischen verschiedenen Lagerorten und Erstellung einer Umlagerungsliste
  - Artikelermittlung und Lagerplatzfindung
  - Lagerortverwaltung / Lagerbewegungsliste
- ❑ Abschlüsse
  - Materialbewertung (monatlich / jährlich nach HIFO, LIFO, FIFO)
    Schnittstelle zur Finanzbuchhaltung
- ❑ Soll-Ist-Vergleich
  - permanente Inventur
  - Stichtagsinventur
- ❑ Kennzahlenermittlung
  - durchschnittlicher Lagerbestand
  - Umschlagshäufigkeit.

4.8 Exkurs: KANBAN-System

4.8.1 Zielsetzung

Wesentliche Forderungen an heutige Planungs- und Steuerungssysteme des Betriebsgeschehens sind:

- schnelle Verfügbarkeit von Führungsinformationen
- niedrige Werkstattbestände
- hohe Flexibilität und Effizienz in der Auftragsabwicklung durch kurze Durchlaufzeiten
- Verkürzung der Lieferfristen.

Diese Forderungen sollen erfüllt werden durch flexible Werkstattsteuerungssysteme. Das in Japan entwickelte KANBAN-System ist ein Lösungsansatz in diese Richtung.

4.8.2 Aufgaben der Werkstattsteuerung

Eine Werkstattsteuerung umfasst Planung (Reihenfolge der Aufträge und Arbeitsgänge, mengen- und zeitmäßige Auslastung der Betriebsmittel, Termineinhaltung), Steuerung (Arbeitsverteilung, Transportsteuerung) und Kontrolle (Überwachung von Aufträgen und Betriebsmitteln, Qualitätssicherung). Die wichtigsten Entscheidungsparameter für die Disponenten sind (mit unterschiedlicher Gewichtung):

- Losgrößenbildung
- Splittung und Überlappung der Werkstattaufträge (zur Verringerung der Durchlaufzeiten)
- Prioritätensetzung
- flexibler Personal- und Betriebsmitteleinsatz.

Die angestrebten Ziele sind:

- Verringerung der Durchlaufzeiten
- Minimierung der Kapitalbindung im Umlaufvermögen
- Termineinhaltung
- hohe Kapazitätsauslastung
- Verringerung der Rüst- und Transportkosten.

Um das Hauptziel, die kurzfristige Termin- und Kapazitätsplanung, zu erfüllen, stehen Mittel wie Terminlisten, Optimierungsverfahren, Durchlaufkurven und Netzplantechniken zur Verfügung. Die in der Bundesrepublik Deutschland angewandten Strategien sind Entlastungs- und Auftragsauswahlstrategien. Dabei sollen Planungsabweichungen durch Eingriffe in den Produktionsablauf minimiert werden. Steuerungs-Prinzip ist die Funktionsoptimierung, die oft hohe Bestände voraussetzt (zentrales Steuerungssystem).

Das KANBAN-System verfolgt Durchlaufzeit und Bestands minimierende Fertigungsablaufstrategien. Die mittleren Durchlaufzeiten sollen reduziert werden, d. h. eine kurzfristige Lieferfähigkeit bei geringerer Kapitalbindung (Verlagerung des Kapitals vom Umlauf- zum Anlagevermögen).

4.8.3 Funktionsweise des KANBAN-Systems

Die wichtigsten **Elemente** des KANBAN-Systems sind:

- Einrichtung vermischter selbststeuernder Regelkreise
- Einführung des Hol-Prinzips für die jeweilige nachfolgende Verbrauchsstufe
- flexibler Personal- und Betriebsmitteleinsatz
- Übertragung der kurzfristigen Steuerung an das ausführende Personal
- Einführung eines speziellen Informationsträgers (KANBAN-Karte).

Das benötigte Material wird jeweils von der verbrauchenden Stufe von der vorgelagerten Stufe angefordert bzw. abgeholt (Holpflicht-Prinzip). In der konventionellen Werkstattsteuerung spricht man dagegen von der Bringschuld. Die KANBAN-Karten sind standardisierte Informationsträger mit unter anderem folgenden wesentlichen Informationen:

- Teilebezeichnung mit Identitätsnummer, Transportbehälterart und Anzahl der Teile
- Adressenangabe der Teile
- Kartenspezifikation mit laufender Kartennummer und Anzahl der im Umlauf befindlichen Karten
- Zeiten für Transport- oder Produktionszyklen.

Für den Einsatz des KANBAN-Systems werden Teile des Produktionsbereiches in Regelkreise aufgeteilt, die im inner- als auch im zwischenbetrieblichen Bereich die Verbindung zwischen erzeugender und verbrauchender Stelle herstellen.

Der **Ablauf** ist im Allgemeinen wie folgt:

Die erzeugende Stelle (Quelle) stellt beim Eintreffen einer KANBAN-Karte das angegebene Material her bzw. bereit in einem standardisierten Behälter. Die Karte entspricht genau einem Behälterinhalt. Dann wird die Karte zusammen mit dem Behälter zur verbrauchenden Stelle (Senke) geschickt. Wird bei der Senke eine Unterschreitung des vorgegebenen Mindestbestands festgestellt, wird die Karte zur Quelle zurückgeschickt (Auftragserteilung) und ein neuer Zyklus wird ausgelöst.

Es sind folgende organisatorische Regelungen einzuhalten:

- Der Erzeuger darf nie Teile vor Bestelleingang oder mehr als gefordert bestellen; die Erzeugnisse müssen fehlerfrei sein.
- Der Verbraucher darf nie Material vorzeitig oder mehr als benötigt anfordern.
- Der Produktionssteuerer ist verantwortlich für eine gleichmäßige Aus- und Belastung der Fertigungsbereiche, für einen optimalen Materialfluss ohne Kapazitätspuffer und für eine möglichst geringe Anzahl KANBAN-Karten (da diese Umlaufbestand darstellen).
- Eine KANBAN-Karte darf nur innerhalb eines Regelkreises eingesetzt werden.
- Jeder Transportbehälter muss über eine Karte verfügen.
- Das jeweils benötigte Material wird innerhalb eines Toleranzbereiches bereitgestellt.

Eine KANBAN-Karte stellt eine unveränderte Anzahl von Teilen dar, d. h. dass der Materialbestand durch alle Karten repräsentiert wird. KANBAN-Karten sind Betriebsauftrag und Materialbegleitschein in einem. Sollen die Umläufe der Materialmengen variiert werden, verändert man nicht die Angabe der Losgröße, sondern die Anzahl der Durchläufe (Losfrequenz).

Zentral gesteuerte Aufgaben des KANBAN-Systems sind:

- Sicherstellung der Produktionsaktivitäten durch übergeordnete Termin- und Kapazitätsgrobplanung
- Festlegung des Mengenausstoßes pro Teil und Zeit durch Bestimmung des Produktmixes
- Erstellung, Aufgabe und Entnahme von KANBAN-Karten
- Einlastung und Stornierung von Aufträgen
- Auftragsfortschrittsüberwachung.

Durch eine spezielle Planung der KANBAN-Regelkreise und der Toleranzgrenzen sowie der Vorgabe von Kapazitätsbedarf kann der reibungslose Ablauf noch unterstützt werden.

4.8.4 Einsatzvoraussetzungen

Hauptvoraussetzung für den Einsatz eines KANBAN-Systems ist die Harmonisierung des Produktprogramms. Dazu gehören unter anderem die Einführung von Teilestandardisierungsmaßnahmen, die Bildung von Teilefamilien, ein stetiger Teileverbrauch und somit eine stetige Produktion (Mindestlosgröße). Außerdem muss das Zentrallager abgeschafft und dezentrale Pufferläger müssen eingerichtet werden. Weitere Voraussetzungen sind ablauforientierte Betriebsmittelgestaltung und -anordnung (hohe Einschränkung der Teilevielfalt, Trennung der Rüsttätigkeit danach, ob sie bei laufenden oder bei Stillstand der Maschinen erfolgt und durch optimale Ausrüstung des Umrüstpersonals) und Qualitätssicherung (automatisierte Prozessüberwachung oder Selbstkontrolle).

Die Qualitätssicherung durch Selbstkontrolle bietet dabei entscheidende Vorteile:

- mögliche Einsparungen von Informationspersonal
- Verringerung des Materialbestands (Zwischenläger entfallen)
- unmittelbare Fehlererkennung und -beseitigung
- Verringerung der Durchlaufzeiten und Kapitalbindungskosten
- Steigerung der Produktion durch erhöhte Motivation
- Erweiterung des Verantwortlichkeitsbereichs der Mitarbeiter
- bei Festhaltung des Fehlerortes auf der KANBAN-Karte hat jeder Mitarbeiter persönliches Interesse an einwandfreien Produkten.

Dabei ist besonders zu beachten, dass sich nur mit motivierten Mitarbeitern die in KANBAN-Systemen propagierte Produktion-auf-Abruf durchführen lässt, ohne dass es zu Unterbrechungen im Produktionsfluss kommt. Dazu kann z. B. auch eine Prämienentlohnung beitragen. Außerdem ist nur durch eine gezielte Aus- und Weiterbildung der vom KANBAN-System geforderte flexible Personaleinsatz erreichbar.

4.8.5 Einführung des KANBAN-Systems

Die Einführung eines KANBAN-Systems fordert eine Umgestaltung der Informationsflüsse, die Einführung neuer Belege, den Verzicht auf umfangreiche Formulare, die Anpassung von Vorrichtungen und Betriebsmitteln und Eingriffe in die Instandhaltungsstrategie sowie Veränderungen des Maschinen-Layouts. Deswegen werden vielfach nur Insel-Lösungen eingesetzt, die mit EDV-Lösungen kombiniert werden können.

Eine Systemeinführung beinhaltet folgende Schritte:

- ❑ Prüfung und Festlegung der Produkte hinsichtlich der Eignung (dazu gehören relativ hochwertige Teile (ABC-Analyse) und geringe Bedarfsschwankungen (XYZ-Analyse) sowie hinreichend lange Produktlebensdauer)
- ❑ Aufstellung der selbststeuernden Regelkreise (Übersichtlichkeit!)
- ❑ Einführung entsprechender Organisationsmittel (KANBAN-Karten, welche Informationen, welche Anforderungen, wieviele)
- ❑ Senkung der Bestände
- ❑ Beseitigung der Schwachstellen.

4.8.6 Wirtschaftlichkeitsaspekte

Zur Bestimmung der Wirtschaftlichkeit eines KANBAN-Systems müssen zu erwartende Kosten und Nutzen prognostiziert und gegenübergestellt werden. Die **Kosten** lassen sich unterteilen in:

- ❑ organisatorische (Ablaufanalyse, Kapazitätsabgleich, Entwurf der KANBAN-Karten)
- ❑ Personal bezogene (Aus- und Weiterbildung)
- ❑ Produkt bezogene (Auswahl geeigneter Produkte, Erstellung von Regelkreisen, Dimensionierung von Pufferlägern (Sicherheitsbestände), Sicherstellung des Qualitätsstandards)
- ❑ Produktions bezogene (Prüfung und Anpassung der Produktionskapazitäten und der Transportwege, Verringerung der Rüstzeiten).

Dem stehen möglichweise folgende **Nutzen** gegenüber:

- ❑ Bestandsreduzierung (Beschleunigung des Materialflusses, positive Beeinflussung des Materialbestandes, sinkende Aufwendungen im Lagerbereich und Materialhandling)
- ❑ Flexibilitätserhöhung (Mengenanpassung durch Erhöhung der Auflagefrequenz)
- ❑ Motivationserhöhung
- ❑ Steigerung der Qualitätssicherheit (Reduzierung der Kosten und des Ausschussanteils).

4.8.7 Anwendungsbereiche

KANBAN-Systeme werden vorwiegend bei Unternehmen der Großserien bzw. Massenproduktion und in Großbetrieben der Elektronik eingesetzt, wegen der guten Voraussetzungen für die Stetigkeit der Teileverwendung.

Eine Einführung hat Auswirkungen auf nahezu alle Unternehmensbereiche und eine Gesamtlösung erfordert einen großen Aufwand bei der Gestaltung und Umorganisation. Insel-Lösungen sind daher in der Regel vorzuziehen. Diese können nach und nach erweitert werden bis ein Netz vermischter Regelkreise entsteht.

Die Standortnähe der Zulieferer und ein gutes Verhältnis mit diesen sind ebenfalls Voraussetzungen für einen erfolgreichen Einsatz, die in Japan gegeben sind.

4.8.8 EDV-Unterstützung

Ein dialogorientiertes EDV-System kann im Rahmen eines KANBAN-Systems folgende Aufgaben erfüllen:

- ❑ Unterstützung des Planers in der Konzeptphase und bei der Wahl KANBAN-fähiger Produkte
- ❑ Bereitstellung der für die Planung benötigten Daten
- ❑ Ausführung der anfallenden Berechnungen der Planungsphase
- ❑ Drucken der KANBAN-Karten, Aufbereiten und A usgeben der Planungsergebnisse
- ❑ Protokollierung des Ist-Ablaufes und Ausgabe von Abweichungen vom Soll-Zustand
- ❑ Protokollierung der Ist-Daten und Verbesserung der Qualität der Planungsdaten für weitere Planungsabläufe

Hauptdaten und grundsätzlicher Aufbau einer Kabankarte

<table>
<tr><td>Ursprung</td><td>Termin</td><td>Ziel</td><td>Teile-Nummer</td></tr>
<tr><td colspan="2">Serien-Nummer
von bis</td><td>Behälter</td><td>Menge</td></tr>
<tr><td colspan="2">Bezeichnung</td><td colspan="2">Auftrag</td></tr>
</table>

Systemzusammenhang möglicher Kanbanregelkreise

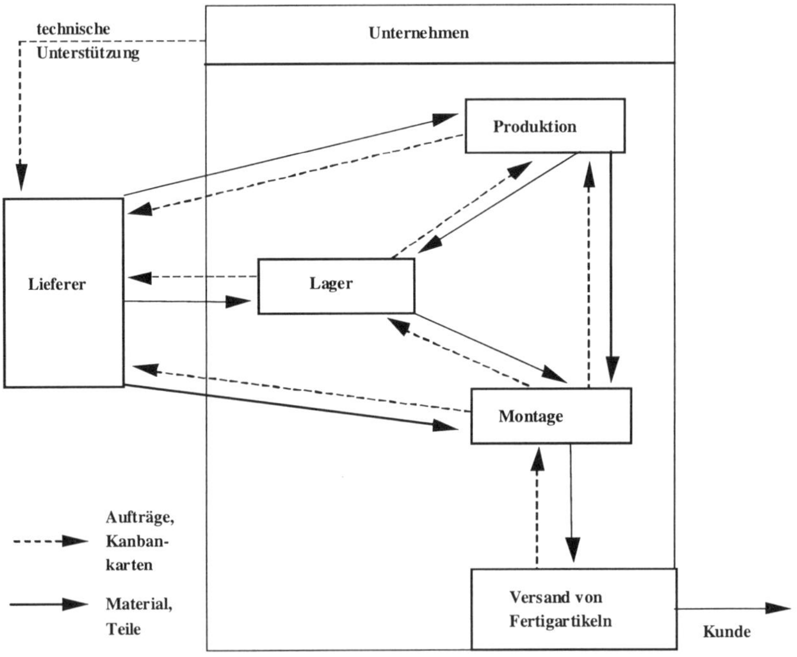

Kontrollfragen zu Kapitel 4

1. Erläutern Sie Ziele und Probleme der Materialwirtschaft.
2. Definieren Sie die Teilaufgaben der Materialwirtschaft.
3. Welche Beschaffungsobjekte sind Gegenstand der Materialwirtschaft?
4. Stellen Sie die Arbeitsteilung, den Arbeitsablauf und die entsprechenden Arbeitsinhalte der Materialwirtschaft für ein Unternehmen dar, das technische Serienprodukte herstellt.
5. Welche Aufgaben hat die Materialplanung im engeren Sinne als Grundlage der Beschaffung?
6. Erläutern Sie Bedeutung und Arbeitsschritte der ABC-Analyse unter Verwendung einer Graphik mit Koordinatensystem.
7. Was verstehen Sie unter XYZ-Analyse?
8. Erläutern Sie die Folgerungen, die aus ABC- und XYZ-Analyse bezüglich Beschaffungspolitik und Bestellverfahren zu ziehen sind.
9. Erläutern Sie die Aufgaben der Beschaffungsmarktforschung.
10. Erläutern Sie den Zusammenhang zwischen dem Beschaffungsplan und den für diesen Plan maßgeblichen übrigen Teilplänen.
11. Welches sind die Aufgaben der Materialdisposition?
12. Was verstehen Sie unter stochastischer/deterministischer Bedarfsermittlung?
13. Definieren Sie die Begriffe: Primär-, Sekundär- und Tertiärbedarf sowie Brutto- und Nettobedarf.
14. Nennen Sie ein Verfahren oder ein Instrumentarium, das eingesetzt wird, um aus dem Primär- den Sekundärbedarf zu ermitteln.
15. Nennen Sie die Zeilenfolge des Rechenganges, der vom Brutto- zum Nettobedarf führt.
16. Erläutern Sie Bestellrhythmusverfahren und Bestellpunktverfahren, jeweils in Verbindung mit einer graphischen Darstellung, ergänzt um Hinweise darauf, für welche Güterarten und in Verbindung mit welchen Zielsetzungen das eine beziehungsweise das andere Verfahren bevorzugt eingesetzt werden sollte.
17. Erläutern Sie die bestellmengenabhängigen Kostenverläufe und die Ermittlung der optimalen Bestellmenge.
18. Nennen Sie Vor- und Nachteile einer Orientierung an einem vorher festgelegten Höchstbestand.
19. Auf welchen Annahmen basiert die Andler'sche Formel und sind diese vorwiegend praxisnah?
20. Stellen Sie den Arbeitsablauf des Einkaufs im Zusammenhang mit Lager/Disposition und Rechnungswesen dar.
21. Welche Funktionen ordnet man dem Wareneingang zu?
22. Welche Lagerarten unterscheidet man in Abhängigkeit von den Güterarten und deren Reifegrad im Fertigungsprozess des Industriebetriebes?

23. Welche Lagerfunktionen kennen Sie?
24. Erläutern Sie die Lagerfreiplatzverwaltung für ein Hochregallager.
25. Welche Formen der Bestandsbewertung kennen Sie und was sind deren Merkmale?
26. Nennen Sie wichtige Kennzahlen zur Überwachung der Materialwirtschaft.
27. Erläutern Sie Ihre Vorstellungen über den EDV-Einsatz in der Materialwirtschaft möglichst detailliert und konkret und gehen Sie dabei auf bestimmte Ziele, Voraussetzungen und Teilaufgaben ein.
28. Stellen Sie den Ablauf einer EDV-gestützten Materialdisposition graphisch dar.
29. Stellen Sie die Eingliederung der Materialdisposition in die betrieblichen Planungs- und Arbeitsabläufe dar.
30. Wie funktioniert ein KANBAN-System und welches sind die wichtigen Voraussetzungen für den Einsatz dieser Form der Ablauforganisation in der Materialwirtschaft?

5 Produktionswirtschaft

5.1 Begriff, Ziele, Aufgaben und Bestimmungsfaktoren

Gutenberg definiert Produktion als „Leistungserstellung, die außer Arbeitsleistungen und Betriebsmitteln auch den Faktor Werkstoff enthält.“[1]

Bezüglich produktionstheoretischer Überlegungen und der entsprechenden Begriffe sowie zur Vertiefung von Einzelfragen der Produktionsoptimierung verweisen wir auf die Spezialliteratur im Literaturverzeichnis zu diesem Kapitel. Im Folgenden werden dem Leser Denkanstöße für die Beurteilung der Produktionsprobleme im betrieblichen und volkswirtschaftlichen Gesamtzusammenhang vermittelt und die betriebswirtschaftlichen Hauptinstrumente zur praktischen Lösung der Produktionsaufgaben vorgestellt.

5.1.1 Ziele im zeitlichen Wandel

Im Zusammenhang mit dem **Wandel vom Verkäufermarkt zum Käufermarkt**, auf dem sich nur solche Produkte behaupten, die den Anforderungen der Kunden bestmöglich entsprechen, ist der **Umsatz** eines Unternehmens **zunehmend abhängig** geworden von Leistungsmerkmalen wie erstklassiger **Qualität, Lieferbereitschaft und Termintreue**. Diese Leistungsanforderungen an das Produkt haben deshalb im Zeitablauf für die Produktion zunehmend an Bedeutung gewonnen.

Durch die stetig **steigenden Löhne und Gehälter** in der Bundesrepublik hat die **Zielsetzung systematischer Lohnkosteneinsparung durch Fertigungszeitverkürzung** für viele Betriebe hohe Priorität und ist für einige Unternehmen im Wettbewerb mit Niedriglohnländern wie Japan seit vielen Jahren existenzentscheidend. In den sechziger und siebziger Jahren ergaben sich daraus in der Regel noch keine Beschäftigungsprobleme, da es den meisten Unternehmen gelang - insbesondere im Export - ihren Absatz laufend zu steigern. Erst als Folge zunehmender Marktsättigung entstand das Problem, dass viele Unternehmen, um sich im Markt zu behaupten, Lohnerhöhungen bei konstanten Preisen und Kosten je Produkteinheit realisieren mussten. Das führte zunehmend zu Produktivitätssteigerungen durch Rationalisierungsmaßnahmen in Verbindung mit unvermeidbaren Personaleinsparungen.

Für zahlreiche Produktionsbetriebe besteht diese Zielsetzung unverändert fort. Im Bereich der Wirtschafts-, Sozial- und Tarifpolitik müssen kreativ und flexibel Wege gefunden werden, um durch sinnvollen Strukturwandel dieses gravierende Problem zu entschärfen.

Eine im internationalen Vergleich niedrige Eigenkapitalausstattung der deutschen Industrie hat zur Folge, dass die **Zinsen auf das Fremdkapital ein bedeutender Kostenfaktor** sind. Diese Aussage gilt auch, wenn man berücksichtigt, dass die in Deutschland überdurchschnittlich hohen Pensionsrückstellungen zwar Fremdkapital darstellen, das den Unternehmen jedoch langfristig zinsfrei zur Verfügung steht. Deshalb haben Maßnahmen zur **Optimierung der Aktivseite der Bilanz**, der Mittelverwendung, zwecks Verringerung des Bedarfs an Kapital stets in der Produktion eine große Rolle gespielt. Dabei standen **zunächst die Minimierung von Anlageninvestitionen durch deren optimale Nutzung** im Vordergrund. Erst auf der Suche nach weiteren

---

[1] *Gutenberg, E.*, Grundlagen der Betriebswirtschaftslehre, Bd. 1, a.a.O

Möglichkeiten zur Senkung der Zinskosten hat zusätzlich die **Minimierung des Umlaufvermögens durch Optimierung von Materialdurchlauf und Materialbeständen** wachsende Beachtung gefunden.

Das Zielsystem der Produktion

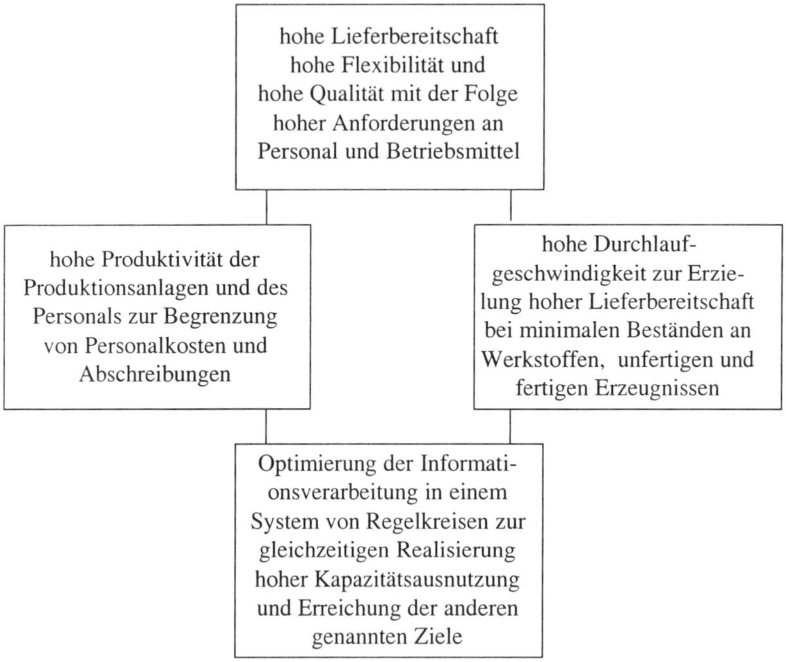

5.1.2 Produktionsaufgaben in der Bundesrepublik

Im Kapitel 8 über Unternehmensführung schließe ich mich der japanischen und vielfach auch in amerikanischen Unternehmen anzutreffenden Auffassung an, dass ein erfolgreiches Unternehmen übergeordnete Ziele haben sollte, die der Belegschaft die Überzeugung vermitteln, nicht nur für den Lebensunterhalt, sondern vor allem für eine wichtige gute Sache zu arbeiten. In diesem Sinne schreibe ich im Folgenden meine persönliche Meinung darüber, wie die deutsche Industrie zur Lösung großer Aufgaben unserer Zeit beitragen sollte. Diese Meinung sollte als Denkanstoß für eine verantwortungsbewusste eigene Standort- und Zielbestimmung verstanden werden.

Die deutsche Industrie sollte nach meiner Überzeugung zur Lösung der folgenden nationalen und internationalen Aufgaben beitragen und für die Produktion die entsprechenden Folgerungen ziehen:

(1) **Sicherung der internationalen Wettbewerbsfähigkeit** der deutschen Wirtschaft, da etwa jede dritte in Deutschland verdiente Mark durch Export erwirtschaftet und weitgehend wieder für Importe ausgegeben wird, die zu wesentlichen Teilen Rohstoffe enthalten, die in Deutschland nicht verfügbar sind.

Die Wichtigkeit dieser Aufgabe hat der ehemalige Vorstandsvorsitzende der Daimler-Benz AG *Edzard Reuter* mit folgenden Worten unterstrichen: „Die Weltwirtschaft ist unser Schicksal und zwar so radikal, also an die Wurzel gehend, dass jede allein innenpolitisch oder binnenwirtschaftlich kalkulierte Maßnahme von Grund auf falsch sein kann. Dies nicht nur zu wissen, sondern danach zu handeln, ist Führungsaufgabe, die den politisch Verantwortlichen niemand abnehmen kann.[2]

(2) Die Ermöglichung und Unterstützung einer verantwortungsbewussten Außenwirtschafts- und Zahlungsbilanzpolitik der Bundesrepublik und der Europäischen Gemeinschaft, die durch Abbau von Importrestriktionen und Abbau von Subventionen sowie teilweisen Schulden- und Zinserlass für die Schuldnerländer Auswege eröffnet aus der Weltschuldenkrise. Für die Industrie bedeutet das die Notwendigkeit zu **Strukturanpassungen** im eigenen Land und die Bereitschaft zur **Verstärkung der internationalen Kooperationen**.

Alfred Herrhausen, ehemaliger Sprecher der Deutschen Bank AG, hat schon im Oktober 1987 in Washington darauf hingewiesen, dass eine wirkliche Hilfe für die Schuldnerländer, die nicht nur auf Zeitgewinn setzt, notwendig ist.[3]

(3) **Deckung der Bedürfnisse der Bürger unseres Landes** bei gleichzeitiger Beachtung der nicht konfliktfreien Ziele
- ❑ Sicherung relativ hoher Individualeinkommen
- ❑ Bekämpfung der Arbeitslosigkeit
- ❑ Lösung der Probleme, die sich aus der Veränderung des Altersaufbaus der Bevölkerung ergeben.

(4) **Minimierung der sozialen Kosten**, das heißt der privatwirtschaftlich nicht bezahlten Umweltschäden, bzw. deren systematische Beseitigung durch entsprechende Politik und wirtschaftliche Aktivitäten, z. B.
- ❑ Einführung des Verursacherprinzips wie in Japan
- ❑ Entwicklung und Durchsetzung angemessener umweltschonender Entsorgungstechnologien
- ❑ bzw. Verbot von Technologien, für die eine umweltschonende Entsorgung noch nicht geregelt ist
- ❑ Einschränkung von Konsumgewohnheiten mit hoher Umwelt- und Gesundheitsschädigung.

(5) Sinnvolle **Begrenzung der Rüstungsausgaben**, nicht Rüstungsproduktion als Export- und Arbeitsmarktpolitik.

Einige der genannten Ziele konkurrieren miteinander, d. h. sind nicht erreichbar, ohne sich von anderen zu entfernen. Im konkreten Fall geht es deshalb meistens um eine verantwortungsbewusste Güterabwägung.

---

[2] *Reuter, E.*, Auf ein Wort, in „Die Welt" vom 17.03.1987
[3] Vgl. *Christ, P.*, Was schulden wir den Schuldnern, in „Die Zeit" vom 09.10.1987

5.1.3 Bestimmungsfaktoren, die den Produktionsprozess festlegen

5.1.3.1 Produktionsfaktoren

Die Produktionsfaktoren wurden im Kapitel Aufbau der Unternehmung unter Punkt 1.2 behandelt. Eine weiterführende Darstellung der Vielfalt der bei einer Einsatzoptimierung zu beachtenden Gesichtspunkte geben *Gutenberg* in seinem Standardwerk „Produktion“[4] und *Blohm* und andere in „Produktionswirtschaft“.[5]

5.1.3.2 Prozessmerkmale

Die Merkmale eines Produkts beziehungsweise eines Produktprogramms und die Produktionsmengen bestimmen wesentlich die Produktionstechnologie und den Produktionsprozess, d. h. den Produktionsablauf und seine Merkmale bezüglich Organisation, Rationalisierungsmöglichkeiten und Kalkulationsverfahren.

Einen systematischen Überblick über die Zusammenhänge zeigt folgende Zusammenstellung von *Beer*:[6]

[4] *Gutenberg, E.*, Grundlagen der Betriebswirtschaftslehre, Bd. 1, Die Produktion, a.a.O.
[5] *Blohm, H.* und andere, a.a.O.
[6] Entnommen aus: derselbe und andere, a.a.O.

Gliederung der Produktionsverfahren nach der Mengenleistung der Produktion

Einzelfertigung	Massenfertigung	Sortenfertigung	Serienfertigung	Chargenfertigung
Im Extremfall einmalige Herstellung eines Erzeugnisses (Bsp.: Schiffsbau, Großmaschinenbau) Ähnlich: Kleinserien Auslöser: Bestellungen, auch Lageraufträge	Im Extremfall Herstellung eines Erzeugnisses in großen Mengen über lange Zeit. (Bsp.: Zigarettenherstellung, Zündholzherstellung) Ähnlich: Großserien Auslöser: Produktionsprogramm, evtl. detailliert durch Bestellungen (Automobile)	Abart der Massenfertigung; Herstellung qualitativ verwandter, fertigungstechnisch weitgehend identischer Erzeugnisse in großen Mengen. (Bsp.: Zündkerzen, Wein) Auslöser: Produktionsprogramm	Herstellung qualitativ verwandter, fertigungstechnisch aber recht unterschiedlicher Erzeugnisse. (Bsp.: Möbel). Starke Unterschiede nach Seriengröße. Auslöser: Produktionsprogramm, Bestellungen, Lageraufträge	Sonderformen der Sorten- oder Serienfertigung (insbesondere in der Stahl-, Chemie- und Lebensmittelindustrie). Trotz einheitlicher Fertigungsabläufe beschränkte qualitative Unterschiede zwischen den Fertigungslosen (Bsp.: Lackherstellung; Stahlherstellung). Auslöser: Programm, Bestellungen
Besonderheiten: hoher Vorbereitungsgrad der Fertigung; geringe Rationalisierungsmöglichkeiten	Besonderheiten: niedrige Stückkosten durch Kostendegression	Besonderheiten: Rationalisierungseffekte durch Normung und Typung, optimale Losgrößen	Besonderheiten: Rationalisierungseffekte durch Normung und Typung, optimale Losgrößen, Bedeutung der Umrüstzeiten und -kosten hoch	Besonderheiten: ungewollte Produktdifferenzierung durch wechselnde Produktionsbedingungen
Extremformen	Extremformen	Zwischenformen	Zwischenformen	Zwischenformen

Typische Kalkulationsmethoden

Zuschlagskalkulation	ein- und mehrstufige Divisionskalkulation	Äquivalenzzahlenkalkulation	Zuschlagskalkulation	Sonderformen der Zuschlags-, Divisions- und Äquivalenzziffernkalkulation

Typische Organisationsformen

Werkstattfertigung, Gruppenfertigung Baustellenfertigung	Fließfertigung, Andere Formen möglich	Fließfertigung, Straßenfertigung und Kombinationen	Verschiedene Formen der Gruppenfertigung, Straßenfertigung, Werkstattfertigung	Kombinationen

Leistungstypen der Produktion

Entnommen aus: *Blohm, H., Beer, T.*, und andere, Produktionswirtschaft, a.a.O., S. 208

Gliederung der Produktionsverfahren nach der räumlichen und zeitlichen Strukturierung der Produktion

bewegliche Erzeugnisse

Sonderform bei unbeweglichem Erzeugnis

Werkstattfertigung (Gliederung nach Funktionen)	Fließfertigung (Gliederung nach Objekten)	Gruppenfertigung	Baustellenfertigung
Räumliche Konzentration gleichartiger Arbeitsverrichtungen (z. B. Dreherei, Fräserei, Gießerei, Lackiererei). Auch bei der Zusammenfassung unterschiedlicher Arbeitsverrichtungen (Betriebsmittel) wird manchmal von Werkstätten gesprochen; hier unter Gruppenfertigung eingeordnet. Sonderformen: Werkstattfließfertigung (jede Werkstatt ist im Sinne des Fließprinzips organisiert), Fließinselfertigung (Werkstätten bilden die einzelnen Elemente der Fließfertigung)	Anordnung der Betriebsmittel und Arbeitsplätze entspricht der Arbeitsgangfolge. Kontinuierlicher Fertigungsfluss wird durch zeitliche Abstimmung der Arbeitstakte erreicht. Die Straßenfertigung ist eine Sonderform. Es fehlt die präzise zeitliche Abstimmung der Arbeitstakte.	Räumliche Zusammenfassung verschiedener Betriebsmittel zu Funktionsgruppen, Bearbeitungszentren, Fertigungsinseln, Montageinseln, flexiblen Fertigungszellen usw. Die Anordnung der Betriebsmittel in den Funktionsgruppen kann nach dem Fließprinzip erfolgen (Fließinseln). Zusätzlich sind in der Regel Werkstätten erforderlich! Neue Form der Arbeitsstrukturierung: Teilautonome Gruppen mit erweiterter Handlungs- und Entscheidungsfreiheit des einzelnen Gruppenmitglieds. Tendenz: Weg vom Fließband, d. h. Entkopplung von Mensch und Technik – Bildung von taktunabhängigen Einzelarbeitsplätzen, z. B. Nebenflussprinzip. – Verbesserung der sozialen Beziehungsmöglichkeiten zwischen den Mitarbeitern	Zwischen den Arbeitsgängen werden nicht Werkstücke, sondern Betriebsmittel und Arbeitskräfte transportiert. Typisch für die Bauwirtschaft. Im übertragenen Sinne auch in Land- und Forstwirtschaft der Regelfall.
Vorteile: hohe Flexibilität, geringe Umstellzeiten und -kosten, relativ geringe Fixkostenbelastung, größere Handlungs- und Entscheidungsspielräume der Arbeitskräfte. Nachteile: schwierige Fertigungsplanung und -steuerung, hohe Transportkosten, Zwischenlagerbildung, lange Durchlaufzeiten	Vorteile: geringe Anforderungen an die Fertigungssteuerung, Transportkosten geringer, Durchlaufzeiten geringer, Vorteile durch Arbeitsteilung und Spezialisierung Nachteile: hoher Kapitalbedarf für die Fertigungseinrichtungen, reagiert empfindlich auf Störungen des Ablaufs, starre Produktion	Versuch als Zwischentyp die Vorteile der Werkstatt- und der Fließfertigung zu verbinden und Nachteile zu mildern. Gegenüber der Werkstattfertigung werden eine höhere Übersichtlichkeit der Fertigung und geringere Transportzeiten erreicht.	Es treten besondere Problembereiche auf, z B. – Planung der Baustelleneinrichtung – Planung der Transportkette – Planung der technologischen Reihenfolge der Fertigung.
Extremformen		Zwischenform	

Organisationstypen der Produktion

Entnommen aus: *Blohm, H., Beer, T. und andere, Produktionswirtschaft, a.a.O.*

5.1.3.3 Organisationstypen

In Abhängigkeit von den Merkmalen des Fertigungsprozesses bezüglich der Kombination von Werkstoffen und Betriebsmitteln nach Reihenfolge, Häufigkeit sowie Gleichartigkeit und Häufigkeit der auszuführenden Operationen erweisen sich unterschiedliche Organisationstypen der Produktion als zweckmäßig. Einen Überblick über die Zusammenhänge gibt die obige Abbildung von *Beer*:[7] Siehe oben, Organisationstypen der Produktion (vorangehende Seite).[8]

5.1.3.4 Hauptinformationsprozesse in der Produktion

In den Kapiteln Vertrieb und Materialwirtschaft wurde bereits detailliert der Durchlauf eines Kundenauftrages mit Informationsverarbeitung behandelt (vgl. Pkt. 3.4.2.3) und der Arbeitsablauf einer integrierten Materialwirtschaft und Fertigungssteuerung mit Dateien dargestellt (vgl. Pkt. 4.7.4.1). Deshalb kann ich mich hier darauf konzentrieren, die Administration und Logistik einer „Fabrik" im Zusammenhang mit dem Markt, den Unternehmenszielen, der Produktentwicklung, dem Vertrieb und der Arbeitsvorbereitung zu veranschaulichen.

Diesen Dienst leistet knapp und übersichtlich das folgende Schema: „Administration und Logistik einer 'Fabrik'".

In diesem Schaubild wurde auf die Darstellung des Informationsflusses von der Produktion zum Rechnungswesen zum Zweck der Kosten- und Leistungsrechnung verzichtet. Die Daten, die das Rechnungswesen von der Fertigung benötigt, werden unter Punkt 5.4.2.3 (Fertigungsleitstand) und 9.2.4.5 (Praxisbeispiel: Betriebsabrechnung eines mittleren Maschinenbauunternehmens) behandelt.

Die Realisierung von Unternehmensstrategien setzt immer stärker die effiziente Verfügbarkeit, Aufbereitung und Weitergabe von Informationen voraus. Dabei gilt es zu berücksichtigen, dass sich die Qualifikations-Anforderungen an die Informationsverarbeitung ständig ändern. Systemtechnische Möglichkeiten und ihre ökonomischen Konsequenzen müssen bedacht werden. Investitionen in Teilsysteme können nur noch im Gesamtzusammenhang geplant und beurteilt werden, und sie müssen mit den Unternehmensstrategien abgestimmt sein. Dabei gelten für die verschiedenen Fertigungsarten unterschiedliche Maßstäbe.

In der Einzel- oder Kleinserienfertigung dominiert der Kundenauftrag. Hier gehört es zu den vorrangigen Zielen, rasch und flexibel auf Kundenwünsche einzugehen.

In der Großserien- oder Massenproduktion liegen die Prioritäten grundlegend anders. Dort steht die Produktivität im Mittelpunkt. Die Planung der Produkte und die Ausrichtung der Fertigung kann längerfristig erfolgen.

Die Realität ist, dass die meisten Unternehmen beide Ziele mit unterschiedlicher Gewichtung zu verfolgen haben, wobei sich in der heutigen Zeit diese Gewichte sehr schnell verschieben können. Aufgabe eines jeden unterstützenden Informationssystems muss deshalb sein, diese scheinbar gegensätzlichen Forderungen integriert abzudecken. Es soll ein Instrument zur Verfügung stehen, mit dem sich das jeweils gültige Optimum zwischen Flexibilität und Produktivität erreichen lässt.

---

[7] Entnommen aus: Blohm, H., und andere, Produktionswirtschaft, a.a.O.

[8] Einen Überblick über neue und zukünftige Entwicklungen in der Organisation der Produktionsprozesse gibt *Bicheno,J.*, The Lean Toolbox, *PICSIE BOOKS*, Buckingham

Hauptinformationsprozesse in der Produktion[9]

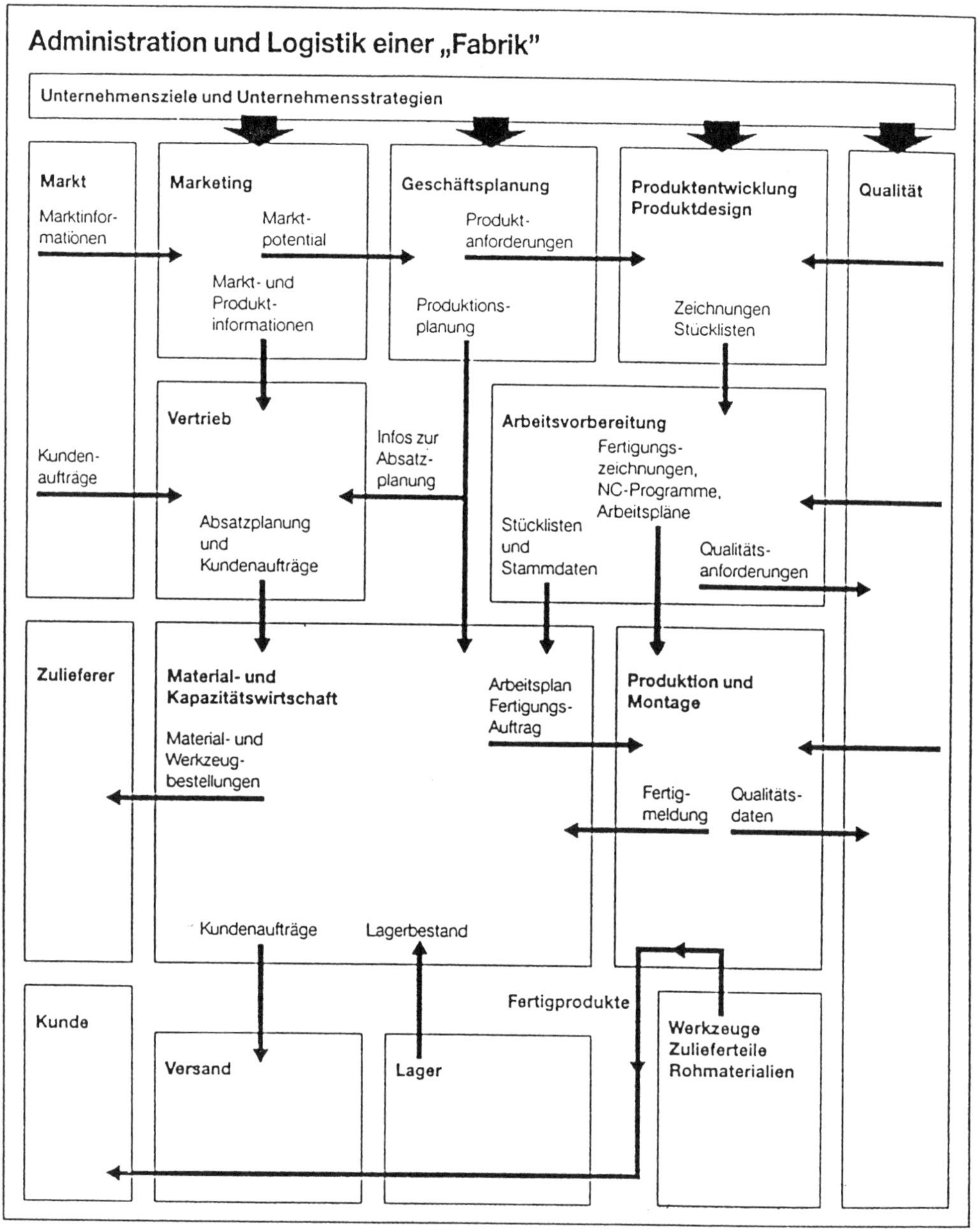

[9] Entnommen aus: *Nixdorf Computer AG*, Wer morgen CIM will, muss heute anfangen, in CIM Report, Ein Nixdorf Magazin

5.1.3.5 Strukturorganisation der Produktion

Die Gestaltungsprinzipien der Strukturorganisation sind Gegenstand eines speziellen Abschnitts (vgl. Pkt. 8.4.2).

An dieser Stelle will ich mich, wie im Fall der Marketing-Organisation, darauf beschränken, an einem Organisationsbeispiel, wie es in Mittelbetrieben vielfach anzutreffen ist, einige Überlegungen anzustellen, die dem Praktiker Gestaltungsmöglichkeiten zeigen und über den Mittelbetrieb hinaus von Nutzen sein können.

Bei mittlerer Unternehmensgröße herrscht die funktionsorientierte Stab-Linien-Organisation vor. Diese ist vielfach durch folgende Funktionsaufteilung gekennzeichnet:

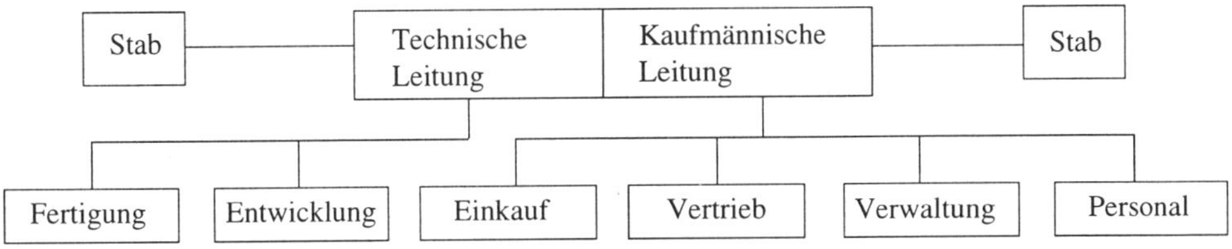

Eine solche Strukturorganisation ist vielfach durch folgende Aufgabenverteilungen gekennzeichnet:

- Die Aufgaben der **Arbeitsvorbereitung** (Fertigungsplanung und Fertigungssteuerung) können als Stabstelle der Technischen Leitung oder abweichend von der graphischen Darstellung der Fertigungsleitung zugeordnet sein.
- Die **Entwicklung**, vielfach auch Entwicklung und Konstruktion genannt, hat eine Kommunikationsschnittstelle zur Arbeitsvorbereitung, über die beide auf dem Gebiet der Erzeugnisplanung zusammenarbeiten müssen.
- Die Fertigungssteuerung kommuniziert mit dem **Einkauf** auf dem Gebiet der Materialdisposition. Die weitgehende Abhängigkeit des Einkaufs von technischen und dispositiven Daten aus dem Fertigungsbereich sind vielfach der Grund für die Zuordnung des Einkaufs zur Technik. Diese Organisationsform wird immer dann gewählt, wenn technisches Wissen auch weitgehend über den Erfolg von Einkaufsverhandlungen entscheidet. Häufiger ist jedoch die Zuordnung des Einkaufs zum kaufmännischen Bereich, da neben technischen Belangen im Einkauf auch eine Vielzahl von kaufmännischen Usancen (Branchenverhaltensregeln) zu beachten sind und deren Einhaltung gegenüber Lieferanten durchgesetzt werden muss.
- Ebenso wie der Einkauf ist auch der **Verkauf** technischer Erzeugnisse vielfach ohne die verantwortliche Mitwirkung des technischen Bereichs nicht mit Erfolg realisierbar. Das gilt insbesondere dann, wenn, wie beispielsweise von Zulieferanten der Automobilindustrie, mit den Konstruktionsabteilungen der Kunden die technischen Lösungen und Spezifikationen neuer Produkte verhandelt und vereinbart werden müssen.
- Die wohl wichtigste Stabstelle der technischen Geschäftsführung ist die Stabstelle für **Qualitätsplanung, -steuerung und -kontrolle**. Diese darf nicht auf einer niedrigeren Ebene als der Geschäftsführung angebunden sein, damit die direkte Berichterstattung an die Geschäftsführung sichergestellt ist und funktionsübergreifende Maßnahmen wirksam durchgesetzt werden können. Die Automobilindustrie fordert verbindlich diese Regelung von ihren Lieferanten.

- Die wichtigste kaufmännische Stabstelle ist das Controlling (deutsch vereinfacht: Planung und Kontrolle PuK). Auch diese Stelle arbeitet eng mit der Produktion zusammen, die Fertigungsergebnisse, Bestandsveränderungen, Verbrauchsmengen und Kosten an den Controller liefert und mit diesem die Jahres-, Mehrjahres- und Investitionsplanung für den Produktionsbereich erarbeitet.
- Die erforderliche Zusammenarbeit zwischen der Entwicklung und der Arbeitsvorbereitung einerseits und dem Einkauf und dem Vertrieb andererseits kann durch eine graphische Darstellung der Strukturorganisation nicht effizient geregelt werden. Es ist vielmehr erforderlich, in **Organisationsanweisungen und Stellenbeschreibungen** die verantwortlichen Leiter der verschiedenen Funktionsbereiche auf eine effiziente Zusammenarbeit zu verpflichten. Das geschieht dadurch, dass ausdrücklich Weisungsrechte, Berichts- und Informationspflichten sowie Mitwirkungsrechte und -pflichten schriftlich festgelegt und bekannt gemacht werden.
- Eine weitere Spezifikation der Aufgaben und der Arbeitsteilung im Produktionsbereich zeigt das folgende Organigramm für diesen Bereich in einem Großunternehmen.[10]

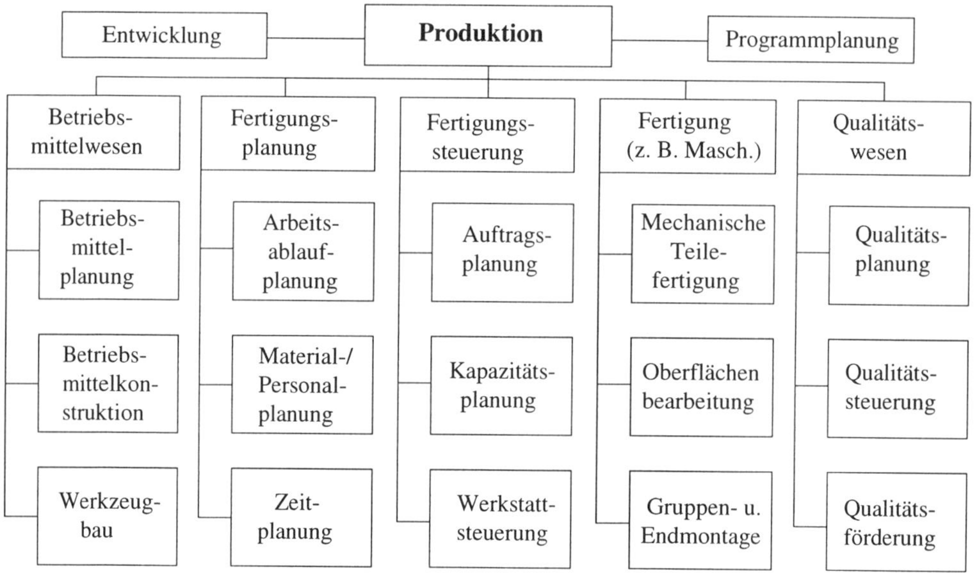

Als Beispiel für den üblichen Aufbau von Stellenbeschreibungen und als Anregung für eine selbständige Entwicklung entsprechender Aufgabenverteilungen füge ich ein Beispiel einer Stellenbeschreibung eines Produktionsleiters eines mittelständischen Unternehmens der technischen Serienfertigung an.

[10] Weiterführende Überlegungen vgl. *Steinbuch, P.A., Olfert, K.*, Fertigungswirtschaft, Ludwigshafen

Stellenbeschreibung

Stellenbezeichnung:
- Produktionsleiter TP

Zielsetzung:
- Sicherung der kostengünstigen Produktion mit hohem Qualitätsniveau sowie optimale Koordination der einzelnen Fertigungsbereiche.

Stellenbezeichnung des **direkten Vorgesetzten**:
- Leiter Technik T

Stellenbezeichnung der direkt unterstellten **Mitarbeiter**:
- Leiter Metallfertigung TPS
- Leiter Kunststoff-Fertigung TPK
- Leiter Montage TPM
- Leiter Werkzeugbau TPW
- Leiter Betriebstechnik TPB
- Leiter Arbeitsvorbereitung TPA
- Leiter Betriebsmittelbau TPB-B

Der Stelleninhaber wird vertreten von:
- Leiter Technik T

Der Stelleninhaber vertritt:
- Leiter Technik T

Aufgaben der Stelle:
Zielsetzung, Planung, Kontrolle
- Er wirkt mit bei der Erarbeitung des Kostenplankonzeptes für den Betrieb.
- Er schlägt bei erheblich veränderten Voraussetzungen Plankorrekturen vor.
- Er wirkt mit bei Anlagen- und Personalplanung.
- Er sucht ständig neue Ideen zur Verbesserung der Leistungsfähigkeit des Betriebes und gibt entsprechende Impulse an die ihm direkt unterstellten Abteilungen.
- Er gibt den ihm direkt unterstellten Abteilungen und Stellen des Betriebes Planziele vor und berät sie bei der Realisierung der Pläne.
- Er erarbeitet Vorschläge zur Anpassung der Organisation des Betriebes an sich wandelnde Erfordernisse des Geschäftes zur Vorlage beim technischen Geschäftsführer.
- Er entscheidet über Arbeitsabläufe innerhalb seines Bereichs.
- Er wertet die Leistungs-, Qualitäts- und Kostenberichte aus und leitet erforderlichenfalls geeignete Maßnahmen ein. Schwerpunkt dieser Tätigkeit ist die Analyse des Soll-Ist-Vergleichs. Dazu gehört insbesondere:
- Kontrolle der Einhaltung der Leistungs- und Kostenpläne.
- Er weist alle an ihn herangetragenen delegierbaren „Ad-Hoc-Aufgaben“ mit Terminforderungen den zuständigen Abteilungen beziehungsweise Stellen zu und überwacht die Durchführung. Gegebenenfalls bestimmt er einen Koordinator.

Produktion
- Er stellt die Planung und Durchführung beziehungsweise Beschaffung der optimalen Arbeitsmethoden, Anlagen und Betriebsmittel sicher. Soweit Investitionen erforderlich sind, entscheidet er über die Realisierung, wenn die Investitionssumme den Betrag von 5.000 DM und den genehmigten Investitionsplan nicht übersteigt. Darüber hinausgehende Investitionswünsche legt er dem technischen Geschäftsführer zusammen mit einer Wirtschaftlichkeitsberechnung vor.

- ❑ Er hat die Federführung bei der Arbeitsbewertung im gewerblichen Bereich - Lohngruppenkatalog.
- ❑ Er überwacht die Ausbringung der geplanten qualitätsgerechten Fertigungsmengen zu den vorgegebenen Terminen. Dazu gehören insbesondere die
- ❑ Stichprobenkontrollen der gefertigten Stückzahlen,
- ❑ tägliche Leistungskontrolle.
- ❑ Er hat die Federführung bei Rationalisierungsmaßnahmen zur Kostensenkung in seinem Bereich.

Instandhaltung / Unfallverhütung

- ❑ Er veranlasst und überwacht die Durchführung der vorbeugenden Instandhaltung.
- ❑ Er überwacht die Führung der gesetzlich vorgeschriebenen Nachweise.

5.2 Vertriebsabhängige Planungsaufgaben

5.2.1 Produktprogrammplanung

5.2.1.1 Hauptaufgabe des Marketing

Als eine Hauptaufgabe des Marketing ist Produktprogrammplanung unter Pkt. 3.3.1 bereits behandelt worden. Der Teil III enthält als Kapitel 11 ein Arbeitsprogramm und einen Tabellensatz zur Produktprogrammplanung eines Großunternehmens der Investitionsgüterindustrie. Ergänzend beschränke ich mich hier auf die Zusammenfassung der Hauptbestimmungsfaktoren, mit ihren jüngeren Veränderungen, z. B. wachsender Bedeutung von Umweltgesichtspunkten und die systematische Anwendung der Methoden der Herstellkostensenkung. Darüber hinaus sei auf den Zusammenhang mit den Aufgaben und Methoden des Qualitäts-Managements (vgl. Pkt. 5.5) und die Relevanz kostensenkender Verfahren des Business Process Reengineering hingewiesen (vgl. Pkt. 8.4.5).

5.2.1.2 Rahmenbedingungen und Einflussfaktoren

(1) **Klassische Vertriebsgesichtspunkte**

Die Notwendigkeit enger Zusammenarbeit zwischen Vertrieb, Konstruktion und Fertigungsplanung bei der Produktprogrammplanung wird nochmals unterstrichen durch den Hinweis, dass folgende Rahmenbedingungen und Einflussfaktoren sowie deren Wechselbeziehungen im Planungsprozess systematisch berücksichtigt werden müssen:

- ❑ die Entwicklung der **Kundenanforderungen** an das Produkt sowie die Entwicklung der **Nachfragemengen**
- ❑ die relevanten **Rechtsvorschriften**, wie Normen und Richtlinien
- ❑ die gegenwärtigen und die zukünftigen **Aktivitäten der Konkurrenz** sowie deren Auswirkungen auf die Verteilung der Marktanteile

- ❑ die technischen und wirtschaftlichen Gegebenheiten, **Ziele und Möglichkeiten der eigenen Unternehmung**
- ❑ die **Vertriebspolitik** des Unternehmens.

Zu jedem genannten Bereich sind die Stärken und Schwächen der gegenwärtigen Situation zu analysieren, zukünftige Entwicklungen zu prognostizieren, realisierbare Planziele zu definieren und in die Produktprogrammplanung zu integrieren.

(2) **Die sechs Dimensionen der „Öko-Effizienz"**

Die Umwelteffekte von Produkten sind für eine große Zahl von Kunden für deren Kaufentscheidung mitbestimmend. Dies gilt es in der Produktplanung und -entwicklung zu beachten. Die Arbeitsgruppe des World Business Council for Sustainable Development (WBCSD) in Conches Schweiz, ein Zusammenschluss namhafter Unternehmen (wie ABB, AT&T, BP, Ciba, DOW, DuPont, FIAT, Gerling, Procter & Gamble, Sulzer, 3M, Toshiba, Unilever, Volkswagen und viele andere mehr) hat für die Konferenz von Antwerpen über Öko-Effizienz einen Bericht vorbereitet, dessen Veröffentlichung neue diesbezügliche Impulse auslösen soll. Über die Ergebnisse der Arbeitsgruppe, in der Dow Chemical und 3M maßgeblich mitwirken, berichtet *Claude Fussler*, Vice President Environment, Health and Safety, von Dow Europe, in Tomorrow, Global Environment Business, wie folgt:[11]

Öko-Effizienz habe sechs Dimensionen, dabei sei der Ausgangspunkt eine Änderung der Betrachtungsweise über das Ende der Nutzungsdauer eines Produktes hinaus. Öko-Effizienz müsse bewertet und verbessert werden in Bezug auf den gesamten Lebenszyklus eines Systems. Dies impliziere, dass man vielmehr die Funktionen betrachte, die ein Produkt erfülle, als das Produkt selbst. Im Einzelnen werden folgende sechs Dimensionen der Öko-Effizienz vorgestellt:

1. **Materialreduzierung** (De-materialize)
   Es müsse der gesamte Einsatz von Rohmaterial, Rohöl und Gütern bewertet werden, den ein System während seines Lebenszyklus in Anspruch nehme, um die gewünschte Produktfunktion zu erbringen. Es müsse rechtzeitig der günstigste Zeitpunkt genutzt werden, um den „Verbrauch an Masse" deutlich zu reduzieren bei der Herstellung von Nutzen, den ein System für den Markt bereitstellt.

2. **Steigerung der Energie-Effizienz** (Increase energy efficiency)
   Die Forderung sparsamer Verwendung von Energie betreffe nicht nur die Energie, die bei der Stoffumwandlung und Montage der Produkte benötigt werde, sondern auch die Energie, die während der Nutzung und für die Entsorgung eines Produkts benötigt werde oder gespart werden könne. Es gehe darum, die Elemente des Systems zu identifizieren, die über dessen gesamten Lebenszyklus den höchsten Energieverbrauch aufweisen und die Chance zu nutzen, dort wesentliche Energieeinsparungen zu realisieren.

3. **Eliminierung negativer Umwelteinflüsse** (Eliminate negative environmental impacts)
   Jedes toxische Element, das in ein System eingeführt werde, werde verschiedene Stadien durchlaufen und dort negative Wirkungen haben auf Umwelt und Gesundheit, wo es eine Konzentration erreiche, die die kritische Dosis überschreite. Es gebe die Möglichkeit, die Verbreitung toxischer Stoffe deutlich zu reduzieren.

4. **Recycling** (Close the loop)
   Materialverbrauch könne reduziert werden durch Wiederverwendung, Recycling, im gleichen oder einem anderen System. Recycling sei jedoch „Unfug", wenn der Energie- und Material-

[11] *Fussler, C.*, The six Dimensions of Eco-Efficiency, in: Tomorrow, Global Environment Business, Stockholm

aufwand, der zum Recycling aufgewendet werden müsse, größer sei, als der der Neuherstellung des Materials.

5. Anleihen aufnehmen in Prozessen der Natur (Borrow from natural cycles)
   Eine weitere Möglichkeit bestehe darin, Systeme zu entwickeln, die integriert seien in größere natürliche Prozesse, aus denen Material entnommen und in die später Material wieder eingeleitet werde ohne negative Effekte. Erneuerbare Materialien könnten Vorteile während eines vollständigen Prozesses von der Wiege bis zum Grabe bieten.

6. Verlängerung der Nutzungsdauer und Vermehrung der Funktionen (Extend service, enhance function)
   Die Vergrößerung der Haltbarkeit und der möglichen Nutzungsdauer beliebiger Teile eines Systems könne die Öko-Effizienz verbessern.

Fussler hebt hervor, die Erreichung von Öko-Effizienz erfordere, Systeme in jeder Hinsicht zu überprüfen und gegebenenfalls ein Re-Design vorzunehmen. Dabei seien die obigen sechs Dimensionen/Sichtweisen nicht unabhängig voneinander, sondern beeinflussen sich gegenseitig. Die unterschiedlichen Dimensionen müssten deshalb sowohl einzeln als auch gemeinsam analysiert werden. Das Gewicht dieses Aufgabenfeldes für stark betroffene Unternehmen unterstreicht die Ernennung von *Allen H. Aspengren* zum Global Öko-Efficiency Manager von 3M.

(3) **Design for Disassembly**

Tomorrow[12] berichtet unter der Schlagzeile: „Built-in disassembly may be European industry's newest market requirement“ über ein großes Projekt mit EU-Förderung (EUREKA), in dem Recyclingprozesse und Abfallmanagement der Automobilindustrie studiert w erden. Schon heute werben Automobilfirmen, wie BMW, FIAT, Peugeot und *VW* im Vertrieb mit Recyclingkonzeptionen für ihre Altfahrzeuge. Zu den Anführern im Design for Disassembly in der Elektrik- und Elektronikindustrie zählen Digital, Hewlett-Packard, IBM-France und Siemens-Nixdorf. Eine Vernachlässigung dieses Strategiefeldes könnte für ein Unternehmen bald zu einem gravierenden Marketing-Handicap werden.

5.2.1.3 Methoden zur Senkung der Herstellkosten

Es ist eine wichtige Aufgabe der Arbeitsvorbereitung, auf der Grundlage von Ist-Daten aus der Fertigung sowie Lieferantenangeboten und eigenen Technologieprognosen - in Abstimmung mit der Konstruktionsabteilung - Herstellkostenprognosen für Teile, Baugruppen und die Gesamtheit neuer Produkte zu erarbeiten. In diese Arbeit müssen Vorstellungen über Verbesserungen der Produkte und der Produktionstechnik gleichermaßen eingehen. Grundlage für die Planung solcher Verbesserungen ist die Kenntnis der möglichen Verfahren zur Herstellkostensenkung. Die wichtigsten sind:

- **Durchlaufoptimierung** auf der Grundlage von Zeitstudien (dazu vgl. Pkt. 5.4.1.3)
- **Standardisierung** von Produkten und Produktteilen
- Produktoptimierung durch **Wertanalyse**
- Investitionsplanung mit **Wirtschaftlichkeitsanalyse** (dazu vgl. 7.5).

[12] Ebenda

(1) **Standardisierung von Produkten und Produktteilen**

Zu unterscheiden sind:

- **Normung**, sie kann betreffen Produkte, Begriffe, Verfahren, Leistungen etc.
- **Typung**, sie betrifft im Gegensatz zu Normung nur die Vereinheitlichung von marktfähigen Produkten.
- **Baukastensystembildung** ist ein bestimmtes Prinzip zur Standardisierung von Produktteilen und Produkten.

(1.1) **Normung**

Bei jeder Aufstellung einer Norm geht es darum, aus einer Fülle von Realisierungsmöglichkeiten diejenige auszuwählen, die **fachgerecht** ist.

Man unterscheidet Geltungsbereich, Inhalt, Reichweite und Grad einer Norm.

- **Geltungsbereich**
  - **Internationale** Normen werden **von der ISO** (International Organization for Standardization) den Mitgliedern, das heißt nationalen Instituten **empfohlen.**
  - **Nationale Normen** werden für die Bundesrepublik **vom** deutschen Institut für Normung e.V. Berlin (**DIN**) als anerkannte Regeln der Technik **empfohlen**. Ihre **Anwendung kann** durch Rechtsvorschriften und Verträge **erzwungen werden**. 1980 gab es rund 20.000 Normen und Normenentwürfe.
  - **Werksnormen** werden von großen Industrieunternehmen aufgrund betrieblicher Erfordernisse entwickelt und unternehmensintern angewandt.
- **Inhalt von Normen** (ausgewählte Beispiele)
  - **Maßnorm** Maße und Toleranzen von materiellen Gütern
  - **Dienstleistungsnorm**
  - **Liefernorm** technische Grundlagen und Bedingungen für Lieferungen
  - **Qualitätsnorm** zu Eigenschaften und Beurteilungskriterien eines materiellen Gegenstandes
  - **Prüfnorm** Untersuchungs-, Mess- und Prüfverfahren zum Nachweis beabsichtigter/zugesicherter Eigenschaften
  - **Sicherheitsnorm**
  - **Verfahrensnorm**
  - **Verständigungsnorm** Zeichen oder Systeme zur eindeutigen Verständigung.
- Unter **Reichweite der Normung** versteht man die Häufigkeit der Anwendungsmöglichkeit für viele oder wenige Gebiete
  - **Grundnormen** sind grundlegend und vielfach anwendbar (z. B. Formate und Gewinde)
  - **Fachnormen** sind speziell für engere Anwendungsgebiete (z. B. Schaltzeichen in der Elektroindustrie).
- Unter **Grad der Normung** versteht man den Umfang (z. B. Voll-, Teil- oder Rahmennormung).

Industriebetriebe können durch Verwendung von Normen **bedeutende Rationalisierungseffekte** in Form von Produktivitätssteigerungen und Kostensenkungen erzielen. Das gilt **vor allem für die Bereiche Konstruktion, Beschaffung, Lagerhaltung und Fertigung**. Bei der Produktplanung, -entwicklung und -**konstruktion** werden die Grundlagen gelegt für **systematische Nutzung von Rationalisierungsmöglichkeiten durch Normung**.

(1.2) **Typung**

Typung betrifft die **Vereinheitlichung von marktfähigen Erzeugnissen** (Halb- und Endfabrikaten). Durch **innerbetriebliche oder bracheninterne Begrenzung der Vielfalt** (z. B. Typenbildung bei Felgen- und Reifengrößen im Fahrrad- und Kraftfahrzeugbau) wird die **Reduzierung der innerbetrieblichen Vielfalt** von Vorgängen und zu bevorratenden Positionen erreicht (z. B. Reduzierung der Lagerhaltung und der Umrüstkosten sowie Erhöhung der Fertigungslosgrößen).

Dadurch werden wesentliche Rationalisierungsmöglichkeiten in der Fertigung erschlossen!

Vielfach besteht ein **Interessenkonflikt mit dem Vertrieb**, der die Produktprogramm-Vielfalt als Instrument der Werbung und Verkaufserleichterung einzusetzen pflegt.
Diesen Interessenkonflikt verringert die Baukastenbildung, auch modularer Produktaufbau genannt.

(1.3) **Modulare Systeme**

Die Bildung von modularen Systemen (Baukastensystemen) beruht auf dem Prinzip, aus einer möglichst **begrenzten Zahl vielseitig verwendbarer Bausteine** eine möglichst **große Zahl** unterschiedlicher **Produkte** herzustellen.

Durch geschickte Konzeption eines Baukastensystems ist es möglich gleichzeitig
- ❑ die **Fertigungsvielfalt zu reduzieren** und damit die Herstellkosten zu senken und
- ❑ die **Vielfalt des Verkaufsprogramms zu erhalten** und damit Wettbewerbsfähigkeit und Verkaufsargumentation zu stärken.

Diesen Vorteilen steht folgender Nachteil entgegen
- ❑ Baukastensysteme verursachen **hohe Entwicklungskosten**,
- ❑ ihre **Entwicklung** ist **zeitaufwendig**.

(2) **Produktoptimierung durch Wertanalyse**

Wertanalyse ist eine Rationalisierungsmethode, die 1947 von *Larry Miles*, dem damaligen Einkaufsleiter von General Electric entwickelt wurde. Der VDI-Gemeinschaftsausschuss definiert Wertanalyse wie folgt:

„Wertanalyse ist eine **Methode zur Wertsteigerung**, bei der durch eine bestimmte, systematische Vorgehensweise, mit hoher Wahrscheinlichkeit, ohne Umwege, eine dem Stand des Wissens und den spezifischen Gegebenheiten entsprechende, optimale Lösung erzielt wird.“[13]

Kurzgefasst kann man sagen, die Wertanalyse ermittelt systematisch:
- ❑ die **Funktion eines Produkts**,
- ❑ den **Wert** dieser Funktion **für den Kunden** und
- ❑ **wie** diese **Funktion am kostengünstigsten erfüllt werden kann.**

Im Einzelnen hat die Methode folgende Merkmale:
- ❑ Sie ist **teamorientiert**, das heißt, sie erschließt durch konsequente, interdisziplinäre Teamarbeit die größtmögliche Wissensbreite für gegenseitige Anregung und Motivation. Das wird durch Mitwirkung von Fachkräften aus allen Funktionsbereichen des Unternehmens erreicht.
- ❑ Sie ist **funktionsorientiert**, das heißt, es werden für bestimmte Funktionen beste Lösungsmöglichkeiten ermittelt.
- ❑ Sie ist **wertorientiert**, das heißt, es wird ermittelt,

[13] VDI-Gemeinschaftsausschuss Wertanalyse, Wertanalyse, Idee - Methode - System, CDI-Taschenbuch T 35, Düsseldorf

- welchen Höchstbetrag der Kunde für die Erfüllung der Funktion maximal auszugeben bereit ist und
- mit welchem niedrigst möglichen Kostenbetrag die Funktion im Betrieb realisiert werden kann.

❑ Sie folgt einem **systematischen Vorgehensplan** für Information, Kritik und Verbesserung und betrachtet dabei ganzheitlich die Anforderungen, Material, Konstruktion, Fertigungsverfahren, Lagerhaltung, Vertriebsmethoden und deren gegenseitige Beeinflussung.

❑ Sie ist **universell einsetzbar** für die Entwicklung neuer Produkte und Dienstleistungen sowie für die Verbesserung bestehender Leistungen in Bezug auf deren Nutzwert, Kosten, Qualität und/oder Umweltverträglichkeit etc.

In der Bundesrepublik besteht seit 1967 der *VDI*-Gemeinschaftsausschuss Wertanalyse, der den *VDI*-Bericht Nr. 163 sowie ein Taschenbuch zur Wertanalyse herausgegeben hat. Betriebliche Wertanalyse-Schulungen werden von *REFA*-Ingenieuren durchgeführt.[14]

(2.1) Das Wertanalyseteam

Die Arbeit der Wertanalyse muss von sachkundigen Fachkräften geleistet werden, die für diese Aufgabe vorübergehend in das Wertanalyseteam delegiert werden. Das bedeutet, dass das Team in Intervallen zusammentritt, die den Mitgliedern außerdem erlauben, weiterhin ihre sonstigen Aufgaben wahrzunehmen. Das folgende Schaubild über eine mögliche Aufbauorganisation eines Wertanalyseteams und dessen Einbindung in die Unternehmensorganisation zeigt, dass das Team einerseits die Unterstützung der Unternehmensführung und andererseits Mitwirkung aus allen Funktions- und Produktionsbereichen benötigt.[14]

Beispiel für die **Aufbauorganisation der Wertanalyse** im Unternehmen, nach VDI[15]

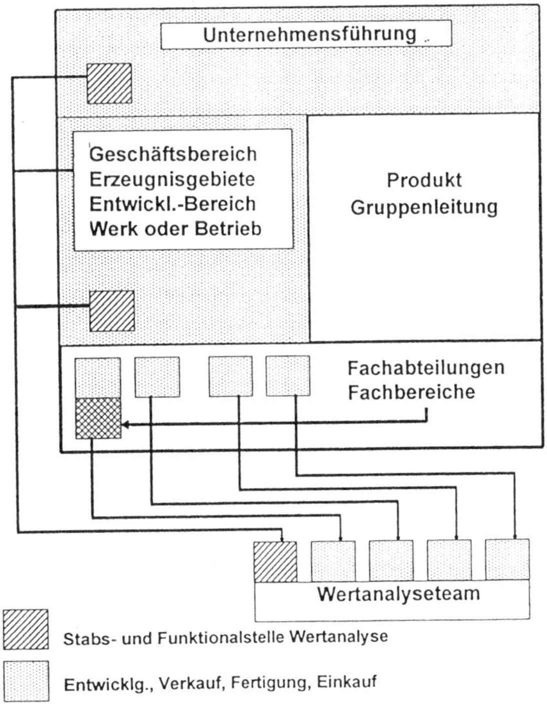

[14] Derselbe, Wertanalyse, a.a.O.
[15] Ebenda, a.a.O.

(2.2) **Die Funktionsanalyse**

Nach DIN 69910: „sind unter Funktionen im Sinne der Wertanalyse alle Aufgaben (Tätigkeiten) zu verstehen, die von einem bestehenden oder noch zu entwickelnden Erzeugnis, einem Ablauf oder einer Büro- oder Verwaltungstätigkeit erfüllt werden beziehungsweise erfüllt werden sollen."[16]

Ein Zuwachs an Funktionen steigert den Wert eines Erzeugnisses, sofern dieser Funktionszuwachs vom Käufer gewünscht wird.

Im Rahmen der Funktionsanalyse muss darauf geachtet werden, dass für den Benutzer zwischen Gebrauchs- und Geltungsfunktionen zu unterscheiden ist. Dabei ist zu bedenken, dass zwischen Investitions- und Konsumgütern unterschieden werden muss. Für die ersten ist die Gebrauchsfunktion relativ höher als die Geltungsfunktion. Für Konsumgüter kann die relative Bedeutung von Gebrauchs- und Geltungsfunktion sehr verschieden sein. Bei Gütern des Grundbedarfs wird die erste, bei Gütern des Luxusbedarfs die zweite Funktion überwiegen.

Einen Einblick in Art und Struktur der Funktionsanalyse zeigt folgende Tabelle:[17]

Funktionsbeschreibung, Funktionsarten, Funktionsklassen

Erzeugnis	**Funktionsart** Gebrauchs-Funktion	**Funktionsart** Geltungs-Funktion	**Funktionsklasse** Typische Hauptfunktionen: Hauptwort	Tätigkeitswort	**Funktionsart** Gebrauchs-Funktion	**Funktionsart** Geltungs-Funktion	**Funktionsklasse** Typische Nebenfunktionen: Hauptwort	Tätigkeitswort
Glühlampe	x		Licht	abgeben	x x		Halterung Kontakt	ermöglichen ermöglichen
Kfz.-Scheinwerfer						x	Karosserie	zieren
					x		Neigung	verstellen
	x		Licht	abgeben	x		Fassung	zentrieren
	x		Lichtstrahlen	bündeln		x	Zierring	vorsehen
					x		Zierring	halten
Schraube	x		Teile	verbinden	x		Demontage	ermöglichen
Krawatte	x	x	Träger	schmücken	x x		Krawatte Krawatte	befestigen lösen

(2.3) **Vorgehensplan zur Wertanalyse**[18]

Das Verfahren der Wertanalyse schließt mit einiger Wahrscheinlichkeit aus, dass einer Konkurrenz unter ähnlichen Kostenbedingungen die Realisierung und Markteinführung eines deutlich besseren Alternativprodukts gelingt. Das mehrfach zitierte VDI-Taschenbuch Wertanalyse bietet eine umfassende methodische Vertiefung.

[16] VDI-Gemeinschaftsausschuss Wertanalyse, Wertanalyse, a.a.O.
[17] Entnommen aus: derselbe, Wertanalyse, a.a.O.
[18] Entnommen aus: derselbe, Wertanalyse, a.a.O.

Arbeitsplan der Wertanalyse nach DIN 69910 (VDI-Richtlinie 2801)

Grundschritt 1 Vorbereitende Maßnahmen	Teilschritt 1 Auswählen des WA-Objektes und Stellen der Aufgabe Teilschritt 2 Festlegen des qualifizierten Zieles Teilschritt 3 Plan des Ablaufes
Grundschritt 2 Ermitteln des IST-Zustandes	Teilschritt 1 Information beschaffen und Beschreiben des WA-Objektes Teilschritt 2 Beschreiben der Funktionen Teilschritt 3 Ermitteln der Funktionskosten
Grundschritt 3 Prüfen des IST-Zustandes	Teilschritt 1 Prüfen der Funktionserfüllung Teilschritt 2 Prüfen der Kosten
Grundschritt 4 Ermitteln von Lösungen	Suchen nach allen denkbaren Lösungen
Grundschritt 5 Prüfen der Lösungen	Teilschritt 1 Prüfen der sachlichen Durchführbarkeit Teilschritt 2 Prüfen der Wirtschaftlichkeit
Grundschritt 6 Vorschlag und Verwirklichung einer Lösung	Teilschritt 1 Auswählen der Lösung(en) Teilschritt 2 Empfehlen einer Lösung Teilschritt 3 Verwirklichung der Lösung

(3) **Produktoptimierung durch DFMA, Design for Manufacture and Assembly**

(3.1) **Grundlagen der DFMA (registered trademark of Boothroyed Dewhurst, Inc.)**

Prof. Geoffrey Boothroyed und *Prof. Peter Dewhurst* (beide Universität von Rhode Island/USA) haben Anfang der 80er Jahre die Methode DFMA, Design for Manufacture and Assembly, entwickelt, die in den USA einen breiten Anwenderbereich gefunden hat und auch jetzt in Deutschland verstärkt zum Einsatz kommt. (Vgl. *Boothroyed, G., Dewhurst, P.,* Product Design for Manufacture and Assembly, New York)

DFMA ist eine **Systematik**, ein Produkt aus der Sichtweise der Konstruktion und der Produktion so zu konstruieren, dass in der Fertigung **minimale Herstell- und Montagekosten** realisiert werden.

Die DFMA-Methode folgt einer **systematisch** und logisch aufgebauten Arbeitsweise. Das Grundprinzip besteht darin, in genau bestimmten Arbeitsschritten Einzelteile/Baugruppen zu vereinfachen, so dass sie schneller und kostengünstiger (manuell oder automatisch) hergestellt und montiert werden können. Dabei zielt die DFMA darauf ab, die **Anzahl der Bauteile** zur Erfüllung einer Funktion zu **reduzieren** und die verbleibenden Bauteile **montagefreundlich** zu gestalten. DFMA ist für **Handmontage** und **automatische Montage** einsetzbar.

Die Technik findet ihre Anwendung in Bereichen, in denen **Einzelteile** oder **Baugruppen** hergestellt und montiert werden. Bsp.: Autoradios, Kaffeemaschinen, Magnete, Warenautomaten, Toaster, Autozulieferteile oder Computer.

DFMA ist einsetzbar:
- ❑ in der Produktgestaltung für die überschlägige **Ermittlung der Herstellkosten** im Entwicklungsstadium und für die Berücksichtigung zeit- und kostensparender Demontage im Rahmen von Recycling-Projekten sowie
- ❑ zur Analyse und **Nachkalkulation** eines fertigen Produkts im Rahmen einer Konkurrenzanalyse.

DFMA ist wie die Wertanalyse **teamorientiert** und nutzt das breite Know-how-Potential von Entwicklung, Konstruktion, Fertigung, IE, QM und Marketing/Vertrieb.

(3.2) **Arbeitsweise der DFMA**

Die DFMA ist in drei Phasen eingeteilt:

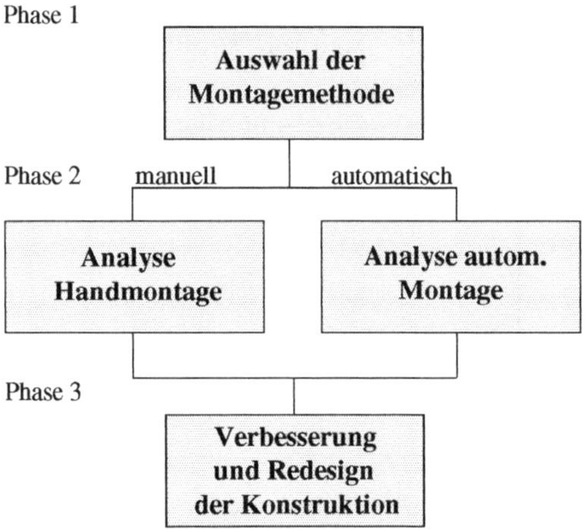

In der **Phase 1** muss die **Auswahl der Montagemethode** getroffen werden. Hier ist zwischen „Handmontage" und „Automatischer Montage" zu unterscheiden. Als Ergebnis kommt die entsprechende DFMA-Methode zum Einsatz.

Die **Phase 2** ist die „**Analysephase**". Frage: „Was kann möglicherweise verbessert werden?"

In der Phase 2 werden folgende Schritte durchlaufen:
Schritt 1: Vorbereitung/Informationsbeschaffung
Schritt 2: Erstellung des Montage-/Strukturdiagramms
Schritt 3: Ausfüllen der Arbeitsblätter IST-Zustand

Schritt 4: Angabe der Probleme im Montagediagramm/Formulierung eines Idealzustands
Schritt 5: Zielsetzung/Vorschläge/Konkretisierung des Idealzustands

Die Phase 3 ist die „**Redesignphase**". Hier sollen die Fragen beantwortet werden: „Wie kann das Produkt verbessert werden?" und „Wo liegen Einsparungen?".

Die Phase 3 besteht aus folgenden Schritten:
Schritt 6: Verringern der Anzahl der Einzelteile
Schritt 7: Veränderung verbliebener Einzelteile
Schritt 8: Erneutes Erstellen des Montagediagramms
Schritt 9: Erneutes Ausfüllen der Arbeitsblätter
Schritt 10: Erneute Angabe der Probleme im Montagediagramm

Die folgende Tabelle beschreibt die **Inhalte** der einzelnen Schrittfolgen der Phase 2 und 3:

Arbeitsschritt 1: Vorbereitung/ Informationsbeschaffung	Zusammenstellung des Arbeitsteams, Sammlung jeglicher Informationen, die über das Projekt erhältlich sind, z. B. technische Zeichnungen, 3-dimensionale Zeichnungen, Produktmuster, Modelle oder Prototypen. Zusätzliche Informationsquellen sind Baukasten- und Strukturstücklisten, ebenso Arbeitsplätze der Arbeitsvorbereitung.
Arbeitsschritt 2: Erstellen des Montage-/Strukturdiagrammes IST-Zustand	Eindeutige Festlegung der Montagereihenfolge durch Kennzeichnung von Einzelteilen, Vormontagen und Bearbeitungen.
Arbeitsschritt 3: Ausfüllen der Arbeitsblätter IST-Zustand	a) Ermittlung des Schwierigkeitsgrades für das Greifen, das Ausrichten und die Montage, daraus Bestimmung der notwendigen Zeiten für die einzelnen Tätigkeiten. b) Festlegung, ob Teile für eine Integration in andere Einzelteile in Frage kommen oder ob sie bei einer Neu-/Umkonstruktion weggelassen werden können.
Arbeitsschritt 4: Angabe der Probleme im Montage-/Strukturdiagramm/Formulierung eines IDEAL-Zustandes	Festlegung eines Grenzwertes für die Zeiten zum Greifen und Ausrichten und für die Montagezeit. Grenzwertüberschreitungen werden als Probleme im Montageplan und dem Arbeitsblatt gekennzeichnet.
Arbeitsschritt 5: Zielsetzung/Vorschläge/Konkretisierung eines IDEAL-Zustands	Für die gekennzeichneten Probleme werden in Gruppenarbeit Zielsetzungen und Vorschläge erarbeitet. Dabei sollten noch keine technischen Lösungen gesucht werden, jedoch sollte prinzipiell die praktische Möglichkeit der Realisierung der Vorschläge gegeben sein.
Arbeitsschritt 6: Verringerung der Anzahl der Einzelteile	Die im Montageplan angegebenen und eingekreisten Zahlen werden, beginnend mit der kleinsten Zahl, unter der Zielsetzung bearbeitet, Teile oder Arbeitsgänge entfallen zu lassen oder zu integrieren. Mögliche Hilfsmittel sind dabei u. a. die Ausarbeitung von Funktionsplänen und Wettbewerbsvergleichen sowie Gespräche mit Lieferanten.
Arbeitsschritt 7: Verbesserung der verbleibenden Einzelteile	Bei den in der überarbeiteten Konstruktion übrig gebliebenen Teilen muss eine optimale Formgebung in Hinblick auf die Operationen Greifen, Positionieren und Montieren erreicht werden, um die Montagezeiten auf ein Minimum zu reduzieren.
Arbeitsschritt 8: Erneutes Erstellen des Montage-/Strukturdiagramms REAL-Zustand	Für den geänderten bzw. umkonstruierten Entwurf wird erneut ein Montagediagramm erstellt, wobei der Ablauf und die Zielsetzung identisch mit Schritt 2 sind.
Arbeitsschritt 9: Erneutes Ausfüllen der Arbeitsblätter REAL-Zustand	Auf der Basis des neuen Montagediagramms werden die Arbeitsblätter ausgefüllt. Dabei wird wie in Schritt 3 "Ausfüllen der Arbeitsblätter" vorgegangen.
Arbeitsschritt 10: Erneute Angabe der Probleme im Montagediagramm REAL-Zustand	Um das neue Konzept im Hinblick auf die Montage optimieren zu können, werden wie in Schritt 4 erneut Grenzwerte festgelegt. Dies dient der Erkennung potentieller Problemfelder.

Zusammenfassend sind folgende Eigenschaften der DFMA zu nennen:

DFMA senkt Zeit und Kosten zur Fertigung und Montage eines Bauteiles durch eine **verringerte Teilevielfalt** und eine **höhere Qualität** im Produkt-Design und Montageergebnis. Die **Verkürzung der Entwicklungszeit** resultiert aus der frühzeitigen Teileminimierung. Die Teilereduktion erbringt eine **höhere Zuverlässigkeit**, eine **einfachere Logistik, geringere Investitionen, kürzere Durchlaufzeiten** und eine **geringere Kapitalbindung**. Die Systematik von DFMA bewirkt eine zielgerichtete, stark verkürzte Diskussion zur Form der Konstruktion. Der Design-Index der DFMA ist **Vergleichsmaßstab** für Konstruktionen. DFMA fördert **interdisziplinäre Teamarbeit**. DFMA-Ergebnisse bilden eine Grundlage für die Fertigungsvorbereitung. DFMA ist **rechnergestützt**.

(4) **Bestimmungsfaktoren der Produktprogrammbreite und -tiefe**

Ein Produktprogramm wird als **breit** bezeichnet, wenn es eine **größere Zahl unterschiedlicher Produkte** vergleichbarer Ebene umfasst (z. B. Werkzeugherstellung mit einer Vielzahl unterschiedlicher, fertiger Werkzeuge).

Ein Produktprogramm wird als tief bezeichnet, wenn es die **Herstellung eines oder mehrerer Erzeugnisse auf mehreren Ebenen** umfasst (z. B. Werkzeugfertigung mit Rohteilfertigung, Oberflächenveredelung und Endmontage).

Über die Breite und Tiefe eines Produktprogramms wird vorwiegend nach folgenden Kriterien entschieden:

- ❑ **Vertriebserfordernisse** bestimmen wesentlich die Breite des Vertriebsprogramms.
- ❑ **Kosten der Eigenfertigung und des Zukaufs** bestimmen die jeweiligen Deckungsbeiträge und damit auch wesentlich den Anteil des Produktprogramms, der eigengefertigt werden soll.
- ❑ **Fertigungs-Kapazitäten und -Know-how** bestimmen die Tiefe des Produkt- und Fertigungsprogramms mit.
- ❑ Oft soll die Vergrößerung der Fertigungstiefe die **Wertschöpfung** erhöhen und die **Lieferantenabhängigkeit** verringern

Der Einfluss einer Verbreiterung oder Vertiefung des Produktprogramms hängt wesentlich davon ab, ob in die Herstellkosten eingehende Material- und Teileeinkäufe zu höheren oder niedrigeren Kosten realisiert werden als bei deren Eigenfertigung.

Ein einfacher Planungsgedanke zu Gunsten der Fertigungsvertiefung zielt darauf ab, eigene Kapazitäten - soweit bereits vorhanden - besser auszulasten und sich Deckungsbeiträge „hereinzuholen", die bisher bei Lieferanten anfallen. Dieses Ziel ist grundsätzlich sinnvoll, es erweist sich jedoch dann als nicht erreichbar, wenn der Lieferant - z. B. aufgrund größerer Stückzahlen, überlegener Fertigungsanlagen oder durch besseres Know-how - mit deutlich höherer Produktivität und besseren Herstellkosten produziert und zu Preisen unter den eigenen Herstellkosten anbietet.

Für Teile und Baugruppen, die in Großserien in Niedriglohnländern hergestellt werden, kann dieser Fall häufig auftreten. Er darf in der Produktplanung nicht unberücksichtigt bleiben, da sonst die Gefahr unbemerkt bleibt, dass die Konkurrenz aus Einkaufsvorteilen maßgebliche Kostenvorteile und die Fähigkeit zu aggressiverer Preispolitik erreichen könnte.

5.2.2 Vom Absatz- zum Produktionsprogramm

Das Produktionsprogramm wird aus dem Absatzprogramm unter Berücksichtigung der Beschaffungsmöglichkeiten und der verfügbaren Produktionskapazitäten abgeleitet. Dabei können sich verschiedene Abweichungen zwischen Absatz- und Produktionsprogramm als notwendig oder sinnvoll erweisen.

Wegen seiner Abhängigkeit von den Absatzmengen wird die Erstellung des Produktionsplans (zumindest für kurze und mittelfristige Perioden) den Aufgaben der Fertigungssteuerung zugerechnet und unter Pkt. 5.4.1.1 näher behandelt.

5.3 Aufgaben und Verfahren der produktionsmengenunabhängigen Fertigungsplanung

5.3.1 Erzeugnisplanung

Der Begriff der Erzeugnisplanung wird in einem weiten Sinn, z. B. von *REFA*[19] übereinstimmend mit dem Begriff der Produktplanung gebraucht, wie er von mir im Kapitel Vertrieb in Punkt 3.3.1.1 definiert wurde, als systematische Entwicklung neuer Produkte. Konzentriert man sich auf die vorwiegend innerbetrieblichen Aufgaben der Arbeitsvorbereitung, dann begegnet man dem Begriff der Erzeugnisplanung in der Praxis in einem engeren Sinn, nämlich als Teilaufgabe der produktionsmengenunabhängigen Fertigungsplanung. Dort und in dem im Folgenden erläuterten engeren Sinne umfasst die Aufgabe der Erzeugnisplanung die Erarbeitung und Bereitstellung der für die produktionsmengenabhängige Fertigungssteuerung erforderlichen Stammdaten, soweit diese das Erzeugnis und seine Elemente betreffen.

Stammdaten sind Daten, die über einen längeren Zeitraum unverändert bleiben (z. B. Materialarten, Lieferanten, Kunden, Adressen). Sie müssen unterschieden werden von **Bestandsdaten** (z. B. Lager-, Auftrags- oder Forderungsbeständen), die sich ständig durch Ergänzung von **Bewegungsdaten** (z. B. Lager- oder Forderungszu- und -abgängen) verändern.[20]

Etwas vereinfachend kann man zusammenfassend sagen, die **Arbeitsvorbereitung** umfasst die Hauptaufgabenbereiche Fertigungsplanung und Fertigungssteuerung.

- ❑ Die **Fertigungsplanung** plant je Produkteinheit wie gefertigt werden soll und erarbeitet und pflegt die für Fertigungssteuerung und Fertigung erforderlichen Stammdaten.
- ❑ Die **Fertigungssteuerung** plant wie viel und wann gefertigt werden soll, dabei werden Bestandsdaten berücksichtigt. Außerdem übernimmt die Fertigungssteuerung die Fertigungsveranlassung und -vollzugsüberwachung. Als Fertigungsergebnis wird durch die Fertigungssteuerung die Fortschreibung von Bestandsdaten durch Ergänzung von Bewegungsdaten veranlasst.

Zur Erzeugnisplanung im engeren Sinne der Arbeitsvorbereitung gehören

- ❑ die Planung des Fertigungsablaufes,

[19] Vgl. *REFA*, Methodenlehre der Planung und Steuerung, a.a.O., Bd. 1
[20] Vgl. *Gerken, W.*, Grundlagen systematischer Programmentwicklung, Mannheim

- die Bedarfsermittlung je Erzeugniseinheit für die Produktionsfaktoren, vielfach unter der Aufgabenbezeichnung
  - Arbeitsplanung,
  - Materialplanung und
  - Betriebsmittelplanung sowie
- die Darstellung der Erzeugnisstruktur durch Stücklisten
- unter Einsatz geeigneter Hilfsmittel wie Nummernsysteme.
- Dazu gehören ergänzend in geeigneter logischer Verknüpfung
  - Daten über Arbeitsgänge/-folgen,
  - Daten über Betriebsmittel und Kostenstellen sowie
  - Daten über Materialeinsatz mit Hinweisen auf Lagerort, Lieferanten und Dispositionsart.

Wer sich gestaltend an der Vorbereitung und Durchführung rationeller Fertigung beteiligen will, muss die konkreten Inhalte dieser Begriffe sowie deren logische Verknüpfung aktivierbar verstanden haben. Der Schaffung dieser Grundlage dienen die folgenden Erläuterungen. Für weiterführende Vertiefungen wird an geeigneten Stellen auf spezielle Fachliteratur hingewiesen.

5.3.1.1 Planung des Fertigungsablaufes

Die Planung des Fertigungsablaufes hat im Rahmen der Erzeugnisplanung die Aufgabe, durch Klärung von Grundsatzfragen der Ablaufgestaltung die Wahl einer zweckmäßigen Fertigungstechnologie und Ablauforganisation sicherzustellen. Dazu vgl. Pkt. 8.4.3 Ablauforganisation. Für den mittel- und langfristigen Unternehmenserfolg ist es sehr bedeutsam, dass die Wahl der Fertigungstechnologie und Fertigungsabläufe, wegen der damit verbundenen langfristigen Investitionen und Festlegungen, unter Berücksichtigung der konkurrierenden Zielsetzungen hoher Produktivität und hoher Anpassungsfähigkeit marktgerecht erfolgt. Dabei stehen technische Alternativen und deren Kosten im Vordergrund, deren Behandlung diesen Rahmen sprengen würde. Eine Erläuterung der wichtigsten Zusammenhänge erfolgte bereits unter dem Stichwort Bestimmungsfaktoren, die den Produktionsprozess definieren (vgl. Pkt. 5.1.3).

In der Literatur wird der Begriff der Planung des Fertigungsablaufes vielfach dem Bereich der Fertigungssteuerung zugeordnet. Dort geht es dann um die kurzfristige „Auftragsdurchlaufsteuerung" und die Bewältigung von Störeinflüssen. Dazu schreibt *REFA*:

„Die **Fertigungsablaufsteuerung** hat die Aufgabe, in einem kurzfristigen Zeitraum die Fertigungsabläufe an bestimmten Arbeitsplätzen zu optimieren. Störungen sollen zeitnah erfasst und dem System unmittelbar mitgeteilt werden, damit die neue Situation mit den Reihenfolgeänderungen durchgerechnet werden kann. Die **Reihenfolgeplanung** mit der kurzfristigen Belegungskontrolle wird wegen des Aufwands nur an besonders kritischen Betriebsmitteln vorgenommen"[21] (vgl. Pkt. 5.4.1.3 Kapazitätsterminierung).

5.3.1.2 Bedarfsermittlung je Erzeugniseinheit

In diesem Arbeitsschritt der Erzeugnisplanung wird in allen Einzelheiten und für alle Produktionsfaktoren geplant, wie gefertigt werden soll. Dieser Vorgang schließt ab mit den für die Ausführung erforderlichen Anweisungen. Diese enthalten auch die erforderlichen Bedarfsmengen je Produk-

[21] *REFA*, Methodenlehre der Planung und Steuerung, a.a.O., Bd. 3

tionsfaktor und je Erzeugniseinheit; Angaben über die herzustellenden Erzeugnismengen werden erst durch die Fertigungssteuerung ergänzt. Das bedeutet, dass die Fertigungssteuerung die Mengenvorgaben je Erzeugniseinheit von der Fertigungsplanung übernimmt, sie mit den Produktionsmengen multipliziert, um Bestandsdaten ergänzt und dann die für den Betrieb erforderlichen Arbeitspapiere erzeugt und bei Erteilung der Arbeitsaufträge zur Veranlassung einsetzt.

(1) **Arbeits- beziehungsweise Fertigungsplan - Basis der Personalbedarfsplanung**

Der **Arbeitsplan**, in vielen Betrieben auch Fertigungsplan genannt, ergänzt Zeichnung und Stückliste um diejenigen Aufgaben, die für die Ausführung der Fertigung erforderlich sind. Mit diesem Ziel werden in einem Arbeitsplan für die Fertigung eines Teils, einer Baugruppe oder eines Erzeugnisses mindestens folgende Angaben gemacht:

- Aufzählung der erforderlichen Arbeiten in logischer Reihenfolge, genannt Arbeitsgang und/ oder Arbeitsfolge
- zu jedem Arbeitaggang, Arbeitsplatz und/oder Betriebsmittel sowie
- Vorgabe der Arbeitszeit und Lohngruppe und schließlich
- einzusetzendes Material (hier besteht eine Schnittstelle zur Materialplanung, in der die für die Materialbeschaffung erforderlichen Daten erarbeitet werden).

Einen Überblick über die betrieblichen Einsatzbereiche von Arbeitsplänen gibt das folgende Schema von *REFA*:[22]

Verwendung von Arbeitsplätzen

Da der Arbeitsplan für jede Erzeugniseinheit festlegt, wie, also auch mit welchem Zeiteinsatz und mit welcher Qualifikation, Lohngruppe je Arbeitsgang, gefertigt werden soll, ist der Arbeitsplan ein Basisdokument für die Ermittlung des produktionsmengenabhängigen Personalbedarfs in der Fertigung. Weitere Erläuterungen zur Personalbedarfsplanung vgl. Kapitel 6.

[22] Entnommen aus *REFA*, Methodenlehre der Planung und Steuerung, a.a.O., Bd. 3

Die Erstellung des Basis- oder Stamm-Arbeitsplans je Einheit erfolgt durch die Arbeitsplanung, ohne auftragsabhängige, d. h. produktionsmengenabhängige Daten. Diese werden erst im Rahmen des Einsatzes des Arbeitsplans anlässlich der Disposition und Terminplanung hinzugefügt. Die folgende Skizze von *Wiendahl* erläutert den Ablauf einer **Arbeitsplanerstellung.**[23]

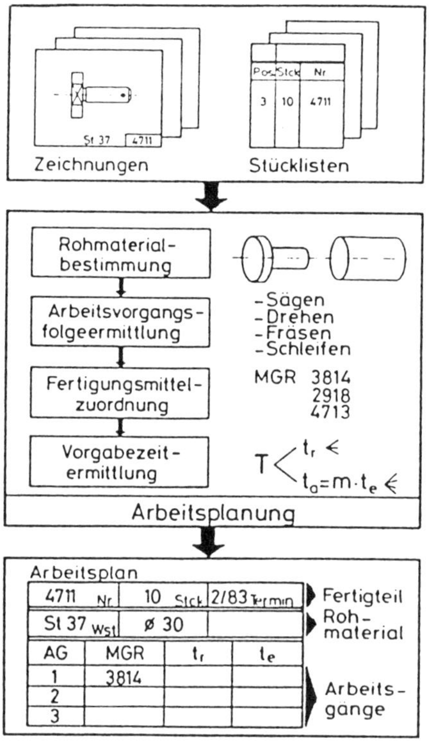

(2) Materialplanung

Im Rahmen der Fertigungsplanung umfasst die **Materialplanung** die Planung des produktionsmengenunabhängigen Materialbedarfs nach Art und Menge je Erzeugniseinheit. Als Grundlage für die Fertigungssteuerung sind mindestens folgende Stammdaten je Teil, Baugruppe oder Erzeugnis vorzugeben:

- Materialart mit Qualitätsvorgaben,
- Materialmenge,
- Lagerort sowie
- unter Umständen Qualitätsprüfvorschriften.

Für die **Materialdisposition** sind gleichzeitig oder später ergänzend erforderlich:

- Mindestbestand,
- Dispositionskennzeichen,
- Lieferantennachweis,
- Beschaffungszeit und
- sonstige Angaben bezüglich optimaler Beschaffung, z. B. Vorgabe von optimalen Losgrößen für Eigenfertigung und/oder Einkauf.

[23] Entnommen aus: *Wiendahl, H.-P.*, Betriebsorganisation für Ingenieure, München und Wien

Die hier genannten Stammdaten finden Eingang in die produktionsprogrammabhängige, also produktionsmengenabhängige Materialplanung. Dazu vgl. Pkt. 5.4.1.4. Umfassende Systematiken zur Materialplanung für die Gesamtheit aller Teilaufgaben und Arbeitsschritte gibt *REFA*.[24]

(3) **Betriebsmittelplanung**

Die **Betriebsmittelplanung** hat die Aufgabe, folgende Festlegungen vorausschauend zu treffen:

- Bedarf einer oder mehrerer Perioden an Betriebsmitteln nach Art und Menge,
- räumliche Gestaltung und Optimierung des Fertigungsablaufs durch geeignete Gestaltung der Betriebsmittelanordnung,
- Bedarfs- und Erstellungsplanung für Werkzeuge und gegebenenfalls
- Planung der Errichtung, Erweiterung und vielfach Umstellung von Fertigungsanlagen aus Anlass von Anforderungs- und/oder Verfahrensänderungen sowie
- Instandhaltungsplanung.

Für die Betriebsmittelplanung und zwar insbesondere die Erstellung von produktspezifischen und/oder kundenspezifischen Werkzeugen ist darauf zu achten, dass Prioritätenfestlegungen unter Berücksichtigung der mit dem jeweiligen Werkzeug erzielbaren Deckungsbeiträge erfolgen. Bei wichtigen Terminverzögerungen ist diese Prüfung erneut vorzunehmen und deckungsbeitragsoptimal zu disponieren.

Für die Aufgabe der **Instandhaltungsplanung** strukturiert die folgende Tabelle von *Warnecke* Strategien und Teilaufgaben:[25]

Instandhaltungsplanung		
Strategieplanung	Bereitstellungsplanung	Arbeitsablaufplanung
- Präventivstrategie (vorbeugender Teileaustausch) - Inspektionsstrategie - Ausfallbedingte Instandhaltungsstrategie	- Personalplanung - Planung der Betriebsmittel der Instandhaltung - Planung des Instandhaltungsmaterials	- Arbeitsplanerstellung - Zeitermittlung

(4) **Kostenplanung als Teil der Erzeugnisplanung**

Für den Betriebswirt ist es nicht immer eine Selbstverständlichkeit, dass als Ergebnis der technischen Erzeugnisplanung (mit den oben behandelten Schritten: Arbeitsplanung, Materialplanung und Betriebsmittelplanung) in der Arbeitsvorbereitung das erforderliche Know-how für eine **Kostenträger-Vorkalkulation** unter Berücksichtigung aller wichtigen technologischen Veränderungen besteht oder entwickelt werden muss.

In diese Vorkalkulation gehen neben Daten der Betriebsabrechnung ergänzend Technologie- und Einkaufspreisprognosen bezüglich der einzusetzenden Materialien und Teile ein. Ferner sind Prognosen über die Entwicklung von Lohnkosten und Abschreibungserfordernissen einzubeziehen.

[24] *REFA*, Methodenlehre, a.a.O., Bd. 2
[25] Entnommen aus *Warnecke, H.-J.*, Instandhaltung, zitiert nach *Blohm, H.* und andere, a.a.O.

5.3.1.3 Elemente und Hilfsmittel der Erzeugnisplanung

(1) **Nummernsysteme**

In der industriellen Praxis wurden Ordnungssysteme für die Dokumentation von Erzeugnissen und Erzeugnisteilen sowie für die Beschreibung und Steuerung von Prozessabläufen entwickelt. Diese bedienen sich vielfältiger Nummernsysteme.

Nach DIN 6763 ist eine Nummer eine „festgelegte Folge von Zeichen“, diese kann bestehen aus:

- Ziffern: 0, 1, 2, 3, ..., 9
- Buchstaben: a, b, c, ..., z
- Sonderzeichen: %, §, +, etc.

Der Begriff Nummerung schließt nach DIN 6763 das „Bilden, Erteilen, Verwalten und Anwenden von Nummern“ ein.

(1.1) **Funktionsübergreifender Zusammenhang**

Die Bedeutung eines Nummernsystems für die Steuerung eines Betriebes kann vereinfacht am Beispiel der Abwicklung eines Kundenauftrags - bei Auftragsfertigung - veranschaulicht werden:

- Ein Kunde, der einen ersten Auftrag erteilt, erhält eine **Kundennummer**, unter der die ihn betreffenden Akquisitionsmaßnahmen in Zukunft registriert, sein Auftrag eingebucht und bei Lieferung und Fakturierung die Forderung gegen ihn gebucht und das Inkasso überwacht werden.
- Der eingegangene Auftrag erhält eine **Auftragsnummer**. Er betrifft ein bestimmtes **Erzeugnis**, unter dessen Nummer die Informationen aufgesucht werden zur Auflösung des bestellten Erzeugnisses in seine Baugruppen, Teile und Materialien.
- Diese **Baugruppen und Teile** haben wiederum **Nummern** (die vielfach mit ihrer **Zeichnungsnummer** übereinstimmen). Die Baugruppen- und Teiledokumentation führt für Einkaufsteile direkt, für Eigenfertigungsteile indirekt über eine **Materialnummer** zum Einkaufsbedarf.
- Bestimmte Materialien sind üblicherweise zu Beschaffungsgruppen gleichartiger Technologie (wie Stahl, Kunststoff, Elektroteile etc.) zusammengefasst. Für das einzelne Einkaufsmaterial, Einkaufsteil oder Materialgruppen bestehen Lieferantenverzeichnisse mit **Lieferantennummern**, die üblicherweise ergänzt werden durch **Lieferantenkennzeichen** (mit Hinweisen auf deren Leistungsfähigkeit, wie Preis, Qualität, Lieferzeit etc.).
- Bei der Bestellung sind bestimmte Optimierungsregeln zu beachten, die durch **Dispositionskennzeichen** je Materialnummer oder Teilenummer festgelegt sind.
- Zur Vorbereitung des **Fertigungsauftrags** sind bestimmte Arbeitsplätze auszuwählen und Betriebsmittel in bestimmten **Kostenstellen/Abteilungen** zu reservieren, die **alle durch Nummern bezeichnet** werden.
- Bei Auslieferung des Auftrags erfolgt eine Fakturierung mit **Rechnungsnummer**.

(1.2) **Merkmale betrieblicher Nummernsysteme**

- **Auftragsabhängige Nummern**
  Diese kennzeichnen die nur für einen bestimmten Auftrag gültigen Merkmale. Dazu gehören Auftragsnummer, Auftragsart, Termin, Kunde etc.

❑ **Auftragsunabhängige Nummern**
Diese kennzeichnen Erzeugnisse, Baugruppen, Teile, Materialien, Betriebsmittel, Kostenstellen etc. Die auftragsunabhängigen Nummern werden vielfach auch als **Sachnummern** und die ihnen zugeordneten Daten als Stammdaten bezeichnet. Sachnummern können identifizierend oder klassifizierend sein.

❑ **Klassifizierende Nummern**
Klassifizierende Nummern ordnen nach DIN 6763 Nummernobjekte, Gegenstände oder Sachverhalte, bestimmten Gruppen (Klassen) zu, die durch bestimmte Merkmale eindeutig und unverwechselbar bezeichnet sind. Nummern mit diesen Merkmalen heißen **Klassifizierungsnummern**.
Mit der Zugehörigkeit eines Sachverhaltes oder Gegenstandes zu einer Gruppe oder Klasse ist das Nummerungsobjekt noch nicht identifiziert, denn die Objekte mit gleichen Gruppenmerkmalen sind nicht notwendig identisch.

❑ **Identifizierende Nummern**
Identifizierende Nummern dienen (nach DIN 6763) dazu, bestimmte Gegenstände oder Sachverhalte eindeutig und unverwechselbar zu kennzeichnen und zu erkennen, beziehungsweise anzusprechen. Nummern mit diesen Merkmalen heißen **Ident- oder Identifizierungsnummern**. Diese Bedingung der Identifizierung ist in der industriellen Praxis auch erfüllt durch Nummerungsobjekte, die innerhalb bestimmter vorgegebener Toleranzen austauschbar sind. Das kann beispielsweise zutreffen für bestimmte Baugruppen, wie Getriebe, Vergaser, oder für Teile, wie Schrauben und Federn etc.

Die erläuterten Merkmale betrieblicher Nummernsysteme fasst *Wiendahl* in dem folgenden Schaubild mit Hinweis auf wichtige Beispiele zusammen.[26]

	Auftragsunabhängig	**Auftragsabhängig**
Identifizierend	Teilnummer Erzeugnisnummer Betriebsmittelnummer	Auftragsnummer Kundennummer
Klassifizierend	Teileart Erzeugnisgruppe Gruppenart	Auftragsart Bezugsart
	Informationssystem	

Die betrieblichen Sachnummernsysteme bestehen in der Regel aus einem klassifizierenden und einem identifizierenden Teil, je nachdem, ob beide Teile fest miteinander verknüpft oder unabhängig voneinander änderbar sind, spricht man von Verbund- oder Parallel-Nummernsystem.

(1.3) Verbund-Nummernsystem

In einem **Verbund-Nummernsystem** ist ein klassifizierender Nummernteil ergänzt um einen identifizierenden Nummernteil und beide sind fest verknüpft. Die Gesamtnummer erlaubt die Klassifizierung und Identifizierung.

[26] Entnommen aus: *Wiendahl, H.-P.,* Betriebsorganisation für Ingenieure, München und Wien

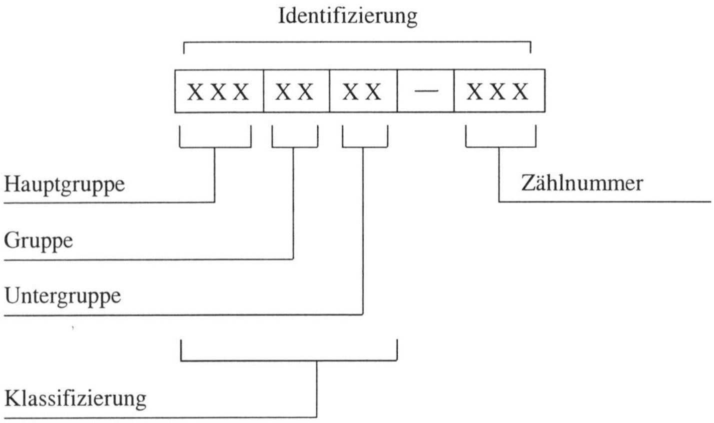

Verbund-Nummernsystem[27]

(1.4) **Parallel-Nummernsystem**

Parallel-Nummern bestehen aus zwei voneinander unabhängigen Teilen, nämlich einem Identifizierungsteil und einem Klassifizierungsteil.

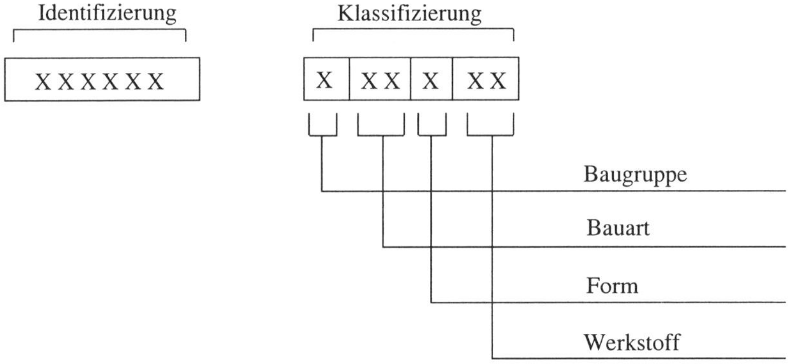

Parallel-Nummernsystem[28]

(1.5) **Gesichtspunkte für die Gestaltung von Nummernsystemen**

Für die Gestaltung von Nummernsystemen sind insbesondere folgende Fragen zu beantworten:

- Welche Sortier- und Suchaufgaben sind in den verschiedenen Funktionsbereichen wahrzunehmen?
- Welche Objekte sind nach welchen Merkmalen zu kennzeichnen und zu ordnen?

[27] Entnommen aus: *Jäger, F., Klein, A., Kuntze, W.*, Betriebliche Fertigungswirtschaft, Betriebswirtschaftliche Aspekte moderner industrieller Produktion, Stuttgart

[28] Entnommen aus: derselbe und andere, Betriebliche Fertigungswirtschaft, a.a.O.

- ❑ Wie viele Positionen sind je Merkmal zu unterscheiden?
  Mit Hilfe einer Stelle können bei Verwendung von Zahlen (0 bis 9) zehn und bei Verwendung von Buchstaben (a bis z) 26 Merkmale unterschieden werden. Ist eine größere Zahl von Merkmalen zu unterscheiden, dann sind dafür zusätzliche Stellen erforderlich.
- ❑ Sind Merkmale voneinander abhängig oder unabhängig?
- ❑ Welche Kenntnisse sind erforderlich für die Erteilung und die Anwendung von Nummern?
  Konstruktion und Fertigung sind durch andere Anforderungen und Kenntnisse gekennzeichnet als Vertrieb, Disposition und Einkauf.

Nach Klärung der Identifizierungs- und Klassifizierungsanforderungen muss eine Wahl über den Einsatz von Verbund- oder Parallel-Nummernsystemen getroffen werden. Dafür gibt es keine allgemeingültige Regel, sondern nur eine Reihe von Erfahrungen, die nicht ohne Überprüfung auf den konkreten Fall übertragen werden können. Die wichtigsten Erfahrungen sind:

- ❑ **Verbund-Nummernsysteme** sind in der klassischen Konstruktionsverwaltung des Maschinenbaus verbreitet. Sie erlauben dem eingearbeiteten Techniker eine tiefgegliederte Zuordnung von Nummerungsobjekten zu Konstruktionsmerkmalen, Baugruppen und Produkten. Diesem Vorteil stehen folgende wesentliche Nachteile gegenüber:
  - Die Vergabe von Nummern erfordert gründliche technische Detailkenntnisse und kann nur durch wenige Spezialisten vorgenommen werden. Das ist langwierig und schafft hohe Abhängigkeit des Systems von Einzelpersonen.
  - Ein Teil, das in verschiedene Produkte (Ordnungsgruppen) eingeht, hat entsprechend viele Teilnummern.
  - Produktänderungen erzwingen einen umfangreichen Nummernänderungsdienst.
- ❑ **Parallel-Nummernsysteme** gelten als änderungsfreundlich, da der klassifizierende und der identifizierende Teil unabhängig voneinander geändert werden können. Damit entspricht dieses System insbesondere der Anforderung hoher Flexibilität und erweist sich in der Regel als überlegen und zukunftssicher. Zu bedenken ist ferner, dass die Pflege des Systems auf verschiedene Anwender und Know-how-Träger übertragen werden kann.
  Diesen Vorteilen steht der Nachteil gegenüber, dass ein Parallel-Nummernsystem für den gleichen Informationsumfang im Vergleich zum Verbund-Nummernsystem mehr Stellen erfordert. Dieser Nachteil kann bei EDV-Einsatz in der Regel vernachlässigt werden.

(1.6) **Aspekte des EDV-Einsatzes von Nummernsystemen**

Nummernsysteme, in der EDV auch Nummernschlüssel genannt, dienen in der EDV zum Auffinden von Datensätzen in Dateien und Datenbanken. Dies bedingt, dass jede Datei mindestens einen identifizierenden Schlüssel besitzen muss. Dieser Schlüssel wird **Primärschlüssel** genannt und kann eine rein identifizierende Nummer oder eine Verbundnummer sein. Die Verwendung von Verbundnummern als Primärschlüssel sollte wohl überlegt werden, denn es besteht die Gefahr, dass der klassifizierende Teil des Schlüssels nach einiger Zeit geändert werden muss (bei Erzeugnisänderungen, Umzug des Kunden oder Lieferanten).

Zusätzlich zum Primärschlüssel können in Datenbanken und in Programmiersprachen zur kommerziellen Programmierung ein oder mehrere alternative Satzschlüssel definiert werden, die Parallelnummern darstellen. Durch sie können Sortierungen der Datenbank/Datei nach beliebigen in der Datei enthaltenen Datenfeldern erreicht werden.

Alternative Satzschlüssel werden in der EDV zunehmend eingesetzt, um die Vielzahl an verschiedenen Auswertungsformen und Sortierfolgen erzeugen zu können. Dies ist eine Folge der immer komplexer werdenden Programmsysteme. Die Änderung von Datenfeldern, die in Alternativschlüsseln enthalten sind, macht im Gegensatz zur Änderung einer Verbundnummer, die Primärschlüssel ist, keine Probleme. Auch das nachträgliche Hinzufügen von Alternativschlüsseln ist möglich, wenn ein Programmsystem erweitert werden soll. Deshalb gilt das Parallelnummernsystem als das zukunftssicherste Nummernsystem.

(2) Darstellung der Erzeugnisstruktur durch Stücklisten

(2.1) Aufgaben, Informationsinhalte und Typen von Stücklisten

Eine **Stückliste** ist ein Verzeichnis, aus dem hervorgeht, aus welchen Baugruppen, Einzelteilen und Materialien ein Produkt hergestellt wird. Eine Stückliste kann ferner den strukturellen Aufbau eines Produktes oder einer Baugruppe definieren.

Stücklisten werden überall benötigt, wo Endprodukte aus mehreren Ausgangsmaterialien oder -teilen zusammengefügt werden. Dazu gehören in den verschiedenen Industriezweigen auch

- **Rezepturen** (in der Chemischen Industrie),
- **Zutatenlisten** (in der Lebensmittelindustrie) und
- **Bauvorschriften** (im Hoch- und Tiefbau).

Für manuell verwaltete Kleinserienfertigung werden Stücklisten häufig neben der Zeichnung eines Teiles auf dem gleichen Blatt vermerkt und verweisen dort auf die anderen zugehörigen Teile. Bei EDV-gestützter Großserienfertigung werden Teilezeichnung und Stückliste meist getrennt erstellt. Die Bedeutung der Stückliste für die Steuerung der Fertigung und der Materialwirtschaft ist mit dem technischen Fortschritt schnell gewachsen. Komplexe Produkte mit großer Teilevielfalt sowie harter Preis- und Kostenwettbewerb machen es heute unmöglich, Produktionsbereitschaft auf der Basis verbrauchsgesteuerter Teiledisposition, das heißt ohne Stücklisten, effizient sicherzustellen. Fast alle - auch kleinere - Betriebe sehen sich heute gezwungen, eine auftrags- beziehungsweise programmgesteuerte Teiledisposition einzuführen, in der der Sekundärbedarf über Stücklisten aus dem Primärbedarf ermittelt wird.

Eine Stückliste enthält Teile bezogene und Struktur bezogene Angaben.

- **Teile bezogene Angaben** sind:
  - Teilenummer und (oder besser identisch mit) Zeichnungsnummer
  - Bezeichnung
  - Preis
  - Lagerort
  - Materialnummer sowie unter Umständen
  - Lieferantennummer und
  - Dispositionsart
- **Struktur bezogene Daten** betreffen die Einordnung des Teils in die Erzeugnisstruktur, dazu gehören:
  - Kopf- und Positionsdaten, z. B. kenntlich durch
  - über- und/oder untergeordnete Teilenummern.

Einstufige Stücklisten kennzeichnen Produkte einfacher Struktur, die direkt aus Ursprungsmaterialien und Einkaufsteilen hergestellt werden. Von **mehrstufigen Stücklisten** spricht man, wenn mehrstufige Produkte dargestellt werden, in denen zumindest ein Anteil von Ausgangsmaterialien und -teilen nicht direkt in das Endprodukt eingeht sondern zunächst zu Baugruppen zusammengefügt wird, die dann ihrerseits in andere Baugruppen oder das Endprodukt eingehen (z. B. im Fahrzeugbau: Anlasserwelle in die Baugruppe Anlasser, Anlasser zur Baugruppe Motor, Motor in das Endprodukt Fahrzeug).

Zur Darstellung mehrstufiger Produkte können unterschiedliche Typen von Stücklisten eingesetzt werden. Dabei unterscheidet man folgende Grundformen:

- unstrukturierte Stücklisten, in diese Kategorie gehört die
  - Mengenübersichtsstückliste;
- strukturierte Stücklisten, dazu zählen die
  - Strukturstückliste und die
  - Baukastenstückliste.

Außerdem bestehen Mischformen. Am häufigsten findet man die Kombination von Struktur- und Baukastenstücklisten. In Bezug auf den EDV-Einsatz ist zwischen Speicherungs- und Ausdrucksformen der verschiedenen Stücklistentypen zu unterscheiden.

Die Darstellungs- und Leistungsmerkmale der genannten Stücklisten-Grundformen werden am Beispiel der folgenden vereinfachten Produktstruktur erläutert.

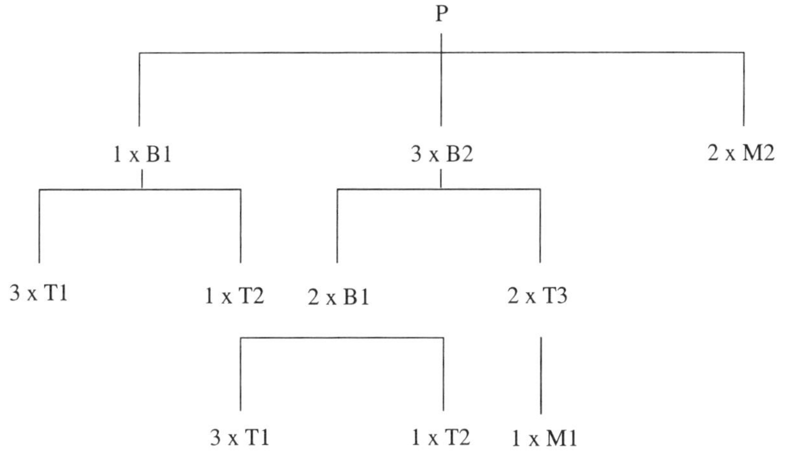

P = Produkt
B = Baugruppe
T = Teil
M = Material

Eine Stückliste kann wie oben graphisch oder wie in den folgenden Erläuterungen als Tabelle dargestellt werden. In dem obigen Beispiel wird deutlich, dass ein gleichartiges Teil in einem mehrstufigen Produkt auf mehreren Stufen für die Herstellung des Produkts benötigt werden kann. Die unterste Produktionsstufe, auf der ein bestimmtes Teil benötigt wird, nennt man seine **Dispositionsstufe**. Auf diese wird Bezug genommen bei der termin- und bedarfsorientierten Disposition, d. h. der Ermittlung des Nettosekundärbedarfs dieses Teils (vgl. Pkt. 5.4.1.4 (2) Dispositionsstufenverfahren).

(2.2) **Mengenübersichtsstückliste**

In einer **Mengenübersichtsstückliste** wird jede Sachnummer (untergeordnete Teilenummer) mit der Menge aufgeführt, mit der das zugehörige Teil insgesamt in das Enderzeugnis eingeht. Jede Teilenummer wird also pro Erzeugnis nur einmal mit der kumulierten Mengenangabe aufgeführt, auch wenn sie ein Wiederholteil betrifft, das an verschiedenen Stellen der Erzeugnisstruktur mehrfach auftritt. Eine Mengenübersichtsstückliste enthält alle Teilenummern eines Endproduktes. Eine Gliederung nach Montageablauf oder sonstige Berücksichtigung der Produktstruktur erfolgt nicht. Die Mengenübersichtsstückliste eignet sich deshalb besonders für einfache Fertigungen, in denen keine Zwischenlagerungen von Baugruppen erfolgen.

Vorteile:
- Sie ist einfach, übersichtlich, der Material- und Teilebedarf lässt sich sehr schnell ermitteln.
- Der Speicherplatzbedarf ist relativ gering.

Nachteile:
- Eine automatische Umwandlung in eine strukturierte Stückliste (mit Stücklistenprozessor) ist nicht möglich.

Das bedeutet, dass diese sehr einfache Form einer Stückliste wenig Ansatzpunkte bietet für die Erschließung von Vorteilen, die ein EDV-Einsatz bieten kann.

Eine Mengenübersichtsstückliste für das gewählte Beispiel-Produkt enthält folgende Angaben:

Produkt P	
Bezeichnung	Menge
B1	7
B2	3
T1	21
T2	7
T3	6
M1	6
M2	2

Mengenübersichtsstückliste des Produktes P

(2.3) **Strukturstückliste**

Eine **Strukturstückliste** ist ein Verzeichnis aller Baugruppen, Teile und Materialien eines Produkts, aus dem die Produktstruktur und der Produktionsablauf hervorgehen, also zu jedem Bestandteil die zugehörige Produktionsstufe erkannt werden kann. Die Mengenangaben zu jedem Material, jedem Teil und jeder Baugruppe geben jeweils an, dass dieses Element in dieser Menge in die nächst übergeordnete Produktionsstufe eingeht. Auf der Grundlage dieser Informationsstruktur wird eine zeitliche und mengenmäßige Differenzierung der Bedarfsrechnung bei Einsatz von Strukturstücklisten möglich.

Für die Positionsfolge innerhalb einer Strukturstückliste gibt es keine verbindlichen Regeln. Eine Aufzählung von links nach rechts herrscht vor. Dabei wird zunächst jeder begonnene Zweig der Baumstruktur ganz bis unten definiert, bevor nach rechts weitergegangen wird. Nach dieser Regel ergibt eine Strukturstückliste für das obige Beispielprodukt folgendes Bild:

Produkt P		
Bezeichnung	Stufe	Menge
B1	1	1
T1	2	3
T2	2	1
B2	1	3
B1	2	2
T1	3	3
T2	3	1
T3	2	2
M1	3	1
M2	1	2

Im Hinblick auf den EDV-gestützten, praktischen Einsatz ergeben sich folgende Gesichtspunkte:

Vorteile:

- Produktstruktur und Fertigungsablauf sind ohne Rückgriff auf andere Stücklisten erkennbar.
- Die Beachtung der zeitlichen Verschiebungen zwischen den verschiedenen Produktionsstufen kann dokumentiert und für die Bedarfsermittlung im Dispositionsstufenverfahren berücksichtigt werden.

Nachteile:

- Der Speicherbedarf ist relativ hoch, da Wiederholteile auf jeder Stufe, auf der sie vorkommen aufgeführt und gespeichert werden müssen.
- Bei hoher Teilezahl und komplexer Produktstruktur wird die Stückliste unübersichtlich.
- Bei Auswertungen und Änderungen ergeben sich relativ hohe EDV-Laufzeiten.
- Bei relativ komplexen, änderungsintensiven Produkten ergibt sich ein gegenüber dem Einsatz von Baukastenstücklisten deutlich höherer Änderungsaufwand.
- Bei Einsatz moderner EDV-Programme zur Stücklistenorganisation können auch Strukturstücklisten erzeugt werden. Die Organisationsform der Strukturstückliste erlaubt aber keine optimale Stücklistenspeicherung und -änderung.

(2.4) **Baukastenstückliste**

In einer **Baukastenstückliste** sind zu jedem Erzeugnis oder zu jeder Baugruppe nur die Baugruppen oder Einzelteile der nächsttieferen Fertigungsstufe enthalten. In einer mehrstufigen Fertigungsstruktur zerfällt der Erzeugnisaufbau in mehrere einstufige Stücklisten. Besteht eine untere Stücklistenposition aus einer Baugruppe, dann besteht dafür wiederum eine einstufige Stückliste.

Jede Wiederholbaugruppe wird nur einmal als Stückliste dargestellt, obwohl die Baugruppe an mehreren Stellen des Erzeugnisses oder unter Umständen sogar in mehreren Erzeugnissen eines Produktprogramms auftritt.

Für das gewählte Beispiel-Produkt ergibt sich folgende Darstellung als Baukastenstückliste:

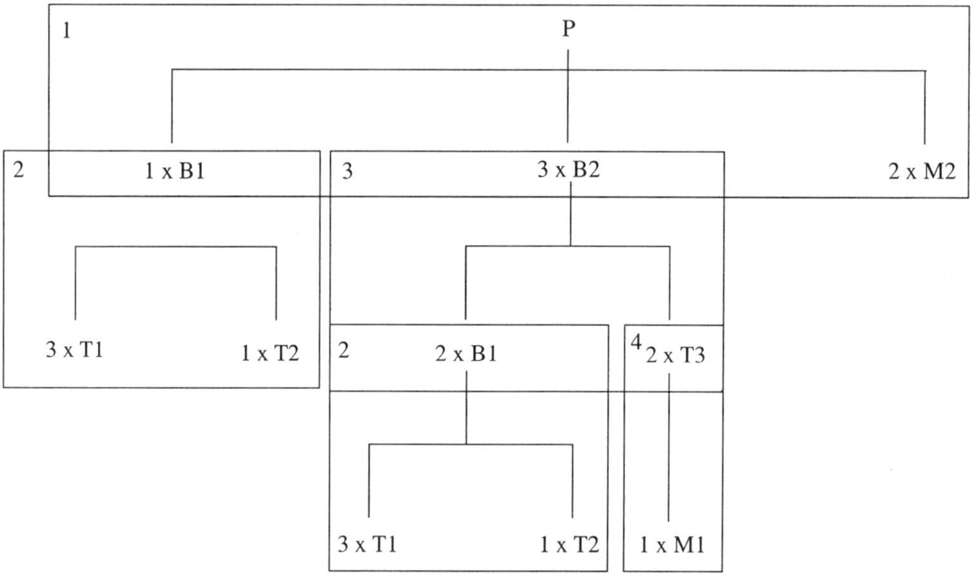

Baukastenstückliste für das Produkt P

Im Hinblick auf EDV-gestützten Einsatz in der Praxis ergeben sich folgende Gesichtspunkte:

Vorteile:

- Im Vergleich zu Strukturstücklisten sind Speicheraufwand und Änderungsaufwand niedriger, weil Wiederholbaugruppen nur einmal gespeichert werden.
- Je größer die Zahl der Wiederholbaugruppen ist, um so bedeutsamer wird dieser Vorteil.
- Baukastenstücklisten sind am besten geeignet für den EDV-Einsatz und erlauben den Einsatz eines Stücklistenprozessors im Änderungsdienst.

Nachteile:

- Der Gesamtzusammenhang einer Erzeugnisstruktur wird erst erkennbar, wenn zusammengehörige Baukastenstücklisten als Strukturstückliste ausgegeben werden. Da dieses bei EDV-Einsatz in der Regel möglich ist, wiegt dieser Nachteil gering. Denn man kann die Speichervorteile der Baukastenstücklisten mit den Darstellungsvorteilen der Strukturstückliste ohne Schwierigkeit kombinieren.

Damit erweist sich die Baukastenstückliste in Verbindung mit einer Produktstrukturdarstellung als Strukturstückliste als in der Regel optimales Organisationssystem für mehrstufige Produkte mit zahlreichen Wiederholbaugruppen.

(2.5) **Gozintho-Graph**

Graphen dienen der Darstellung von Strukturen in Form von Netzwerken mit Punkten und Verbindungslinien. Darin heißen die Punkte Knoten und die Verbindungsstrecken Kanten. Im Falle des Gozintho-Graphen erfolgt eine Ausrichtung der Kanten auf die jeweils übergeordnete Produktionsebene. Sie heißen dann Pfeile. Die Theorie der Graphen ist ein Teilgebiet der mathematischen Topologie und hat in der betrieblichen Planung in der jüngeren Vergangenheit zunehmend Bedeutung erlangt.

Die aus vorangegangenen Abschnitten bekannte Produktstruktur kann als **Gozintho-Graph** sowohl graphisch als auch als Gleichung dargestellt und zu einer Tabelle umgewandelt werden. Das zeigt die folgende Darstellung:

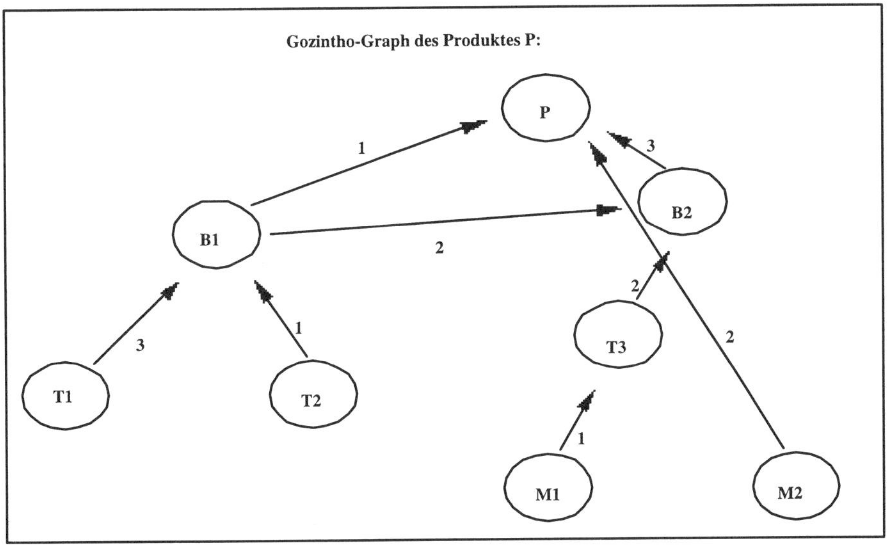

(2.6) **Betriebliche Funktionen von Stücklisten**

Im Interesse einer funktionsorientierten und anforderungsgerechten Ausgestaltung der Stücklisten wird in der Praxis vielfach zwischen Stücklisten für bestimmte Funktionen unterschieden. In diesem Rahmen kann nur darauf hingewiesen werden, dass der Informationsbedarf von Konstruktion, Fertigung und Materialdisposition sehr unterschiedlich ist und im Rahmen des Aufbaus einer Stücklistenorganisation sehr sorgfältiger Abstimmung in der Planungs-Phase bedarf. Folgende Hauptunterscheidungen haben sich bewährt:

- Die **Konstruktionsstückliste** ist eine Stückliste, die im Konstruktionsbereich im Zusammenhang mit der zugehörigen Zeichnung erstellt wird (DIN 199, Teil 2). Sie gibt Auskunft über die in der Zeichnung dargestellten Gegenstände und umfasst mindestens deren Stückzahl und vollständige Bezeichnung (DIN 6789). Eine Konstruktionsstückliste dient in 1. Priorität der bestmöglichen Realisierung der Konstruktionsaufgabe, das bedeutet in der Regel, der Dokumentation, wie geforderte Funktions-, Qualitäts- und sonstige Merkmale eines Produktes realisiert werden können. Mit 2. Priorität dient die Dokumentation der Konstruktionsstückliste auch der Realisierung der Aufgabe mit möglichst günstigen Kosten. Dazu bedarf es wichtiger Informationsverknüpfungen mit Daten aus der Fertigung und dem Materialbereich. Diese sind in kleineren Unternehmen vielfach nicht realisiert, weil die erforderlichen Stammdaten fehlen oder nicht aktualisiert sind und weil die Zeit für die systematischen Vorplanungen zu fehlen scheint. Ein solcher Mangel kann nicht nur dazu führen, dass Rationalisierungsreserven im Fertigungs- und Materialbereich schon zum Zeitpunkt der Konstruktion nicht erkannt und „verbaut" werden, dieser Mangel führt vielfach dazu, dass Konstruktionsstücklisten abweichend von der Struktur des Endprodukts und vom Ablauf der

Fertigung fertigungsneutral erstellt werden. Solche Stücklisten sind für die Anforderungen der Fertigung ungeeignet. Um die genannten Mängel zu vermeiden, sollte angestrebt werden, dass bereits bei der Erarbeitung der Konstruktionsstückliste Baugruppenabgrenzungen vorgenommen werden, die dem Fertigungsablauf Rechnung tragen.

- Eine **Fertigungsstückliste** ist eine Stückliste, die in ihrem Aufbau und Inhalt Gesichtspunkten der Fertigung Rechnung trägt (DIN 199, Teil 2). Sie dient als Unterlage für die organisatorische Vorbereitung, Abwicklung und Abrechnung der Fertigung eines Erzeugnisses (DIN 6789). Dieses schließt die Ermittlung des Sekundärbedarfs in der Regel ein. (Vgl. Bedarfsermittlungsstückliste)
- Eine **Variantenstückliste** ist eine Zusammenfassung mehrerer Stücklisten auf einem Vordruck, um verschiedene Gegenstände mit einem in der Regel hohen Anteil identischer Bestandteile gemeinsam aufführen zu können (DIN 199, Teil 2). Falls für einzelne Teile oder Baugruppen eines Produkts Alternativen angeboten werden, z. B. bezüglich Material, Qualität oder Farbe etc., werden die diesbezüglichen Angaben entweder in entsprechende gleichrangige Unterstücklisten oder in besondere Spalten der Hauptstückliste aufgenommen.
- Eine **Bedarfsermittlungsstückliste** enthält alle Angaben über die Teile, Rohteile, Halbfertigerzeugnisse und sonstiges Material, die für die Sekundärbedarfsermittlung für ein Produkt oder eine Baugruppe, zu denen sie erstellt worden ist, erforderlich sind. Eine Fertigungsstückliste sollte so aufgebaut sein, dass aus ihren Daten die für die Bedarfsermittlung erforderlichen Dateien angesteuert werden können. Diesen Zusammenhang zeigt auch die folgende Darstellung über Entstehung und Einsatzmöglichkeiten einer Fertigungsstückliste.

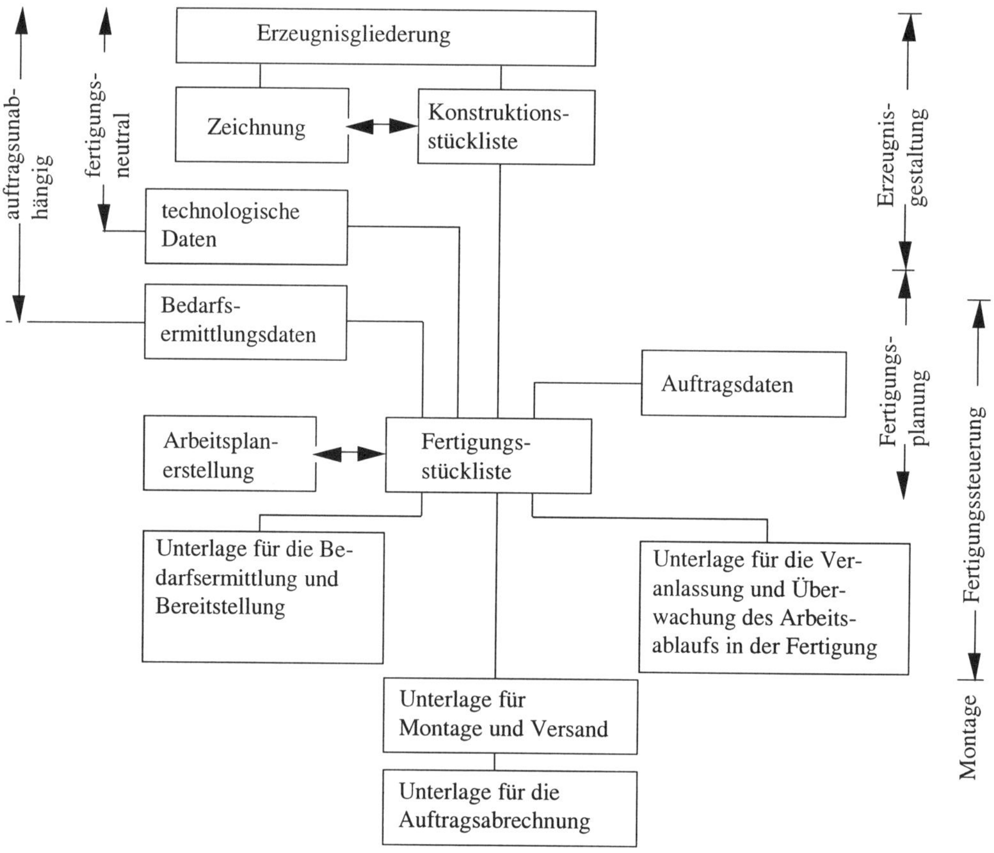

Entstehung und Einsatzmöglichkeiten der Fertigungsstückliste, entnommen aus: *REFA*, Methodenlehre, a.a.O.

Blohm, Beer, Seidenberg, Silber geben folgenden Überblick über einige wichtige **Stücklistenarten** mit Hinweisen auf deren **Merkmale und Einsatzbereiche**.[29]

Klassifizierung	Stücklistenart	Beschreibung	Einsatzbereich
Grundformen	Mengenübersichts-stückliste (Aufzählungs-stückliste)	Die Aufzählungsstückliste gibt alle Bestandteile eines Erzeugnisses mit den jeweiligen Gesamtmengen ohne Berücksichtigung der Erzeugnisstruktur an. Die Mengenübersichtsstückliste enthält nur eigenerzeugte Einzel- und Zukaufteile.	Wird als Unterlage in der Materialdisposition eingesetzt, vor allem bei einfachen Fertigungs- oder Montagestrukturen. Außerdem zur Kalkulation.
	Struktur-stückliste	Die Strukturstückliste bildet die Erzeugnisstruktur eines Produkts ab. Die enthält alle Einzelteile und Baugruppen des Produkts und gibt die jeweils eingehenden Mengen an.	Dient besonders konstruktiven und fertigungstechnischen Zwecken, weniger für die Disposition. Evtl. für Terminplanung eingesetzt.
	Baukasten-stückliste	Die Baukastenstückliste enthält für eine Baugruppe nur die Teile und Baugruppen, die ihr jeweils direkt untergeordnet sind.	Baukastenstücklisten lassen sich redundanzarm auf EDV-Anlagen abspeichern. Sie lässt sich sehr gut dort einsetzen, wo Erzeugnisse nach dem Baukastenprinzip gefertigt werden.
Mischformen	Baukastenstruktur-stückliste	Die Baukastenstrukturstückliste gibt wie die Strukturstückliste die Erzeugnisstruktur an. Es werden aber nicht alle Baugruppen vollständig aufgelöst. Für häufig auftretende Baugruppen werden gesonderte Baukastenstücklisten aufgeführt.	Vereinigt die Vorteile der Struktur- und der Baukastenstückliste. Sehr gut für die Disposition von Baugruppen geeignet.
	Varianten-stückliste	Variantenstücklisten ordnen mehrere ähnliche Erzeugnisse einem Grundtyp zu. Sie lassen sich in allen Stücklistengrundformen ausführen.	Wenn strukturell sehr ähnliche Erzeugnisse gefertigt werden, die eine große Zahl gleicher Teile besitzen.
Sonderformen	Gleichteile-stückliste	Die Gleichteilestückliste enthält alle Teile und Baugruppen, die in den Varianten einer Erzeugnisgruppe in derselben Menge enthalten sind. Um ein vollständiges Produkt ableiten zu können, müssen noch Ergänzungsstücklisten eingeführt werden. Diese enthalten die übrigen Teile.	Wird in der Serienfertigung bei feststehenden Varianten eingesetzt.
	Plus-Minus-Stückliste	Plus-Minus-Stücklisten beziehen sich auf einen Grundtyp. Sie enthalten nur noch in der Variante zusätzlich vorkommende und die entfallenden Teile und Baugruppen.	In der Serienfertigung eingesetzt um spezielle Kundenwünsche aus der Grundausführung ableiten zu können.

[29] Entnommen aus: *Blohm, H., Beer, T., Seidenberg, U.* und *Silber, H.*, Produktionswirtschaft, a.a.O.

(2.7) **Teileverwendungsnachweise**

Außer der Kenntnis, aus welchen Teilen und Materialien ein Produkt besteht, ist es für einen Fertigungsbetrieb zur Lösung einiger wichtiger Teilaufgaben auch wesentlich, feststellen zu können, in welche Baugruppen und Produkte bestimmte Teile und Materialien eingehen. Diese Frage stellt sich insbesondere in folgendem Zusammenhang:

- ❑ Wenn festgestellt werden soll, welche Kundenaufträge - angesichts von zu geringen Beständen (der Praktiker spricht von „Fehlteilen") erfüllt werden können und sollen,
- ❑ wenn aufgrund einer Änderung eines Teils oder Materials die entsprechenden Stücklisten geändert werden müssen und
- ❑ wenn konstruktive Verbesserungen geplant und entwickelt und deren Auswirkungen auf die verschiedenen Produkte bedacht werden müssen.

Zur Lösung dieser Aufgaben tragen Teileverwendungsnachweise bei. **Teileverwendungsnachweise** sind Aufzählungen, die für ein Teil mit einer bestimmten Teilenummer angeben, wie oft dieses Teil in bestimmten Baugruppen und Endprodukten enthalten ist.

Entsprechend zu den Stücklisten-Hauptformen lassen sich folgende Hauptformen von Teileverwendungsnachweisen bilden:

- ❑ Baukastenverwendungsnachweise
- ❑ Strukturverwendungsnachweise
- ❑ Mengenübersichtsverwendungsnachweise.

Die folgende Darstellung zeigt einen Baukastenverwendungsnachweis zu dem bereits bekannten Produktbeispiel.

Baukasten-Teileverwendungsnachweis T1	
Bezeichnung	Menge
B1	3

Baukasten-Teileverwendungsnachweis T2	
Bezeichnung	Menge
B1	1

Baukasten-Teileverwendungsnachweis B1	
Bezeichnung	Menge
P	1
B2	2

Baukasten-Teileverwendungsnachweis M1	
Bezeichnung	Menge
T3	1

Baukasten-Teileverwendungsnachweis T3	
Bezeichnung	Menge
B2	2

Baukasten-Teileverwendungsnachweis B2	
Bezeichnung	Menge
P	3

Baukasten-Teileverwendungsnachweis M2	
Bezeichnung	Menge
P	2

5.3.2 Zusammenhang zwischen produktionsmengenunabhängiger Fertigungsplanung und produktionsmengenabhängiger Fertigungssteuerung

Üblicherweise werden der Fertigungsplanung alle Aufgaben zugeordnet, die unabhängig von der Produktionsmenge geplant werden. Die Aussage, dass die Fertigungsplanung produktionsmengenunabhängig arbeitet, erfordert jedoch die folgende wichtige Einschränkung: Die Planung des Fertigungsablaufs und der Fertigungskapazitäten bedarf sehr konkreter längerfristiger Vorstellungen über die Produktionsmengen, denn die Marktanforderungen bestimmen weitgehend die Fertigungstechnologie. Genauer und einprägsam könnte man also sagen, die Fertigungsplanung plant unabhängig von kurzfristigen Produktionsmengen, unabhängig von Fertigungsaufträgen.

Die **Fertigungssteuerung** übernimmt daran anschließend die Aufgaben, die sich im Zusammenhang mit der Umwandlung von Kunden-Aufträgen beziehungsweise Absatzplänen in Fertigungsprogramme und Fertigungsaufträge ergeben. Insoweit ist die Fertigungssteuerung auch planend tätig. Darüber hinaus nimmt sie die Durchsetzung (Veranlassung und Überwachung) der Fertigungsaufträge wahr.

Entsprechend der vorgenannten Arbeitsteilung wird in der Praxis die Funktion „Arbeitsvorbereitung (AV)" in der Regel in die Gruppen Fertigungsplanung und Fertigungssteuerung gegliedert. Das ist zugleich der Grund, weshalb ich an dieser Stelle die Begriffe Fertigungsplanung und Fertigungssteuerung eingeführt habe, während ich sonst den weiter gefassten Begriff Produktion bevorzuge.

Einen Überblick über die Teilaufgaben der Fertigungsplanung und Fertigungssteuerung gibt folgende Tabelle von *Beer*:[30]

Produktionsplanung und -steuerung		
Bestell- und Lagerwesen	Fertigungsplanung	Fertigungssteuerung
- Lieferantenauswahl - Bestellschreibung - Lagerbewegungsrechnung - Bestellüberwachung - Inventur - Wareneingang - Lagerung	<u>Planung des Fertigungsablaufs</u> - Planung der Fertigungsverfahren/ der Arbeitsgänge und -abläufe - Erstellung und Pflege der Arbeitspläne und der sonstigen Fertigungsunterlagen - Planung der Durchlaufzeiten und der Vorgabezeiten - Stücklistenerstellung und -pflege - Kostenplanung/Kalkulation <u>Planung des Bedarfs</u> - Personalplanung - Betriebsmittel- und Betriebsmittelinstandhaltungsplanung - Materialplanung <u>Sonstiges</u> - Fertigungsstatistiken erstellen - Maßnahmen der Fertigungsrationalisierung	- Materialbedarfsermittlung - Beschaffungsrechnung und Bereitstellung - Erstellung der Auftragsbegleitunterlagen - Auftragsfreigabe - Maschinenbelegung/Arbeitsverteilung - Durchlaufterminierung - Kapazitätsterminierung - Fertigungsüberwachung/Betriebsdatenerfassung

[30] *Beer, T.*, in: *Blohm, H.* und andere, Produktionswirtschaft, a.a.O.

5.4 Aufgaben und Verfahren der produktionsmengenabhängigen Fertigungssteuerung

5.4.1 Auftragsvorbereitung und Terminplanung

5.4.1.1 Produktions- oder Produktionsprogrammplanung

Produktionsplanung hat die Erstellung eines Produktionsprogramms zum Ziel. Sie wird deshalb auch als Produktionsprogrammplanung (oder Fertigungsprogrammplanung) bezeichnet. Dabei ist es zweckmäßig, zwischen einem langfristigen und kurzfristigen Produktionsprogramm zu unterscheiden.

Das **langfristige Produktionsprogramm** umfasst alle aufgrund der Produktionsabsichten und Produktionsmöglichkeiten grundsätzlich herstellbaren Erzeugnisse eines Industriebetriebes.

Das **kurzfristige Produktionsprogramm** geht vom Absatzprogramm und/oder Kundenaufträgen einer bestimmten Periode aus und berücksichtigt ergänzend die Beschaffungsmöglichkeiten und Produktionskapazitäten. Es legt alle Arten und Mengen von Erzeugnissen fest, die zu bestimmten Terminen in einer bestimmten, kurzen Periode (Schicht, Tag, Woche, Monat oder Quartal) gefertigt werden sollen.

Produktionsprogramme werden nicht nur für Enderzeugnisse, sondern auch für vorgelagerte Fertigungsstufen erstellt.

(1) **Abweichungen zwischen Absatz- und Produktionsprogramm**

Es können sich wesentliche Abweichungen zwischen Absatz- und Produktionsprogramm ergeben. Diese können kurzfristig insbesondere folgende **Ursachen** haben:

- ❑ Das **Absatzprogramm enthält** auch nicht selbst gefertigte, zugekaufte Erzeugnisse, so genannte Handelswaren (z. B. in der Phonobranche)
- ❑ Fertigungstechnisch **einheitlich hergestellte Erzeugnisse** werden **im Vertrieb differenziert** (z. B. Benzin von Mobil Oil unter den Marken ARAL und Esso)
- ❑ **Herstellungs- und Absatzperiode stimmen nicht überein**, Erzeugnis wurde zwischenzeitlich gelagert (Holz, Treibstoffe ... EU-Butter).

(2) **Auftrags- und Programmfertigung**

Wenn ein Produktionsprogramm aufgrund von vorliegenden Kundenaufträgen aufgestellt wird, so spricht man von **Auftragsfertigung**. Sofern ein Produktionsprogramm nicht mit Kundenaufträgen hinterlegt ist, sondern die gefertigten Erzeugnisse zwar aufgrund eines Absatzprogramms jedoch im Voraus für später zu akquirierende Kundenaufträge auf Lager gefertigt werden, spricht man von **Programmfertigung**.

In der Praxis der Serienfertigung technischer Erzeugnisse müssen Auftrags- und Programmfertigung in vielen Fällen kombiniert werden, da zum Zeitpunkt der Fertigung nur für einen Teil des Produktionsprogramms Kundenaufträge vorliegen.

Um den Anteil an Programmfertigung möglichst gering und den Anteil an Auftragsfertigung möglichst hoch zu halten, erscheint es notwendig, das Fertigungsprogramm möglichst spät für kurze Zeiträume zu erstellen.

Diesem Ziel steht in der Regel die Notwendigkeit entgegen, Material- und Personalbereitstellung nach dem Fertigungsprogramm deterministisch abzuleiten und zu steuern. Das erfordert Beachtung der Beschaffungsfristen.

Aus den vorgenannten Zielen muss ein Kompromiss gefunden werden, der um so besser ist, je schneller die Informationsverarbeitung erfolgt.

(3) **Ablauf und Informationsinhalte der Produktionsprogrammplanung**

Um eine grobe und eine feine Abstimmung zwischen Absatzprogramm und Produktionsprogramm zu erzielen, benötigen die meisten Industriebetriebe zumindest ein Jahresproduktionsprogramm, das durch monatliche Produktionsprogramme ergänzt wird. Die wichtigsten **Informationsinhalte** der Produktionsprogrammplanung sind:

1) Erzeugnisgliederung des Absatzprogramms, soweit Eigenfertigung erfolgt
2) Absatzmenge der Planperiode je Erzeugnis, das produziert werden soll
3) Anfangsbestand der Planperiode je Erzeugnis
4) Planbedarf am Ende der Planperiode je Erzeugnis
5) Der Primärbedarf der Planperiode ergibt sich durch folgende Rechnung je Erzeugnis: Periodenabsatz minus Anfangsbestand plus Endbestand
6) Durch Ergänzung von Kapazitäts- und Beschaffungsdaten wird eine Zuordnung von Produktionsmengen zu Teilperioden erreicht.

Den Arbeitsablauf und einen groben Aufbau eines Produktionsprogramms zeigt das folgende Bild von *REFA*.[31]

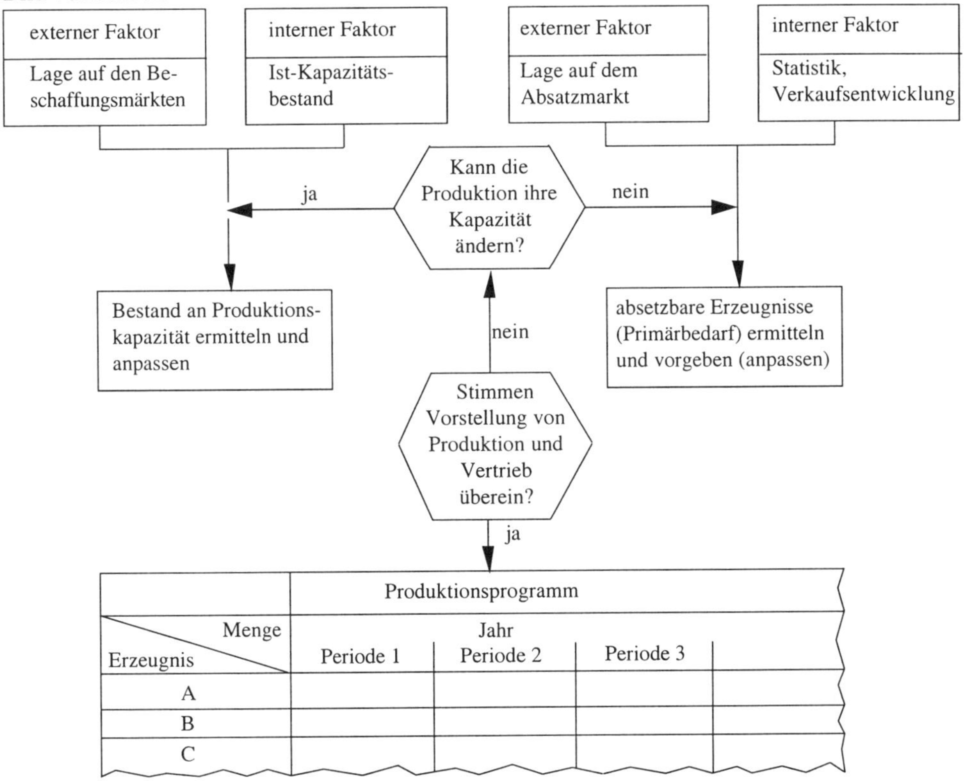

[31] Entnommen aus: *REFA*, Methodenlehre der Planung und Steuerung, a.a.O., Bd. 2

(4) **Erstellung von Fertigungsaufträgen**

Als letzter Schritt der Auftragsvorbereitung vor der Veranlassung von Fertigungsaufträgen sind, unter Berücksichtigung der Ergebnisse der Kapazitätsterminierung und der Termine der Materialbereitstellung, Auftragspapiere zu erstellen, mit deren Hilfe die Fertigungsaufträge ausgelöst, kontrolliert und gesteuert werden. Dazu gehören insbesondere die Fertigungsaufträge an bestimmte Kostenstellen, mit Arbeitsplänen, Materialentnahmescheinen sowie Termin- und Transportanweisungen. Diese Auftragsunterlagen werden im Rahmen der Werkstattsteuerung eingesetzt. Näheres dazu vgl. Pkt. 5.4.2.

5.4.1.2 Kapazitätsbedarfsermittlung und -abstimmung

Dieser Abschnitt gibt eine zusammenfassende Darstellung der Grundlagen der Kapazitätsplanung und -steuerung in weitgehender Übereinstimmung mit *REFA*. Wichtige weiterführende Erläuterungen sind dort nachzulesen.[32]

(1) **Grundbegriffe der Kapazitätswirtschaft**

REFA definiert Kapazität wie folgt:[33]

„Die **Kapazitäten** eines Arbeitssystems dienen zur Durchführung bestimmter Aufgaben und werden qualitativ und quantitativ beschrieben."

Kapazitäten können sein:

- ❑ Mensch
- ❑ Betriebsmittel
- ❑ Betriebsstätte.

„Die **qualitative Kapazität** des Menschen ist durch sein Leistungsangebot, die von Betriebsmitteln und Betriebsstätten durch ihr Leistungsvermögen" beschrieben. „Die **quantitative Kapazität** ist beschrieben durch die Anzahl von Menschen und Betriebsmitteln, durch den Zeitpunkt oder Termin und durch die Dauer und gegebenenfalls den Ort des Einsatzes."

Die weiteren Ausführungen dieses Kapitels beschränken sich auf die Erläuterungen von quantitativen Kapazitätsmerkmalen, da die qualitativen Merkmale durch die Zuordnung von Erzeugnis zu Betriebsmittel sowie die Zuordnung von Mensch zu Betriebsmittel hinreichend definiert und so für die Produktionsprogrammerstellung im Allgemeinen unproblematisch sind.

Ferner definiert *REFA:*[34]

„Der **Kapazitätsbestand** ist die Kapazität, die für die Durchführung von Arbeitsaufgaben qualitativ und quantitativ zur Verfügung steht." Es gibt zwei Arten von Kapazitätsbestand:

a) „Der **theoretische Kapazitätsbestand** ergibt sich, wenn alle Menschen beziehungsweise Betriebsmittel eines Arbeitssystems während der gesamten Arbeitszeit einer Periode ungestört für die Durchführung der vorgesehenen Arbeitsaufgaben zur Verfügung stehen.
b) Der **reale Kapazitätsbestand** ergibt sich aus der Zeit innerhalb einer Periode, in der die Menschen beziehungsweise Betriebsmittel eines Arbeitssystems unter Berücksichtigung von Störgrößen für die Durchführung der vorgesehenen Aufgaben tatsächlich zur Verfügung stehen."

[32] *REFA,* Methodenlehre der Planung und Steuerung, a.a.O., Bd. 2
[33] Derselbe
[34] Derselbe

„Das Verhältnis von realem zu theoretischem Kapazitätsbestand wird als Planungsfaktor p bezeichnet“:[35]

$$p = \frac{\text{realer Kapazitätsbestand}}{\text{theoretischer Kapazitätsbestand}}$$

„Der **Kapazitätsbedarf** ist die Kapazität, die zur Durchführung von Arbeitsaufgaben qualitativ und quantitativ erforderlich ist.“[36]

Kapazitätsbestand und Kapazitätsbedarf sind in der Regel unterschiedlich groß. Ist der Kapazitätsbestand größer als der -bedarf, so liegt eine **Überdeckung** vor. Sind Kapazitätsbestand und -bedarf gleich, so wird dies als **Deckung** bezeichnet. Ist der Kapazitätsbestand kleiner als der Bedarf, so spricht man von **Unterdeckung**.

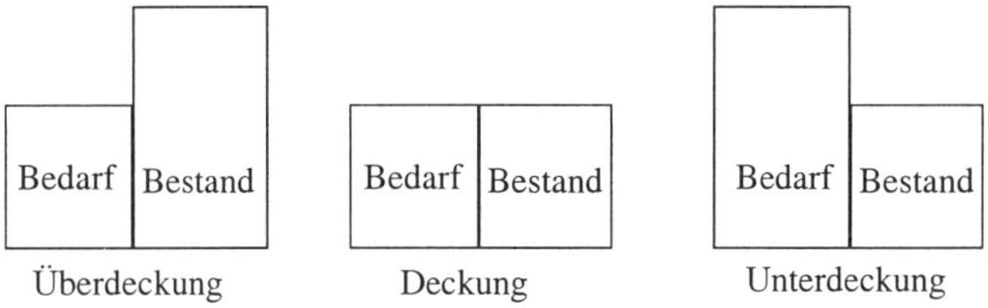

Das Verhältnis von Kapazitätsbedarf (beziehungsweise Kapazitätsinanspruchnahme) zu Kapazitätsbestand wird als Auslastungsgrad bezeichnet.[37]

$$\text{Auslastungsgrad} = \frac{\text{Kapazitätsbedarf}}{\text{Kapazitätsbestand}} \cdot 100\,\%$$

Je nachdem welches Arbeitssystem betrachtet wird, kann unterschieden werden:

- Betriebskapazität (Gesamtkapazität)
- Bereichskapazität (z. B. Fertigung)
- Teilbereichskapazität (z. B. Dreherei)
- Arbeitsplatzkapazität (Einzelkapazität).

(2) **Aufgaben der Kapazitätswirtschaft**

Die Kapazitätswirtschaft umfasst nach *REFA*: „alle Planungs- und Steuerungsaufgaben, die notwendig sind, um die zur Durchführung der Arbeitsaufgaben benötigten Kapazitäten in der erforderlichen Qualität und Anzahl rechtzeitig und am richtigen Ort zur Verfügung zu haben“.[38]

Kapazitätsplanung	**/ Kapazitätssteuerung**
❑ Kapazitätsbedarfsplanung	/ -ermittlung
❑ Kapazitätsbestandsplanung	/ -ermittlung
❑ Kapazitätsabstimmung in der Planung	/ in der Steuerung
❑ Kapazitätseinsatzplanung	/ -steuerung
❑ Kapazitätsbeschaffungsplanung	/ -steuerung

[35] derselbe
[36] derselbe
[37] derselbe
[38] derselbe

- ❑ Kapazitätsentwicklungsplanung / -steuerung
- ❑ Kapazitätserhaltungsplanung / -steuerung
- ❑ Kapazitätsfreistellungsplanung / -steuerung

(3) **Ablauf der Kapazitätsabstimmung**[39]

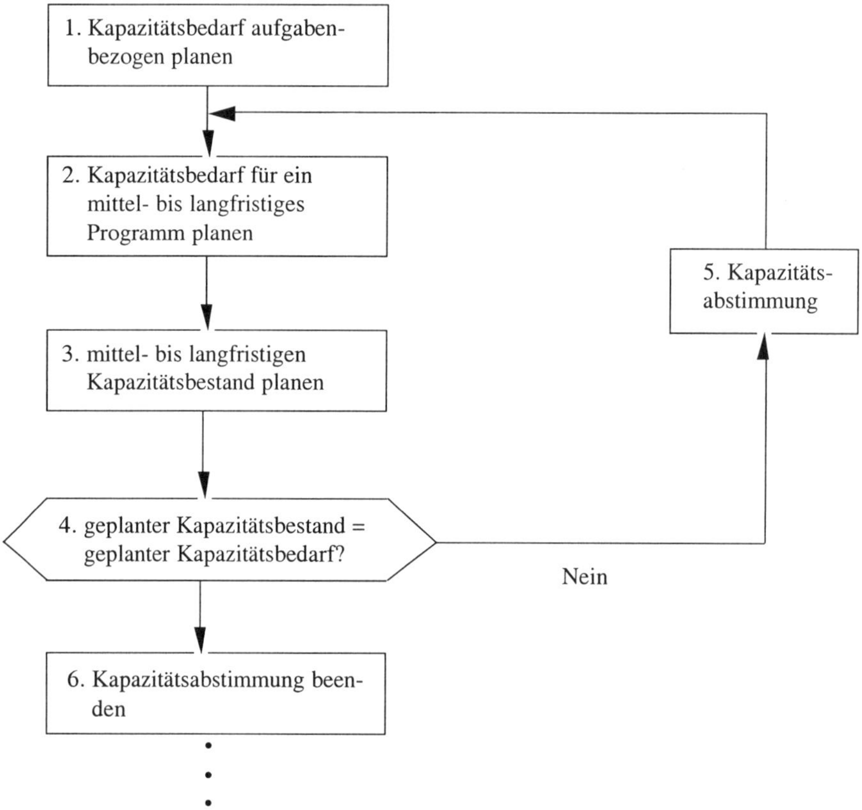

Die **Kapazitätsabstimmung** erfolgt in sechs Schritten:

1. Für einzelne Arbeitsaufgaben (z. B. je Erzeugnis) wird die Kapazitätsbedarfsplanung durchgeführt. Dazu ist nötig:
   - ❑ die Aufgabe in einzelne Arbeitsgänge zu zerlegen
   - ❑ den Kapazitätsbedarf (z. B. Zeiten) je Arbeitsgang zu ermitteln
   - ❑ die zeitlichen Abhängigkeiten der Arbeitsgänge abzustimmen
   - ❑ den Produktionsbereich in Kapazitätseinheiten zu zerlegen
   - ❑ die Zuordnung von Arbeitsgängen und Kapazitätseinheiten durchzuführen
   - ❑ und eventuell mehrere Werte zu einem Wert zu verdichten.

   Für ein Maschinenbauunternehmen können die erforderlichen Daten über Stücklistenauflösung (Stücklistendatei) und Vorlaufverschiebung (Arbeitsplandatei) gewonnen werden. Die Möglichkeiten der Kapazitätsdarstellung für eine Aufgabe sind in (4) erläutert.

[39] Vgl. derselbe

2. Durch Addition des Kapazitätsbedarfs der Einzelaufträge eines kurz- bis mittelfristigen Programms erhält man den Kapazitätsbedarf je Kapazitätsgruppe und Periode.
3. Ausgehend vom benötigten Kapazitätsbedarf wird der Kapazitätsbestand - die Anzahl und Art von Personal und Betriebsmittel - geplant, der zur Erfüllung der betrieblichen Aufgaben vorgesehen ist.
4. Für jede Periode des Planungszeitraums wird der Kapazitätsbedarf mit dem geplanten Bestand verglichen. Sind deutliche Unterschiede in einzelnen Perioden und/oder über einen längeren Zeitraum zu erkennen, so muss eine Kapazitätsabstimmung (5.) durchgeführt werden. Ansonsten kann die Kapazitätsabstimmung beendet werden (6.).
5. Maßnahmen zur Anpassung des Kapazitätsbestands an den -bedarf bezeichnet man als Kapazitätsanpassung, das Angleichen des Kapazitätsbestandes und Kapazitätsbedarfs durch Änderung des Bedarfs als Kapazitätsabgleich.

   Diese Handlungsalternativen veranschaulicht die folgende Darstellung von *REFA*:[40]

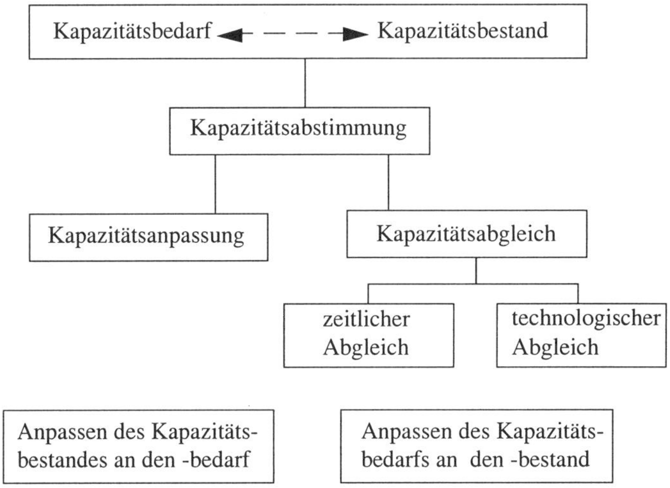

Möglichkeiten der Kapazitätsanpassung:

Bei einer Kapazitätsunterdeckung in einzelnen Perioden oder bei kurzfristigen Störungen können Kapazitätsspielräume in Anspruch genommen werden:

- Überstunden
  - im Anschluss an die normale Arbeitszeit
  - an Samstagen und Feiertagen
- zusätzliche Schichten
- Beschäftigung von Aushilfspersonal.

Die Inanspruchnahme von Kapazitätsspielräumen verursacht Zusatzkosten und sollte nur in Ausnahmefällen in Anspruch genommen werden. Bei längerfristigen Planungen sollte die Kapazitätsabstimmung durch Erhöhung bzw. Verminderung des Kapazitätsbestands erfolgen.

Möglichkeiten des Kapazitätsabgleichs:

- zeitlicher Abgleich, das heißt

[40] Entnommen aus: derselbe

  - zeitliches Verschieben von Aufträgen
  - Strecken oder Stauchen von Aufträgen (Durchlaufzeit verändert sich)
- ❑ technologischer Abgleich, das heißt Verlagern von Aufträgen auf andere Arbeitssysteme
  - Auswärtsvergabe
  - Ausweichen - soweit technisch und kostenmäßig vertretbar - auf andere Betriebsmittel
- ❑ Mischformen (z. B. zeitliches Verschieben und Ausweichen auf andere Betriebsmittel).

6. Ist für jede Periode eine ausreichende Übereinstimmung zwischen Kapazitäts-Bestand und -Bedarf erreicht, so wird die Kapazitätsabstimmung beendet.
   Auf Basis des Vergleichs des vorhandenen mit dem geplanten Kapazitätsbestand werden Maßnahmen zur Sicherung und Bereitstellung von zukünftigen Kapazitäten festgelegt (Kapazitätsbeschaffung, Kapazitätserhaltung, Kapazitätsentwicklung, Kapazitätsfreistellung).

(4) **Möglichkeiten der Auftragsstrukturdarstellung**

Einen Methodenüberblick gibt folgende Darstellung von *Pitra*.[41]

Bezeichnung	**Darstellung**	**Bemerkung**
Belastungsvektor	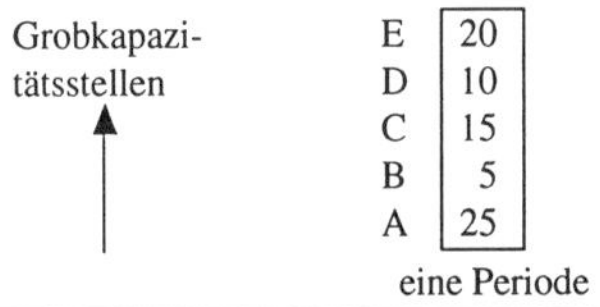	Betrachtung nur einer Periode ohne zeitlichen Verlauf
Belastungsprofil	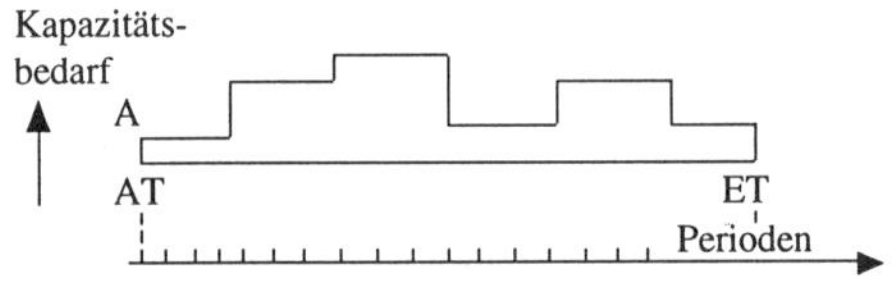	auf mehrere Perioden verteilte Belastung einer Grobkapazitätsstelle (ein Auftrag kann aus mehreren Profilen bestehen)
Belastungsmatrix	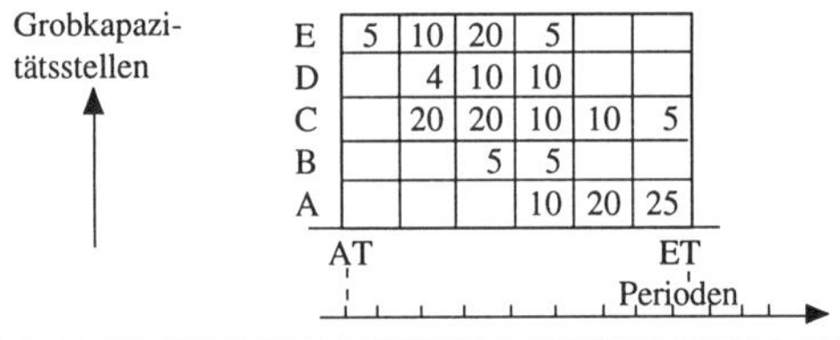	auf mehrere Perioden verteilte Belastung mehrerer Grobkapazitätsstellen (eine Matrix kann pro Auftrag oder Baugruppe erstellt werden)
Belastungsmatrix mit Vor- und Nachlaufzeit	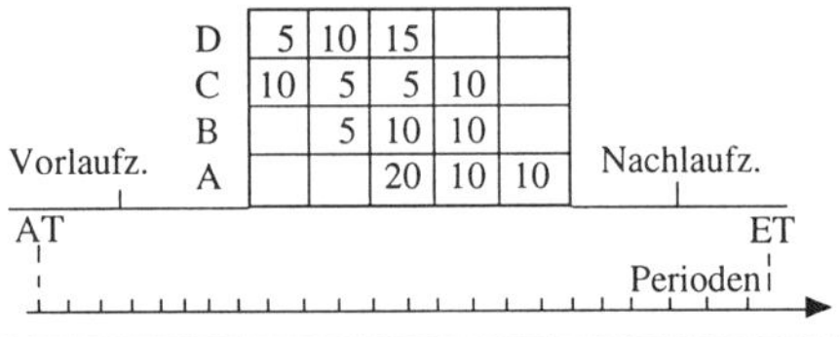	zeitliche Betrachtung der vor- und nachgelagerten Bereiche
Netzplan	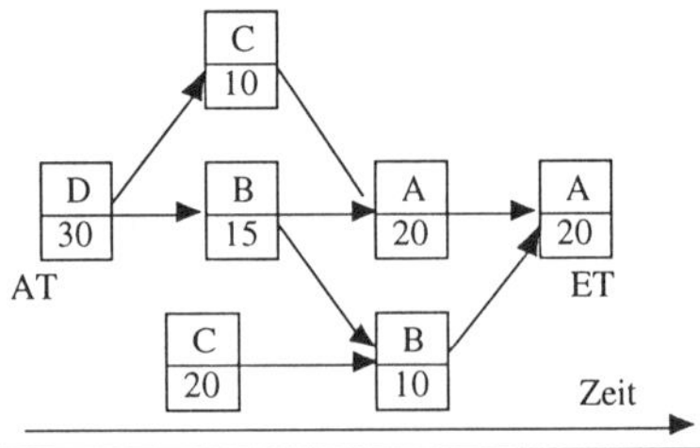	Gliederung in einzelne Vorgänge, die sich zeitlich begrenzt verschieben lassen mögliche Erweiterung – mehrere Start- und Endtermine – Belastung mehrerer Grobkapazitätsstellen pro Vorgang – verschiedene Anordnungsbeziehungen – Belastung als Profil

[41] Entnommen aus: *Pitra, L.*, Entwicklung und Erprobung eines Instrumentariums zur Auswahl von rechnergestützten Systemen zur Grobplanung der Produktion, Dissertation an der Rheinisch-Westfälischen Technischen Hochschule Aachen

1) **Belastungsvektor**
Da einzelne Aufträge in der Regel länger als eine Periode Kapazitätsstellen belegen, ist diese Form für die Gesamtauftragsdarstellung ungeeignet. Diese Darstellungsform ist nur für einen Unternehmensbereich sinnvoll, den der Auftrag nur kurzfristig belastet. Alle Kapazitätsbelastungen eines Auftrags werden derselben Periode zugeordnet.

2) **Belastungsprofil**
Diese Form ist zur visuellen Veranschaulichung als Zusatzdarstellung gut geeignet, zum Rechnen, Speichern und Planen jedoch unbrauchbar.

3) **Belastungsmatrix**
Diese Darstellungsform ist für eine mittel- bis langfristige Planung gut geeignet. Die Planung ist periodengenau. Eine Veränderung der Durchlaufzeit ist nur sehr beschränkt für die Planung möglich, da die Belastungsmatrix nicht nach Arbeitsgängen organisiert sein muss und so Abhängigkeiten nicht erkennbar sind. Die untere Verlängerung der Durchlaufzeit um eine Periode ist z. B. nicht möglich, wenn die Kapazitätsstellen B und C parallel belegt werden müssen oder es sich nur um einen einzigen Auftrag handelt, der die Kapazitätsstelle C belastet.

A	5			9
B		10	7	
C		3	7	

→

A	5				9
B		10	7		
C		3		7	

4) **Belastungsmatrix mit Vor- und Nachlaufzeiten**
Diese Erweiterung von 3) ermöglicht es, andere Unternehmensbereiche durch Angabe von Vorlaufzeit (z. B. für Einkauf) und Nachlaufzeit (z. B. für Fertigungskontrolle) in die Planung mit einzubeziehen.

5) **Netzplan**
Diese Darstellungsform ist für die Fertigungsfeinplanung geeignet, da sie in Arbeitsgänge gegliedert ist und die Abhängigkeiten definiert. Die Planung kann für jeden Arbeitsgang separat durchgeführt werden, wodurch Durchlaufzeiten und Belastungsprofile von Aufträgen variabel sind. Die Menge der zu verwaltenden Stamm- und Plandaten ist wesentlich höher als bei Belastungsmatrizen, der Aufwand für die Planung immens höher.
Durch die Netzplantechnik werden folgende drei Terminermittlungsarten ermöglicht:
- ❑ Vorwärtsterminierung
- ❑ Rückwärtsterminierung und
- ❑ deren Kombination.

Vgl. Pkt. 5.4.1.3 Verfahren der Kapazitätsterminierung.

(5) **Periodenbezogener Kapazitätsbestand**

Für den Fertigungsbereich kann für Kapazitätsberechnungen meist auf vorhandene Daten zurückgegriffen werden, wodurch sich dieser Unternehmensbereich deutlich von den übrigen unterscheidet. Die Aufgaben bezogenen Daten sind in der Regel in Arbeitsplänen dokumentiert.

Bei Kapazitätsbetrachtungen auf Endproduktebene muss darüber hinaus eine Stücklistenauflösung zur Gewinnung des Kapazitätsbedarfs je Erzeugnis und Periode durchgeführt werden. Die programmbezogenen Daten können dem Produktionsprogramm entnommen werden. Die durch die Verfügbarkeit und Zuverlässigkeit der benötigten Daten ermöglichten Methoden zur Errechnung von Kapazitätsbedarf und -bestand sind folgend kurz beschrieben.

Kapazitätsbedarf und -bestand können auf zwei Arten beschrieben werden:

- zeitlich (Zeiteinheiten je Periode und Kapazitätseinheit)
- mengenmäßig (Anzahl Kapazitätseinheiten)

(5.1) **Zeitlicher Kapazitätsbestand des Menschen**[42]

Der theoretische Kapazitätsbestand eines Menschen q_{MT} ergibt sich aus der betrieblich festgelegten Arbeitszeit je Periode (z. B. 40 Stunden je Woche). Zur Berechnung des realen Kapazitätsbestands eines Menschen q_{MR} ist vom theoretischen Kapazitätsbestand q_{MT} der nicht einsetzbare Kapazitätsbestand q_{MN} zu subtrahieren.

$$q_{MR} = q_{MT} - q_{MN}$$

Der nicht einsetzbare Kapazitätsbestand eines Menschen q_{MN} setzt sich zusammen aus:

- Summe Zeiten für Mensch außer Einsatz (T_{ML})
- Summe Zeiten für Betrieb ruht (T_{MR})

Ein Mensch ist außer Einsatz, wenn er zur Erfüllung von Arbeitsaufgaben während der festgelegten Arbeitszeit nicht zur Verfügung steht oder vom Betrieb nicht beschäftigt werden kann. Zum Beispiel:

- Krankheit
- Urlaub
- Weiterbildung
- Auftragsmangel
- usw.

Unter Betriebsruhe fallen die gesetzlich, tariflich oder betrieblich geregelten Arbeitspausen und sonstige Anlässe, in denen im Gesamtbetrieb oder Teilen des Betriebes nicht gearbeitet wird (z. B. Betriebsversammlung). Die Zeiten für Betriebsruhe sind dem nicht einsetzbaren Kapazitätsbestand nur dann zuzurechnen, wenn sie im theoretischen Kapazitätsbestand enthalten sind, diesen also nicht von vornherein vermindert haben.

(5.2) **Zeitlicher Kapazitätsbestand des Betriebsmittels**[43]

Bei mehrschichtigen Betrieben sowie bei Gruppen- oder Mehrstellenarbeit unterscheidet sich der zeitliche Kapazitätsbestand eines Betriebsmittels vom Kapazitätsbestand eines Menschen. Der theoretische Kapazitätsbestand eines Betriebsmittels q_{BT} ergibt sich aus der Summe der theoretischen Einsatzzeiten aus den einzelnen Schichten einer Periode.

Zur Berechnung des realen Kapazitätsbestands q_{BR} ist vom theoretischen Kapazitätsbestand q_{BT} der nicht einsetzbare Kapazitätsbestand q_{BN} eines Betriebsmittels zu subtrahieren:

$$q_{BR} = q_{BT} - q_{BN}$$

[42] Nach *REFA*, Methodenlehre der Planung und Steuerung, Bd. 2, a.a.O.
[43] Nach *REFA*, Methodenlehre der Planung und Steuerung, Bd. 2, a.a.O

Der nicht einsetzbare Kapazitätsbestand eines Betriebsmittels q_{BN} setzt sich zusammen aus:

- ❑ Summe Zeiten für Betriebsmittel außer Einsatz (T_{BL})
- ❑ Summe Zeiten für Betrieb ruht (T_{BR})

Ein Betriebsmittel ist außer Einsatz, wenn es längerfristig nicht zur Verfügung steht, oder durch Aufträge längerfristig nicht belegt werden kann. (Beispiele und Definition Betrieb ruht siehe Pkt. 5.4.1.3 (1.2).)

(5.3) **Zahlenmäßiger Kapazitätsbestand**

Die Anzahl der in einer Periode zur Verfügung stehenden Menschen und Betriebsmittel wird als zahlenmäßiger Kapazitätsbestand z_M beziehungsweise z_B bezeichnet.

(6) **Periodenbezogener Kapazitätsbedarf** [44]

(6.1) **Zeitlicher Kapazitätsbedarf an Menschen**

Der zeitliche Einsatzbedarf an Menschen C_{ME} ergibt sich aus der Summe vom zeitlichen Auftragsbedarf an Menschen C_{MA} und zeitlichen Zusatzbedarf an Menschen C_{MZ}.

$$C_{ME} = C_{MA} + C_{MZ}$$

Der zeitliche Auftragsbedarf C_{MA} ist die Summe der erforderlichen Auftragszeiten T der einzelnen Aufträge für diese Periode.

Die Auftragszeit T lässt sich in Rüstzeit (mengenunabhängig) und die Ausführungszeit je Stück unterteilen (m = Menge):

$$T = t_r + m \times t_e$$

Der Zusatzbedarf an Menschen C_{MZ} wird meist prozentual zum Auftragsbedarf entweder je Auftrag oder gesamt angegeben.

(6.2) **Zeitlicher Kapazitätsbedarf an Betriebsmitteln**

Der zeitliche Einsatzbedarf an Betriebsmitteln C_{Be} ergibt sich aus der Summe vom zeitlichen Auftragsbedarf an Betriebsmitteln und Zusatzbedarf an Betriebsmitteln:

$$C_{BE} = C_{BA} + C_{BZ}$$

Der zeitliche Auftragsbedarf an Betriebsmitteln C_{BA} ist die Summe der in einer Periode vorgesehenen Belegungszeiten T_{bB}. Die Belegungszeit für einen Auftrag T_{bB} lässt sich dabei in Betriebsmittelrüstzeit t_{rB} (mengenunabhängig) und Betriebsmittelausführungszeit je Stück t_{eB} unterteilen.

Der Zusatzbedarf an Betriebsmitteln C_{BZ} wird wie der Zusatzbedarf an Menschen meist prozentual angegeben.

$$T_{bB} = t_{rB} + m \times t_{eB}$$

[44] Nach *REFA*, Methodenlehre der Planung und Steuerung, Bd. 2, a.a.O
[45] Nach *REFA*, Methodenlehre der Planung und Steuerung, Bd. 2, a.a.O

(6.3) **Zahlenmäßiger Kapazitätsbedarf** [45]

Da zwischen theoretischem und realem Kapazitätsbestand unterschieden wird, ergeben sich auch bei dem zahlenmäßigen Kapazitätsbedarf unterschiedliche Werte. Dem theoretischen Kapazitätsbestand steht der zahlenmäßige Brutto-Bedarf n_{BR} und dem realen Kapazitätsbestand der zahlenmäßige Einsatzbedarf n_E gegenüber.

Der zahlenmäßige Einsatzbedarf n_E ist die Anzahl an Menschen und Betriebsmitteln, die in einer Periode zur Durchführung der geplanten Aufgaben im Einsatz sein muss.

Demnach ergeben sich folgende Gleichungen:

- der zahlenmäßige Brutto-Bedarf an Menschen:
  $n_{MBR} = C_{ME} / q_{MR}$
- der zahlenmäßige Brutto-Bedarf an Betriebsmitteln:
  $n_{BBR} = C_{BE} / q_{BR}$
- der zahlenmäßige Einsatzbedarf an Menschen:
  $n_{MR} = C_{ME} / q_{MT}$
- der zahlenmäßige Einsatzbedarf an Betriebsmitteln:
  $n_{BE} = C_{BE} / q_{BT}$

5.4.1.3 Kapazitätsterminierung

Jedes Produktionsprogramm muss in Produktionsaufträge umgesetzt werden. Diese Aufträge müssen terminiert, d. h. zu bestimmten Terminen bestimmten Betriebsmitteln und Werkstätten oder Kostenstellen zur Fertigung vorgegeben werden. Dieser Vorgang wird als Auftrags- oder Kapazitätsterminierung bezeichnet.

(1) **Arbeitsablaufanalyse nach *REFA***

Grundlage für die Optimierung betrieblicher Abläufe ist deren systematische Zerlegung in ursachenorientierte, beeinflussbare Elemente. Dazu dient in der Regel die folgende Systematik von *REFA*.

(1.1) **Auftragszeit**

REFA bezeichnet Vorgabezeiten für Betriebsmittel als Belegungszeit und Vorgabezeiten für Menschen als Auftragszeit. Beide Zeitvorgaben bilden die Grundlage für die Ermittlung von Durchlaufzeiten. Die Elemente der Auftragszeit zeigt die folgende Abbildung:[46]

[45] Nach *REFA,* Methodenlehre , Bd. 2, a.a.O
[46] *REFA*, Methodenlehre Teil 2, Datenermittlung, München

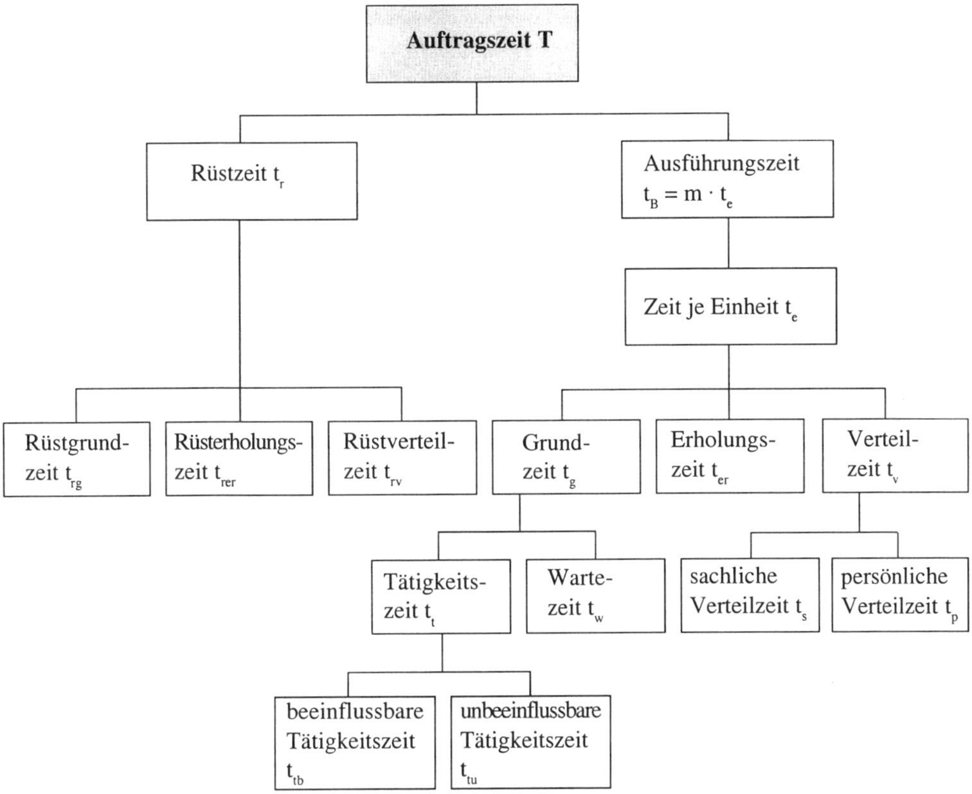

Erläuterungen zu einzelnen Zeitkomponenten:

- Rüstzeit t_r:
  Zeit für die Vorbereitung der auftragsgemäß auszuführenden Arbeit, insbesondere der Betriebsmittel und deren Zurückversetzen in den ursprünglichen Zustand.
- Ausführungszeit t_B:
  Bezieht sich auf den gesamten Auftrag und ergibt sich als Produkt aus der Anzahl der Einheiten je Auftrag m und der Zeit je Einheit t_e.
- Grundzeiten t_g,t_{rg}:
  Bilden in der Regel den Hauptbestandteil der Vorgabezeiten, werden für die planmäßige Ausführung der Arbeitsabläufe angesetzt.
- Wartezeit t_w
  Durch den Arbeitsablauf bedingtes Unterbrechen der Tätigkeit.
- Erholungszeiten t_{er},t_{rer}:
  Abhängig von der Belastung des Menschen durch die Arbeit.
- Verteilzeiten t_v, t_{rv}:
  Infolge von im Einzelnen nicht vorhersehbaren Umständen zusätzlich zur planmäßigen Ausführung benötigte Zeiten.
- Sachliche Verteilzeit t_s:
  Z. B. für die Behebung von Maschinenstörungen, für außerplanmäßigen Werkzeugwechsel, kurzfristige Wartezeiten infolge von Störungen in der Ablauforganisation (z. B. Materialmangel).

- Persönliche Verteilzeit t_p:
  Steht nicht in direktem Zusammenhang mit der Arbeitsaufgabe, durch persönliche Bedürfnisse bedingt.

So strukturierte Bearbeitungszeiten dienen als Sollwerte und als Istwerte aus der Betriebsdatenerfassung nicht nur als Grundlage der Durchlauf- und Kapazitätsplanung, sondern auch für Kalkulationszwecke und als Grundlage der Lohnermittlung.

(1.2) **Arbeitsablauf- und Zeitelemente nach REFA, bezogen auf die Produktionsfaktoren Mensch, Betriebsmittel und Arbeitsgegenstand (Werkstoff)**

Nach Auflösung eines Produktionsprogramms und/oder Kundenauftrags durch Stücklistenauflösung in die zu fertigenden Elemente (Teile und Baugruppen) werden zum Zweck der Fertigungsauftragseinplanung die entsprechenden Bearbeitungszeiten zu terminierten Fertigungsaufträgen zusammengefasst. Diesem Vorgang liegen Zeiten zu Grunde, die von *REFA* wie folgt systematisiert werden.[47]

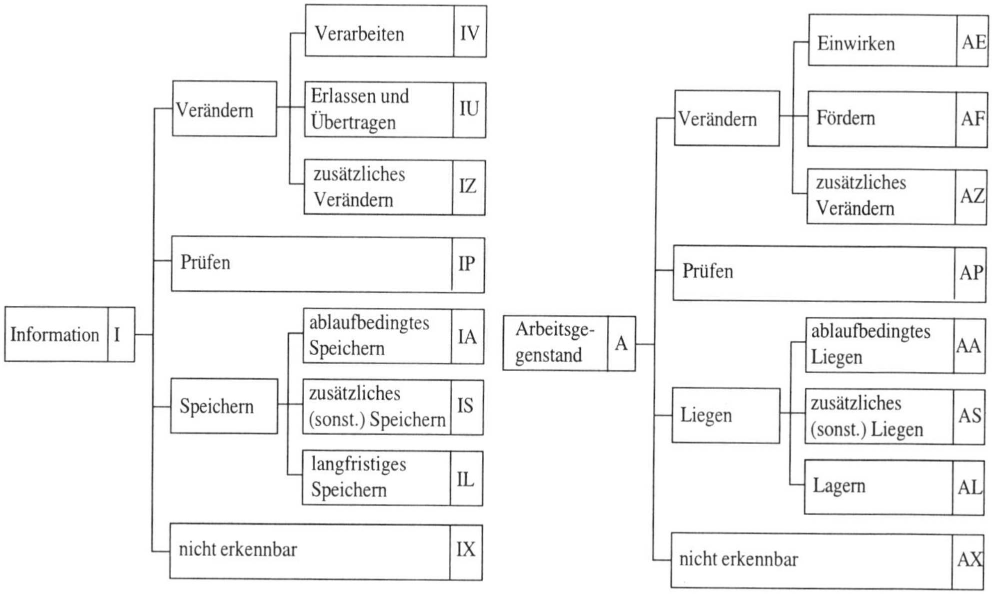

Ablaufartengliederung bezogen auf die Information

Ablaufartengliederung bezogen auf den Arbeitsgegenstand

[47] Entnommen aus *REFA*, Methodenlehre, a.a.O., Bd. 3

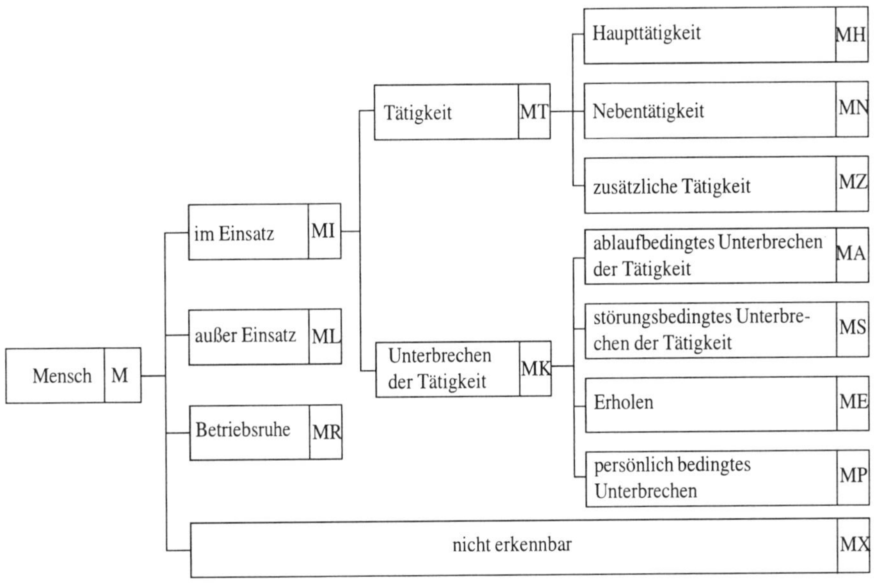

Ablaufartengliederung bezogen auf den Menschen

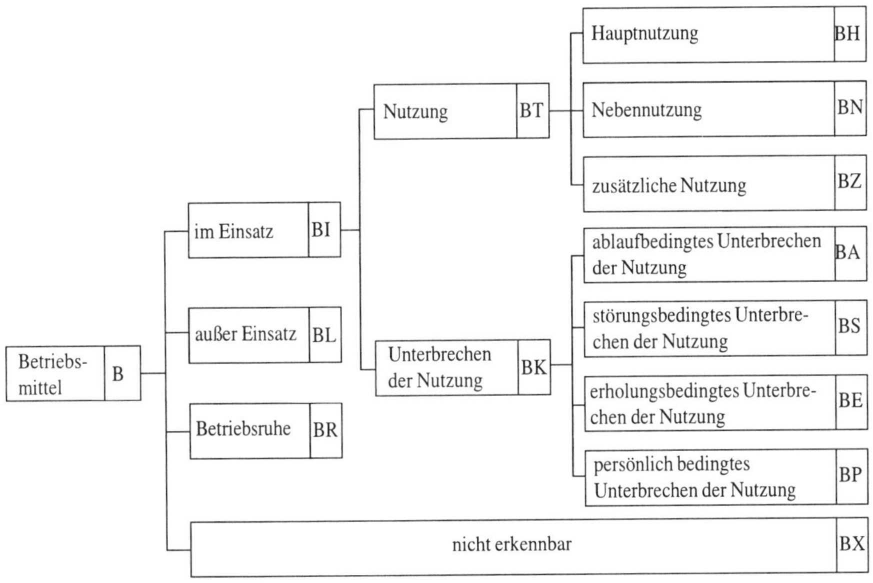

Ablaufartengliederung bezogen auf Betriebsmittel

(2) MTM, Methode vorbestimmter Zeiten

MTM (**Methods Time Measurement**) ist ein Verfahren um **Bewegungsabläufe in Grundbewegungen zu gliedern**. Jeder Grundbewegung sind **Normzeitwerte** zugeordnet, die in ihrer Höhe durch die erfassten Einflussgrößen (vor-) bestimmt sind. Im Rahmen der Techniken zur Zeitermittlung nehmen die Systeme vorbestimmter Zeiten heute neben der Zeitaufnahme eine führende Stellung ein.

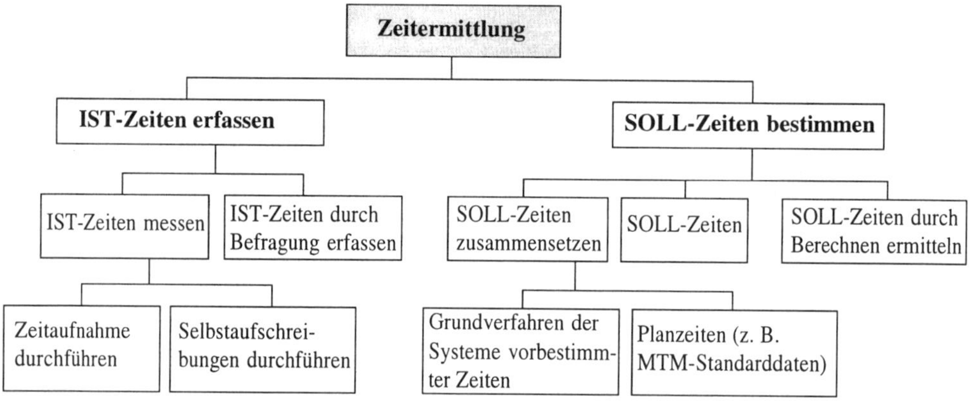

Die Basis der **MTM-Normzeitwerte** sind IST-Zeiten aus Auswertungen von Filmaufnahmen einer Vielzahl von Arbeitsabläufen und Zeitaufnahmen.

Die interpersonelle Streuung der IST-Zeiten wurde durch Leistungsgradbeurteilung ausgeglichen. Mit Hilfe statistischer Verfahren (insbesondere Einflussgrößenrechnung) wurde die den Messwerten anhaftende Streuung ausgeglichen. Hieraus entstand die **MTM-Normzeitwertkarte**, die alle Grundbewegungen mit zugeordneten Normzeitwerten in Abhängigkeit von Einflussgrößen enthält.

Die MTM-Verfahren haben sich in der betrieblichen Praxis bewährt und werden für die **Arbeitsplatzgestaltung**, für den **Aufbau von Planzeiten** und zur **Vorgabezeitermittlung** für Fertigung, Dienstleistung und Verwaltung verwendet.

Die besondere Eignung der Systeme vorbestimmter Zeiten für die **Arbeitsplatzgestaltung** resultiert aus der Art der **Arbeitsablaufbeschreibung in Form kodierter Bewegungselemente**, die Aufschluss über die „Zeitgewichtigkeit“ der erfassten Bewegungselemente gibt. Die Anwendung der Systeme vorbestimmter Zeiten führt zu detaillierter, kritischer Betrachtung und zum Denken in Einflussgrößen.

Der MTM-Bewegungszyklus (Grundbewegungen):

Die **fünf Grundbewegungen**, ergänzt um die **weiteren Bewegungen** (Drücken, Trennen, Drehen), die **mentalen Funktionen** (Blickverschieben, Prüfen) sowie die **Körperbewegungen** (Fuß-, Beinbewegung, Seitenschritt, Körperdrehung, Beugen, Bücken, Knien, Setzen, Aufstehen) können **jeden Bewegungsablauf** beschreiben.

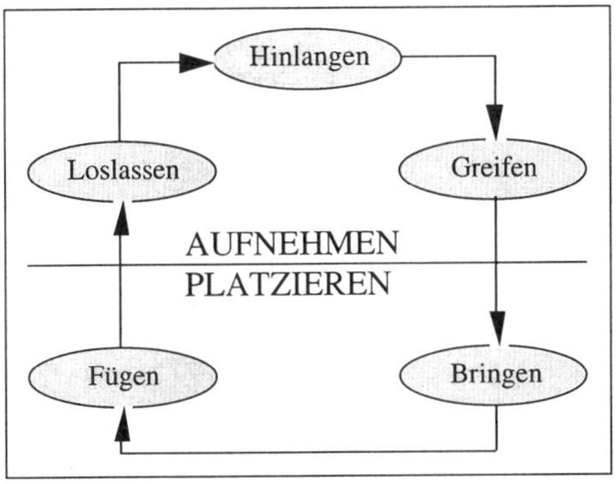

Übersicht über die Anwendung des MTM-Verfahrens:

MTM-Anwendung

Gestaltung von Arbeitsmethoden und Erzeugnissen	**Zeitermittlung**	**Arbeitsunterweisung**
- Arbeitsmethodenplanung und -verbesserung - Richtlinienerstellung für Betriebsmittelgestaltung, Werkzeug- und Vorrichtungsgestaltung, Materialflussgestaltung, Erzeugnisgestaltung	- Planzeitbildung insbesondere mit Hilfe der MTM-Standarddaten - Vorgabezeitbestimmung für leistungsabhängige Entlohnung - Vorkalkulation	- Methodenbeschreibung als Unterweisungsunterlage

Die **Anwendungen**, entwickelt von der Deutschen MTM-Vereinigung, Frankfurt a. M.:

- ❑ MTM-Datensysteme zur Bestimmung von Prozesszeiten
- ❑ MTM-Diagnosesysteme zur methodischen Arbeitsplatzgestaltungsdiagnose und Entlohnungsgrundsatzdiagnose
- ❑ MTM-Software: ANADATA zur Unterstützung von MTM-Analysen und ZEBADATA als EDV-gestützte Zeitbausteinentwicklung und -verwendung.

Grenzen des MTM-Verfahrens:

Die Definition macht die Beschränkung des MTM-Verfahrens auf voll beeinflussbare (manuelle) Abläufe deutlich. Zeiten für bedingt beeinflussbare und unbeeinflussbare Abläufe (Prozesse) werden im Allgemeinen durch Zeitaufnahmen ermittelt oder errechnet. Darum ist das MTM-Verfahren auf geistige (mentale) Abläufe nicht anwendbar. In den MTM-Normzeiten sind keine Verteil- und Erholzeiten enthalten.

Vorteile des MTM-Verfahrens gegenüber anderen Zeitermittlungsverfahren:

- ❑ Arbeitsmethoden und Ausführungszeiten lassen sich vor Arbeitsbeginn detailliert festlegen
- ❑ MTM zwingt zur detaillierten und damit optimierten Festlegung der Arbeitsmethode bereits im Planungsstadium

- ❑ Anstelle Kostensenkung durch nachträgliche Arbeitsgestaltung tritt Kostenvermeidung durch vorherige Ablaufplanung
- ❑ Die reproduzierbare Beschreibung des Arbeitsablaufs führt zu einer objektiveren, sach- und problembezogeneren Diskussion im Beschwerdefall
- ❑ Einheitliches Niveau der Zeitdaten durch Fortfall des Leistungsgradbeurteilens
- ❑ Reduzierung von Anlernzeiten durch Arbeitsunterweisung nach MTM-Analysen
- ❑ Der Aufbau betriebsspezifischer Plandaten ist mit relativ geringem Aufwand möglich

(3) **Durchlaufterminierung mit Vorwärts- und Rückwärtsterminierung**

Die Durchlaufterminierung und -optimierung von Aufträgen, auch **Einlastung** genannt, hat eine liefertermingerechte Fertigstellung sicherzustellen und außerdem die folgenden Kosten zu optimieren:

- ❑ **Kosten der Arbeitszeit** von Fertigungspersonal und Fertigungsanlagen, also Fertigungslohn und Fertigungsgemeinkosten inklusive Abschreibungen und kalkulatorische Zinsen auf die Fertigungsanlagen. In der betrieblichen Praxis sollte für diese Optimierungsaufgabe aus der Kosten- und Leistungsrechnung je Fertigungsanlage ein individueller Maschinenstundensatz bekannt sein. Im folgenden Beispiel wird vereinfachend angenommen, dass dieser Satz für alle Maschinenarbeitsplätze gleich sei und dass, unabhängig von der Zuordnung von Arbeitsfolgen zu Fertigungsanlagen, gleichbleibende Vorgabezeiten und Lohngruppen gültig bleiben. Das heißt, die Kosten der Arbeitszeit bleiben im Beispiel konstant. Die Optimierung bezieht sich dann (im Einklang mit häufig anzutreffenden Praxisbedingungen) nur noch auf die Verkürzung der Durchlaufzeit zwecks Minimierung der Kapitalbindungsdauer im Material bis zu dem Punkt, an dem weitere Durchlaufverkürzungen mit einem vergleichsweise höheren Anstieg von Rüstkosten verbunden wären.
- ❑ **Kosten der Rüstzeit** zur Herstellung der Fertigungsbereitschaft einer Anlage für die Fertigung eines bestimmten Fertigungsauftrags (z. B. Werkzeugmontage) sind in den Sondereinzelkosten der Fertigung enthalten. (Im Folgenden wird vereinfachend angenommen, dass die Rüstzeit an allen Maschinen gleich sei).
- ❑ **Kalkulatorische Zinsen** auf die Materialkosten für die Dauer des Materialdurchlaufs. Bei der Ermittlung des Kapitalbedarfes für die Finanzierung des Umlaufvermögens in Kapitel 7 wird als „elektive Methode“ ein Verfahren vorgestellt, das berücksichtigt, dass der Gesamtwert eines Produkts nicht zu Beginn des Fertigungsprozesses finanziert werden muss, sondern dass die Ausgaben einer Periode erst nach und nach anfallen. So wird mit zunehmender Produktreife der Materialwert von Fertigungsstufe zu Fertigungsstufe nicht nur um den Wert des hinzukommenden Materials, sondern auch um den Wert, der in jeder Stufe aufgewandten Fertigungskosten wertvoller. Im Folgenden wird vereinfachend und praxisnah angenommen, dass die Auftragsterminierung für Tage (innerhalb eines Monats) erfolgt und dass Lohn- und Gehaltszahlungen nachträglich monatlich erfolgen, so dass die Verteilung der Arbeitszeit auf der Zeitachse nicht zinsrelevant wird.

Die Praxis bedient sich zur Lösung dieser Aufgabe folgender Verfahren, die beim Einsatz von PPS-Systemen EDV-gestützt angewandt werden:

- ❑ **Vorwärtsterminierung**
  Alle Arbeitsgänge beginnen ausgehend von einem Starttermin so früh wie möglich. Die Folge ist, dass viele Teile bis zur Bearbeitung in der nächsten Stufe lange zwischengelagert werden müssen und so die Kapitalbindung erhöht wird. Diese Terminermittlungsmethode errechnet den frühesten Fertigungszeitpunkt und die kürzeste Durchlaufzeit.

- **Rückwärtsterminierung**
  Ausgehend vom Zieltermin beginnen alle Arbeitsgänge so spät wie möglich. Die Lagerkosten werden minimiert; die Gefahr, bei Störungen den Termin nicht halten zu können, steigt. Als Ergebnis liefert dieses Verfahren außerdem den spätesten Anfangszeitpunkt für jeden Arbeitsgang.
  Zusammen mit den Ergebnissen der Vorwärtsterminierung sind auch die Zeitpuffer für jeden Arbeitsgang ersichtlich und damit die kritischen Arbeitsgänge zu erkennen, d. h. die Arbeitsgänge, die nicht verzögert werden dürfen, wenn die kürzeste Durchlaufzeit erreicht werden soll.

- Als **ergänzende Maßnahmen zur weiteren Optimierung**, insbesondere zur Verkürzung von Durchlaufzeiten, wenn eine Vorwärtsterminierung eine Überschreitung des vorgegebenen Liefertermins ergeben hat, stehen folgende Verfahren zur Verfügung:
  - **Splittung**
    eines Fertigungsauftrags (Loses) einer Stufe von einer Maschine auf mehrere Maschinen. Durch die Simultanfertigung auf mehreren Maschinen lässt sich die Durchlaufzeit verkürzen. Dabei entstehen - wie im folgenden Beispiel als vielfach praxisnah angenommen - keine zusätzlichen Werkzeugkosten, sofern die erforderlichen Werkzeuge ohnehin aus Sicherheitsgründen in Reserve gehalten werden. Es entstehen jedoch zusätzliche Rüstkosten.
  - **Überlappung**
    bedeutet den Abtransport von Teilmengen vor Fertigstellung der Fertigungsgesamtmenge zwecks vorzeitiger Weiterbearbeitung in der anschließenden Fertigungsstufe. Dadurch können neben der Verkürzung der Durchlaufzeiten auch Stillstandszeiten verkürzt werden, die im folgenden Beispiel vereinfachend nicht berücksichtigt werden.
  - **Übergangszeitenverkürzung**
    Der größte Teil der Auftragsdurchlaufzeiten besteht aus Übergangszeiten für Liegen und Transportieren. Um diese Zeiten zu verkürzen, sind in der Regel umfassende Maßnahmen zur Verbesserung der Arbeitsabläufe und der Planung von Auftragsfolgen notwendig. Auf die dafür geeigneten Verfahren wird vertiefend vier Punkte weiter unter Ziffer (7) „Grundlagen der just-in-time-production" eingegangen.

Unter Vernachlässigung von Transportzeiten, diese sollen vernachlässigbar klein sein, werden die genannten Verfahren am folgenden Beispiel, der Herstellung eines Stückes des Produkts P veranschaulicht. Dieses Produkt hat die in Pkt. 5.3.1.3 (2.1) definierte Struktur. Um die Relevanz der Zinskosten herauszuarbeiten, war es notwendig, mit hohen Materialwerten zu arbeiten. Man darf sich also die Herstellung einer hochwertigen Werkzeugmaschine vorstellen. Dabei wären dann B Baugruppen und T Unterbaugruppen. Die Elemente M1 und M2 sind definiert als Zukaufsmaterialien geringen Wertes. Sie können deshalb im folgenden Beispiel vernachlässigt werden. Das folgende Datenblatt enthält als Spalten (0) und (1) die Daten der Mengenübersichtsstückliste unseres bekannten Beispielprodukts P (jedoch ohne M1 und M2).

Datenblatt						
Der Optimierung seien folgende Ausgangsdaten zu Grunde gelegt:						
- Liefertermin heute plus				20 Tage		
- Gesamtarbeitsvolumen gemäß Normalzeitvorgabe				20 Arbeitstage		
- Kosten der Arbeitszeit (Fertigungskosten)				1.000 DM/Tag und Maschine		
- Kosten der Rüstzeit (Rüstkosten)				500 DM/Rüstvorgang		
- Dauer der Rüstzeit				1 Tag		
- Zinssatz 12 % p.a.				0,03333 % p. Tag		
Produkt und Produkt-elemente	Fertigungs-menge	Materialwert DM/Stück	Fertigungs-zeit Tage/Stück	Material-gesamtwert in DM	Fertigungs-gesamtzeit in Tagen	Bemer-kungen
(0)	(1)	(2)	(3)	(4)=(1)x(2)	(5)=(1)x(3)	
T1	21	71.429	0,286	1.500.000	6	
T2	7	57.143	0,286	400.000	2	
T3	6	133.333	0,333	800.000	2	
B1	7	271.430	0,429	1.898.540	3	Summe der Teilwerte
B2	3	809.106	1,000	2.427.318	3	
p	1	2.700.000	4,000	2.700.000	4	
alles ohne Werte für M1 und M2, da geringwertig						

In den folgenden Schaubildern sind auf der Abszisse Tage und auf der Ordinate Fertigungslose jedes in Kombination mit einer bestimmten zugeordneten Fertigungsanlage dargestellt. Die Fertigungsstufen verlaufen gemäß Produktstruktur

- von T1 und T2 nach B1
- sowie von B1 und T3 nach B2
- und B1 plus B2 nach P,
- die Zukaufsmaterialien M werden (als C-Material) ab Lager beigestellt und hier vernachlässigt.

Erläuterung der Planungsschritte:

- 1. Schritt (Bild A)
  Vorwärtsterminierung, wie oben einleitend beschrieben. Das Ergebnis sind hohe Liegezeiten. Endtermin liegt vor dem Liefertermin. Ein positiver Effekt sind hohe zeitliche Sicherheiten, ein Nachteil liegt in relativ hohen Zinskosten. Das sollte behoben werden.
- 2. Schritt (Bild B)
  Rückwärtsterminierung, wie einleitend beschrieben, dient der Beseitigung der Liegezeiten und damit der Reduzierung der Zinskosten. Gleichzeitig gehen jedoch auch die Sicherheiten verloren.
- 3. Schritt (Bild C)
  Eine weitere Verkürzung der Auftragsdurchlaufzeit kann, wie oben beschrieben, durch **Splittung**, das heißt Simultanbearbeitung von einzelnen Teilaufträgen auf mehreren Maschinen erreicht werden. Dadurch sinken die Zinskosten weiter, jedoch ergeben sich zusätzliche Rüstkosten.

- 4. Schritt (Bild D)
  Eine maximale Durchlaufzeitverkürzung kann schließlich, wie oben beschrieben, durch **Überlappung** erreicht werden. Dabei wird für bestimmte Fertigungslose die Weiterbearbeitung auf der nächsten Stufe vor vollständigem Abschluss der Fertigung eines Loses begonnen (Transporte erfolgen in Teilmengen). Als Vorteil entstehen weitere Zinseinsparungen. Als Nachteil können zusätzliche Transportkosten Bedeutung erlangen. Diese wurden hier vernachlässigt. Bild D zeigt die kostengünstigste Lösung.

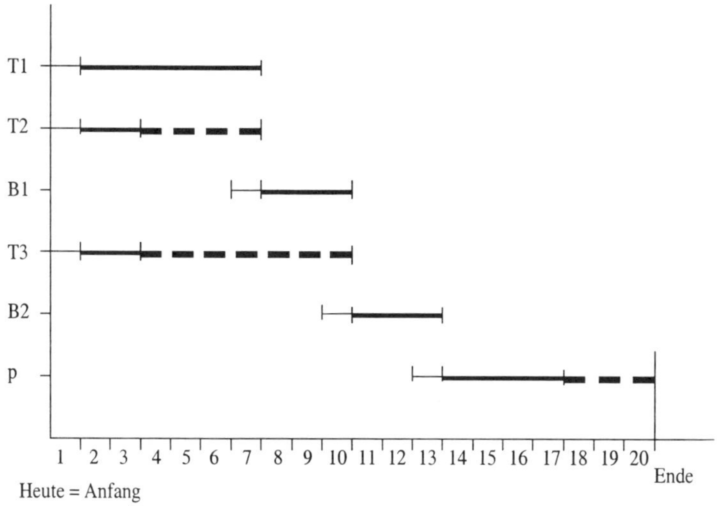

Bild A Vorwärtsterminierung

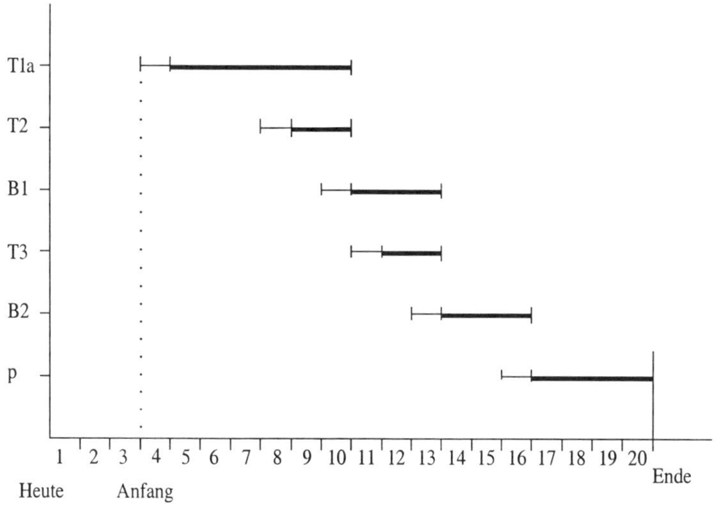

Bild B Rückwärtsterminierung

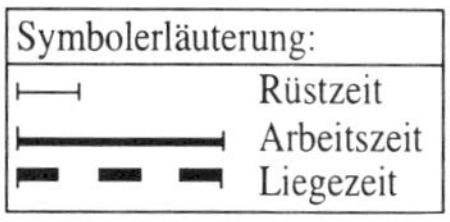

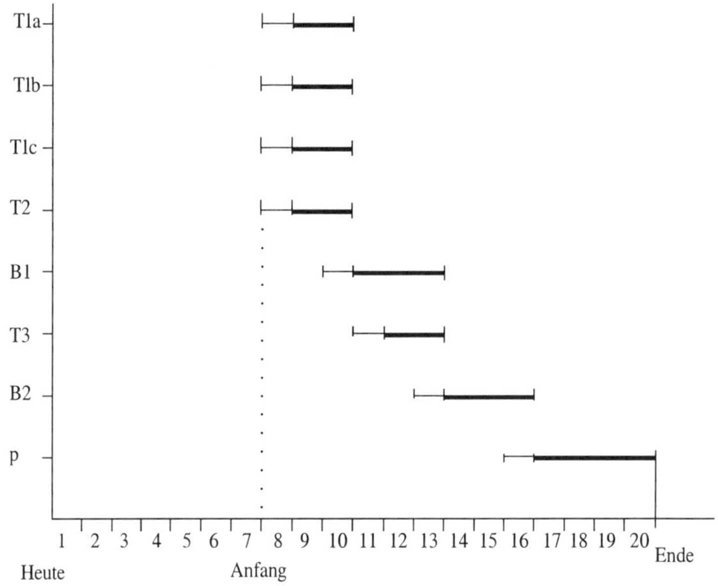

Bild C Rückwärtsterminierung / Splittung

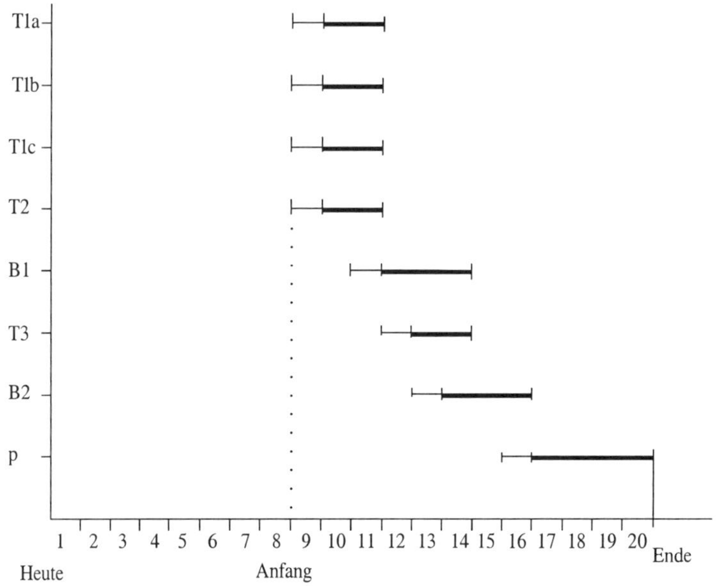

Bild D Rückwärtsterminierung / Splittung / Überlappung

Kostenvergleich bei Optimierung

	A	B	C	D
Arbeitszeit	20.000	20.000	20.000	20.000
Rüstzeit	3.000	3.000	4.000	4.000
Material T1	1.500.000	1.500.000	1.500.000	1.500.000
Material T2	400.000	400.000	400.000	400.000
Material T3	800.000	800.000	800.000	800.000
Zinsen T1	9.499	7.999	5.999	5.499
Zinsen T2	2.533	1.600	1.600	1.467
Zinsen T3	5.066	2.400	2.400	2.400
Summen	2.740.098	2.734.999	2.733.999	2.733.366

Zu berücksichtigende Tage

	A	B	C	D
Arbeitszeit	20	20	20	20
Rüstzeit	6	6	8	8
Zinsen T1	19	16	12	11
Zinsen T2	19	12	12	11
Zinsen T3	19	9	9	9

(4) **Auftragsterminierung bei Werkstattfertigung**

Johnson hat einen Algorithmus entwickelt, der für die Werkstattfertigung mit 2 oder 3 Maschinen oder Fertigungsstufen die Durchlaufzeit minimiert.[48] Wird der Algorithmus für 3 Maschinen angewandt, so darf im Arbeitsablauf der mittleren Maschine kein Engpass auftreten. Die Bearbeitungszeit auf dieser Maschine muss für jeden Auftrag kleiner als bei den anderen Maschinen sein. Die Grundlage des Algorithmus ist eine Tabelle, die die Bearbeitungszeiten in Zeiteinheiten (ZE) der einzelnen Aufträge (A) auf den Maschinen (M) darstellt.

Bearbeitungszeitenmatrix					
	M1	M2	M3	$\sum_{i=1}^{2} Mi$	$\sum_{i=2}^{3} Mi$
A1	9	2	8	11	10
					4
A2	8	3	5	11	8
					5
A3	6	4	7	10	11
				3	
A4	6	3	7	9	10
				2	
A5	5	3	7	8	10
				1	

[48] Vgl. *Krycha, K.-T.*, Methoden der Ablaufplanung, Zürich

Würden die Aufträge nach ihrem zeitlichen Eingang abgearbeitet werden, dann ergäbe sich folgendes Schaubild der Durchlaufzeiten, mit einer Gesamtdurchlaufzeit von 48 ZE.

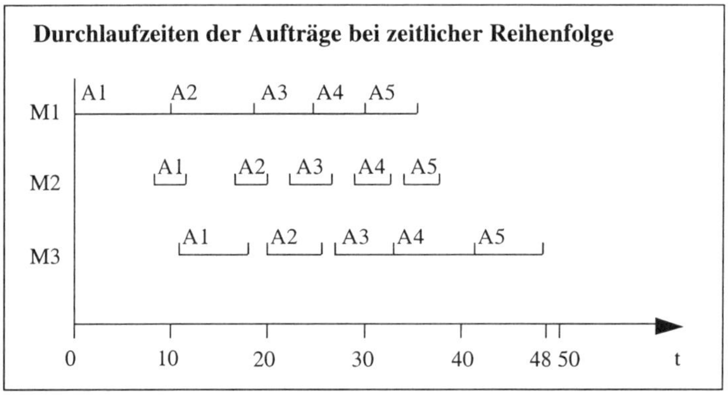

Durchlaufzeiten der Aufträge bei zeitlicher Reihenfolge

Nach dem Johnson Algorithmus wird eine neue Reihenfolge der Aufträge gefunden, bei der sich durch geringere Leerzeiten die Durchlaufzeit verkürzt. Aus der Bearbeitungszeitmatrix werden zuerst die Summen von M1, M2 und M2, M3 gebildet. Danach wird die geringste Summe ausgesucht. Kommt diese Summe aus der Spalte M1 plus M2, so bildet dieser Auftrag den ersten der neuen Reihenfolge, sonst ist er der letzte der neuen Reihenfolge. Dieser Auftrag wird nun gestrichen und die nächste niedrigste Summe ausgewählt und dieser Auftrag nach der gleichen Regel entweder auf den nächsten freien Platz von vorn, oder den nächsten freien Platz von hinten eingeordnet. Die gesamte Reihenfolge bildet sich aus den am Anfang nacheinander und am Ende voreinander, eingeordneten Aufträgen.

Die neue Reihenfolge des Beispiels ist dann:

A5 A4 A3 A1 A2

Jetzt ergibt sich im Schaubild eine Durchlaufzeit, die mit 42 Zeiteinheiten deutlich unter den 48 Zeiteinheiten der Ausgangssituation liegt.

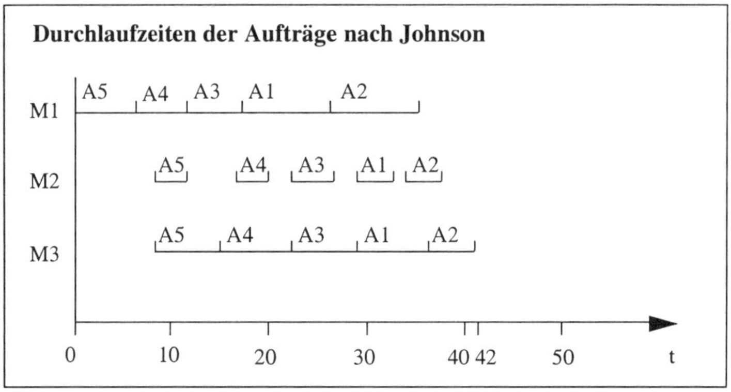

Durchlaufzeiten der Aufträge nach Johnson

Der Leitgedanke des Johnson Algorithmus besteht darin, durch Zuordnung kurzer Bearbeitungszeiten am Anfang und Ende der Bearbeitungsperiode vermeidbare Wartezeiten zu Beginn und am Ende der Bearbeitungsperiode auszuschalten.

(5) Taktoptimierung bei Fließfertigung

Hahn hat einen Algorithmus zur Taktoptimierung bei der Fließfertigung entwickelt. In diesem Verfahren werden bei vorgegebener Taktzeit, das ist die Zeit, die ein Werkstück in den Bearbeitungsstationen verweilt, für die Fließfertigung die Reihenfolge der Arbeitselemente und die Anzahl der Bearbeitungsstationen ermittelt.[49] Bei der Fließfertigung werden Maschinen nach dem Fertigungsablauf des Produkts angeordnet und durch ein Beförderungssystem miteinander verbunden. An jeder Bearbeitungsstation steht eine vorgegebene Zeit - die Taktzeit -, für die Bearbeitung des Werkstücks zur Verfügung. Diese Zeit muss größer oder gleich groß sein wie die Zeit, die es dauert, die längste unzerlegbare Tätigkeit, auch ein Arbeitselement genannt, auszuführen. Ist die Taktzeit an einer Bearbeitungsstation größer als ein Arbeitselement, so werden dieser Bearbeitungsstation weitere Arbeitselemente zugeordnet, damit nicht durch vermeidbare Leerzeiten unnötige Durchlaufzeitverlängerungen verursacht werden. Die Wahl der Taktzeit beeinflusst den Fertigungsprozess in einem wesentlichen Maß:

- ❑ Je kleiner die Taktzeit gewählt wird, desto höher ist die Ausbringungsmenge pro Zeiteinheit und umso mehr Bearbeitungsstationen und Bedienungspersonen sind erforderlich.
- ❑ Je größer die Taktzeit gewählt wird, umso niedriger ist die Ausbringung pro Zeiteinheit, desto weniger Bearbeitungsstationen und darausfolgend Arbeitnehmer werden benötigt.

Folglich kann man durch die Wahl der Taktzeit die Ausbringungsmenge der Nachfrage anpassen. In der Regel werden bei Inbetriebnahme der Fließfertigung Taktzeiten für hohe, normale und geringe Nachfrage ermittelt. *Hahn* geht in seinem Algorithmus von der in ihre Arbeitselemente zerlegten Struktur des Produkts und den zugehörigen Verrichtungszeiten aus:

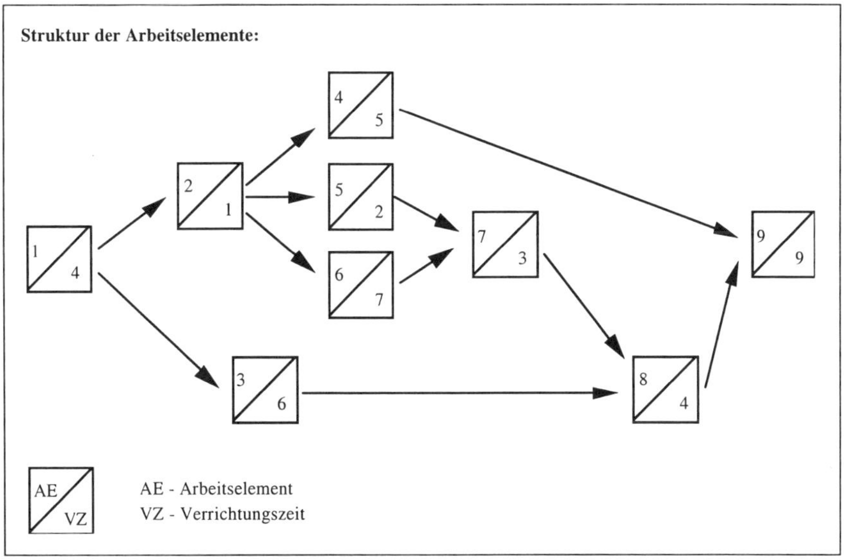

Mit Hilfe von Rangwerten, die sich für jedes Arbeitselement als Summe aus seiner eigenen Verrichtungszeit plus der Rangwerte der ihm direkt nachfolgenden Arbeitselemente ergeben, wird eine Grundlage für die Reihenfolge der Arbeitselemente geschaffen:

[49] *Hahn, R.*, Produktionsplanung bei Linienfertigung, Berlin, New York

Tabelle der Rangwerte	
Arbeitselement	Rangwert
9	9
8	13
7	16
6	23
5	18
4	14
3	19
2	56
1	79

Unter der Voraussetzung, dass die vorgegebene Taktzeit größer oder gleich den Verrichtungszeiten der Arbeitselemente ist, wird das Arbeitselement mit dem höchsten Rangwert ausgesucht und der 1. Bearbeitungsstation zugewiesen. Nun wird das Arbeitselement mit dem zweithöchsten Rangwert ausgewählt. Falls die Restzeit der Bearbeitungsstation nicht ausreicht oder der Vorgänger dieses Arbeitselements noch nicht zugeordnet wurde, muss eine weitere Bearbeitungsstation eröffnet werden, sonst wird das Arbeitselement der Bearbeitungsstation zugewiesen. Entstehen so bei früheren Bearbeitungsstationen Leerzeiten, wird bei Zuweisung weiterer Arbeitselemente geprüft, ob man mit ihnen diese Leerzeiten ausfüllen kann.

Nach diesem Algorithmus werden alle Arbeitselemente entsprechend ihrer Rangwerte zugeordnet. Der Algorithmus soll am Beispiel einer kleinen und einer großen Taktzeit dargestellt werden:

Taktoptimierung bei Taktzeiten von 21 min				
AE	Rangwert	VZ	Station	Restzeit
1	79	4	1	17
2	56	1	1	16
6	23	7	1	9
3	19	6	1	3
5	18	2	1	1
7	16	3	2	18
4	14	5	2	13
8	13	4	2	9
9	9	9	2	0

Taktoptimierung bei Taktzeiten von 10 min				
AE	Rangwert	VZ	Station	Restzeit
1	79	4	1	6
2	56	1	1	5
5	18	2	1	3
6	23	7	2	3
7	16	3	2	0
3	19	6	3	4
8	13	4	3	0
4	14	5	4	5
9	9	9	5	1

Zwischen Taktzeit, Anzahl der Stationen sowie Summe der Verrichtungszeiten und nach der Optimierung definitiv verbleibenden Restzeiten besteht folgender Zusammenhang.[50]

Taktzeit x Anzahl der Bearbeitungsstationen = Summe der Verrichtungszeiten + Summe der definitiven Restzeiten

[50] Vgl. *Jäger, F., Klein, A., Kuntze, W.*, Fertigungswirtschaft

Je geringer die Summe der Restzeiten ist, umso besser ist der Wirkungsgrad eines Fließbandes. Dieser ist definiert als:

$$\text{Fließband-Wirkungsgrad} = \frac{\text{Summe der Verrichtungszeiten}}{\text{Taktzeit x Anzahl der Bearbeitungsstationen}} \cdot 100$$

Wirkungsgrade in einer Größenordnung von 80 % gelten in der Praxis als gutes Optimierungsergebnis.

Die effektive Restzeit von 1 ZE ist im obigen Beispiel bei einer Taktzeit von 21 ZE deutlich besser als bei einer Taktzeit von 10 ZE.

Bei der Taktzeit von 10 ZE ergibt sich eine Restzeit von 9 ZE. Damit ist auch der Wirkungsgrad bei einer Taktzeit von 21 ZE deutlich besser, nämlich 97 % gegenüber 82 %.

(6) **Terminplanung bei Baustellenfertigung mit Netzplantechnik**

Baustellenfertigung ist häufig gekennzeichnet durch eine technisch bedingte Vernetzung der Teilaufgaben, hohe Komplexität des Gesamtvorhabens sowie geringen Grad an Gleichartigkeit und Wiederholbarkeit der Teilaufgaben. Während für einfache Baustellenfertigung (z. B. die Erstellung von Einfamilienhäusern) noch Terminlisten und Stabdiagramme ein geeignetes Hilfsmittel darstellen, sind größere, komplexe Baustellenfertigungen (z. B. der Bau von Schiffen oder Flughafeneinrichtungen) Fertigungsaufgaben, deren effiziente und termingerechte Abwicklung den Einsatz der Netzplantechnik erfordert.

Als Netzplantechnik bezeichnet man alle Verfahren zur Planung und Steuerung von Abläufen auf der Grundlage der Graphentheorie. *Steinbuch/Olfert* geben die folgende Kurzdarstellung:[51]

Ein Vorgang wird durch zwei Ereignisse begrenzt. Ein Ergebnis ist nach DIN 69 900 das Eintreten eines definierten Zustandes im Ablauf:

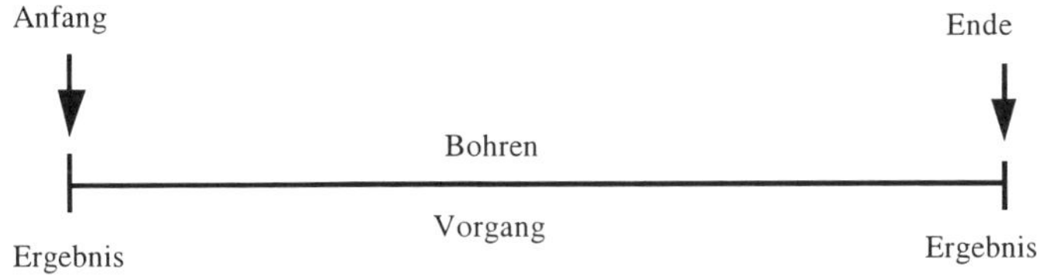

In einer der Netzplantechniken ergibt sich der graphische Ausweis (CPM-Critical Path Method) gemäß der folgenden Darstellung:

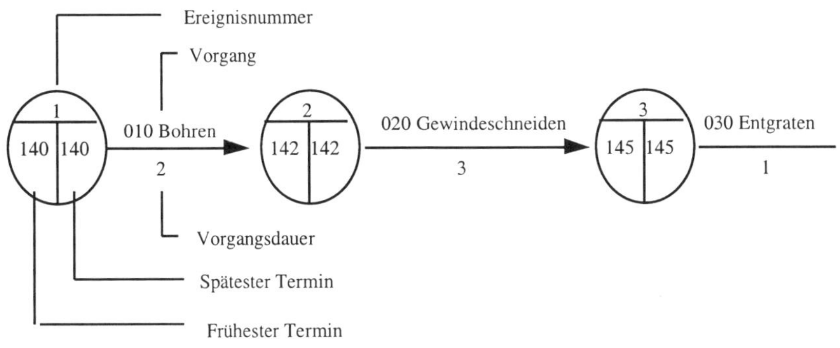

[51] Entnommen aus: *Steinbuch, P. A.* und *Olfert, K.*, Fertigungswirtschaft

Die Techniken der Netzplanung werden gegliedert in:

- Vorgangspfeil-Netzpläne, welche die Vorgänge mit Pfeilen ausweisen. Die Ereignisse sind die Knoten. Beispiel dafür ist die CPM-Critical Path Method.
- Vorgangsknoten-Netzpläne, bei welchen die Vorgänge als Knoten dargestellt werden. Als Beispiel dient die MPM-Metra Potential Methode.
- Ereignisknoten-Netzpläne, die eine Mischform darstellen, beispielsweise die PERT-Program Evaluation and Review Technique.

In der Praxis hat sich die Anwendung der Netzplantechnik für Projekte bewährt, die durch eine Mehrzahl der folgenden Merkmale gekennzeichnet sind:

- Vernetzung zahlreicher untereinander abhängiger Vorgänge (Teilaufgaben)
- Komplexität der Gesamtaufgabe
- hohe Anforderungen an exakte Termineinhaltung von 50 oder deutlich mehr Vorgängen
- hohe Änderungshäufigkeit mit Rückwirkung auf zahlreiche Teilaufgaben
- Notwendigkeit exakter Terminüberwachung
- hohes Maß an Arbeitsteilung zwischen verschiedenen Verantwortlichen (z. B. in einem joint venture oder einer Arbeitsgemeinschaft)
- hohe Folgekosten (z. B. Konventionalstrafen) bei Nichteinhaltung von Terminen.

Netzpläne können manuell oder mit Hilfe von EDV erstellt und modifiziert werden. Für größere Projekte erweist sich der EDV-Einsatz als wirtschaftlich. Für eine Vertiefung zum Thema der Netzplantechnik wird auf die folgende Spezialliteratur, z. B. die Autoren *Falkenhausen* und *Müller-Merbach* verwiesen.[52]

(7) Grundlagen der „just-in-time-production" und statistisch orientierte Kapazitätsterminierung mit Belastungsschranke

Forschungen und Entwicklungsarbeiten zum EDV-Einsatz in der Optimierung der Fertigungssteuerung haben gezeigt, dass der Bestandsminderung eine vorrangige Bedeutung zukommt. Sie haben ferner gezeigt, dass ein alter in Deutschland verbreiteter Steuerungsgrundsatz falsch ist, der besagt, hohe Beaufschlagung einer Fertigungsstelle mit Auftragsvorlagen ergebe erhöhte Leistung und eine Verkürzung der Durchlaufzeit durch wachsenden Leistungsdruck.
Die gleichen Untersuchungen haben ergeben, dass es primär darum geht, wesentliche Abweichungen von der statistisch nachweisbaren, durchschnittlichen Durchlaufzeit zu minimieren, damit Auftragsstaus vermieden und zuverlässige Terminplanungen möglich werden. Wegen ihrer Ausrichtung auf die statistisch ermittelte, durchschnittliche Durchlaufzeit heißen diese Verfahren **statistisch orientiert** oder auch **belastungsorientiert**.

Ferner haben die gleichen Untersuchungen gezeigt, dass zur Vermeidung von Auftragsstaus und zur Realisierung kurzer Durchlaufzeiten, abweichend von der oben genannten deutschen „Praktikerregel", die Auftragsvorlage in einer Fertigungswerkstatt 80 % (bis maximal 100 %) des Leistungsvolumens einer Planperiode nicht überschreiten soll. Deshalb gilt für die Auftragserteilung an die Fertigungswerkstätten eine „**Belastungsschranke**".[53] Entsprechende Erkenntnisse und Prinzipien gelten auch für die sogenannte „**just-in-time-production**" nach dem in Kapitel 4 erläuterten KANBAN-Prinzip.

---

52 *Falkenhausen, H. V.*, Prinzipien und Rechenverfahren der Netzplantechnik, Kiel ,*Müller-Merbach, H.*, Operations Research, Berlin, Frankfurt, *Müller-Merbach, H.*, Netzplantechnik, Berlin, Heidelberg, New York

53 Vgl. *Bechte, W.*, Produktionsplanung und -steuerung unter veränderten Fertigungs- und Marktbedingungen, IBM-Seminar, Bad Liebenzell

Trichtermodell der belastungsorientierten Auftragsfreigabe (BOA)

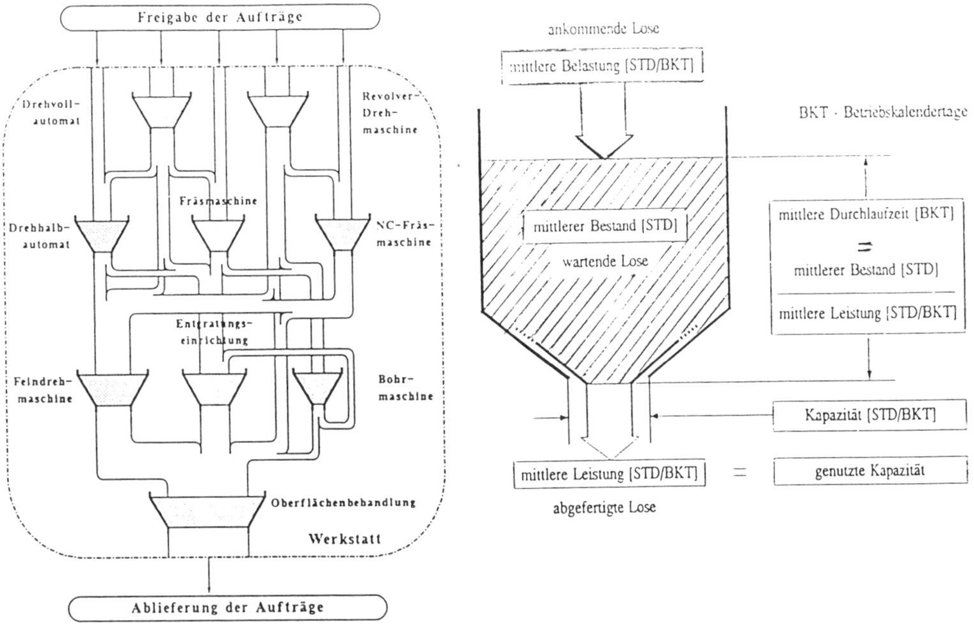

Die Freigabe von Fertigungsaufträgen für bestimmte, einem gegebenen Fertigungsablauf zuzuordnende Betriebsmittel kann nach *Bechte* zutreffend wie oben als Trichtermodell dargestellt werden:[54] Dazu veranschaulicht die obige rechte Abbildung den Sachverhalt, dass die mittlere Durchlaufzeit proportional dem mittleren Durchschnittsbestand an Aufträgen und umgekehrt proportional der mittleren Leistung ist.

Das folgende Bild zeigt ein Belastungsdiagramm für ein Arbeitssystem, für das die Auftragszugänge einer Periode den Abgängen erledigter Aufträge im Durchschnitt entsprechen, so dass Auftrags-Anfangsbestand und -Endbestand - sieht man von kurzfristigen Schwankungen ab - gleich groß bleiben.

Es zeigt auch den Vorgang der belastungsorientierten Auftragseinplanung mit Belastungsschranke. Ausgehend von einer bestehenden Auslastung eines Arbeitssystems oder einer Werkstatt werden zusätzliche Aufträge in der Reihenfolge ihrer Priorität eingeplant, bis die Belastungsschranke (der höchste zulässige Einlastungsprozentsatz) für die Planperiode erreicht ist. Über die Höchsteinlastung hinausschießende Aufträge werden zur Neuterminierung, d. h. zur Zuordnung zu einer anderen Planperiode, zurückgewiesen.

Die Prioritäten der einzuplanenden Aufträge ergeben sich ausgehend von einem geplanten Endtermin (z. B. spätesten Liefertermin), durch Rückwärtsterminierung. Dabei erhalten alle Fertigungsaufträge mit einem spätesten Anfangstermin später als in der Planperiode eine Priorität kleiner als eins.

[54] Entnommen aus: *Erdlenbruch, B.*, Belastungsorientierte Auftragsfreigabe - Grundlagen, Verfahren, Weiterenwicklung, Voraussetzungen für den praktischen Einsatz, Fachseminar: Fertigungssteuerung, Hannover

Das geschilderte Verfahren kann auf der Grundlage entsprechenden EDV-Einsatzes und der erforderlichen Betriebsdatenerfassungstechniken optimale Durchlaufzeiten sicherstellen. Die Methode erlaubt keine Leistungssteigerung bei Überschreiten der Belastungsschranke. Eine Überforderung der Kapazitäten kann logischerweise nur durch Maßnahmen wie verringerte Einlastung, Kapazitätserhöhung durch Arbeitszeitverlängerung (zusätzliche Schichten) oder Kapazitätsausbau (Investitionen) erreicht werden.

Dazu vgl. das folgende Schaubild:[55]

Prinzip der belastungsorientierten Auftragsfreigabe (BOA)

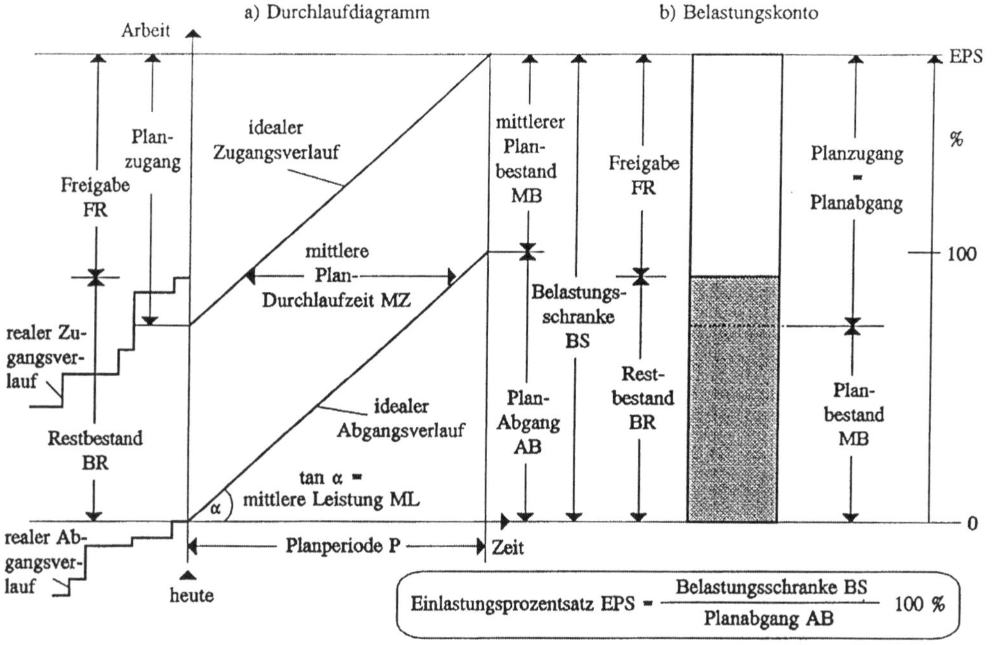

5.4.1.4 Produktionsmengen- und produktionsterminabhängige Materialbedarfsermittlung und -bereitstellung

(1) Vorlaufverschiebung

Die Vorlaufverschiebung gewährleistet eine pünktliche Materialbeschaffung für die Fertigstellung des Produkts. Die Teile der niedrigen Fertigungsstufen müssen bestellt oder gefertigt werden, bevor die Bearbeitung auf der nächst höheren Fertigungsstufe begonnen werden kann. Aus diesem Grund muss ein entsprechender zeitlicher Vorlauf in der Materialdisposition berücksichtigt werden. Ein Schaubild der Vorlaufverschiebung unserer Erzeugnisstrukur mit 3 Fertigungsstufen könnte so aussehen:

[55] Vgl. *Specht, O.*, *Wolter, B.*, Produktionslogistik mit PPS Systemen, Ludwigshafen und *Wiendahl, H.-P.*, Belastungsorientierte Fertigungssteuerung, München und Wien

Vorlaufverschiebung

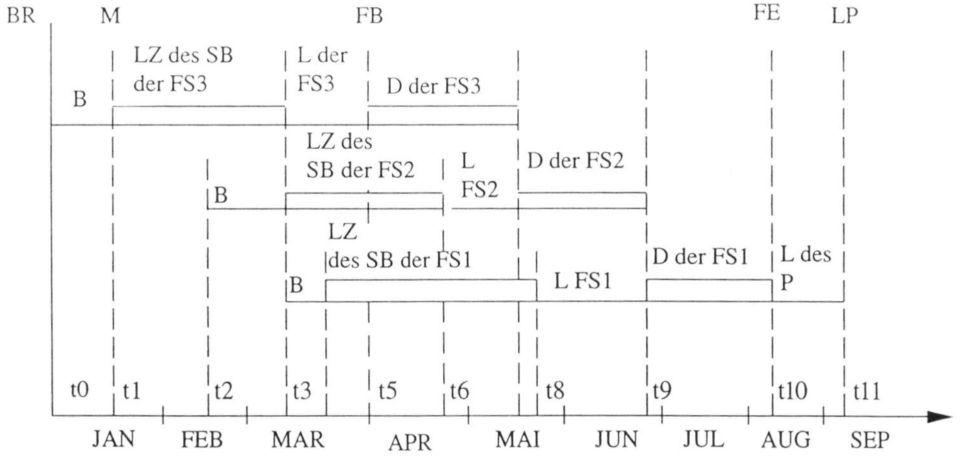

BR – Bedarfsrechnung	L – Lagerzeit
B – Bestellbearbeitung	D – Durchlaufzeit
M – Materialbestellung	FB – Fertigungsbeginn
LZ – Lieferzeit	FE – Fertigungsende
SB – Sekundärbedarf	P – Produkt
FS – Fertigungsstufe (FS1 = letzte FS)	LP – Liefertermin des Produkts

Aus diesem Bild gehen die erforderlichen Vorlaufverschiebungen gegenüber dem Liefertermin des Produkts je Fertigungsstufe hervor. Für die Fertigungsstufe 3 (FS 3) ergeben sich beispielsweise folgende Vorlaufverschiebungen zur Ermittlung bestimmter Handlungstermine:

$t_{11} - t_o = 8{,}25$ Monate Vorlaufverschiebung für den Beginn der Bedarfsrechnung

$t_{11} - t_1 = 7{,}75$ Monate Vorlaufverschiebung für die Bestellung des Sekundärbedarfs der FS 3

$t_{11} - t_3 = 6$ Monate Vorlaufverschiebung für die Materialeinlagerung zur FS 3

$t_{11} - t_5 = 5$ Monate Vorlaufverschiebung für den Fertigungsbeginn der FS 3.

(2) **Dispositionsstufenverfahren**

Das Dispositionsstufenverfahren ist eine Methode der Materialbedarfsermittlung, wobei der Sekundärbedarf jeder Planungsperiode mengenmäßig ermittelt wird. Dieses Verfahren soll hier anhand eines Beispiels veranschaulicht werden:
Das Ziel besteht darin, in den Perioden 4 u. 5 je 100 Einheiten des Produkts P zu fertigen. Gegeben sind Lager-, reservierter u. Bestellbestand:

Bestandsdaten des Beispiels zu (2):			
Artikel	**LB** (Lagerbestand)	**RB** (reservierter Bestand)	**BB** (Bestellbestand)
P	80	-	-
B1	300	100	-
B2	100	50	-
T1	1000	480	-
T2	-	-	300
T3	-	-	-
M1	150	50	50
M2	-	-	50

Ausgehend vom Nettobedarf von P in den Planperioden 4 und 5 wird, anhand der Baukastenstückliste, P in seine Baugruppen, Teile und Materialien zerlegt und der benötigte Bruttobedarf der Teile mit der Formel: Nettobedarf P · Produktionskoeffizient des Teils errechnet. Es wird ergänzend eine Vorlaufverschiebung für diese Teile berücksichtigt und ihr Bruttobedarf in den Planperioden 3 und 4 eingetragen. Wurde für eines dieser Teile die Dispositionsstufe erreicht (siehe Erzeugnisstruktur nach Dispositionsstufen), kann der Nettobedarf mit der Formel:

Nettobedarf = Bruttobedarf - Lagerbestand + reservierter Bestand - Bestellbestand

errechnet werden.

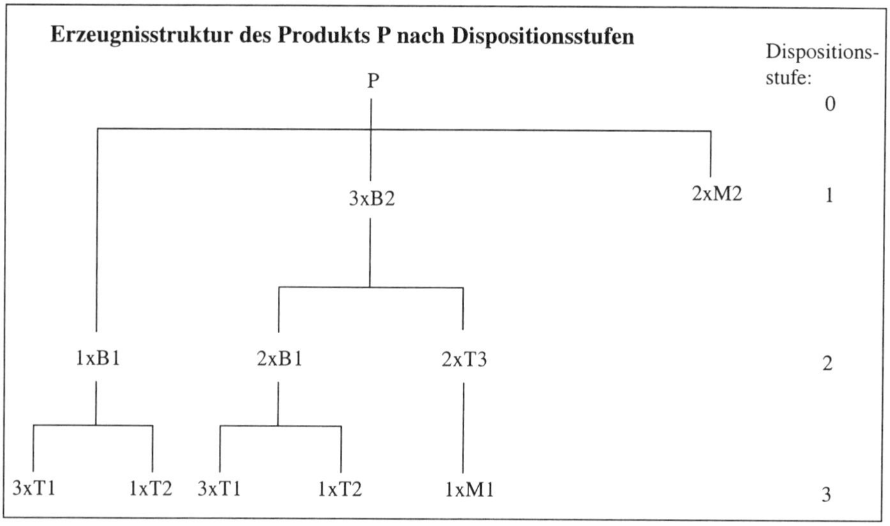

P: Produkt T: Teil
B: Baugruppe M: Material

Nach vollständiger Auflösung des Produkts (Stufe 0) wird auch die Stufe 1, d. h. die Elemente der Stufe 0, mit Hilfe der zugehörigen Baukastenstückliste aufgelöst. Hierbei muss berücksichtigt werden, dass Baugruppen deren Nettobedarf noch unbekannt ist, zurückgestellt werden, bis ihre Dispositionsstufe erreicht wurde. Der Bruttobedarf wird nach der Formel:

Nettobedarf eines Elements der Stufe 0 · Produktionskoeffizient des Teils der Stufe 1

ermittelt. Beim Eintragen des Bruttobedarfs muss wieder eine Vorlaufverschiebung berücksichtigt werden (Eintrag in Periode 2 und 3!). Wurde für ein Teil die Dispositionsstufe erreicht, kann der Nettobedarf errechnet werden.

Nachdem alle Stufen der Erzeugnisstruktur erfasst worden sind, ist aus dem Dispositionsstufenverfahren der Nettobedarf aller Teile, Baugruppen und Materialien sowie der Zeitpunkt des Bedarfs ablesbar.

Enderzeugnis	Periode 3	Periode 4	Periode 5
Bruttobedarf		100	100
% Lagerbestand		% 80	
= Nettobedarf		20	100
Übergang auf die Folgestufe laut Stückliste P = 1 x B1 3 x B2 2 x M2			
Baugruppe 1:	(20x1) = 20	(100x1) = 100	
Die Dispositonsstufe wurde noch nicht erreicht => keine Umrechnung in den Nettobedarf.	20	100	
Baugruppe 2:	(20x3) = 60	(100x3) = 300	
Die Dispositionsstufe wurde erreicht => der Nettobedarf wird ermittelt:			
Brutto	60	300	
% Lagerbestand	– 100		
+ reservierter Bestand	+ 50		
Netto , da positiv Nettobedarf vorhanden.	10	300	
Material 2:	(20x2) = 40	(100x2) = 200	
Die Dispositionsstufe wurde erreicht.			
Brutto	40	200	
% Bestellbestand	– 50	– 10	
Netto , da in Periode 3 ein negatives Netto besteht, ist weiterer Lagerbestand vorhanden, der beim nächsten Zugriff auf das Produkt verrechnet wird.	– 10	190	

		Planperiode	1	2	3	4	5	6
Produkt P	Teil : P LB : 80 DS : 0	Bruttobedarf				100	100	
		Nettobedarf				20	100	
Auflösung der Stufe 0	Teil : B1 LB : 300 RB : 100 DS : 1	Bruttobedarf			20	100		
	Teil : BS LB : 100 RB : 50 DS : 1	Bruttobedarf			60	300		
		Nettobedarf			10	300		
	Teil : M2 BB : 50 DS : 1	Bruttobedarf			40	200		
		Nettobedarf			–	190		
Auflösung der Stufe 1	Teil : B1 LB : 300 RB : 100 DS : 2	Bruttobedarf			20	100		
				20	600			
				20	620	100		
		Nettobedarf		–	440	100		
	Teil : T3 DS : 2	Bruttobedarf		20	600			
		Nettobedarf		20	600			
Auflösung der Stufe 1	Teil : T1 LB :1000 RB : 480 DS : 3	Bruttobedarf	—	1320	300			
		Nettobedarf	—	800	300			
	Teil : T2 BB : 300 DS : 3	Bruttobedarf	—	440	100			
		Nettobedarf	—	140	100			
	Teil : M1 LB : 150 RB : 50 BB : 50 DS : 3	Bruttobedarf	20	600				
		Nettobedarf	—	470				

L B = Lagerbestand; DS = Dispositionsstufe; RB = reservierter Bestand; BB = Bestellbestand

(3) Die wirtschaftliche Losgröße

Die wirtschaftliche Losgröße ist vor allem ein Problem der Serien- und Sortenfertigung, bei dem es darum geht, die Rüst- und Lagerkosten pro produzierte Einheit zu minimieren. Bei der Auftragsfertigung technischer Serienprodukte kann es sich als zweckmäßig erweisen, den Rohteilkreis nach wirtschaftlichen Losgrößen zu steuern. Beim Umrüsten der Maschinen entstehen durch den Stillstand der Maschine und den Rüstlohn erhebliche Kosten. Je größer die produzierte Menge nach dem Rüstvorgang ist, desto kleiner werden die Rüstkosten pro Einheit. Auf der anderen Seite nehmen die Lagerkosten ab einer bestimmten Chargengröße durch Verderb der Produkte, Kapitalbindung (Zinsen) und Kosten des Lagers (zum Beispiel Miete oder Abschreibung) zu. Für die Optimierung dieser gegenläufig fallenden beziehungsweise steigenden Kosten soll ein Algorithmus gefunden werden, der die optimale Menge errechnet, bei der Lager- und Rüstkosten ein Minimum erreichen.

An dieser Stelle sei anhand eines Beispiels ein praxisnaher Lösungsansatz dargestellt (dabei werden mögliche Preisnachlässe vernachlässigt):

Es soll die optimale Menge für folgende Ausgangsdaten angenähert werden:

Rüstkosten	300	DM
Stückkosten	25	DM
Lagerkosten p.a.	25	% von den Stückkosten
Lagerkosten pro Stück und Monat	0,52	DM

(1) für Fertigungsmaterial

Die in diesem Zusammenhang relevanten Fertigungsgemeinkosten seien hier definiert als Summe aus Rüstkosten und Lagerkosten. Ihr Betrag pro gefertigtes Stück ist zu minimieren. Der Bedarf liegt für die Perioden P1 ... P4 bei:

P1 - 100 Stück
P2 - 250 Stück
P3 - 150 Stück
P4 - 200 Stück

1. Berechnung der Fertigungsgemeinkosten pro Stück, falls in einer Charge der Bedarf für P1 produziert wird:

Rüstkosten	=	300,—
Lagerkosten	= 0,5[56] · P1 · Lagerkosten/Stück und Monat	
	= 0,5 · 100 · 0,52 =	26,—
Gesamtkosten	=	326,—
Fertigungsgemeinkosten/Stück		326,— : 100 = 3,26 DM

2. Berechnung der Fertigungsgemeinkosten pro Stück, falls in einer Charge der Bedarf für P1 und P2 produziert wird:

Rüstkosten	=	300,—
Lagerkosten	= 0,5 · 100 · 0,52 =	26,—
	= 1,5[57] · 250 · 0,52 =	195,—
Gesamtkosten	=	521,—
Fertigungsgemeinkosten/Stück		521,— : 350 = 1,49 DM

[56] Produkte kommen/gehen schrittweise an/vom Lager, deshalb liegen sie nur die halbe Periode am Lager.
[57] Produkte für die 2. Periode liegen die gesamte 1. Periode und die Hälfte der 2. Periode am Lager.

3. Berechnung der Fertigungsgemeinkosten pro Stück, falls in einer Charge der Bedarf für P1, P2 und P3 produziert wird:

Rüstkosten	=	300,—
Lagerkosten	= 0,5 · 100 · 0,52 =	26,—
	= 1,5 · 250 · 0,52 =	195,—
	= 2,5 · 150 · 0,52 =	195,—
Gesamtkosten	=	716,—
Fertigungsgemeinkosten/Stück		716,— : 500 = 1,43 DM

4. Berechnung der Fertigungsgemeinkosten pro Stück, falls in einer Charge der Bedarf für P1, P2, P3 und P4 produziert wird:

Rüstkosten	=	300,—
Lagerkosten	= 0,5 · 100 · 0,52 =	26,—
	= 1,5 · 250 · 0,52 =	195,—
	= 2,5 · 150 · 0,52 =	195,—
	= 3,5 · 200 · 0,52 =	364,—
Gesamtkosten	=	1080,—
Fertigungsgemeinkosten/Stück		1080,— : 700 = 1,54 DM

Wie man sieht, sind die Fertigungsgemeinkosten/Stück im Rechenschritt 3 am geringsten, deshalb ist die optimale zu produzierende Menge der Bedarf der Perioden 1 bis 3. Die optimale Losgröße in unserem Beispiel beträgt 500 Stück.

5.4.2 Werkstattsteuerung (Auftragsvorbereitung, -veranlassung und Rückmeldung)

5.4.2.1 Aufgaben eines Leitstandes

Die Aufgaben der Werkstattsteuerung beginnen bei der Vorbereitung der Werkstattaufträge auf der Grundlage von produktionsmengen-unabhängigen Erzeugnis- und Kapazitätsdaten aus der Fertigungsplanung, ergänzt um produktionsmengenabhängige Daten über Kundenaufträge oder das Absatzprogramm und den Auslastungsgrad der Fertigungskapazitäten sowie Daten über Personal- und Materialverfügbarkeit. Alle in diesem Zusammenhang relevanten Daten und Arbeitsmethoden sind in vorangehenden Kapiteln und Abschnitten behandelt worden.

An die Aufgaben der Auftragsvorbereitung schließt sich, sobald alle Voraussetzungen für eine Auftragserteilung an die Werkstätten erfüllt sind, die Auftragsveranlassung und nach der Durchführung die Rückmeldung über die Auftragserledigung, mit allen wichtigen Details über die erzielten Fertigungsergebnisse, an.

Für die Wahrnehmung der Aufgaben der Werkstattsteuerung kann in der Abteilung Fertigungssteuerung ein Leitstand eingesetzt werden. Dieser Leitstand kann sich herkömmlicher Organisationsmittel (mit Formularen und Sprechanlage oder Telefon) oder neuer Techniken (mitEDV, interaktivem Bildschirmeinsatz und automatischer Betriebsdatenerfassung (BDE)) bedienen.

Da in Pkt. 3.4.2 bereits die Abwicklung von Kundenaufträgen mit Auftragssteuerung vom Auftragseingang bis zur Fakturierung bei Einsatz der EDV dargestellt wurde, wird im Folgenden der Informationsfluss am Beispiel eines konventionellen Leitstandes im Detail erläutert.

Die **Sequenz der Teilaufgaben eines Leitstandes** ist in der Regel folgende:

1. Aufnahme von Kundenaufträgen und/oder eines Absatzprogramms für eine Teilperiode.
2. Sicherung der Materialbereitstellung mit Dispositionsrechnung und falls erforderlich Auslösung der erforderlichen Beschaffungsmaßnahmen beim Einkauf.
3. Fertigungsterminierung auf Basis geplanter Bereitstellungstermine.
4. Erstellen von Auftragspapieren, bestehend aus:
   Werkstattaufträgen, Materialentnahmescheinen, Lohnscheinen sowie Termin- oder Begleitkarten (auch genannt Laufkarten) zur Transportsteuerung, bei Durchlauf durch mehrere Werkstätten.
5. Sicherstellung einer Bestätigung über effektive Materialbereitstellung.
6. Nach Vorliegen der Bestätigung gemäß 5., Fertigungsveranlassung durch Verteilung der Auftragspapiere gemäß 4., in die bei Terminänderungen geänderte, endgültige Termine eingefügt werden müssen.
7. Förderung und Überwachung der Auftragsdurchführung bis zur Rückmeldung über Auftragsfertigstellung durch die Werkstatt.
8. Transportveranlassung zur Folgewerkstatt oder in das Fertigfabrikatelager.
9. Nach endgültiger Fertigstellung eines Werkstattauftrages Freigabe an den Vertrieb zur Auslieferung an den Kunden.
10. Abrechnung des Auftrags, d. h. Datenerfassung und -bereitstellung für folgende Abrechnungsaufgaben:
    a) Fakturierung des Kundenauftrags
    b) Brutto-Lohnabrechnung für Akkordarbeit
    c) Materialverbrauchserfassung für die Disposition
    d) Betriebsabrechnung mit Kostenstellen- und Kostenträgernachrechnung.

Für jeden Kunden- beziehungsweise Fertigungsauftrag wird üblicherweise ein Hängeordner angelegt und in einer Hängeregistratur bis zur Erledigung bereitgehalten. Zur Terminierung der Aufträge dient eine größere Plantafel, an der eingeplante Aufträge und deren zeitliche Inanspruchnahme bestimmter Werkstätten dargestellt und erledigte Aufträge wieder gelöscht werden. Nähere Einzelheiten zu den einzelnen Arbeitsgängen werden unter Punkt 5.5.2.3 erläutert.

5.4.2.2 Auftragspapiere zur Fertigungsveranlassung

Bedenkt man, welche Informationen für eine optimale Erledigung von Fertigungsaufträgen erforderlich sind, so erweisen sich die folgenden Daten als wesentlicher Informationsinhalt für die wichtigsten Auftragspapiere:

(1) **Lohnschein** (für eine oder mehrere Arbeitsfolgen)
- ❑ Fertigungsauftrags-Nummer
- ❑ Teil-, Sach- oder Zeichnungs-Nummer der zu fertigenden Einheit
- ❑ Nummer und Bezeichnung der Arbeitsfolge(n)
- ❑ Zeitvorgabe je Arbeitsfolge
- ❑ Lohngruppe je Arbeitsfolge

- ❑ Betriebsmittel und Kostenstelle je Arbeitsfolge
- ❑ Zu fertigende Stückzahl mit Fertigungsdatum (Soll)
- ❑ Sonstige betriebsindviduelle erforderliche Daten
  z. B. Querverweis auf Fertigungsplan mit speziellen Erläuterungen zu Material und Arbeitsablauf: Kostenträger
- ❑ Gefertigte Stückzahl mit Personalnummer des/der ausführenden Mitarbeiters/erin.

(2) **Materialschein**

- ❑ Fertigungsauftrags-Nummer
- ❑ Teil-, Sach- oder Zeichnungs-Nummer der zu fertigenden Einheit
- ❑ Material-Nummer des zu verwendenden Materials
- ❑ Lagerort
- ❑ Entnahmemenge mit Bereitstellungsdatum (Soll)
- ❑ Fertigende/verwendende Fertigungs-Kostenstelle
- ❑ Weitere betriebsindividuelle Bearbeitungshinweise wie Dispositionsschlüssel, Lieferantenkennzahl, Kostenträger.

(3) **Laufkarte und Terminkarte**

- ❑ Fertigungsauftrags-Nummer
- ❑ Kundenauftrags-Nummer
- ❑ Anzahl und Reihenfolge der zu durchlaufenden Fertigungs-Kostenstellen
- ❑ Diverse betriebsindividuelle Daten, z. B. Hinweise auf bestimmte Arbeitsfolgen, Kontrollen und Transportanforderungen.
  Kontrollen der Qualität und Transport werden oft in die Reihenfolgeplanung als Arbeitsfolgen aufgenommen und mit Zeitvorgaben versehen.

5.4.2.3 Praxisbeispiel: Arbeitsablauf am Leitstand eines mittelständischen Maschinenbauunternehmens mit Auftragsfertigung

Laufkarte

1 Die Arbeitsvorbereitung erstellt auf der Grundlage der Teile-Zeichnung und der Stückliste die Arbeitspapiere; unter anderem auch die Laufkarte.

2 Bei Vervielfältigung (mit EDV o. „ORMIG“) wird die Laufkarte auf Grundlage der Informationen der AV auf ein bestimmtes Formular „kopiert“.

3 Von der Vervielfältigung (mit EDV o. „ORMIG“) geht das Formular an die Fertigungssteuerung, die aufgrund ihrer Termin-, Maschinen- und Kapazitätsplanung die Laufkarte zu einem festgelegten Zeitpunkt freigibt, wodurch der erste Arbeitsgang beziehungsweise Arbeitsfolge beginnen kann.

4 Da die Laufkarte Werkstück begleitend ist, befindet sich diese auch immer an der Kostenstelle (Maschine), an der das Werkstück bearbeitet wird. Diese können für ein Werkstück unterschiedliche Kostenstellen sein.

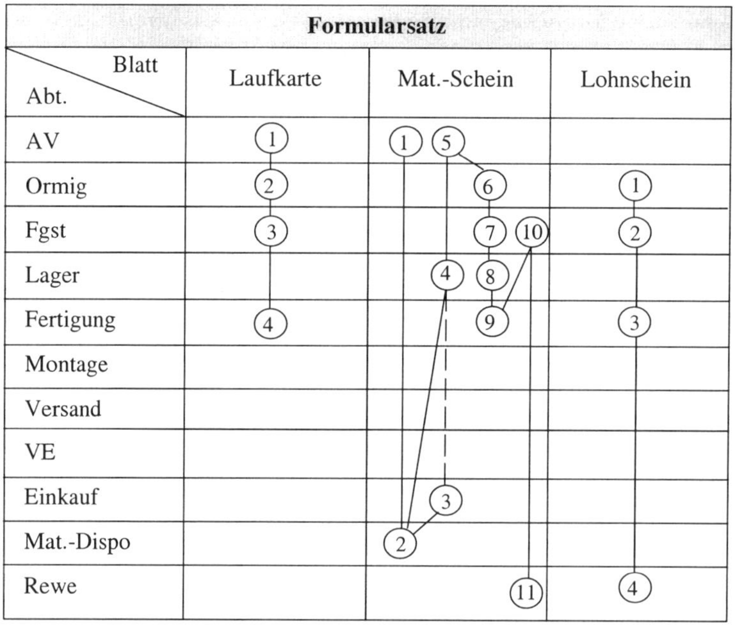

Lohnschein

1 Bei der Vervielfältigung (mit EDV o. „ORMIG“) entstehen die Lohnscheine auf Grundlage der Arbeitsvorgaben der Stückliste.

2 Die Lohnscheine werden in der Fertigungssteuerung in die Auftragstaschen gelegt und je nach Terminierung zu bestimmten Zeitpunkten gezogen.

3 Die Meistereien der Fertigung erhalten die Lohnscheine und verteilen diese auf die entsprechenden Maschinen.

4 Die Lohnscheine werden als Arbeitsnachweise verwendet und gehen deshalb direkt in die Rechnungswesen-Abteilung, um hier als Grundlage der Lohnabrechnung und Kostenrechnung verwendet zu werden.

Materialschein

1 Die AV ermittelt den Materialbedarf für die Herstellung eines Teiles und hält hierbei Rücksprache mit der Materialdisposition.

2 Die Materialdisposition sichert die Bereitstellung des Materials am Lager und veranlasst bei Bedarf zu gegebener Zeit die Bestellung durch den Einkauf.

3 Der Einkauf tätigt die Bestellung.

4 Das Lager bestätigt den Eingang der bestellten Ware an die AV.

5 Die AV gibt die Arbeitspapiere zur Vervielfältigung (mit EDV o. „ORMIG“), dort wird der

6 Materialschein im engeren Sinne erstellt.

7 Die Fertigungssteuerung erhält nun den Materialschein und weiß, dass das gewünschte Werkstück (z. B. Gusswelle) im Lager für die Fertigung bereitgestellt beziehungsweise reserviert ist.

8 Mittels der betrieblichen Transportabteilung wird das Werkstück aus dem Lager geholt und an die betreffende Kostenstelle befördert.

9 Der Materialschein kommt zurück in die Fertigungssteuerung, wodurch diese weiß, dass
10 dem Lager das Material entnommen wurde und an der Maschine zur Bearbeitung bereit liegt.
11 Nach abgeschlossener Fertigung bucht das Rechnungswesen den effektiven Materialverbrauch als Kostenart. Ergänzend z. B. aufgrund einer Kopie des Materialscheines (nach Schritt 8) erfolgt die Bestandsfortschreibung durch Abbuchung der Entnahme aus dem Lagerbestand. Sofern Entnahmen auf Lagerkarten gebucht werden (veraltetes Verfahren), kann der Buchbestand auch als Schritt 11 neu ermittelt werden. Das wäre für Dispositionsaufgaben jedoch zu spät.

Die obige Darstellung von Arbeitsabläufen durch Tabellenunterstützung mit Spalten-Informationsträger und Zeilen-Bearbeiter und Nummernverweis auf Kommentierung, hat sich zur schnellsten Ist-Aufnahme von Prozessen mittlerer Komplexität in mittelständischen Unternehmen praktisch bewährt. Zu komplexen Arbeitsabläufen vgl. Pkt. 8.4.5.6. Zur Weiterentwicklung der Leitstandtechnik durch elektronische Leitstände vgl. *Specht/Wolter*, Produktionslogistik mit PPS-Systemen, Ludwigshafen.

5.4.2.4 Hauptaufgaben der Betriebsdatenerfassung (BDE)

(1) **Begriff**

Betriebsdatenerfassung (BDE) umfasst die Maßnahmen, die erforderlich sind um Betriebsdaten eines Produktionsbetriebes in maschinell verarbeitungsfähiger Form am Ort ihrer Verarbeitung bereitzustellen. Damit können zum Erfassungsvorgang gehörige Verarbeitungsfunktionen verbunden sein.[58]

(2) **Aufgabenstellung**

Die Aufgaben der Betriebsdatenerfassung wechseln von Betrieb zu Betrieb. Unterschiedliche Anforderungen der Abteilungen an die Betriebsdaten haben unterschiedliche Organisationsformen der Betriebsdatenerfassung nach sich gezogen. Dabei werden häufig nicht optimal aufeinander abgestimmte, konventionelle und EDV-gestützte Systeme nebeneinander eingesetzt. Dieser Tatbestand führt häufig zur Mehrfacherfassung gleicher Daten, zu aufwendigen Quervergleichen, zu manuellen Kontrollen und zur schleppenden Weiterleitung der Daten. Eine effiziente Betriebsdatenerfassung muss aber dafür Sorge tragen, dass die Betriebsdaten nicht für jeden Aufgabenbereich getrennt erfasst werden, sondern mit möglichst geringem Aufwand nur einmal erhoben werden und den entsprechenden Aufgabenbereichen zugeführt werden.

Außerdem soll mit Hilfe der BDE die Produktivität der Fertigung erhöht werden durch Erreichen folgender Teilziele:

- **Verminderung der Stillstands- und Störzeiten** (z. B. durch lückenlose Störanalysen).
- **Kostensenkung und Fehlervermeidung** durch Automatisierung der Produktionsdatenerfassung und -verarbeitung.
- **Reduktion des Verwaltungsaufwandes** und des Belegflusses (Eindämmung der Papierflut).
- **Erhöhung der Flexibilität** im Hinblick auf die möglichst kurzfristig änderbare Vorgabe von Soll-Daten für Auftragssteuerung.
- **Eilaufträge** müssen reibungslos eingesteuert werden können.
- Die **Transparenz** im Produktionsbetrieb muss erhöht werden.

[58] *Roschmann, K.* und andere, Betriebsdatenerfassung in Industrieunternehmen, Ein Leitfaden zur Einführung und Anwendung der Betriebsdatenerfassung, Hrsg. AWW, Eschborn, München

- **Aktualität** der Produktionsdaten; Beschleunigung des innerbetrieblichen Informationsflusses.
- **Vereinfachung** der prämienbezogenen Abrechnung durch Hinzuziehung von personellen Betriebsdaten.
- Verbesserte **Fertigungsfortschrittskontrolle** durch schnellere Rückkopplung.
- **Verkürzung der Durchlaufzeiten**.
- **Leistungssteigerung** der Mitarbeiter durch Erhöhung der Motivation und gerechtere Bezahlung.
- **Verbesserung des Betriebsklimas** und damit eine Verringerung der Fluktuation.

Zusammenfassend bleibt festzustellen, dass die Betriebsdatenerfassung so erfolgen muss, dass leistungsfähige Regelkreise zur Steuerung und Produktivitätssteigerung der Fertigung geschaffen werden können. Die Bedeutung des Soll-Ist-Vergleichs als Voraussetzung für effiziente Steuerung unterstreicht folgendes Bild.

(3) **Relevante Datengruppen**

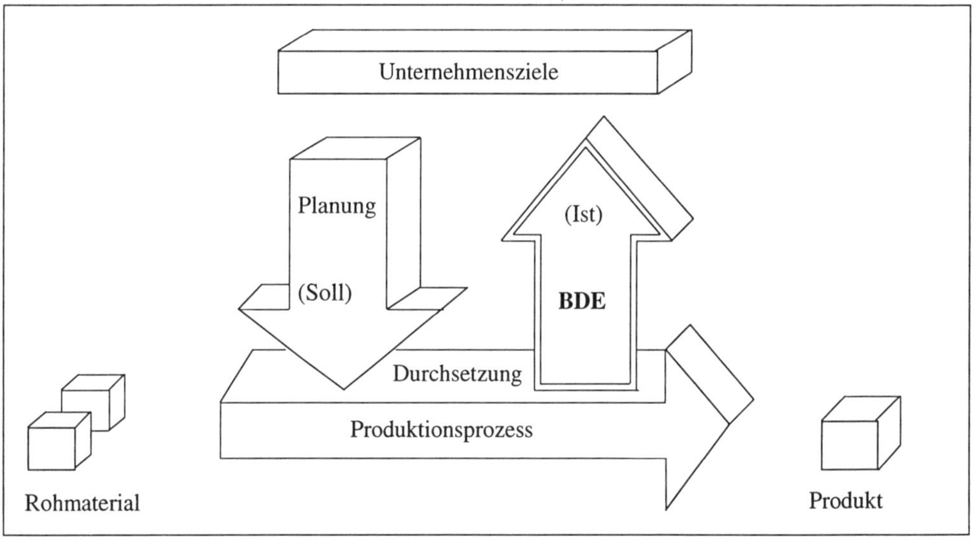

Sämtliche Betriebsdaten müssen entsprechend den Anforderungen der verschiedenen Führungsebenen aufbereitet und zusammengefasst werden.
Den Entscheidungskräften sollten demnach nur die für ihre Aufgaben notwendigen Daten zur Verfügung gestellt werden, denn unter einem zu großen Datenangebot würde die Transparenz und somit die Effektivität der Entscheidungsfindung leiden.

Die zu erfassenden Betriebsdaten lassen sich entsprechend der folgenden Abbildung unterteilen.[59]

[59] Vgl. *Virnich, M.*, Betriebsdatenerfassung, in: VDI-Z Bd. 129 Nr. 1 und *Roschmann*, a.a.O.

- **Auftragsdaten:**
  Sie beschreiben den Ablauf der Auftragsabwicklung und umfassen z. B.: Auftragsnummern, gefertigte Stückzahlen, Vorgabezeiten, Soll-/Ist-Termine von Arbeitsvorgängen, Bearbeitungszustände (z. B. Arbeitsvorgang begonnen/unterbrochen, Auftrag gesperrt).
- **Maschinendaten:**
  Sie geben Auskunft über den Zustand und die Nutzung von Betriebsmitteln. Im Wesentlichen Produktivzeiten, Stillstandszeiten, Stillstandsgründe, produzierte Mengen.
- **Material- und Bestandsdaten:**
  Sie liefern Informationen über Verbräuche und Bestände an Roh- und Hilfsstoffen sowie Art, Menge und Zustand übriger Bestände, wie Halb- und Fertigfabrikate, Werkzeuge und Vorrichtungen.
- **Qualitätsdaten:**
  Sie liefern die Ist-Datenbasis für das Qualitätswesen. Zu ihnen gehören z. B. Gutstückzahlen, Ausschussmengen, Ausschussgründe sowie Analysewerte.
- **Prozessdaten (verfahrenstechnische Daten):**
  Wie die Qualitätsdaten können auch die Prozessdaten Aussagen zur Qualität des Fertigungsprozesses und damit zur Qualität des Erzeugnisses machen. Zu den Prozessdaten zählen z. B. Drücke, Temperaturen (Druckgießmaschinen) und Geschwindigkeiten. Die Protokollierung dieser Daten gewinnt zunehmend für Fragen der Produkthaftung bei der Produktion von Sicherheitsteilen an Bedeutung.
- **Personaldaten:**
  Sie geben Auskunft über die Zuordnung Mensch - Auftrag - Betriebsmittel, insbesondere zusammen mit der Anwesenheitszeiterfassung können sie als Grundlage für die Lohnabrechnung dienen.
- **Anwesenheitszeiterfassung:**
  Im Rahmen der Anwesenheitszeiterfassung werden Daten wie Kommt-/ Geht-Zeitpunkte, Abwesenheitsgründe für feste Arbeitszeiten oder Gleitzeiten erfasst.
- **Spezielle BDE:**
  Sie berührt häufig auch Personaldaten, z. B. bei der Zugangssicherung, bei der automatischen Verbuchung des Kantinenessens oder Tankabrechnungen (Betriebstankstellen).

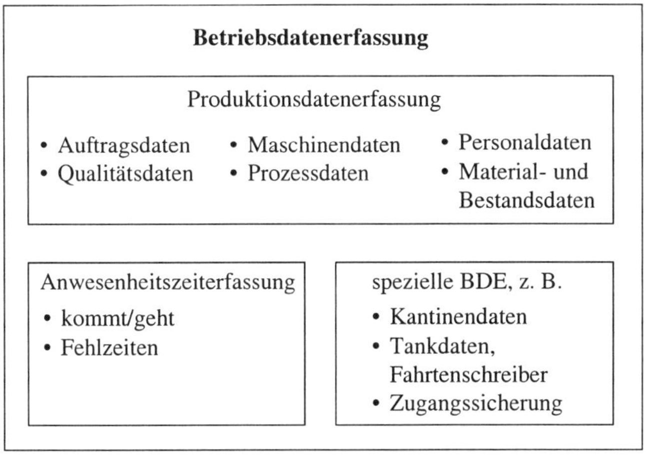

(4) **Anforderungen**

Um die oben aufgeführten Unternehmensziele realisieren zu können, sind folgende Anforderungen an das BDE-System zu stellen:

- Die **Mehrfacherfassung** der Betriebsdaten muss vermieden werden. Sie sind mit möglichst geringem Aufwand am Ort ihres Entstehens nur einmal zu erheben und dann den entsprechenden Aufgabenbereichen zuzuführen.
- Um die **Transparenz** der Daten zu erhöhen, muss deren Selektion und Konzentration nach den abteilungsorientierten Anforderungen vorgenommen werden. Es ist zu beachten, dass mit zunehmender Entfernung zum Fertigungsprozess die Anforderungen an Aktualität und Quantität der Daten abnehmen.
- **Schnittstellen** für eine problemlose Anbindung an ein PPS-System oder andere Systeme (z. B. CAM, CAQ) müssen vorhanden sein, denn ohne eine leistungsfähige BDE ist eine CIM-Realisierung nicht denkbar. Weiterhin ist auf die Schnittstellenfähigkeit der BDE-Terminals zu den Prozesssteuerungssystemen in der Fertigung zu achten (NC-Maschinen, Prozessdatenerfassung).
- Die **Ausbaufähigkeit** des BDE-Systems muss gewährleistet sein. Eine Hardware-Erweiterung sollte im laufenden Betrieb mit möglichst geringem Aufwand möglich sein. Programmänderungen und -erweiterungen insbesondere für Informationsausgaben sollten leicht möglich sein. Die BDE-Terminals sollten die Programme vom Hauptrechner laden können.
- Für eine hohe **Ausfallsicherheit** des BDE-Systems ist zu sorgen. Die Terminals müssen im Falle einer Leitungsunterbrechung oder des Ausfalls des Hauptrechners im Stand-Alone-Betrieb einsetzbar bleiben, damit der Fertigungsprozess nicht zum Erliegen kommt. Außerdem ist eine leichte und schnelle Austauschbarkeit des Terminals zu fordern.
- **Personenbezogene Daten** dürfen nicht allgemein zugänglich sein. Nur autorisierten Personen darf der Zugriff ermöglicht werden.
- Alle BDE-Meldungen (Eingabedaten) sollten unmittelbar bei der Erfassung auf **Fehlerfreiheit** geprüft werden. Antwortzeiten sollten gering gehalten werden, bei längeren Antwortzeiten muss dem Bediener die Betriebsfähigkeit signalisiert werden.
- **Manuelle Eingaben** über die Tastatur sollten aus Gründen der Sicherheit **auf** ein **Mindestmaß** und zwar möglichst auf Ist-Daten, die nicht automatisch erfasst werden können, **beschränkt** werden. Identifizierungsdaten (Auftragsnummer, Personalnummer) sollten über halbautomatische Verfahren, z. B. Barcode, erfasst werden.
- **Unkompliziertes Bedienen**, leicht verständlich und übersichtlich aufbereitete Informationsausgaben, eine klare Bedienerführung, aussagekräftige Hilfsfunktionen sowie eine umfassende und leicht verständliche Dokumentation sind für die Benutzerfreundlichkeit zu fordern.
- Die BDE-**Terminals** müssen **unempfindlich** gegen Beeinträchtigungen aus der Umwelt wie Hitze, Staub, Feuchtigkeit und Öl sowie gegen Erschütterungen sein. Dieses kann erreicht werden durch hermetisch geschlossene Gehäuse ohne Lüfter, geschlossene Tastaturen, geschützte, aber nicht verdeckte Beleg- und Ausweisleser. Außerdem müssen sie unempfindlich gegenüber Netzschwankungen und elektromagnetischen Feldern sein.

(5) **Realisierung von BDE**

Es hat sich gezeigt, dass die Einführung eines BDE-Systems erhebliche Schwierigkeiten mit sich bringen kann. Dies ergibt sich in vielen Fällen aus einer schlechten Gesamtplanung, einer nicht zweckmäßigen Softwareauswahl oder aus einer mangelhaften Projektdurchführung. Um diese

Schwierigkeiten zu vermeiden, muss eine genaue Analyse der Situation und eine vernünftige Planung erfolgen. Dabei sollten die auf den folgenden Abbildungen dargestellten Fragen sorgfältig beantwortet werden. Aus den Antworten zu diesen Fragen lässt sich ein Pflichtenheft erstellen, das zur weiteren Grundlage der Planung dient.

Bei der Planung muss auch auf die zukünftige Entwicklung des Unternehmens eingegangen werden. Die Ausbaufähigkeit muss speziell im Hinblick auf die Einführung von CIM oder PPS überprüft werden. Ein weiterer Aspekt der Einführungsplanung ist die Beachtung von Rechtsvorschriften. Dabei sind im Besonderen die Datenschutzbestimmungen zu beachten, da sich bei Missachtung der Vorschriften die Akzeptanzprobleme verschärfen würden.

Es empfiehlt sich, den Betriebsrat in einem möglichst frühen Projektstadium über die Einführung zu informieren. Es ist sogar daran zu denken, den Betriebsrat mit in die Realisierung einzubeziehen und ihm Projektverantwortung zu übertragen. So ist eine positive Einstellung des Betriebsrats zur Einführung von BDE erreichbar, wodurch auch die Mitarbeiter Vertrauen zum neuen System gewinnen können.[60]

Um den erwarteten Nutzen aus BDE ziehen zu können, ist zu vermeiden, dass die Mitarbeiter aufgrund falscher Vermutungen oder aus Unkenntnis der Ziele BDE ablehnen. EDV-unerfahrene Mitarbeiter neigen zu der Meinung, die EDV diene nur zum Zwecke der Durchleuchtung und der absoluten Kontrolle. Diese Angst gepaart mit Misstrauen kann zum Aufbau einer unüberwindlichen Hemmschwelle führen. Um dieses zu vermeiden, ist frühzeitig Schulung vorzusehen, die nicht nur den Umgang mit den Terminals zum Gegenstand hat, sondern auch Hintergrundinformationen vermittelt.

5.4.2.5 Fertigungskontrolle und Schwachstellenanalyse

(1) Fertigungsfortschrittskontrolle

Die Fertigungsfortschrittskontrolle ist **Voraussetzung** für effiziente Fertigung und **termingerechte Kundenbelieferung**. **Leitstandsteuerung** ist eine zur Wahrnehmung dieser Funktion gebräuchliche Organisationsform. Die fernmündliche (und anschließend papiermäßige) Fertigmeldung von Fertigungsaufträgen an den Leitstand löst Anschlussaufträge aus. **Dezentrale Betriebsdatenerfassung** (BDE) bietet Möglichkeiten zur Weiterentwicklung der Leitstandsteuerung.

(2) Schwachstellenanalyse

Abweichungskontrolle und **Änderungsveranlassung** schließen eine **Schwachstellenanalyse** mit Ermittlung und Verrechnung von Zusatzkosten ein. Es müssen also folgende Ziele verfolgt werden:

- **Erreichen** des kurz- und mittelfristigen **Fertigungsziels** durch Sofortmaßnahmen.
- **Beseitigung** der Abweichungsursachen nach Schwachstellenanalyse.
- Ursachengerechte **Verrechnung** entstandener **Zusatzkosten** (gegebenenfalls mit Erstattung durch externe Verursacher).

---

[60] Vgl. *Roschmann,* a.a.O.

Die **Schwachstellenforschung hat wirtschaftlich und wirksam zu erfolgen**. Über eine knappe **Ursachensystematik** ist schnell zu den Verantwortlichen vorzustoßen. Mehrkosten im Materialverbrauch und/oder durch Mehr- und Nacharbeit können insbesondere sein:

- bedingt durch **Planungsfehler** (Verursacher z. B. Vertrieb oder Disposition)
- **konstruktionsbedingt** (Verursacher Konstruktion)
- **materialbedingt** (Verursacher Einkauf, Lieferant oder Kontrolle)
- **betriebsmittelbedingt** (Verursacher Betriebsmittelbau)
- **personalbedingt** (Verursacher Fertigung).

Es gibt betriebsindividuell auch andere Ursachenarten, aber die obigen entsprechen einer logischen Mindestsystematik auf **Basis der Einsatzfaktoren**. Zu jeder Ursachenart kann es mehrere Verantwortliche geben. Streitigkeiten über die Kostenübernahme müssen vermieden werden. Sie schaden dem Erfolg. Konsequentes Vorgehen und Entscheiden in diesen Fragen ist deshalb **Geschäftsleitungssache**!

(3) Aufgaben des **Qualitätsmanagements** werden im folgenden Abschnitt 5.5 behandelt.

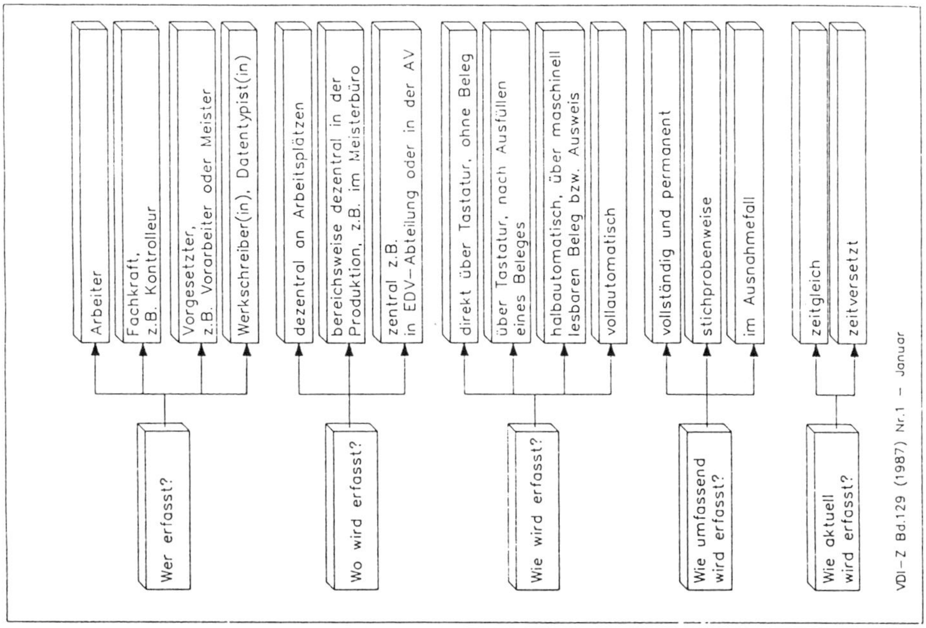
Wer erfasst?
Arbeiter
Fachkraft, z.B. Kontrolleur
Vorgesetzter, z.B. Vorarbeiter oder Meister
Werkschreiber(in), Datentypist(in)
Wo wird erfasst?
dezentral an Arbeitsplätzen
bereichsweise dezentral in der Produktion, z.B. im Meisterbüro
zentral z.B. in EDV-Abteilung oder in der AV
Wie wird erfasst?
direkt über Tastatur, ohne Beleg
über Tastatur, nach Ausfüllen eines Beleges
halbautomatisch, über maschinell lesbaren Beleg bzw. Ausweis
vollautomatisch
Wie umfassend wird erfasst?
vollständig und permanent
stichprobenweise
im Ausnahmefall
Wie aktuell wird erfasst?
zeitgleich
zeitversetzt
VDI-Z Bd.129 (1987) Nr.1 - Januar

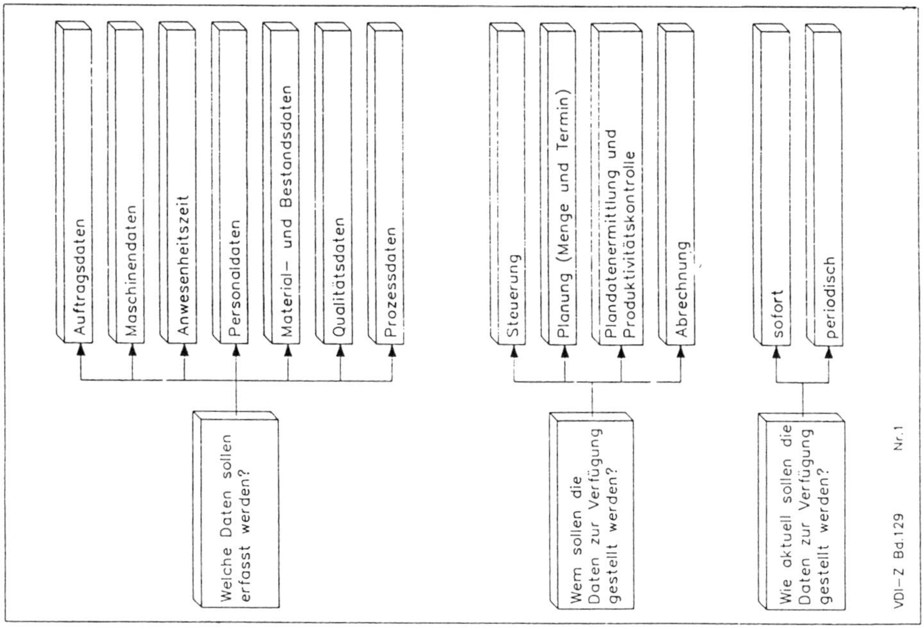
Welche Daten sollen erfasst werden?
Auftragsdaten
Maschinendaten
Anwesenheitszeit
Personaldaten
Material- und Bestandsdaten
Qualitätsdaten
Prozessdaten
Wem sollen die Daten zur Verfügung gestellt werden?
Steuerung
Planung (Menge und Termin)
Plandatenermittlung und Produktivitätskontrolle
Abrechnung
Wie aktuell sollen die Daten zur Verfügung gestellt werden?
sofort
periodisch
VDI-Z Bd.129 Nr.1

5.5 Qualitäts-Management

Die Qualität eines Produkts und das Qualitätsmanagement im Unternehmen gewinnen als Wettbewerbsinstrument im Rahmen zunehmender Perfektionierungsmöglichkeiten durch den technischen Fortschritt immer mehr an Bedeutung. Deshalb werden im Folgenden die wichtigsten Philosophien und Instrumente des Qualitätsmanagements vorgestellt.

5.5.1 Der Begriff „Qualität"

Nach DIN (Deutsches Institut für Normung) 55350 wird der Begriff der Qualität definiert als „die Gesamtheit von Eigenschaften und Merkmalen einer Einheit bezüglich ihrer Eignung, festgesetzte und vorausgesetzte Erfordernisse zu erfüllen", oder auch als „das Ausmaß der Anpassung eines durch Tätigkeit bewirkten Ereignisses an gegebene Erfordernisse".

Unter den Begriff „Einheit" fallen dabei sowohl materielle Gegenstände (z. B. ein Produkt, Bauteil usw.) als auch immaterielle Dinge (z. B. eine Tätigkeit und Dienstleistungen).

Die Grundlage dieser Definition wird gebildet durch bestimmte Eigenschaften der Qualität:

1. Qualität ist **relativ**, das heißt sie muss immer in Beziehung gesetzt werden zu den vorgegebenen Erfordernissen.
2. Qualität ist **kontinuierlich**, das heißt sie kann vielerlei Ausprägungen von „sehr gut" bis „sehr schlecht" annehmen.
3. Qualität ist, wie das Wort schon sagt, keine quantitative, sondern eine **qualitative** Eigenschaft. Sie ist daher nicht messbar, sondern nur indirekt beurteilbar als Ausmaß der Anpassung an die zu Grunde liegenden Anforderungen.

Man unterscheidet „statische" von „dynamischer" Qualität. Während die erste sich auf eine Momentaufnahme bezieht, beschreibt die zweite das Niveau der Qualität während einer festgelegten Zeitdauer. Die dynamische Qualität wird durch den Begriff der „Zuverlässigkeit" beschrieben, der definiert ist als „die Fähigkeit einer Ware, den durch den Verwendungszweck bedingten Forderungen zu genügen, die an das Verhalten ihrer Eigenschaften während einer gegebenen Zeitdauer unter festgelegten Bedingungen gestellt werden".[61] Den Zusammenhang zeigt das folgende Bild:[62]

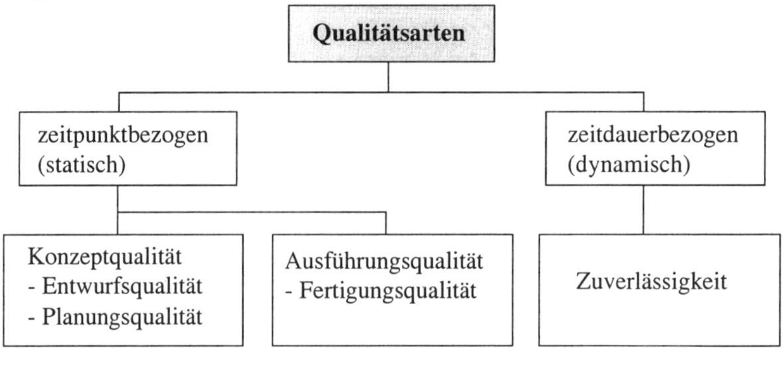

[61] Vgl. *Steinbuch, P.A.*, *Olfert, K.*, Fertigungswirtschaft, Ludwigshafen
[62] Nach *REFA*, Methodenlehre Teil 3: Steuerung, München und *Hahn, D.*, *Laßmann, G.*, Produktionswirtschaft, Controlling industrieller Produktion, Bd. 1, Heidelberg, Wien

Die Qualität eines (End)produkts lässt sich nicht nach seiner Fertigstellung im Nachhinein „erprüfen“. Vielmehr müssen für den gesamten Produktentwicklungs- und -entstehungsprozess Qualitätsanforderungen festgelegt und Prüfungen sowie regelnde Maßnahmen eingesetzt werden. Daher werden bereits in der Planungsphase des Erzeugnisses seine Qualitätseigenschaften im Entwurf festgehalten. Hierbei spielen sowohl externe Qualitätsanforderungen, die sich aus Kundenansprüchen, gesetzlichen Bestimmungen, Normen usw. ergeben können, sowie interne Vorgaben, die aus fertigungstechnischen Möglichkeiten resultieren, eine Rolle. Es ist zu beachten, dass die sich aus der Produktplanungsphase ergebenden Qualitätsvorstellungen realistisch sind, das heißt sich in der späteren Fertigung tatsächlich erfüllen lassen. Außerdem müssen die von der Fertigung verwendeten Arbeitsunterlagen (Arbeitsanweisungen, Konstruktionszeichnungen etc.) im Hinblick auf ihre Praktikabilität gut durchdacht und vorbereitet werden. Das Ausmaß der Anpassung dieser planungsmäßigen Inhalte und Unterlagen an die fertigungsspezifischen Möglichkeiten und den Produktionsablauf wird mit dem Begriff der **Konzeptqualität** beschrieben.

Die **Ausführungs-/Fertigungsqualität** ergibt sich dann aus der praktischen Fertigung und stellt somit das Ausmaß der Übereinstimmung der tatsächlich realisierten Anforderungen mit den Vorgaben der Ausführungsplanung dar.

Der Qualitätskreis nach DIN 55350 (vgl. 5.5.2.5 (3)) verdeutlicht, welche Qualitätsarten wann im Produktentwicklungszyklus relevant sind.

5.5.2 Total Quality Management, eine Unternehmens- und Führungsphilosophie

Während immer mehr Produkte nicht mehr auf Verkäufermärkten, sondern auf Käufermärkten in immer härterem Wettbewerb an immer anspruchsvollere Kunden abgesetzt werden mussten, nahm die Bedeutung der Qualität als Wettbewerbsfaktor kontinuierlich zu.

In diesem Prozess haben international berühmt gewordene Experten des Qualitäts-Managements, die *Bicheno* liebevoll als „Gurus“ bezeichnet[63] dazu beigetragen, dass „Total Quality Management“ zu einer Unternehmens- und Führungsphilosophie entwickelt wurde. Wichtige Gedanken einiger „Gurus“ werden im Folgenden vorgestellt.

5.5.2.1 Total Quality Control von A. W. Feigenbaum[64]

Feigenbaum prägte bereits 1956 das erste Mal den Begriff des Total Quality Control. Für *Feigenbaum* beginnt die Herstellung von Qualität bei der Produktentwicklung. Das anschließende Qualitätsmanagement umfasst verschiedene Aktivitäten der nachfolgenden betrieblichen Funktionen wie Konstruktion, Fertigung und Vertrieb und endet erst beim zufriedenen Kunden. Im Wesentlichen brachte *Feigenbaum* drei wichtige Aspekte in die Qualitätsdiskussion ein:

---

[63] *Bicheno, J.*, The Quality A Guide to Gurus, Tools, Wastes and Techniques, Picsie Books, Buckingham

[64] Vgl. *Feigenbaum, A.V.*, Total Quality Control, in: Harvard Business Review und *Feigenbaum, A.V.*, Total Quality Control, 3rd ed., Mc Graw Hill; Zusammenfassung in enger Anlehnung an *Oess, A.*, Total Quality Management, 2. Aufl. Wiesbaden .

- ❑ Qualität wird bestimmt durch die Erwartungen des Verbrauchers.
- ❑ Für Qualität ist jeder verantwortlich, vom Top Management bis zur Basis.
- ❑ Qualität wird in mehreren betrieblichen Funktionen erzeugt, sowohl in der Fertigung als auch im Marketing, in der Entwicklung, Konstruktion und Beschaffung.

Neben der interfunktionalen Zusammenarbeit legt *Feigenbaum* großen Wert auf Prozessregelung und Anwendung statistischer Methoden sowie die Erfassung von Qualitätskosten. Soweit erforderlich, soll auch die traditionelle Qualitätsprüfung beibehalten werden.

5.5.2.2 Wirkungskette, 14-Punkte und PDCA-Cycle von W. E. Deming

Demingsche Wirkungskette

Sicherung von Arbeitsplätzen durch Qualität

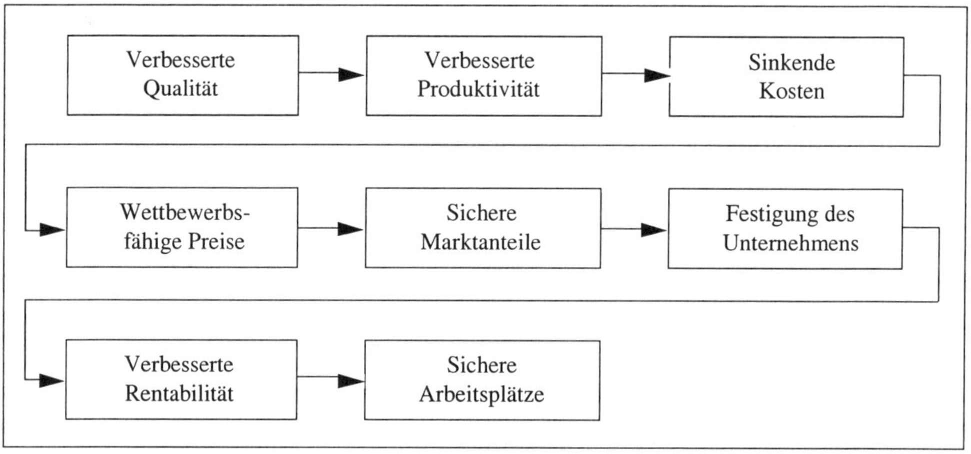

Quelle: *Kirstein, H.*, Deming in Deutschland?, in: QZ, München

Den Grundstein für diese Wirkungskette bilden die sogenannten **14 Punkte**, in denen *Deming* sein Qualitätsmanagementkonzept darlegt und mit denen er insbesondere das japanische Qualitätsmanagement wesentlich beeinflusst hat. Diese 14 Punkte lauten wie folgt:[65]

(1) Konstanz der Zielsetzung:
- ❑ Schaffung eines feststehenden Unternehmensziels in Richtung auf ständige Verbesserung von Produkten und Dienstleistungen.

(2) Der neue Denkansatz:
- ❑ Qualität ist Voraussetzung für Produktivität.
- ❑ Verpflichtung zu kontinuierlicher Verbesserung.
- ❑ Abschaffung zulässiger Fehlerquoten.

(3) Beende die Notwendigkeit und Abhängigkeit von Massen-Inspektion:
- ❑ Qualität muss von Anfang an in das Produkt eingebaut werden.
- ❑ Statistischer Nachweis über eingebaute Qualität sowohl in der Fertigung als auch im Einkauf.

[65] Zitiert nach: *Kirstein, H.*, Deming in Deutschland?, a.a.O., *Bicheno, J.*, 34 for Quality, a.a.O. und *Neave, H.R.*, The Deming Dimension, Knoxvill/Tennessee

(4) Beende die Praxis, den Einkauf vom günstigsten Preis abhängig zu machen:
- Preis ist in Abhängigkeit von Qualität zu beurteilen.
- Anzustreben sind langfristige Verträge mit wenigen, aber dafür zuverlässigen Lieferanten.

(5) Verbessere jeden Prozess kontinuierlich und dauerhaft:
- Ständige Suche nach Fehlern und Fehlerursachen.
- Verbesserung aller Aktivitäten des Unternehmens.

(6) Schaffe moderne Trainingsmethoden für alle:
- Einführung von „Training on the job“.
- Ausbildung aller Mitarbeiter, einschließlich des Managements.

(7) Sorge für richtiges Führungsverhalten:
- Führung durch Hilfestellung und Unterstützung.
- Umdenken: weg von Stückzahlen, hin zu Qualität.

(8) Beseitige die Atmosphäre der Angst:
- Förderung gegenseitiger Kommunikation.

(9) Beseitige die Barrieren zwischen den Abteilungen:
- Gemeinsame Problemlösung in Teams.

(10) Vermeide Ermahnungen:
- Keine Slogans, Aufrufe und Ermahnungen zur Erreichung von Null-Fehlern oder zur Steigerung der Produktivität.
- Schlechte Qualität und niedrige Produktivität haben ihre Ursache im System.

(11) Beseitige willkürliche Vorgaben:
- Hilfe und unterstützende Führung statt Vorgaben in Zahlen.

(12) Erlaube, auf die eigene Arbeit stolz zu sein:
- Umdenken: weg von Stückzahlen, hin zu Qualität.
- Abschaffung von jährlichen Verdienst-Ranglisten.

(13) Fördere die Ausbildung:
- Schaffung eines durchgreifenden Ausbildungsprogramms.
- Ermutigung zur Selbstverbesserung.

(14) Verpflichtung des Top-Managements:
- Ständige Verbesserung von Qualität und Produktivität durch eigene Aktivität ist Aufgabe der Unternehmensleitung.

Abgesehen von diesen 14 Punkten für ein effizientes Qualitätsmanagement, weist *Deming* ausdrücklich auf die Bedeutung von exakten Daten hin und fordert die Anwendung statistischer Methoden, warnt jedoch gleichzeitig vor allzu großer Datenhörigkeit. Alle Daten müssen sowohl ständig hinterfragt als auch sinnvoll verwendet werden.

Deming betont auch die Bedeutung der ständigen Zusammenarbeit von Forschung, Konstruktion, Fertigung und Vertrieb für eine kontinuierliche Verbesserung. Als Methode zur ständigen Verbesserung entwickelte er nachfolgend dargestellten Kreislauf, der heute unter Deming Cycle oder PDCA (Plan-Do-Check-Act) bekannt ist. Wichtig ist, dass der Kreislauf für eine ständige Verbesserung permanent durchlaufen werden muss. Um eine Verbesserung auf Dauer zu etablieren, ist im Fall einer positiven Auswirkung des ausgeführten Plans eine Standardisierung der Lösung erforderlich.

Der Deming Cycle (PDCA)

Handle: Bestätigen die Daten das Vorhaben? Wirken andere Ursachen ein? Sind die Risiken für weitere Veränderungsschritte notwenig und nützlich?

Plane: Was könnte zukünftig sein? Welche Veränderungen werden benötigt? Welche Hindernisse müssen überwunden werden? Welches sind die wichtigsten Ereignisse, die benötigt werden? Sind bereits Daten vorhanden? Welche neuen Informationen werden benötigt?

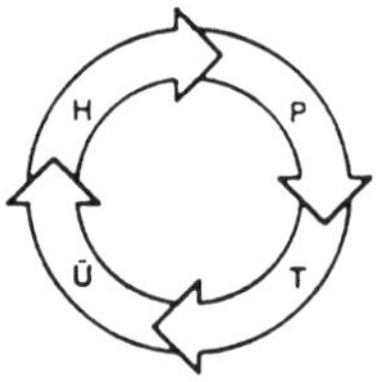

Überprüfe: Messe und beobachte die Auswirkungen der durchgeführten Veränderungsmaßnahme.

Tue: Führe eine Veränderungsmaßnahme oder einen Test durch, um erste Informationen über die Auswirkungen zu erhalten.

Quelle: *Deming, W.E.,* Out of the Crisis, Cambridge/Massachussets
entnommen aus *Oess, A.,* Total Quality Managment, a.a.O.

5.5.2.3 Fitness For Use von J. M. Juran[66]

Wie *Deming*, so hat auch *Juran* mit seiner Lehre seit den fünfziger Jahren wesentlich zur Entwicklung des japanischen Qualitätsmangements beigetragen. *Juran* definiert Qualität als "fitness for use", also als Gebrauchstauglichkeit für den Kunden. Üblicherweise wird unter "Kunde" der Endverbraucher beziehungsweise der Käufer verstanden. *Juran* dehnt den Begriff des Kunden auf alle Personen aus, die bei so genannten Verarbeitungsprozessen zur Erzeugung eines Produkts beteiligt sind. Dies sind also auch Mitarbeiter der verschiedenen betrieblichen Abteilungen wie Marketing, Entwicklung, Einkauf und Fertigung, die er als interne Kunden bezeichnet. Da die meisten Mitarbeiter eines Unternehmens keinen Zugang zu Informationen über "fitness for use" von externen Kunden haben, ist es Aufgabe des Managements, entsprechende Vorgaben zu liefern, anhand derer die Mitarbeiter überprüfen können, ob ihre Arbeit mit den Forderungen der nachfolgenden Abteilung übereinstimmt.

Ähnlich wie *Feigenbaum* lehnt auch *Juran* eine rein fertigungsbezogene Betrachtungsweise ab und fordert einen abteilungsübergreifenden und kontinuierlichen Prozess zur Verbesserung der Qualität. Unabdingbarer Bestandteil eines solchen Prozesses ist auch nach *Juran* die Anwendung statistischer Methoden.

5.5.2.4 Das japanische Qualitäts-Management nach K. Ishikawa[67]

Das umfassendste und erfolgreichste Qualitätsmanagementkonzept haben in den letzten dreißig Jahren die Japaner entwickelt. Als ihr bedeutendster Protagonist kann *Kaoru Ishikawa* angesehen werden, der dieses Konzept mit seinem Buch „What is Total Quality Control?" 1985 erstmals westlichen Leserkreisen vorstellte. Es enthält neben der Beibehaltung traditioneller Elemente der

[66] Vgl. *Juran, J. M.,* Quality Control Handbook, 4. Aufl., New York . Zusammenfassung in enger Anlehnung an *Oess, A.,* Total Quality Management, a.a.O.
[67] *Ishikawa, K.,* What is Total Quality Control?, Englewood, N. J.

Mess- und Prüftechnik und der weitgehenden Einführung statistischer Prozessregelung (SPC)[68] im Wesentlichen folgende sechs Management-Elemente:[69]

(1) **„Quality first"**
Mit diesem Grundsatz steigern die Japaner das Vertrauen der Kunden und sichern über eine verbesserte Wettbewerbsfähigkeit den Fortbestand des Unternehmens.

(2) **Qualität heißt „conformance to consumer's requirements"**
Qualität wird vom Verbraucher definiert, daher hat effiziente Marktforschung eine sehr hohe Bedeutung. Dies hat auch zur Entwicklung neuer Techniken, wie z. B. Quality Function Deployment (QFD), geführt. QFD ist eine systematische Methode, Kundenforderungen bereits im Entwicklungsstadium eines Produkts in Konstruktionsmerkmale umzusetzen (vgl. 5.5.3.2 (2.1)).

(3) **Einbeziehung aller wichtigen betrieblichen Funktionen**
Dies haben die Japaner von *Feigenbaum* übernommen. Die Kernaussage ist, dass interfunktionales Management und interfunktionale Teams unabdingbar sind, wenn die Qualitätsforderungen des Kunden sowohl in Entwicklung, Konstruktion, Einkauf und Fertigung realisiert werden sollen.

(4) **Kontinuierliche Verbesserung (Kaizen)**
Kaizen ist einer der wichtigsten Bestandteile der japanischen Unternehmenskultur und bedeutet kontinuierliche Verbesserung von Prozessen in kleinen Schritten durch Beteiligung aller Mitarbeiter. Nach japanischem Verständnis ist eine hohe Produktqualität die notwendige Folge praktizierten Kaizens.

(5) **Einbeziehung aller Ebenen (partizipatives Management)**
Eine konkrete Umsetzung erfolgt einerseits durch die Einführung von interdisziplinären Qualitätsgruppen, andererseits durch umfassende Aus- und Weiterbildungsmaßnahmen auf allen Ebenen.

(6) **Berücksichtigung des sozialen Systems**
Laut Ishikawa bestehen Unternehmen in erster Linie zu dem Zweck, die Bedürfnisse der Menschen zu erfüllen. Deshalb sollte das Ziel sein, dass sich jeder wohl fühlt, der mit dem Unternehmen zusammenarbeitet. Dies gilt gleichermaßen für Kunden, Mitarbeiter, Zulieferer und Anteilseigner.

5.5.2.5 Die Synthese im Total Quality Management (TQM)

(1) **Die Philosophie von TQM**

TQM ist eine **Unternehmens- und Führungsphilosophie** mit folgenden wesentlichen Leitgedanken:

- ❑ Kundenbedürfnisse und -erwartungen sind vollständig verstanden und werden in alle Aktivitäten einbezogen.
- ❑ Maßstab für die Qualität ist die Kundenzufriedenheit.
- ❑ Qualität wird von der obersten Führungsebene gemanagt und nicht an einzelne Personen oder Gruppen delegiert.

---

[68] Statistische Prozessregelung ist die deutsche Übersetzung von Statistical Process Control, es hat sich jedoch auch im deutschen Sprachgebrauch die Abkürzung SPC durchgesetzt.
[69] In Anlehnung an *Oess, A.*, Total Quality Management, a.a.O.

- ❑ Qualität ist integraler Bestandteil der Aktivitäten und Verantwortung jeder Person im Unternehmen.
- ❑ Regelmäßig erfasste Qualitätsdaten und -informationen sind die Basis des Handelns.
- ❑ Werkzeuge und Methoden zur Qualitätsverbesserung durch Beseitigung der Fehlerursachen werden durchgängig eingesetzt.
- ❑ Qualität ist in das Produkt, die Prozesse/Abläufe und die Dienstleistung „hineinkonstruiert" und wird nicht nachträglich durch Kontrolle erzielt.
- ❑ Eine Versorgungskette mit umfassendem Qualitätsanspruch ist vorhanden und wird ständig verbessert.

(2) **Die fünf Hauptelemente von TQM**

Zur Verwirklichung von TQM ist zunächst eine klare Zieldefinition von Seiten des Top Managements Voraussetzung. Des Weiteren müssen hinsichtlich Organisation, Personal und Technologie des Unternehmens bestimmte Rahmenbedingungen gegeben sein. Schließlich gehört zu TQM die Anwendung geeigneter Management-Instrumente.

In der folgenden Abbildung nach *Zink* symbolisiert ein Haus gedanklich das Konzept von TQM, wobei die Qualitätspolitik das Dach und die begleitenden Instrumente das Fundament bilden.

Die fünf Hauptelemente von TQM

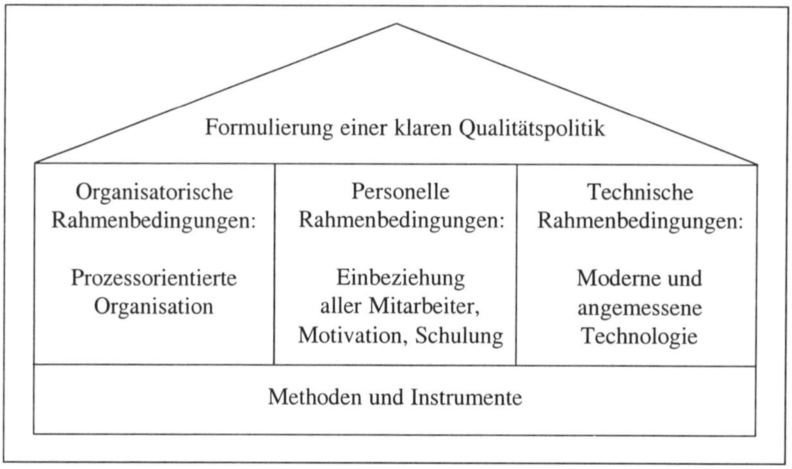

Quelle: (in Anlehnung an) *Zink, K. J.*, Zur Relevanz sozio-technologischer Systemgestaltung - am Beispiel Qualitätsmanagement, in: t & m, Bad Homburg

Wegen der herausragenden Bedeutung der **Mitarbeitermotivation und -schulung** für den Erfolg von TQM sei kurz erwähnt, welche Teilaufgaben in diesem Zusammenhang gelöst werden müssen.

Die Motivation der Mitarbeiter wird erreicht durch:

- ❑ Vermittlung von Gesamtzusammenhängen mit Einordnung des eigenen Arbeitsplatzes.
- ❑ Übertragen von Verantwortung über Qualität und Qualitätssicherungsmaßnahmen mit entsprechender materieller Entlohnung und betrieblicher Anerkennung.
- ❑ Einrichten der Möglichkeit, eigene Vorschläge zur Qualitätssicherung und Verbesserung einbringen zu können (betriebliches Vorschlagswesen effizient gestalten).
- ❑ Wettbewerb zwischen mehreren Arbeitsteams.

Im Rahmen der Qualifikation von Mitarbeitern sind folgende Maßnahmen durchzuführen:

- ❑ Vermittlung von Fähigkeiten zur Durchführung von Selbstprüfungen über die Qualität der geleisteten Arbeit beziehungsweise des hergestellten Erzeugnisses.
- ❑ Vermittlung von Fähigkeiten zur Fehlererkennung sowie zu fehlerkorrigierenden Maßnahmen.
- ❑ Ausbildung im Bereich Qualitätsplanung und Prüftechnik bei leitenden Mitarbeitern der Qualitätssicherung und -steuerung.

Durch Qualifikation in Verbindung mit Motivation wird erreicht, dass durch Eigenleistung jedes Mitarbeiters die Rate der Fehlerverhütung sowie frühzeitiger Fehlererkennung und -beseitigung entscheidend verbessert und eine kontinuierliche Qualitätsverbesserung im Sinne von TQM verwirklicht werden kann.

Die Sequenz der Teilaufgabe **prozessorientierte Organisation** veranschaulicht im Überblick die folgende Abbildung zu kundenorientiertem Prozessmanagement.[70]

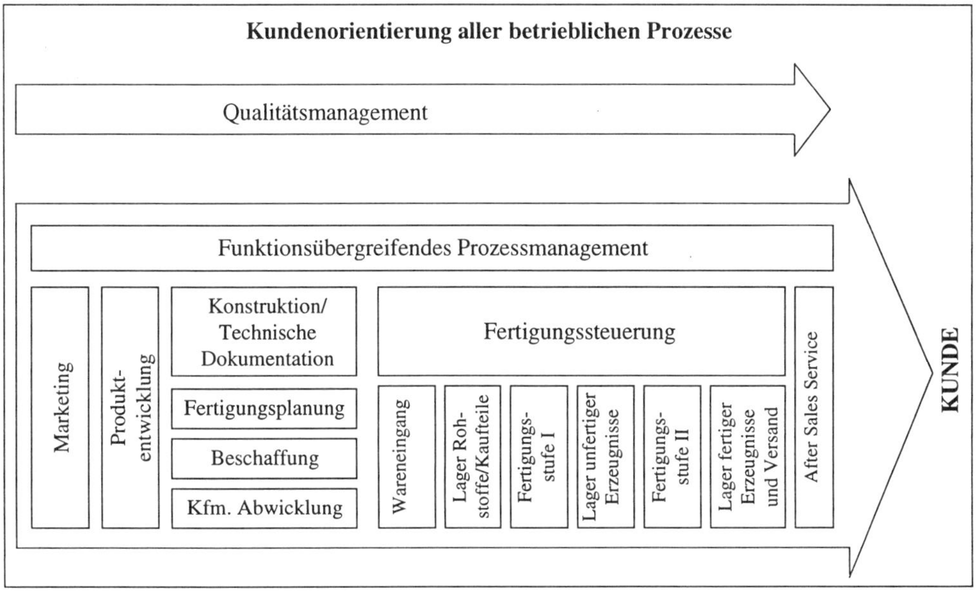

Als wesentliches und geeignetes **Instrument der Analyse** der qualitätsbestimmenden Ursache-Wirkungs-Zusammenhänge sei auf das Ishikawa-Diagramm hingewiesen.[71]

[70] *Specht,G.* TQM, Anspruch und Wirklichkeit, in: Vakuum in der Praxis, Weinheim,

[71] Entnommen aus: derselbe

Das Ishikawa-Diagramm

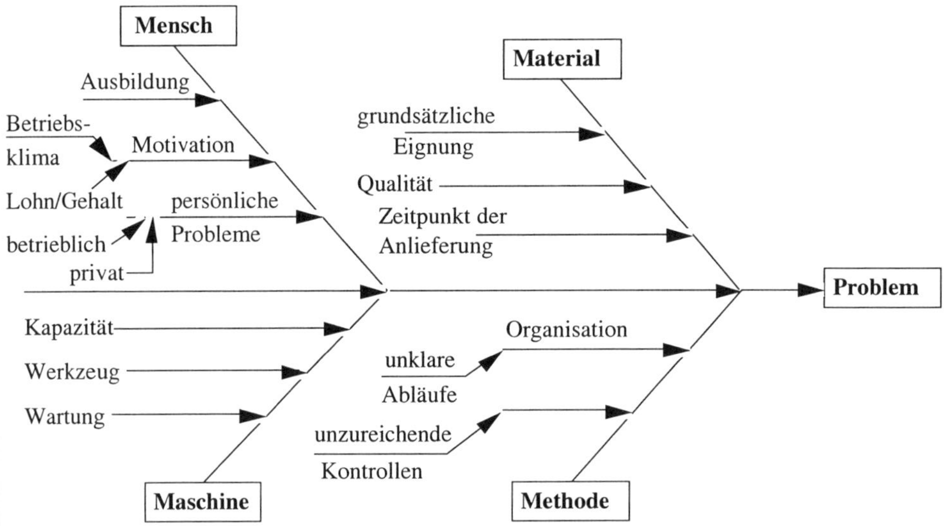

Diese graphische Darstellung komplexer Ursache-Wirkung-Zusammenhänge ist ein geeignetes Instrument zur abteilungsübergreifenden Schwachstellen-Analyse.

(3) **Der Qualitätskreis, die deutsche Grundlage zu TQM**

Der nachfolgend abgebildete **Qualitätskreis** (DIN 55350) **verdeutlicht** - wie unter 5.5.1 angesprochen - **welche Qualitätsarten wann im Produktentwicklungszyklus relevant** sind. Er veranschaulicht zugleich die Notwendigkeit, Qualität als eine umfassende, funktionsübergreifende Aufgabe zu verstehen, in der alle Funktionsbereiche des Unternehmens zusammenwirken, um die bestmögliche Zufriedenstellung des Kunden zu erreichen und so den Erfolg des Unternehmens im Markt - zu jedem Zeitpunkt und auf lange Sicht - zu sichern. Dies ist das Hauptziel von Total Quality Management.

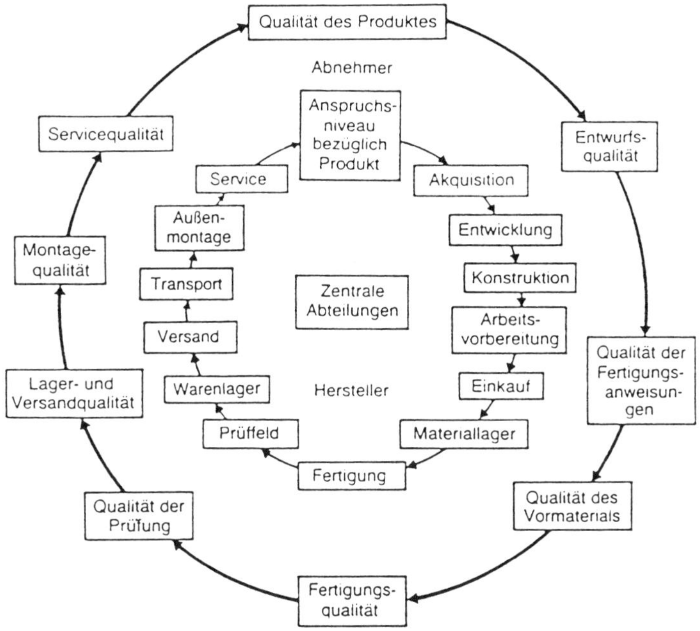

Qualitätskreis (DIN 55 350)

Die **Qualität des Entwurfs** / der Konstruktion und der **Fertigungsanweisungen** beeinflusst die Rate der durch unsachgemäße Fertigung auftretenden Fabrikationsfehler.

Sehr wesentlich ist die **Qualität des Vormaterials**. Fließen fehlerhafte Rohstoffe oder Halbfabrikate in den Produktionsprozess ein, kann dies am Fertigprodukt zu einer Qualitätsminderung führen. Aus diesem Grund unterliegen sowohl die Lieferanten als auch deren Produkte in Industrien mit einem hohen Anteil fremdbezogener Teile (Beispiel: Computer- oder Automobilindustrie) besonders ausgeprägtcn Prüfungen der Qualitäts-Management-Systeme und der Qualität der Erzeugnisse.

Die **Qualität der Prüfungen** und Kontrollmaßnahmen bestimmt den Anteil der als fehlerhaft erkannnten Produkte aus der gesamten Ausschussware. Werden Qualitätsmängel schon frühzeitig und umfassend erkannt, können damit Folgekosten (Erlöseinbußen, Nacharbeitungskosten, Kosten aus Garantieleistungen usw.) reduziert werden.

Lager-, Versand- und Montagequalität beeinflussen die Frage, ob die Qualität des Erzeugnisses vom Verlassen der Fertigung an bis zum Einsatz beim Kunden beziehungsweise Abnehmer irgendwelche Einbußen erleidet.

Eine hohe **Servicequalität** kann die Produktlebensdauer verlängern und bestimmt somit die Zuverlässigkeit.

(4) **Mögliche Ursachen für ein Scheitern von TQM**

Grundsätzlich hat sich alles Neue zunächst gegenüber dem Herkömmlichen als besser zu erweisen. Ein Misstrauen, ob das Neue die erwünschte Verbesserung bringt, ist grundsätzlich berechtigt. Außerdem werden grundlegende Veränderungen von engagierten Mitarbeitern nicht selten als Kritik an ihren bisherigen Leistungen gesehen.

Folgende Umstände können bei der TQM-Einführung ein Scheitern verursachen:

1. Unzureichendes Engagement/Vorbild des Managements
2. Unklare Zielsetzung von TQM
3. Unklarheit über die Notwendigkeit eines umfassenden, unternehmensweiten, funktionsübergreifenden Qualitätsmanagements und Qualitäts-Management-Systems
4. Mangelnde Integration und Abstimmung der Einzelmaßnahmen
5. Unrealistische Zeitvorstellungen
6. Unzulängliche Motivation und Schulung der Mitarbeiter
7. Schlechte Erfahrungen mit anderen Modernisierungsprojekten wie Just-in-Time, Lean Production, Business Process Reengineering etc.

5.5.3 Die Umsetzung im Qualitäts-Management-System (QMS)

Das Qualitäts-Management-System umfasst die Organisationsstrukturen, Verantwortlichkeiten, Verfahren und Prozesse für die Verwirklichung des Qualitäts-Managements.

5.5.3.1 Organisation des Qualitäts-Managements

(1) **Organisatorische Zuordnung einer Stabsfunktion „Qualitätswesen“**

Je nach der Unternehmensgröße und der Bedeutung qualitätssichernder Maßnahmen für die Erzeugnisherstellung ist das Qualitäts-Management unterschiedlich strukturiert und organisiert, d. h. es existieren unterschiedliche Qualitäts-Management-Systeme. In großen Unternehmen ist das Qualitätswesen sehr umfangreich ausgebaut, in der Regel als eigenständige Abteilung mit Unterabteilungen, in kleineren Unternehmen kann das Qualitätswesen in verschiedene Gruppen aufgeteilt sein. Als mögliche Aufbauform bietet sich eine Stabsorganisation an (unternehmenszentral), das Qualitätswesen kann aber auch erzeugnis- oder erzeugnisstättenorientiert gegliedert sein (Linienorganisation).

Allgemein lässt sich jedoch festhalten, dass im Rahmen zunehmender Bedeutung der Produktqualität als Wettbewerbsfaktor das Qualitätswesen eine immer wichtigere Stellung im Unternehmen einnimmt und heute in der Regel als Stabsstelle der Unternehmensführung direkt unterstellt ist. Dadurch, dass sich die Leitung des Qualitätswesens nur gegenüber der Unternehmensführung und nicht gegenüber ausführenden Abteilungen verantworten muss, werden unternehmerische Zielsetzungen und qualitätstechnische Möglichkeiten und Maßnahmen von vornherein aufeinander abgestimmt und spätere Interessenskonflikte weitgehend vermieden. In hochtechnisierten Branchen ist die Direktunterstellung des Qualitätswesens unter die Unternehmensführung „selbstverständliche Norm" und wird von Großkunden, wie der Automobilindustrie, gefordert.

(2) **Aufgaben einer Stabsstelle „Qualitätswesen"**

(2.1) **Maßnahmenprogramm zur Einführung von TQM**

Einer Stabsstelle „Qualitätswesen" wird im Rahmen der Planung und Einführung von TQM eine maßgebliche Rolle bei der Systementwicklung, -organisation und -koordination zufallen. Die vorzubereitenden Hauptschritte eines Maßnahmenprogramms zur TQM-Einführung sind in der Regel folgende:[72]

1. Verpflichtung des Managements auf Prinzipien von TQM, wie Qualitätsbewusstsein, Atmosphäre des Vertrauens, prozessorientiertes Management
2. Bildung einer Lenkungsgruppe zur TQM-Einführung in Abstimmung mit dem Management unter Mitwirkung der Stabsstelle Qualitätswesen
3. Formulierung der Qualitätspolitik mit Verpflichtung zu Kundenorientierung, prozessorientiertem Denken und Verantwortung aller Mitarbeiter für Qualität mit einer „Null-Fehler"-Strategie, kontinuierlicher Verbesserung und Qualitäts-Controlling
4. Information und Einbeziehung aller Mitarbeiter
5. Ist-Aufnahme und Schwachstellen-Analyse einschließlich Ermittlung der Qualitätskosten
6. Erarbeitung und Umsetzung geeigneter Maßnahmen zur Prozessoptimierung
7. Einführung eines Kennzahlen-Systems im Rahmen des Qualitäts-Controlling
8. Schulung der Mitarbeiter
9. Aufbau verlässlicher Lieferantenbeziehungen
10. Einführung abteilungsübergreifender regelmäßiger Qualitätsgespräche als Grundlage für einen kontinuierlichen (Qualitäts-)Verbesserungsprozess (*Kaizen*).

(2.2) **Systemplanung und -lenkung**

Der koordinierte, zugleich kostenoptimale Einsatz der Instrumente des Qualitäts-Managements (vgl. dazu 5.5.3.2) bedarf der systematischen Planung, Realisierung und Lenkung in einem System von Regelkreisen. Der Leiter des Qualitätswesens ist lenkend für den täglichen Einsatz der Instrumente des Qualitäts-Managements verantwortlich. In dieser Funktion entscheidet er über die Konsequenzen von Qualitäts-Kontroll-Ergebnissen und hat das Recht, in den Leistungserstellungsprozess zur Qualitätsoptimierung „regelnd" einzugreifen und ist hierfür der Unternehmensleitung verantwortlich (!).

(2.3) **Qualitäts-Kosten-Controlling**

a) **Qualitäts-Kosten-Rahmenplanung**
Die Qualitäts-Kosten-Rahmenplanung dient der groben Abschätzung der entstandenen und noch entstehenden Qualitätskosten bei der Entwicklung, Fertigung und dem Vertrieb eines neuen Produkts. Neben den geplanten Qualitätssicherungsmaßnahmen werden noch Beträge für ungeplante und unvorhersehbare Ereignisse (Umstellungen im Markt, neue Gesetze etc.) berücksichtigt.

---

[72] In Anlehnung an: *Specht, G.;* TQM - Anspruch und Wirklichkeit, a.a.O.

Die Qualitätskosten werden unterschieden in

- **Fehlerverhütungskosten:**
  Kosten für vorbeugende Qualitätssicherung wie z. B. Planung, Leitung und Steuerung der Qualitätssicherung, Schulung und Qualitätsförderung
- **Prüfkosten:**
  Kosten für Qualitätsprüfungen in der laufenden Produktion, z. B. Wareneingangsprüfung, Prüfmittel, BDE-Geräte, Laboruntersuchungen
- **Fehlerfolgekosten:**
  Kosten durch mangelhafte Qualität des Produkts, z. B. Ausschuss, Nacharbeit, Garantiezahlungen, Rückrufkosten, entgangener Gewinn.

b) **Qualitäts-Kosten-Überwachung**

Im Rahmen der Qualitätskostenüberwachung werden die geplanten Kosten mit den tatsächlich entstehenden verglichen, um so eine Kosten/Nutzen-Analyse der Qualitätssicherungsmaßnahmen und diverse andere Wirtschaftlichkeitsberechnungen zu ermöglichen. So zeigt z. B. eine Qualitätsanalyse nach Entstehungsorten und Kostenarten, wo Ansatzpunkte für Qualitätsverbesserungsmaßnahmen zu finden sind.

c) **Bildung von Kennzahlen**

Durch Bildung von Kennzahlen (z. B. Qualitätskosten/Umsatz, Ausschuss/gefertigte Menge, Garantieleistung/abgesetzte Stückzahl) können wichtige Informationen über die Leistungsfähigkeit der Qualitätssicherung gewonnen werden.

(2.4) **Qualitäts-Audit**

Als Qualitätsaudit bezeichnet man „die unabhängige Begutachtung der Wirksamkeit des Qualitäts-Management-Systems oder seiner Teile".[73] Dabei sollen im Rahmen einer Überprüfung der Funktionen und Ergebnisse der Qualitätssicherung Verbesserungsvorschläge erarbeitet werden. Qualitätsaudits sind in regelmäßigen Abständen als Expertensitzungen einzuplanen sowie bei Änderungen der Aufbau- oder Ablauforganisation oder bei plötzlich auftretenden Qualitätseinbrüchen kurzfristig einzuberufen.

Man unterscheidet drei Formen des Qualitätsaudits:

- **Systemaudit**
  Die einzelnen Bestandteile des Qualitätssicherungssystems werden auf ihre Existenz, ihre Anwendung und Wirksamkeit hin überprüft und beurteilt. Dies geschieht im Wesentlichen durch Studium der Unterlagen (Qualitätssicherungshandbuch, Auftragsunterlagen etc.) und dient der Prüfung auf Systemfehler.
- **Verfahrensaudit**
  Bestimmte Verfahren und Arbeitsabläufe werden auf ihre Einhaltung und Zweckmäßigkeit überprüft. Der Kenntnisstand des Personals wird mit den Anforderungen verglichen.
- **Produktaudit**
  Untersuchung einer kleinen Anzahl von Teilen und/oder Endprodukten. Dadurch ist eine Beurteilung der Wirksamkeit der Qualitätssicherungsmaßnahmen möglich.

[73] Verband der Automobilindustrie e.V. (VDA), Produktaudit bei Automobilherstellern und Zulieferanten, Frankfurt/M.

5.5.3.2 Instrumente des Qualitäts-Managements im Produktentwicklungszyklus von Serienprodukten

(1) **Produktdefinition**

(1.1) **Qualitätsforderungen und Qualitätsziele**

Am Anfang der Entwicklung eines neuen Serienprodukts steht meist eine Marktanalyse, seltener ein Kundenauftrag. Danach werden die Funktionen des Produkts festgelegt, und zu diesem Zeitpunkt fließen eine Menge unterschiedlicher Qualitätsforderungen und -ziele in die Produktdefinition ein.

Dies sind einerseits Erwartungen der Kunden bezüglich der Gebrauchstauglichkeit, der Lebensdauer, des Geltungswertes (Image), der Wirtschaftlichkeit und des Services. Andererseits wird das technisch Machbare begrenzt durch betriebsexterne Forderungen, wie Gesetze, Verordnungen, Sicherheitsvorschriften, Normen und Umweltschutz.
Aus der Sicht des Unternehmens dominieren das Image, die Marktakzeptanz, die Wirtschaftlichkeit und die Risikobegrenzung bei der Definition der Qualitätsziele.

(1.2) **Pflichtenheft**

Das Pflichtenheft ist als Ergebnis der Entwurfsphase gegliedert in die vier Bestandteile Marktziele, Kostenziele, Termine und technische Anforderungen. Die Qualitätsspezifikation ist Teil der technischen Anforderungen und enthält alle Qualitätsmerkmale des Produkts mit ihren Merkmalsgrenzwerten.

(2) **Produktentwicklung**

(2.1) **Quality Function Deployment (QFD)**

QFD kann sinngemäß als „die Planung und Entwicklung der Qualitätsfunktionen eines Produkts entsprechend den von den Kunden geforderten Qualitätseigenschaften" übersetzt werden. QFD ist ein Handwerkszeug, um die Philosophie des Total Quality Managements TQM umzusetzen. QFD ist eine Methode, das Gewicht der Kundenwünsche und -anforderungen im Produktentwicklungsprozess besonders hervorzuheben („Stimme des Kunden"). Damit ist **QFD ein ins Detail gehendes System zur Übertragung der Kundenwünsche und -anforderungen in Auslegungsanforderungen für Produkte und Dienstleistungen.** Kundenwünsche, die z. B. vom Vertrieb ermittelt wurden, werden in den Entwicklungsphasen des Produkts immer berücksichtigt, denn die detaillierte Analyse des Systems geht von der marketingorientierten Produktplanung über die Auslegung der Bauteile, Produktionsprozesse bis hin zur Fertigung.

Das Konzept des QFD, entwickelt von *Prof. Yoji Akao*, Tamagawa Universität/Japan, als eine Methode zum Erstellen von Entwürfen, geht auf 1966 zurück und wird in Japan seit 1978 verbreitet angewendet. QFD-Einsatz reduziert die Zahl der Probleme, mit denen man zu Beginn der Produktentwicklung konfrontiert wird und reduziert die Entwicklungszeit neuer Produkte.

QFD setzt mit dem Zeitpunkt der Konzeptfindung ein. Die Durchführung erfolgt vorwiegend in mehreren Team-Sitzungen. Ein Software-Programm unterstützt dabei die Arbeit. Eine QFD-Studie wird in vier Qualitätstafeln erstellt. Eine solche Qualitätstafel wird „House of Quality" genannt.

Der Aufbau des „House of Quality“: Phase 1: Produktplanung

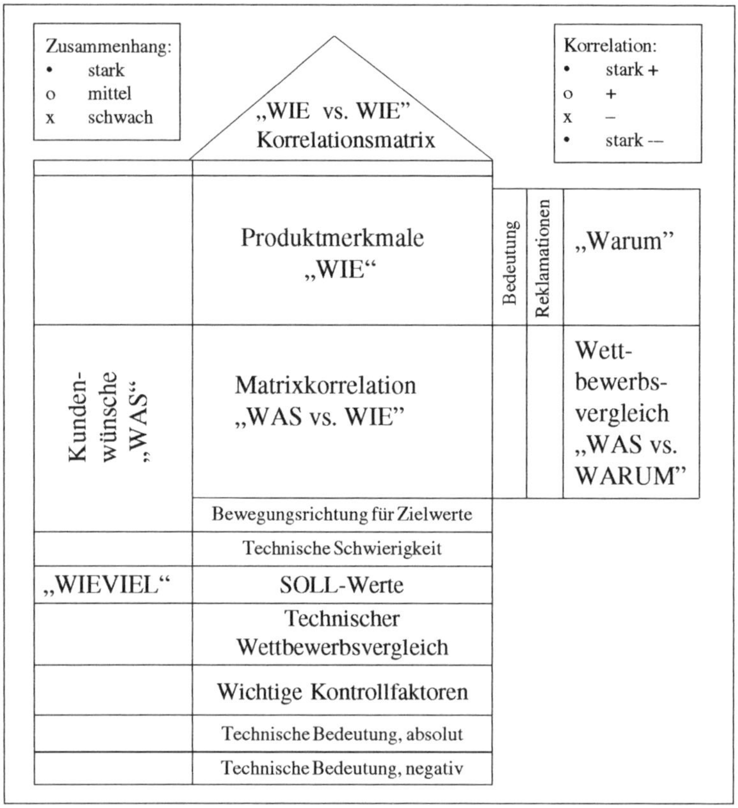

Das „WAS“ strukturiert und interpretiert die Kundenwünsche. In dieser WAS-Spalte werden die Anforderungen aufgelistet, die das Produkt aus Sicht des Kunden erfüllen muss. **Das „WARUM“ ist die Basis für einen Wettbewerbsvergleich.** Hier wird das geplante Produkt mit den vorhandenen Wettbewerbern verglichen. Der Wettbewerbsvergleich (WAS vs. WARUM) zielt auf den Erfüllungsgrad der Kundenwünsche ab. Hieraus lassen sich Möglichkeiten für eine Produktprofilierung erarbeiten. **Das „WIE“ beschreibt, wie die Kundenwünsche in Produktmerkmale umgesetzt werden sollen.** Die Korrelation **"WIE versus WIE"** gibt an, ob sich verschiedene Produktmerkmale gegenseitig beeinflussen (z.B. wie Wartung und Zuverlässigkeit). **Die Matrixkorrelation „WAS vs. WIE“ zeigt Beziehungen zwischen Kundenwünschen und Produktmerkmalen auf.** Diese werden systematisch protokolliert. **Das „WIEVIEL“ zeigt die SOLL-Werte an, die mindestens erreicht werden müssen, um die Kundenbedürfnisse zu befriedigen.** Das WIE wird in diesem Schritt weitergehend konkretisiert. Das „House of Quality“ der Phase 1 „Produktplanung“ ist die Basis der weiteren Phasen bis hin zur „Produktionsplanung“.

Die 4 QFD-Phasen:

1. **Produktplanung:** Sie führt von der Forderung des Kunden zum Merkmal am Produkt.
2. **Teileplanung:** Die 2. Stufe geht vom Produktmerkmal zu den Merkmalen der Baugruppen, Unterbaugruppen und Einzelteilen.
3. **Prozessplanung:** Sie führt von den Merkmalen der Baugruppen, Unterbaugruppen und Einzelteilen zu den Prozess- und Prüfmerkmalen.
4. **Produktionsplanung:** Sie führt von den Prozess- und Prüfmerkmalen zu Arbeits-, Verfahrens- und Prüfanweisungen.

Der QFD-Ablaufplan zeigt die phasenspezifische Berücksichtigung der Dimensionen: Eigenschaften, Technologie, Kosten und Zuverlässigkeit.

QFD-Ablaufplan

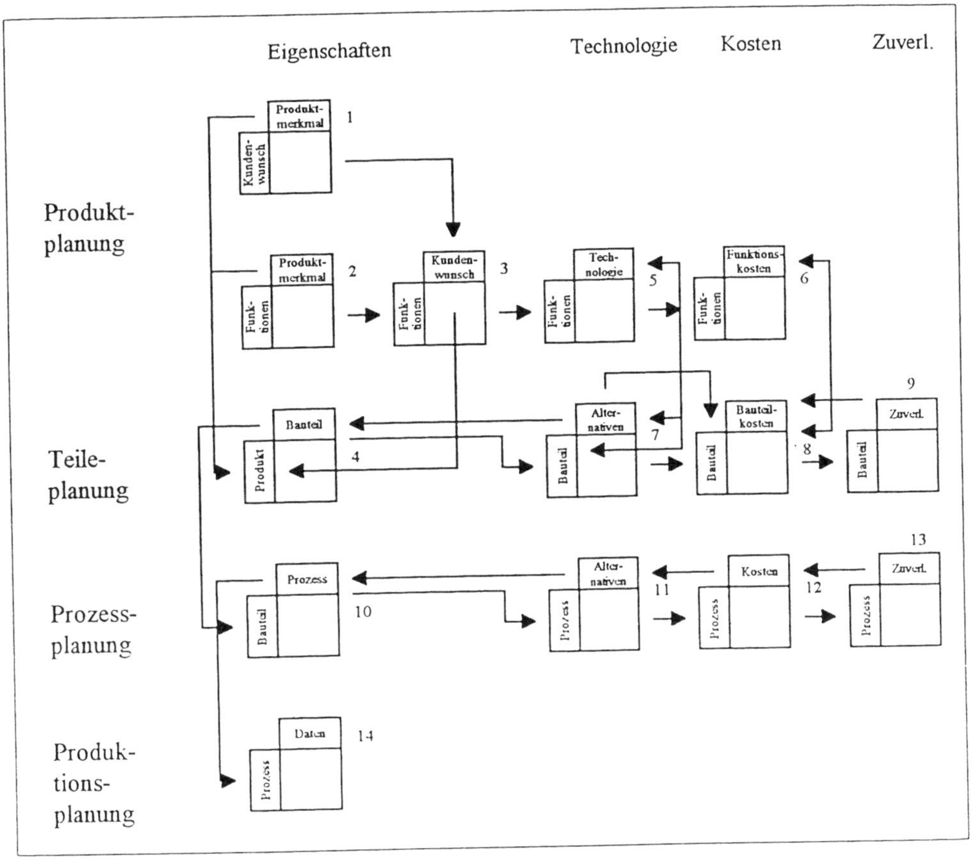

Quelle: *N.Binke* & Partner, Unternehmensberatung, Heide

QFD fördert die **horizontale und vertikale Kommunikation** innerhalb des Unternehmens durch interdisziplinäre Teams. Visualisierung, Austausch von Informationen, Erfahrungen, Meinungen und der Umgang miteinander sind zentrale Faktoren in der schnittstellenübergreifenden Auseinandersetzung im QFD-Prozess.

Vorteile der Systematik QFD sind gezieltes Durchdenken des Entstehungsprozesses bezüglich der Erfüllung der Kundenanforderungen und das Schaffen einer einheitlichen Datenbasis für weitere Produktentwicklungen und -verbesserungen. QFD unterstützt kundenorientierte, qualitätsorientierte und kostenorientierte Produktentwicklung.

QFD ist ein **universelles Werkzeug**. Einsatzmöglichkeit in allen Industriebereichen, für Dienstleistungen und für Verwaltungsprozesse.

(2.2) **Simultaneous Engineering** (SE)

Unter Simultaneous Engineering versteht man ein ablauforganisatorisches Konzept der Produkt- und Prozessentwicklung. Es beinhaltet die Koordination von parallel ablaufenden Prozessen der Bereiche Konstruktion/Entwicklung, Prozessplanung, Materialwirtschaft und Qualitätssicherung. Zum Beispiel erfolgen Planung und Entwicklung überlappend, mit dem Effekt einer Zeitverkürzung des gesamten Entwicklungsprozesses.

Vergleich zwischen konventionellem Konzept und Simultaneous Engineering

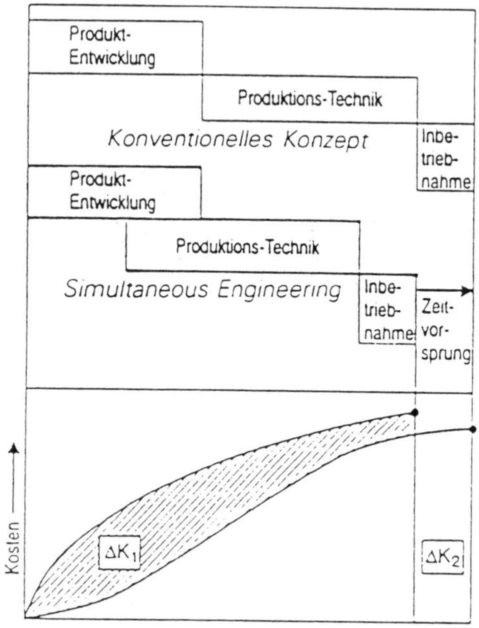

Quelle: *Klein, B.*, Schwachstellen in Konstruktion und Planung systematisch analysieren, in: QZ

Wie man auch aus der Abbildung erkennen kann, wird zwar mit einer Verlängerung der Bearbeitungszeit in einzelnen Abteilungen gerechnet. Die strenge Abstimmung führt jedoch zu einer Gesamtzeitverkürzung gegenüber der herkömmlichen, sequentiellen Vorgehensweise von Entwicklung, Konstruktion und Prozessplanung. Denn nach der sequentiellen Vorgehensweise gibt eine Abteilung die Unterlagen an die nachfolgende Abteilung erst nach Abschluss ihrer eigenen Tätigkeit weiter.

Durch eine längere Bearbeitungszeit einzelner Abteilungen und zusätzlichen Abstimmungsaufwand ist Simultaneous Engineering zwar oft mit höheren Kosten verbunden als die sequentielle Vorgehensweise. Die frühere Marktpräsenz kann jedoch letztlich einen größeren Gewinn für das Unternehmen bedeuten.

Anstelle eines umfangreichen Pflichtenheftes tritt das in Abschnitt 5.5.3.2 (2.1) beschriebene „House of Quality“. Es wird entsprechend der dort gemachten Angaben weiterentwickelt für die verschiedenen Aufgaben, wie Entwicklung des Endprodukts, der Baugruppen/Einzelteile, der Prozessplanung sowie der Arbeitsplan- und Prüfplanerstellung. Ziel der gemeinsamen Arbeit an einem Projekt ist auch, unnötige Doppelarbeiten zu vermeiden. Durch die regelmäßigen notwendigen Treffen und Absprachen ist automatisch eine permanente Schwachstellenanalyse mit eingebunden. Hiermit ist die kritische Betrachtung der jeweiligen Entwicklungs- und Konstruktionsschritte gemeint, die durch die an dem Projekt beteiligten Mitarbeiter ausgeführt wird. Voraussetzungen für SE sind, neben einer offenen Kommunikations-Kultur im Unternehmen, die Einführung von Qualitätsregelkreisen und der Arbeitstechnik des Projektmanagements.

(2.3) **Qualitätsbewertung mit Checklisten**

Die einfachste Art, Qualitätsmerkmale eines Produkts methodisch zu optimieren und zu dokumentieren, ist das Führen einer Checkliste. Für jedes Einzelteil beziehungsweise jede Baugruppe werden Daten über Funktion, zu beachtende Gesetzes- und Sicherheitsvorschriften, Erfahrungen beim Einsatz und Angaben über den Fertigungsprozess erfasst.

Das Verfahren der Qualitätsbewertung (QB) basiert auf dieser Idee der Checklisten. In einem standardisierten Formular werden die qualitätsrelevanten Punkte aufgeführt und nach einem festgelegten Schema bewertet. Diese Bewertung erfolgt an drei Stufen der Produktentwicklung, und zwar während der Definitions- und Entwurfsphase, der Entwicklungs- und Produktionsplanungsphase und abschließend in der Beschaffungs- und Vorserienphase.

Es sind daran alle betroffenen Funktionsbereiche (z. B. auch Kundendienst und Fertigungsvorbereitung) beteiligt, um ein möglichst umfassendes Bild von der Qualität des Enderzeugnisses zu bekommen.

Die Entwicklung des Produkts wird dokumentiert und damit u. a. auch eine Verfolgbarkeit von Fehlerbeseitigungsmaßnahmen gewährleistet. Außerdem baut man ein Herleitungssystem auf, mit dem später auftretende Ausfälle auf die sie begründenden Fehler zurückgeführt werden können.

Qualitätsbewertungsbogen (Rückseite)[74]

Qualitätsbewertung (QB)

Einzelbewertung (Bewertungskriterien siehe unten)	QB 1 (Entwurf)	QB 2 (Entwicklungsmuster)	QB 3 (Serienanlauf)
1 Funktion			
1.1 Gesetzliche Vorschriften, öffentliche Normen	+ 1/3/8	+ 1	+ 1
1.2 Kundenforderungen	⊕ 1/3	+ 6	+ 6
1.3 Eigene Spezifikation	⊕ 1/3	+ 6	+ 6
....	⊕ 1	+ 1	
....			
2 Zuverlässigkeit			
2.1 Statische und dynamische Festigkeit	⊖ 1	⊖ 6 1)	⊕ 6
2.2 Klimabeständigkeit	⊕ 1	⊕ 6	+ 6 2)
2.3 Dauer(lauf)verhalten	⊕ 1/8	⊕ 6	⊕ 6 3)
2.4 Transportempfindlichkeit	+ 8	+ 10	+ 10
2.5 Sonstige Eigenschaften			
....			
3 Besondere Eigenschaften			
3.1 Fertigungssicherheit (z.B. kritische Prozesse)	+ 8	+ 4/10	+ 4/10
3.2 Fehlerdiagnose, Prüfbarkeit (im Werk)	+ 8	+ 4/10	+ 4/10
3.3 Fehlerdiagnose (beim Kunden)	+ 1	+ 1	+ 1
3.4 Montagemöglichkeit (Einbauort)	⊕ 1/3	⊕ 4	⊕ 4 3)
3.5 Wartung	entfällt	entfällt	entfällt
3.6 Reparaturfreundlichkeit eingebaut	"	"	"
ausgebaut	"	"	"
....	"	"	"

4 Qualitätsvorschau

Prognose der Ausfallrate im Feld in % der Liefermenge.
(Prozentzahl oder Prozentbereich angeben; wenn dies nicht möglich, im Abschnitt „Begründung" beschreiben).

	QB 2	QB 3
– während des Lieferanlaufs (6 Monate)	0,05 %	0,05 %
– während der Garantiezeit (........ km/..... Mon.)	0,02 %	0,02 %
– nach der Garantiezeit	0,02 %	0,02 %

5 Gesamtbewertung

Das Erzeugnis entspricht den gestellten Forderungen

	QB 3
– in vollem Umfang	☐
– mit Einschränkung, Verbesserung leicht möglich	☒ 3)
– mit Einschränkung, Verbesserung schwierig	☐
– ungenügend	☐
–	☐
–	☐

6 Begründung (Wenn bei QB 1, QB 2, oder QB 3 das Bewertungssymbol ⊖ oder – auftritt, außerdem wenn bei Qualitätsvorschau keine Prozentangabe möglich. Jeweils nur Stichworte. Bei Bedarf zusätzliches Blatt anfügen.)

1) Zwei Erprobungsschritte fehlen

2) Wasserschutzprüfung entfällt

3) Neues Werkzeug in Arbeit (wegen Maßüberschreitung 30 + 0,5) und Wischfestigkeit der Aufschrift (Aufschritt wird eingespritzt).

Symbole:		Kennziffern als Ergänzung der Symbole: z.B. ⊕ 4/7	
+ unproblematisch, wird mit Sicherheit erfüllt		1 Theoretische Betrachtung	6 Eigene Erprobung
⊕ noch keine positive Aussage möglich, aber wahrscheinlich unproblematisch		2 Funktionsmuster	7 Kunden-Erprobung
⊖ noch keine positive Aussage möglich, aber möglicherweise problematisch		3 Versuchsmuster	8 Bezug auf vergleichbare Ez
— sehr problematisch, noch keine Aussicht auf Erfolg		4 Freigabemuster	9 Bezug auf Wettbewerber
		5 Erstmuster	10 ....

[74] Entnommen aus: Verband der Automobilindustrie e.V. *(VDA)*, Sicherung der Qualität vor Serieneinsatz, Frankfurt/M.

(2.4) **Konstruktions-FMEA**

Die Fehler-Möglichkeits- und Einfluss-Analyse (FMEA) ist eine Methode zur systematischen Dokumentation von möglichen Fehlern/Schwachstellen eines Produkts beziehungsweise eines Fertigungsverfahrens.

Es werden für jedes Einzelteil/jede Arbeitsfolge alle möglichen Fehler beziehungsweise Schwachstellen aufgeführt und in ihrer Auftrittswahrscheinlichkeit und Auswirkung auf den Kunden bewertet. Außerdem werden Maßnahmen zur Fehlererkennung und -beseitigung angegeben und deren Erfolge ebenfalls notiert und bewertet. Die gravierenden **Nachteile** der FMEA sind ihr hoher Erstellungsaufwand und die Notwendigkeit der permanenten Pflege bei Produkt-/Verfahrensänderungen.

Um die **Vorteile** (Zwang zur Erfassung aller Fehler, Verfolgung kritischer Fehler, Reduzierung nachträglicher Änderungen, Vermeidung von Wiederholfehlern) optimal nutzen zu können, werden FMEA's normalerweise nur bei neuen Entwicklungen, neuen Technologien und bei Problemteilen angewandt.

Der hohe Aufwand einer ordnungsgemäß durchgeführten FMEA kann durch Wiederverwendung bereits vorhandener Informationen aus früher erstellten FMEA's[75] deutlich verringert werden, da nur eventuelle Änderungen und Erweiterungen berücksichtigt werden müssen. Die Anwendung der FMEA fördert zudem interdisziplinäres, teamorientiertes Arbeiten, die Kommunikation zwischen den beteiligten Abteilungen und das Verständnis für eine unternehmensweite Qualitätsverantwortung, auch im Sinne einer geforderten Prozessorientierung (Muster vgl. nächste Seite).

(2.5) **Mean Time Between Failure (MTBF)**

Die Mean Time Between Failure (MTBF) ist die durchschnittliche Zeit zwischen zwei Ausfällen eines Produkts. Sie stellt somit ein Maß für die Ausfallwahrscheinlichkeit eines Erzeugnisses dar. Wenn für jedes Bauteil des Produkts ein Wert über seine Ausfallhäufigkeit vorliegt (z. B. in einer Fehlerraten-Datenbank, siehe Kapitel über CAQ), kann der MTBF-Wert wie folgt berechnet werden:

Beispiel: MTBF-Berechnung einer elektronischen Baugruppe

fit-Rate (failure-in-time) = Ausfallrate in 1 Million Stunden

Bauteile	Anzahl	fit-Rate	Σ Ausfallraten	Anteil ca.
Zehnerdiode	2	0,15	0,3	23,9 %
Drahtwiderstand	3	0,05	0,15	12,0 %
Relais	1	0,8	0,8	63,9 %
Lötpunkte	21	0,0001	0,0021	0,2 %
			= 1,2521	100,0 %

Das heißt, die Baugruppe fällt in 1 Million Stunden 1,2521 mal aus. Daraus ergibt sich der MTBF-Wert zu 1.000.000 geteilt durch 1,2521 gleich 798.658 Stunden.

Auf der Grundlage dieser Berechnung kann eine Stressanalyse vorgenommen werden, bei der die ermittelten Schwachpunkte mit einer hohen Ausfallrate gesondert untersucht und ggf. durch qualitativ höherwertige ersetzt werden.

---

[75] Mögliche Softwareunterstützungen bei der Arbeit mit FMEA's sind dargestellt worden von: *Goutier, U.*, FMEA - ein Baustein innerhalb CAQ, in: *Bläsing, H.* (Hrsg.), 8. Qualitätsleiterforum , München

Musterblatt Konstruktions-FMEA[76]

Firma (Stempel, Warenzeichen)	FEHLER-MÖGLICHKEITS- UND EINFLUSS-ANALYSE Konstruktions-FMEA [ ] Prozeß-FMEA [ ]									Teil-Name		Teil-Nummer					
	Bestätigung durch betroffene Abteilungen und/oder Lieferant	Name/Abt./Lieferant			Name/Abt./Lieferant					Modell/System/Fertigung		Techn. Änderungsstand					
										Erstellt durch (Name/Abt.)		Datum	Überarbeitet Datum				
Systeme/Merkmale	Potentielle Fehler	Potentielle Folgen des Fehlers	D	Potentielle Fehlerursachen	DERZEITIGER ZUSTAND Vorgesehene Prüfmaßnahmen	Auftreten	Bedeutung	Entdeckung	Risiko-Prioritätszahl (RPZ)	Empfohlene Abstellmaßnahmen	Verantwortlichkeit	VERBESSERTER ZUSTAND Getroffene Maßnahmen	Auftreten	Bedeutung	Entdeckung	Risiko-Prioritätszahl (RPZ)	

Wahrscheinlichkeit des Auftretens (Fehler kann vorkommen)

unwahrscheinlich	= 1
sehr gering	= 2 – 3
gering	= 4 – 6
mäßig	= 7 – 8
hoch	= 9 – 10

Bedeutung (Auswirkungen auf den Kunden)

kaum wahrnehmbare Auswirkungen	= 1
unbedeutender Fehler, geringe Belästigung des Kunden	= 2 – 3
mäßig schwerer Fehler	= 4 – 6
schwerer Fehler, Verärgerung des Kunden	= 7 – 8
äußerst schwerwiegender Fehler	= 9 – 10

Wahrscheinlichkeit der Entdeckung (vor Auslieferung an Kunden)

hoch	= 1
mäßig	= 2 – 5
gering	= 6 – 8
sehr gering	= 9
unwahrscheinlich	= 10

Priorität (RPZ)

hoch	= 1000
mittel	= 125
keine	= 1

[76] Entnommen aus: *VDA*, Sicherung der Qualität vor Serieneinsatz, a.a.O

(3) **Erprobung und Beschaffung**

(3.1) **Überprüfung der Qualitätsfähigkeit von Lieferanten**

Die Qualitätsfähigkeit der Lieferanten ist von entscheidender Bedeutung für die Qualität der eigenen Fertigung. Dies gilt insbesondere für Unternehmen, die in großem Maße Zukaufteile verwenden, wie z. B. die Automobilindustrie. Dort wird diesem Teil der Qualitätssicherung auch noch aufgrund der verstärkten Anwendung des jit-Konzeptes (Just-in-Time, d. h. Anlieferung der Teile erst, wenn sie benötigt werden; dadurch minimale Lagerkosten und maximale Flexibilität; Qualitätsprüfung beim Lieferanten) besondere Bedeutung zugemessen. So inspizieren z. B. Mitarbeiter des Automobilkonzerns den Betrieb des Zulieferers und bewerten ihn in Bezug auf die Güte der Materialprüfung, Fertigungskontrollen, Ausgangsprüfung, Prüfmittelüberwachung, Dokumentation usw. Außerdem begleiten sie die Mitarbeiter des Lieferanten bei deren Überprüfung der Qualitätsfähigkeit von Unterlieferanten. Diese Lieferantenbewertungen sind eine wichtige Entscheidungshilfe für die Mitarbeiter im Einkauf bei der Auswahl geeigneter Lieferanten und der Festlegung von Lieferbedingungen. Auch bei gegebener Qualitätsfähigkeit kann es natürlich vorkommen, dass ein Lieferant aufgrund externer Ereignisse (z. B. Streik) nicht mehr in der Lage ist, zu liefern. Daher ist es sinnvoll, für jedes Zulieferprodukt mindestens einen Alternativlieferanten zu verpflichten, um eine möglichst störungsfreie Produktion zu sichern (Second-Source-Regel).

(3.2) **Prüfplanung und Prüfmittelplanung**

Prüfplanung und Prüfmittelplanung schaffen die Grundlagen für Qualitätslenkung und -dokumentation. Sie sollen sicherstellen, dass die Prüfmerkmale an den richtigen Stellen im Fertigungsablauf im notwendigen Umfang mit den geeigneten Prüfmitteln und -methoden kontrolliert werden.

Anhand von Angaben in Qualitätsspezifikationen, Qualitätsbewertungs-Checklisten, Zeichnungen, FMEA's und anderen Produktbeschreibungen werden die Prüfmerkmale festgelegt. Prüfmerkmale sind nicht immer auch Qualitätsmerkmale, z. B. wenn man das Qualitätsmerkmal nur indirekt messen kann. Ebenso sind Qualitätsmerkmale nicht zwangsläufig Prüfmerkmale, wenn beispielsweise durch das Produktionsverfahren die Einhaltung der Qualitätsforderung sichergestellt werden kann.

Nach der Festlegung des Prüfmerkmals werden der erforderliche Prüfumfang (Stichprobe oder 100%-Prüfung), die optimale Prüfmethode (messen, wiegen, belasten, per Hand, automatisch, etc.) sowie der Prüfort (in der Fertigung, im Labor) bestimmt. Im daraus resultierenden Prüfvorgang bedient man sich verschiedener Prüfmittel, deren Fertigung oder Beschaffung, Verwaltung und Einsatz im Rahmen der Prüfmittelplanung koordiniert werden muss.

Sämtliche obengenannten Parameter werden für jede Prüfung in einem Prüfplan festgehalten. Zu diesem gehören eventuell auch Kontrollkarten oder Fehlerlisten, auf denen die Prüfergebnisse festzuhalten sind. Alle Prüfpläne werden als Prüfarbeitsgänge in den Arbeitsplan der Fertigung eingearbeitet und sind aus der Sicht der Fertigungssteuerung ein Arbeitsgang wie jeder andere.

(3.3) **Prozess-FMEA**

In der Prozess-FMEA wird der geplante Fertigungsprozess auf Schwachstellen und Fehlermöglichkeiten hin untersucht, um die Erfüllung aller Qualitätsforderungen durch die Produktion sicherzustellen.

Es wird die in der Konstruktions-FMEA als Ursache eines Fehlers angenommene Fehlfunktion des Fertigungsprozesses analysiert, um die Gründe für das Versagen der Produktion festzustellen. Dabei kann der oben gezeigte Musterbogen einer Konstruktions-FMEA benutzt werden.

(3.4) **Accepted Quality Level (AQL)**

Die im Rahmen der Qualitätsplanung festgelegten Qualitätsmerkmale werden bei der Qualitätsprüfung am Prüferzeugnis untersucht. Abweichungen vom vorgegebenen Soll werden dabei als Fehler bezeichnet. Bei der Festlegung der erlaubten Abweichungstoleranzen ist es von Bedeutung, welche Auswirkungen solche Soll-/Ist-Diskrepanzen auf die Funktionsfähigkeit und Brauchbarkeit des Erzeugnisses haben. Grundlage für die Bestimmung zulässiger Toleranzen ist eine Einteilung von Qualitätsfehlern gemäß folgender Übersicht:[77]

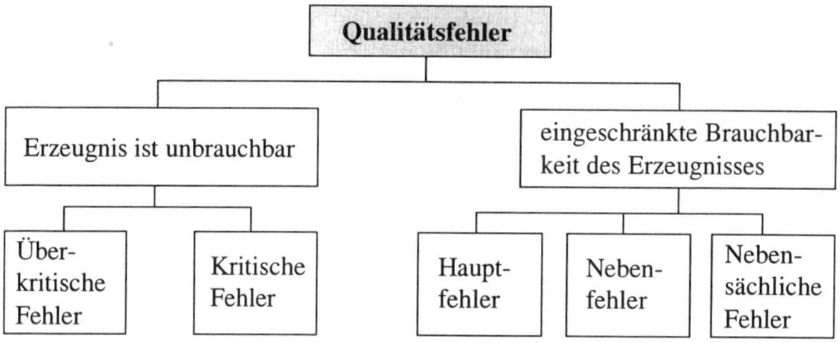

(Anlehnung an *REFA*)

Qualitätsfehler werden also zunächst in solche unterschieden, die das Erzeugnis unbrauchbar machen und solche, die die Brauchbarkeit einschränken beziehungsweise vermindern. Zu ersteren gehören überkritische Fehler, die die Verwendung des Erzeugnisses zu einer Lebensgefahr machen und kritische Fehler, durch die das Produkt hinsichtlich seiner vorgesehenen Verwendung völlig ungeeignet wird. Zu letzteren gehören Hauptfehler, die die Verwendung des Erzeugnisses wesentlich einschränken, Nebenfehler, durch die die Brauchbarkeit geringfügig beeinflusst wird und nebensächliche Fehler, die die Verwendbarkeit des Produkts nicht einschränken (Schönheitsfehler).

Ein wichtiger Faktor bei der vertraglichen Festlegung von Qualitätsmaßstäben zugekaufter Produkte ist der AQL-Wert (Acceptable Quality Level). Er dient für die Sicherung eines geplanten Qualitätsniveaus und zur Abwehr extern verursachter Qualitätskosten. Er beschreibt die höchste, vom Abnehmer akzeptierbare Fehlerquote. Grundlage für die Berechnung dieses Wertes ist die Annahme einer statistischen Verteilung der Grundgesamtheit. Die Überprüfung erfolgt normalerweise bei der Wareneingangskontrolle mit Hilfe einer Stichprobe. In den AQL-Wert gehen die unterschiedlichen Fehlerarten mit unterschiedlichen Gewichten ein.

(4) **Nullserie und Vorserienbau**

(4.1) **Statistical Process Control (SPC) mit Regelkarten**

Ziel der Prozessfähigkeitsuntersuchung ist es, durch Analyse der verschiedenen, während des gesamten Produktionsprozesses auftretenden Einflussfaktoren und durch Beurteilung der Qualität des Produkts in allen Fertigungsstufen unter Anwendung mathematisch-statistischer Methoden, den Grad der Fähigkeit des Prozesses festzustellen.

[77] Entnommen aus: *Steinbuch, P.A., Olfert, K.*, Fertigungswirtschaft, a.a.O.

Jeder Fertigungsprozess wird durch systematische Streuungseinflüsse, die durch besondere Einwirkungen, wie z. B. Änderung des Werkzeugs, erfolgen und zufällige Streuungseinflüsse, die auf die zufällige Veränderung von Prozessparametern zurückzuführen sind, beeinflusst. Wenn alle systematischen Streuungseinflüsse beseitigt sind und der Prozess nur noch den zufälligen Streuungseinflüssen unterliegt, nennt man ihn einen „beherrschten Prozess".

Um diesen Zustand vor und während der Fertigung zu überprüfen, verwendet man Regelkarten (vgl. folgende Abbildung), die auf der Basis mathematisch-statistischer Verfahren Aussagen über die erfolgte Einhaltung von Prüfmerkmalen im Zeitverlauf erlauben und damit Rückschlüsse auf den Grad der Beherrschung des Prozesses zulassen.

Telefon: XXXXXXX

Prozessfähigkeits-Protokoll

Prüf.-Nr.: M-2

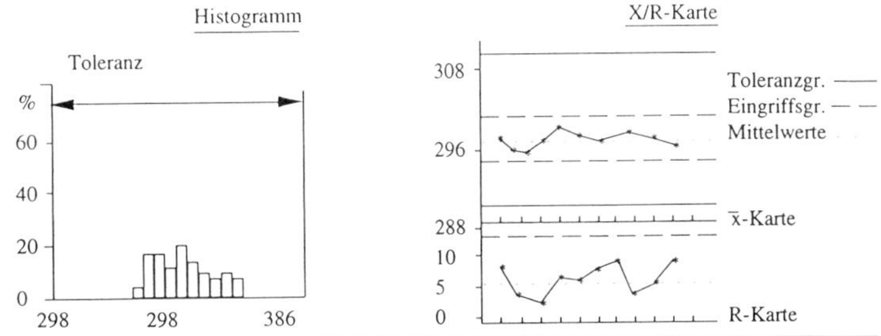

Spezifikationsgrenzen = 290.000 bis 310.000 MM
Gesamtmittelwert = 300.2000 Spannweitenmittelwert = 5.6000
Standardabweichung SR = 2.4075 MM

X/R-Regelkartendaten:

Obere Eingriffsgrenze (X-Quer) = 303.4312 MM
Untere Eingriffsgrenze (X-Quer) = 296.9688 MM

Obere Eingriffsgrenze (Spannw.) = 11.8384 MM

Prozess wird statistisch beherrscht!

CP-Index = 1.384
CPK-Index = 1.356

Zulässiger CP- bzw. CPK-Index: größer oder gleich 1.333
Entspricht einer zulässigen Toleranzausnutzung von: kleiner oder gleich 75 %

Prozess ist fähig!

Bemerkung: XXXXXXXXXXXXXXXXXXXX
XXXXXXXXXXXXXX
XXXXXXXXXXXXX

Gemessen von: XXXX am XX.XX.XX Prüfer: PATERMANN Datum: XX.XX.XX
Unterschrift:

X-quer-R-Regelkarte[78]

[78] Entnommen aus: *VDA,* Sicherung der Qualität vor Serieneinsatz, a.a.O.

(4.2) **Prüfmittelbau, -beschaffung und -abnahme**

Nachdem im Rahmen der Prüfmittelplanung die Art und Anzahl der Prüfmittel festgelegt wurden, können in Abstimmung mit der Arbeitsvorbereitung, der Fertigung und der Qualitätssicherung die Prüfmittel konstruiert und hergestellt beziehungsweise von Dritten beschafft werden. Vor ihrem Einsatz sind sie auf Funktionstüchtigkeit und Messgenauigkeit zu überprüfen. Bei einem positiven Ergebnis der Abnahme, die entweder bei Lieferanten oder beim Käufer erfolgen kann, sind die Prüfungsdaten zusammen mit den Stammdaten des Prüfmittels in der Prüfmitteldatei zu speichern.

(4.3) **Erstmusterprüfung**

„Erstmuster sind Teile, Aggregate oder sonstige Fertigungsmaterialien, die vollständig mit serienmäßigen Betriebsmitteln und unter serienmäßigen Bedingungen hergestellt worden sind.“[79]

Ihre Herstellung ist erforderlich bei neuen Teilen, Änderungen von Spezifikation, Produktionsverfahren, Produktionsmethoden oder Werkstoffen, bei einem Wechsel der Fertigungsstätte oder nach einem längeren Aussetzen der Fertigung.

Die Prüfung der Erstmuster wird zunächst vom Lieferanten vorgenommen, der die einzelnen Merkmale mit Soll- und Ist-Werten zu dokumentieren hat. Für diese Prüfungen gibt es z. B. in der deutschen Automobilindustrie speziell entwickelte Erstmusterprüfberichte, auf denen anschließend vom Abnehmer die Übereinstimmung in Maß, Werkstoff und Funktion mit den Noten „freigegeben“, „freigegeben mit Auflagen“ oder „nicht freigegeben“ bewertet werden muss.

Durch diese doppelte Erstmusterprüfung durch Lieferanten und Abnehmer kann der Abnehmer erkennen, ob der Lieferant auch bei der späteren Serienfertigung in der Lage ist, die vereinbarten Spezifikationen einzuhalten. Dies ist unbedingt erforderlich, um Lieferschwierigkeiten oder -verzögerungen so weit wie möglich auszuschließen.

---

[79] *VDA*, Sicherung der Qualität von Lieferungen in der Automobilindustrie, Lieferantenbewertung, Erstmusterpüfung, Frankfurt/M.

Erstmusterprüfbericht[80]

Ausstellungsdatum

(1)

(2)

Erstmusterprüfbericht (66)

Berichtsergebnis

(3) Meßbericht	(4) Werkstoffbericht	(5) Funktionsbericht

LIEFERANT	(6) Bericht Nr.	(7) Zeichen
ABNEHMER (Besteller)	(8) Bericht Nr.	(9) Zeichen
Lieferanten-Nr.:	Blatt 1 von Blatt	

LIEFERANT		ABNEHMER (Besteller)	
(10) Sachnummer (Zeichnungs-Nr.)	(11) Änderungsstand/Datum	(13) Sachnummer (Zeichnungs-Nr.)	(14) Änderungsstand/Datum
(12) Benennung		(15) Benennung	

(16) Bestell-/Abruf-Nr.	(17) Bestell-/Abruf-Datum	(18) Abladestelle
(19) Lieferschein-Nr.	(20) Lieferschein-Datum	(21) Anzahl der Muster

"D"-Teil (Dokumentationspflichtiges Teil)

○ (22) ja ○ (23) nein

Grund der Erstmusterprüfung

- ○ (24) neuer Lieferant
- ○ (25) neues Teil
- ○ (26) geänderte Spezifikationen.
- ○ (27) geänderte Fertigungsbedingungen
- ○ (28) neuer Fertigungsort
- ○ (29) längeres Aussetzen der Fertigung

Die für die Erstmusterprüfung zwischen Besteller und Lieferant vereinbarten Spezifikationen sind in folgenden Unterlagen enthalten:

Prüfergebnisse siehe Folgeblätter:
Dokumentationspflichtige Merkmale sind mit einem "D" gekennzeichnet. Die Ist-Werte sind in der Reihenfolge der Musternumerierung aufgeführt. Nicht eingehaltene Spezifikationen sind durch Unterstreichung gekennzeichnet.

Bemerkungen	Bemerkungen

Bestätigung

Wir bestätigen,

1. daß die vorgestellten Erstmuster vollständig mit serienmäßigen Betriebsmitteln und unter serienmäßigen Bedingungen hergestellt worden sind,
2. die korrekte Durchführung der Erstmusterprüfung und ihre Darstellung in diesem Erstmusterbericht (Abweichungen davon sind in diesem Bericht besonders angeg.).
3. daß eine Freigabe den Lieferanten nicht von der Verantwortung, nach der jeweils gültigen Zeichnung bzw. Lehre und vorgeschriebenen Funktionsvorschrift zu liefern, entbindet.

Name / Hausruf (bei Rückfragen)

Datum Verantwortliche Unterschriften

Entscheidung

	freigegeben	freigegeben mit Auflage	abgelehnt neue Muster erforderlich
Maß	(30)	(34)	(38)
Werkstoff	(31)	(35)	(39)
Funktion	(32)	(36)	(40)
Entscheidung	(33)	(37)	(41)

Auflagen

Datum Verantwortliche Unterschriften

Verteiler	1	2	3	4	5	6	7	8	9	10	11	12	13	14

[80] Entnommen aus: *VDA*, Sicherung der Qualität von Lieferungen in der Automobilindustrie, a.a.O

(5) **Serienfertigung**

(5.1) **Qualitätsprüfungen**

Ein wichtiges Instrument zur Minimierung der Qualitätsprüfungskosten ist die Abnahmeprüfung beim Lieferanten. Die Prüfungsmodalitäten wie z. B. Prüfung durch Mitarbeiter des Lieferanten oder des Abnehmers, zu erstellende Prüfungsunterlagen als Lieferbegleitpapiere etc., werden in den Lieferbedingungen festgelegt.

Eine Wareneingangsprüfung muss, schon aufgrund des § 377 HGB, bei allen zugekauften Erzeugnissen durchgeführt werden. Sie kann bei erfolgter Abnahmeprüfung nur aus einem Feststellen der Vollzähligkeit und Unversehrtheit bestehen, es können aber auch statistische Methoden zur Anwendung kommen. Bei diesen wird ausgehend von der Losgröße und dem vereinbarten AQL-Wert (siehe Pkt. 5.5.3.2 (3.4) Accepted Quality Level) die Stichprobengröße festgelegt. Aus einem Stichprobenplan kann dann die maximale Anzahl fehlerhafter Teile abgelesen werden, die unter diesen Voraussetzungen noch akzeptabel wäre.

Qualitätsprüfungen im Fertigungsbereich müssen sowohl am Produkt, als auch an den Werkzeugen, Betriebs- und Prüfmitteln vorgenommen werden. Da besonders die Werkzeuge und Prüfmittel die Fertigungsqualität grundlegend bestimmen, ist ihre regelmäßige Überprüfung und Wartung unbedingt erforderlich.

Prüfungen an Zwischenprodukten können nach verschiedenen Kriterien unterschieden werden. So ist es grundsätzlich möglich, eine Prüfung entweder am Arbeitsplatz oder in einer speziellen Prüfstelle des Fertigungsbereiches durchzuführen. Die manuelle oder automatisierte Prüfung kann der Arbeitnehmer selbst oder ein Mitarbeiter des Qualitätswesens vornehmen. Prüfautomaten bieten die Möglichkeit der sofortigen Nachsteuerung bei Über- oder Unterschreiten der Eingriffsgrenzen, außerdem können die erfassten Prüfdaten sehr einfach statistisch ausgewertet werden. 100%-Prüfungen lassen sich bei Verwendung von Prüfautomaten mit vergleichsweise geringem Aufwand realisieren, während bei manuellen oder teilautomatisierten Prüfungen aus Kostengründen oft nur Stichproben-Prüfungen in Frage kommen. Die Erfassung und Verarbeitung der Prüfdaten erfolgt entweder manuell z. B. mittels einfacher Strichlisten oder über Kontroll- beziehungsweise Qualitätsregelkarten (vgl. Abbildung X-quer-R-Regelkarte) oder oft mittels EDV (BDE). Eine Kontrollkarte dokumentiert die Entwicklung eines Qualitätsmerkmals im Zeitverlauf. Dadurch können Tendenzen erkannt und regelnde Maßnahmen frühzeitig getroffen werden.

Nachdem das Produkt alle Fertigungsstufen durchlaufen hat, wird es noch einer Endprüfung unterzogen, die im Falle einer Weiterverarbeitung mit der Abnahmeprüfung identisch sein kann.

5.5.4 Zertifizierung von Qualitäts-Management-Systemen nach ISO 9000 ff.

5.5.4.1 Gegenstand und Umfang der Zertifizierung nach ISO 9000 ff.

Bekanntlich besteht die Möglichkeit, Qualitäts-Management-Systeme zertifizieren zu lassen, um gegenüber Dritten die Qualitätsfähigkeit des eigenen Unternehmens nachweisen zu können.

weitere Geschäftsbeziehungen.[81] Die Zertifizierung eines Qualitäts-Management-Systems erfolgt durch sogenannte Zertifizierungsgesellschaften auf der Grundlage der Normenreihe DIN ISO 9000 bis 9004. Die Normen haben folgende Inhalte:

DIN ISO 9000:
Qualitätsmanagement- und Qualitätssicherungsnormen. Leitfaden zur Auswahl und Anwendung.

DIN ISO 9001:
Modell zur Darlegung der Qualitätssicherung in Design/Entwicklung, Produktion, Montage und Kundendienst.

DIN ISO 9002:
Qualitätssicherungssysteme. Modell zur Darlegung der Qualitätssicherung in Produktion und Montage.

DIN ISO 9003:
Qualitätssicherungssysteme. Modell zur Darlegung der Qualitätssicherung bei der Endprüfung. Sowie: Leitfaden für die Anwendung von ISO 9001 auf die **Entwicklung, Lieferung und Wartung von Software.**

DIN ISO 9004:
Leitfaden für Elemente und Schaffung eines Qualitätsmanagementsystems für Dienstleistungen, verfahrenstechnische Produkte sowie für Prozessdenken und für Verbesserungstechniken, hilft bei der **Verknüpfung von Zertifizierung mit** der Einführung von **TQM**.

Während die DIN ISO 9000 einige Definitionen und einen Leitfaden für die Auswahl der weiteren Normen gibt, dienen die DIN ISO 9001 bis 9003 als eigentliche Grundlage zur Auditierung bzw. Zertifizierung der Qualitäts-Management-Systeme. Am umfassendsten ist dabei die DIN ISO 9001. Sie gilt zum Beispiel für Maschinen- oder Anlagenbau-Unternehmen mit eigener Produktentwicklung. Die DIN ISO 9004 ist die fortschrittlichste Norm. Sie fordert beispielsweise nicht das Vorhandensein einer bestimmten Abteilung Qualitätswesen, sondern trägt vielmehr der japanischen Qualitätsauffassung Rechnung, dass qualitätssichernde Aktivitäten in die verschiedenen betrieblichen Funktionen zu integrieren sind.

Die nachstehenden Punkte beschreiben die Anforderungen, die ISO 9001 an das Qualitäts-Management-System[82] des Zertifikanten stellt, ISO 9002 und 9003 sind reduzierte Versionen.

1. **Verantwortlichkeit der obersten Leitung**
Das Management hat Maßnahmen zu ergreifen und zu dokumentieren, die sicherstellen, dass das Unternehmen tatsächlich das leistet, was in den Unternehmenszielen vorgesehen ist. Außerdem muss eine Verpflichtung zu Qualität und ein Plan, wie sie erzeugt werden soll, erarbeitet und niedergeschrieben werden. Die Organisation des Unternehmens muss so gestaltet sein, dass die die Qualität beeinflussenden Mitarbeiter über die für die Ausführung ihrer Tätigkeit erforderliche Unabhängigkeit und Kompetenz verfügen. Es ist Personal und Material zur Gewährleistung einer fortlaufenden internen Verifizierung bereitzustellen, um so die Umsetzung der dokumentierten Ziele im laufenden Betrieb sicherzustellen.

2. **Qualitäts-Management-System**
Es ist durch ein Qualitäts-Management-System zu gewährleisten, dass das Unternehmen die versprochenen Leistungen auch tatsächlich in einwandfreier Qualität erbringt. Dies erfordert

[81] Hiervon zu unterscheiden ist die Auditierung des Qualitäts-Management-Systems durch den Kunden.
[82] Im Folgenden kurz: QM-System. Im gesamten Text stehen die Buchstaben „QM" für „Qualitätsmanagement". Zur intensiven Vertiefung und Strategiefindung vgl.: *Jackson, P., Ashton, D.,* ISO 9000, Der Weg zur Zertifizierung, Landsberg/Lech

insbesondere die Erstellung eines Qualitätsmanagementhandbuches, welches alle im Rahmen der Zertifizierung nach ISO 9001 erforderlichen Dokumentationen zusammenfasst.

3. **Vertragsprüfung**
Es ist zu prüfen, ob der Vertrag mit dem Kunden die zu erbringende Leistung nach Art und Qualität exakt beschreibt. Sollten Differenzen zwischen Auftrag und Angebot bestehen, so sind diese zu klären. Ebenso ist zu prüfen, ob das Unternehmen in der Lage ist, den Vertrag zu erfüllen. Das Ergebnis dieser Überprüfungen ist zu dokumentieren.

4. **Designlenkung**
Es müssen dokumentierte Verfahren vorliegen, die sicherstellen, dass das entwickelte Produkt die erforderliche Qualität aufweist. Die das Design bestimmenden produktbezogenen Anforderungen, wie auch behördliche Auflagen, sind widerspruchsfrei zu dokumentieren. Es sind Reviews durchzuführen, die die Erfüllung der Vorgaben überprüfen. Im Rahmen einer Designvalidierung ist zu prüfen, ob das Produkt den Designvorgaben und den Erfordernissen des Anwenders entspricht.

5. **Lenkung der Dokumente und Daten**
Dokumente sind durch hierzu autorisiertes Personal freizugeben und mit dem Änderungsstatus zu kennzeichnen. Es müssen Vorkehrungen getroffen werden, die die Verwendung überholter Dokumente durch Kennzeichnung oder Entfernung ausschließen. Änderungen an Dokumenten müssen von den Stellen geprüft und genehmigt werden, die für die Originalfassung verantwortlich zeichneten.

6. **Beschaffung**
Die Bestellungen haben Art und Qualität der zu beschaffenden Leistung eindeutig zu beschreiben. Es ist sicherzustellen, dass die ausgewählten Lieferanten in der Lage sind, die Forderungen an ihre Produkte zu erfüllen. Hierzu sollte auch das Qualitätsmanagement des potentiellen Lieferanten untersucht und berücksichtigt werden. Die Bestellungen sind auf die Angemessenheit der in ihnen gestellten Forderungen zu prüfen und dann freizugeben. Der Lieferant muss dem Unternehmen das Recht einräumen, sich auf seinem Gelände von der Erfüllung der gemachten Qualitäts-Management-Aussagen zu überzeugen.

7. **Lenkung der vom Kunden beigestellten Produkte**
Es sind Verfahren festzulegen, die die ordnungsgemäße Lagerung, Handhabung und Pflege der vom Kunden zur Weiterverarbeitung beigestellten Teile sicherstellen und zu regeln, was im Falle des Unbrauchbarwerdens oder Abhandenkommens dieses Materials zu unternehmen ist.

8. **Identifikation und Rückverfolgung von Produkten**
Es müssen Verfahren existieren, die (wenn erforderlich) eine eindeutige Identifizierung des Produkts und die Ermittlung der zu seiner Herstellung verwendeten Materialien möglich machen. Dieses kann sich in Absprache mit dem Kunden sowohl auf Chargen als auch auf Einzelteile erstrecken.

9. **Prozesslenkung**
Die Produktions-, Montage- und Kundendienstprozesse, die die Qualität betreffen, sind zu identifizieren und so zu planen, dass sichergestellt ist, dass die Prozesse unter beherrschten Bedingungen ablaufen.

Beherrschte Bedingungen müssen enthalten:
9.1. Verfahrensanweisungen, die Art und Weise des Prozesses festlegen.
9.2. Benutzung geeigneter Einrichtungen in einer geeigneten Umgebung.

9.3. Erfüllung der einschlägigen Normen/Regeln, Qualitäts-Management-Plänen und/ oder Verfahrensanweisungen.
9.4. Überwachung und Lenkung geeigneter Prozessparameter und Produktmerkmale während des jeweiligen Prozesses.
9.5. Wenn erforderlich, die Genehmigung von Prozessen und Vorrichtungen.
9.6. Klare Kriterien für die Arbeitsausführung in Form von schriftlichen Anforderungen, Mustern und Veranschaulichungen, wie z. B. Abbildungen korrekter und falscher Montagemöglichkeiten.
9.7. Eine fortlaufende begleitende Instandhaltung der dem Prozess zu Grunde liegenden Einrichtungen.

Prozesse, bei denen es nicht möglich ist, die Ergebnisse durch nachträgliche Qualitätsprüfungen in vollem Umfang zu verifizieren, sondern bei denen sich Fehler erst ergeben, nachdem das Produkt in Gebrauch genommen ist, sind durch besonders qualifizierte Operatoren vorzunehmen und/oder verlangen eine besonders sorgfältige Überwachung und Lenkung des Prozesses, um die Erfüllung der Qualitätsanforderungen sicherzustellen. Solche Prozesse werden als spezielle Prozesse bezeichnet.

10. **Prüfung**

Es sind Eingangs-, Zwischen- und Endkontrollen vorzunehmen. Die Prüftätigkeiten sind im Qualitäts-Management-Plan oder in den Verfahrensanweisungen zu dokumentieren und aufrechtzuerhalten. Bei der Eingangsprüfung sind die bereits beim Lieferanten vorgenommenen und verifizierten Prüfungen zu berücksichtigen, sowie Beweise und Aufzeichnungen der Konformität mit den Anforderungen auszuwerten. Sollte ein zugeliefertes Produkt aus Termingründen ungeprüft in die Produktion gehen, so sind diese Teile zu identifizieren und festzuhalten, um bei etwaigen Problemen unverzüglichen Rückruf oder Ersatz gewährleisten zu können. Bei der Zwischenprüfung ist festzustellen, ob die in dem Qualitäts-Management-Plan oder in den Verfahrensanweisungen festgelegten Qualitätsanforderungen erfüllt werden. Ein fehlerhaftes Produkt ist anzuhalten, bis die Prüfungen vollständig und erfolgreich absolviert sind. Ein Produkt hat so lange als fehlerhaft zu gelten, bis seine Mängelfreiheit bewiesen ist. Ein Produkt darf erst dann versandt werden, wenn bei der Endprüfung alle Anforderungen aus Qualitäts-Management-Plan und Arbeitsanweisungen erfüllt sind. Außerdem wird verlangt, dass alle Zwischenprüfungen ausgeführt und mit positivem Ergebnis verlaufen sind. Über die Prüfergebnisse sind Aufzeichnungen zu führen, die beweisen, dass das Produkt geprüft worden ist. Die Aufzeichnungen müssen klar zeigen, ob das Produkt die an es gestellten Anforderungen erfüllt oder nicht. Hat ein Produkt die Prüfungen nicht bestanden, so sind die für diesen Fall festgelegten Maßnahmen zu ergreifen (siehe Punkt 13).

11. **Prüfmittelüberwachung**

Die zur Prüfung verwendeten Geräte sind in regelmäßigen Abständen auf ihre korrekte Funktion zu überprüfen. Hierzu ist ein Prüfplan zu erstellen, der aussagt, wie die Prüfmittel (einschließlich Software) zu überwachen, zu warten und zu kalibrieren sind. Prüfmittel sind so zu verwenden, dass die von ihnen gelieferten Ergebnisse nur Toleranzen aufweisen, die den entsprechenden Forderungen genügen. Prüfsoftware und Prüfnormale[83] sind vor Einsatz und danach in angemessenen Zeitabständen zu überprüfen, um sicherzustellen, dass sie annehmbar sind. Es sind im Einzelnen erforderlich:

11.1. Festlegung der durchzuführenden Messungen, einschließlich der erforderlichen Präzision und geeigneter Messmittel;

[83] Unter Prüfnormalen versteht man Gegenstände, die eine Referenzeigenschaft aufweisen und sich daher zum Vergleich eignen. Beispiele sind Metallstäbe genau bekannter Länge.

11.2. Festlegung des Abstandes der Prüfungen und der hierzu zu verwendenden Normale;
11.3. Festlegung des für die Prüfung zu verwendenden Prozesses;
11.4. Festlegung der Art der Kennzeichnung der Messmittel mit dem Prüfstatus sowie die Art der Dokumentierung des Prüfergebnisses;
11.5. Aufbewahrung der Protokolle über die Prüfung von Messmitteln;
11.6. Die Gültigkeit zurückliegender Qualitätsprüfungen ist zu prüfen, wenn ein Messmittel für fehlerhaft befunden wurde;
11.7. Die Sicherstellung für Prüfung und Kalibrierung geeigneter Umgebungsbedingungen;
11.8. Sicherstellung einer die Genauigkeit und Brauchbarkeit der Prüfmittel nicht beeinträchtigenden Handhabung und Lagerung;
11.9. Sicherung der Prüfmittel (einschl. Prüfhardware und -software) gegen Veränderungen ihrer Einstellung, die die Kalibrierung nichtig machen würden.

Anmerkung: ISO 10 012 kann als Leitfaden für die die Messmittel betreffenden Darlegungsanforderungen herangezogen werden.

12. **Prüfungs- und Testergebnis**

Produkte, die Tests durchlaufen, müssen mit den Testergebnissen in geeigneter Weise gekennzeichnet werden, so dass ihr Prüfstatus jederzeit feststellbar ist. Dies kann mit Hilfe von Stempeln, Labels aber auch mit Chipkarten und Disketten erfolgen. Diese Kennzeichnungen müssen auch die Identifikation der prüfenden Person ermöglichen.

13. **Behandlung nicht einwandfreier Produkte**

Nicht einwandfreie Produkte sind erneut zu testen und nach der Verfahrensanweisung zu behandeln. Es sind folgende Möglichkeiten denkbar:
13.1. Nacharbeit zur Erfüllung der Qualitätsanforderungen;
13.2. Sonderfreigabe mit oder ohne Reparatur;
13.3. Neueinstufung für alternative Verwendung (z. B. als 2. Wahl);
13.4. endgültige Zurückweisung und Verschrottung.

Der Kunde ist von der beabsichtigten Verwendung eines als fehlerhaft eingestufen Produkts in Kenntnis zu setzen. Der akzeptierte Fehler ist zu dokumentieren. Ein repariertes oder nachgearbeitetes Produkt ist nach Maßgabe des Qualitäts-Management-Plans oder der Verfahrensanweisung erneut zu prüfen. Über die Verwendbarkeit des Produkts gefällte Entscheidungen sind zu dokumentieren.

14. **Korrektur- und Vorbeugungsmaßnahmen**

Es müssen Maßnahmen geplant und dokumentiert sein, mit denen auf Kundenbeschwerden, Wartungsprobleme, Funktionsprüfungen und Auswertung von Qualitätsdaten in geeigneter Weise reagiert wird. Die Maßnahmen sollen eine Wiederholung solcher Probleme wirksam ausschließen oder zumindest soweit wie möglich unwahrscheinlich machen. Das Ausmaß der Korrektur- und Vorbeugungsmaßnahmen muss den Problemen und den möglichen Risiken angemessen sein. Wenn sich der Kunde (zu Recht) beschwert, hat die Qualitätssicherung versagt und der Ruf des Unternehmens ist gefährdet. Zur Erarbeitung von Vorbeugungsmaßnahmen ist es erforderlich, alle zur Verfügung stehenden qualitätsrelevanten Informationen heranzuziehen. Solche können sein: Sonderfreigaben, Ergebnisse von Qualitätsaudits, qualitätsbezogene Aufzeichnungen, wie z. B. Prüfprotokolle, Kundendienstberichte und Kundenbeschwerden, also alle Informationen, die zur Erkennung von Qualitätsproblemen geeignet sind. Es sind die für die Vermeidung des erkannten Problems erforderlichen Schritte zu planen, in die Tat umzusetzen und hinsichtlich ihrer Wirksamkeit zu untersuchen. Ein Bericht über das erkannte Problem und die ergriffenen Maßnahmen, einschließlich Verfahrensänderungen, ist dem Management für ein Review vorzulegen.

15. **Handhabung, Lagerung, Verpackung, Schutz und Versand**

Alle Prozeduren, die Handhabung, Lagerung, Verpackung, Schutz und Versand betreffen, sind vollständig zu überwachen und zu dokumentieren.

15.1. Handhabung: Das Produkt und die Ausgangsstoffe sind so zu behandeln, dass ihre Verwendbarkeit nicht beeinträchtigt wird. Es sind Verfahren und Ausbildungsmaßnahmen zu dokumentieren, die Sicherheit für Produkt und Personal gewährleisten.

15.2. Lagerung: Die Rohstoffe und Produkte sind sicher und getrennt zu lagern, um Vermischung, Beschädigung und Verderb vorzubeugen. Es sind Maßnahmen zu dokumentieren, die Aufzeichnungen über Materialbewegungen und regelmäßige Kontrollen der Bestände sicherstellen.

15.3. Verpackung: Es sind Maßnahmen zur Verpackung und zur Kennzeichnung der Produkte festzulegen. Es sind Anlagen zu benutzen, die das zu verpackende Gut nicht beschädigen. Das Personal ist im Umgang mit Produkt, Verpackungsmaterial und -anlagen auszubilden.

15.4. Schutz: Die Produkte sind zu schützen und getrennt zu halten, bis sie an den Kunden übergeben werden.

15.5. Versand: Das Produkt ist so auszuliefern, wie es mit dem Kunden vereinbart worden ist.

16. **Lenkung von Qualitätsaufzeichnungen**

Alle im Rahmen der Qualitätssicherung anfallenden Informationen sind zu archivieren und zum Zwecke späterer Überprüfung bereitzuhalten. Anwendungen dieser Aufzeichnungen können unter anderen sein: Innenrevision, Lieferantenbeurteilung, Ausbildung, Prozessabgleich, Aushandlung von Verträgen, Prüfung und Identifizierung von Produkten. Außerdem sind diese Qualitätsaufzeichnungen Nachweis der Konformität mit einer festgelegten Qualitätsforderung und werden somit ausschlaggebend für die regelmäßig erforderliche Verlängerung der Zertifizierung nach ISO 9000 ff. sein.

17. **Interne Qualitätsaudits**

Im Rahmen von Qualitätsaudits ist zu überprüfen, ob die festgelegten Verfahren eingehalten werden, den gewünschten Effekt haben und der Qualitäts-Management-Plan erfüllt wird. Die Audits sind von Mitarbeitern durchzuführen, die über die hierzu erforderliche Qualifikation verfügen und unabhängig von demjenigen sind, in dessen Verantwortung die zu auditierende Tätigkeit fällt. Das Ergebnis dieser Audits ist zu dokumentieren und dem Personal zur Kenntnis zu geben, das die Verantwortung für den auditierten Bereich hat. Dieses Personal hat umgehend Korrekturmaßnahmen zur künftigen Verhinderung der bei dem Audit festgestellten Unzulänglichkeiten einzuleiten. Bei Folgeaudits ist Verwirklichung und Wirksamkeit der ergriffenen Maßnahmen zu dokumentieren.

18. **Schulung**

Das Personal, dessen Tätigkeit die Qualität des Produkts beeinflusst, ist zu unterweisen. Es muss in geeigneter Weise ausgebildet sein und ausreichend mit Informationen über die zu verrichtende Tätigkeit versorgt werden. Es sind Aufzeichnungen über diese Schulungen zu führen und aufzubewahren.

19. **Kundendienst**

Im Rahmen der Firmenpolitik und der mit den Kunden geschlossenen Verträgen ist ein Kundendienst bereitzustellen, der den im Serviceplan festgelegten Anforderungen entspricht. Es sind Verfahren, Ausbildungsmaßnahmen, technische Dokumentationen und Testprozeduren derart zu gestalten, dass das versprochene Serviceniveau erreicht wird.

20. **Dokumentation statistischer Methoden**
Es ist erlaubt, statistische Verfahren dort einzusetzen, wo dies sinnvoll oder gar unabdingbar ist, wie bei zerstörender Prüfung oder bei Unwirtschaftlichkeit einer Vollerhebung. Die verwendeten Methoden sind zu dokumentieren, eine Fehlerabschätzung ist vorzunehmen. Das Personal ist in diesen Techniken auszubilden und deren Beherrschung ist zu prüfen.

Einfluss der ISO 9000 ff. Normen auf die Funktionsbereiche:

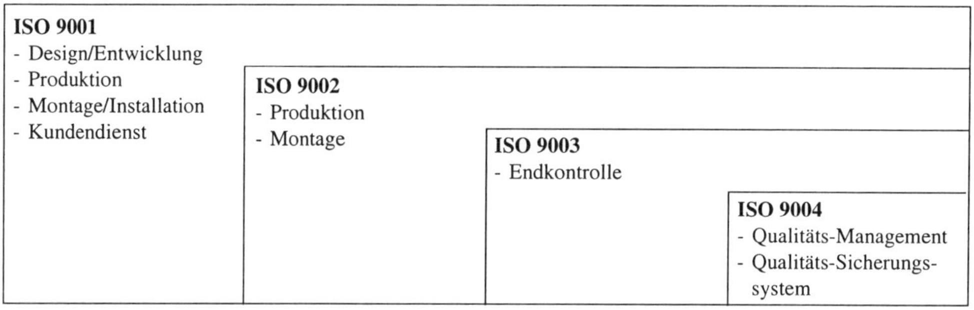

Ashton und Jackson ordnen die Qualitätsforderungen der 20 Punkte der ISO 9001 drei Hauptsäulen des Qualitäts-Managements zu, nämlich

a) die Kernforderungen dem Betriebsprozess mit seinen Inputs und Outputs,
b) Anforderungen an die Lenkung des Qualitäts-Sicherungs-Systems (wir benutzen hierfür den in Zukunft wohl üblicheren Begriff: Qualitäts-Management-System)
c) unterstützende Aktivitäten.

Die folgende tabellarische Darstellung[84] dieser Struktur zeigt zusammenfassend eindrucksvoll die Vernetzung der Teile des Qualitäts-Management-Systems und die mit ISO 9001 angestrebte Vollständigkeit von Festlegungen und ihrer Dokumentation.

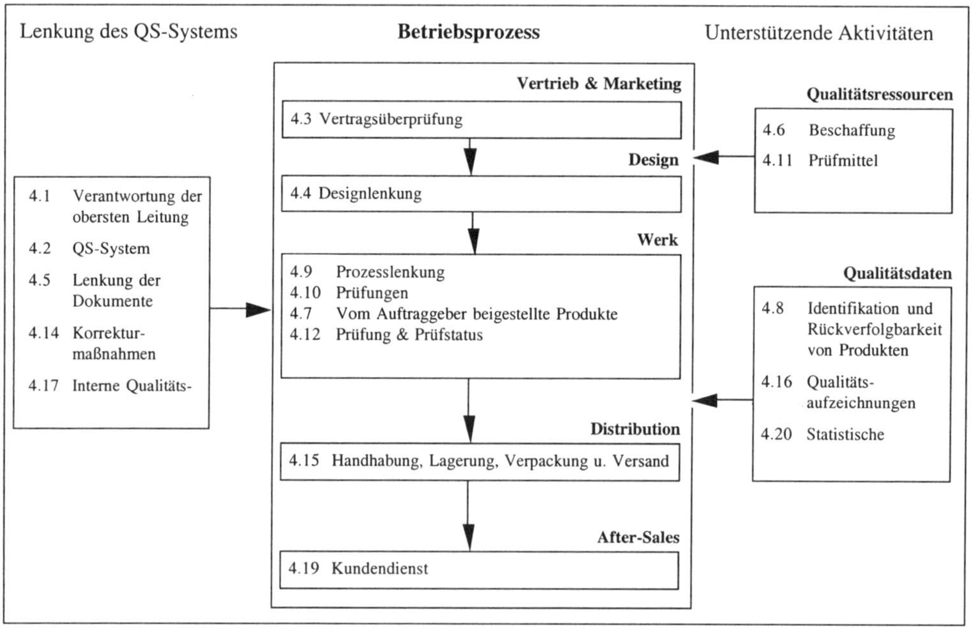

[84] *Jackson, P., Ashton, D.*, ISO 9000, Der Weg zur Zertifizierung, Landsberg/Lech

5.5.4.2 Gründe für die Zertifizierung nach ISO 9000 ff.

- ❑ Die kontinuierliche Gewährleistung gleichbleibender Produktqualität ist national und international ein entscheidendes Verkaufsargument. Eine Zertifizierung des Qualitätssicherungssystems nach DIN ISO 9001 - 9003 ist daher ein wichtiger internationaler Wettbewerbsvorteil (-> zusätzliche Aufträge)
- ❑ Kundenanforderung (Zwang)
- ❑ Senkung der Qualitätskosten
- ❑ Vorbeugung gegen Forderungen aus der Produkthaftpflicht
- ❑ Rationalisierung der Arbeitsabläufe und Prozesse
- ❑ Know-how nicht nur in den Köpfen der Mitarbeiter, sondern auch in Schriftform verfügbar (Nachvollziehbarkeit für Dritte)
- ❑ Nachweisfähigkeit im Angebots- und Auftragsfall
- ❑ Klare Verantwortungsbereiche: Entfaltungsspielraum der Mitarbeiter (Motivation zur Qualität)
- ❑ Weniger Kundenaudits
- ❑ Nachweis der Qualitätsfähigkeit in Form eines dokumentierten Qualitäts-Management-Systems
- ❑ Vereinfachung der Zusammenarbeit zwischen Lieferanten und Kunden durch feste Qualitätsvorgaben
- ❑ Schärfung des Fehlerbewusstseins zur Vermeidung neuer Fehler.

5.5.4.3 Zertifizierungsinstitutionen

Ausgewählte akkreditierte Zertifizierungsinstitutionen nach *Jackson/Ashton*[85] sind folgende:

- ❑ DQS Deutsche Gesellschaft zur Zertifizierung von Qualitätsmanagementsystemen mbH, August-Schanz-Straße 21, 60433 Frankfurt/Main
- ❑ Det Norske Veritas Qualitätssicherungsservice, Schnieringshof, 45329 Essen
- ❑ Germanischer Lloyd QS-Zertifizierungsstelle, Vorsetzen 32, 20459 Hamburg
- ❑ LRQA Lloyds Register Quality Assurance, Norfolk Hse., Wesley Road, UK-Croydon CR 92 DT
- ❑ TÜV Bayern-Sachsen, Westendstraße 199, 80686 München

Weitere Institute und Angaben zu den Branchenspezialisierungen der einzelnen Institute vgl. *Jackson/Ashton.*[86]

5.5.4.4 Zertifizierungsablauf

Zertifizierung von Qualitäts-Management-Systemen (Quelle TÜV)

Stufe 1: Vorbereitung
- ❑ Information und Motivation

Stufe 2: Ist-Aufnahme (Schwachstellenanalyse)
- ❑ Erfassung aller vorhandenen Unterlagen

---

[85] *Jackson, P., Ashton, D.*, ISO 9000, a.a.O.
[86] Ebenda

- ❑ Befragung der Abteilungen über Abläufe, Zuständigkeiten, Verantwortlichkeiten, Schnittstellen
- ❑ Vergleich mit den Anforderungen der DIN 9000 - 9003. Aufzeigen vorhandener Schwachstellen
- ❑ Erstellen eines Maßnahmenkataloges mit den Projekten zur Beseitigung der Schwachstellen

Stufe 3: Projektphase

- ❑ Erstellung von Funktionsdiagrammen (Verantwortungsmatrix) und Ablaufdiagrammen
- ❑ Formulierung der Qualitäts-Management-Verfahrensanweisungen. Zusammenfassung in einem 1. Qualitäts-Management-Handbuch-Entwurf.

Stufe 4: Umsetzung der Projekte - Interne Audits

- ❑ Realisierung des in Abläufen, Verantwortlichkeiten, Dokumentationen usw. beschriebenen Systems.
- ❑ Überprüfung der Umsetzung des Systems mittels interner Audits in allen Abteilungen.

Stufe 5: Zertifizierung des Qualitäts-Management-Systems

- ❑ Audit durch Zertifizierungsstelle
- ❑ Erteilung des Zertifikates.

5.5.4.5 Zertifizierung und TQM[87]

Es ist naheliegend, auf dem Weg zu Total Quality Management auch eine Zertifizierung nach der Normenreihe DIN ISO 9000 ff. anzustreben. Viele der erforderlichen Anpassungsmaßnahmen zielen in die gleiche Richtung. Allerdings geht TQM über die Normen hinaus, dies gilt insbesondere für die Forderungen nach Kundenorientierung, Prozessmanagement und Mitarbeiterbeteiligung an Entscheidungsprozessen. Ob in der Normenreihe auch die Installation eines kontinuierlichen Verbesserungsprozesses im Sinne von Kaizen enthalten ist, ist strittig. Zwar bieten die genannten Audits grundsätzlich die Möglichkeit, Schwachstellen aufzudecken und Verbesserungsvorschläge zu äußern. Sie werden allerdings üblicherweise von der Abteilung Qualitätswesen bzw. einer externen Zertifizierungsgesellschaft durchgeführt und haben somit immer den Charakter einer „Prüfung". Demgegenüber entsprechen regelmäßige abteilungsübergreifende Besprechungen (Qualitätsgruppen) dem Gedanken von Kaizen und TQM, da sie den Mitarbeitern die Gelegenheit geben, ihre Arbeitsabläufe (in gegenseitiger Absprache und eigener Verantwortung) selbst zu optimieren und so den **Prozess kontinuierlicher Verbesserung** nicht als Ergebnis von „Kontrolle", sondern aus eigener Initiative voranzutreiben. An dieser Stelle sei angemerkt, dass die gesamte Normenreihe von der Europäischen Union ständig weiterentwickelt wird. Die Weiterentwicklung betrifft insbesondere eine Vereinheitlichung und Straffung der Normen 9001 bis 9003 sowie eine Erweiterung hinsichtlich eines kontinuierlichen Verbesserungsprozesses nach japanischem Vorbild. Zur Vertiefung vgl. *Brunner, F. J. und Wagner, K.W.*, Taschenbuch Qualitätsmanagement, Der praxisorientierte Leitfaden für Ingenieuere und Techniker, München und Wien.

[87] *Specht, G.*, TQM: Anspruch und Wirklichkeit, a.a.O.

5.5.5 Probleme der Produkthaftung

5.5.5.1 Produkthaftung und TQM

In der betrieblichen Praxis fällt bei Diskussionen über TQM oft der Begriff „Produkthaftung", weshalb auch im Rahmen dieser Arbeit hierauf kurz eingegangen werden soll. Weit verbreitet ist die Auffassung, dass sich deutsche Unternehmen seit Inkrafttreten des Produkthaftungsgesetzes in besonderem Maße um Qualität bzw. Zuverlässigkeit ihrer Produkte bemühen müssen.

Bei diesem Gesetz über die Haftung für fehlerhafte Produkte (ProdHaftG) handelt es sich um ein Transformationsgesetz zur Umsetzung einer entsprechenden EG-Richtlinie vom 25.7.1985. Tatsächlich wurde durch das ProdHaftG neben dem Bürgerlichen Gesetzbuch (BGB) eine zusätzliche Haftungsgrundlage **ohne Verschuldensmaßstab** geschaffen, die für die deutsche Industrie von großer Bedeutung ist.

Bekanntlich haftet nach §§ 459 ff. BGB ein Verkäufer immer für Mängel an der Ware. Nach den genannten Paragraphen hat der Käufer das Recht auf Wandlung des Kaufvertrages, Umtausch der Ware oder Minderung des Kaufpreises.[88] Außerdem haftet nach 823 BGB in Verbindung mit 276 BGB jedermann für den Schaden, den er einem anderen durch schuldhafte Handlung zufügt. Eine Rechtsverletzung nach § 823 BGB kann zum Beispiel die Beschädigung von Eigentum oder Körperverletzung sein.

Neu ist demgegenüber beim ProdHaftG, dass der Hersteller einer Ware nicht nur für Fehler, sondern auch für Fehlerfolgeschäden haftet, wenn ihn kein Verschulden trifft. Es ist offensichtlich, dass dieser Tatbestand bei der Herstellung und dem Verkauf von technischen Produkten sehr viel häufiger auftritt, als der einer unerlaubten Handlung nach § 823 BGB. Das ProdHaftG zielt insbesondere auf die Produktsicherheit ab. Nach § 3 ProdHaftG hat ein Produkt dann einen Fehler, wenn es nicht die Sicherheit bietet, die bei gewöhnlichem Gebrauch erwartet werden darf.[89] Die entscheidende Frage lautet: Welches ist der gewöhnliche Gebrauch, mit dem laut Gesetz „billigerweise gerechnet werden kann"?

Für den Hersteller bedeutet dies, dass er in stärkerem Maße als früher einen sicheren Gebrauch zu gewährleisten hat. So hat der Hersteller durch die Konstruktion des Produkts sowie entsprechende Hinweise in der Betriebsanleitung auch möglichen Fehlbedienungen vorzubeugen. Von der Haftung befreit ist der Hersteller im Falle eines Schadens durch Fehlbedienung des Verbrauchers nur dann, wenn er dafür gesorgt hat, dass mit dieser Fehlbedienung nicht gerechnet werden konnte.

Damit hat das Produkthaftungsgesetz sowohl für die Qualitätssicherung als auch für die technische Dokumentation industrieller Produkte weitreichende Konsequenzen. Die meisten deutschen Unternehmen mussten seit Inkrafttreten des Produkthaftungsgesetzes die technischen Dokumentationen ihrer Produkte grundlegend überarbeiten und um Hinweise über sämtliche Fehlbedienungsmöglichkeiten erweitern.

Die Einführung von Total Quality Management hat mit dem ProdHaftG jedoch direkt nichts zu tun. Die Notwendigkeit zu TQM ist durch den Markt gegeben und nicht durch eine verbreiterte

[88] Bei Fehlern einer ausdrücklich zugesicherten Eigenschaft kommt nach § 463 BGB das Recht auf Schadenersatz wegen Nichterfüllung hinzu.

[89] § 3, Absatz 1a) ProdHaftG

Haftungsgrundlage bei Produktfehlern. Richtig ist allerdings, dass sowohl im Rahmen von TQM als auch im Zusammenhang mit Fragen der Produkthaftung eine Steigerung der Qualität angestrebt wird. Ferner ist bei der Einführung von TQM oft auch eine Überarbeitung der technischen Dokumentationen erforderlich. Dies geschieht jedoch mit dem Ziel größerer Kundenzufriedenheit. Auf jeden Fall besteht durch das Inkrafttreten des Produkthaftungsgesetzes die Dringlichkeit, sich mit Qualitätsfragen stärker zu beschäftigen.

5.5.5.2 Regelungen bezüglich EU-Maschinenrichtlinie und CE-Zeichen

Konkretisiert werden die für die Produkthaftung relevanten technischen Anforderungen in EU-Richtlinien, die wiederum durch entsprechende nationale Gesetze[90] in geltendes Recht umgesetzt werden. Wichtige EU-Richtlinien sind in diesem Zusammenhang z. B.:

- Richtlinie über die Sicherheit von Maschinen 89/392/EU (kurz: „Maschinenrichtlinie"), endgültig in Kraft ab 1.1.1995,
- Richtlinie über elektromagnetische Verträglichkeit 89/336/EU (kurz: „EMV-Richtlinie"), endgültig in Kraft ab 1.1.1996,
- Richtlinie über elektrische Betriebsmittel zur Verwendung innerhalb bestimmter Spannungsgrenzen 73/23/EWG (kurz: „Niederspannungsrichtlinie"), endgültig in Kraft ab 1.1.1997.

Von besonderem Interesse ist (zunächst) die Maschinenrichtlinie, da sie als erste der o. g. Richtlinien in Kraft getreten ist. Hauptforderung der Richtlinie ist es, dass von einer Maschine[91] keine Gefahren (für Personen, Tiere und Sachgüter) ausgehen dürfen. Anhang I der Richtlinie legt hinsichtlich der Sicherheit bestimmte Mindestanforderungen fest. Diese Mindestanforderungen werden durch sog. harmonisierte EU-Normen näher spezifiziert. Zu den wichtigsten Normen gehören in diesem Zusammenhang DIN EN 292 Teil 1 und 2, EN 1050 und speziell für Steuerungen zusätzlich EN 954. Diese drei Normen schreiben Verfahren vor, mit deren Hilfe sämtliche Gefährdungen, die von einer Maschine ausgehen, identifiziert, deren Risiko bewertet und entsprechende Gegenmaßnahmen festgelegt werden sollen. Zusätzlich sind wie bisher alle für das Produkt geltenden nationalen und internationalen Normen sowie sonstige Vorschriften und Spezifikationen einzuhalten.

Entscheidend hinsichtlich der Produkthaftung ist, dass seit dem 1.1.1995 jeder Hersteller für die von ihm in Verkehr gebrachten Maschinen die Konformität mit den jeweils geltenden Richtlinien durch die sogenannte EU-Konformitätserklärung[92] schriftlich nachweisen und die Maschine mit dem sog. „CE-Zeichen" kennzeichnen muß. Diese Erklärung in Verbindung mit dem CE-Zeichen ist somit eine Selbst-Zertifizierung des Herstellers. Sollte hiernach festgestellt werden, dass das Produkt dennoch nicht den Anforderungen der entsprechenden Richtlinien entspricht, so besteht nach EU-Recht die Verpflichtung, sämtliche baugleichen Produkte vom Markt zu nehmen. Zuständig für entsprechende Überprüfungen sind in Deutschland die Gewerbeaufsichtsämter. Einschränkungen hierzu gibt es für solche Maschinen, die nicht eigenständig funktionieren können, da sie zum Zusammenbau mit anderen Maschinen oder zum Einbau in eine größere

[90] Zum Beispiel Gerätesicherheitsgesetz oder EMV-Gesetz

[91] Die genaue Definition einer Maschine ist sehr umfangreich, ferner sind bestimmte Maschinen von der Richtlinie ausgeschlossen. Siehe hierzu Maschinenrichtlinie 89/392/EU.

[92] Vorgeschriebener Inhalt der Herstellererklärung siehe Maschinenrichtlinie, Anhang II/B.

Maschine bestimmt sind.[93] In diesen Fällen muss der Hersteller nur bezogen auf seinen Lieferanteil die Gefährdungen beseitigen. Bescheinigt wird dies durch die sog. Herstellererklärung[94] das CE-Zeichen darf vom Hersteller nicht angebracht werden. Die Konformität mit der Richtlinie wird (in der Regel vom Kunden) erst dann geprüft, wenn die Maschine vollständig zusammengebaut und eigenständig funktionsfähig ist. Dann erfolgt auch erst die Anbringung des CE-Zeichens.

Wie im Zusammenhang mit der Produkthaftung oben bereits erwähnt, ist auch die Erfüllung der Anforderungen der neuen EU-Richtlinien mit zusätzlichem Aufwand und zusätzlichen Kosten verbunden. So muss z. B. die Gefährdungsanalyse einschließlich der Risikobewertung (nach EN 292 und EN 1050) ausführlich protokolliert werden. Dieses Protokoll ist im Schadensfall ein wichtiger Nachweis für die vorschriftsmäßige Einhaltung der Maschinenrichtlinie. Sehr aufwendig ist außerdem die in diesem Rahmen ebenfalls notwendige Überarbeitung der Technischen Dokumentation. Zunächst ist die Technische Dokumentation in der Sprache des Verwenderlandes zu verfassen. Außerdem müssen die genauen Grenzen (räumlich und zeitlich[95]) und die bestimmungsgemäße Verwendung in die Technische Dokumentation eingearbeitet werden. Von der bestimmungsgemäßen Verwendung abweichender zu erwartender Missbrauch wiederum muss bei der Gefährdungsanalyse berücksichtigt werden. Wichtige Fragen sind hierbei z. B.:

- Wer hat wann welchen Zugang zu der Maschine? (Unterscheidung in Bedienpersonal/ Anwender, ggf. Aufsichts- und Wartungspersonal)
- Welches Werkzeug haben diese Personen bei sich?
- Welche Sprache sprechen sie? (Die Sprache des Bedienpersonals kann von der Landessprache des Empfängerlandes abweichen. Wichtig ist dies vor allem für die Bedienungsanleitung an der Maschine sowie mögliche Warnschilder).

Um diese Dinge beurteilen zu können, ist eine kontinuierliche Marktbeobachtung erforderlich, das heißt, es ist zu überwachen, wie die Maschine beim Kunden eingesetzt wird.

Zusammenfassend lässt sich sagen, dass dieEinhaltung der neuen EU-Richtlinien insbesondere den für die Konstruktion verantwortlichen Ingenieuren eine deutliche Mehrarbeit abverlangt und somit auch zusätzliche Kosten verursacht. Innerhalb des Europäischen Wirtschaftsraumes soll der vereinheitlichte Sicherheitsstandard jedoch zu einem erleichterten Warenaustausch beitragen. Das CE-Zeichen ist in diesem Sinne eine Art „Reisepass" - es repräsentiert gesetzliche Konformität, sagt allerdings nichts über die Qualität des jeweiligen Produkts aus. Entgegen einer weit verbreiteten Meinung richtet sich das CE-Zeichen ausschließlich an staatliche Behörden, es darf weder damit geworben werden, noch darf das CE-Zeichen vom Kunden eingefordert werden (etwa für unvollständige, nicht voll funktionsfähige Maschinen).

[93] Siehe hierzu Definition der Maschine in der Maschinenrichtlinie.
[94] Vorgeschriebener Inhalt der Herstellererklärung siehe Maschinenrichtlinie, Anhang II/B.
[95] Mit zeitlichen Grenzen sind vor allem ein Hinweis auf die zu erwartende Lebensdauer und genaue Wartungsvorschriften gemeint.

5.6 EDV-Unterstützung in der Fertigung

5.6.1 Hauptaufgaben und Ziele

Der industrielle Strukturwandel der letzten Jahre hat wesentliche Veränderungen der produktionsrelevanten Faktoren zur Folge. Zu diesen gehören - wie bereits besprochen - unter anderem:

- Die Entwicklung des Marktes vom Verkäufermarkt zum Käufermarkt
- Steigende Qualitätsanforderungen an die Produkte
- Steigende Produkt- und Variantenvielfalt
- Sinkende Losgrößen
- Kürzere Produktentwicklungs- und Lieferzeiten.

Diese Umstände führen zu einer wachsenden Produktionskomplexität, die mit konventionellen Arbeitsmethoden und Organisationsformen vielfach nicht mehr zu bewältigen ist.

Eine Lösung des Problems wird unter anderem durch eine weitgehende Arbeitsteilung erschwert, die sich in folgenden Punkten äußert:

- Starke Zergliederung der Arbeitsprozesse
- Ausschließliche Detailbetrachtung
- Hoher Bürokratisierungsgrad
- Starre Arbeitsabläufe
- Geringe Flexibilität.

Durch die bisher betriebene Arbeitsteilung fallen bei jedem Arbeitsgang Einarbeitungszeiten an, und die Notwendigkeit Informationen zu übergeben verursacht Umständlichkeit und Fehleranfälligkeit. Der Grund für diese Handhabung ist in der an den Abteilungsanforderungen ausgerichteten Datenorganisation zu suchen.

Diese Schnittstellen verursachen der Produktion einen erheblichen Anteil am Arbeits- und Zeitaufwand ein. Empirische Untersuchungen haben ergeben, dass in der Fertigung und Verwaltung die durch arbeitsteilig getrennte Vorgänge erzielten Durchlaufzeiten, infolge der mehrfachen Informationsübertragung und Einarbeitung, außerordentlich hoch sind. Es wurden dabei Anteile von 70 bis 90 % an Übertragungs- und Einarbeitungszeiten ermittelt.[96] Daraus ergeben sich lange Durchlaufzeiten, welche im Zeitalter der „just-in-time-production“ und in Anbetracht des industriellen Strukturwandels erhebliche Risiken in sich bergen. Um die Durchlaufzeiten und damit auch die Kapitalbindung zu minimieren, sind weitgehende Rationalisierungsmaßnahmen erforderlich. Aufgrund des zunehmenden Wettbewerbs sind auch andere Probleme zu lösen. Zu diesen gehören z. B. die bessere Einhaltung der Liefertermine, die oftmals zu hohen Lagerbestände, die Erhöhung der Produktqualität und der Flexibilität und die bessere Ausnutzung der Betriebsmittel.[97] Alle diese Probleme können mit der schrittweisen Einführung des Konzepts eines „Computer Integrated Manufacturing“ (CIM) zumindest ansatzweise gelöst werden. Dabei wird als übergeordnetes Ziel die Integrierung der Informationen und die Reintegrierung der Arbeitsvorgänge angestrebt.

[96] Vgl. *Scheer, A.-W.*, CIM: Organisation und Implementierung, in: Harvard Manager
[97] Vgl. *Scheer,* a.a.O.

Informationsintegration befasst sich mit der Schaffung einer für alle Bereiche nutzbaren gemeinsamen Datenbasis. Reintegrierung der Arbeitsvorgänge beinhaltet die Zusammenführung von bisher getrennt ausgeführten Vorgängen. Dieses führt zur Verringerung von Informationsübertragungs- und Einarbeitungszeiten und somit zu einer Verkürzung der Durchlaufzeiten.

Im kaufmännischen Bereich ist eine hohe Informationsintegration erreicht (PPS). Ähnliches gilt für die Vernetzung der technischen Bereiche (CAD, CAP, CAM). Die Integration des technischen mit dem kaufmännischen Bereich ist weit weniger verbreitet. Diese Engineering Daten Management (EDM) genannte technisch/kaufmännische Integrationsaufgabe erschließt große Rationalisierungspotentiale für die Konstruktion und Produktentwicklung.

An den Auswirkungen der Informationsintegration wird unmittelbar deutlich, dass zu den bisher bekannten klassischen Produktionsfaktoren wie Kapital, Arbeit und Maschinen ein neuer Produktionsfaktor hinzugetreten ist: die Information.

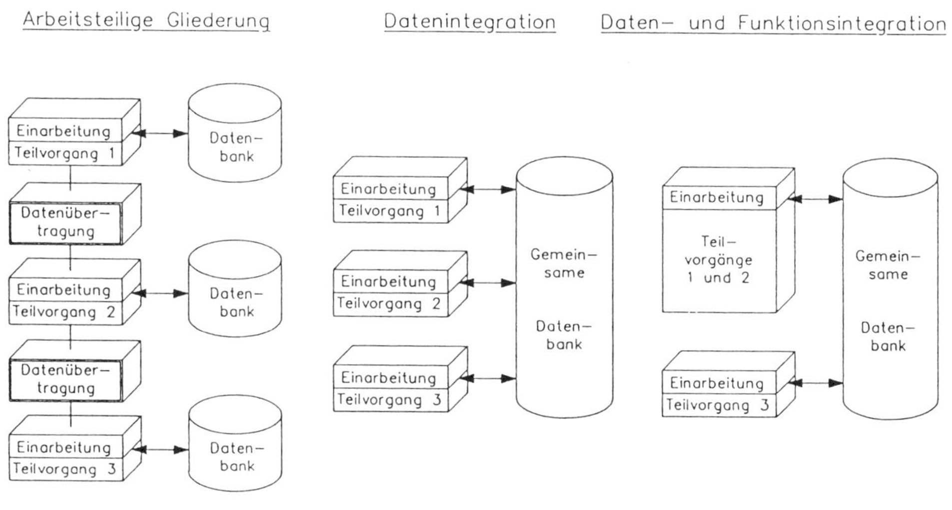

Entnommen: Scheer, A.-W., CIM: Organisation und Implementierung, in: Harvard Manager

5.6.2 CIM - Eine Definition

Um CIM zu definieren, müssen zunächst die Bestandteile, aus denen CIM besteht, näher untersucht werden.

5.6.2.1 Produktionsplanungs- und Steuerungssystem (PPS)

(1) **Aufgaben**

Das PPS-System dient zur organisatorischen Planung, Steuerung und Überwachung der Produktionsabläufe von der Angebotsbearbeitung bis hin zum Versand. Es wird dabei in ein Planungs- und Durchsetzungssystem unterschieden.

Das Planungssystem umfasst die Mengen- und Terminplanung. In der Mengenplanung werden die deterministische und stochastische Bedarfsrechnung, der Bedarfsabgleich, die Ermittlung der optimalen Bestellmengen und -zeitpunkte, die Bestellüberwachung und die Bestandsfortschreibung durchgeführt. Die Terminplanung befasst sich mit der Erstellung auftragsbezogener Terminpläne, der Kapazitätsbelastungsrechnung, dem Kapazitätsabgleich und der Reihenfolgeplanung der Fertigungsaufträge.

Das Durchsetzungssystem setzt sich aus der Auftragssteuerung und der Rückmeldung zusammen. Die Auftragssteuerung übernimmt die Aufgaben der Materialverfügbarkeitskontrolle, der Materialbereitstellung, der Erstellung der Fertigungsunterlagen sowie der Arbeitsverteilung. Mit den von der Betriebsdatenerfassung (BDE) bereitgestellten Daten analysiert die Rückmeldung Auftragsfortschritt, Terminüberschreitungen, Störungsursachen und Kapazitätsauslastung.

Die Planungs-, Steuerungs- und Überwachungsaufgaben werden also unter Mengen-, Termin- und Kapazitätsaspekten betrachtet. Dazu findet eine Integrierung der bisher getrennten Bestandteile der Produktionswirtschaft statt. Es werden alle produktionsrelevanten Daten zu einem gemeinsamen Datenbestand zusammengeführt. Durch diesen zentralen Datenbestand können die sonst manuell durchgeführten Vorgänge der Datenübertragung (Papierschnittstellen) zwischen den verschiedenen Aufgabenbereichen entfallen. Daneben verfügen die Sacharbeiter immer über aktuelle und zuverlässige Daten, wodurch Planungsfehler aufgrund von alten oder falschen Informationen minimiert werden. Die bisher übertriebene Arbeitsteilung (Taylorisierung) kann aufgrund des erweiterten Informationshorizontes der Sachbearbeiter auf ein vernünftiges Maß abgebaut werden.

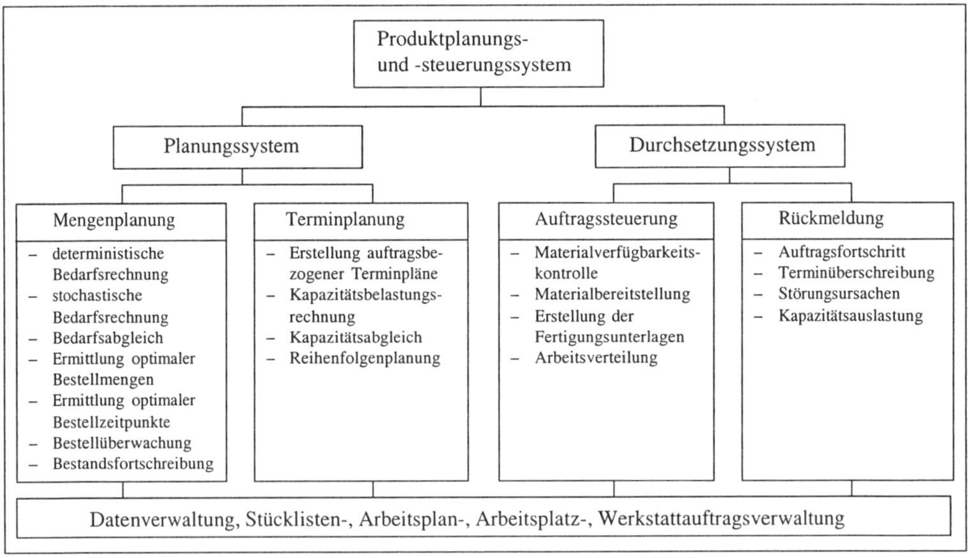

Quelle: Digital Equipment, CIM-Seminar

Die Entwicklung des Marktes sowie der ständig steigende Druck der Konkurrenz machen es notwendig, über die Einführung eines PPS-Systems nachzudenken. Durch ein PPS-System können folgende Leistungen erbracht werden:

- Anfragen nach Lieferterminen und Preisen bei bestimmten Produkten können jederzeit unmittelbar beantwortet werden.
- Die Durchlaufzeit eines Produktionsauftrags wird verkürzt.
- Die Lagerbestände werden aufgrund genauerer Planung reduziert.
- Die genaue Terminierung ermöglicht just-in-time-production.
- Aufgrund der verringerten Durchlaufzeiten und Lagerbestände wird die Kapitalbindung in der Produktionstätte beziehungsweise im Betrieb wesentlich vermindert.
- Liefertermine können besser eingehalten werden.
- Die Kapazitätsauslastung der Maschinen wird gleichmäßig und hoch gehalten.
- Es entfallen Stillstandszeiten, die aufgrund von Fehldispositionen entstehen.
- Die personalintensiven Verwaltungsaufgaben werden minimiert.
- Auf Störungen im Produktionsprozess kann schnell und präzise reagiert werden.
- Der Sekundärbedarf kann anhand von Stücklisten und Primärbedarf schnell ermittelt werden.

(2) **Bestandteile**

PPS-Systeme setzen sich in der Regel aus folgenden Bestandteilen zusammen (hier exemplarisch für das PPS-System Structura von der Firma Weigang):

- Kundenauftragsverwaltung (Angebote, Auftragsbestätigung, Fakturierung)
- Materialwirtschaft (Lagerverwaltung, Stücklisten, Disposition)
- Bestellwesen (Anfragen, Bestellungen, Bestellüberwachung)
- Lohn- und Gehaltsabrechnung (Brutto- / Nettolohnabrechnung, Kurzarbeitergeldabrechnung)
- Finanzbuchhaltung (Debitoren, Kreditoren, Sachkonten, Anlagen)
- Kostenrechnung (Betriebsabrechnung (BAB), Plankostenrechnung, Kostenträger)
- Kalkulation (Teilkosten- / Vollkostenkalkulation, Vor- / Nachkalkulation)
- Zeitwirtschaft (Arbeitspläne, Durchlaufterminierung, Fertigungspapiere, Rückmeldung)
- Durchsetzung und Kontrolle (Leitstand mit elektronischer Rückmeldeanlage (BDE)).

(3) **Datenstrukturen**

Die vom PPS-System verwalteten und benötigten Daten lassen sich in Stammdaten und Bewegungsdaten unterscheiden.

Zu den Bewegungsdaten gehören:

- Kundenaufträge,
- Fertigungsaufträge,
- Bestellbestände,
- terminierte Nettobedarfe,
- Lagerbestände.

Zu den Stammdaten zählen:

- Artikelstamm,
- Kundenstamm,
- Lieferantenstamm,
- Arbeitsplatzdaten,

- Betriebsmitteldaten,
- Stücklisten,
- Arbeitspläne,

wobei die letzten drei CIM-relevante Daten sind, d. h. sie gelten nicht nur für das PPS-System, sondern finden im gesamten Produktionsbetrieb Anwendung beziehungsweise stammen von anderen Bereichen.

5.6.2.2 Computer Aided Design (CAD)

Unter CAD versteht man das computerunterstützte Entwerfen von Bauteilen und Baugruppen bis hin zu ganzen Produktionseinheiten. Dabei werden neben Entwicklungs- und Konstruktionstätigkeiten auch technische Berechnungen durchgeführt und Unterlagen erstellt und verwaltet.

Die dabei anfallenden Informationen müssen in einer Form erstellt werden, die für den gesamten Betrieb sinnvoll verarbeitet werden können.

Eine Anbindung an das PPS-System und an die anderen CA-Systeme (CAP, CAM, CAE) ist dabei eine wesentliche Voraussetzung für die Vermeidung der mehrfachen Datenaufbereitung, -generierung und -übergabe zwischen den einzelnen Unternehmensbereichen. Somit kann erreicht werden, dass aus Konstruktionsdaten, ergänzt um Arbeits- und Steuerungsanweisungen der Arbeitsvorbereitung, automatisch Fertigungs- und Montageprozesse veranlasst und überwacht werden.

Das CAD-System hat unter anderem die Aufgabe, aus den Konstruktionsdaten Stücklisten zu erstellen, die den Stücklistenstammdaten zugeführt werden.

5.6.2.3 Computer Aided Engineering (CAE und EDM)

Das **CAE-System** ist sehr eng an CAD gekoppelt und dient der Simulation konstruktiver Merkmale und Auswirkungen von deren Änderungen. So kann z. B. die einwandfreie Funktionstüchtigkeit einer Baugruppe oder eines Produkts noch vor der Erstellung eines Prototyps im Computer simuliert werden. Hierdurch entsteht eine hohe Flexibilität, da konstruktive Änderungen sofort auf deren Auswirkungen hin überprüft werden können. Die Produktivität der Konstruktion erfährt dadurch eine erhebliche Steigerung. Der Begriff CAE wird manchmal auch als Synonym für CAD/CAM benutzt oder als Oberbegriff für CAD und CAP verwendet.

Engineering Data Management Systeme, kurz: **EDM-Systeme**, stellen eine Struktur und Methoden für die Organisation und Verwaltung aller Engineering Daten zur Verfügung. Dazu gehören:
a) **technische Daten**, wie Produktbeschreibungen z.B. im Pflichtenheft, CAD- oder gescannte Zeichnungen, mathematische oder geometrische Modelle, NC-Programme, Normen und
b) **kaufmännische Daten**, wie Materialklassifizierungen, Kosten, Lieferanten und Qualitätsstandards.
EDM-Systeme haben in der Paxis Zeiteinsparungen bei der Konstruktion bis zu 40%, der Zeichnungserstellung 50-90% und bei der Stücklistenerstellung von 20% ergeben. Den Kontext von technischen und kaufmännischen Modulen im EDM zeigt das folgende Bild.

CAD - EDM - PPS - Systemintegration

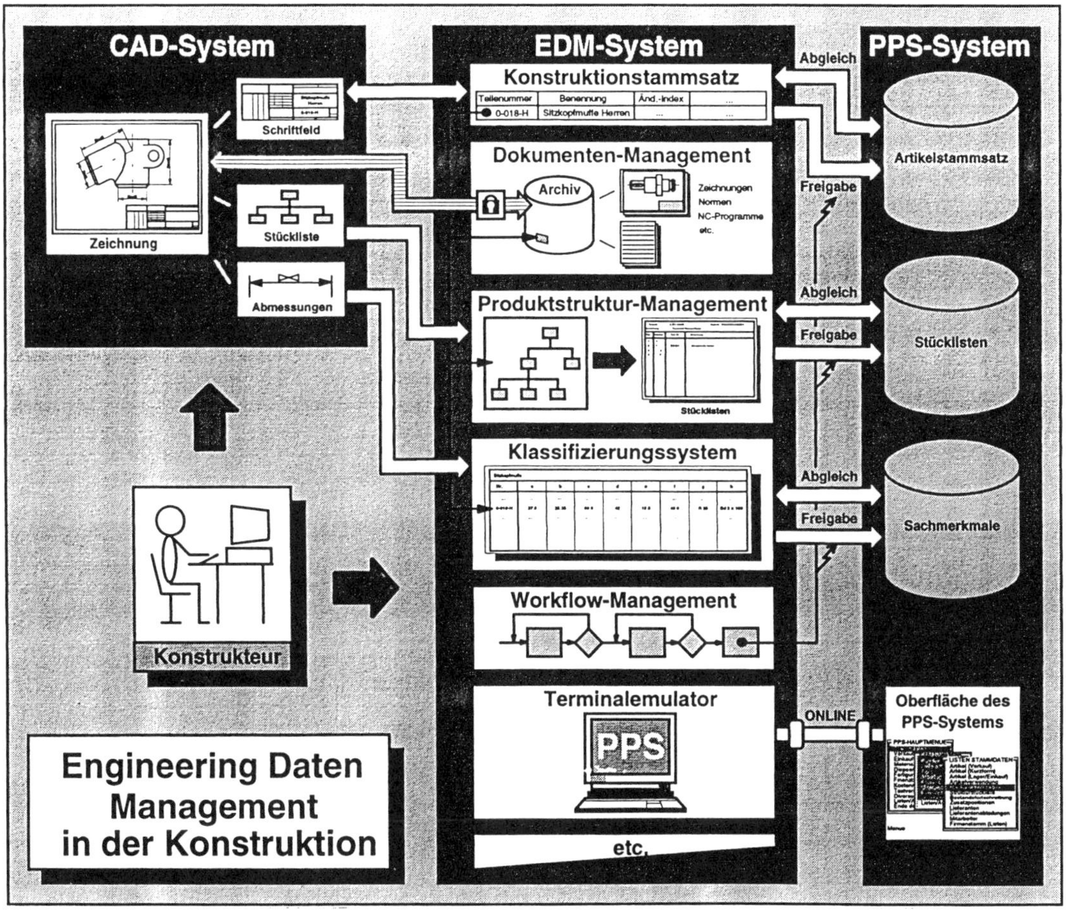

Identifikationsdaten	Ordnungsdaten	Konstruktionsdaten	Dispositionsdaten	Bedarfsdaten
- Sachnummer - Zeichnungsnummer - Sonstige Unterlagen-nummern	- Technische Klassifikation - ABC-Klassifikation - Normierte Benennung - Teileart - Statusdaten	- Funktion - Form - Abmessungen - Werkstoff - Gewicht - Physikalische Eigenschaften	- Beschaffungsart - Dispositionsart - Dispositionsstufe - Ersatzteileart - Ausschußfaktor - Losgrößenverfahren	- Bedarfsart - Akkumulierter Bedarf - Akkumulierter gedeckter Bedarf

Bestandsdaten	Absatzdaten	Beschaffungsdaten	Produktionsdaten	Kalkulationsdaten
- Akkumuliert Bestände - Akkumulierte reservierte Bestände - Mindestbestand	- Verkaufspreis - Rabatte - Bonuskonditionen - Mindestverkaufsmenge - Verpackungsmengen	- Einstandspreise - Wiederbeschaffungsfrist - Bestellmengengrenzen	- Vorlauffristen - Durchlauffristen - Verfahrensvarianten - Teilefamilienkennung	- Materialkosten - Lohnkosten - Maschinenkosten - Auftragswiederholkosten - Lagerkostenssatz

EDM - relevant

5.6.2.4 Computer Aided Planning (CAP)

Zur Steuerung der automatischen Fertigungseinheiten (NC- / CNC-Maschinen) ist es notwendig, entsprechende NC-Programme zu erstellen. Diese Programmierarbeit wird vom CAP-System bewerkstelligt. Dazu werden die Geometriedaten aus der Konstruktion (CAD), die noch um verschiedene andere Technologiedaten (z. B. Schnittgeschwindigkeit) manuell ergänzt werden müssen, herangezogen.
Außerdem werden vom CAP-System aus den Konstruktionsdaten des CAD und den Betriebsmitteldaten Arbeitspläne und Montageanweisungen erstellt und in die Arbeitsplandatei eingetragen. Weitere Aufgaben des CAP bestehen in der Auswahl der geeigneten Betriebsmittel, der Kalkulation und der Einführungsplanung.

Das CAP-System hat also Arbeitspläne, Montagepläne und NC-Programme zu erzeugen, die es für die anderen CIM-Komponenten zur Benutzung bereitstellt.

5.6.2.5 Computer Aided Manufacturing (CAM)

CAM dient der Steuerung und Überwachung der Betriebsmittel bei der Herstellung der Objekte im Fertigungsprozess. Dies bezieht sich auf die Steuerung von Arbeitsmaschinen, verfahrenstechnischen Anlagen sowie Transport- und Lagerhaltungssystemen. Dabei wird insbesondere die physische Ausführung der Funktionen

- Fertigen,
- Montieren,
- Handhaben,
- Transportieren,
- Lagern,
- Steuern von NC-, CNC-, DNC-Maschinen und Robotern und
- Instandhaltung

unterstützt.

5.6.2.6 Computer Aided Quality Assurance (CAQ)

CAQ bezieht sich auf die EDV-unterstützte Planung und Durchführung von Maßnahmen der Qualitätssicherung. Hierunter wird einerseits die Erstellung von Prüfplänen, Prüfprogrammen, Prüfvorschriften und die Festlegung von Prüfmerkmalen verstanden. Andererseits versteht man hierunter die Realisierung computerunterstützter Mess- und Prüfverfahren, einer Schwachstellenanalyse und des Berichtswesens (BDE). CAQ bedient sich dabei der Daten des CAD, CAP und CAM, womit eine CIM-Voraussetzung erfüllt wäre.

(1) **Einführung**

Immer ausgereiftere Konzepte zu immer günstigeren Preisen im Hard- und Softwarebereich der Computertechnologie erklären ihren stetig expandierenden Einsatz in einem Wirtschaftsbetrieb. Wurden zunächst nur Teilbereiche innerhalb eines Unternehmens durch die EDV unterstützt beziehungsweise abgewickelt - z. B. das Rechnungswesen -, geht die Entwicklung mehr und mehr dorthin, das gesamte Unternehmen in ein rechnergestütztes Konzept einzubeziehen. Der Ausbau von Informationsströmen und eine einheitliche Kommunikationsstruktur ermöglichen einen schnellen und selektiven Zugriff auf entscheidungsrelevante und aus verschiedenen Betriebsteilbereichen sinnvoll kombinierter Informationen. Dadurch ist eine optimale Unternehmensführung mit einer effektiven Planung und einem wirkungsvollen Controlling unter entscheidender Kostenreduzierung (weniger Fehlplanungen und -entscheidungen) realisierbar.

Frühzeitige und zielgerichtete Kenntnisse von unternehmensexternen und -internen Tatbeständen haben derart an Bedeutung gewonnen, dass die „Information" inzwischen als vierter Produktionsfaktor zu den drei klassischen „Arbeit", „Betriebsmittel" und „Kapital" hinzugerechnet wird.

Rechnerunterstützte Konzepte, die den gesamten Produktionsprozess betreffen, werden durch den Begriff CIM (Computer Integrated Manufacturing) charakterisiert. Bestandteil eines solchen CIM-Systems, das von der Produktplanung (CAP = Computer Aided Planning) und -konstruktion (CAD = Computer Aided Design) über das zentrale Element des PPS-Systems (Produktplanung und -steuerung) bis zur computergestützten Produktion (CAM = Computer Aided Manufacturing) reicht, ist auch die rechnergestützte Qualitätssicherung (CAQ).

(2) **Gliederung der CAQ**

CAQ nimmt als DV-gestütztes Qualitätssicherungskonzept alle Aufgaben der Qualitätssicherung wahr, reicht also von der Produktplanungsphase bis zu Service- und Garantieleistungen. Daher entsprechen seine Bestandteile auch den Teilbereichen eines Qualitätssicherungssystems:

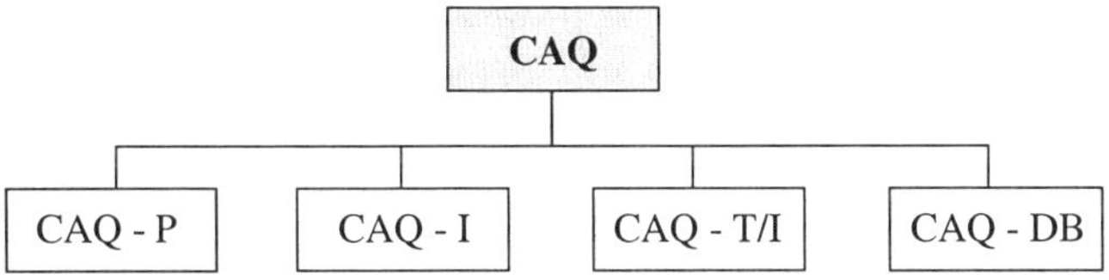

CAQ - P (CAQ - Planning)
- ❑ entspricht der Qualitätsplanung
- ❑ Auswahl, Klassifizierung und Gewichtung von Qualitätsmerkmalen
- ❑ Entwicklung von Qualitätshandbüchern (Anforderungen, Prüfpläne)

CAQ - I (CAQ - Improving)
- ❑ entspricht der Qualitätslenkung
- ❑ Überwachung und Korrektur der Produktausführung (Regelkreis)

CAQ - T/I (CAQ - Testing/Inspecting)
- ❑ entspricht der Qualitätsprüfung
- ❑ Prüfungsdurchführung und -auswertung
- ❑ Qualitätsdatenerfassung

CAQ - DB (CAQ - DataBase)
- ❑ Qualitätsdatenbank
- ❑ Speicherung und Verwaltung aller relevanten Qualitätsinformationen (Informationsreservoir)

Eine Besonderheit des CAQ-Konzeptes ist die zentrale Datenbank, in der alle qualitätsrelevanten Informationen zusammenlaufen. Hier sind beispielsweise die Fehlerraten (Ausfallwahrscheinlichkeiten) für einzelne Bauteile/-gruppen gespeichert. Dadurch kann bei einer Produktplanung unter Verwendung von Stücklisten - die gemäß des CIM-Systems ebenfalls DV-technisch gespeichert vorliegen - eine schnelle und zuverlässige MTBF-Berechnung durchgeführt werden.

Dieses Beispiel macht deutlich, was den eigentlichen Vorteil von rechnerintegrierten Konzepten ausmacht: Die Vernetzung und Kombination verschiedenster Daten liefert Informationen, auf deren Basis frühzeitige, zielgerichtete Aussagen gemacht und Entscheidungen getroffen werden können.

Es wird aber auch ersichtlich, dass CAQ nur in einer integrierten Gesamtstruktur sinnvoll ist, so dass auch abteilungsexterne Informationen durch eine einheitliche Kommunikationsstruktur abrufbar sind.

Die folgende Graphik veranschaulicht die **Informationsvernetzung** im rechnerintegrierten Gesamtkonzept bezogen auf die Qualitätssicherung und deren Maßnahmen **im Produktentwicklungsprozess**:

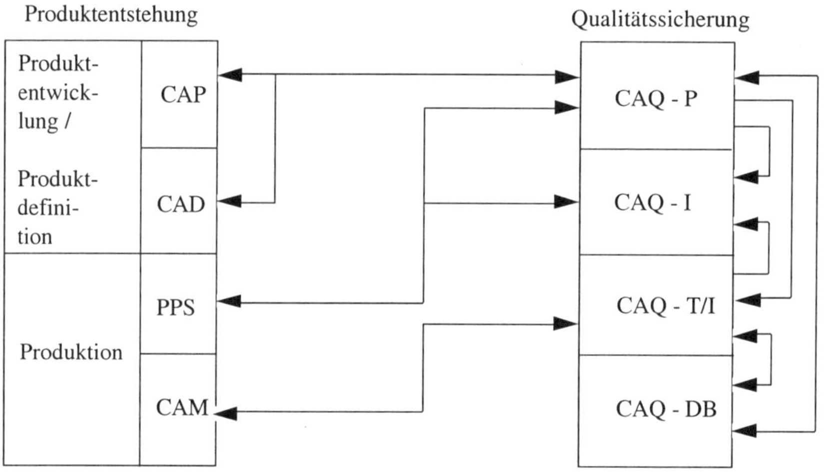

(frei nach Datenrevision, Referat über CAQ)

Die dargestellten Pfeile zeigen den Datenfluss auf. Es wird deutlich, dass neben den qualitätssicherungsinternen Datenflüssen auch Informationskontakte zwischen den Bestandteilen der Qualitätssicherung und den Regelsystemen der Produktentwicklung, -fertigung und -steuerung bestehen.

Aufgrund dieser Datenkommunikationsstruktur ist es der Steuerzentrale der Qualitätssicherung (CAQ - I) möglich, qualitätsregelnde Maßnahmen durchzuführen, die sich auf folgende Teilbereiche beziehen:

CAQ - P CAQ - T/I CAP/CAD PPS CAM

(3) Hardwarefunktionaler Aufbau eines CAQ-Systems

Die Realisierung von CAQ erfolgt über ein hierarchisches Rechnernetz. Die unterste Ebene wird gebildet von Arbeitsplatzrechnern (Einplatzrechnern) und/oder von Prozessrechnern. Sie befinden sich dezentral an den einzelnen Produktionsstätten, zugeordneten Arbeitsplätzen oder speziellen Prüfstellen.

Hier erfolgt eine systematische oder laufende Qualitätsprüfung durch manuelle oder automatische Erfassung von Ist-Werten/Merkmalen, die mit den Sollwerten unter Berücksichtigung zulässiger Toleranzen verglichen werden. Das Prüfungsmaterial wird erfasst, gespeichert, angezeigt und in aufbereiteter, gesammelter Form in die nächst höhere Ebene übertragen. Durch Anzeigen von Prüfergebnissen und Feststellen unzulässiger Abweichungen können schon auf lokaler Ebene regelnde Sofortmaßnahmen eingeleitet werden, bei Einsatz von Prozessrechnern kann dies automatisch durch den Rechner veranlasst werden.

Die mittlere Ebene (Steuerungsebene) wird durch Bereichsrechner repräsentiert. Die Bereichsrechner fassen das aus der untersten Ebene erhaltene Prüfmaterial zusammen und geben es in selektierter und komprimierter Form an den zentralen Steuerrechner (Großrechner) weiter. Auch von hier aus können regelnde Maßnahmen mit sofortigem Wirkungscharakter eingeleitet werden, deren Notwendigkeit sich vielleicht erst aufgrund des Vergleiches der Einzelsysteme unter dem bereichsumfassenden Blickwinkel ergeben. In dieser Ebene erfolgt weiterhin die Erstellung und Verwaltung von Prüfmitteln und -aufträgen für kurz- und mittelfristige Qualitätsregelungen.

Die oberste Ebene wird als Planungsebene bezeichnet. Kennzeichnend ist der zentrale Steuerrechner, der die zur Langzeitauswertung und Archivierung relevanten Daten der mittleren Ebene verarbeitet. Hier werden die Informationen aufbereitet, die für führungstechnische Entscheidungen benötigt werden. Auf Basis der Daten dieser Ebene erfolgt eine langfristige Qualitätsplanung und -lenkung, verbunden mit der Produkt-, Fertigungs-, Personal-, Material- und Unternehmensplanung. In der Qualitätsplanung werden Prüfpläne und -vorgaben erstellt.

(4) Auswirkungen einer CAQ-Einführung

Die Einführung von CAQ innerhalb eines rechnerintegrierten Gesamtkonzeptes garantiert eine hoch wirksame produktplanungs- und -fertigungsbegleitende Qualitätssicherung. Die rasche Gewinnung qualitätsrelevanter Steuerungsinformationen macht eine unmittelbare Reaktion möglich. Das präventive oder frühzeitige Einleiten regelnder Maßnahmen reduziert die durch Qualitätsminderung und Fehlproduktionen entstehenden Fehler- und Fehlerfolgekosten erheblich. Außerdem kann ein gleichbleibendes Qualitätsniveau erzielt werden. Das Erkennen von Schwachstellen ermöglicht ein Optimieren von Prüfvorgängen, Prüfkosten und Prüfzeiten. Prüfdaten sind transparent, einheitlich und stehen Planungs- und Fertigungsbereichen für dispositive Entscheidungen zur Verfügung.

Als nachteilige Auswirkung ergibt sich zum einen ein relativ hoher Investitionsaufwand. Die Hardware muss, soweit nicht vorhanden, angeschafft werden; die Software muss installiert und angepasst werden. Innerbetriebliche Umstrukturierungen können erwachsen, das Personal muss geschult werden usw.

Andererseits stehen den hohen Anfangskosten zunächst geringe Vorteile gegenüber, weil sich ein CAQ- oder CIM-Konzept erst auf längere Sicht auszahlt. Außerdem lassen sich die gewonnenen Vorteile wertmäßig nur sehr unzureichend fassen.
Langfristig gesehen werden sich aber angesichts des Wettbewerbsdrucks wohl alle größeren

Produktionsbetriebe nach und nach auf eine rechnerintegrierte Fertigung und Qualitätssicherung umstellen müssen, um eine größere Flexibilität zu erlangen.

5.6.2.7 Das Zusammenwirken der CIM-Komponenten

Die oben beschriebenen EDV-gestützten Systeme existieren heute häufig als Insellösungen, die über Papierschnittstellen miteinander verbunden sind. Das Fernziel der CIM-Konzeption ist jedoch die Realisierung eines durchgängigen Informationsflusses, bei dem die EDV bereichsübergreifend in einem integrierten System alle mit der Produktion zusammenhängenden Betriebsbereiche miteinander verbindet. So lässt sich CIM als integrierter EDV-Einsatz in allen mit der Produktion zusammenhängenden Betriebsbereichen definieren. CIM umfasst das informationstechnische Zusammenwirken zwischen PPS, CAD, CAE, CAP, CAM und CAQ. Dieses wird durch die bereichsübergreifende Nutzung einer gemeinsamen Datenbasis erreicht.

5.6.2.8 Ein Beispiel für einen Kundenauftrag

Um die Integration der Informationen zu verdeutlichen, wird nun der Fertigungsprozess vom Erhalt eines Kundenauftrags bis hin zur Fertigstellung in einem Unternehmen mit CIM-Realisierung beschrieben. Der Informationsfluss zwischen den einzelnen Komponenten ist auf der folgenden Seite dargestellt.

1. Der Kundenauftrag wird von der Auftragsbearbeitung entgegengenommen. Die Auftragsdaten werden der Konstruktion zugeführt.
2. Die Konstruktion prüft anhand bestehender Daten auf Ähnlichkeitskonstruktion und kann damit eine erste Abschätzung der Auswirkungen auf die Fertigung und die Kosten vornehmen und an das PPS-System zurückgeben.
3. Die Detailkonstruktion wird durchgeführt (CAD). Stücklisten und Geometriedaten werden erstellt.
4. Aus den Stücklisten und dem Kundenauftrag werden die Primärbedarfe ermittelt, falls notwendig werden Bestellungen veranlasst (PPS). Gleichzeitig werden aus den Stücklisten und Geometriedaten Arbeitspläne und NC-Programme erstellt (CAP).
5. Anhand der Arbeitspläne und Betriebsmitteldaten wird vom PPS die Kapazitätsterminierung sowie der Kapazitätsabgleich durchgeführt. Der Fertigungsauftrag wird freigegeben und die Fertigungssteuerung vom PPS übernommen.
6. CAM übernimmt nun die technische Steuerung des Fertigungsprozesses (Maschinen-, Transport-, Lager-, Montage-, Instandhaltungssteuerung). Hierfür werden die NC-Programme und Arbeitspläne herangezogen. Die Betriebsmitteldatei wird gepflegt.
7. BDE erhält von CAM auftragsbezogene Daten (Auftragsfortschritt) und von CAQ Qualitätsdaten, die in die Betriebsdatendatei eingetragen und ausgewertet werden. Es erfolgt eine Rückmeldung an die Fertigungssteuerung, die eventuelle Korrekturen vornimmt.
8. Der Regelkreis Veranlassung - Durchführung - Rückmeldung - Nachsteuerung wird fortgeführt, bis das Produkt fertiggestellt ist.

Diese Darstellung ist stark vereinfacht und beachtet das Zusammenwirken von CAQ und den anderen CA-Systemen nicht vollständig. Die CAQ ist beispielsweise auch bei der Konstruktion, der Arbeitsplanerstellung und der Wareneingangskontrolle beteiligt.

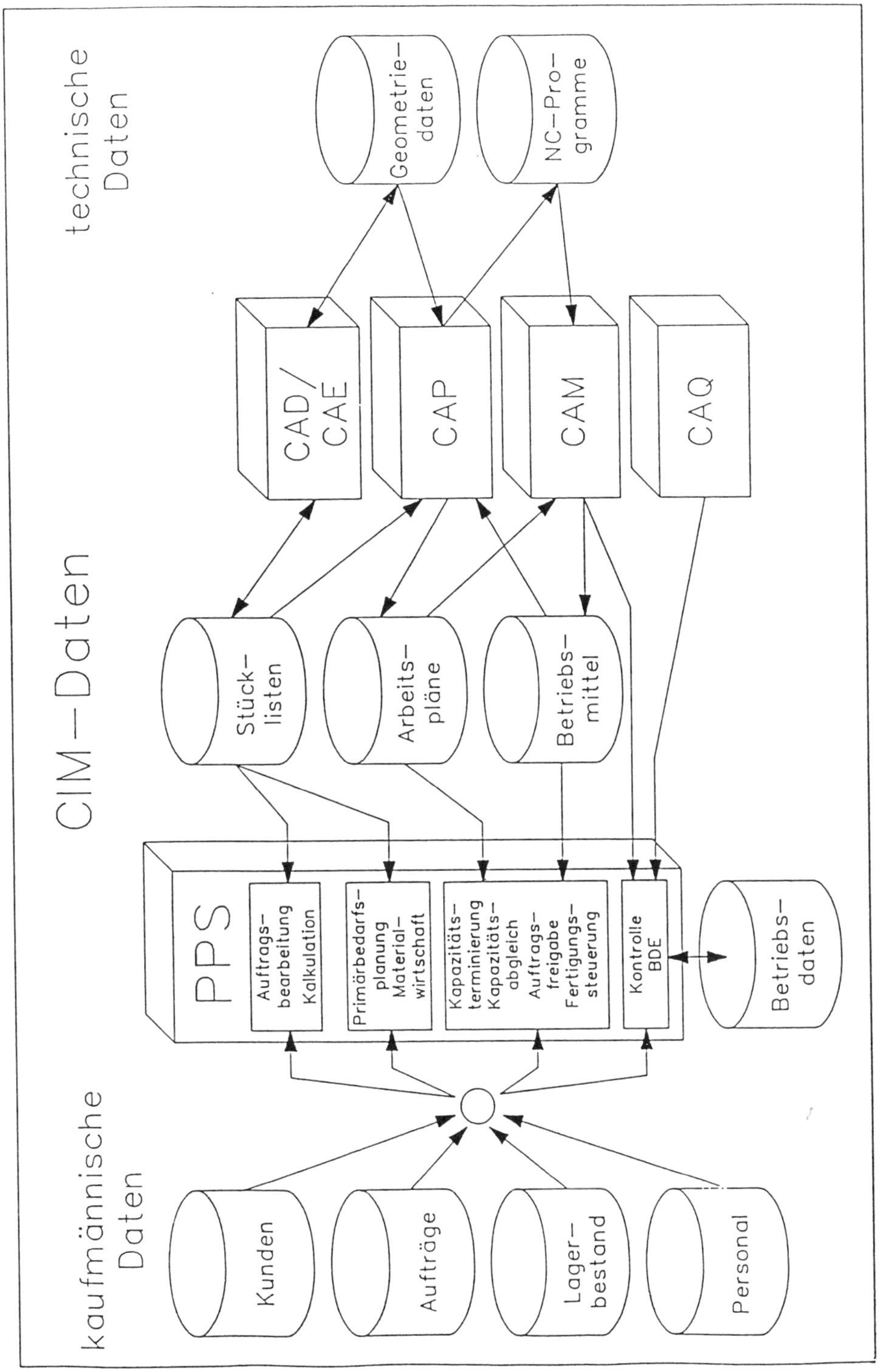
technische Daten
Geometrie-daten
NC-Pro-gramme
CAD/CAE
CAP
CAM
CAQ
CIM-Daten
Stück-listen
Arbeits-pläne
Betriebs-mittel
PPS
Auftrags-bearbeitung Kalkulation
Primärbedarfs-planung Material-wirtschaft
Kapazitäts-terminierung Kapazitäts-abgleich Auftrags-freigabe Fertigungs-steuerung
Kontrolle BDE
Betriebs-daten
kaufmännische Daten
Kunden
Aufträge
Lager-bestand
Personal

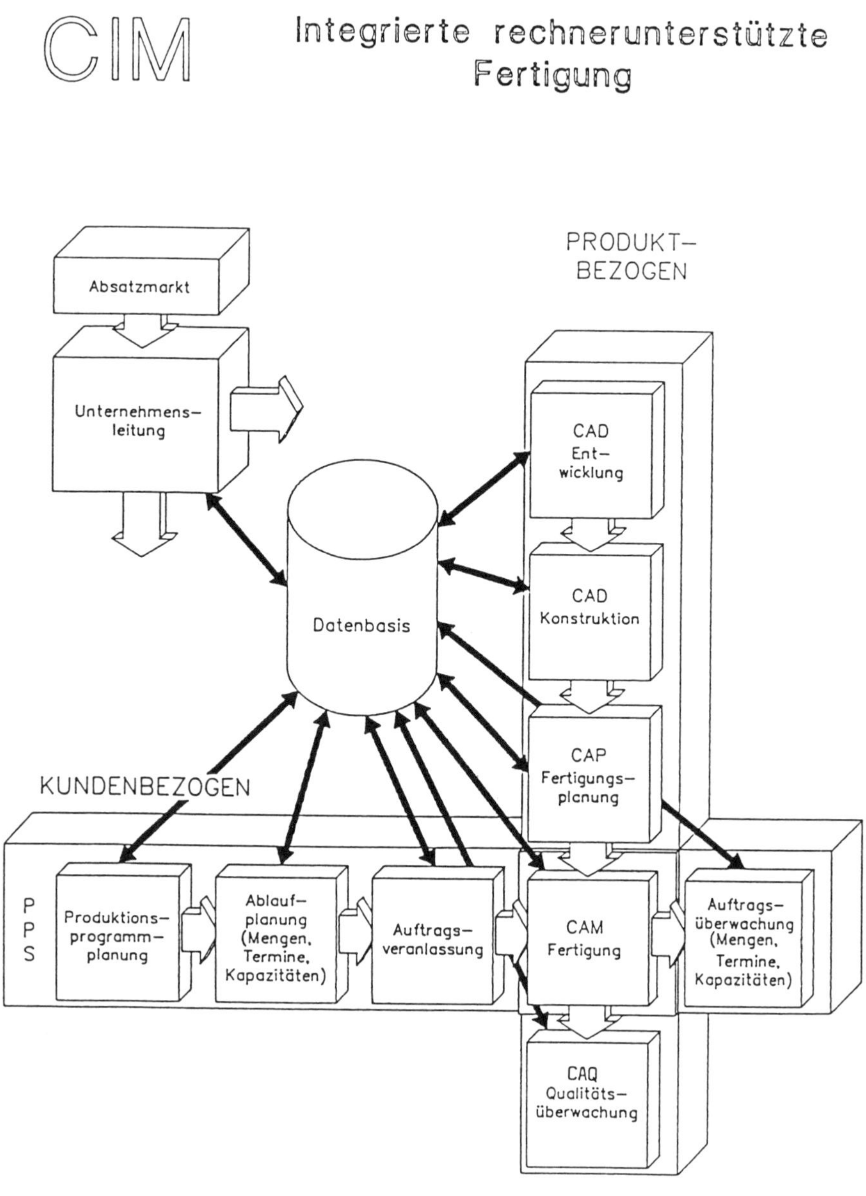

Quelle: CADCAM Labor / Kernforschungszentrum Karlsruhe GmbH

5.6.3 Einführung von CIM

Um die umfangreichen Integrationsvorgänge eines CIM-Konzeptes zu realisieren, ist es wichtig, eine Strategie zu entwickeln:

Als erstes ist es unter Umständen notwendig, die Unternehmensorganisation an das CIM-Konzept anzupassen, damit die Einführung von CIM nicht an einer starren, nicht CIM-fähigen Organisation scheitert. Dabei muss aufgrund der Reintegrierung der Arbeitsvorgänge eine Umordnung der Abteilungen beziehungsweise der Aufgabenbereiche stattfinden, die sowohl die planerischen Aktivitäten (Arbeitsvorbereitung, Konstruktion) als auch die durchführenden Aktivitäten (Fertigung, Montage) umfasst.

Die Umorganisation der Unternehmensstruktur lässt sich jedoch nur bei kleinen und mittelständischen Unternehmen wirtschaftlich durchführen. In großen Unternehmen erfolgt eine Neuorganisation in der Regel nur unter dem Druck fundamentaler Markt- und Produktprogrammänderungen und wohl kaum für die Einführung von CIM. Wird jedoch ein großes Unternehmen umorganisiert, so sollte die neue Struktur für die Einführung von CIM vorbereitet werden.

Die Erweiterung der oben genannten Aufgabenbereiche (durch Reintegrierung) macht eine Erhöhung der Mitarbeiterqualifikation notwendig. Es sollte bei der Schulung ein vorbereitender sowie ein begleitender Teil vorgesehen werden, wobei der vorbereitende Teil grundsätzliche und der begleitende Teil konkrete Sachverhalte zu CIM beinhaltet.

Ein weiterer wichtiger Punkt ist die Überzeugung des mittleren Managements, da dieses durch die Einführung der neuen Technologien verunsichert wird. Denn die Straffung der organisatorischen Abläufe führt zu einer drastischen Einschränkung der Koordinationsfunktionen, die bisher von dieser Führungsebene wahrgenommen wurden. Es gilt, frühzeitig neue Aufgabenbereiche für das mittlere Management zu definieren (z. B. Planungs-, Kontroll- und Konzeptionsaufgaben). Es sollte aber auch in den Fachabteilungen für Akzeptanz gesorgt werden, da deren Mitarbeit für eine CIM-Realisierung unabdingbar ist. Dafür ist eine umfassende Information notwendig. Es können z. B. Seminare und Schulungen zur Aufklärung und Motivierung der beteiligten Funktionsbereiche veranstaltet werden.[98]

Für die erfolgreiche Durchführung der Strategie ist die genaue Kenntnis der informationellen Verflechtungen und Abläufe innerhalb des Unternehmens notwendig. Sind diese Verflechtungen und Abläufe nicht oder nur zum Teil bekannt, sollten externe Berater, die auch über Kenntnisse in Hard- und Software verfügen, eingesetzt werden. Diese können entweder die Anbieter der CIM-Komponenten selbst oder unabhängige Unternehmensberater sein.

Die Einführung von CIM sollte nach einem Phasenplan durchgeführt werden. Dieser Plan kann folgendes Aussehen haben:

1. **Projektvorschlagsphase**
   - ❑ Problem- und Aufgabenstellung formulieren
   - ❑ Voruntersuchung durchführen
2. **Planungsphase I**
   - ❑ Idealkonzept erstellen
   - ❑ Istaufnahme / Istanalyse durchführen
   - ❑ Fachliches Grobkonzept erstellen

---

[98] Vgl. *Scheer,* a.a.O

3. **Planungsphase II**
   - ❑ Leistungsbeschreibung erstellen
     - fachliches Feinkonzept
     - DV-Grobkonzept
4. **Realisierungsphase I**
   - ❑ DV-Feinkonzept erstellen
   - ❑ Programmierung, Codierung
   - ❑ Test durchführen
5. **Realisierungsphase II**
   - ❑ Organisatorische Anpassung durchführen
   - ❑ Probebetrieb durchführen
6. **Einsatzphase.**

Die Phasen 1. bis 3. erfordern eine enge Zusammenarbeit zwischen den Fachleuten der betroffenen Teilbereiche und der EDV-Abteilung beziehungsweise den externen Beratern.

Da ein vollständiges CIM-System noch nicht verfügbar ist, kann ein Anwender, der ein CIM-Konzept realisieren möchte, nach der Definition des notwendigen Rahmenplanes nur mit CIM-Teilketten beginnen. Ein sinnvoller Einstieg in CIM wäre beispielsweise die Einführung eines PPS-Systems. Hierauf aufbauend können weitere Systemkomponenten ergänzt werden. Dabei ist darauf zu achten, dass die notwendigen Schnittstellen der jeweiligen Teilsysteme vorhanden und kompatibel sind.

5.6.4 Wirtschaftlichkeit von CIM

Es ist zu beobachten, dass viele große Unternehmen (u.a. BMW, MBB, Citroen) an der Realisierung von CIM arbeiten. Obwohl ähnliche Zielsetzungen herrschen, sind die Schritte in Richtung CIM nicht immer identisch. Daraus kann man erkennen, dass es kein Patentrezept für die Einführung von CIM gibt. Jedes Unternehmen, das ein solches System einführen möchte, muss seine Situation genauestens analysieren und die Einführungsschritte detailliert planen. Der damit verbundene erhebliche Aufwand steht zu dem aus CIM erwachsenden Ertrag in einem nicht genau quantifizierbaren Verhältnis. Zwar lassen sich der reduzierte Lagerbestand, die verringerte Kapitalbindung und der verbesserte Nutzungsgrad der Maschinen quantitativ erfassen und evtl. sogar kostenmäßig bewerten, doch kann die Erhöhung der Flexibilität, die Steigerung der Produktqualität und die kürzeren Lieferfristen sowie die aus allen Faktoren resultierende Erhöhung der Kundenzufriedenheit nicht auf Wirtschaftlichkeit hin überprüft werden.

Eine genau quantifizierte Wirtschaftlichkeitsanalyse ist also schwer durchführbar. Dennoch sollten die nicht genau quantifizierbaren Faktoren Beachtung finden, da diese ein erhebliches Rationalisierungspotential darstellen. So ist bei bisher bekannt gewordenen CIM-Realisierungen beobachtet worden, dass die Durchlaufzeiten innerhalb der Teilefertigung auf die Hälfte oder die Entwicklungsprozesse auf ein Drittel der bisher üblichen Zeit reduziert werden konnten.[99]

[99] Vgl. *Scheer,* a.a.O

Bedenkt man, dass in unterschiedlichen Konfigurationen CIM-Konzepte verwirklicht werden, dann ist anzunehmen, dass deren Leistungsmerkmale in bestimmten Branchen zum Stand der Technik geworden sind. Das kann dazu führen, dass in bestimmten Branchen Unternehmen ohne entsprechende Technologie aufgrund unterlegener Produktivität aus dem Markt gedrängt werden. Unternehmen, die einem solchen Wettbewerb ausgesetzt sind, werden die Wirtschaftlichkeit und Rentabilität im Rahmen ihrer strategischen und operativen Unternehmensplanung rechnen müssen.
Ein umfassendes Modell zur Wirtschaftlichkeitsanalyse von PPS-Systemen einschließlich der Berücksichtigung von nicht direkt quantitativen Effekten, nach dem Stand gegenwärtiger Erkenntnis, erläutern *Specht, Wolter*, in Produktionslogistik mit PPS-Systemen, Ludwigshafen.

Betrachtet man die Entwicklung des Marktes und der Produktions relevanten Faktoren, wie steigende Variantenvielfalt und sinkende Losgrößen, so wird deutlich, dass eine schrittweise Verwirklichung von firmenindividuellen CIM-Lösungen andauern wird. Da die Einführung von CIM in der Regel nur in Teilketten durchgeführt werden kann, haben viele Unternehmen firmenindividuelle CIM-Lösungen realisiert, die erhebliche Vorteile bieten

Zum Abschluss sei noch erwähnt, wie *J.T.O. Rourke, Allen Bradley Company*, die Wichtigkeit von CIM schon im Jahr 1987 einschätzte:[100] „Die Wettbewerbsvorteile einer Nation bestanden früher aus den Bodenschätzen, dann aus niedrigen Arbeitslöhnen und nun für die hochindustrialisierten Länder aus der rechnerintegrierten Produktion.“ - CIM/PPS-Lösungen werden in vielen Fällen erfolgreich mit Just-in-Time-Lösungen kombiniert werden. (Vgl. *Specht,O.,Wolter,B.*, Produktionslogistik mit PPS-Systemen, a.a.O.)

[100] *Sommer, E.*, Industrie-Automation, in: atp

Kontrollfragen zu Kapitel 5

1. Erläutern Sie den zeitlichen Wandel der Ziele und das gegenwärtige Zielsystem der Produktion.
2. Wie definieren Sie wichtige Produktionsaufgaben für Unternehmen in der Bundesrepublik?
3. Erläutern Sie die Produktionsfaktoren nach Gutenberg.
4. Nennen und erläutern Sie eine Systematik der
   - Leistungstypen der Produktion (nach Beer) und
   - Organisationstypen der Produktion (nach Beer) sowie der
   - Informationsprozesse der Produktion.
5. Erläutern Sie anhand von zwei Organigrammen Ihre Vorstellungen zur Strukturorganisation der Produktion für ein kleines und für ein großes Unternehmen. Begründen Sie die von Ihnen empfohlenen Aufgabenverteilungen.
6. Entwerfen Sie eine Stellenbeschreibung für einen Produktionsleiter.
7. Erläutern Sie die Rahmenbedingungen und Einflussfaktoren der Produktprogrammplanung.
   7.1 Geben Sie einen Überblick über die Haupteinflussfaktoren.
   7.2 Erläutern Sie die sechs Dimensionen von Öko-Effizienz.
   7.3 Definieren und bewerten Sie die Bedeutung von Design for Disassembly.
8. Welche Methoden zur Herstellkostensenkung kennen Sie?
9. Erläutern Sie die Begriffe Normung und Typung und begründen Sie deren praktische Bedeutung für die betriebliche Optimierung.
10. Geben Sie eine systematisch gegliederte Einführung in die Prinzipien, Verfahren und Bedeutung für die folgenden Verfahren der Produktoptimierung:
    10.1 Wertanalyse
    10.2 Design for Manufacture and Assembly (DFMA).
11. Geben Sie einen Überblick über die produktionsmengenunabhängigen Aufgaben der Fertigungsplanung.
12. Welche Teilaufgaben zählen üblicherweise zur Erzeugnisplanung?
13. Erläutern Sie Inhalt, Entstehung und Verwendung von Arbeitsplänen.
14. Erläutern Sie die Aufgabeninhalte von
    14.1 Arbeitsplanung,
    14.2 Materialplanung und
    14.3 Betriebsmittelplanung.
15. Erläutern Sie die funktionsübergreifende Bedeutung betrieblicher Nummernsysteme und klären Sie die wichtigsten Begriffe sowie die in diesem Zusammenhang relevanten Eignungsmerkmale. Veranschaulichen Sie Ihre Aussagen durch Skizzen.
16. Geben Sie einen zusammenfassenden Überblick über die betrieblichen Funktionen von Stücklisten.
17. Stellen Sie die unterschiedlichen Stücklistentypen vor, erläutern Sie deren Hauptmerkmale und deren Eignung für den EDV-Einsatz. Gehen Sie bei Ihrer Darstellung von der Definition eines einfachen mehrstufigen Produkts aus und stellen Sie dieses unter Verwendung der verschiedenen Stücklistentypen dar.
18. Skizzieren Sie Entstehung und Einsatzmöglichkeiten der Fertigungsstückliste.
19. Geben Sie einen Überblick über die Einsatzbereiche der einzelnen Stücklistentypen.

21. Nennen Sie die Teilaufgaben von
    21.1 Bestell- und Lagerwesen,
    21.2 Fertigungsplanung und
    21.3 Fertigungssteuerung.
22. Skizzieren Sie den Arbeitsablauf der Erstellung eines Fertigungsprogramms sowie dessen wichtigste Informationsinhalte.
23. Definieren Sie die für die Kapazitätsplanung erforderlichen Begriffe.
24. Skizzieren Sie den Informationsablauf einer Kapazitätsabstimmung.
25. Welche Möglichkeiten zur Kapazitätsanpassung kennen Sie?
26. Welche Möglichkeiten zur Darstellung einer Auftragsstruktur kennen Sie?
27. Definieren Sie die Auftragszeit nach REFA mit Skizze und Erläuterung zu den einzelnen Zeitelementen.
28. Skizzieren Sie die Ablaufartengliederung nach REFA für Mensch, Arbeitsgegenstand, Betriebsmittel und Information.
29. Erläutern Sie das Verfahren der Durchlaufterminierung mit Vorwärts-, Rückwärtsterminierung sowie weiteren Optimierungsmaßnahmen.
30. Erläutern Sie das Verfahren zur Auftragsterminierung bei Werkstattfertigung nach dem Johnson Algorithmus.
31. Stellen Sie das Verfahren zur Taktoptimierung bei Fließfertigung nach Hahn dar.
32. Erläutern Sie Methoden der Netzplantechnik zur Terminplanung bei Baustellenfertigung.
33. Erläutern Sie die Methode der belastungsorientierten Kapazitätsterminierung nach Bechte.
34. Erläutern Sie Aufgabe und Methode der Vorlaufverschiebung.
35. Führen Sie für eine bestimmte Bestandssituation und Produktstruktur (z. B. gemäß Pkt. 5.4.1.4 (2)) eine Ermittlung des Nettoperiodenbedarfes nach dem Dispositionsstufenverfahren durch.
36. Ermitteln Sie auf der Grundlage entsprechender Daten (z. B. gemäß Pkt. 5.4.1.4 (3)) die wirtschaftliche Losgröße für einen Fertigungsauftrag.
38. Erläutern Sie die Aufgaben und den Informationsfluss eines Leitstandes.
39. Definieren Sie die zur Sicherung eines effizienten Fertigungsablaufs üblicherweise zweckmäßigen Arbeitspapiere und deren erforderliche Informationsinhalte.
40. Erläutern Sie systematisch und umfassend die Aufgaben der Betriebsdatenerfassung mit Angabe der üblicherweise zu erfüllenden Anforderungen und vor Einführung zu beantwortenden Fragen.
41. Beantworten Sie zu Philosophie, Teilaufgaben und Instrumenten des Qualitäts-Managements die folgenden Fragen:
    41.1 Was versteht man unter Total Quality Management?
    41.2 Erläutern Sie die Hauptaussagen von Feigenbaum, Deming, Juran und Ishikawa zum Thema Quality-Management.
    41.3 Welche Funktionen würden Sie einer Stabsstelle „Qualitätswesen" übertragen?
42. Erläutern Sie strukturiert mit Ihrem Urteil über deren praktische Bedeutung die Begriffe:
    42.1 Qualitätskreis (nach DIN 55350)
    42.2 Fehlerarten und AQL-Wert
    42.3 MTBF-Zeit
    42.4 Konstruktions-FMEA
    42.5 Erstmusterprüfung.
43. Erläutern Sie Gegenstand, Umfang, Vorgehen und Zweck der Zertifizierung nach ISO 9000 ff.

44. Was besagen die EU-Vorschriften zum Thema Produkthaftung?
45. Entwickeln Sie anhand einer Ihnen bekannten Skizze der Informationsprozesse in der Produktion, konkrete Vorstellungen über den zweckmäßigen EDV-Einsatz in der Produktion. Geben Sie in dem Zusammenhang konkret Auskunft über die Elemente von CIM sowie Voraussetzungen und Schritte für eine systematische EDV-Einführung in der Produktion.
46. Geben Sie einen Überblick über die Teilaufgaben beziehungsweise Leistungsinhalte eines PPS-Systems.
47. Erläutern Sie Arbeits- und Informationsablauf bei der Abwicklung eines Kundenauftrags für den Fall der Auftragsfertigung bei Einsatz eines PPS-Systems. (Wie dargestellt unter Pkt. 3.4.3.3).

6 Personalwirtschaft

6.1 Aufgaben und Organisation der Personalwirtschaft

6.1.1 Aufgaben der Personalwirtschaft

Allgemein formuliert kann man sagen, die Aufgabe der Personalwirtschaft besteht darin, für alle Bereiche des Unternehmens zu jeder Zeit das richtig qualifizierte Personal in richtiger Anzahl zu bestmöglichen Konditionen bereitzustellen und die zu dieser Aufgabe erforderlichen Verwaltungs- und Betreuungsaufgaben gegenüber den Mitarbeitern des Unternehmens wahrzunehmen.

Der Umfang und die Qualität der mit dieser Gesamtaufgabe verbundenen Teilaufgaben wird maßgeblich beeinflusst von folgenden Faktoren:[1]

- Größe und Organisation des Unternehmens
- Ertragskraft des Unternehmens
- personalpolitische Ziele der Unternehmensleitung
- Konkurrenzsituation auf dem Arbeitsmarkt
- Erwartungen der Mitarbeiter.

Friedrichs unterscheidet im Verlauf der zurückliegenden etwa drei Jahrzehnte folgende Entwicklungsphasen der Personalwirtschaft:[2]

- Eine **Verwaltungsphase**, in der die Personalabteilung lediglich die Aufgabe wahrnahm, die Verwaltungsangelegenheiten des Personalbereiches, wie Abwicklung von Einstellungen, Entlassungen und Lohn- und Gehaltsabrechnung mit Abführung von Sozialversicherungsbeiträgen und Steuern, auszuführen.
- Eine **Anerkennungsphase**, in der erkannt wurde, dass Qualität und Engagement der Mitarbeiter wesentlich den Unternehmenserfolg beeinflussen und die Personalabteilung dabei eine wichtige mitgestaltende Rolle inne hatte.
- Eine **Integrationsphase**, in der mit wachsender Bedeutung der Personalpolitik als Grundlage für den Unternehmenserfolg, die Leitung des Personalbereiches immer höher in der Unternehmenshierarchie angesiedelt wurde und in Großunternehmen in die erste Ebene der Unternehmensführung (als gesetzlich vorgeschriebener Arbeitsdirektor) integriert wurde.

Bleibt man sich der Tatsache bewusst, dass Umfang und Qualität der Aufgaben der Personalwirtschaft in Abhängigkeit von den oben genannten Faktoren von Unternehmen zu Unternehmen sehr verschieden ausgestaltet sein können, dann kann man die **Teilaufgaben der Personalwirtschaft** wie folgt gliedern:

- Beschaffung von Personal mit
  - Auslese und
  - Einstellung
- Verwaltung der Personalangelegenheiten mit
  - Lohn- und Gehaltsabrechnung und -zahlung
  - Abführung von Steuern und Sozialversicherungsbeiträgen

---

[1] Vgl. *Friedrichs, H.,* Personalpraxis, Oberursel/Ts.
[2] Vgl. *Friedrichs, H.,* Moderne Personalführung, München

- Betreuung des Personals mit
  - Gestaltung und Abwicklung der Sozialleistungen und
- Förderung des Personals zum Beispiel durch
  - Fortbildungsmaßnahmen und
  - Planung und Abwicklung von „job-rotation“
- Entlassung mit
  - Zeugniserteilung, darüber hinaus
- Koordination der Zusammenarbeit aller Unternehmensbereiche mit dem Betriebsrat und
- Beratung der Unternehmensleitung in Fragen der Personalpolitik und -förderung.

6.1.2 Organisation der Personalwirtschaft

Funktionen, die einer Stabsabteilung zugewiesen werden, bedürfen einer relativ hohen hierarchischen Einordnung in der Strukturorganisation, wenn ihre Richtlinienkompetenz für sehr viele Teilbereiche des Unternehmens maßgeblich ist und die Stabsabteilung gleichzeitig die Fähigkeit zum Ausgleich von konkurrierenden Interessen und Konflikten entwickeln soll. Genau dieser Sachverhalt trifft auf die Personalabteilung im Großunternehmen zu. Entsprechend hat sich die hierarchische Zuordnung der Personalabteilung eindeutig stark aufsteigend entwickelt.

Die Tatsache, dass der Erfolg der Führungskräfte der einzelnen Funktionsbereiche des Unternehmens wesentlich von der Qualifikation und dem Leistungswillen der jeweiligen Mitarbeiter abhängt, führt dazu, dass stark leistungsorientierte Führungskräfte des mittleren und oberen Managements bei der Auswahl und Bezahlung ihrer Mitarbeiter maßgeblich mitwirken wollen. Das bedeutet, dass jeder Personalleiter bei der Wahrnehmung seiner Aufgaben eng mit den Führungskräften der Unternehmensbereiche, für die er tätig wird, zusammenarbeiten muss. Je mehr diese Notwendigkeit erkannt wurde, umso höher wurde die Leitung der Personalabteilung in der Führungshierarchie angesiedelt. Zunächst der kaufmännischen Geschäftsführung zugeordnet, folgte später eine Unterstellung unter den Vorsitzenden der Gesamtgeschäftsführung (zum Beispiel in der AG den Vorstandsvorsitzenden) und später die Schaffung eines Arbeitsdirektors (in AGs im Range eines Vorstandsmitglieds).

Die Strukturorganisation des Funktionsbereiches Personalwirtschaft oder was das gleiche besagt des Personalwesens kann zu einer Gliederung nach Funktionen oder nach Objekten oder zu einer Mischform aus beiden Gliederungsprinzipien führen.

Freund, Knoblauch und Racké [3] fassen die Vielfalt der Praxis in folgenden Hauptmodellen zusammen:

(1) **Objektorganisation**

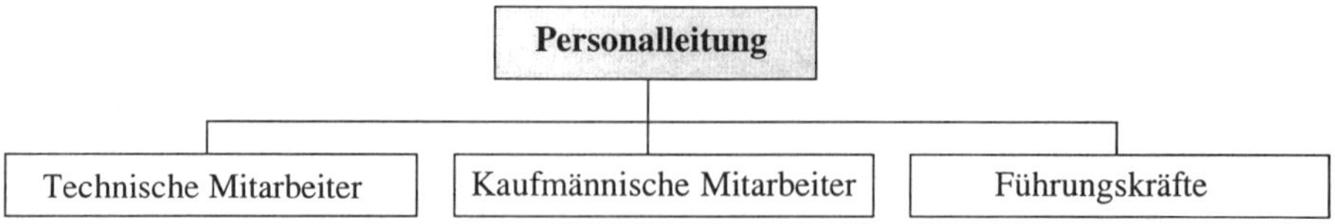

[3] *Freund, F., Knoblauch, R., Racké, G.*, Praxisorientierte Personalwirtschaftslehre, Stuttgart, Berlin, Köln, Mainz und *Olfert, K., Steinbuch, P. A.*, Personalwirtschaft, Ludwigshafen

(2) **Funktionalorganisation**

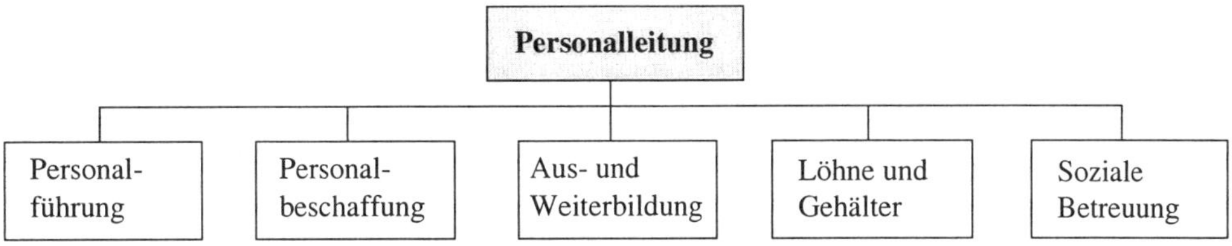

(3) **Gemischte Organisation für Großunternehmen** (nach *Olfert, Steinbuch*[3])

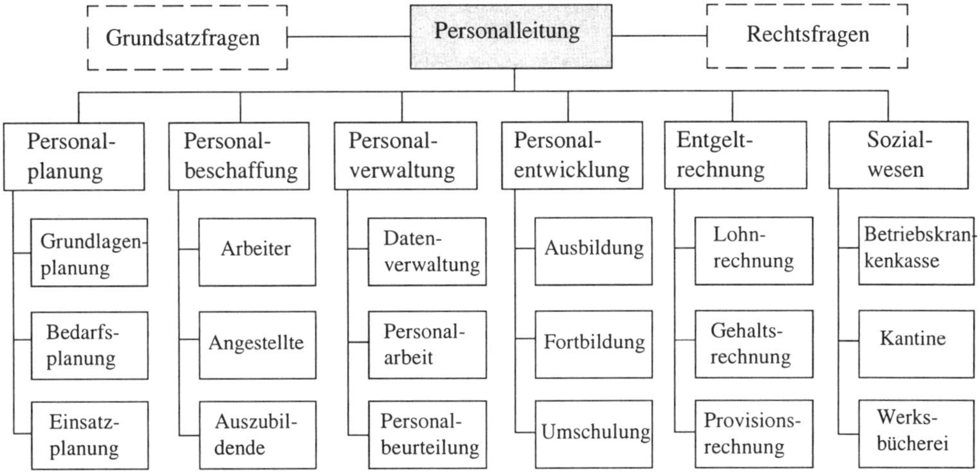

6.2 Rechtsgrundlagen der Personalwirtschaft

6.2.1 Rechtsgrundlagen eines Arbeitsverhältnisses

Die Rechtslage eines bestimmten Arbeitsverhältnisses wird bestimmt durch die Rechtsnormen aus Gesetzen und Verordnungen sowie durch kollektive Tarifverträge zwischen der zuständigen Gewerkschaft und dem zuständigen Unternehmensverband sowie einen individuellen Arbeitsvertrag zwischen dem Arbeitgeber und dem Arbeitnehmer. Außerdem können Betriebsvereinbarungen zwischen dem Betriebsrat und dem Unternehmen bestehen, die dem kollektiven Arbeitsrecht zuzurechnen sind. Diesen Zusammenhang veranschaulicht das folgende Bild von *Doering, Schlepper.*[4]

[4] Entnommen aus: *Doering, W., Schlepper, H.,* Rechts- und Sozialwesen - Eine Einführung, Würzburg

Grundlagen des Arbeitsrechts (Rechtsquellen)

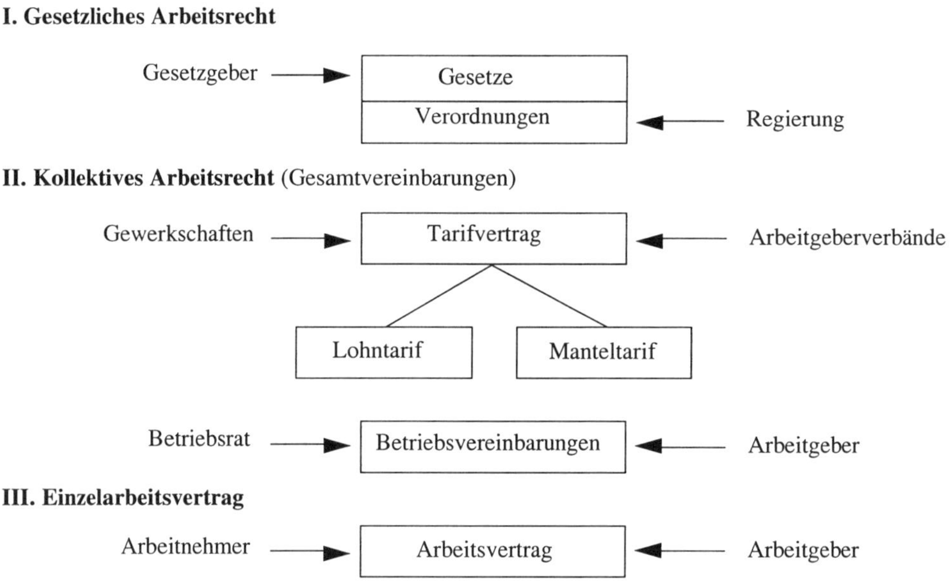

Tarifverträge werden geschlossen zwischen der für eine Branche in einer Region zuständigen Gewerkschaft und dem regionalen Unternehmensverband, in dem die entsprechenden Unternehmen zusammengeschlossen sind. Tarifverträge regeln insbesondere folgende Vertragsgegenstände: Lohn und Gehalt für bestimmte Tarifgruppen, die Merkmale der Tarifgruppen, Urlaub, Wochenarbeitszeit, Bedingungen für Aufnahme und Beendigung eines Arbeitsverhältnisses. Arbeitsverhältnisse, die nicht in den Rahmen der Tarifvertragsvereinbarungen fallen, heißen außertariflich. Sie werden dann eingegangen, wenn die Anforderungen der wahrzunehmenden Aufgabe über die tarifvertraglich geregelten Anforderungsmerkmale hinausgehen, zum Beispiel von Fach- und Führungskräften. Da von diesem Mitarbeiterkreis erwartet wird, dass seine Leistungen wesentlich zum Erfolg des Unternehmens beitragen, wird dieser Personenkreis in der Regel mindestens auch in den Genuss tarifvertraglich vereinbarter Leistungen des Arbeitgebers kommen.

Betriebsvereinbarungen werden geschlossen zwischen Arbeitgeber und dem Betriebsrat (der Personalvertretung) des Unternehmens. Sie regeln zum Beispiel Arbeitszeitgestaltung, freiwillige Sozialleistungen und die Zahlung von Abfindungen in betrieblich bedingten Härtefällen (zum Beispiel Sozialplan bei Reorganisation).

Arbeits- oder Anstellungsverträge werden geschlossen zwischen einem Arbeitnehmer und einem Arbeitgeber. Sie enthalten in der Regel Vereinbarungen zu folgenden Punkten: Definition der Tätigkeit oder Aufgabe des Arbeitnehmers, Maßgeblichkeit der betrieblichen Arbeitsordnung, die Arbeitszeit und Sicherheitsvorschriften enthält, Einkommen, Reisekostenerstattung, Urlaubsanspruch, Beginn und Beendigung (Kündigungsfrist oder Ablaufdatum) des Vertrages. Ferner, wenn vom Unternehmen gewährt, freiwillige Sozialleistungen, wie zum Beispiel Zusagen bezüglich einer betrieblichen Altersversorgung. Außerdem werden Vereinbarungen getroffen über Geheimhaltungspflichten, Wettbewerbsverbot, das heißt während und nach Beendigung des Arbeitsverhältnisses für eine bestimmte Dauer nicht für die Konkurrenz arbeiten zu dürfen. Im letztgenannten Fall bedeutet das eine Einschränkung der Erwerbsmöglichkeiten für den

Arbeitnehmer und wird deshalb üblicherweise mit einer Vereinbarung über eine Abfindungszahlung durch den Arbeitgeber verbunden. Arbeitnehmer, die in der Entwicklung und Konstruktion tätig werden, pflegen Vereinbarungen über die Honorierung von Erfindungen zu treffen. Eine umfassende Darstellung der Gestaltungsmöglichkeiten von Anstellungsverträgen gibt *Gaul*.[5]

6.2.2 Aufgaben und Rechte des Betriebsrates (nach dem Betriebsverfassungsgesetz (BetrVG))

6.2.2.1 Allgemeine Aufgaben des Betriebsrates

Der Betriebsrat ist die gewählte Vertretung der Arbeitnehmer eines Betriebes. Seine Aufgabe ist die Wahrnehmung der Interessen der Arbeitnehmer gegenüber dem Arbeitgeber. In Betrieben mit in der Regel mindestens fünf ständigen wahlberechtigten Arbeitnehmern, von denen mindestens drei wählbar sind, kann ein Betriebsrat gewählt werden. Der Betriebsrat hat gemäß § 80 BetrVG unter anderem folgende allgemeine Aufgaben:

1. Darüber zu wachen, dass die zugunsten der Arbeitnehmer geltenden Gesetze, Verordnungen, Unfallverhütungsvorschriften, Tarifverträge und Betriebsvereinbarungen durchgeführt werden;
2. Maßnahmen, die dem Betrieb und der Belegschaft dienen, beim Arbeitgeber zu beantragen;
3. Anregungen von Arbeitnehmern und der Jugendvertretung entgegenzunehmen und, falls berechtigt erscheinend, durch Verhandlungen mit dem Arbeitgeber auf eine Erledigung hinzuwirken. Der Betriebsrat hat die betreffenden Arbeitnehmer über den Stand und das Ergebnis der Verhandlungen zu unterrichten;
4. Die Eingliederung Schwerbehinderter und sonstiger schutzbedürftiger Personengruppen zu fördern;
5. Die Wahl einer Jugendvertretung vorzubereiten und durchzuführen und mit dieser zur Förderung der Belange eng zusammenzuarbeiten usw.;
6. Die Beschäftigung älterer Arbeitnehmer im Betrieb zu fördern;
7. Die Eingliederung ausländischer Arbeitnehmer im Betrieb und das Verständnis zwischen ihnen und ihren deutschen Arbeitskollegen zu fördern.

Der Arbeitgeber ist verpflichtet, den Betriebsrat zur Erfüllung dieser Aufgaben rechtzeitig und umfassend zu unterrichten. Er hat ihm jederzeit auf Verlangen die zur Durchführung seiner Aufgaben erforderlichen Unterlagen zur Verfügung zu stellen.

6.2.2.2 Angelegenheiten, die zwingend der Mitbestimmung unterliegen

Soweit eine gesetzliche oder tarifvertragliche Regelung nicht besteht, hat der Betriebsrat nach § 87 BetrVG in folgenden sozialen Angelegenheiten mitzubestimmen:

1. Fragen der Ordnung des Betriebes und des Verhaltens der Arbeitnehmer im Betrieb
2. Beginn und Ende der täglichen Arbeitszeit einschließlich Pausenregelung
3. Vorübergehende Verkürzung oder Verlängerung der betrieblichen Arbeitszeit

[5] *Gaul, D.,* Der Arbeitsvertrag mit Führungskräften. Ein Leitfaden für die Personalpraxis, München

4. Zeit, Ort und Art der Auszahlung der Arbeitsentgelte
5. Aufstellung allgemeiner Urlaubsgrundsätze und des Urlaubsplans
6. Einführung und Anwendung von technischen Einrichtungen, die dazu bestimmt sind, das Verhalten der Arbeitnehmer zu überwachen
7. Regelungen über die Verhütung von Arbeitsunfällen und Berufskrankheiten
8. Form, Ausgestaltung und Verwaltung von Sozialeinrichtungen
9. Zuweisung, Nutzungsbedingungen und Kündigung von Werkswohnungen
10. Betriebliche Lohngestaltung, insbesondere Aufstellung von Entlohnungsgrundsätzen
11. Festsetzung der Akkord- und Prämiensätze und vergleichbarer leistungsbezogener Entgelte
12. Grundsätze für das betriebliche Vorschlagswesen.

6.2.2.3 Bereiche freiwilliger Mitbestimmung

Der Betriebsrat hat gemäß § 87 BetrVG die Möglichkeit, jedoch keinen zwingend durchsetzbaren Anspruch, mit dem Arbeitgeber Betriebsvereinbarungen abzuschließen. Das BetrVG nennt hierzu einige Beispiele:

1. Maßnahmen zur Verhütung von Arbeitsunfällen und Gesundheitsschädigungen, wie besondere Schutzvorrichtungen an Maschinen oder Lüftungsanlagen, die über § 87 Abs. 1, Ziff. 7 hinausgehen;
2. Errichtung von freiwilligen Sozialeinrichtungen, sind diese einmal geschaffen, so unterliegt deren Verwaltung zwingend der Mitbestimmung;
3. Maßnahmen zur Förderung der Vermögensbildung.

6.2.2.4 Angelegenheiten, die der Mitwirkung oder Mitbestimmung des Betriebsrates bedürfen

(1) **Betriebliche Bauten sowie Gestaltung von Arbeitsplatz, -ablauf und -umgebung**

Der Arbeitgeber hat den Betriebsrat über die Planung von

- Neu-, Um- und Erweiterungsbauten von Fabrikations-, Verwaltungs- und sonstigen betrieblichen Räumen,
- technischen Anlagen,
- Arbeitsverfahren und Arbeitsabläufen sowie
- Arbeitsplätzen

rechtzeitig, das heißt vor Beginn der Planungsphase, zu unterrichten. Ferner hat er alle mit den Planungen zusammenhängenden Maßnahmen mit dem Betriebsrat zu beraten. Der Betriebsrat kann, wenn die Arbeitnehmer durch die genannten, geplanten Änderungen in besonderer Weise belastet werden, angemessene Maßnahmen zur Abwendung, Milderung oder zum Ausgleich der Belastung (zum Beispiel durch Sozialplan) verlangen. Im Streitfall entscheidet die Einigungsstelle gemäß § 76 BetrVG bindend.

(2) **Allgemeine personelle Angelegenheiten**

Die Mitwirkung des Betriebsrates in personellen Angelegenheiten erlaubt diesem eine Einflussnahme auf die Entwicklung der Belegschaft, mit Ausnahme des Bereiches der leitenden

Angestellten, in Bezug auf die er nur ein Informationsrecht hat (§ 5 und § 105 BetrVG). Im Einzelnen unterliegen im Rahmen der allgemeinen personellen Angelegenheiten die folgenden Fragen der Mitwirkung des Betriebsrates:

1. Personalplanung (§ 92 BetrVG)
   Der Arbeitgeber hat den Betriebsrat über die Personalplanung, insbesondere über den gegenwärtigen und künftigen Personalbedarf sowie über die sich daraus ergebenden personellen Maßnahmen und Maßnahmen der Berufsbildung rechtzeitig und umfassend zu unterrichten.
2. Ausschreibung von Arbeitsplätzen (§ 93 BetrVG)
   Der Betriebsrat kann innerbetriebliche Stellenausschreibungen verlangen.
3. Personalfragebogen, Beurteilungsgrundsätze (§ 94 BetrVG)
   Personalfragebögen bedürfen der Zustimmung des Betriebsrates. Das Gleiche gilt für die Aufstellung allgemeiner Beurteilungsgrundsätze.
4. Personelle Auswahlrichtlinien (§ 95 BetrVG)
   Richtlinien über die bei Einstellungen, Versetzungen, Umgruppierungen und Kündigungen zu beachtenden fachlichen und persönlichen Voraussetzungen sowie sozialen Gesichtspunkte bedürfen der Zustimmung des Betriebsrates. In Betrieben mit mehr als 1.000 Arbeitnehmern kann der Betriebsrat die Aufstellung solcher Richtlinien verlangen.
5. Berufsbildung (§ 96 f. BetrVG)
   Arbeitgeber und Betriebsrat haben die Berufsbildung ihrer Mitarbeiter zu fördern; sie haben dabei auch die Interessen der älteren Mitarbeiter zu berücksichtigen.

(3) **Personelle Einzelmaßnahmen, wie Einstellung, Kündigung und Eingruppierung**

1. Mitbestimmung bei Einstellung, Eingruppierung und Umgruppierung (§ 99 BetrVG)
   Diese sind in Betrieben mit mehr als zwanzig wahlberechtigten Arbeitnehmern im Voraus vom Arbeitgeber mit Vorlage der erforderlichen Bewerbungsunterlagen dem Betriebsrat mitzuteilen. Der Betriebsrat hat über Informationen, die vertraulicher Behandlung bedürfen, Stillschweigen zu bewahren. Der Betriebsrat kann in vom BetrVG definierten Fällen mit einer Frist von einer Woche unter Angabe von Gründen seine Zustimmung verweigern. In diesem Fall kann der Arbeitgeber beim Arbeitsgericht beantragen, die Zustimmung zu ersetzen.
2. Mitbestimmung bei Kündigung (§§ 102 und 103 BetrVG)
   - Der Betriebsrat ist - in allen Betrieben, auch solchen mit weniger als zwanzig wahlberechtigten Mitarbeitern - vor jeder Kündigung zu hören. Der Arbeitgeber hat ihm die Gründe für die Kündigung mitzuteilen. Eine ohne Anhörung des Betriebsrates ausgesprochene Kündigung ist unwirksam.
   - Bedenken gegen eine Kündigung muss der Betriebsrat unter Angabe der Gründe
     - bei ordentlicher Kündigung innerhalb einer Woche,
     - bei außerordentlicher Kündigung unverzüglich, spätestens innerhalb von drei Tagen,

   schriftlich geltend machen. Er kann einer ordentlichen Kündigung widersprechen, wenn die in § 102 Abs. 3 BetrVG genannten Voraussetzungen gegeben sind (zum Beispiel soziale Gesichtspunkte wurden nicht hinreichend berücksichtigt, oder eine Weiterbeschäftigung unter geänderten Vertragsbedingungen ist möglich).

(4) **Wirtschaftliche Angelegenheiten, Wirtschaftsausschuss und Betriebsänderung**

Im Bereich der wirtschaftlichen Angelegenheiten ist die Beteiligung des Betriebsrats weniger weit ausgebaut als im sozialen und personellen Bereich. Sie erstreckt sich im Wesentlichen auf ein Mitbestimmungsrecht bei Betriebsänderung und in Großunternehmen auf eine Mitwirkung im Wirtschaftsausschuss, einem Informations- und Beratungsgremium, das sich mit der Entwicklung des Unternehmens befasst.

(4.1) **Wirtschaftsausschuss (§ 106 BetrVG)**

In größeren Unternehmen ist ein Wirtschaftsausschuss zu bilden. Er hat die Aufgabe, wirtschaftliche Angelegenheiten mit dem Unternehmer zu beraten und die Betriebsräte zu unterrichten. Der Wirtschaftsausschuss muss demzufolge rechtzeitig und umfassend über die wirtschaftlichen Angelegenheiten unterrichtet werden. Zu diesen Angelegenheiten gehören unter anderem:

- die wirtschaftliche und finanzielle Lage des Unternehmens
- die Produktions- und Absatzlage
- das Produktions- und Investitionsprogramm
- Fabrikations- und Arbeitsmethoden, insbesondere die Einführung neuer Arbeitsmethoden
- die Einschränkung oder Stilllegung von Betrieben oder Betriebsteilen
- die Verlegung von Betrieben oder Betriebsteilen
- der Zusammenschluss von Betrieben
- die Änderung der Betriebsorganisation oder des Betriebszwecks
- sonstige Vorgänge und Vorhaben, welche die Interessen der Arbeitnehmer des Unternehmens wesentlich berühren können.

(4.2) **Betriebsänderungen (§§ 111 ff. BetrVG)**

Der Unternehmer hat über geplante Betriebsänderungen, die wesentliche Nachteile für die Belegschaft oder erhebliche Teile der Belegschaft zur Folge haben können, den Betriebsrat rechtzeitig und umfassend zu unterrichten und die geplante Betriebsänderung mit dem Betriebsrat zu beraten. Als Betriebsänderungen gelten:

1. Einschränkung und Stilllegung des ganzen Betriebes oder von wesentlichen Betriebsteilen;
2. Verlegung des ganzen Betriebes oder von wesentlichen Betriebsteilen
3. Zusammenschluss mit anderen Betrieben
4. grundlegende Änderungen der Betriebsorganisation, des Betriebszwecks oder der Betriebsanlagen
5. Einführung grundlegend neuer Arbeitsmethoden und Fertigungsverfahren.

Über die geplanten Betriebsänderungen ist mit dem Betriebsrat ein Interessenausgleich herbeizuführen. Zum Ausgleich oder zur Milderung der hierdurch entstehenden wirtschaftlichen Nachteile wird ein Sozialplan zwischen Unternehmer und Betriebsrat abgeschlossen.

6.2.3 Mitbestimmung der Arbeitnehmer nach dem Mitbestimmungsgesetz

Außer im Betriebsrat wirken die Arbeitnehmer in Kapitalgesellschaften im Aufsichtsrat mit. In der AG, KGaA, GmbH, bergrechtlichen Gewerkschaft, Erwerbs- und Wirtschaftsgenossenschaft und in begrenztem Umfang auch KG besteht der Aufsichtsrat aus je 6 (bis 10.000 Arbeitnehmer), 8 (bis 20.000 Arbeitnehmer) oder 10 (über 20.000 Arbeitnehmer) Vertretern der Anteilseigner und der Arbeitnehmer (einschließlich leitender Angestellter und Vertreter der Gewerkschaften).

Der Aufsichtsrat muss in Unternehmen, die dem Mitbestimmungsgesetz unterliegen, einen Arbeitsdirektor in den Vorstand wählen, der wie die anderen Vorstandsmitglieder gleichberechtigt zur Vertretung des Unternehmens befugt für Personal- und Sozialangelegenheiten zuständig ist. Der Arbeitsdirektor kann nicht gegen die Stimmen der Arbeitnehmervertreter im Aufsichtsrat gewählt werden.

Den Wahlvorgang und die Zusammensetzung des Aufsichtsrats bei zwanzig Mitgliedern zeigt das folgende Bild von *Doering, Schlepper*:[6]

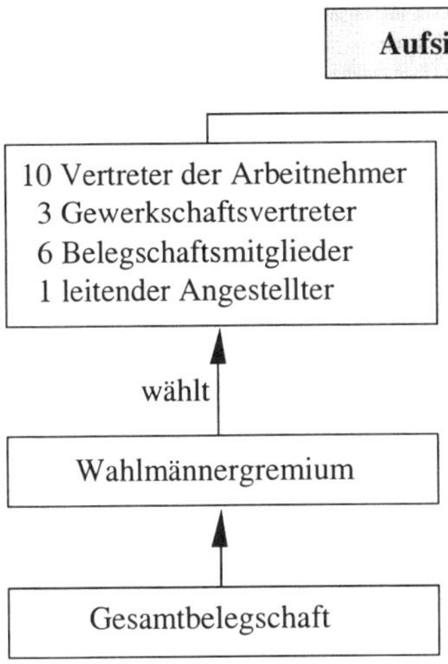

6.3 Personalbedarfsplanung und Personalbeschaffung

Die Planung des Personalbedarfs wird hauptsächlich bestimmt durch den Absatz- und den Produktionsplan. Die Einbindung der Personalplanung in die Gesamtheit der Teilpläne der Unternehmensplanung zeigt ein Schaubild unter Punkt 8.3.3.3 (2) sowie der 3-Jahresplan,Kapitel 12. Die Teilaufgaben und den Ablauf der Personalplanung mit Personalbeschaffung, Personalentwicklung und Personalkosten zeigt folgende Darstellung von *Kador, Pornschlegel:*

6 Entnommen aus: *Doering, W.,Schlepper,H.*, Rechts- und Sozialwesen, a.a.O.

Ablauf der Personalplanung nach *Kador, Pornschlegel* [7]

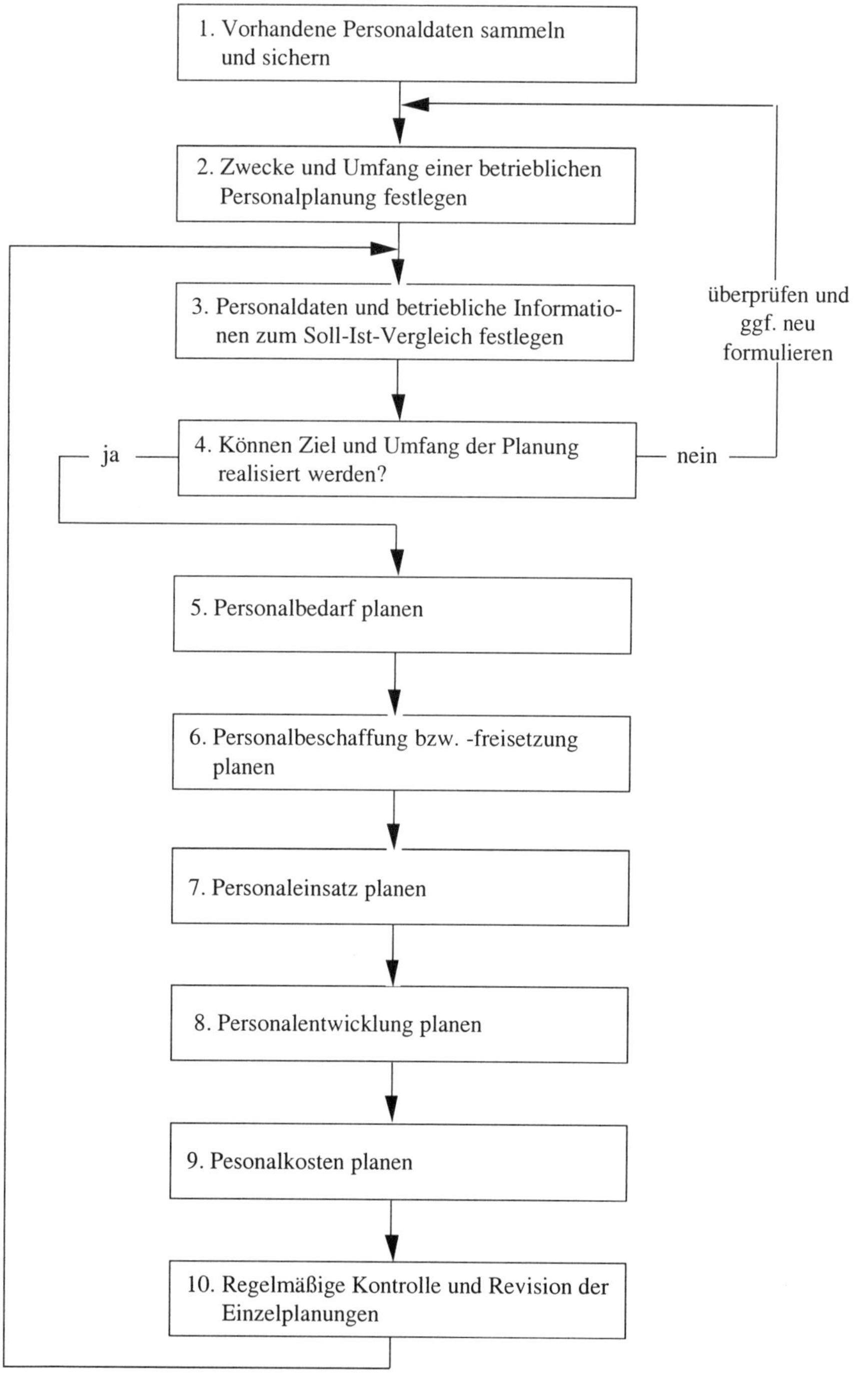

[7] *Kador, F. J., Pornschlegel, F.,* Handlungsanleitung zur betrieblichen Personalplanung,a.a.O.

6.3.1 Planung des produktionsabhängigen Personalbedarfes

Die Verfahren zur Lösung dieser Aufgabenstellung wurden im Rahmen der Kapazitätsplanung des Produktionsbereiches unter Punkt 5.4.1.2 (5.1) und (6.1) behandelt.

6.3.2 Budgetierung des nicht produktionsmengenabhängigen Personalbedarfes

Für diesen Bereich wird der Personalbedarf in der Regel in Zusammenarbeit zwischen dem Controller und den jeweils verantwortlichen Funktionsbereichs- oder Kostenstellenleitern geplant. Die für diese Aufgabe wichtigen Arbeitsschritte zeigt die folgende Darstellung von *Kador, Pornschlegel.*[8]

Ablauf der Personalkostenbudgetierung nach *Kador, Pornschlegel* [8]

1. Erfassung der Ist-Monatslöhne bzw. -gehälter aller besetzten Planstellen auf der Basis der Normalarbeitszeit.
2. Erfassung der voraussichtlichen Monatslöhne bzw. -gehälter aller im Planungszeitraum zu besetzenden Planstellen, ebenfalls auf der Basis der Normalarbeitszeit. Bei voraussichtlicher Stellenbesetzung im Laufe des Planungszeitraums zeitanteilige Durchschnitts-Monatsbeträge ansetzen.
3. Erfassung der tarifbedingten zwangsläufigen Steigerungsbeträge (z. B. Erhöhung infolge Dienst- oder Lebensalter) als Monatsdurchschnitt für den Planungszeitraum.
4. Angabe der voraussichtlichen Durchschnitts-Überstundenvergütungen pro Monat für die gesamte Kostenstelle.
5. Erfassung der voraussichtlich anfallenden monatlichen Durchschnittsbeträge für verschiedene Zulagen (Umweltzulagen, Schichtzulagen usw.)
6. Schätzung der voraussichtlich anfallenden Kosten für Stellenanzeigen, Bewerbervorstellungen usw. (soweit nicht den Gemeinkosten zugeschlagen).
7. Die Nebenkosten sowohl auf Grund von Gesetz und Tarif als auch aufgrund freiwilliger Leistungen werden zweckmäßigerweise unternehmensindividuell ermittelt und als prozentualer Zuschlagssatz den Lohn- und Gehaltskosten hinzugerechnet.
8. Erhöhungsbeträge aufgrund erwarteter Tarifvereinbarungen und vorgesehener freiwilliger Zulagen sollten ebenfalls zweckmäßigerweise unternehmenseinheitlich geplant und den Budgets der einzelnen Kostenstellen zugeschlagen werden.

---

[8] *Kador, D.J., Pornschlegel, F.,* Handlungsanleitungen zur betrieblichen Personalplanung, a.a.O.

Wie in anderen Bereichen so ist auch im Bereich der Personalplanung eine Orientierung an Kennzahlen wesentlich für die Erkennung des Notwendigen (im Hinblick auf die Sicherung der Wettbewerbsfähigkeit) und des realistisch Erreichbaren (im Hinblick auf zukünftige Verbesserungen unter Beachtung der bestehenden Strukturen).

Dabei wird man bemüht sein, Vergleichszahlen von anderen Unternehmen der Branche zu erhalten (Strukturvergleich) und die Entwicklung wichtiger Relationen im Zeitablauf zu analysieren (Zeitvergleich). In der Regel wird der Controller der Geschäftsführung auf der Grundlage entsprechender Analysen eine Vorgabe von Zielwerten empfehlen. Solche Zielwerte können beispielsweise betreffen:

- Personalkosten in Prozent vom Umsatz
- Fertigungslohnkosten in Prozent der Herstell- oder Selbstkosten
- Personalnebenkosten in Prozent der Personalgesamtkosten.[9]

6.3.3 Personalbeschaffung

Personalbeschaffung kann und muss sehr verschiedene Ressourcen innerhalb und außerhalb des Unternehmens erschließen. Dabei gilt in vielen Großunternehmen, dass Personal soweit wie möglich, und insbesondere für Führungsaufgaben, aus dem Mitarbeiterkreis des Unternehmens rekrutiert werden soll. Dabei stehen die Ziele im Vordergrund, für Fach- und Führungsaufgaben bevorzugt Personen zu gewinnen, die sich bereits bewährt haben und die Produkte, Kunden und Abläufe des Unternehmens gut kennen, und zweitens die Motivation der Mitarbeiter zu fördern durch die Kenntnis, dass Führungspositionen bevorzugt aus eigenen Reihen besetzt werden und dadurch grundsätzlich für jeden Mitarbeiter Aufstiegschancen bestehen.[10] *Olfert und Steinbuch* geben folgende Systematik und Beurteilung der Personalbeschaffungsarten:

Systematik der Personalbeschaffungsarten nach *Olfert, Steinbuch*[11]

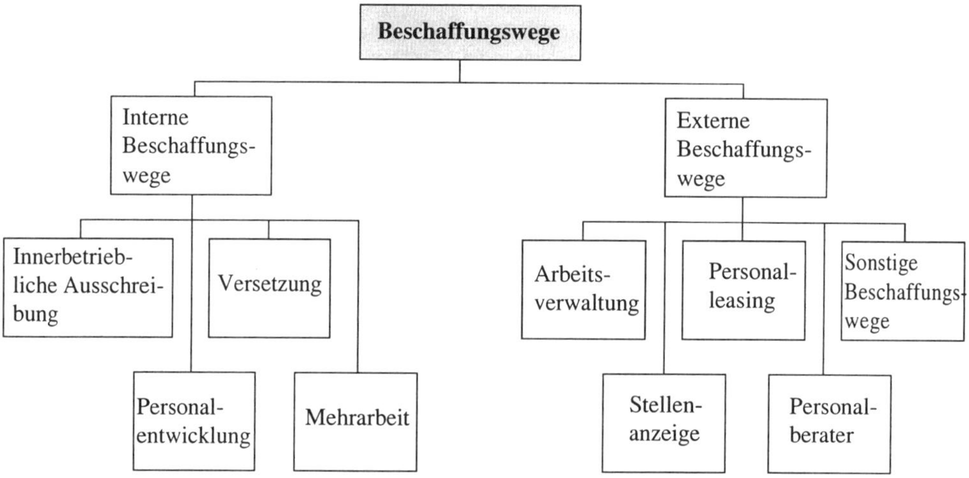

[9] Vgl. *Freund, F., Knoblauch, R., Racké, G.*, Praxisorientierte Personalwirtschaftslehre, a.a.O.
[10] Vgl. *ebenda*
[11] Vgl. *Olfert, K., Steinbuch, P.A.*, Personalwirtschaft, Ludwigshafen

Beurteilung der Personalbeschaffungsarten (nach *Bertelsmann*)[12]

	Innerbetriebliche Personalbeschaffung	Außerbetriebliche Personalbeschaffung
Vorteile	• Aufstiegschancen werden als Anreiz empfunden, daraus kann höhere Arbeitszufriedenheit und besseres Betriebsklima resultieren. • Geringeres Auswahlrisiko für ein Unternehmen, da der Bewerber und seine Leistungen bekannt sind. • Mitarbeiter kennt die innerbetrieblichen Verhältnisse. • Beschaffungskosten sind für das Unternehmen geringer. • Personelle Kapazitäten können vom Unternehmen besser ausgelastet werden. • Keine Störung des Lohn- und Gehaltsgefüges durch Spitzengehälter, die von Konkurrenzunternehmen abgeworbenen Mitarbeitern bezahlt werden müssen.	• In der Regel größere Auswahlmöglichkeit. • Durch Einstellung von externen Bewerbern werden neue Impulse in das Unternehmen getragen. • Möglichkeit der Ablehnung von Bewerbern, ohne dass innerbetriebliche Folgeerscheinungen auftreten.
Nachteile	• „Betriebsblindheit" kann zunehmen. • Unzufriedenheit bzw. Enttäuschung wegen Nichtberücksichtigung. • Rivalität. • Beschränkung auf innerbetriebliches Potential hat zur Folge, dass nur ein Teil des insgesamt relevanten Beschaffungspotentials berücksichtigt wird, dadurch entsteht Gefahr der unterqualifizierten Besetzung. • Innerbetriebliche Versetzung kann Kettenreaktionen auslösen und letztlich Vakanzen hinterlassen. • Eventuell hohe Fortbildungskosten.	• Allgemein höhere Beschaffungskosten. • Notwendigkeit der Einführung des neuen Mitarbeiters, da keine Kenntnisse über das Unternehmen vorhanden sind. • Erhöhtes Risiko, da Leistungsvermögen des neuen Mitarbeiters nicht bekannt ist. • Erzeugung von Unzufriedenheit bei Mitarbeitern des eigenen Unternehmens, wenn sie sich nicht genügend berücksichtigt fühlen.

6.4 Grundlagen anforderungs- und leistungsgerechter Entlohnung

In der jüngeren Vergangenheit wurde zunehmend erkannt, dass der Erfolg für viele Unternehmen nur gesichert werden kann, wenn bestehende Kostenstrukturen an veränderte Rahmenbedingungen angepasst werden. Angesichts hoher Lohnkosten gehört dazu unter anderem ein Instrumentarium, das gewährleistet, dass den hohen Lohnkosten entsprechend hohe Leistungen gegenüberstehen. Um das zu erreichen, ist es erforderlich, eine hohe Motivation der Mitarbeiter unter anderem zu erzielen durch anforderungsgerechte und leistungsorientierte Entlohnung.

[12] Vgl. *Bertelsmann, G.*, Personalplanung und Führungsnachwuchs, Bielefeld und *Secker, H.*, Die Planung der Besetzung von Führungspositionen in der Unternehmung, Winterthur

Dazu ist eine Lohngestaltung notwendig, die auf der Grundlage eines bestehenden Tarifvertrages die besonderen Rahmenbedingungen und Anforderungen des jeweiligen Betriebes berücksichtigt. Eine den Anforderungen entsprechende und deshalb als gerecht empfundene Entlohnung, die darüberhinaus persönliche Leistung berücksichtigt und honoriert, motiviert den Menschen dazu, seine Leistung beispielsweise durch Verbesserung seiner Geschicklichkeit und Vermeidung unnötiger Unterbrechungen zu steigern.

Voraussetzungen für leistungsorientierte Entlohnung sind:

- Leistungsdifferenzierung
- Leistungsbewertung
- Leistungsmessung und
- die Möglichkeit für die Mitarbeiter, ihre Leistung durch ihr Können und ihren Einsatz individuell zu beeinflussen.

Um die motivierende Wirkung eines Leistungslohns zu realisieren und die Gleichbehandlung aller Mitarbeiter zu gewährleisten, sollte eine Leistungserfassung kontinuierlich und die Leistungsbewertung und -honorierung in möglichst kurzen Abständen erfolgen.

Die Lösung dieser Aufgaben erfordert zunächst Zeitstudien und den Einsatz im Betrieb anerkannter systematischer Methoden der Arbeits- und Leistungsbewertung. Darüber hinaus bietet die Leistungserfassung ein weites Aufgabenfeld für die EDV-gestützte Betriebsdatenerfassung (BDE). Dabei ist darauf zu achten, dass eine Beschränkung der Datenerfassung auf das Wesentliche erfolgt. Dazu gehört eine sinnvolle Kombination der Datenerfassung für Fertigungsfortschrittskontrolle, Qualitätskontrolle und Leistungserfassung mit strikter Vermeidung von wiederholter Erfassung der gleichen Daten.

Eine wachsende Aktualität erhält die leistungsorientierte Betriebsdatenerfassung in solchen Unternehmen, die im Zusammenhang mit einer Arbeitszeitverkürzung eine Flexibilisierung der Arbeitszeit einführen. Hier liegen neue Aufgaben für eine EDV-gestützte Personaleinsatzplanung. Die Höhe des individuellen Lohneinkommens eines Arbeitnehmers sollte eine Funktion der personenunabhängigen Anforderungen des Arbeitsplatzes sowie seiner individuellen Leistung an diesem Arbeitsplatz sein. Die Lohndeterminanten Anforderungshöhe und individuelle Leistung sind jedoch ergänzungsbedürftig um die Einflüsse des externen Arbeitsmarktes (Berücksichtigung dessen, was andere Unternehmen in vergleichbarer Lage für vergleichbare Positionen bezahlen) und sozialer Komponenten (zum Beispiel erschwerende Arbeitsbedingungen).[13]

Determinanten der betrieblichen Lohnfindung:[14]

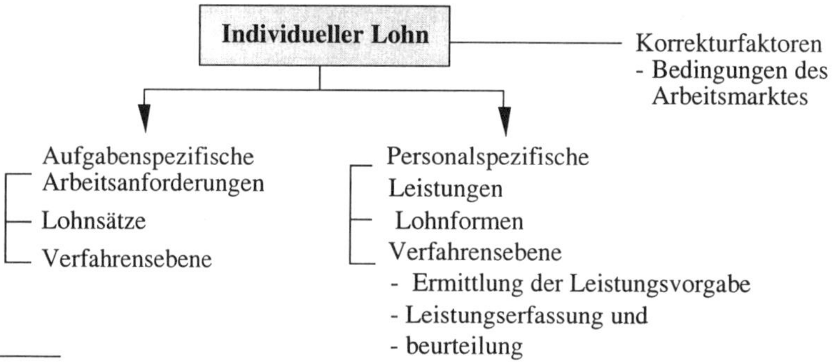

[13] Von *Eckardstein, D.*, Entlohnung im Wandel. Zur veränderten Rolle industrieller Entlohnung in personalpolitischen Strategien, in: Zeitschrift für betriebswirtschaftliche Forschung

[14] Entnommen aus: Derselbe, Entlohnung im Wandel, a.a.O.

Zusätzlich sollte ein Entgeltsystem, um eine optimale Leistung des Arbeitnehmers zu erreichen, folgende Aspekte berücksichtigen:[15]

- hinreichende Transparenz des Leistungslohnsystems, die jedem Betroffenen die Möglichkeit gibt, zu jeder Zeit sich selbst zu überprüfen, um den Leistungsanreiz zu erhalten
- der Leistungsanteil sollte eine Größenordnung haben, die den Leistungswillen erhält, das heißt motivierend wirkt.

Um den anforderungsgerechten Lohnsatz zu finden, muss der Schwierigkeitsgrad einer Tätigkeit festgelegt werden. Bei der Bestimmung der Entlohnungsform geht es darum, die Beziehung zwischen individueller Leistung und Einkommen festzulegen.

6.4.1 Anforderungsgerechte Entlohnung

Voraussetzung einer anforderungsgerechten Entlohnung ist eine Arbeitsbewertung. Ihre Aufgabe ist es, eine Staffelung der Arbeitsentgelte nach dem Schwierigkeitsgrad der einzelnen Tätigkeiten, das heißt nach der Höhe der geistigen und körperlichen Anforderungen an die Fähigkeiten der Arbeitskraft, durchzuführen. Der Schwierigkeitsgrad wird ebenso von erschwerenden Umwelteinflüssen wie Lärm, Rauch, Temperatur etc. mitbeeinflusst.

Die Arbeitsbewertung kann entweder auf Erfahrungs- und Beobachtungswerten basieren, die die Anforderungen der unterschiedlichen Tätigkeiten im Verhältnis zueinander sehen, oder aber es wird ein Arbeitsbewertungsverfahren eingesetzt. Dieses erfasst und misst die objektiv feststellbaren Schwierigkeitsgrade, die bei den einzelnen Arbeitsplätzen oder Arbeitsvorgängen auftreten. Grundlage für eine Arbeitsbewertung ist eine qualitative Arbeitsanalyse. Der Arbeitsablauf wird nach Art, Inhalt und Umfang der Teilverrichtungen untersucht und die Ergebnisse in einer Arbeitsbeschreibung zusammengefasst.

Methoden der Arbeitsbewertung:[16]

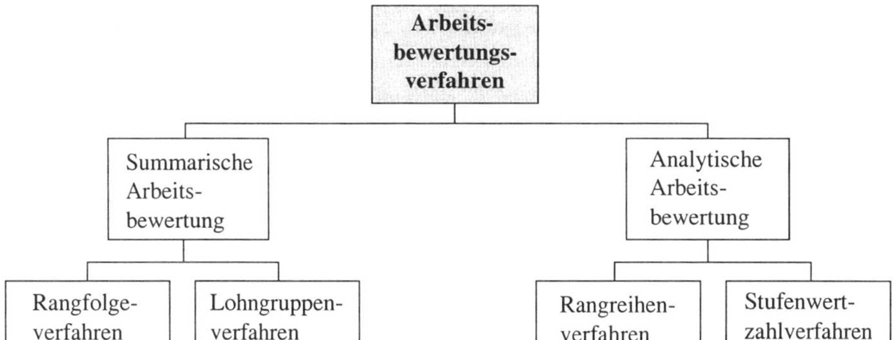

[15] Vgl. *Zander, E.*, Lohn- und Gehaltsfestsetzung in Klein- und Mittelbetrieben
[16] Vgl. *Olfert, K., Steinbuch, P.A.*, Personalwirtschaft, Ludwigshafen

6.4.1.1 Summarische Arbeitsbewertung

„Die summarische Arbeitsbewertung ist dadurch gekennzeichnet, dass die Arbeitsverrichtungen als Ganzes bewertet werden, das heißt, es wird eine Gesamtbeurteilung der Arbeitsschwierigkeit vorgenommen. Dabei werden die einzelnen Anforderungen global (summarisch) berücksichtigt."[17]

(1) **Rangfolgeverfahren**

Anhand der Arbeitsbeschreibungen werden sämtliche in einem Betrieb vorkommende Tätigkeiten aufgelistet und nach ihrem Schwierigkeitsgrad in eine Rangordnung gebracht (zum Beispiel durch paarweise Gegenüberstellung).

Vorteile:
- ❑ einfach in der Durchführung
- ❑ kostengünstig
- ❑ leicht verständlich.

Nachteile:
- ❑ die Größe der Rangabstände ist unbekannt und damit der Lohnabstand
- ❑ subjektive Bewertung
- ❑ keine Gewichtung der Anforderungsmerkmale möglich.

(2) **Lohngruppenverfahren**

Es werden mehrere Stufen (Lohngruppen) mit unterschiedlichem Schwierigkeitsgrad gebildet. Sämtliche Arbeiten werden dann in die ihren Schwierigkeitsgraden entsprechenden Lohngruppen eingeordnet. Dieses Verfahren ist häufig Grundlage von Tarifverträgen, meistens mit 6 bis 10 Lohngruppen (und Gehaltsgruppen). Beispiel: Auszug aus dem Lohnrahmenabkommen der Eisen-, Metall- und Elektroindustrie Nordrhein-Westfalen. [18]

Gruppe	Lohngruppen-Definition	Lohnschlüssel
1	Arbeiten einfacher Art, die ohne vorherige Arbeitskenntnisse nach kurzer Anweisung ausgeführt werden können und mit geringen körperlichen Belastungen verbunden sind.	75 %
2	Arbeiten, die ein Anlernen von 4 Wochen erfordern und mit geringen körperlichen Belastungen verbunden sind.	80 %
3	Arbeiten einfacher Art, die ohne vorherige Arbeitskenntnisse nach kurzer Anweisung ausgeführt werden können.	85 %
4	Arbeiten, die ein Anlernen von 4 Wochen erfordern.	90 %
5	Arbeiten, die ein Anlernen von 3 Monaten erfordern.	95 %
6	Arbeiten, die eine abgeschlossene Anlernausbildung in einem anerkannten Anlernberuf oder eine gleichzubewertende Ausbildung erfordern.	100 %
7	Arbeiten, deren Ausführung ein Können voraussetzt, das erreicht wird durch eine entsprechende ordnungsgemäße Berufslehre (Facharbeiten). Arbeiten, deren Ausführung Fertigkeiten und Kenntnisse erfordert, die Facharbeiten gleichzusetzen sind.	108 %
8	Arbeiten schwieriger Art, deren Ausführung Fertigkeiten und Kenntnisse erfordert, die über jene der Gruppe 7 wegen der notwendigen mehrjährigen Erfahrungen hinausgehen.	118 %
9	Arbeiten hochwertiger Art, die hervorragendes Können, die Selbständigkeit und die Verantwortung im Rahmen des gegebenen Arbeitsauftrages hohe Anforderungen über die der Gruppe 8 hinausgehen.	125 %
10	Arbeiten höchstwertiger Art, die hervorragendes Können mit zusätzlichen theoretischen Kenntnissen, selbständige Arbeitsausführung und Dispositionsbefugnis im Rahmen des gegebenen Arbeitsauftrages bei hoher Verantwortung erfordern.	größer 125%

[17] *Wöhe, G.,* Einführung in die Allgemeine Betriebswirtschaftslehre, München
[18] Entnommen aus: *Olfert, K., Steinbuch, P.A.,* Personalwirtschaft, a.a.O

Die betrieblichen Arbeitsplätze werden - entsprechend ihrem Schwierigkeitsgrad - bestimmten Lohngruppen zugeordnet.

Vorteile:
- einfach in der Durchführung
- kostengünstig
- leicht verständlich.

Nachteile:
- Gefahr der Schematisierung
- mangelnde Berücksichtigung individueller Verhältnisse eines Betriebes
- mangelnde Berücksichtigung technischer Entwicklungen.

6.4.1.2 Analytische Arbeitsbewertung

„Bei der analytischen Arbeitsbewertung werden die Arbeitsverrichtungen in die einzelnen Anforderungsarten aufgegliedert. Für jede Anforderungsart wird eine Wertzahl ermittelt, und aus der Summe der Einzelwerte ergibt sich dann der Arbeitswert der einzelnen Verrichtungen.“[19]

(1) **Rangreihenverfahren**

Es wird für jede Anforderungsart getrennt eine Einordnung von der einfachsten bis zur schwierigsten Verrichtung vorgenommen. Die Stellung einer bestimmten Tätigkeit in der Rangreihe wird in Prozenten ausgedrückt, wobei die am niedrigsten bewertete Verrichtung mit 0 %, die am höchsten bewertete mit 100 % angesetzt wird.

Die Gewichtung der einzelnen Anforderungsarten wird entweder nach der Einreihung oder bereits in der Wertzahl berücksichtigt.

Vorteile:
- Verbesserung der Genauigkeit
- Verbesserung der Objektivität.

Nachteile:
- Schwierigkeit der Gewichtung, da wissenschaftlich-objektive Grundlagen fehlen (zum Beispiel geistige oder körperliche Anstrengungen höher bewerten?)
- großer Ermessensspielraum des Bewerters.

(2) **Stufenwertzahl-Verfahren (Genfer Schema und REFA)**

Für jede Anforderungsart wird eine Punktwertreihe festgelegt. Die Wertzahlen spiegeln die unterschiedliche Beanspruchung der Arbeitskraft durch die betreffende Anforderungsart wider. Die Summe der Wertzahlen einer Arbeit ermöglicht die Einordnung in eine Lohngruppe. Die einzelnen Anforderungsarten können unterschiedlich gewichtet werden, oder die Unterteilung der Wertzahlen kann unterschiedlich erfolgen.

Vorteile:
- leichte Umrechenbarkeit der Gesamtzahl in Geldeinheiten
- Objektivität der Bewertung ist am ehesten gewahrt.

Nachteile:
- Schwierigkeit der Gewichtung, da keine objektiven Merkmale vorliegen.

---
[19] *Wöhe, G.*, Einführung in die Allgemeine Betriebswirtschaftslehre, a.a.O.

Nach diesem Verfahren arbeitet das von der „International Labour Organization“ (ILO), einer Teilorganisation der UNO, entwickelte sogenannte „Genfer Schema“, das unter anderem von *REFA* weiterentwickelt wurde.

Genfer Schema									
Gewichtung der Anforderungsarten, individuell wählbar (Summe 100 %)	z.B. 30 %		z.B. 30 %		z.B. 25 %		z.B. 15 %		
Anforderungsarten / Arbeitsplätze	Körperliche Anforderungen		Geistige Anforderungen		Verantwortung für Sachen oder Personen		Arbeitsbedingungen/Umwelteinflüsse		Arbeitswert (gewichtet)
	u	g	u	g	u	g	u	g	
1 (u.U. Maschinenführer)	10	3,0	30	9,0	90	22,5	40	6,0	40,5
2 (u.U. Lagerarbeiter)	70	21,0	20	6,0	30	7,5	15	2,3	36,8
3 (u.U. Schreibkraft)	5	1,5	40	12,0	35	8,8	5	0,8	23,1
u = ungewichtet, g = gewichtet									

In die Beurteilung nach dem Genfer Schema gehen gefordertes Können (als Ergebnis von Ausbildung oder Berufserfahrung) sowie die Belastung ein. Zur klaren analytischen Differenzierung nach diesen Anforderungselementen wurde von *REFA* folgende Weiterentwicklung des Genfer Schemas vorgenommen:[20]

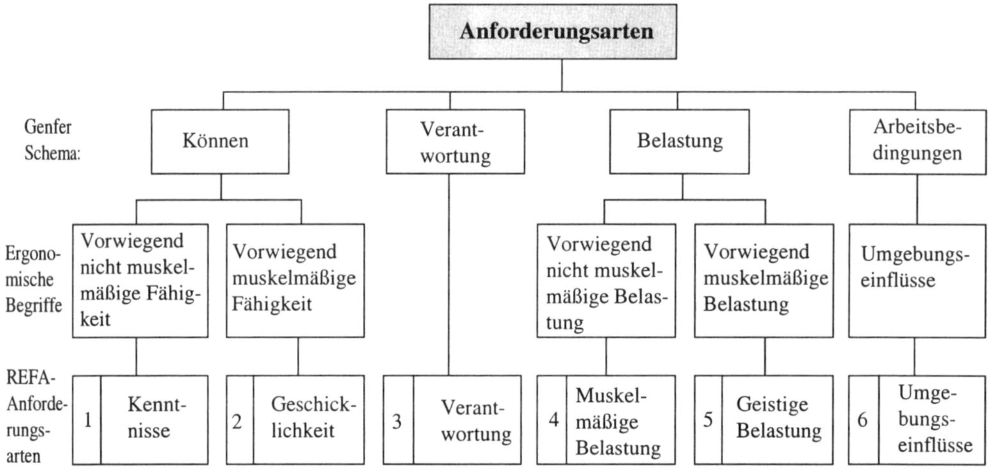

- ❑ Die Kenntnisse werden durch das geistige Können bestimmt, das auf Ausbildung und Erfahrung sowie auf Denkfähigkeit beruht, soweit diese zur Erfüllung der Arbeitsaufgabe benötigt werden.
- ❑ Die Geschicklichkeit wird durch Handfertigkeit und Körpergewandtheit bestimmt, soweit diese zur Erfüllung der Arbeitsaufgabe benötigt werden. Sie beruht auf Anlagen, Übung, Erfahrung und Anpassung und äußert sich in der Sicherheit und Genauigkeit der Bewegungen des Körpers oder einzelner Gliedmaßen.

[20] Mit Erläuterung entnommen aus: *Olfert, K., Steinbuch, P.A.,* Personalwirtschaft, a.a.O

- ❑ Die Verantwortung wird durch die erforderliche Gewissenhaftigkeit und Zuverlässigkeit, die notwendig ist, um die verschiedenen Arbeitsaufgaben ordnungsgemäß erfüllen zu können, die notwendige Sorgfalt, um Personen- und Sachschaden vermeiden zu können, und die aufzuwendende Umsicht bestimmt, um Behinderungen und Störungen des Arbeitsablaufes und der Ablauforganisation nicht eintreten zu lassen.
- ❑ Die geistige Belastung entsteht, wenn Abläufe von Menschen beobachtet, überwacht oder gesteuert werden müssen und/oder eine geistige Tätigkeit im engeren Sinne ausgeführt werden muss.
- ❑ Die muskelmäßige Belastung entsteht durch dynamische Muskelarbeit, statische Muskelarbeit und einseitige Muskelarbeit.
- ❑ Die Umgebungseinflüsse führen unter bestimmten Bedingungen zu Erschwernissen, welche den Arbeitenden bei der Erfüllung seiner Arbeitsaufgabe behindern, belästigen oder gefährden können.

Die Verfahren der analytischen Arbeitsbewertung sind:

(3) **Das Arbeitswissenschaftliche Erhebungsverfahren zur Tätigkeitsanalyse (AET)**

Im Interesse einer anforderungsgerechten Eingruppierung von Tätigkeiten bei der Anwendung analytischer Anforderungsermittlungsverfahren muss sichergestellt sein, dass in umfassender Weise sowohl die Anforderungen im energetisch-effektorischen als auch im informatorisch-mentalen Bereich systematisch erfasst werden. Diese Forderung kann das „Arbeitswissenschaftliche Erhebungsverfahren zur Tätigkeitsanalyse (AET)" von *Rohmert und Landau* mit hoher Allgemeingültigkeit erfüllen.[21]

Untersuchungsgegenstand des AET ist die Tätigkeit, die menschliche Arbeit einer Person, die an einem oder mehreren Arbeitsplätzen ausgeführt wird und sich aus einer oder mehreren Aufgaben mit unterschiedlichen Zwecken zusammensetzen kann.

Das AET besteht aus den Hauptteilen

A: Arbeitssystemanalyse
B: Aufgabenanalyse
C: Anforderungsanalyse.

In A werden mit insgesamt 143 Merkmalen die Arbeitsgegenstände, die Arbeits- und Betriebsmittel, die physikalischen, organisatorischen, sozialen und ökonomischen Bedingungen der Arbeit untersucht. Damit wird der Arbeitsgestaltungszustand systematisch erhoben.

Die Aufgabenanalyse in Teil B charakterisiert mit insgesamt 31 Merkmalen die Arten der Arbeitsobjekte.

In der Anforderungsanalyse des Teiles C werden die Anforderungen mit 42 Merkmalen gekennzeichnet, dabei wird unterschieden in Anforderungen bei der Informationsaufnahme und der Informationsverarbeitung. Insgesamt unterscheidet das Verfahren 216 Merkmale zur Beurteilung jeder Tätigkeit.

Die mit dem AET untersuchten Tätigkeitsmerkmale werden zwecks Erreichung einer hohen Verfahrensökonomie mit weitgehend standardisierten Einstufungsschlüsseln bewertet. Dabei

[21] Vgl. *Rohmert, W., Landau, K.*, Das Arbeitswissenschaftliche Erhebungsverfahren zur Tätigkeitsanalyse (AET), Merkmalheft, Bern, Stuttgart, Wien

werden mehrstufige Schlüssel eingesetzt zur Beurteilung von Belastungshöhe/Wichtigkeit (W), Belastungsdauer/Zeitdauer (Z) und Häufigkeit (H) sowie möglicherweise Sonderschlüssel (S). Und zwar werden diese und weitere Schlüssel sowohl ein- als auch mehrstufig auf Nominalskalenniveau zur Klassifizierung eines Gestaltungszustandes eingesetzt.

Die Erhebungsergebnisse können mit einer Vielzahl vergleichbarer Anforderungsprofile, die auf einer Datenbank zur Verfügung stehen, verglichen und nach der Methode der Clusteranalyse bewertet werden. Damit liegt an der Universität Hohenheim ein EDV-gestütztes, universell einsetzbares und erprobtes Verfahren zur arbeitswissenschaftlich gesicherten Arbeitsanalyse und -bewertung vor.

6.4.2 Leistungsgerechte Entlohnung - Leistungslohnsysteme

Bei diesen Entlohnungsformen besteht eine direkte Beziehung zwischen der Lohnhöhe und der Leistungshöhe, das heißt das Entgelt steigt mit zunehmender Leistung beziehungsweise fällt mit abnehmender Leistung. Hierdurch wird das Leistungsbewusstsein des Arbeitnehmers stark gefördert.

6.4.2.1 Akkordlohn

Beim Akkordlohn wird - im Gegensatz zum Zeitlohn - nicht die Dauer der Arbeitszeit, sondern das mengenmäßige Ergebnis der während der Arbeitszeit erbrachten Leistung entlohnt. Er verhält sich proportional zu der Zeiteinsparung beziehungsweise Leistungssteigerung.

Für die Anwendung einer Akkordentlohnung müssen die folgenden Voraussetzungen erfüllt sein:[22]

- ❑ Die Tätigkeit muss akkordfähig sein, das heißt der Ablauf der Arbeit ist im Voraus bekannt und wiederholbar und damit zeitlich messbar und die Ergebnisse mengenmäßig erfassbar.
- ❑ Die Akkordreife ist gegeben, wenn der Arbeitsablauf keine Mängel aufweist, so dass eine Wiederholbarkeit leicht zu erreichen ist und von der Arbeitskraft nach entsprechender Übung und Einarbeitung ausreichend beherrscht wird.
- ❑ Der Arbeiter muss das mengenmäßige Ergebnis pro Zeiteinheit durch die Intensität seiner Leistung beeinflussen können.

Der Akkordlohn setzt sich zusammen aus dem tariflich garantierten Mindestlohn (= Zeitlohn in der betreffenden Lohngruppe) und einem Akkordzuschlag von 15 % - 25 % des Mindestlohns, da man davon ausgeht, dass die Arbeitsintensität eines Akkordarbeiters gegenüber dem im Zeitlohn Arbeitenden höher liegt. Akkordrichtsatz = Mindestlohn + Akkordzuschlag

[22] Vgl. *Olfert, K., Steinbuch, P.A.*, Personalwirtschaft, a.a.O., S. 226

Der Akkordlohn[23]

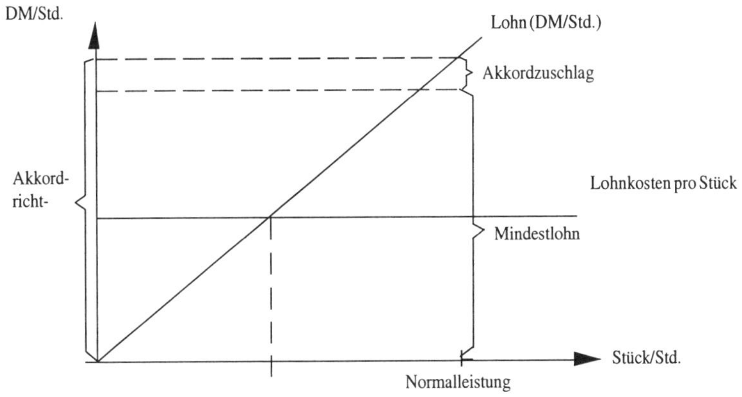

(1) **Geldakkord** (= Stückakkord)[24]

Für die Erbringung einer Leistungseinheit (zum Beispiel Stück) wird ein bestimmter Geldbetrag (zum Beispiel Stücklohn) festgelegt (= Akkordsatz).

$$\text{Akkordsatz} = \frac{\text{Akkordrichtsatz}}{\text{Leistungseinheiten/Std. laut Vorgabe}}$$

Akkordlohn = Leistungsmenge x Akkordsatz

Vorteile:
- ❑ leichte Verdiensterrechnung für den Arbeiter.

Nachteile:
- ❑ Umrechnung der Akkordvorgaben bei Tarifänderungen
- ❑ die Zeitvorgabe ist nicht unmittelbar erkennbar.

(2) **Zeitakkord**[25]

Beim Zeitakkord wird für jede Leistungseinheit eine feste Zeit vorgegeben (Vorgabezeit), die vergütet wird. Wird die Vorgabezeit unterschritten, so erhöht sich der Stundenverdienst des Arbeiters. Am Ende der Abrechnungsperiode erfolgt die Umrechnung in Geldeinheiten:

$$\text{Minutenfaktor} = \frac{\text{Akkordrichtsatz}}{60}$$

Akkordlohn = Leistungsmenge x Vorgabezeit x Minutenfaktor

Vorteile:
- ❑ unabhängig von dem jeweiligen Geldwert, das heißt bei Tarifänderungen ist keine Neuberechnung der Akkordvorgaben notwendig.
- ❑ Zeitvorgabe ist unmittelbar erkennbar.

---

[23] Entnommen aus: *Schmalen, H.*, Grundlagen und Probleme der Betriebswirtschaft, Didaktische Reihe Ökonomie, Köln

[24] Vgl. *Olfert, K., Steinbuch, P.A.*, Personalwirtschaft, a.a.O.

[25] Vgl. *Olfert, K., Steinbuch, P.A.*, Personalwirtschaft, a.a.O,

Zur Ermittlung der Vorgabezeiten bei der Akkordarbeit sind grundsätzlich folgende Verfahren denkbar:

- Aushandeln der Akkorde zwischen Arbeitgeber und Arbeitnehmer
- Festsetzung der Akkorde aufgrund bisheriger Leistungen der Arbeiter
- Festsetzen der Akkorde durch Schätzung der erforderlichen Arbeitszeit
- Festsetzen der Akkorde mit Hilfe von Zeitstudien (REFA oder MTM).

Dabei ist die Durchführung von Zeitstudien als zuverlässigste Objektivierungsmethode erstrebenswert und in Großunternehmen selbstverständliche Regel. Kleinunternehmen müssen sich nicht selten mit einer Analyse bisheriger Bearbeitungszeiten behelfen und erzielen dabei manchmal recht gute Ergebnisse.

Vorteile der Akkordentlohnung:[26]

- unmittelbarer geldlicher Anreiz zur Leistungssteigerung
- Leistungsgerechtigkeit
- einfache Kostenrechnung, da die Lohnkosten pro Stück konstant sind
- Ausschluss des unternehmerischen Risikos für Minderleistungen.

Nachteile der Akkordentlohnung:

- Gefahr der Minderung der Qualität und damit die Notwendigkeit zusätzlicher Qualitätskontrollen
- Problem der Ermittlung genauer Vorgabezeiten
- Aufwand für die Anpassung der Vorgabezeiten an den technischen Fortschritt
- Unzufriedenheit weniger leistungsfähiger Arbeitskräfte
- Gefahr eines übersteigerten Arbeitstempos und damit gesundheitliche Gefährdung der Arbeitskräfte.

6.4.2.2 Prämienlohn- und Prämienlohnsysteme

Der Prämienlohn ist eine Kombination aus einem leistungsunabhängigen Anteil, dem Grundlohn, und einem leistungs- oder erfolgsbezogenen Anteil, der Prämie. Er findet Anwendung, wenn die quantitative Leistung nicht genau bestimmbar, zurechenbar oder vom Arbeitnehmer nur teilweise beeinflussbar ist. Prämiert werden objektiv feststellbare, quantitative und qualitative Mehrleistungen des Arbeiters. Im Vergleich zum Akkordlohn erhält er den überwiegenden Teil seines Lohns als Fixum, unabhängig von der erbrachten Leistung. Die prämierte Mehrleistung gegenüber der Norm stellt lediglich einen kleineren Teil des Lohns dar, so dass das Risiko des Arbeiters sehr viel geringer ist als bei der Akkordentlohnung.

Für die folgenden Mehrleistungen können Prämien gewährt werden (Bezugsgrößen der Prämien):[27]

- Mengenleistungsprämie: Es werden quantitative Mehrleistungen prämiert. Sie tritt an die Stelle des Akkordlohns, wenn genaue Vorgabezeiten fehlen.
- Qualitätsprämie: Prämierung qualitativer Mehrleistungen, zum Beispiel Verringerung des Ausschusses oder der Nacharbeit.

---

[26] Vgl. *Schmalen, H.*, Grundlagen und Probleme der Betriebswirtschaft, a.a.O.
[27] Vgl. *Wöhe, G.*, Einführung in die Allgemeine Betriebswirtschaftslehre, a.a.O.

- Ersparnisprämie: Gewährung für die Einsparung an Produktionsfaktoren, zum Beispiel Material, Energie.
- Nutzungsprämie: Sicherstellung der optimalen Ausnutzung der Betriebsmittel, zum Beispiel Reduzierung der Stillstandszeiten.

Aufbau des Stundenverdienstes bei der Prämienentlohnung[28]

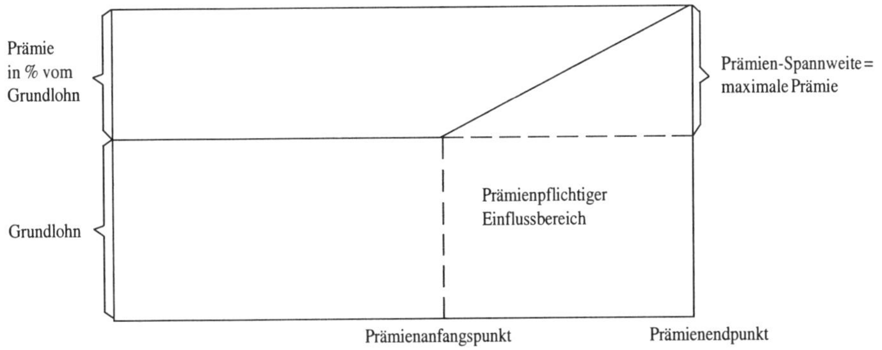

Sind die Bezugsgrößen der Prämie festgelegt, so ist ein Prämienanfangs- und -endpunkt zu wählen, damit wird der prämienpflichtige Einflussbereich der Bezugsgröße abgegrenzt. Die Prämienspannweite gibt an, in welchem prozentualen Verhältnis die höchstmögliche Prämie zum Grundlohn stehen soll. Sie ist abhängig vom betriebswirtschaftlichen Vorteil der Leistungssteigerung aufgrund der Anreizwirkung der Prämie. Weiterhin ist die Steigerung der Prämie festzulegen, wodurch die Arbeitskraft in ihrem Leistungsverhalten beeinflusst werden kann (degressiver, progressiver, proportionaler Prämienverlauf).

Prämienlohnsysteme[29]

a) **Halsey-Prämienlohn**

Wird die Vorgabezeit unterschritten, so erhält der Arbeiter neben dem Grundlohn eine Prämie von 33 1/3 bis 50 % des ersparten Zeitlohns.

Beispiel:	Stundenlohn	: 10,– EUR			
	Vorgabezeit	: 10 STD			
	benötigte Zeit	: 9 STD	—		90,– EUR
	ersparte Zeit	: 1 STD	—		10,– EUR
	bei 50 % Prämie	:			5,– EUR
	Verdienst	: 95,– EUR	=	10,55	EUR/STD

b) **Rowan-Prämienlohn**

Die Prämie macht soviel Prozent vom Grundlohn aus, wie die Vorgabezeit unterschritten wird.

---

[28] Vgl. *Böhrs, H.*, Leistungslohngestaltung mit Arbeitsbewertung, persönliche Bewertung, Akkordlohn, Prämienlohn

[29] Vgl. *Meyer, W.*, Arbeitsanalyse und Lohngestaltung

Beispiel: Stundenlohn	: 10,– EUR		
Vorgabezeit	: 10 STD		
benötigte Zeit	: 9 STD	—	90,– EUR
ersparte Zeit	: 1 STD	—	10 %
Prämie	:10 % von 90,— EUR	=	9,– EUR
Verdienst	: 99,– EUR	=	11,– EUR/STD

c) **Bonuslohn**
Es erfolgt ein einmaliger prozentualer Zuschlag zum Grundlohn bei Erreichen einer bestimmten Arbeitsmenge.

d) **Staffellohn**
In beliebig festzusetzenden Abständen werden Leistungsmengen vorgegeben, bei deren Erreichen ein mehrstufiger prozentualer Zuschlag zum Grundlohn erfolgt (gestaffelter Bonuslohn).

Vorteile einer Prämienentlohnung:

- ❑ sowohl quantitative als auch qualitative Mehrleistungen können entlohnt werden
- ❑ keine genaue Ermittlung der Vorgabezeiten notwendig
- ❑ geringeres Risiko des Arbeiters
- ❑ Möglichkeit, die Mehrleistungen aufgrund des Prämienverlaufs zu beeinflussen (proportional, progressiv, degressiv).

Nachteile der Prämienentlohnung:

- ❑ geringerer Leistungsanreiz für eine Mengensteigerung als bei der Akkordentlohnung
- ❑ gegenüber dem Akkordlohn meist größerer Aufwand für die Bestimmung der Kennzahlen sowie für die Lohnabrechnung.

6.4.3 Ergänzende Kriterien gerechter Entlohnung

6.4.3.1 Marktgerechtigkeit

Die Tariflöhne sind Mindestlöhne, die überschritten werden dürfen. Wenn das Arbeitsangebot im Verhältnis zu der Arbeitsnachfrage knapp ist, konkurrieren die Unternehmen mit steigenden Lohnangeboten um die Arbeitnehmer, was langfristig zu einem Gleichgewicht auf dem Arbeitsmarkt führt. Ein Unterschreiten der Tariflöhne ist in der Bundesrepublik Deutschland grundsätzlich nicht zulässig.

6.4.3.2 Soziale Faktoren

Es werden nicht leistungsbezogene soziale Faktoren in der Entlohnung berücksichtigt. Dazu gehören folgende Entgeltformen:

- ❑ Garantie eines gleichbleibenden Lohns im Falle von Versetzungen auf einen Arbeitsplatz, der niedriger als der bisherige eingestuft ist.
- ❑ Zulagen aufgrund eines objektiv notwendigen Bedarfs eines Mitarbeiters, zum Beispiel aufgrund seines Familienstandes oder der Kinderzahl.

- Volle Lohnfortzahlung trotz krankheitsbedingter Leistungsminderung.[30]
- Zahlung von Urlaubsgeld.
- Zahlung von Beitragsanteilen zur Sozialversicherung (Arbeitgeberanteil).

6.4.3.3 Mitarbeiterbeteiligung

Die Beteiligung von Mitarbeitern am Eigenkapital eines Unternehmens wird im Rahmen der Einkommensbesteuerung gefördert. Dabei kommen verschiedene Modelle zur Anwendung, zum Beispiel die Ausgabe von Mitarbeiteraktien, der Erwerb von Aktien des eigenen und anderer Unternehmen durch Mitarbeiter oder die Eröffnung eines Darlehenskontos für Mitarbeiter, dem Gewinnanteile des Unternehmens zugewiesen werden, die vom Mitarbeiter dem Unternehmen als Darlehen zurückgewährt werden. Für weitere Einzelheiten wird auf die Literatur verwiesen.[31]

6.4.4 Überwindung von Akzeptanzproblemen bei der Belegschaft

Vor der Einführung einer leistungsorientierten Entlohnung - besonders bei der Akkordentlohnung - ist es wichtig, dass der Arbeiterschaft die Grundzüge der betrieblichen Lohngestaltung verständlich gemacht werden. Die Mitarbeiter müssen erkennen, dass es Möglichkeiten zu Lohnsteigerungen gibt, die der Zeitlohn nicht bietet. Der Befürchtung eines starken Leistungsdrucks sind exakte Leistungsvorgaben, die an einer Normalleistung orientiert sind, tarifliche Absicherung eines Mindestlohns und soziale Absicherung bei Krankheit und Arbeitslosigkeit entgegenzuhalten.

6.5 EDV-Einsatz in der Personalwirtschaft

6.5.1 Lohn- und Gehaltsabrechnung

Die Lohn- und Gehaltsabrechnung sind informations- und rechenintensive Verwaltungsaufgaben, die heute überwiegend mit EDV abgewickelt werden. Dabei ist zwischen Bruttolohnabrechnung und Nettolohn- und Gehaltsabrechnung zu unterscheiden.

6.5.1.1 Bruttolohnabrechnung

Die Bruttolohnabrechnung ist eng mit der betrieblichen Ablauforganisation und der Gestaltung der Fertigung verzahnt. Sie muss Lohnscheine verarbeiten, die über die gearbeitete Zeit (Zeitlohn) und/oder die Menge (Akkordlohn) je Mitarbeiter der Fertigung Auskunft geben. Dabei sind eine Vielzahl von wichtigen Einzelheiten ergänzend zu beachten. Die wichtigsten sind:

[30] Vgl. *Böhrs, H.,* Leistungslohngestaltung mit Arbeitsbewertung, a.a.O.
[31] Vgl. *Schmalen, H.,* Grundlagen und Probleme der Betriebswirtschaft, a.a.O.

- ❑ Personalnummer, Name, Vorname usw.
- ❑ Datum und Uhrzeit für die Berechnung von Feiertags- und Überstundenzuschlägen
- ❑ gearbeitete Zeit bei Zeitlohn
- ❑ bei Akkord gefertigte Stückzahl (nach der Qualitätskontrolle)
- ❑ Lohngruppe
- ❑ Durchschnittslohn einer bestimmten gesetzlichen Referenzperiode bei der Ermittlung von Lohnfortzahlungen im Krankheitsfall
- ❑ Nummer und Art des Arbeitsauftrags mit Produkt und Kostenstelle für die Verbuchung und Analyse der Lohnkosten
- ❑ Sonstige betriebsspezifische Angaben.

6.5.1.2 Nettolohn- und Gehaltsabrechnung

Nach der Ermittlung des Bruttolohns (oder des Gehaltsanspruchs) je Arbeitnehmer erfolgt die Nettolohnabrechnung für jeden Arbeitnehmer. Diese ermittelt seine Nettolohn- oder Nettogehaltsansprüche und veranlasst die Auszahlung in der Regel als bargeldlose Überweisung. Dazu sind ergänzend folgende Hauptaufgaben zu lösen und Daten zu berücksichtigen :

- ❑ Stammdaten zur Person
  - Familienstand
  - Kinderzahl
  - Religion
  - Steuerklasse

  zur Ermittlung und Abführung der Steuerabzüge.
- ❑ Errechnung der Sozialversicherungsbeiträge und entsprechender Abführungen an den Versicherungsträger oder Auszahlung des Arbeitgeberanteils an den Arbeitnehmer.
- ❑ Ermittlung von Urlaubsgeld-, Prämien- und sonstigen Ansprüchen sowie Zuschüsse von vermögenswirksamen Leistungen.

In der Brutto- sowie Nettolohn- und Gehaltsabrechnung sind gesetzliche und tarifvertragliche Änderungen jeweils kurzfristig zu berücksichtigen.

6.5.2 Personalplanungs- und -informationssysteme

Die Personalplanung, und zwar insbesondere für den produktionsmengenabhängigen Bereich der so genannten „produktiven" Mitarbeiter, ist ein Einsatzgebiet der EDV, das seit wenigen Jahren und in Zukunft weiterhin an Bedeutung zunimmt. Dafür gibt es zwei Gründe, erstens sind die Grundlagen für eine EDV-gestützte Personalbedarfsermittlung (aus Absatz- und Produktionsprogrammen) durch Einführung von PPS-Systemen erst in den letzten Jahren geschaffen oder verbessert worden und werden zunehmende Verbreitung finden und zweitens ist im Verlauf der Arbeitszeitverkürzung mit dem Ziel guter Auslastung der Fertigungskapazitäten auch das Interesse an einer Flexibilisierung der Arbeitszeiten gestiegen. Dadurch entstehen in zahlreichen Unternehmen und Betrieben neue Aufgaben für die Personaleinsatzplanung, die von einer bestimmten Unternehmensgröße an nur noch EDV-gestützt zufriedenstellend gelöst werden können.

Durch die vorangehend genannten EDV-Einsatzgebiete Lohn- und Gehaltsabrechnung sowie

Personalbedarfsermittlung und Personaleinsatzplanung im Fertigungsbereich ergeben sich zugleich die Anforderungen bezüglich der für deren Realisierung erforderlichen Daten. Ausgehend von einem Planungssystem und seinen Anforderungen kann ein entsprechendes Personalinformationssystem entwickelt werden, in das dann auch statistische Auswertungen mit dem Ziel der Problemerkennung, Optimierung und Personalförderung integriert werden können.

In diesem Zusammenhang ist bezüglich der Geheimhaltungs- und Datensicherungspflichten auf das Bundesdatenschutzgesetz und die Datenschutzgesetze der Bundesländer hinzuweisen.[32]

Zur Vertiefung der Fragen des EDV-Einsatzes im Personalbereich verweise ich auf die Spezialliteratur.[33]

---

[32] Bundesdatenschutzgesetz (BDSG) vom 27.1.1977, Bundesgesetzblatt I

[33] Vgl. zum Beispiel Anwendung der EDV im Personalwesen, Schriftenreihe der Deutschen Gesellschaft für Personalführung, Düsseldorf, Nr. 36, Bd. 1 und 2 (Lohn- und Gehaltsabrechnung) und Nr. 37 (Personalplanung und Personalentwicklung).

Kontrollfragen zu Kapitel 6

1. Erläutern Sie Entwicklungs-Phasen und Teilaufgaben der Personalwirtschaft.
2. Erläutern Sie die Rechtsgrundlagen eines Arbeitsverhältnisses.
3. Umreißen Sie die allgemeinen Aufgaben des Betriebsrates.
4. Strukturieren und erläutern Sie kurz die Aufgaben, die
   4.1 zwingend der Mitbestimmung unterliegen,
   4.2 freiwilliger Mitbestimmung unterliegen und
   4.3 der Mitwirkung oder Mitbestimmung des Betriebsrates bedürfen.
5. Was wird auf welche Weise vom Mitbestimmungsgesetz geregelt?
6. Nennen Sie praxisübliche Modelle für die Strukturorganisation der Personalwirtschaft nach Objekten und Funktionen.
7. Skizzieren Sie einen Rahmenablaufplan für die Personalplanung.
8. Erläutern Sie die Vorgehensweise bei der Budgetierung der Personalkosten.
9. Nennen Sie eine Systematik der Personalbeschaffungsmöglichkeiten und erläutern Sie die Vorteile und Nachteile der einzelnen Möglichkeiten.
10. Welches sind die Voraussetzungen für leistungsorientierte Entlohnung?
11. Systematisieren und erläutern Sie die Methoden der Arbeitsbewertung.
12. Erklären Sie die folgenden Verfahren und nennen Sie die jeweiligen Vor- und Nachteile:
    12.1 Rangfolgeverfahren
    12.2 Lohngruppenverfahren
    12.3 Rangreihenverfahren
    12.4 Stufenwertzahlverfahren.
13. Bewerten Sie zwei Arbeitsplätze (z.B. den einer Datatypistin und eines Flugkapitäns) nach dem Genfer Schema.
14. Wie wurden die Anforderungsarten des Genfer Schemas von REFA weiterentwickelt?
15. Wie arbeitet und was leistet das Arbeitswissenschaftliche Erhebungsverfahren zur Tätigkeitsanalyse (AET) von Rohmert und Landau?
16. Definieren Sie zum Thema Akkordlohn:
    16.1 Geldakkord
    16.2 Zeitakkord
    16.3 den Zusammenhang zwischen Normalleistung, Akkordzuschlag und Akkordrichtsatz.
17. Erläutern Sie die Grundlagen der Prämienentlohnung und die Ihnen bekannten Prämienlohnsysteme.
18. Erläutern Sie Unterschied, Aufgaben und Informationsinhalte der Brutto- und Nettolohnabrechnung.
19. Erläutern Sie die Einsatzmöglichkeiten der EDV in der Personalwirtschaft.
20. Welche Aufgaben, Möglichkeiten und rechtlichen Rahmenbedingungen sehen Sie für den Einsatz von Planungs- und Informationssystemen im Personalbereich?

7 Finanzwirtschaft und Investition

7.1 Begriff und Aufgaben der Finanzierung

7.1.1 Investition und Liquidität als Optimierungsaufgabe

Aus den Teilaufgaben des Betriebsprozesses und dem Wertefluss der Betriebe (vgl. Pkt.1.2) ergibt sich die Notwendigkeit zur Investition, das heißt der längerfristigen Bindung von Finanzmitteln im Unternehmen zum Zweck der Gewinnerzielung.

Während sich die **Finanzierung im engeren Sinne** auf die Gesamtheit der Kapitalbeschaffung und -rückzahlung beschränkt, trägt die **Finanzierung im weiteren, modernen Sinne** der Tatsache Rechnung, dass weniger Geld gebraucht wird, wenn weniger Vermögen eingesetzt wird. Sie bedeutet deshalb Optimierung der Aktiv- und der Passivseite der Bilanz mit dem Ziel der Sicherung von langfristiger Rentabilität und ständiger Liquidität.

Während das Kapitel 4 (Materialwirtschaft) den Hauptaufgaben der Optimierung des Umlaufvermögens gewidmet ist, beschäftigt sich der Punkt 7.5 (Investition) mit den Optimierungsaufgaben des Anlagevermögens.

7.1.2 Merkmale und Funktionen von Eigen- und Fremdkapital

Die wesentlichen Eigenschaften von Eigen- und Fremdkapital fassen *Dornieden, May* wie folgt zusammen:[1]

Kapital / Aspekt	Fremdkapital	Eigenkapital
Haftung	auf Sicherheit hin orientiert	Risikoträger
Rechtsstellung	Gläubigerstellung	Eignerposition
Wert	Nominalwert, der auf eine bestimmte Geldsumme lautet	als Anteil an einem Sachwert realwertorientiert, abhängig vom Vermögenswert und Geschäftserfolg
Entlohnung	erfolgsunabhängig, Zinsanspruch	Beteiligung am Erfolg (Gewinn oder Verlust)
zeitliche Verfügbarkeit	Überlassung für befristete Zeit	Überlassung auf unbefristete Dauer
Kündigung	kündbar	unkündbar oder schwer kündbar
Rückzahlung	nominal bestimmbarer Rückzahlungsanspruch	Rückzahlungshöhe bleibt unbestimmt (evtl. Anteil am Liquidationserlös)
Einfluss auf Entscheidungen	in der Regel ohne Einfluss auf die Unternehmensführung	mindestens Kontrollrecht, im Übrigen mit oder ohne Einfluss gestaltbar

[1] *Dornieden, May,* Finanzierung, Finanzierungsvorgänge und Finanzierungsinstrumente, Wiesbaden

7.2 Finanzierungsinstrumente

Für die Beurteilung der einzelnen Finanzierungsinstrumente ist es wesentlich, zwischen der **Innenfinanzierung**, welche das Unternehmen aus eigener Kraft durchführen kann und der **Außenfinanzierung**, bei der dem Unternehmen externes Kapital zugeführt wird, zu unterscheiden. Die folgende Tabelle gibt einen Überblick über die wichtigsten Finanzierungsarten:

Außenfinanzierung		**Innenfinanzierung**	
			Selbstfinanzierung
Fremdfinanzierung	Kreditfinanzierung		Rückstellungen (soweit angemessen)
	Subventionsfinanzierung		
Eigenfinanzierung	Beteiligungsfinanzierung	Kapitalfreisetzung durch: - Abschreibungsgegenwerte - Rückstellungsaufwand (soweit überhöht) - Verringerung des Umlaufvermögens Vermögensumschichtung	Gewinnthesaurierung
			Rücklagenbildung
Sonderformen	Leasing, Factoring, Franchising	———	

7.2.1 Eigenkapitalbeschaffung

Es ist zu unterscheiden zwischen Eigenkapital, das von außen in das Unternehmen einfließt und solchem, das von dem Unternehmen selbst aufgebracht wird.

Die Form der Eigenkapitalbeschaffung **von außen**, auch genannt **Beteiligungsfinanzierung**, wird weitgehend von der Rechtsform der Unternehmung bestimmt (vgl. Pkt.1.3 Rechtsformen der Unternehmung; zur Kapitalerhöhung von Aktiengesellschaften vgl. *Krabbe* [2])

Die Hauptmöglichkeiten der Eigenkapitalbeschaffung **von innen** liegen in den Instrumenten der **Selbstfinanzierung**, der Finanzierung aus **Abschreibungen** und der **Vermögensumschichtung**. Eine Vermögensumschichtung entsteht, wenn freigesetzte Zahlungsmittel aus der Reduzierung einzelner Vermögenspositionen (zum Beispiel Bestände an Material und Forderungen) zur Finanzierung der Investition in andere Vermögensteile (zum Beispiel Anlagen) genutzt werden. Bei dieser für die Praxis wichtigen Finanzierungsmaßnahme ist eine eventuell auftretende Veränderung der Bindungsfristen zu beachten.

---

[2] *Krabbe, E.*, Leitfaden zum Grundstudium der Betriebswirtschaftslehre, 3., erw. und verb. Aufl., Gernsbach

7.2.2 Fremdkapitalbeschaffung

7.2.2.1 Merkmale der wichtigsten Fremdkapitalarten

(1) **Kurzfristige Kreditarten (Laufzeit < 1 Jahr)**

Kriterium / Kreditart	Abwicklung	Merkmale	Kosten	Sicherung
Lieferantenkredit	Lieferant gewährt Zahlungsaufschub	hohe Kosten, einfache Kreditgewährung ohne Kreditwürdigkeitsprüfung	% p.a. = 360 x Skontosatz / (Zahlungsziel – Skontofrist)	meist Eigentumsvorbehalt
Kundenkredit	Kunde leistet Vorauszahlung auf eine zu liefernde Ware	zur Vorfinanzierung der Fertigungskosten und als gewisse Sicherung der Endabnahme	kalkulatorische Zinsen	häufig Bankbürgschaft
Kontokorrentkredit	Kreditnehmer darf sein bei einem Kreditinstitut bestehendes Konto bis zu einem Maximalbetrag überziehen	Kredithöhe von Kreditnehmer flexibel wählbar	Sollzins, Kredit-, Überziehungsprovision, eventuell Barauslagen	Bürgschaft, Pfandrecht, Grundpfandrecht, Zession, Sicherungsübereignung
Avalkredit	Kreditinstitut übernimmt Haftung für eine Verbindlichkeit des Kreditnehmers gegenüber einem Dritten	Kreditinstitut haftet für eine Eventualverbindlichkeit, Kreditnehmer bleibt Hauptschuldner	Avalprovision (1 bis 3,5 % p.a.)	Bürgschaft, Garantie
Lombardkredit	Kreditgewährung gegen Verpfändung von Wertpapieren, Waren oder Forderungen	einsetzbar bei ausgeschöpften Kreditlinien	Lombardsatz (ca. 1 % über Diskontsatz), Kreditprovision	Pfandrecht
Factoring	Unternehmen verkauft Forderungen an Finanzierungsinstitut	Unternehmen wird von Verwaltungsaufwand entlastet	Zinsen für Bevorschussung, Gebühr für die Dienstleistungen	abgetretene Forderungen dienen als Sicherung

(2) **Kurzfristige Exportfinanzierung**

Der **Rembourskredit**, eine Form des Wechselkredites, ist eine im Außenhandel wichtige Form der kurzfristigen Fremdfinanzierung. Er wird häufig mittels eines **Dokumentenakkreditives** abgewickelt. Der Importeur weist hierbei seine Bank an, bei der Bank des Exporteurs den notwendigen Geldbetrag zur Verfügung zu stellen. Dieser wird dann gegen Vorlage entsprechender

Dokumente an den Exporteur ausgezahlt. Dadurch wird dem Exporteur die Bezahlung der Ware gesichert, ohne dass er die Zahlungsfähigkeit seines Kunden prüfen muss.

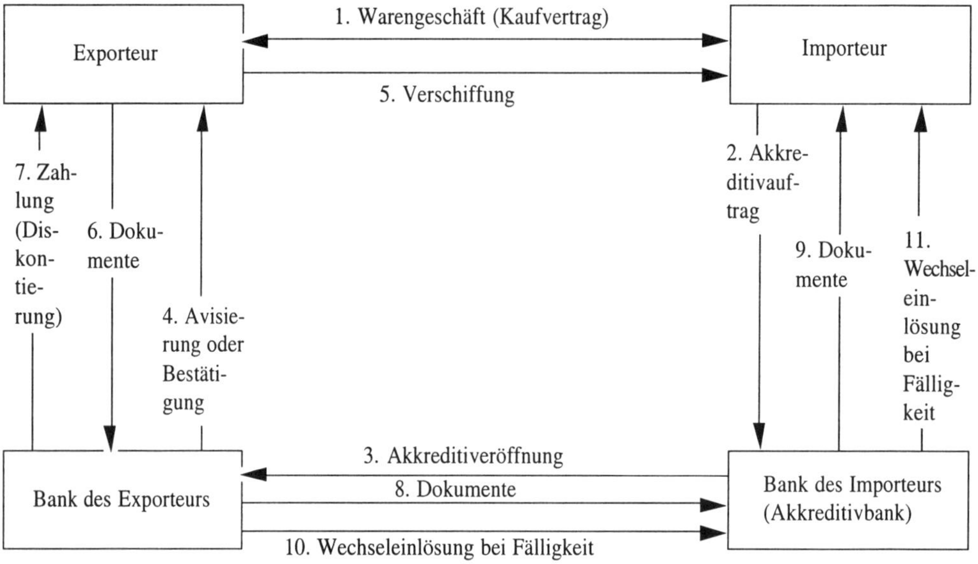

(3) **Langfristige Kreditarten (Laufzeit > 4 Jahre)**

Kriterium / Kreditart	Abwicklung	Merkmale	Kosten (neben Zinsen)	Sicherung
Darlehen	wird gewährt von Kreditinstituten und Bausparkassen	sorgfältige Kreditwürdigkeitsprüfung	Schätzkosten, Beurkundungs-, Grundbucheintragungs- und -löschungsgebühren	Grundpfandrecht
Anleihe	Ausgabe von Teilschuldverschreibungen	Gesamtsumme > 5 Mio DM, Laufzeit 10 - 20 Jahre, publizitätspflichtig	Emissionskosten	Negativklausel, Grundpfandrecht
Schuldscheindarlehen	wird gewährt von Kapitalsammelstellen (z.B. Lebensversicherungsanstalten)	flexible Anpassung an Kapitalbedarf, keine Publizitätspflicht	Vermittlungsprovision, Treuhand-, Beurkundungs-, Grundbucheintragungs- und -löschungsgebühren	Deckungsstockfähigkeit

Daneben gewinnen folgende Sonderformen langfristiger Fremdfinanzierung zunehmend an Bedeutung:

(4) **Leasing**

Unter Leasing versteht man das befristete Vermieten von Wirtschaftsgütern zwischen einem Leasinggeber und einem Leasingnehmer, dessen Ablauf sich wie folgt darstellen lässt:[3]

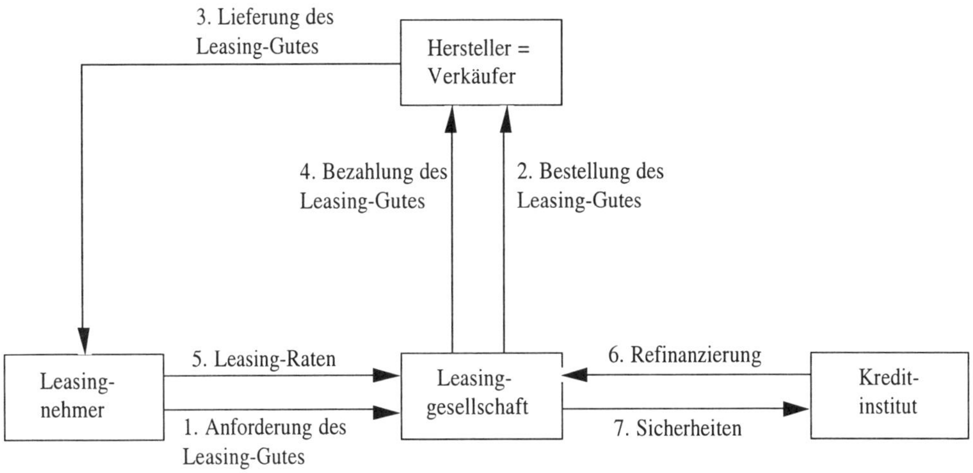

Eine besondere Form des Leasing ist das „Sale-and-lease-back", bei dem Vermögensteile an eine Leasinggesellschaft verkauft und gleichzeitig von ihr zurückgemietet werden. Dieses Verfahren bietet nur eine vorübergehende Finanzierungshilfe, da es zwar liquiditätsfördernd, aber aufgrund höherer Gesamtkosten längerfristig ertragsschädlich ist.

Folgender Vergleich von Kreditkauf, Barkauf und Leasing - mit praxisnahen Zahlen - zeigt, dass Leasing eine Investition ermöglichen kann, aber üblicherweise nicht die rentabelste Form der Finanzierung darstellt:

Es soll eine Maschine finanziert werden, deren Anschaffungswert 800 TDM beträgt und die eine voraussichtliche Nutzungsdauer von 8 Jahren hat. Aus der Nutzung der Maschine entstehen pro Jahr Einnahmen von 190 TDM.

Kreditkauf:

Kreditsumme	800 TDM
Laufzeit	8 Jahre
Zinsen	8 %
Tilgung	8 gleiche Jahresraten

Leasing:

Grundmietzeit	5 Jahre
Abschlussgebühr	9 %
monatliche Leasingraten	2,6 %
Verlängerungsmiete	25 TDM pro Jahr

[3] Entnommen aus: *Olfert, K.*, Finanzierung, 5. durchges. Aufl., Ludwigshafen

	Angaben in TDM						
	Ausgaben				Kumulierte Überschüsse		
Jahr	Bar	Kredit	Leasing	Einnahmen	Bar	Kredit	Leasing
0	800	0	0,0	0	- 800	0	0,0
1	0	164	321,6	190	- 610	26	- 131,6
2	0	156	249,6	190	- 420	60	- 191,2
3	0	148	249,6	190	- 230	102	- 250,8
4	0	140	249,6	190	- 40	152	- 310,4
5	0	132	249,6	190	150	210	- 370,0
6	0	124	25,0	190	340	276	- 205,0
7	0	116	25,0	190	530	350	- 40,0
8	0	108	25,0	190	720	432	125,0
Summe	800	1.088	1.395,0	1.520			

(5) **Franchising**

Der Franchisenehmer erhält gegen Zahlung einer einmaligen Gebühr sowie eines Anteils seines Umsatzes (1-3 %) das Recht, bestimmte Waren unter Verwendung des Namens, der „corporate identity" und sonstiger Schutzrechte des Franchisegebers anzubieten. Er profitiert dabei vom technischen und gewerblichen Know-how, von der Vertriebsorganisation und vom Image des Franchisegebers. Das Franchising bietet dem Franchisegeber bei **geringem Einsatz von finanziellen Mitteln** und Personal die Möglichkeit rascher Expansion bei gleichzeitiger Abwälzung des Geschäftsrisikos auf den Franchisenehmer.

7.2.2.2 Instrumente der Kreditsicherung

Krabbe fasst die Möglichkeiten der Gewährung von Sicherheiten durch den Kreditnehmer wie folgt zusammen:[4]

[4] *Krabbe, E.,* Leitfaden zum Grundstudium der Betriebswirtschaftslehre, a.a.O.

Kreditsicherungsformen

Form	Kennzeichnung	typ. Anwendung
Eigentumsvorbehalt	Verkäufer behält sich Eigentum an der verkauften Sache bis zur vollständigen Bezahlung vor. Eigentumsübertragung unter aufschiebender Bedingung.	Lieferantenkredit
Verlängerter Eigentumsvorbehalt	Käufer tritt an den Vorbehaltsverkäufer die Forderung aus der Weiterveräußerung der Ware ab.	
Sicherungsübereignung	Übertragung des Eigentums von genau bestimmten Sicherungsgütern an Kreditgeber; tatsächliche Übergabe wird nicht vorausgesetzt.	Kontokorrentkredit
Sicherungsabtretung	Abtretung von Forderungen des Zedenten (Kreditnehmer) zur Sicherung einer Forderung des Zessionars (Kreditgeber). Schuldner muss nicht benachrichtigt werden (stille Zession). Bei Globalzession werden gegenwärtige und zukünftige Forderungen gegenüber bestimmten Schuldnern abgetreten.	Kontokorrentkredit
Verpfändung	Ausstellung eines Pfandrechts auf bewegliche Vermögenswerte. Da Übergabe der Sache an Gläubiger erfolgt, eignen sich nur wenige Vermögenswerte. Häufig Verpfändung von Wertpapieren.	alle Formen des Lombardkredites; Kontokorrentkredit
Grundpfandrechte	Dingliches Recht an Grundstücken (i.d.R. gewerblich genutzten oder verpachteten). Schuldner muss nicht Eigentümer des belasteten Grundstücks sein. Eintragung im Grundbuch, wobei Reihenfolge der Eintragung den Rang bestimmt. Pfandrecht in der Form der Hypothek, Grundschuld oder Rentenschuld. Hypothek: an bestimmte Forderung gebunden Grundschuld: unabhängig von bestimmter Forderung, kann unabhängig von Kreditinanspruchnahme bestehen bleiben.	Anleihen; Schuldscheindarlehen
Bürgschaft	Bürge verpflichtet sich per Vertrag gegenüber dem Gläubiger eines Dritten (Hauptschuldner), für die Verbindlichkeiten des Dritten einzustehen.	Avalkredit; Anleihen

7.2.2.3 Kreditprüfung und -überwachung

Bei der Fremdfinanzierung durch Kreditinstitute sind diese bemüht, durch eine möglichst aussagefähige Kreditwürdigkeitsprüfung vor der Kreditvergabe die Risiken einer teilweisen oder vollständigen Nichtrückzahlung (**Verlustrisiko**) oder verspäteten Rückzahlung (**Liquiditätsrisiko**) des Kredites durch den Kreditnehmer zu minimieren. Ferner soll bei dieser Kreditprüfung unter anderem sichergestellt werden, dass zur Sicherheit überlassene Waren während der Kreditlaufzeit keinem übermäßig starken Wertverlust unterliegen und damit kein unkalkulierbares **Sicherheitsrisiko** für den Kreditgeber darstellen.

Dem Kreditgeber stehen dabei für die Kreditwürdigkeitsprüfung folgende Informationsquellen zur Verfügung:[5]

Zu den **innerbetrieblichen Informationsquellen** zählen im Wesentlichen die Betriebsbesichtigung, die Bilanz, die Erfolgsrechnung, die Kosten- und Leistungsrechnung, betriebliche Statistiken, Geschäfts- und Prüfungsberichte und Planungsunterlagen des kreditsuchenden Unternehmens. Daneben stehen eine Reihe von **außerbetrieblichen Quellen**, wie gesamtwirtschaftliche Untersuchungen, Branchenuntersuchungen, Informationen von Geschäftspartnern des Kreditsuchenden und Auskunfteien zur Verfügung, welche ebenfalls zur Beurteilung der Kreditfähigkeit mit herangezogen werden sollten. Bei der Prüfung der wirtschaftlichen Lage des kreditsuchenden Unternehmens wird zwischen einer statischen und einer dynamischen Kreditprüfung unterschieden:

(1) Statische Kreditwürdigkeitsprüfung

Bei der statischen Kreditwürdigkeitsprüfung wird ausgehend von der Bilanz ein Kreditstatus des kreditsuchenden Unternehmens erstellt. Dieser Status unterscheidet sich im Wesentlichen dadurch von der Bilanz, dass Bilanzpositionen zu Tageswerten, das heißt zu den Werten, den diese Positionen bei vorausgesetzter Unternehmensfortführung am Tag der Statusaufstellung am Markt erzielen würden, bewertet und zusammengefasst werden. Ein solcher Kreditstatus kann wie folgt aussehen:

Gliederung des Kreditstatus[6]

Vermögensseite	**Kapitalseite**
I. Umlaufvermögen	I. Fremde Mittel
1. kurzfristig gebunden	1. kurzfristig
2. mittelfristig gebunden	2. mittelfristig
3. langfristig gebunden	3. langfristig
II. Anlagevermögen	II. Eigene Mittel
	(Kapital, Rücklagen)

Ausgehend von diesem Status sind insbesondere die Positionen Forderungen und Verbindlichkeiten nach Art, Fälligkeit und Höhe näher aufzuschlüsseln, wobei bei der Untersuchung der Forderungen solche, deren Eingang als zweifelhaft oder uneinbringlich erscheint, entsprechend zu kennzeichnen und zu berücksichtigen sind.

Zusätzlich zu den Informationen aus dem Kreditstatus sind außerdem Eventualverbindlichkeiten aus Bürgschaften, Indossamenten und Garantieverpflichtungen sowie die durch Stellung bestimmter Sicherheiten bestehenden Vermögensbelastungen auf Positionen des Anlagevermögens und des Umlaufvermögens mit in die Beurteilung der gegenwärtigen Kreditwürdigkeit des Unternehmens einzubeziehen.

Die so ermittelten Daten gestatten durch einen Zeitvergleich mit Vergangenheitswerten der gleichen Unternehmung und durch Strukturvergleiche mit Richtzahlen branchenüblicher Werte zwar einen guten Überblick über die gegenwärtige Vermögens- und Liquiditätslage des Unternehmens, sagen jedoch nichts über die zukünftige Aufwands- und Ertragsentwicklung des Unternehmens aus.

---

[5] Vgl. *Hartmann, B.*, Kreditprüfung und Kreditüberwachung, Stuttgart
[6] Ebenda, S. 23

Die statische Kreditwürdigkeitsprüfung dient daher in erster Linie der Absicherung kurzfristiger Kredite, während sich bei langfristigen Krediten die Prüfung auch auf die zukünftige Ertrags- und Liquiditätsentwicklung des Unternehmens erstrecken muss, welche in einer dynamischen Kreditprüfung näher untersucht wird.

(2) **Dynamische Kreditwürdigkeitsprüfung**

Die dynamische Kreditwürdigkeitsprüfung versucht, die zukünftige Ertragskraft und Liquiditätsentwicklung des kreditsuchenden Unternehmens durch verschiedene Verfahren von der Extrapolation der Vergangenheitswerte bis hin zu einer umfassenden Unternehmensplanung näherungsweise zu bestimmen.

Eine Bank, die sich mit längerfristigen Krediten in größerem Umfang in einem Unternehmen engagiert, wird von diesem Unternehmen die Vorlage einer systematischen Finanzplanung verlangen (vgl Pkt. 7.4 Finanzplanung).

Das Kreditinstitut hat damit die Möglichkeit, mit einer bestimmten Wahrscheinlichkeit vorherzusehen, ob das Unternehmen in der Lage sein wird, seinen zukünftigen Zahlungsverpflichtungen termin- und betragsgerecht nachzukommen.

(3) **Kreditüberwachung**

Im Rahmen der Kreditüberwachung soll festgestellt werden,[7]

- ob sich die wirtschaftlichen Verhältnisse des Kreditnehmers verschlechtert haben,
- ob die gestellten Sicherheiten einem zu starken Wertverlust unterliegen und
- ob die Kreditmittel vereinbarungsgemäß verwendet wurden.

Dazu wird jedoch keine erneute vollständige Kreditwürdigkeitsprüfung vorgenommen, sondern es werden in bestimmten Abständen ausgewählte, die Kreditsicherheit besonders stark beeinflussende Größen überwacht und analysiert.

7.3 Hauptkriterien finanzpolitischer Optimierung

Eine wichtige Maßnahme zur Liquiditätssicherung ist das Prinzip der **Fristenkongruenz**, das die Übereinstimmung der Kapitalbeschaffungs- und -verwendungsfristen fordert. Das heißt, dass mit dem zur Verfügung stehenden Kapital nur solche Objekte finanziert werden dürfen, bei denen die Bindungsdauer des Kapitals kleiner oder gleich der Überlassungsdauer ist. Dabei ist zu bedenken, dass einerseits einige Investitionen nach ihrem Ablauf Anschlussinvestitionen erforderlich machen, andererseits sich die Dauer einer Kreditgewährung durch wiederholte Verlängerung erheblich vergrößern kann, wenn der Kapitalgeber zustimmt.

Bei konstantem Gesamtkapitalbedarf kann die Eigenkapitalrentabilität durch Substitution von Eigenkapital durch Fremdkapital erhöht werden, solange die Fremdkapitalzinsen (genauer: Fremdkapitalkosten) niedriger sind als die Gesamtkapitalrentabilität. Diese Wirkung wird als **Leverage-Effekt** bezeichnet. Das Optimum ist erreicht, wenn der Kostensatz des Fremdkapitals gleich der Rentabilität des Eigenkapitals ist.

[7] Vgl. *Olfert, K.*, Finanzierung, 5.Aufl., Ludwigshafen

Im folgenden Beispiel seien als Werte angenommen:

Gesamtkapital	300.000 DM
Gesamtkapitalrentabilität	15 %

Eine Gesamtkapitalrentabilität von 15 % entspricht einem Brutto-Gewinn von 45.000 DM, aus dem sich der Netto-Gewinn durch Abzug der Fremdkapitalzinsen ergibt. Es wird angenommen, dass die Fremdkapitalzinsen mit wachsender Fremdkapitalaufnahme steigen und vereinfachend mit einer schrittweisen Zunahme des Fremdkapitalanteils von jeweils 40.000 DM gerechnet.

Eigenkapital (DM)	**Fremdkapital (DM)**	**Fremdkapitalzinsen (%)**	**(TDM)**	**Nettogewinn (TDM)**	**Eigenkapitalrentabilität (%)**
300.000	0	–	–	45.000	15,00
260.000	40.000	8	3.200	41.800	16,08
220.000	80.000	10	8.000	37.000	16,82
180.000	120.000	12	14.400	30.600	17,00
140.000	160.000	14	22.400	22.600	16,14

Der optimale Fremdkapitalanteil beträgt also ungefähr 120.000 DM, da bei diesem die höchste Eigenkapitalrentabilität erzielt wird.

Wird zusätzlich die Möglichkeit der externen Anlage des durch Fremdkapital ersetzten Eigenkapitals berücksichtigt, so ist die Substitution sinnvoll, solange die Fremdkapitalzinsen kleiner als die gesamte Eigenkapitalrentabilität aus Gewinn plus externer Verzinsung sind.

Bei Ausnutzung des Leverage-Effektes ist zu beachten, dass aufgrund der hohen akquisitorischen Wirkung des Eigenkapitals insbesondere in Krisenzeiten der Eigenkapitalanteil nicht zu weit gesenkt werden sollte. Das Kriterium der Fristenkongruenz ist stets als zwingende Bedingung zu beachten.

7.4 Finanzplanung

7.4.1 Aufgaben, Elemente und Grundsätze

Die Finanzplanung gehört zu den wichtigsten Teilaufgaben der Unternehmenssicherung. Sie hat die Aufgabe, ausgehend von einer sparsamen, auf den Betriebszweck ausgerichteten Planung und Gestaltung der Mittelverwendung (der Aktivseite der Bilanz) eine entsprechende Herkunft und Beschaffung der Finanzmittel (der Passivseite der Bilanz) systematisch so vorzubereiten, dass die Hauptziele der finanzwirtschaftlichen Optimierung, Rentabilität und Liquidität zusammen mit den jeweils gültigen Nebenbedingungen erreicht und dadurch der Bestand des Unternehmens lang-, mittel- und kurzfristig nicht durch Zahlungsunfähigkeit bedroht wird.

Um eine zuverlässige Wahrnehmung dieser Aufgaben sicherzustellen, müssen Finanzpläne unterschiedlicher Fristigkeit erstellt und systematisch verknüpft werden. Dabei geht es darum, die relativ hohe Unsicherheit der Erwartungen, die in der langfristigen Finanzplanung in Bezug auf bestimmte Einnahmen, wie umsatzabhängige Eingänge von Kundenzahlungen, sowie einige Ausgaben, beispielsweise erfolgsabhängige Investitionen oder Tantiemen, bestehen, schrittweise zu reduzieren. Das geschieht durch eine laufende Anpassung der mittel- und kurzfristigen Planung auf der Grundlage inzwischen realisierter und bekannter Ist-Werte. Dieses Verfahren heißt „rollende Planung". In Bezug auf die Fristigkeit der zu verknüpfenden Finanzpläne haben sich folgende zeitliche Abgrenzungen bewährt:

Langfristig: Auf Grundlage der Planung der betriebsnotwendigen Investitionen erfolgt im Rahmen der strategischen Unternehmensplanung eine langfristige Festlegung der Finanzmittelverwendung im Anlage- und Umlaufvermögen. Ausgehend von dieser Kapitalbindungsplanung muss eine ebenfalls langfristige Planung der, bezüglich Haftung und Fristigkeit entsprechenden, Kapitalbeschaffung und -herkunft erfolgen. Dabei besteht die Hauptaufgabe der Planung darin, einerseits die Relation zwischen Eigen- und Fremdkapital zu optimieren und andererseits durch angemessene Gestaltung der Fristigkeiten des Fremdkapitals dafür zu sorgen, dass die Finanzierung insgesamt nicht nur rentabel erfolgt, sondern auch stets den Anforderungen der kreditgebenden Banken gerecht wird.

Die vorgenannten Planungsschritte vollziehen sich im Rahmen von Planbilanzen für mehrere Jahre. Bevor diese aufgestellt werden können, müssen praktisch für jedes Planjahr Erfolgsplanungen (Plan-Gewinn- und Verlustrechnungen) erstellt werden, aus denen der Saldo aus den jährlichen Ausgaben und Einnahmen aus dem Betriebsprozess abgeleitet werden muss. Die so ermittelten Nettoeinnahmen eines Jahres heißen Cash Flow und stehen für die Selbstfinanzierung zur Verfügung. Nur der darüber hinausgehende Finanzbedarf eines Jahres muss extern finanziert werden.

Mittelfristig: Im Rahmen der operativen Unternehmensplanung, vielfach auch als „Budgetierung" bezeichnet, muss nach der gleichen Logik wie in der langfristigen Finanzplanung eine Planung der Investitionen (in Anlage- und Umlaufvermögen) und des entsprechenden Kapitalbedarfs erfolgen. Ausgehend von der Plan-Gewinn- und Verlustrechnung werden die erfolgsabhängigen Zahlungsströme für ein Jahr und Quartale geplant und der Kapitalbedarf ermittelt, der extern finanziert werden muss.

Die mittelfristige Finanzplanung für ein Jahr ist am weitesten verbreitet und sollte auch für jedes mittlere und kleine Unternehmen vorgenommen werden.

Kurzfristig: Für die kurzfristige Sicherung der Zahlungsbereitschaft sind Liquiditätsvorschauen für jede Woche sowie unter Umständen für einzelne Tage zu erstellen. Diese sind in der Regel keine vollständigen Finanzpläne, sondern Zahlungseingangs- und -ausgangsvorschauen als Grundlage für die kurzfristige Finanzdisposition und -optimierung durch Ausgleich von Unterdeckungen und externe Anlage von Überdeckungen.

Die erläuterten Zusammenhänge seien an folgendem elementaren Beispiel und Schema von *Chmielewicz*[8] einprägsam verdeutlicht. Folgende Eröffnungsbuchungen, Geschäftsvorfälle und Abschlussbuchungen sind vorzunehmen:

I. **Eröffnungsbuchungen**

1. Aktive Bestandskonten (Vermögen) Anfangsbestand 1.900,-
2. Passive Bestandskonten (Schulden) Anfangsbestand 2.000,-
3. Zahlungsmittel Anfangsbestand 100,-

II. **Geschäftsvorfälle**

1. Aufwandsgleiche Ausgabe 800,-
2. Ausgabe für Vermögenszugang 500,-
3. Ertragsgleiche Einnahme 1.000,-
4. Einnahme aus Kreditaufnahme 300,-

---

[8] *Chmielewicz, K.*, Betriebliches Rechnungswesen 1, Finanzrechnung und Bilanz, RoRoRo-Studium, Reinbek bei Hamburg

III. **Periodenliquidität**

1. Anfangsbestand an Zahlungsmitteln 100,-
2. Aufwandsgleiche Ausgaben ./. 800,-
3. Ausgaben für Vermögenszugang ./. 500,-
4. Ertragsgleiche Einnahmen + 1.000,-
5. Einnahme aus Kreditaufnahme 300,-
6. Endbestand an Zahlungsmitteln 100,-

IV. **Abschlussbuchungen**

1. Erträge auf Erfolgskonto (GuV) 1.000,-
2. Aufwand auf Erfolgskonto (GuV) 800,-
3. Vermögen auf Bilanz 2.400,-
4. Schulden auf Bilanz 2.300,-
5. Saldo des Erfolgskontos (GuV) auf Bilanz 200,-
6. Endbestand an Zahlungsmitteln, Saldo der Liqudiätsrechnung, auf Bilanz 100,-

Die buchhalterischen Zusammenhänge und Abläufe sind nach dem Studium der Rechnungswesengrundlagen (vgl. Kapitel 9.1) einfach nachvollziehbar und können in Kontoform und schematisch wie folgt dargestellt werden:

Soll	Einnahmenkonto		Haben
AB	100,-	EB	1.400,-
(A-3)	1.000,-		
(A-4)	300,-		

Soll	Ausgabenkonto		Haben
EB	1.300,-	(A-2)	800,-
		(A-5)	500,-

Soll	Aktivkonto = Vermögenskonto		Haben
AB	1.900,-	EB	2.400,-
(A-5)	500,-		

Soll	Passivkonto = Schuldenkonto		Haben
EB	2.300,-	AB	2.000,-
		(A-4)	300,-

Soll	Aufwandskonto		Haben
(A-2)	800,-	EB	800,-

Soll	Ertragskonto		Haben
EB	1.000,-	(A-3)	1.000,-

Zusammenhang von Finanzrechnung, Bilanz und Erfolgsrechnung

<table>
<tr><th colspan="2">Finanzrechnung</th><th colspan="2">Bilanz</th><th colspan="2">Erfolgsrechnung</th></tr>
<tr><td>Perioden-Einnahmen (1300)</td><td>Perioden-Ausgaben (1300)</td><td>Vermögen = Aktiva (ohne Geld) (2400)</td><td>Schulden = Passiva (2300)</td><td>Perioden-Aufwand (800)</td><td rowspan="2">Periodenertrag (1000)</td></tr>
<tr><td>Anfangsbestand (100)</td><td colspan="2">Finanzsaldo = Liquiditätssaldo oder -reserve = Geldvermögen (100)</td><td colspan="2">Erfolgssaldo = Gewinn (200)</td></tr>
</table>

Einer vertieften Einarbeitung in die aufgezeigten Planungsaufgaben unter Praxisbedingungen dient die Fallstudie, Drei-Jahresplanung, unter Pkt. 12 im Teil III.

7.4.2 Ermittlung des Kapitalbedarfes

Bei der Ermittlung des Kapitalbedarfs ist grundsätzlich zu unterscheiden zwischen der Planung eines neuen Unternehmens und der Planung im bestehenden Unternehmen. Im bestehenden Unternehmen liefert die gegebene Vermögensstruktur vergleichsweise zuverlässige Ausgangsdaten für die ergänzende Planung der zukünftigen Verringerung oder Erhöhung in Verbindung mit den jeweils geplanten Unternehmensaktivitäten. Hierfür bietet die Drei-Jahresplanung im Anhang praxisnahe und nachvollziehbare Daten und Planungsinhalte.

Schwieriger ist die Kapitalbedarfsplanung im Fall einer Neugründung. Die erforderliche Kapitalbindung im Anlagevermögen kann noch relativ einfach auf der Grundlage seriöser Investitionsplanungen erfolgen, für die in der Regel recht verlässliche Angebote eingeholt werden können. Die Hauptschwierigkeit liegt in der vielfach vernachlässigten Prognose und Planung des Kapitalbedarfs zur Finanzierung des betrieblichen Umlaufvermögens. Hier müssen erhebliche Unsicherheiten in Bezug auf die Dauer der betrieblichen Prozessabläufe (Durchlaufzeiten) sowie die Zahlungsgewohnheiten der Kunden mit den daraus resultierenden Unwägbarkeiten für den Finanzbedarf überbrückt werden.

7.4.2.1 Kapitalbedarf zur Finanzierung des Anlagevermögens

Die Planung des Kapitalbedarfs zur Finanzierung des Anlagevermögens geht aus von den technischen Unterlagen für geplante Investitionsvorhaben, ergänzt um die in dem Zusammenhang geplanten Ausgaben für die Beschaffung, den Aufbau und Anlauf der Anlagen. Im bestehenden Unternehmen sind zusätzlich die gemäß Bilanz bereits bestehenden Posten des Anlagevermögens zu finanzieren. Außerdem sind Anlagenabgänge innerhalb der Planungsperioden mit ihren Veräußerungserlösen bedarfsmindernd zu berücksichtigen.

7.4.2.2 Kapitalbedarf zur Finanzierung des Umlaufvermögens

(1) **Haupteinflussfaktoren**

Die Lieferfristen auf den Beschaffungsmärkten, die produkt- und technologiebedingten Durchlaufzeiten der Fertigung und die branchenüblichen Zahlungsgewohnheiten der Kunden bestimmen wesentlich die Möglichkeit eines Unternehmens zur Minimierung seiner Bestände im Umlaufvermögen. Dabei ist es für bestehende Unternehmen notwendig, ausgehend vom Umlaufvermögen des laufenden Jahres, Rationalisierungsmöglichkeiten in den Beständen - in Verbindung mit konkreten Optimierungsaufgaben (Asset Optimization) mit realisierbaren Terminvorgaben - zu planen und in einem weiteren Schritt die zusätzlichen Investitionen in das Umlaufvermögen festzulegen. Diese pflegen sich insbesondere mit Kapazitätserweiterungen der Produktion, dem Fertigungsanlauf neuer Produkte sowie als Folge expansiver Verkaufspolitik mit großzügiger Gewährung von Zahlungszielen zu ergeben.

Die wichtigste Voraussetzung einer Optimierung des Kapitalbedarfes für diesen Bereich ist es, bei allen Beteiligten einen gemeinsamen Willen zur Erreichung gemeinsam akzeptierter Optima zu schaffen und durch laufendes Controlling wach zu halten. Formale Rechnungen allein helfen wenig. Vielmehr geht es darum, akzeptierte Ziele im Team gegen stets heftig wirksame

Störeinflüsse von außen laufend zu verteidigen. Zur Definition dieser Ziele und Objektivierung des Machbaren können folgende Methoden als Grundlage von Nutzen sein.

(2) **Kumulative Methode**

Das einfachste Verfahren zur Ermittlung des erforderlichen Umlaufvermögens errechnet für die einzelnen Positionen des Umlaufvermögens die Periodengesamtwerte und dividiert diese durch die Zahl der Tage der Periode. Die so ermittelten Werte werden mit der Laufzeit in Tagen multipliziert, die die jeweiligen Vermögenspositionen im Betrieb durchschnittlich gebunden sind. Die Berechnung erfolgt nach der Formel:

Umlaufkapitalbedarf = Kapitalgebundenheit (in Tagen) x durchschnittliche tägliche Ausgaben

Die Kapitalgebundenheit ergibt sich dabei aus der Addition der durchschnittlichen Kapitalbindung in den einzelnen Teilbereichen abzüglich der durchschnittlichen Kreditorenzieldauer. *Koch*[9] weist darauf hin, dass bei diesem sehr groben Verfahren der Kapitalbedarf nur ungenau und systematisch zu hoch errechnet wird, weil ihm die Annahme zu Grunde liegt, dass die Ausgaben in jedem Teilbereich jeweils vollständig zu Beginn der Kapitalbindungsdauer getätigt werden. Richtiger sei es aber, eine dem Betriebsablauf folgende schrittweise Zunahme der Kapitalbindung anzunehmen. Einer Annäherung an diesen Sachverhalt dient die folgende Methode.

(3) **Elektive Methode**

Bei diesem Verfahren ermittelt man die durchschnittlichen täglichen Ausgaben der betrieblichen Teilprozesse in der Reihenfolge ihrer Anordnung im betrieblichen Prozessablauf und berücksichtigt entsprechende Voreilfristen. Dabei wird realistisch davon ausgegangen, dass im Bereich der Ausgabenentstehung die Ausgaben nicht am Anfang der Bearbeitungszeit bzw. Verweildauer des Bereichs entstehen, sondern schrittweise. Deshalb wird die Kapitalbindung in den Teilprozessen Rohstofflagerung, Fertigung, Fertigwarenlagerung und Vertrieb und in den sonstigen Ausgaben der Unternehmung jeweils halbiert, wobei vorausgesetzt wird, dass die Ausgaben in diesen Teilbereichen gleichmäßig verteilt anfallen. In den daran anschließenden Bereichen besteht die Kapitalbindung aus den im Prozess vorgelagerten Teilbereichen dann ungeschmälert fort. Eine Gegenüberstellung der Berechnung des Umlaufkapitalbedarfs anhand der kumulativen und der elektiven Methode sei an dem folgenden Beispiel demonstriert. Es ergeben sich in einem Betrieb folgende **durchschnittliche Prozessdauern** für die dargestellten Teilbereiche:

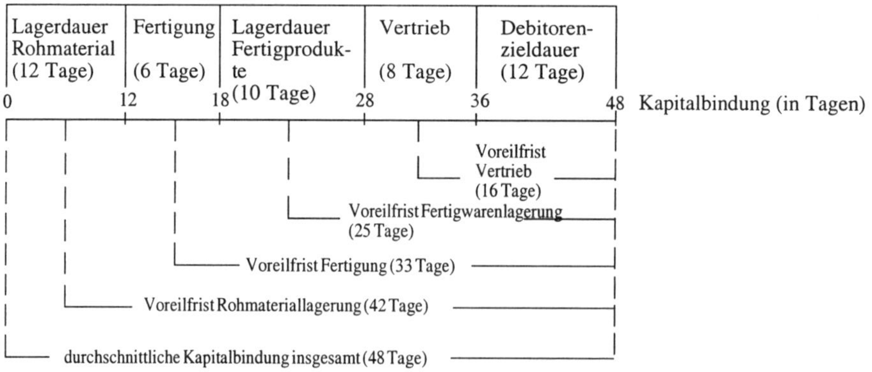

[9] Vgl. *Koch, H.*, Betriebliche Planung, Grundlagen und Grundfragen der Unternehmenspolitik, in: Die Wirtschaftswissenschaften, Wiesbaden

Nach der **kumulativen Methode** ergibt sich bei einer durchschnittlichen Kreditorenzieldauer von 13 Tagen eine Kapitalgebundenheit von 48 - 13 = 35 Tagen und damit ein Umlaufkapitalbedarf von 35 x 89.000 = 3.115.000 DM. Unter Berücksichtigung der dargestellten Voreilfristen lässt sich der Umlaufkapitalbedarf nach der **elektiven Methode** wie folgt ermitteln:

Bereich	durchschnittliche tägliche Ausgaben	Voreilfristen	Kapitalbedarf pro Bereich
Rohstoffbeschaffung	24.000 DM	29 Tage *	696.000 DM
Rohstofflagerung	2.000 DM	42 Tage	84.000 DM
Fertigung	47.000 DM	33 Tage	1.551.000 DM
Fertigwarenlagerung	5.000 DM	25 Tage	125.000 DM
Vertrieb	7.000 DM	16 Tage	112.000 DM
sonstige Ausgaben	4.000 DM	24 Tage **	96.000 DM
Summe	89.000 DM		2.664.000 DM

* 35 Tage (= Kapitalgebundenheit) – 6 Tage (Rohmateriallagerdauer/2) = 29 Tage (= Hauptausgaben für Material bei Wareneingang; Vorlauf für Gehälter im Einkauf werden hierbei vernachlässigt)

** 48 Tage (= Durchschnittliche Kapitalbindungsdauer insgesamt)/2 = 24 Tage

Bei Verwendung der elektiven Methode mit Berücksichtigung der erwähnten Voreilfristen würde sich danach ein Kapitalbedarf für das Umlaufvermögen von 2.664.000 DM ergeben.

7.4.2.3 Zusammenfassung

Die Ergebnisse der Vermögens- und Kapitalbedarfsplanung werden in einer Planbilanz zusammengefasst. Dazu ist Folgendes hervorzuheben:

(1) In erster Näherung gilt, dass die Aktivseite die Mittelverwendung zeigt, während die Passivseite die Mittelherkunft nachweist. Diese bei statischer Betrachtung absolut richtige Aussage muss bei Vergleich von Eröffnungs- und Schlussbilanz einer Periode (als Bewegungsbilanz) modifiziert werden.

Bei dynamischer Betrachtung gilt nämlich:

- Mittelverwendung kann erfolgen für Aktivzugang und Passivabgang und
- Mittelherkunft kann erzielt werden durch Aktivabgang und Passivzugang.
- Ergänzend ist zu beachten, dass Finanzierung nicht nur im Rahmen von Bilanzverlängerung und Bilanzverkürzung stattfindet, sondern auch als Aktivtausch oder Passivtausch erfolgen kann.

Diese dargestellten Vorgänge lassen sich in der Gleichung

$$A^+ + P^- = A^- + P^+$$

mit A^+ = Aktivzugang, A^- = Aktivabgang, P^+ = Passivzugang und P^- = Passivabgang zusammenfassend darstellen.

(2) Der **Kapitalbindungsplan in Form einer Planbilanz** soll die Deckung des Kapitalbedarfs für Investitionen zum Zeitpunkt der Investition sicherstellen und klären, wie dieses über mehrere Perioden erreicht werden kann. Ergibt sich aus der Investitionsplanung, unter Berücksichtigung der vom Periodenerfolg abhängigen Finanzierungseffekte, ein zusätzlicher Kapitalbedarf, dann wird eine entsprechende ergänzende Kapitalbereitstellung oder Kürzung der Investitionsvorhaben notwendig.

(3) Während die Kapitalbindungsplanung für **bestehende Unternehmen**, ausgehend von den bestehenden Vermögens- und Kapitalbindungen, durch Konzentration auf die Veränderungen, relativ zuverlässig erfolgen kann, besteht **bei Neugründungen** eine erhebliche Unsicherheit in Bezug auf die vorauszuschätzenden täglichen Einnahmen und Ausgaben sowie die prozessabhängigen Bindungsfristen. Erfahrungsgemäß sind die vom Vertriebserfolg abhängigen Ausgaben und Einnahmen mit besonderer Unsicherheit behaftet.

(4) Der Kapitalbindungsplan in Form von Planbilanzen für mehrere Jahre übernimmt aus den **Planerfolgsrechnungen** der entsprechenden Perioden die jeweiligen Veränderungen des Eigenkapitals. Diese Tatsache und der Sachverhalt, dass die Erstellung von Planbilanzen noch keine Aussage darüber erlaubt, ob innerhalb der einzelnen Planperioden von jeweils einem Jahr die Zahlungsfähigkeit kontinuierlich gesichert ist, macht es notwendig, ergänzend die ertragsabhängigen **Einnahmen** und die aufwandsabhängigen **Ausgaben für wesentlich kleinere Intervalle** als für Jahre zu planen.

7.4.3 Ermittlung der Einnahmen und Ausgaben des Leistungsbereiches

Jede systematische Unternehmensplanung wird verdichtet zu einer Erfolgsrechnung für jede Planperiode, kurz Plan-GuV. Sie enthält die Grundlagen für eine Ermittlung der leistungsabhängigen Ausgaben und Einnahmen aus den leistungsabhängigen Aufwendungen und Erträgen.

7.4.3.1 Ermittlung der leistungsabhängigen Periodeneinnahmen

Die wichtigsten leistungsabhängigen Periodeneinnahmen sind die Umsatzerlöse. Die Qualität dieser Plangröße hängt wesentlich von der Zuverlässigkeit der zu Grunde liegenden Markt-, Wettbewerbs-, Marktanteils-, Absatz-, Preis- und Umsatzprognosen ab. In diesem Bereich muss neben dem sorgfältigen Einsatz geeigneter Prognosemethoden auf eine realistische Einschätzung der Konkurrenzaktivitäten sowie der Präferenzen und Zahlungsgewohnheiten der Kunden geachtet werden. Da die effektiven Ergebnisse in diesem Punkte vor allem von einer großen Zahl externer Entscheidungen (der Mitbewerber und der Kunden) abhängen, die nur indirekt beeinflusst werden können, bleibt die Planung der Umsatzerlöse stets der Teil des Finanzplanes mit den größten Unsicherheiten.

Deshalb ist es notwendig, eine mittel- und kurzfristige Erlösplanung durch realistische Trendberechnungen aus den jeweils neuesten Ist-Werten abzuleiten. In vielen Fällen bietet die Überwachung und Analyse der Auftragseingänge im Vergleich zu Vorperioden die Möglichkeit zu einer recht treffsicheren Beurteilung der Realisierbarkeit kurzfristiger Umsatz- und Erlösplanungen. Die Planung der Zahlungseingänge soll an einem Beispiel verdeutlicht werden:

Es wird angenommen, ein Unternehmen habe anhand folgender Umsatzplanzahlen für das erste Quartal 2000 zu ermitteln, wann die Umsätze dem Betrieb als Zahlungseingänge für weitere finanzielle Dispositionen zur Verfügung stehen.

Monat	Okt. 1999	Nov. 1999	Dez. 1999	Jan. 2000	Feb. 2000	März 2000
Umsatz (in TDM)	20	35	23	30	27	29

Die Debitorenzieldauer (das Zahlungsverhalten der Kunden) verhalte sich so, dass 20 % sofort, 55 % nach einem Monat und 25 % der Kunden nach zwei Monaten zahlen. Die zu erwartenden Zahlungseingänge im ersten Quartal 2000 lassen sich durch folgende Matrizenoperation leicht ermitteln:

$$\begin{array}{l} \text{Jan. 2000} \\ \text{Feb. 2000} \\ \text{März2000} \end{array} \begin{vmatrix} 30 & 23 & 35 \\ 27 & 30 & 23 \\ 29 & 27 & 30 \end{vmatrix} \text{x} \begin{vmatrix} 0{,}20 \\ 0{,}55 \\ 0{,}25 \end{vmatrix} = \begin{vmatrix} 27{,}40 \\ 27{,}65 \\ 28{,}15 \end{vmatrix}$$

Bei verlässlichen Umsatzplanzahlen kann das Unternehmen - bei Nichtbeachtung von gewährten Skonti und Debitorenausfällen - also mit folgenden Einzahlungen rechnen:

Monat	Jan. 2000	Feb. 2000	März 2000
Zahlungeingänge (in TDM)	27,40	27,65	28,15

7.4.3.2 Ermittlung der leistungsabhängigen Periodenausgaben

Aus der Erfolgsplanung für die einzelnen Planperioden, der Plan-GuV, sind die ausgabewirksamen Aufwandsarten, bzw. Kostenarten zu isolieren.

Dazu zählen:

- ❑ Ausgaben für Material
- ❑ Ausgaben für Personal
- ❑ Ausgaben für Leistungen Dritter
- ❑ Ausgaben für Mieten und Pachten
- ❑ Ausgaben für Steuern
- ❑ Sonstige Ausgaben.

Die Qualität dieses Teilplanes wird wesentlich bestimmt durch die Zuverlässigkeit, mit der das Mengengerüst und die Preisentwicklung der betrieblichen Kosten geplant wurden. Für die umsatzabhängigen variablen Kosten besteht eine ähnliche Unsicherheit wie für die Umsatzplanung. Die übrigen, vorwiegend fixen Kosten sind üblicherweise mit relativ hoher Zuverlässigkeit planbar.

7.4.4 Synthese im Finanzplan

7.4.4.1 Zusammenhang der Finanzplanung mit anderen Teilplänen des Unternehmens

Den Gesamtzusammenhang der Finanzplanung mit den anderen Teilplänen des Unternehmens zeigt das folgende Schema von *Vormbaum.* Zusätzlich zu den oben erläuterten betrieblichen Bestimmungsgrößen des betrieblichen Finanzplanes (nämlich dem Absatz- und Erlösplan für die Einnahmen sowie dem Beschaffungs- und Kostenplan für die Ausgaben) sind außerordentliche und betriebsfremde Einnahmen und Ausgaben in einem neutralen Finanzplan ergänzend zu berücksichtigen. In diesem werden auch Einnahmen und Ausgaben aufgrund von Kreditaufnahmen oder -tilgungen berücksichtigt. Betrieblicher und neutraler Finanzplan werden zu einem Gesamtfinanzplan zusammengefasst (siehe nächste Seite).

7.4.4.2 Grundsätze der Finanzplanung

Um sicherzustellen, dass auf dem Wege von der langfristigen Kapitalbindungsplanung über die mittelfristige Finanzplanung bis hin zur täglichen Liquiditätssicherung keine Fehler auftreten, die unerwartet die Zahlungsfähigkeit und damit die Existenz des Unternehmens gefährden können, ist es notwendig, dass die folgenden Grundsätze bei der Konzipierung und Wahrnehmung der Finanzplanung sorgfältig beachtet werden.

Prinzip der Systematik	**Prinzip der Vollständigkeit**	**Prinzip der Regelmäßigkeit**	**Prinzip der Kontinuität**	**Prinzip der Bruttorechnung**	**Prinzip der Elastizität**	**Prinzip der Kontrollierbarkeit**	**Prinzip der Stromgrößenkongruenz**
Die Interdependenz und Wechselwirkung aller Pläne ist bei der Finanzplanung sachlich und zeitlich (Terminierungen!) zu berücksichtigen.	Zu erfassen sind alle Einnahmen und Ausgben sowie die Finanzmittelbestände. Auch partielle Finanzpläne sollen vollständig sein.	Finanzplanung darf nicht nur fallweise, sondern muss regelmäßig und dauernd betrieben werden.	Begriffe und Größen, Gliederungen und Gruppierungen müssen in formaler und inhaltlicher Kontinuität durchgehalten werden, um eine Vergleichbarkeit zu gewährleisten.	Wegen der größeren Vergleichbarkeit sind Saldierungen und Aufrechnungen zu unterlassen.	Elastische Um- oder Neuplanung der Finanzpläne bzw. Finanzplangrößen durch eine anpassungsfähige Finanzplanung soll möglich sein.	Aus dem Vergleich von Soll- und Ist-Zahlen muss die Kontrolle von Abweichungen möglich sein, die zu Zwecken der Analyse und der Verantwortlichkeit nachprüfbar sein müssen.	Das Kongruenzprinzip verbietet die Nichterfassung und/ oder die Mehrfacherfassung; d.h. die Summe aller einzelperiodischen Einnahmen/ Ausgaben muss gleich den Totaleinnahmen/-ausgaben sein.

Entnommen aus: *Dornieden, May,* Unternehmensfinanzierung 2, a.a.O., S. 67; Zusammengestellt nach *Chmielewicz, K.,* Betriebliche Finanzwirtschaft I, Berlin, New York und *Lücke, W.,* Finanzplanung und Finanzkontrolle in der Industrie, Wiesbaden

Finanzplanung eines Industrieunternehmens

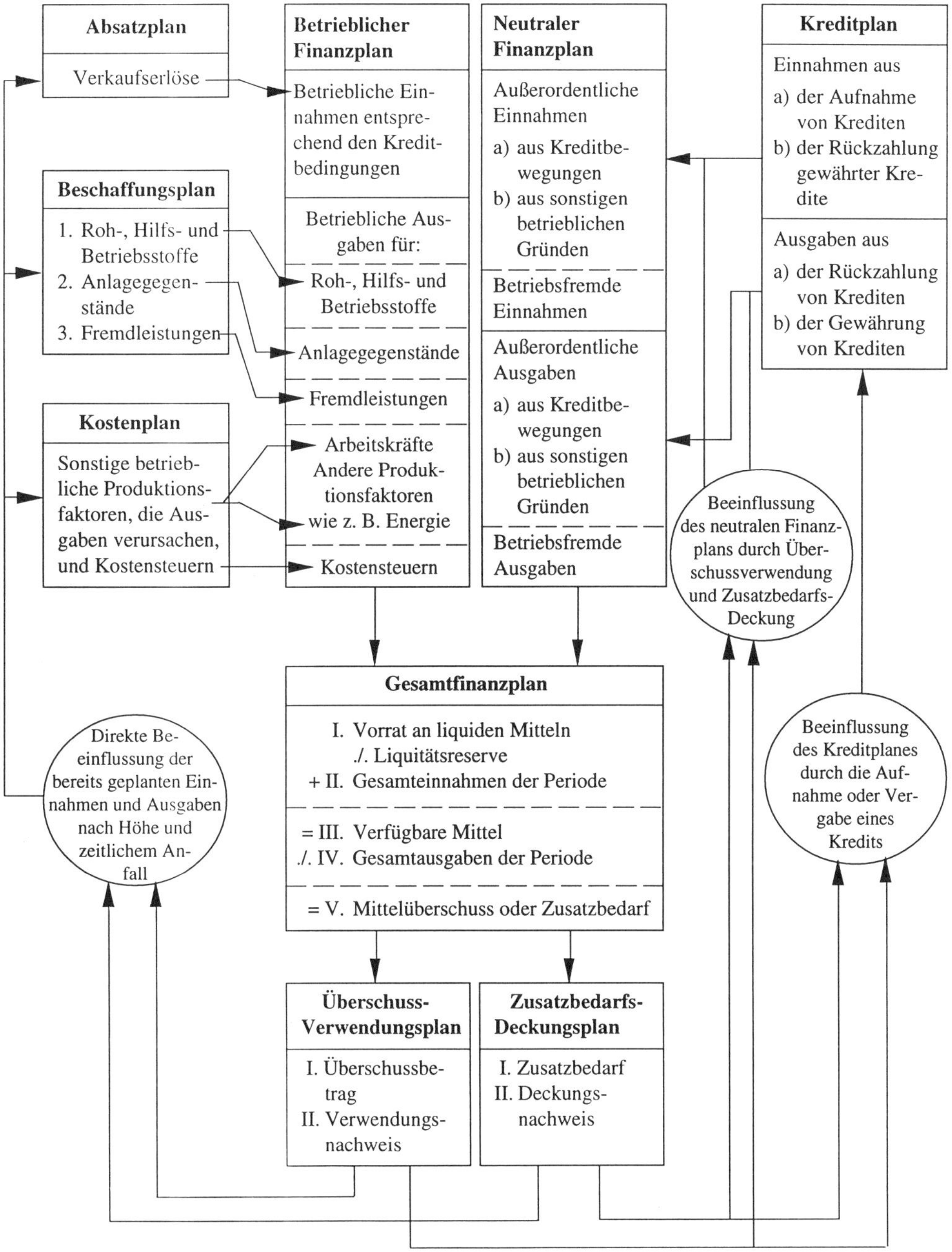

Quelle: *Vormbaum, H.,* Finanzierung der Betriebe, 5. Aufl., Wiesbaden
Entnommen aus; *Dornieden, U., May, F.-W.,* Unternehmensfinanzierung 2, Finanzierungspolitik, Finanzplanung und Finanzkontrolle, Wiesbaden

7.4.4.3 Planung der Zahlungsbewegungen

Die Zahlungsbewegungen müssen aufbauend auf den oben erläuterten Grundlagen,

- der lang- und mittelfristigen Kapitalbindungsplanung,
- der mittel- und kurzfristigen Planung der leistungsabhängigen Einnahmen und Ausgaben
- unter Einhaltung der Grundsätze der Finanzplanung

so geplant werden, dass folgende Aufgaben erfüllt werden können:

- möglichst frühzeitige Erkennung von Liquiditätsengpässen, das heißt Fehlbeträgen an Zahlungsmitteln, kurz bezeichnet als Unterdeckung,
- rechtzeitige Behebung der Unterdeckung zu möglichst günstigen Konditionen sowie
- Anlage von kurz- und mittelfristiger Finanzmittelüberdeckung, kurz bezeichnet als Überdeckung, unter Einhaltung der Grundsätze finanzwirtschaftlicher Optimierung, das heißt insbesondere Erzielung angemessener Verzinsung bei gleichzeitiger Sicherung erneuter Verfügbarkeit zum Zeitpunkt entsprechenden betrieblichen Bedarfs.

Eine praxisnahe Verwirklichung dieser Anforderungen erfordert praxisnahe Tabellen, die vorrangig folgende zwei Bedingungen erfüllen:

(1) Eine mittelfristige Periode (z.B. ein Jahr oder ein Quartal) muss so in Teilperioden (z.B. Monate, Dekaden oder Wochen) aufgelöst werden, dass der Endbestand an Zahlungsmitteln (in der Regel eine Über- oder Unterdeckung) Ausgangsbetrag der Planung der Folgeperiode wird.

Planung der Zahlungsbewegungen einer Periode (Periodenliquidität)

	Januar	Februar	März	1.Quartal
Anfangsbestand an Zahlungsmitteln	100	- 100	0	+ 100
+ Einnahmen	+ 400	+ 700	+ 750	+ 1.850
./. Ausgaben	- 600	- 600	- 620	- 1.820
= Endbestand an Zahlungsmitteln (./. = Unterdeckung, + = Überdeckung)	- 100	0	+ 130	+ 130

Der Quartalswert ergibt sich als Kumulierung der Monatswerte. Ergeben sich nur in einzelnen wenigen Teilbereichen Unterdeckungen, so spricht man von vorübergehender Unterdeckung. Bei wiederholtem, häufigen Auftreten von Unterdeckungen liegt eine strukturelle Unterdeckung vor. Im Interesse der für die Existenz jedes Unternehmens wichtigen Sicherung der Zahlungsfähigkeit darf auf eine kurzfristige Planung der Zahlungsbewegungen grundsätzlich nicht verzichtet werden. *Schierenbeck*[10] zieht in die Planung der Zahlungsbewegungen auch die Kreditlinien bei Banken mit ein und spricht dann von Zahlungskraft anstelle von Zahlungsmittelbestand.

(2) Die Zahlungsbewegungen der einzelnen Perioden müssen vollständig erfasst werden. Dazu sollte eine Gliederung eingesetzt werden, die den betriebsindividuellen Anforderungen so angepasst ist, dass die laufenden Ist-Daten schnell und einfach zu Soll-Ist-Vergleichen sowie Neuplanung auf der Grundlage neuester Ist-Werte herangezogen werden können. *Korndörfer*[11] schlägt folgende Gliederung mit Zwischenergebnissen vor:

[10] *Schierenbeck, H.*, Grundzüge der Betriebswirtschaftslehre, München, Wien
[11] *Korndörfer, W.*, Allgemeine Betriebswirtschaftslehre, Wiesbaden

Position	Zeitraum			
	1. Monat oder 1. Jahr	2. Monat oder 2. Jahr	3. Monat oder 3. Jahr	4. Monat oder 4. Jahr
A. Ordentliche Einnahmen und Ausgaben aus Produktion und Absatz: 1. Umsatzerlöse 2. Laufende Ausgaben (Personal, Material, Energie usw.)				
= Betriebliches Finanzergebnis				
B. Sonstige ordentliche (regelmäßige) Einnahmen und Ausgaben: 1. Mieteinnahmen, Zinseinnahmen, Dividenden, Einnahmen aus sonstigen Beteiligungen usw. 2. Zinszahlungen, Steuern, Abgaben usw.				
A - B = Geldbedarf, Geldüberschuss aus ordentlichen Zahlungsvorgängen				
C. Außerordentliche Einnahmen und Ausgaben: 1. Einnahmen aus dem geplanten Verkauf von Beteiligungen oder Anlagen usw. 2. Ausgaben für bereits begonnene Investitionen, Ausgaben für geplante Beteiligungen oder auch Investitionen usw.				
= Geldbedarf bzw. Geldüberschuss aus außerordentlichen Einnahmen bzw. Ausgaben				
D. Finanzeinnahmen und Finanzausgaben: 1. Übernahme von Barmitteln aus der Vorperiode (Anfangsbestand der flüssigen Mittel). Zufluss aus vereinbarten Krediten, Auflösung von Finanzreserven usw. 2. Übertrag von Barmitteln an die Folgeperiode (Endbestand der flüssigen Mittel), Tilgung von in Anspruch genommenen Krediten, Bildung von Finanzreserven usw.				
A - D = Gesamtgeldbedarf bzw. gesamter Geldüberschuss				
E. Mögliche Einnahmen und Ausgaben durch Übernahme zusätzlicher Kredite: 1. Einnahmen aus zusätzlichen Krediten 2. Zins- und Tilgungszahlungen für zusätzliche Kredite				
F. Möglicher Geldeingang aus Kapitalerhöhungen oder Einlagen				
A-F = Fehlbetrag bzw. Überschussbetrag (Über- oder Unterdeckung)				

7.4.5 Methoden zur Überwindung der Unsicherheit der Erwartungen in der Finanzplanung

Die Unsicherheit der Prognosen (Betriebswirte sagen: Unsicherheit der Erwartungen) im Rahmen der Finanzplanung hängen, wie bereits erwähnt, weitgehend von der Vorhersagezuverlässigkeit der Umsätze eines Unternehmens ab. Sie sind also einerseits abhängig von den branchenspezifischen Bestimmungsfaktoren der Unternehmensentwicklung, und sie werden andererseits maßgeblich bestimmt von dem Grad an Realismus und Seriosität, mit dem die maßgeblichen Teile der

Unternehmensplanung erstellt werden. Zur Überwindung oder bestmöglichen Eingrenzung der verbleibenden Unsicherheiten gibt es zwei Hauptverfahren, die kombiniert eingesetzt werden sollten:

- die laufende Überwachung und sicherheitsorientierte Gestaltung der **finanziellen Mobilität**
- die **rollende Finanzplanung**.

7.4.5.1 Überwachung und Gestaltung der finanziellen Mobilität

Für ein erfolgreiches, praktisches Finanzmanagement ist es neben einer systematisch einwandfreien Finanzplanung von grundlegender Bedeutung, jederzeit Klarheit darüber zu besitzen, welche und in welchem Ausmaß Möglichkeiten gegeben sind, Unterdeckungen auszugleichen. Diese Fähigkeit zum Ausgleich von Unterdeckungen bezeichnet *Schierenbeck* als finanzielle Mobilität. Die wichtigsten Maßnahmenbündel zur Sicherung der finanziellen Mobilität fasst folgende Tabelle[12] zusammen.

	Finanzielle Mobilität			
	zu Beginn der Budgetperiode		am Ende der Budgetperiode	
I. **Freie Liquiditätsreserven**				
1. Zahlungskraftreserven				
- Kasse und Bankguthaben	0		0	
- Nicht ausgenutzte Kreditlinien	350.000		0	
Summe(1)........		350.000		0
2. Kurzfristige Vermögensreserven				
- Terminausleihungen	100.000		0	
- Wertpapiere	50.000		50.000	
Summe (2)........		150.000		50.000
3. Finanzierungsreserven				
- Nicht ausgenutztes Verschuldungspotential				
- kurzfristig	150.000		150.000	
- langfristig	300.000		300.000	
- Kapitalerhöhungsreserven	300.000		300.000	
Summe (3)........		750.000		950.000
Summe: Freie Liquiditätsreserven........		1.250.000		1.000.000
II. **Abbau des „working capital"**				
1. Abbau Vorräte	84.000		84.000	
2. Abbau Debitoren	30.000		30.000	
3. Zunahme Kreditoren	20.000		20.000	
Summe: Einsparung von „working capital"........		134.000		134.000
III. **Gemeinkostenreduzierung**				
1. Marketing	50.000		50.000	
2. Administration	76.000		76.000	
3. Forschung und Entwicklung	30.000		30.000	
Summe: Gemeinkostenreduzierung........		156.000		156.000
IV. **Kürzung von Anlageinvestitionen und Dividenden**				
1. Anlageinvestitionen	100.000		150.000	
2. Dividenden	50.000		50.000	
Summe: Kürzung von Anlageinvestitionen und Dividenden........		150.000		200.000
V. **Liquidation von Anlagevermögen**				
1. Sachanlagen	85.000		85.000	
2. Finanzanlagen	100.000		100.000	
Summe: Liquidation von Anlagevermögen........		185.000		185.000
Gesamte finanzielle Mobilität zur Abdeckung potentieller Liquiditätsengpässe........		1.875.000		1.675.000

[12] *Schierenbeck, H.,* Grundzüge der Betriebswirtschaftslehre, München, Wien

Bei allgemeiner Betrachtung ist selbstverständlich zu bedenken, dass auch eine sinnvolle, das heißt rentabilitätsverbessernde **Behebung von Überdeckungen** zur finanziellen Mobilität eines Unternehmens gehört. Die folgende Systematik[13] gibt einen Überblick darüber, ob alle entsprechenden dispositiven Maßnahmen berücksichtigt worden sind:

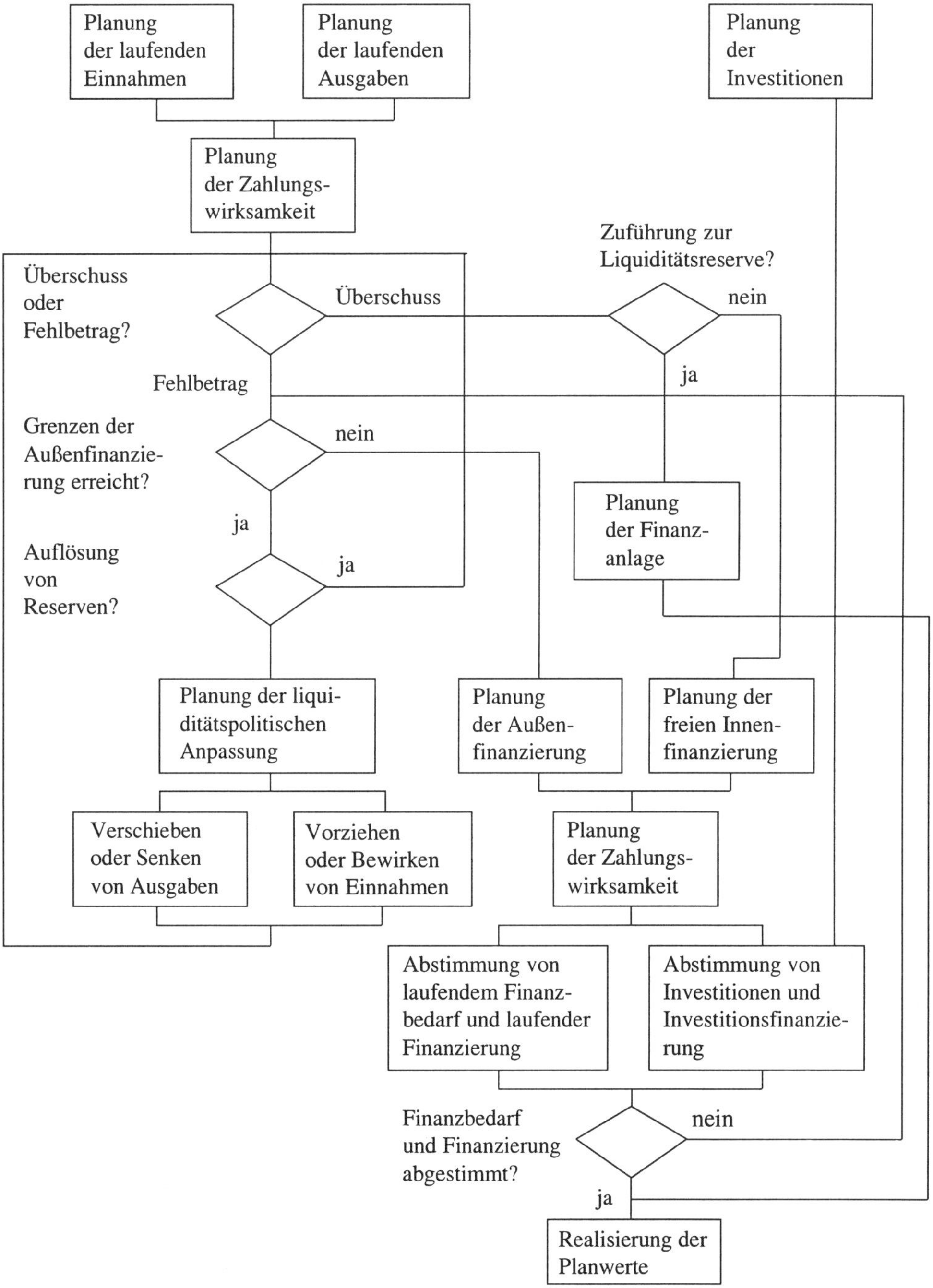

---

[13] *Hausschildt, Sachs, Witte,* Finanzplanung und Finanzkontrolle, Hagener Universitätstexte, München

7.4.5.2 Rollende Finanzplanung

Schon immer hat der sorgfältige Finanzplaner lang-, mittel- und kurzfristig die Zahlungsbewegungen geplant und die Teilperioden als Element der übergeordneten Perioden zusammengefügt (wie in 7.4.4.3 dargestellt).

Dabei besteht der entscheidende Schritt darin, in relativ kurzen Intervallen die Istdaten nicht nur zur kurzfristigen Finanzdisposition und zur Modifizierung der Kurzfristplanung zu nutzen, sondern auch die mittel- und langfristigen Pläne als Orientierungsrahmen für optimale Entscheidungen neu zu überarbeiten. Diese Aufgabe führt schnell zu relativ hohem Planungsaufwand. Durch den Einsatz der EDV (auch von Personal Computern) kann heute eine leistungsfähige rollende Finanzplanung realisiert werden. Angesichts relativ hoher Zinskosten in vielen Wirtschaftszweigen ist hier ein wichtiges Feld für zukunftsorientierte EDV-Anwendung.[14]

7.5 Planung und Steuerung des Investitionsprozesses

7.5.1 Begriff und Zielsetzung der Investition

Pack definiert Investition als „Verausgabung finanzieller Mittel für die Beschaffung aller konkreten Werte, deren ein Betrieb im Rahmen seiner wirtschaftlichen Tätigkeit bedarf".[15] Dieser Begriff schließt die Investition in Finanzanlagen, wie Beteiligungen, so wie in das Umlaufvermögen, wie Forderungen und Bestände, ein. Diese umfassende Definition ist erforderlich bei der Analyse und Entscheidungsvorbereitung von Großinvestitionen, die die Bilanzstruktur eines Unternehmens wesentlich verändern, wie beispielsweise der Aufbau eines neuen Betriebes an einem zusätzlichen Standort. *Brandt* fasst den Investitionsbegriff enger. Er definiert Investition als „Umwandlung von Zahlungsmitteln in Anlagegüter".[16] Auch diese Definition hat ihre Berechtigung. Sie ist allerdings nur zweckmäßig im Zusammenhang mit kleineren Investitionsvorhaben, die keine Veränderungen im Finanzanlagevermögen und/oder im Umlaufvermögen verursachen.

Investitionen legen ein Unternehmen in seinen Aktivitäten längerfristig fest, weil die in ihnen gebundenen Mittel nur über eine erfolgreiche Leistungserstellung und -vermarktung wiedergewonnen werden können. Deshalb bedarf jede Investitionsentscheidung einer systematischen Vorbereitung und Ausrichtung auf die langfristigen Unternehmensziele. Jede echte Entscheidung ist eine Wahl zwischen verschiedenen Alternativen. Die Entscheidung ist nur rational begründet, wenn die dabei zu treffende Wahl nach vorher fixierten, nachvollziehbaren Kriterien (Messvorschriften) erfolgt, die folgerichtig aus den angestrebten Zielen abgeleitet sind, und wenn die Auswahl aus der Gesamtheit der relevanten Alternativen erfolgt, da sonst die Gefahr besteht, dass die beste Alternative übersehen wurde. Den üblichen Interessen privater Kreditgeber entsprechend kann die Gewinnmaximierung auf lange Sicht in marktwirtschaftlichen Systemen als oberste privatwirtschaftliche Zielsetzung der Unternehmung bezeichnet werden. Nach *Blohm* bedeutet das Ziel langfristiger Gewinnmaximierung gegenüber dem der kurzfristigen Gewinnmaximierung folgende Präzisierung:[17]

---

[14] Vgl. hierzu: *Liebig, P.J.*, Revolvierende Finanzplanung mit dem Computer, in: Entscheidungen für die Zukunft, Instrumente und Methoden der Unternehmensplanung, Blick durch die Wirtschaft, Frankfurt

[15] *Pack, L.*, Betriebliche Investition, Wiesbaden

[16] *Brandt, H.*, Investitionspolitik des Industriebetriebes, Wiesbaden

[17] *Blohm, H.*, Gewinnplanung, in *Agthe, K.* und *Schnaufer, E.* (Herausgeber), Unternehmensplanung, Baden-Baden

„1. Man darf keineswegs eines kurzfristigen Erfolges wegen, die langfristigen Gewinnchancen ungünstig beeinflussen ...
2. Außer der Zielkomponente Gewinn gibt es noch die Komponente Sicherheit, der in erster Linie durch Festigung der Stellung des Unternehmens in der Wirtschaft und im sozialen Leben entsprochen wird. Das Unternehmen muss gewisse Erwartungen, zum Beispiel auf sozialem Gebiet erfüllen, um sich behaupten zu können.
3. Gewinn ist nicht Selbstzweck, sondern er hat gewisse Funktionen zu erfüllen, zum Beispiel dient er dem Wachstum, dem Ausbau des Unternehmens, damit es mit der wirtschaftlichen und technischen Entwicklung der Umwelt Schritt halten kann.“

7.5.2 Investitionsarten

Im Rahmen der strategischen Unternehmensplanung unterscheidet man zwischen Sachinvestitionen, Finanzinvestitionen und immateriellen Investitionen, die nach *Wöhe* wie folgt weiter detailliert werden:[18]

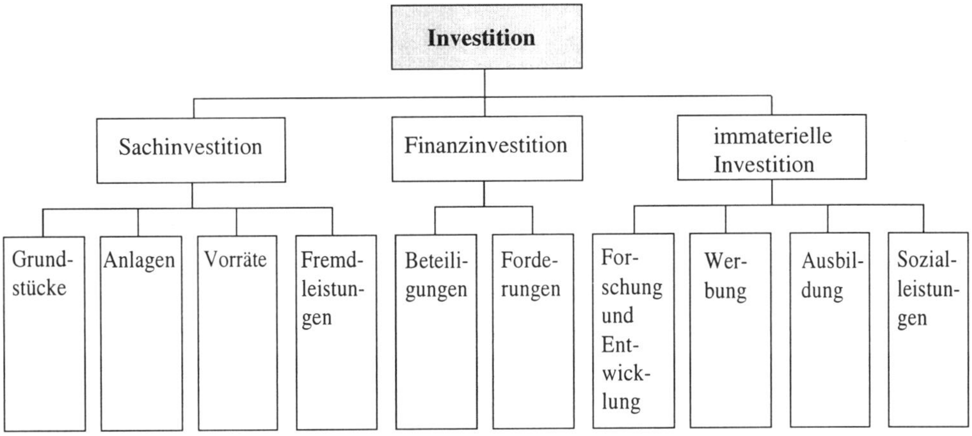

Unter Berücksichtigung der betrieblichen, technischen **Investitionsmotive** unterscheidet man im Bereich der Anlageninvestitionen (modifiziert nach *Olfert*):[19]

- **Erstinvestitionen** (auch genannt Neuinvestitionen), die sein können:
  - **Gründungsinvestitionen**, die bei der Gründung oder durch Kauf eines Unternehmens einmalig anfallen oder
  - **Erweiterungsinvestitionen**, die der Vergrößerung vorhandener oder der Schaffung neuer Kapazitäten dienen.
- **Reinvestitionen**, die der Erhaltung oder Verbesserung bestehender Kapazitäten dienen und sein können:
  - **Rationalisierungsinvestitionen**, zur Steigerung der Leistungsfähigkeit eines Betriebes durch Ersatz vorhandener Anlagen durch leistungsfähigere oder
  - **Ersatzinvestitionen**, die die Leistungsfähigkeit eines Betriebes dadurch erhalten, dass alte Anlagen am Ende ihrer Nutzungsdauer durch neue Anlagen gleicher Leistungsfähigkeit ersetzt werden.

[18] *Wöhe, G.*, Einführung in die Allgemeine Betriebswirtschaftslehre, a.a.O.
[19] *Olfert, K.*, Investition, Ludwigshafen

- **Sonstige Investitionen**, die sein können:
  - **Umstellungsinvestitionen**, im Zusammenhang mit Modifikationen des Produktprogrammes und
  - **Diversifikationsinvestitionen**, mit dem Ziel der Erschließung grundlegend neuer Märkte.

Die genannten Investitionsbegriffe dienen in der Praxis der Erläuterung von Investitionsvorhaben und ihren Zielen.Dabei besteht Einigkeit darüber, dass Abgrenzungen zwischen Erweiterungs-, Ersatz- und Rationalisierungsinvestitionen in praxi oft unzweckmäßig oder unmöglich sind, weil ein Investitionsprogramm für einen bestimmten Betrieb in einer Periode in der Regel die Erreichung aller drei Ziele, nämlich Ersatz, Rationalisierung und Erweiterung von Kapazitäten anstrebt. Theoretische Diskussionen, die Beurteilungs- und Planungsmethoden in Bezug auf jede einzelne der genannten Investitionsarten bewerten, gehen deshalb an den Anforderungen der Praxis vorbei. Die Praxis benötigt Verfahrensempfehlungen, die zwischen Einzelinvestitionen und Investitionsprogrammen (und ferner zwischen Klein- und Großvorhaben) unterscheiden, denn die Optimierung von Programmen stellt zusätzliche Anforderungen gegenüber der Beurteilung von Einzelvorhaben, und bei der Entscheidung über kleinere Investitionsprojekte wäre der analytische Aufwand unwirtschaftlich, der vor Entscheidungen über Großvorhaben notwendig ist. Diesen Anforderungen wird im folgenden Rechnung getragen.

7.5.3 Übliche Schwächen im Investitionsprozess

Die Optimierung des Investitionsprozesses bedarf einer systematischen Folge von Analyse, Entscheidung und Kontrolle in einem Regelkreis. Dieser wird von *Meier* wie folgt definiert:[20]

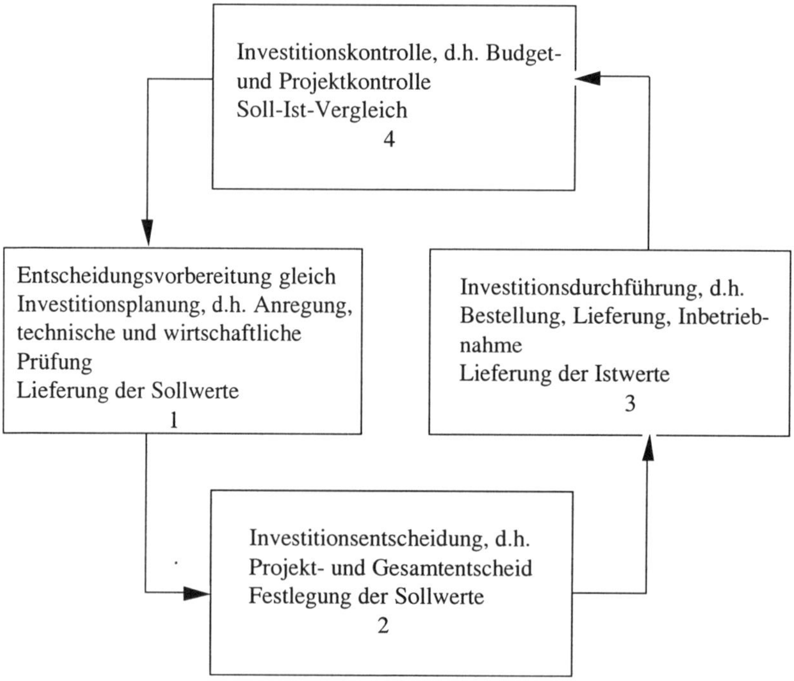

[20] *Meier, R. E.*, Planung, Kontrolle und Organisation des Investitionsentscheides, Bern, Stuttgart

Blohm, Lüder stellen eine umfassende Analyse, Diagnose und Therapie der Schwachstellen im Investitionsbereich vor.[21] Dazu gehören:

- Organisationsmängel im Planungsablauf
- „Verwässerung" des Bewilligungsverfahrens
- Überlastung der Leitungsorgane mit der Folge zu später Entscheidungen und mangelhafter Projektausführung
- fehlende oder unvollständige Rückmeldungen
- mangelnde Koordinierung der Investitionsplanung mit anderen betrieblichen Bereichen
- fehlende Alternativen
- Über- oder Unterbewertung steuerlicher Gesichtspunkte
- fehlende oder ungeeignete Investitionsrechnung
- Fehlen geschlossener Wirkungs-/Regelkreise.

7.5.4 Planung von Einzelinvestitionen

Unter Punkt 1.2 wurden die Produktionsfaktoren und der Wertefluss durch das Unternehmen erläutert. Ferner wurde oben der Investitionsprozess als Regelkreis dargestellt. Unter Berücksichtigung dieser Zusammenhänge muss jede Investitionsplanung eine Vielzahl technischer Planungs- und Optimierungsaufgaben lösen, deren Behandlung diesen Rahmen sprengen würde. Im Anschluss daran ist im Rahmen der Investitionsrechnung (weniger exakt auch Wirtschaftlichkeitsrechnung genannt) eine Prüfung der Zweckmäßigkeit vorzunehmen.

Zur Prüfung der Zweckmäßigkeit einer Investition gehört neben der quantitativen Analyse und Beurteilung auch eine Prüfung der nicht quantifizierbaren Wirkungen. Dafür bedient man sich gewichteter Punktbewertungsverfahren, wie sie in Kapitel 3 als Marketingindex für neue Produkte und in Kapitel 6 als Genfer Schema zur Beurteilung von Arbeitsplatzanforderungen vorgestellt wurden. Qualitativ zu beurteilende Effekte von Investitionen können beispielsweise sein:

Geringe Abhängigkeit von Lieferanten, Verbesserung der Produktqualität, Steigerung des Ansehens im Markt etc. Im Folgenden beschränke ich mich auf die quantitativen Beurteilungsverfahren.[22]

[21] *Blohm, H., Lüder, K.,* Investition,Berlin, Frankfurt/M

[22] Näheres dazu vgl. *dieselben.*

7.5.4.1 Überblick über die klassischen Verfahren der Investitionsrechnung

Die klassischen Verfahren der Investitionsrechnung. Entnommen aus: *Beschorner, D.*, ABWL kurzgefasst.[23]

Investitionsrechnung	Verfahren	Beschreibung
statische Verfahren (Der Einfluss der Zeit bleibt weitgehend unberücksichtigt)	Kostenvergleichsrechnung	Bei verschiedenen Investitionsobjekten werden die mit der Erbringung der Leistung anfallenden Kosten verglichen. Bei gleicher Kapazität die Gesamtkosten, bei unterschiedlichen Kapazitäten die Stückkosten.
	Gewinnvergleichsrechnung	Es werden die zurechenbaren Gewinne (Erlöse ./. Kosten) verglichen.
	Rentabilitätsrechnung	Ermittlung und Gegenüberstellung der Rentabilität für die verschiedenen Investitionsobjekte. $\left(= \frac{\text{Erlöse ./. Kosten}}{\text{ø investiertes Kapital}} \cdot 100\right)$
	Amortisationsrechnung	Als Kriterium dient die Zeitspanne, in der das investierte Kapital wieder hereingewirtschaftet wird. $\text{Amortisationszeit} = \frac{\text{Anschaffungswert}}{\text{Reingewinn (+ Abschreibungen)}}$
	MAPI-Verfahren	Rentabilitätsrechnung in Verbindung mit der Bestimmung des Zeitpunktes für Ersatzinvestition.
dynamische Verfahren (Der Zeitfaktor wird stärker berücksichtigt)	Kapitalwertmethode	Sämtliche erwartete Gewinne werden über die Lebensdauer mit einem Zinsfuß (i) auf den Zeitpunkt unmittelbar vor der Investition abgezinst. Die Investition ist vorteilhaft, wenn Kapitalwert $KW = \sum_{t=1}^{n} \frac{\text{Einnahmen ./. Ausgaben}}{(1+i)^t} + \frac{\text{Restwert}}{(1+i)^n} \bullet 0$
	Interner Zinsfuß	Bei einem Kapitalwert = 0 wird die Verzinsung des angelegten Kapitals ermittelt.
	Annuitätsmethode	Es werden die durchschnittlichen jährlichen Einnahmen und Ausgaben unter Verwendung der Zinseszinsrechnung errechnet (Annuitäten). Vorteilhaft, wenn Einnahmeannuitäten > Ausgabeannuitäten.

Diese Übersicht enthält nicht neuere OR- und Simulationsverfahren, dazu vgl. 7.5.5.1.

Für eine vollständige Darstellung aller Verfahren der Investitionrechnung wird auf die Spezialliteratur verwiesen.[24] Im Folgenden erfolgt eine anwendungsorientierte Konzentration auf solche Methoden, deren Kenntnis für den Ingenieur wesentlich ist, weil diese in der Praxis breite Anwendung finden. Gleichzeitig wird der Bezug zu Praxisbeispielen hergestellt.

[23] *Beschorner, D.*, ABWL kurzgefaßt, Allgemeine Betriebswirtschaftslehre in komprimierter Form, München

[24] *Blohm, H., Lüder, K.*, Investition, a.a.O., *Olfert, K.*, Investition, a.a.O., *Hofmann D.*, Grundlagen der Investitionsrechnung, *Bea, F.X., Bohnet, A., Klimesch, H.*, Investition, Erklärung und Planung durch Simulation, München, Wien

7.5.4.2 Probleme und Eignungsmerkmale statischer Verfahren der Investitionsrechnung

Die statischen Verfahren haben das gemeinsame Merkmal, dass sie den quantitativen Verlauf des Investitionsprozesses für alle Perioden gleichsetzen und nur eine Periode analysieren. Dadurch wird der Zinsaspekt weitgehend außer Acht gelassen. Für kleinere Projekte mit begrenzter Nutzungsdauer ist dieses Vorgehen in der Regel vertretbar.

(1) **Kostenvergleichsrechnung**

Das verbreiteste Verfahren der statischen Investitionsrechnung ist die Kostenvergleichsrechnung. Beim Vergleich von Investitionsvorhaben mit gleicher Kapazität werden Gesamtkosten verglichen. Bei unterschiedlicher Kapazität werden Stückkosten ermittelt und zum Vergleich herangezogen. Die Kostenvergleichsrechnung ist ein einfaches Näherungsverfahren der Praxis, das für relativ kleine Projekte begrenzter Nutzungsdauer mit etwa gleichbleibender Kostenentstehung in allen Nutzungsperioden eingesetzt werden kann, wenn die Investition nicht mit einer Veränderung der Leistungen, Erträge oder Erlöse verbunden ist. Bei einer Veränderung auf der Leistungsseite muss die Kostenvergleichsrechnung zur Gewinnvergleichsrechnung erweitert werden. Details zur Kostenvergleichsrechnung können dem Beispiel unter Punkt (4) entnommen werden.

(2) **Gewinnvergleichs- und Rentabilitätsrechnung**

Werden die Kosten einer Kostenvergleichsrechnung ergänzt um die Leistungen, Erträge oder Erlöse aus dem Investitionsvorhaben und von diesen abgezogen, so entsteht eine Gewinnvergleichsrechnung, wiederum nur für eine Periode. Sie liefert in der Praxis für relativ kleine Investitionen mit Veränderungen von Leistungen oder Erträgen bei relativ kurzer Nutzungsdauer und über diesen Zeitraum etwa gleichbleibenden Gewinnen vertretbare Näherungsergebnisse. Setzt man den so ermittelten Periodengewinn, wie unter Punkt 7.5.4.1 ausgeführt, zum investierten Kapital in Beziehung, so erhält man die Durchschnittsrentabilität je Periode als Zusatzinformation. Für den Einsatz der Rentabilitätsrechnung gelten selbstverständlich die gleichen Bedingungen wie sie für die Gewinnvergleichsrechnung genannt wurden. Einzelheiten zur Gewinnvergleichsrechnung können dem Beispiel unter Punkt (4) entnommen werden.

(3) **Amortisationsrechnung**

Die vorgenannten statischen Verfahren geben keinerlei Hinweis auf die Wiedergewinnungszeit des eingesetzten Kapitals und auf das mit einer Investition verbundene Risiko. Die Amortisationsrechnung ermittelt durch die Division des investierten Kapitals (Anschaffungswerts) durch den Reingewinn plus Abschreibungen die Wiedergewinnungszeit, in der das investierte Kapital zurückgewonnen wird. Diese Zahl gibt keine direkte Aussage über die Rentabilität einer Investition. Sie wird jedoch in der betrieblichen Praxis vielfach verwandt als Risikoindikator. So werden beispielsweise in vielen Unternehmen Kleininvestitionen mit einer Wiedergewinnungszeit von bis zu zwei Jahren beschleunigt entschieden und realisiert, denn eine vergleichsweise kurze Wiedergewinnungszeit bedeutet in jedem Fall eine relativ hohe Rentabilität und ein relativ geringes Risiko. Als alleiniger Maßstab für Investitionen ist die Amortisationsrechnung nicht realisierbar und nicht sinnvoll, denn sie basiert auf den Daten der Rentabilitätsrechnung. Als Risikoindikator und Zusatzinformation zur Gewinnvergleichs- oder Rentabilitätsrechnung ist sie in der Praxis weit verbreitet.

Eine Zusammenfassung der Mängel der statischen Verfahren steht als Einleitung zu den dynamischen Verfahren unter 7.5.4.3.

(4) **Wirtschaftlichkeitsrechnung für ein EDV-System**

Jede Investitionsrechnung ist das abschließende Ergebnis einer Investitionsprüfung, bestehend aus einer Kollektions-Phase und einer Selektions-Phase. Dazu ist üblicherweise die Erledigung der folgenden Arbeitsschritte erforderlich:

I. Kollektions-Phase

1. Analyse
   1.1 Analyse der zur Zeit genutzten Hard- und Software (falls vorhanden)
      1.1.1 Systemstruktur
      1.1.2 Leistungsumfang der Hardware inklusive Peripheriegeräte
      1.1.3 Leistungsumfang der Software
      1.1.4 Grobdarstellung der Stammdateien
   1.2 Analyse und Darstellung der Arbeitsabläufe der bisher und der in Zukunft mit EDV-Einsatz zu bearbeitenden Aufgaben
   1.3 Analyse, Quantifizierung und Darstellung des Arbeitsumfangs und Kapazitätsbedarfs für jeden betroffenen Arbeitsplatz
   1.4 Feststellung der wesentlichen Schwachstellen als Grundlage für Verbesserungsvorschläge (jeweils soweit vorhanden)
      1.4.1 Schwachstellen der vorhandenen Hardware inklusive Peripheriegeräte
      1.4.2 Schwachstellen der Systemsoftware
      1.4.3 Schwachstellen der Anwendersoftware
      1.4.4 Schwachstellen im Organisationsablauf und Arbeitsergebnis
2. Entwicklung und Darstellung einer Soll-Konzeption
   2.1 Ableitung von Folgerungen und Zielsetzungen aus der Ist-Analyse unter Einbeziehung quantifizierter Vorgaben für die Zukunftsentwicklung des Unternehmens und der entsprechenden Anforderungen an das EDV-System bezüglich Leistungsumfang und Zahl der EDV-gestützten Arbeitsplätze
      2.1.1 Anforderungen an die Anwendersoftware
         2.1.1.1 Allgemeine Anforderungen
         2.1.1.2 Leistungsumfang charakterisiert durch Darstellung von Soll-Arbeitsabläufen
         2.1.1.3 Abschätzung des Kapazitätsbedarfes (kurz-, mittel- und langfristig insbesondere für zukünftige Stamm- und Bewegungsdateien)
         2.1.1.4 Anforderungen an und Konzeption für das organisatorische Umfeld (Änderungen von Organisationsabläufen, -strukturen, Schulungen etc.)
      2.1.2 Anforderungen an die Systemsoftware
      2.1.3 Anforderungen an die Hardware inklusive Peripheriegeräte
3. Angebotseinholung für Soft- und Hardware
   Es sind alle relevanten Alternativen zu erschließen, dazu gehören in der Regel insbesondere:
   3.1 Einsatz von Standardsoftware
   3.2 Eigenentwicklung von individueller Software
   3.3 Fremdentwicklung individueller Software
   3.4 Kombinationen aus 3.1 bis 3.3

II. Selektions-Phase

4. Angebotsprüfung
   4.1 Aussonderung von Angeboten, die den Ausschreibungsbedingungen nicht entsprechen
   4.2 Prüfung der übrigen Angebote nach folgenden Kriterien:
      4.2.1 Preis-Leistungs-Verhältnis
      4.2.2 Anpassungsfähigkeit von Hard- und Software an veränderte, insbesondere wachsende Anforderungen. Das betrifft unter anderem den Zugang zu Quellprogrammen und die Möglichkeit der Hard- und Softwareerweiterung ohne Wechsel des Betriebssystems
      4.2.3 Umfang und Qualität von Dokumentation und Benutzerhandbüchern
      4.2.4 Ausbildung
      4.2.5 Garantie und Wartungsbedingungen
      4.2.6 Realisierte Referenzprojekte mit gleichen Anforderungen
5. Wirtschaftlichkeitsprüfung
   5.1 Wirtschaftlichkeitsrechnung mit einem der behandelten Verfahren
   5.2 Beurteilung der Eignungsmerkmale und Effekte durch ein Punktbewertungsverfahren [25]

Aufbauend auf die oben unter Punkt (1) und (2) bereits gegebene Darstellung der Kostenvergleichs- und Gewinnvergleichsrechnung bleibt Folgendes zu ergänzen:

Zur Ermittlung der monatlichen Kosten aus den Einmalkosten einer Investition sind diese durch die Nutzungsdauer (in Monaten) zu dividieren. Bestehen die Einmalkosten lediglich aus den Anschaffungskosten einer Anlage, dann erhält man auf diese Weise die monatlichen Abschreibungen. Ferner müssen aus den Einmalkosten die monatlichen (kalkulatorischen) Zinskosten abgeleitet werden. Der Praktiker unterstellt dabei eine kontinuierliche Rückzahlung von Krediten innerhalb der Nutzungsdauer. Deshalb ist die halbe Investitionssumme (oder Summe der Einmalkosten) mit einem marktüblichen oder unternehmensspezifischen Zinssatz zu verzinsen. Zur Errechnung der monatlichen Zinskosten ist mit einem Monatszinssatz zu rechnen. Nach diesen Erläuterungen kann das folgende Formular zur Kostenvergleichsrechnung nach *Compaq* bearbeitet werden.[26] Weitere Einzelheiten zur Systembewertung und -auswahl erläutert *Gerken*.[27]

(4.1) **Kostenvergleichsrechnung**

Abschreibungen auf einmalige Kosten (Ausgaben) für Kauf oder Herstellung einer Anlage		in DM	Erklärung
1. Hardware 2. Software			
	Summe		
Summe dividiert durch Nutzungsdauer in Monaten entspricht Abschreibungen			pro Monat (1)

[25] Dazu vgl. *Krallman, B., Scholz, B.,* Rechnergestützte Auswahl von Großrechnern der IBM-Welt, München, Wien und *Scholz, B.,* Entscheidungshilfe für PCM-Investitionen, in: Computerwoche, und *Compaq,* Leitfaden zur Computer-Auswahl, München

[26] *Compaq,* Leitfaden zur Computerauswahl, a.a.O.

[27] *Gerken, W.*, Systemanalyse, Bonn

Abschreibungen auf sonstige einmalige Kosten (Ausgaben)

3. Problemanalyse
4. Systemplanung
5. Hard- und Softwareauswahl
6. Test
7. Personalschulung
8. Stammdatenerfassung
9. Einführung und Umstellung
10. Dokumentation
11. Installation
12. Zubehör
13. Umbauten
14. Mobiliar
15. Sonstiges

Summe

Summe dividiert durch Nutzungsdauer in Monaten entspricht Abschreibungen pro Monat (2)

Gesamt-Kosten (pro Monat)

16. Personalkosten
17. Materialkosten
18. Energiekosten
19. Miete
20. Wartung und Pflege
21. Versicherungen
22. Abschreibungen auf Einmalkosten ((1) + (2))
23. Kalkulatorische Zinsen (gesamte Einmalkosten/2) x (Jahreszinssatz/12)
24. Sonstige laufende Kosten

Gesamt-Kosten pro Monat (3)

(4.2) **Gewinnvergleichsrechnung**

Errechenbare Einsparungen (pro Monat) in DM Erklärung

25. gegenüber derzeitiger Organisation
26. durch Personalfreisetzung
27. durch Maschinenfreisetzung
28. Sonstiges

Summe pro Monat (4)

Abschätzbare Einsparungen (pro Monat)

29. Rechnungswesen
30. Lager
31. Fertigung
32. Verwaltung
33. Sonstiges

Summe [ ] pro Monat (5)

(4) [ ] + (5) [ ] = (6) [ ]

Gesamteinsparung pro Monat [1]

Endergebnis: (6) [ ] – (3) [ ] = (7) [ ]

Einsparung/ Mehraufwand pro Monat

[1] Einsparungen sind gegebenenfalls projektbedingte Mehreinnahmen hinzuzufügen.

7.5.4.3 Probleme und Eignungsmerkmale dynamischer Verfahren

Die statischen Verfahren der Investitionsrechnung berücksichtigen nicht nur den Zeit- und Zinsaspekt unzureichend, sondern sie tragen durch das Rechnen mit Durchschnittswerten auch folgenden Sachverhalten nicht hinreichend Rechnung, die bei großen Investitionsvorhaben mit langer Nutzungsdauer sowie wesentlichen Auswirkungen auf die Leistungen und Einnahmen stark ins Gewicht fallen:

1. Die Periodenüberschüsse aus einer Investition brauchen keineswegs über die gesamte Nutzungsdauer konstant zu sein.
2. Die periodenweise Kapitalbindung einer Investition ist nicht über die gesamte Nutzungsdauer gleich.
3. Die Lebens- und Nutzungsdauer einer Anlage bestimmt die Rentabilität einer Investition wesentlich mit.
4. Die Möglichkeit alternativer zinstragender Kapitalverwendung führt dazu, dass ein Investor einen erst in der Zukunft in der Höhe B verfügbaren Geldbetrag (z. B. Kapitalrückfluss) mit demjenigen, kleineren in der Gegenwart verfügbaren Geldbetrag A gleich bewertet, der in der Zwischenzeit bei zinsbringender Verwendung auf B anwachsen würde.

Die Berücksichtigung dieser Tatbestände erfolgt bei Einsatz der Verfahren der dynamischen Investitionsrechnung dadurch, dass für die gesamte Nutzungsdauer einer Investition die von ihr verursachten Ausgaben und Einnahmen je Periode ermittelt und durch Abzinsung (Diskontierung) auf ihre Gegenwartswerte (Barwerte) vergleichbar gemacht werden. Das Verfahren der Abzinsung kann einleuchtend durch Umkehrung der Betrachtungsweise so erklärt werden: Für jeden Zeitwert der Ausgaben- und Einnahmenreihe wird als Barwert der Betrag ermittelt, der bei Berechnung von Zinseszinsen in der Zwischenzeit auf den Zeitwert anwachsen würde. Zweckmäßigerweise ermittelt man vor der Abzinsung Nettoeinnahmen (Einnahmen minus Ausgaben) je Periode.

(1) **Kapitalwertmethode**

Bei dieser Methode werden die Zeitwerte aller Ausgaben und Einnahmen des Projektes mit dem so genannten Kalkulationszinsfuß auf ihre Gegenwartswerte abgezinst. Dabei repräsentiert der Kalkulationszinsfuß diejenige Verzinsung, die der Unternehmer für das investierte Kapital über dessen Wiedergewinnung hinaus zu erzielen beabsichtigt. Eine Investition ist dann vorteilhaft für den Investor, wenn ihr **Kapitalwert**, die Summe der Einnahmen-Barwerte minus der Summe der Ausgaben-Barwerte bzw. die Summe der Nettoeinnahmen-Barwerte, bei gegebenem Kalkulationszinsfuß gleich oder größer als null ist. Von mehreren vorteilhaften Investitionen ist diejenige am vorteilhaftesten, die den größten positiven Kapitalwert hat.

Wenn zu einem Investitionsprojekt folgende Angaben vorliegen:

Nutzungsdauer in Jahren	= n;
anfänglicher Kapitaleinsatz im Zeitpunkt null	= A(0);
laufende Ausgaben der Jahre 1 bis n	= A(1), A(2),..., A(n);
laufende Einnahmen der Jahre 1 bis n	= E(1), E(2),..., E(n);

und man vereinfachend annimmt, dass die Zahlungen in jedem Jahr zu einem bestimmten, gleichen Zeitpunkt (zum Beispiel am Ende jeden Jahres), vorgenommen werden, dann ergeben sich der Barwert der Ausgaben (A(b)) und der Barwert der Einnahmen (E(b)) bei einem Kalkulationszinsfuß von i aus folgenden Gleichungen:

$$(1)\ A(b) = A(0) + \frac{A(1)}{q} + \frac{A(2)}{q^2} + \ldots + \frac{A(n)}{q^n}$$

$$(2)\ E(b) = \frac{E(1)}{q} + \frac{E(2)}{q^2} + \ldots + \frac{E(n)}{q^n}$$

worin $q = 1 + i$.

Der Kapitalwert K ist definiert als

$$(3)\ K = E(b) - A(b)$$

und ergibt sich, wenn man vereinfachend mit Nettoeinnahmen rechnet, als

$$(4)\ K = \frac{NE(1)}{q} + \frac{NE(2)}{q^2} + \ldots + \frac{NE(n)}{q^n} - A(0)$$

Die Investition ist vorteilhaft, wenn

$$(5)\ K \geq 0\ .$$

Demnach kann der Kapitalwert, wie in folgender Tabelle dargestellt, errechnet werden:

Um die Prämissen zu klären, unter denen die Kapitalwertmethode zu zutreffenden Investitionsentscheidungen führt, muss festgehalten werden, was ein positiver Kapitalwert exakt aussagt. Hat eine Investition bei gegebenem Kalkulationszinsfuß einen positiven Kapitalwert, dann bedeutet das, dass der Kapitaleinsatz wiedergewonnen wird, und dass die effektive Verzinsung der jeweils noch in dem Investitionsprojekt gebundenen Kapitalbeträge höher ist als der Kalkulationszinsfuß. Die Höhe des Kapitalwertes kennzeichnet dabei den Barwert des Betrages, der bei der Effektivverzinsung mehr erwirtschaftet wird als bei einer Verzinsung in Höhe des verwandten Kalkulationszinsfußes. Über die Verzinsung der zurückgeflossenen Beträge nach ihrem Rückfluss, das heißt des gesamten anfänglichen Kapitaleinsatzes für die Gesamtdauer des Projektes ist absolut nichts ausgesagt.

Ende des Jahres	Rechnung mit (a) Ein-/Ausgabereihen				Rechnung mit (b) Nettoeinnahmen				Abzinsungs-faktor für i = 10 %
	Ausgaben		Einnahmen		Ausgaben		Nettoeinn.		
	ZW	BW	ZW	BW	ZW	BW	ZW	BW	
0	1.000	1.000,00	--	--	1.000	1.000	--	--	1,000
1	200	181,82	500	454,55	--	--	300	272,73	0,9091
2	300	247,92	600	495,84	--	--	300	247,92	0,8264
3	300	225,39	600	450,78	--	--	300	225,39	0,7513
4	400	273,20	600	409,80	--	--	200	136,60	0,6830
5	--	--	200	124,18	--	--	200	124,18	0,6209
Summe		1.928,33		1.935,15 ./. 1.928,33		1.000		1.006,62 ./. 1.000,00	
Kapitalwert				+ 6,82				+ 6,82	
ZW = Zeitwert, BW = Barwert									

(1.1) **Differenzinvestition bei Alternativen unterschiedlicher Kapitalbindung**

Vergleicht man beispielsweise unter der Annahme beliebig verfügbarer Finanzierungsmittel zwei Projekte I 1 und I 2, die sich in ihrem Kapitaleinsatz, -rückfluss und ihrer Nutzungsdauer unterscheiden, dann wird deutlich, dass die Wahl tatsächlich nicht nur diese beiden Investitionen sondern noch eine dritte zu berücksichtigen hat, nämlich die Verwendung der im einen Fall verfügbar bleibenden Differenzbeträge.[28]

Wenn zum Beispiel das Projekt I 1 im Zeitpunkt null einen anfänglichen Kapitaleinsatz von 10.000 DM erfordert und nach vier Jahren zu einer Nettoeinnahme von 18.000 DM führt, während das Projekt I 2 mit einem anfänglichen Kapitaleinsatz von 8.000 DM nach zwei Jahren eine Nettoeinnahme von 11.000 DM bewirkt, dann haben die beiden Investitionen bei einem Kalkulationszinsfuß von i = 10 % folgende Kapitalwerte K1 bzw. K2.

$$K1 = 18.000 \times (1 + i)^{-4} - 10.000 = 2.294$$

$$K2 = 11.000 \times (1 + i)^{-2} - 8.000 = 1.090$$

Nach dem Kapitalwertkriterium erscheint also das Projekt I 1 vorteilhafter. Dieser Schluss ist aber nur dann zulässig, wenn die Summe der Kapitalwerte des Projektes I 2 und der zusätzlichen Investitionen, die bei der Wahl diese Projekts möglich werden, kleiner als der Kapitalwert K1 des

[28] *Schneider, E.*, Wirtschaftlichkeitsrechnung, Tübingen, Zürich und *Brandt, H.*, Investitionspolitik, a.a.O.

Projektes I 1 ist. Und das ist mit Sicherheit der Fall, wenn man annehmen kann, dass die bei der Wahl des Projekts I 2 möglichen zusätzlichen Investitionen von 2.000 DM im Zeitpunkt null und 11.000 DM am Ende des zweiten Jahres bei dem verwandten Kalkulationszinsfuß einen Kapitalwert von null haben.

Daraus folgt, dass die Verwendung der Kapitalwertmethode zum Vergleich alternativer Investitionsmöglichkeiten mit zeitlich und dem Betrage nach unterschiedlicher Kapitalbindung auf der schon von *Lutz*[29] und *Schneider*[30] genannten Prämisse beruht, dass der Investor jederzeit beliebige Beträge zum Kalkulationszinsfuß aufnehmen oder ausleihen kann.

(1.2) **Wahl des Kalkulationszinsfußes**

Um die Eignung der Kapitalwertrechnung für die Entscheidung über eine Investition klarstellen zu können, muss zunächst noch auf ein weiteres Problem eingegangen werden, das darin besteht, dass die Vorteilsentscheidung nach dem Kapitalwertkriterium wesentlich von der Höhe des gewählten Kapitalzinsfußes abhängt.

Dazu wird folgendes Beispiel betrachtet. Zu Beginn der ersten Periode, also im Zeitpunkt null, entstehe bei zwei zu vergleichenden Projekten I 1 und I 2 in gleicher Weise eine Ausgabe zur Beschaffung des Anlagevermögens von 100 DM. Am Ende der ersten Periode von einem Jahr werde jeweils ein gleich hoher Ausgabenbetrag von jeweils 100 DM zur Beschaffung des Umlaufvermögens investiert. Am Ende des zweiten und dritten Jahres ergäben sich unterschiedlich hohe Nettoeinnahmen. Die Nutzungsdauer beider Projekte betrage drei Jahre, von denen jeweils das erste Jahr nur dem Aufbau diene (also die Aufbau-Phase darstelle).

Periode		0	1	2	3
I 1	Ausgaben	100	100	–	–
	Nettoeinnahmen	–	–	50	250
I 2	Ausgaben	100	100	–	–
	Nettoeinnahmen	–	–	218	50

Für diese beiden Investitionen erhält man je nach der Wahl des Kalkulationszinsfußes folgende verschiedenen Kapitalwerte.

	Kapitalwert bei i = 10 %	Kapitalwert bei i = 19 %	Kapitalwert bei i = 20 %	Kapitalwert bei i = 35 %
I 1	+ 38,2	0	- 3,9	- 45,6
I 2	+ 36,7	0	- 3,0	- 34,4

Bei einem Kalkulationszinsfuß von 10 % erweisen sich beide Projekte als vorteilhaft, und I 1 ist vorteilhafter als I 2. Bei einem Kalkulationszinsfuß von 19 % sind beide Projekte gleich vorteilhaft, während ein Kalkulationszins von 20 % bereits beide Projekte als nicht mehr vorteilhaft erscheinen lässt. Darüber hinaus erweist sich das Projekt I 1, das bei einem Kalkulationszins von 10 % das vorteilhaftere war, bei einer Abzinsung mit 20 % beziehungsweise

[29] *Lutz, F. , Lutz V.*, The Theory of Investment of the Firm, Princeton
[30] *Schneider, E.*, Wirtschaftlichkeitsrechnung, a.a.O.

35 % sogar als noch unzweckmäßiger als das Projekt I 2. Daraus ist zu folgern, dass die Wahl des Kalkulationszinsfußes die Entscheidung über die Vorteilhaftigkeit einer Investition wesentlich beeinflussen kann. Deshalb steht und fällt die zutreffende Investitionsentscheidung mit der zutreffenden Wahl des Kalkulationszinsfußes.

(1.3) **Prämissen der Kapitalwertmethode und Folgerungen für die praktische Anwendung**

Die obigen Überlegungen haben gezeigt, dass die Kapitalwertmethode von folgenden **Prämissen** ausgeht:

(a) Es liegen sichere Erwartungen über die Ausgaben- und Einnahmenreihen der untersuchten Projekte vor.
(b) Der angesetzte Kalkulationszinsfuß ist sachlich eindeutig begründet.
(c) Der Investor kann jederzeit beliebige Beträge zum Kalkulationszins leihen oder ausleihen.

Ob die Kapitalwertmethode zur Beurteilung einer Investition geeignet ist, entscheidet sich erstens an der Frage, ob diese Prämissen bei der Investition als zutreffend angenommen werden können, und zweitens, wenn das bei der einen oder anderen Voraussetzung nicht der Fall ist, an der Frage, wie sich die Preisgabe der betreffenden Prämisse auswirkt.

Unter Verkürzung der diesbezüglichen wissenschaftlichen Diskussion führen folgende Überlegungen zu Empfehlungen für die praktische Anwendung:

Zu Prämisse (a): Sicherheit der Erwartungen

Der Tatsache, dass Prognosewerte stets einem Risiko unterliegen, kann dadurch Rechnung getragen werden, dass gleichzeitig die möglichen Abweichungen prognostiziert und diese in systematischen Alternativrechnungen, durch Sensitivitätsanalyse, berücksichtigt werden. Näheres dazu vgl. 7.5.4.5 (2). Die von einigen Autoren vorgeschlagene Berücksichtigung der Unsicherheit durch einen Aufschlag auf den Kalkulationszinsfuß mag subjektiv einleuchtend sein, aber ist weder notwendig noch objektiv begründbar, also ungeeignet. Die Prämisse (a) ist also nie streng erfüllt, aber dieser Tatsache kann durch Ergänzungsrechnungen angemessen Rechnung getragen werden.

Zu Prämisse (b): Der Kalkulationszinsfuß ist sachlich eindeutig begründet

Ausgehend von der Zielsetzung, dass eine Investition die Rentabilität des im Betrieb eingesetzten Kapitals erhöhen soll, ist es sinnvoll und möglich, die Rentabilität des betriebsnotwendigen Kapitals - unabhängig von der zu prüfenden Investition - über mehrere Jahre zu analysieren und zu prognostizieren. Wählt man den Durchschnitt (das arithmetische Mittel) über mehrere Jahre, streng genommen für die Nutzungsdauer der Investition, dann erhält man einen Wert, dessen Verwendung als Kalkulationszinsfuß einen aussagefähigen Kapitalwert ergibt. Ein positiver Kapitalwert besagt, dass die Investition in Höhe des Kapitalwertes einen Beitrag zur Verbesserung der Rentabilität des betriebsnotwendigen Kapitals leistet.

Zu Prämisse (c): Es sind beliebige Beträge zum Kalkulationszins leih- und ausleihbar

Die Vorschläge zu Prämisse (b) erfüllen in der Regel gleichzeitig die Prämisse (c), weil angenommen werden darf, dass zusätzlicher Kapitalbedarf von anderen Vorhaben abgezogen wird, bei denen er näherungsweise die durchschnittliche Rentabilität des betriebsnotwendigen Kapitals erzielt hätte. Entsprechend darf für Kapitalrückflüsse angenommen werden, dass diese in alternativen Verwendungen im Unternehmen ebenfalls diese Rendite erzielen würden. Falls sich diese Aussage gemessen an den Bedingungen eines praktischen Falles nicht bestätigen lässt, müssten ergänzende Rechnungen zur Berücksichtigung der Abweichungen angestellt werden. Dazu gilt Folgendes:

1. Kreditaufnahmen können zu beliebigen Konditionen, einschließlich Zins- und Tilgungszahlung, als Einnahmen bzw. Ausgaben periodengerecht in die Kapitalwertberechnung einbezogen werden.
2. Differenzinvestitionen, die sich mit einem vom Kalkulationszinssatz abweichenden Zinssatz verzinsen, können und müssen in einer Zusatzrechnung so berücksichtigt werden, dass die freigesetzten Beträge mit ihrem Effektivzinssatz bis zum Ende der Nutzungsdauer aufgezinst werden und dass der so ermittelte Zukunftswert der Differenzinvestition mit dem Kalkulationszinssatz auf ihren Barwert abgezinst wird. Dieser Barwert der Differenzinvestition ist dem Kapitalwert der zugehörigen Investition hinzuzufügen. Für das unter (1.1) genannte Beispiel ergeben sich unter Berücksichtigung der Differenzinvestition folgende Kapitalwerte.

Kapitalwertermittlung unter besonderer Berücksichtigung von Differenzinvestitionen							
Jahr	Projekt I 1		Projekt I 2		Differenzinvestition		
	(1)	(2)	(3)	(4)	(5) = (1) - (3)	(6)	(7)
	Zeitwert	Barwert bei i = 10 %	Zeitwert	Barwert bei i = 10 %	Zeitwert	Zukunftswert im Jahr 4 bei p = 8 %	Barwert von (5) + (6) bei i = 10 %
0	- 10.000	- 10.000	- 8.000	- 8.000	- 2.000	+ 2.721	- 2.000
1	-	-	-	-	-	-	-
2	-	-	+ 11.000	+ 9.090	- 11.000	+ 12.830	- 9.090
3	-	-	-	-	-	-	-
4	+ 18.000	+ 12.294	-	-		= 15.551	+ 10.621
	KW1 =	+ 2.294	KW2 =	+ 1.090	KWd =		- 469
	i = Kalkulationszins p = Verzinsung des Rückflusses				KW = Kapitalwert Abzinsfaktoren s. S. 401		

Auf der Grundlage der vorstehenden Überlegungen halte ich die Kapitalwertmethode für einfach zu handhaben und in der Praxis universell zur Beurteilung von Großinvestitionen einsetzbar.

(2) **Interne Zinsfußmethode**

In der internen Zinsfußrechnung wird derjenige Zinssatz gesucht, für den der Barwert der Einnahmen gleich dem Barwert der Ausgaben, also der Kapitalwert null wird. Eine Investition gilt als vorteilhaft, wenn der interne Zinsfuß größer als der Kalkulationszinsfuß, das heißt größer als die geforderte Verzinsung ist. Für die Anwendung dieses Verfahrens müssen die gleichen Bedingungen erfüllt werden, wie sie für den Einsatz der Kapitalwertmethode formuliert wurden.

Mit Bezug auf das Problem der Differenzinvestition gilt entsprechend die Bedingung, dass der Investor zu jeder Zeit zum internen Zinsfuß Kapital aufnehmen und anlegen kann. Da bei der Prüfung unterschiedlicher Investitionen deren interne Zinsfüße sehr verschieden zu sein pflegen, ist diese Annahme recht unrealistisch und wenig sinnvoll. Deshalb kann ich *Albach* nicht zustimmen, der die interne Zinsfußmethode für die universellere hält.[31] Für den Fall, dass man die

[31] *ZVEI*-Schriftenreihe, Leitfaden für die Beurteilung von Investitionen, Frankfurt/M.

Finanzierung der Investition durch Innenfinanzierung und eine Wiederanlage der Rückflüsse im Unternehmen annimmt, müsste das Problem der Differenzinvestition in jedem Fall, in dem der interne Zinsfuß nicht gleich der Durchschnittsrentabilität des betriebsnotwendigen Kapitals ist, durch Aufzinsung der Beträge der Differenzinvestition auf einen Zukunftswert am Ende der Nutzungsdauer der zugehörigen Investition und anschließende Ermittlung eines internen Zinsfußes für Investition plus Differenzinvestition gelöst werden. Dieses Vorgehen wurde oben im Zusammenhang mit der Kapitalwertmethode bereits an einem Beispiel erläutert.

Zur Ermittlung des internen Zinsfußes dienen in der Praxis bewährte einfache Näherungsverfahren. Dazu dient nach Ermittlung zweier näherungsweise benachbarter Kapitalwerte, von denen einer einen Kalkulationszinsfuß über und einer einen Kalkulationszinsfuß unter dem internen Zinsfuß hat, ein graphisches und folgendes arithmetisches Verfahren der linearen Interpolation:[32]

p = Interner Zinsfuß
p(1), p(2) = Versuchszinssätze der Diskontierungsalternativen
BS(1), BS(2) = Barwert-Salden der Diskontierungsalternativen (Kapitalwerte)

Dann gilt

$$p = p(1) - BS(1) \times \frac{p(2) - p(1)}{BS(2) - BS(1)}$$

(3) **Annuitätenmethode**

Als drittes dynamisches Investitionsrechnungsverfahren ist noch die Annuitätenmethode zu erwähnen. Bei diesem Verfahren werden die Barwerte der Ausgaben und der Einnahmen einer Investition in gleiche Jahresbeiträge (Annuitäten) umgerechnet. Zu diesem Zweck wird der Barwert der Ausgaben und der Barwert der Einnahmen jeweils mit dem Wiedergewinnungsfaktor multipliziert. Ist bei gegebenem Kalkulationszinsfuß die Annuität (der jährliche Kapitalrückfluss) positiv, dann ist eine Investition vorteilhaft. Von mehreren Investitionen ist diejenige mit der höchsten Annuität am vorteilhaftesten. Weitere Einzelheiten zu diesem Verfahren können der Speziallitertur entnommen werden.[33]

K(0) = Kapitalwert zum Zeitpunkt t(0)

$$\text{Annuität } a = K(0) \times \frac{i \times (1+i)^n}{(1+i)^n - 1}$$

7.5.4.4 Das Ersatzproblem

(1) **Die MAPI-Methode**

Die MAPI-Methode wurde von *George Therborgh* am Machinery and Allied Products Institute in Washington entwickelt. Ich beschränke mich auf eine Kurzdarstellung des Grundmodells nach *Blohm, Lüder*.[34] Das MAPI-Grundmodell dient der Klärung der Frage, ob es für einen Betrieb vorteilhafter ist, eine Anlage im laufenden Jahr oder erst ein Jahr später zu ersetzen. Zur

[32] Dieses und ein graphisches Näherungsverfahren vgl. *Blohm, H., Lüder, K.*, Investition, Berlin, Frankfurt/M.
[33] Vgl. *dieselben*
[34] Vgl. *dieselben*

Beurteilung dieser Frage wird eine Rentabilitätszahl r ermittelt, die nach folgender Formel errechnet wird:

$$r = \frac{(2) + (3) - (4) - (5)}{(1)} \cdot 100\ (\%/\text{Jahr})$$

Für die Klammerwerte gelten die folgenden Definitionen:

(1) = **Nettoinvestitionssumme** = Anschaffungskosten der neuen Anlage abzüglich freigesetzter Kapitalbeträge (z. B. Liquidationserlös aus ersetzter Anlage) sowie vermiedener Aufwendungen beispielsweise für vermiedene Großreparaturen der alten Anlage

(2) = Bei diesjähriger Vornahme der Investition im nächsten Jahr entstehender **zusätzlicher Kapitalrückfluss** vor Abzug von Ertragssteuern, bestehend aus Umsatzsteigerung plus Verminderung laufender Kosten

(3) = **Vermiedener Kapitalverzehr** des nächsten Jahres bei Vornahme der Investition, der bei Weiternutzung der alten Anlage entstehen würde durch Minderung des Liquidationserlöses und Anteil des Jahres an den Ausgaben für die Großreparatur

(4) = **Kapitalverzehr** der neuen Anlage im nächsten Jahr

(5) = **Ertragssteuern**, die bei diesjähriger Realisierung der Investition im nächsten Jahr zusätzlich anfallen (Die Positionen (2) und (3) sind grundsätzlich ertragssteuerrelevant.)

Für den praktischen Einsatz dieses Verfahrens stehen Formulare und Diagramme zur Ermittlung der Rentabilitätskennzahl für die Beurteilung alternativer Nutzungsdauern zur Verfügung.

(2) Bestimmung der wirtschaftlichen Nutzungsdauer und des optimalen Ersatzzeitpunktes bei Einsatz der Kapitalwertmethode

Für die Ermittlung der wirtschaftlichen Nutzungsdauer und des optimalen Ersatzzeitpunktes nennt *Wöhe* folgende Arbeitsschritte:[35]

1. Aus vorgegebenen Zahlungsreihen werden für alternative Nutzungsdauern einer Anlage die entsprechenden Kapitalwerte ermittelt.
2. Aus diesen Kapitalwerten werden durch Multiplikation mit dem Wiedergewinnungsfaktor die dazugehörigen Annuitäten errechnet.
3. Die Nutzungsdauer mit der höchsten Annuität ist die wirtschaftlich beste Nutzungsdauer und definiert den optimalen Ersatzzeitpunkt.

7.5.4.5 Die Risikoanalyse

Eine in der älteren Literatur zu findende Empfehlung, bei erhöhter Unsicherheit der Erwartungen mit einem erhöhten Kalkulationszinsfuß zu rechnen, ist aufgrund der unter 7.5.4.3 (1.2) gegebenen Empfehlungen für eine sachlich einwandfreie Bestimmung des Kalkulationszinsfußes als unbegründet und ungeeignet zu verwerfen. Eine Erhöhung des Kalkulationszinsfußes würde nicht in Beziehung zu bestimmten Risiken gesetzt werden können und keinen Anhaltspunkt für die Höhe des Risikos bieten. Demgegenüber bieten die folgenden Verfahren deutlich bessere Möglichkeiten zur Berücksichtigung des Risikos in der Investitionsplanung und -prüfung. Sie werden in Anlehnung an den Leitfaden des *ZVEI* zusammengefasst. Rechenbeispiele und weitere Erläuterungen befinden sich dort.[36]

[35] Vgl. *Wöhe, G.*, Einführung in die Allgemeine Betriebswirtschaftslehre, a.a.O.

[36] *ZVEI*-Schriftenreihe, Leitfaden für die Beurteilung von Investitionen, Frankfurt/M.

(1) **Verfahren der kritischen Werte**

Das Verfahren ermittelt für als besonders unsicher erkannte Daten denjenigen Betrag, der gerade noch die Erzielung der geforderten Mindestrendite erlaubt und kann dann subjektiv die Wahrscheinlichkeit schätzen, die dafür besteht, dass diese „kritischen Werte" nicht unterschritten werden. Gegen diese Methode ist wissenschaftlich kaum etwas einzuwenden. Für den praktischen Einsatz erscheint sie mir nicht universell praktikabel.

(2) **Sensitivitätsanalyse**

Bei diesem Verfahren wird ermittelt, wie sich die Variation bestimmter Plandaten um bestimmte Abweichungs-/Fehlerprozentsätze auf die Projektrentabilität (gemessen als interner Zinsfuß) oder auf den Kapitalwert auswirkt. Dieses Verfahren hat sich in der Praxis als sehr flexibel und universell einsetzbar bewährt. Das beruht insbesondere darauf, dass die Sensitivitätsanalyse auf vielfältige Weise an die Anforderungen des praktischen Falles angepasst werden kann. Dazu nenne ich folgende Beispiele:

- Zu jeder wichtigen Position der Investitionsrechnung kann neben der Vorhersage/Planung des realistischen Betrages ein günstigster und ein ungünstigster Fall angegeben werden.
- Diese Angaben können auf der Grundlage vorgegebener geschätzter, subjektiver Wahrscheinlichkeiten prognostiziert werden.
- Die Abweichungen können bei der praktischen Datenkollektion bereits systematisch mitermittelt werden.
- Diese Konkretisierung einzelner Abweichungen ist gleichzeitig zu begründen und im Planungsteam durch mehrere Experten überprüfbar, also objektivierbar.
- Auf der Basis solcher Vorarbeiten kann systematisch und im Einklang mit relevanten Rahmenbedingungen ein günstigster Fall (bei Realisierung aller Verbesserungsmöglichkeiten und positiven Entwicklungen) und ein ungünstigster Fall (bei Kumulierung aller Risiken und ungünstigen Entwicklungen) für den Kapitalwert oder internen Zinsfuß ermittelt werden.
- Der Abstand zwischen günstigstem und ungünstigstem Fall stellt ein überzeugendes Indiz für das Ausmaß der Risiken dar.
- Ergänzend kann die Wirkung möglicher Abweichungen bestimmter einzelner Ausgaben- oder Einnahmenpositionen auf den Kapitalwert oder internen Zinsfuß einer Investition angegeben werden. Dies ist immer dann von großer Bedeutung, wenn einzelne Beträge gleichzeitig relativ groß und zugleich relativ unsicher sind (zum Beispiel bei einem hohen Exportanteil vom Umsatz, der mit erheblichen Wechselkursrisiken behaftet ist).

(3) **Projektsimulation**

Wenn für mögliche Datenabweichungen Wahrscheinlichkeiten angegeben werden können, besteht die Möglichkeit, mit dem Verfahren der Monte-Carlo-Projekt-Simulation eine Wahrscheinlichkeitsverteilung des internen Zinsfußes in Form einer Risikokurve zu ermitteln. Gegen dieses Verfahren ist einzuwenden, dass die Hauptschwierigkeit in der Beschaffung aller erforderlichen Daten mit den zugehörigen Streubereichen und Wahrscheinlichkeitsangaben besteht. In der Praxis hat dieses Verfahren gegenüber der Sensitivitätsanalyse ferner den entscheidenden Nachteil, dass das Ergebnis nicht wie jenes Verfahren voll transparent ist und nicht Aktionsparameter und Handlungsziele aufzeigt für eine aktive Risikobegrenzung durch zielgerichtete Gegenmaßnahmen in allen Bereichen, die für Maßnahmen des Managements zugänglich sind (zum Beispiel Maßnahmen der Kostenbegrenzung und/oder Exportförderung und der Kurssicherung).

7.5.5 Planung von Investitionsprogrammen

7.5.5.1 Planung von Großinvestitionen im Rahmen der strategischen Unternehmensplanung

Wer die oben zitierten Ausführungen von *Blohm und Lüder* über Schwachstellen im Investitionsbereich studiert oder Gelegenheit hat, in der Praxis an der Optimierung von Investitionsprogrammen mitzuwirken, wird in vielen Fällen zu dem Ergebnis kommen müssen, dass die Unsicherheit der Absatzplanung in Bezug auf das Produktmix, die Absatzmengen und deren zeitliche Verteilung, die Investitionsplaner und die Entscheidungsträger vor allem vor die Aufgabe ständiger Anpassung und Nachoptimierung stellt. Dabei geht es im Zusammenhang mit Großinvestitionen vielfach darum, den Betrieb an fundamental veränderte Marktbedingungen anpassen zu müssen. Man bedenke in diesem Zusammenhang die Probleme des weltweiten Wettbewerbs, die Entscheidungen über den Bau und die Schließung von Fabriken erforderlich machen. Investitionsprogramme zur Durchsetzung derartiger strategischer Entscheidungen bedürfen vor allem einer systematischen Integration in die strategische Unternehmensplanung und Produktprogrammplanung. Dieser wichtigen Ingenieuraufgabe sind deshalb folgende Punkte dieses Buches gewidmet:

- Punkt 3.1.3.1 Planung eines neuen Produkts
- Punkt 3.1.3.2 Vorgehensweise bei der systematischen Analyse und Planung des Produktprogramms mit Tabellensatz, dazu unter Pkt. 11, sowie
- Pkt. 12, Fallstudie, Drei-Jahresplanung, im Teil III.

Die Zusammenstellung der erforderlichen Daten für die Wirtschaftlichkeitsrechnung zu einem Großprojekt unter Einsatz eines Verfahrens der dynamischen Investitionsrechnung erfolgt in der Praxis zweckmäßig nach der Systematik, wie sie in den Tabellen auf den folgenden Seiten gemäß **„Leitfaden zur Beurteilung von Investitionen" vom ZVEI** vorgeschlagen wird.[37] Dabei ist darauf zu achten, dass das erste Formular (A) für Investitionen ohne Berücksichtigung von Steuern und Fördermaßnahmen entwickelt wurde, während das Formular (C) eine Berücksichtigung von Steuern und Fördermaßnahmen vorsieht. Das Formular (B) ist für die Beurteilung von Rationalisierungsinvestitionen vorgesehen (vgl. 3 Seiten weiter).

7.5.5.2 Simulationsmodelle zur Investitionsplanung

Als Ergebnis einer langjährigen Planungspraxis verstehe ich Unternehmensplanung und Investitionsplanung als „iterativen Prozess", in dem die Unternehmensführung die Rahmenziele vorgibt (top down) und das später für die Rationalisierung verantwortliche mittlere Management in Zusammenarbeit mit den Fachkräften der Funktionsbereiche die operativen Teilziele und Maßnahmenpläne erarbeitet und zur Integration und Entscheidung auf Geschäftsführungsebene vorlegt (bottom up). Nur so (iterativ) entsteht eine umfassende Identifikation der Leistungsträger im Unternehmen mit den Zielen und Maßnahmen, die gemeinsam geplant und abgestimmt wurden. Dadurch kann ein erfolgsbestimmender Motivationsschub im Unternehmen erreicht werden. Diese Tatsache und die vorherrschende Einsicht, dass es sich so verhält, setzt der Planung

---

[37] *ZVEI*-Schriftenreihe, Leitfaden für die Beurteilung von Investitionen, a.a.O., Anhang Nr. 1

mit Simultan- und Totalmodellen meines Erachtens in der Praxis relativ enge Grenzen. *Schierenbeck* schreibt übereinstimmend dazu :" ... bei der totalen Simultanplanung werden alle Unternehmungsvariablen in einem einstufigen Totalmodell festgelegt und so optimiert. Dieses Vorgehen wird zwar wegen der stets vorhandenen Interdependenzen zwischen allen Variablen auch letztlich als theoretisch geboten angesehen, hat sich in der Praxis (abgesehen von Anwendungen in begrenzten Teilbereichen) als nicht sinnvoll und praktikabel erwiesen. Insbesondere scheitern Ansätze zur simultanen Totalplanung an den damit verbundenen Informationsgewinnungs- und -verarbeitungsproblemen, speziell an den hohen Anforderungen an die Prognosegenauigkeit".[38]

Förstner, Herrn[39] und *Albach*[40] haben Ansätze entwickelt, um ausgehend vom optimalen Produktionsprogramm optimale Investitionsbudgets zu ermitteln. *Wöhe* weist allerdings darauf hin, dass der Ansatz insbesondere deshalb wenig realistisch ist, „weil er nur eine Periode betrachtet und gegebene Finanzierungsmöglichkeiten voraussetzt."[41]

Bedenkt man jedoch, dass die Weiterentwicklung eines Maschinenparks bei relativ stabiler Absatzentwicklung durchaus Aufgaben der operativen Planung und Optimierung stellen kann, dann folgt daraus, dass es Situationen geben kann, in denen der Einsatz von Simultanplanungsmethoden erwogen und geprüft werden sollte. Dazu verweise ich auf die entsprechende Literatur über Lösungsansätze der Linearprogrammierung (LP) zur simultanen Bestimmung von Produktions-, Absatz- und Investitionsprogrammen von *Jacob*[42] sowie mittel- und langfristige Kapazitätsplanung mit Simulation bei der *Boehringer GmbH* von *Geitner*.[43]

7.6 EDV-Unterstützung in der Finanzwirtschaft

7.6.1 Ziele und Aufgaben

Der Einsatz von EDV soll die Unternehmensführung bei der Planung, Entscheidung und Durchsetzung von finanzpolitischen Maßnahmen unterstützen. Das Ziel ist die Sicherstellung der Liquidität und der finanzwirtschaftlichen Unabhängigkeit des Unternehmens. Verschiedene Programme ermöglichen es dem Unternehmen z. B.

- ❑ den Zahlungsverkehr fristgerecht abzuwickeln,
- ❑ den Kapitalbedarf zeitpunktgenau zu planen,
- ❑ die Liquiditätsreserven zu minimieren und
- ❑ auf Abweichungen schnell und flexibel zu reagieren.

Hauptaufgaben von EDV-Systemen in der Finanzwirtschaft sind demnach:

a) Informationen über Finanzbewegungen bereitstellen,
b) Transaktionen termingerecht veranlassen,
c) Planungs- und Entscheidungshilfen liefern.

---

[38] *Schierenbeck, H.*, Grundzüge der Betriebswirtschaftslehre, München, Wien
[39] Vgl. *Förstner, K., Herrn, R.*, Dynamische Produktionstheorie und lineare Programmierung, Meisenheim
[40] Vgl. *Albach, H.*, Lineare Programmierung als Hilfsmittel betrieblicher Investitionsplanung, ZfhF
[41] *Wöhe, G.*, Einführung in die Allgemeine Betriebswirtschaftslehre, a.a.O.
[42] *Jacob, H.* (Herausgeber), Industriebetriebslehre, Handbuch für Studium und Prüfung, Wiesbaden
[43] *Geitner, U.W.*, Mittel- und langfristige Kapazitätsplanung mit Simulation, in Investition, Erklärung und Planung durch Simulation, a.a.O.

Pos.	Formular A	Errechung des Internen Zinsfußes											
1	**Vorhaben** Erweiterung der Fertigung von xx Geräten Verlängerung der Werkhalle, Einrichtung zusätzlicher Arbeitsplätze für zusätzlich 1.000 Stück/Jahr, Preis je Stück DM 2.000,— Jahresstückzahl vor Erweiterung 4.000 Stück, nach Erweiterung 5.000 Stück												
		Gesamt	**Planungszeitraum in Jahren**										
			0.	**1.**	**2.**	**3.**	**4.**	**5.**	**6.**	**7.**	**8.**	**9.**	**10.**
2	**Grundaten**												
2.1	Umsatzvolumen, mengenmäßig **Stück**	8.000		400	700	1.000	1.000	1.000	1.000	1.000	900	700	300
2.2	Fertigungsvolumen, mengenmäßig **Stück**	8.000		700	1.000	1.000	1.000	1.000	1.000	1.000	700	500	100
2.3	Kapazitätsauslastung	80 %		70 %	100 %	100 %	100 %	100 %	100 %	100 %	70 %	50 %	10 %
2.4													
3	**Investitionsausgaben**												
3.1	Gebäude	300	300										
32.	Maschinen, maschinelle Anlagen und sonstige Einrichtungen	500	400					100					
3.3	Änderung der Vorräte	—		300	300						- 200	- 200	- 200
3.4	Änderung der Forderungen	—		200	150	150						- 200	- 300
3.5	Sonstige Investitonsausgaben	200	200										
3.6	Liquidationserläse												
	Summe 3	1.000	900	500	450	150		100			- 200	- 400	- 500
4	**Laufende Einnahmen (= Erlöse aus Umsatz)**	16.000		800	1.400	2.000	2.000	2.000	2.000	2.000	1.800	1.400	600
5	**Laufende Ausgaben (= Kosten für Umsatz)**												
5.1	Fertigungslöhne und -gehälter	1.600		100	200	200	200	200	200	200	150	150	50
5.2	Fertigungsmaterial	4.000		200	500	500	500	500	500	450	350	350	150
5.3	Gehälter und Löhne für zus. Personal in Fertigung, Vertrieb und Verwaltung	1.700		100	150	200	200	200	200	200	200	150	100
5.4	Sozialkosten	1.650		150	150	200	200	200	200	200	150	150	50
5.5	Post, Reise, Büromaterial, sonstige personalabhängige Sachkosten	1.150		75	150	125	125	125	125	125	150	100	50
5.6	Wagnisse	400		—	—	50	50	50	50	50	50	50	50
5.7	Sonstige Ausgaben	1.200		75	150	125	125	125	125	125	150	150	50
5.8													
5.9													
	Summe 5	11.700	—	700	1.100	1.400	1.400	1.400	1.400	1.400	1.300	1.100	500
6	**Einnahme-Überschüsse (Pos. 4 ./. Pos. 5)**	4.300		100	300	600	600	600	600	600	500	300	100
7	**Zahlungsreihe (Pos. 6 ./. Pos. 3)**	3.300	- 900	- 400	- 150	+ 450	+ 600	+ 500	+ 600	+ 600	+ 700	+ 700	+ 600

8	**Errechnung des Internen Zinsfußes**												
8.1	**Abzinsung mit 22 %, Faktoren aus Tabelle 1**		1.000	0,820	0,672	0,551	0,451	0,370	0,303	0,249	0,204	0,167	0,137
8.2	**Barwerte (= Produkt aus Pos. 7 und 8.1)**	+ 48	- 900	- 328	- 101	+ 248	+ 271	+ 185	+ 182	+ 149	+ 143	+ 117	+ 82
8.3	**Abzinsung mit 24 %, Faktoren aus Tabelle 1**		1.000	0,806	0,650	0,524	0,423	0,341	0,275	0,222	0,179	0,144	0,116
8.4	**Barwerte (= Produkt aus Pos. 7 und 8.3)**	- 65	- 900	- 322	- 97	+ 238	+ 254	+ 170	+ 165	+ 133	+ 125	+ 101	+ 70
8.5	Interner Zinsfuß	≈ 23 %	**Bemerkungen**										
9	Zusätzliche Angaben												
9.1	Amortisationszeit	≈ 5 Jahre											
9.2													

Pos.	Formular B		
	Errechnung des Internen Zinsfußes für Rationalisierungsinvestitionen (bei gleich hohen Einsparungen pro Jahr)		
1	**Vorhaben**		
1.1	**Geplantes Verfahren = 1** Anschaffung einer Gasaufkohlungsanlage (Härten von Stahlteilen; Unterbringung im Hauptwerk) Vorteile: geringere Lohnkosten; weniger Ausschuss; höhere Qualität, Schichtbetrieb; geringere Transportkosten		
1.2	**Bestehendes Verfahren = II bzw. Alternativverfahren** Härten von Stahlteilen im Salzbad (im Zweigwerk)		
		Gesamt	
		I	**II**
1	**Grunddaten**		
2.1	Schichteinsatz	3	1
2.2	Anzahl zu härtender Teile Leistung im Jahr/max.	Mio. St. 4/5	Mio. St. 4/4
2.3	Planungszeitraum (Jahre)	5	5
3	**Investitionsausgaben**	**TDM**	**TDM**
3.1	Maschinelle Anlage und Zubehör	173,0	
3.2	Installation (incl. bauliche Maßnahmen)	45,0	
3.3	Anlauf- und Umschulungskosten	40,0	
3.4	Abbruchkosen der alten Anlage	20,0	
3.5	Verkaufserlös der alten Anlage	– 10,0	
	Zwischensumme	268,0	
3.6	**Investitionsmehrausgaben** Für Verfahren (Se. 31 ./. Se 3 II)	268,0	
4	**Laufende Einnahmen (entfällt, vgl. Erläuterungen)**		
5	**Laufende Ausgaben pro Jahr**		
5.1	Fertigungslöhne und -gehälter	106,7	163,3
5.2	Fertigungsmaterial	6,5	12,5
5.3			
5.4	Sozialkosten	53,3	81,7
5.5	Energiekosten	60,0	60,5
5.6	Instandhaltung	10,0	12,0
5.7	Transportkosen		4,0
5.8	Ausschuss und Nacharbeiten in Folgeoperationen	12,5	25,0
5.9			
	Summe 5	249,0	359,0
6.1	**Einsparungen pro Jahr (Se. 5/II ./. Se. 5 I)**	110,0	
6.2	**Einsparungen gesamt (alle Jahre)**	550,0	
7	**Zahlungsreihe (Pos. 6.2 ./. Pos. 3.6)**	282,0	
8	**Errechnung des internen Zinsfußes lt. Tabelle 2**		30 %
9	**Zusätzliche Angaben**		
9.1	**Amortisationszeit Pos. 3.6 : Pos. 6.1**		≈ 2,4 Jahre
9.2			

Pos.	Formular C	Errechung des Internen Zinsfußes vor (nach) Steuern und nach Förderungsmaßnahmen											
		Gesamt	Planungszeitraum in Jahren										
			0.	1.	2.	3.	4.	5.	6.	7.	8.	9.	10.
1	**Zahlungsreihe vor Steuern und Förderungsmaßnahmen (= Pos. 7 des Formulars A)**	3.300	– 900	– 400	– 150	+ 450	+ 600	+ 500	+ 600	+ 600	+ 700	+ 700	+ 600
2	**Auswirkungen staatlicher Förderungsmaßnahmen**												
2.3	Staatliche Investitionsprämie	200		200									
2.4	Sonstige Vergünstigungen												
	Summe 2	200		200									
3	**Zahlungsreihe vor Steuern und nach Förderungsmaßnahmen (Pos. 1 + Pos. 2)**	3.500	– 900	– 200	– 150	+ 450	+ 600	+ 500	+ 600	+ 600	+ 700	+ 700	+ 600
4	**Errechnung des Internen Zinsfußes vor Steuern und nach Förderungsmaßnahmen**												
4.1	Abzinsung mit 24 %, Faktoren aus Tabelle 1		1,000	0,806	0,650	0,524	0,423	0,341	0,275	0,222	0,179	0,144	0,118
4.2	Barwerte (= Produkt aus Pos. 3 und 4.1)	+ 96	– 900	– 161	– 97	+ 236	+ 254	+ 170	+ 165	+ 133	+ 125	+ 101	+ 70
4.3	Abzinsung mit 25 %, Faktoren aus Tabelle 1		1,000	0,794	0,630	0,500	0,397	0,315	0,250	0,198	0,157	0,125	0,099
4.4	Barwerte (= Produkt aus Pos. 3 und 4.3)	– 8	– 8	– 8	– 8	– 8	– 8	– 8	– 8	– 8	– 8	– 8	– 8
4.5	**Interner Zinsfuß vor Steuern und nach Förderungsmaßnahmen**	≈ 26 %											
5	**Auswirkungen von Steuern**												
5.1	Aus Einnahmeüberschüsse (50 % von Pos. 6 des Formulars A)	– 2.150		– 50,0	– 150	– 300	– 300	– 300	– 300	– 300	– 250	– 150	– 50,0
5.2	Aus Abschreibungen (50 % von. Pos. 8.3 des Formulars C)	+ 400		+ 55,0	+ 55	+ 55	+ 55	+ 55	+ 25	+ 25	+ 25	+ 25	+ 25,0
5.3	Aus Fremdkapitalzinsen (50 % von Pos. 9.3 des Formulars C)	+ 417		+ 12,5	+ 38	+ 51	+ 55	+ 55	+ 55	+ 55	+ 50	+ 35	+ 12,5
5.4	Aus sonstigen nichtaktivierungspflichtigen Investitionsausgaben (50 % von Pos. 3.5 des Formulars A)	+ 100		+ 100,0									
	Summe 5	– 1.233		+ 117,5	– 59	– 194	– 190	– 190	– 220	– 220	– 175	– 90	– 12,5
6	**Zahlungsreihe nach Steuern und Förderungsmaßnahmen (Pos. 3 + Pos. 5)**	+ 2.267	– 900	– 82,5	– 209	+ 256	+ 410	+ 310	+ 380	+ 380	+ 525	+ 610	+ 587,5
7	**Errechnung des Internen Zinsfußes nach Steuern und Förderungsmaßnahmen**												
7.1	Abzinsung mit 20 %, Faktoren aus Tabelle 1		1,000	0,833	0,894	0,579	0,482	0,402	0,335	0,279	0,233	0,194	0,182
7.2	Barwerte (= Produkt aus Pos.6 und 7.1)	– 75	– 900	– 69	– 145	+ 148	+ 198	+ 125	+ 127	+ 106	+ 122	+ 118	+ 95
7.3	Abzinsung mit 18 %, Faktoren aus Tabelle 1		1.000	0,847	0,718	0,609	0,518	0,437	0,370	0,314	0,266	0,225	0,191
7.4	Barwerte (= Produkt aus Pos. 6 und 7.3)	+ 32	– 900	– 70	– 150	+ 156	+ 212	+ 135	+ 141	+ 119	+ 140	+ 137	+ 1122
7.5	**Interner Zinsfuß nach Steuern und Förderungsmaßnahmen**	≈ 19											
Pos.	**Ausgangswerte zur Errechnung der Pos. 5.2 und 5.3**												
8	**Abschreibungen**												
8.1	Abschreibungen auf Gebäude (10 % von Pos. 3.1 des Form. A)	300		30	30	30	30	30	30	30	30	30	30
8.2	Abschreibungen auf Maschinen und sonstige Einrichtungen (20 % von Pos. 3.2 des Formulars A)	500		80	80	80	80	80	20	20	200	20	20
8.3	**Abschreibungen gesamt**	800		110	110	110	110	110	50	50	50	50	50
9	**Fremdkapitalzinsen**												
9.1	Änderung des Umlaufvermögens (siehe Form. A, Pos. 3.3 u. 3.4)	–		500	450	150					– 200	– 400	– 500
9.2	Entwicklung des durchschnittlich pro Jahr gebundenen Fremdkapitals			250	725	1.025	1.100	1.100	1.100	1.100	1.000	700	250
9.3	**Fremdkapitalzinsen (Zinssatz 10 % von Pos. 9.2 des Formulars C**	834		25	72	102	110	110	110	1104	110	70	25

Im Folgenden soll beispielhaft das Service-Angebot von Banken beschrieben werden, weil es für kleine und mittlere Unternehmen eine Alternative zu eigenen Programmen darstellt.

7.6.2 Einsatzbereiche für EDV

Üblicherweise werden heute ein Großteil der Finanzierungen und fast der gesamte Zahlungsverkehr über Kreditinstitute bzw. Banken abgewickelt. So stellt das Kreditinstitut eine Schnittstelle des Unternehmens zur „Außenwelt" dar, wo täglich viele Informationen empfangen, verarbeitet und weitergegeben werden. Es bietet sich an, hier EDV einzusetzen, um Informationen zu gewinnen und den Zahlungsverkehr zu beschleunigen.

Unter dem Schlagwort „Electronic Banking" bieten viele Kreditinstitute Dienstleistungen an, durch die mit Hilfe der EDV Informationen zur Verfügung gestellt und Transaktionen durchgeführt werden. Die bankinterne Automatisierung und der EDV-gestützte Interbankenverkehr kommen dem Kunden nur indirekt zugute. Darüber hinaus werden spezielle Programme und Serviceleistungen für Firmenkunden zur Verfügung gestellt, die die Unternehmen bei ihren finanzwirtschaftlichen Aufgaben unterstützen sollen.

Für Firmenkunden unterscheidet man drei Hauptbereiche:

- ❑ Zahlungsverkehr
  - Cash-Management-Systeme
  - automatische Kontozusammenführung
  - Datenträgeraustausch
- ❑ Informationsdienste
  - Datenbankrecherchen
  - öffentliche Förderprogramme, Subventionen
  - allgemeine Finanzinformationen
  - Brancheninformationen
- ❑ Unterstützung bei der Unternehmensplanung
  - Bilanzanalyse
  - Finanzplanung
  - Liquiditätsplanung und -disposition.

Ferner werden allgemeine Serviceleistungen wie das Erstellen von Zins- und Tilgungsplänen, Beratung bei der Exportfinanzierung, Stammdatenverwaltung, Personalbuchhaltung, Investitionsrechnung u.v.m. angeboten.

7.6.2.1 Zahlungsverkehr

(1) **Cash-Management-Systeme**

Das Cash Management als Aufgabe des Finanzdisponenten lässt sich umschreiben als das Steuern

- ❑ des richtigen Betrages
- ❑ in der richtigen Währung
- ❑ zum richtigen Zeitpunkt

- ❑ auf das richtige Konto
- ❑ zur Erzielung optimaler Erträge.

Cash-Management-Systeme (CMS) sind demnach EDV-Systeme, die diese Aufgabe unterstützen. Vergleichbar einem Baukastensystem umfassen die zur Zeit angebotenen CMS unterschiedliche Module, so dass eine eindeutige Begriffsbestimmung nicht möglich ist. Je nach Ausbaustufe beinhalten sie verschiedene Funktionen.

Einfache CMS beschränken sich ausschließlich auf das Bereitstellen von Informationen (Balance Reporting). Die Bank sammelt zunächst die Daten von laufenden Konten, die der Kunde weltweit bei ihr unterhält. Auch die Daten von Konten bei anderen Banken können in das System eingegeben werden, so weit diese Banken hierzu bereit sind (Data Exchange). Die Daten werden im CMS zusammengeführt und aufbereitet.

Ein solches Balance Reporting System bietet folgende Informationen an:

- ❑ Umsatz- und Saldenübersichten,
- ❑ bankenübergreifende Berichte („Multi-Bank"),
- ❑ Kontenauszüge,
- ❑ detaillierte Informationen über Kontobewegungen,
- ❑ valutarische Informationen,
- ❑ historische Übersichten (90 Tage);

und zusätzlich im internationalen Cash Management:

- ❑ Übersichten in allen gängigen Währungen („Multi-Currency"),
- ❑ Kursinformationen.

In anderen CMS kann der Kunde nicht nur Informationen empfangen, sondern auch selbst über seinen PC bzw. sein Terminal weitgehend standardisierte Transaktionen veranlassen (Money Transfer). Dieses Modul ist in vielen Angeboten enthalten und umfasst:

- ❑ Inlands- und Auslandszahlungen,
- ❑ lokale (off-line) Erstellung und Speicherung von Zahlungsaufträgen,
- ❑ Prüfung der Aufträge auf Plausibilität,
- ❑ Übertragung der Datensätze mit entsprechender Auftragserteilung,
- ❑ vorformatierte Zahlungsauftragstypen,
- ❑ (vor-)datierbare Zahlungsaufträge und Daueraufträge.

Einige Systeme führen automatisch die vorgeschriebene Bundesbankmeldung bei Auslandszahlungen durch (nach § 59 Außenwirtschaftsverordnung).

Verschiedene Banken bieten die beiden angesprochenen Grundfunktionen nicht nur für Kontokorrentkonten sondern auch für andere Kontenarten an, so dass Tages- und Termingeldgeschäfte, Avale, Devisenkontrakte, Anlagen und Darlehen überwacht werden können.

Soll das CMS auch **Planungs- und Entscheidungshilfen liefern**, müssen „intelligente" Terminals (PC-Arbeitsplätze) eingesetzt werden. Diese sog. Treasury-Workstations bieten die Möglichkeit, verschiedene Informationen aus separat abgefragten CMS zu verdichten und für anschließende Auswertungen aufzubereiten. Sie können folgende Module beinhalten:

- ❑ Prognoseberechnungen verfügbarer Mittel (Liquiditätsprognose),
- ❑ Analyse der Fälligkeiten von Terminkontrakten,
- ❑ Portfoliomanagement,
- ❑ Risikoanalysen,

- ❑ Währungsmanagement,
- ❑ Kurzfristige Finanzplanung.

Bestimmte Systeme enthalten Prozeduren, die Bankinformationen automatisch abfragen („Auto Dial"). Die erhaltenen IST-Daten werden mit den zuvor eingegebenen SOLL-Daten der Planung verglichen. Das System erstellt einen Bericht über die Abweichungen und korrigiert entsprechend die Liquiditätsplanung des betreffenden Tages und der folgenden Perioden.

Ein System bezieht sogar schon Teile der Debitorenbuchhaltung mit ein. Über Terminal können eingehende Zahlungen mit weiteren Informationen versehen werden, die dann eine interne Weiterverarbeitung im Rechnungswesen zulassen. Bei ausgehenden Zahlungen kann der Kunde seine Rechnungen in das System eingeben. Im Dialog mit dem Finanzdisponenten werden dann die Auszahlungen vom System generiert.

(2) **Automatische Kontozusammenführung**

Dieses Verfahren ist ein Instrument, um eingehende Zahlungen über bestimmte Konten zu lenken oder sie zu bündeln. Alle Umsätze auf verschiedenen Konten werden valutagerecht auf einem Zielkonto gebucht. Die Ursprungskonten weisen nach der Übertragung stets einen Null-Saldo aus. Der Kunde erhält eine übersichtliche Darstellung sämtlicher Tagesumsätze (Liquiditätsstatus) und kann zentral über die konzentrierten Geldmittel verfügen.

(3) **Datenträgeraustauschverfahren (DTA)**

Das DTA ist sowohl national als auch international möglich. Der Kunde erstellt die Datenträger (Magnetbänder, Disketten) und liefert sie an seine Bank, die über ihre EDV die Weiterverarbeitung der Daten übernimmt. Verschiedene Hilfsprogramme nehmen hier die Grundfunktionen von Cash-Management-Systemen wahr.

7.6.2.2 Informationsdienste

(1) **Datenbankrecherchen**

Datenbanken sind aufgrund der sofortigen Verfügbarkeit von Informationen aus verschiedensten Quellen und wegen der variierbaren, systematischen Informationsselektion der konventionellen Informationsversorgung überlegen. Als Basis für strategische Finanzplanungs- und Investitionsentscheidungen bieten sich Banken an, gezielt für Unternehmen zu recherchieren.

Themenbereiche: Länder, Märkte, Branchen, Unternehmen
Technologische Informationen,
Geschäftskontakte (Angebote und Gesuche)

(2) **Öffentliche Förderinformationen**

Für Investitionen sind Informationen über öffentliche Förderprogramme wichtig. Hier setzen die Banken teilweise wissensbasierte Systeme ein, um für ihre Firmenkunden die richtigen Programme auszuwählen. Bestehende Variations- und Kombinationsmöglichkeiten werden ebenso berücksichtigt wie die individuellen Wünsche bei der Erstellung eines Zins- und Tilgungsplanes.

(3) **Allgemeine Finanzinformationen**

Im Rahmen des BTX-Systems der Deutschen Bundespost wird der Zugang zu Kursinformationen ermöglicht. Das Programmpaket erlaubt auch die Weiterverarbeitung durch andere Programme. Bankinterne Systeme sind mit den Rechnern von Börsenorten verbunden; sie halten aktuelle Kursinformationen bereit und wickeln den Wertpapierverkehr ab.

(4) **Brancheninformationen**

Die im Rahmen der Bilanzanalyse und Finanzplanung bei den Banken gewonnenen betriebs- und finanzwirtschaftlichen Kennzahlen werden nach Branchen geordnet und dem Firmenkunden in Form von Durchschnittswerten zur Verfügung gestellt. Darüber hinaus geben Branchenanalysen Auskunft über Marktlage, Struktursituation und -aussichten als Anhaltspunkte für strategische Unternehmensentscheidungen. Einige Institute bieten den Branchenvergleich nur zusammen mit Finanzplanungssystemen an.

7.6.2.3 Unterstützung bei der Unternehmensplanung

(1) **Bilanzanalyse**

Ein solches Programm ermöglicht die Analyse von Unternehmensbilanzen nach betriebswirtschaftlichen Kriterien. Durch die Gegenüberstellung von Bilanzen mehrerer Jahre werden Entwicklungstendenzen sichtbar (Zeitvergleich). Graphische Darstellungen vereinfachen das Erkennen von Stärken und Schwächen der Bilanz (Schwachstellenanalyse).

In Verbindung mit den Bausteinen „Finanzplanung" und „Branchendienst" liefert die Bilanzanalyse umfassende Daten zur finanzwirtschaftlichen Steuerung eines Unternehmens. Für größere Investitionsvorhaben erwartet die Bank diese Daten vom Unternehmen, um dessen Kreditwürdigkeit beurteilen zu können.

(2) **Finanz- und Erfolgsplanung**

Ziel dieses Planungssystems ist es, die finanziellen Chancen und Risiken von Entwicklungen und Entscheidungen im Voraus erkenn- und überprüfbar zu machen, indem alternative Entscheidungen simuliert werden. Die angebotenen Programme umfassen in der Regel drei Bausteine, die sowohl einzeln als auch kombiniert eingesetzt werden können:

- ❑ langfristig: jahresweise Mehrjahresplanung
- ❑ mittelfristig: monatsweise Einjahresplanung
- ❑ kurzfristig: Liquiditätsvorschau (siehe unten)

Die Jahresplanung erfolgt auf der Basis von Eckdaten zur Unternehmensentwicklung:

- ❑ Umsatz oder die erwartete jährliche Umsatzsteigerung
- ❑ Materialaufwand / Wareneinsatz
- ❑ Personalaufwand der kommenden Jahre
- ❑ Zugänge ./. Abgänge der Sachanlagen
- ❑ jährliche Abschreibungen
- ❑ Beabsichtigte Darlehensaufnahmen und -tilgungen
- ❑ Entnahmen für Steuern
- ❑ sonstige Entnahmen / Ausschüttungen

Als Ergebnis liefert das Programm Plan-Erfolgsrechnungen (GuV), Plan-Bilanzen sowie eine umfangreiche Kennzahlenauswertung. Zusätzlich wird eine Finanzierungsrechnung erstellt, die veranschaulicht, wie sich der aufgetretene Finanzbedarf im Anlagevermögen und Umlaufvermögen durch den Cash-Flow sowie Mittelaufnahmen decken lässt.

(3) **Liquiditätsplanung und -disposition**

Das Liquiditätsplanungsprogramm ist ein Baustein der Finanz- und Erfolgsplanung oder des Cash-Management-Systems. Es stellt alle Einnahmen und Ausgaben für einen Planungszeitraum von bis zu 12 Monaten gegenüber und errechnet den monatlichen Mittelzu- und abfluss. Die Daten der Liquiditätsplanung können in den meisten angebotenen Systemen von Programmen übernommen werden, die eine Disposition ermöglichen (CMS oder spezielle Anwendungen von Tabellenkalkulationsprogrammen).

7.6.3 Probleme und Tendenzen

Fragt man seine Bank nach den genannten Serviceleistungen, wird man feststellen, dass die „beratenden" Programme nur in den Räumen der Bank angeboten werden. Die Banken haben kein Interesse daran, diese Programme dem Kunden zu überlassen. Ziel ihrer Marketingstrategie ist es, durch den genannten Service Kompetenz zu zeigen und den Kunden an das Institut zu binden. Aus diesem Grunde sind die Programme auf den Nutzen der Bank abgestimmt.

Der zunehmende Einsatz von EDV (insbesondere PC) in den Firmen hat die Nachfrage nach solchen Produkten stark erhöht, so dass die Banken unter diesem Druck ihre Programme als Software zur Verfügung stellen werden. Der erste Schritt wurde mit der mehrjährigen Finanzplanung bereits vollzogen (allerdings dann ohne Branchenvergleich).

Da fast alle Unternehmen über mehrere Kontoverbindungen bei verschiedenen Banken verfügen, spielt für sie die Auswahl von Kommunikationssoftware, Übertragungswegen und Datenformaten eine bedeutende Rolle. Wegen der hohen Investitionskosten und des ständigen technologischen Wandels kann nicht jede Bank für jedes System ein Angebot vorhalten. Will ein Unternehmen bei der Auswahl seiner EDV nicht von seiner Bank abhängig sein, hat es nur die Möglichkeiten, entweder mit einem eigenen System (z. B. Standardsoftware) über ein neutrales Netz Bankinformationen zu beziehen oder Cash-Management-Systeme eines Netzwerk-Anbieters zu nutzen. In beiden Fällen kann er die für ihn günstigsten Übertragungssysteme (z. B. Datex, Btx) wählen, wobei das Netz die Konvertierung aller gängigen Datenformate ermöglicht.

Dass sich die Banken dieses Problems bewusst sind, zeigen Bestrebungen zur Vereinheitlichung von Cash-Management-Systemen. Als Beispiele seien hier genannt:

- das Gemeinschaftsprojekt deutscher Banken mit dem System „Worldcash" (Commerzbank, Bayerische Hypo-Vereinsbank, Vereins- und Westbank u.a.),
- das auf dem S.W.I.F.T.-Netz basierende „Multicash" (Sparkassen- und Giroverband, sowie diverse private Banken) und
- die ABECOR-Gruppe (Associated Banks of Europe, Dresdner Bank u. a.).

Um dem Wunsch der Kunden nach bankenübergreifenden Systemen nachzukommen, die die Banken selbst nicht realisieren können oder wollen, bieten diese unter eigenem Namen neutrale Systeme und Netzwerke an.

Vergleicht man das Dienstleistungs- und Systemangebot der Kreditinstitute mit den C-Techniken (CAD, CAM, CIM) auf dem Produktionssektor, kann man den derzeitigen Stand der Entwicklung als „Computer-Aided-Banking" (CAB) bezeichnen. Die einzelnen Bausteine liefern nur „Insellösungen" für abgegrenzte Probleme. Es fehlen zum Beispiel die Übergänge von der Bilanzanalyse zur mehrjährigen Finanzplanung und von der Finanz- und Erfolgsplanung über die Liquiditätsplanung zum Cash-Management-System. Wenn es zukünftig dem Kunden aufgrund von Datendurchgängigkeit und direkter Datenfernübertragung möglich sein wird, von seinem Schreibtisch aus Informationen und Verfügungen aller Art mit der Bank auszutauschen, kann man von „Computer-Integrated-Banking" (CIB) sprechen.

Kontrollfragen zu Kapitel 7

1. Erläutern Sie Begriff und Aufgaben der Finanzierung im engeren und im weiteren Sinne.
2. Skizzieren Sie Zusammenhang und Abgrenzung zwischen verschiedenen Finanzierungsarten.
3. Geben Sie einen tabellarischen Überblick über
   3.1 die unterschiedlichen Merkmale von Eigen- und Fremdkapital,
   3.2 die Abwicklung, Merkmale, Kosten und üblichen Sicherheiten der wichtigen langfristigen und kurzfristigen Kreditarten,
   3.3 die Ihnen bekannten Kreditsicherungsformen mit Hinweis auf übliche Anwendungen.
4. Erläutern Sie die Sonderformen Finanzierung, Leasing, Franchising und Factoring.
5. Stellen Sie den Ablauf eines Leasinggeschäftes dar und äußern Sie sich zu den üblichen Leasingkosten.
6. Stellen Sie Ablauf und Bedeutung eines Rembourskredites dar.
7. Welche Risiken muss ein Kreditgeber berücksichtigen?
8. Stellen Sie Aufgabe und Inhalt einer statischen und einer dynamischen Kreditwürdigkeitsprüfung dar und definieren Sie dabei den Unterschied von Status und Bilanz sowie die zweckmäßige Strukturierung von Forderungen und Verbindlichkeiten.
9. Definieren Sie Kriterien des finanzwirtschaftlichen Optimums.
10. Erläutern Sie Aufgaben, Elemente und Grundsätze der Finanzplanung.
11. Erläutern Sie Verfahren zur Kapitalbedarfsermittlung und zwar
    11.1 zur Ermittlung der Kapitalbindung im Anlagevermögen sowie
    11.2 die kumulative Methode und
    11.3 die elektive Methode zur Ermittlung der Kapitalbindung im Umlaufvermögen.
12. Definieren Sie Mittelverwendung und Mittelherkunft in Form der Bilanzgleichung.
13. Nennen Sie die wichtigsten leistungsabhängigen Einnahmen- und Ausgabenarten.
14. Stellen Sie den Zusammenhang der Finanzplanung mit den anderen Teilplänen des Unternehmens so dar, dass die Möglichkeiten der Einflussnahme erkennbar werden (z. B. nach Vormbaum).
15. Erläutern Sie rollende Finanzplanung und Periodenliquidität.
16. Entwerfen Sie einen detaillierten Einnahmen- und Ausgabenplan für eine Periode (z. B. nach Korndörfer).
17. Wie definiert Schierenbeck finanzielle Mobilität?
18. Stellen Sie den Ablauf systematischer Optimierungsmaßnahmen zur Behebung von Unter- oder Überdeckung dar (z. B. nach Hauschildt, Sachs, Witte).
19. Definieren Sie Begriff und Zielsetzung der Investition.
20. Welche Investitionsarten kennen und unterscheiden Sie? Wie beurteilen Sie die praktische Abgrenzbarkeit?
21. Nennen Sie die Hauptaufgaben und die in der Praxis vorherrschenden Schwächen im Investitionsprozess.

22. Geben Sie einen Überblick über die Verfahren der Investitionsrechnung.

23. Erläutern Sie die Verfahren der statischen Investitionsrechnung mit Angabe ihrer Prämissen, ihrer Mängel und der Voraussetzungen, die bei ihrem praktischen Einsatz erfüllt sein müssen.

24. Wie unterscheiden sich Kostenvergleichs-, Gewinnvergleichs- und Amortisationsrechnung?

25. Entwerfen Sie ein Arbeitsprogramm für die Prüfung einer EDV-Investition mit Formular zur Wirtschaftlichkeitsrechnung.

26. Erläutern Sie die dynamischen Verfahren der Investitionsrechnung mit Angabe der Probleme, Prämissen und Eignungsmerkmale.

27. Lösen Sie zur Kapitalwertmethode folgende Teilaufgaben.
    27.1 Machen Sie einen praxisrelevanten Vorschlag zur Wahl des Kalkulationszinsfußes und begründen Sie Ihren Vorschlag.
    27.2 Lösen Sie das Problem der Differenzinvestition auf der Grundlage eines einfachen Beispiels (dazu vgl. Pkt. 7.5.4.3 (1.1)).
    27.3 Machen Sie einen praxisrelevanten Vorschlag zur Lösung des Problems der Unsicherheit der Erwartungen.

28. Erläutern Sie die Probleme und Eignungsmerkmale der Internen Zinsfußmethode.

29. Machen Sie Vorschläge zur Lösung des Ersatzproblems.
    29.1 Erläutern Sie dazu die MAPI-Methode und
    29.2 die Bestimmung des optimalen Ersatzzeitpunkts bei Einsatz der Kapitalwertmethode.

30. Geben Sie einen Überblick über die Verfahren zur Berücksichtigung und Analyse des Risikos mit Ihren Empfehlungen für deren praktischen Einsatz.

31. Erläutern Sie die Ihnen bekannten Verfahren zur Erstellung eines optimalen Investitionsprogramms.

32. Geben Sie einen Überblick über Möglichkeiten und Grenzen der Simulation in der Investitionsplanung.

8 Unternehmensführung

Unternehmensführung umfasst eine strategische Aufgabe (die langfristige Erfolgs- und Bestandssicherung) und eine operative Aufgabe (die kurzfristige Ergebnisoptimierung). Die wirtschaftlichen Hauptmerkmale der westlichen Industriegesellschaften bestimmen wesentlich die Aufgaben und Anforderungsmerkmale der Unternehmenssicherung. In der Regel heißt das konkret:

- **Marktsättigung**
- **Kostendruck**
- **Innovationsdruck** in Bezug auf neue Produkte und Produktionstechniken fordern
- **langfristige Deckungsbeitragssicherung** und
- **Fixkostenbegrenzung**.

Unter diesen Rahmenbedingungen unserer arbeitsteiligen Gesellschaft erfordert Führen - übereinstimmend mit einer Analyse japanischer und amerikanischer Managementtechniken von *Pascale* und *Athos*[1]

- nicht nur Ordnen der Arbeitsteilung durch Schaffung von **Strukturorganisation (Structures)**,
- sondern gleichzeitig die Vermittlung einer allgemeinen im Unternehmen anerkannten **übergeordneten Sinngebung (Superior Goals)**,
- die systematische, kooperative Erarbeitung von **Strategien (Strategies)**
- sowie die Sicherstellung von Kooperation und Kommunikation der geeigneten **Belegschaft (Staff)**
- mit den erforderlichen **Fähigkeiten (Skills)**
- durch die geeigneten **Systeme (Systems), insbesondere der Ablauforganisation** (bezüglich Entscheidung, Anweisungen und Kontrolle)
- sowie ferner ständige Motivation durch einen kooperativen **Führungsstil (Style)**, zu dem eine wahrheitsgemäße und stets faire Kommunikation und rechtzeitige zielstrebige Information unverzichtbar gehören.

Der Praktiker weiß, dass die obigen Grundsätze nur realisierbar sind

- auf der Grundlage frühestmöglich verfügbarer quantitativer Daten des Controllers aus Planung und Rechnungswesen und
- wenn die aufgaben- und persönlichkeitsbedingten Konflikte zwischen einzelnen Mitarbeitern stets schnell erkannt und korrekt geregelt werden.

Aus diesen einführenden Überlegungen können folgende Schwerpunkte der Unternehmensführung erkannt werden, die im Folgenden näher zu behandeln sind:

- Früherkennung, **Vermeidung und Überwindung von Unternehmenskrisen**
- **Planung und Kontrolle (Controlling)**
- Aufgabenteilung und Optimierung der Abwicklung durch **Struktur- und Ablauforganisation**.
- Effizienzsicherung durch **Auditing (interne Revision)**

---

[1] *Pascale, R.T., Athos, A.G.,* Geheimnis und Kunst des japanischen Managements, München

8.1 Return on Investment (RoI) als Grundlage und Hauptaufgabe systematischer Unternehmensführung

Existenzsicherung des Unternehmens erfordert die Entwicklung und den Einsatz eines Planungs- und Steuerungs-Systems, das geeignet ist, kurz-, mittel- und langfristig sicherzustellen, dass die Erträge des Unternehmens größer sind als die Aufwendungen. Dazu gehört einerseits die Sicherung der Marktposition des Unternehmens als nach außen gerichtete Hauptaufgabe und andererseits die Optimierung des Einsatzes der Produktionsfaktoren als nach innen gerichtete Hauptaufgabe. Beide Aufgabenbereiche wurden in diesem Buch - gegliedert nach Funktionsbereichen (Vertrieb, Materialwirtschaft, Produktion, Finanzierung etc.) - bereits behandelt.

Jetzt müssen ergänzend die Instrumente geklärt werden, die geeignet sind, den Erfolg des dispositiven Faktors Management zu gewährleisten.
Als Voraussetzung für zielgerichtetes Handeln benötigt jedes Management zunächst Klarheit darüber, aus welchen Elementen sich das Unternehmensergebnis zusammensetzt. Durch Planung von periodenbezogenen Werten und laufende Überwachung der Ist-Werte der Ergebniselemente erhält das Management die Möglichkeit permanenter, zielgerichteter und widerspruchsfreier Ergebnissteuerung.

Vereinfacht kann man sagen, dass das Unternehmensergebnis sich aus zwei Hauptrelationen zusammensetzt, nämlich

(1) der Umsatzgewinnrate $= \dfrac{\text{Gewinn} \cdot 100}{\text{Umsatz}}$ und

(2) dem Kapitalumschlag $= \dfrac{\text{Umsatz}}{\text{Investiertes Kapital}}$

Der Gewinn des Unternehmens kann gesteigert werden durch:

- ❑ Senkung der variablen und/oder fixen Kosten bei konstantem Umsatz und konstantem Kapitaleinsatz oder
- ❑ Verringerung des Kapitaleinsatzes durch Reduzierung des Anlage- und/oder Umlaufvermögens bei konstanter Umsatzgewinnrate oder
- ❑ Steigerung des Umsatzes bei gleichbleibender Umsatzgewinnrate und unverändertem investierten Kapital.

Diese Grundlagen der Gewinnplanung sind zusammengefasst in dem Begriff

Return on Investment = Umsatzgewinnrate x Kapitalumschlag.[2]

Aufgrund der Notwendigkeit, von diesem Grundzusammenhang der Gewinnentstehung zu den steuer- und messbaren Elementen vorzustoßen, sind verschiedene Kennzahlensysteme zur Planung und Überwachung des RoI entwickelt worden. Diese haben mit gewissen Differenzierungen folgende Struktur:[3]

---

[2] Vgl. *Welsch, G.A.*, Budgetierung, Profit-Planning and Control, Englewood Cliffs, N.J und *Viel, J.*, Betriebs- und Unternehmensanalyse, Köln, Opladen

[3] Entnommen aus: *Ziegenbein, K.*, Controlling, Ludwigshafen

Aufbau des Return-on-Investment

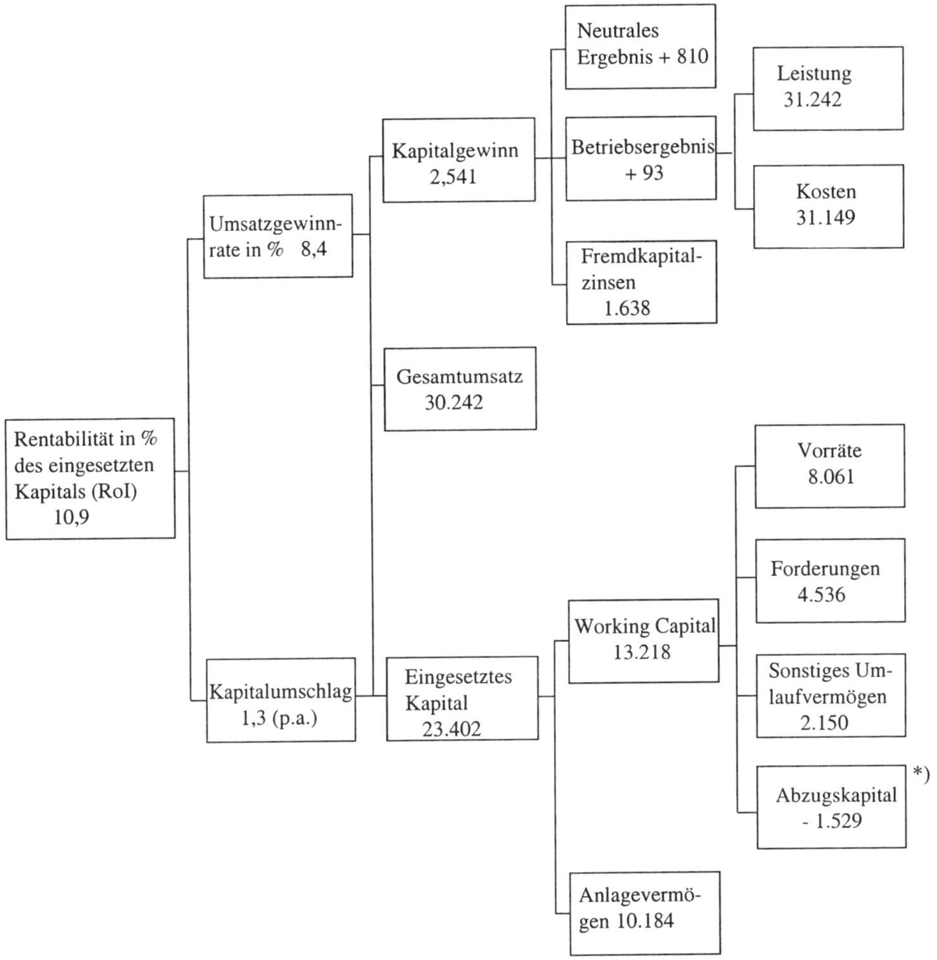

*) Als Abzugskapital bezeichnet man zinsfrei zur Verfügung stehendes Kapital, z. B. kurzfristige Verbindlichkeiten, soweit durch deren Zahlungsaufschub kein Skonto verloren geht, was einem Zinsaufwand entspräche.

Ein RoI-orientiertes Kennzahlensystem befindet sich im TEIL III: Controlling-Instrumente.

Die Bedeutung dieser Kennzahlensysteme unterstreichen folgende Hinweise von *Lägel*. Der Du-Pont-Konzern verwendet sein RoI-Kennzahlensystem zur Kontrolle des gesamten Konzerngeschehens unter Einbeziehung aller Kostenträgergruppen und Betriebe. Das Kennzahlensystem wird in der Planung eingesetzt und dient durch Ermittlung von monatlichen Ist-Daten der Überwachung aller Funktions- und Verantwortungsbereiche im Rahmen systematischer Abweichungsanalysen der Soll/Ist-Vergleiche.

Das umfangreichste deutsche Kennzahlensystem wurde 1976 vom Zentralverband der Elektronischen Industrie e. V. Frankfurt/M. vorgelegt. Auch dieses System ist nach der logischen Struktur der RoI-Planung und -kontrolle aufgebaut.

Eine Sammlung von „zahllosen“ Kennzahlen ohne Integration in eine systematische Planungs- und Kontrollkonzeption ist nur von geringem Nutzen. Maximaler Nutzen kann im konkreten Fall aus einem Kennzahlensystem (vgl. Teil III Pkt. 10) nur gezogen werden, wenn man auf unwichtige Kennzahlen verzichtet und sich auf diejenigen Kennzahlen konzentriert, die Auskunft über folgende Sachverhalte geben:

- Position des Unternehmens im Vergleich zum Mitbewerb (**Strukturvergleich**).
- Verbesserung oder Verschlechterung der Produktivität und Wirtschaftlichkeit der Funktionsbereiche, d. h. der Faktorkombination im Zeitablauf (**Zeitvergleich**).
- Entspricht die Finanzentwicklung in Bezug auf Bilanzstrukturen und Cash Flow den **Anforderungen der Kapitalgeber**?
- Können Folgerungen in Bezug auf die Realisierbarkeit zukünftiger Planansätze sowie für operative Verbesserungsmaßnahmen abgeleitet werden, d. h. besteht ein konkreter, funktionaler und informationstechnischer **Zusammenhang zu den Aufgaben der Planung und Kontrolle**?

Vor einer praktischen Konzipierung eines Kennzahlensystems müssen die Funktions- und Informationszusammenhänge im Unternehmen erkannt und durchdacht werden. Es muss klar sein, welche Informationen für die Unternehmensführung benötigt werden, wo sie entstehen und wie sie beschafft werden können (vgl. Pkt. 8.3.2 MIS und Kapitel 10 Kennzahlensystem).Dafür ist es wesentlich, die erfolgsbestimmenden Faktoren inner- und außerhalb des Unternehmens zu systematisieren. Dazu kann das folgende Schema von *Wiendahl* beitragen.

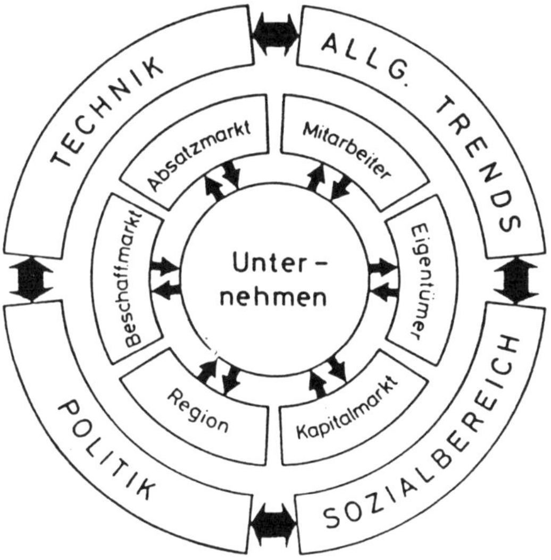

Das Unternehmen im engeren und weiteren Umfeld

(entnommen von *Wiendahl*)[4]

[4] *Wiendahl, H.P.*, Betriebsorganisation für Ingenieure, München,Wien

8.2 Krisenmanagement als Führungsherausforderung

Die Überwindung von existenzgefährdenden Krisen erfordert nach vorherrschender Erfahrung Führungsqualitäten und -techniken, deren vorzeitige Anwendung ebenfalls zur Vorbeugung gegen Krisen geeignet ist. Der Grund dafür liegt darin, dass in beiden Fällen die Ursachen der Krisen beseitigt oder überwunden werden müssen. Deshalb beginnt die Aufgabe mit der Kenntnis üblicher Ursachen von Unternehmenskrisen. Daran schließt die Behandlung von Instrumenten zur Überwindung von Unternehmenskrisen an. Dazu gehören im weiteren Verlauf die Instrumente von Planung und Kontrolle.

8.2.1 Ursachen und Merkmale von Unternehmenskrisen

8.2.1.1 Ursachen im Markt

(1) Veränderung des Verbraucherverhaltens
(2) Konkurrenzverhalten
(3) Produkttechnologie und -innovation
(4) Fertigungstechnologie
(5) Beschaffungsmöglichkeiten
(6) Finanz- und sonstige Risiken.

8.2.1.2 Ursachen im Unternehmen

(1) „Bilanzfrisur“ als Grundlage von „Navigationsfehlern“
(2) „Luft in der Planung“ als Ursache von unnützen Schwierigkeiten und Konflikten
(3) Mangelhafte Kontrolle mit der Folge schwacher Motivation und schlechter Performance, wenig „search for excellence“
(4) Mangelhafte Qualifikation der Mitarbeiter
(5) Führungs- und Kommunikationsfehler

Die Erfahrung lehrt Folgendes:

(1) Die meisten Krisen sind vom Manager verschuldet.
(2) Große Unternehmen können mehr externe Faktoren beeinflussen als kleine Unternehmen.
(3) Kleine Unternehmen sind darauf angewiesen, schnell und flexibel strategisch richtig zu erkennen, zu entscheiden und zu handeln.

Eine Systematik von Krisenursachen und eine empirische Analyse zur Früherkennung von Unternehmenskrisen bietet *Raubach*.[5]

[5] *Raubach, U.*, Früherkennung von Unternehmenskrisen, Frankfurt, Bern, New York

8.2.2 Instrumente zur Vermeidung und Überwindung von Unternehmenskrisen

8.2.2.1 Das Führungsteam

Der **Teamleiter** muss nicht unbedingt der Branche entstammen, aber wegen seiner Hauptaufgabe der richtigen Einschätzung von Krisenursachen und geeigneten Gegenmaßnahmen in der Lage sein, sich auf der Grundlage gründlicher Kenntnisse

- der relevanten Märkte und
- Technologien

zuverlässig einzuarbeiten. Darüber hinaus muss er voll vertraut sein mit dem Instrumentarium effizienter Menschenführung. Unter anderem muss er seinem Führungsteam vor allem bieten:

- eine interessante Aufgabe,
- gute Kommunikation mit dem Chef,
- eine positive Entwicklung des Arbeitsmarktwerts und
- ein gerechtes, leistungsorientiertes Einkommen mit erfolgsabhängigem Anteil.

Das **Team von 5 bis 6 „Sanierungsteam-Mitgliedern“** muss neben einer hohen Motivation mit der Bereitschaft, regelmäßig deutlich über 12 Stunden pro Tag zu arbeiten, über zuverlässige Detailkenntnisse über die komplexen/technischen und psychologischen Funktionsmechanismen des Unternehmens verfügen und bereit und fähig sein, schnell und intensiv dazuzulernen.

Die genannten Anforderungsmerkmale sind nicht durch Computertechnik substituierbar.

8.2.2.2 Merkmale der Führungsaufgaben

Zur Verwirklichung der Managementaufgaben

- Ziele setzen
- Planung und Organisation
- Entscheidung
- Anweisung
- Kontrolle und
- Motivation

muss die Gesamtaufgabe nuancierter definiert und in Teilaufgaben differenziert werden. Dabei ist es zweckmäßig in verschiedene Management-Ebenen und deren Aufgabenmerkmale zu unterscheiden. Dazu folgende Übersicht:

(1) **Top-Management (Vorstand, Geschäftsführung), unternehmerische Führungsaufgaben**

Vorgabe[6] Unterneh-mensziele	Definition[6] der Unter-nehmens-politik	Koordination[6] der betrieb-lichen Teil-bereiche	Definition der Grundsätze der Personalpolitik	Präsentation, Public Relations etc.	Grundsatzauf-gaben des Um-weltschutzes

[6] Inkl. Koordination der Unternehmensplanung

(2) **Middle-Management (Funktionsbereichs- bis Abteilungsleitung), Leitungsaufgaben**

In Beschaffung und Lager[7]	In der[7] Produktion	Im Vertrieb[7]	Im Finanzbereich[7]	Im Personalbereich[7]	In der[7, 8] Verwaltung

Ausführungsaufgaben in den jeweiligen Funktionsbereichen

(3) **Führungspraxis**

Die Aussage, Management sei die Kunst zu erreichen, dass Dinge durch Menschen getan werden, ist richtig, aber zu ungenau. *Kotter* umreißt die Vorgehensweise des Managers wie folgt:[9]

a) Erstellung eines Vorgehensplans
b) Aufbau und ständige Aktivierung eines Netzwerks für die Umsetzung des Vorgehensplans.

Vorgehenspläne (Agendas) sind Listen von Dingen, die getan werden müssen (präzise oder allgemein; kurz- und/oder langfristig) auf der Grundlage recherchierter Informationen, Möglichkeiten, Vorschläge, Berechnungen etc. zur Verwirklichung von Politiken, Strategien, Plänen und Vereinbarungen.

Bei dieser Aufgabe unterliegt der Manager vielen kurzfristigen Herausforderungen und Unterbrechungen, die den Zeitrahmen für systematische Entscheidungsvorbereitung und Planung unter das erforderliche Minimum zu drücken drohen. Deshalb muss der Manager sich der Gesamtheit seiner Funktionen bewusst sein.

(3.1) **Funktionen des Managers**

Torrington/Weightman/Johns unterscheiden folgende 10 Hauptfunktionen:[10]

a) **Zwischenmenschliche Funktionen**
   1. **Repräsentant**, der Unternehmung mit formalen Pflichten
   2. **Kontaktpfleger** zu Gleichrangigen zum Austausch von Informationen
   3. **Leiter** für Aufbau und Motivation des Mitarbeiterstabes

b) **Informations-Funktionen**
   4. **Informationsbeschaffer** mit dem Ziel, den Zufluss und die Bereitstellung erforderlicher Informationen zu sichern
   5. **Informationsverteiler**, der sicherstellt, dass Mitarbeiter die notwendigen Informationen erhalten, die ihnen sonst nicht zur Verfügung stehen würden
   6. **Sprecher**, der Informationen der Einheit nach außen gibt

c) **Entscheidungs-Funktionen**
   7. **Unternehmer**, verantwortlich für die Veranlassung von Veränderung, Grundlage der Zukunftssicherung
   8. **Problemlöser**, besonders wenn die Einheit durch Turbulenzen bedroht ist (Altbundeskanzler *Helmut Schmidt*: „Schwierige Zeiten sind Zeiten für Könner.").

---

7 Planung und Steuerung des Funktionsbereiches und Mitwirkung an der Unternehmensplanung. Hauptaufgabe: Veranlassung und Kontrolle der Ausführungsaufgaben im jeweiligen Funktionsbereich

8 Verwaltung steht für dienende Abwicklungs- und Hilfsfunktionen, wie z. B. Registratur, Lohnabrechnung, Postversand; Rechnungswesen & Controlling sind meist dem finanzbereich zugeordnet.

9 Vgl.:*Torrington, D., Weightman, J., Johns, K.*, Management Methods, 50 action plans for better results, Institute of Personnel Management and Gower, London

10 Ebenda

9. **Entscheider** über Ressourcen-Allokation, darüber, wo die verfügbaren Mittel der Einheit eingesetzt werden
10. **Verhandlungsführer** mit Externen, deren Zustimmung und Kooperation für die Einheit erforderlich ist. Näheres vgl. (3.3).

(3.2) **Der Problemlösungs-Prozess**

In Anlehnung an *Torrington/Weightman/Johns*[11] gilt:

1. Definieren Sie Ihr Problem
   Identifizieren Sie Ihr Ziel so präzise und messbar, wie möglich mit Abwägung konkurrierender Ziele (z. B. Steigerung des Umsatzes aber Senkung der Werbungskosten) und leiten Sie daraus die Problemstellung so konkret ab, dass Lösungsansätze erkennbar werden. Unterscheiden und beachten Sie dabei folgende Komponenten des Problems:
   - ❑ unbeeinflussbare Faktoren
   - ❑ beeinflussbare Faktoren
   - ❑ Entscheidungsträger
   - ❑ Mögliche Ergebnisse
2. Finden und beurteilen Sie alternative Lösungen (Werkzeuge, Methoden, Techniken oder Prozesse) unter Beachtung der Situation und der Konsequenzen. Bei Unsicherheit schätzen Sie die Konsequenzen ab unter wahrscheinlichen, ungünstigsten und günstigsten Annahmen bezüglich der zukünftigen Entwicklung
3. Wählen Sie Ihre Lösung.
4. Veranlassen Sie die Einführung.
5. Überwachen und bewerten Sie den Grad der Zielerreichung und passen Sie die Lösung laufend den zukünftigen Erfordernissen an.

(3.3) **Verhandlungsführung**

Die folgenden Ausführungen können nur knappe Anregungen und Hinweise auf vertiefende Literatur bieten, nämlich *W.L.Ury*, Schwierige Verhandlungen, Frankfurt, New York (Weltbestseller über das Harvard-Konzept) und wiederum *Torrington/Weightman/Johns*. Diese strukturieren die Lösung der Aufgabe so:[12]

1. Grundlegende Fragen der Verhandlungsvorbereitung
   1.1 Handelt es sich um eine Verhandlung oder irgend etwas anderes?
   Eine Verhandlung liegt nur vor, wenn ein Interessenkonflikt zwischen Parteien gelöst werden muss, die sich gegenseitig benötigen, um eine Lösung für ein Problem zu finden.
   1.2 Wird es einen Kompromiss oder eine Einigung geben?
   Ein Kompromiss liegt vor, wenn sich die Kontrahenten auf halbem Wege treffen (Preisvorstellung von Kunde und Lieferant liegen DM 100,- auseinander und man trifft sich bei DM 50.-). Eine Einigung wird erzielt, wenn zunächst alle Spielräume ausgelotet werden und daraus beide Partner voll zufriedengestellt werden.
   1.3 Wird der Konflikt gelöst oder nur ertragbar gemacht?
   Konfliktlösung bedeutet, „Gegner werden Freunde" und aus einem Interessenkonflikt werden gemeinsame, übereinstimmende Interessen. Ertragbar wird ein Konflikt, der zwar fortbesteht, aber so geregelt wird, dass beiden Seiten eine Zusammenarbeit möglich wird, die beide Partner zufrieden stellt.

---
[11] Ebenda
[12] Ebenda

1.4 Ist die richtige Zeit für Verhandlungen?
Für einen erfolgreichen Verhandlungsverlauf ist es wesentlich, dass beide Seiten in gleicher Intensität an einem Erfolg interessiert sind. Dies ist weitgehend abhängig von den zwei Faktoren Lösungsdruck und Verhandlungsmacht. Je größer der Zwang, eine Lösung zu finden auf beiden Seiten ist und je gleichrangiger die Verhandlungsmacht empfunden wird, um so wahrscheinlicher ist ein Verhandlungserfolg. Aus diesen Gründen kann ein falscher Verhandlungszeitpunkt zur Hauptursache für einen Misserfolg werden.

2. Durchführung von Verhandlungen
   2.1 Verhandlungspartner müssen ihre Ziele kennen und gegenseitig anerkennen.
   2.2 Es muss eine Tagesordnung vorliegen, die beide Seiten kennen und anerkennen.
   2.3 Jede Seite sollte einen Verhandlungsführer/Sprecher haben, der die eigene Position und Fragen an die andere Seite vorträgt.
   2.4 Die Sitzordnung sollte den Teilnehmern erlauben, sich anzusehen, während des Bedenkens unterschiedlicher Interessen.
   2.5 Verhandlungsergebnisse müssen am Ende zusammengefasst und protokolliert werden. Zweckmäßigerweise benennt jede Seite (intern) vorab ihren Protokollführer, damit von Beginn an wichtige Zwischenergebnisse registriert werden.

8.2.2.3 Planung und Kontrolle (Controlling)

Eine Sanierungsstrategie (und ebenso jede langfristige Strategie zur Unternehmenssicherung) muss in einer systematischen Unternehmensplanung überprüfbar und steuerbar gemacht werden. Zur Steuerbarkeit gehört die Zerlegung in Monatsvorgaben je Verantwortungsbereich mit anschließendem monatlichen Vergleich des Ists mit dem Soll. **Die Datenaufbereitung des Soll-Ist-Vergleichs übernimmt der Computer.** Einzelheiten zur Methodik der Unternehmensplanung und zum informationstechnischen und funktionalen Zusammenhang zwischen Planung und Kontrolle siehe Punkt 8.3 Aufgaben und Instrumente des Controlling.

8.2.2.4 Maßnahmenprogramm

Zur Durchsetzung eines Unternehmensplans (insbesondere in oder zur Vermeidung einer Krise) ist die Formulierung eines Maßnahmenplans erforderlich.

Der Maßnahmenplan ist bezüglich des **Ergebniseffektes** der wichtigsten Maßnahmen, z. B.

- Reduzierung der **Lagerbestände** um 15 %
- Senkung der durchschnittlichen **Forderungen** um 20 % oder
- **Einführung** eines neuen **Produktes** in 9 Monaten
- mit einer **Herstellungskostenreduzierung** um 35 % gegenüber dem Vorlaufprodukt bei
- 10 % **Absatzsteigerung**

zu **quantifizieren**.

Für die Einzelmaßnahmen sind

- **Verantwortliche** zu benennen,
- **Termine** vorzugeben,
- **Zwischenberichte über Fortschritte** in sinnvollen Zeitabständen sicherzustellen und

- ❑ bei Verzögerungen und Schwierigkeiten **Konsequenzen** zu ziehen in Form von
  - Zieländerung oder
  - Ergänzungsmaßnahmen.

Hier liegen in der Regel wenig Aufgaben für den Computer.

Aus langjähriger Sanierungserfahrung hat *W. Baur* folgenden Katalog von Sanierungsmaßnahmen zusammengestellt.[13]

(1) **Katalog von Sanierungsmaßnahmen**

1. Allgemeines Management

- Mitarbeiter motivieren
- Effizienz der Mitarbeiter erhöhen
- Geeigneten Führungsstil einführen
- Geeignete Führungskräfte holen
- Gewinndenken einführen
- Profitcenter einrichten
- Aussagekraft von Informationen überprüfen
- Aufgeblähte Zahlen reduzieren
- Erfolgskontrolle einführen
- Straffe Organisation einführen
- Gezieltes Informationssystem einführen
- Projektsystematik einführen
- Terminüberwachung einführen
- Planungs- und Dispositionshilfen schaffen
- Disposition flexibel gestalten
- Prioritäten für alle Arbeiten festlegen
- Mechanisierung von Routinen durchführen
- Teambeziehungen verbessern
- Zielorientierung einführen
- Rationalisierung in allen Unternehmensbereichen
- Konferenzwesen verbessern
- Begeisterung dämpfen
- Katalog der tausend Kleinigkeiten
- Mach-es-besser-Programm
- Sensitivitätsanalyse durchführen
- Unternehmensfunktion streichen
- Unternehmensstrategie festlegen
- Unternehmenskonzeption überprüfen
- Unternehmensplanung verbessern
- Kooperation zwischen den Unternehmensbereichen verbessern
- Kybernetische Regelkreise einführen
- Lernprozesse beobachten
- Standortfragen stellen
- Innovation einführen

2. Entwicklung

- Entwicklungsprojekte durchleuchten

[13] *Baur, W.*, Sanierungen, Wege aus Unternehmenskrisen, Wiesbaden

- Vorteile von Produktänderungen analysieren
- Sparversion kann zum Bumerang werden
- Produkte auf ausländische Spezifikationen ausrichten

3. Vertrieb

- Absatzmärkte analysieren
- Preisgestaltung überprüfen
- Sonderverkaufsaktionen durchführen
- Kundenzufriedenheit steigern
- Exportchancen überprüfen
- Serviceleistungen analysieren
- Verkaufsleistung im Außendienst prüfen
- Prämien für Verkäufe ansetzen
- Zahlungsbedingungen beeinflussen
- Vertriebswege analysieren
- Absatzseite unabhängiger machen
- Vertriebssortiment straffen
- Angebotssortiment ausweiten
- Lager und Auslieferungsfunktionen für andere Firmen übernehmen
- Werbeaktionen durchführen
- Öffentlichkeitsarbeit überprüfen

4. Materialwesen

- Lagerbestände
- Versandzeiten minimieren
- Qualitätszertifikate vom Lieferanten fordern
- Lieferkonditionen der Zulieferanten verbessern
- Beschaffungsseite unabhängiger machen
- Kostenminimale Verpackung prüfen

5. Produktion

- Produktionsrückstände abbauen
- Qualitätsniveau prüfen
- Fertigungszeiten senken
- Auf Eigenfertigung übergehen
- Füllaufträge beschaffen
- Flexibilität der Produktion erhöhen
- Fertigungssortiment straffen
- Wertanalysen durchführen

6. Finanzen

- Kapitalschrumpfung
- Kapitalerhöhung
- Abgrenzung der Kosten prüfen
- Fixe Kosten senken
- Proportionale Kosten überprüfen
- Wirtschaftlichkeit der Produkte untersuchen
- Forderungen reduzieren

- Skonti besser ausnutzen
- Währungsrisiken absichern
- Genehmigte Investitionen überprüfen
- Risiken durch Versicherungen abdecken
- Verfahren zur Investitionsentscheidung überprüfen
- Kalkulation überprüfen
- Monatliche Soll-Ist-Vergleiche einführen
- Kostenvergleich in der Branche anstellen
- Deckungsbeitragsrechnung richtig praktizieren
- Leasing prüfen
- Finanzplanung verbessern
- Funktionsfähiges Controlling aufbauen

7. Personal

- Einstellungsstopp
- Kurzarbeit
- Mitarbeiter entlassen
- Keine außertariflichen Lohn- und Gehaltssteigerungen
- Außertarifliche Zulagen anrechnen
- Außertarifliche Gehälter überprüfen
- Vorzeitige Pensionierung
- Mitarbeiter schulen.

Dem Leser wird auffallen, dass im obigen Maßnahmenprogramm auch einige scheinbar widersprüchliche Maßnahmen zusammengestellt wurden, wie Vertriebssortiment straffen und Angebotssortiment ausweiten oder Kapitalschrumpfung und Kapitalerhöhung. Die Eignung der einen oder der anderen Maßnahme muss sich aus der konkreten Situation und der systematischen Analyse der Situation ergeben.

(2) **Die Notwendigkeit vernetzten Denkens auf Grund der Komplexität der Sanierungsaufgabe** belegt die nebenstehende Graphik von *Toni Manning*. Sie kann als Checkliste und Grundlage für das Auffinden und Abwägen der im konkreten Fall wichtigen Erfolgsfaktoren dienen.

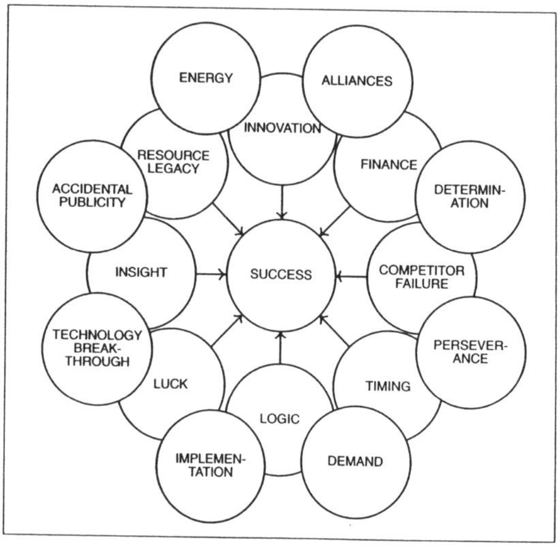

Causes of Corporate Success, entnommen aus: *Toni Manning*, "The Radical Strategy, How to use strategic conversion to win in an age of hostile competition" Zebra, Südafrika

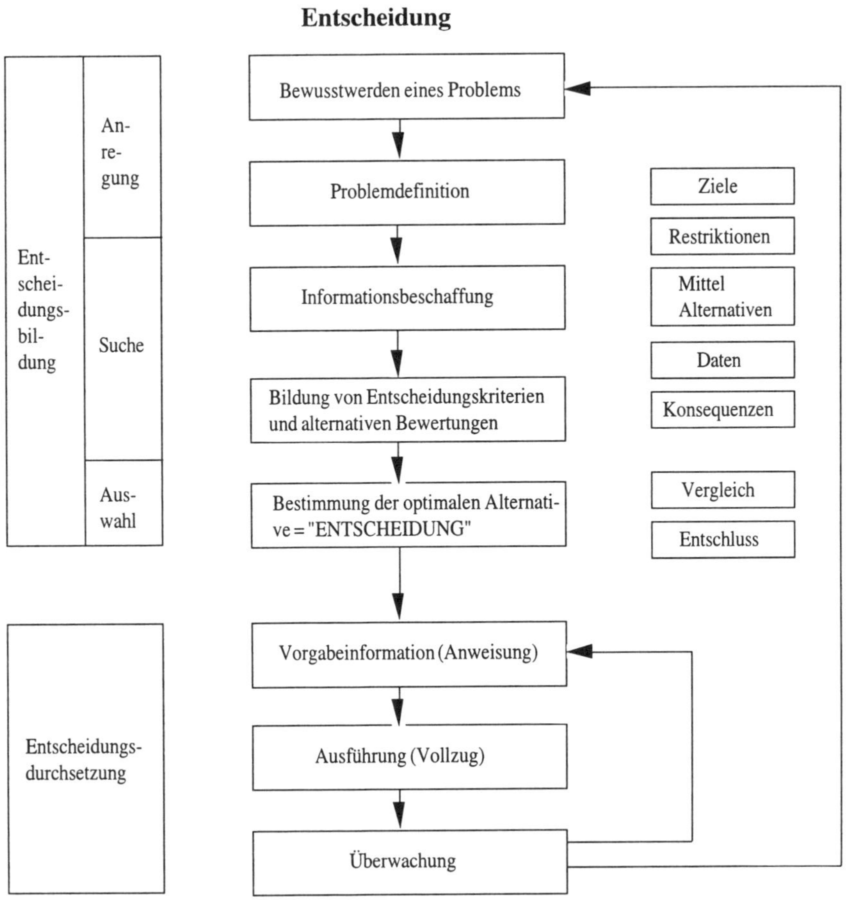

(3) **Die Entscheidung über die Eignung einer Maßnahme** oder eines Projektes muss systematisch erfolgen. Den logischen Ablauf der Entscheidungsfindung zeigt das obige Schema.[14]

(4) **Die Durchsetzung von Maßnahmenprogrammen** stößt im Unternehmen vielfach auf erhebliche Widerstände, die sich zum Teil aus meist hohen Anforderungen im Tagesgeschäft sowie ferner aus gewissen Abneigungen gegen Veränderungen zu ergeben pflegen. Deshalb ist es meistens erforderlich, zur Durchsetzung von Maßnahmenprogrammen eine systematische Erfolgskontrolle einzuführen, die nach dem Muster eines Regelkreises aufgebaut sein sollte. Dazu macht *Baur* folgenden Vorschlag:[15]

[14] Aus *Gabler,* Wirtschaftslexikon, Stichwort „Entscheidung", Wiesbaden

[15] *Baur, W.,* Sanierungen

Regelkreis: Maßnahmen-Kontrolle

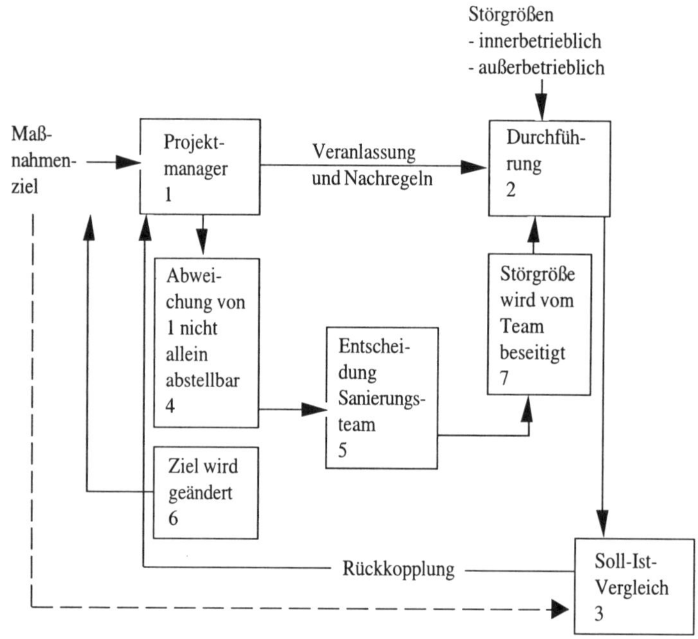

Quelle: *Baur, W.*, Sanierungen

8.2.2.5 Spezielle Probleme und Aufgaben kleiner und mittlerer Unternehmen

(1) Die **Probleme der Erfolgssicherung** kleiner Unternehmen lassen sich auf folgende in der Regel dominierende Hauptmerkmale verdichten:

- **der Tageserfolg** hat besonderes Gewicht
- **der einzelne Auftrag** hat meist hohe Bedeutung
- **Spezial-Know-how** ist besonders knapp
- **finanzielle Reserven** sind eng begrenzt
- für **strategische Überlegungen, Analysen und Planungen** fehlt es an
  - Zeit
  - Spezialisten und
  - Geld
- im Tagesgeschäft werden
  - **Ablaufoptimierung** und
  - **Bilanzgesichtspunkte**

  vielfach vernachlässigt.
- **Das Middle- und angestellte Top-Management** wird nicht selten über die wahre Finanz- und Ertragslage **im Unklaren gehalten**, was schwere Denk- und Motivationsfehler und damit Verhaltensmängel zu verursachen pflegt.

Die genannten Situationsmerkmale sind die Hauptursachen dafür, dass **Großunternehmen in der Regel bessere Voraussetzungen** haben für die Erreichung der folgenden

Strategischen Hauptziele

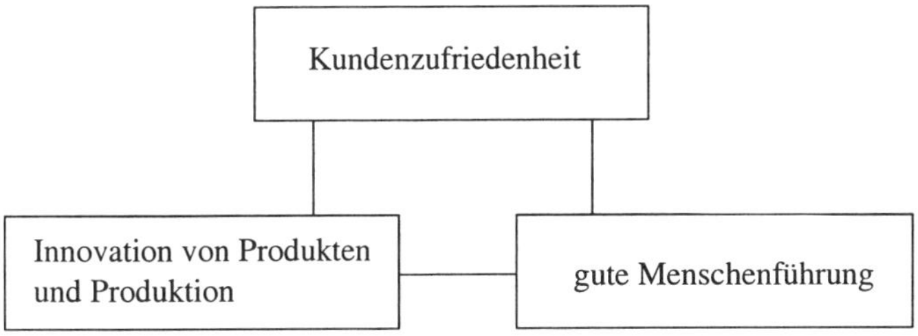

Bevor wir zu den Folgerungen aus diesen Sachverhalten kommen, müssen wir einen Blick auf die **Stärken**, Trümpfe **kleiner und mittlerer Unternehmen** werfen. Diese sind:

- ❑ **schnelle Entscheidung**,
- ❑ **hohe Flexibilität** bei der Anpassung an veränderte Marktanforderungen, zur Nutzung von Marktnischen, sofern Know-how und Finanzreserven schnelle Anpassung erlauben.

Instrumente zur Unternehmenssicherung müssen die genannten Probleme lösen und die herausgestellten Stärken nutzen und bewahren.

(2) **Spezielle Strategien für kleine und mittlere Unternehmen**

1. Die Verbesserung des **Return on Investment** ist Ausgangspunkt aller Teilstrategien.
2. Die **Deckungsbeiträge** jedes Produktes und jeder Produktgruppe müssen bekannt sein und überwacht werden.
3. Das erfordert Kenntnis der **Nettoerlöse und Herstellkosten** je Produkt und Produktgruppe.
4. Außerdem ist die **Kapitalbindung** je Produkt und Produktgruppe erfolgsbestimmend, d. h.
   - ❑ Bestände und
   - ❑ Forderungslaufzeiten sind zu überwachen.
5. Ferner sind **produktspezifische Kosten für Sonderaktionen** zu überwachen und ergebnisorientiert zu steuern. Dazu gehören:
   - ❑ Aktionskosten
   - ❑ Garantiekosten
   - ❑ Boni
   - ❑ Finanzierungskosten
   - ❑ Kosten für vertriebliche Sondermaßnahmen.
6. **Vorlaufkosten für Sondergeschäfte** bedürfen der Erfassung und sorgfältigen Steuerung.
7. **Fixkosten**, zu deren Deckung Teilkosten-Geschäfte hereingenommen werden, bleiben unvollkommen gedeckt und müssten besser abgebaut werden.
8. **Neue Produkte** beanspruchen den Fixkostenapparat oft überproportional, hier ist realistisch zu kalkulieren.
9. Produktlinien, die als problematisch erkannt sind, müssen einer **Vollkosten-nachkalkulation** - wenn nötig mit Schätzwerten - unterzogen werden.
10. Die **Gesamtheit der Aufgaben** 1 bis 9 muss von allen Verantwortlichen gemeinsam

wahrgenommen werden. „Optimale" Information des Top- und Middle-Managements ist sicherzustellen. **„Jagen für die Firma"** kann über Erfolgsbeteiligung auf höchste Effizienz gebracht werden (z. B. 13. Gehalt abhängig von Erreichung des Planergebnisses).

11. Die **Einführung eines Controllingsystems** sollte mit einer Investition von ca. 15 TDM, zuzüglich 4 bis 6 Wochen Beratung, eine Unternehmensplanung innerhalb von 2 - 6 Mannwochen und monatlichen Soll-Ist-Vergleich mit ca. 1 Manntag erlauben.

8.3 Aufgaben und Methoden des Controlling

8.3.1 Begriff und Aufgaben des Controlling

Der Begriff Controlling stammt aus dem Amerikanischen und wird in seiner umfassenden Bedeutung verständlich, wenn man bedenkt, dass „to have an airplane under control" so viel bedeutet, wie „ein Flugzeug unter Kontrolle („im Griff") haben". Das bedeutet also mehr als der deutsche Begriff Kontrolle. Dazu gehört, über alles informiert zu sein, was zur Zielerreichung wesentlich ist und insbesondere auf der Grundlage von „Standortbestimmungen" über den zukünftig bis zum Ziel zu steuernden Kurs Auskunft geben kann.

Die Funktion des Controlling, die einem Controller übertragen wird, umfasst also die Gesamtheit von führungsanalytischen, planenden und informierenden Tätigkeiten, die dazu dienen, der Unternehmensführung ein System von Plänen und Regelkreisen zur Verfügung zu stellen, durch das es möglich wird, das Unternehmen schrittweise und systematisch zu den geplanten Zielen zu führen. Dabei unterscheidet man:

- **Operatives Controlling**
  bei dem die Jahresplanung sowie ihre Aufteilung in monatliche Erfolgsziele je Funktionsbereich und die Überwachung der Monatsergebnisse im Vordergrund stehen. Die laufende Analyse von Abweichungen dient primär dem Ziel der „Standortbestimmung" sowie der Definition der erforderlichen Steuerungsmaßnahmen, die auch bei Abweichungen vom Monatsziel dennoch eine Erreichung des Jahresgesamtziels ermöglichen. Erst wenn sich dieses als nicht erreichbar erweisen sollte, ist eine Neuformulierung der Jahres-Gesamtplanung vorzunehmen.
  Wie weitgehend diese Aufgaben über einfache Kontrolle hinausgehen, veranschaulicht folgender wichtige Sachverhalt. Auf der Grundlage von ermittelten Zwischenergebnissen einer Periode wird hochgerechnet, welches Ergebnis ein analysierter Bereich bei unveränderter Entwicklung (ohne ergänzende Maßnahmen) erreichen würde. Aus dieser „Status-Quo-Prognose" werden dann Empfehlungen über erforderliche und geeignete Maßnahmen abgeleitet. Dieses Verfahren ist „Stand der Technik" geworden und wird gelegentlich auch als „Feed-Forward-Denken" bezeichnet.
- **Strategisches Controlling**
  umfasst die analysierenden und planenden Aktivitäten, die auf lange Sicht, ohne konkreten Zeithorizont, etwa über Zeiträume von 3 bis 10 Jahren, darauf zielen, das Unternehmen im Markt und im Wettbewerb mit der Konkurrenz lebensfähig zu erhalten. Vereinfacht kann man sagen, die Hauptaufgabe des strategischen Controlling besteht darin, Probleme zu erkennen und zu lösen, bevor sie Realität geworden sind.
- **Bereichs-Controlling**
  setzt spezielle Schwerpunkte für das Controlling in bestimmten Unternehmensbereichen, z. B. in Beschaffung, Produktion, Vertrieb oder im Finanzbereich.

Die Aufgabenbeschreibung des Controllers vom Controllers Institut of America (CIA), inzwischen umbenannt in Financial Executive Institute (FEI), zitiert nach *Preißler,* zeigt das folgende Schema:[16]

Controllership

Planning for Control
To establish, coordinate and administer, as an integral part of management, an adequate plan for the control of operation. Such a plan would provide, to the extent required in the business, profit planning, programs for capital investing and for financing, sales forecasts, expense budgets and cost standards, together with the necessary procedures to effectuate the plan.

Reporting and interpreting
To compare performance with operating plans and standards, and to report and interpret the results of operations to all levels of management and to the owners of the business. This function includes the formulation of accounting policy, the coordination of systems and procedures, the preparation of operating data and of special as required.

Evaluating and consulting
To consult with all segments of management responsible for policy or action concerning any phase of the operation of the business as it relates to the attainment of objectives and the effectiveness of policies, organization structure and procedures.

Tax administration
To establish and administer tax policies and procedures.

Government reporting
To supervise or coordinate the preparation of reports to government agencies.

Protection of asset
To assure protection for the assets of the business through internal control, internal auditing and assuring proper insurance coverage.

Economic Appraisal
To continously appraise economic and social forces and government influences, and to interpret their effect upon the business.

Controllingaufgaben, definiert vom *FEI*

[16] *Preißler, P.R.,* Controlling, Lehrbuch und Intensivkurs, München, Wien

8.3.2 Funktionszusammenhänge und Informationsinhalte eines Management-Informations-Systems (MIS) als Grundlage des Controlling

8.3.2.1 Ziel- und Organisationssystem der Unternehmung

Controlling dient dem Aufbau und Einsatz eines Systems von Regelkreisen zur Steuerung der Unternehmung in Richtung auf ein bestimmtes Ergebnisziel, dessen Erreichung vom planmäßigen Erreichen bestimmter Teilziele abhängig ist. Deshalb erfordert Controlling die rechtzeitige und zutreffende Information über die Erreichung oder Nicht-Erreichung bestimmter Teilziele eines wohldefinierten Ziel-Systems. *Wacke* und *Englisch* haben dieses Zielsystem im Rahmen eines alle Funktionsbereiche und Teilaufgaben des Unternehmens systematisierenden integrierten Organisationssystems in folgendem Schema dargestellt.[17] Nach der dort gegebenen Systematik sind die unternehmensindividuellen Ziele und Teilaufgaben im praktischen Fall zu konkretisieren.

Hauptziele der Unternehmung				
Substanzerhaltung	Rentabilität	Produktivität	Liquidität	Wachstum

Spezielle Aufgaben der Unternehmung					
Entwickeln Produkte	Verkaufen	Beschaffen	Fertigen	Abrechnen/ Finanzieren	Verwalten

Allgemeine Aufgaben der Unternehmung			
Organisieren	Rationalisieren/ Automatisieren	Integrieren	Optimieren

Voraussetzungen				
Organisationsstruktur	Personal-Auswahl/ -Schulung	Planungs-/Steuerungs-/ Ablauf-Methoden/Systeme	Arbeitstechniken/ Arbeitsmittel/Arbeitsplatz	Führungssysteme

Operative Stufen der Aktivitäten							
1	Planung Zielvorgabe →	1. Grades			2. Grades		
		Produkte	Absatz	Kosten/Ergebnisse	Sachmittel	Personal	Kapital
2	Motivation	Führungsverhalten und Leistungswirksamkeit					
3	Durchführung	Aktivitäten der operativen Stufen 1, 3, 4 →	1	Vorbereiten	Programmierunterstützung		
			2	Automatisierbare Tätigkeiten	programmierbar		
			3	Nicht automatisierbare Resttätigkeiten	nicht programmierbar		
			4	Informieren	programmierbar		
			5	Optimieren/Erstellen von Entscheidungshilfen	programmierbar		
			6	Entscheiden	Programmierunterstützung		
4	Kontrolle	Soll-/Ist-Vergleich: Teil- und Gesamtziele					

Integriertes Ziel- und Organisationssystem der Unternehmung von *Wacke* und *Englisch*[17]

[17] *Wacke, G., Englisch, D.,* Mit On-Line-Datenverarbeitung ist die Fachabteilung wieder König, in: IBM-Nachrichten

8.3.2.2 Managementregelkreis

Das Wesentliche eines Regelkreises besteht darin, dass er Abweichungen von den beabsichtigten Werten an eine Stelle meldet, die in der Lage ist, korrigierend tätig zu werden und die Abweichung zu beseitigen.

Da ein Unternehmen arbeitsteilig organisiert ist und je Funktionsbereich unterschiedliche Teilergebnisse von den jeweiligen Verantwortlichen erzielt werden müssen, muss ein leistungsfähiges System von Regelkreisen nicht nur das Topmanagement mit verdichteten Zwischenergebnissen versorgen, sondern auch dem Management der verschiedenen Funktionsbereiche die für die Wahrnehmung ihrer Steuerungspflichten erforderlichen Daten bereitstellen. Den Zusammenhang von Unternehmenszielen, Planung, Durchführung und Kontrolle durch Istanalyse insbesondere auf der Grundlage der Daten des Rechnungswesens zeigt das folgende Schema von *Lutz*.[18]

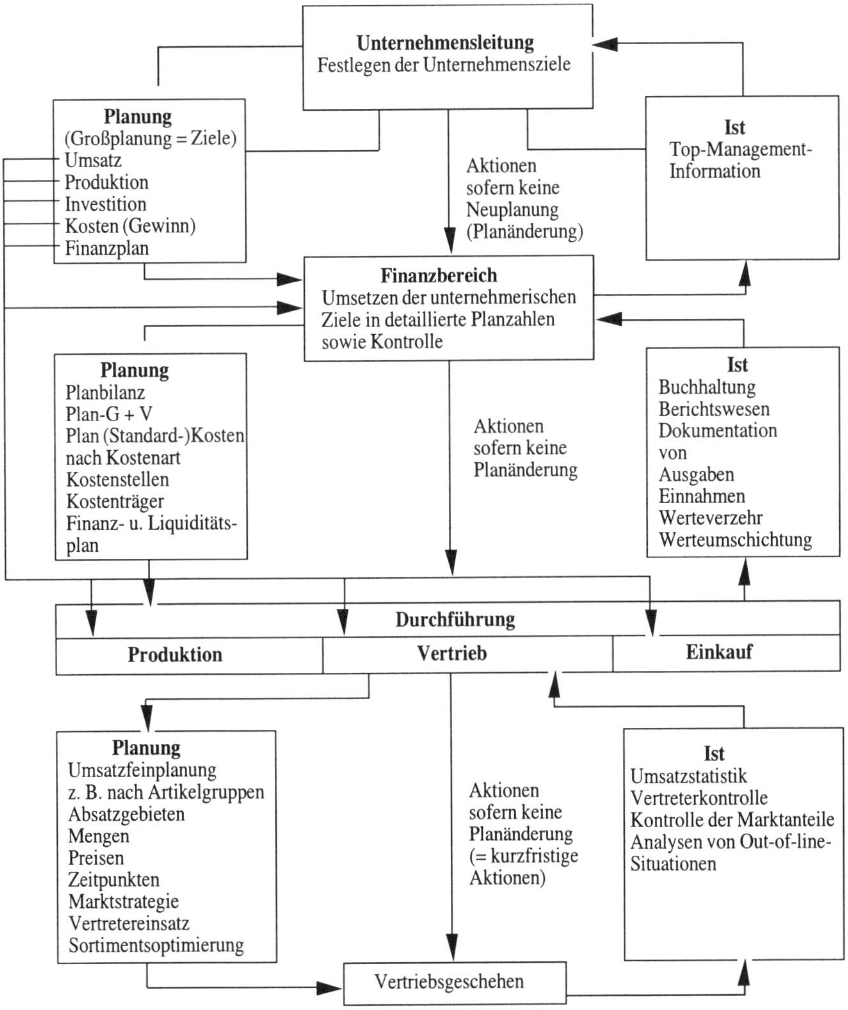

Managementregelkreise im Unternehmen, die durch die integrierte Datenverarbeitung mit Hilfe eines MIS unterstützt werden können

[18] *Lutz, T., Beutler, H., Klimesch, H., Miottke, P.*, Management Informations System (MIS), in: IBM-Nachrichten

Für den Informatiker und Organisator, ebenso wie für jeden berichtspflichtigen verantwortlichen Inhaber einer Linienfunktion ist es wichtig, dafür zu sorgen, dass die im Regelkreis-System an das Management übermittelten Informationen die folgenden Merkmale von Managementinformationen erfüllen. Sie müssen zielgerichtet, wahrheitsgemäß, rechtzeitig, präzis und wirtschaftlich sein.

8.3.2.3 Integrierte Datenverarbeitung als Grundlage für ein MIS

Schon 1969 formulierte der damalige stellvertretende Vorsitzende der Geschäftsführung von IBM Deutschland *M. P. Wahl* die Überzeugung, dass nach einer Phase des EDV-Einsatzes zur Verwaltungsrationalisierung nun die Zeit gekommen sei, in der nur noch diejenigen Unternehmen im Wettbewerb vorn liegen würden, denen es gelänge, die EDV als Instrument des Managements mit Erfolg zu nutzen.[19] Diese Prognose hat sich inzwischen voll bestätigt. Die Bedeutung der EDV als Instrument des Managements wächst durch die Informationsvielfalt, -dichte und -geschwindigkeit im Internet zur Zeit wiederum sprunghaft an. Dabei ist die Integration der Datenverarbeitung insbesondere im Interesse der Informationsgeschwindigkeit, Aktualität und der Wirtschaftlichkeit der Informationsgewinnung und -verarbeitung von großer Bedeutung.

Entsprechend ist für jeden Controller eine Konzeption zur integrierten Datenverarbeitung als Basis für ein MIS von großer Bedeutung. Eine schematische Darstellung dazu gibt das folgende Schaubild von *Dworatschek.*[20]

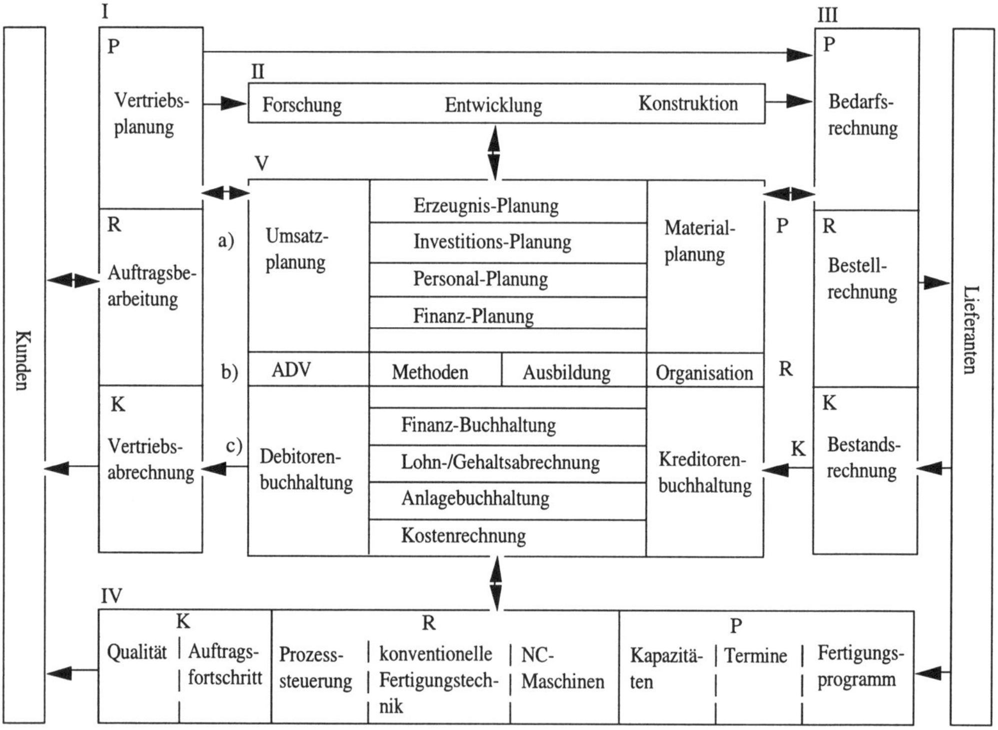

I = Vertrieb; II = FEK-Bereich; III = Materialversorgung; IV = Fertigung; V = Informationsversorgung; IV, II, III = Technikbereich; P = Planung; R = Realisation; K = Kontrolle; a = Unternehmensplanung; b = ADV/Organisation; c = Rechnungswesen

[19] *Wahl, M. P.,* Grundlagen eines Management-Informationssystems, Neuwied, Berlin

[20] *Dworatschek, S.,* Management-Informations-System, Berlin, New York

Über den systematischen Aufbau von MIS in Großunternehmen kann man etwas vereinfachend sagen, dass die siebziger Jahre von intensiven Bemühungen in dieser Richtung gekennzeichnet waren. Nicht wenige Unternehmen versuchten den systematischen Aufbau von MIS wie er mit dem folgenden Netzplan von *Wahl* empfohlen wurde.

Netzplan zum Aufbau eines Management Information Systems (MIS)[21]

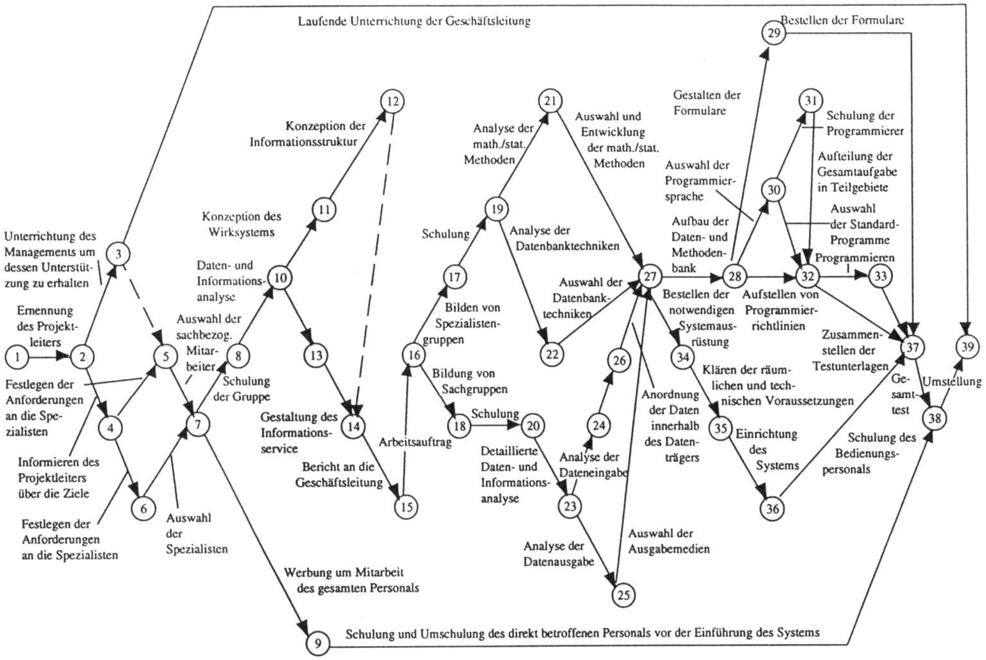

Trotz wesentlicher Fortschritte in Richtung auf integrierte Datenverarbeitung muss etwas „Wasser in den Wein" der MIS-Gläubigen gegossen werden.

Folgende Hauptprobleme bei der Schaffung von MIS erwiesen sich nicht selten als unüberwindbar:

- Der Informationsbedarf des Topmanagements für die Lösung schnell wechselnder Aufgaben, die hohe Kreativität und Imagination erfordern, ist häufig kaum strukturierbar und schlecht vorhersagbar und damit in weiten Teilen ungeeignet für antizipative Datenverarbeitung.
- Bis in die frühen achtziger Jahre war Speicherkapazität teuer und damit MIS für mittlere und kleine Unternehmen meist nicht wirtschaftlich realisierbar.
- Der Trend zu benutzerfreundlichen, dezentralen, interaktiven EDV-Systemen erleichterte die Konzipierung integrierter Datenverarbeitung nicht.
- Die erhebliche Dauer, die für Entwicklung und Aufbau eines MIS erforderlich ist, verursacht häufig grundlegende Veränderungen in den organisatorischen Gegebenheiten im Unternehmen und damit in den Anforderungen an MIS.

Daraus folgt, dass MIS ein Instrument ist, das nicht ganzheitlich und starr in einem Wurf aufgebaut werden kann. MIS wird flexibilisiert werden müssen, in der Weise, dass integrierte Dateiorganisation in Form vielseitig auswertbarer Datenbanken entwickelt werden muss. Dabei sind bestimmte Grundanforderungen der Unternehmensanalyse gleichbleibend zu erfüllen. Darüberhinaus wird nach ergebnisbedingten Prioritäten eine bereichsweise, permanente Verbesserung der Managementinformationsbereitstellung realisiert werden müssen.

[21] *Wahl, M. P.,* Grundlagen eines MIS

8.3.2.4 Datenbankkonzept für einen Industriebetrieb

Wer damit zu tun hat, die EDV wirksam zur Unterstützung von Managementaufgaben einzusetzen, der wird dabei die wesentlichen Funktions- und Informationszusammenhänge im Industriebetrieb berücksichtigen müssen, wie sie in der folgenden grob strukturierten Datenbankkonzeption für einen Industriebetrieb von *Lutz* dargestellt werden.

Datenbankkonzeption für einen Industriebetrieb[22]

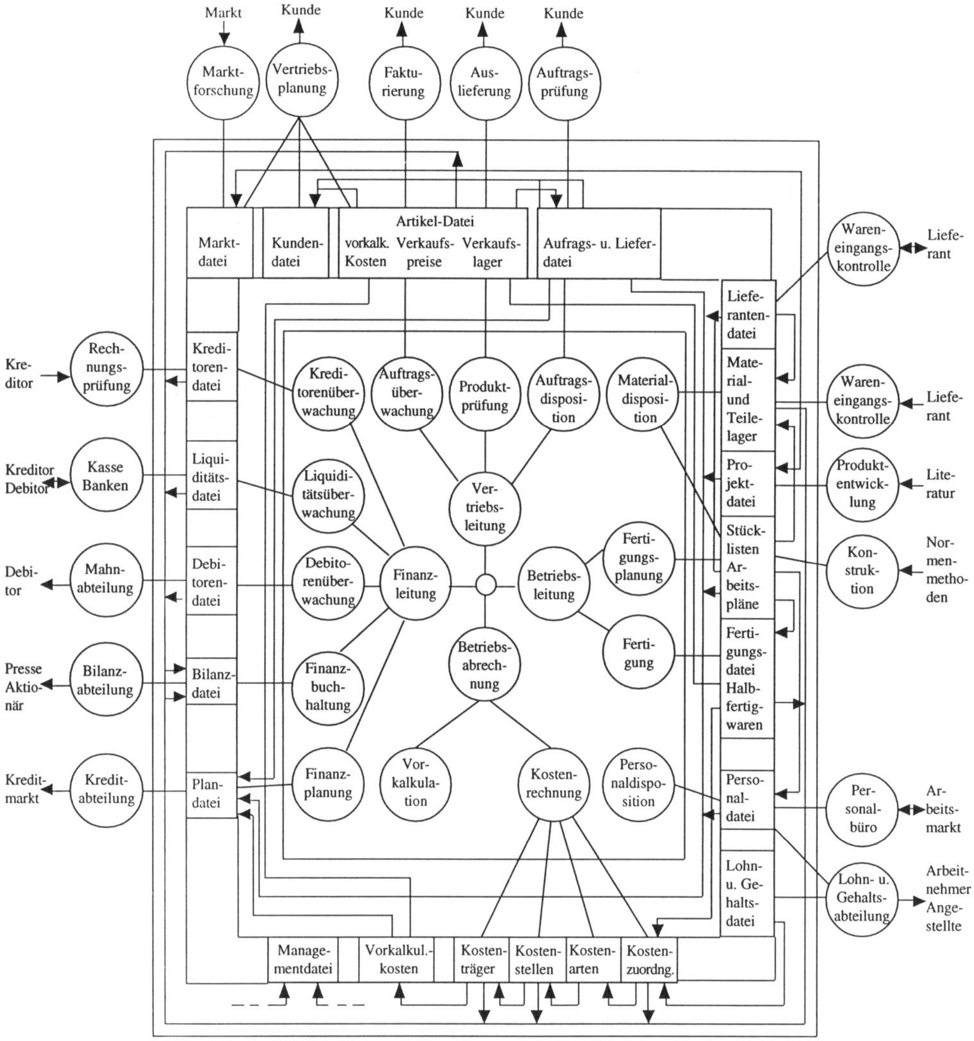

Zur weiteren Vertiefung verweise ich auf die entsprechende Spezialliteratur.[23, 24]

[22] *Lutz, T.*, u.a., a.a.O.
[23] *Lazak, D.*, Arbeitshandbuch zur Systemanalyse und exakten Unternehmensoptimierung, München
[24] *Mertens, P.*, Industrielle Datenverarbeitung, Wiesbaden

8.3.2.5 Die Bedeutung der EDV im betrieblichen Informationsprozess

(1) **Betriebliche EDV-Systeme**

Entsprechend ihrer Hauptaufgabe ist es üblich, folgende betriebliche EDV-Systeme zu unterscheiden:

- ❑ Administrationssysteme
- ❑ Dispositionssysteme
- ❑ Informationssysteme
- ❑ Planungssysteme

Ihre Funktionen können kurz wie folgt charakterisiert werden.

(1.1) **Administrationssysteme**

Rationalisierung und Massendatenverarbeitung durch Entlastung des Personals von Routineaufgaben. Wegen teurer Hard- und Software zunächst nur in Großunternehmen. Durch mittlere Datentechnik später auch in mittelständischen Unternehmen. Charakteristische Beispiele:

- ❑ Bestellschreibung
- ❑ Erstellung von Auftragspapieren
- ❑ Nettolohnabrechnung
- ❑ Fakturierung

(allgemein Stand der Technik).

(1.2) **Dispositionssysteme**

Vorbereitung und Unterstützung von dispositiven Entscheidungen im mittleren Management, d. h. der Steuerung der Funktionsbereiche. Charakteristische Beispiele:

- ❑ Errechnung von Bestellempfehlungen
- ❑ Durchrechnung von Netzplänen zur Termin- und Kostenoptimierung von Großvorhaben
- ❑ Kapazitätsbelegungsplanung
- ❑ Durchlaufoptimierung

(Stand der Technik, aber in kleinen Unternehmen erst „im Kommen“).

(1.3) **Informationssysteme**

Durch Verdichtung der Daten der Massen-Datenverarbeitung stehen Daten zur Verfügung, die für die mittelfristige Erfolgssicherung unverzichtbar sind. Charakteristische Beispiele:

- ❑ Kostenträgererfolgsanalyse nach Regionen, Kunden- und Produktgruppen für Vertriebssteuerung und Produktplanung
- ❑ Bestandsüberwachung zur Zinskosten- und Beschaffungsoptimierung
- ❑ Bilanzanalyse zur Kreditwürdigkeitsprüfung

(Stand der Technik, außer in kleineren Unternehmen, dort zunehmende Realisierung).

Soweit die Ist-Analyse abgeglichen wird mit Planvorhaben, die in Monats-Solls je Funktionsbereich vorliegen, spricht man von **Operativem Controlling**.

(1.4) **Planungssysteme**

Datenbanken und Algorithmen zur Lösung vielfach komplexer Planungsaufgaben, die

- wenig strukturiert,
- strategischer Natur und
- mit hohem Anteil an Kreativität und Kommunikation behaftet sind.

(Vorwiegend noch im Pionierstadium, integrierte Großlösungen sind unwahrscheinlich)

(2) **Beispiele des betrieblichen EDV-Einsatzes**

Die folgenden kurzen Hinweise sollen lediglich Anregungen geben, welche Teilfunktionen in verschiedenen betrieblichen Bereichen üblicherweise durch EDV-Einsatz rationalisiert werden können.

Funktion	**EDV-Einsatz für:**
	Eine Auswahl
1 Leitung	❑ Erstellung • Kontrolldaten • Entscheidungshilfen ❑ Planungsrechnung mit Monats-Soll + Ist-Kontrolle
2 Finanz- und Rechnungswesen	❑ Buchhaltung ❑ Kostenrechnung und -kontrolle ❑ Inkassooptimierung
3 Beschaffung	❑ Bedarfsermittlung ❑ Bestellschreibung ❑ Wareneingangsbearbeitung
4 Lagerung	❑ Bestandsfortschreibung ❑ Bestandsüberwachung • Zugangsverarbeitung • Abgangsverarbeitung
5 Produktion	❑ Auftragsvorgabe und Steuerung, CAM ❑ Prozesssteuerung mit Kontrolle • Fortschrittskontrolle • Abweichungskontrolle • Qualitätskontrolle ❑ Bruttolohnerfassung ❑ Materialverbrauchsermittlung
6 Vertrieb	❑ Auftragserfassung ❑ Fertigungsvorgaben ❑ Auftragsbestätigung ❑ Rechnungsschreibung ❑ KTR-Erfolgskontrolle
7 Entwicklung	❑ CAD
8 Personal-verwaltung	❑ Nettolohnabrechnung ❑ Lohn- und Gehaltsüberweisung

(3) Mögliche Beiträge der EDV zur Unternehmensführung

Vor jedem erfolgreichen EDV-Einsatz ist stets eine erhebliche systematische und organisatorische Vorarbeit zu leisten. In Bezug auf den EDV-Einsatz für Führungsaufgaben ist der Informationsbedarf für die konkreten Aufgabenstellungen sorgfältig zu definieren. Darauf aufbauend sind die Möglichkeiten des EDV-Einsatzes zur Unterstützung der jeweiligen Führungsaufgaben zu prüfen. Dabei ist zu bedenken, dass ein hoher Anteil von Führungsaufgaben nur sehr begrenzt schematisierbar, gleichartig wiederholbar und exakt vorhersehbar, also für elektronische Daten-verarbeitung organisierbar ist. Eine illusionslose Prüfung ist notwendig, um den unverzichtbaren und erfolgsbestimmenden Beitrag zu definieren, den EDV für richtige Führungsentscheidungen und -maßnahmen leisten kann und muss. Die Kriterien für diese Prüfung lassen sich wie folgt zusammenfassen:

a) **Grenzen der EDV**
- ❑ kann Führungsentscheidung nicht ersetzen
- ❑ kann Kreativität nicht ersetzen
- ❑ kann Unsicherheit der Erwartungen nicht beseitigen
- ❑ kann für Unternehmensplanung nur Instrument sein

b) **Mögliche Beiträge der EDV zur Unternehmensführung**
- ❑ Verbesserung der Führungsinformation durch
  - schnellere Datenbereitstellung (Soll-Ist pro Monat)
  - zielgerichtete Auswertung, Verdichtung und Auflösung (DB-Soll-Ist, mit Analyse der Abweichung)
  - Verbesserung von Prognosen
  - Verringerung der Unsicherheit und Verbesserung der Strategiefindung (durch Alternativrechnungen, Simulationsrechnungen)
  - Verbesserung der Informationssicherheit

und als Folge davon
- ❑ Verbesserung von Entscheidungen und
- ❑ Verbesserung der Kontrolle
- ❑ Konzentration auf Management by Exception, dadurch
- ❑ Möglichkeit zu mehr Delegation von Verantwortung und
- ❑ Möglichkeit zu besserer Motivation, wegen Freiheit von Dienst nach Vorschrift durch
- ❑ Arbeit nach akzeptiertem, selbst miterstelltem Plan mit Soll-Ist-Kontrolle in kurzen Abständen.

c) **Trend der Miniaturisierung mit Kostendegression bedeutet zunehmende Einsatzmöglichkeiten** der EDV für Führung mittlerer und kleiner Unternehmen sowie Tendenz der Leistungssteigerung durch Dezentralisierung (und wachsende Flexibilität der Nutzung)

d) **Als Instrument des operativen Controlling cröffnct** die **EDV** den **Zugang zu optimalen Lösungen** auch für Kleinunternehmen in der Kombination von modernen Datenbanklösungen mit Tabellenkalkulationsprogrammen. **Bei der Konfiguration von EDV-Lösungen für das operative Controlling ist auf folgende „Essentials" zu achten:**
- ❑ Die wichtigsten Vorgaben der Teilpläne sind in **Monatsvorgaben** "herunterzubrechen".
- ❑ **Monatliche Soll-/Ist-Vergleiche** müssen in ihrer Aussagekraft optimiert werden dadurch, dass
  - **Abweichungen absolut und in %** vom Soll angegeben werden,
  - absolut, um deren Bedeutung für das Gesamtbetriebsergebnis unverzüglich einschätzen zu können;

- in %, um die Chancen wirksamer Gegensteuerung einschätzen zu können. Absolut und prozentual hohe Abweichungen signalisieren hohe Gefahr, z. B. durch Einbruch der Konkurrenz bei einem Großkunden.

Zielgerecht zu wählende Kennzahlen (vgl. Kap. 10) sollten die Abweichungsanalyse unterstützen.

- ❑ Entsprechendes gilt für den **kumulierten Ausweis** von Soll und Ist für die bisher abgelaufene Teilperiode des Planungszeitraumes.
- ❑ Für die wichtigsten Ist-Werte, insbesondere Umsätze und Deckungsbeiträge, sind regelmäßig **Hochrechnungen** bis zum Planperiodenende vorzunehmen, um drohende Abweichungen vom Betriebsergebnis der Gesamtperiode früh erkennen zu können (**feed foreward**).
- ❑ **Vorjahreswerte** insbesondere im Bereich von wichtigen Umsatz-, Deckungsbeitrags- und Kostenblöcken sind als Vergleichsgrundlage bereitzustellen, als Anhaltspunkt zur Machbarkeit/Erreichbarkeit von Planzielen.
- ❑ Etwa im Oktober sind **Prognoserechnungen** bis zum Jahresende anzustellen als Grundlage für realistische Planungen des Folgejahres.

8.3.3 Aufgaben, Inhalte und Verfahren der Unternehmensplanung

8.3.3.1 Aufgaben und Grundsätze der Unternehmensplanung

Unter Unternehmensplanung verstehen wir das Entwerfen einer systematisch vorgedachten zielorientierten Ordnung, nach der sich das Unternehmensgeschehen in seiner Gesamtheit und in seinen Teilbereichen in einem bestimmten Zukunftszeitraum vollziehen soll. In ihr wird die zukünftige Unternehmenspolitik festgelegt und weitgehend mit Zahlenvorgaben und Handlungsrichtlinien (Maßnahmenprogrammen) konkretisiert.

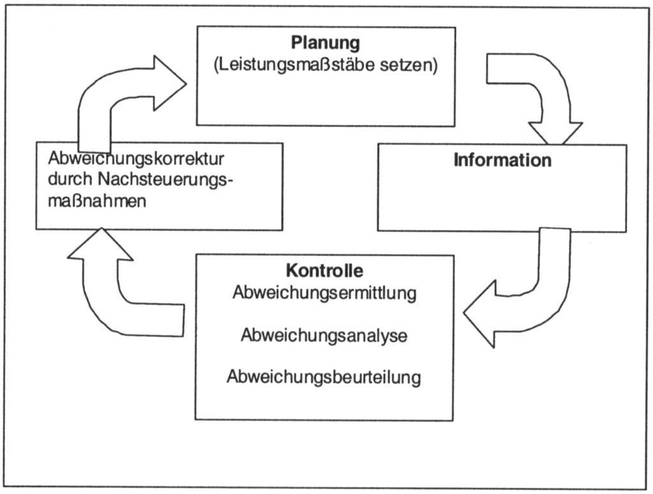

[25] *Korndörfer, W.*, Allgemeine Betriebswirtschaftslehre, Wiesbaden

Die Unternehmensplanung hat folgende **Teilaufgaben**:

- ❑ **Setzen erreichbarer Ziele und realistische Planung** des betrieblichen Geschehens aufgrund einer systematischen Analyse und Prognose aller vorhersehbaren Bestimmungsfaktoren. Die wichtigste unternehmensinterne Grundlage für realistische Ziele für das Folgejahr ist eine detaillierte und realistische Hochrechnung der für das laufende Jahr zu erwartenden Ergebnisse. Sie muss ergänzt werden um eine realistische und so weit möglich belegte Einschätzung der Lage und der zukünftigen Entwicklung der Wettbewerbssituation.
- ❑ Vorbereitung auf **zielgerichtete Gestaltung** der betrieblichen Maßnahmen und Abläufe,
- ❑ **systematische Kontrolle** des Betriebsgeschehens durch Soll/Ist-Vergleich in kurzen Abständen (meist monatlich, zum Teil wöchentlich) zur Früherkennung von Abweichungen gegenüber der Planung zwecks
- ❑ **Einleitung von zielgerichteten Gegenmaßnahmen** (bei ungünstiger Abweichung nach dem Prinzip des Regelkreises). Die Abweichnungsursachen sind deshalb nach Verantwortungsbereichen zu ermitteln und kurzfristig mit den Verantwortlichen zu beraten.
- ❑ Starke **Motivation aller Mitarbeiter** für die Planzielerreichung, insbesondere durch aktive Mitwirkung aller Verantwortungsträger sowie wichtiger Know-how- und Leistungsträger bei der Planerstellung und ferner durch faire Analyse und Beratung von Planabweichungen und zumindest Anerkennung, besser Erfolgsbeteiligung bei Erreichen der Planziele.

Die **Grundsätze** der Unternehmensplanung sind (nach *Korndörfer*)[25]

- ❑ **Realismus** (Plan muss machbar sein)
- ❑ **kooperative Erarbeitung** durch Stab und Linie (muss Führungskräfte überzeugen und auf selbst mitfestgelegte Ziele verpflichten)
- ❑ **Vollständigkeit** (Lücken verursachen Unsicherheiten)
- ❑ **Genauigkeit** (muss angemessen sein, Vorsicht vor unsinniger Detaillierung)
- ❑ **Flexibilität** (Reaktionsfähigkeit bei Abweichungen)
- ❑ **Einfachheit und Klarheit** (Eignung als Monatsvorgabe)
- ❑ optimale **Wirtschaftlichkeit** (muss mehr einbringen als die Erstellung kostet).

8.3.3.2 Zusammenhang zwischen strategischer und operativer Unternehmensplanung sowie Kontrolle als System von Regelkreisen

Die **strategische Unternehmensplanung** dient der langfristigen **Existenzsicherung** der Unternehmung. Sie hat als Grundlage des strategischen Controlling keinen festen Zeithorizont, sondern erstreckt sich je nach Branche und Unternehmensgröße über Zeiträume von 3 bis 10 oder 15 Jahren. Dabei nimmt die Unsicherheit der Erwartungen und Prämissen mit der Länge des Planungszeitraumes zu. Deshalb unterscheidet sich die strategische Unternehmensplanung von der operativen durch eine deutlich höhere Verdichtung des Rechenwerkes. Darüberhinaus sollte jedes Unternehmen Verhaltensalternativen für unterschiedliche Umfeldentwicklungen (Scenarien) erarbeiten. Die **operative Planung** dient der Systematisierung der **Unternehmenssteuerung** durch detaillierte Planung für das Gesamtunternehmen und seine Teile. Den Zusammenhang von strategischer über operative Planung bis zur Kontrolle zeigt das folgende Schema:

---

[25] *Korndörfer, W.*, Allgemeine Betriebswirtschaftslehre, Wiesbaden

Informationsablaufdiagramm strategischer und operativer Planung mit Kontrolle

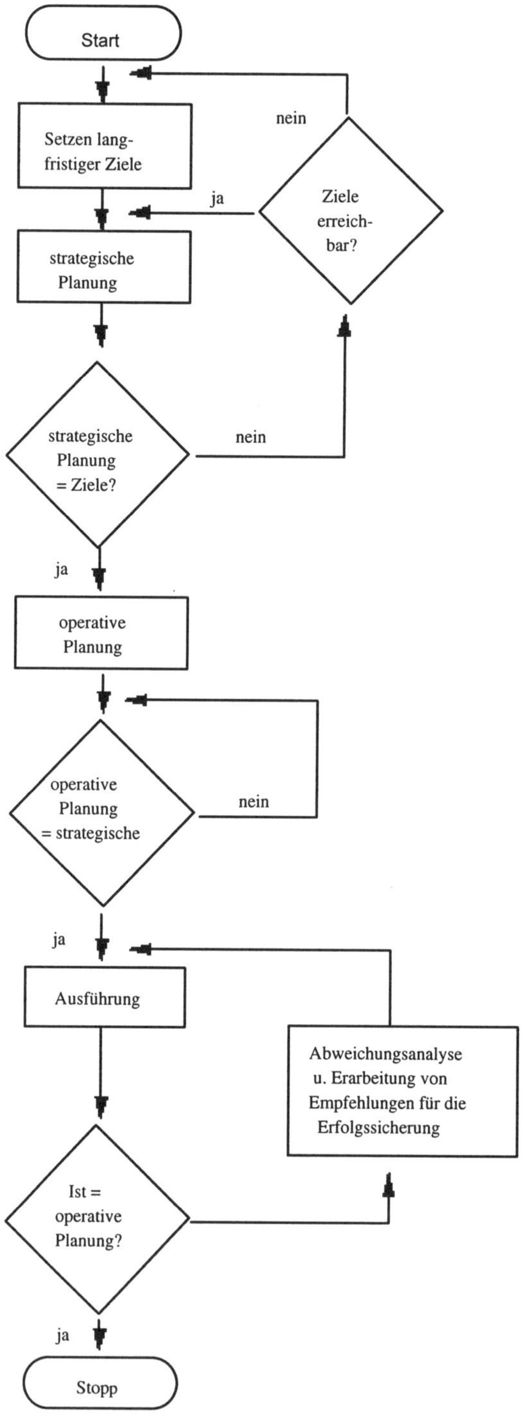

8.3.3.3 Phasen und Organisation der Unternehmensplanung

(1) **Die Hauptschritte eines Arbeitsprogramms (Planung der Unternehmensplanung, auch kurz: Metaplanung)**

1. Setzen konkreter Ziele
2. Erarbeitung der erforderlichen Prognosen (insbesondere über Markt-, Wettbewerbs-, Absatz-, Umsatz- und Kostenentwicklung)
3. Erarbeitung verschiedener Planungsalternativen mit Optimierungsrechnung
4. Entscheidung über Teilpläne und Verabschiedung des Gesamtplans (zum Teil verzahnt mit 3.)
5. Ermittlung detaillierter Sollvorgaben (zeitlich gestaffelt und nach Funktionsbereichen gegliedert) für Soll/Ist-Vergleich

(2) **Die üblichen Haupt-Teilpläne**

Ein Unternehmensplan umfasst in der Regel mindestens folgende Teilpläne:

1. Absatz- und Umsatzplan nach Vertriebskriterien strukturiert, ergänzt um Herstellkosten, geplant bis Deckungsbeitrag je Produktgruppe
2. Produktionsplan
3. Beschaffungsplan für Material, Anlagen und Personal
4. Personalplan
5. Kostenplan I (variable, wie Fertigungsmaterial und Fertigungslöhne etc.)
6. Kostenplan II (fixe, wie Abschreibungen, Gehälter, Zinsen)
7. Investitionsplan
8. Finanzplan
9. Ergebnisplan gegliedert nach Produktbereichen (Sparten), Vertriebswegen und Regionen
10. Planbilanz

Vgl. hierzu Ablaufdiagramm drei Seiten weiter

Das Job Telegramm

Controller

Die Funktion umfaßt die Konzeption, die Koordination und die Kontrolle der kurz-, mittel- und langfristigen Planung und Entwicklung des Unternehmens.

Aufgaben: Planung, Steuerung und Durchführung von strategischen und operativen Planungsprojekten. Kontrolle (Soll-Ist-Vergleiche) und Fortschreibung der Gesamtplanung auf der Basis von Abweichungsanalysen, wobei sich der Controller als Navigator bzw. Steuermann des Unternehmens versteht. Erarbeitung von relevanten Basisinformationen aufgrund von laufenden Untersuchungen und Bewertungen von Umweltprognosen und internen Daten (Berichtswesen). Anwendung von quantitativen Methoden, Verfahren und Modellen zur Analyse und Lösung komplexer Planungsprobleme (Operations Research). Aufbereitung und Präsentation von Lösungsalternativen anhand von zum Beispiel Investitions- und Wirtschaftlichkeitsberechnungen zur Entscheidungsvorbereitung für die Unternehmensleitung.

Anforderungen: Analytisch-planerisches Denken, Kreativität, Kontaktfähigkeit, Durchsetzungsvermögen, technisches Verständnis. Gute mündliche und schriftliche Ausdrucksfähigkeit.

Starthilfen: Gute betriebswirtschaftliche Kenntnisse (eventuell Promotion) mit den Schwerpunkten Planung, Organisation, Operations Research, Rechnungswesen, Steuerrecht, Marktforschung und Prognosetechniken, Datenverarbeitungs-Kenntnisse und Englischkenntnisse.

Karrierechancen: Interessante Stabstätigkeit. Vermittelt als Querschnittsfunktion guten Überblick über das Gesamtunternehmen, vielseitige Kontakte und vor allem direkte Verbindung zur Geschäftsleitung. Insofern als Startbereich zu empfehlen. Hohe Akademikerquote kann allerdings den schnellen Aufstieg und den Wechsel in Linienpositionen hemmen.

Karriereweg: Nach einigen Jahren Planungstätigkeit Übergang in leitende Positionen verschiedener Funktionsbereiche, zum Beispiel kaufmännischer Leiter oder Controller von Tochtergesellschaften. Auch gute Ausgangsbasis für Vorstandsassistenten. Gute Voraussetzung für den Sprung in eine angestellte oder selbständige Beratertätigkeit.

Gehälter: Entsprechend den hohen fachlichen Qualifikationen werden überdurchschnittliche Anfangsgehälter gezahlt. Für promovierte Anfänger liegen die Startgehälter zwischen 65 000 und 70 000 Mark im Jahr. In späteren Jahren sind nur in Linienpositionen Jahreseinkommen über 180 000 Mark möglich.

Entnommen aus: Berufsplanung für den Management-Nachwuchs, 8. Auflage 1986, Verlag Joerg E. Staufenbiel, Köln

(3) Netzplan für den Aufbau der Unternehmensplanung in einem Großunternehmen mit „Product Divisions"

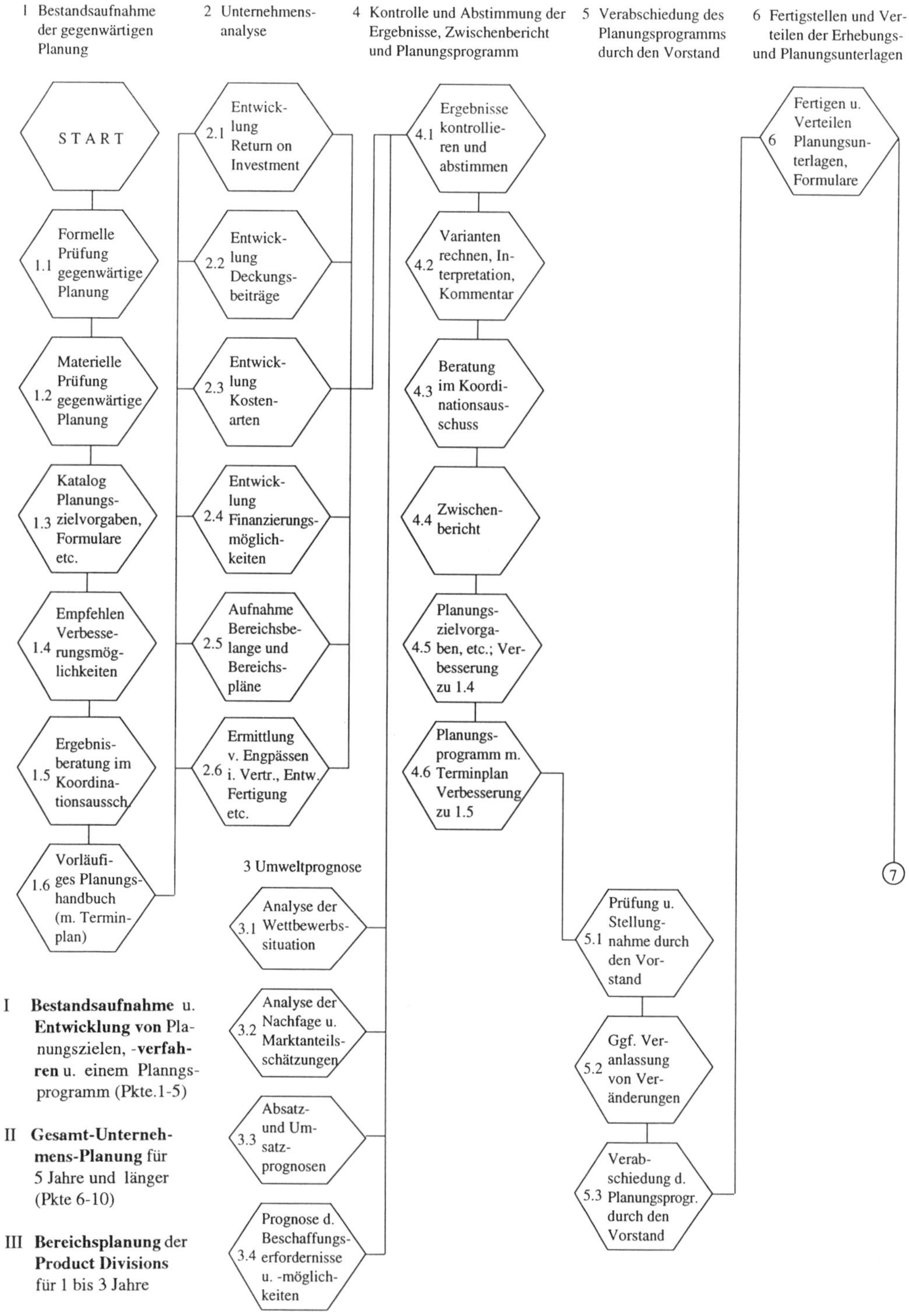

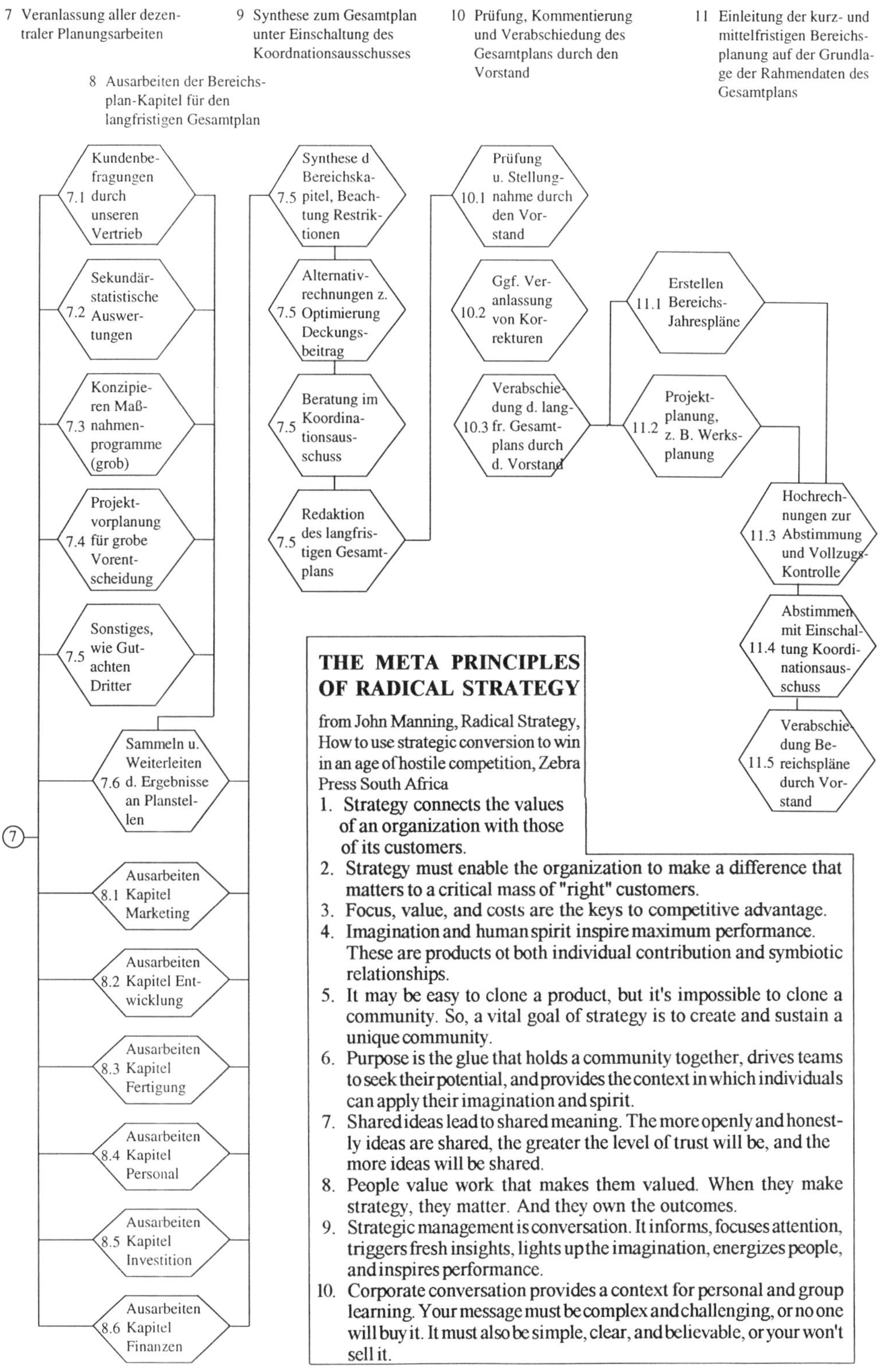

THE META PRINCIPLES OF RADICAL STRATEGY

from John Manning, Radical Strategy, How to use strategic conversion to win in an age of hostile competition, Zebra Press South Africa

1. Strategy connects the values of an organization with those of its customers.
2. Strategy must enable the organization to make a difference that matters to a critical mass of "right" customers.
3. Focus, value, and costs are the keys to competitive advantage.
4. Imagination and human spirit inspire maximum performance. These are products ot both individual contribution and symbiotic relationships.
5. It may be easy to clone a product, but it's impossible to clone a community. So, a vital goal of strategy is to create and sustain a unique community.
6. Purpose is the glue that holds a community together, drives teams to seek their potential, and provides the context in which individuals can apply their imagination and spirit.
7. Shared ideas lead to shared meaning. The more openly and honestly ideas are shared, the greater the level of trust will be, and the more ideas will be shared.
8. People value work that makes them valued. When they make strategy, they matter. And they own the outcomes.
9. Strategic management is conversation. It informs, focuses attention, triggers fresh insights, lights up the imagination, energizes people, and inspires performance.
10. Corporate conversation provides a context for personal and group learning. Your message must be complex and challenging, or no one will buy it. It must also be simple, clear, and believable, or your won't sell it.

Haupt- und Teilpläne der Unternehmung

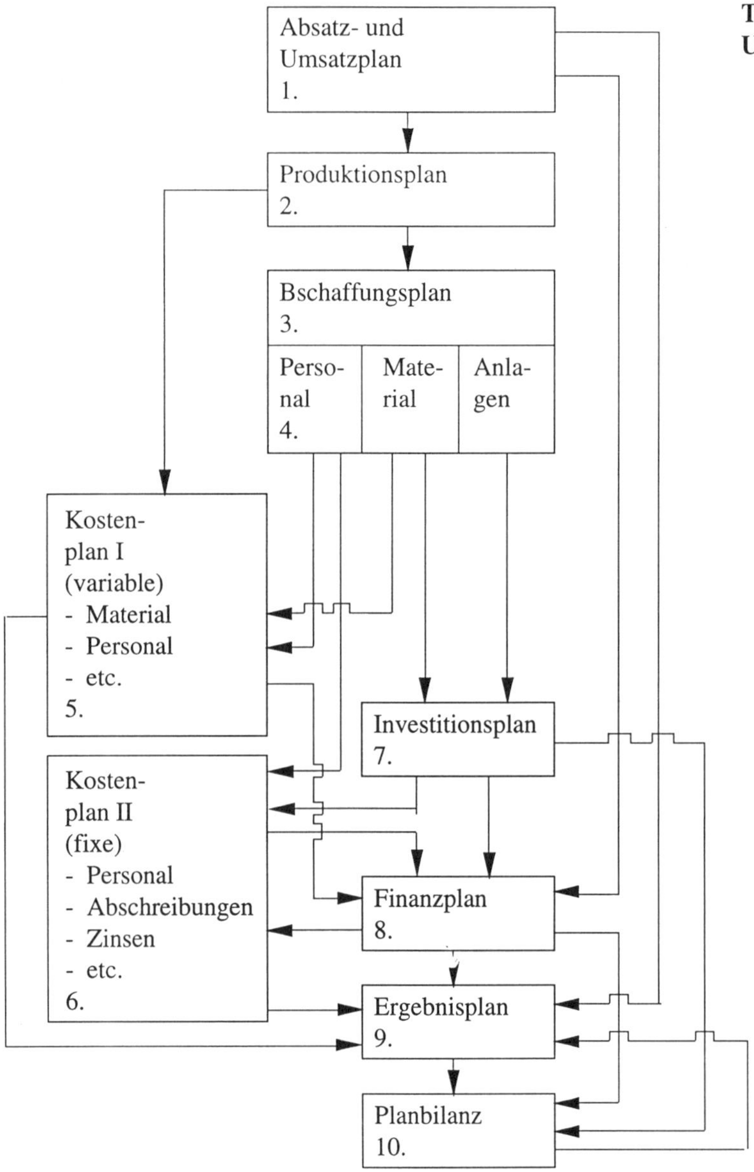

8.3.3.4 Praxisbeispiel: Dreijahresplanung eines mittelständischen EDV-Unternehmens (mit Formularsatz im TEIL III)

Die **Fallstudie im TEIL III** enthält alle erforderlichen Erläuterungen. Dort wird die Zukunft eines kleinen EDV-Unternehmens von der Marktanalyse bis zum Unternehmensergebnis mit Bilanz- und Finanzplanung durchgerechnet. Der Leser kann die Vernetzung der Teilpläne und eine realistis che Risikoanalyse quantitativ nachvollziehen.

8.4 Unternehmensorganisation

8.4.1 Begriffe und Aufgaben

Der Begriff Organisation wird mit unterschiedlichen Inhalten benutzt. Nach *Gabler*[26] wird im wirtschaftswissenschaftlichen Bereich die Vorstellung des ordnenden Gestaltens und seiner Ergebnisse damit verbunden. Während im weitesten Sinne jede strukturierte Ordnung als Organisation bezeichnet werden kann, bedeutet Organisation eingegrenzt auf soziologisch wirtschaftswissenschaftliche Sachverhalte zielgerichtete Gestaltung von Struktur und Festlegung von Funktionsregeln.

In der Fachliteratur wird der Begriff Organisation nicht einheitlich verwandt. Unterschiedliche Auffassungen bestehen darüber, ob Organisation

- nur den Zustand, das Gewordene, oder auch die Tätigkeit des Gestaltens,
- nur generelle oder auch fallweise Regelungen,
- nur den äußeren Rahmen für das Betriebsgeschehen oder auch sachliche Inhalte

bezeichnen soll.

Hier definieren wir **Organisation** als zielgerichtet ordnende Gestaltung von Systemen aus Menschen, Aufgaben, Gegenständen und Informationen, um deren Zusammenwirken in Richtung auf eine dauerhafte Erreichung der gesetzten Ziele sicherzustellen.

Zu dieser Definition sind folgende Ergänzungen wesentlich:

- Die Organisation setzt keine Ziele, das ist Aufgabe der Unternehmensleitung, sondern stellt nur den Rahmen dar, in dem sich die auf die Zielerreichung gerichteten Handlungen vollziehen (organon, griechisch = Werkzeug).
- Das Zusammenwirken der Teile der Organisation soll „bestmöglich" sein. *Schnutenhaus* spricht entsprechend von Wirkzusammenhangssicherung.[27]
- Man unterscheidet:
  - **formale Organisation**, die Gegenstand der Organisationslehre ist, und
  - **informale Organisation**, die sich neben der formalen ergibt als Ergebnis von individuellen sozialen Verhaltensweisen, bestimmt durch persönliche Autorität, gemeinsamen Interessenlagen, Vertrauen und Misstrauen sowie Sympathie und Antipathie etc.
- Es entsteht höchstmögliche Effizienz der Organisation, wenn formale und informale Organisation im Einklang miteinander stehen. Das bedeutet für den Organisator, dass er zunächst nach rein objektiven Gesichtspunkten organisieren muss, aber im Interesse optimaler Effizienz individuelle Fähigkeiten, Neigungen und Interessen der Leistungsträger ergänzend berücksichtigen sollte.
- Man unterscheidet ferner:
  - **Aufbauorganisation**, sie regelt die Verknüpfung der Organisationseinheiten (Stelle, Instanz, Abteilung, Hauptabteilung, Bereich) zu einer mehr oder weniger dauerhaften Struktur, in der die Ordnung der Beziehungen mit Hilfe von Organisationsanweisungen und Stellenbeschreibungen so gestaltet wird, dass eindeutige Regelungen entstehen in Bezug auf Rechte und Pflichten der Stelleninhaber sowie Anweisungswege und Berichtswege.

[26] Vgl. *Gabler*, Wirtschaftslexikon, Wiesbaden, Stichwort: Organisation
[27] Vgl. *Schnutenhaus, O.*, Allgemeine Organisationslehre

- **Ablauforganisation** regelt Arbeitsabläufe durch Arbeitsanweisungen bezüglich des zeitlichen und räumlichen Zusammenwirkens von Menschen, Informationen und Sachen (Maschinen und Material).

Die Organisationslehre unterscheidet ferner folgende Begriffe:

❑ **Stelle:**
Kleinste organisatorische Einheit, die durch Zuordnung von Aufgaben, Aufgabenträgern und Sachmitteln entsteht *(Beschorner)*, und deren Leiter neben der Verantwortung zur Erfüllung der übertragenen Aufgaben die zur Aufgabenerfüllung notwendigen Kompetenzen zu übertragen sind. Übereinstimmung von Verantwortung und Kompetenz (Pflichten und Rechten) gehört zu den wichtigsten Grundvoraussetzungen für das einwandfreie Funktionieren einer Organisation.

❑ **Abteilung:**
Organisationseinheit aus mehreren Stellen unter einheitlicher Leitung

❑ **Instanz:**
Eine Stelle mit Vorgesetztencharakter, d. h. Entscheidungs- und Anweisungsrechten für den zugeordneten Verantwortungsbereich. Dabei ist zu beachten, dass innerhalb der als Linienorganisation bezeichneten Über- und Unterordnung von Instanzen zwischen einer über- und einer untergeordneten (oder einer vorgesetzten und nachgeordneten) Instanz die Regelung gilt, dass die nachgeordnete Instanz von der vorgesetzten Anweisungen erhält, die die nachgeordnete ausführen muss, und dass die nachgeordnete Instanz ferner gegenüber der vorgesetzten berichtspflichtig ist in Bezug auf die Ausführung der erhaltenen Anweisung sowie über sonstige festgelegte Sachverhalte.

❑ **Kompetenz:**
(Lateinisch: Zuständigkeit) Zuständigkeiten und die, im Rahmen der Übertragung von Verantwortung für die erfolgreiche Wahrnehmung bestimmter Aufgaben, gewährten Befugnisse. Kompetenz und Verantwortung müssen - wie bereits erläutert - im Einklang stehen.

❑ **Stabsstelle:**
Instanzen und Linienabteilungen nebengeordnete Stelle mit Dienstleistungsfunktionen in Bereichen wie Entscheidungsvorbereitung, Planung, Kontrolle etc., ohne Weisungsrecht gegenüber der Linienorganisation.

8.4.2 Aufbauorganisation

8.4.2.1 Grundformen der Aufbauorganisation

Die folgende Darstellung baut auf die im vorangehenden Abschnitt gegebenen Definitionen auf und gibt zunächst eine Einführung in die Grundformen und deren Merkmale nach *Wiendahl.*[28]
Linienabteilungen planen, führen Aufgaben durch und kontrollieren das Arbeitsergebnis. Die Linie trägt damit Handlungs- und Entscheidungsverantwortung. Dazu müssen ihre Stelleninhaber mit den erforderlichen Rechten und Anordnungsbefugnissen ausgestattet sein, die als Kompetenz bezeichnet werden.

[28] *Wiendahl, H.-P.,* Betriebsorganisation für Ingenieure, München und Wien

Stabsabteilungen (in der Praxis auch häufig bezeichnet als Zentralabteilungen) haben eine beratende Funktion. Sie analysieren, planen, organisieren, bereiten Entscheidungen vor und informieren. Ihre Hauptaufgaben liegen in den Bereichen: Klärung komplexer Probleme, Erarbeitung von Lösungsvorschlägen und Maßnahmenprogrammen zur Durchsetzung von schwierigen Lösungen. Stäbe haben demgemäß Beratungs- und Informationskompetenz und -verantwortung. Für die ihnen übertragenen Aufgaben erarbeiten sie Verfahrens- und Kooperationsrichtlinien für die Zusammenarbeit zwischen Stab und Linie.

Grundformen der Aufbauorganisation (entnommen von *Wiendahl*)[28]

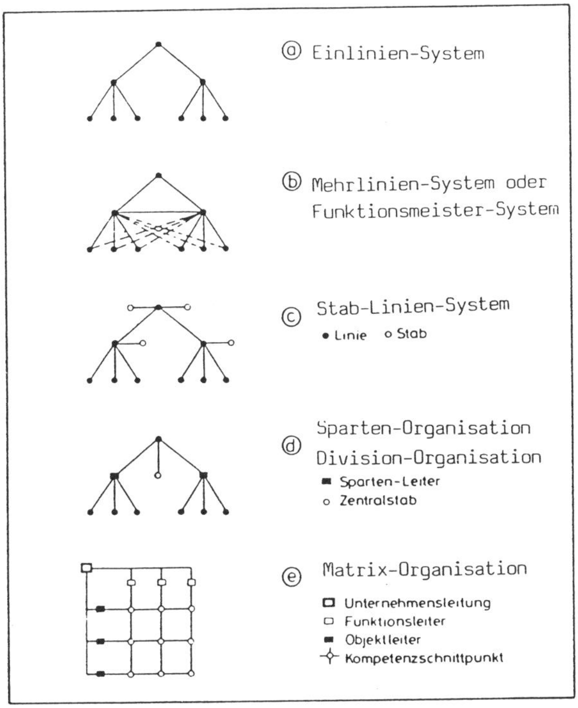

Zu a) Im **Einliniensystem** hat jede Stelle oder Abteilung nur eine vorgesetzte Instanz, von der sie sachbezogene und disziplinarische Anweisungen erhält, und der sie berichtspflichtig ist. Wegen der klaren Weisungsverhältnisse ist diese Organisationsform besonders für kleinere Unternehmen geeignet. In größeren Unternehmen entstehen mit zunehmender Arbeitsteilung unter Umständen zu viele Hierarchieebenen und damit zu lange, schwerfällige (vielfach durch Informationsverluste) wenig effiziente Befehls- und Berichtswege. Dieses System wird in der Regel konsequent verwirklicht in Verbindung mit dem **Verrichtungsprinzip oder Funktionsprinzip**, d. h. Bildung von Funktionsbereichen in denen gleiche Funktionen, Verrichtungen an unterschiedlichen Objekten ausgeführt werden (Beschaffung, Produktion, Vertrieb).

Zu b) **Mehrlinien- oder Funktionsmeistersystem**

Zur Überwindung dieser Nachteile entwickelte *F. W. Taylor* in den USA das so genannte Funktionsmeistersystem, in dem jeweils ein bestimmter Meister allen zuständigen Arbeitern bestimmte Fachanweisungen gab. Dadurch kann ein Arbeiter mehrere Vorgesetzte haben. Es kann durch konkurrierende Auftragserteilung zu Interessenkonflikten kommen.

Zu c) **Stabliniensystem**

Mit zunehmender Komplexität der Unternehmen und Betriebe wurde die Einführung von Stabsabteilungen notwendig und deren Kombination mit dem eindeutigen Einliniensystem unverzichtbar.

Zu d) Die **Spartenorganisation (auch Organisation nach „Product Divisions" genannt)** beruht auf dem so genannten **Objektprinzip**, d. h. Bildung von Produktbereichen, in denen an gleichen Objekten unterschiedliche Funktionen ausgeübt werden. Mit zunehmendem Wandel vom Verkäufer- zum Käufermarkt wurde es notwendig, gleichartige Marktanforderungen und Produkttechnologien im Interesse leistungsfähiger Innovation zu speziellen Unternehmenseinheiten in Form von Produktbereichen (Product Divisions) zusammenzufassen, in denen ergebnisverantwortlich die Hauptfunktionen Vertrieb, Entwicklung, Produktion und Beschaffung unter Nutzung des speziellen Know-hows der Division wahrgenommen werden. Diese Organisationsform bewährte sich als besonders innovativ. Sie ist jedoch zugleich teuer in Bezug auf die Managementkosten, durch eine Vervielfachung der Führungspositionen im Funktionsmanagement. Im konkreten Fall ergeben sich ferner nicht ganz einfache Organisationsaufgaben bei der Kombination der Divisionalisierung mit überregionalem, z. B. weltweitem Vertrieb.

Im Rahmen der Spartenorganisation erweist es sich in der Regel als zweckmäßig, die wichtigen Linienfunktionen zu divisionalisieren, aber bestimmte Stabsfunktionen, wie Personalwesen, Datenverarbeitung und Controlling, mit anderen Sparten zusammen wahrnehmen zu lassen, also zu zentralisieren in Stabsabteilungen, die deshalb auch vielfach Zentralabteilungen genannt werden.

Zu e) **Matrixorganisation**

Bedenkt man die wesentlichen Unterschiede zwischen Linienorganisation und Spartenorganisation, dann wird deutlich, dass die Linienorganisation nach dem sogenannten **Verrichtungsprinzip** Funktionen wie Beschaffung, Fertigung, Vertrieb etc. zusammenfasst. Abweichend davon werden nach dem **Objektprinzip** in der Spartenorganisation zunächst in der Technologie gleichartige Objekte zusammengefasst und innerhalb dieser Zusammenfassung, sozusagen auf der nächsten organisatorischen Ebene, Aufgabenverteilungen nach dem Funktionsprinzip vorgenommen.

Dazu ist zweierlei anzumerken. Die Spartenorganisation erfordert eine bestimmte Mindestgröße des Unternehmens, da sonst die zusätzlichen Managementkosten kaum erwirtschaftet werden können. Um dieser Schwierigkeit Rechnung zu tragen, ist die Matrixorganisation entwickelt worden. In dieser Organisationsform werden Objektorientierung und Funktionsorientierung gleichrangig mit einander kombiniert. Diese Organisationsform wird von manchen Organisatoren als besonders leistungsfähig angesehen. Mir ist kein Industrieunternehmen bekannt, das so organisiert ist. Begegnet ist mir diese Organisationsform vielmehr bei der Steuerung technischer Großobjekte, an denen eine Vielzahl unabhängiger Institutionen nebeneinander mitwirken. (Beispiel: längerfristige internationale Rüstungsvorhaben).

Hinweise für die praktische Gestaltung nach den erläuterten Prinzipien geben folgende Organisationsmodelle entnommen aus *Gabler.*[29]

[29] *Bleicher, K.*, Organisationsmodelle, in *Gabler*, Wirtschaftslexikon

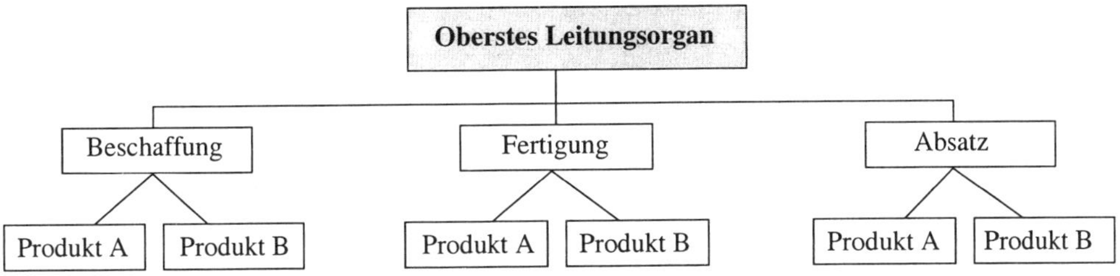

Grundschema einer Funktionalorganisation (nach Verrichtungsprinzip)

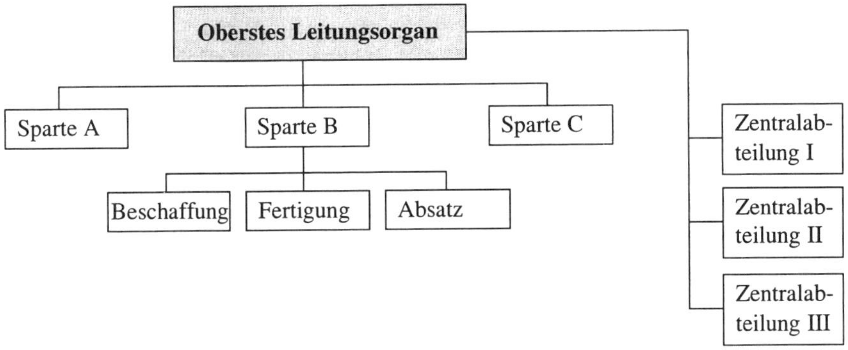

Grundschema einer divisionalisierten Organisation (nach Objektprinzip)

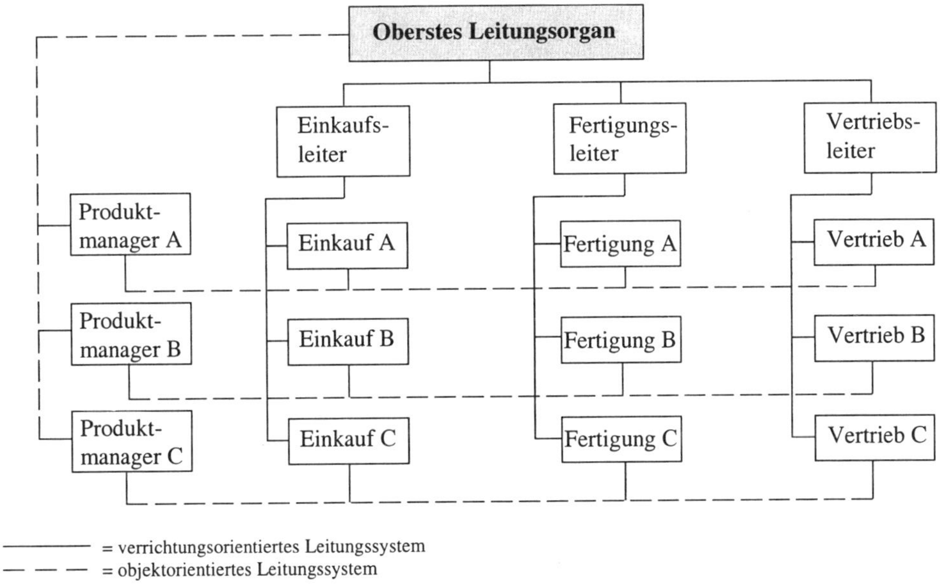

Grundschema einer Matrixorganisation

8.4.2.2 Gestaltungsregeln der Aufbauorganisation

Es gibt eine Reihe von Gestaltungsregeln zur Strukturorganisation, die allerdings keinen Anspruch auf Vollständigkeit und Allgemeingültigkeit erheben. Die wichtigsten von ihnen lauten:

- Kompetenz und Verantwortung müssen übereinstimmen. (**Kongruenzprinzip**)
- **Mehrfachunterstellungen**, im Sinne von „eine Stelle hat mehrere vorgesetzte Stellen", sind in der Regel Konfliktquellen und deshalb zu vermeiden.
- **Neben** den formal geordneten „**Dienstwegen**" von oben nach unten (Befehlsweg) und von unten nach oben (Berichtsweg) muss auch **informale Kommunikation**, insbesondere die zwischen den Funktionsbereichen auf der jeweils gleichen Ebene möglich sein und so weit von Nutzen gefördert werden.
- Eine sehr große Tiefe von über mehrere Ebenen nachgeordneten Instanzen führt zu einer deutlichen Entlastung der Leitungsspitze, verbessert die Trennung von Leitung und Ausführung,

d. h. kann der Rationalisierung von Routinearbeiten dienen bei gleichzeitiger Konzentration der Leitung auf Führungsaufgaben. Aber es entstehen als Nachteil lange schwerfällige Dienstwege, auf denen Informationsverluste zu verzeichnen sind. D. h. eine Hierarchie von mehr als etwa fünf Ebenen wird in der Regel bereits problematisch. (**Minimalebenenprinzip**)

- Eine große Breite von nebeneinander angeordneten Instanzen bietet die Vorteile dezentraler Organisationsformen. Bei zu geringer Breite entsteht die Gefahr von Überlastung, bei zu großer Breite können Arbeitsvolumen und die Auslastung unzureichend sein.
- Die sogenannte „**Kontrollspanne**", das ist die Zahl der Mitarbeiter, die ein Vorgesetzter effizient führen kann, ohne dass eine weitere Führungsebene zwischengeschaltet werden müsste, wird vielfach mit fünf Personen angegeben. Sie kann in der Praxis, je nach den Anforderungen, die die Untergebenen zeitlich und fachlich an den Vorgesetzten stellen, auch auf bis zu zehn Untergebene ausgedehnt werden.
- Vorgesetzte sollten in der Lage sein, durch **Sachautorität** zu überzeugen, d. h. sie sollten die Mitarbeiter fachlich leiten können.
- Ein als „**Peterprinzip**" in die Organisationslehre eingegangener Erfahrungssatz besagt, dass in der Praxis eine Tendenz dazu besteht, bei Ausfall eines Vorgesetzten seinen besten Mitarbeiter als seinen Nachfolger einzusetzen. Das Prinzip werde solange angewandt, bis der Beförderte ein Niveau erreicht hat, für das er nicht hinreichend qualifiziert ist und/oder keine Neigung hat. Dort endet dann der Aufstieg mangels Leistung. Durch Anforderungsanalyse und Prüfung der Fähigkeiten möglicher Kandidaten muss dem Peterprinzip in der Praxis entgegengewirkt werden.[30]
- Zur **Entlastung der Leitungsebene** sollen so weit wie sinnvoll möglich, Routineentscheidungen an die Ausführungsebene delegiert werden. Für deren Entscheidung sind jedoch klare Richtlinien und Kriterien vorzugeben. Die Leitungsebene braucht dann nur entscheidend tätig zu werden, wenn Ausnahmen vom delegierten Normalfall eintreten. (**Management by exception**)
- Durch Einführung der **Unternehmensplanung mit bereichsspezifischen Vorgaben** für bestimmte Teilperioden kennen untere Managementebenen und die Ausführungsebene ihre Ziele. (**Management by objectives**)
- **Organisationsanweisungen** sichern eine widerspruchsfreie, allen Beteiligten bekannte Verteilung von Pflichten (Verantwortung) und Rechten (Kompetenz) als Voraussetzung für einen einwandfreien Wirkzusammenhang.

Eine optimale Strukturorganisation kann nicht aus einer Anwendung einiger Leitsätze entwickelt werden.

Die Optimierung einer Aufbauorganisation erfordert vielmehr ein systemanalytisches Vorgehen, d. h. einen systematischen Organisationsprozess.

(Vgl. dazu *Schmidt, G.*, Methode und Techniken der Organisation, Gießen und *Steinbuch, P. A.*, Organisation, Ludwigshafen

[30] *Peter, L. J.* , *Hull, R.*, Das Peter-Prinzip oder Die Hierarchie der Unfähigen, 6. Auflage, Hamburg 1970

8.4.3 Ablauforganisation

8.4.3.1 Begriffe, Aufgaben und Merkmale der Organisation von Arbeitsabläufen

Nordsieck unterscheidet innerhalb der Organisationslehre Beziehungslehre und Ablauflehre. Die Organisationsfragen bei Arbeitsabläufen sind Gegenstand der Ablauflehre.

Arbeitsablauf stellt sich dar als ein Nacheinander und/oder Nebeneinander von Verrichtungen an Objekten im Verlauf eines Produktionsprozesses. Er kann als Zusammenhang von Arbeitselementen, nämlich kombinierbaren Faktoren oder addierbaren Arbeitsquanten aufgefasst werden.

Eine Untersuchung des Ablaufes nach beteiligten Faktoren öffnet einen Zugang zu vorwiegend sachlichen, kausalen Beziehungen, während die Unterteilung nach Arbeitsquanten die analytische Grundlage für die vorwiegend zeitliche Anordnung des Ablaufs liefert.

Die **Organisierbarkeit** steigt mit der Anzahl, der Regelmäßigkeit und Gleichheit der Wiederholungen von Aufgaben und Arbeitsleistungen.

Grundlage ablauforganisatorischer Maßnahmen ist eine vorangehende **Analyse** des Arbeitsablaufs. Diese kann nach vorwiegend sachlichen Gesichtspunkten, z. B. Betriebsfaktoren, oder vorwiegend zeitlichen Aspekten, vom Arbeitsobjekt ausgehend, vorgenommen werden.

Die **Synthese** zum Arbeitsablauf bedeutet einerseits die Regelung der zeitlichen Folge der nacheinander ablaufenden Arbeitselemente und andererseits die Koordination der gleichzeitig ablaufenden Arbeitsfolgen.

Erst die Kombination der Erfordernisse des Produktionsprozesses mit denen der Arbeitsfaktoren ergibt in der Praxis einen sinnvollen Arbeitsablaufplan.

Arbeitsverteilung umfasst die Aufgabe einer zeitlichen und räumlichen Verteilung eines Arbeitspensums auf die beteiligten Faktoren sowie die arbeitsgerechte Verteilung der Faktoren aufeinander.

8.4.3.2 Gestaltungsmöglichkeiten und Optimierungsregeln zur Arbeitsablauforganisation

Aufgrund von konkurrierenden Zielsetzungen bei der Gestaltung von Arbeitsabläufen müssen in der Praxis Kompromisse geschlossen werden. Dabei gilt es Forderungen zu beachten, die sich ergänzen, und solche, die nicht im Einklang stehen. Diese Zusammenhänge erläutert die folgende Darstellung.

Das Optimierungsproblem der Arbeitsablauforganisation

Widersprechende Forderungen		
Organisiertheit: Zunehmende Organisiertheit bedeutet Zunahme an Regelungen, damit kann Abnahme der Durchlaufzeit erreicht werden.	**Anpassungsfähigkeit:** Mit steigendem Grad der Organisiertheit nimmt die Anpassungsfähigkeit der Betriebsfaktoren an veränderte Aufgabenstellungen (Sonderfertigung) ab.	**Folgerung:** Der Grad der Organisiertheit muss sich letztlich nach den Anforderungen des Marktes richten.
Fließprinzip: Mit zunehmender Anwendung des Fließprinzips steigt der Grad der Organisiertheit. Bei Fließarbeit ist das größtmögliche Maß kurzer Durchlaufzeit bei gleichzeitiger günstiger Betriebsauslastung realisierbar.	**Verrichtungsprinzip:** Dieses Prinzip (Werkstattfertigung) nützt der Anpassungsfähigkeit und somit auch einer günstigen Auslastung der Anlagen (Betriebsauslastung), jedoch auf Kosten einer kurzen Durchlaufzeit.	**Folgerung:** Die Anwendung von Fließ- oder Verrichtungsprinzip hat wesentlichen Einfluss auf die Organisierbarkeit von Arbeitsabläufen und ihre Wirksamkeit.
Durchlaufzeit: Eine Verkürzung der Durchlaufzeit kann Ersparnisse an Kapital bewirken, durch eine Verkleinerung von Zwischenlagern und Senkung der Förderkosten. Sie dient weiter einer Verkürzung der Lieferfristen. Bei Werkstattfertigung geht jedoch eine kurze Durchlaufzeit zu Lasten der günstigen Betriebsauslastung.	**Betriebsauslastung:** Eine günstige Betriebsauslastung bedeutet ein Minimum an Totzeiten von Anlagen. (Siehe Fließprinzip und Durchlaufzeit). Die Vorzüge einer kurzen Durchlaufzeit können bei Werkstattfertigung im Falle schlechter Betriebsauslastung bei weitem durch die Nachteile von Totzeiten der Anlagen, nämlich Brachliegen von Kapital, aufgewogen werden.	**Folgerung:** Es ist vielfach zu wählen zwischen Totzeiten im Materialdurchlauf bei günstiger Betriebsauslastung oder schnellem Materialdurchfluss bei schlechter Betriebsauslastung.

(Seitlich, vertikal: Entsprechende Forderungen)

8.4.4 Projektorganisation

Projekte sind nach DIN 69 901 komplexe Vorhaben, die durch folgende Merkmale gekennzeichnet sind:

- Zielvorgabe durch Beschreibung der Aufgabe oder des Objekts
- personelle, sachliche, finanzielle und zeitliche Abgrenzung gegenüber anderen Vorhaben
- Beteiligung mehrerer Organisationseinheiten, die in einer projektspezifischen Organisation zusammengefasst sind
- Einmaligkeit der Bedingungen.

Eine Projektorganisation hat die Aufgabe, ein Projekt mit einem eigenen Management und den zur Wirkzusammenhangssicherung erforderlichen Strukturen, Rechten, Pflichten und Kapazitäten auszustatten. Im Unternehmen muss dieses in der Regel parallel zur bestehenden Aufgabenverteilung und Strukturorganisation geschehen. Dafür gibt es folgende alternative Gestaltungsmöglichkeiten:

(1) **Projektkoordination durch Stabsstellen**
ohne Linienbefugnisse und Verantwortung,

(2) **Aufstellung einer „Task-Force" oder eines „Projektteams"**
d. h. einer Projektgruppe aus Mitarbeitern, die für die Dauer des Projekts möglichst ganz oder teilweise von ihren sonstigen Aufgaben freigestellt und einem für das Projekt mit Verantwortung und Linienweisungsrechten ausgestattetem Projektleiter unterstellt werden.

(3) **Matrix-Projektorganisation**
d. h. Verzahnung des Projekts mit den Aufgabenträgern der bestehenden Unternehmens-Strukturorganisation, zwecks gleichzeitiger Erledigung der üblichen Unternehmensaufgaben sowie der zusätzlichen Projektaufgaben.

Für Details wird auf die Fachliteratur verwiesen.[31]

8.4.5 Business Process Redesign (BPR)

8.4.5.1 Die Idee von Business Process Redesign

Die grundsätzliche Idee von **Business Process Redesign** oder Business Process Reengineering ist, dass man alles, was das Unternehmen tut und wie es dies tut, von Grund auf überdenkt und in Frage stellt, **mit dem Ziel, grundlegende Verbesserungen** mit sehr wesentlichen Leistungssteigerungen und/oder Kostensenkungen **zu erreichen**. Ein **Prozess** wird in diesem Zusammenhang verstanden als eine **Sequenz** von aufeinander aufbauenden **Aktivitäten**, die ein Resultat erzeugen, **aus dem jemand** einen **Nutzen zieht; dies ist der Kunde des Prozesses**. Der Kunde muss nicht notwendigerweise extern zum Unternehmen sein, er kann sich durchaus auch im Unternehmen befinden. Auch muss ein Prozess nicht unbedingt nur auf eine Organisation beschränkt sein, er kann auch andere Unternehmen berühren.

Der überwiegende Anteil heutiger Organisationen ist nach den Regeln und Prinzipien **strukturiert**, die **von *Taylor*** und seinen Nachfolgern am Anfang dieses Jahrhunderts entwickelt wurden. **Dabei werden ähnliche** oder gleiche **Tätigkeiten unter einheitlicher Leitung zusammengefasst** und die **Verantwortung** für die korrekte Ausführung der Aufgabe **dem Leitungsorgan übertragen**. Dies führt zu einer nach funktionalen Gesichtspunkten gegliederten Organisation (**Verrichtungsprinzip**). Die **Trennung von Ausführung und Kontrolle** wurde von *Taylor* entwickelt, um den damaligen Mangel an höherqualifizierten Fachkräften zu überwinden. **Der Preis**, den man dabei zahlen muss, **ist eine** relativ unflexible, **sich veränderten Umweltbedingungen nur langsam anpassende Organisation**. Dies hat sich im Laufe des zunehmend härter werdenden internationalen Wettbewerbs in letzter Zeit zu einem schwerwiegenden Nachteil entwickelt. Darüber hinaus wächst der Bedarf an Führungskräften mit wachsender Größe der Organisation überproportional an - für 10 Arbeiter benötigt man 1 Führungskraft, aber für 100 (mindestens) 11.

[31] *Lazak, D.*, Arbeitshandbuch zur Systemanalyse und exakten Unternehmensoptimierung, a.a.O., und *Steinbuch, P. A.*, Organisation, Ludwigshafen ; eine in USA verbreitete EDV-Unterstützung bietet: Project Scheduler 6, Projektmanagement-Software für Windows, Scitor 65232 Taunusstein

Die **Prozesse jedoch**, die von der Organisation ausgeführt werden (wozu sie in erster Linie geschaffen wurde), **erfordern die Ausführung von vielen unterschiedlichen Funktionen, konsequenterweise durchläuft ein Prozess daher verschiedene Funktionsbereiche**, ein Kundenauftrag wird beispielsweise zunächst vom Verkauf aufgenommen, die Arbeitsvorbereitung lastet ihn ein und löst beim Einkauf die Bestellung fehlender Teile aus, usw. Aufgrund der vorherrschenden funktionalen Denk- und Sichtweise hat man die Prozesse häufig völlig aus den Augen verloren. Oft ist niemandem im Unternehmen der Ablauf eines Prozesses in seiner Gesamtheit bekannt; jeder sieht nur den Teil, der ihn selbst betrifft. Niemand ist für einen Prozess in seiner Gesamtheit verantwortlich.

Die einzelnen Funktionsbereiche werden daher isoliert voneinander analysiert und optimiert. Aufgrund dessen werden - aus prozessorientierter Sichtweise heraus betrachtet - bestenfalls nur Suboptima erzielt, wenn man nicht in nachgelagerten Stellen noch zusätzliche Probleme hervorruft. Die fehlende Koordination zwischen den verschiedenen Funktionsbereichen lässt Zyklen und Redundanzen im Prozessablauf entstehen. Der bestehende Prozess wird im Laufe der Zeit immer wieder an neu entstehende Anforderungen angepasst, ohne dass jemand auf die Idee kommt, nach einem ganz neuen Ansatz zu suchen, der vielleicht besser geeignet wäre, die Aufgabe zu lösen. Darüber hinaus werden die grundsätzlichen Annahmen, auf denen der Prozess basiert und die häufig niemals explizit niedergelegt wurden, nie einer kritischen Würdigung unterzogen. Diese werden meist erst nach einer Analyse nach prozessorientierten Gesichtspunkten offenbar.

Dies ist der Ansatzpunkt von Business Process Redesign (BPR). Der Begriff wurde von *Michael Hammer* in dem Artikel „Reengineering Work: Don't Automate, Obliterate" in der Ausgabe vom Juli und August des *Harvard Business Review* im Jahre 1990 geprägt. Dieser Artikel machte, zusammen mit einigen anderen, BPR weltweit bekannt. *Hammer* argumentiert darin unter anderem gegen das kritiklose Nachbilden von manuellen Abläufen bei der Einführung von DV-Systemen, ohne den Sinn dieser Abläufe zu hinterfragen. Er nannte dies plakativ „paving the cow paths" (pflastern der Trampelpfade). BPR zielt darauf ab, einen bestehenden Prozessablauf - also die Art, wie eine Aufgabe erfüllt wird - von Grund auf zu überdenken und durch radikale Umgestaltung dramatische Verbesserungen zu erzielen.[32]

8.4.5.2 Elemente und Wirkungen von Business Process Redesign

Um einen Prozess neu zu entwerfen, ist es erforderlich, den bestehenden Prozess zu beschreiben und zu analysieren, um herauszufinden, was dessen eigentliche Aufgabe ist. Dabei **betrachtet man den Prozess aus der Warte des Kunden** heraus **und klassifiziert** die einzelnen **Aktivitäten als werterhöhend oder nicht werterhöhend**. Zum Beispiel ist es dem Kunden eines Produktionsprozesses völlig gleichgültig, wie oft die Einzelteile des Endprodukts auf dem Betriebsgelände hin- und hertransportiert werden; der Transport ist also nicht werterhöhend. Es ist bei real existierenden Prozessen, die mehr oder weniger gewachsen sind, nicht ungewöhnlich, dass nur ein geringer Anteil aller Aktivitäten in diesem Sinne als werterhöhend eingestuft wird.

Basierend auf den Ergebnissen der Analyse wird der Prozess dann neu entwickelt. Dabei versucht man die Möglichkeiten von Technologien und Methodiken zu nutzen, die im Hinblick auf den Prozess oder dessen Ablauf relevant erscheinen. Oft ermöglicht erst der Einsatz von derartigen Innovationen einen bestimmten Ansatz. Beispielsweise kann man einen Prozess, der

[32] Vgl. *Hammer, M., Champy, J.*, Reengineerung the Corporation, A Manifesto for Business Revolution, New York

vorher rein sequentiell ablief, da nur einer zur Zeit die notwendigen Unterlagen (in Papierform) benutzen konnte, durch den Einsatz einer Datenbank parallelisieren, da nun alle gleichzeitig auf die Daten Zugriff haben. Im englischen Sprachgebrauch nennt man diese Technologien, die neue Ansätze erst möglich machen, **„Enabler“.** Die wichtigsten Enabler sind die **EDV** und die **Telekommunikation** sowie deren Überschneidungsbereiche wie z. B. Netzwerke oder EDI (Electronic Data Interchange). Dennoch handelt es sich bei einem Redesign-Projekt niemals primär um eine Reorganisation der EDV, sondern der Prozess wird im Lichte der durch die EDV gebotenen Möglichkeiten neu gestaltet, und dies macht dann oft eine Anpassung der DV erforderlich. Je nach konkreter Problemstellung können auch ganz andere Techniken zu Durchbrüchen verhelfen.

Weiterhin versucht man auf alle im obigen Sinne nicht werterhöhenden Aktivitäten zu verzichten, da der Kunde letzten Endes nur bereit ist, für den ihm erwachsenden Nutzen zu bezahlen. Bei der Suche nach neuen Lösungen setzt man sich ganz bewusst **hochgesteckte Ziele**, denn dadurch entsteht ein Ansporn, nach völlig neuen Ideen und Lösungsansätzen zu suchen und so die anvisierten drastischen Verbesserungen auch wirklich zu erreichen.

Es lohnt sich häufig, den Prozess so umzugestalten, dass man einen einzelnen Mitarbeiter oder ein kleines Team mit dessen Ausführung beauftragen kann. Allein dadurch werden die vielfachen **Übergaben** von einem Bearbeiter zum nächsten **eliminiert, die zu Verzögerungen führen** und es erlauben, dass sich Fehler einschleichen. Wie überall gilt auch für Prozesse das **Gesetz von *Pareto***, das besagt, dass immer mehr als die Hälfte der insgesamt benötigten Ressourcen von weniger als der Hälfte aller bearbeiteten Fälle verbraucht wird. (Auch bekannt als die **80 - 20 Regel**.) Anders ausgedrückt heißt das, dass der Hauptteil aller Fälle Routinefälle sind, die in ein Standardschema passen; im Sinne der ABC-Analyse fallen diese in die Klassen B bzw. C. Diese können von den Fallbearbeitern vollständig in Eigenregie bearbeitet werden, so dass kaum Overhead entsteht und der Kunde die gewünschten Resultate in kürzester Zeit erhält.

Für die problematischen Fälle der Kategorie A werden den Fallbearbeitern **zusätzliche Hilfsmittel** zur Verfügung gestellt, wie z. B. Expertensysteme oder die Beratung durch einen Spezialisten, auf die sie bei Bedarf zurückgreifen können. Dabei geben sie jedoch niemals die Verantwortung für den Fall auf. Der Kunde hat dadurch für seinen Auftrag nur einen Ansprechpartner im Unternehmen und kann sich jederzeit über den Stand der Dinge informieren oder kurzfristig Änderungen veranlassen.

Unter dem Strich lassen sich durch ein derartiges Prozessdesign oft deutliche **Verkürzungen der Durchlaufzeit, Verbesserungen der Flexibilität und** der Kundenbetreuung und damit der **Zufriedenheit der Kunden erreichen**. Die Grenzen des Machbaren werden dabei natürlich vom konkreten Problem definiert, und das Team, das mit dem Redesign des Prozesses beauftragt wurde, sollte immer versuchen größtmögliche Kreativität und Ideenreichtum zu entwickeln.

8.4.5.3 Das Wichtigste: Change Management

Der schwierigste Teil eines Redesign ist **die Umsetzung in die Praxis**. Ein großer Teil aller Redesign-Projekte (die diesen Namen auch verdienen) scheitern hier. Das Problem dabei ist, dass eine größere Organisation von vielen Menschen dazu gebracht werden muss, sich von Grund auf zu verändern. Es sind zum Teil erhebliche interne Widerstände zu überwinden, die meist nicht offen zutage treten. Sie resultieren zum einen aus dem allen Menschen eigenen Widerwillen gegen Veränderungen und der daraus resultierenden Unruhe und Unsicherheit. Zum anderen kollidiert das Vorhaben fast zwangsläufig mit den persönlichen Interessen einiger oder auch vieler Betroffener.

Die Unternehmensleitung muss das Projekt daher mit Nachdruck unterstützen und deutlich werden lassen, dass es sich nicht nur um eine vorübergehende Modeerscheinung handelt. Der Verantwortliche der **Geschäftsführung** muss fast messianische Fähigkeiten entwickeln, um die Beteiligten davon zu überzeugen, dass es keinen anderen Weg gibt, dass **Veränderungen notwendig** sind. Jedem Mitarbeiter muss klargemacht werden, was das Ziel ist, warum man es erreichen will und wie dies geschehen soll.

Zu diesem Zweck sollte man nach Möglichkeit **frühe Teilerfolge**, die in den Anfangsphasen häufig auftauchen, dazu verwerten, die **Akzeptanz im Unternehmen** zu **erhöhen**. Typischerweise erkennt man noch während der Redesign-Phase, dass man durch einige kleine Änderungen wesentliche Erfolge erzielen kann, und diese sollte man auch dazu benutzen, für das Projekt im Unternehmen zu werben.

Darüber hinaus wirft die Neugestaltung eines Prozesses auch andere Fragen auf. Für die neu entstandenen Aufgabenbereiche sind die alten Methoden der **Leistungsbeurteilung** häufig nicht mehr geeignet, so dass das bestehende Entlohnungssystem überdacht und angepasst werden muss.

Weiterhin ist für den längerfristigen Erfolg der Maßnahmen die **Überwindung des Peterprinzips** dringend **erforderlich**. (Unter dem Peterprinzip versteht man die menschlichen Organisationen eigene Tendenz, bei Freiwerden einer Führungsposition den besten Mitarbeiter in der entsprechenden Abteilung - als Belohnung für seine Leistungen - an diese Stelle zu berufen. Dabei bleibt unberücksichtigt, ob die betreffende Person für die neue Position geeignet ist.) Es sollte strikt so sein, dass herausragende Leistungen durch Boni belohnt werden, Beförderungen jedoch aufgrund von Qualifikation für die neue Aufgabe vorgenommen werden.

Die im vorhergehenden Abschnitt skizzierten Ansätze erzeugen **für das mittlere Management große Unsicherheiten**, da es in der Regel viele Verantwortungsbereiche und Kompetenzen an Untergebene abgeben muss. Der einzelne **Manager muss sich** daher von einer kontrollierenden und dirigierenden Instanz mehr **zu einem Teamcoach hin entwickeln**, der unterstützt und anleitet.

Der neu gestaltete Prozess wird mit hoher Wahrscheinlichkeit weniger Personen beschäftigen als der alte; möglicherweise werden sogar **Entlassungen unumgänglich**. Es besteht daher für die betroffenen Mitarbeiter vom Prinzip her kaum Anlass, den Erfolg des Projekts zu fördern, weder in der Entwicklungs- noch in der Implementierungsphase. Daher ist von den Betroffenen zunächst einmal kaum Kooperationsbereitschaft zu erwarten; gleichzeitig ist deren intime Kenntnis des Prozesses für das Projekt jedoch von wesentlicher Bedeutung. Allein schon aus diesem Grund dürfen die menschlichen Aspekte nicht vernachlässigt werden.

Es ist **von vitaler Bedeutung** für den Erfolg eines Redesigns, dass diese Dinge mit **Fingerspitzengefühl** gehandhabt werden. Ansonsten besteht die Gefahr, dass sich nichts Grundlegendes ändert und der alte Trott sich schnell wieder einstellt. Ein BPR-Projekt stellt einen drastischen Eingriff in die Struktur der Organisation dar. Nicht zuletzt durch das Damoklesschwert von drohenden Entlassungen besteht daher ständig die Gefahr, dass das Betriebsklima und die Moral der Mitarbeiter leiden und das Ganze zu einem Fehlschlag werden lassen.

8.4.5.4 Schritte der Prozessoptimierung (Steps in Process Improvement)

Business Process Redesign ist mehr als die Anwendung einer Technik, die bei exakter Ausführung zu einem besseren Ergebnis führt. Wie bereits erwähnt, ist BPR ein fundamentaler, revolutionärer Bruch mit den alten, auf *Taylor* basierenden Denkweisen. Dazu ist ein systematisches Vorgehen notwendig, das zu einer genauen Kenntnis der eigenen Unternehmung und der Unternehmensumwelt führt, und das ist eine Voraussetzung für den Erfolg eines Business Process Redesign Projektes. Als systematischer Ansatz für ein solches Redesign Projekt werden die folgenden „11 Schritte der Prozessoptimierung“[33], nach *Rummler, Brache*, dargestellt, die sowohl die genannte Voraussetzung (Kenntnis der eigenen Unternehmung und der Umwelt) erfüllen, als auch den Umstand berücksichtigen, dass der Kunde im Zentrum aller Überlegungen steht.

(1) **Identify Critical Business Issues**

In diesem ersten Schritt geht es darum, kritische Aspekte in den Tätigkeiten einer Unternehmung zu erkennen. Die Frage lautet also, wo in der Unternehmung Probleme auftreten, die als kritisch in Bezug auf den Erfolg einer Unternehmung zu bewerten sind. Eine Technik, die die Suche nach diesen relevanten Problemen unterstützt, ist die Pareto-Analyse. (vgl. 8.4.5.3)

(2) **Select Critical Processes**

Hier müssen zunächst die Gründe für die Probleme einer Unternehmung gefunden werden, um hierüber die Prozesse zu identifizieren und auszuwählen, die hierfür verantwortlich sind und danach ist das Redesign auf diese Schwachpunkte zu fokussieren. Unterstützt wird die Suche nach Gründen und den verantwortlichen Prozessen unter anderem durch das Ishikawa-Diagramm. (vgl. Pkt. 5.5.2.5 (2))

(3) **Select Process Team Leader and Members**

Nachdem die für die Probleme verantwortlichen Prozesse erkannt sind, muss nun erkannt oder festgelegt werden, wer für den Prozess verantwortlich ist und welche Mitarbeiter an dem Prozess beteiligt sind.

(4) **Train the Team**

Sind die an einem Prozess beteiligten Personen identifiziert, so kann hierauf basierend dieses Team dahingehend trainiert werden, dass es zu einem sog. Enabler für einen neuen Prozess wird. Konkret bedeutet dies, dass das Team zum Beispiel in der Lage sein sollte, sich selbst zu organisieren und die volle Verantwortung für seine Tätigkeiten zu übernehmen. Diese selbstorganisationsfähigen Teams, bekannt auch als sog. „selfdirected work teams“, bilden eine wesentliche Basis für den Erfolg eines reorganisierten Prozesses.

Ausgeprägte Charakteristika der „selfdirected work teams“ sind:[34]

- ❑ Der Arbeitsfluss einer Tätigkeit ist vollständig und sinnvoll
- ❑ Verantwortung für einen klaren Input und Output
- ❑ Zugehörigkeit: alle Personen sind - jedoch nicht zwingend - in einer Räumlichkeit
- ❑ Entscheidungsfindung: alle wichtigen Entscheidungen darüber, wie die Arbeit gemacht wird, werden vom Team getroffen

[33] *Rummler, G., Brache, A.*, Improving Performance, Jossey Bass
[34] *Lawler, E.*, The Ultimate Advantage, Jossey Bass

- ❑ umfangreiches technisches und interpersonelles Training
- ❑ Meetings sind häufig und regelmäßig
- ❑ Eventuell Aufsicht durch einen Koordinator, Trainer oder Mentor für die ersten zwei Jahre
- ❑ Belohnungen/Prämien sind im Allgemeinen an den Fähigkeiten orientiert
- ❑ Teammitglieder sind Individuen, die komplexe Arbeit mit wechselnden Tätigkeiten wünschen.

(5) **Develop a „What is Map“**

In diesem Schritt werden die Prozesse, die Gegenstand des Redesigns sind, graphisch dargestellt, wobei insbesondere die Kenntnisse der ersten beiden Schritte, die einen Teil einer Ist-Analyse darstellen, diesen Vorgang unterstützen. Die zu wählende Darstellungsform ist ein Process Chart. Ziel eines Process Chart ist es, alle Teilschritte in einem Prozess zu erkennen und in ihrer Arbeitsfolge darzustellen. Es können hiermit sowohl Produktionsprozesse, Entwicklungsprozesse, als auch andere Prozesse dargestellt werden.

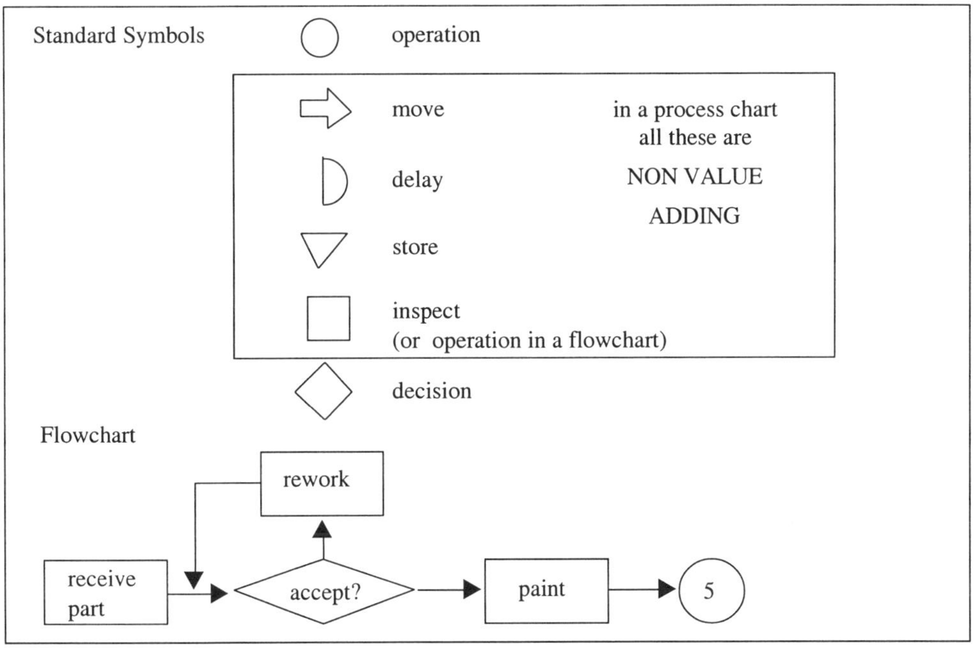

Standardsymbole und Flowchart
(Quelle: *Bicheno, J.*, The Quality 50, Buckingham)

Um die Transparenz der Darstellung so hoch wie möglich zu gestalten, ist es ratsam, Standardsymbole zu verwenden und Charts, die zu komplex in ihrer Darstellung sind, in Teilcharts zu untergliedern. Die Unterteilung der Charts sollte so erfolgen, dass ein Teilchart jeweils einen, im Unternehmen abgrenzbaren, Verantwortungsbereich darstellt. Wenn, wie es zum Beispiel in der Produktentwicklung der Fall ist, die Zeit ein kritischer Faktor ist, so ist das Process Chart mit einer Zeitskala zu versehen.

Der Prozess der Produktentwicklung würde allerdings, da in diesem Prozess Entscheidungen enthalten sind, als Flowchart dargestellt werden, da die Raute, als Symbol für eine Entscheidung, erst hier integriert ist. Wesentlich ist, dass, gleichgültig um welches Chart es sich handelt, die Zusammenstellung des benötigten Datenmaterials durch ein Team erfolgt.

Der entscheidende Nutzen eines Charts liegt darin, dass durch die Prozessdarstellung Schwachpunkte aber auch Quellen der Qualität im Prozess identifiziert werden. Im Rahmen des Business Process Reengineering wird die Erstellung einer „What is Map" als erster Schritt zur Umgestaltung eines bestehenden Prozesses betrachtet, da das Verständnis für den Prozess seinen Output verbessert.
Zum Verständnis sei beispielhaft gesagt, dass im Rahmen der Produktentwicklung die Erstellung eines Charts nicht darauf hinausläuft, ein Produkt an sich zu optimieren, sondern den Prozess, der als Output ein Produkt hervorbringt. Ein verbesserter Prozess wird aber immer auch einen besseren Output hervorbringen, da er weniger Quellen für ungerichtetes Handeln und Fehlentwicklungen zulässt.

(6) **Identify „Disconnects"**

In diesem sechsten Schritt geht es darum, basierend auf der „What is Map", fehlende, unlogische, redundante oder effizienzverschlechternde Verbindungen zwischen den einzelnen Schritten eines Prozesses und den an ihm beteiligten Abteilungen zu identifizieren.

Eine Technik, die diesen Vorgang unterstützt, ist „Time Charting and Analysis".[35] Hier wird dem Umstand Rechnung getragen, dass Zeit eine Waffe im Wettbewerb darstellt und in den Augen der Kunden eine wesentliche Ausprägung der Qualität darstellt, für die, wenn zum Beispiel ein Produkt schneller am Markt ist, der Kunde bereit ist, mehr zu zahlen. Ziel ist es hierbei, einen Prozess in weniger Zeit aber mit den gleichen Kosten, tatsächlich sogar mit weniger Kosten, zu durchlaufen. Grundlage hierfür ist ein Process Chart mit detaillierten Zeitinformationen, welches im fünften Schritt bereits erstellt wurde. Ergänzend wird eine Reduzierung der benötigten Zeit und der Ressourcenverschwendung angestrebt, wozu zunächst das Process Chart untersucht wird und dessen Teilschritte eingeteilt werden in wertsteigernde oder nicht wertsteigernde. Als Resultat will man erreichen, dass die wertsteigernden Schritte in einer geschlossenen Kette angeordnet sind. *Stalk* nennt dies die **„wesentliche Sequenz".** Hier gibt es unterstützende Leitfragen:

- ❑ Können die nicht wertsteigernden Schritte eliminiert, vereinfacht oder reduziert werden?
- ❑ Können Aktivitäten, die wertsteigernde verzögern, vereinfacht oder zeitlich neu gestaltet werden?
- ❑ Gibt es Aktivitäten, insbesondere nicht wertsteigernde, die parallel zu wertsteigernden ausgeführt werden können?
- ❑ Können Aktivitäten, die von Abteilung zu Abteilung gereicht werden, als Teamaktivität oder besser als Tätigkeit einer Person organisiert werden?
- ❑ Wo gibt es Engpässe? Kann deren Kapazität erweitert werden? Sind Engpassaktivitäten fließende Tätigkeiten oder werden sie durch geringfügige Gründe verzögert? Werden Engpassaktivitäten verzögert durch Nicht-Engpassaktivitäten, ob wertsteigernd oder nicht?
- ❑ Welche Vorbereitungen können getroffen werden, bevor die Sequenz der wertsteigernden Schritte beginnt, um Verzögerungen zu vermeiden?
- ❑ Können die für den Kunden notwendigen Varianten oder Anforderungen dem Produkt zu einem späteren Zeitpunkt hinzugefügt werden?
- ❑ Wenn Tätigkeiten in Stapeln ausgeführt werden, können diese Stapel geteilt werden und Teile

[35] Vgl. *Stalk, G., Hout, T.,* Competing Against Time, The Free Press

hiervon an die nächste Bearbeitungsstation weitergegeben werden, bevor der ganze Stapel bearbeitet ist?

- Kann die Flexibilität des Personals derart verbessert werden, dass mehrere Tätigkeiten von einer Person ausgeübt werden und Verzögerungen durch die Weitergabe entfallen?
- Wie werden Entscheidungen getroffen? Können Entscheidungen dort getroffen werden, wo sie von Nöten sind?
- Wo ist, unter dem Gesichtspunkt Zeit, der beste Platz für jede Aktivität?
- Mögen Kunden einen Prozess der unterbrochen wird? Wenn nein, wieso nicht?
- Welche Verfügbarkeit der Informationen könnte die wertsteigernde Sequenz durchgängig gestalten?
- Kann die benötigte Zeit für wertsteigernde Aktivitäten reduziert werden?[36]

Werden die angeführten Fragen gestellt und beantwortet, so findet man in jedem Prozess Verbesserungspotentiale.

(7) **Analyse „Disconnects"**

Die in diesem Schritt geforderte Analyse der fehlenden, unlogischen, redundanten oder effizienzverschlechternden Verbindungen wurde bereits mit Schritt 6 im Zusammenhang „Time Charting and Analysis" mit den vertiefenden Fragen behandelt.

(8) **Develop „Should be Map"**

Wie bereits für die „What is Map" erklärt, so wird auch die „Should be Map" durch ein Process Chart dargestellt. Basis für dieses Chart sind die bisher gesammelten Erkenntnisse, die sich zusammen zu einer Vision, den zukünftigen Prozess betreffend, verdichten.

Unterstützt wird diese Verdichtung durch das sog. Benchmarking[37], welches zwar auch bereits im Rahmen der vorigen Schritte eingesetzt werden kann, aber gerade in dem Stadium, in dem der angestrebte Prozess präzisiert wird, eine wesentliche Unterstützung darstellt. Benchmarking wird vom Benchmarking Centre definiert als „die kontinuierliche, systematische Suche nach, und Implementation von, den besten Praktiken, die zu überlegener Performance führen". Benchmarking strebt den Vergleich einiger Performancekriterien mit dem an, was die Besten erreicht haben. Es führt zu der notwendigen gegenwärtigen Performance und zu zukünftigen Anforderungen, wenn die Organisation „world class" sein will. Kernpunkt des Benchmarking ist die genaue Kenntnis der eigenen Unternehmung und der Konkurrenz.

Benchmarking ist zunächst ein Prozess, der Ziele setzt. Man muss wissen, was man benchmarken will, und das führt zurück zum Kunden. Diese müssen identifiziert werden sowohl für die Gegenwart als auch für die Zukunft. Danach kann man ihre Bedürfnisse und die zugehörigen Prozesse sammeln. Dies sind die Punkte, in denen die Organisation und die Performance hervorragend sein muss. Die Idee ist, sich zunächst auf Prozesse zu konzentrieren und dann auf Erfolgskriterien. Weiß man, was man benchmarken will, so ist der nächste Schritt zu identifizieren, wen man benchmarken will. Ziel ist es hier, den Branchenbesten und wo möglich, den Weltbesten zu finden und aus dessen Performance zu lernen.

---

[36] *Bicheno, J.,* The Quality 50, Buckingham

[37] Vgl. *Bicheno, J.,* The Quality 50, Buckingham.; *Camp, R.,* Benchmarking, ASQC Quality Press

Benchmarking ist ein kontinuierlicher Prozess, den es immer gab, der aber durch *Xerox*[38] systematisiert und umfassender wurde, so dass Benchmarking eine wettbewerbsfähige Waffe und populär wurde (zur Vertiefung vgl. 8.4.5.5).

Neben dem Benchmarking wird die Vision, die einer Erstellung einer „Should be Map" vorausgeht, auch gestützt durch genaue Kenntnis der Enabler und eine sog. „CATWOE"-Analyse nach *Smyth* und *Checkland.* Analysiert werden hierbei die folgenden Punkte:

- ❑ Customers : die Empfänger des Outputs der Transformation (T)
- ❑ Actors : diejenigen, die die T ausführen wollen
- ❑ Transformation : die Umwandlung eines Inputs in einen Output
- ❑ Weltanschauung : die Sicht der Welt, in deren Kontext die T sinnvoll ist
- ❑ Owners : diejenigen, die die T unterbinden könnten
- ❑ Environmental : natürliche Einschränkungen außerhalb des Systems

(9) **Establish Measures**

Hier müssen Kriterien festgelegt werden, mit denen die Performance des neuen Prozesses messbar wird. Natürlich muss der neue Prozess zunächst an den eigenen Zielvorstellungen gemessen werden, aber auch an Aspekten wie Zeit, Qualität und Kosten. Hier bietet sich Benchmarking als Möglichkeit des Vergleichs an. Konkrete Kriterien sind zum Beispiel break even time, time to market, Geschwindigkeit der Entscheidungsfindung etc.

(10) **Plan and present the Changes**

Im vorletzten Schritt werden die Änderungen, die notwendig sind, um den neuen Prozess zu realisieren, geplant und präsentiert. Die Planung muss hierbei auf einer genauen Kenntnis über die Unternehmensorganisation und den Faktor Mensch basieren.

(11) **Implement the Changes**

Abschließend wird das Ergebnis der vorangegangenen Schritte unter genauer Beachtung der geplanten Änderungen implementiert, wobei dieser Schritt je nach Unternehmen in einem unterschiedlichen Zeitraum und unter mehr oder weniger großen Problemen stattfindet. Es bietet sich nach der Implementation an, erneut ein Chart zu erstellen, um zu überprüfen, ob die Implementation verlustfrei realisiert werden konnte.

8.4.5.5 „Schlüsselmethode" Benchmarking

Schon seit *Schmalenbach* verweist die Betriebswirtschaftslehre auf die Tatsache, dass betriebliche Verbesserungsschritte sich vernünftigerweise nicht allein auf innerbetriebliche Zeitvergleiche stützen dürfen, wegen der Gefahr, Schlendrian mit Schlendrian zu vergleichen, sondern des Strukturvergleichs mit der Konkurrenz bedürfen. Die modernste Weiterentwicklung dieser alten Weisheit ist das Benchmarking, der Vergleich mit dem Branchen- oder Weltbesten. Allein dieser bietet die Chance, durch Heranziehen „des Besten als Messlatte" (Benchmark), Ziele zu setzen, die als zugleich machbar und bisher unübertroffen angesehen werden dürfen. Darin liegt die Herausforderung und große Bedeutung des Benchmarking für die Sicherung der Wettbewerbsfähigkeit.

---

[38] Vgl. *Jacobson, G., Hillkirk, H., Xerox,* American Samurai, MacMillan

Nach *Gabler* ist „Benchmarking der kontinuierliche Vergleich von Produkten, Dienstleistungen sowie Prozessen und Methoden mit (mehreren) Unternehmen, um Leistungslücken zum so genannten Klassenbesten (Unternehmen, das Prozesse, Methoden usw. hervorragend beherrscht) systematisch zu schließen." Die Grundidee ist, festzustellen, welche Unterschiede, welche Ursachen dafür und welche Verbesserungsmöglichkeiten bestehen[39] (vgl. auch 8.4.5.4 (8)).

(1) **Objekte, Ziele, Bezugsgrößen**

Faßhauer strukturiert in Anlehnung an *Horvath* die zweckmäßigen Parameter für Benchmarking in folgender Tabelle. Damit sind die wichtigen Teilaufgaben der Untersuchung definiert, für die im folgenden Abschnitt geeignete Vorgehensschritte vorgestellt werden.[40]

Parameter	Art des Parameters			
Objekt	Produkte	Methoden	Prozesse	
Zielgröße	Kunden-zufriedenheit	Kosten	Fehler	Zeit
Vergleichs-parameter	Intern	Extern		
	gleiche Funktion	gleiche Branche gleiche Funktion	generische Funktion (branchen-unabhän-gig)	

Beim Benchmarking zu berücksichtigende Parameter

(2) **Benchmarking-Prozessschritte nach Camp**

Camp gliedert die Sequenz der Teilaufgaben des Benchmarking, nämlich Planung, Analyse, Integration und Aktion, in die folgenden **zehn Teilschritte: (siehe Abbildung nächste Seite)**

Zu 1. **Bestimmen Sie, was einem Benchmarking-Prozess unterzogen werden soll.**
Mit den Methoden des kontinuierlichen Controlling (vgl. Teil III) und der internen Revision, d. h. fallweiser Unternehmensanalyse (strategic auditing, operational auditing und financial auditing), müssen die Stärken und Schwächen des Unternehmens bezüglich der oben genannten Benchmarking-Parameter in einer ersten Näherung analysiert und erkannt werden, um die wesentlichen Bestimmungsfaktoren des Betriebsergebnisses zu benennen, für die ein Benchmarking Erfolgsverbesserungen verspricht.

Zu 2. **Identifizieren Sie vergleichbare Unternehmen.**
Die Sicherung von Wettbewerbsvorteilen ist und bleibt ein dominierender Erfolgsfaktor in der Marktwirtschaft. Das macht das Finden von Benchmarkingpartnern zu einer fachlich und psychologisch delikaten Aufgabe.
Zur Lösung der psychologischen Problematik sollte folgendes Prinzip gelten: „faires Geben und Nehmen“ unter sorgfältiger Beachtung möglicher Geheimhaltungsinteressen der

[39] *Gabler* Wirtschaftslexikon, Wiesbaden, Stichwort: Benchmarking
[40] *Faßhauer, R.*, Die Bedeutung von Benchmarking - Analysen für die Gestaltung von Geschäftsprozessen, in: *Mertins, K., Siebert, G., Kempf, St.* (Hrsg.), Benchmarking, Praxis im deutschen Unternehmen, Berlin, Heidelberg, New York.

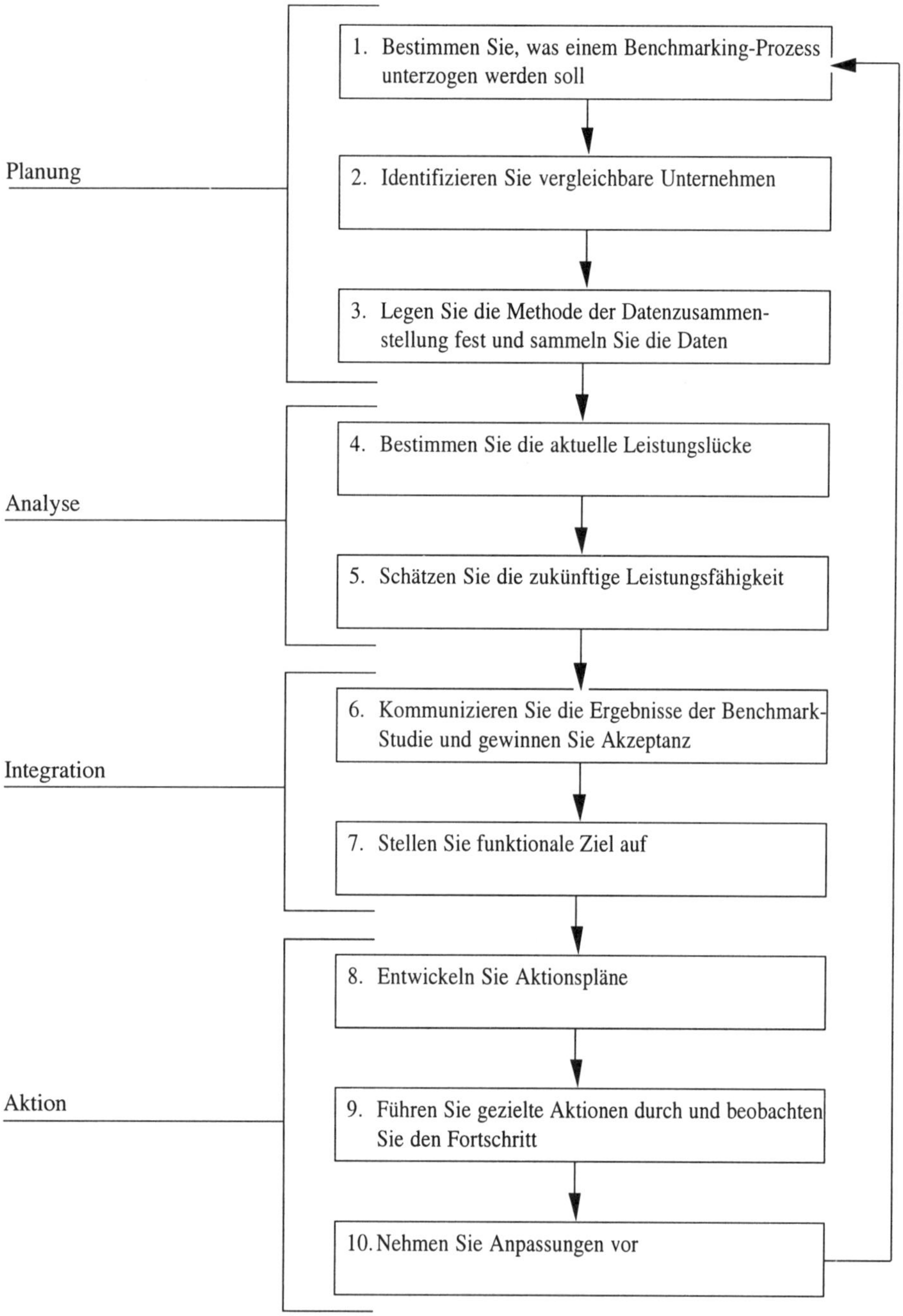

Der Benchmarking-Prozess nach *Camp*[41]

[41] *Camp, R., C.,* Benchmarking, München, Wien

Partner (z. B. im Bereich der Produktinnovation). Hierzu wurden von interessierten Industrieunternehmen die folgenden Verhaltensregeln für Benchmarkingpartner (bekannt als: Code of Conduct) entwickelt:[42]

- ❑ Keep it legal.
- ❑ Be willing to give what you get.
- ❑ Respect confidentiality.
- ❑ Keep information internal.
- ❑ Use benchmarking contacts.
- ❑ Don't refer without permission.
- ❑ Be prepared at initial contact.

Zur Lösung der fachlichen Aufgabe haben sich folgende Vorgehensweisen bewährt:[43]

- ❑ Studium von Sekundärmaterial (z. B. Verbands- und Geschäftsberichten), die im eigenen Haus vorliegen oder beschafft werden können.
- ❑ Einsatz externer Berater, die über Benchmarkingerfahrung verfügen. (Angesichts global sourcing ist internationaler Berater-Vergleich empfehlenswert.)
- ❑ Direkte Benchmarkingvereinbarungen mit vergleichbaren Unternehmen, die Folgendes zum Gegenstand haben sollten
  - den Austausch von Fragebögen und/oder
  - Fachdiskussionen im Rahmen von gegenseitigen Besuchen.
- ❑ Im Internet sind mit zunehmender Bedeutung vielfältige Informationen zum Thema Benchmarking verfügbar, z. B. vom Beraternetzwerk „The Global Benchmarking Network (GBN").

Zu 3. **Legen Sie die Methode der Datenzusammenstellung fest und sammeln Sie die Daten.**

Als Methode der Datenerhebung ist zu wählen zwischen dem Einsatz von

- ❑ Fragebögen und/oder
- ❑ Besuchen mit persönlichen Gesprächen.

Kriterien für die Methodenwahl zeigt folgende Tabelle.

Fragebögen	**Unternehmensbesuche**
- große Anzahl an Benchmarking-Partnern - Fragen erfordern keine Erklärung - umfassendes Problemverständnis ermöglichtFernanalyse - Anonymität erfordert	- geringe Anzahl an Benchmarking-Partnern - erklärungsbedürftige Fragen

Ergänzend zur Berücksichtigung der genannten Kriterien ist im Einzelfall Folgendes zu bedenken:

- ❑ Fragebögen sind nicht nur isoliert einsetzbar, sie sollten auch als Vorlauf zu oder als Grundlage für Gespräche eingesetzt werden. Sie sind in der Regel Voraussetzung für strukturierte zielstrebige und sorgfältig vorbereitete Gespräche mit konkreten Ergebnissen.

[42] Server of The Benchmarking Exchange (tbe) (WWW benchnet com); Aptos, California U.S.A.
[43] Vgl. *Faßhauer, R.*, a.a.O.

- Die Vorzüge wohlvorbereiteter Gespräche mit Besuchen bei Benchmarkingpartnern sind vielfältig. Insbesondere ermöglicht nur die persönliche Kommunikation die spontane Vertiefung durch Einbeziehung von Zusatzfragen, Verständnis und Überzeugung durch Sehen und Nuancenreichtum sowie die individuelle Klärung von wichtigen Voraussetzungen für den eigenen Erfolg.
- Fragebögen und Gespräche können nur effizient ausgewertet und genutzt werden, wenn sie ziel- und auswertungsorientiert aufgebaut werden und die geeigneten Kennzahlen erheben (vgl. Kapitel 10, RoI-orientiertes Kennzahlensystem).

Zu 4. **Bestimmen Sie die aktuelle Leistungslücke.**

Als Modellfall für einen systematischen Strukturvergleich einer Branche auf Basis strategiebestimmender Kennzahlen überzeugen die in der folgenden Tabelle zusammengefassten Ergebnisse einer MIT-Untersuchung in amerikanischen, japanischen und europäischen Automobilwerken.

	Japanische Werke in Japan	Japanische Werke in Nordamerika	Amerikanische Werke in Nordamerika	Alle europäischen Werke
Leistung				
Produktivität (Std./Auto)	**16,8**	21,2	25,1	36,2
Qualität (Montagefehler/100 Autos)	**60,0**	65,0	82,3	97,0
Layout				
Fläche (qm/Auto/Jahr)	**0,5**	0,8	0,7	0,7
Lagerbestand (Tage für 8 ausgewählte Teile)	**0,2**	1,6	2,9	2,0
Arbeitskräfte				
% der Arbeitskräfte in Teams	69,3	**71,3**	17,3	0,6
Job Rotation (0 = keine, 4 = häufig)	**3,0**	2,7	0,9	1,9
Vorschläge/Beschäftigte	**61,6**	1,4	0,4	0,4
Anzahl Lohngruppen	11,9	**8,7**	67,1	14,8
Ausbildung neuer Produktionsarbeiter (Std.)	**380,3**	370,0	46,4	173,3
Abwesenheit (%)	5,0	**4,8**	11,7	12,1
Automation				
Schweißen (% der Arbeitsgänge)	**86,2**	85,0	76,2	76,6
Lackieren (% der Arbeitsgänge)	**54,6**	40,7	33,6	38,2
Montage (% der Arbeitsgänge)	1,7	1,1	1,2	3,1

Zusammenfassung von Merkmalen der Montagewerke in der Autoindustrie, Großserienhersteller[44]

Das Beispiel macht zugleich deutlich, dass Kennzahlen zur Vermeidung von Trugschlüssen im Kontext technisch-wirtschaftlicher Unterschiede gewürdigt werden müssen. Beispielsweise ist bekannt und wichtig, dass die japanische Automobilindustrie durch eine sehr geringe Fertigungstiefe gekennzeichnet ist. Informationen über die Fertigungsstunden

[44] *MIT*-Studie zitiert in „Benchmarking" von *Mertins, Siebert, Kempf, Heidelberg, New York*

je Auto sind deshalb nur in Verbindung mit einem Vergleich der Vorleistungen (des Materialeinsatzes) als ergänzendem Herstellkostenelement aussagefähig.
Unabhängig davon deuten Zahlen über Abwesenheit, Ausbildung und Lagerbestand auf erhebliche quantitativ belegte Leistungslücken amerikanischer und europäischer Werke. Alternativ oder ergänzend können sich Leistungslücken nicht nur in Zahlen, sondern auch im Markt manifestieren, durch Kunden- oder Expertenurteil (z. B. Auto des Jahres etc.). Dies allein, ohne Kennzahlenvergleich, ergäbe jedoch kein Benchmarking.

Nach dem Aufzeigen der Leistungslücken (Was ist hier und dort?) müssen folgende Teilaufgaben gelöst werden:

- Klärung der Ursachen der erkannten Leistungsdefizite im eigenen Unternehmen (Warum ist es hier schlechter?)
- Erkennung der Hintergründe für den Leistungsvorsprung des Benchmarkingpartners (Wie und warum funktioniert es dort?)

Zu 5. **Planen Sie die zukünftige Leistungsfähigkeit.**
Die Planung der zukünftigen eigenen Leistungsfähigkeit eines Unternehmens wird in der Regel unter zwei alternativen Bedingungen vorgenommen:

- Entweder soll der Leistungsprozess im bestehenden Betrieb nach entsprechender Anpassung der Benchmark-Ergebnisse an die eigenen Verhältnisse optimiert werden (z. B. Beibehaltung des Standortes Deutschland),
- oder es soll konsequent und ohne Zugeständnisse an bestimmte Rahmenbedingungen der Weltbeststand erreicht werden. In diesem Fall muss für alle Produktionsfaktoren deren Einsatzmenge, Qualität und Preis auf Weltniveau gebracht werden. Dies wird oft die Ursache für gravierende Veränderungen von Unternehmensstrukturen sein.
- Es ist selbstverständlich, dass die Ergebnisse dieser Maßnahmen in einer strategischen Unternehmens-Strukturplanung über mehrere Jahre mit ihrem Gesamteffekt auf das Betriebsergebnis dargestellt werden müssen.

Zu 6. **Kommunizieren Sie die Ergebnisse der Benchmark-Studie und gewinnen Sie Akzeptanz.**
Erfolgreiches Benchmarking ist ohne Unterstützung der Beteiligten (Gesellschafter, Mitarbeiter, Kunden und Lieferanten) unmöglich.

Der Erfolg wird weitgehend mitbestimmt durch die Akzeptanz der Ziele und Maßnahmen bei allen Beteiligten. Diesbezüglich wesentliche Maßnahmen sind:

- Frühzeitige Einbeziehung aller Beteiligten
- Hohe Mitwirkungsbereitschaft bei allen Beteiligten durch kreative Harmonisierung individueller Ziele mit den Unternehmenszielen gemäß Benchmarking
- Regelmäßige Berichterstattung an die Beteiligten
- Erfolgsbeispiele hervorheben
- Benchmarkingerfolge in „fairem" Prämiensystem honorieren.

Zu 7. **Stellen Sie funktionale Ziele auf.**
Ausgehend von den Benchmarking-Erkenntnissen erfolgt eine Überarbeitung bestehender Ziele für die betroffenen Funktionsbereiche (z. B. Umschlagshäufigkeiten in der Materialwirtschaft, Marktanteile und Deckungsbeiträge im Vertrieb).

Zu 8. **Entwickeln Sie Aktionspläne.**

Bei der Entwicklung von Aktionsplänen sind in Anlehnung an *Camp* zwei Teilaufgaben wahrzunehmen.[45]

a) Spezifikation der erforderlichen Aktionen (Wer, was, wann und wie)
   - Spezifikation der Teilaufgabe
   - Reihenfolgeplanung
   - Zuordnung der benötigten Ressourcen
   - Aufstellung eines realistischen Zeitplans
   - Bestimmung der Verantwortlichen
   - konkrete Definition der geplanten Ergebnisse
   - Planung erfolgssichernder Zwischenkontrollen (Soll-Ist-Vergleiche)

b) Verabschiedung des Plans.

Zu 9. **Führen Sie gezielte Aktionen durch und beobachten Sie den Fortschritt.**

Dieser Prozessschritt erfordert, wiederum in Anlehnung an *Camp*, die Wahrnehmung der folgenden drei Teilaufgaben:

a) Schaffung einer für die Umsetzung der Aktionspläne (zur Prozessoptimierung) geeigneten Teamorganisation mit verantwortlicher Leitung. Dafür bietet *Camp* folgende vier Lösungsmöglichkeiten an.[46]
   - Übertragung der Einführungsaufgabe an das Linien-Management: Es gibt häufig viele innerbetriebliche Details, die vom Linien-Management am besten verstanden werden und die für den Erfolg und die zeitliche Durchführung wichtig sind. Der Grad der Verantwortungsübernahme und Verpflichtung sollte hoch sein. Zu den Nachteilen gehören der Zeitmangel und der Zeitaufwand, der für die Kontrolle des normalen Betriebes verloren geht.
   - Bildung eines verantwortlichen Projektteams: Dieser Ansatz gestattet es den Linien-Managern, sich weiter auf das Tagesgeschäft zu konzentrieren. Im Team müssen Fachkenntnisse zu jedem betroffenen Bereich vorhanden sein.
   - Ernennung eines Prozess-Zaren: In den Unternehmen herrscht eine produkt- oder funktionsbezogene Struktur vor. Prozesse gehen meistens über diese Grenzen hinweg. Die Aufteilung eines Prozesses auf mehrere Verantwortungsbereiche erschwert eine Modifikation des Prozesses und niemand fühlt sich für den Prozess verantwortlich. Ein Prozess-Verantwortlicher - Prozess-Zar - ist vertraut mit allen wesentlichen Prozesscharakteristiken, ist verantwortlich für die effektive Durchführung des Geschäftsprozesses. Der Prozess-Zar ermöglicht somit eine effiziente und effektive Gestaltung seiner Geschäftsprozesse.
   - Einsatz eines Leistungsteams: Leistungsteams werden auch als Performance-Teams oder Qualitätszirkel bezeichnet. Laut *Gabler:*[47] Qualitätszirkel, quality circle, kleine Arbeitsgruppe von Mitarbeitern eines Unternehmens (i.d.R. 3 - 15), die gemeinsam in ihrem Arbeitsbereich auftretende Probleme lösen bzw. zu lösen versuchen. Der Qualitätszirkel ist kein Organ des Managements. Er trifft sich regelmäßig, ist weitestgehend hierarchielos; der Leiter übernimmt die Moderatorenfunktion. Der einzigartige Vorteil von Leistungsteams ist, sie sind direkt in den Arbeitsprozess einbezogen.

---

[45] *Camp, R., C.,* Benchmarking, a.a.O.

[46] Ebenda

[47] *Gabler,* Wirtschaftslexikon, Wiesbaden, Stichwort: Qualitätszirkel

b) Anweisung an die Prozessverantwortlichen, die Prozessoptimierung gemäß Aktionsplan umzusetzen.
c) Unterstützung der Verantwortlichen sowie aller Mitwirkenden bei der Realisierung.

Zu 10. **Nehmen Sie Anpassungen vor.**
Während der Planrealisierung wird sich auch das Leistungsniveau des „Klassenbesten" verändern. Deshalb muss der Benchmarkprozess im Sinne eines Regelkreises kontinuierlich erneut durchlaufen werden, um zukünftige Leistungsrückstände zu vermeiden.

Außerdem können einzelne Aktionen hinter der geplanten Zielsetzung zurückbleiben und dadurch Zusatzmaßnahmen und/oder Neuplanungen notwendig werden. In dieser Abschlussphase des Benchmark-Prozesses mündet diese Methode „rigoroser Veränderung" zur Erreichung der „Branchen- oder Weltspitze" ein, in die Regeln und Optimierungsmethoden des „continous improvement" die im Kontext von „Total Quality Management" vorgestellt wurden (vgl. 5.5.2).

Angesichts der Größe der Herausforderung ein Wort der Ermutigung von *F. la Rochefoucauld*: „In großen Dingen sollten wir uns weniger bemühen, Chancen zu schaffen, als darum, von denen zu profitieren, die sich bieten."

8.4.5.6 Business Process Reengineering mit Hilfe von Tools

Die Restrukturierung von Geschäftsabläufen sollte wegen ihrer Komplexität durch Tools unterstützt werden. Die Möglichkeiten der Unterstützung durch Tools (EDV-Werkzeuge) soll am Beispiel des Tools ARIS (Architektur für integrierte Informationssysteme) erläutert werden.[48]

ARIS erlaubt die Darstellung und Dokumentation komplexer Geschäftsprozesse und unterstützt die systematische Veränderung von Arbeitsabläufen mit dem Ziel der Verbesserung. Zunächst müssen die Komponenten eines Geschäftsprozesses geklärt werden.

- Ein Geschäftsprozess wird durch ein Ereignis ausgelöst.
- Auf ein Ereignis wird mit der Ausführung einer **Funktion** reagiert.
- Eine Funktion wird von einer Abteilung oder Person der Organisation ausgeführt, gesteuert und eventuell verändert.
- Diese benötigt dafür **Daten**.

Aus dieser Betrachtung eines Geschäftsprozesses ergeben sich vier Beschreibungssichten:

- die Datensicht,
- die Funktionssicht,
- die Organisationssicht und
- die Steuerungssicht.

In der **Datensicht** werden die Beziehungen einzelner Datenobjekte mit Hilfe des Entity Relationship Modells dargestellt.

In der **Funktionssicht** können unter anderem Funktionen in Teilfunktionen zerlegt werden.

[48] Vgl. *Scheer, A. W.*, Wirtschaftsinformatik, Referenzmodelle für industrielle Geschäftsprozesse, Heidelberg, New York

In der **Organisationssicht** wird die Struktur eines Unternehmens hinterlegt, d. h. ein Unternehmen wird gegliedert in Geschäftsbereiche, Abteilungen, Funktionsbereiche und Personen, die für bestimmte Funktionsbereiche verantwortlich sind.

Mit der **Steuerungssicht** werden die drei anderen Sichten miteinander verbunden. In ihr wird modelliert, wann (Steuerungssicht), wer (Organisationssicht), was (Funktionssicht), womit (Datensicht) durchführt.

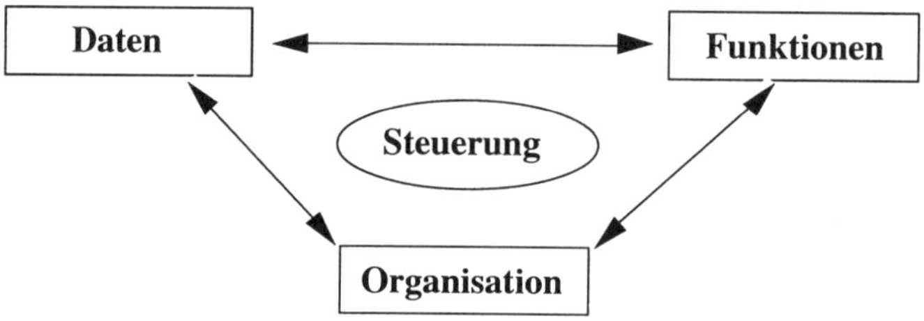

Durch dieses Konzept können die Beziehungen der einzelnen Objekte in jeder Sicht sowohl isoliert von der anderen Sicht als auch in Beziehung zu den anderen Sichten betrachtet werden. Durch dieses Konzept werden Geschäftsprozesse in ihre Bestandteile zerlegt und mit der Steuerungssicht wieder zusammengeführt.

Bei der Modellierung eines Geschäftsprozesses können innerhalb einer Sicht mehrere Modelle eines Modelltyps erstellt werden. Ein Geschäftsprozess lässt sich so strukturieren, dass man analog zum Top-Down-Verfahren vom Grobablauf bis zum Feinablauf eines Prozesses mehrere Modelle erstellt. Hinter jedes Objekt lässt sich eine Verfeinerung in Form eines Modells hinterlegen. So ist es möglich, dass man sich entlang dieser Verknüpfungen vom groben Ablauf bis zum Feinablauf eines Geschäftsprozesses bewegen kann. Diese Navigation kann sowohl innerhalb einer Sicht als auch zu anderen Sichten erfolgen. Objekten können Attribute zugeordnet werden, die das Objekt näher beschreiben. So lassen sich z. B. bei Funktionen Kosten und Zeiten für die Bearbeitungsdauer festlegen. Nachdem ein Geschäftsablauf modelliert ist, kann er analysiert werden. Dies kann zum einen aus der visuellen Betrachtung der einzelnen Modelle der einzelnen Sichten erfolgen, zum anderen kann man anhand der Zeit- und Kostenattribute der einzelnen Objekte eine Kennzahlenanalyse durchführen. Da ein Prozess nicht immer durchgehend sequentiell erfolgt, sondern Verzweigungen auftreten können, können diese mit Wahrscheinlichkeiten ihres Eintreffens belegt werden und somit in die Kennzahlenanalyse mit einbezogen werden. Durch die Auswahl eines Start- und Endpunkts wird eine Prozessteilfolge ausgewählt. Die Kennzahlenanalyse liefert Hinweise auf lange Durchlaufzeiten, hohe Kosten etc.

Nach der Analyse erfolgt die Generierung eines Sollmodells, das analog zur Generierung des Istmodells erfolgt. Die Erstellung der Sollmodelle kann mit Hilfe von Referenzmodellen durchgeführt werden, in denen die typischen Abläufe von Geschäftsprozessen für einzelne Branchen hinterlegt sind. Dabei werden aus dem Referenzmodell die für das Unternehmen relevanten Abläufe übernommen und um die für das Unternehmen zusätzlichen Vorgänge erweitert.

Die Unterschiede zwischen dem Ist- und dem Sollmodell lassen sich mit Hilfe eines Vergleichs unter Angabe einer Vergleichsart (Existenz, Bearbeitungsart etc.) durchführen, so dass man aufgrund der graphischen Kennzeichnung der Unterschiede einen schnellen Überblick über die Veränderungen bekommt.

In allen vier Bereichen gibt es drei Beschreibungsebenen, die zunehmend softwareabhängiger werden. Aufgrund der kurzen Innovationszyklen im Softwarebereich wird der Ebene, die am unabhängigsten von der Informationstechnik ist, die größte Aufmerksamkeit bei der Modellierung der Prozesse geschenkt. Diese Ebene wird als Fachkonzeptebene bezeichnet, hier ist das fachliche Unternehmensgeschehen dargestellt.

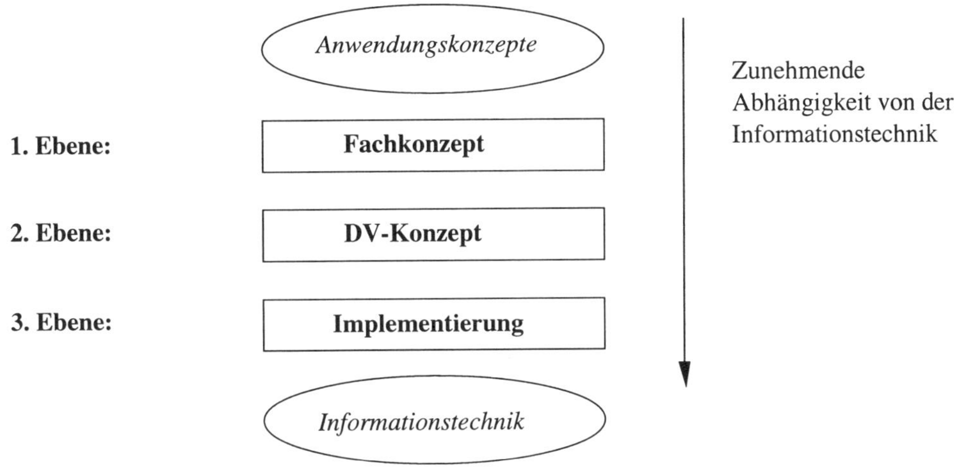

Das Angebot an Workflow Management Tools ist vielfältig. Lotus Notes (San José, CA) wird seit seiner Einführung in 1989 in 4.000 Unternehmen mit über 1 Million Benutzern eingesetzt und gilt als Marktführer. Über Stärken und Schwächen berichtete BYTE in der Ausgabe Januar 1995. Der Process Charter von Scitor (Taunusstein) erlaubt komfortable Prozesssimulation unter Windows, in der für alternative Prozessvarianten Engpässe und Überkapazitäten, also Optimierungsmöglichkeiten farblich aufgezeigt und hervorgehoben werden.

8.4.5.7 Praxisbeispiel: Darstellung von Teilprozessen auf Fachkonzeptebene[49]

Für die Erhebung der von Ereignissen ausgelösten Funktionen unter Beachtung von Organisation und Dateninput und -output kann ein Fragebogen, wie auf der folgenden Seite dargestellt, zweckmäßig eingesetzt werden.

Eine zweckmäßige Form der Dokumentation von Erhebungsergebnissen und/oder Sollvorstellungen zum Prozessablauf zeigen exemplarisch die folgenden Darstellungen zu den Funktionen Disposition und Fertigung im Produktionsunternehmen.

Legende:

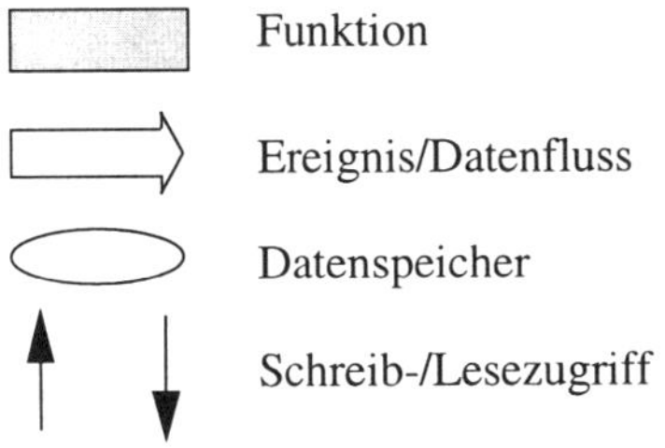

(1) Mit **Funktion** ist ein Arbeitsschritt innerhalb des grau markierten Funktionsbereiches gemeint.
(2) Ein **Ereignis/Datenfluss** ist ein Beleg, der eine Reaktion auslöst, ähnlich dem externen Ereignis der Strukturierten Analyse. Die Reaktion findet als Wahrnehmung einer Funktion statt.

[49] Darstellung von Sollprozessen vor Einführung von SAP.

(3) Ein **Datenspeicher** bezeichnet eine Datei, in der Stamm- oder Bewegungsdaten für die Bearbeitung bereitgestellt und nach Bearbeitung dauerhaft gespeichert werden.

(4) Ein **Schreib-/Lesezugriff** bedeutet, dass die Funktion die Daten des Datenspeichers benötigt oder erzeugt bzw. verändert.

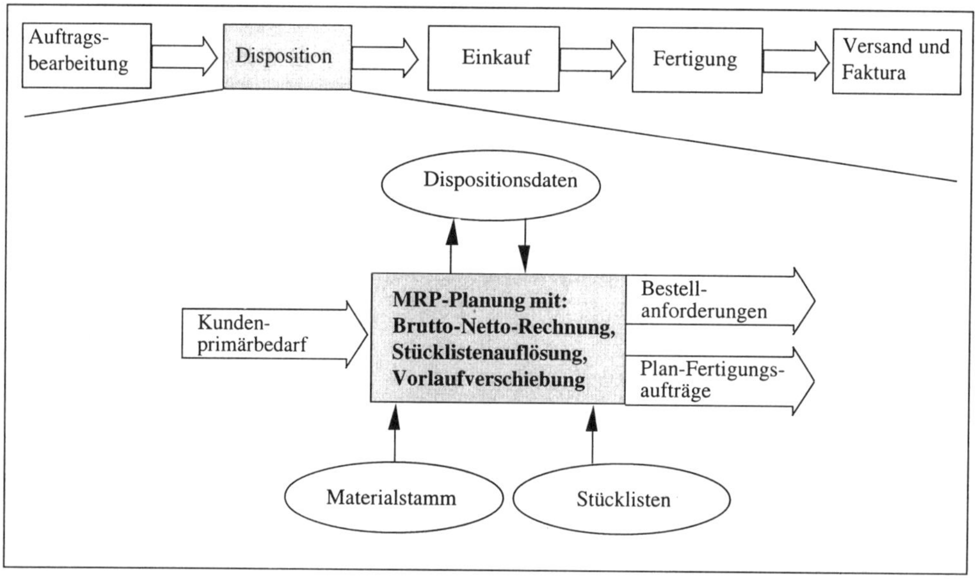

Disposition

1. Bereich

2. Sachbearbeiter

3. Haupttätigkeit

4. Anstoß / vorgelagerte Aktivitäten / Auslöser

Auslöser	zwingend	nicht zwingend
1.		

5. Ablauf- / Tätigkeitskurzbeschreibung

Tätigkeitskurzbeschreibung (Bitte nummerieren)	Häufig- keit	Dauer	Anstoß- ziffer(n)
1.			

6. Arbeitsunterlagen

Tätigkeit (Nr.)	Datenträger (Bildschirmmaske, Beleg, Vordruck, Telefon, Fax...)	woher	wohin

7. Verbesserungsvorschläge / Wünsche

Die MRP (Material Requirement Planning) -Planung ermittelt mit Hilfe der Stücklisten den Sekundärbedarf und berücksichtigt über die Vorlaufverschiebung auf Basis der Durchlaufzeiten im Materialstamm die Bedarfstermine. Auf allen Ebenen wird eine Brutto-Netto-Rechnung durchgeführt.

In der Disposition müssen Schnittstellen zur Kundenauftragsverwaltung, zur Fertigung und zur Materialwirtschaft bzw. Bestandsführung bestehen. Wichtig für eine EDV-gestützte Disposition ist die Zuordnung der Materialien zu den Verfahren der Bedarfsermittlung und Bestellrechnung.

Ergebnis der Disposition und damit Ereignis-Datenflüsse sind Planfertigungsaufträge für eigengefertigte Bauteile und Bestellanforderungen für fremdbeschaffte Teile. Die Planfertigungsaufträge stellen hier das Fertigungsprogramm für die nächste Periode dar.

Optimierungsmöglichkeiten liegen in der Durchlaufterminierung über die Arbeitspläne und in der Benutzung aller zur Verfügung stehender Dispositionsdaten, wie Menge, Termine sowie fixe und variable Kosten, zur Ermittlung der wirtschaftlichen Losgröße für Fertigungsaufträge und Bestellanforderungen.

Fertigungsdurchlauf
Im ersten Teil des Fertigungsdurchlaufs wird für die Planfertigungsaufträge mit Eckterminen die Kapazitätsterminierung durchgeführt. Der Belegspeicher Kapazitätsdaten stellt hierbei die Arbeitspläne mit Kapazitätsbedarf, Arbeitsplätze mit Kapazitätsangebot und die schon vorhandene Kapazitätsauslastung für die betrachtete Periode in Form von eingeplanten Fertigungsaufträgen dar.

Zu den dadurch festgelegten Fertigungsterminen werden die JIT-Materialien fertigungssynchron bestellt. Nach der Materialverfügbarkeitsmeldung für die JIT-Materialien werden die Fertigungsaufträge freigegeben. Die Auftragspapiere wie Laufkarte, Materialentnahmescheine für die Nicht-JIT-Materialien und die Lohnscheine können gedruckt werden.

Über die Materialentnahmescheine werden die Materialreservierungen abgebucht.

Auf Basis der Laufkarte entsteht in einzelnen Arbeitsgängen die Baugruppe oder das Endprodukt. Diese Arbeitsgänge werden rückgemeldet, d. h. es werden die Ist-Kosten, Ist-Zeiten, der Ist-Materialverbrauch, der Arbeitsfortschritt und die Qualität über die Betriebsdatenerfassung (BDE) ermittelt. Diese Daten können für einen Vergleich der Soll- und Ist-Kosten zu Controllingzwecken benutzt werden. Auf jeden Fall sind diese Daten Grundlage der Brutto-Lohnabrechnung bei Akkord-Lohn.

Ergebnis der Rückmeldung ist zum einen die Buchung des Wareneingangs auf einen Fertigungsauftrag und zum anderen die Materialverfügbarkeitsmeldung entweder an die nächste Fertigungsstufe oder an den Versand.

Optimierungsmöglichkeiten liegen an dieser Stelle in der Möglichkeit, das PPS-System als Datenbasis für das Controlling zu verwenden und Schnittstellen zur Betriebs- und Finanzbuchhaltung für Logistikcontrolling und Vertriebscontrolling mit Kostenträgererfolgsrechnung zu schaffen.

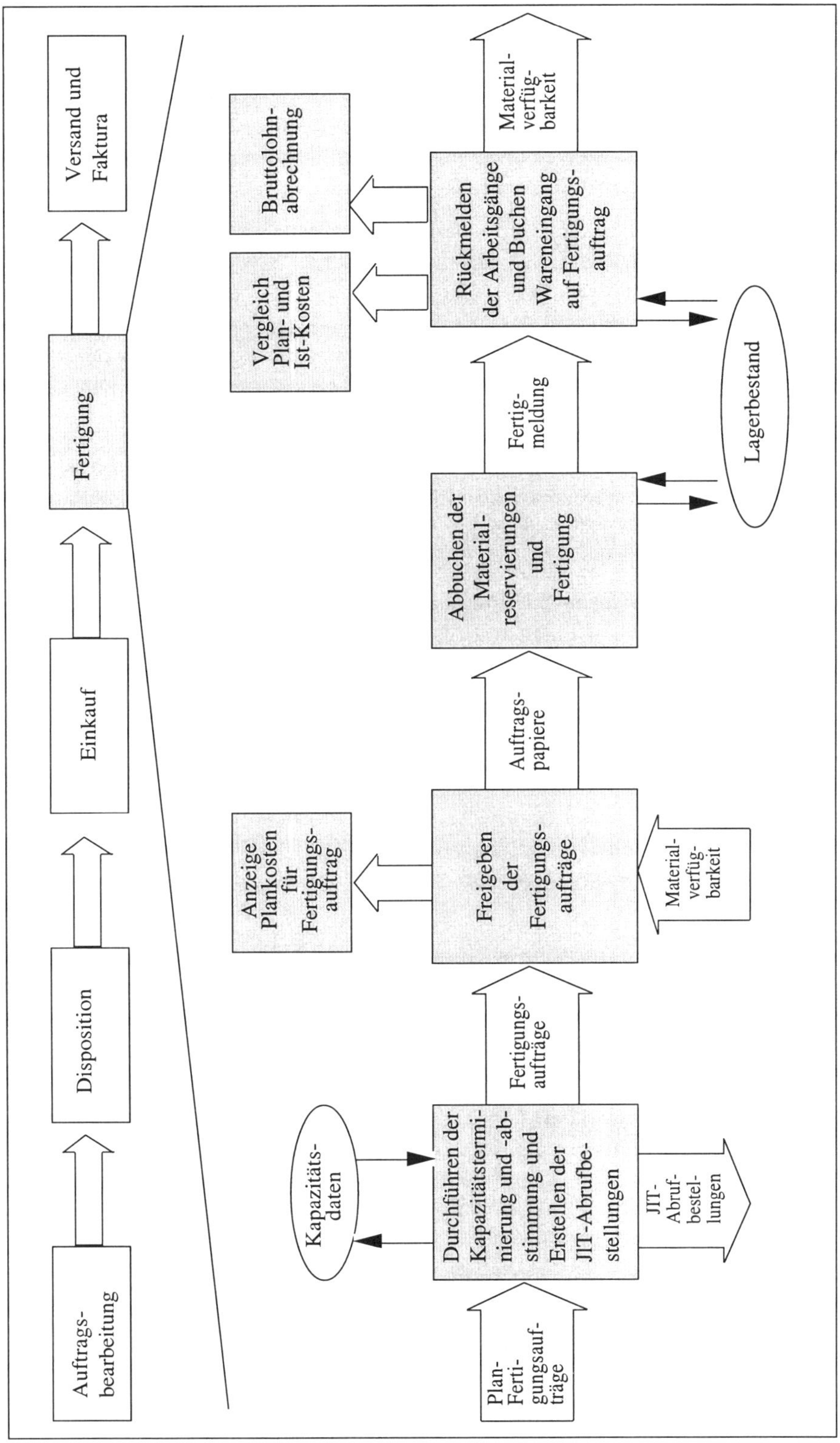

Fertigungsdurchlauf (Terminierung, Freigabe, Realisierung und Abrechnung)

8.4.5.8 Mögliche Gründe für ein Scheitern von Business Process Reengineering

In der Diskussion über Business Process Reengineering nennt *Whit Knox* im Internet, die obigen Gedanken zusammenfassend, folgende Hauptursachen des Widerstandes gegen BPR als „Roots of Resistance to Change":

Erstens kann die Anwesenheit von Reorganisationsberatern im Unternehmen als Kritik an den Mitarbeitern gesehen werden und kann deren Freiheit von Budget-, Infrastruktur- und Prozessrestriktionen Ressentiments auslösen.

Zweitens pflegen Mitarbeiter zu Recht für sich in Anspruch zu nehmen, dass sie nicht dumm seien und mehr wissen über die Aufgabe, Vorgesetzte, das Arbeitsumfeld etc. und deshalb gefragt und nicht trainiert werden möchten.

Drittens zielt Rationalisierung von Abläufen erfahrungsgemäß auf Personaleinsparung. Deshalb ist die Furcht, als Folge von BPR den Arbeitsplatz zu verlieren oder zumindest eine wesentliche Verschlechterung der persönlichen Arbeitsbedingungen hinnehmen zu müssen, sehr berechtigt.

Bedenkt man diese Problematik, dann wird abschließend deutlich, dass vertrauensvolle Zusammenarbeit der Unternehmensführung mit den Mitarbeitern eine notwendige Voraussetzung für den Erfolg ist. Dies schließt mit Sicherheit die Notwendigkeit ein, die Ziele und Interessen der Unternehmung bestmöglich in Einklang zu bringen mit Interessen und Zielen der einzelnen Mitarbeiter.

8.5 Interne Revision - Effizienzsicherung durch Auditing

8.5.1 Aufgabenstellung

Das Aufgabengebiet der internen Revision als **Mittel der Führungskontrolle** umfasst alle Unternehmensbereiche und Unternehmensaktivitäten. Die **Aufgabe der internen Revision** besteht darin, die für jedes Unternehmen spezifischen **Hauptprobleme zu erkennen**, ihre Ursachen aufzudecken und **Wege zu ihrer Lösung** aufzuzeigen.

Dabei steht sie in einem **ständigen Spannungsfeld zwischen Prüfungskosten** (Zeit-/ Geldaufwand) **und Prüfungserfolg**. Um diesem Spannungsfeld gerecht zu werden, muss die interne Revision

- ihre Prüfungen entsprechend gut **vorbereiten**,
- eine dem Prüfungsauftrag angemessene **Prüfungsart** auswählen,
- die mit dem geringsten Aufwand verbundene zweckmäßige Arbeitstechnik einsetzen.

Vereinfachend kann **Revision** als **fallweise** Prüfung aus speziellen Anlässen(z.B. Geschäftsführerwechsel, Umsatzeinbruch oder Kostenexplosion) gegen **Controlling** als Planung und prozessbegleitende **laufende Kontrolle** abgegrenzt werden.

8.5.2 Revisionsplan

Wie in allen betrieblichen Funktionsbereichen üblich, wird auch die Tätigkeit der internen Revision möglichst **längerfristig geplant**.

Der Revisionsplan ist ein i.d.R. mehrjähriges Programm, das **Zeitvorgaben für die durchzuführenden Prüfungen** der einzelnen Funktionsbereiche enthält. Dabei sind die Bereiche je nach ihrer Bedeutung häufiger oder seltener für eine Prüfung vorzusehen; ein Kriterium wäre z. B. die jeweils bewegte Geldmenge oder die Risikoträchtigkeit eines Bereichs.

Durch dieses Vorgabegerüst bildet der Revisionsplan die **Grundlage der Revisionsarbeit**. Es ist jedoch zu berücksichtigen, dass durch die „Feuerwehrfunktion" der internen Revision auch **ungeplante Prüfungen** notwendig werden, z. B. bei Schwierigkeiten in einem Funktionsbereich oder Verdacht auf Betrug. Die Planung hat also so zu erfolgen, dass die Integration eines normalen Anteils ungeplanter Prüfungen ohne größere Probleme möglich ist.

8.5.3 Prüfungsarten

Eine effiziente Prüfung setzt voraus, dass diejenige Prüfungsart ausgewählt wird, die die Erfüllung des Prüfungsauftrags mit den geringsten Kosten gewährleistet. Als Grundlage dazu kann das folgende Schema dienen:

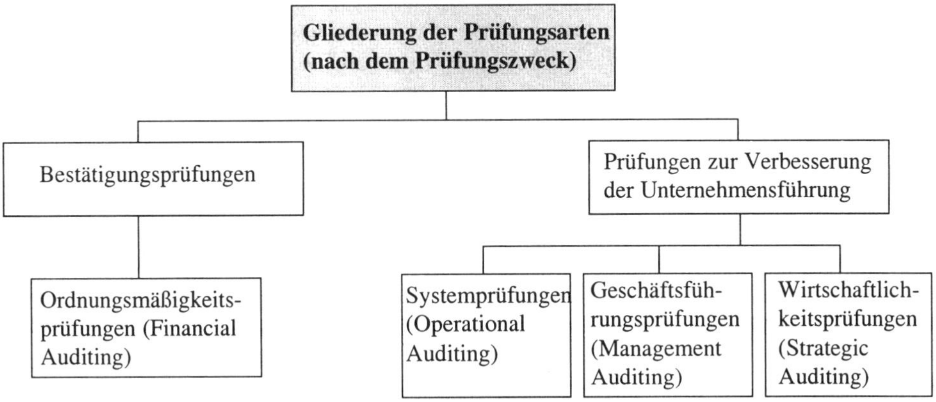

Gemäß dem aktuellen Ansatz, die interne Revision als Hilfsmittel der Unternehmensführung einzusetzen, **rücken Operational und Management Auditing** immer mehr **in den Vordergrund** und drängen die klassischen Revisionsaufgaben, Financial Auditing und Wirtschaftlichkeitsprüfung, immer mehr zurück.

8.5.3.1 Financial Auditing

Um ihrer Überwachungsfunktion gerecht zu werden, muss die interne Revision finanzielle Prüfungen im Bereich des Rechnungswesens in angemessenem Umfang und in angemessenen Zeiträumen, meist festgelegt im Revisionsplan, vornehmen.

Prüfungsziele des Financial Auditing sind:

- Bestätigung der Richtigkeit, Genauigkeit und Zuverlässigkeit der Daten des Finanz- und Rechnungswesens
- Vorsorge für Schutz und Sicherheit des Unternehmensvermögens.

Zur Erreichung der Prüfungsziele sind folgende **Prüfungen** vorzunehmen:

- Prüfung der formellen Ordnungsmäßigkeit
- Prüfung der materiellen Ordnungsmäßigkeit
- Prüfung der Vermögenssicherung.

Diese Prüfungen erfolgen auf Basis von Belegen, sind also **vergangenheitsorientiert**.

Im Rahmen des Financial Auditing wird von der internen Revision lediglich festgestellt, ob Ordnungsmäßigkeit und Vermögenssicherung gegeben sind. **Aussagen zur Verbesserung erfolgen im Rahmen dieser Prüfungsart nicht**.

Durch die zunehmende Übernahme des Rechnungswesens auf die EDV und die Entwicklung der Controller-Position hat das Financial-Auditing für die interne Revision **an Bedeutung verloren**. Es ist jedoch weiterhin die dominierende Prüfungsart der **externen Revision**.

8.5.3.2 Operational Auditing

Mit zunehmender Komplexität des Unternehmensablaufs werden **alle Unternehmensbereiche Gegenstand der Revisionsarbeit**, an die Stelle der Prüfung von Einzelfällen tritt die **Prüfung von Systemen**.

Prüfungsgegenstand des Operational Auditing ist folglich nicht der Einzelfall, sondern das System aus **internem Kontrollsystem** (IKS) und **Verfahrensregeln**, welches gemeinsam die richtige und zweckmäßige Bearbeitung aller Sachverhalte sicherstellen soll.

Prüfungsziele des Operational Auditing sind die Verbesserung von Unternehmensrentabilität und Zielerreichungsgrad durch Aufspüren von Problembereichen und Vorlage konstruktiver Verbesserungsvorschläge.

Um dieses Ziel zu erreichen, muss das Operational Auditing beurteilen können, ob die betriebliche **Aufbau- und Ablauforganisation** wirtschaftlich und zweckmäßig ist.

Unter diesen Gesichtspunkten ist insbesondere das **interne Kontrollsystem IKS** intensiv zu prüfen. Zu beachten ist hierbei, dass das Operational Auditing lediglich eine Beurteilung des **Soll-Zustandes** des IKS erlaubt. Die tatsächliche Wirksamkeit müsste z. B. durch das Durchspielen von Musterfällen, also durch Einzelfallprüfung, geklärt werden.

Im Rahmen des Operational Auditing werden von der internen Revision **konkrete Verbesserungsvorschläge** zur Methodenoptimierung, Verfahrens-/Nutzenverbesserung und Kosteneinsparung erwartet. Operational Auditing erfolgt i.d.R. **auf Anforderung** und ist **zukunftsbezogen**.

8.5.3.3 Management Auditing

Mit zunehmender Durchsetzung der management-orientierten Denkweise Mitte der siebziger Jahre hat diese Prüfungsart **stark an Bedeutung gewonnen**.

Prüfungsgegenstand ist die Geschäftsführung eines bestimmten Funktionsbereichs, der im System des Gesamtunternehmens als weitgehend selbständiges Subsystem im Rahmen von Zielvorgaben arbeitet. Die Entscheidungen dieser „Unternehmen im Unternehmen“ (Profit-Center) beeinflussen die Gesamtrentabilität und den Zielerreichungsgrad wesentlich.

Prüfungsziel ist die Beurteilung und Verbesserung der Leitung des jeweiligen Funktionsbereichs.

Die interne Revision hat zu prüfen und zu beurteilen, ob

- ❑ bei Planung und Entscheidung alle sachbezogenen Kenntnisse richtig berücksichtigt wurden und
- ❑ die Systeme zur Unternehmenssteuerung und Unternehmenskontrolle zweckmäßig sind.

Weiterhin sind die Entscheidungen des Funktionsbereichs-Managements zu beurteilen. Dazu muss die interne Revision

- ❑ die Management-Leistung in der Vergangenheit beurteilen (entlastungsbezogen) und
- ❑ die in Vergangenheit und Gegenwart getroffenen Entscheidungen in ihren Auswirkungen auf die Zukunft beurteilen (steuerungsbezogen).

Gerade die beiden letztgenannten Punkte stellen **höchste Anforderungen** an den Revisor. Eine hohe fachliche Qualifikation und **unternehmerisches Denken** sind Voraussetzung, um den jeweils Leitenden ein gleichwertiger Partner zu sein.

Management-Auditing erfolgt i.d.R. **auf Anforderung der höchsten Führungsebene** exklusiv durch die interne Revision und ist ebenfalls **zukunftsbezogen**.

8.5.3.4 Strategic Auditing (Wirtschaftlichkeitsprüfung von Investitionen)

Die vom Unternehmen beabsichtigten **Investitionen** können ebenfalls **Prüfungsgegenstand** der internen Revision sein, alternativ kann die Prüfung auch durch das **Controlling** erfolgen. Prüfungsziel ist hier:

- ❑ Nachweis der **Wirtschaftlichkeit** einer Investition und
- ❑ Erkennung und Beurteilung der mit der Investition möglicherweise verbundenen **Risiken**, ergänzt um Aussagen zu deren Eintrittswahrscheinlichkeit.

Wirtschaftlichkeitsprüfungen erfolgen aufgrund der unternehmensinternen Organisationsanweisungen oder auf Anordnung der Unternehmensleitung. Sie können sich von der relativ einfachen Prüfung **einer Einzelinvestition bis hin zur** schwierigen und aufwendigen **Prüfung von Entwicklungsprogrammen und des Gesamtinvestitionsbudgets** des Unternehmens erstrecken.

8.5.4 Prüfungsablauf

8.5.4.1 Prüfungsabschnitte und -phasen

Jede Prüfungsart erfordert, wie gezeigt, unterschiedliche Prüfungshandlungen. Der **Prüfungsablauf ist jedoch für alle Prüfungsarten im Grundsatz gleich.**

Jede Prüfung, mit Ausnahme der Prüfung einmaliger Gegebenheiten, wie Betrugsverdacht, besteht aus zwei **Abschnitten**:

- ❑ Erstrevision
- ❑ Nachrevision (Durchführungs-Kontrolle).

Jeder dieser Abschnitte lässt sich wiederum in drei Phasen aufteilen:

- ❑ Prüfungsvorbereitung mit Festlegung von
  - Prüfungsziel, -bereich und -schwerpunkten
  - Vorgehensweise
  - Prüfungshilfen, wie Vorschriften, Berichten, Abstimmlisten
- ❑ Prüfungsdurchführung in der Regel bestehend aus
  - Einführungsgespräch auf Basis des Prüfungsauftrags
  - Ermittlung und Darstellung des Soll-Zustandes in üblicherweise betreffend
    - Aufbauorganisation
    - Ablauforganisation
    - Zieldaten der Geschäftsentwicklung
    - Externe Vorschriften
  - Ermittlung des Ist-Zustands mit
    - wahrheitsgemäßer Darstellung von Strukturen, Fakten und Abläufen belegt durch
    - einwandfreie Dokumentation
  - Prüfung, Analyse und Beurteilung des Ist-Zustands
  - Verbesserungsvorschläge
- ❑ Prüfungsbericht mit
  - Management-Summary und Kurzfassung für die Geschäftsführung und
  - detailliertem Bericht, vollständig durch Dokumente belegt, als Grundlage für Maßnahmen für den geprüften Bereich.

Um Prüfungen so effizient wie möglich durchzuführen ist es unerlässlich, den Prüfungsablauf zielgerecht zu planen. Erschwerend kommt hinzu, dass die Prüfungsdauer häufig von vornherein auf eine bestimmte, relativ knappe Zeit festgelegt ist, um die Belastung der geprüften Stelle möglichst gering zu halten oder weil der Auftraggeber die Information zu einem festgelegten Termin benötigt.

Die folgende Tabelle gibt einige Erfahrungswerte als Anhaltspunkt für die Prüfungsplanung wieder:

Zeitanteil der Prüfungsphasen		
Prüfungsabschnitt	Prüfungsphase	Zeitanteil
Erstrevision (20 - 30 Arbeitstage)	Vorbereitung Durchführung Bericht	25 % 50 % 25 %
Nachrevision (10 - 20 Arbeitstage)	Vorbereitung Durchführung Bericht	5 - 10 % 80 - 90 % 5 - 10 %

Hierbei muss zwischen den laut Revisionsplan turnusmäßig erfolgenden Routineprüfungen, für die kaum noch Vorbereitung erforderlich ist, und den ungeplanten Prüfungen unterschieden werden.

8.5.4.2 Anfertigung des Prüfungsberichts

Auf der Grundlage der erstellten Arbeitspapiere, ergänzt um die Ergebnisse der Vorbesprechung, erstellt die interne Revision ihren Prüfungsbericht.

Dieser muss zunächst einmal, wie alle anderen Berichte auch, den **allgemeinen Berichtsgrundsätzen**

- Klarheit
- Vollständigkeit
- Berichtswahrheit
- Neutralität

genügen.

Bei der Berichtserstellung ist besonders auf das **unterschiedliche Informationsbedürfnis von Geschäftsführung und geprüfter Stelle** zu achten.

- Die **Geschäftsführung** erwartet eine kurze Zusammenfassung mit Schwerpunkt auf wesentlichen Ergebnissen und Maßnahmenvorschlägen.
- Die **geprüfte Stelle** erwartet einen möglichst detaillierten Bericht, um die Revisionsempfehlungen unmittelbar umsetzen zu können.

Diesen differenzierten Informationsbedürfnissen gerecht zu werden, ist eine anspruchsvolle Aufgabe, die viel „Fingerspitzengefühl" erfordert.

In der Praxis wird der unterschiedliche Informationsbedarf durch eine **Aufgliederung des Prüfungsberichts** in eine Kurzfassung für die Geschäftsführung und eine ausführliche Darstellung für die geprüfte Stelle berücksichtigt.

Beispielsweise könnte ein solcher Bericht folgendermaßen aufgebaut sein:

Prüfungsbericht

1) Auftrag und Durchführung
   - 1.1) Prüfungsauftrag
   - 1.2) Prüfungsdurchführung
2) Management-Summary
   - 2.1) Zusammengefasstes Prüfungsergebnis
     Untersuchungsergebnisse in komprimierter Form ergänzt um Abweichungsursachen und Beurteilung
     (kritischer Teil)
   - 2.2) Empfehlungen und Vorschläge
     In Form eines Aktionsplans mit Aufführung der vorgeschlagenen Maßnahmen und deren Gewichtung
     (konstruktiver Teil)
3) Untersuchungsergebnisse
   Detaillierte Darstellung für die geprüfte Stelle

4) Anlagen
Ergänzungen zu den Untersuchungsergebnissen und Hilfsmittel zur Realisierung der Revisionsvorschläge, z. B. Formularentwürfe.

8.5.4.3 Abschluss

Nach Erstellung des Prüfungsberichts erfolgt noch vor Weitergabe des Berichts an die Geschäftsführung eine **Schlussbesprechung** mit der geprüften Stelle, die damit letztmalig die Möglichkeit einer Stellungnahme zum Bericht erhält.

Im Rahmen dieser Besprechung stellt die interne Revision ihren Bericht vor. Kritische Passagen werden mit der geprüften Stelle abgestimmt, die vorgeschlagenen Maßnahmen werden diskutiert und ggf. geändert.

Anschließend wird die endgültige Version des Prüfungsberichts erarbeitet und der Geschäftsführung sowie der geprüften Stelle übersandt. Bei nächster Gelegenheit erfolgt dann eine **Präsentation** der Ergebnisse gegenüber der Geschäftsführung durch Mitarbeiter der internen Revision.

Hierbei werden Revisionsfeststellungen und vorgeschlagene Maßnahmen erläutert und diskutiert. **Im Anschluss entscheidet die Unternehmensleitung über die vorgeschlagenen Maßnahmen.**

8.5.5 Wege zur partnerschaftlichen Prüfung

Der **Geprüfte** empfindet oft schon die Prüfung an sich als Zweifel an seinen Fähigkeiten. Außerdem fürchtet er sich natürlich vor einem unvorteilhaften Bericht. Daher wird er „passiven Widerstand" gegen die Revision leisten, also z. B. wichtige Informationen verschweigen. Der Abbau dieses Spannungsfeldes ist Voraussetzung für erfolgreiche zukunftsorientierte Revisionsarbeit.

Das **Hauptziel** der internen Revision ist nicht Fehlersuche in der Vergangenheit, sondern die Sicherung des Unternehmens und die Verbesserung der Rentabilität in der Zukunft. **Dies liegt auch im Interesse des Geprüften. Er wird somit zum Partner der Revision, die Revisionsarbeit wird zur konstruktiven Kritik.** Dies zu verdeutlichen, ist der erste Schritt zur partnerschaftlichen Revision.

Wenn es dem Revisor weiterhin gelingt, sein eigenes Misstrauen weitgehend abzubauen und offen, verständig und gesprächsbereit aufzutreten, sollte es gelingen, die Partnerschaft zwischen ihm und dem Geprüften herzustellen. Ziel für beide sollte es sein, dass der Einsatz der Revision als Hilfe und Unterstützung gesehen wird.

Der Revisor (insbesondere der Leiter eines Revisionsteams) arbeitet in der Regel als Vertrauensperson der Geschäftsführung. Von ihm wird objektive Berichterstattung und Empfehlung von erfolgversprechenden Entscheidungen erwartet. In der Wahrnehmung dieser Funktion des Revisors liegt auch die wesentliche Chance für den Geprüften. Der faire Revisor als Unterstützer für den Erfolg kann beim Geprüften schnell volles Vertrauen erlangen.

Dem **Revisor** bietet ein partnerschaftliches Verhältnis eine Reihe von **Vorteilen**:

- Die Informationsbereitschaft der Geprüften ist höher, „passiver Widerstand" wird abgebaut.
- Die Effizienz der internen Revision steigt, ihre Verbesserungsvorschläge werden positiver aufgenommen.
- Der Revisor wird in seiner Arbeit bestätigt, der psychologische Druck auf ihn wird abgebaut.

8.5.6 DV-Revision

Der Einsatz der EDV als Organisations- und Informationsinstrument hat sich in fast allen Unternehmen durchgesetzt, deren Größe auch die Existenz einer internen Revision berechtigt erscheinen lässt.

Dabei hat die EDV in neuerer Zeit besonders in den dispositions- und abrechnungssensiblen Bereichen verstärkt Einsatz gefunden. Gerade diese erfolgsbestimmenden Bereiche sind auch ein Hauptaufgabengebiet der Revision.

Konnte also früher, als die EDV größtenteils unterstützende Aufgaben im Bereich der Massendatenverarbeitung wahrnahm, noch mit einiger Berechtigung „um den Computer herum" geprüft werden, so stellt sich heute unverzichtbar die Frage nach Möglichkeiten zur Prüfung von Wirtschaftlichkeit, Ordnungsmäßigkeit und Sicherheit im Rahmen des EDV-Einsatzes.

Dies auch und gerade unter dem Aspekt eines verstärkten Drucks der Öffentlichkeit und des Staates auf die Unternehmen, Stichwort Datenschutz. Die interne Revision muss, um diesen internen und externen Anforderungen gerecht zu werden, die EDV als Prüfungsgebiet verstehen und zugleich als Arbeitsmittel einsetzen.

8.5.6.1 Revision der EDV

Die Aufgabengebiete der DV-Revision lassen sich wie folgt darstellen:

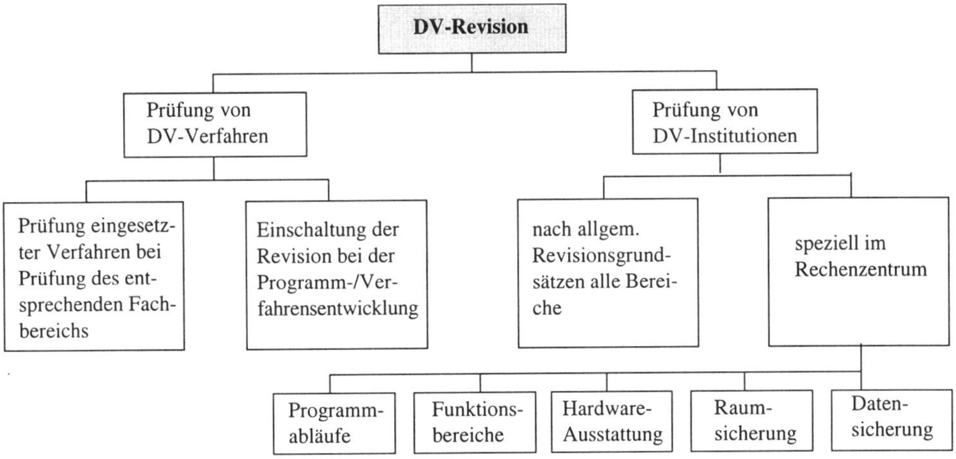

Dabei stehen folgende Gesichtspunkte im Vordergrund:

- ❑ Sicherheitserfordernisse an Aufbau- und Ablauforganisation des EDV-Bereichs
- ❑ Einhaltung gesetzlicher Auflagen (HGB, Bundesdatenschutzgesetz)
- ❑ Einhaltung interner Richtlinien und Anweisungen (Dokumentationsrichtlinien)
- ❑ Funktionsfähigkeit der EDV-Verfahren und der installierten internen Kontrollsystemen
- ❑ Wirtschaftlichkeit bei Planung und Durchführung von EDV-Abläufen.

Die Revisionsanforderungen werden in Abhängigkeit vom jeweiligen Verfahrenszweck definiert. Hierbei sind neben den externen Auflagen die innerbetrieblichen Erfordernisse differenziert zu gewichten. So können z. B. Datensicherungsmaßnahmen in der Forschung höchste Priorität haben, obwohl weder die Grundsätze ordnungsmäßiger Speicherbuchführung (GoS) noch personenbezogene Daten (Datenschutzgesetz) betroffen sind.

Die Prüfungen institutioneller Einheiten (Programmierung, Rechenzentrum) betreffen überwiegend den Steuerungs- und Kontrollprozess dieser Einheiten oder den gesamten EDV-Bereich inkl. Personaleinsatz und Einsatz von Sachmitteln.

(1) **Prüfung von DV-Verfahren**

Die Prüfung der EDV-Programme zu einzelnen Sachgebieten ist im Gesamtrahmen der Verfahrensführung des jeweiligen Fachgebietes durchzuführen. Aus Wirtschaftlichkeitsgründen wird die Revision bereits in der Verfahrens-/Programmentwicklung eingeschaltet. Bei der Entwicklung sind folgende Phasen zu unterscheiden:

1. Konzeption (Systementwurf)
2. Erstellen Programmvorhaben, Datei-, Satz- oder Maskenbeschreibungen und Anweisungen
3. Programmierung
4. Test und Probelauf
5. Programmfreigabe
6. Praxiseinsatz.

Die Verantwortlichkeit für die Realisierung der einzelnen Phasen liegt grundsätzlich bei der EDV-Abteilung, doch können durch rechtzeitige Integration revisorischer Forderungen eventuelle Verfahrensfehler vermieden werden. Die Art und die Intensität der Mitarbeit ist bei den einzelnen Phasen unterschiedlich. Das Tätigkeitsgebiet der Revisoren reicht hierbei **von Teilprüfungen bis zur Beratung und Begutachtung**.

Wichtig ist bei der **Konzeption** eine Beurteilung der geplanten **Kontroll- und Abstimmmechanismen**. Bei neuen EDV-Verfahren ist daher den vorgesehenen **Ordnungsmäßigkeits- und Sicherheitseinrichtungen** besondere Beachtung zu widmen.

Ein weiterer Schwerpunkt revisorischer Tätigkeit liegt in der **Testphase**. Hier wird geprüft, ob Testauswertung und Testdurchführung neutral erfolgten und ob ausreichend Grenzfälle geschaffen wurden. Häufig wird die Revision zusätzliche Testdaten einbringen, die die programmierten Systemkontrollen auf ihre Funktionsfähigkeit hin überprüfen.

Die Prüfungen der einzelnen Entwicklungsphasen entbinden die Revision nicht von der Aufgabe, die ausgewählten Verfahren nach ihrer Freigabe in Bezug auf **formelle Aspekte (Dokumentation), materielle Erfordernisse (Wirtschaftlichkeit) und Akzeptanz** durch die Benutzer hin zu untersuchen.

(2) **Prüfungen im Rechenzentrum**
In der Revisionspraxis werden Rechenzentren nicht als Ganzes, sondern in Teilbereichen und Teilfunktionen geprüft.
Die Prüfungseinheiten sind u. a.:
- ❑ Ordnungsmäßigkeit der Programmabläufe (Programmversion, Job-Planung, Dateienarchivierung)
- ❑ Funktionsbereiche (Operating, Archiv usw.)
- ❑ Hardware-Ausstattung
- ❑ Raumsicherung
- ❑ Datensicherung.

Die Revision der einzelnen **Funktionsbereiche** beschränkt sich nicht nur auf Ordnungsmäßigkeit des Ablaufs und der Einhaltung der geforderten Funktionstrennung, sondern beinhaltet ebenfalls die Führungsaufgaben, Personal- und Sachkosten.

Die **Hardware-Ausstattung** steht im Zentrum verschiedener revisorischer Untersuchungen. Durch Bestandsaufnahmen und Prüfung der Rechnungen über Hardwarelieferungen wird z. B. die Ordnungsmäßigkeit der Rechnungsbegleichung untersucht. Weitere Untersuchungsbereiche liegen in der Nutzung der Zentraleinheiten, der Nah- und Fernperipherie oder der Leitungsnetze.

Raumsicherungsmaßnahmen(bauliche und organisatorische Vorsorgemaßnahmen) haben das Ziel, Schadensereignisse möglichst zu vermeiden bzw. sie in ihren Auswirkungen zu begrenzen. Die interne Revision wird sich neben den Schutzmaßnahmen (Feuer, Wasser etc.) auch mit den Zutrittsregelungen befassen (Überprüfung der Qualität der organisatorischen und personellen Maßnahmen).

Die Revision der **Datensicherung** befasst sich mit der Sicherung der Datenträger vor physischer Zerstörung und ob entsprechende Richtlinien vom Personal eingehalten werden. Hierbei werden die Qualität der Datensicherungsmaßnahmen, die Beschaffenheit der Auslagerungsräume sowie die Transportverfahren untersucht.

8.5.6.2 Einsatz der EDV für Prüfungszwecke der Internen Revision

Das Vordringen der EDV in alle Unternehmensbereiche macht es notwendig, den Computer als Arbeitsmittel der internen Revision einzusetzen. Mit geeigneten Prüfungsprogrammen wird dem Revisor die Möglichkeit gegeben, massenhafte Vorgänge effektiver bzw. gezielter zu bearbeiten.

Die Prüfungsprogramme lassen sich nach ihrer Herkunft wie folgt unterscheiden:
- ❑ Dienstprogramme
- ❑ Revisionssoftware
- ❑ Anwenderprogramme
- ❑ spezielle Prüfprogramme.

Dienstprogramme: Dienstprogramme werden vom Hersteller mit dem Betriebssystem zur Verfügung gestellt und werden von der Revision überwiegend zum Aufbau von Testdateien eingesetzt. Testfälle werden nach Vorstellung des Revisors erstellt oder Praxisfälle verglichen.

Revisionssoftware: Hierunter versteht man Software, die von Servicefirmen bzw. Wirtschaftsprüfergesellschaften angeboten wird und universell eingesetzt werden kann. Unter Revisionssoftware versteht man Vergleichs- und Selektionsprogramme bzw. Stichprobengeneratoren. Schwierigkeiten ergeben sich hier in der umständlichen Handhabung (Vorbereitung, Test, Auswertung); manche sind bei Datenbanksystemen nicht einsetzbar.

Anwenderprogramme und spezielle Programme: Unter Anwenderprogrammen versteht man Arbeits- und Hilfsprogramme, die von der eigenen EDV-Abteilung erstellt wurden, wobei spezielle Programme direkt in der Revisionsabteilung entwickelt wurden. Mit diesen Programmen ist man in der Lage, hausspezifische Auswertungen zu realisieren und ungewöhnliche Vorgänge zu ermitteln.

Der Einsatz von Prüfsoftware verlangt von dem Revisor eine genauere Vorbereitung der Prüfung und zwingt ihn in eine Abhängigkeit von den gewählten Prüfprogrammen. Die Grenzen der Prüfung liegen nicht nur in der Existenz entsprechender Dateien zur jeweiligen Prüfung, sondern auch in der Abhängigkeit der sachlichen Richtigkeit und Vollständigkeit des entsprechenden Meldewesens.

Zur Vertiefung vgl. folgende Literatur:

- ❑ *Schuppenhauer*, Grundsätze und Methoden der EDV-Prüfung, IDW-Verlag, Düsseldorf
- ❑ *Grupp, B.*, Interne Revision im Industriebetrieb, Kiehl-Verlag, Ludwigshafen
- ❑ *Langer, C., Schöne, K.*, IV-Controlling, in IM, München

8.6 Die wichtigsten Management-by-Konzeptionen als Erfahrungsgrundlage der Führungspraxis

Eine kurze systematische Gegenüberstellung der wesentlichen „Management-by-Konzeptionen" ist erforderlich, da diese in der Praxis erhebliche Bedeutung gewonnen haben. Es ist jedoch zu bedenken, dass nur die wichtigsten unter ihnen für die Gestaltung der Führungsmethoden effiziente Ansätze bieten und dass der Praktiker bestrebt sein sollte, durch eine auf die Bedingungen des konkreten Falles angepasste Kombination von Grundsätzen, aus den verschiedenen Methoden, möglichst deren Vorteile zu nutzen und ihre Nachteile zu vermeiden. Das heißt, dass eine schematische Umsetzung einer „Management-by-Konzeption" in der Regel nicht der Bestlösung der Organisations- und Führungstechnik entspricht.

Bei der Lektüre der folgenden systematischen Gegenüberstellung der wichtigsten Management-by-Konzeptionen ist zu bedenken, dass diese nicht gleichzeitig entwickelt wurden und gleichwertig nebeneinander stehen, sondern eher einen Entwicklungsprozess charakterisieren, der etwa in folgender Reihenfolge von einem zum nächsten Modell Verbesserungen berücksichtigte: Management by Exception (MbE), Management by Delegation (MbD), Management by Objectives (MbO) und Management by Systems (MbS).

Wild [50], von dem die folgende vergleichende Gegenüberstellung und systematische Würdigung stammt, hat das zuletzt genannte Modell, Management by Systems, als „reale Utopie" bezeichnet.

[50] Die folgende vergleichende Gegenüberstellung von „Management-by-Konzeptionen" ist entnommen aus: *Wild, J.*, Unterentwickeltes Management by..., in: Manager Magazin, zitiert nach: *Schierenbeck, H.*, Grundzüge der Betriebwirtschaftslehre, München und Wien

Für die praxisbezogene Nutzung der Erfahrungen kann deshalb zusammenfassend gefolgert werden: Management by Objectives ist die am höchsten entwickelte Management-Technik, bei deren Anwendung jedoch Erkenntnisse aus den vorgenannten einfließen und zugleich hoch leistungsfähige Informations-Systeme (in Regelkreisen) eingesetzt werden sollten. Dabei ist dafür zu sorgen, dass die Informationsverarbeitung nach strengen Regeln der Wirtschaftlichkeit erfolgt und dass jedes Controlling so wahrgenommen wird, dass durch loyale Kommunikation im Unternehmen Motivation, Effizienz und Kreativität des Einzelnen und von Teams wirksam und zielorientiert gefördert werden.

Kurzdefinition:	**Management by Exception:** Führung durch Abweichungskontrolle und Eingriff im Ausnahmefall	**Management by Delegation:** Führung durch Aufgabendelegation (Harzburger Modell: Führung im Mitarbeiterverhältnis)	**Management by Objectives:** Führung durch Zielvereinbarung	**Management by System:** Führung durch Systemsteuerung bzw. Führung mit Delegation und weitergehender Selbstregelung auf der Grundlage computergestützter Informations- und Steuerungssysteme
Hauptziele:	• Entlastung der Vorgesetzten von Routineaufgaben (Vermeidung von „Herzinfarktmanagement") • Systematisierung der Informationsflüsse und Regelung der Zuständigkeiten, so dass Störeinflüsse rasch behoben werden	• Abbau der Hierarchie und des autoritären Führungsstils, Ansatz zur partizipativen Führung • Entlastung der Vorgesetzten (wie bei MbE) • Förderung von Eigeninitiative, Leistungsmotivation u. Verantwortungbereitschaft • Entscheidungen sollen auf der Führungsebene getroffen werden, wo sie vom Sachverstand her am ehesten hingehören • Mitarbeiter sollen lernen, wie man eigenverantwortlich Entscheidungen trifft	• Entlastung der Führungsspitze • Förderung der Leistungsmotivation, Eigeninitiative, Verantwortungsbereitschaft und Selbstregelungsfähigkeit der Mitarbeiter • partizipative Führung, Identifikation der Mitarbeiter mit Unternehmungszielen • Mitarbeiter sollten ihr Handeln an klaren Zielen ausrichten, objektiv beurteilt, leistungsgerecht bezahlt und nach Fähigkeiten gefördert werden • bessere Planung und Zielabstimmung, bessere Organisation • systematische Berücksichtigung von Verbesserungsmöglichkeiten	wie bei MbO, zusätzlich: • quasi-automatische Steuerung der Routine-Management-Prozesse durch Computereinsatz • bessere Informationsversorgung aller Führungsebenen • abteilungsübergreifende Wirkungen von Entscheidungen sollten schnell erkennbar sein • Beschleunigung aller Management-Prozesse
Wichtigste Bestandteile/ Instrumente:	• Festlegung von Sollergebnissen • Informationsrückkopplung • Abweichungskontrolle (-analyse) • Vorgesetzter greift nur bei Abweichungen und in Ausnahmefällen ein • Richtlinien für Normal- und Ausnahmefälle mit Kompetenzabgrenzung	• Delegation von Aufgaben (mit Kompetenzen und Handlungsverantwortung) • Verbot der Rückgabe und Rücknahme der Delegation • Stellenbeschreibung • Regelung für Ausnahmefälle • Regelung für die Dienstaufsicht und Erfolgskontrolle • Regeln für den Informationsverkehr	• organisatorisch institutionalisierter Zielbildungs- und Planungsprozess, Einzelziele werden durch „Herunterbrechen" aus Unternehmungszielen abgeleitet • periodische Wiederholung eines kybernetischen Management-Zyklus • Zielbilder, Stellenbeschreibungen (MbD) und Ausnahmeregelungen (MbE) • Präzisierung der vereinbarten Ziele durch Leistungsstandards und Kontrolldaten • regelmäßige Ziel-Ergebnis-Analyse (ZEA) • objektivere, zielorientierte Leistungs- bzw. Personalbeurteilung • leistungsorientierte Bezahlung • Förderungsinterview und Vereinbarung persönlicher Entwicklungsziele • Management-Development-System, das an die ZEA anknüpft und in den Management-Zyklus integriert ist • Führungsstil partizipativ,Delegation • regelmäßige Überprüfung der Kongruenz von Zielsystem und Organisation	wie bei MbO, zusätzlich: • Impics (Integriertes Management-Planungs-, Informations- und Control-System) • Integration der Management-Techniken, -Methoden u. -Instrumente in das Impics • weitestgehende Entscheidungsdezentralisation und Delegation

Voraus-setzungen:	M.byException(Forts.) • Anwendungsbereich auf programmierbare Entscheidungsprozesse beschränkt • alle Beteiligten müssen Ziele, Abweichungstoleranzen u. Definition der Ausnahmefälle kennen • entsprechendes Kontroll- und Berichtssystem • klare Regelung der Zuständigkeiten	M.by Delegation (Fortsetzg.) • Delegationsbereitschaft der Vorgesetzten und Delegationsfähigkeit der Mitarbeiter (müssen eigenständig handeln können) • Klärung delegierbarer und nicht-delegierbarer Aufgaben, Kompetenzen und Verantwortung • entsprechendes Kontroll- und Berichtssystem • ausreichende Information der Mitarbeiter (auch Querschnittsinformation)	M.by Objectives (Fortsetzg.) • Delegation wie bei MbD, Entscheidungsdezentralisierung • zielorientierte Organisation (Kongruenz von Zielsystem und Organisationsstruktur) • gut organisiertes, leistungsfähiges Planungs-, Informations- und Kontrollsystem • entsprechende Informationsversorgung und Ausbildung der Mitarbeiter • weitere Instrumente wie oben genannt	M.by System (Forts.) wie bei MbO, zusätzlich: • leistungsfähiges Impics (sehr problematisch) • Feststellbarkeit des wirklichen Informationsbedarfs der Manager
Kritik:	• einseitig (Beschränkung auf Abweichungsfälle) und fehlendes feed forward (Vorkopplung) • Tendenz zum „Management by Surprise" • über Ziele und Pläne als Grundlage für Sollgrößen und Kontrolle wird nichts gesagt • fördert nicht unbedingt Eigeninitiative und Verantwortungsfreude, Tendenz zur „Delegation nach oben" • unter Umständen negative Verhaltensmotivation (Frustration durch fehlende Erfolgserlebnisse) • Lerneffekte bei Mitarbeitern beschränkt, da interessante Probleme Vorgesetzten vorbehalten bleiben	• Hierarchie wird nicht abgebaut, sondern unter Umständen gefestigt • Prinzip beruht auf statischem Denkansatz, ist zu stark aufgabenorientiert und vernachlässigt dynamische Prozessaspekte und Zielorientierung • partizipative Führung wird hiermit allein kaum erreicht (gemeinsame Entscheidungen von Vorgesetzten und Mitarbeitern) • Motivationsaspekte ungenügend berücksichtigt • Vorgesetzte delegieren unter Umständen nur uninteressante Routineaufgaben • Prinzip berücksichtigt nur die vertikalen Hierarchiebeziehungen, vernachlässigt dagegen notwendige Querkoordination und übergreifende Zielabstimmungen	• bei unsachgemäßer Anwendung: Gefahr überhöhten Leistungsdrucks (Folge: Misserfolgsmotivierung, Frustration) • partizipativer Planungs- und Zielbildungsprozess ist zeitaufwendig • Zielidentifikation nicht ohne weiteres erreichbar • Tendenz zur Konzentration auf messbare Ziele (Leistungsstandards), obwohl qualitative Ziele unter Umständen wichtiger sind • relativ hohe Einführungskosten (kein echtes Argument: bei konsequenter Anwendung von MbE und MbD ähnlich) • Schwierigkeiten bei Zielabhängigkeiten über Abteilungsgrenzen hinweg (Zielpooling) nicht immer lösbar	• bisher nicht realisierbar wegen fehlender Impics (MIS) • hohe Kosten der Entwicklung und Einführung • stärkere Störanfälligkeit • unter Umständen negative Effekte auf menschliches Arbeitsverhalten und zwischenmenschliche Beziehungen (Enthumanisierung, Entfremdung) • psychologische Widerstände zu erwarten: Wollen Manager tatsächlich solche Systeme oder werden sie ihnen von Systemplanern und EDV-Herstellern „aufgezwängt".
Gesamt-urteil:	• kein eigenständiges Modell, lediglich einfaches generelles Prinzip • löst nur kleinen Teil der Management-Probleme, geht aber in andere Modelle ein	• als einfaches Prinzip allgemeingültig verwendbar, aber nur begrenzt wirksam • in Form des Harzburger Modells zwar leistungsfähiger, aber zu statisch und daher stark erweiterungsbedürftig • Im Vergleich zum MbO bleibt vieles offen	• mehr als nur Schlagwort oder Prinzip • modernste, umfassende und am weitesten entwickelte Management-Konzeption • berücksichtigt den Stand moderner Führungstheorie und die zentrale Rolle der Ziele für die Steuerung sozialer Systeme	• heute nur „reale Utopie", zeigt aber die Entwicklungsrichtung • so sollte im Prinzip die zukünftige Unternehmungsführung aussehen, wobei MbE, MbD und MbO hierin integriert sein müssten.

Kontrollfragen zu Kapitel 8

1. Welche Hauptmerkmale der westlichen Industriegesellschaften bestimmen wesentlich die Aufgaben der Unternehmenssicherung?
2. Welche Vorstellungen verbinden Sie mit dem Stichwort: japanische Managementtechniken?
3. Erläutern Sie Inhalt und Bedeutung des „Return on Investment".
4. Skizzieren Sie den Zusammenhang der Elemente des „return on investment".
5. Definieren Sie die übliche Aufgabenteilung zwischen Top- und Middlemanagement mit Erläuterung der Aufgabeninhalte.
6. Entwickeln Sie Leitgedanken zur Praxis der Verhandlungsführung.
7. Erläutern Sie Ursachen und Merkmale von Unternehmenskrisen.
8. Entwickeln Sie Ihre Vorschläge zur systematischen Überwindung von Unternehmenskrisen.
9. Skizzieren Sie einen systematischen Entscheidungsablauf zur Vorbereitung einer Entscheidung über ein Projekt oder eine Maßnahme.
10. Skizzieren Sie einen Regelkreis zur Durchsetzung eines Maßnahmenprogramms.
11. Erläutern Sie die besonderen Probleme kleiner und mittlerer Unternehmen.
12. Definieren Sie die Aufgabe des Controlling und unterscheiden Sie dabei zwischen operativem und strategischem Controlling.
13. Erläutern Sie Ihre Vorstellungen zu folgenden Begriffen, möglichst anhand einer graphischen Darstellung:
    - 13.1 Ziel- und Organisationssystem der Unternehmung
    - 13.2 Managementregelkreis
    - 13.3 Integrierte Datenverarbeitung als Grundlage für ein Management-Informations-System (MIS)
    - 13.4 Datenbankkonzept für einen Industriebetrieb
    - 13.5 Mögliche Beiträge der EDV zur Unternehmensrationalisierung und Unternehmensführung.
14. Nennen Sie Teilaufgaben und Grundsätze der Unternehmensplanung.
15. Skizzieren Sie ein Informationsablaufdiagramm zu Planung und Kontrolle und erläutern Sie dazu den Unterschied zwischen strategischer und operativer Planung.
16. Welche Essentials gilt es zu beachten beim Aufbau eines operativen Controlling?
17. Erläutern Sie die Einführungsschritte beim Aufbau einer Unternehmensplanung in einem Großunternehmen.
18. Skizzieren Sie den Zusammenhang der üblichen Haupt-/Teilpläne eines Unternehmens.
19. Erläutern Sie die Grundformen der Aufbauorganisation mit Skizzen zu den wichtigsten Organisationsmodellen.
20. Entwerfen Sie ein detailliertes Organigramm (Strukturskizze)für
    - 20.1 eine funktional gegliederte Stabs-Linien-Organisation eines Industrieunternehmens
    - 20.2 die Marketing-Organisation eines mittleren Unternehmens
    - 20.3 die Organisation des Produktionsbereiches eines mittleren Unternehmens, das technische Serienprodukte herstellt.

21. Erläutern Sie die Gestaltungs- und Optimierungsregeln der Strukturorganisation.
22. Erläutern Sie Begriffe, Aufgaben und Gestaltungsregeln der Ablauforganisation.
23. Wie unterscheiden sich Administrations-, Dispositions-, Informations- und Planungssysteme?
24. Was versteht man unter Business Process Reengineering (BPR)?
25. Erläutern Sie Vorgehen, Chancen und Schwierigkeiten des Benchmarking.
26. Erläutern Sie Vorgehen und Elemente von BPR mit Hilfe von Tools.
27. Nennen Sie eine allgemeine Schrittfolge der Prozessoptimierung.
28. Welche Gründe sehen Sie für ein mögliches Scheitern von BPR?
29. Strukturieren Sie Aufgaben, Arten und Vorgehensplan der Internen Revision.
30. Welche Aufgaben würden Sie der DV-Revision zuweisen?

9 Industrielles Rechnungswesen

Die folgende Einführung kann wegen umfangreicher rechtlicher Vorschriften für den verantwortlichen Geschäftsführer nicht eine systematische vertiefende Ausbildung oder die Zusammenarbeit mit einem Steuerberater oder Wirtschaftsprüfer ersetzen. Das betriebliche Rechnungswesen hat die Aufgabe der systematischen Erfassung und Auswertung aller quantitativen und quantifizierbaren Vorgänge im Unternehmen mit dem Ziel, den Unternehmensprozess und dessen Zusammenhänge zutreffend wiederzugeben und den Prozess der Leistungserstellung transparent und steuerbar zu machen.

Die Teilaufgaben des Rechnungswesens lassen sich wie folgt charakterisieren:

a) Zahlenmäßige **Erfassung aller** wirtschaftlichen und rechtlichen Vorgänge, soweit sie **Veränderungen des Vermögens und des Kapitals** hervorrufen.
b) **Feststellung der Aufwendungen, Erträge und Ergebnisse** während und am Ende jeder Wirtschaftsperiode (als Periodenergebnisrechnung und -abschluss).
c) Die vorgenannten Aufgaben unterliegen gesetzlichen Vorschriften. Sie dienen auch der Schaffung von Unterlagen zur **Beurteilung der Lage des Unternehmens im Markt**.
d) **Ermittlung von Kosten und Leistungen,** d. h. Schaffung von Unterlagen zur Überwachung der Wirtschaftlichkeit und **erfolgsorientierte betriebliche Disposition und Steuerung**.
e) Bereitstellung der Grundlagen und aktuellen Daten für die **Angebotskalkulation und Preisfindung**.
f) Schaffung von Unterlagen für die Beurteilung der Entwicklung der betrieblichen Effizienz durch **Betriebs- und Zeitvergleiche**.

Um den genannten Aufgaben zu entsprechen, wird das industrielle Rechnungswesen üblicherweise sachlich und organisatorisch in folgende vier Bereiche gegliedert:

(1) **Buchführung** (auch Finanzbuchhaltung genannt)
(2) **Kosten- und Leistungsrechnung**
(3) **Statistik**
(4) **Planungsrechnung**.

9.1 Buchführung und Jahresabschluss

9.1.1 Buchführungspflicht und -vorschriften

Die folgende Tabelle gibt einen knappen Überblick über die wichtigsten Buchführungspflichten und -vorschriften. Eine Nichteinhaltung der Grundsätze ordnungsgemäßer Buchführung GoB führt zwangsläufig zu einer Schätzung der Besteuerungsgrundlagen. Geschäftsführer von GmbHs und Vorstände von AGs haften nach § 276 BGB bei außer Acht lassen der in Geschäften erforderlichen Sorgfalt mit ihrem Privatvermögen. Im Falle eines Insolvenzverfahrens können Verstöße gegen die GoB Strafverfolgung und Freiheitsstrafen zur Folge haben.

Die Rechtsvorschriften des Bilanzrichtliniengesetzes sind im HGB integriert.

9.1.2 Inventur

Jeder Kaufmann ist gemäß § 238 HGB buchführungspflichtig und hat gemäß §§ 240 und 242 HGB sowie §§ 140 und 141 AO sein Vermögen und seine Schulden zu folgenden Zeitpunkten festzustellen und darzustellen:

- zu Beginn seines Handelsgewerbes und
- am Schluss eines jeden Geschäftsjahres.

Die Bestandsaufnahme umfasst:

- eine **Mengenerfassung** sowie
- eine **Bewertung für alle Vermögens- und Schuldpositionen**.

Grundregeln (§ 238 i.V. mit § 257 HGB)	**Formvorschriften für die Bücherführung (§ 239 Abs. 1 bis 3 HGB)**	**Büchersatz (§ 239 Abs. 4 HGB)**
I. Buchführungspflicht 1. Jeder Kaufmann ist buchführungspflichtig. 2. Die Bücher beinhalten - die Handelsgeschäfte, - die Lage des Vermögens. 3. Maßgebend für die Führung sind die GoB. *II. Beschaffenheit der Buchführung* 1. Die Buchführung muss so beschaffen sein, dass sie einem sachverständigen Dritten innerhalb angemessener Zeit einen Überblick - über die Geschäftsvorfälle und - über die Lage des Unternehmens vermitteln kann. 2. Die Geschäftsvorfälle müssen sich in ihrer - Entstehung und - Abwicklung verfolgen lassen. *III. Belegführung* 1. Jeder Kaufmann ist zur Aufbewahrung von Schriftgut verpflichtet, soweit es Belegcharakter hat. 2. Die Wiedergabe kann sein - Kopie (auch Mikrokopie), - Abdruck oder Abschrift, - sonstige Wiedergabe des Wortlauts auf - Schrift-, - Bild- oder - anderem Datenträger.	*I. Darstellungsweisen* (§ 239 Abs. 1 HGB) 1. Verwendung einer lebenden Sprache ist zwingend. 2. Für - Abkürzungen, - Ziffern, - Buchstaben oder - Symbole muss im Einzelfall deren Bedeutung festliegen. *II. Ordnungsregeln* (§ 239 Abs. 2 HGB) 1. Vollständigkeit 2. Richtigkeit 3. Zeitgerechtheit (zeitnahe Buchung, tägliche Eintragungen sind nur noch für die Kassenführung gefordert) 4. sachliches und zeitliches Geordnetsein. *III. Korrekturverbot* (§ 239 Abs. 3 HGB) Eine Entragung oder eine Aufzeichnung darf nicht so verändert werden, - dass der ursprüngliche Inhalt nicht mehr feststellbar ist, - dass nicht mehr erkennbar ist, ob die Veränderung - ursprünglich oder - erst später gemacht ist. Fehlerhafte Eintragungen in konventioneller Buchhaltung können gestrichen und müssen mit Namenszeichen des Korrigierenden versehen werden. In EDV-Buchführung ist die fehlerhafte Buchung in jedem Fall zu stornieren.	*I.* Anstelle der Handelsbücher können treten 1. gesonderte Ablage von Belegen, deren Vollständigkeit - z.B. durch fortlaufende Nummerierung - nachgewiesen werden muss (z.B. Offene-Posten-Buchhaltung, Sammelbuchungen, die den Zusammenhang mit nach bestimmtem System geordneten Belegen erkennen lassen), 2. auf Datenträgern aufgenommene Angaben, soweit diese Formen der Buchführung einschließlich des dabei angewandten Verfahrens den GoB entsprechen. *II.* Es muss sichergestellt sein, dass die Akten 1. während der Dauer der Aufbewahrungspflicht verfügbar sind und 2. jederzeit innerhalb angemessener Frist lesbar gemacht werden können.

Entnommen aus: *Kresse, Kotsch-Faßhauer, Leuz*[1]

[1] *Kresse, W., Kotsch-Faßhauer, L., Leuz, N.*, Buchen, Bilanzieren, Prüfen, Stuttgart

9.1.3 Inventar

Die systematische Aufzeichnung der Ergebnisse der körperlichen und buchmäßigen Inventur mit Angabe von

- ❑ Art, Menge und Wert der körperlichen Vermögensgegenstände,
- ❑ genauer Bezeichnung und Wert für immaterielle Vermögensgegenstände, Forderungen und Schulden sowie
- ❑ daraus zu ermittelndem Reinvermögen (Eigenkapital)

bezeichnet man als Inventar. Es muss vollständig, richtig, klar, genau und nachprüfbar mit folgenden Inhalten erstellt werden:

a) **Vermögen**
Die Vermögensteile werden nach Liquidität gegliedert in 2 Gruppen aufgeführt:

1. **Anlagevermögen**
Unter dem Anlagevermögen versteht man die Teile des Vermögens eines Unternehmens, die nicht zur Veräußerung vorgesehen sind und durch die Struktur des Produktions- und Leistungsprozesses bestimmt werden. Dazu gehören **immaterielle Vermögensgegenstände** (z. B. Konzessionen, Lizenzen), **Sachanlagen** (z. B. Grundstücke, Bauten, technische Anlagen und Maschinen, Betriebs- und Geschäftsausstattung) sowie **Finanzanlagen** (z. B. Beteiligungen, Wertpapieranlagen).

2. **Umlaufvermögen**
Unter Umlaufvermögen versteht man die Vermögenswerte, die einem Unternehmen in der Regel nur auf kurze Zeit gehören und zum Umsatz bestimmt sind.
Es ist zu unterteilen in **Roh-, Hilfs- und Betriebsstoffe, unfertige Erzeugnisse, unfertige Leistungen und Waren, fertige Erzeugnisse** und finanzielles Vorratsvermögen, (wie geleistete Anzahlungen und Forderungen aus Lieferungen und Leistungen), Wertpapiere (z. B. Wechsel), **flüssige Mittel** (z. B. Kassenbestand und Bankguthaben).

b) **Schulden**
Die Schuldenposten werden nach der Dringlichkeit der Rückzahlung in langfristige (z. B. Hypotheken) und in kurzfristige (z. B. Lieferantenschulden) unterteilt. Die Schulden stellen das im Unternehmen arbeitende Fremdkapital dar.

c) **Reinvermögen**
Es ist definiert als:

   Summe der Vermögenswerte
– Summe der Schulden
= Reinvermögen (Eigenkapital)

9.1.4 Bilanz und Gewinn- und Verlustrechnung

Bilanz und Gewinn- und Verlustrechnung bilden den Jahresabschluss (§ 242 Abs. 3 HGB). Eine Bilanz ist zu Beginn der Geschäftstätigkeit und zum Ende jedes Geschäftsjahres aufzustellen (§ 242 Abs. 1 HGB); eine Gegenüberstellung der Aufwendungen und Erträge erfolgt für den Schluss jedes Geschäftsjahres (§ 242 Abs. 2 HGB).

Das HGB unterscheidet, nach Umsetzung der 4., 7. und 8. EU-Richtlinie in Form des Bilanzrichtlinien-Gesetzes vom 19.12.1985 (3. Buch HGB §§ 238 - 339),

- ❑ im **1. Abschnitt** §§ 238 - 263 HGB **Vorschriften, die alle** Kaufleute betreffen und einleitend bereits angesprochen wurden, und
- ❑ im **2. Abschnitt** §§ 264 - 339 HGB ergänzende Bestimmungen für alle Kapitalgesellschaften.

Dabei werden hinsichtlich des Detaillierungsgrades, der Publizierung und Prüfungspflicht des Jahresabschlusses (bestehend aus Bilanz, GuV und Anhang) und des Lageberichtes Differenzierungen in Abhängigkeit von der Größe einer Kapitalgesellschaft vorgenommen. Ein Ziel ist dabei, kleine und mittelständische Unternehmen vor Konkurrenzeinblick zu schützen.

9.1.4.1 Größenklassen für Kapitalgesellschaften

Für die **Zuordnung** der Unternehmen („kleine Kapitalgesellschaften") zu einer Größenklasse müssen **zwei der drei folgenden Merkmale** zutreffen (§ 267 HGB):

Merkmale	**kleines Unternehmen**	**mittleres Unternehmen**	**großes Unternehmen**
1 Bilanzsumme (DM)	< 3 900 000	< 15 500 000	> 15 5 00 000
2 Umsatz (DM)	< 8 000 000	< 32 000 000	> 32 000 000
3 Beschäftigte	< 50	< 250	> 250

Offenlegung und Prüfung des Jahresabschlusses und des Lageberichtes ergeben sich aus der nachfolgenden Tabelle. Sie zeigt, was und an welcher Stelle (HR: Einreichung beim Handelsregister; BA: Veröffentlichung im Bundesanzeiger) offenzulegen ist und ob eine Prüfungspflicht besteht.

Kapital-gesellschaften	Offenlegung					Prüfung
	Jahresabschluss			Lagebericht	Publizität	
	Bilanz	GuV	Anhang			
kleine	x	–	x	–	HR	–
mittelgroße	x	x	x	x	HR	x
große	x	x	x	x	HR + BA	x

9.1.4.2 Bilanzgliederung der Kapitalgesellschaften

Für die Gliederung der Bilanz von Einzelkaufleuten und Personengesellschaften bestehen keine Rechtsvorschriften. Es wird damit gerechnet, dass die Vorschriften für Kapitalgesellschaften auf die Bilanzierungspraxis der vorgenannten ausstrahlen. Die im Bilanzrichtlinien-Gesetz für kleine, mittlere und große Kapitalgesellschaften vorgeschriebene Bilanzgliederung zeigen die nächsten zwei Abbildungen. Für Erläuterungen zum Inhalt der einzelnen Positionen wird auf die umfangreiche Spezialliteratur verwiesen.[2]

[2] Z. B. *Peat Marwick,* Bilanzrichtlinien-Gesetz, Der Leitfaden für die Praxis, München *Kresse, W., Kotsch-Faßhauer, L. Leuz, N.*, Buchen, Bilanzieren, Prüfen, a.a.O. sowie Literatur der Großbanken und Sparkassen

Verkürzte Gliederung der Bilanz kleiner Kapitalgesellschaften*)

Aktiva	Passiva
A. Anlagevermögen	*A. Eigenkapital*
I. Immaterielle Vermögensgegenstände	I. Gezeichnetes Kapital
II. Sachanlagen	II. Kapitalrücklage
III. Finanzanlagen	III. Gewinnrücklagen
	IV. Gewinn-/Verlustvortrag
B. Umlaufvermögen	V. Jahresüberschuss/Jahresfehlbetrag
I. Vorräte	*B. Rückstellungen*
II. Forderungen und sonstige Vermögensgegenstände	*C. Verbindlichkeiten*
- davon Forderungen mit einer Restlaufzeit von mehr als einem Jahr	- davon mit einer Restlaufzeit bis zu einem Jahr
III. Wertpapiere	
IV. Schecks, Kassenbestand, Bundesbank- und Postgiroguthaben, Guthaben bei Kreditinstituten	*D. Rechnungsabgrenzungsposten*
C. Rechnungsabgrenzungsposten	

*) nach § 266 HGB

9.1.4.3 Bewertungsgrundsätze

Eine Bilanz hat die Aufgabe, Zusammensetzung und Wert des Vermögens und der Schulden einer Unternehmung zum Zeitpunkt der Bilanzierung zutreffend darzustellen. Da in der Bilanz zahlreiche Positionen zu erfassen und zu bewerten sind, für die kein eindeutiger Tageswert am Markt besteht, muss es Bewertungsregeln geben, die eine rechtlich einwandfreie und „einigermaßen zutreffende" Bewertung am Bilanzstichtag ermöglichen.

Entsprechend ist es notwendig, sich darüber im Klaren zu sein, dass für die Nutzung rechtlich zulässiger Bewertungsspielräume üblicherweise folgende Pflichten und Interessenlagen bestehen:

- **Die handelsrechtlichen Bewertungsvorschriften (§§ 252 - 256 HGB)** gelten unabhängig von der Rechtsform für alle Unternehmen. Sie dienen in erster Linie der Kapitalerhaltung und dem Schutz der Gläubiger. Daraus wird das Prinzip der Vorsicht für die Bewertung von Vermögen und Schulden abgeleitet.

- **Die steuerrechtliche Bewertung (§§ 5 - 7 EStG)** soll die zutreffende **Ermittlung des steuerpflichtigen Jahresergebnisses** nach allgemeingültigen Richtlinien und eine gerechte Besteuerung sicherstellen.

Gliederung der Bilanz großer und mittelgroßer Kapitalgesellschaften*)

Aktiva

A. Anlagevermögen
- I. Immaterielle Vermögensgegenstände
  1. Konzessionen, gewerbliche Schutzrechte und ähnliche Rechte und Werte sowie Lizenzen aus solchen Rechten und Werten
  2. Geschäfts- oder Firmenwert
  3. geleistete Anzahlungen
- II. Sachanlagen
  1. Grundstücke, grundstücksgleiche Rechte und Bauten einschließlich der Bauten auf fremden Grundstücken
  2. technische Anlagen und Maschinen
  3. andere Anlagen, Betriebs- und Geschäftsausstattung
  4. geleistete Anzahlungen und Anlagen im Bau
- III. Finanzanlagen
  1. Anteile an verbundenen Unternehmen
  2. Ausleihungen an verbundene Unternehmen
  3. Beteiligungen
  4. Ausleihungen an Unternehmen, mit denen ein Beteiligungsverhältnis besteht
  5. Wertpapiere des Anlagevermögens
  6. sonstige Ausleihungen

B. Umlaufvermögen
- I. Vorräte
  1. Roh-, Hilfs- und Betriebsstoffe
  2. unfertige Erzeugnisse, unfertige Leistungen
  3. fertige Erzeugnisse und Waren
  4. geleistete Anzahlungen
- II. Forderungen und sonstige Vermögensgegenstände
  1. Forderungen aus Lieferungen und Leistungen
     - davon mit einer Restlaufzeit von mehr als einem Jahr
  2. Forderungen gegen verbundene Unternehmen
     - davon mit einer Restlaufzeit von mehr als einem Jahr
  3. Forderungen gegen Unternehmen, mit denen ein Beteiligungsverhältnis besteht
     - davon mit einer Restlaufzeit von mehr als einem Jahr
  4. sonstige Vermögensgegenstände
- III. Wertpapiere
  1. Anteile an verbundenen Unternehmen
  2. eigene Anteile
  3. sonstige Wertpapiere
- IV. Schecks, Kassenbestand, Bundesbank- und Guthaben bei Kreditinstituten

C. Rechnungsabgrenzungsposten

Passiva

A. Eigenkapital
- I. Gezeichnetes Kapital
- II. Kapitalrücklage
- III. Gewinnrücklagen
  1. gesetzliche Rücklage
  2. Rücklage für eigene Anteile
  3. satzungsmäßige Rücklagen
  4. andere Gewinnrücklagen
- IV. Gewinn-/Verlustvortrag
- V. Jahresüberschuss/Jahresfehlbetrag

B. Rückstellungen
1. Rückstellungen für Pensionen und ähnliche Verpflichtungen
2. Steuerrückstellungen
3. sonstige Rückstellungen

C. Verbindlichkeiten
1. Anleihen
   - davon konvertibel
   - davon mit einer Restlaufzeit bis zu einem Jahr
2. Verbindlichkeiten gegenüber Kreditinstituten
   - davon mit einer Restlaufzeit bis zu einem Jahr
3. erhaltene Anzahlungen auf Bestellungen (soweit nicht bei den Vorräten abgesetzt)
4. Verbindlichkeiten aus Lieferungen und Leistungen
   - davon mit einer Restlaufzeit bis zu einem Jahr
5. Verbindlichkeiten aus der Annahme gezogener Wechsel
   - davon mit einer Restlaufzeit bis zu einem Jahr
6. Verbindlichkeiten gegenüber verbundenen Unternehmen
   - davon mit einer Restlaufzeit bis zu einem Jahr
7. Verbindlichkeiten gegenüber Unternehmen, mit denen ein Beteiligungsverhältnis besteht
   - davon mit einer Restlaufzeit bis zu einem Jahr
8. sonstige Verbindlichkeiten
   - davon aus Steuern
   - davon im Rahmen der sozialen Sicherheit
   - davon mit einer Restlaufzeit bis zu einem Jahr

D. Rechnungsabgrenzungsposten

*) nach § 266 HGB

Die wichtigsten Bewertungsgrundsätze und -regeln zeigt die folgende Tabelle von *Kresse, Kotsch-Faßhauer, Lenz.*[3]

Allgemeine Bewertungsvorschriften für den Jahresabschluss gültig für alle Kaufleute nach §§ 252 bis 256 HGB

Allgemeine Bewertungsgrundsätze (§ 252 HGB)	**Wertansätze für die einzelnen Vermögenskategorien (§§ 253, 254 HGB)**					
	Allgemeine Regel für Vermögensgegenstände	**Bewertung des Anlagevermögens**	**Bewertung des Umlaufvermögens**	**Berücksichtigung steuerlicher Vorschriften**	**Bewertung der Verbindlichkeiten**	**Verfahren der Bewertungsvereinfachung (§ 256 HGB)**
1. *Grundsatz der formellen (allgemeinen) Bilanzkontinuität:* Die Wertansätze der Eröffnungsbilanz müssen sich mit denen der vorangegangenen Schlussbilanz decken. 2. *Grundsatz angenommener Unternehmensfortführung:* Die Fortführung des Unternehmens ist zu unterstellen, wenn dem rechtlich und tatsächlich nichts entgegensteht. 3. *Grundsatz der Einzelbewertung und der Stichtagsbezogenheit:* Die Vermögensgegenstände und Schulden sind einzeln zu bewerten. Die Wertansätze müssen dem Wert des Zeitpunktes entsprechen, für den die Aufstellung stattfindet. 4. *Grundsatz der Vorsicht:* Er zwingt dazu, alle vorhersehbaren Risiken und Verluste, die bis zum Abschlussstichtag entstanden sind, zu berücksichtigen, auch wenn sie erst zwischen Abschlussstichtag und Tag der Bilanzaufstellung bekannt geworden sind (Grundsatz der Wertaufhellung). Für Erträge gilt das Realisationsprinzip. 5. *Grundsatz der Zahlungsunabhängigkeit anzusetzender Aufwendungen und Erträge (Periodenabgrenzung):* Sie sind unabhängig von den Zeitpunkten der entsprechenden Zahlungen im Jahresabschluss zu berücksichtigen. 6. *Grundsatz der materiellen (speziellen) Bilanzkontinuität:* Die auf den vorhergehenden Jahresabschluss angewendeten Bewertungsmethoden sollen beibehalten werden. Von diesen Grundsätzen darf nur in begründeten Ausnahmefällen abgewichen werden.	1. Vermögensgegenstände sind höchstens mit den Anschaffungs- oder Herstellungskosten, vermindert um Abschreibungen, anzusetzen. 2. Anschaffungs- oder Herstellungskosten bestimmen sich nach § 255 HGB.	1. Abnutzbare Anlagegüter sind mit Anschaffungs- oder Herstellungskosten, vermindert um planmäßige Abschreibungen, anzusetzen. 2. Der Plan muss die Anschaffungs- oder Herstellungskosten auf die Geschäftsjahre verteilen, in denen der Vermögensgegenstand voraussichtlich genutzt werden kann. 3. Außerplanmäßige Abschreibungen sind bei abnutzbaren und nicht abnutzbaren Anlagegütern möglich, um die Vermögensgegenstände mit dem niedrigeren Wert anzusetzen, der ihnen am Abschlussstichtag beizumessen ist; sie sind notwendig bei einer voraussichtlich dauernden Wertminderung.	1. Gegenstände des Umlaufvermögens sind mit Anschaffungs- bzw. Herstellungskosten zu bewerten. 2. Abschreibungen sind vorzunehmen bei einem niedrigeren Wert am Abschlussstichtag, der sich - aus dem Börsen- oder Marktpreis oder, falls Börsen- oder Marktpreis nicht feststellbar sind, - aus dem beizulegenden Wert ergibt. 3. Außerdem Abschreibungen möglich zur Verhinderung von Wertansatzänderungen infolge Wertschwankungen in nächster Zukunft.	Abschreibungen können auch vorgenommen werden, um die Gegenstände des Anlage- oder Umlaufvermögens mit einem niedrigeren Wert anzusetzen, der nur auf einer steuerrechtlich zulässigen Abschreibung beruht.	1. Verbindlichkeiten sind zu ihren Rückzahlungsbetrag, Rentenverpflichtungen zu ihrem Barwert anzusetzen. 2. Rückstellungen sind nur in Höhe des Betrages zu bilden, der nach vernünftiger kaufmännischer Beurteilung notwendig ist.	1. Für den Wertansatz gleichartiger Objekte des Vorratsvermögens kann unterstellt werden, dass - die zuerst oder - die zuletzt angeschafften oder hergestellten Vermögensgegenstände - zuerst oder - in einer sonstigen bestimmten Folge verbraucht oder veräußert worden sind. 2. Auf den Jahresabschluss ist auch - die Festbewertung (§ 240 Abs. 3 HGB) und - die Gruppenbewertung (§ 240 Abs. 4 HGB) anwendbar.
		Abschreibungen sind außerdem im Rahmen vernünftiger kaufmännischer Beurteilung zulässig.				
		Ein niedrigerer Wertansatz darf beibehalten werden, auch wenn die Gründe dafür nicht mehr bestehen.				

[3] Entnommen aus: *Kresse, W.*, und andere, a.a.O.

9.1.4.4 Den Ingenieur interessierende Einzelvorschriften der Bilanzierung

(1) **Ermittlung der Herstellungskosten nach Handels- und Steuerrecht**
Entwicklungs- und Fertigungsingenieure sind im Rahmen der Produktplanung beziehungsweise der Betriebsabrechnung (Betriebsdatenerfassung) für die Ermittlung von Herstellungs kosten zuständig. Deshalb sind die Rechtsvorschriften zu dieser Aufgabenstellung nachstehend aufgeführt.

Systematik für Ermittlung der Herstellungskosten im Vergleich Handelsrecht und Steuerrecht		
Aufwendungsarten	**§ 255 HGB**	**R. 33 EStR**
Materialeinzelkosten	Aktivierungspflicht	Aktivierungspflicht
Fertigungseinzelkosten	Aktivierungspflicht	Aktivierungspflicht
Sondereinzelkosten der Fertigung	Aktivierungspflicht	Aktivierungspflicht
	= **Wertuntergrenze**	
notwendige Materialgemeinkosten	Aktivierungswahlrecht	Aktivierungspflicht
notwendige Fertigungsgemeinkosten	Aktivierungswahlrecht	Aktivierungspflicht
Werteverzehr des Anlagevermögens	Aktivierungswahlrecht	Aktivierungspflicht
		= **Wertuntergrenze**
Kosten der allgemeinen Verwaltung	Aktivierungswahlrecht	Aktivierungswahlrecht
Aufwendungen für soziale Einrichtungen des Betriebes, für freiwillige Leistungen und für betriebliche Altersversorgung	Aktivierungswahlrecht	Aktivierungswahlrecht
Fremdkapitalzinsen	Wahlrecht unter bestimmten Voraussetzungen	Wahlrecht unter bestimmten Voraussetzungen
	= **Wertobergrenze**	= **Wertobergrenze**
Vertriebskosten	Aktivierungsverbot	Aktivierungsverbot

(2) **Fortschreibung des Anlagevermögens im Anlagenspiegel**
Der Fertigungsingenieur und der Investitionsplaner befassen sich mit der technischen und wertmäßigen Fortschreibung der Produktionsanlagen. Deshalb kann es für sie von Nutzen sein zu wissen, dass der § 268 Abs. 2 HGB Formvorschriften für die Darstellung und Fortschreibung des Anlagevermögens festlegt. Über die auszuweisenden Daten informiert das folgende Schaubild.

Bilanz-posten	Gesamte Anschaffungs-/ Herstellungs-kosten	Zugänge +	Abgänge –	Umbuchungen +/–	Abschreibungen kumuliert –	Zuschreibungen +	Buchwert 31.12. Abschluss-jahr	Buchwert 31.12. Vorjahr	Abschreibungen Abschluss-jahr
	1	2	3	4	5	6	7	8	9

(3) **Bilanzierungsgebote und -verbote**
Die §§ 246 - 251 HGB enthalten sogenannte Ansatzvorschrifen, die hier stichwortartig erwähnt werden, da sie für Ingenieure relevant werden können.

§ 246 Abs. 1: Gebot der Vollständigkeit
Der Jahresabschluss hat sämtliche Vermögensgegenstände, Schulden, Rechnungsabgrenzungsposten, Aufwendungen und Erträge zu enthalten.

§ 246 Abs. 2: Verrechnungsverbot
Posten der Aktivseite dürfen nicht mit Posten der Passivseite, Aufwendungen nicht mit Erträgen verrechnet werden.

§ 247 Abs. 1: Hauptgruppierungsverbot in der Bilanz

§ 247 Abs. 2: Abgrenzungsgebot für das Anlagevermögen
Anzusetzen sind hier die Gegenstände, die dazu bestimmt sind, dauernd dem Geschäftsbetrieb zu dienen.

§ 247 Abs. 3: Passivposten für Zwecke der Steuern auf Einkommen und Ertrag
sind zulässig, mit Rücklagenanteil auszuweisen und gemäß Steuergesetz aufzulösen.

§ 248: Bilanzierungsverbote bestehen für
- Aufwendungen für Gründung des Unternehmens und Beschaffung des Eigenkapitals,
- nicht entgeltlich erworbene immaterielle Anlagengegenstände

§ 249 Abs. 1: Rückstellungspflicht besteht für
- ungewisse Verbindlichkeiten,
- drohende Verluste und
- im Geschäftsjahr unterlassene Aufwendungen für Instandhaltung etc.

Weitere Bestimmungen zu Rückstellungen, Transitorischen Posten und Haftungsverhältnissen vgl. *Kresse, W.*, Buchen, Bilanzieren, Prüfen, a.a.O.

9.1.4.5 Gewinn- und Verlustrechnung der Kapitalgesellschaften

Für die Darstellung der Gewinn- und Verlustrechnung unterscheidet man die Konten- und die Staffelform. Für Nicht-Kapitalgesellschaften sind beide Formen zugelassen. Für Kapitalgesellschaften ist die Staffelform verbindlich vorgeschrieben. Dabei kann zwischen zwei Verfahren der Ergebnisermittlung gewählt werden:

- ❑ dem Gesamtkostenverfahren (§ 275 Abs. 2 HGB) und
- ❑ dem Umsatzkostenverfahren (§ 275 Abs. 3 HGB).

Das **Gesamtkostenverfahren** entspricht dem früheren deutschen GuV-Schema (§ 157 AktG 1965). Das Umsatzkostenverfahren ist in angelsächsischen Ländern verbreitet und heute üblich in international engagierten Unternehmen. Das Gesamtkostenverfahren ist, wie der Name sagt, ein Verfahren, das die Gesamtkosten der Produktion berücksichtigt, unabhängig davon, ob die Produktion in der Periode Umsatz wurde. Dabei werden Bestandserhöhungen als Erträge und Bestandsminderungen als Aufwendungen berücksichtigt. Beim **Umsatzkostenverfahren** werden dem Umsatz der Periode nur diejenigen Aufwendungen gegenübergestellt, die für die verkauften Produkte angefallen sind. Bestandsveränderungen gehen in eine entsprechende Korrektur der in der Periode insgesamt angefallenen Aufwendungen ein. Während beim Gesamtkostenverfahren der Aufwand nach Kostenarten (zum Beispiel Material, Personal, Abschreibungen) gegliedert wird, wird er beim Umsatzkostenverfahren nach Funktionsbereichen gegliedert (Produktion, Verwaltung, Vertrieb). Zu Einzelheiten vgl. *Olfert,* Kostenrechnung.[4]

---

[4] *Olfert, K.*, Kostenrechnung, a.a.O.

Betriebsergebnis-Ermittlung nach dem Umsatzkostenverfahren

	Umsatzerlöse
-	Erlösschmälerungen
-	Umsatzkosten
=	**Bruttoergebnis vom Umsatz**
-	Vertriebskosten
-	allgemeine Verwaltungskosten
-	sonstige betriebliche Aufwendungen
=	**Betriebsergebnis**

Betriebsergebnis-Ermittlung nach dem Gesamtkostenverfahren

	Umsatzerlöse	Umsatzleistung
-	Erlösschmälerungen	
+	Bestandserhöhungen unfertiger und fertiger Erzeugnisse	Lagerleistung
-	Bestandsminderungen unfertiger und fertiger Erzeugnisse	
+	andere aktivierte Eigenleistungen	Eigenleistung
=	**Gesamtleistung**	
-	betriebliche Aufwendungen	
=	**Betriebsergebnis**	

9.1.5 Der Industriekontenrahmen (IKR)

Der vom Bundesverband der Deutschen Industrie (BDI) erarbeitete Industriekontenrahmen wird als Grundlage für die individuellen Kontenpläne der Industrieunternehmen empfohlen. Im Gegensatz zum älteren Gemeinschaftskontenrahmen industrieller Verbände (GKR), der nach dem Prozeßssgliederungsprinzip strukturiert ist, wendet der **IKR** das **Abschlussgliederungsprinzip** an, das sich auch international durchgesetzt hat. Die wichtigsten mit dem Abschlußssgliederungsprinzip verfolgten **Ziele** sind:

- Vereinfachung und Vereinheitlichung der Buchhaltungsorganisation, der Buchungen und des Abschlusses, einschließlich klarer Strukturen als Grundlage eines vereinheitlichten EDV-Einsatzes
- Rationelle Durchführung von Revisions- und Prüfungsarbeiten sowie
- Schaffung systematisch einwandfreier Grundlagen für Planung, Steuerung (Controlling) und zwischenbetriebliche Vergleiche zur Steigerung von Produktivität und Wirtschaftlichkeit der Betriebe
- Einhaltung der gesetzlichen Auflagen in der Rechnungslegung der Unternehmen bei gleichzeitiger möglichst unabhängiger Optimierung der betrieblichen Abrechnung als Grundlage eines Systems von Regelkreisen zur kurzfristigen Steuerung und Ergebnisoptimierung der Betriebe, mit Information über die Quellen des Betriebserfolges (Absatz, Werteverzehr sowie Struktur und Ablauf des Betriebsgeschehens).

Diesen Zielen dient der folgende klar strukturierte **Aufbau des IKR**:

- Die aktiven (Klasse 0 bis 2) und die passiven (Klasse 3 und 4) Bestandskonten werden auf das Schlussbilanzkonto (Klasse 8) abgeschlossen.
- Die Ertragskonten (Klasse 5) sowie die Aufwandskonten (Klasse 6 und 7) bilden die Erfolgskonten und werden auf Gewinn- und Verlustkonto (Klasse 8) abgeschlossen.
- In der Klasse 8 vollziehen sich die Buchungen des Jahresabschlusses.
- Somit umfasst die Unternehmensrechnung die neun Kontenklassen (0 bis 8).
- Die Klasse 9 ist der Betriebsabrechnung vorbehalten. Der IKR verwirklicht damit ein konsequentes Zweikreis-System.
- Dabei wurde Wert darauf gelegt, genügend Spielräume für die branchen- und betriebsindividuelle Ausgestaltung des Kontenplanes der einzelnen Unternehmen zu belassen.

Die abschlussorientierte **Struktur des IKR** zeigt folgende Tabelle:[5]

Aufbau des Industriekontenrahmens (IKR)											
Rechnungskreis I Finanzbuchhaltung											Rechnungskreis II Betriebsbuchhaltung
Kontenbereich	Bestandskonten						Erfolgskonten				
	aktive			passive		Ertragskonten	Aufwandskonten				
Klasse	0	1	2	3	4	5	6	7	8		9
Inhalt	Immaterielle Vermögensgegenstände und Sachanlagen	Finanzanlagen	Umlaufvermögen und aktive Rechnungsabgrenzung	Eigenkapital und Rückstellungen	Verbindlichkeiten und passive Rechnungsabgrenzung	Erträge	Betriebliche Aufwendungen	weitere Aufwendungen	Ergebnisrechnung	Daten-austausch	Kosten- und Leistungsrechnung

S	801 Schlussbilanzkonto H
aktive Bestandskonten	passive Bestandskonten

S	802/803 Gewinn- und Verlustkonto H
Aufwandskonten	Ertragskonten

Ebenso, wie für die Industrie GKR und IKR, bestehen spezielle Kontenrahmen auch für andere Wirtschaftszweige, wie z. B. für Großhandel, Banken etc. Der Einsatz der Kontenrahmen ist nicht verbindlich vorgeschrieben.

In enger Anlehnung an den jeweils gewählten Kontenrahmen baut jedes Industrieunternehmen unter Berücksichtigung seiner firmenspezifischen Anforderungen einen eigenen **Kontenplan** auf. Im Rahmen dieses Kontenplanes können je nach Informationsbedarf der Unternehmung die einzelnen Konten in Unterkonten unterteilt werden. Diese Unterkonten sind dann anlässlich des Abschlusses als vorbereitende Abschlussbuchungen auf das jeweilige Ober- oder Hauptkonto abzuschließen.

Für alle Konten werden Nummern nach der Systematik des Kontenrahmens vergeben. Auf diese Weise ermöglicht der Kontenplan nicht nur die Berücksichtigung spezifischer Firmenbelange sondern auch eine Rationalisierung der Buchungsarbeit. Buchungssätze und Kontenverweise auf den einzelnen Konten werden nicht mehr „verbal" sondern durch Angabe der Kontennummern gegeben.

9.1.6 Von der Eröffnungsbilanz zur Schlussbilanz Buchungsregeln und Buchungen ausgewählter Geschäftsvorfälle

Bilanzen stellen die Vermögens- und Schuldensituation einer Unternehmung zu einem bestimmten Zeitpunkt dar. Sie sind also eine Zeitpunktrechnung, die nur im Vergleich mit Werten von früheren Zeitpunkten Auskunft über einen Zeitraum geben kann. Erträge und Aufwendungen im Zeitraum zwischen zwei Bilanzierungszeitpunkten werden in der Gewinn- und Verlustrechnung zusammengefasst. Sie ist also eine Perioden- oder Zeitraumrechnung.

---

[5] Vgl. *Hahn, H., Werner, C.,* Buchführung und Kostenrechnung der Industriebetriebslehre (IKR), Bad Homburg v. d. Höhe

Jeder Geschäftsvorfall verändert die Gewinn- und Verlustrechnung und/oder die Bilanz. Da es unmöglich ist, nach jedem Geschäftsvorfall eine neue GuV und Bilanz aufzustellen, und weil beide Rechnungen für die Darstellung und Rekonstruktion des laufenden Geschäftes zu grob gegliedert sind, ist es erforderlich, am Anfang jeder Geschäftsperiode die Eröffnungsbilanz dieser Periode (die der Abschlussbilanz der Vorperiode zu entsprechen hat) in einzelne Konten aufzulösen, die anschließend der Verbuchung der einzelnen Geschäftsvorfälle dienen und am Periodenende zu einer Schlussbilanz zusammengefasst werden.

9.1.6.1 Buchungsregeln und Buchungssätze

Für das Verständnis der Bilanzauflösung und der Verbuchung der wichtigsten Typen von Geschäftsvorfällen sind folgende Vorbemerkungen und **Buchungsregeln wichtig**:

- ❑ Jedes Konto (i. d. R. in Form eines T's deshalb auch T-Konto genannt) hat zwei Seiten, eine Aktiv-/Sollseite (links) und eine Passiv-/Habenseite (rechts).
- ❑ Jeder Vorgang wird zweimal gebucht, einmal im Soll und einmal im Haben.
- ❑ Die Notwendigkeit dazu zeigt das Beispiel einer Geldentnahme vom Bankkonto in die Kasse. Dieser Vorgang wird als Zugang auf dem Konto „Kasse" im Soll und als Abgang auf dem Konto „Bank" im Haben gebucht.
- ❑ Außerdem muss dieser Vorgang eindeutig beschrieben und angewiesen werden können. Dazu dient der so genannte Buchungssatz. Er lautet in diesem Fall (in der Praxis mit Angabe des Datums):

  Kasse an Bank Betrag X.

  Wir prägen uns also ein: Zuerst wird das Konto angesprochen, auf dem im Soll gebucht wird, dann folgt verbunden mit dem Wort „an" das Konto, auf dem im Haben zu buchen ist. Auf dem Konto, auf dem im Haben gebucht wird, wird dem Hinweis auf das Gegenkonto mit der entsprechenden Sollbuchung das Wort „per" vorangestellt.
- ❑ Zu jeder Buchung auf jedem Konto erfolgt die Angabe der folgenden Daten:
  - Datum
  - Gegenkonto (auf dem die Gegenbuchung erfolgt)
  - Kurztext zur Charakterisierung des gebuchten Geschäftsvorganges
  - Belegnummer und
  - Betrag.
- ❑ Es wird unterschieden zwischen Bestandskonten (und zwar: aktiven und passiven) und Erfolgskonten (und zwar: Aufwands- und Ertragskonten).
- ❑ Zugänge auf aktiven Bestandskonten (z. B. Forderungen) werden im Soll gebucht.
- ❑ Zugänge auf passiven Bestandskonten (z. B. Verbindlichkeiten) werden im Haben gebucht.
- ❑ Bestandskonten erhalten ihre Eröffnungsbestände aus der Eröffnungsbilanz
  - Aktivseite der Bilanz auf der Sollseite der aktiven Bestandskonten
  - Passivseite der Bilanz auf der Habenseite der passiven Bestandskonten.
- ❑ Geschäftsvorfälle mit Erfolgscharakter werden auf Erfolgskonten gebucht
  - Aufwendungen auf Aufwandskonten im Soll
  - Erträge auf Ertragskonten im Haben.
- ❑ Erfolgskonten werden am Ende einer Geschäftsperiode auf das Gewinn- und Verlustkonto

(GuV) abgeschlossen, und zwar Aufwendungen im Soll, Erträge im Haben.

- Das GuV-Konto weist als Saldo die Veränderung des Eigenkapitals aus und wird (bei Einzelfirmen und Personengesellschaften) auf das passive Bestandskonto „Eigenkapitalkonto" abgeschlossen. Überwiegen die Erträge (auf der Passivseite der GuV) dann ist Gewinn entstanden. Dieser vermehrt das Eigenkapital, eine Verbindlichkeit des Unternehmens gegenüber dem Inhaber oder den Gesellschaftern.
- Als letzter Schritt werden die Bestandskonten auf das Schlussbilanzkonto abgeschlossen. Die Schlussbilanz wird - bei Gewinn - das entsprechend vergrößerte Eigenkapital ausweisen. Der Gewinn kann also auf der GuV oder durch Vergleich von Eröffnungs- und Schlussbilanz ermittelt werden.
- Der Vollständigkeit halber ist darauf hinzuweisen, dass bei der Eröffnung und beim Abschluss der Bestandskonten die jeweilige Gegenbuchung auf einem „Eröffnungsbilanzkonto" bzw. „Abschlussbilanzkonto" erfolgt.

9.1.6.2 Auflösung der Eröffnungsbilanz

Für jede Bilanzposition wird ein T-Konto eröffnet. Die Bestände, die in der Bilanz auf der linken Seite ausgewiesen sind, werden auf einem „aktiven Bestandskonto" auf die Sollseite übertragen. Die Bestände der rechten Seite der Bilanz werden auf die Habenseite von „passiven Bestandskonten" übertragen. (Die formale Gegenbuchung auf Eröffnungsbilanzkonto wird hier nicht dargestellt).

Eröffnungsbilanz

Aktiv		Passiv	
Maschinen	20.000,-	Eigenkapital	60.000,-
Rohstoffe	40.000,-	Verbindlichkeiten	30.000,-
Forderungen	15.000,-		
Kasse	5.000,-		
Bank	10.000,-		
	90.000,-		90.000,-

Fasst man die Antworten auf die Fragen zusammen, dann gilt:

Auflösung der Aktivseite (auf aktive Bestandskonten)

S	Maschinen		H
AB	20.000,-		

S	Bank		H
AB	10.000,-		

S	Rohstoffe		H
AB	40.000,-		

S	Kasse		H
AB	5.000,-		

S	Forderungen		H
AB	15.000,-		

Auflösung der Passivseite (auf passive Bestandskonten)

S	Eigenkapital		H
		AB	60.000,-

S	Verbindlichkeiten		H
		AB	30.000,-

9.1.6.3 Buchungen auf Bestandskonten

Die richtige Verbuchung jedes Geschäftsvorganges folgt aus den oben gegebenen Buchungsregeln durch Beantwortung der folgenden Fragen für jeden Vorgang:

(1) Welche Arten von Konten sind betroffen?
(2) Handelt es sich um Zugänge oder Abgänge?
(3) Auf welchen Seiten der betroffenen Konten ist also zu buchen?

Beispiel: Einkauf von Rohstoffen gegen Banküberweisung 1.000,-
und auf Ziel 3.000,-

Fasst man die Antworten auf die Fragen zusammen, dann gilt:

a) Es finden zwei Zugänge auf dem aktiven Bestandskonto Rohstoffe statt. Dort ist im Soll zu buchen.
b) Dem steht gegenüber ein Abgang auf dem aktiven Bestandskonto Bank über 1.000,- sowie ein Zugang auf dem passiven Bestandskonto Verbindlichkeiten über 3.000,- auf den beiden Konten ist folglich im Haben zu buchen.
c) Der erste Buchungssatz lautet
Rohstoffe an Bank 1.000,-
d) Der zweite Buchungssatz lautet
Rohstoffe an Verbindlichkeiten 3.000,-

S	Rohstoffe		H
an EBK	20.000,-		
an Bank	1.000,-		
an Verb.	3.000,-		

S	Bank		H
an EBK	5.000,-	per Rohst.	1.000,-

S	Eröffnungsbilanzkonto (EBK)		H
an Verb.	25.000,-	per Rohst.	20.000,-
		per Bank	5.000,-
	25.000,-		25.000,-

S	Verbindlichkeiten		H
		per EBK	25.000,-
		per Rohst.	3.000,-

Damit die Anfangsbestände übereinstimmend zur Eröffnungsbilanz auf den aktiven Bestandskonten im Soll und auf den passiven Bestandskonten im Haben erscheinen, erfolgen die Gegenbuchungen auf dem Eröffnungsbilanzkonto seitenverkehrt zur Bilanz.

9.1.6.4 Abschluss der Bestandskonten

Während einer Geschäftsperiode werden als Folge zahlreicher Veränderungen aktiver und passiver Bestände Buchungen auf den entsprechenden Bestandskonten vorgenommen. Am Ende jeden Geschäftsjahres sind die Bestände im Rahmen einer Inventur zu überprüfen. Bei Feststellung von Abweichungen (z. B. aufgrund von Mengenänderungen als Folge von Diebstahl oder Schwund oder wegen Wertänderung beispielsweise als Folge technischer Veralterung oder von Marktpreisrückgang) sind unter Beachtung der geltenden Bewertungsvorschriften entsprechende Korrekturbuchungen vorzunehmen. Anschließend sind die Bestandskonten über das Schlussbilanzkonto auf die Schlussbilanz abzuschließen.

Unter der Annahme, dass bei der Inventur keine Differenzen festgestellt wurden, ergeben sich in Fortsetzung des Beispiels aus 9.1.6.3 folgende Abschlussbuchungen:

Beispiel:

S	Rohstoffe		H
an EBK	20.000,-	per SBK	24.000,-
an Bank	1.000,-		
an Verb.	3.000,-		
	24.000,-		24.000,-

S	Bank		H
an EBK	5.000,-	per Rohst.	1.000,-
		per SBK	4.000,-
	5.000,-		5.000,-

S	Schlussbilanzkonto(SBK)		H
an Rohst.	24.000,-	per Verb.	28.000,-
an Bank	4.000,-		
	28.000,-		28.000,-

S	Verbindlichkeiten		H
an SBK	28.000,-	per EBK	25.000,-
		per Rohst.	3.000,-
	28.000,-		28.000,-

Anlässlich des Abschlusses ist der ungenutzte Raum der Kontenseite mit weniger Eintragungen, wie oben gezeigt, durch eine sogenannte Buchhalternase (__/‾‾) gegen nachträgliche Eintragungen zu schützen.

9.1.6.5 Buchungen auf Erfolgskonten und deren Abschluss

Die bisher erläuterten Buchungen betrafen Veränderungen der Bilanz durch Buchungen auf Bestandskonten. Dabei wurde auf zwei Sachverhalte nicht eingegangen:

- Erstens fehlte das passive Bestandskonto Eigenkapital.
- Zweitens fanden keine Bestandsveränderungen mit Erfolgscharakter statt.

Geschäftsvorfälle mit Erfolgscharakter werden auf Erfolgskonten gebucht. Wie bereits erwähnt, wird

- Aufwand stets auf Aufwandskonten im Soll und
- Ertrag stets auf Ertragskonten im Haben

gebucht.

Aufwand und Ertrag verändern das Eigenkapital.

- Ertrag > Aufwand = Gewinn
= Eigenkapitalmehrung
- Ertrag < Aufwand = Verlust
= Eigenkapitalminderung

Die Erfolgskonten werden auf dem GuV-Konto abgeschlossen, d.h. das GuV-Konto ist dem Eigenkapitalkonto vorgeschaltet zur

- Sammlung von Aufwendungen und Erträgen und zur
- Erfolgsermittlung.

Der Erfolg, Saldo des GuV-Kontos, wird als Eigenkapitalmehrung (bei Gewinn) oder -minderung (bei Verlust) abgeschlossen. Das Eigenkapitalkonto ist ein passives Bestandskonto. Es wird entsprechend auf das Schlussbilanzkonto abgeschlossen.

Beispiel:

In einer Periode sind folgende Geschäftsvorgänge mit Erfolgswirkung zu verbuchen

❑ Rohstoffverbrauch	30.000,-
❑ Lohn- und Gehaltszahlung per Bank	20.000,-
❑ Werbeaufwand, gezahlt per Bank	2.000,-
❑ Umsatzerlöse aus Lieferungen und Leistungen (a. L. L.)	65.000,-
❑ Zinserträge gehen auf der Bank ein	500,-

Zu diesem Beispiel sind folgende Buchungen auf Erfolgskonten vorzunehmen. Die Gegenbuchungen auf Bestandskonten werden genannt. Auf die Einrichtung der Bestandskonten kann hier verzichtet werden.

Erfolgskonten

Aufwandskonten

S	Rohstoffaufwand		H
an Rohst.	30.000,-	per GuV	30.000,-

S	Löhne und Gehälter		H
an Bank	20.000,-	per GuV	20.000,-

S	Werbung		H
an Bank	2.000,-	per GuV	2.000,-

Ertragskonten

S	Umsatzerlöse		H
an GuV	65.000,-	per Forder. a. L. L.	65.000,-

S	Zinserträge		H
an GuV	500,-	per Bank	500,-

S	GuV		H
an Rohstoffaufw.	30.000,-	per Umsatzerlöse	65.000,-
an Löhne u. Gehälter	20.000,-	per Zinserträge	500,-
an Werbung	2.000,-		
an Eigenkapital Gewinn	13.500,-		
	65.500,-		65.500,-

S	Eigenkapital		H
		per GuV	13.500,-

9.1.6.6 Schematische Darstellung des geschlossenen Systems der Doppelten Buchführung (Geschäftsbuchführung)[6]

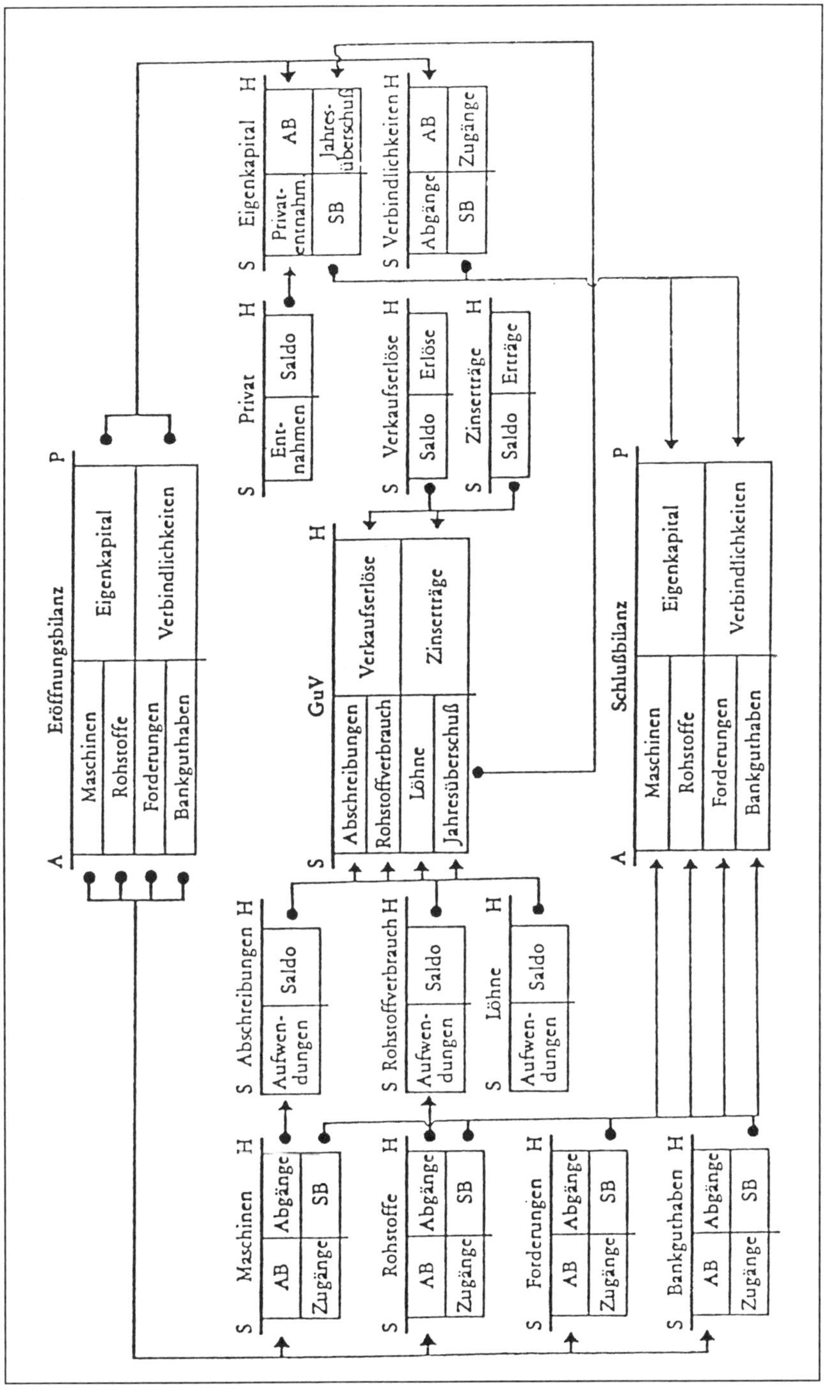

[6] Entnommen aus: *Andres, K., Droll, B., Köhl, H., Zoller, W.*, Grundlagen des Rechnungswesens, Wuppertal

9.1.6.7 Ausgewählte buchhalterisch wesentliche Geschäftsvorfälle

(1) **Eine Übersicht**

Eine wesentliche Vertiefung und Abrundung des Verständnisses der Grundzüge der Buchhaltung kann durch ein Studium der folgenden wesentlichen Geschäftsvorfälle erreicht werden:

(1) Einkäufe, Verkäufe und Umsatzsteuer (Mehrwertsteuer)
(2) Bezugs- und Transportkosten
(3) Rücksendungen und Gutschriften
(4) Rabatte, Boni und Skonti
(5) Materialverbrauch
(6) Lohn- und Gehaltszahlung
(7) Abschreibungen auf Anlagen
(8) Abschreibungen auf Forderungen
(9) Anlagenbuchhaltung

Ich beschränke mich auf Erläuterungen zu Ziffer (7) und (8), weil sie im Zusammenhang mit Führungsaufgaben im Investitionsbereich und im Vertrieb sowie im Rahmen der Bilanzpolitik wichtig sind. Bezüglich der anderen wesentlichen Geschäftsvorfälle verweise ich auf die entsprechende Spezialliteratur zum industriellen Rechnungswesen[7]

(2) **Abschreibungen auf Gegenstände des Anlagevermögens**

Produktionsanlagen verlieren aus einem oder mehreren der folgenden Gründe in jeder Abrechnungsperiode an Wert: [8]

- technischen Verschleiß
- ruhenden Verschleiß
- wirtschaftliche Veralterung
- Substanzabbau
- Ablauf von Rechten.

Dieser Werteverzehr stellt einerseits Aufwand dar, der in der Gewinn- und Verlustrechnung berücksichtigt werden muss, und bewirkt andererseits eine Veränderung der zu bilanzierenden Werte, die in die Bilanz eingehen muss.

Vor der Anwendung eines bestimmten Abschreibungsverfahrens ist zu beachten, dass der Gesetzgeber unterscheidet:

- **nicht abnutzbare Anlagegüter**: Grundstücke, Beteiligungen, Wertpapiere des Anlagevermögens
- **abnutzbare Anlagegüter**: Gebäude, Maschinen, maschinelle Anlagen, Fahrzeuge, Werkzeuge sowie Betriebs- und Geschäftsausstattung.

Da Anlagegüter erworben oder im eigenen Betrieb hergestellt werden können, ist für beide Fälle der **Wertansatz zum Zeitpunkt des Anlagenzugangs** zu definieren. Der Gesetzgeber sieht nach § 255 HGB folgende Wertansätze vor:

- bei **Anschaffung** die Anschaffungskosten bestehend aus Anschaffungspreis abzüglich Rabatte, Boni und Skonti zuzüglich Anschaffungsnebenkosten
- bei **Eigenherstellung** die Herstellungskosten gemäß Pkt. 9.1.4.4 (1)

---

[7] Vgl. *Deitermann, M., Schmolke,S.*, Industrielles Rechnungswesen - IKR, Darmstadt und *Hahn, H., Werner, C.* Buchführung und Kostenrechnung der Industrie IKR, a.a.O.

[8] Detaillierte Systematik der Abschreibungsursachen vgl. *Gabler,* Wirtschaftslexikon, Stichwort: Abschreibung

Die **abnutzbaren Wirtschaftsgüter des Anlagevermögens sind grundsätzlich** entsprechend ihrer betriebsüblichen Nutzungsdauer **planmäßig abzuschreiben**. Für jede Branche gibt es amtliche Abschreibungstabellen, in denen die betriebsübliche Nutzungsdauer für die verschiedenen Anlagegüter festgelegt ist.

Außerplanmäßige Abschreibungen sind zulässig und werden notwendig in folgenden Fällen:

- bei abnutzbaren Wirtschaftsgütern des Anlagevermögens als Folge steuerrechtlich zulässiger Sonderabschreibungen (z. B. im Rahmen der Wirtschaftsförderung) oder aufgrund außergewöhnlicher, dauernder Wertminderung, z. B. als Folge von Feuer oder Hochwasser.
- Das Steuerrecht sieht für den vorgenannten Fall eine Abschreibung auf den so genannten niedrigeren Teilwert vor. Der Teilwert ist definiert als derjenige Wert, den ein Käufer des Unternehmens für das Anlagegut zahlen würde, wobei davon auszugehen ist, dass der Käufer das Unternehmen fortführt.
- Nach außerplanmäßiger Abschreibung ist der verbleibende Restwert planmäßig weiter abzuschreiben.
- Ein Anlagegut, das aufgrund von Rationalisierungsmaßnahmen nicht mehr genutzt wird, kann außerplanmäßig bis auf null abgeschrieben werden.
- Nicht abnutzbare Wirtschaftsgüter, wie Grundstücke und Beteiligungen, können nur außerplanmäßig abgeschrieben werden. Für Grundstücke kann ein solcher Fall beispielsweise durch Verschlechterung der Verkehrsanbindung erfolgen.
- Geringwertige Wirtschaftsgüter mit einem Anschaffungswert von bis zu DM 800,- können außerplanmäßig im Jahr der Anschaffung voll abgeschrieben werden.

Die laufende planmäßige Abschreibung ist zwingend vorgeschrieben, sie kann, wenn sie unterlassen wurde, nicht nachgeholt werden. Zur Ermittlung der planmäßigen Abschreibung stehen folgende Verfahren zur Verfügung:

Lineare Abschreibung
Die lineare Abschreibung erfolgt mit konstanten Abschreibungsbeträgen in Prozent vom Anschaffungs- bzw. Herstellungswert.

Berechnung:

$$\text{jährlicher Abschreibungsbetrag} = \frac{\text{Anschaffungskosten bzw. Herstellungskosten}}{\text{Nutzungsdauer}}$$

$$\text{jährlicher Abschreibungssatz in \%} = \frac{100}{\text{Nutzungsdauer}}$$

Geometrisch-degressive Abschreibung
Bei dieser Methode wird mit fallenden Abschreibungsbeträgen ein gleichbleibender Prozentsatz vom Restwert abgeschrieben. Auf diese Weise sind zu Beginn der Nutzungsdauer höhere Abschreibungsbeträge als bei linearer Abschreibung erreichbar, allerdings wird i.d.R. vor Abschluss der Nutzungsdauer auf lineare Abschreibung übergegangen, da andernfalls keine Abschreibung auf null erreichbar ist. Steuerrechtlich darf der degressive Abschreibungssatz für bewegliche Güter des Anlagevermögens nach § 7 Abs. 2 EStG das Dreifache des linearen Abschreibungssatzes nicht übersteigen und nicht höher als 30 % sein. Es darf nicht von linearer auf geometrisch-degressive Abschreibung übergegangen werden.

Berechnung:

$$\text{jährlicher Abschreibungsbetrag} = \frac{\text{Buchwert} \cdot \text{Abschreibungssatz}}{100}$$

Arithmetisch-degressive Abschreibung

Bei diesem Verfahren wird der Abschreibungsbetrag von Jahr zu Jahr um einen gleichbleibenden Betrag gesenkt. Anders als bei der geometrisch-degressiven Methode ist hier eine Abschreibung bis auf null möglich. Die arithmetisch-degressive Abschreibung ist steuerlich nicht zulässig.

Berechnung:

- Zunächst werden die Jahre der geschätzten Nutzungsdauer aufsteigend durchnummeriert und deren Nummernfolge addiert, beispielsweise für eine Nutzungsdauer von 5 Jahren: 1 + 2 + 3 + 4 + 5 = 15.
- Dann ermittelt man den jährlichen Degressionsbetrag indem man den Anschaffungs- oder Herstellungswert durch die ermittelte Summe aus Jahresziffern dividiert. Beispielsweise sei der Anschaffungswert 90.000,- dann erhält man einen jährlichen Degressionsbetrag von 90.000,- dividiert durch 15 = 6.000,-.
- Dann erfolgt die Berechnung der jährlichen Abschreibungsbeträge durch Multiplikation des jährlichen Degressionsbetrages mit Jahresziffern. Da fallende Abschreibungsraten gesucht werden, werden die Jahresziffern zunächst in umgekehrter Reihenfolge geordnet. Für unser Beispiel ergibt sich folgende Rechnung:

1. Jahr	5 x 6.000	= 30.000 Abschreibung
2. Jahr	4 x 6.000	= 24.000 Abschreibung
3. Jahr	3 x 6.000	= 18.000 Abschreibung
4. Jahr	2 x 6.000	= 12.000 Abschreibung
5. Jahr	1 x 6.000	= 6.000 Abschreibung
Summe		= 90.000 Gesamtabschreibung

Leistungsabschreibung

Schließlich kann ausgehend von einer erwarteten Plankapazität (z. B. KM-Leistung bei Fahrzeugen) nach in Anspruch genommener Leistung abgeschrieben werden.

Berechnung:

$$\text{jährlicher Abschreibungsbetrag} = \frac{\begin{matrix}\text{Anschaffungskosten} \\ \text{bzw. Herstellungskosten}\end{matrix} \cdot \begin{matrix}\text{Istleistung im} \\ \text{Abschreibungsjahr}\end{matrix}}{\text{geschätzte Gesamtleistung}}$$

Nach der Klärung der Abschreibungsverfahren wenden wir uns jetzt der Verbuchung der Abschreibungsbeträge zu. Dafür bestehen drei Möglichkeiten:

Direkte Abschreibung

Hier werden die Konten „Abschreibungen auf Sachanlagen" und das Konto des abzuschreibenden Gegenstands aufgerufen, d. h. es erfolgt eine Reduzierung auf dem Anlagenkonto.

Buchungssatz:

Abschreibungen auf Sachanlagen

an Maschinen

Indirekte Abschreibung
Hier wird ein Konto „Wertberichtigung zu Sachanlagen" gebildet. Auf diesem Konto werden die Abschreibungen gesammelt, das Konto wird auf das Schlussbilanzkonto abgeschlossen. Es erfolgt also keine Reduzierung auf dem Anlagenkonto.

Buchungssatz:

Abschreibungen auf Sachanlagen
an Wertberichtigung zu Sachanlagen

Buchwert = Anschaffungswert - Wertberichtigung

Die indirekte Abschreibung erhöht die Bilanzklarheit, wenn jedes Anlagenkonto sein eigenes Wertberichtigungskonto hat (Korrekturkonto). Bei Verkauf oder Verschrottung von Anlagen ist die gebildete Wertberichtigung aufzulösen. In der Regel entsteht dabei ein „außerordentlicher Verlust oder Ertrag" aus Anlageabgängen, da der Buchwert des ausscheidenden Anlagegutes nur selten mit dem erzielten Nettopreis übereinstimmt.

Abschreibung auf geringwertige Anlagegüter
Es ist steuerlich zulässig, Wirtschaftsgüter bis zu einem Anschaffungswert von 800,- im Anschaffungsjahr voll abzuschreiben, auch wenn sie dem Unternehmen mehrere Jahre zur Verfügung stehen. In diesem Fall kann eine Anschaffung beispielsweise einer Büromaschine ohne Aktivierung direkt als Aufwand gebucht werden.

(3) **Abschreibungen auf Forderungen**
Forderungen, als Teil des Umlaufvermögens, sind mit ihrem wahrscheinlichen Wert zu bilanzieren. Mit diesem Ziel muss unterschieden werden in

- **einwandfreie Forderungen**, diese sind mit ihrem Nennbetrag zu bewerten,
- **zweifelhafte Forderungen**, sie sind mit ihrem wahrscheinlichen Wert anzusetzen also entsprechend zu berichtigen
- **uneinbringliche Forderungen**, sie sind voll abzuschreiben.

Aus dieser Aufgabenstellung ergeben sich folgende Teilaufgaben:

- Durch Einzelbewertung sind spezielle Ausfallrisiken zu ermitteln und entsprechende Einzelwertberichtigungen vorzunehmen, oder
- durch Pauschalbewertung ist ein allgemeines Ausfallrisiko zu ermitteln und eine entsprechende Pauschalwertberichtigung vorzunehmen, oder
- Pauschal- und Einzelbewertung und entsprechende Wertberichtigungen sind kombinierbar. In diesem Fall wird für bestimmte Risiken eine Einzelbewertung und Einzelwertberichtigung dieser Forderungen vorgenommen und für die übrigen, noch nicht bewerteten Forderungen, wird eine Pauschalbewertung und Pauschalwertberichtigung vorgenommen. Die beiden Verfahren werden also im Einzelfall nicht additiv, sondern wahlweise eingesetzt.
- Die Abschreibungen auf Forderungen können
  - direkt oder
  - indirekt

  vorgenommen werden.
- Die Bewertung von Forderungen bezieht sich auf deren Nettowert ohne Mehrwertsteuer. Im Fall von Abschreibungen auf Forderungen sind entsprechende **Korrekturen der Mehrwertsteuerverbindlichkeit** vorzunehmen.

9.1.6.8 Zeitliche Abgrenzung

Wie aus der dargestellten Rechtslage hervorgeht, hat jedes Unternehmen am Anfang und Ende eines Geschäftsjahres sein Vermögen, seine Schulden und seinen Erfolg wahrheitsgemäß zu ermitteln und darzustellen. Das setzt voraus, dass

- alle das abzuschließende Geschäftsjahr betreffenden Aufwendungen und Erträge vollständig und zutreffend gebucht werden, und dass
- keine das folgende Geschäftsjahr betreffenden Aufwendungen und Erträge gebucht werden.

Da jedoch Aufwendungen und Erträge üblicherweise nur im Zusammenhang mit den mit ihnen zusammenhängenden Zahlungen gebucht werden, muss anläßlich des Jahresabschlusses die Schwierigkeit gelöst werden, dass

- für so genannte **transitorische Posten der Jahresabgrenzung Ausgaben bzw. Einnahmen bereits in der laufenden Periode** angefallen sind, während der entsprechende **Aufwand bzw. Ertrag der folgenden Periode** zuzurechnen sind; während
- bei so genannten **antizipativen Posten der Rechnungsabgrenzung für Aufwand bzw. Ertrag der laufenden Periode die entsprechenden Ausgaben bzw. Einnahmen erst in der Folgeperiode** anfallen.

Die Buchungsregeln und konkrete Beispiele dieses im Zusammenhang mit dem Jahresabschluss zu ordnenden Sachverhalts zeigt die folgende tabellarische Übersicht.

Im folgenden Jahr werden die aktiven und passiven Rechnungsabgrenzungen mit umgekehrten Buchungssätzen wieder aufgelöst. Die sonstigen Forderungen und sonstigen Verbindlichkeiten werden erst bei entsprechenden Zahlungen aufgelöst.

Betroffenes Konto	Geschäftsvorgang im alten Jahr	Geschäftsvorgang im neuen Jahr	Buchungssatz	Art der Abgrenzung	Beispiel
aktive Rechnungs-abgrenzung	Ausgabe	Aufwand	akt. Rechnungsabgr. an Aufwandskonto	transitorische Posten	Miete für Geschäftsräume wurde im Voraus bezahlt
passive Rechnungs-abgrenzung	Einnahme	Ertrag	Ertragskonto an pass. Rechnungsabgr.	transitorische Posten	im Voraus erhaltene Miete
sonstige Forderungen	Ertrag	Einnahme	sonstige Forderungen an Ertragskonto	antizipative Posten	Miete für unternehmenseigene Wohnung wird erst im neuen Jahr bezahlt
sonstige Verbindlichkeiten	Aufwand	Ausgabe	Aufwandskonto an sonst. Verbindl.	antizipative Posten	Darlehenszinsen wurden für das alte Jahr noch nicht bezahlt

9.1.6.9 Jahresabschlussarbeiten

(1) **Bearbeitungs-Phasen von der Eröffnungsbilanz bis zur Schlussbilanz**
Auf der Grundlage der Lektüre der vorangegangenen Einführung in die Buchhaltung kann der Leser die folgenden in Phasen zusammengefassten Arbeitsschritte von Bilanz zu Bilanz nachvollziehen.

Eröffnungsbilanz

Eröffnung der Bestandskonten über Eröffnungsbilanzkonto.
- ❑ Aktivkonten : Anfangsbestand + Mehrung im Soll
- ❑ Passivkonten : Anfangsbestand + Mehrung im Haben

PHASE I Buchung einer Mehrung bei Kontoeröffnung ist auch Operation der Phase II

Eröffnung der Erfolgskonten nach Bedarf
- ❑ Aufwendungen : Mehrung im Soll
- ❑ Erträge : Mehrung im Haben

PHASE II

Buchen der Geschäftsvorfälle
- ❑ im „Grundbuch“: alle Geschäftsvorfälle werden mit Datum, Beleginhalt und Betrag in zeitlicher Reihenfolge erfasst (z. B. Kassenbuch, Wareneinkaufsbuch)
- ❑ im „Hauptbuch“: alle Geschäftsvorfälle werden auf den entsprechenden Konten erfasst

Merke:
- ❑ Stornobuchungen sind eine Umkehrung des Buchungssatzes des Geschäftsvorfalles
- ❑ Zahllast der Mehrwertsteuer muss monatlich ermittelt und an das Finanzamt überwiesen werden.

PHASE III

Abschlussvorbereitungen
- ❑ Durchführung der Inventur
- ❑ Erstellung der Hauptabschlussübersicht (Näheres vgl. folgende Seite)

beachte hier:
- ❑ Aktivierung bzw. Passivierung der Umsatzsteuer
- ❑ Rückstellungen
- ❑ Abschreibungen
- ❑ zeitliche Jahresabgrenzung

PHASE IV

Abschluss der Konten
- ❑ Ausführung der Umbuchungen aus der Hauptabschlussübersicht
- ❑ reine Bestandskonten über Schlussbilanzkonto abschließen
- ❑ Erfolgskonten über GuV abschließen
- ❑ GuV und bei Personengesellschaften sowie Einzelunternehmen Privat auf Eigenkapitalkonto abschließen
- ❑ Eigenkapital über Schlussbilanzkonto abschließen

PHASE V **Erstellung der Schlussbilanz**

(2) **Hauptabschlussübersicht**

Die Hauptabschlussübersicht, auch Betriebsübersicht oder Abschlusstabelle genannt, bietet als tabellarische Übersicht einen Einblick in den Gesamtumfang der Buchungen auf allen Bestands- und Erfolgskonten sowie die erfolgsbestimmenden Veränderungen einer Periode. Gleichzeitig stellt die Hauptabschlussübersicht die Gesamtheit der

- vorbereitenden Abschlussbuchungen und
- der Abschlussbuchungen

systematisch und zusammenhängend in einer Weise dar, die gleichzeitig, durch geeignete Abstimmungsmöglichkeiten die formale Richtigkeit des Jahresabschlusses zuverlässig kontrollierbar macht.

Die Hauptabschlussübersicht (hier kurz: HA) besteht in der Regel aus 6 Hauptspalten.

(1) **Summenbilanz**

Jedes Konto der Buchhaltung erhält eine Zeile in der HA. Die Summenbilanz ist die erste Hauptspalte der HA. Sie besteht aus einer Soll- und einer Habenseite und nimmt je Zeile die in der Periode je Konto im Soll bzw. im Haben insgesamt gebuchten Summen auf. Die Addition von Sollseite und Habenseite über alle Konten muss gleiche Beträge ergeben.

(2) **Saldenbilanz I**

Als nächster Schritt werden je Zeile (also je Konto) die Salden aus Aktivbuchung und Passivbuchung der Summenbilanz gebildet und in die Saldenbilanz übertragen. Dabei wird der jeweilige Saldobetrag - anders als beim üblichen Kontenabschluss - auf der Seite des höheren Betrages in die Saldenbilanz eingetragen. D.h. es hat keine Umbuchung stattgefunden, sondern lediglich eine Verkürzung der Kontenzeilen um den Betrag der jeweils kleineren Seite. Die Addition der Sollseite und der Habenseite über alle Konten der Saldenbilanz I muss gleiche Beträge ergeben.

(3) **Umbuchungsbilanz**

In diesem Schritt werden in der Umbuchungsbilanz die vorbereitenden Abschlussbuchungen vollzogen. Diese betreffen folgende Operationen:

- Abschreibungen auf Anlagen und Forderungen
- Verbuchung von Bestandsdifferenzen zwischen Inventur- und Buchbestand
- Bestandsänderungen an unfertigen und Fertigerzeugnissen
- Zeitliche Abgrenzung
- Bildung von Rückstellungen
- Bewertungskorrekturen
- Abschluss von Unterkonten auf entsprechende Hauptkonten, z. B. Bezugskosten, Erlösschmälerungen, Privatkonto
- Ermittlung der Steuerlast durch Abschluss Vorsteuerkonto auf Umsatzsteuer.

Die zu diesen Teilaufgaben anfallenden Buchungen werden nach den bekannten Regeln der doppelten Buchhaltung ausgeführt. Ergänzend sollte eine Liste über die Buchungssätze mit Beleghinweisen geführt werden.

(4) **Saldenbilanz II**

Durch Horizontaladdition der Saldenbilanz I und der Umbuchungsbilanz je Zeile entsteht die Saldenbilanz II mit den endgültigen Salden nach Durchführung der vorbereitenden Abschlussbuchungen. Aus ihr werden GuV und Schlussbilanz abgeleitet.

(5) **Gewinn und Verlust = Gesamtergebnis**

Die Sollseite dieser Hauptspalte übernimmt die Aktivsalden der Erfolgskonten, also Aufwendungen. Die Habenseite dieser Hauptspalte übernimmt die Passivseite der

Erfolgskonten aus der Saldenbilanz II also Erträge. Damit ergibt sich das Periodenergebnis, nach den Regeln der doppelten Buchführung als Gewinn (Erträge größer Aufwendungen) oder Verlust (Aufwendungen größer Erträge).

(6) **Schlussbilanz**
Sie übernimmt die Endbestände der Bestandskonten aus der Saldenbilanz II und weist die Bilanzansätze aus, die den in der Inventur ermittelten Beständen und Bewertungen unter Berücksichtigung der ergänzten Wertberichtigungen entsprechen. In den Spalten (5) und (6) muss sich das gleiche Periodengesamtergebnis ergeben.

9.2 Kosten- und Leistungsrechnung

9.2.1 Aufgaben, Grundbegriffe und Zusammenhänge

9.2.1.1 Aufgaben und Grundbegriffe der Kosten- und Leistungsrechnung

Die Finanzbuchhaltung ist eine Periodenrechnung der Unternehmung mit der Hauptzielsetzung, nach außen, gegenüber Eigenkapitaleignern und Fremdkapitalgebern sowie anderen interessierten Dritten Rechenschaft abzulegen über die Vermögenslage der Unternehmung zu bestimmten Zeitpunkten und über ihren Gesamterfolg in einer Periode. Diese Periodenrechnung hat jedoch folgende entscheidende Nachteile:

- sie enthält neutrale, nicht betriebliche Bestandteile,
- sie besagt nichts über das Betriebsergebnis und ist deshalb für die betriebliche Steuerung ungeeignet,
- sie liefert keine Informationen über den Erfolg je Auftrag und Produkt.

Daraus ergeben sich die Aufgaben der Kosten- und Leistungsrechnung. Diese sind in der Literatur unterschiedlich strukturiert worden.

Schierenbeck bezeichnet die Kosten- und Leistungsrechnung als kurzfristige Erfolgsrechnung und weist dieser folgende Hauptaufgaben zu:[9]

a) die **Ermittlung des kurzfristigen Betriebserfolges**: mit dem „Kernstück" der Kostenrechnung, „die bei entsprechender Ausgestaltung den Prozess der Kostenentstehung schrittweise verfolgt und eine rechnerische Aufgliederung des Kostengefüges
   - nach **Kostenarten (welche Kosten fallen wann an?)**
   - nach **Kostenstellen (wo fallen welche Kosten an?)** und
   - nach **Kostenträgern (wofür, das heißt für welche Leistungen fallen Kosten an?)**

   ermöglicht.
b) **Kontrolle der Wirtschaftlichkeit und Budgetierung**: Das heißt Überwachung der betrieblichen Prozesse in Bezug auf Kostenverursachung und Leistungsentstehung und zwar im kontinuierlichen, kurzfristigen Vergleich zu strukturierten Sollvorgaben (Budgets) für eine Gesamtperiode und zweckmäßige Teilperioden.

[9] *Schierenbeck, H.*, Grundzüge der Betriebswirtschaftslehre, a.a.O.

c) **Rechnerische Fundierung unternehmenspolitischer Entscheidungen**: Und zwar insbesondere
   - Kalkulation von Preisen und Preisuntergrenzen
   - Planung des Mitteleinsatzes im Marketing
   - Produktprogramm-, Absatz- und Produktionsplanung
   - Materialbeschaffungs- und -bereitstellungsplanung mit Entscheidungen über die Alternative Eigenfertigung oder Zukauf
   - Investitions- und Finanzplanung

Schmolke und *Deitermann* definieren die Gesamtaufgabe der **Kosten- und Leistungsrechnung** insgesamt übereinstimmend mit *Schierenbeck,* aber strukturieren die **Teilaufgaben** abweichend wie folgt:[10]

a) Ermittlung der Selbstkosten und Leistungen je Abrechnungsperiode
b) Ermittlung der Selbstkosten je Erzeugniseinheit
c) Kontrolle der Wirtschaftlichkeit
d) Bewertung der fertigen und unfertigen Erzeugnisse in der Jahresbilanz
e) Grundlagen für Planungen und Entscheidungen.

Für die Analyse und Steuerung der Kostenentwicklung sind folgende **begrifflichen Unterscheidungen** wichtig:

a) Nach der **Abhängigkeit von der Kapazitätsnutzung** unterscheidet man
   - **fixe Kosten**, die bei veränderter Nutzung einer gegebenen Kapazität konstant bleiben, und
   - **variable Kosten**, die sich mit einer Änderung der Kapazitätsnutzung verändern.

b) In **Abhängigkeit von der Zurechenbarkeit** zur erstellten Leistung (zum Produkt) unterscheidet man
   - **Einzelkosten**, die einer bestimmten Leistung direkt zugerechnet werden können und
   - **Gemeinkosten**, die keiner Leistung direkt zugerechnet werden können.

c) **Sondereinzelkosten** der Fertigung (zum Beispiel Rüstkosten) oder des Vertriebes (zum Beispiel seemäßige Verpackung) sind Kosten, die einem bestimmten Auftrag direkt zurechenbar sind.

9.2.1.2 Erforderliche Begriffe zur Abgrenzung von Geschäftsbuchführung (GB) und Kosten- und Leistungsrechnung (KLR)

Der folgende Text zu diesem Thema ist stark gekürzt zitiert nach *Schmolke-Deitermann.*[11]

- **Aufwand und Ertrag** sind Begriffe der Geschäftsbuchführung, GB, **Kosten und Leistung** sind Begriffe der Kosten- und Leistungsrechnung, KLR
- **Aufwendungen = Aufwand** = gesamter Werteverzehr in einem Unternehmen an Gütern, Diensten und Abgaben in einer Abrechnungsperiode
- Aufwendungen sind zu unterscheiden in
  - **Betriebliche** (betriebsbezogene) Aufwendungen = Grundkosten
  - **Neutrale** (unternehmensbezogene) Aufwendungen = Nichtkosten

---

[11] Deitermann, M., Schmolke, S., Industrielles Rechnungswesen, a.a.O.

[12]Vgl. *ebenda*

- Betriebliche Aufwendungen entstehen bei der betrieblichen Leistungserstellung und -verwertung. Sie sind Kosten in der KLR.
- **Kosten** sind wertmäßiger Verbrauch an Gütern, Diensten und Abgaben zur Herstellung und Verwertung von Gütern und Leistungen.

  Für Kosten aus Güter- und Diensteverzehr beachte, dass deren Verursachung sich ergibt aus Menge mal Preis: Unterscheide Mengengerüst der Kosten und Preis der Kostengüter. Beide zusammen ergeben die Kosten.
- **Neutrale Aufwendungen** gliedern sich in
  - Betriebsfremde Aufwendungen
  - Außerordentliche Aufwendungen
  - Periodenfremde Aufwendungen
- **Betriebsfremde Aufwendungen** entstehen bei Verfolgung betriebsfremder Ziele, zum Beispiel Verluste aus Wertpapiergeschäften, Aufwendungen für nicht betrieblich genutztes Gebäude.
- **Außerordentliche Aufwendungen** werden zwar durch den Betriebszweck verursacht, entsprechen aber wegen ihrer besonderen Art, Höhe und Unregelmäßigkeit des Anfalles nicht dem geplanten und/oder normalen Betriebsgeschehen. Sie dürfen deshalb nicht oder nicht in voller Höhe in die KLR eingehen.
- **Periodenfremde Aufwendungen** sind zwar betriebsbedingt, betreffen aber eine andere Abrechnungsperiode und dürfen deshalb nicht in die KLR eingehen, zum Beispiel Nachzahlungen von Betriebssteuern, für die nicht ausreichend Rückstellungen gebildet wurden.
- **Kalkulatorische Kosten** sind (nach *Olfert*) „Kostenarten, die angesetzt werden, um die Kostenrechnung von Zufälligkeiten und Unregelmäßigkeiten zu befreien, die ihre Stetigkeit stören würden.“[12]

  Bei den kalkulatorischen Kosten wird unterschieden zwischen
  - kalkulatorischen Kosten, denen kein Aufwand gegenübersteht, sie heißen Zusatzkosten. (Zum Beispiel kalkulatorischer Unternehmerlohn und kalkulatorische Miete) und ferner
  - kalkulatorischen Kosten, denen Aufwendungen in anderer Höhe gegenüberstehen, sie heißen **Anderskosten**. (Dieser Sachverhalt gilt in der Regel für die kalkulatorischen Abschreibungen).

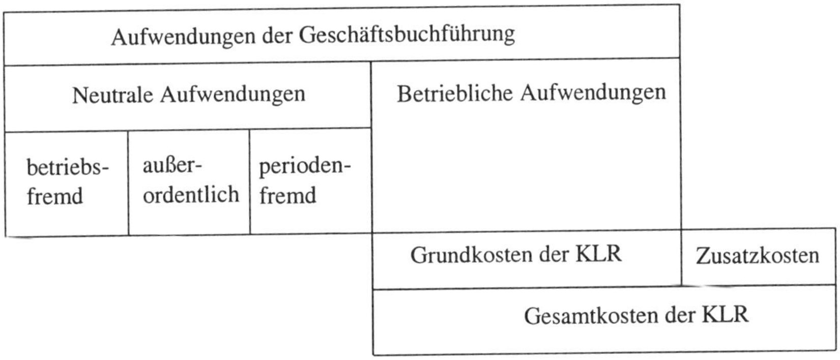

- **Erträge = Ertrag** = gesamter erfolgswirksamer Wertezufluss in ein Unternehmen innerhalb einer Abrechnungsperiode

---
[12] *Olfert, K.*, Kostenrechnung, a.a.O.

- ❑ nach der Entstehung sind bei Erträgen zu unterscheiden
  - **Betriebliche Erträge = Leistungen**
  - **Neutrale Erträge**
- ❑ Betriebliche Erträge sind das Ergebnis der betrieblichen Leistungserstellung und -verwertung. Sie sind Leistungen in der KLR.
- ❑ Bei den **Leistungen** sind zu unterscheiden
  - **Absatzleistungen** = Umsatzerlöse aus dem Verkauf von hergestellten Fertigerzeugnissen und Handelswaren
  - **Lagerleistungen** = Positive Bestandsveränderungen der Abrechnungsperiode an Erzeugnissen (fertigen und unfertigen), die also nicht abgesetzt wurden
  - **Aktivierte Eigenleistungen** = Selbsterstellte Anlagen, die im eigenen Betrieb eingesetzt werden.
- ❑ **Neutrale Erträge** gliedern sich in
  - Betriebsfremde Erträge
  - Außerordentliche Erträge
  - Periodenfremde Erträge
- ❑ **Betriebsfremde Erträge** entstehen bei der Verfolgung betriebsfremder Ziele, zum Beispiel Erträge aus Wertpapiergeschäften, Mieterträge, Erträge aus Wechselkursänderungen, Erträge aus Verlustübernahme durch eine Muttergesellschaft.
- ❑ **Außerordentliche (A.O.) Erträge** sind zwar betriebsbedingt, dürfen aber wegen ihrer besonderen Art oder ungewöhnlichen Höhe nicht in die KLR eingehen. Dazu zählen zum Beispiel Erträge aus Verkauf von Anlagegegenständen oder Auflösung von Rückstellungen.
- ❑ **Periodenfremde Erträge** sind zwar betriebsbedingt, betreffen aber eine andere Abrechnungsperiode und dürfen deshalb nicht in die KLR eingehen, zum Beispiel Rückerstattung zu viel bezahlter Betriebssteuern.

<table>
<tr><td colspan="4">Erträge der Geschäftsbuchführung</td></tr>
<tr><td colspan="3">Neutrale Erträge</td><td rowspan="2">Betriebliche Erträge</td></tr>
<tr><td>betriebs-
fremd</td><td>außer-
ordentlich</td><td>perioden-
fremd</td></tr>
<tr><td colspan="3"></td><td>Leistungen der KLR</td></tr>
</table>

9.2.1.3 Informationsfluss der Betriebsabrechnung

Den Informationsablauf in der Betriebsabrechnung zeigt das folgende Ablaufschema von *Schierenbeck.*[13] Dabei wird deutlich, dass die den Kostenträgern nicht direkt zurechenbaren Kosten, die Kostenträgergemeinkosten, zunächst den Kostenstellen zugerechnet werden, in denen sie entstanden sind. Von dort erfolgt dann eine Zurechnung zu den Leistungen, entsprechend der Inanspruchnahme der Kostenstellen durch die jeweiligen Leistungen (Kostenträger). Eine detaillierte Darstellung der Informationserfassung und -verarbeitung in der Betriebsabrechnung erfolgt unter Punkt 9.2.4.4.

---

[13] *Schierenbeck, H.,* Grundzüge der Betriebswirtschaftslehre, a.a.O.

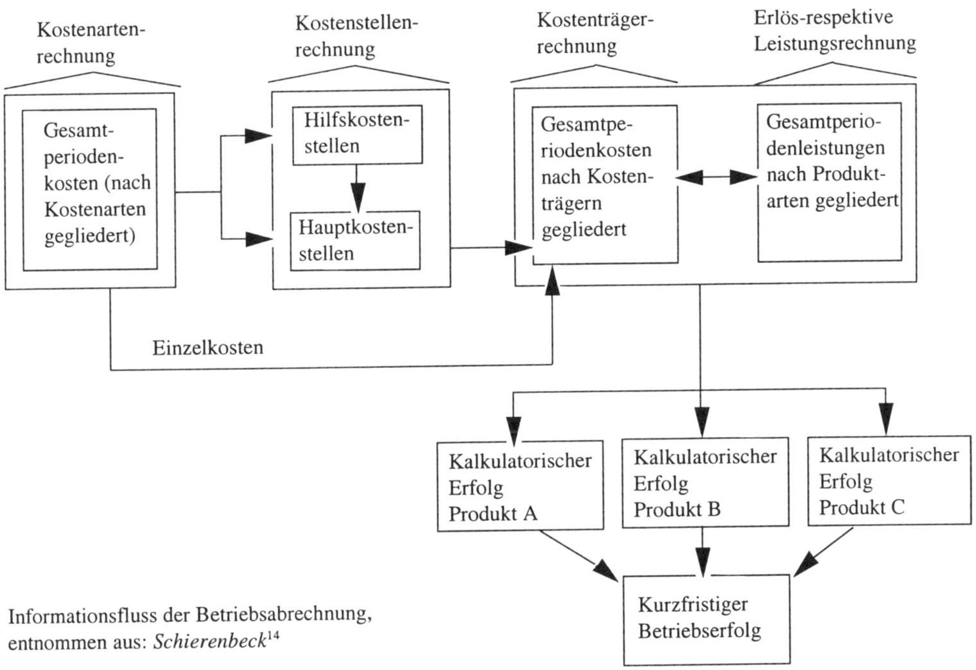

Informationsfluss der Betriebsabrechnung,
entnommen aus: *Schierenbeck*[14]

9.2.2 Abgrenzungsrechnung

Zwischen Geschäftsbuchhaltung und KLR muss die Abgrenzung erfolgen, in der sichergestellt wird,

- dass im **Betriebsergebnis nur Kosten und Leistungen** und nicht neutrale Aufwendungen und Erträge berücksichtigt werden, die zwar das Unternehmen betreffen, aber mit dem Prozess der betrieblichen Leistungserstellung nicht im Zusammenhang stehen, und
- dass im **Unternehmensergebnis die Gesamtheit der Aufwands- und Ertragsbeträge**, einschließlich betrieblicher und neutraler, Berücksichtigung finden, sowie
- dass im Zweikreis-System **Daten nur einmal** in dem Rechnungskreis erfasst werden, in dem die Belege anfallen, und dass anschließend diejenigen Daten, die auch im anderen Rechnungskreis erforderlich sind, an diesen weitergeleitet werden.

9.2.2.1 Abgrenzung zwischen Betriebs- und Unternehmensergebnis

Die Abgrenzungsrechnung besteht aus

- unternehmensbezogenen Abgrenzungen plus
- kostenrechnerischen Korrekturen.

Die Abgrenzungsrechnung sucht den Betrag, der zum Betriebsergebnis **hinzugezogen** werden muss, um das Unternehmensergebnis zu erhalten.

[14] *Schierenbeck, H.*, Grundzüge der Betriebswirtschaftslehre, a.aO.

Wenn dieser Betrag dem Inhalt, der Sache nach definiert ist, dann ermittelt man die Höhe des Betrages und kann durch Abzug dieses Betrages aus dem Gesamtergebnis des Unternehmens gemäß Geschäftsbuchhaltung (GB) das Betriebsergebnis errechnen. So erfolgt die Abstimmung. Aus dieser Überlegung leiten wir die Vorzeichen der Abgrenzungsrechnung ab:

Abgrenzungsrechnung		
Leistungen (gesamt) ./. Kosten (gesamt)	gemäß KLR gemäß KLR	
= Betriebsergebnis	gemäß KLR	Betriebsergebnis
+ Verrechnete Kalkulatorische Kosten[15] ./. Entsprechende Betriebliche Aufwendungen	gemäß KLR gemäß GB	+ Kostenrechnerische Korrekturen[16]
= Unternehmensspezifische Erträge ./. Unternehmensspezifische Aufwendungen	gemäß GB gemäß GB	+ Unternehmensspezifische Abgrenzungen[17]
= Gesamtergebnis	gemäß GB, KLR	= Gesamtergebnis
= Erträge ./. Aufwendungen	gemäß GB	

GB = Geschäftsbuchführung
KLR = Kosten-Leistungsrechnung

9.2.2.2 Welche Belege werden in welchem Rechnungskreis erfasst?

Im Zweikreis-System werden die Belege - wie oben schon erwähnt - in dem Rechnungskreis erfasst, in dem sie anfallen. Der erfassende Rechnungskreis gibt anschließend diejenigen Daten an den anderen Rechnungskreis ab, die auch dort als erfolgswirksam benötigt werden.

In der Geschäftsbuchführung, dem Rechnungskreis I, werden insbesondere erfasst:

- Umsatzerlöse
- Erträge aus Vermietung und Verpachtung
- Zinserträge
- Erträge aus dem Abgang von Gegenständen des Anlagevermögens
- Gehälter
- Miet- und Pachtaufwendungen
- Bilanzielle Abschreibungen
- betriebliche Steuern und Versicherungen

In der Kosten- und Leistungsrechnung, dem Rechnungskreis II, werden insbesondere erfasst:

- Materialaufwendungen (für Roh-, Hilfs- und Betriebsstoffe)
- Fertigungslöhne
- Gemeinkostenlöhne

---

[15] Definition der kalkulatorischen Kosten vgl. Pkt. 9.2.3.3

[16] Für verrechnete kalkulatorische Kosten kleiner als entsprechende betriebliche Aufwendungen nimmt das Gesamtergebnis gegenüber dem Betriebsergebnis entsprechend ab.

[17] Für unternehmerische Aufwendungen größer als unternehmensspezifische Erträge nimmt das Gesamtergebnis gegenüber dem Betriebsergebnis entsprechend ab.

- Mehr- oder Minderbestand an unfertigen und fertigen Erzeugnissen
- andere aktivierte Eigenleistungen (zum Beispiel selbsterstellte Anlagen)
- sonstige innerbetriebliche Leistungen (zum Beispiel Instandhaltung und Reparaturen)
- etc.

Einzelheiten der betrieblichen Kostenerfassung behandelt Punkt 9.2.4.4: Praxisbeispiel einer Betriebsabrechnung.

9.2.3 Kostenartenrechnung

9.2.3.1 Aufgaben der Kostenartenrechnung

Die Hauptaufgabe der Kostenartenrechnung ist die Beantwortung der Frage: Welche Kosten sind wann angefallen? Die Beantwortung dieser Frage muss sorgfältig strukturiert und organisiert werden. Die Gliederung der Kostenarten, die Inhalte (das heißt ergänzende Informationen) der Belege und deren Erfassung müssen so gestaltet werden, dass die späteren Auswertungsmethoden (zum Beispiel der Zurechenbarkeit zu Kostenstellen und Kostenträger) erfüllt werden können.

Die Gestaltung dieser Aufgabe ist wesentlich abhängig von der Art und Größe des jeweiligen Betriebes. Sie kann im Rahmen der Buchhaltung (im Zweikreissystem IKR in der frei gestaltbaren Klasse 9) oder in Tabellenform (wie im Beispiel unter Punkt 9.2.4) abgewickelt werden.

In der Kostenartenrechnung müssen alle Kosten vollständig, zeitgerecht und überschneidungsfrei erfasst werden. Ferner sind die betrieblichen Leistungen (unmittelbar für den Absatz, auf Lager oder innerbetriebliche) zeitgerecht zu erfassen. Dafür sind folgende Einzelaufgaben zu lösen:

Vorbereitende Aufgaben

- Erstellung einer auf die Belange des individuellen Betriebes abgestimmten Steuerungs-, Kontroll- und Auswertungskonzeption als Voraussetzung für eine zielgerichtete auswertungsfähige Erfassung und zur Vermeidung nutzloser Detaillierung und übertriebenen Erfassungsaufwandes.
- Aufstellung aussagefähiger und übersichtlicher Gliederungsverzeichnisse für
  - Kostenarten
  - Kostenstellen und
  - Kostenträger.
- Gestaltung zweckmäßiger Belege (zum Beispiel Materialentnahmescheine und Lohnscheine) zur Erfassung der Verbrauchsmengen und anschließenden Bewertung.
- Formulierung von Arbeitsanweisungen für das zeitgerechte Erstellen, Bewerten, Kontieren, Sortieren (gegebenenfalls Verdichten für Sammelbuchungen) und Buchen der Belege.
- Bereitstellung von Unterlagen für die Ermittlung der kalkulatorischen Abschreibungen, Zinsen und Wagnisse.

Ausführende Aufgaben

- Auswerten der Zahlen der Geschäftsbuchführung zur Ermittlung der Grundkosten aus dem Rechnungskreis I (zum Beispiel Gehälter, Miete).
- Erfassen der betrieblichen Kosten im Rechnungskreis II.

9.2.3.2 Kriterien für die Gliederung der Kostenarten

Die Gliederung der Kostenarten sollte streng zielgerichtet erfolgen und zwar insbesondere den folgenden drei Hauptzielen entsprechend:

1. Der Werteverzehr durch Kostenentstehung muss denjenigen Verantwortlichen regelmäßig, verursachungsgerecht mitgeteilt werden, die zur Kosteneinsparung in der Lage sind und veranlasst werden müssen. Das heißt die Kostenstellenleiter brauchen ihr Budget und die von ihnen effektiv verbrauchten Kosten je Monat in der Gliederung, in der sie auf die Kostenentstehung einwirken können. Dazu folgendes Beispiel:
   - ❑ Fallen Überstunden für Mehr- und Nacharbeit sowie innerbetriebliche Leistungen (zum Beispiel für Reparaturen) in erheblichem Maße an, dann müssen diese im Interesse der Bestgestaltung überwacht und gesondert erfasst werden.
   - ❑ Fallen die genannten Kostenarten in einem Betrieb nicht oder nahezu nicht an, dann wäre es unzweckmäßig, sie als spezielle Kostenart in die Kostenartengliederung aufzunehmen.
2. Die entstandenen Kosten müssen den Kostenträgern (Leistungen), für deren Erstellung sie verursacht wurden, direkt (als Einzelkosten) oder indirekt über den Ort der Entstehung, die Kostenstelle (als Gemeinkosten), zugerechnet werden können.
3. Bestehende Rechtsvorschriften über die Bestandsbewertung des Anlage- und Umlaufvermögens zur Ergebnisermittlung müssen eingehalten werden.

Außerdem sollte eine Gliederung der Kostenarten folgende Bedingungen erfüllen:

- ❑ Eindeutige Kostenbezeichnung und Buchungsanweisung
- ❑ Keine Überschneidungen verschiedener Kostenarten
- ❑ Vollständigkeit der Kostenerfassung
- ❑ Kontinuität der Kosteninhalte für Zeitvergleiche
- ❑ Nummerierung nach zweckmäßiger Systematik
- ❑ Strenge Anpassung an die Anforderungen der betrieblichen Steuerung und Kontrolle.

9.2.3.3 Gliederung eines Kostenartenplans

Als Mindestgliederung der Kostenarten für den Industriebetrieb, für den eine Differenzierung der Kosten im Fertigungsbereich besonders wichtig ist, nennt *Torspecken* folgende Kostenarten:[18]

❑ Fertigungslohn }	Einzelkosten
❑ Fertigungsmaterial }	
❑ Hilfslohn }	Gemeinkosten
❑ Urlaubs- und Feiertagslohn }	
❑ Gehälter }	
❑ Soziale Abgaben }	
❑ Energie }	
❑ Brennstoffe }	
❑ Werkzeuge (nicht auftragsbezogene) }	
❑ Instandhaltung und Reparatur }	
❑ Kalkulatorische Abschreibungen }	
❑ Kalkulatorische Zinsen }	

[18] *Torspecken, H.-D.*, Technik des betrieblichen Rechnungswesens 2, Wiesbaden

- ❑ Sondereinzelkosten der Fertigung } Sondereinzelkosten
- ❑ Sondereinzelkosten des Vertriebes }

Die folgende detaillierte Kostenartengliederung stammt von *Hummel/Männel*:[19]

Beispiel eines Kostenartenplanes zur Kostenerfassung	
Zeitlöhne	Handelswaren
Akkordlöhne	Fertigungsmaterial
Grundlöhne	Fertigungsstoffe
Zusatzentgelte	Instandhaltungsmaterial
Löhne	Büromaterial
Arbeitgeberanteile Sozialversicherung	sonstige Materialien
Beiträge zur Berufsgenossenschaft	**Materialkosten** Σ
Behindertenabgabe	Treibstoffe
sonstige Lohnnebenkosten	Kohle
Lohnkosten	sonstige Energieträger
Gehälter	Energieträger
Gehaltsnebenkosten	Strom
Gehaltskosten	**Energiekosten** Σ
Ausbildungsvergütung	Fremdfertigung
Heimarbeiterlöhne	Fremdtransporte
sonstige Sonderentgelte	Bewirtung
Sonderentgelte	Reise- und Übernachtungskosten
Personalleasing	Vertreterkosten
Personalkosten Σ	Fremdakquisition
planmäßige Abschreibungen	sonstige Dienstleistungen (i.e.S.)
Grundstückspachten	**Dienstleistungskosten** (i.e.S.) Σ
Raummieten	Produkthaftpflicht
Anlagenvorhaltungskosten	Warenkreditversicherung
Instandhaltungskosten	gesamtunternehmensbezog.Versicherungen
Feuerversicherungen	sonstige Versicherungen
Einbruch- und Diebstahlversicherungen	**Versicherungskosten** Σ
sonstige Versicherungen	Lizenzgebühren
Grundstück- und Gebäudeversicherung	Konzessionen und Patentgebühren
Gebühren und Steuern	Kosten sonstiger fremder Rechte
Grundstücke und Gebäude	**Kosten fremder Rechte** Σ
planmäßige Abschreibungen	**Beiträge, Gebühren, Zölle und Steuern** Σ
geringwertige Wirtschaftsgüter	Eigenkapitalzinsen
Maschinenmieten und -leasing	Fremdkapitalzinsen
Anlagevorhaltungskosten	Kosten des Kapitalverkehrs
Instandhaltungsmaterial	sonstige Kapitalkosten
Fremdinstandhaltung	**Kapitalkosten** Σ
Instandhaltungskosten	Werbematerial
Maschinenversicherung	Rundfunk- und Fernsehwerbung
Gebühren und Steuern	**Werbekosten** Σ
Maschinenkosten	**Sonstige Kosten** Σ
Kosten sonstiger Anlagen	
Anlagenkosten Σ	

[19] Entnommen aus: *Hummel, S.,* Männel, W., Kostenrechnung 1, Grundlagen, Aufbau und Anwendung, Wiesbaden

9.2.3.4 Erfassung beziehungsweise Errechnung des Kostenanfalls der wichtigsten Kostenarten

(1) **Fertigungslöhne** werden je Kostenstelle mit Kostenträgernummer erfasst, denn sie sind dem Kostenträger direkt zurechenbar.

(2) **Fertigungsmaterial** ist ebenfalls dem Kostenträger direkt zurechenbar. Der Verbrauch an Fertigungsmaterial sollte deshalb mit Hilfe von Materialentnahmescheinen entsprechend erfasst werden. Die beiden anderen Verfahren der Verbrauchserfassung, die Ermittlung des Materialverbrauchs durch Inventur oder durch Rückrechnung (über Stücklisten oder Rezepturen) aus der erzeugten Menge an Fertigprodukten, sind nicht hinreichend zuverlässig und zeitnah für eine Kostenrechnung, die einen Beitrag zur Produktions- und Kostenoptimierung leisten soll.

(3) **Hilfslöhne** fallen an für Arbeiten in der Fertigung (zum Beispiel Transport oder Reinigungsarbeiten), die dem Fertigungsauftrag nicht direkt zugerechnet werden können. Sie werden deshalb auf Hilfslohnscheinen erfasst und können durch Zuordnung zu Kostenstellen indirekt in der Kostenträgerrechnung berücksichtigt werden.

(4) **Urlaubs- und Feiertagslöhne** sollten im Interesse einer gleichmäßigen Kostenverteilung über die Gesamtperiode und alle Kostenträger nicht zum Zeitpunkt ihrer Entstehung, sondern besser stetig in 12 Monatsraten abgerechnet werden. Eine Einzelerfassung kann durch Ermittlung eines Prozentsatzes von der Jahreslohnsumme umgangen werden.

(5) **Gehälter** werden zentral abgerechnet und zur Zahlung angewiesen. Die Stelle, die diese Funktion wahrnimmt, muss die Betriebsabrechnung über die je Kostenstelle relevanten Beträge informieren, damit diese eine dem Einsatz der Gehaltsempfänger entsprechende Zuordnung der Gehälter oder Gehaltsanteile zu den einzelnen Kostenstellen vornehmen kann.

(6) **Sozialabgaben** fallen bei der Nettolohn- und Gehaltsabrechnung diskontinuierlich über ein Jahr verteilt an. Eine Berücksichtigung in der Kostenrechnung sollte in gleichbleibenden Monatsbeträgen erfolgen.

(7) **Energiekosten** können am einfachsten durch zentrale Verbrauchsmessung und Zuordnung zu den Kostenstellen entsprechend der installierten Leistung abgerechnet werden. Dieses Verfahren ist ungeeignet, wenn der Energieverbrauch von Kostenstelle zu Kostenstelle sehr verschieden ist. Das ist in der Industrie sehr häufig der Fall (Beispiele dafür sind: der Einsatz von Dampf und hohen Temperaturen in der Papiererzeugung oder die galvanischen Oberflächenwerkstätten im Maschinenbau). In diesem Fall gibt es zwei Lösungswege, die dezentrale Energieverbrauchsmessung mit Zählern oder die Berücksichtigung der Laufzeit der energieintensiven Aggregate zur Isolierung effektiver Verbrauchswerte der „Großverbraucher“. Das Gesagte gilt nicht nur für Stromverbrauch, sondern analog auch für Brennstoffe.

(8) **Werkzeugkosten** sollten für hochwertige Werkzeuge mit Entnahmeschein und Angabe der Kostenstelle und Verwendungsart erfasst werden.

(9) **Instandhaltungs- und Reparaturkosten** sollten, sofern es sich um eine relevante Größenordnung handelt, über Betriebsaufträge als innerbetriebliche Leistung (IL) abgerechnet werden.

Für die dabei anfallenden Material- und Lohnkosten erfolgt dann eine Erfassung auf IL-Lohnschein und IL-Materialschein mit Angabe einer IL-Auftragsnummer und der Nummer der empfangenden Kostenstelle.

(10) **Kalkulatorische Kosten**

(10.1) **Kalkulatorische Abschreibungen**
Unter Punkt 9.1.6.7 (2) wurde bereits auf Abschreibungsursachen und -verfahren eingegangen. Deshalb müssen lediglich einige spezielle Gesichtspunkte der Kostenrechnung nachgetragen werden.

Für die Ermittlung der Abschreibungen in der Kostenrechnung, der kalkulatorischen Abschreibungen sind zwei Kriterien maßgeblich: die **effektive Nutzungsdauer** und der **Wiederbeschaffungswert**. Beide Beiträge sind nur mit Unsicherheit im Voraus zu ermitteln. Man hilft sich deshalb vielfach damit, dass man auf Tageswerte linear abschreibt, oder dass mit dem in der Geschäftsbuchhaltung ermittelten Abschreibungsbetrag weiter abgeschrieben wird, selbst wenn eine Anlage bereits nur noch mit einer DM bilanziert wird.

(10.2) **Kalkulatorische Zinsen**
Die kalkulatorischen Zinsen werden ermittelt als Zinsen auf das betriebsnotwendige Kapital. Dieses errechnet sich wie folgt aus dem betriebsnotwendigen Vermögen:

	Betriebsnotwendiges Anlagevermögen
+	Betriebsnotwendiges Umlaufvermögen
=	Betriebsnotwendiges Vermögen
-	zinsfrei zur Verfügung stehendes Kapital (Abzugskapital)
=	Betriebsnotwendiges Kapital

Zum Abzugskapital gehören zinslose Kundenzahlungen, zinslose Darlehen und Verbindlichkeiten aufgrund von Warenlieferungen und Leistungen. Beim Abgleich mit Zahlen aus der Finanzplanung ist darauf zu achten, dass für die Ermittlung von kalkulatorischen Zinsen Rechtsvorschriften für die Kalkulation öffentlicher Aufträge zum Tragen kommen können, während in der Finanzplanung praktische Gesichtspunkte der Liquiditätssteuerung und -überwachung wirksam werden. Daraus können Abgrenzungsunterschiede bei der Definition des betriebsnotwendigen Vermögens in den beiden Rechnungskreisen resultieren.

(10.3) **Kalkulatorische Wagnisse**
Die Bestimmung von Wagnissen in der Kalkulation basiert weitgehend auf Erfahrungswerten der Vergangenheit. Ergänzend sind Veränderungen in der zukünftigen Risikolage der Unternehmung zu berücksichtigen. Kalkulatorische Wagnisse sind zu bilden für Risiken, die nicht durch Versicherung bei Dritten abgesichert sind. Dabei ist insbesondere zu denken an: Beständewagnisse, Gewährleistungswagnisse sowie diverse Wagnisse, das heißt Gefahr von Fehlschlägen in Entwicklung, Fertigung und Vertrieb.

(10.4) **Kalkulatorischer Unternehmerlohn**
Die Erstellung von wettbewerbsfähigen Angebotspreisen auf Basis der Selbstkosten, insbesondere wichtig bei der Kalkulation von öffentlichen Aufträgen, rechtfertigt für Einzelfirmen und Personengesellschaften die Ermittlung und Berücksichtigung eines kalkulatorischen Unternehmerlohns. Gemäß **LSP (Leitsätze für die Preisbildung aufgrund der Selbstkosten** ist kalkulato-

rischer Unternehmerlohn in Höhe des durchschnittlichen Gehalts eines Angestellten mit gleichwertiger Tätigkeit in einem Unternehmen gleichen Standorts, gleichen Geschäftszweigs und gleicher Bedeutung angemessen.

9.2.3.5 Bewertung der Kostengüter

Auf bilanzielle Bewertungsgrundsätze und -vorschriften wurde unter Pkt. 9.1.4.3 eingegangen. Daran anschließend kann für den Bereich der Kostenrechnung mit *Torspecken* festgestellt werden:

„Der Wertansatz für die Kostengüter hängt vom Zweck der Kostenrechnung ab".

Dazu gibt *Torspecken* folgende zusammenfassende Übersicht.[20]

1. Mögliche Wertansätze

1. Anschaffungspreis
   a) der Vergangenheit (= Einstandspreis)
   b) der Gegenwart (= Tagespreis)
   c) der Zukunft (= Wiederbeschaffungspreis)
2. Durchschnittspreis
3. Fester Verrechnungspreis
4. Herstellungskosten
5. Wertansatz unter Zugrundelegung von "Nutzenerwägungen"

2. Zielsetzung der Kostenrechnung

1. Bereitstellung von Unterlagen für die Betriebskontrolle
2. Bereitstellung von Unterlagen für die Angebotskalkulation und Preisbildung
3. Bereitstellung von Unterlagen für die nachträgliche Erfolgsrechnung
4. Bereitstellung von Unterlagen für unternehmerische Entscheidungen (investitionspolitischer, produktionspolitischer und absatzpolitischer Art)

3. Kombination von Zielsetzung und Wertansätzen

Zielsetzung Wertansatz	Betriebs-kontrolle	Angebots-kalkulation	Erfolgs-rechnung	Unternehmerische Entscheidung
Einstandspreis			xx	
Tagespreis		x	xx	
Wiederbeschaffungs-preis		x		
Durchschnittspreis			x	
Verrechnungspreis	x			
Herstellungskosten			xx	
Betriebswirt				x

x = inoffiziell
xx = offiziell

[20] Entnommen aus: *Torspecken, H.-D.*, Technik des betrieblichen Rechnungswesens 2, a.a.O., S. 25 f.

9.2.3.6 Kostenverläufe in Abhängigkeit vom Beschäftigungsgrad

Die Relation: effektiv genutzte Kapazität / verfügbare Kapazität (in %) bezeichnet man als Kapazitätsnutzungsgrad, oder **Beschäftigungsgrad**.

Je nach ihrem Verhalten bei Änderung der Kapazitätsausnutzung kann man zwei Gruppen von Kosten unterscheiden:

- leistungsabhängige, so genannte **variable Kosten**, deren Höhe sich abhängig mit dem Leistungsvolumen ändert (zum Beispiel Fertigungsmaterial und Fertigungslöhne) und
- leistungsunabhängige, so genannte **fixe Kosten**, deren Höhe zeitabhängig ist (zum Beispiel Gehälter, Mieten, Zinsen).

Für variable Kosten ist zu bedenken, dass diese proportional, unter- oder überproportional mit einem Leistungsanstieg wachsen können. Im Zusammenhang mit zunehmenden Losgrößen und wachsender Erfahrung und durch Rationalisierungsmaßnahmen kann ein unterproportionales Wachstum der variablen Kosten erreichbar sein. Von einem bestimmten Grad der Auslastung der Kapazität pflegen bei weiterer Leistungssteigerung Mehrkosten anzufallen (zum Beispiel für Überstundenzuschläge), dann steigen die variablen Kosten überproportional.

Für die fixen Kosten ist zu bedenken, dass diese langfristig nicht absolut fix sind. Sie unterliegen ebenfalls der Möglichkeit aktiver Gestaltung, sind also vielfach nur relativ, das heißt bezogen auf einen bestimmten Zeitraum, fix. Beispielsweise steigen die fixen Kosten regelmäßig im Zusammenhang mit Kapazitätserweiterungen durch Investitionen. Man spricht dann von **sprungfixen Kosten**. Im Zusammenhang mit rückläufigen Kapazitätsausnutzungen bleiben Kapazitäten zunächst noch längere Zeit unbenutzt erhalten, bevor sie abgebaut werden. Erst wenn es als sicher erscheint, dass ein meist mit Verlusten verbundener Kapazitätsabbau vorteilhafter ist, als eine weitere ungenutzte Kapazitätserhaltung mit einer gewissen Chance für eine erneute Nutzung wird der Abbau vollzogen. Den daraus resultierenden Verlauf der fixen Kosten bei abnehmender Kapazitätsauslastung über längere Zeit bezeichnet man als **Kostenremanenz**.

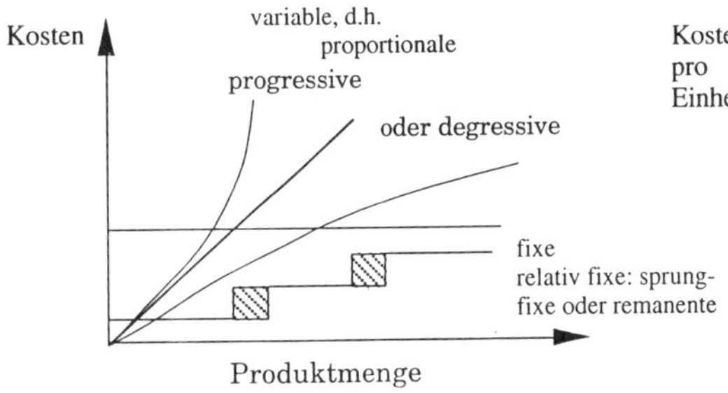

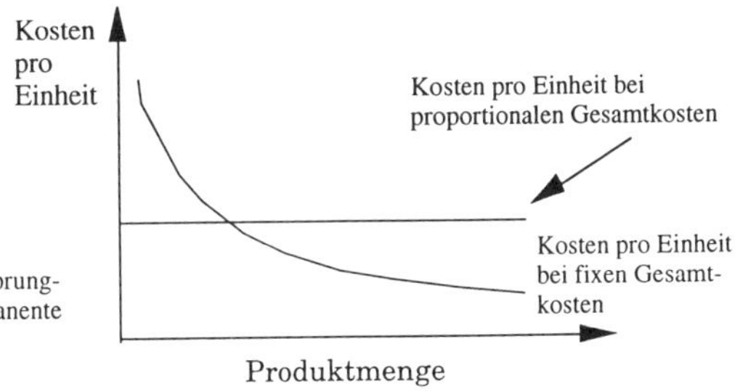

9.2.4 Kostenstellenrechnung

9.2.4.1 Aufgaben der Kostenstellenrechnung

Eine Kostenstelle ist ein betrieblicher Teilbereich der sachlich und räumlich so abgegrenzt ist, dass ihm bestimmte Kosten und Leistungen ursächlich zugeordnet werden können. Dabei stehen zwei Hauptaufgaben im Vordergrund:

1. **Die Unterstützung von optimaler Produktivität und Wirtschaftlichkeit durch Schaffung zweckmäßiger Führungs- und Verantwortungsbereiche.** Im Interesse der Bestgestaltung der Leistungserstellung müssen bestimmte Funktionen so abgegrenzt werden, dass ein Verantwortlicher benannt werden kann, der für die Erstellung einer bestimmten Leistung mit minimalen Kosten oder für eine maximale Leistung mit bestimmten Kosten zuständig ist. Dazu dienen Budgets je Kostenstelle mit monatlichem **Soll/Istvergleich**.
2. **Schaffung von organisatorischen Voraussetzungen, die eine verursachungsgerechte Zurechnung von Gemeinkosten auf Kostenträger ermöglichen.**

9.2.4.2 Kriterien der Kostenstellenbildung

Die genannten Aufgaben der Kostenstellenrechnung legen eine Kostenstellenbildung nach folgenden Kriterien nahe:

1. **Nach Verantwortungsbereichen**
   das schließt ein:
   1.1 **Funktionsbereiche**
   (zum Beispiel Materialwirtschaft, Fertigung, Vertrieb, Verwaltung) und
   1.2 **Räume und Plätze gleichartiger Technologien und Leistungserstellung**
   (zum Beispiel Einkauf, Lager, Wareneingangskontrolle, Stanzerei, Dreherei - bis hin zu einzelnen Betriebsmitteln - Baugruppenmontage, Endmontage etc.)
2. **Nach Verrechnungsgesichtspunkten**
   das schließt ein:
   2.1 die Unterscheidung von unterschiedlichen Gemeinkosten, nämlich
   - **Kostenstelleneinzelkosten**, die bestimmte Kostenstellen aufgrund von Belegen direkt zugerechnet werden können, und
   - **Kostenstellengemeinkosten**, die einzelnen Kostenstellen nicht direkt, sondern nur über Schlüssel zugerechnet werden können,

   2.2 darauf zu achten, dass keine Arbeitsplätze zu einer Kostenstelle zusammengelegt werden, bei denen die **Relation von Gemeinkosten zur Verrechnungsgrundlage** nicht näherungsweise übereinstimmt; im Interesse einer aussagefähigen Analyse und Überwachung von Gemeinkosten dürfen beispielsweise keine Bereiche mit hohen Abschreibungen und geringem Fertigungslohn (wie Rohteilfertigung und Oberflächenwerkstätten) mit Bereichen niedriger Abschreibung und hohen Fertigungslohnkosten (in der Regel Montageplätze mit geringer maschineller Ausstattung) zu einer Kostenstelle zusammengefasst werden;
   2.3 die Prüfung, ob Maschinen mit sehr hoher **Leistung** die Abgrenzung als selbständige Kostenstelle rechtfertigen, damit ihnen Gemeinkosten aus Stillstandszeiten, Qualitätsmängel mit Mehr- und Nacharbeit etc. direkt zugerechnet werden können.

Die Kostenstellenbildung ist abhängig vom Rechnungszweck. Je nach Rechnungszweck werden unterschiedliche Kriterien für die Kostenstelleneinteilung zugrunde gelegt (vergl. *Däumler/Grabe*).

Kriterien der Kostenstellenbildung in Abhängigkeit vom Rechnungszweck		
Rechnungszweck	**Kriterium der Kostenstellenbildung**	**Beispiel**
Bildung übergeordneter Kostenbereiche	betriebliche Funktionen	Zusammenfassung aller Materialstellen zum Materialbereich
Wirtschaftlichkeitskontrolle der Kostenstellen	Selbständigkeit des Verantwortungsbereiches	Meisterbereich in der Fertigung: Cost-Center, Profit-Center
Verbesserung der Abrechnungsgenauigkeit für Ktr = Festlegung von Bezugsgrößen	Vergleichbarkeit der Leistung und der Kostenstruktur	Zusammenfassung gleicher Arbeitsverrichtungen (Drehen, Fräsen) oder gleicher Maschinentypen
Verbesserung der Steuerung von KSt	räumliche Zusammenfassungen von Funktionen oder Standorten	Zusammenfassung einer Funktion über mehrere Standorte oder aller Funktionen an einem Standort

9.2.4.3 Gliederung eines Kostenstellenplanes[21]

0 Hilfskostenstellen des allgemeinen Bereiches
- 01 **Grundstücke und Gebäude** Hausverwaltung
- 02 **Kraftanlagen**
  - 021 Heizung/Dampf
  - 022 Stromversorgung
  - 023 Wasserversorgung
  - 024 Pressluftversorgung
  - 025 Bewachung
  - 026 Reinigung
- 03 **Hilfsdienste**
  - 031 Werkstransporte
  - 032 Bauabteilung, allgemeine Instandhaltung
- 04 **Soziale Einrichtungen**
  - 041 Betriebsrat
  - 042 Kantine
  - 043 Werksarzt und Sanitätsstelle

1 **Hilfskostenstellen der Fertigung**
- 110 **Maschineninstandhaltung**
- 120 **Werkzeugbau**
- 130 **Arbeitsvorbereitung**

2 **Hauptkostenstellen der Fertigung** (inkl. Leitung)
- 21 **Teilefertigung**
  - 210 Dreherei
  - 211 Stanzerei und Trovaliererei
  - 212 Druckgießerei
  - 213 Kunststofffertigung
- 22 **Oberflächenbearbeitung**
  - 221 Galvanik
  - 222 Bonderei
  - 223 Elektrostat. Lackiererei
  - 224 Sonst. Oberflächenwerkst. (Härterei, Schleiferei)
- 23 **Lager unfertige Erzeugnisse**
- 24 **Montage**
  - 241 Baugruppenmontage
  - 242 Endmontage

3 **Materialwirtschaft** (inkl. Leitung)
- 31 **Einkauf**
  - 311 Einkaufsgruppen
  - 312 Disposition
- 32 **Eingangslager**
  - 321 Lager Roh-, Hilfs- und Betriebsstoffe
  - 322 Wareneingang/-annahme
  - 323 Lagerbuchhaltung

4 **Verwaltung**
- 41 **Technische Geschäftsführung und Verwaltung**
  - 410 Technische Geschäftsführung
  - 411 Leitung Qualitätssicherung
  - 412 Wareneingangskontrolle
  - 413 Fertigungskontrolle
  - 414 Betriebsmittelkontrolle
- 42 **Kaufmännische Geschäftsführung und Verwaltung**
  - 420 Kaufmännische Geschäftsführung
  - 421 Controlling
  - 422 Rechnungswesen
  - 423 Finanzwirtschaft
  - 424 EDV
  - 425 Personalwirtschaft
  - 426 Rechtsabteilung
  - 427 Interne Revision
  - 428 Registratur

5 **Entwicklung und Konstruktion** (inkl. Leitung)
- 51 **Produktentwicklung** (zu unterteilen nach Produktbereichen, -technologien)
- 52 **Versuchslabor**
- 53 **Arbeitsvorbereitung und -koordination der Produktentwicklung**

6 **Vertrieb** (inkl. Leitung)
- 61 **Marketing**
- 62 **Werbung**
- 63 **Verkauf**
  - 631 Inland
  - 632 Ausland
- 64 **Vertriebsachbearbeitung/ Auftragsentwicklung**
- 65 **Fertigfabrikatelager**
- 66 **Expedition**
- 67 **Technischer Kundendienst**

[21] Weitere Einzelheiten vgl. *Hummel, S., Männel, W.*, Kostenrechnung 1, a.a.O.

9.2.4.4 Betriebsabrechnungsbogen als Instrument zur Überwachung der betrieblichen Effizienz und Grundlage der Preiskalkulation

Betriebsabrechnungsbogen (BAB) eines Industrieunternehmens mit Serienproduktion technischer Erzeugnisse

Daten aus Finanzbuchhaltung Kontokl. 9
Beträge in DM

Kostenstellen	Summen	Allgemeine Hilfskostenstellen		Fertigungsstellen					Materialstelle 1)	Verwaltung 2)	Produktentwicklung 3)	Vertrieb 4)
				Fertigungshilfsstellen		Fertigungshauptstellen						
Kostenarten		I. Grundst. & Gebäude	II. Kraftanlagen	III. Reparatur	IV. Arbeitsvorb.	Teilefertigung	Galvanik	Montage				
1. Hilfslöhne	13.800	800	2.200	1.150	800	2.750	2.000	2.550	600	400	550	---
2. Gehälter	78.000	4.500	5.200	3.300	5.000	3.500	4.500	3.600	1.350	15.500	13.450	18.100
3. Sozialkosten	27.400	2.050	2.200	1.850	1.390	2.470	2.720	2.020	1.950	3.500	3.350	3.900
4. Fremddienste	13.200	---	1.550	3.150	---	850	1.700	1.300	1.000	1.450	1.200	1.000
5. Betriebsstoffe	17.950	1.000	1.800	560	740	3.210	4.800	2.640	650	370	1.230	950
6. Abschreibungen	28.680	1.500	3.000	---	150	4.500	9.420	3.500	1.850	2.500	1.760	500
7. Zinsen	9.400	1.000	950	500	470	600	800	950	300	700	730	2.400
8. Summe Gemeinkosten	188.430	10.850	16.900	10.510	8.550	17.880	25.940	16.560	7.700	24.420	22.270	26.850
9. Umlage von I.	10.850		1.020	620	400	1.430	1.150	1.540	1.290	1.200	800	1.400
10. Umlage von II.	17.920			1.570	530	2.600	6.800	2.100	1.400	1.000	1.200	720
11. Umlage von III.	12.700					4.800	3.150	4.750				
12. Umlage von IV.	9.480					3.980	2.100	3.400				
13. Summe Gemeinkosten	188.430					30.690	39.140	28.350	10.390	26.620	24.270	28.970
Einzelkosten												
14. - F- Löhne 5)						27.900	24.460	47.210				
15. - F- Material 5)									115.440			
16. Herstellkosten 6)										323.580	323.580	323.580
17. Zuschlagssätze 7)						110,0 %	160,02 %	60,05 %	9,00 %	8,23 %	7,50 %	8,95 %
18. Planzuschlagssätze (24)												
19. verrechnete Gemeinkosten (Plankosten)												
20. Über-/Unterdeckung (19. - 13.)												
21. Über-/Unterdeckung (20. in Proz. von 19.)												

1) Einkauf, Lager, Warenannahme
2) Geschäftsleitung, Qualitätswesen, Personalverwaltung, Rechnungswesen, EDV
3) Produktentwicklung nach Technologien, Versuchslabor, Arbeitsvorbereitung/Koordination der Entwicklung
4) Verkauf, Vertriebssachbearbeitung (mit Inland/Ausland), Fertigfabrikatelager, Versand, Kundendienst, Marketing
5) F- Löhne = Fertigungslöhne; F- Material = Fertigungsmaterial
6) Herstellkosten enthalten: Fertigungslöhne, Gemeinkosten der Fertigungsstelle, Kosten des Fertigungsmaterials, Gemeinkosten der Materialstelle sowie eventuelle Sondereinzelkosten der Fertigung (hier gleich Null !)
7) Zuschlagssatz Fertigungsgemeinkosten = (Summe F-Gemeinkosten : Summe F-Löhne x 100) = (98.180 : 99.570 x 100) = 98,6 %

[22] Zu Zeilen 18 bis 21 vgl. Pkt. 9.2.6.2

Der **Betriebsabrechnungsbogen (BAB)** hat die folgenden **Hauptfunktionen**:

1. **Umlage** (Verteilung) **von Kosten**stellengemeinkosten der **Hilfskostenstellen** (mit Hilfe von Schlüsseln, wie genutzte Fläche, installierte Leistung etc.) auf Hauptkostenstellen.
2. **Ermittlung der Ist-Kosten der Hauptkostenstellen** und Kostenstellenbereiche **zur Überwachung der Wirtschaftlichkeit** durch Soll-Ist-Vergleich.
3. **Ermittlung von Zuschlagssätzen** der Gemeinkosten der Hauptkostenstellen in % der Kostenträgereinzelkosten, **zwecks Zurechnung der Gemeinkosten auf Kostenträger** im Rahmen der Produkt-Vor- und -Nachkalkulation als **Zuschlagskalkulation**.

   Zuschlagskalkulation
   - für eine Serie von 1000 Haushaltsgeräten
   - auf Basis der Daten des vorstehenden BABs.

		DM	DM
1.	Fertigungsmaterial		44.550,—
2.	Materialgemeinkosten 9 % (aus BAB)		4.009,50
3.	= 1. + 2. Materialkosten		48.559,50
4.	Fertigungslöhne	27.500,—	
5.	Fertigungsgemeinkosten 98,6 % (BAB)	27.115,—	
6.	Sondereinzelkosten der Fertigung	11.325,—	
7.	= 4. - 6. Fertigungskosten		65.940,50
8.	= 3. + 7. Herstellkosten		114.500,—
9.	Verwaltungsgemeinkosten 8,23 % (aus BAB)		9.423,35
10.	Entwicklungsgemeinkosten 7,50 % (aus BAB)		8.587,50
11.	Vertriebsgemeinkosten 8,95 % (aus BAB)		10.247,75
12.	Sondereinzelkosten des Vertriebs		4.491,40
13.	= 8. - 12. Selbstkosten		147.250,—
14.	Gewinn 5 % (vom Nettoverkaufspreis) (man rechnet: 5: 95x100=5,2632%von 13.)		7.750,—
15.	= 13. + 14. Nettoverkaufspreis		155.000,—
16.	Skonto 2 % (von Zeile 17) (man rechnet: 2:98x100= 2,04082% von 15.)		3.163,27
17.			158.163,27
18.	Rabatt 15 % (von Zeile 19) (man rechnet: 15:85x100= 17,64706% von 17.)		27.911,17
19.	Bruttoverkaufspreis vor USt		186.074,44
20.	Umsatzsteuer 16 %		29.771,91
21.	Bruttoverkaufspreis incl. USt		215.846,35

Nettoverkaufspreis pro Stück : 155,— DM
Bruttoverkaufspreis pro Stück: 215,85 DM

9.2.4.5 Praxisbeispiel: Informationsfluss für ein modernes Betriebscontrolling dargestellt am Beispiel einer klassischen Betriebsabrechnung eines Maschinenbauunternehmens

Die Haupt- und Teilschritte sind dem zusammenfassenden Schema zu entnehmen. Das Verfahren wurde in manuellem Einsatz entwickelt und später auf EDV umgestellt. Die Kostenstellenergebnisse werden den verantwortlichen Leitern in der dargestellten Systematik monatlich zugeleitet. Wesentliche Abweichungen vom Budget (Soll) sind vom verantwortlichen Kostenstellenleiter in sinnvollen Abständen gegenüber dem Controller zu erläutern und zu begründen. Selbstverständlich hat jeder Kostenstellenleiter bei der Planung seiner Sollvorgaben mitgewirkt und die Verantwortung für deren Erreichung übernommen.

Zum Informationsfluss:

Zu Schritt (1) bis (6)

Die Einzelbelege fallen an (durch Farbunterschiede kenntlich) als

- ❑ Lohnbelege getrennt nach
  - Fertigungslohn
  - M+N-Lohn[23]
  - IL-Lohn und[24]
  - GMK-Lohn
- ❑ Materialentnahme- und -verbrauchsbelege getrennt nach
  - Fertigungsmaterial
  - M+N-Material
  - IL-Material
  - GMK-Material

Für die **Sortierung und Verdichtung** ist zu beachten: Es gibt mehrere Sortier- und Verdichtungsvorgänge:

- ❑ Alle Lohnbelege werden sortiert und verdichtet zu je einem Kostenerfassungsblatt
  - GMK-Lohn
  - IL-Lohn
  - M+N-Lohn
  - F-Lohn
- ❑ Die ebenso gegliederten Materialentnahme- und -verbrauchsbelege werden nach den gleichen Kriterien im Materialverteilungsblatt gegliedert und verdichtet.

Bei der vorgenannten Verdichtung erfolgt gleichzeitig eine Zuordnung nach Kostenstellen. Im Bereich der Gemeinkosten ist zu unterscheiden zwischen solchen, die durch den Ort ihrer Entstehung bereits eindeutig zugeordnet sind, zum Beispiel das Meistergehalt eines Werkstattmeisters, Gehalt einer Werkstattschreiberin, Abschreibungen auf die bestimmten Maschinen einer bestimmten Kostenstelle, und solche, die durch Umlageschlüssel zugeordnet werden müssen, zum Beispiel Miete, Heizungskosten, Gehalt des Fertigungsleiters.

Für letzteren müssen bei der Betriebsabrechnung die anzuwendenden Verteilungsschlüssel und die anzuwendenden Prozentsätze bekannt sein. Sie werden festgelegt im Rahmen der Budgetierung und unterliegen dem Soll-Ist-Vergleich in den Gemeinkostenüberwachungsblättern

[23] M + N = Mehr- und Nacharbeit

[24] IL = Innerbetriebliche Leistung

und der Ermittlung der Bereichsergebnisse (BAB).

- Alle übrigen GMK-Belege werden ebenfalls je GMK-Kostenart auf einem Kostenerfassungsblatt je Kostenstelle gegliedert und verdichtet.
- IL-Lohn und IL-Material werden in der IL-Abrechnung zu einem Kostenerfassungsblatt IL verdichtet. Hauptzweck der IL-Abrechnung ist die geordnete Erfassung der aktivierungspflichtigen IL
- M+N-Lohn und M+N-Material werden in der M+N-Abrechnung zu einem Kostenerfassungsblatt M+N verdichtet. Hauptzweck der M+N-Abrechnung ist neben der richtigen Zusammenfassung zu einer Kostenart die Ursachenforschung und -beseitigung. Auf den M+N-Belegen sind Ursachenarten-Schlüssel anzugeben. (Näheres dazu vgl. Punkt 5.4.2.5 (2).)

Zu Schritt (7) und (8)
Wie im Schema dargestellt, für die abgestimmten Summen der Kostenerfassungsblätter Buchungsanweisungen/Belege erstellen und an die Buchhaltung leiten. Einzelbelege ablegen.

Zu Schritt (9)
Bearbeitung gemäß Schema. Das Gemeinkostenüberwachungsblatt stellt die monatliche Kostenüberwachung (je Monat und kumuliert) je Kostenstelle dar. Bedenke:

- Für Fertigungskostenstellen sind als Schlüssel wahlweise F-Lohn oder F-Material verfügbar und ausgewiesen
- Für andere Kostenstellen erfolgt Vergleich des „Ist" mit dem „Soll" gemäß Etat/Budget/Plan-Vorgabe.

Zu Schritt (9) und (10)
Für jede Kostenstelle des Unternehmens (nicht nur in der Fertigung) wird monatlich ein Gemeinkostenüberwachungsblatt erstellt. Der hier gezeigte Aufbau ist allgemein verwendbar - bei entsprechender Unternehmensgröße. Der Begriff „Gemeinkostenüberwachungsblatt" ist firmenspezifisch.

Neben dem hier gezeigten Vergleich von „Soll" und „Ist" kann auch ein Vergleich mit dem Vorjahr zweckmäßig sein (Zeitvergleich ist, als Instrument der objektiven Beurteilung des Möglichen, oft von Nutzen).

Der BAB ist eine Ergebnisrechnung nach Kostenstellenbereichen, er ergibt sich in diesem System als Summe der Gemeinkostenüberwachungsblätter nach Bereichen gegliedert.

Er ist Beurteilungsinstrument in Bezug auf die Bereichsergebnisse. Er ist außerdem Planungsgrundlage für zukünftige

- Umlageschlüssel und
- Etatvorgaben
- Quelle für die Vorkalkulation mit Plan- und/oder Ist-Zuschlagsätzen.

Bei grundlegenden Umsatzstrukturierungen der Produktion und ihrer Kosten sollen neue Plangemeinkostenzuschlagssätze ermittelt und für die Preiskalulation vorgegeben werden.

Belegerfassung und Verdichtung je Kostenart (sortiert nach Kostenstellen) mit anschließender Buchung der verdichteten Summe

1. Schritt: Belege erfassen und bearbeiten

Belege von der Entstehung ins Rechnungswesen leiten und dort
(1) bewerten
(2) kontieren
(3) sortieren nach Kostenart und innerhalb der Kostenart nach Kostenstellen

2. Schritt: Kostenerfassungsblätter je Kostenart und Buchungsbelege erstellen

(4) nach Kostenart und -stellen sortierte Belege addieren und
(5) Summen in ein Kostenerfassungsblatt je Kostenart gegliedert nach Kostenstellen übernehmen (vorgeschalteter Rechnungskreis)
(6) Summen in Kostenerfassungsblatt monatlich abstimmen
(7) Buchungsbelege über die abgestimmten Summen gemäß Kostenerfassungsblatt mit per- und an-Buchung erstellen und an Buchhaltung leiten
(8) Einzelbelege ablegen, vorwiegend nach Kostenart, Monat und Kostenstelle

Ermittlung der monatlichen Kostenstellen- und Bereichsergebnisse

3. Schritt: Gemeinkostenüberwachungsblatt je Kostenstelle erstellen

(9) Übernahme der Ist-Kostenstelle aus den Kostenerfassungsblättern (nach Kostenarten und -stellen)
Hier Soll-Ist-Vergleich und Zeitvergleich je Kostenstelle sowie Kostenstellenvergleich

4. Schritt: Betriebsabrechnungsbogen (BAB) je Kostenstellenbereich erstellen

(10) Zusammenfassung der Kostenstellenergebnisse aus den Gemeinkostenüberwachungsblättern zu Bereichsergebnissen je Monat

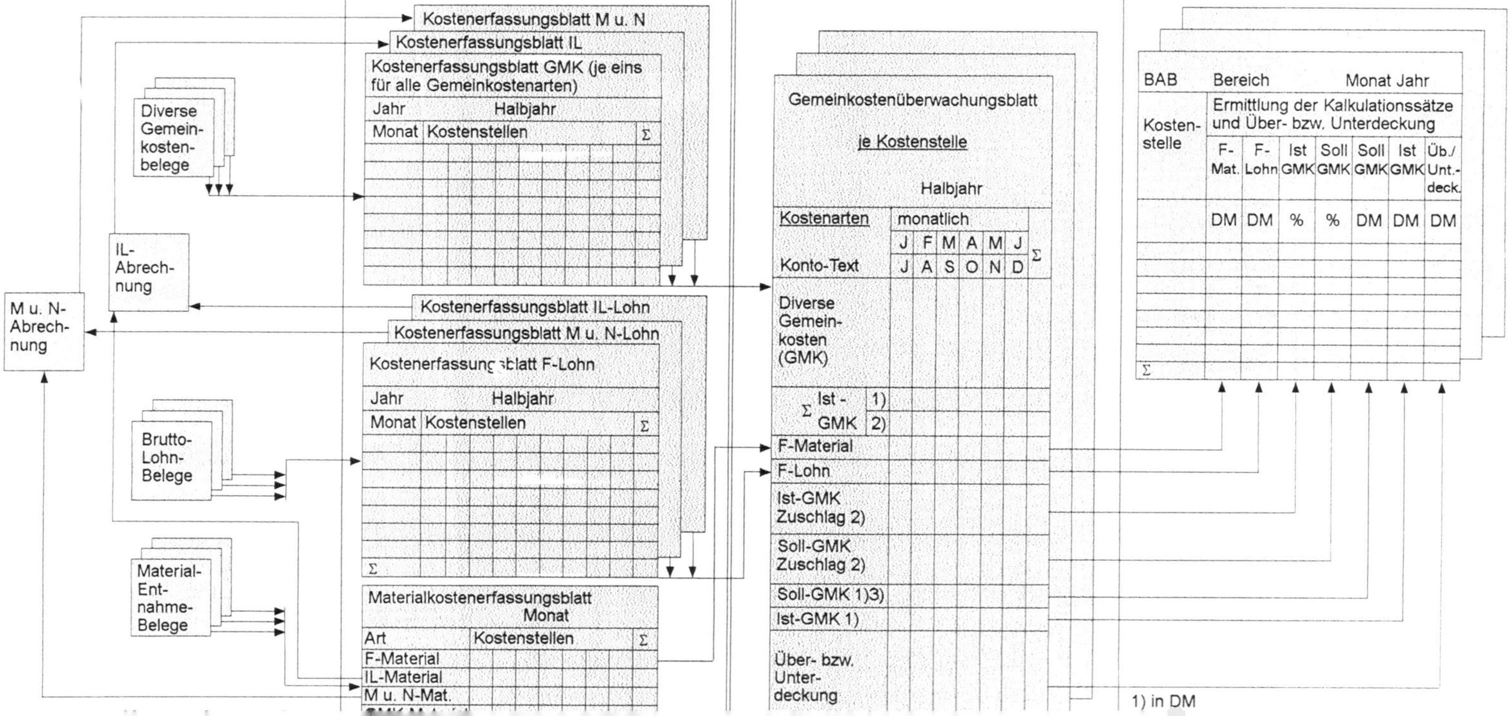

9.2.5 Kostenträgerrechnung

9.2.5.1 Aufgaben der Kostenträgerrechnung

Kostenträger sind absatzfähige Leistungen. Sie können aus Einzelfertigung oder Serienfertigung hervorgehen und zunächst für das Fertigfabrikatelager oder bereits für einen vorliegenden Kundenauftrag bestimmt sein. Kostenträger können aber auch als Ergebnis innerbetrieblicher Leistung anfallen aufgrund von Reparaturaufträgen oder als selbsterstellte Anlage.

Die Aufgaben der Kostenträgerrechnung als dritte Stufe der Kosten- und Leistungsrechnung zeigt die nebenstehende Abbildung von *Schmolke-Deitermann* im Zusammenhang.[25]

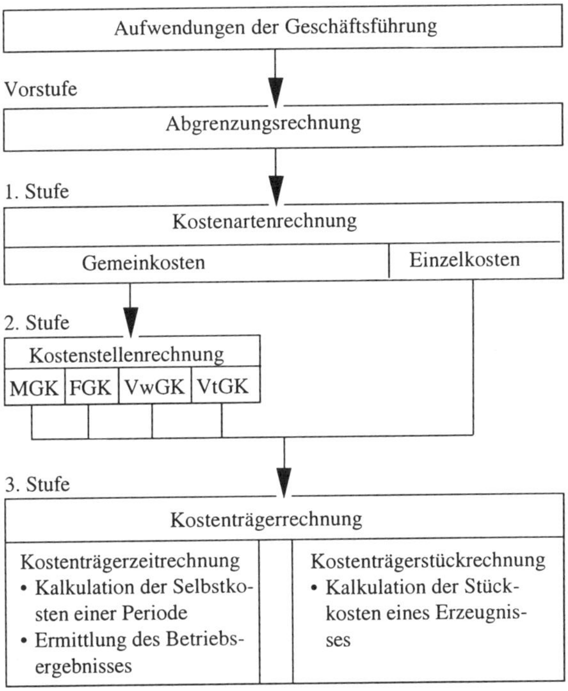

9.2.5.2 Kostenträgerstückrechnung (Kalkulation)

Die Kostenträgerstückrechnung, in der Praxis auch Kalkulation genannt, dient der Ermittlung der **Selbstkosten eines Erzeugnisses**. Diese werden benötigt

- im Rahmen der Produkt- und Produktprogrammplanung
- als Grundlage für die Ermittlung von Angebotspreisen und
- als Grundlage für die Entscheidung über die Auftragsannahme bei festen Marktpreisen.

Die Kostenträgerrechnung kann sein eine **Vor- oder eine Nachkalkulation**. Als Nachkalkulation dient sie einer auftragsbezogenen Erfolgskontrolle. Die Kostenträgerstückrechnung im Rahmen der Produktprogrammplanung beschränkt sich vielfach auf die Ermittlung der Herstellkosten. Sie unterliegt erheblichen Unsicherheiten und erfordert deshalb erheblichen technisch-kaufmänni-

---

[25] *Deitermann, M., Schmolke, S.,* Industrielles Rechnungswesen - IKR, a.a.O.

schen Sachverstand und Weitblick, als Voraussetzung zur Vermeidung von Fehlinvestitionen.

Für die Kostenträgerstückrechnung stehen **verschiedene Verfahren** zur Verfügung. Ihre Eignung wird, wie bereits unter Pkt. 5.1.3.2 erwähnt, **durch die Merkmale des Produktionsprozesses bestimmt**. *Wilkens* gibt folgenden Überblick über die Verfahren der Kostenträgerstückrechnung.[26]

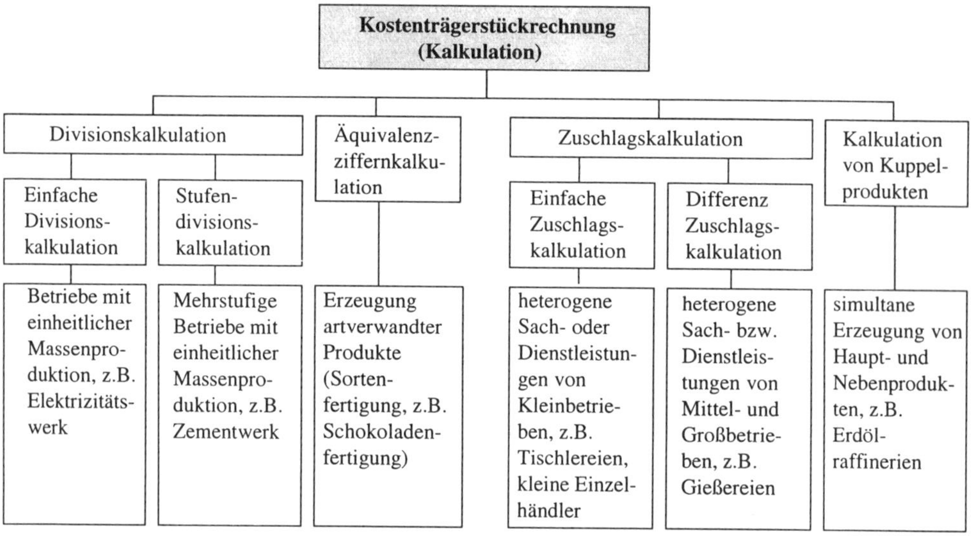

(1) Divisionskalkulation

(1.1) Einstufige Divisionskalkulation

In der einstufigen (auch genannt: einfachen) Divisionskalkulation werden die Selbstkosten pro Erzeugniseinheit nach folgender Formel errechnet:

$$\text{Selbstkosten je Erzeugniseinheit} = \frac{\text{Gesamtkosten der Periode}}{\text{in der Periode insgesamt hergestellte Erzeugniseinheiten}}$$

Dieses einfache Verfahren führt nur bei einheitlicher Massenfertigung unter der Bedingung, dass keine Bestandsveränderungen stattfinden, zu brauchbaren Ergebnissen. Deshalb sind auf diesem Prinzip aufbauend Verfahrensverfeinerungen entwickelt worden.

(1.2) Zwei- und mehrstufige Divisionskalkulation

Bei diesem Verfahren werden Bestandsveränderungen dadurch berücksichtigt, dass zwischen hergestellten und verkauften Erzeugniseinheiten wie folgt unterschieden wird:

$$\text{Herstellkosten je Erzeugniseinheit} = \frac{\text{Gesamtherstellkosten der Periode}}{\text{in der Periode insgesamt hergestellte Erzeugniseinheiten}}$$

$+$

$$\text{Verwaltungs- u. Vertriebskosten je Einheit} = \frac{\text{Gesamtverwaltungs- u. Vertriebskosten der Periode}}{\text{in der Periode insgesamt verkaufte Erzeugniseinheiten}}$$

$$= \text{Selbstkosten je Erzeugniseinheit}$$

[26] Entnommen aus: *Wilkens, K.*, Kosten- und Leistungsrechnung, München, Wien

Dieser Rechengang kann auch für mehrere Herstellungsstufen getrennt ausgeführt werden, dann entsteht eine mehrstufige Divisionskalkulation.

(1.3) **Divisionskalkulation mit Äquivalenzziffern**

Die Äquivalenzziffernrechnung erlaubt den Einsatz der Divisionskalkulation bei der Herstellung mehrerer Sorten eines gleichartigen Erzeugnisses. Die Sorten müssen dabei so geartet sein, dass ihre unterschiedlichen Kosten in einer durch Äquivalenzziffern ausdrückbaren Relation zueinander stehen. Das kann in der Praxis dann der Fall sein, wenn die Sorten aus gleichartigem Rohstoff (mit gleichen Materialkosten) hergestellt werden, sich aber dadurch unterscheiden, dass jede Sorte durch eine unterschiedliche Fertigungsdauer die Betriebsmittel unterschiedlich beansprucht. Den Rechengang zeigt das folgende Beispiel von *Wöhe*:[27]

Gesamtkosten 600.000					
Sorte	1 Äquiv. Ziffer	2 prod. Menge (t)	3 Rechnungs- einheiten (1 x 2)	4 Stückkosten je Sorte	5 Gesamtkosten je Sorte (2 x 4)
I	0,8	5.000	4.000	30 x 0,8 = 24,-	120.000
II	1,0	10.000	10.000	30 x 1,0 = 30,-	300.000
III	1,5	4.000	6.000	30 x 1,5 = 45,-	180.000
			21.000		600.000

$$\frac{\text{Gesamtkosten 600.000 DM}}{\text{Gesamtrechnungsmenge 20.000}} = 30,\text{- DM je Rechnungseinheit}$$

Die Hauptschwierigkeit liegt bei diesem Verfahren in der Bestimmung der Äquivalenzziffern. Falls Abweichungen zwischen Herstellungs- und Verkaufsmengen und/oder den Kostenrelationen auf verschiedenen Produktionsstufen bestehen, kann eine mehrstufige Äquivalenzziffernrechnung angewandt werden.[28]

(2) **Zuschlagskalkulation**

Die Zuschlagskalkulation ist bei komplexen mehrstufigen Fertigungsprozessen ein geeignetes Verfahren zur Ermittlung von Selbstkosten je Erzeugniseinheit. Voraussetzung für ihre Anwendung ist die Aufteilung der Gesamtkosten in den Erzeugnissen direkt zurechenbare Einzelkosten (Fertigungsmaterial und Fertigungslohn) und den Erzeugnissen nicht direkt zurechenbare Gemeinkosten, für die im Betriebsabrechnungsbogen (BAB) Zuschlagssätze ermittelt werden.

Unter Punkt 9.2.4.4 wurde bereits das Beispiel der Zuschlagskalkulation im Zusammenhang mit dem BAB und der Ermittlung der Zuschlagssätze dargestellt (Einzelheiten vgl. dort). Die Zuschlagskalkulation ist eine in der Industrie weit verbreitete (zum Beispiel im Maschinenbau übliche) Kalkulationsmethode. Bei gleichbleibender Kapazitätsauslastung und relativ konstanten Unternehmensstrukturen ist die Methode zuverlässig.

Bei stark schwankender Kapazitätsauslastung und bei wesentlichen Veränderungen im Gemeinkostenbereich, entstehen erhebliche Veränderungen der Zuschlagssätze. Zuschlagssätze aus einer zurückliegenden längeren Periode stellen dann keine verlässliche Kalkulationsgrundlage dar. Für diese Schwierigkeit gibt es zwei Lösungsansätze:

---

[27] *Wöhe, G.*, Einführung in die Allgemeine Betriebswirtschaftslehre, a.a.O.

[28] Zur Vertiefung vgl. *Wöhe, G., Kaiser, H., Döring, U.*, Übungsbuch zur Einführung in die Allgemeine Betriebswirtschaftslehre, München

1. Die Gewinnung von Plan-Zuschlagssätzen aus der Unternehmensplanung mit Hilfe eines Planbetriebsabrechnungsbogens. Ein grundsätzlich empfehlenswertes Vorgehen.
2. Die Ergänzung der Vollkostenkalkulation durch Verfahren der Deckungsbeitragsrechnung. Dazu vgl. Pkt. 9.2.6.

(3) **Maschinenstundensatzkalkulation**
Bei zunehmender Mechanisierung und Automation wird der Fertigungslohn im Rahmen der Zuschlagskalkulation zunehmend ungeeignet als Bezugsgröße für die Fertigungsgemeinkosten. Dann erweist es sich als zweckmäßig, einen Maschinenstundensatz zu ermitteln und die Gemeinkosten der Fertigung über die in Anspruch genommenen Maschinenzeiten zuzurechnen. Dafür ist es erforderlich, die Gemeinkosten in maschinenabhängige und nicht maschinenabhängige aufzuteilen. Ihre Gesamtheit ergibt den Maschinenstundensatz. Einzelheiten dazu erläutert *Olfert*.[29]

9.2.5.3 Kostenträgerzeitrechnung

Die Kostenträgerzeitrechnung ist ein modernes, für mittlere und große Unternehmen nahezu **unverzichtbares Instrument der Vertriebsplanung, -überwachung und -steuerung**. Sie sollte als Planungsrechnung und als Periodenerfolgskontrolle (in Großunternehmen monatlich) Anwendung finden. Diese Aussagen beruhen auf der Tatsache, dass die Kostenträgerzeitrechnung, wenn sie wie im folgenden praxisüblichen Beispiel von *Olfert*[30] als **mehrstufige Deckungsbeitragsrechnung** aufgebaut ist, die vertriebspolitisch entscheidenden Informationen darüber liefert, mit welchem Kostenträger, welcher Kostenträgergruppe und welchem Kostenträgerbereich welche Beiträge zur Deckung der Fixkosten erwirtschaftet werden.

Diese Informationsstruktur der Kostenträgerzeitrechnung (in der Praxis oft kurz: Kostenträgerrechnung) erlaubt als monatliche Erfolgskontrolle nicht nur die Überwachung von Vertriebsaktionen mit Sonderkonditionen für bestimmte Produkte, sie ermöglicht auch die laufende Überwachung der Gesamtdeckungsbeiträge. Diese Art der Erfolgsrechnung erlaubt der Geschäftsführung monatlich die Beurteilung der eigenen Position im Markt und des Grades der Planerfüllung auf dem Weg zum break-even-Punkt und in die Gewinnzone. Bei überregional/international tätigen Unternehmen sollte zusätzlich eine Analyse nach Regionen und Vertriebswegen erfolgen (in Form zusätzlicher Spalten oder Blätter). (Siehe Abb. nächste Seite.)

Werden bei der kurzfristigen Erfolgsrechnung in der Kostenträgerzeitrechnung wie in der nebenstehenden Tabelle die Bestandsänderungen berücksichtigt, dann müssen entsprechend die gesamten Bereichs- und Unternehmensfixkosten zugerechnet werden und es entsteht ein Betriebsergebnis nach dem Gesamtkostenverfahren. Werden indes keine Bestandsveränderungen einbezogen, dann dürfen auch nur Bereichs- und Unternehmensfixkosten zugerechnet werden, soweit sie den erzielten Umsätzen entsprechen. Dann entsteht ein Betriebsergebnis auf Teilkostenbasis nach dem Umsatzkostenverfahren. (Vgl. auch Umsatz- und Gesamtkostenverfahren in Pkt. 9.1.4.5 GuV der Kapitalgesellschaften.)

---

[29] Vgl. *Olfert, K.*, Kostenrechnung, a.a.O.
[30] Entnommen aus: *Olfert, K.*, Kostenrechnung, a.a.O.

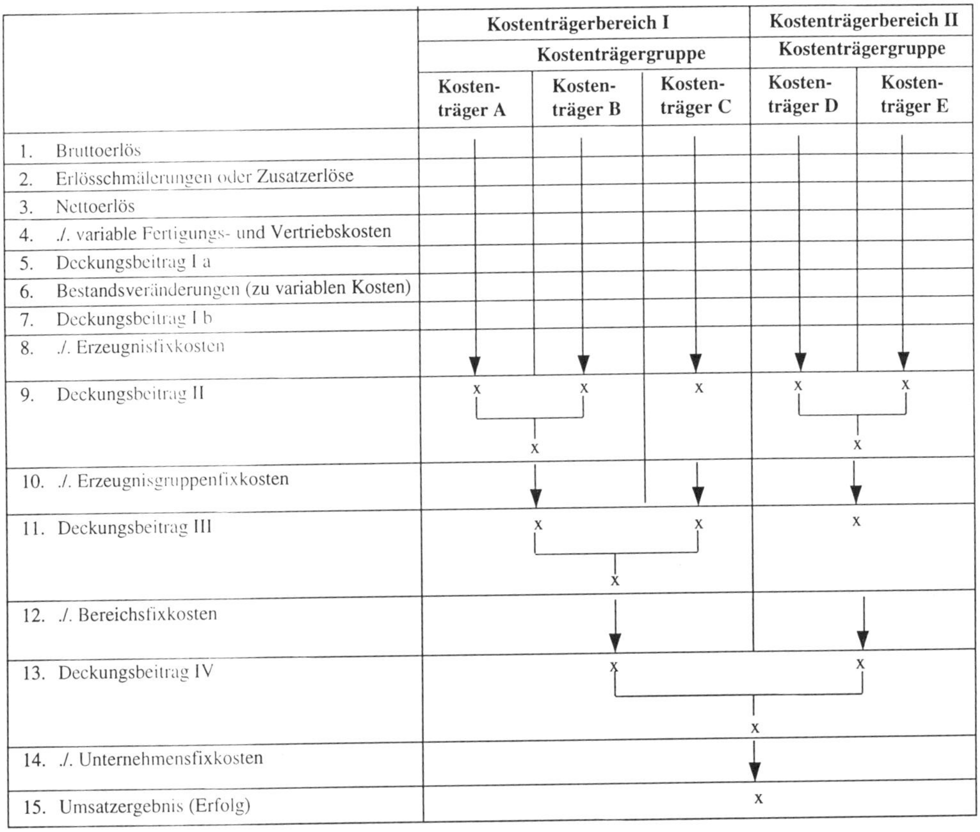

9.2.6 Kostenrechnungssysteme

9.2.6.1 Systemüberblick und Aufgabenzuordnung, eine Antwort auf die Schwächen der Vollkostenrechnung

Der Zusammenhang der Kostenrechnungssysteme mit den Hauptaufgaben der Kosten- und Leistungsrechnung kann nach *Schierenbeck*[31] wie in der folgenden Abbildung zusammengefasst werden. Dazu ist zu erläutern, dass Vollkostenrechnung mit Verrechnung aller Gemeinkosten (als Ist-Kostenrechnung) neben der Ermittlung des kurzfristigen Betriebserfolges auch der bilanziellen Bestandsbewertung und der Angebotskalkulation bei öffentlichen Aufträgen dient.

Das heißt, die Vollkostenrechnung erfährt eine weitgehende Rechtfertigung aus der Notwendigkeit zur Erfüllung gesetzlicher Vorschriften. Da die Überwälzung der Gemeinkosten über die Kostenstellenrechnung auf die Kostenträger aber drei schwerwiegende Mängel hat, nämlich (1) zum Teil mangelhafte Beachtung des Verursacherprinzips, (2) Unmaßgeblichkeit der Zuschlagssätze aus der Vergangenheit bei veränderter Kapazitätsauslastung in der Gegenwart und

[31] Entnommen aus: *Schierenbeck, H.*, Grundzüge der Betriebswirtschaftslehre, a.a.O

(3) Unrichtigkeit vergangenheitsbezogener Zuschlagssätze nach Umstrukturierungen im Gemeinkostenbereich, ist die Vollkostenrechnung, ohne Beachtung dieser Probleme, in Zeiten wesentlicher Veränderungen in hohem Maße unzulänglich als Informationsgrundlage für Leistungs- und Steuerungsaufgaben.

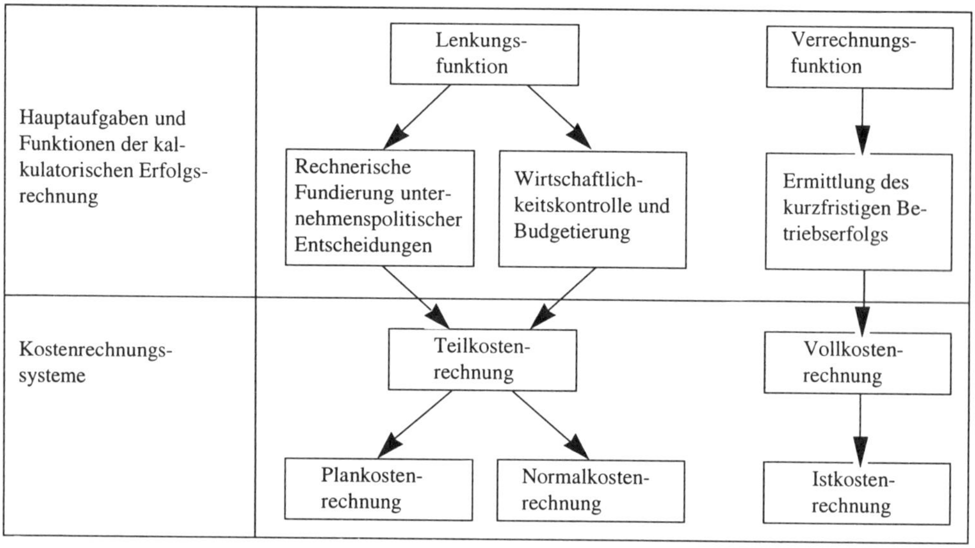

Im Folgenden beschränke ich mich auf die Behandlung ausgewählter Verfahren, die sich durch die Erfüllung zahlreicher Anforderungen der Praxis auszeichnen. Für eine Vervollständigung um weitere Verfahren verweise ich auf die Spezialliteratur zu Kosten- und Leistungsrechnung.

9.2.6.2 Flexible Plankostenrechnung mit monatlichem Soll-Ist-Vergleich und Abweichungsanalyse

Die flexible Plankostenrechnung zielt darauf ab, auf der Basis von Vollkosten die Abweichung zwischen Plankosten und Istkosten in beschäftigungsabhängige und in verbrauchsabhängige Abweichung verursachungsgerecht zu splitten. Sie ist damit ein für die Produktions- und Vertriebsüberwachung sehr aussagefähiges, aber zugleich auch in der Datenerfassung und -aufbereitung anspruchsvolles System.

In der flexiblen Plankostenrechnung werden die fixen und die variablen Plankosten unterschieden. Ihre Summe ergibt die Sollkosten. Dividiert man die Summe der Sollkosten (die gesamten Plankosten bei Planbeschäftigung) durch die Planbeschäftigung, so erhält man den Planverrechnungssatz. Istbeschäftigung multipliziert mit Planverrechnungssatz ergibt verrechnete Kosten bei Istbeschäftigung. Diese Differenz zwischen Istkosten und Sollkosten ist die verbrauchsbedingte Abweichung (kurz: Verbrauchsabweichung). Sie entsteht im Verant-

[32] Entnommen aus: *Zimmermann, W.*, Betriebliches Rechnungswesen, a.a.O.

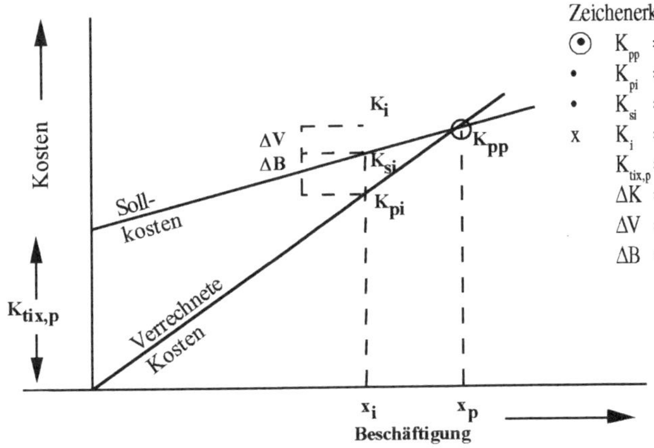

Zeichenerklärung:

- ⊙ K_{pp} = Plankosten bei Planbeschäftigung xp
- • K_{pi} = Plankosten bei Istbeschäftigung xi
- • K_{si} = Sollkosten bei Istbeschäftigung xi
- x K_i = Istkosten
- $K_{tix,p}$ = fixe Plankosten
- ΔK = Gesamt-Kostenabweichung
- ΔV = verbrauchsbedingte Kostenabweichung
- ΔB = beschäftigungsbedingte Kostenabweichung

Flexible Plankostenrechnung

wortungsbereich der Produktion. Die Differenz zwischen verrechneten Kosten (Plankosten bei Istbeschäftigung) und Sollkosten bei Istbeschäftigung ist die beschäftigungsabhängige Abweichung (kurz: Beschäftigungsabweichung). Sie entsteht im Verantwortungsbereich des Vertriebes.

Dieses System wird von *Zimmermann* anhand einer Graphik wie folgt erläutert:[32]
Die verschiedenen Kostenabweichungen ergeben sich bei der flexiblen Plankostenrechnung wie folgt:

Gesamt-Kostenabweichung = Istkosten minus Plankosten bei Istbeschäftigung (verrechnete Kosten)

$$\Delta K = K_i - K_{pi}$$

Verbrauchsbedingte Kostenabweichung (kurz: Verbrauchsabweichung) = Istkosten minus Sollkosten bei Istbeschäftigung

$$\Delta V = K_i - K_{si}$$

Beschäftigungsbedingte Kostenabweichung (kurz: Beschäftigungsabweichung) = Sollkosten bei Istbeschäftigung minus Plankosten bei Istbeschäftigung

$$\Delta B = K_{si} - K_{pi}$$

Dabei sind folgende Kosten von Bedeutung:
Sollkosten = fixe Plankosten + proportionale Plankosten bei Istbeschäftigung

$$K_{si} = K_{fix,p} + K_{pro,p} \text{ x } X_i/X_p$$

Verrechnete Kosten = Plankosten bei Istbeschäftigung = Istbeschäftigung multipliziert mit dem Plan-Verrechnungssatz

$$K_{pi} = X_i \text{ x } K_{pp}/X_p$$

Es ist zu empfehlen, die einzelnen Größen tabellarisch zu berechnen.[33]

[33] Entnommen aus: *Zimmermann*, a.a.O.

Plankosten-Betriebsabrechnungsbogen (verkürzte Form)
Monat: Jahr: Kostenstelle:
Plan-Beschäftigung[1] Ist-Beschäftigung

Kostenarten	Fixe Kosten K_{fix}	Plankosten Gesamt K_{pp}	Plankosten Verrechnet K_{pi}	Soll-Kosten K_{si}	Ist-Kosten K_i	Verbrauchs-Abweichung $\Delta V = K_i - K_{si}$	Beschäftigungs-Abweichung $\Delta B = K_{si} - K_{pi}$
1. Fertigungsmaterial							
2. Fertigungslöhne							
3. Gemeinkostenlöhne + Gehälter							
4. Personalnebenkosten							
5. Gemeinkostenmaterial							
6. Energie							
7. Instandhaltung und Reparatur							
8. Steuern, Gebühren, Beiträge							
9. Sonstige							
10. Summe Kosten							

[1] Anzugeben in Fertigungsstunden, Ausbringung (in Stück, Tonnen usw.) oder Produktionswert

9.2.6.3 Deckungsbeitragsrechnung

(1) Grundprinzip und Leistungsmerkmale im Vergleich zur Vollkostenrechnung

Die **Vollkostenrechnung** verteilt die Gesamtheit der fixen Kosten - beispielsweise mit Hilfe der Zuschlagskalkulation - auf die Produkte. Dadurch entstehen **Selbstkostenpreise mit starren Fixkostenanteilen**, die nicht verursachungsgerecht zugeordnet sind und die keine Informationen und Möglichkeiten für eine vertriebs- und produktionspolitische Optimierung bieten. Die Vollkostenrechnung ist deshalb **ungeeignet für die Bewältigung schwieriger Wettbewerbssituationen** im heute weitgehend vorherrschenden Käufermarkt.

Diese Probleme löst die Deckungsbeitragsrechnung. Der **Deckungsbeitrag** eines Auftrags ist definiert als **Nettoerlös minus variable Kosten**. Es ist der Beitrag zur Deckung der Fixkosten, den der Auftrag leistet. Die **Deckungsbeitragsrechnung** ist ein Instrument, das dazu dient, den Vertrieb und die Produktion während einer Periode **so zu steuern, dass mindestens die gesamten fixen Kosten der Periode gedeckt werden**. Dieses Prinzip veranschaulicht das nachstehende Schema von *Zimmermann*:[34]

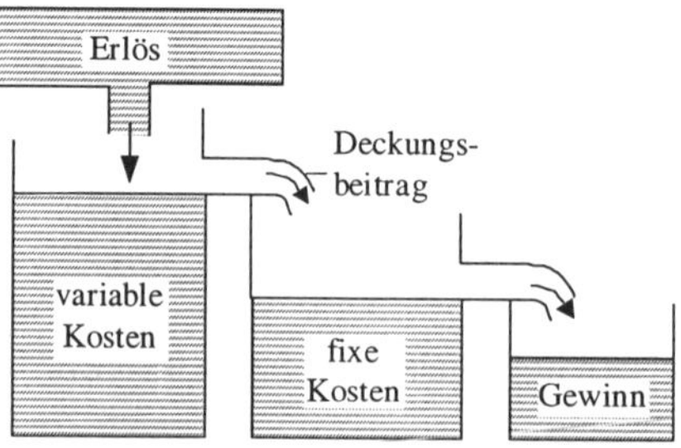

Schematische Darstellung der Gewinnentstehung
(genauer: Betriebsergebnis plus neutrales Ergebnis = Gewinn)

[34] *Zimmermann, W.*, Betriebliches Rechnungswesen, a.a.O.

Die Deckungsbeitragsrechnung liefert für die Vertriebs- und Produktionssteuerung in folgenden drei Fällen deutlich bessere Entscheidungshilfen als die Vollkostenrechnung:

1. Eine **Ergebnisverbesserung bei nicht voll ausgelasteten Kapazitäten** kann dadurch erreicht werden, dass Aufträge hereingenommen werden, die zwar ihre Vollkosten nicht decken, aber gemäß Deckungsbeitragsrechnung (Kostenträgerstückrechnung) einen positiven Deckungsbeitrag erwirtschaften.
2. Eine **Ergebnismaximierung** kann **bei voll ausgelasteten Kapazitäten** dadurch erreicht werden, dass man die Aufträge mit den relativ höchsten Deckungsbeiträgen (gemäß Kostenträgerstückrechnung) hereinnimmt.
3. Als Kostenträgerzeitrechnung bietet die mehrstufige Deckungsbeitragsrechnung (gegliedert nach Erzeugnissen, Erzeugnisgruppen und/oder Kunden und Regionen) die erforderlichen Informationen für eine Steuerung des Vertriebes nach den Kriterien eines Regelkreises.
   - Im Rahmen der **Kostenträger-Erfolgsplanung** werden für die gesamte Planungsperiode der zu erzielende Gesamtdeckungsbeitrag und die Deckungsbeitragsanteile der einzelnen Erzeugnisse, Erzeugnisgruppen etc. geplant.
   - Durch laufende **Kostenträger-Erfolgskontrolle** kann für jede Teilperiode (in der Regel monatlich) geprüft und erkannt werden, ob das Unternehmen auf dem Weg zum Planergebnis im Plan liegt. Dabei stellt sich üblicherweise die Aufgabe, Deckungsbeitragseinbußen gegenüber Plan bei einigen Erzeugnissen, Kunden oder Regionen durch Deckungsbeitragssteigerungen gegenüber Plan in anderen Bereichen mindestens auszugleichen.

Die genannten Informations- und Leistungsmerkmale der Deckungsbeitragsrechnung bedeuten, dass ein Unternehmen, das auf die Nutzung dieses Instrumentariums verzichtet und sich auf die Anwendung der Vollkostenrechnung - zum Beispiel mit Zuschlagskalkulation - beschränkt, gegenüber Mitbewerbern, mit Deckungsbeitragsrechnung, im Käufermarkt preis- und vertriebspolitisch deutlich unterlegen ist.

(1.1) Einstufige Deckungsbeitragsrechnung

Der Rechengang einer einstufigen Deckungsbeitragsrechnung zur **Ermittlung des Kostenträgererfolges einer Periode** ist folgender:

$$KE = \sum_{i=1}^{n} m_i (p_i - v_i) - F = \sum_{i=1}^{n} m_i \times d_i - F$$

KE	=	Kostenträgererfolg der Periode
m_i	=	Absatzmenge des Produktes i
p_i	=	Preis einer Einheit des Produktes i (netto nach Abzug von Rabatten und Erlösschmälerungen)
v_i	=	Variable Kosten (in der Praxis näherungsweise Herstellkosten) einer Einheit des Produktes i
F	=	Gesamte Fixkosten der Periode (in der Praxis oft Blockkosten genannt)
d_i	=	Stück-Deckungsbeitrag des Produktes i
n	=	Anzahl der Produkte

(1.2) Mehrstufige Deckungsbeitragsrechnung

Hierzu verweise ich auf Punkt 9.2.5.3 Kostenträgerzeitrechnung, dort wurde der tabellarische Aufbau einer mehrstufigen Deckungsbeitragsrechnung vorgestellt.

(2) Anwendungsbeispiele der Deckungsbeitragsrechnung

(2.1) Break-even-Analyse

Für die Einführung eines neuen Produktes i entstehen Einmalkosten. Wie viel Einheiten des Produktes müssen verkauft werden, damit die Einmalkosten sowie die Periodenfixkosten genau gedeckt werden? Unter Verwendung der Symbole aus (1.1) seien folgende Werte gegeben:

- ❑ Entwicklungs- und Einführungskosten 400 TDM
- ❑ Periodenfixkosten 150 TDM
- ❑ Gesamtfixkosten, F 550 TDM
- ❑ Variable Kosten pro Einheit, V_i 110 TDM
- ❑ Preis (Nettoerlös) pro Einheit, p_i 160 TDM
- ❑ Kostenträgerergebnis KE soll null sein
- ❑ Break-even-Menge m_i wird gesucht.

Dann gilt:

$$KE = m_i \times p_i - (F + m_i \times V_i) = 0$$

$$F = m_i \times p_i - m_i \times V_i$$

$$m_i = \frac{F}{p_i - V_i}$$

$$m_i = \frac{550.000}{50.000} = 11 \text{ Einheiten}$$

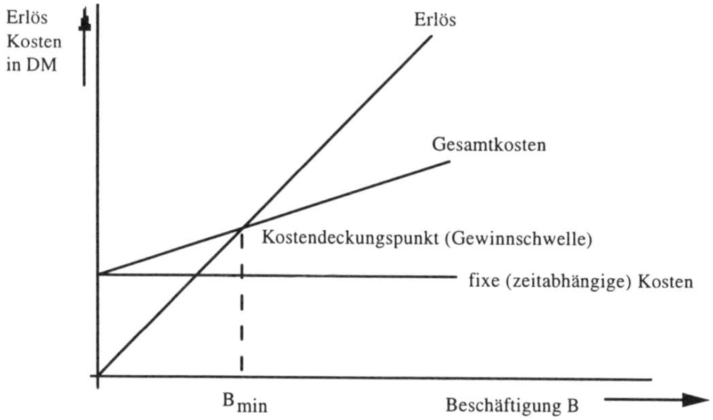

Break-even-Analyse (Gewinnschwellen-Analyse)

(2.2) Preisuntergrenze bei Unterbeschäftigung

Die Preisuntergrenze ($P_{min,i}$) für ein zusätzliches Produkt i sind die variablen Kosten (V_i) einer zusätzlichen Mengeneinheit des Produktes i, denn diese fallen als Ausgaben an:

$$P_{min,i} = V_i$$

(2.3) **Preisuntergrenze bei Vollbeschäftigung**
Die Preisuntergrenze ($P_{min,i}$) für ein zusätzliches Produkt i bei Vollbeschäftigung ergibt sich aus der Summe der variablen Kosten (V_i) einer zusätzlichen Mengeneinheit des Produktes I plus den Opportunitätskosten ($K_{op,i}$), die dadurch entstehen, dass das verdrängte Produkt nicht gefertigt wird:

$$P_{min,i} = V_i + K_{op,i}$$

(2.4) **Entscheidung über Eigenfertigung oder Fremdbezug**

a) **bei Unterbeschäftigung**
Die Preisobergrenze für Fremdbezug ist gleich den variablen Kosten der Eigenfertigung, da bei höheren Lieferantenpreisen eine Deckungsbeitragsverschlechterung eintreten würde.

b) **bei Vollbeschäftigung**
Die Preisobergrenze für Fremdbezug liegt bei den variablen Kosten der Eigenfertigung zuzüglich der Opportunitätskosten, die durch Nichtfertigung des verdrängten Produktes entstehen.

(2.5) **Optimales Produktions- und Absatzprogramm**

a) **bei Unterbeschäftigung**
Es sind beginnend mit dem Produkt mit höchstem Deckungsbeitrag in fallender Reihenfolge alle Produkte ins Programm aufzunehmen, deren
Produktdeckungsbeitrag • 0 ist.
Ergänzend muss für die Periode gelten
Gesamtdeckungsbeitrag • Gesamtfixkosten.

b) **bei Vollbeschäftigung**
Im Engpassbereich muss je Zeiteinheit der maximale Deckungsbeitrag erzielt werden.

Die Darstellung der Anwendungsbeispiele zur Deckungsbeitragsrechnung erfolgte in Anlehnung an *Zimmermann*. Zur Vertiefung vgl. dort.[35]

(3) **Empfehlungen zur praktischen Anwendung**
In jedem Mehrproduktunternehmen ist es empfehlenswert, die Deckungsbeitragsrechnung (in der Regel mehrstufig) als Kostenträgererfolgsrechnung einzusetzen. Die Jahresplanung würde nach gleichem Schema vorgenommen und in monatliche Vorgaben umgerechnet, denen die monatlichen Istwerte zur Analyse und als Grundlage für Steuerungsmaßnahmen am Monatsende gegenübergestellt werden sollten. Dieses Instrument der Vertriebssteuerung und -optimierung sollte ergänzt werden um ein Plankostenrechnungssystem, das unter Beachtung betriebsindividueller Anforderungen so ähnlich wie das Praxisbeispiel unter Punkt 9.2.4.5 konzipiert sein sollte. In diesem Beispiel werden nur Verbrauchsabweichungen ermittelt. Das mag bei geringer Betriebsgröße zur Begrenzung des Aufwandes zweckmäßig sein. Bei zunehmender Betriebs- und Unternehmensgröße sollte erwogen werden, das im Beispiel aufgezeigte Verfahren zu einer flexiblen Plankostenrechnung zu erweitern, was ohne größere Schwierigkeiten möglich ist.

9.2.6.4 Prozesskostenrechnung

Die stetig steigenden indirekten Kosten, die durch einen wachsenden Anteil von Planungs-, Steuerungs-, Überwachungs-, Marketing-, Logistik- und Qualitäts-Management-Aufgaben an

[35] *Zimmermann, W.*, Betriebliches Rechnungswesen, a.a.O.

den Gesamtaufgaben bedingt sind, bereiten vielen Unternehmen gravierende Probleme, da sie mit den traditionellen Methoden der Kostenrechnung kaum noch „controled“ werden können. Es müssen folglich Kostenrechnungskonzepte diskutiert werden, die die Fehler der traditionellen Systeme beseitigen und die Kostentransparenz und somit auch das Kostenbewusstsein wieder herstellen.

Damit eine Kostenrechnung diesen Anforderungen gerecht werden kann, bedarf es in der Regel einiger Restrukturierungen in der Unternehmung. Ein möglicher Restrukturierungsansatz, der dazu beiträgt, den oben genannten Anforderungen gerecht zu werden, ist der, die wertschöpfungstechnisch bereits vorhandenen Prozessketten auch in den Unternehmensstrukturen und im internen Rechnungswesen abzubilden.

(1) Die Probleme der traditionellen Kosten- und Leistungsrechnung

Zur Erinnerung: Die Kosten- und Leistungsrechnung ist eine wertmäßige Abbildung des innerbetrieblichen Leistungserstellungsprozesses mit kalkulatorischem Charakter, auf deren Basis die realisierten Kosten ermittelt und zukünftige Kosten prognostiziert werden. Die Hauptaufgabe der Kosten- und Leistungsrechnung liegt in der Ermittlung der Daten, mit denen

- eine kostengerechte Produktkalkulation (Vor- und Nachkalkulation),
- eine Planung, Steuerung und Kontrolle aller relevanten Kostenbereiche der Unternehmung

ermöglicht wird.

Die traditionellen Kostenrechnungsverfahren können diesen Aufgaben nicht mehr im erforderlichen Maße gerecht werden, da es weder den traditionellen Vollkostensystemen noch den traditionellen Teilkostensystemen gelingt, die indirekten Kosten im Rahmen der Produktkalkulation verursachungsgerecht zuzuordnen und sie ferner nicht in der Lage sind, die indirekten Kostenstrukturen (Gemeinkostenbereiche) effizient zu planen, zu steuern und zu kontrollieren.

(1.1) Die Probleme bei der Produktkalkulation

In der Vollkostenrechnung werden die indirekten Kosten, die u. a. für Planungs-, Steuerungs-, Überwachungs-, Logistik-, Marketing- und Qualitäts-Management-Aufgaben anfallen, i. d. R. funktional gegliederten Gemeinkostenblöcken (u. a. als klassische Fertigungs-, Vertriebs- und Verwaltungsgemeinkosten) zugeordnet. Eine Zurechnung dieser Kosten auf die Produkte erfolgt schließlich über Zuschlagssätze, die über Bezugsgrößen (z. B. Fertigungslohn-, Fertigungsmaterialkosten oder Herstellkosten) pauschal ermittelt worden sind, so dass die kalkulierten Produktkosten keineswegs den tatsächlichen Produktkosten entsprechen müssen.

Die Teilkostensysteme vermeiden in der Periodenrechnung eine (pauschal und damit willkürliche und falsche) Schlüsselung der indirekten Kosten , sie schlagen dem Produkt bzw. den Produktgruppen nur jene Kosten zu, die zweifelsfrei von diesem Produkt bzw. dieser Produktgruppe verursacht werden. Es werden somit nur Informationen über die direkten Produkt- bzw. Produktgruppenkosten und die auf den jeweiligen Aggregationsstufen erwirtschafteten Deckungsbeiträge bereitgestellt. Langfristig kann jedoch auf einen kostendeckenden Preis, der alle angefallenen indirekten Kosten miteinschließt, nicht verzichtet werden, zur Ermittlung dieses Preises sind die Teilkostensysteme jedoch nicht in der Lage.

(1.2) Die Probleme beim Kostencontrolling

Ein großes Problem stellt die wirtschaftliche Kontrolle der indirekten Kosten (Gemeinkosten) dar, für die konkrete Leistungsbezugsgrößen fehlen. Da die traditionellen Verfahren der Kostenrechnung einseitig auf den Bereich der direkten Leistungserstellung fokussiert sind, können mit ihnen die Kosten der indirekten Bereiche nur abgerechnet, aber nicht gesteuert werden.[36]

Es ist unmittelbar einsichtig, dass die Fertigungskosten (Materialeinsatz, Fertigungslöhne) einer Fertigungskostenstelle über Stücklisten und Arbeitspläne leicht zu planen, zu steuern und zu kontrollieren sind, da sie über ein Mengengerüst unmittelbar mit dem Output dieser Abteilung verknüpft sind. Eine Planung, Steuerung und Kontrolle der klassischen Verwaltungskosten ist mit den traditionellen Methoden jedoch unmöglich, da ein messbarer Output der Verwaltungskostenstellen fehlt, zu dem die Verwaltungskosten in ein Verhältnis gesetzt werden können.

(2) **Das Verfahren der Prozesskostenrechnung**

Einen neuen Ansatz zur Lösung dieser Probleme liefert die Prozesskostenrechnung (auch Vorgangskostenrechnung oder Activity Based Costing). Die Prozesskostenrechnung bedient sich der traditionellen Kostenarten- und Kostenstellenrechnung.

Die Einführung einer Prozesskostenrechnung kann auf zwei verschiedene Arten erfolgen: Zum einen kann sie parallel zur bestehenden Kostenrechnung durchgeführt werden, zum anderen kann die gesamte Kostenrechnung prozessorientiert umgestaltet werden.

Beide Möglichkeiten setzen jedoch eine sehr umfangreiche und sorgfältige Analyse der Wertschöpfungsprozesse der Unternehmung voraus, an deren Ende eine mehr oder weniger radikale Restrukturierung der Unternehmung steht.[37]

Die im Folgenden beschriebene Realisierung der Prozesskostenrechnung geht vom Ansatz einer völligen Neugestaltung der Unternehmensstruktur und der Kostenrechnung aus.

(2.1) **Ermittlung der relevanten Geschäftsprozesse und deren Subprozesse**

Zunächst wird untersucht, welche der betrieblichen Wertschöpfungsprozesse (im folgenden Geschäftsprozesse) für die Erreichung der strategischen Ziele der Unternehmung von maßgeblicher Bedeutung sind. Ein Beispiel für einen strategisch relevanten Geschäftsprozess wäre der Prozess der Auftragsakquisition.

Zu jedem Prozess wird anschließend der Haupteinflussfaktor und eine Messgröße bestimmt. Der Haupteinflussfaktor ist eine Größe, die die Prozesskosten maßgeblich beeinflusst und deshalb auch Cost-Driver genannt wird. Für den Geschäftsprozess der Auftragsakquisition ist der Auftragswert in TDM der Cost-Driver. Dies ist unmittelbar einsichtig, da die Aktivitäten dieses Prozesses gesteigert werden müssen, wenn der Gesamtauftragswert gesteigert werden soll. Der Cost-Driver eines Prozesses beeinflusst jedoch nicht nur die Prozesskosten, sondern spezifiziert auch die Prozessleistung: die Leistung des Akquisitionsprozesses wird durch den Wert der akquirierten Aufträge beschrieben.

Die Performance eines Prozesses lässt sich jedoch nicht allein über den Cost-Driver spezifizieren. Die durch den Cost-Driver beschriebene Prozessleistung muss in Relation zu prozessexternen Größen gesetzt werden, so dass eine prozessübergreifende Messgröße entsteht, welche die Prozessleistung in einem Gesamtzusammenhang darstellt. Diese Messgröße, auch KPI (Key Performance Indicator) genannt, ist, metaphorisch gesprochen, ein Instrument, welches die Prozessperformance anzeigt und dabei hilft, die Cost-Driver der Prozesse so zu beeinflussen, dass die gewünschte Prozessperformance erreicht wird.

Die KPIs für den Akquisitionsprozess sind z. B. der Marktanteil und der durchschnittliche Deckungsbeitrag je Auftrag. Die Auftragsakquisition arbeitet nämlich nur erfolgreich, wenn

---

[36] Vgl. *Lorson,* Straffes Kostenmanagement,

[37] Siehe hierzu: Abschnitte 8.4.5, 8.5 und *Hammer, Champy,* Business Reengineering, a.a.O.

sowohl der Marktanteil, als auch der Deckungsbeitrag je Auftrag den unternehmensspezifischen Anforderungen genügen. Liegt der realisierte Marktanteil unter der Vorgabe, müssen mehr Aufträge akquiriert werden, d. h. der Auftragswert (Cost-Driver) gesteigert werden.

Da die Geschäftsprozesse in der Regel sehr komplex sind, werden sie in mehrere Subprozesse zerlegt. Der Akquisitionsprozess kann z. B. zweckmäßig in die Subprozesse Kommunikation/ Marketing und Angebotserstellung zerlegt werden.

(2.2) **Umsetzung der Prozessstruktur in ein Kostenrechnungsmodell**
Zu jedem Haupt- und Subprozess muss **eine korrespondierende Kostenstelle** eingerichtet werden. Die Kostenstellenhierarchie ergibt sich aus der Prozesshierarchie. Ferner ist darauf zu achten, dass jedem Prozess nur ein Cost-Driver zugeordnet werden darf, da über ihn die Prozesskostenplanung abgewickelt wird.

Für die Durchführung der Prozesskostenrechnung, für ein Controlling der Prozesskosten und zur Leistungsverrechnung innerhalb der Kostenstellenhierarchie ist die Planung der Cost-Driver-Ausprägung von entscheidender Bedeutung. Deshalb steht die **Planung der Cost-Driver je Prozesskostenstelle** am Anfang aller Tätigkeiten.

Im nächsten Schritt müssen die Kosten, die auf den Prozesskostenstellen anfallen, geplant werden. Bei der **Planung der Kosten** unterscheidet man **leistungsmengenneutrale (lmn) und leistungsmengeninduzierte (lmi) Kostenarten**. Die leistungsmengeninduzierten Kostenarten werden in Abhängigkeit von der Cost-Driver-Ausprägung geplant.

Sind alle Kosten geplant, können die Planprozesskostensätze ermittelt werden. Hierzu werden die Gesamtplankosten der Prozesskostenstelle durch die Anzahl der Leistungseinheiten (durch die Cost-Driver-Ausprägung spezifiziert) dividiert; der **Prozesskostensatz gibt folglich an, was die Ausbringung einer Cost-Driver-Ausprägungseinheit an Kosten verursacht**.

(2.3) **Das Gemeinkostencontrolling mit der Prozesskostenrechnung**
Die Prozesskostenrechnung ermöglicht dem Gemeinkostencontrolling völlig neue Ansätze: Da ein Großteil der Gemeinkosten nun direkt mit einer konkreten Leistung in Verbindung steht, sich also bezüglich einer Haupteinflussgröße (Cost-Driver) proportional verhält, kann für jeden Subprozess und jeden Geschäftsprozess eine Sollkostenfunktion definiert werden, so dass alle im Zusammenhang mit der einfach-flexiblen Plankostenrechnung auf Vollkostenbasis definierten Abweichungsanalysen bezüglich Verbrauch und Beschäftigung auch im Gemeinkostenbereich zur Anwendung gelangen und somit eine sinnvolle Planung, Steuerung und Kontrolle dieser Bereiche ermöglichen.

Die zur Durchführung der Prozesskostenstellenabweichungsrechnung benötigten Größen sind die voraussichtlichen leistungsmengenneutralen (lmn) Plan-/Istkosten der Periode (kurz: Prozessfixkosten), die leistungsmengeninduzierten (lmi) Plan-/Istkosten je Cost-Driver-Einheit und der Plan-/Istoutput der Prozesssollkosten (mengenmäßige Ausprägung des Cost-Drivers). Die Prozesssollkosten ergeben sich aus der Summe von leistungsmengenneutralen Kosten und dem Produkt aus Prozessoutput (mengenmäßige Cost-Driver-Ausprägung) mit den leistungsmengeninduzierten Kosten je Leistungseinheit. Die verrechneten Prozessplankosten ergeben sich aus dem Produkt von Prozessplankostenverrechnungssatz und der Istleistung; der Prozessplankostenverrechnungssatz ergibt sich aus den geplanten Gesamtprozesskosten (lmn + Σlmi) dividiert durch die Planprozessleistung.

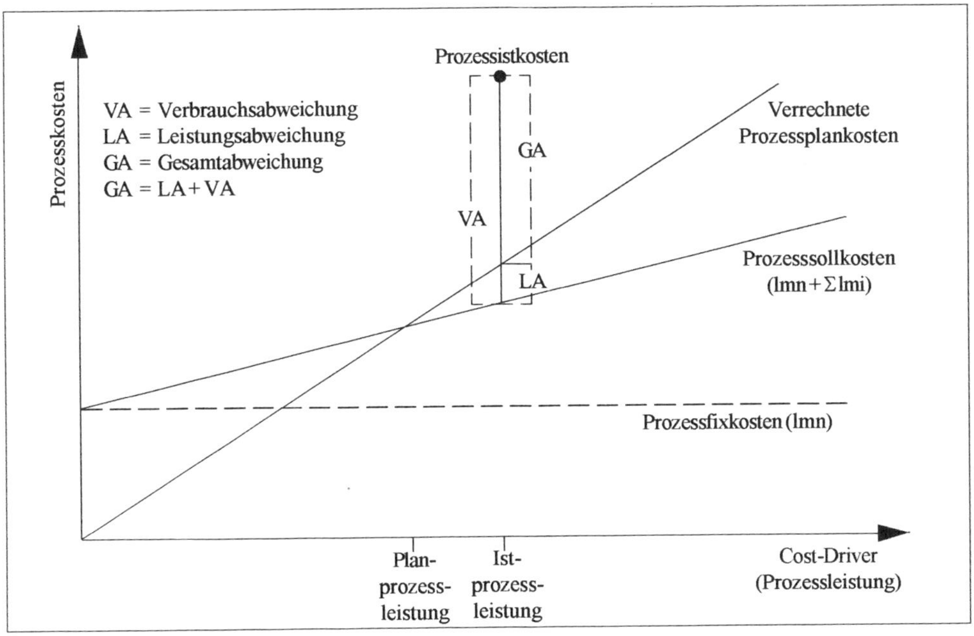

Im Rahmen der Abweichungsanalyse muss der **Verbrauchsabweichung** (VA), die sich als Differenz von Prozessistkosten minus Prozesssollkosten darstellt, besondere Beachtung geschenkt werden, da sie die Planabweichung enthält, die - soweit sie nicht durch Preis- oder Leistungsschwankungen verursacht wurde - vom Prozesskostenstellenleiter zu verantworten ist.

Die **Leistungsabweichung** (LA), die als Differenz von Prozesssollkosten minus verrechnete Prozessplankosten definiert ist, beschreibt, wie sich die leistungsmengenneutralen Kosten in Abhängigkeit von der Prozessleistung auf die einzelnen Prozesse niederschlagen. Eine eindeutige und objektive Bewertung dieser Abweichung ist jedoch nicht möglich, da sie von der Wahl der Bezugsgröße abhängig ist; lediglich bei der Betrachtung über einen längeren Zeitraum sind relative Aussagen über die Leerkostenbelastung der einzelnen Kostenstellen möglich.

Die **Gesamtabweichung** (GA) kumuliert die o. g. Abweichungen und ist folglich auch direkt aus der Differenz der Prozessistkosten minus der verrechneten Prozessplankosten zu ermitteln.

(2.4) **Die Kalkulation mit der Prozesskostenrechnung**

Die erheblichen Vorteile der Prozesskosten sind im Bereich der Kalkulation darin zu sehen, dass die Gemeinkosten nicht mehr über willkürliche Schlüssel den Kostenträgern zugeordnet werden, sondern über die zur Produkterstellung benötigten Prozesse. Im Rahmen der prozessorientierten Kalkulation werden den Kostenträgern ihre direkten Kosten und die Prozesskostensätze der an ihrer Entstehung beteiligten Hauptprozesse zugeordnet. Auf dieser Kalkulationsbasis können i.d.R. bis zu 80 % aller Gemeinkosten über Prozesskostensätze direkt den Kalkulationsobjekten zugerechnet werden.

Ein weiterer Vorteil liegt in der Tatsache, dass schon während der Produktentwicklung kostenrechnerisch verwertbare Aussagen über konstruktive und produktionstechnische Alternativen getätigt werden können, da die Kosten der in Abhängigkeit von der Alternative zur Disposition stehenden Prozessketten bekannt sind.[38]

(2.5) **Würdigung der Prozesskostenrechnung**

Aufgrund der Tatsache, dass es sich bei der Prozesskostenrechnung um eine Variante der Vollkostenrechnung handelt, werden, wie auch bei den traditionellen Vollkostensystemen, Fixkosten proportionalisiert und in die Prozesskostensätze eingerechnet. Der Grad der willkürlichen Verrechnung hängt jedoch wesentlich von der Qualität der Wertschöpfungsprozessanalyse und dem Detaillierungsgrad der Prozesse ab. Je detaillierter die Prozesse definiert sind, desto verursachungsgerechter wird die Zuordnung der Fixkosten zu den Prozessen sein, so dass eine Proportionalisierung der „Prozessbereitstellungskosten" zu keiner fehlerhaften Kalkulation führt.

(3) **Beispiel einer Auftragsvorkalkulation**

(3.1) **Geschäftsprozess Akquisition**

Key Performance Indicator (KPI):	Marktanteilswachstum in Prozent Deckungsbeitrag pro Auftrag in DM
Haupteinflussgrößen (Cost-Driver):	Auftragswert in TDM
Prozesskostensatz:	Akquisitionskosten je 1.000 DM Auftragswert

Leistungsabgabe		
Leistungsart	Planwert	Kapazität
Auftragswert	25 Mio DM	30 Mio DM
Kostenabgabe		
Kostenart	Planwert	Subprozess
Angebotswert	30 Mio DM	Angebotserstellung
Kundenbesuche	1.000 Stück	Kommunikation und Marketing

Unserer Planung des Geschäftsprozesses Akquisition liegt die Annahme zugrunde, dass man, um für 1 Mio. DM Aufträge abzuschließen, für 1,2 Mio. DM Angebote versenden und 40 Besuche bei potentiellen Kunden durchführen muss.

(3.2) **Subprozess Kommunikation und Marketing**

Merkmal	Ausprägung
Key Performance Indicator (PKI)	Anfragequote = Anfragewert/Anzahl Kundenbesuche
Haupteinflussgröße (Cost-Driver)	Anzahl Kundenbesuche (Besuch, Telefonat etc.)
Prozesskostensatz	Kosten pro Kundenbesuch

[38] Vgl. *Mayer,* Prozesskostenrechnung als Instrument des Schnittstellenmanagements,

Leistungsabgabe		
Leistungsart	Planwert	Kapazität
Gespräche	1.000 Stück	1.200 Stück
Kostenverzehr		
Kostenart	Planwert	leistungsabhängig/ leistungsunabhängig
Gehälter	89.575,20 DM	leistungsunabhängig
Sozialaufwand	67.181,40 DM	leistungsunabhängig
Telefongrundgebühren	2.880,00 DM	leistungsunabhängig
Telefoneinheiten	20.000,00 DM	leistungsabhängig
Reisekosten (Kilometergeld)	52.000,00 DM	leistungsabhängig
Reisekosten (Verpflegung)	40.000,00 DM	leistungsabhängig
Werbekosten	50.000,00 DM	leistungsabhängig

Unserer Planung des Geschäftsprozesses Kommunikation und Marketing liegen folgende Annahmen zu Grunde:

- Die Aufgaben des Geschäftsprozesses werden von 2 Angestellten (Gehalt: 3.574,— DM/Monat bzw. 4.720,— DM/Monat) wahrgenommen.[39] Da die beiden Mitarbeiter des Außendienstes 10 % ihrer Zeit mit der Erstellung von Angeboten verbringen, werden 10 % der Personalkosten dieses Prozesses dem Prozess Angebotserstellung belastet.
- Die Kosten für Sozialaufwand betragen 75 % der Kosten für Gehälter.
- Jeder Mitarbeiter des Außendienstes ist mit einem Funktelefon ausgestattet (Fixkosten für die Grundgebühr: DM 120,—/Monat).
- Die in Zusammenhang mit einem Gespräch entstehenden Telefonkosten belaufen sich auf durchschnittlich DM 20,—. Es erfolgen 1.000 Telefonate insgesamt, z. B. zur Besuchsanbahnung und der Angebotsverfolgung.
- Der Mitarbeiter des Außendienstes erhält für Fahrten mit dem eigenen PKW zum Kunden pro Kundenkontakt durchschnittlich DM 52,— (100 km · 0,52 DM/km) an Kilometergeld und DM 40,— an Spesen.
- Auf jedes Kundengespräch entfällt an Materialaufwand für Werbematerial etc. ein Betrag von DM 50,—.

Der Subprozesskostensatz errechnet sich wie folgt:

leistungsunabhängige Prozesskosten (lmn)	159.636,60 DM
leistungsabhängige Prozesskosten (lmi)	162.000,00 DM
Gesamtprozesskosten	321.636,60 DM
Leistungsabgabe (Kundenbesuche)	1.000 Stück
leistungsunabhängiger Prozesskostensatz (lmn)	159,64 DM
leistungsabhängiger Prozesskostensatz (lmi)	162,00 DM
Gesamtprozesskostensatz pro Kundenbesuch	321,64 DM

[39] Vgl. *Bentz, A.* und *Rausch, A.*, Entwicklung einer integrierten SAP Trainingskonzeption, Diplomarbeit FH Wedel

(3.3) **Subprozess Angebotserstellung**

Merkmal	Ausprägung
Key Performance Indicator (PKI)	Angebotserstellungsdauer je 1.000 DM Angebotswert
Haupteinflussgröße (Cost-Driver)	Angebotswert in TDM
Prozesskostensatz	Angebotserstellungskosten pro 1.000 DM Angebotswert

Leistungsabgabe		
Leistungsart	Planwert	Kapazität
Angebotswert	30 Mio. DM	1.200 Stück
Kostenverzehr		
Kostenart	Planwert	leistungsabhängig/ leistungsunabhängig
Gehälter	77.800,80 DM	leistungsunabhängig
Sozialaufwand	58.350,60 DM	leistungsunabhängig
Telefongrundgebühren	600,00 DM	leistungsunabhängig
Telefongebühren nach Einheiten	20.000,00 DM	leistungsabhängig
Portokosten	5.000,00 DM	leistungsabhängig
Büromaterial	2.000,00 DM	leistungsabhängig

Unserer Planung des Geschäftsprozesses Angebotserstellung liegen folgende Annahmen zugrunde:

- Die Aufgaben des Geschäftsprozesses werden von 2 Angestellten (Gehalt: 2.619,— DM/Monat bzw. 3035,— DM/Monat) wahrgenommen.[40] Weiterhin werden die oben erwähnten 10 % Personalkosten der Mitarbeiter des Außendienstes mit geplant.
- Die Kosten für Sozialaufwand betragen 75 % der Kosten für Gehälter.
- Jeder Vertriebssachbearbeiter hat einen eigenen Telefonanschluss (Fixkosten für die Grundgebühr: DM 25,—/Monat).
- Die in Zusammenhang mit einer Mio. DM Angebotswert zusätzlich entstehenden Telefongebühren nach Einheiten belaufen sich auf durchschnittlich DM 666,67.
- Die in Zusammenhang mit einer Mio. DM Angebotswert entstehenden Portokosten belaufen sich auf durchschnittlich DM 166,67.
- An Büromaterial fallen je Mio. DM Angebotswert durchschnittlich DM 66,67 an.

Der Subprozesskostensatz errechnet sich wie folgt:

leistungsunabhängige Prozesskosten (lmn)	136.751,40 DM
leistungsabhängige Prozesskosten (lmi)	27.000,00 DM
Gesamtprozesskosten	163.751,40 DM
Leistungsabgabe (Angebotswert von 1 TDM)	30.000 mal
leistungsunabhängiger Prozesskostensatz (lmn)	4,56 DM
leistungsabhängiger Prozesskostensatz (lmi)	0,90 DM
Gesamtprozesskostensatz pro 1 TDM Angebotswert	5,46 DM

[40] Vgl. *Bentz, A.*und *Rausch, A.*, Entwicklung einer integrierten SAP Trainingskonzeption.a.a.O.

Der Hauptprozesskostensatz lässt sich nun aus den Subprozesskosten errechnen.

leistungsunabhängige Prozesskosten (lmn)	296.388,00 DM
leistungsabhängige Prozesskosten (lmi)	189.000,00 DM
Gesamtprozesskosten	485.388,00 DM
Leistungsabgabe (Angebotswert von 1 TDM)	25.000 mal
leistungsunabhängiger Prozesskostensatz (lmn)	11,85 DM
leistungsabhängiger Prozesskostensatz (lmi)	7,56 DM
Gesamtprozesskostensatz pro 1 TDM Angebotswert	19,41 DM

Die oben dargestellte Prozesskostenstellenplanung bildet die Grundlage für das Gemeinkostenmanagement mit der Prozesskostenrechnung. Nach Periodenabschluss können mit Hilfe der Istdaten die unter Pkt. (2.3) beschriebenen Abweichungsanalysen durchgeführt werden.

(3.4) **Das Kalkulationsschema**

Eine zweckmäßige Zeilenfolge der Auftragskalkulation mit dem Verfahren der Prozesskostenrechnung (nach Vervollständigung der Prozesskosten für die übrigen auftragsbezogenen Prozesse) zeigt das folgende Schema. Die einzelnen Prozesskosten werden auftragsspezifisch über die Prozesskostensätze und die zugehörigen Bezugsgrößen ermittelt, der Restgemeinkostenzuschlag und die Umlagen werden über Schlüsselgrößen zugewiesen.

Zuschlagskalkulation Auftrag
Herstellkosten (Eigenfertigung) + Einstandskosten (Zukauf) + Prozesskosten Akquisition + Prozesskosten Auftragsbearbeitung + Prozesskosten Auftragsdurchlauf Eigenfertigung + Umlage F + E (nur auf Herstellkosten) + Umlage Produktprogrammplanung + Umlage Sonstiges + Sondereinzelkosten der Auftragsbearbeitung
= Selbstkosten + Gewinn
= Barverkaufspreis + Skonto
= Zielverkaufspreis (Nettoverkaufspreis vor USt) + Rabatt
= Listenpreis (Bruttoverkaufspreis vor UST) + Umsatzsteuer
= Bruttoverkaufspreis inklusive Umsatzsteuer

Eine Auftragsnachkalkulation kann analog zum obigen Schema anhand von Istdaten durchgeführt werden.

9.3 EDV-Einsatz im Rechnungswesen

9.3.1 Stand der Technik im Großunternehmen

Unter den Punkten 8.3.2.3 bis 8.3.2.5 habe ich die integrierte Datenverarbeitung als Grundlage für ein Management Informationssystem (MIS) sowie ein Datenbankkonzept für einen Industriebetrieb dargestellt und bin auf die Bedeutung der EDV im betrieblichen Informationsprozess eingegangen. Dem ist hier wenig hinzuzufügen. Zusammenfassend kann man sagen, dass für Großunternehmen der Einsatz der EDV im Controlling schon lange eine erfolgsbestimmende Selbstverständlichkeit ist. Das bedeutet, der EDV-Einsatz im Rechnungswesen ist nicht nur eine der ältesten Anwendungen von Administrations-Systemen, er ist in Großunternehmen auch zu leistungsfähigen Dispositions- und Informations-Systemen ausgebaut worden. Für die Steuerung von Großunternehmen sind Plankostenrechnung und mehrstufige Deckungsbeitragsrechnung inzwischen unverzichtbare Instrumente zur Existenzsicherung im wachsenden Wettbewerb. Die Beziehungen zwischen EDV-Programmen im Rechnungswesen werden unter Pkt. 9.3.3 dargestellt. Für weitere Einzelheiten verweise ich auf die Dokumentation großer EDV-Anbieter.

9.3.2 Probleme mittlerer und kleiner Unternehmen

9.3.2.1 Denkbare Schritte zu autonomer Leistungsfähigkeit

Für Unternehmen, die noch am Anfang der EDV-Einführung stehen, ist vielfach der Übergang von einer Finanzbuchhaltung bei der DATEV auf eine eigene EDV-gestützte Finanzbuchhaltung der erste Schritt. Dieser kann aus Kostengründen sinnvoll sein. Dabei sollte darauf geachtet werden, dass die im nächsten Absatz genannten Bedingungen erfüllt sind. Als nächster oder vorgeschalteter Schritt erweist sich vielfach der EDV-Einsatz in der Vertriebssachbearbeitung als sinnvoll, da im Bereich der Kundenbetreuung, von der Angebotsschreibung über Auftragseingang bis zur Fakturierung mit anschließendem Inkasso und Nachkalkulation (Deckungsbeitragsanalyse), enge Beziehungen zwischen der Auftragsbearbeitung und der Finanzbuchhaltung bestehen, in denen sich ein automatischer Datenaustausch als sehr zweckmäßig erweist. Im weiteren Verlauf der EDV-Einführung bietet sich dann eine Umstellung des Bereichs Materialwirtschaft an. Schritte in dieser Richtung müssen sorgfältig vorbereitet und auf EDV-Planungen für den Fertigungsbereich abgestimmt werden. Für alle genannten Bereiche werden Standardprogramme angeboten. Vor einer Entscheidung über ihren Einsatz sollte jedoch eine sorgfältige Prüfung mit Wirtschaftlichkeitsrechnung erfolgen, wie sie unter Pkt. 7.5.4.2 (4) dargestellt wurde.

9.3.2.2 Kriterien zur Beurteilung von Standardprogrammen

Auch zu diesem Punkt muss ich zurückverweisen auf Pkt. 7.5.4.2 (4). Ergänzend ist jedoch bei Standardprogrammen zur Finanzbuchhaltung für kleine und mittlere Unternehmen darauf zu achten, dass diese folgende drei Bedingungen erfüllen sollten, die zur Zeit noch nicht von allen Anbietern geboten werden:

1. **Ein Standardprogramm zur Finanzbuchhaltung** sollte vom Finanzamt und von einer zuverlässigen Wirtschaftsprüfungsinstitution anerkannt sein, bezüglich Einhaltung steuerrechtlicher Vorschriften und der Vorschriften des Bilanzrichtlinien-Gesetzes und GoB.
2. Es sollte eindeutige **Schnittstellen für Auswertungen** im Rahmen der Kosten- und Leistungsrechnung haben oder auch die Funktionen der Kosten- und Leistungsrechnung erfüllen. Oft bestehen Unzulänglichkeiten oder Mängel in Bezug auf eine aussagefähige Kostenträgererfolgsrechnung (als mehrstufige Deckungsbeitragsrechnung). Für diese Zielsetzung ist ein einwandfreier Datentransfer zwischen Fakturierung und der Finanzbuchhaltung wichtig.
   Die Aufbereitung von Daten der Finanzbuchhaltung zum Zweck systematischer Finanzplanung und effizienten cash managements steckt vielfach noch in den Anfängen. Hier sollten die Zielvorstellungen des Unternehmens definiert werden und Entscheidungskriterium sein.
3. Im Interesse einer flexibel gestaltbaren **Weiterentwicklung der EDV-Konzeption** und des EDV-Einsatzes erweist sich für kleinere Unternehmen vielfach der Einsatz von PC-Netzwerken als zweckmäßig. In diesem Fall muss die Standard-Software netzwerkfähig sein. Dazu gehört die Einhaltung bestimmter Organisationsprinzipien (zum Beispiel record locking).

Übersicht über Beziehungen zwischen wichtigen Programmen des Rechnungswesens 44

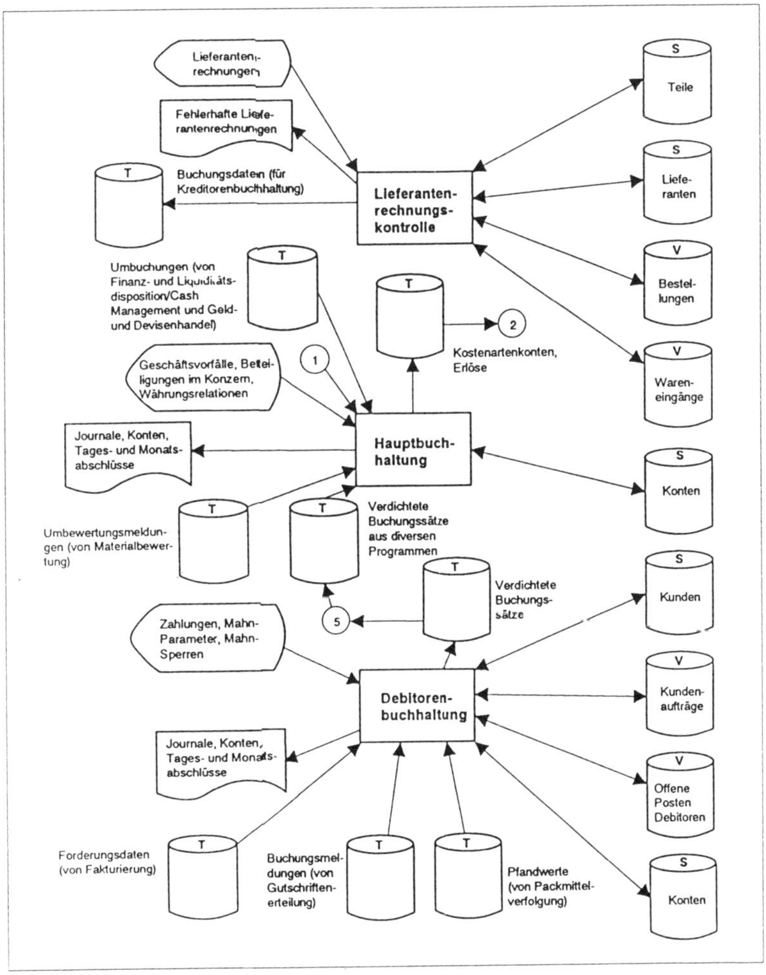

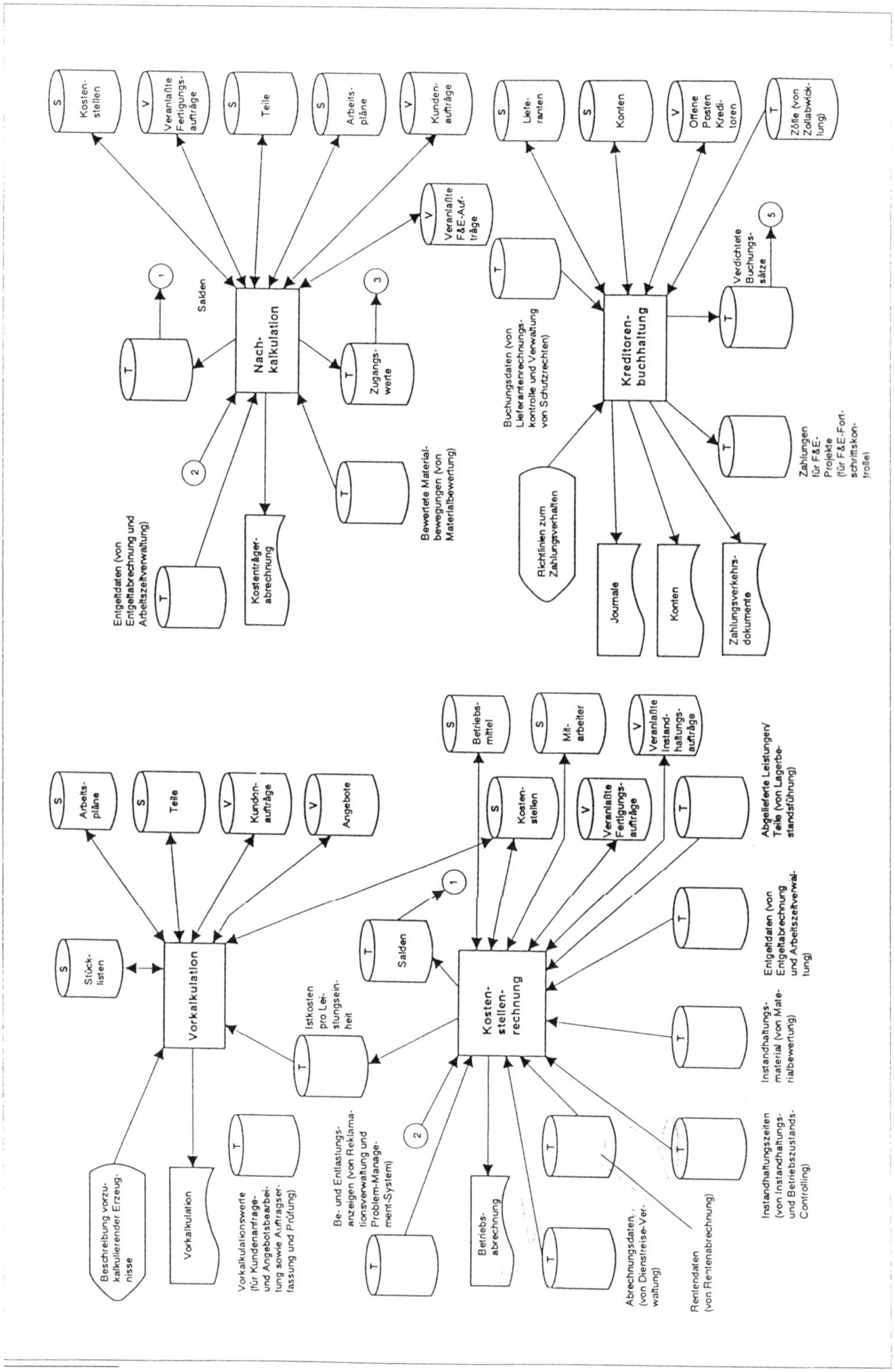

[44] Entnommen aus: *Mertens, P.*, Industrielle Datenverarbeitung Bd. 1, Wiesbaden

Kontrollfragen zu Kapitel 9

1. Erläutern Sie die Aufgabenstellung des industriellen Rechnungswesens.
2. Erläutern Sie die wichtigsten Vorschriften des Bilanzrichtlinien-Gesetzes.
3. Umreißen Sie die unterschiedlichen Abschlussvorschriften für kleine, mittlere und große Kapitalgesellschaften, nennen Sie die Bilanzgliederung für eine kleine Kapitalgesellschaft.
4. Geben Sie einen Überblick über die wichtigsten Bewertungsgrundsätze für das Anlage- und das Umlaufvermögen.
5. Wie sollte ein Anlagenspiegel zweckmäßigerweise aufgebaut sein?
6. Was besagen die maßgeblichen Rechtsvorschriften (des HGB und des EStG) über die Ermittlung der Herstellkosten?
7. Nennen Sie wichtige Bilanzierungsgebote und -verbote.
8. Wie unterscheiden sich Umsatzkosten- und Gesamtkostenverfahren?
9. Stellen Sie Aufbau und Inhalt des IKR tabellarisch dar.
10. Skizzieren Sie den Unterschied zwischen Einkreis- und Zweikreissystem.
11. Erläutern Sie die Buchungsregeln für Bestands- und Erfolgskonten.
12. Stellen Sie den Kontendurchlauf von der Eröffnungs- bis zur Schlussbilanz dar.
13. Erläutern Sie die Ihnen bekannten Abschreibungsarten, -ursachen und -verfahren.
14. Erstellen Sie ein Arbeitsprogramm für die Jahresabschlussarbeiten.
15. Erläutern Sie den Aufbau einer Hauptabschlussübersicht.
16. Erläutern Sie die Aufgaben der Kosten- und Leistungsrechnung zunächst insgesamt und außerdem für ihre drei Stufen, Kostenarten-, Kostenstellen- und Kostenträgerrechnung.
17. Erläutern Sie anhand der üblichen Abgrenzungsskizzen die erforderlichen Begriffe zur Abgrenzung von Geschäftsbuchführung und Kosten- und Leistungsrechnung.
18. Skizzieren Sie den Informationsfluss der Betriebsabrechnung (z. B. nach Schierenbeck).
19. Erläutern Sie die Notwendigkeit und den Rechengang der Abgrenzungsrechnung.
20. Nennen Sie die wichtigen Belege gruppiert nach ihrer Erfassung im Rechnungskreis I bzw. II.
21. Erläutern Sie Kriterien zur Erstellung von Kostenarten- und Kostenstellenplänen.
22. Entwerfen Sie einen Kostenarten- und einen Kostenstellenplan.
23. Erläutern Sie die Erfassung beziehungsweise Ermittlung der wichtigsten Kostenarten.
24. Definieren Sie die Ihnen bekannten kalkulatorischen Kosten, begründen Sie deren Notwendigkeit und erläutern Sie deren Berechnung.
25. Systematisieren Sie die in der KLR möglichen Wertansätze und deren Zweckmäßigkeit.
26. Erläutern Sie Ihre Vorstellungen über die Verläufe beschäftigungsabhängiger und -unabhängiger Kosten. Unterscheiden Sie dabei kurz- und langfristige Veränderungen der Kapazitätsausnutzung.

27. Skizzieren und erläutern Sie einen Betriebsabrechnungsbogen und dessen Zusammenhang mit der Zuschlagskalkulation; nennen Sie die Zeilenfolge der Zuschlagskalkulation.
28. Erläutern Sie detailliert den Arbeitsablauf der Betriebsabrechnung eines Maschinenbauunternehmens.
29. Erläutern Sie die Aufgaben und Verfahren der Kostenträgerstück- und -zeitrechnung.
30. Entwerfen Sie eine mehrstufige Deckungsbeitragsrechnung als Kostenträgerzeitrechnung und stellen Sie die Vorteile dieses Verfahrens im Vergleich zur Vollkostenrechnung dar.
31. Erläutern Sie die unterschiedlichen Verfahren der Divisionskalkulation.
32. Erläutern Sie Ihnen bekannte Kostenrechnungssysteme, insbesondere die flexible Plankostenrechnung und ihre Abweichungsanalyse.
33. Erklären Sie spezielle Anwendungsfälle der Deckungsbeitragsrechnung.
34. Stellen Sie Vorgehensweise, Kalkulationsschema und Abweichungsanalyse der Prozesskostenrechnung dar.
35. Begründen Sie die Vorzüge der Prozesskostenrechnung gegenüber anderen Kostenrechnungsverfahren und stellen Sie die Prozesskostenrechnung dar.
36. Entwickeln Sie Ihre Vorstellungen zum Einsatz der EDV im industriellen Rechnungswesen mit Kriterien zur Systemauswahl in kleinen Unternehmen.

Teil III: Controlling-Instrumente

10 Return-on-Investment-orientiertes Kennzahlensystem

Abkürzungen:

BE = Betriebsergebnis vor Steuern
FKZ = Fremdkapitalzins
BK = betriebsnotwendiges Kapital
EK = Eigenkapital
FK = Fremdkapital

GK = Gesamtkapital
AV = Anlagevermögen
UV = Umlaufvermögen
U = Umsatzerlös
RoI = Return on Investment

GuV = Gewinn- und Verlustrechnung
MwSt = Mehrwertsteuer
RHB = Roh-, Hilfs- und Betriebsstoffe
HF = Halbfabrikate
FF = Fertigfabrikate
HK = Herstellkosten

I. Kennziffern der Rentabilität und Wirtschaftlichkeit			
	Kennzifferdefinition	Dateninhalt/Datenquelle	Zielsetzung und Erläuterung
1.	**Umsatzrentabilität**		
1.1	$\frac{BE}{U}$ - dient der Umsatzoptimierung und - der Ermittlung des RoI des EK	BE = Betriebliches Ergebnis vor Steuern aus GuV: → = { Jahresüberschuss - neutr. Erträge (inkl. Erträge aus Verlustübern.) + neutr. Aufwendg. + Auflösg. stiller Reserven + Steuern (weil schon vorher abgezogen) }	gesucht wird Ertragskraft, diese wird gekennzeichnet durch betriebl. Ergebnis, nach Isolierung betriebsfremder, außerordentlicher Erträge und der dazugehörigen Aufwendungen (ggf. bereinigen um betriebliche Teile)
		U = Umsatzerlöse aus GuV →	Ausweis der Vertriebsleistung und -kraft sowie der Marktakzeptanz der Produkte
1.2	$\frac{BE + FKZ}{U}$ - dient als Indikator für „Gesamtergebnis" und - für RoI des GK = EK + FK	BE wie oben FKZ aus GuV U wie oben	Aussagekraft der Relation BE : U - Optimierungsansatz durch Vergleich von Teilunternehmen - dito für Geschäfts- und Produktbereich - dito für Kunden und Vertriebswege - in jedem Fall als Struktur- und/oder Zeitvergleich - einiges davon nur intern verfügbar
1.3	Fremdkapitalkostensatz = $\frac{FKZ}{\text{zu verzinsendes FK}}$	zu verzinsendes FK = Finanzschulden + Verbindlichkeiten an verbundene Unternehmen	

	Kennzifferdefinition	Dateninhalt/Datenquelle	Zielsetzung und Erläuterung
2.	**Kapitalumschlag**		Bedenke: U und BE sind Zeitraumgrößen, GK und BK sind Zeitpunktgrößen
2.1	$\frac{U}{BK}$ (intern)	U = Umsatzerlöse aus GuV BK = betriebsnotwendiges Kapital (Vermögen) nur intern zu berechnen = { buchmäßig ausgewiesenes Gesamtvermögen - nicht betriebsnotwenige Vermögensteile + Auflösung stiller Bewertungsreserven (je nach Fragestellung) - Wertberichtigungen auf Forderungen (- Rückstellungen) }	Ermittle deshalb mögl. als Durchschnitt BK u. GK Für den Betriebsprozess nicht erforderliche Vermögensteile sind zu isolieren, um das betriebsnotwendig gebundene Kapital zu bestimmen. Dessen Rentabilität ist Indikator der Ertragskraft des Betriebes. Nachteil: nur intern, nicht aus Bilanz ableitbar ansehen auf vermögensrelevante Teile, z. B. für unterlassene Instandhaltung
2.2	$\frac{U}{GK}$ (extern aus Bilanz)	GK = EK + FK oder = Bilanzsumme minus Wertberichtigungen	EK = Grundkapital + Rücklagen + Jahreserfolg FK = Verbindlichkeiten + Rückstellungen

	Kennzifferdefinition	Dateninhalt/Datenquelle	Zielsetzung und Erläuterung
3.	**Return on Investment**		
3.1	$RoI_{EK} = \frac{BE}{U} \times \frac{U}{EK}$	Datenquelle wie oben	- Zielvariable der Dividendenpolitik
3.2	$RoI_{BK} = \frac{BE + FKZ}{U} \times \frac{U}{BK}$	Datenquelle wie oben	Überwachung durch - Betriebs- und Zeitvergleich Optimierung durch - Verbesserung der Umsatzrentabilität -- Absatzsteigerung -- Erlösverbesserung -- Senkung der variablen Kosten -- Senkung der fixen Kosten -- Zinsoptimierung → Erkennung und Bewertung gegenläufiger Ergebniseffekte der Einzelmaßnahmen - Erhöhung des Kapitalumschlags -- Umsatzsteigerung (wie oben) -- Inkassooptimierung -- Bestandsoptimierung (RHB, HF, FF) -- Optimierung des AV
3.3	$RoI_{GK} = \frac{BE + FKZ}{U} \times \frac{U}{GK}$ auf Basis Bilanzanalyse	Datenquelle wie oben	- Analyse wie 3.2 aber begrenzt auf Zeit- und Betriebsvergleich mit vergleichbaren bilanzierenden Einheiten

	Kennzifferdefinition	Dateninhalt/Datenquelle	Zielsetzung und Erläuterung
4.	**Cash-Flow**		*)
4.1	Cash-Flow (absolut) = BE + Afa	- BE wie oben - Afa auf Sachanlagen aus GuV	- Feststellung des absoluten Geldrückflusses
4.2	$\frac{\text{Cash-Flow}}{\text{Eigenkapit.}} = \frac{BE + Afa}{EK}$	Datenquelle wie oben	Grobanalyse von Firmenakquisition oder Beteiligungdsinvestition; statischer Indikator für den Geldrückfluß aus der Beteiligung; Risikoindikator; Beachte: mehrere Jahre prüfen!
4.3	$\frac{\text{Cash-Flow}}{\text{Umsatz}} = \frac{BE + Afa}{U}$	Datenquelle wie oben	Darstellung des Geldrückflusses aus dem Umsatz. Für Ermittlung der Ertragskraft ungeeignet, da um Afa zu günstig dargestellt.
			*) zeigt im Zeit- und/oder Betriebsvergleich die Ertragskraft und den Umfang der selbst erwirtschafteten Finanzierungsmittel einer Periode

II. Finananzierungskennziffern			
	Kennzifferdefinition	Dateninhalt/Datenquelle	Zielsetzung und Erläuterung
1.	**Zielvariable zur Sicherung der Zahlungsbereitschaft**		Die Hausbanken fordern je nach Unternehmungsaktivität und Rechtsform die Einhaltung bestimmter Relationen
1.1	Kapitalintensität $= \frac{AV}{GK}$ (extern erstellbar)	- Daten aus Jahresabschluß	- ist Indikator für langfristig im Anlagevermögen gebundenen Finanzmittelanteil
1.2	Kapitalintensität $= \frac{AV + UV_L}{GK}$ (intern erstellbar)	UV_L = langfristig gebundenes UV (Daten nur intern zufriedenstellend ermittelbar)	- Indikator für langfristig für den Betriebsprozeß erforderliches Kapital
1.3	Eigenkapitalanteil $= \frac{EK}{GK}$	- Daten aus Jahresabschluß	- Die unternehmensspezifischen Werte zu 1.1 und 1.2 ergeben i.d.R. Bankenzielwerte zu 1.3, die zur Erhaltung der Zahlungsbereitschaft nicht unterschritten werden sollten.
1.4	Anlagendeckung $= \frac{EK}{AV}$ (extern erstellbar)	- Daten aus Jahresabschluß	- kennzeichnet die Deckung des schwer liquidierbaren AV durch haftendes langfristiges Kapital (Risikoindikator)
1.5	Fristenkongruenz $= \frac{EK + FK_L}{AV + UV_L}$ (intern erstellbar)	FK_L = langfristig gebundenes FK UV_L = langfristig gebundenes UV (Daten sind nur intern zufriedenstellend ermittelbar)	- kennzeichnet die Relation zwischen langfristig gebundenem Vermögen und langfristig verfügbarem Kapital (Fristenkongruenz- und Risikoindikator)

	Kennzifferdefinition	Dateninhalt/Datenquelle	Zielsetzung und Erläuterung
2. 2.1	**Kennziffern zur Optimierung von Finanzbedarf und Finanzmitteleinsatz** $\frac{\text{Working Capital}}{U}$	U = Datenquelle wie oben Working Capital = Umlaufvermögen ./. kurzfristig fällige Verbindlichkeiten * * = Verbindlichkeiten aus Lieferungen und Leistungen + erhaltene Anzahlungen	- Working Capital zeigt den Teil es UV, der zur Deckung laufender Auszahlungen im Liquidationsfall maximal zur Tilgung von Verbindlichkeiten verwandt werden kann - die Liquidität ist auf der Verwendungsseite zu optimieren durch Optimierung des Working Capitals, z.B. -- Inkassoverbesserung -- Bestandsoptimierung - die Relation des Working Capital zum Umsatz deutet beispielsweise bei einer Erhöhung (= Verschlechterung) hin auf -- unzulängliche Umsatzentwicklung -- unwirtschaftliche Bestandsführung -- und/oder mangelhaftes Inkasso, etc. -- Unzulänglichkeiten in der Liquiditätsdisposition

	Kennzifferdefinition	Dateninhalt/Datenquelle	Zielsetzung und Erläuterung
2.2	Liquidität		Zuverlässige Aussagen über die Liquidität sind nur intern im Rahmen eines Liquiditätsplanes für mehrere Perioden, in der Gegenüberstellung von Mittelzufluß und Mittelabfluß pro Periode kontrollierbar. (Gegenüberstellung durch Subtraktion Abfluß ./. Zufluß ergibt pro Periode die Unter-/Überdeckung
2.2.1	Liquide Mittel 1. Ordnung	= Kasse + Postscheck + lfd. Bankkonten + bankfähige Wechsel + kurzfristig fällige Forderungen * + Wertpapiere des Umlaufvermögens	
2.2.2	Liquide Mittel 2. Ordnung	= leicht realisierbare Warenbestände (FF) + später fällige Forderungen ** + unfertige Erzeugnisse (HF) + RHB-Bestände, soweit nicht für die lfd. Produktion nötig + sonst. Verm.-Gegenst. d. UV	für externe Analyse näherungsweise rechnen: $\frac{\text{liquide Mittel 1. Ordnung}}{\text{kurzfristige Verbindlichkeiten}}$
2.2.3	Liquide Mittel 3. Ordnung	= alle anderen Vermögenswerte, die in die Liquidationsrechnung nur im Falle der Liquidation aufgenommen werden	$\frac{\text{liquide Mittel 1.} + \text{2. Ordnung}}{\text{Gesamtverbindlichkeiten}}$
2.2.4	Liquiditätsstatus (exakt monatlich nur intern erstellbar)	= Vermögenswerte liquide Mittel 1. Ordnung ./. Verbindlichkeiten wie - Bankschulden - Akzepte - Lieferanten - Löhne + Gehälter - Sonstige	

* = Forderungen aus Lieferungen und Leistungen
+ geleistete Anzahlungen
- Forderungen mit mehr als 1 Jahr Restlaufzeit

** = Forderungen mit mehr als 1 Jahr Restlaufzeit
+ Forderungen an verbundene Unternehmen
(intern überprüfungspflichtig, welche Teile unter kurzfristig fällige Forderungen fallen)

	Kennzifferdefinition	Dateninhalt/Datenquelle	Zielsetzung und Erläuterung
2.3	$\frac{\text{Gesamtschulden}}{\text{Cash Flow}}$	Gesamtschulden = Verbindlichkeiten lt. Bilanz ./. flüssige Mittel lt. Bilanz Cash-Flow-Ermittlung siehe oben	zeigt, wieviel Jahre nötig sind, um bei gleichbleibendem Cash Flow die Gesamtverschuldung zu tilgen. Da Leasing-Verpflichtungen das Anlagevermögen senken und dadurch den Kapitalbedarf zu niedrig ausweisen, ist die Relation 2.3 wichtige Ergänzungsgröße, da die lfd. Leasingverpflichtungen in die Verbindlichkeiten der Periode eingehen. Interne Risikoanalyse wesentlich!
2.4	ø Forderungslaufzeit $= \frac{\text{ø Ford.}}{\text{U} + \text{MwSt}} \times 360$	= ø Forderungen aus Warenlieferungen und Leistungen gemäß Bilanz U gemäß Bilanz erhöht um die MwSt	- Kontrollgröße für Inkassooptimierung etc.
2.5.1	Lagerdauer Bestände $= \frac{\text{RHB-Bestände}}{\text{Jahresverbr.RHB}} \times 360$ (bei externer Analyse) bei interner Analyse:	- Daten aus Bilanz + GuV	- Kontrolle mit Ziel Bestandsoptimierung
2.5.2	Lagerdauer Bestände = $\frac{\text{RHB+HF-Bestände}}{\text{Jahresv. RHB} + \text{HF}} \times 360$	- Daten für HF nur intern verfügbar	
2.6	Lagerdauer FF $= \frac{\text{FF-Bestand}}{\text{U zu HK}} \times 360$	- FF-Bestand aus Bilanz - Umsatz zu Herstellkosten nur intern ermittelbar	- Kontrolle mit Ziel Bestandsoptimierung bei einer Vertriebstochter sind die Herstellkosten = den Einstandswerten
2.7	Exportquote $= \frac{\text{Auslands-U}}{\text{Gesamt-U}}$	- Daten nur intern ermittelbar Basisgröße ist der Kostenträger-Umsatz	- wesentlich für Rückschlüsse auf Ertragskraft (z.B. Währungsabhängigkeit), Konjunkturabhängigkeit und kurzfristigen Währungsrisiken

III. Kennzahlen der technischen Leistungsfähigkeit

	Kennzifferdefinition	Dateninhalt/Datenquelle	Zielsetzung und Erläuterung
1.	Investitionsquote $= \frac{\text{Investitionen}}{\text{U}}$	- Investitionen = Zugänge Sachanlagen + Zugänge Finanzanlagen (intern auf Betriebsnotwendigkeit überprüfen) - U aus GuV - (interne Zusatzanalyse erforderlich)	- begrenzt aussagefähiger Indikator für Marktrelevanz der Investitionen bei fehlen interner Daten - bei Zugang zu internen Daten Ermittlung des Kapitalwertes erforderlich
2.	$\frac{\text{Entwicklungsaufwand}}{\text{U}}$	- Entwicklungsaufwand nur intern ermittelbar - U aus GuV	- Indikator für Innovationskraft
3.	$\frac{\text{Wertschöpfung}}{\text{Gesamtleistung}}$	- Wertschöpfung = Gesamtleistung ./. Bezüge (RHB) - Daten aus GuV - Gesamtleistung aus GuV	- Indikator für den aus der Gesamtleistung zur internen Verfügbarkeit des Unternehmens verbleibenden Betrag; Hauptanteil in der Regel: Löhne + Gehälter
4.	$\frac{\text{Wertschöpfung}}{\text{Beschäftigtenzahl}}$	- Daten wie oben - Beschäftigtenzahl aus Geschäftsbericht	- Disponible Wertschöpfung für Gesamtkosten je Beschäftigten verfügbar nach Abzug
5.	$\frac{\text{Anlagevermögen}}{\text{Beschäftigtenzahl}}$	- Daten aus Bilanz + Geschäftsbericht	- für Zinsen auf betriebsnotwendiges Kapital (nur intern ermittelbar)
6.	$\frac{\text{BE+FKZ}}{\text{Anlagevermögen}}$	- Daten aus Bilanz + GuV	- Indikator für die Effizienz des Anlagevermögens

IV. Kennziffern der Vertriebseffizienz und Planerfüllung

	Kennzifferdefinition	Dateninhalt/Datenquelle	Zielsetzung und Erläuterung
		- Planerfüllungskennziffern nur intern ermittelbar	zu dieser Kategorie zählen auch folgende o.a. Kennzahlen: - Umsatzrentabilität - Kapitalumschlag - Return on Investment - Cash-Flow: Umsatz
1.	Umsatz pro Gesamt-Beschäftigten $= \frac{\text{U}}{\text{Gesamt-Beschäftigte}}$	- U aus GuV - Gesamtbeschäftigte aus Geschäftsbericht	- Beachte: Beschäftigtenanzahl variiert im Zeitablauf, deshalb intern ø-Ziffer bilden
2.	Umsatz pro aktivem Verkäufer $= \frac{\text{U}}{\text{aktive Verkäufer}}$	nur intern ermittelbar	bei externen Analysen ø-Bildung nach der Formel: $\frac{\text{Anfangsbestand} + \text{Endbestand}}{2}$
3.	Umsatz pro Verwaltungspersonal-Vertrieb $= \frac{\text{U}}{\text{Verwaltungsp. Vertrieb}}$	nur intern ermittelbar	- wichtig für Planung + Verkäufersteuerung + Ermittlung der Vertriebseffizienz
4.	Lagerreichweite Fertigfabrikate (je HKTR) $= \frac{\text{Lagerbestand}}{\text{ø Monatsabsatz}}$	nur intern ermittelbar	

	Kennzifferdefinition	Dateninhalt/Datenquelle	Zielsetzung und Erläuterung
5.	Planerfüllungsgrade	nur intern ermittelbar	- Absatz, Umsatz und Ergebnissteuerung
5.1	Absatzerfüllung je HKTR	Formel: $\frac{\text{Ist-Wert}}{\text{Plan-Wert}}$	
5.2	Umsatzerfüllung je HKTR		
5.3	Bruttonutzenerfüllung je HKTR		
5.4	Kostenerfüllung nach Kostengruppen		
6.	Akquisitionsüberwachung nach Geschäftsbereichen + Vertriebswegen	nur intern machbar	Beachte: Umsatzkurve (Saisonschwankungen) und Vergleiche mit Vorjahr(en) und Plan - Frühindikator für Umsatzentwicklung

V. Kennziffern für besondere Zwecke			
	Kennzifferdefinition	Dateninhalt/Datenquelle	Zielsetzung und Erläuterung
		Daten oft nur intern beschaffbar	- müssen in Abhängigkeit vom Analysezweck im konkreten Fall definiert werden, z.B.
F+E	Kennzahlen zur Forschung und Entwicklung		
1	Struktur der Forschungs- und Entwicklungsstunden		zeigt die Schwerpunktbildung im F+E-Bereich
2	$\frac{\text{Allgemeine Forschung}}{\text{produktspezifische Forschung}}$		- Indiz für den Umgang der Grundlagenforschung
3	$\frac{\text{erfolgreich abgeschlossene Projekte}}{\text{abgebrochene Projekte}}$		- Indiz für Effizienz und Innovationskraft der F+E
4	$\frac{\text{geplante F + E-Stunden}}{\text{effektive F + E-Stunden}}$		- Zur Kontrolle der Planerfüllung und Indiz für Beurteilung der Planungsgenauigkeit der Verantwortlichen

	Kennzifferdefinition	Dateninhalt/Datenquelle	Zielsetzung und Erläuterung
5	$\frac{\text{Entwicklungsaufwand}}{\text{Produkt-Umsatz}}$		- Indizien für die Wirtschaftlichkeit
6	$\frac{\text{Entwicklungsaufwand}}{\text{Produkt-DU Gesamt}}$		
7	$\frac{\text{Lizenzkosten}}{\text{Produkt-Umsatz}}$		- Indiz für die Innovationskraft
8	$\frac{\text{betreuende Entwicklung}}{\text{Neuentwicklung}}$		- Indiz für die Zukunftsausrichtung der F+E
9	$\frac{\text{konstruktive Stunden}}{\text{sonstige Stunden}}$		
10	Personalqualifikation des Ist-Personals nach Fachgebieten und Ausbildung im Vergleich zur erforderlichen Qualifikation künftiger Projekte		- zeigt Know-how und Personallücken, die die Entwicklung von Zukunftsprojekten verzögern und beeinträchtigen

11 Praxisbeispiel: Produktprogramm-Planungsverfahren eines Großunternehmens der Investitionsgüterindustrie

Unter Punkt 3.3.1.2 wurde ein Arbeitsprogramm in fünf Schritten vorgestellt, das hier detailliert wird.

I. **Analyse der erfolgsbestimmenden Unternehmensmerkmale**

(1) Bildung von Marktsegmenten unter Beachtung der Käufergruppen und Produkte mit entsprechenden Merkmalen.

(2) Analyse und Prognose der Markt-, Konkurrenz- und Produkttechnologie und Kostenentwicklung unter Beachtung von Wechselwirkungen und Konkurrenz zwischen benachbarten Marktsegmenten. Einzelheiten dazu vgl. Ziffer II.

(3) Stärken und Schwächen des Vertriebes
- ❑ Inland
- ❑ Ausland

(4) Stärken und Schwächen der Technik
- ❑ Entwicklung
- ❑ Fertigung

(5) Sonstige Stärken und Schwächen, z. B.
- ❑ Kaufmännischer Bereich
- ❑ Struktur- und Ablauforganisation

(6) Umsatz-, Deckungsbeitrags- und Kostenanalyse und -prognose je Produktgruppe und Marktregion mit dem Instrument der ABC-Analyse

(7) Kapazitäts- und Kostenanalysen für alternative eigene Fertigungsstandorte und -verfahren.

(8) So weit möglich Vergleichsanalysen wie zu (6) und (7) für die wichtigsten Konkurrenten.

(9) Prüfung von Diversifikationsmöglichkeiten

(10) Synthese-Bericht mit Hinweisen auf erforderliche und mögliche Verbesserungen und Alternativen.

Eine mangelhafte Erledigung der Ziffern (6) bis (8) führt in der Praxis vielfach dazu, dass die **Konkurrenzleistungen der Zukunft unterschätzt** werden und dass unsere Produkte von morgen erfolglos sind, weil sie zum Zeitpunkt der Markteinführung wieder nur besser sind als die Konkurrenzprodukte von gestern! Die Gefährlichkeit eines solchen Fehlers und Mangels macht es notwendig, die weitere Produktprogrammplanungsarbeit, die je Marktsegment und/oder Produktgruppe geleistet werden muss, näher zu spezifizieren.

II. **Verbindliche Untersuchungs- und Planungsschritte je Marktsegment und/oder Produktgruppe**

Vorbemerkung

Für jede Produktgruppe müssen für eine angemessene Mehrjahresperiode, in der Regel fünf Jahre, die Gesamtgrößen für Nettoerlös, variable Kosten (Herstellkosten) und Deckungsbeitrag ermittelt und den zugehörigen Fixkosten (insbesondere den Einmalkosten in Entwicklung, Fertigung und Vertrieb (inklusive Kundendienst und Lagerbereich) gegenübergestellt werden. Der Break-Even-Umsatz je Produktgruppe muss bekannt sein. Die im Folgenden genannten Daten kennzeichnen das zu erarbeitende Informationsminimum, das nach einheitlicher Form für jede Produktgruppe zu ermitteln und anschließend zur Unternehmensplanung zusammenzuführen ist.

1. **Analyse und Prognose**

1.1 Marktprognose je Marktsegment in Menge (später ergänzt um Umsatzwert durch Multiplikation von Absatzmenge und erwarteten mittleren Marktpreisen), getrennt nach wichtigen Vertriebsregionen (Inland, Ausland ...)

1.2 Definition der Marktsegmentscharakteristiken mit Technologieprognose

1.3 Marktpreisprognose (getrennt für jeden Teilmarkt) unter Beachtung der Konkurrenzentwicklung und der erwarteten Herstellkostenentwicklung in Marktpreis-Bandbreiten (Maximum, Mittel, Minimum). Wichtiges Feld der Zusammenarbeit zwischen Vertrieb, Entwicklung und Arbeitsvorbereitung inklusive weltweit „Ausschau haltender Beschaffungspreisanalyse". Achtung: Wie dramatisch kann die Wirkung werden, wenn wir nicht erkennen, dass die Konkurrenz fähig ist, die Preise aufgrund von Herstellkostenvorteilen oder wegen überlegener Produkttechnologie um beispielsweise 30 % zu senken. In einem solchen Fall droht Umsatzeinbruch bis zu Illiquidität.

1.4 Prognose der Konkurrenzentwicklung unter besonderer Berücksichtigung der erwarteten Strategien und Herstellkosten der Konkurrenz (das heißt der wichtigsten zwei bis drei Konkurrenten).

1.5 Ist-Analyse (Stärken, Schwächen, Ertragskraft) des gegenwärtigen Produktprogramms, so weit nicht bereits in I (6) erledigt, zur Berücksichtigung unter 2.3.

2. **Strategie**

2.1 Marktanteilsziele und Absatzprognose in Stück auf Basis von 1.1 und 1.4.

2.2 Produktprogramm-Laufzeitentabelle mit Angabe von Marktsegment, Marktpreis Inland und Herstellkosten. Inlandpreis erlaubt in der Regel über Faktor die Ableitung der Exportpreise, nachdem Exportmärkte analysiert und deren Preise ebenfalls prognostiziert wurden. Diese Laufzeitentabelle ist für kritische neue Produkte, oder Produkte mit Engpässen in der Fertigung sowie bei auslaufenden Produkten für mehrere Jahre in Quartalen zu erstellen, um gravierende Fehlplanungen - Zeitdiskrepanzen - zwischen Vertrieb und Fertigung auszuschließen. Beispiel: Im ersten Quartal kann nicht verkauft werden, was im dritten Quartal erst hergestellt wird. Bedenke, die Konkurrenz füllt nicht wahrgenommene Verkaufsmöglichkeiten sofort auf, das heißt für Serienprodukte, was ein Quartal (oft sogar einen Monat) nicht verkauft wurde, das ist unwiederbringlich an die Konkurrenz verlorener Umsatz. Das muss der Planer der Technik sagen! Und Maßnahmenvorplanung (bis zur Netzplantechnik) hat hier vorbeugend vorzusorgen. Hier entscheidet die Kommunikation auf kurzen Wegen zwischen Fachkräften. Der Dienstweg ist notwendig für Entscheidungen, aber nicht allein maßgeblich für gute Lösung von Sachfragen.

2.3 **Abgleich** der Strategie mit bisherigen Planungen oder mit einer besonders zu erstellenden **Status-Quo-Prognose**, das heißt einer Prognose, was das Unternehmen erreichen würde, wenn so weiter gearbeitet würde wie bisher. Dieser Arbeitsschritt ist systematisch und realistisch auszuführende Grundlagenarbeit für eine Beurteilung der Machbarkeit der Strategien gemäß Ziffer 2.1 und 2.2.

Dieser Abgleich hat insbesondere zu betreffen:

- ❑ Marktanteilsziele
- ❑ Herstellkosten
- ❑ Erlöse
- ❑ Deckungsbeiträge und gegebenenfalls
- ❑ Verknüpfung der regionalen Liefermengen mit den Produktionsstandorten
- ❑ vorsichtige Zeitschätzung für den Fertigungsanlauf und die Lieferbereitschaft (mit einwandfreier Qualität und realistischer Menge) für neue Produkte.

2.4 Erforderliche wesentliche **Voraussetzungen und/oder Maßnahmen und deren Kosten zur Verwirklichung der Strategie.**

3. **Durchrechnung**

3.1 Umsatz (= Absatz mal Erlös auf Basis mittlerer Marktpreis, Absatz = Marktvolumen mal Marktanteilsziel in %)

3.2 - Herstellkosten

3.3 = Deckungsbeitrag

3.4 Einmalkosten

- ❑ Entwicklung (inklusive betreuende Weiterentwicklung)
- ❑ Fertigungsinvestition
- ❑ Sonstige (zum Beispiel Vertrieb inkl. Kundendienst und Werbung)

3.5 Wichtige Anmerkung zur Synthese im Unternehmensplan: bedenke, es gilt generell näherungsweise für Fob-Preis von Exoten: Fob-Preis = Durchschnittlicher Exportmarktpreis minus

Kosten der ausländischen Vertriebsorganisation minus CIF-Kosten, das sind die Kosten für den Exportvorgang (Fracht und Versicherung)

4. **Risiko- und Chancenbeurteilung** sowie Verbesserungsvorschläge
   4.1 Prämissenverzeichnis mit Prämissenkritik mit Bewertung, das heißt Quantifizierung der Auswirkung möglicher Prämissenänderung in positiver und negativer Richtung.
   4.2 Folgerung für mögliche Alternativen
   4.3 Empfehlung für Produktdiversifikation
5. **Pflichtenheft mit Target Costing**

Eine Systematisierung der erforderlichen Pflichtenhefte und deren Verdichtung zu Tabellenform hat Checklistencharakter und erweist sich als sehr effizientes Steuerungs- und Kontrollinstrument zur Durchsetzung frühzeitiger und systematischer Definition aller wichtigen Merkmale neuer Produkte und trägt dadurch wesentlich zum Erfolg der Produktprogrammplanung und -realisierung bei. Im Pflichtenheft sind je Produkt Zielkosten nach den Regeln des Target Costing festzulegen, wie unten zu 5. dargestellt.

Zu 1.1

Marktprognose

Region:

Produkt:

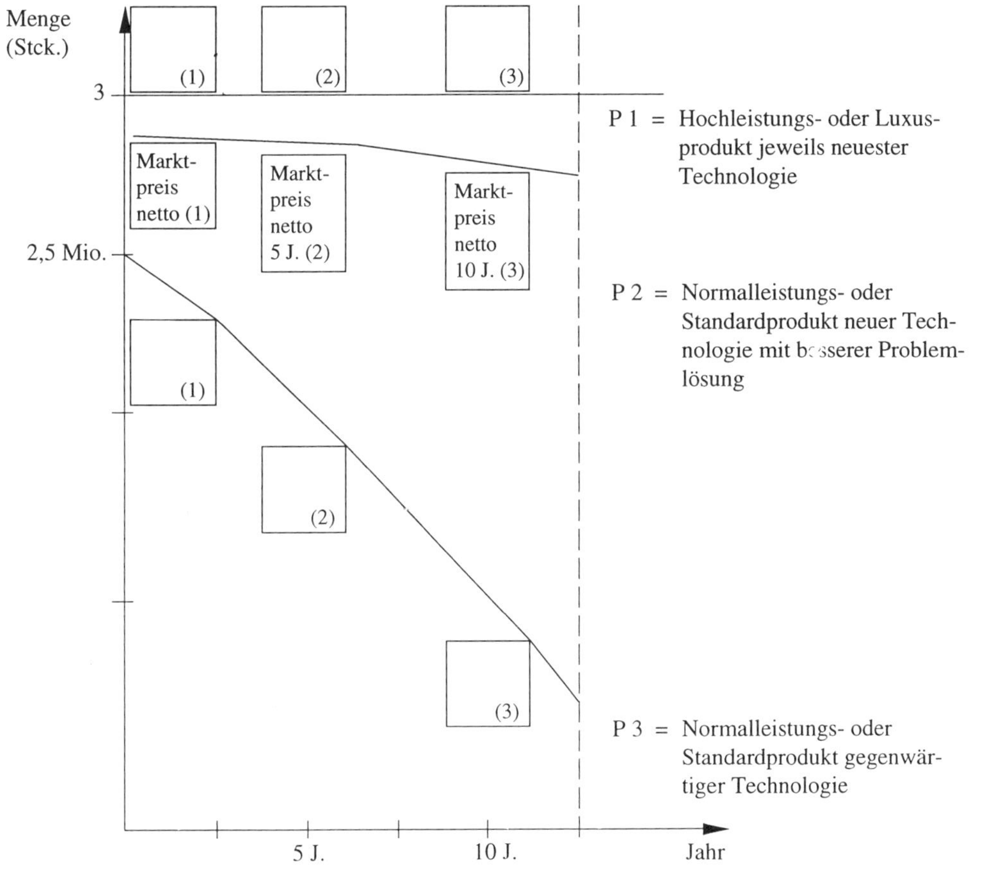

zu 1.2 Marktsegmentcharakteristika

Je Segment	im Ist 20..	in 3 - Jahren 20..	in 8 - Jahren 20..
- Anwendungsbereich			
- Anwenderzielgruppen			
- Referenzbeispiel für Anwendung			
- Beratungsintensität			
- Vertriebsweg			
- Typische Produkte			
.. Eigene			
.. Konkurrenz			
- wesentliche Technologie-Merkmale nach Baugruppen			
- Vollkosten			
- Herstellkosten			
- Einstandspreis Zukauf *			
- Herstellkosten Bandbreite im Markt			
- Endverbraucherpreis / Inland			

* vergleichbar nach best. Zuschlägen mit Vollkosten

zu 1.3 Prognose der Endverbraucherpreise in Bandbreiten je Marktsegment (ohne MwSt., ohne Kursprognose)

Vertriebsbereich:

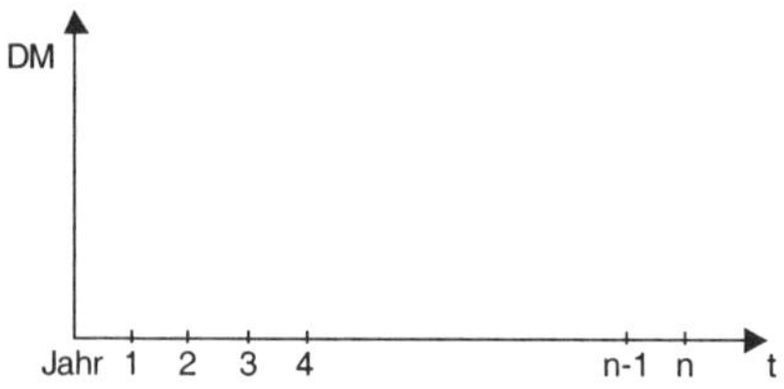

Pos.	Markt-segment		Jahr 1	Jahr 2	...	Jahr n-1	Jahr n	%-Ver-änd. n-1
		max. ø min.						
		max. ø min.						
		max. ø min.						

zu 1.4 Technologie-/Kosten- und Marktpreisprognose

Kostenvergleich möglicher Produkte		
preisniedrig	preishoch	
Merkmal	Merkmal	Mehrkosten
gesamt Kostendifferenz		
entspricht einer Marktpreisdifferenz		

zu 1.5 Veränderung der Umsatz- und Deckungsbeitragsstruktur (nach Division)

Division	vor 5 Jahren				
	Eigenfert.		Zukauf		Summe
	DM	%	DM	%	DM
1					
2					
3					
4					
Summe					

vor 3 Jahren		
E	Z	Σ

vor 1 Jahr				
Eigenfert.		Zukauf		Summe
DM	%	DM	%	DM

	vor 5 Jahren					vor 3 Jahren					vor 1 Jahr			
Divison	Umsatz		DB			Umsatz		DB			Umsatz		DB	
	DM	%	DM	%		DM	%	DM	%		DM	%	DM	%
1														
2														
3														
4														
. . .														

zu 2.1 Absatzermittlung in Stück je Region

Marktsegment (1)	Vertriebsbereich (2)	Marktprognose in Stck. (3)				Marktanteilsziel in % (4)				Absatzprognose in Stck. (5) = (3) x (4)			
		Jahr 1	Jahr 2	...	Jahr n	Jahr 1	Jahr 2	...	Jahr n	Jahr 1	Jahr 2	...	Jahr n

Entwicklung des Marktanteils für den Vertriebsbereich westeurop. Ausland (in %)

Pos.	Marktsegment	Jahr 1	Jahr 2	Jahr 3	- - -	Jahr n-1	Jahr n

Entwicklung des Absatzes für den Vertriebsbereich westeurop. Ausland (in Tsd. Stück)

Pos.	Marktsegment	Jahr 1	Jahr 2	Jahr 3	- - -	Jahr n-1	Jahr n

x Gesamtmarktvolumen auf Basis Marktforschung mit Technologieprognose

zu 2.2 Laufzeitentabelle

Jahr / Prod.			1	2	3	. . .	n-1	n
1.1								
1.2								
. . .								
3.3	400	100	0	0	0			
3.4	0	150	250	400	400			

- nur Striche mit Quartalsteilung
  z.B. wie 1.1 ab 2. Jahr 2. Quartal
- oder mit Jahresstückzahlen
  z.B. wie 3.3 und 3.4

zu 3.1 - 3.3

Marktsegment Gerät		Summe	Jahr 1	Jahr 2	- - -	Jahr n
1	Marktpreis				- - -	
2 3 4 5 6	ø Erlös je Stück Fracht/Verpackung Provision Herstellkosten/ Einstandskosten Werkzeugkosten				- - -	
7.1 7.2	DB 1 in DM je Stück [2-(3+4+5+6)] DB 1 in % je Stück [7.1:2x100]				- - -	
8	Absatz in Stück				- - -	
9	Umsatz in DM [2x8]				- - -	
10	Σ DB 1 [7.1x8]				- - -	

zu 3.2 Ermittlung der Herstellkosten und des Marktpreises/Inland je Stck.

Marktsegment	Gerät		Jahr 1	Jahr 2	. . .	Jahr n
		Marktpreis Inland				
		Herstellkosten				

zu 3.4.1 Entwicklungskosten je Gerät (einschl. betreuender Entwicklung, Gütesicherung und Umlagenplanung)

Markt-segment	Gerät		Einheit	Gesamt-summe	aufgelaufen bis Planjahr	Summe 1 - n	Planj. 1	Planj. 2	. . .	Planj. n
		- Neuentwicklung - betreuende Entwicklung - Gütesicherung	MJ MJ MJ							
		Zwischensumme - Entwicklungsplanung, ...	MJ MJ							
		Σ - Mannjahr (MJ) Σ - Entwicklungskosten	MJ DM							

zu 3.4.2 Investitionskosten je Gerät

Markt-segment	Gerät		Gesamt-summe	aufgelaufen bis Planj. 1	Summe 1 - n	Planj. 1	Planj. 2	. . .	Planj. n
		- Investitionen für Maschinen, Prüfanlagen, etc. - Betriebsmittel-Investitionen inkl. aktivierte Änderungen, Zweit- und Ersatzanfertigung, sowie Werkzeugkasten für Einkaufsteile - Rationalisierungsinvestitionen - Klasse 4 Kosten: Änderungen, Reparaturen, etc.							

zu 4.1

Prämissen	Prämissenbedingte Ergebnisbandbreite	
	Chancen *	Risiken *
* Chancen und Risiken müssen quantifiziert werden		

zu 5 Zielkostenfindungsprozess, Target Costing

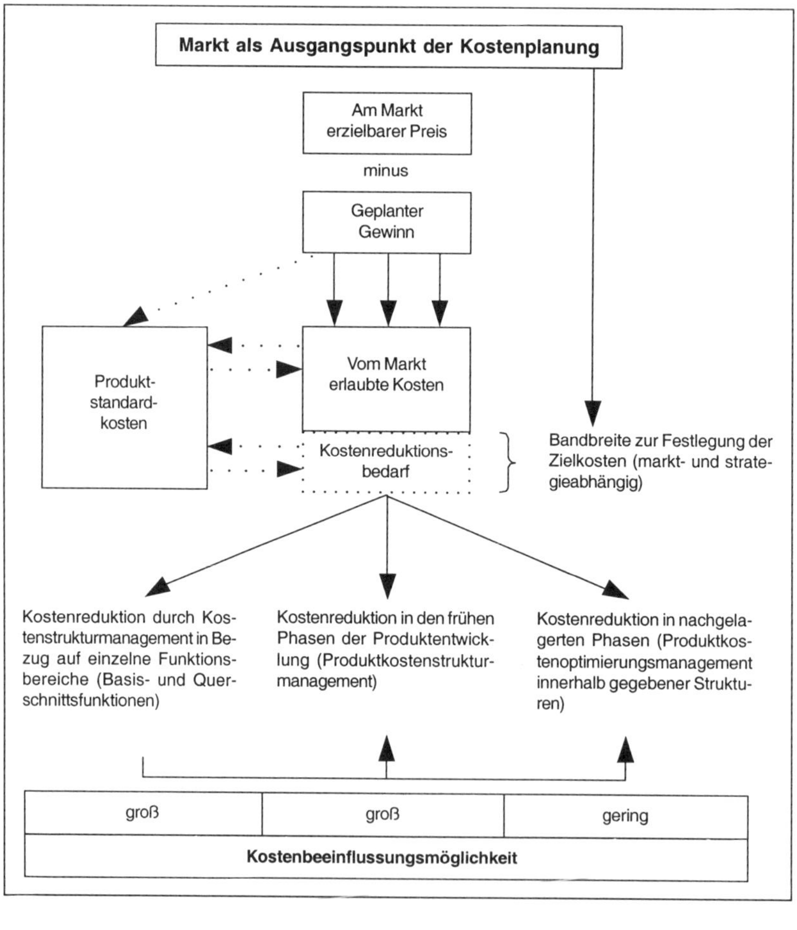

Entnommen aus: *W. Seidenschwarz*, Target Costing und Prozesskostenrechnung, in *IFUA Horvath & Partner*, Hrsg., Prozesskostenmanagement, München

12 Fallstudie: Drei-Jahresplanung eines mittelständischen EDV-Unternehmens

12.1 Einleitung

Die vorliegende Arbeit stellt einen Drei-Jahres-Plan für ein imaginäres, mittelständisches Unternehmen dar, das im Bereich der graphischen Datenverarbeitung arbeitet und Problemlösungen für eine ebenfalls imaginäre Branche anbietet.

12.2 Prämissen

12.2.1 Das Unternehmen

Das zu Grunde gelegte Unternehmen sei durch folgende Angaben charakterisiert:

Name:	UDUG (Unternehmen für Datenverarbeitung und Grafik)
Rechtsform:	GmbH
Mitarbeiter und deren jährl. Bruttogehälter in DM:	3 Angestellte je 108.000,- mit jährl. Erhöhung von je 2.000,- 1 halbtägig beschäftigte Bürokraft 21.600,- mit jährl. Erhöhung von 450,- ab 2. Planjahr: 2 Lohnempfänger je 54.000,- mit jährl. Erhöhung von je 1.200,-
Produkte:	Das Unternehmen vertreibt folgende Produkte, welche zu den angegebenen Einstandspreisen eingekauft werden.

1. FIFA:
ist eine branchenneutrale Problemlösung für die Bereiche

- ❑ Finanzbuchhaltung,
- ❑ Fakturierung und
- ❑ Textverarbeitung.

Dieses Produkt wird als Komplett-Lösung mit der notwendigen Hardware vertrieben. Die Hardware besteht aus:

- ❑ 1 PC, Einstandspreis 4.950,- und
- ❑ 1 Drucker, Einstandspreis 800,-.

FIFA wird über den Fachhandel, in dem es bereits erfolgreich eingeführt ist, zum netto Verkaufspreis von DM 11.000,- vertrieben.

2. ZUP:
ist eine Problemlösung für die Optimierung von Zuschnitten und enthält folgende weitere Komponenten:

- Finanzbuchhaltung,
- Fakturierung,
- Textverarbeitung,
- Materialdisposition,
- Produktionsplanung und -steuerung (PPS),
- Betriebsdatenerfassung (BDE) und
- Computer Aided Design (CAD).

Die Entwicklungkosten dieses Systems sind in den Angestelltengehältern enthalten, da diese ZUP gemeinsam entwickelt haben.

ZUP wird ebenfalls mit der notwendigen Hardware vertrieben, diese im 1.Planjahr ausschließlich Handelsware zu den angegebenen Einstandspreisen:

❑ 2 Digitizer	DM/Stück 15.000,-
❑ 5 Zentraleinheiten	DM/Stück 25.000,-
❑ 2 Terminals 2000 Bildpkt.	DM/Stück 35.000,-
❑ 5 Terminals 150 Bildpkt.	DM/Stück 5.000,-
❑ 1 Festplatte 30 MB	DM/Stück 5.000,-
❑ 1 Plotter	DM/Stück 90.000,-

Das System kann modular aufgebaut werden. Die übliche Konfiguration besteht aus den o. a. Modulen und wird für DM 512.000,- verkauft.

Ab 2.Planjahr wird der Plotter aus gelieferten Teilen in eigener Montage hergestellt, diese Teile werden in den folgenden Kategorien, zu den angegebenen Preisen eingekauft:

❑ Mechanik	DM/Stück 29.000,-
❑ Elektronik	DM/Stück 27.000,-
❑ Sonstiges	DM/Stück 4.000,-

Sonstige Kosten:

- Miete 50 qm á DM 20,-
- Versicherung, Lizenzgebühr
  1. Planjahr DM 4.000,-, ab 2. Planjahr DM 6.000,-
- Anlaufkosten 2. Planjahr DM 15.000,-
- Fixe Vertriebskosten
  1.und 2. Planjahr DM 2.000,-, 3. Planjahr DM 2.200,-
- Fixe Verwaltungskosten
  1. Planjahr DM 2.000,-, ab 2. Planjahr DM 3.000,-
- Entwicklungskosten
  1. Planjahr DM 15.000,-, ab 2. Planjahr DM 5.000,-
- Variable Vertriebskosten/Stück
  FIFA DM 100,-, ZUP DM 400,-
- Hilfs-, Betriebsstoffe, Energie etc.
  1. Planjahr DM 3.500,-, 2. Planjahr DM 6.300,-, 3. Planjahr DM 6.700,-
- Personalneben- und Sozialkosten werden mit 50 % auf Löhnen und Gehältern angenommen.
- Diese Kosten sind niedrig angesetzt und enthalten keine Reserven für Unvorhergesehenes.

12.2.2 Marktanalyse

Bei den potentiellen Kunden handelt es sich um Unternehmen, die graphische Zuschnittsprobleme zu lösen haben, wie es beispielsweise in den textil- oder einigen metallverarbeitenden Branchen der Fall ist. Eine realistische Produktprogramm-, Absatz- und Umsatzplanung für Investitionsgüter hat eine klare Kenntnis (Segmentierung) des Zielmarktes und einzelner Kundengruppen zur Voraussetzung. Aus der Betriebsstättenstatistik der Bundesrepublik und Jahresberichten der relevanten Unternehmensverbände sei beispielsweise folgende mittelständische Struktur des Kundenkreises ermittelt worden. Sie zeigt:

Umsatz von ... bis Mio. DM	**Anzahl der Betriebe**		**Gesamtumsatz der Gruppe in Mio. DM**	
	absolut	%	absolut	%
bis 1	1.800	49,4	630.000	0,3
von 1 bis 5	1.100	30,2	2.500.000	13,1
von 5 bis 10	330	9,1	2.300.000	12,0
von 10 bis 25	260	7,1	4.100.000	21,4
von 25 bis 50	90	2,5	3.000.000	15,7
von 50 bis 100	50	1,4	3.500.000	18,3
über 100	15	0,4	3.100.000	16,2
Summe	3.645		19.130.000	

Das Marktvolumen kann mit Hilfe der o. g. Zahlen sowie der Umsatz-Gewinn-Rate (hier: 4 %) und der davon abhängigen Investitionsrate (hier: 50 % der Umsatz-Gewinn-Rate) ermittelt werden. Aufgrund der Systempreise von ca. 500 TDM und dem errechneten Investitionsvolumen von 2 % des Umsatzes, kommen nur Unternehmen mit einem Umsatz von mindestens 25 Mio. DM als Käufer in Betracht. Das Marktpotential kann somit durch Addition der entsprechenden Gruppen der obigen Tabelle ermittelt werden. Durch Kundenbefragungen und Branchenuntersuchungen ist bekannt, dass sich die errechneten 155 möglichen Verkäufe in den folgenden vier Jahren realisieren lassen, so dass mit ca. 39 verkauften Systemen pro Jahr zu rechnen ist. Die jährlichen Verkäufe verteilen sich nach den in der nachfolgenden Wettbewerbsanalyse angegebenen Marktanteilen.

Der Absatz der branchenneutralen Problemlösung „FIFA" wird hier pauschal mit 12 Systemen pro Jahr geplant.

12.2.3 Wettbewerbsanalyse

Die UDUG steht in Konkurrenz zu drei weiteren Unternehmen, welche vergleichbare Produkte anbieten. Im Folgenden werden diese Produkte mit ihren Vor- und Nachteilen gegenüber „ZUP" dargestellt:

1. Das Produkt „BUS" wird für DM 400.000,- vertrieben, es bietet:
   - ❑ kein PPS

- ❑ Abspeicherung von 50 Mustern
- ❑ geringeren Komfort.

2. Das Produkt „GUB“ verfügt über die folgenden Leistungsmerkmale:
   - ❑ gleicher Umfang wie „ZUP“
   - ❑ Abspeicherung von 5000 Mustern
   - ❑ gleicher Komfort wie „ZUP“
   - ❑ DM 500.000,- Verkaufspreis
   - ❑ höhere Verarbeitungsgeschwindigkeit als „ZUP“.
3. Das Produkt „TUB“ bietet für DM 550.000,- die gleichen Leistungen wie „GUB“, ist diesem aber in der Wiederholgenauigkeit überlegen.

Die Marktanteile dieser Branche sind wie folgt verteilt:

Produkt	**Marktanteil in %**
ZUP	15
BUS	30
GUB	25
TUB	30

12.3 Status-quo-Prognose

Die momentane Situation mit einem Marktanteil von 15 % ist auf die mangelnde Konkurrenzfähigkeit von „ZUP“ zurückzuführen. Dieser Mangel resultiert aus dem, trotz einer Senkung um 5 %, hohen Preis von DM 512.000,- und dem im Vergleich zur Konkurrenz schlechteren Preis-/Leistungsverhältnis. Sollten diese Mängel nicht umgehend beseitigt werden, so ist mit weiteren Marktanteilsverlusten zu rechnen. Die weiteren Verluste müssen mit 4 % p. a. veranschlagt werden, so dass UDUG in drei Jahren in beträchtliche Schwierigkeiten geraten wird, da dann die Grenze von 300 TDM Umsatz je Mitarbeiter erreicht ist.

Die Umsatzentwicklung wird in der folgenden Tabelle veranschaulicht:

	Jahr	**laufendes Jahr**	**1. Planjahr**	**2. Planjahr**	**3. Planjahr**
	Marktanteil in %	15	11	7	3
	Absatz in Stück/Jahr	6	4	3	1
	Umsatz ZUP á 512 TDM (1)	3.072	2.048	1.536	512
+	Umsatz FIFA 12 · 11 TDM	132	132	132	132
=	Umsatz gesamt in TDM	3.204	2.180	1.896	644
/ 3,5 =	Umsatz je Mitarbeiter in TDM	915,4	622,9	541,7	184,0

(1) Der Einfachheit halber wird angenommen, dass nur gleiche Konfigurationen verkauft werden. In der Realität werden die Systemkonfigurationen je nach Größe und Anforderung des Kundenbetriebs variieren. Aus diesem Grund ist es wichtig, den Markt nach Betriebsgrößen und deren Häufigkeit zu strukturieren.

12.4 Verbesserungsmaßnahmen

Da die Probleme auf das mangelnde Preis-/Leistungsverhältnis zurückzuführen sind, ist das UDUG-Management gefordert, in diesem Bereich tätig zu werden, um ein Absinken des Umsatzes je Mitarbeiter unter die 300 TDM-Grenze zu verhindern.

Dieses oberste Ziel ist auf zwei Wegen erreichbar: Erstens, die Anzahl der Mitarbeiter wird verringert oder zweitens, der Umsatz wird bei gleicher Mitarbeiterzahl erhöht oder zumindest auf dem jetzigen Stand gehalten. Da der erste Weg bei einem stetig sinkenden Marktanteil den Konkurs nur verzögert, ihn aber letztlich nicht verhindert, kommt hier nur die Möglichkeit der Umsatzstabilisierung bzw. -erhöhung in Betracht.

Für die Verbesserung des Preis-/Leistungsverhältnisses bestehen drei Alternativen:

1. Der Preis sinkt bei gleicher Leistung.
2. Der Preis bleibt bei steigender Leistung konstant oder
3. Der Preis sinkt bei steigender Leistung.

Um eine der Alternativen auswählen zu können, muss erst einmal geklärt werden, ob ein zu hoher Preis oder mangelnde Leistung den Umsatzrückgang verursachen. Da der Preis für ZUP im Rahmen der Konkurrenzpreise liegt und aus Kundengesprächen bekannt ist, dass das Preisniveau bei entsprechend guter Leistung akzeptiert wird, ist die Schwachstelle im Bereich der Leistung zu suchen. Hierzu ist anzumerken, dass ZUP im Vergleich mit den gleich teuren Konkurrenten zu langsam ist und eine nicht ausreichende Wiederholgenauigkeit, bei mehrfach gleichen Abläufen, gewährleistet.

Diese Probleme gilt es zu lösen, indem die Software überarbeitet wird und der Plotter durch ein anderes Modell mit eindeutig besserer Wiederholgenauigkeit ersetzt wird.

Da auf dem Markt kein besserer Plotter zu einem vergleichbaren Preis zu bekommen ist, haben die UDUG-Gesellschafter den Beschluss gefasst, ab dem 2. Planjahr einen in Eigenmontage gefertigten Plotter zu vertreiben. Zu diesem Zweck werden zwei Fertigungslöhner eingestellt und das Büro um einen 50 qm großen Werkstattraum erweitert.

12.5 Unternehmensplanung

12.5.1 Absatz-, Umsatz- und Produktionsplanung

Erzeugnisse / Zeitraum			1. Planjahr		2. Planjahr		3. Planjahr	
	Einheit	Preis je Einheit	Menge	Wert TDM	Menge	Wert TDM	Menge	Wert TDM
FIFA	Paket	11 TDM	12	132	12	132	12	132
ZUP	Paket	512 TDM	4	2.048	5	2.560	6	3.072
Summe		523 TDM	16	2.180	17	2.692	18	3.204

Der Beschaffungsplan für Material und Anlagen kann als Nebenrechnung erstellt werden. Sie geht hier direkt in die Annahmen zur Kostenrechnung ein.

12.5.2 Personalplan

Personal / Zeitraum		1. Planjahr	2. Planjahr	3. Planjahr
Kaufmännische Angestellte	Geschäfts-führung (1)	1	1	1
	Sekretärin Buchhalt.	0,5	0,5	0,5
Technische Angestellte	Geschäfts-führung (2)	1	1	1
	Sonstige	0	0	0
Technisch-kaufmännische Angestellte	Vertrieb, Service	1	1	1
	Sonstige	0	0	0
Lohnempfänger		0	2	2
Gesamtzahl		3,5	5,5	5,5

(1) Geschäftsführender Gesellschafter, Spezialist für Softwareentwicklung
(2) Geschäftsführender Gesellschafter, Spezialist für Hardwareentwicklung

Anlagen- und Materialbeschaffung können als Nebenrechnung geplant und von dort direkt in die Kostenplanung übernommen werden, hier wird auf Basis der Umsatzplanung von Pkt. 12.5.1 sowie der Kostendaten von Pkt. 12.2.1 entsprechend vorgegangen.

12.5.3 Kostenplan I (Fixe Kosten)

in TDM

Zeitraum / Kostenarten	1. Planjahr	2. Planjahr	3. Planjahr	
Kapazitätsausnutzung	80 %	90 %	92 %	
1. Fixe Kosten in TDM - Löhne/Gehälter mit Fixkostencharakter	345,6	352,1	358,5	
- Personalneben- und Sozialkosten	172,8	176,0	179,3	
- Mieten, Pacht etc.	12,0	24,0	24,0	
- Versicherungen, Lizenzgebühren	4,0	6,0	6,0	
- Kalk. Abschreibungen	43,0	123,0	123,0	(1)
- Instandhaltungskosten	11,0	31,0	31,0	(2)
- Schuldzinsen Ges. Darl.	3,0	12,0	12,0	(3)
- Schuldzinsen, andere	43,0	56,2	56,2	(4)
- Gründungs-/Anlaufkosten	0,0	15,0	0,0	
- Fixe Steuern				
- Verwaltungskosten (außer Personal)	2,0	3,0	3,0	
- Fixe Vertriebskosten (außer Personal)	2,0	2,0	2,2	
- Entwicklungskosten (außer Personal)	15,0	5,0	5,0	
Summe fixe Kosten	656,4	805,3	800,2	

	1. Plj.	2. Plj.	3. Plj.	(in TDM)
(1) Abschreibungen auf Anlagevermögen	138	388	388	
aus Planbilanz 5.8	+ 50	200	200	
	+ 25	25	25	
	= 213	613	613	
davon 20 %	= 43	123	123	

(2) 5 % auf Anlagevermögen gemäß Planbilanz Pkt. 12.5.8

		Z	K	Z	K	Z	K
(3)	6 %	3,0	50,0	12,0	200,0	12,0	200,0
(4)	8 %	+ 10,0	125,0	+ 23,2	290,0	+ 23,2	290,0
		+ 16,0	200,0	+ 16,0	200,0	+ 16,0	200,0
	6 %	+ 17,0	278,0	+ 17,0	278,0	+ 17,0	278,0
		= 43,0		= 56,2		= 56,2	

12.5.4 Kostenplan II (Variable Kosten und Gesamtkosten)

in TDM

Zeitraum / Kostenarten	1. Planjahr	2. Planjahr	3. Planjahr
Kapazitätsausnutzung	80 %	90 %	92 %
2. Variable Kosten in TDM			
a) Var. Personalkosten - Löhne/var. Gehälter	0,0	108,0	110,4
- Personalnebenkosten u. Sozialkosten	0,0	54,0	55,2
Summe: var. Personalkosten	0,0	162,0	165,6
b) Sonstige var. Kosten in TDM - Hilfs-/Betriebsstoffe	0,0	1,3	1,6
- Energie/Wasser	1,9	3,4	3,5
- Reparaturkosten	1,0	1,0	1,0
- Verschnitt, Schwund etc.	0,0	0,0	0,0
- Verpackungsmaterial	1,0	1,1	1,2
- Var. Vertriebskosten (außer Personal)	2,8	3,2	3,6
- Umsatzsteuern (1)	0,0	0,0	0,0
Summe: Sonst. var. Kosten	6,7	10,0	10,9
c) Rohstoffe -zugelieferte Teile	0,0	300,0	360,0
- Einstandswerte	1.449,0	1.344,0	1.599,0
Summe: Rohstoffe	1.449,0	1.644,0	1.959,0
Gesamtsumme: var. Kosten	1.455,7	1.816,0	2.135,5
Gesamtsumme: fixe Kosten	656,4	805,3	800,2
Gesamtkosten	2.112,1	2.621,3	2.935,7

(1) Umsatzsteuer, zählt als durchlaufender Posten nicht zu den Kosten. Sie ist nicht ergebnisrelevant und entfällt deshalb in der Ergebnis-Planung.

12.5.5 Kostenträgererfolgsplan (Deckungsbeitrag)

Die Deckungsbeitragsrechnung zeigt die Abhängigkeit des Erfolgs, der neuen Strategie, von der Anzahl der verkauften ZUP-Systeme und der Senkung der variablen Kosten.

	1. Planjahr	2. Planjahr	3. Planjahr
Anzahl der verkauften Systeme	4	5	6
Nettoerlös je System in TDM	512,0	512,0	512,0
- variable Kosten je System in TDM (1)	345,4	315,4	315,4
Deckungsbeitrag je System in TDM	166,6	196,6	196,6

(1) Einstandspreis + variable Vertriebskosten

12.5.6 Risiko-, Sensitivitätsanalyse

Im Interesse einer richtigen Einschätzung der Risiken sollen noch folgende Denkanstöße gegeben werden, die die Notwendigkeit einer soliden Finanzierung unterstreichen.

Die Hauptrisiken liegen in den folgenden Punkten:

- Ein Zusatzbedarf an einer hochwertigen Fachkraft würde den Gewinn drastisch schmälern.
- Eine Umsatzabweichung von zwei Systemen unter Plan würde im 3. Planjahr einen Deckungsbeitragsausfall von über 300 TDM und damit einen Verlust ergeben.

Die neue Strategie ist also dann und nur dann „verlässlich" erfolgversprechend, wenn der geplante Umsatz als realistisch und eher übertreffbar eingeschätzt werden darf.

Ferner ist zu beachten, dass in der Liquiditätsplanung vereinfachend keine Zahlungsziele berücksichtigt wurden, die bei Beschaffung und Vertrieb üblich sind.

12.5.7 Plan-GuV mit Rentabilitätsplan

in TDM bzw. %

Zeitraum	1. Planjahr	2. Planjahr	3. Planjahr
Kapazitätsausnutzung	80 %	90 %	92 %
Gesamtumsatz (lt. Umsatzvorschau) (1)	2.180,0	2.692,0	3.204,0
minus Gesamtkosten (lt. Kostenübersicht)	2.112,1	2.621,3	2.935,7
Gewinn/Verlust vor Gewinnsteuern	67,9	70,7	268,3
minus Gewinnsteuern (56 %)	38,0	39,6	150,3
Gewinn nach Gewinnsteuer	29,9	31,1	118,0
Rentabilität (2)			
Gewinn in % vom haftenden Kapital	230,0	600,0	600,0
- vor Steuern	29,5 %	11,8 %	44,7 %
- nach Steuern	13,0 %	5,2 %	19,7 %
Gewinn in % vom eingesetzten Kapital	883,0	1.568,0	1.568,0
- vor Steuern	7,7 %	4,5 %	17,1 %
- nach Steuern	3,4 %	2,0 %	7,5 %
Gewinn vor Steuern in % vom Umsatz (lt. Umsatzvorschau)	3,1 %	2,6 %	9,4 %

(1) Netto nach Abzug von Umsatzsteuer, Rabatt, Skonti und Boni
(2) Siehe Risiko-, Sensitivitätsanalyse Pkt. 12.5.6

12.5.8 Planbilanz (Kapitalbedarf und Kapitalbedarfs-deckung)

in TDM

Aktiva	1. Plj.	2. Plj.	1. Plj. minus 2. Plj.	Passiva	1. Plj.	2. Plj.	1. Plj. minus 2. Plj.
1. Anlagevermögen				1. Eigenkapital			
- Grundstücke	-	-	-	- Grund- oder Stammkapital	-	-	-
- Gebäude	-	-	-				
- Maschinen/ Anlagen	(1) 138	388	(2.3) 250	- Partner 1	130	350	220
				- Partner 2	100	250	150
- Werkzeuge/ Einricht. Installationen	50	200	(2.3) 150				
- Büro-/Geschäftsaus-stattung	25	25	(3)				
- Immaterielles Anlagevermögen	-	-	-				
Summe Anlageverm.	213	613	400	Summe Eigenmittel	230	600	370
2. Umlaufvermögen				2. Fremdmittel			
- Rohstoffe	-	5	5	- Gesellschafter Darlehen	50	200	150
- Zulieferteile	-	120	120				
- Hilfs-/Betriebsstoffe	-	5	5	- Langfristige Mittel	125	290	165
- Halbfabrikate Fertigläger	345	500	155	- Mittelfristige Mittel	200	200	-
				- Kurzfristige Mittel	278	278	-
- Flüssige Mittel	25	25	-				
- Außenstände	300	300	-				
Summe Umlaufverm.	670	955	285	Summe Fremdmittel	653	968	315
3. Vor-, Anlauf-Gründungskosten	-	-	-				
Summe Aktiva	883	1.568	685	Summe Passiva	883	1.568	685

(1) Restwert eines Testsystems von ursprünglich 345 TDM

(2) Investition in die Plottermontage: Anlagen 250 TDM
Werkzeuge, Mess- u. Prüfmittel 150 TDM

(3) Es wird jährlich in Höhe der Abschreibungen reinvestiert, deshalb bleiben Aktiva und Passiva im 3. wie im 2. Planjahr.

12.5.9 Liquiditätsplan

in TDM

Zeitraum	1. Planjahr	2. Planjahr	3. Planjahr
1. Mittelzufluss - Umsatzerlöse (lt. Umsatzvorschau)	2.180	2.692	3.204
- Eigenkapitaleinzahlungen	000	370	000
- Darlehen	000	315	000
Summe: Mittelzufluss	2.180	3.377	3.204
2. Mittelabfluss - Investitionen Anlagevermögen	000	400	000
Umlaufvermögen	000	285	000
- Gesamtkosten abzgl. Abschreibungen	2.029,1	2.448,3	2.752,7
- AR-Vergütungen	-	-	-
- Gewinnsteuern	60,4	67,6	183,8
- Gewinnausschüttung	47,5	53,1	144,5
- Tilgung von Darlehen	-	-	-
- Summe: Mittelabfluss	2.137,0	3.254,0	3.081,0
3. (1. abzgl. 2.) = Über-/Unterdeckung = Saldo	43,0	123,0	123,0
4. Kumulierter Saldo *	43,0	166,0	289,0
5. Kumulierter Saldo ** abzgl. Abschreibungen	0,0	0,0	0,0

* Saldo der Periode plus Saldo der Vorperiode, inkl. Abschreibungen für Innenfinanzierung

** Bis zum Zeitpunkt der Ersatzbeschaffung sind die Abschreibungsbeträge nicht im Mittelabfluss enthalten und stehen bis dahin als flüssige Mittel zur Verfügung. Damit sie bei der Ersatzbeschaffung verfügbar sind, werden sie für diese Betrachtungsweise kumuliert und vom kumulierten Saldo abgezogen. D. h. der kumulierte Saldo entspricht den kumulierten Abschreibungen und steht für Reinvestition zur Verfügung.

13 EDV-Einsatz im Vertriebs-Controlling Marketing-Informations/Kommunikations-Systeme (MAIS)

13.1 Sicherung der Wettbewerbsfähigkeit durch MAIS

13.1.1 Dynamik der Wettbewerbsfaktoren

In den Kapiteln 5. Produktionswirtschaft und 8. Unternehmensführung wurden das Zielsystem der Produktion (vgl. Pkt. 5.1) und die wesentlichen Aufgaben der Unternehmenssicherung (vgl. Pkt. 8) behandelt. In beiden Zusammenhängen wurde die Optimierung der Informationsverarbeitung in einem System von Regelkreisen und die dafür erforderliche Integration der Informationsverarbeitung als erfolgsentscheidend erläutert. Angesichts einer schnellen Weiterentwicklung der Kommunikationstechnik und wachsender Internationalisierung der westlichen und in Zukunft auch östlichen Märkte gilt Entsprechendes selbstverständlich besonders für den operativen Vertrieb und das strategische Marketing. Rechtzeitigkeit und Qualität der Information bestimmen wesentlich das strategische Marketing. Sie bestimmen ebenso die Zielstrebigkeit und den Erfolg von Entscheidungen und Maßnahmen eines Unternehmens auf seinen gegenwärtigen und zukünftigen Märkten.

Das folgende Schaubild von *Porter* veranschaulicht die Triebkräfte des Branchenwettbewerbs, die durch schnelle Innovation und zunehmende europäische Integration an Bedeutung gewinnen.

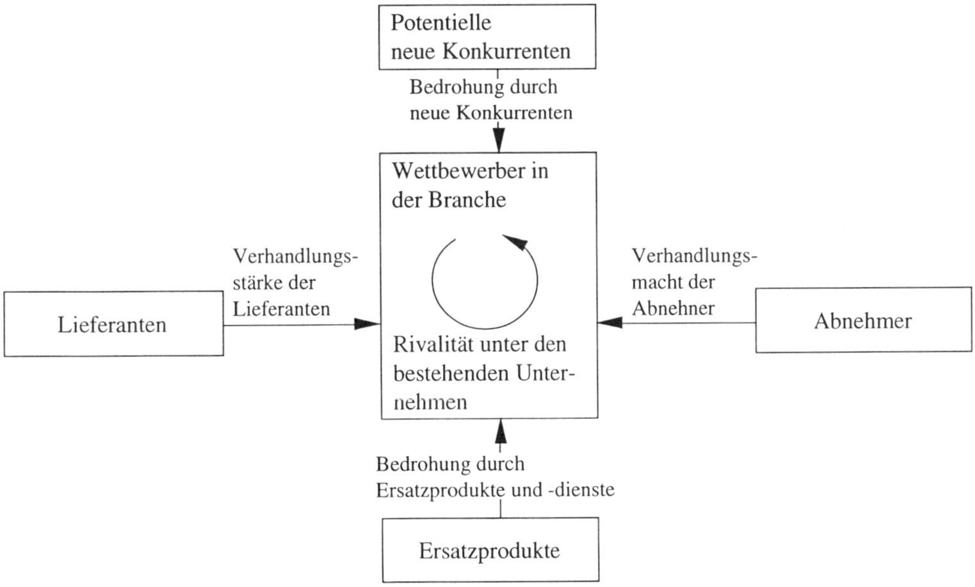

Triebkräfte des Branchenwettbewerbs[1]

[1] Nach *Porter, M.E.*, Wettbewerbsvorteile, Frankfurt/Main

13.1.2 Anforderungen an MAIS

(1) **Leistungsprofil eines vorbildlichen Praxisbeispiels**
Gespräche mit mehreren Großunternehmen legen die Vermutung nahe, dass in international engagierten größeren Unternehmen allgemein mit Nachdruck an Marketing-Informations-Systemen gearbeitet wird. Dabei zwingt die Komplexität der Gesamtaufgabe zu schrittweisem Vorgehen. Deshalb sind vielfach zunächst nur einzelne Module der Marktanalyse und der Kostenträger-Erfolgsüberwachung anzutreffen, aber in der Regel keine überzeugenden Systeme von Regelkreisen verfügbar, die den Gesamt-Anforderungen strategischen und operativen Controllings gerecht würden. Als zukunftsweisend vorbildlich in diesem Sinne kann ein System gelten, das die Deutsche Gesellschaft für Erdölinteressen, DEUGERD, eine Tochtergesellschaft der Shell realisiert hat. Dieses System leistet überregional im weltweiten Verbund insbesondere Folgendes:

- Budgetierung, laufende Kontrolle und gegebenenfalls Planrevision für alle der Gesellschaft angeschlossenen Mineralölhändler der Bundesrepublik
- Spezifizierung des Ergebnisses nach Regionen, Händlern und Kunden sowie Produktgruppen und Produkten
- Detaillierte Information über Verkäuferaktivitäten und Abschlüsse je Kunde und Tag
- Überwachung von Kreditlinien und des Inkassos je Kunde, teilautomatisiertes Cash-Management
- Plan/Ist-Vergleich mit Wahrnehmung folgender Ergänzungsmaßnahmen
  - Abweichungen erkennen
  - Ursachen ermitteln
  - Auswirkungen analysieren
  - Korrekturmöglichkeiten vorschlagen
  - Alternativen abwägen
  - Lösung(en) vorschlagen
  - Entscheidungen herbeiführen
  - Durchführung veranlassen
- konsequente Realisierung eines entscheidungsorientierten Rechnungswesens
- Zugang zu externen Datenbanken (Börsen-Informations-Systemen) zur Entscheidungs-Unterstützung im überregionalen Ein- und Verkauf
- Einsatz einer Methodenbank für entscheidungsunterstützende Prognoserechnungen und logistikunterstützende Optimierungsrechnungen
- EDV-gestützte Variantenrechnung (Simulation) zur (strategischen und operativen) Vertriebs- und Unternehmensplanung.

(2) **Allgemeine Anforderungen an MAIS**
Auf der Grundlage seiner oben zitierten Kritik an der Ausgangslage und an klassischen Außendienst-Unterstützungssystemen konkretisiert *Schwetz* die Leistungsmerkmale einer umfassenden Computerunterstützung für den Vertrieb übereinstimmend mit dem obigen Beispiel von DEUGERD wie folgt:

a) **Unterschiedliche Verdichtungsstufen** (vgl. nebenstehendes Schema) der Informationen müssen für die verschiedenen Ausführungs- und Managementebenen so segmentiert bereitgestellt werden, dass Aktionen zeitgerecht gesteuert und Entscheidungen durch regelmäßige Berichte und fallweise Spezial-Analysen zielstrebig unterstützt werden können.

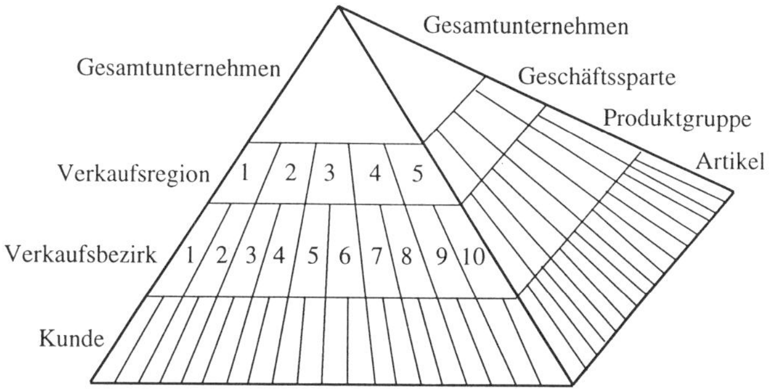

MAIS-Verdichtungsstufen (nach *Schwetz*[2])

b) **Ein Kundenspiegel** als Grundlage effizienter Verkaufssteuerung und Auftragsabwicklung sollte mindestens die folgenden wichtigsten Fakten der Kundensituation tagfertig bereithalten (vgl. nachstehendes Schema[3]). Diese können (besonders im Investitionsgeschäft) durch wichtige Projektinformationen über Akquisitionsmaßnahmen (unter Einsatz einer electronic mailbox) wirksam ergänzt werden.

Kunde	Verkaufsbezirk:	Letzter AB-Besuch
Nr.	Einkäufer:	Letzter ID-Kontakt
Name	Telefon:	Letztes Angebot
	Branche	Letzter Auftrag
Straße	Status	Anzahl Aufträge VJ
PLZ/Ort	Potential	LJ
...	Umsatz VJ	Anzahl Angebote VJ
...	Umsatz LJ	LJ
...	...	

Problem-Lösungsfeld	Bedarfsspiegel Top 1-10-Artikel					
	Artikel 1	Artikel 2	Artikel 3	Artikel 4	Artikel 5	
1. Produktion	X	X		X		
2. Versand			X	X		
3. Lager		X	X			
4. Entsorgung	X					
5. Verwaltung						
6. ...						
7. ..						
8. ...						

Artikel-Nr. ...	
Artikel-Bezeichnung ...	
Produktbereich ...	
Potential-Menge ...	Datum ...
Plan-Absatz LJ ...	Ist-Absatz LJ ...
Plan-Umsatz LJ ...	Ist-Umsatz LJ ...
Plan-Ertrag LJ ...	Ist-Ertrag LJ ....
	Plan-Ist-Abweichung
Ist-Absatz VJ ...	Absatz ...
Ist-Umsatz VN	Umsatz ...
Ist-Ertrag VJ ...	Ertrag ...

MAIS-Kundenspiegel (nach *Schwetz*[3])

[2] Entnommen aus: *Schwetz, W..*, Computerunterstützter Vertrieb,in Information Management, München
[3] Entnommen aus: ebenda

c) **Abweichungsinformationen** müssen absolut und in Prozent vom Plan unmittelbar deren Bedeutung in Bezug auf das Planziel von Umsatz und Deckungsbeitrag sowie Vorschläge zur Problemlösung enthalten.

Verteiler:	Herr A. Huber Herr E. Kraus	Verkaufs-Bezirk:	Südwest
betrifft:	Kunden-Nr. 358.700 Fa. Karl Müller GmbH	Periode:	Quartal 1/98

	Plan-Wert	Ist-Wert	Abweichung	Diff. in Prozent
Umsatz DM	DM 80.000,00	DM 71.652,90	DM – 8.347,10	– 10,43
Deckungs-beitrag I	DM 12.000,00 in Prozent 15,00	DM 8.560,34 in Prozent 11,95	DM – 3.439,65	– 28,67

Vorschlag: Kundenbesuch mit Verkaufsleitung vereinbaren.
Mailbox-Nachricht liegt bereit

MAIS-Abweichungsinformation (nach *Schwetz*[3])

d) **Ein Außendienstunterstützungs-System** sollte die Leistungsreserven neuer Kommunikationstechniken für das Unternehmen erschließen.

e) **Eine spezielle Marketing-Datenbank** sollte neben den operativen Marketing-Aufgaben auch, mit Schnittstellen zu wichtigen Host-Datenbanken, strategische Marketing-Analysen und Entscheidungen unterstützen. Den Zusammenhang der Teilsysteme und Datenbanken zeigt das Schema von *Schwetz* auf der folgenden Seite.

f) **Mitwirkung des Top- und Middle-Managements** bei der Festlegung der Ziele des MAIS ist Voraussetzung für Akzeptanz und Erreichbarkeit.

g) **Einbringung von Benutzerwünschen in die Systementwicklung** ist notwendig, um Befürchtungen der Benutzer zu reduzieren, ihre Wichtigkeit als Know-how-Träger und ihre Arbeitsunabhängigkeit könnten (durch EDV-bedingte Disziplinierung) reduziert werden. Durch diesen Schritt müssen und können die Benutzer von den Vorzügen von MAIS überzeugt werden.

h) **Komfortable Benutzeroberfläche** ist erforderlich für eine gute Akzeptanz durch die Benutzer.

(3) Zielsetzung des Entscheidungs-Unterstützungs-Systems (Decision-Support-Systems DSS) in MAIS

Die Absicht, neben einem operativen Marketing-Analyse-System auch ein strategisches Entscheidungs-Unterstützungs-System (Decision-Support-System DSS) aufzubauen, erfordert eine außerordentliche methodische Sorgfalt, die von *Buttery* und *Buttery* eingehend erläutert und hier nur auszugsweise angesprochen wird.[4] Neben Forderungen, die bereits oben unter den allgemeinen Anforderungen erwähnt wurden, stellen sie folgende Ziele für DSS in MAIS auf:

---

[3] Entnommen aus: Schwetz,W., a.a.O.

[4] Vgl. *Buttery, E. A.* und *Buttery, E. M.,* A Computerized Decision Support System for the Control and Development of Marketing, in Information Management, München

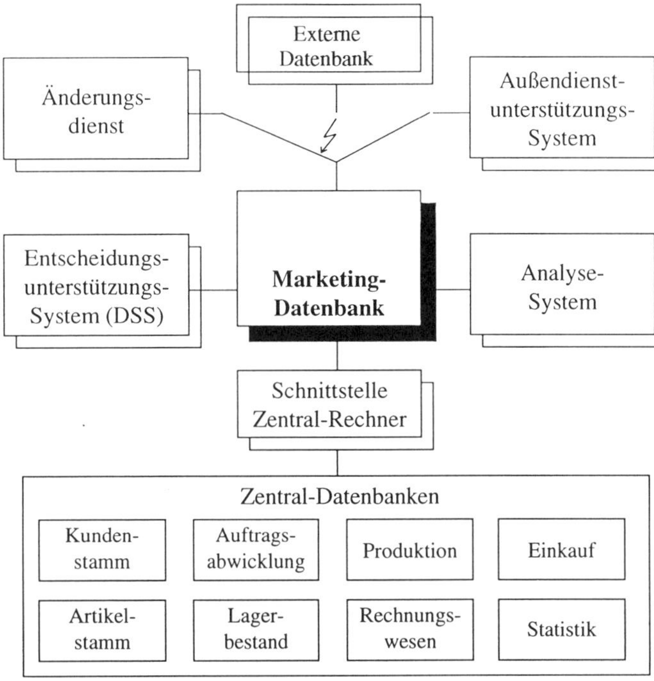

Module eines MAIS (nach *Schwetz*[5])

a) Brauchbare **Informationen zur Entscheidungsunterstützung** müssen Folgendes ermöglichen:
   - eine Analyse der Position des Unternehmens im Markt (beispielsweise mit dem Instrument der Portfolio-Analyse, für die verschiedene EDV-Programme auf dem Markt angeboten werden).[6]
   - Abschätzung der Stärken und Schwächen des Unternehmens und der maßgeblichen Bestimmungsfaktoren seines Erfolges
   - Verstehen des Käuferverhaltens
   - Verstehen der Marktstruktur und Identifizierung geeigneter Marktsegmente
   - Aufstellung von langfristigen Marketingzielen für das Unternehmen
   - Definition des Marketingmix mit konkreten Vorgaben
   - Strategieumsetzung
   - Marketing-Audit.

b) Die **Modell- und Methodenbank** muss modular zunächst relativ einfache und später auch komplexere Verfahren anbieten und dadurch frühzeitige Erfolge (ohne Nachteile für den weiteren Ausbau) ermöglichen. Das gilt insbesondere für

c) EDV-gestützte **Variantenrechnung (Simulation)** zur (strategischen und operativen) Vertriebs- und Unternehmensplanung mit strukturierter Ermittlung des jeweiligen Gesamterfolgs.

Die folgende Grafik zeigt die Informationsflüsse innerhalb eines methoden- und modellgestützten Informationssystems im Zusammenhang mit der Außenwelt.

---

[5] Vgl. *Schwetz, W.*, a.a.O.

[6] Vgl. *Wieselhuber, N.*, Praxis der Unternehmensplanung, Stuttgart, *Hinterhuber, H. H.*, Strategische Unternehmensführung, Berlin und New York und *Wagner, H.-P.*, EDV-gestützte Portfolio-Analyse, in: Information Management, München

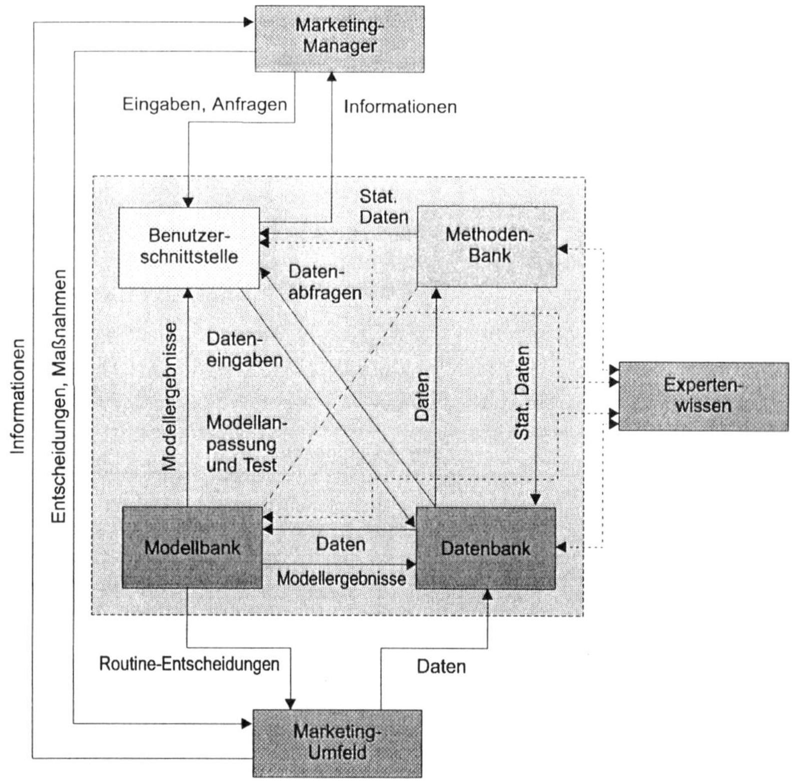

Computerbasiertes Informations- u. Entscheidungsunterstützungssystem[7]

(4) Komfortable Benutzeroberfläche in MAIS

Nußbaum/Geisbüsch weisen darauf hin, dass die hohe Komplexität von MAIS - wie bereits oben erwähnt - eine systematische und komfortable Unterstützung der Benutzer durch das System erforderlich macht. Dazu zählen sie unter anderem gute Methodendokumentation, Methodenablaufsteuerung und Interpretationshilfen sowie eine Vereinheitlichung der Benutzeroberfläche.

In diesem Zusammenhang stellen *Buttery* und *Buttery* folgende Forderungen auf:[8]

a) kurze Antwortzeiten
b) verschiedene effiziente Präsentationsmöglichkeiten
c) Einfachheit der Informationsanalyse
d) Rechtzeitigkeit des Informationseingangs
e) Reduzierung der Möglichkeit von Bedienungsfehlern
f) Beschleunigung bei der Beschaffung von Auskünften und Alternativen für Kunden (ein Wettbewerbsfaktor von wachsender Bedeutung).

---

[7] Vgl. *Gaul, W., Baier, D.,* Computer Aided Marketing

[8] *Buttery, E. A.,* und *Buttery, E. M.,* A Computerized Decision Support System..., a.a.O. Entnommen aus: *Schüring, H.,* Database Marketing

13.1.3 Anforderungen an ein Database Marketing

Ergänzend zu den in 13.1.2 geschilderten Anforderungen benötigt der Vertrieb Informationen über die Kontaktpersonen in den Unternehmen sowie weitere „soft facts", die sog. Kontakthistorie. Database Marketing ist eine Methode, Informationen über Kunden und Märkte systematisch zu sammeln, zu nutzen und zu analysieren.

(1) **Der Weg zum Database Marketing**
Das Database Marketing wurde aus einer Reihe von Entwicklungen der letzten Jahre direkt und indirekt geprägt. Sie haben größtenteils gemeinsam, dass sie auf Datenbanken mit Adressen und qualifizierenden Merkmalen zugreifen. In der folgenden Grafik werden diese Entwicklungen dargestellt.[9]

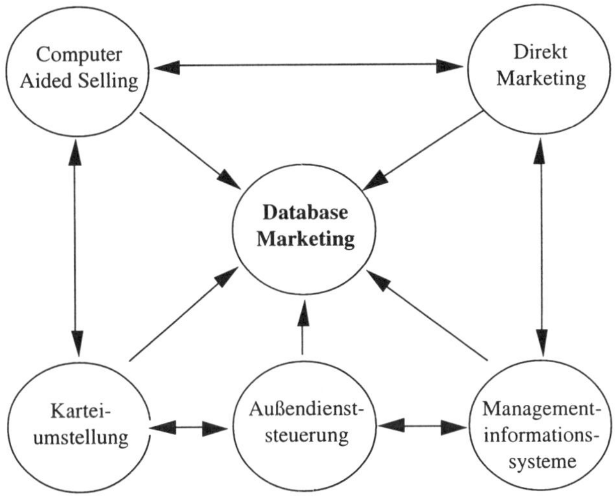

(2) **Definition Database Marketing**
Nach Untersuchungen von *Schüring*[10] wird der Begriff des Database Marketing in Deutschland etwa seit 1987 benutzt. In der Fachliteratur findet sich zur Zeit noch keine einheitliche Definition dieses Begriffes. Geht man vom Wortlaut des Begriffes aus, lässt er nach Meinung von *Schüring* nur die folgende Interpretation zu: „Database Marketing (im weiteren Sinne) ist die Lehre über den Einsatz von Datenbanken aller Art für Marketingzwecke". In den ersten in der Bundesrepublik erschienenen Veröffentlichungen über Database Marketing wurde unter diesem Begriff jedoch nur ein Teilbereich des Marketing verstanden: Die Nutzung verbesserter Adressdatenbanken für Direktmarketing und Vertrieb. Viele Marketing-Fachleute interessieren sich zunächst für diese Aspekte des Database Marketing und weniger für die vielen anderen Datenbankanwendungen. Diesem Ergebnis von vielen Diskussionen in Fachkreisen trägt die folgende Definition von *Schüring* Rechnung: „Database Marketing ist die Lehre von der datenbankgesteuerten Kommunikation mit Marketing-Zielgruppen".[11]

---

[9] Entnommen aus: *Schüring, H.,* Database Marketing
[10] Vgl. *ebenda*
[11] Vgl. *ebenda*

(3) **Kommunikationsmethoden**
Für die Kommunikation mit Zielgruppen steht heute ein umfangreiches Instrumentarium zur Verfügung. Die folgende Tabelle zeigt dieses an einigen Beispielen auf:

Instrumente der personenbezogenen Verkaufsförderung:	**Instrumente für den individuellen Kontakt:**
Briefaktion	Gespräch „vor Ort"
Telefonaktion	Telefonat
Firmeneigene Veranstaltung	Korrespondenz

Instrumente des Database Marketing

Die o. g. Instrumente können mit den Informationen aus der Datenbank zu umfangreichen Maßnahmen- und Kontaktprogrammen zusammengefasst werden. Einstufige Aktionen, wie der Versand eines Mailings, können aufgrund der detaillierten Merkmalstrukturen in der Datenbank mit minimalen Streuverlusten effizient durchgeführt werden. Mehrstufige Aktionen, wie der Versand von Informationsmaterial mit anschließender Telefonakquisition und ggf. Außendienstbesuch, können geplant und in der Datenbank hinterlegt werden. Dabei werden sowohl einheitlich gesteuerte Aktionen, bei denen die Durchführung der einzelnen Stufen für jeden Adressaten, unabhängig von einer Reaktion, in festgelegten Zeitabständen erfolgt, als auch bedingt gesteuerte Aktionen, bei denen die nächste Stufe von der Reaktion des Adressaten abhängt, unterstützt. Die folgende Abbildung zeigt den Regelkreis für die Entwicklung von Aktionen auf.

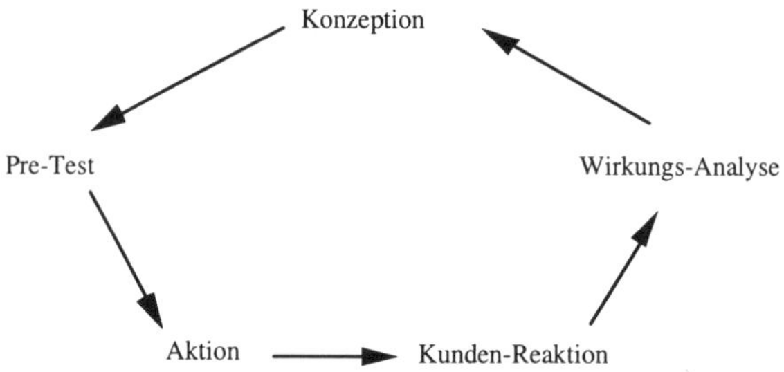

Regelkreis-Marketing

(4) **Aufbau von Bedarfsträger-Datenbanken**
Die Grundlage für Database Marketing bildet eine umfassende Kunden-Datenbank, auf dieser Basis werden die geeigneten Zielpersonen für eine Marketing-Aktion ausgesucht bzw. wird das kundenindividuelle Marketing-Mix erstellt. Die Wirkung der individuellen Kommunikationsmaßnahmen wird dabei entscheidend durch die Marktabdeckung der Datenbank und die Aktualität ihrer Inhalte bestimmt. Der Aufbau einer leistungsfähigen Datenbank erfordert die folgenden Schritte:[12]

- ❑ Analyse des verfügbaren Informations-Spektrums und der verfügbaren, auf Qualität abgeprüften Informationsquellen.

[12] Vgl. *Wilde, K.D.,* Database-Marketing

- ❑ Datentechnische, logische und inhaltliche Verknüpfung der Kundendaten aus verschiedenen Informationsquellen.
- ❑ Gezielte Selektion der zu erfassenden und zu pflegenden Kundendaten.

(5) **Konzepte des Database Marketing**

In vielen Fällen agieren Außendienst, Direkt-Marketing und Medienwerbung unkoordiniert in den gleichen Zielgruppen. Ziel des Database Marketing ist es, die Kunden-Kontakte in kundenindividuelle „Kommunikations-Ketten" einzubinden, deren einzelne Kontakte auf die Besonderheiten der einzelnen Kunden zugeschnitten sind und systematisch aufeinander aufbauen. Der Kundenkontakt soll auch nach dem Kaufabschluss weiter gefestigt werden. Dies erfordert ein Konzept, in dem die festgelegten Unternehmensbereiche mit Kundenkontakt einbezogen werden.

Die Kundenbindung soll auch über lange Kaufintervalle aufrecht erhalten werden, um den Kunden nicht bei jedem Kaufakt neu gewinnen zu müssen, denn einmal geleistete Überzeugungsarbeit und gute Erfahrungen mit dem Unternehmen und seinen Produkten werden vom Kunden als Vorleistung auf neue Angebote übertragen und bieten so einen Vorteil gegenüber den Mitbewerbern.

Zusätzlich dazu bietet jeder Kunde ein großes Potential an Up-Trading-[13] und Cross-Selling-[14] Möglichkeiten, die einen weiteren Vorteil gegenüber der Neukundengewinnung darstellen, da sich diese oftmals als langwierig und schwierig erweist.[15]

Ist eine eigene Kundendatenbank erst einmal aufgebaut, können durch eine Kundenstrukturanalyse die vielversprechensten Kundensegmente herausgearbeitet werden. Mit diesen Informationen ist es dann wiederum möglich, aus Fremdlisten die ergiebigsten Kundensegmente herauszufiltern und Streuverluste zu minimieren.

(6) **Marketing-Datenbank als Grundlage zielgruppenorientierter Marketingstrategien**

Breit angelegtes Massenmarketing mit undifferenzierter Zielgruppenansprache wird in Zukunft immer weniger Erfolg versprechen. Hier setzt nun mit Hilfe der Datenbank ein Individual-Marketing im Dialog an. Mit dem Kunden einen Dialog zu führen bedeutet, dass bei einer erneuten Ansprache des Kunden alle bisher gesammelten Informationen berücksichtigt werden. Um dies zu erreichen, müssen die Aktionen und Aufgaben des Innen- und Außendienstes optimal aufeinander abgestimmt werden.

(7) **Funktionen des Informationsmanagements im Innendienst**

Es handelt sich hier schwerpunktmäßig um die drei Funktionen:[16]

(7.1) **Informationsbereitstellung für den Außendienst**

Der Außendienstmitarbeiter benötigt für seine Arbeit eine Reihe von relevanten Informationen, wie:

- ❑ Kunden-Stamm-Daten
- ❑ Außendienststatistiken mit Plandaten
- ❑ Mitteilungsdienst für Außendienstmitarbeiter
- ❑ Besuchsplanung

---

[13] Up-Trading, Systematischer Aufbau eines Kunden, vom sporadischen Käufer hin zum Stammkunden mit Großaufträgen. Das Führen eines Kunden vom Einstiegsprodukt zum „Mehrwert-Produkt".

[14] Cross-Selling, Nutzung von Synergieeffekten im Produktprogramm. Beispiel: Ein Käufer eines Labor-Analysegerätes benötigt in der Regel auch Pipetten, eine Zentrifuge und Verbrauchsmaterial.

[15] Vgl. *Gottschling, S., Rechenauer, H.O.,* Direktmarketing

[16] Vgl. *Hermanns, A.,* Computer Aided Selling (CAS)

- Besuchsplanung
- Vorschläge zur Neukundenwerbung
- Marketinginformationen
- Informationen über Sonderaktionen (Sonderangebote, Sonderkonditionen etc.).

(7.2) **Aufbereitung und Verteilung der vom Außendienst erhobenen Informationen**
Hierunter sind alle Informationen zu verstehen, die der Außendienst an den Innendienst weiterleitet, wie:

- auftragsbezogene Informationen, die für die Auftragsabwicklung von Bedeutung sind
- Informationen im Rahmen des Berichtswesens, das der Steuerung des Außendienstes sowie der Datenerhebung für die Marktforschung dient
- mitarbeiterindividuelle Daten (z.B. Reisekostenabrechnung etc.).

(7.3) **Aufbereitung und Weiterleitung von Angebots- und Bestellinformationen einschließlich Reklamationen**
Die computergestützte Erfassung von Angeboten und Aufträgen bringt folgende Vorteile:

- Schnelle und vollständige Auftragsbereitstellung
- Sofortige Datenverfügbarkeit
- Keine Doppelerfassung
- Schnelle Lieferung
- Schnelle Fakturierung
- Bessere Lagerdisposition
- Eine Verkürzung der Servicezeiten in der Distributionslogistik.

(8) **Funktionen der Steuerung des Außendienstes**
Über eine durch den Einsatz von Computern optimierte Steuerung des Außendienstes kann eine Verbesserung der Wirtschaftlichkeit herbeigeführt werden.

(8.1) **Aktivitätenregelung**
Jedem Kunden wird eine seiner Bedeutung für das Unternehmen entsprechenden Kontaktfrequenz zugeordnet. Die Bestimmung der Kontaktfrequenz muss dabei auf deckungsbeitragsorientierten Kriterien sowie auf der Stellung der Kontaktperson im Markt (Meinungsbildner etc.) basieren.

Weiterhin sind bei der Bestimmung der Kontaktfrequenz außer dem Außendienst auch weitere Kontaktformen, wie Mailing, Telefonat, Messen etc., systematisch zu berücksichtigen. Auf diese Weise kann die für das Database Marketing so wichtige Kommunikations-Kette mit vertretbaren Kosten realisiert werden.

Für die Planung ihrer Aktivitäten benötigen die Außendienstmitarbeiter Informationen über die Kunden, die sie mit Hilfe der Datenbank tagaktuell von der Zentrale abrufen können. Die Basis für derartige Informationen bilden wiederum Merkmale, die bei früheren Besuchen erhoben wurden.

Ergänzend können vom Verkaufsinnendienst Hinweise zur Gestaltung des Kundenkontakts und zum Einsatz von Argumentations- und Verkaufshilfen gegeben werden. Es ist dem Außendienstmitarbeiter auch möglich, spezielle Verkaufshinweise zur Überwindung von kundentypischen Einwänden zu erhalten.

(8.2) **Kontrolle**
Durch die umfangreiche Dokumentation aller Aktivitäten in der Datenbank bietet ein CAS-System vielfältige Möglichkeiten der Kontrolle des Außendienstes. Es entsteht jedoch beim Außendienst auch die Befürchtung des „gläsernen" Außendienstmitarbeiters. Diese gilt es durch den Einsatz einer entsprechenden Führungsphilosophie und durch Vereinbarungen über die Art der Kontrolle zu zerstreuen.
Einen wichtigen Bestandteil des Kontrollsystems stellen die Besuchsberichte dar. Sind die Außendienstmitarbeiter mit mobilen Computern ausgerüstet, können sie diese unmittelbar nach dem Kundenbesuch mit ihrem Computer erstellen und bei der nächsten Anbindung an das Zentralsystem übertragen.
Die Besuchsberichte sind so zu gestalten, dass sie möglichst wenig freien Text und möglichst viele erfolgsrelevante, selektierbare Informationen enthalten.

Für die Ergebniskontrolle ergeben sich Verbesserungen bezüglich der Kopplung von kunden- und artikelbezogenen Statistiken mit den Aktivitäten der Außendienstmitarbeiter. Es ergeben sich Kontrollmöglichkeiten z. B. durch Soll/Ist-Vergleiche bei der Durchführung von Neuakquisitionen, der Kontakte pro Außendienstmitarbeiter oder der Lost-Order-Rate.

(9) **Funktionen im Außendienst**

(9.1) **Funktionen bei der Besuchsvorbereitung im Außendienst**
Durch den Einsatz von mobilen Computern ist der Außendienstmitarbeiter in der Lage, unmittelbar vor dem Besuch aktuelle und bedarfsgerechte Informationen über den Kunden abzurufen. Er kann mit Hilfe der Datenbank die gesamte „Kommunikationskette" des Kunden einsehen und damit, wie es das Konzept der kundenindividuellen Kommunikation des Database Marketing vorsieht, exakt auf die Bedürfnisse des Kunden eingehen. Als Informationsinhalte können z. B.

- kundenbezogene Informationen, wie
  Kunden-Umsatz,
  Kunden-Soll-Vorgaben,
  Kundenaufträge,
  Projekte und
- produktbezogene Informationen, wie
  Preise,
  Artikelverfügbarkeit,
  aktuelle Sonderaktionen und
  Argumentationshilfen

abgerufen werden.

(9.2) **Funktionen während eines Kundenbesuchs**
Im Zuge eines Verkaufsgesprächs bildet die Präsentation des Produkts und die Lösung des Kundenproblems den Kern. Es bietet sich hier die Möglichkeit, im Verlauf der Verhandlung mit dem Kunden computergestützt ein kundenproblembezogenes Angebot vorzubereiten oder zu erstellen.
In Bezug auf die Präsentation des Produkts bieten die immer leistungsfähiger werdenden und mit farbigen Displays ausgerüsteten tragbaren Computer die Möglichkeit der interaktiven Präsentation des Produkts auf dem Bildschirm.

(9.3) **Funktionen bei der Nachbereitung des Kundenbesuches**
Die Nachbereitung der Kundenbesuche kann entweder nach Beendigung des Tages oder jeweils

nach Beendigung des Kundengesprächs erfolgen.
Um Informationsverlust und die „Zwischenerfassung" auf Papier zu vermeiden, müssen die Daten allerdings unmittelbar nach dem Verkaufsgespräch erfasst werden.

Als Informationsinhalte werden erfasst:

- Marktforschungsdaten, wie
- Distribution von Konkurrenzprodukten,
- Preisaktionen der Konkurrenz,
- Konkurrenzbeurteilungen durch den Kunden etc.,
- angebotsbezogene Daten,
- auftragsbezogene Daten,
- Anregungen zu Produktverbesserungen und
- Daten für das Berichtswesen.

Zusammenfassung

Es zeigt sich eine erhebliche Überschneidung der Anforderungen des Marketing, des Verkaufsinnendienstes und des Verkaufsaußendienstes. Weiterhin wird die stark integrative Funktion eines solchen Systems deutlich. Die Bereiche der Verkaufsförderung, die Direktwerbeaktionen konzipieren, benötigen einen Adressbestand mit aktuellen, qualifizierten Adressen. Für die Beschaffung dieser Informationen empfiehlt sich der Einsatz des Außendienstes[17] oder die Nutzung von Adressverlagen, dies ist je nach Branche zu entscheiden. Der Verkaufsaußendienst profitiert von dem System durch die Unterstützung bei der Terminplanung, die effizientere Kommunikation mit dem Innendienst und den Zugriff auf aktuelle Information und Analysen.

13.2 Planung und Entwicklung von MAIS

13.2.1 Datenbankkonzeption für einen Industriebetrieb

Die Hauptinformationsprozesse der Administration und Logistik einer „Fabrik" sind unter Punkt 5.1.3.4 in ihrer Verknüpfung mit Lieferanten und Kunden dargestellt worden. Eine entsprechend integrierte Datenbankkonzeption für einen Industriebetrieb befindet sich unter Punkt 8.3.2.4. Eine weitere Verfeinerung würde den Rahmen dieses Buches sprengen.

13.2.2 Informations- und Methodeninhalte einer Marketingdatenbank

Anwendungsbezogene Anforderungen an eine Marketingdatenbank wurden oben unter Punkt 13.1.2 dargestellt.

Um den umrissenen Aufgaben im Rahmen eines schrittweisen Ausbaus eines MAIS entsprechen zu können, sollte eine Marketing-Datenbank sowohl strukturierte Daten, als auch Analyse- und Optimierungsmethoden für operatives und strategisches Marketing bereitstellen. Die folgende Aufstellung von *Nußbaum/Geisbüsch* nennt die in diesem Zusammenhang wichtigsten Inhalte.

[17] Vgl. *Heinzelbecker, K.*, Marketing-Informationssysteme

Analysedaten und -methoden einer Marketingdatenbank nach Nußbaum,Geisbüsch[18]

Unternehmensspezifische Daten

1) Absatzmarkt
   a) Marktanteil (-e)
   b) Kundeninformationen
      - Kundenstamm
      - Kundenstruktur
   c) Umsatz, Gewinn, Preise, Ist-Deckungsbeiträge
      - Soll (Marketing-Plandaten)
      - eventuell nach Kunden, Regionen, Kanälen usw. aufgliedern
   d) Reklamationen
      - nach Produkten, Reklamationsarten, Regionen
   e) Werbekosten
      - insgesamt, nach Zeiträumen, Prozentuale Änderungen
      - nach Werbemedien
   f) Verkaufsförderung

2) Beschaffungsmarkt
   a) Beschaffungsmarktstruktur
      - Lieferalternativen und Marktmacht
      - Abhängigkeit/Verflechtungen
   b) Bezugsquellennachweis
      - Lieferantenstamm
      - Bonitätsanalysedaten

3) Lagernetz/Logistik
   a) Lagerinformationen
      - Kapazitäten
      - Bestände
      - Kosten
   b) Transport
      - Kapazitäten
      - Einsatz, Auslastung, Instandhaltung
      - Kosten

4) Informationen aus anderen Unternehmensbereichen
   - Produktion
   - Finanzen (z.B. Zahlungseingangsstatistik)
   - Personal (z.B. Schulung)
   - Forschung und Entwicklung

Daten des Unternehmensumfeldes

1) Volkswirtschaftlicher Datenkranz
   - volkswirtschaftliche Gesamtgrößen
   - wirtschaftliche Entwicklung
   - demographische Daten
   - politische, kulturelle, geographische, rechtliche und soziologische Daten
   - Technischer Fortschritt

2) Allgemeine Marktinformationen
   - Marktform, Marktvolumen
   - Trends
   - Das Unternehmen im Branchenvergleich
   - Vertriebswege im Markt
   - Marktpotentiale

3) Konkurrenzinformationen
   - Größe, Macht
   - Konkurrenzprodukte
   - Verhalten (Marketinginstrumente)
   - wirtschaftliche Situation

4) Konsumenteninformationen
   - sozio-demographische Merkmale
   - Kaufkraft
   - Konsumentenverhalten
   - Motivationsstruktur, Nutzenerwartung

Methoden

A. Graphische Datenaufbereitung (Präsentationsgraphik)

B. Einfache mathematische Methoden
   - Algebra
   - Integral- und Differentialrechnung
   - Kombinatorik

C. Komplexe Methoden der mathem. Statistik
   - Deskriptive Verfahren
   - Schätz- u. Testverfahren
   - multivariate Analyse
      - Korrelationsanalyse
      - Regressionsanalyse
      - exponentielles Glätten
      - Faktorenanalyse

D. Methoden des Operations Research
   - lineare und nicht lineare Programmierung
   - Warteschlangentheorie
   - Spieltheorie
   - Simulation
   - Netzplantechnik

Modelle

A. Optimierungsmodelle
   - Mediaselektionsmodelle
   - Distributionsmodelle
   - Preismodelle
   - Servicemodelle
   - Marketing-Mix-Modelle

B. Projektplanungsmodelle

C. Prognosemodelle

D. Modelle des Käuferverhaltens

E. Konkurrenzmodelle

---

[18] Entnommen aus: *Nußbaum, R., Geisbüsch, D.,* Marketing-Informationssysteme, in *Geisbüsch/Weeser-Krell/Geml,* Hrsg., Marketing, Landsberg

13.2.3 Entwicklungs-Philosophie für MAIS

DV-Anwendungen für das Management zur Unterstützung von Entscheidungen, zur Analyse, Planung und Kontrolle sind heute in vielen Unternehmen noch Problemfelder.

Selten wird der Bedarf der unterschiedlichen Führungsbereiche und Führungsebenen voll abgedeckt. Qualitätsmängel kommen in fehlender Integration bereichsübergreifender Lösungen oder Ergebnisse zum Ausdruck, und die erforderlichen aktuellen Daten stehen nicht immer vergleichbar und zeitgerecht zur Verfügung. Die für Entscheidungsprozesse erforderliche schnelle Verfügbarkeit von Informationen ist kaum gewährleistet, zu oft müssen periodische Berichte ausreichen. Die Datenverarbeitung beklagt im Allgemeinen die hohe Änderungsanfälligkeit von Anwendungen für das Management. Der Wartungsaufwand für Managementanwendungen übersteigt häufig 50 % der Personalkapazität des DV-Bereichs, ein Resultat der Modifikationsunfreundlichkeit gewachsener DV-Anwendungen. Die Akzeptanz des Leistungsvermögens des DV-Bereichs bei den Führungskräften der Fachbereiche leidet damit unter den Zeitverzögerungen bei der Realisierung von Anpassung und Neuentwicklungen.

Derartige wartungsunfreundliche Berichts- und Planungssysteme müssen durch neue Strategien der Entwicklung von Informationssystemen für das Management überwunden werden.

Die Entwicklungsstrategie zur Maximierung des unternehmerischen und des persönlichen Erfolgs der Beteiligten und der Benutzer von Informationssystemen hat als oberstes Ziel die Erhöhung der Informations-Nutzungs-Produktivität durch flexible, individuelle Berichte und Grafiken mit abgesicherten und vergleichbaren Aussagen bei schneller Verfügbarkeit.

Die für ein solches System erforderlichen flexiblen Strukturen können durch die DV-Anwendungen der operativen Prozesse im Allgemeinen nicht abgedeckt werden, da diese Anwendungen primär auf die Belange der Ablaufprozesse und nicht für die Anforderungen zur Unterstützung von Entscheidungen entwickelt sind. Außerdem können im Entscheidungsprozess, z. B. bei der Planung, aufgrund von Alternativrechnungen, Daten entstehen, die zunächst nicht in unmittelbarer Verbindung zu den operativen Prozessen stehen müssen. Hinzu kommt, dass Führungssysteme neben den unternehmensinternen Daten auch externe Daten verfügbar machen müssen. Es bietet sich daher an, beide Anwendungskreise voneinander physisch zu trennen, sie durch adäquate Kopplungsverfahren zu verbinden und beide benutzerorientiert zu gestalten.

Diese Grundarchitektur erlaubt, Anwendungen für die Ablaufprozesse und Anwendungen für die Führungsprozesse unabhängig voneinander zu entwickeln, zu warten und zu optimieren. Die Entkopplung gestattet eine schnelle Realisierung erforderlicher Führungs-Systeme, ohne die existierenden operativen Anwendungen zu modifizieren. Dabei sollte allerdings die Vermeidung von Redundanz angestrebt werden.

Die Forderung, Führungssysteme, auch Management Informations Systeme (MIS) genannt, als benutzerorientierte Informationssysteme zu entwickeln, bedeutet Folgendes: Das Management soll ohne Kenntnis der Datenverarbeitung, der Programmkonventionen etc. eigenständig arbeiten können und die benötigten Informationen, Analysen, Planungsalternativen etc. sofort am Bildschirm dargestellt erhalten.

Auch die Darstellungsform (z. B. Bericht oder Grafik) bestimmt der Benutzer unmittelbar bei Aufruf seiner Informationen. Zur Kommunikation mit Partnern im Unternehmen oder auch mit externen Geschäftspartnern sind entsprechende, unmittelbar nutzbare Techniken verfügbar.

Die Strukturierung und Modellierung eines Führungssystems wird in Zukunft mit Sicherheit durch die Nutzung von Expertensystemen zur Entscheidungsstützung wichtige Erweiterungen erfahren. Der Aufbau von Wissensbasen und die Realisierung der Kopplungsalgorithmen zu konventionellen Analyse- und Planungssystemen, die dann in Teilbereichen als Zubringersysteme für Expertensysteme gelten, sowie die Optimierung der Nutzungsalgorithmen für derart komplexe Systeme, stellen wachsende Anforderungen an die Qualifikation des Informationssystem-Managements (IS) der Unternehmen.

Die Bedeutung des IS-Managements wird in den Unternehmen aufgrund dieser Entwicklungen zunehmen, da die integrierende Funktion dieser Position auch eine entsprechend hohe Einordnung in der Unternehmenshierarchie erfordert.

13.2.4 Entwicklungs-Prozess für MAIS

Das folgende Schema von *James Martin Associates* über die Abhängigkeiten der wesentlichen „Information-Engineering-Methoden" skizziert zugleich beispielhaft die Entwicklungsschritte eines Marketing-Informations-Systems.

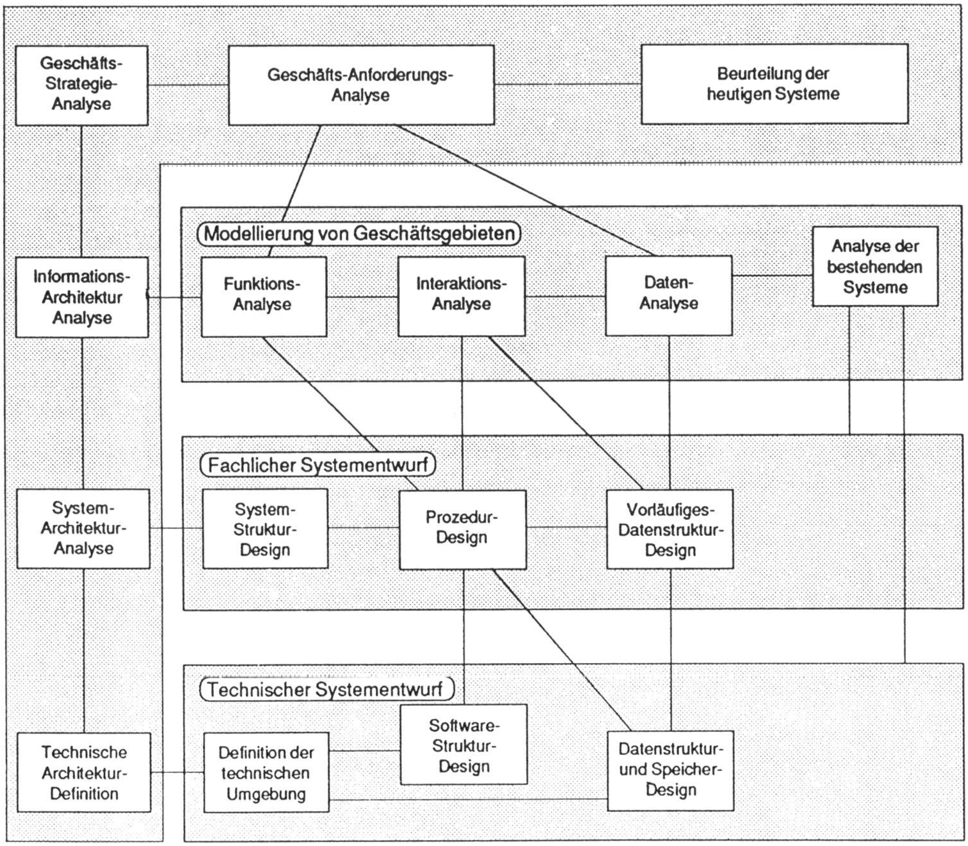

Abhängigkeiten der wesentlichen „Information Engineering Methoden"[19]

[19] Entnommen aus: *James Martin* Associates, Information Engineering, Neue Wege in der Informationsverarbeitung, Amsterdam, Bermuda, Brüssel, Dublin, Hamburg, London, Paris, Washington

Die unter 13.1.4 bereits erläuterten Anforderungen an MAIS, insbesondere an die Flexibilität dieser Systeme, erscheinen aus heutiger Sicht nur durch den Einsatz moderner Entwicklungsmethoden und Werkzeuge erfüllbar.

Hier sind beispielhaft die Methoden SA (Structured Analysis) und SD (Structured Design) zu nennen, die heute bereits durch zahlreiche Werkzeuge - auch CASE-Tools genannt - unterstützt werden (CASE: Computer Aided Software Engineering).

13.2.5 Möglichkeiten zur Absicherung des Entwicklungsprozesses

Einige international tätige EDV-Beratungsunternehmen, wie Arthur Andersen & Co und James Martin Associates, widmen sich der Aufgabe, durch Einsatz der unter 13.2.4 genannten Methoden des Information-Engineering, die Entwicklungsrisiken für den Anwender zu minimieren. Dabei kann, nach sorgfältiger Analyse der Unternehmensstrategie und der daraus resultierenden Anforderungen, die Implementierung einer bewährten Standard-Software möglicherweise erheblich zur Reduzierung der Entwicklungsrisiken beitragen. Beim Einsatz von Standard-Software im Rahmen integrierter Datenverarbeitungslösungen ist jedoch zu beachten, dass es sich nicht um eine „Anschaffung von der Stange“ handeln kann, sondern dass im Entwicklungs-Prozess in der Regel

- ❑ die Software den Unternehmensanforderungen und
- ❑ die Unternehmensabläufe der Software wechselseitig angepasst

werden müssen. Die Zusammenhänge in diesem Prozess veranschaulicht beispielhaft das folgende Schema zur Konzeption der Firma SAP, Walldorf in Zusammenarbeit mit den Unternehmensberatern *Arthur Andersen* und *Plaut*.[20]

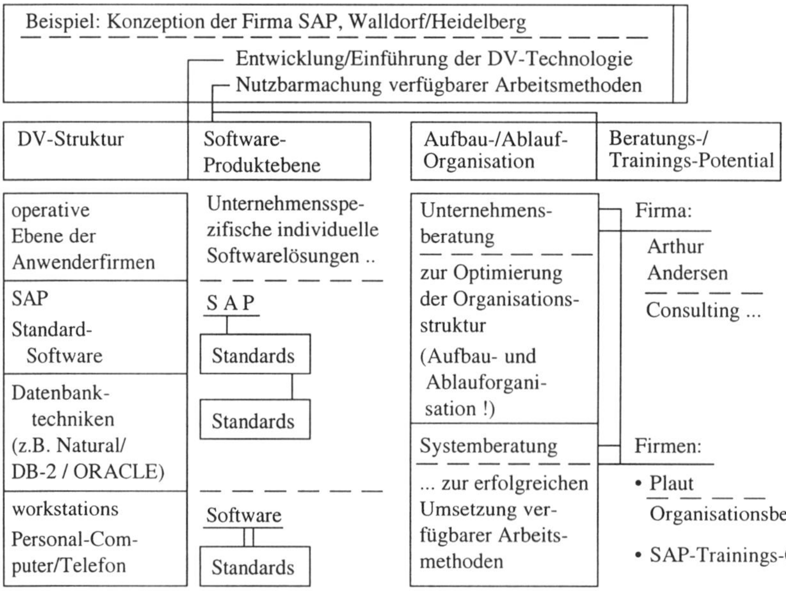

[20] *Gutmann, D.,* Skripte zum Controlling-Seminar, Deutsche Shell, Hamburg

Literaturverzeichnis

Literatur zu Kapitel 1 und 2 Aufbau der Unternehmung und Praxis der Existenzgründung

Arnold, Jürgen; Existenzgründung – von der Idee zum Erfolg; Max Schimmel Verlag;Würzburg, 1997

Bainbridge, C., Designing for Change, A practical Guide to Business Transformation, John Wiley & Sons, New York, Toronto Singapore etc., 1997

Beschorner, D., ABWL kurzgefasst, Allgemeine Betriebswirtschaftslehre in komprimierter Form, München 1978

Doering, W., Schlepper, H., Rechts- und Sozialwesen, Eine Einführung, Würzburg 1976

Gutenberg, E., Grundlagen der Betriebswirtschaftslehre, Bd. 1, Die Produktion, Berlin, Göttingen, Heidelberg, 5. Aufl., 1960, 1. und 2. Kapitel

Hammer, M., & Champy,J., Reengineering the Corporation,, A Manifesto for Business Revolution, Harper Business, New York 1993

Korndörfer, W., Allgemeine Betriebswirtschaftslehre, Wiesbaden 1980

Marx, S.,van Rooyen, D.C., Bosch, J.K., Reynders, H.J.J., Editors, Business Management, J.L.van Schaik, Pretoria, 2nd Edition 1998

Murphy, E.C., Leadership IQ,John Wiley & Sons, New York, Toronto, 1996

Murray, D., Ethics in Organizations, Values-Codes-Vision-Strategies-Action, Kogan Page in co-operation with Coopers & Lybrand, London 1997

Robey, D. & Sales, C.A., Designing Organizations, R.D.Irwin,Inc., Boston, Sidney, 4th Edition 1994

Schierenbeck, H., Grundzüge der Betriebswirtschaftslehre, München 1985

Schmalen, H., Grundlagen und Probleme der Betriebswirtschaft, 8. Aufl., Köln 1992

Schwappach, J., (Hrsg.), EG-Rechtshandbuch für die Wirtschaft, München 1991

Torrington, D. & Weightman, J., Effective Management - People and Organisation, Prentice Hall International New York, London, Toronto etc., 2nd Edition 1993

Veigel, G., Betrieb, Steuern und das Finanzamt, Steuerhandbuch für Unternehmer, Selbständige und Freiberufler, Planegg/München 1994

Watson, G.H., Business Systems Engineering, Managing Breakthrough Changes for Productivity and Profit, John Wiley & Sons, New York, Toronto, etc.,1994

Westerhoff, Ralph; Beck-Ratgeber Geschäftsgründung – Gewerbe, Niederlassung, Gesellschaft; Beck, München 1997

Wöhe, G., Einführung in die Allgemeine Betriebswirtschaftslehre, München 1981

Literatur zu Kapitel 3 Vertrieb

Aaker, D.A., Kumar, V.,Day, G.S., Marketing Research, John Wiley & Sons Inc., New York, Toronto, Singapore, 1995

Abell, D., Strategic Market Planning - Problems and Analytical Approaches, 1979

Aigner, W., Meyer, M., Rößl, D., (Hrsg.), Marketing-Fallstudien für Klein- und Mittelbetriebe, Wien 1993

Andrews, K., The Concept of Corporate Strategy; 1987

Ansoff, I., Implanting Strategic Management, 1984

Ansoff, I., The New Corporate Strategy, New York, 1988

Bänsch, A., Einführung in die Marketing-Lehre, München 1982

Becker, J., Grundlagen der Marketing-Konzeption, München 1983

Bieberstein, I., Dienstleistungs-Marketing, Ludwigshafen 1995

Böhler, H., Marktforschung, Stuttgart 1985

Brown, F.E., Marketing Research, a Structure for Decision Making, Addison-Wesley, London, Amsterdam, Sydney etc.,1980

Clarke,H., Secrets of successful Selling, Struik Business Library, Johannesburg 1995

Diller, H., Preispolitik, Stuttgart 1985

Dorrian.,P. Intensive Customer Care, Competitive Strategies for South African Companies, Zebra, Sandton S.A. 1996

Droege, P. J., Backhaus, K., Weiber, R., Strategien für Investitionsgüter-Märkte, Antworten auf neue Herausforderungen, Landsberg/Lech 1993
Ebert,H.J., Die neue Generation der Key-Account-Manager, (Praxis: Führen und Entscheiden), Bamberg 1993
Ehrmann, H., Marketing-Controlling, in Reihe: Modernes Marketing in Studium und Praxis, Hrsg. Weis, C., 2. Aufl., Ludwigshafen 1995
Freter, H., Marktsegmentierung, Stuttgart 1983
Geisbüsch, H.-G., Weeser-Krell, L. M., Greml, R., (Hrsg.), Marketing, ein Handbuch, 1987
Godefroid, P., Investitionsgüter-Marketing, Ludwigshafen 1995
Gottlieb Duttweiler Institut GDI; Erfolgreiche Profilierungskonzepte für den Einzelhandel in Europa; St.Gallen; 1993
Gutenberg, E., (Hrsg.), Absatzplanung in der Praxis, Wiesbaden 1962
Gutenberg, E., Grundlagen der Betriebswirtschaftslehre, Der Absatz, Berlin, Göttingen, Heidelberg 1959
Hamel,G. & Prahalad, C.K., Competing for the Future, Harvard Business School Press, Boston, Massachusetts, 1994
Hrebiniak, L., Implementing Strategy, New York 1984
Heinzelbecker, K., Marketing-Informationssysteme, Stuttgart 1985
Hill, W. und Rieser, I., Marketing-Management, UTB, Bern und Stuttgart 1990
Hill, W., Marketing I, Unternehmen und Marketing - Marketinginformation, UTB, Bern u. Stuttgart 1982, 5. Aufl.
Hill, W., Marketing II, Die Marketinginstrumente - Integration des Marketing, UTB, Bern u. Stuttgart ,5. Aufl.
Hüttel, K., Produktpolitik, 2. Aufl. in Reihe: Modernes Marketing für Studium und Praxis, Hrsg. Weis, C., Ludwigshafen 1992
Irwin,D., Make your Business grow, Take a strategic Approach (Smart Strategies) International Thomson Business Press, London, Bonn, Boston, etc., 1998
Jahrmann, F.-U., Außenhandel, 8. Aufl., Ludwigshafen 1995
Kaplan, R.: 'The Balanced Scoreboard', in: Harvard Business Review 1-2/1990
Kotler, P., Armstrong, G., Marketing, An Introduction, Prentice Hall, New Jersey, 4th Edition, 1997
Kotler, P. und Bliemel, F., Marketing-Management, Analyse, Planung und Kontrolle, 7. Aufl., Stuttgart 1991
Kotler, P., Marketing Management, Analysis, Planning, Implementation, and Control, 8th Ed., Englewood Cliffs, New Jersey, London etc. 1994
Kotler, Philip; Principles of Marketing - European Edition; Prentice Hall; 1996
Kramer, F., Produktinnovation, in: Die Orientierung, Nr.66, Schweizerische Volksbank 1987
Kühn, R., Marketing-Mix in: Die Orientierung, Nr.83, Schweizerische Volksbank 1984
Kühn, Richard; Fankhauser, K.; Marktforschung - Arbeitsbuch Marketing-Management; Haupt, 1996
Lamont, D., Marketing International, Zehn Erfolgsstrategien, Frankfurt, New York 1991
Magyar, K. M., Das Marketing-Puzzle, Landsberg/Lech 1991
McCormack, M.H., McCormack on Communicating, Arrow Books, London 1997
McDonald, M.H.B., Marketing Plans - How to prepare them - How to use them, Butterworth-Heinemann, Oxford, 3rd Edition 1997
McNamee, Strategic Management, Oxford 1992
Meffert, Heribert; Bruhn, Manfred; Dienstleistungsmarketing; Gabler; 1998
Meffert, H., Marketing, Grundlagen marktorientierter Unternehmensführung, Wiesbaden 1998
Meffert, H., Althans, J., Internationles Marketing, Stuttgart 1982
Meffert, H., Marketing, Grundlagen der Absatzpolitik, 7. Aufl., Wiesbaden 1986
Meyer-Hentschel, Gundolf; Alles was Sie schon immer über Werbung wissen wollten; Gabler; 1996
Mülder, W., Weis, H. C., Computerintegriertes Marketing, Ludwigshafen 1995
Nagtegaal, Grundlagen des Marketing, Wiesbaden 1972
Nieder, E., Marketing kurz und bündig, Würzburg 1977
Nieschlag, H., Dichtl, E., Hörschgen, H., Marketing, 11. Aufl., Berlin 1979
Porter,M.E., The Competitive Advantage of Nations, Macmillan Press Ltd. London, etc.1990
Porter, M., Wettbewerbsvorteile (Competitive Advantage), New York 1985
Rogers, B., Seize the Future for your Business, Using Imagination to Power Growth, Smart Strategies, International Thomson Business Press, London, Bonn, Boston, Johannesburg etc., 1998
Rogge, H. J., Werbung, 3. Aufl., Ludwigshafen 1993

Rowley, J., Strategic Management Information Systems and Techniques, 1992
Salacuse, J., W., International erfolgreich verhandeln, Making Global Deals, Die kulturellen, praktischen und rechtlichen Aspekte, Frankfurt 1992
Schmalen, H., Kommunikationspolitik, Werbeplanung, Stuttgart 1985
Schmitt, H.U., Effective Model Building for Strategic Planning, Wiesbaden 1996
Seiler, Arnim; Marketing - Erfolgreiche Umsetzung in die Praxis; Orell Füssli; 1995
Stahr, G., Internationales Marketing, 2. Aufl., Ludwigshafen 1993
Stern, M. E., Marketing Planung, Eine System-Analyse, Berlin 1969
Süchting, J., van Hooven, E., Handbuch des Bankmarketing, 2. Aufl., Wiesbaden 1991
Tietz, B., Die Dynamik des Euromarktes, Konsequenzen für die Neupositionierung der Unternehmen, Landsberg/ Lech, 2.Aufl. 1991
Tietz, B. Euro-Marketing, Unternehmensstrategien für den Binnenmarkt , Landsberg/ Lech, 2.Aufl. 1990
Universität der Bundeswehr Hamburg, CD-ROM Datenbanken in Hamburger Bibliotheken; 1996
Ury, W., L., Schwierige Verhandlungen, Wie Sie sich mit unangenehmen Kontrahenten vorteilhaft einigen, Frankfurt, New York 1992
Weis, C., Verkauf, 3. Auflage in Reihe: Modernes Marketing für Studium und Praxis, Hrsg. Weis, C., Ludwigshafen 1993
Weis, H. C., Marketing, 9. Aufl., Ludwigshafen 1995
Weis, H., C., Marketing-Kommunikation, Ludwigshafen 1995
Weis, H., C., Marktforschung, 2. Aufl., Ludwigshafen 1995
Weis, H., C., Verkauf, 4. Aufl., Ludwigshafen 1995
Weis, H., C., Verkaufsgesprächsführung, 2. Aufl., Ludwigshafen 1994
Wiersema, F., Customer Intimacy, Pick your Partners, shape your Culture, win together, Harper Collins, London 1998

Literatur zu Kapitel 4 Materialwirtschaft

Becker, J., Rosemann, M., Design for Logistics - Gestaltungsempfehlungen für eine logistikgerechte Konstruktion, in CIM MANAGEMENT, München, Heft 2/1994, S. 10 - 15
Blohm, H., Beer, T., Seidenberg, U., Silber, H., Produktionswirtschaft, Herne, Berlin 1987
Bornemann, H., Bestände-Controlling, Wiesbaden 1986
Burmester, R., Integration eines PPS-Leitstandsystems zur effektiveren Disposition und Auftragsabwicklung, in CIM MANAGEMENT, München, Heft 5/1995, S. 24 - 28
Dorloff, F.-D., Roth, P., Service- und Materialmanagement, Wiesbaden 1985
Hahn, D., Laßmann, G., Produktionswirtschaft, Controlling industrieller Prozesse, Bd. 1, Heidelberg, Wien 1986
Hartmann, H., Materialwirtschaft, Organisation, Planung, Durchführung, Kontrolle, Gernsbach 1983
Kuglin, F.A., Customer Centered Supply Chain Management, A Link-by-Link Guide, American Management Association, New York, Boston, Brussels, etc. 1998
Lunn, T., Neff, S. A., MRP, Integration Material Requirements Planning and Modern Business, R. D. Irwin, New York 1992
Oeldorf, G., Olfert, K., Materialwirtschaft, 7. Aufl., Ludwigshafen 1995
REFA, IE-Offensive „Logistik und Produktivität“, Deutsche IE-Jahrbuch 1991, Darmstadt 1991
REFA, Methodenlehre der Planung und Steuerung, Bd. 2, München 1985, 4. Aufl.
Saunders, M. Strategic Purchasing & Supply Chain Management, The Chartered Institute of Purchasing & Supply, Pitman Publishing, London, Hong Kong, Johannesburg, Washington, 1997
Sova, O. & Piper, J., Computergestützte Warenwirtschaft im Handel, Köln 1985
Specht, O., Ahrens, D., Wolter, B., Material- und Fertigungswirtschaft, Produktionslogistik mit PPS-Systemen, in Reihe: Kompendium der praktischen Wirtschaftsinformatik, Ludwigshafen 1994
Weber, J., Logistik-Controlling, Stuttgart 1992
Weber, J., Logistikkostenrechnung, Berlin, Heidelberg, New York etc. 1987
Wildemann, H., Entwicklungstendenzen von Logistikkonzepten in modularen Fabrikstrukturen, in CIM MANAGEMENT, München, Heft 3/1995

Literatur zu Kapitel 5 Produktionswirtschaft

Asher, M., Managing Quality in the Service Sector, Kogan Page, London 1996

Bicheno, J., Cause and Effect JIT, A Pocket Guide, PICSIE Books, Buckingham 1991

Bicheno, J., The Quality 50, A Guide to Gurus, Tools, Wastes, Techniques and Systems, Production and Inventory Control, Systems, and Industrial Engineering, PICSIE Books, Buckingham, England 1991

Bicheno, J., The Quality 60, A Guide for Service and Manufacturing, PICSIE Books, Buckingham, 1998

Bicheno, J., The Lean Toolbox, PICSIE Books Buckingham 1998

Bicheno, J. & Brian, B.R.E., Operations Management, An Active Learning Approach, The open Learning Foundation, Blackwell Business, Oxford 1997

Blohm, H., Beer, T., Seidenberg, U., Silber, H., Produktionswirtschaft, Herne, Berlin 1987

CIM-MANAGEMENT, Recherche: PPS-Systeme in dezentralen Produktionsstrukturen, in CIM MANAGEMENT, München, Heft 3/1995, S. 37 - 43

Caplen, R.H., A Practical Approach to Quality Control, Century Business London 1997

Cleland, D.I. Project Management, Strategic Design and Implementation, McGraw-Hill, New York, San Francisco, London, Sydney etc., 2nd Edition 1994

Feldmann, C., Ein unternehmensübergreifendes Datenschema - Voraussetzung für das Simultaneous Engineering, in CIM MANAGEMENT, München, Heft 1/1994, S. 52 - 56

Dilworth, James B.; Operations Management; Mc Graw Hill; 1996

Garvin, D.A., Managing Quality, The Strategic Competitive Edge, Harward Business School, The Free Press, New York, Collier Macmillan Publishers, London 1988

Gerken, W., Grundlagen systematischer Programmentwicklung, Mannheim 1989

Goldratt, Eliyahu M.; Fox, Robert E.; The Race; North River Press; 1986

Goldratt, Eliyahu M.; Cox, Jeff; The Goal; Gower; 1997

Grabowski, H., Grein, G., Milde, P., Zukunftsorientiertes Qualitätsmanagement nach DIN ISO 9000 ff., in CIM MANAGEMENT, München, Heft 3/1995, S. 57 - 61

Gronau, N., Lippstock, K., Computer Aided Manufacturing - Einführung in CIM MANAGEMENT, München, Heft 1/1994, S. 1 - 4

Grünewald, Schotten, Marktspiegel PPS-Systeme auf dem Prüfstand, TÜV-Rheinland, Köln 1994

Gutenberg, E., Grundlagen der Betriebswirtschaftslehre, Bd. 1, Die Produktion, Berlin, Göttingen, Heidelberg 1960

Hahn, D., Laßmann, G., Produktionswirtschaft, Controlling industrieller Prozesse, Bd. 1, Grundlagen, Führung und Organisation, Produkte und Produktprogramm, Material und Dienstleistungen, Heidelberg, Wien 1986

Hahn, R., Produktionsplanung bei Linienfertigung, Berlin, New York 1972

Hammer, M. & Champy, J., Reengineering the Corporation, A Manifesto for Business Revolution, New York, 1993

Jackson, P., Ashton, D., ISO 9000, Der Weg zur Zertifizierung, Landsberg/Lech 1993

Jacob, H., (Herausgeber), Industriebetriebslehre, Handbuch für Studium und Prüfung, Wiesbaden 1986

Jäger, F., Klein, A., Kuntze, W., Betriebliche Fertigungswirtschaft, Betriebswirtschaftliche Aspekte moderner industrieller Produktion, Stuttgart 1982

Juran, J., M., Der Neue Juran, Qualität von Anfang an, Landsberg/Lech 1993

Kißler, L. (Hrsg.) Toyotismus in Europa, Schlanke Produktion und Gruppenarbeit in der deutschen und französischen Automobilindustrie, Campus,Frankfurt, New York, 1996

Klein, B., Schwachstellen in Konstruktion und Planung systematisch analysieren, in: QZ 12/1992, München

Kurbel, K., Produktionsplanung und -steuerung, München 1993

Manganelli, R.L. & Klein, M.M., The Reengineering Handbook, A Step by Step Guide to Business Transformation, New York 1994

Melnyk, St.A., & Denzler, D.R., Operations Mangement, A Value-Driven Approach, Irwin, McGraw-Hill, Boston, New York, San Francisco etc., 1996

Oess, A., Total Quality Management, 2. Aufl. Wiesbaden 1991

Pfeiffer, T.; Manufacturing Excellence, The competitive Edge; Chapman & Hall; 1994

Poensgen, W., Prozessorientierter Lösungsansatz für die Integration von Vertrieb und PPS bei variantenreichen Produkten, in CIM MANAGEMENT, München, Heft 1/1994, S. 33 - 36

Randolf, W.A. & Posner, B.Z., Effective Project Planning & Management, Getting the Job done, Prentice Hall London, Sidney, Toronto etc. 1988

REFA, (Herausgeber), Methodenlehre des Arbeitsstudiums (MLA), München 1976
REFA, Verband für Arbeitsstudien und Betriebsorganisation e.V., Methodenlehre der Planung und Steuerung, Bände 1 bis 5, München 1985
Render, Barry; Heizer, Jay; Principles of Operations Management; Prentice Hall; 1997
Richter, K., Schönecker, H. G., Zertifizierung nach EN ISO 9000 ff., Wem nützt das?, in IM, München, 3/1995
Scheer, A.-W., CIM Computer Integrated Manufacturing, Der computergesteuerte Industriebetrieb, Berlin, Heidelberg, New York, London, Paris, Tokyo 1987
Scheer, A.-W., CIM: Organisation und Implementierung, in: Harvard Manager, I Quartal 1987, S. 84 - 95
Schmidt, B., Wiendahl, H.-P., Interaktion von Fertigungssteuerung und Arbeitsplanung, in CIM MANAGEMENT, München, Heft 3/1995, S. 16 - 20
Scholz-Reiter, B., Issendorf, C., CAQ-Schnittstellen in der Praxis - Tendenzen der Einbindung von CAQ in CIM-Standardsoftware, in CIM MANAGEMENT, München, Heft 5/1994
Schonberger R.J., World Class Manufacturing Casebook, Implementing JIT and TQC, The Free Press New York, Collier Macmillan Publishers London 1987
Schonberger R.J. & Knod E.jr., Operations Management, customer-focussed Principles, Irwin/McGraw-Hill,Boston, New York, San Francisco, 6th Edition 1997
Schotten, M., Vogeler, C., Produktionsplanung und -steuerung 1995 - aktuelles Marktangebot und Entwicklungstrends bei Standard-PPS-Systemen, in Fortschrittliche Betriebsführung und Industrial Engineering, Heft 2/1995, S. 52 - 63
Schuler, Wilmar; Das große Was-Wie-Spiel - QFD-Anwendungen; in: QZ 38 (1993) S.31-34
Slack, Nigel; Operations Management; Pitman Publishing; 1995
Specht, G., TQM: Anspruch und Wirklichkeit, in: Vakuum in der Praxis, 1994, Nr. 3, Weinheim
Specht, O., Ahrens, D., Wolter, B., Anforderungen und Beurteilungskriterien für die Auswahl von PPS-Systemen, Kap. E, in dieselben, Material- und Fertigungswirtschaft, Ludwigshafen 1994
Specht, O., Ahrens, D., Wolter, B., Material- und Fertigungswirtschaft, Produktionslogistik mit PPS-Systemen, in Reihe: Kompendium der praktischen Wirtschaftsinformatik, Ludwigshafen 1994
Specht, O., & Wolter, B., Produktionslogistik mit PPS-Systemen, Informationsmanagement in der Fabrik der Zukunft, Praxis der Informationssysteme, Ludwigshafen, 2.Aufl. 1997
Steinbuch, P., A., Olfert, K., Fertigungswirtschaft, 6. Aufl., Ludwigshafen 1995
VDI-Gemeinschaftsausschuss „Wertanalyse“, Wertanalyse, Idee - Methode - System, VDI-Taschenbuch T 35, Düsseldorf 1975
Voß, E., Industriebetriebslehre für Ingenieure, München, Wien 1985
Warnecke, H.-J., Der Produktionsbetrieb, Berlin 1984
Wiendahl, H.-P., Betriebsorganisation für Ingenieure, München, Wien 1986
Wiendahl, H.-P.; Belastungsorientierte Fertigungssteuerung; Hanser Verlag; 1987
Womack, J.P., Jones, D.T., Roos, D., Die Zweite Revolution in der Autoindustrie, Konsequenzen aus der weltwweiten Studie des Massachusetts Institute of Technology, Heyne,Campus München 1997
Womack J.P., Jones, D.T., Lean Thinking, Banish Waste and Create Wealth in your Corporation, New York 1993

Literatur zu Kapitel 6 Personalwirtschaft

Belbin, R.M., Changing the Way we work, Butterworth, Heinemann, Oxford 1997
Böckly, W., Personalanpassung, Ludwigshafen 1995
Böhrs, H., Leistungslohngestaltung mit Arbeitsbewertung, persönliche Bewertung, Akkordlohn, Prämienlohn, ohne Ort 1980
Carell, M.R. & Hearvin C.H., Collective Bargaining and Labour Relations, Cases, Practice and Law, Macmillan, New York, Toronto, Oxford, Singapore, Sydney, 3rd Edition 1991
Dessler, G., Personnel Management, Modern Concepts & Techniques, Reston Publishing Inc., Reston, Virginia, 2nd Edition 1981
Doering, W., Schlepper, H., Rechts- und Sozialwesen, Eine Einführung für Schule, Selbststudium und Beruf, Würzburg 1976
Farkas, C., de Backer, P., Sheppard, A., Maximum Leadership 2000, Add Value or Get Out!, Orion Business Books, London 1997

Freund, F., Knoblauch, R. und Rack,, G., Praxisorientierte Personalwirtschaftslehre, Stuttgart, Berlin, Köln, Mainz 1981
Gaul, D., Der Arbeitsvertrag mit Führungskräften, Ein Leitfaden für die Personalpraxis, München 1973
Heirich, L. J., Pils, M., EDV-Anwendung im Personalbereich, in: Plötzeneder, H.-D., Wirtschaftsinformatik III, UTB, Stuttgart, New York 1980, S. 93 - 110
Gordon, J.R., A Diagnostic Approach to Organizational Behavior, Allyn and Bacon, Boston, London, Toronto etc., 3rd.Edition 1991
Hetzler, H. W. Die Bewertung von Bürotätigkeiten, Grundlagen und Verfahren, Dortmunder Schriften zur Sozialforschung, Köln, Opladen 1961
Hussey, D.E., Business Driven Human Resource Management, John Wiley & Sons, New York, Toronto, Singapore etc. 1996
Kador, F. J., Pornschlegel, F., Handlungsanleitung zur betrieblichen Personalplanung, Frankfurt/M. 1977
Karlöf, B., Conflicts of Leadership, Good for People or Good for Business? John Willey & Sons, New York, Toronto, Singapore etc. 1996
Meyer, W., Arbeitsanalyse und Lohngestaltung, ohne Ort 1983
Miner, J.B., & Crane D.P., Human Resource Management, The Strategic Perspective Harper Collins College Publishers, New York, 1995
Murphy, E.C., Leadership IQ, A Personal Development Process based on scientific Study of a new Generation of Leaders, John Willey & Sons, New York, Toronto, Singapore 1996
Murray, D., Ethics in Organizations - Values - Codes - Vision - Strategies - Action, Kogan Page with Coopers & Lybrand, London 1997
Olfert, K., Personalbeschaffung, Ludwigshafen 1996
Olfert, K., Philipps, K., Personalentwicklung, Ludwigshafen 1996
Olfert, K., Rahn, J., Personalführung, Ludwigshafen 1996
Olfert, K., Steinbuch, P. A., Personalwirtschaft, 6. Aufl., Ludwigshafen 1995
Potter, B., From Conflict to Cooperation, How to Mediate a Dispute, Ronin Publishing Inc., Berkeley, California 1996
Robbins, H. & Finley, M., Why Change does'nt work, Why Initiatives go wrong and how to try again and succeed, Orion Business Books, London 1997
Robbins, H. & Finley, M., Why Teams don't work, What went wrong and how to make it right, Orion Business Books, London 1997
Robey, D., & Sales C.A., Designing Organizations, Richard D.Irvin Inc., Boston, Sydney, 4th Edition 1994
Rohmert, W., Landau, K., Das Arbeitswissenschaftliche Erhebungsverfahren zur Tätigkeitsanalyse (AET), Bern, Stuttgart, Wien 1979
Schermerhorn, J.R. jr., Hunt, J.G., Osborn, R.N., Managing Organzational Behavior, John Wiley & Sons, New York, Toronto, Singapore etc. 1991
Schmalen, H., Grundlagen und Probleme der Betriebswirtschaft, 8. Aufl., Köln 1992
Secker, H., Die Planung der Besetzung von Führungspositionen in der Unternehmung, Winterthur 1972
Vatteroth, H.-C., Standard-Software für die computergestützte Personalplanung - Resultate einer Längsschnittanalyse, in IM, München, Heft 3/1993, S. 76 - 79
von Eckardstein, D., Entlohnung im Wandel, Zur veränderten Rolle industrieller Entlohnung in personalpolitischen Strategien, in: Zeitschrift für betriebswirtschaftliche Forschung, April 1986, Heft 4
Wöhe, G., Einführung in die Allgemeine Betriebswirtschaftslehre, München 1981
Zander, E., Lohn- und Gehaltsfestsetzung in Klein- und Mittelbetrieben, Heidelberg ohne Jahr

Literatur zu Kapitel 7 Finanzwirtschaft und Investition

Albach, H., Lineare Programmierung als Hilfsmittel betrieblicher Investitionsplanung, ZfhF 1960
Bea, F. X., Bohnet, A., Klimesch, H., Investition, Erklärung und Planung durch Simulation, München, Wien 1981
Amann, Finanzwirtschaft, Stuttgart,Berlin,Köln, 1993
Becker, So stellen sie Ihre Finanzwirtschaft auf eine solide Basis, Harvard Manager, 1/1995
Beschorner, D., ABWL kurzgefasst, Allgemeine Betriebswirtschaftslehre in komprimierter Form, München 1978,
BIS, Bank for International Settlement, Payment Systems in the Group of ten Countries, Basel December 1993

Blohm, H., Lüder, K., Investition, Schwachstellen im Investitionsbereich des Industriebetriebes und Wege zu ihrer Beseitigung, 1. Auflage, Berlin 1967, und 4. Auflage, München 1978
Brandt, H., Investitionspolitik des Industriebetriebes, Wiesbaden 1959
Breyley, R.A. & Myers, St.C., Principles of Corporate Finance, McGraw-Hill, New York, London,San Francisco, Singapore etc. 5th Edition 1996
Brombacher, R., Ansätze zur Bewältigung der Softwarekrise bei Banken und Versicherungen, in IM, München, Heft 3/1995, S. 12 - 20
Büschgen, Bankbetriebslehre, Berlin 1990
Chmielewicz, K., Betriebliches Rechnungswesen 1, Finanzrechnung und Bilanz, Ro-Ro-Ro-Studium, Reinbek bei Hamburg 1973
Committee of Governers of the Central Banks of the Member States of the European Community, Payment Systems in th EC Member States, Brüssel, September 1992
Dornieden, U., May, F.-W., Unternehmensfinanzierung 1, Finanzierungsvorgänge und Finanzierungsinstrumente, Wiesbaden o.J.
Dornieden, U., May, F.-W., Unternehmensfinanzierung 2, Finanzierungspolitik, Finanzplanung und Finanzkontrolle, Wiesbaden o.J.
Frank,G-M., Stein, I., (Hrsg.), Management von Unternehmens-Akquisitionen, Stuttgart 1993
Furness, E.L., An Introduction to Financial Economics, Heinemann, London 1972
Gehrke, Nitsche, Specht, Informationssysteme im Rechnungswesen und der Finanzwirtschaft, Informationsprozesse des Finanzmanagements, Ludwigshafen 1997
Geitner, U. W., Mittel- und langfristige Kapazitätsplanung mit Simulation, in Investition, Erklärung und Planung durch Simulation, Bea, F.X., und andere (Hrsg), München, Wien 1981
Gerken, W., Systemanalyse, Bonn, Reading 1988
Hartmann, B., Kreditprüfung und Kreditüberwachung, Stuttgart 1965
Hauschildt, Sachs, Witte, Finanzplanung und Finanzkontrolle, Hagener Universitätstexte, München 1981
Jacob, H., Hersg., Industriebetriebslehre, Handbuch für Studium und Prüfung, Wiesbaden 1986
Jetter, Cash-Management-Systeme, Wiesbaden 1987
Kerth, A., Finanzanalyse, Feststellung und Beurteilung der Finanzlage einer Wirtschaftsunternehmung aus dem Jahresabschluss, München, Wien 1994
Kirchmann, W., Strohmayr, W., Strategisches Management im Bereich Organisation und Informatik - der Ansatz der Bayerischen Landesbank, in IM, München, Heft 3/1995
Koch, H., Betriebliche Planung, Grundlagen und Grundfragen der Unternehmenspolitik, in: Die Wirtschaftswissenschaften, Wiesbaden 1961
Krabbe, E. Hersg., Leitfaden zum Grundstudium der Betriebswirtschaftslehre, Gernsbach 1985
Kraemer, Cash-Management-Systeme, Information Management 1/93
Lorenz, W.-D., Gute Karten, Ein Chip verwandelt die ec-Karte..., in IM, München, Heft 3/1995, S. 75 - 76
Meier, R. E., Planung, Kontrolle und Organisation des Investitionsentscheides, Bern, Stuttgart 1970
Michel & Langguth, Taktische und strategische Finanzplanung mit dem PC, Ehningen 1990
Miller, Computer-Aided Financial Analysis, Addison Wesley 1990
Olfert, K., Finanzierung, 8. Aufl., Ludwigshafen 1994
Olfert, K., Investition, 6. Aufl., Ludwigshafen 1995
Pack, L., Betriebliche Investition, Wiesbaden 1959
Pausenberger & Glaum & Johannson, Das Cash-Mangement internationaler Unternehmen in Deutschland, Zeitschrift für Betriebswirtschaft, 12/1995, S.1365 ff.
Perridon & Steiner, Finanzwirtschaft der Unternehmung, 8.Aufl. München 1995
Pöllath, R., Holzapfel, H.-J., Recht und Praxis des Unternehmenskaufs beim MBO, in: DB,40. Jg., 1987, S. 973 ff.
Rasche, So steuern sie die Risiken mit System, Bank Magazin, 8/1994, S.5ff.
Rewell, J., The Britisch Financial System, Macmillan, London 1973
Schierenbeck, H., Grundzüge der Betriebswirtschaftslehre, München, Wien 1985
Schneider, E., Wirtschaftlichkeitsrechnung, Tübingen 1957
Smith, P.f., Economics of Financial Institutions and Markets, Irwin, Illinois, 1971
Stigum, M., The Money Market, Irwin, New York 1983
Schwanitz, J., Elastizitätsorientierte Zinsrisikosteuerung in Kreditiinstituten, Frankfurt 1996
VBO, Vereinigung für Bankbetriebsorganisation e.V., Management-Information, Strategische Allliancen und Outsourcing als Herausforderung für private Banken, Frankfurt 1995

VBO, Vereinigung für Bankbetriebsorganisation e.V., Management-Information, Entwicklungstendenzen im nationalen und internationalen Börsenwesen als strategische Herausforderung für private Banken
VBO, Vereinigung für Bankbetriebsorganisation e.V., Management-Information, Risikosteuerung als Herausforderung für die Geschäftsleitungen der privaten Banken, Frankfurt 1996
VBO, Vereinigung für Bankbetriebsorganisation e.V., Management-Information, Die europäische Wirtschafts- und Währungsunion (EWWU) als Herausforderung für die Geschäftsleitungen der privaten Banken, Frankfurt 1997
VBO, Vereinigung für Bankbetriebsorganisation e.V., Management-Information, Der Wertewandel in der Gesellschaft als strategische Herausforderung für die Geschäftsleitungen der privaten Banken, Frankfurt 1998
Vormbaum, H., Finanzierung der Betriebe, Wiesbaden 1977
Wietbrock, Datenmodell der Betrieblichen Finanzwirtschft, FH Wedel 1994
Witte, Finanzplanung der Unternehmung: Prognose und Disposition, 3.Aufl.,Opladen 1983
Wöfing, D., Vom Konto zum Kunden, Wie sich Software-Altlasten bei Kreditinstituten bewältigen lassen, in IM, München, Heft 3/1995, S. 66 - 76
Wöhe, G., Einführung in die Allgemeine Betriebswirtschaftslehre, München 1981
ZVEI-Schriftenreihe, Leitfaden für die Beurteilung von Investitionen, Frankfurt/M. 1971

Literatur zu Kapitel 8 Unternehmensführung

Bailes, J., Kleinsorge, I., White, L., How Services Can Use Process Control, in Management Accounting, Oct. 1992, S. 45 - 51
Barr, R., Lory, R., Richez, M., Analyse Comptable, Paris 1971
Baur, W., Sanierungen, Wege aus Unternehmenskrisen, Wiesbaden 1978
Bleicher, K., Organisationsmodelle, in Gabler, Wirtschaftslexikon, Wiesbaden 1984
Brown, G., Le diagnostic'd entreprise, Paris 1975
Camp, R., C., Benchmarking, München, Wien 1994
Coade, N., Be Creative, The Toolkit for Business Success, Smart Strategies, International Thomson Business Press, London, Bonn, Boston etc. 1997
Collins, L., Valin, G., Audit et Controle Interne, Dalloz 1974
Crainer, St., Key Management Ideas, Thinking that changed the management world, Management Masterclass, FT Pitman Publishing, London 1996
Defliese, P. L., Kenneth, P. J., Roderick, K. M., Montgomery's Auditing, New York, Chichester, Brisbane, Toronto 1975
DuBrin, A.,J., Contemporary applied Management, Skills for Managers, Irwin, Boston, Sydney etc. 4th Edition 1994
Farkas, C., de Backer, P., Sheppard, A., Maximum Leadership 2000, The World's top Business Leaders discuss how they add Value to their Companies, Orion Business Books, London 1997
Faßhauer, R., Die Bedeutung von Benchmarking - Analysen für die Gestaltung, in: Mertins, K., Siebert, G., Kempf, St., (Hrsg.), Benchmarking, Berlin, Heidelberg, New York 1995
Flatt, J., G., Intelligent Cost-Cutting, in CA Magazine, Nov. 1992, S. 23 - 26
Freiling, D., Budgetierungs- und Controlling-Praxis, Gewinn-Management im mittleren Industriebetrieb, Wiesbaden 1980
Gibson, R., (Hrsg.), Rethinking the Future, So sehen Vordenker die Zukunft von Unternehmen, Landsberg 1997
Goold, M., Quinn, J. J., Strategic Control, Milestones for Long-Term Performance, Hutchinson, London 1990
Groll, K.-H., Erfolgssicherung durch Kennzahlen, 4. Aufl., Freiburg i. Br. 1991
Hamel, G., Prahalad, C.K., Competing for the Future, Harvard Business School Press, Boston, Massachusetts 1996
Hammer, M., Champy, J., A Manifesto for Business Revolution, New York 1993
Hammer, M., Champy, J., Business Reengineering, die Radikalkur für das Unternehmen, so erneuern Sie Ihre Firma, Frankfurt, New York 1994
Hansmann, K.-W., Industriebetriebslehre, München, Wien 1984

Harrison, D. B., Pratt, M. D., A Methodology for Reengineering Business, in Planning Review, March/April 1993, S. 6 - 11
Hill, W., Unternehmensplanung, Stuttgart 1966
Hinterhuber, H. H., Strategische Unternehmensführung, Berlin, New York 1980
Humes, S., Managing the International, Confronting the Global-Local Dilemma, Prentice Hall International, New York, London, Toronto etc. 1993
Irwin, D., Make your Business Grow, Take a Strategic Approach, Smart Strategies, International Thomson Business Press, London 1998
Jacobsen, G., Hillkirk, Xerox: American Samurai, MacMillan, 1986
Jacotey, C., Principes et Techniques de l' Evaluation des Entreprises, Paris 1975
Johnson, McHugh, Pendlebury, Wheeler III, Business Process Reengineering, Wiley & Sons, New York 1992
Karlöf, B., Conflicts of Leadership, Good for People or Good for Business, John Wiley & Sons, New York, Toronto, Singapore 1996
Korndörfer, Allgemeine Betriebswirtschaftslehre, Wiesbaden 1980
Kröger, F., et. al. (ATKEARNEY), Duale Restrukturierung, Wettbewerbsfähig durch west-östliche Arbeitsteilung, Stuttgart 1994
Lägel, R., Bilanzanalyse und Bilanzkritik, Wiesbaden o.J.
Lauzel, P., Cibert, A., Des ratios au tableau de bord, Paris 1973
Lazak, D., Arbeitshandbuch zur Systemanalyse und exakten Unternehmensoptimierung, München 1973
Lesourne, J., Unternehmensführung und Unternehmensforschung, München und Wien 1964
Lewandowski, R., Systeme der langfristigen Prognose, Monographien zu den modernen Methoden des Management, MBP, Dortmund 1970
Lindemann, P., Nagel, K., Prüfung und Kontrolle bei automatisierter Datenverarbeitung, Neuwied, Berlin 1968
Lutz, T., Beutler, H., Klimesch, H., Miottke, P., Management Informations System (MIS), in IBM-Nachrichten 1968/69 Teil 1, Heft 191, S. 367 f.
Manning, T., Radical Strategy, How to use strategic conversation to win in an age of hostile competition, Zebra Press, Halfway House, 2nd Edition 1998
Matz, A., Plankosten, Deckungsbeiträge und Budget, Wiesbaden 1975
Mazars, R., Rudelli, P., Principes et Pratique de Gestion Financiere, Paris 1974
McGregor, D., Der Mensch im Unternehmen, The Human Side of Enterprise, Düsseldorf, Wien 1973
Mertins, K., Siebert, G., Kempf, S., (Hrsg.), Benchmarking, Praxis in deutschen Unternehmen, Berlin, Heidelberg, New York 1995
Miner, J.B. & Crane, D.P., Human Resource Management, The Strategic Perspective, Harper Collins, New York 1995
Murphy, E.C., Leadership IQ, A personal development process based on a scientific study of a new generation of leaders, John Wiley & sons, New York, Toronto, Singapore etc., 1996
Murray, D., Ethics in Organizations,Values-Codes-Vision-Strategies-Action, Kogan Page with Coopers & Lybrand, London 1997
Neumann, K. H. (Herausgeber), Optimal führen, Konzeption und Methodik neuen Führens in der modernen Leistungsgesellschaft, Heidelberg o.J.
Nordsieck, F., Betriebsorganisation, Betriebsaufbau und Betriebsablauf, Stuttgart 1961
Ohmae, Kenichi, The Borderless World, Power and Strategy in the Global Marketplace, Harper Collins, London 1992
Pascale, R. T. und Athos, A. G., Geheimnis und Kunst des japanischen Managements, München 1982
Peter, L. J., und Hull, R., Das Peter-Prinzip oder Die Hierarchie der Unfähigen, Hamburg 1970
Preißler, P. R., Controlling, Lehrbuch und Intensivkurs, München, Wien 1985
Probst, G.J.B. & Gomez, P. (Hrsg.), Vernetztes Denken, Ganzheitliches Führen in der Praxis,Wiesbaden, 2.Aufl. 1991
Raasch, J., Systementwicklung mit Strukturierten Methoden, Ein Leitfaden für Praxis und Studium, München und Wien 1991
Randolph, W. A., Posner, B. Z., Effective Project Planning and Management, Getting The Job Done, Prentice Hall, Englewood Cliffs 1988
Raubach, U., Früherkennung von Unternehmenskrisen, Frankfurt, Bern und New York 1983
Reichmann, T., Controlling mit Kennzahlen, Grundlagen einer systemgestützten Controlling-Konzeption, München 1985

Robbins, H. & Finley, M., Why Change doesn't work. Why Initiatives go wrong and how to try again - and succeed, Orion Business Books, London 1997

Robbins, H. & Finley, M., Why Teams don't work. What went wrong and how to make it right., Orion Business Books, London 1997

Robey, D. & Sales C.A., Designing Organizations, Irwin, Boston, Sydney etc., 4th Edition 1994

Rogers, B., Seize the Future for your Business, Using Imagination to Power Growth, Smart Strategies, International, Thomson Business Press, London, Bonn, Boston, New york, Paris, 1998

Rummler, G., Brache, A., Improving Performance, JosseyBass, 1990

Salacuse, J.W., Making Global Deals, What every Executive should know about Negotiating abroad, Times Books, New York, Toronto, 1991

Schaffer, R., Earle, B., Agusti, F., International Business Law and it's Environment, West Publishing Company, New York, Los Angeles, San Francisco 1990

Scheer, A. W., Wirtschaftsinformatik, Referenzmodelle für industrielle Geschäftsprozesse, Heidelberg, New York 1994

Schierenbeck, H., Grundzüge der Betriebswirschaftslehre, München Wien

Schmidt, G., Methode und Techniken der Organisation, Gießen 1983

Schmitt, H.-U., Effective Model Building for Strategic Planning, A Knowledge-based System for Enhanced Model and Knowledge Management, Wiesbaden 1997

Schnutenhaus, O., Allgemeine Organisationslehre, 1951

Schoppe, S.G. (Hrsg.), Kompendium der Internationalen Betriebswirtschaftslehre, München, Wien, 3.Aufl. 1997

Schröder, E. F., Modernes Unternehmens-Controlling, 2. Aufl., Ludwigshafen 1985

Schumm, A., Heuckmann, K., Stahlknecht, P., PC-Investitionen als Objekt des IS-Controlling - Ergebnisse einer empirischen Untersuchung, in IM, München, Heft 3/1995, S. 36 - 43

Servatius, H.-G., (Roland Berger & Partner) Reengineering-Programme umsetzen. Von erstarrten Strukturen zu fließenden Prozessen, Stuttgart 1994

Shunk, D. L., Integrated Process Design and Development, Homewod, Illinois, 1989

Specht, O., Ahrens, D., Wolter, B., PPS-Systeme als Datenbasis des Unternehmens-Controlling, Kap. D in dieselben, Material- und Fertigungswirtschaft, Ludwigshafen 1994

Stahlknecht, P., Einführung in die Wirtschaftsinformatik, 7. Aufl., Berlin, Heidelberg, New York etc. 1995

Stalk, G., Hout, T., Competing against Time, The Free Press, 1990

Steinbuch, P. A., Organisation, 6. Aufl., Ludwigshafen 1987

Terpstra, V. & David., K., The Cultural Environment of International Business, South Western Publishing, Cincinnati, 2nd Edition 1991

Torrington, D., Weightman, J., Johns, K., Management Methods, 50 action plans for better results, Institute of Personnel Management and Gower, Aldershot 1985, S. 3 (Paperback, Wimbleton, London 1985. (Eine Fundgrube für professionelle Praktiker!)

Tropenars, F. & Hampden-Turner, C., Riding the Waves of Culture, Understanding Cultural Diversity in Business, Nicholas Brealey Publishing, London, 2nd Edition 1997

Viel, J., Betriebs- und Unternehmensanalyse, Köln und Opladen 1958

Walsh, C., Key Management Ratios, how to analyze, compare and controle figures that drive the company value, Management Masterclass, FT Pitman Publishing, London 1996

Welsch, G. A., Budgeting, Profit-Planning and Control, Englewood Cliffs, N.J. 1957

Wiendahl, H.-P., Betriebsorganisation für Ingenieure, München und Wien 1986

Womack, J.P. & Jones, D.T. Lean Thinking, Banish Waste and create Wealth in your Corporation, Simon & Schuster, New York 1996

Zanger, C., Schöne, K., IV-Controlling - Status quo und Entwicklungstendenzen in der Praxis, Ergebnisse einer empirischen Untersuchung, in IM, München, Heft 1/1994, S. 62 - 69

Ziegenbein, K., Controlling, 4. Aufl., Ludwigshafen 1992

Zimmerer, C., Industriebilanzen lesen und beurteilen, München 1972

ZVEI, Zentralverband der Elektrotechnischen Industrie e.V., Leitfaden für die Unternehmensplanung, Frankfurt/M. 1974

Literatur zu Kapitel 9 Industrielles Rechnungswesen

Andres, K., Droll, B., Köhl, H., Zoller, W., Grundlagen des Rechnungswesens, Wuppertal 1987, S. 39

Balzer, K., Technik des betrieblichen Rechnungswesens 1, Buchhaltung, Wiesbaden o.J.

Berkau, C., und Sheer, A.-W., Wissensbasierte Prozesskostenrechnung - Baustein für das Lean Controlling, in Kostenrechnungspraxis, Heft 2/1993, S. 111 - 119

Beschorner, D., ABWL kurzgefasst, Allgemeine Betriebswirtschaftslehre in komprimierter Form, München 1978

Coenenburg, A. G., Kostenrechnung und Kostenanalyse, Landsberg/Lech, 1992

Cooper, R., Activity-Based-Costing - Was ist ein Activity-Based Cost-System?, in Kostenrechnungspraxis, Heft 4/1990, S. 210 - 220

Franz, K.-P., Die Prozesskostenrechnung - Darstellung und Vergleich mit der Plankostenrechnung und Deckungsbeitragsrechnung, in Ahlert, D., Franz, K.-P., Cöppel, H., Finanz- und Rechnungswesen als Führungsinstrument, Wiesbaden 1990, S. 109 - 136

Gehrke,N., Nitsche, M., Specht, O., Informationssysteme im Rechnungswesen und der Finanzwirtschaft, Informationsprozesse des Finanzmanagements, Ludwigshafen 1997

Hahn, H., Werner, C., (Hahn-Lenz-Tunnissen-Werner), Buchführung und Kostenrechnung der Industriebetriebe IKR, Bad Homburg vor der Höhe 1984

Holmes, G. & Sudgen, A., Interpreting Company Reports and Accounts, Prentice Hall, Woodhead-Faulkner, London, New York etc. 5th Edition 1996

Horngreen, C.T., Sunden, G.L., Stratton W.O., Introduction to Management Accounting, Prentice Hall, London, Toronto etc., 10th Edition 1996

Horvath, P., Revolution im Rechnungswesen: Strategisches Kosten-Management, in P. Horvath, Hrsg., Strategieunterstützung durch das Controlling: Revolution im Rechnungswesen, Wiesbaden 1990

Hummel, S., Männel, W., Kostenrechnung 1, Grundlagen, Aufbau und Anwendung, Wiesbaden 1986

Hummel, S., Männel, W., Kostenrechnung 2, Moderne Verfahren und Systeme, Wiesbaden 1983

Kruse-Heun, Betriebswirtschaftslehre, Kurzausgabe, Darmstadt 1980

Olfert, K., Kostenrechnung, 8. Aufl., Ludwigshafen 1991

Reid, W., & Myddelton, D.R., The Meaning of Company Accounts, Gower, Hants, England, Aldershot USA, 6th Edition 1996

Schierenbeck, H., Grundzüge der Betriebswirtschaftslehre, München, Wien 1985

Seidenschwarz, W., Target Costing und Prozesskostenrechnung, in IFUA Horvath & Partner, Hrsg., Prozeßsskostenmanagement, München 1991, S. 47 - 70

Torspecken, H.-D., Technik des betrieblichen Rechnungswesens 2, Kostenrechnung, Wiesbaden o.J.

Wilkens, K., Kosten- und Leistungsrechnung, Lern- und Arbeitsbuch, München, Wien 1985

Wöhe, G., Einführung in die Allgemeine Betriebswirtschaftslehre, München 1981

Zimmermann, W., Betriebliches Rechnungswesen, Aufwands- und Ertragsrechnung, Kosten- und Leistungsrechnung, Wirtschaftlichkeits- und Investitionsrechnung, Braunschweig 1978

Sachregister

H

I

J

K

M

Übungsteil

Die Nummerierung der Übungsaufgaben beinhaltet folgende Systematik:
- Nummern vor dem Punkt benennen das zugehörige Kapitel des Buches.
- Nummern nach dem Punkt kennzeichnen die Reihenfolge der Aufgaben je Kapitel.

Gliederung der Aufgaben/Fälle

5 Produktionswirtschaft
5.1 Methoden zur Senkung der Herstellkosten
5.2 Arbeitsplanung
5.3 Merkmale und Eignung betrieblicher Nummernsysteme
5.4 Produktionsverfahren und Informationsflüsse
5.5 Stücklistenerstellung
5.6 Erstellung eines Produktionsprogrammes
5.7 Auftragsreihenfolge
5.8 Vorwärts- und Rückwärtsterminierung sowie ergänzende Maßnahmen zur optimalen Kapazitätsterminierung
5.9 Bestimmung der wirtschaftlichen Losgröße bei unterschiedlichen Periodenbedarfen
5.10 Vorlaufverschiebung in der Materialdisposition für mehrstufige Fertigung
5.11 Fertigungskontrolle und Schwachstellenanalyse
5.12 Qualitätsmanagement
5.13 Computereinsatz in der Fertigung, Computer integrated Manufacturing (CIM)

6 Personalwirtschaft
6.1 Grundlagen und Rechtsquellen des Arbeitsrechts
6.2 Aufgaben des Betriebsrates
6.3 Personalkostenbudgetierung
6.4 Vor- und Nachteile innerbetrieblicher und außerbetrieblicher Personalbeschaffung
6.5 Arbeitsplatzbewertung

7 Finanzwirtschaft und Investition
7.1 Kapitalbedarf zur Finanzierung des Umlaufvermögens
7.2 Vergleich von Kreditkauf und Leasing
7.3 Finanzplanung eines Industrieunternehmens
7.4 Schwächen und Kriterien der Investitionsplanung und -entscheidung
7.5 Kapitalwerte bei alternativen Kalkulationszinsfüßen
7.6 Kostenvergleichsrechnung für eine Ersatzinvestition
7.7 Finanzielle Mobilität

8 Unternehmensführung
8.1 Ermittlung und Beurteilung des Return on Investment
8.2 Ableitung von Ergebnisplan und Planbilanz aus den Teilplänen der Unternehmensplanung
8.3 Aufgabenteilung zwischen Top- und Middle-Management
8.4 Aufbauorganisation
8.5 Arbeitsablauforganisation
8.6 Krisenmanagement

9 Industrieelles Rechnungswesen
9.1 Von der Eröffnungsbilanz zur Schlussbilanz
9.2 Abgrenzung zwischen Finanzbuchhaltung und Betriebsabrechnung

1.1 Merkmale verschiedener Rechtsformen

Sie haben mit mehreren Freunden eine verkaufsfähige Erfindung und Entwicklung realisiert und wollen gemeinsam ein Produktionsunternehmen gründen. Sie bereiten sich jetzt auf eine Verhandlung über die Wahl der geeigneten Unternehmensform vor. Erstellen Sie zu diesem Zweck ein Verzeichnis der Kriterien, nach denen Sie darüber entscheiden wollen, unter welchen Bedingungen Sie für welche Rechtsform der Unternehmung plädieren wollen.

1.2 Merkmale und Bedeutung der Aktiengesellschaft

Nehmen Sie an, Sie hätten ein Produktionsunternehmen für technische Serienprodukte aufgebaut und über längere Zeit mit großem Erfolg als Einzelfirma betrieben. Mit zunehmendem Alter werden Sie sich der Verantwortung bewusst, dass Sie zur Sicherung des Unternehmens über Ihr mögliches Ableben hinaus dem Unternehmen eine andere Rechtsform geben sollten. Sie erwägen die Schaffung einer Aktiengesellschaft. Nennen Sie als Grundlage für Ihre Entscheidung über die Umwandlung in eine Aktiengesellschaft die Merkmale, Vorteile und Nachteile einer Aktiengesellschaft.

1.3 Arten von Unternehmenszusammenschlüssen und deren Bedeutung für den Unternehmenserfolg und die volkswirtschaftliche Entwicklung

Nehmen Sie an, Sie seien Geschäftsführer einer Gießerei, deren Betriebsergebnis durch internationalen Wettbewerb einige Jahre unbefriedigend ausgefallen ist. Der Aufsichtsrat habe Sie verpflichtet, im Interesse der Zukunftssicherung des Unternehmens, systematisch den Zusammenschluss mit Unternehmen zu prüfen, durch deren Mitwirkung das Betriebsergebnis verbessert werden könnte. Treffen Sie zur Vorbereitung entsprechender Recherchen und Verhandlungen folgende Vorbereitungen:

(a) Erstellen Sie einen Katalog der möglichen Ziele für Unternehmenszusammenschlüsse.
(b) Verdeutlichen Sie den Unterschied zwischen horizontalen, vertikalen und diagonalen Unternehmenszusammenschlüssen durch eine graphische Darstellung.
(c) Geben Sie eine gesamtwirtschaftliche und betriebswirtschaftliche Würdigung von Unternehmenszusammenschlüssen als Grundlage für eine qualifizierte Diskussion im Rahmen der von Ihnen angestrebten Kooperations- und Zusammenschlussverhandlungen.

1.4 Chancen und Risiken von Niedriglohn-Standorten

Aufgrund wachsenden internationalen Wettbewerbs werden Sie als Leiter der Arbeitsvorbereitung eines Produktionsunternehmens gefragt, wie Sie die Chancen und Risiken von Niedriglohn-Standorten einschätzen. Erläutern Sie die in diesem Zusammenhang wichtigen Gesichtspunkte.

1.5 Quantitative Standortanalyse

Ein deutsches mittelständisches Unternehmen DEUTEC hat mit Erfolg ein neues Produkt P entwickelt. Da die eigenen Kapazitäten voll ausgelastet und die Finanzierungsreserven weitgehend ausgeschöpft sind, soll versucht werden, das Produkt in einem „joint venture" mit einem Kooperationspartner herzustellen.

Ähnliche Produkte wurden bereits einige Male in Fernost nachgebaut. Nicht wenige japanische Unternehmen haben Fertigungen in der EG errichtet und dafür den Standort England als vorteilhaft erkannt. Aus diesem Grunde haben Sie einen Kooperationspartner in England gesucht und gefunden, der geeignet erscheint und daran interessiert ist, das Produkt P für Sie zu produzieren. Erstellen Sie einen Standortvergleich für eigene Fertigung in der Bundesrepublik und Fertigung bei einem englischen Partner auf der Basis der folgenden Plandaten. Die Rechnung soll drei Geschäftsjahre umfassen und auf eine Berücksichtigung von Zinseszinsen verzichten. Die Rechnung ist mit wahrscheinlichen Werten durchzuführen.

Kumulieren Sie die Werte von jeweils drei Jahren zu einem Gesamtwert über drei Jahre und ermitteln Sie für diese Gesamtbeträge den Deckungsbeitrag in Prozent vom Umsatz und die Umsatzgewinnrate (nach Steuern). Die Grundlagen für die Ermittlung dieser Kennzahlen finden Sie unter Punkt 8.1 und 9.2.6.3.

Geben Sie eine Beurteilung der Ergebnisse der Standortanalyse ab. Gehen Sie dabei auf mögliche Risiken und Chancen, d. h. mögliche Abweichungen der realen Entwicklung von den Planwerten ein, und empfehlen Sie Verfahren zu deren ergänzender Berücksichtigung. Schließen Sie mit einer Empfehlung zur Standortentscheidung ab.

Fiktive Daten zum Standortvergleich
(insbesondere die Angaben zur Berücksichtigung von Steuern und Fördermaßnahmen sind extrem vereinfacht und fiktiv)

	Alle Wertangaben in DM	Bundesrepublik	England
(1)	Einmalkosten, Fördermaßnahmen und Steuern		
	(1.1) Gebäudeinvestitionen	1.500.000	1.300.000
	(1.2) Maschineninvestitionen	500.000	350.000
	(1.3) Werkzeuginvestitionen	70.000	70.000
	Abschreibungen		
	(1.4) auf Gebäude linear über 20 Jahre	5 % p.a.	5 % p.a.
	(1.5) auf Maschinen linear über 5 Jahre	20 % p.a.	20 % p.a.
	(1.6) auf Werkzeuge in der Praxis mengenabhängig auf 14.000 Stück des Erzeugnisses	5,- DM/Stck	5,- DM/Stck
	Fördermaßnahmen		
	(1.7) Investitionszulage (in strukturschwacher Region)	10 % auf (1.2)	-
	(1.8) Wegen Neueinstellung Lohnkostenzuschuss im 1. Halbjahr	50 % auf (2.4)	-
	Steuern		
	(1.9) Kostensteuern wie Grund- u. Gewerbesteuern (hier vereinfacht)	-	-
	Gewinnsteuern auf nicht ausgeschüttete Gewinne	50 %	25 % bis zu 310.000 DM Gewinn p.a.
(2)	Periodenkosten/Selbstkosten		
	Die zu fertigende Stückzahl sei gleich der Absatzmenge gemäß (3)		
	(2.1) Materialkosten		
	- Fertigungsmaterial je Stück	75,-	80,-
	- Materialgemeinkosten (Einkauf, Lager, Zinsen) in Prozent des Fertigungsmaterialwertes	8 %	10 %
	jährliche Materialkostensteigerung um	3 %	5 %

(2.2)	Fertigungskosten		
	- erforderliche Fertigungszeit je Stück	4 Stunden	4,5 Stunden
	- Lohnkosten der Industrie je Stunde		
	-- Bruttoentgelt ohne Lohnnebenkosten	17,00	12,40
	-- Lohnnebenkosten	85 %	42 %
	-- Gesamtlohnkosten je Fertigungsstunde	31,45	17,61
	- für Fertigungsplanung, -steuerung und -kontrolle wird benötigt eine Bürokraft halbtags mit Jahresgehaltskosten (inkl. Lohnnebenkosten)	18.500	10.000
(2.3)	Die jährlichen Lohn- u. Gehaltssteigerungen betragen	3 %	8 %

(2.4) Bei der Ermittlung der Personalkosten für die Bundesrepublik ist zu beachten, dass wegen Neueinstellung der zwei Fertigungslöhner deren Lohn im 1. Halbjahr gemäß (1.8) bezuschusst wird. Die Bürokraft wird nicht neu eingestellt.

(2.5) Fertigungsgemeinkosten (dazu zählen hier)
- die Kosten der Bürokraft gemäß (2.2)
- Abschreibungen auf Maschinen und Gebäude aus (1.1), (1.2)

(2.6) Sondereinzelkosten der Fertigung
- ergeben sich als Werkzeugkosten aus (1.3) und (1.6)

(2.7)	Verwaltungsgemeinkosten (über 3 Jahre konstant)	35.000	28.000
(2.8)	Vertriebsgemeinkosten (inkl. Transportkosten) (ü. 3 Jahre konstant) Ein Gehaltskostenvorteil Englands werde ausgeglichen durch einen Transportkostennachteil in gleicher Größenordnung	52.000	52.000

(3) Periodenabsatz und -umsatz

Jahr	Absatzmenge	Stückpreis netto (Nettoerlös)
1	1.000 Stück	510,- DM/Stück
2	1.200 Stück	500,- DM/Stück
3	1.250 Stück	490,- DM/Stück

2.1 Mindestplanung vor einer Unternehmensgründung

Sie beabsichtigen sich selbständig zu machen und wollen ein kleines EDV-Unternehmen mit zunächst etwa fünf Beschäftigten gründen. Bitte erläutern Sie Ihre Grundüberlegungen zur erforderlichen Mindestplanung.
Konkretisieren Sie Ihre Vorstellungen durch Entwurf eines geeigneten Formulares, in dem Sie die wichtigsten Plandaten zusammentragen wollen.

2.2 Erfordernisse der Erfolgssicherung nach der Gründung

Sie beabsichtigen eine Unternehmensgründung, nachdem Sie eine erfolgversprechende Mindestplanung aufgestellt haben. Für die Zeit nach der Gründung wollen Sie sich Klarheit darüber verschaffen, welche Führungsaufgaben Sie erfüllen müssen, um Fehler zu vermeiden, die erfahrungsgemäß oft zu Unternehmenskrisen führen. Was nehmen Sie sich als wichtige Teilaufgaben zur Erfolgssicherung vor?

3.1 Entscheidung über den Einsatz eines Handelsvertreters oder eines angestellten Verkäufers

Ihr Unternehmen steht vor der Entscheidung, ob es unter Kostengesichtspunkten günstiger ist, Ihre Produkte durch einen Handelsvertreter oder durch einen angestellten, eigenen Verkäufer zu vertreiben. Im Verkaufsgebiet ist ein Umsatz von 70.000 DM pro Monat zu erwarten. Der Handelsvertreter würde ein Fixum von 900,- DM pro Monat als Beitrag zu seinen Verwaltungs- und Reisekosten sowie 3,5 % Provision vom Umsatz verlangen und erhalten. Der angestellte Verkäufer würde ein Gehalt von 2.000 DM monatlich plus 1 % vom Umsatz Prämie erhalten. Zusätzlich würden für den angestellten Verkäufer 60 % Lohnnebenkosten auf das Gehalt sowie eine Reisekostenpauschale von monatlich 600,- DM anfallen.

(a) Stellen Sie eine Formel auf für den Kostenvergleich zu den alternativen Lösungen Handelsvertreter und angestellter Verkäufer und führen Sie den Kostenvergleich durch.
(b) Bilden Sie eine Formel zur Ermittlung des Umsatzes, bei dem die Kosten des Handelsvertreters und des fest angestellten Verkäufers gleich hoch sind, und ermitteln Sie diesen Umsatz (den sogenannten kritischen Umsatz).
(c) Nennen Sie Vor- und Nachteile des Handelsvertretereinsatzes.

3.2 Ermittlung der erforderlichen Anzahl an Verkäufern

Als Verkaufsleiter sind Sie verantwortlich für eine Optimierung des Umsatzes durch fachgerechte Betreuung der Kunden sowie eine hohe Motivation Ihrer Verkäufer durch eine ausgewogene und sinnvolle Auslastung ohne unvertretbare Überlastung. Einige Ihrer Verkäufer haben sich kürzlich über eine Überlastung durch zu hohe Anzahl von notwendigen Kundenbesuchen beklagt und für die Einstellung zusätzlicher Verkäufer plädiert. Überprüfen Sie auf der Grundlage der folgenden Angaben, ob zusätzliche Verkäufer eingestellt werden müssen. Es ist aber zu beachten, dass Sie verschiedene Kundentypen zu betreuen haben. Diese Kundentypen werden zweckmäßigerweise gruppiert nach der Häufigkeit der Besuche pro Periode, die für eine optimale Betreuung als notwendig angesehen wird.

Gegenwärtige Anzahl der Verkäufer (aktiv im Außendienst)	13
Anzahl der Arbeitstage pro Jahr	200
Durchschnittliche Zahl der Kundenbesuche pro Verkäufer und Arbeitstag	5

Geplante Besuchshäufigkeit je Kundengruppe

Kunden	Anzahl an Kunden	geplante Zahl an Kundenbesuchen pro Jahr
Typ A	500	16
Typ B	400	12
Typ C	300	8
Neukunden	50	12

Ermitteln Sie die erforderliche Anzahl an Verkäufern für den Außendienst. Beantworten Sie entsprechend die Frage, ob zusätzliche Verkäufer eingestellt werden müssen und stellen Sie Überlegungen an, welche Gesichtspunkte in der Praxis in diesem Zusammenhang wesentlich werden können.

3.3 Optimierung des Verkäufereinsatzes nach Regionen, Kundengrößenklassen und Verkäuferleistungsmerkmalen

Als Vertriebsleiter sind Sie dafür zuständig, drei Verkäufer mit unterschiedlichen Fähigkeiten so einzusetzen, dass das Umsatzpotential verschiedener Regionen mit Kunden unterschiedlicher Größe bestmöglich ausgeschöpft wird. Auf der Grundlage der Ihnen vorliegenden folgenden Erfahrungswerte aus zurückliegenden Perioden sollen Sie den Umsatz dadurch optimieren, dass Sie die Verkäufer (A, B und C) umsatzoptimal den drei Regionen I, II und III zuordnen und nach der von Ihnen entschiedenen Zuordnung den insgesamt erzielbaren Höchstumsatz ermitteln. Dann überlegen und nennen Sie bitte Probleme, die bei der Anwendung dieser Methode in der Praxis auftreten können und ergänzend zu beachten sind.

Kundengrößenklassen		Umsatzpotential je Kunde (TDM)
Großkunden	(Typ A)	500
mittlere Kunden	(Typ B)	100
Kleinkunden	(Typ C)	50

Kundenverteilung je Region			
	Region I	Region II	Region III
Großkunden	95	5	15
mittlere Kunden	5	175	80
Kleinkunden	0	20	5

Leistungsmerkmale der Verkäufer (Umsatzpotentialausschöpfung je Kundengruppe)			
	Verkäufer A	Verkäufer B	Verkäufer C
Großkunden	80 %	50 %	20 %
mittlere Kunden	60 %	30 %	50 %
Kleinkunden	30 %	15 %	70 %

3.4 Preisfindung und Kleinserienkalkulation

(a) Nennen Sie in Stichworten die Gesichtspunkte, die außer der Kosten für die Bildung eines Angebotspreises maßgeblich zu sein pflegen.

(b) Kleinserienkalkulation

Sie sind Geschäftsführer von STATEX. Ihr Unternehmen stellt seit Jahren als Marktführer Luftionisiergeräte her. Sie müssen nun entscheiden, ob Sie einen neuen Oberflächenreiniger für Reprotechnik und Retuschieraufgaben in Ihr Verkaufsprogramm aufnehmen wollen. Für diese Aufgabe liegen Ihnen folgende Informationen vor:

- Die Entwicklungskosten zur Herstellung der Fertigungsreife betragen 30.000 DM.
- In der Fertigung müssen 280.000 DM investiert werden.
- Die Arbeitsvorbereitung hat Herstellkosten in Höhe von 750,- DM/Stück ermittelt.
- Die Marketingabteilung nennt einmalige Kosten für Werbung und Vertriebseinführung 55.000,- DM.
- Nach Meinung der Abteilung Marktforschung können wahrscheinlich 1000 Oberflächenreiniger zu einem Preis von 1.480 DM auf dem Markt abgesetzt werden.

(a) Wie groß ist die kritische Menge?
(b) Wie hoch ist der kritische Nettoerlös?
(c) Wie würden Sie entscheiden und ist Ihre Entscheidung an bestimmte Vorbehalte und/oder Bedingungen gebunden? Wenn ja, welche?

3.5 Strukturierung und Formulierung einer Werbebotschaft

Entwerfen Sie ein Werbefaltblatt, das in normalem Längsbriefumschlag versandt werden soll und über Aktivitäten und Resourcen eines Ingenieurbüros informiert.

3.6 Das perfekte Systemangebot

(a) Als Hersteller von Investitionsgütern verkaufen Sie Problemlösungen und bieten Systeme an, die in Zusammenarbeit mit dem Kunden dessen Bedürfnissen individuell angepasst werden müssen. Erläutern Sie ausgehend von diesen Bedingungen die Merkmale, die ein perfektes Systemangebot aufweisen sollte, um nicht von der Konkurrenz übertroffen zu werden.
(b) Beschaffen oder entwerfen Sie ein Praxisbeispiel für allgemeine Geschäfts- und Lieferbedingungen eines EDV-Unternehmens.

3.7 Vertriebs- und Kosteneffekte unterschiedlicher Lösungen für die Fertigfabrikate-Lagerung

(a) Erläutern Sie, welche Effekte sich für Ihre Kunden und für die Kostenentwicklung aus der Anzahl dezentraler Fertigfabrikateläger ergeben.
(b) Erläutern Sie die unterschiedlichen Kostenentwicklungen, die sich bei Einlagerung Ihrer Fertigerzeugnisse in eigene Läger oder in fremde Läger ergeben.

3.8 Entwurf und kritische Diskussion einer Marketing-Organisation

(a) Entwerfen Sie ein Organigramm für die Marketing-Organisation eines mittelständischen Unternehmens, das drei Produktgruppen unterschiedlicher Produkt- und Produktionstechnologie herstellt. Beachten Sie dabei, dass das Unternehmen effizient auf technologische Veränderungen reagieren muss und zugleich unter Ergebnisschwäche leidet.
(b) Diskutieren Sie Intentionen, Vor- und Nachteile Ihres Vorschlages.
(c) Erläutern Sie, unter welchen Bedingungen und wie die von Ihnen vorgeschlagene Organisationsform später an eine dynamische Technologie- und Marktentwicklung angepasst werden könnte.

4.1 Teilaufgaben der Materialwirtschaft und Reihenfolge ihrer Abwicklung

Stellen Sie die Teilaufgaben der Materialwirtschaft so dar, dass Sie in einer Skizze jede Teilaufgabe benennen und die Reihenfolge der Bearbeitungen aus der Skizze hervorgeht. Nummerieren Sie die Teilaufgaben durch und geben Sie zu jeder Nummer eine Kurzerläuterung, die als Grundlage für eine Arbeitsanweisung geeignet ist.

4.2 ABC-Analyse, Grundlage optimaler Beschaffungsmethoden

(a) Erstellen Sie aufgrund folgender Daten eine ABC-Analyse:

MATERIALNR.	JAHRESBEDARF	PREIS JE MENGENEINHEIT
a	850 Stck.	7,90 DM
b	6.300	0,30
c	5.000	1,30
d	15 000	0,12
e	1.000	6,20
f	750	45,--
g	27.500	0,09
h	150	430,--
i	40.000	0,02

(b) Gehen Sie kurz auf die Folgerungen ein, die aus den Ergebnissen gezogen werden müssen.

4.3 Analyse und Beseitigung von Mängeln in der Materialversorgung

Nehmen Sie an, Sie seien Leiter der Materialwirtschaft in einem Unternehmen, das technische Serienprodukte herstellt. In den zurückliegenden zwei Wochen habe es drei Fertigungsunterbrechungen gegeben, weil für mehrere Teilearten die Bestände vorübergehend null betrugen, also Teile fehlten.

Die Geschäftsführung erwartet von Ihnen eine systematische Bekämpfung des „Fehlteileproblems" durch

(a) Untersuchung der Ursachen,
dazu sollen Sie jetzt einen systematischen Katalog der möglichen Ursachen des Problems erstellen, ferner wurden Sie ersucht,

(b) Maßnahmenvorschläge für eine Behebung des Problems vorzulegen.

4.4 Voraussetzungen für eine optimale Beschaffung von A-Gütern mit dem Bestellrhythmusverfahren

Die Geschäftsführung erkennt an, dass das Bestellrhythmusverfahren bei der Bedarfsermittlung für A-Güter eingesetzt wird. Sie weiß aber auch, dass Einwände gegen dieses Verfahren vorgebracht wurden, die besagen, dass die Methode anfällig sei gegen größere spontane Bedarfsschwankungen aufgrund unvorhergesehener Großaufträge. Sie werden deshalb - als Leiter der Materialwirtschaft - aufgefordert, darzulegen, wie Sie in Zukunft sicherstellen werden, dass

(a) bei A-Gütern keine Versorgungsengpässe (Fehlteile) auftreten und zugleich

(b) minimale Kapitalbindung erreicht wird.

4.5 Sicherstellung einer optimalen Beschaffung von C-Gütern mit dem Bestellpunktverfahren

Sie haben als Leiter der Materialwirtschaft zur Vermeidung von Versorgungsengpässen (Fehlteilen) bei C-Gütern eine Überprüfung und soweit erforderlich Neufestsetzung für Melde- und Sicherheitsbestände vorgeschlagen.
Als Bestandteil einer entsprechenden Anweisung an Ihre Mitarbeiter benötigen Sie eine Beispielrechnung. Bitte legen Sie deshalb nach den folgenden Daten
(a) den zukünftigen Sicherheitsbestand und
(b) einen geeigneten Bestellpunkt fest.

Daten:
für die Beschaffung eines C-Gutes (Schrauben vom Typ M 10 x 35)
- Tagesbedarf konstant 7.500
- Sicherheitsbestand gefordert für 10 Tage
- Beschaffungszeit: Bestellbearbeitung 1 Tag, Lieferzeit 3 Tage

4.6 Arbeitsablauf (Einlagerung und Entnahme) in einem Hochregallager mit Kommissionierung und Freiplatzverwaltung

Als Unternehmensberater arbeiten Sie mit einem Unternehmen zusammen, das Anlagen der Fördertechnik kundenindividuell herstellt und liefert. Zusammen mit diesem Unternehmen errichten Sie ein Hochregallager für Fertigfabrikate der Firma Bosch. Es sind unterschiedliche technische Geräte artikelrein pallettiert einzulagern. Bei der Entnahme ist eine Kommissionierung nach Kundenaufträgen, die Erledigung von Eilaufträgen (Expressservice) sowie die Zusammenstellung von Lieferungen an eigene Niederlassungen zu ermöglichen. Aus Gründen der Überwachung von Garantieansprüchen müssen die Artikelnummern je Produkt und Lieferung erfasst werden.

Stellen Sie einen geeigneten Arbeitsablauf zur Lösung dieser Aufgaben dar und veranschaulichen Sie dazu die Lagersituation durch eine Skizze.

4.7 Kanban-System für Just-In-Time-Lieferungen (JIT)

Sie sind in der Auftragsabwicklung in einem Unternehmen der Automobilzulieferindustrie zuständig für die Einplanung von Kundenaufträgen in die wöchentlichen Fertigungsprogramme Ihres Unternehmens. Ihr Unternehmen ist von VW-Audi aufgefordert worden, in Verhandlungen über eine Verkürzung der Lieferzeiten und eine teilweise Einführung von Just-In-Time-Lieferungen einzutreten. Sie wissen, dass damit Kostensteigerungen in Ihrem Unternehmen verbunden sein werden. Es sind also schwierige Verhandlungen zu erwarten. Für diese Verhandlungen sollen Sie folgende Unterlagen erarbeiten:
(a) eine Aufstellung der Voraussetzungen für Just-In-Time-Lieferungen
(b) eine graphische Darstellung der Systemzusammenhänge im KANBAN-System.

5.1 Methoden zur Senkung der Herstellkosten

Erläutern Sie die Merkmale und betriebliche Bedeutung von
- Normung
- Typung
- modularen Systemen und
- Wertanalyse.

5.2 Arbeitsplanung

Stellen Sie den Ablauf der Arbeitsplanerstellung dar.

5.3 Merkmale und Eignung betrieblicher Nummernsysteme

(a) Charakterisieren Sie betriebliche Nummernsysteme dadurch, dass Sie in einer Tabelle nach identifizierenden und klassifizierenden sowie auftragsunabhängigen und auftragsabhängigen Nummernkreisen unterscheidend im Betrieb übliche Nummern sinnvoll zuordnen.
(b) Erläutern Sie den Unterschied zwischen Verbund-Nummernsystemen und Parallel-Nummernsystemen unter Verwendung von zwei Skizzen.
(c) Erläutern Sie Vor- und Nachteile der beiden Systeme anhand bekannter praktischer Erfahrungen.

5.4 Produktionsverfahren und Informationsflüsse

Sie haben die Absicht, ein Rennrad im oberen Preisbereich zu kaufen. Zu diesem Zweck gehen Sie zu einem Fachhändler. Dieser bestellt ein Fahrrad, das nach Ihren besonderen Wünschen produziert wird. Sie haben für den Rahmen eine Spezialgröße gewählt, die eine Sonderanfertigung erfordert. Alle übrigen Teile des Fahrrades werden aus der Serienfertigung des Herstellers stammen.
(a) Erläutern Sie die Produktionsverfahren (= Fertigungsverfahren), die anlässlich der Bestellung Ihres Rennrades beim Hersteller erforderlich sind.
(b) Erläutern Sie die Informationsflüsse und -inhalte der Auftragsbearbeitung beim Hersteller des Rennrades, ausgehend vom Eingang der Bestellung des Fachhändlers.

5.5 Stücklistenerstellung

Erstellen Sie eine zweistufige Stückliste für ein Rennrad.
(a) Zeigen Sie zuerst die Erzeugnisstruktur anhand einer Skizze.
Erstellen Sie daraus
(b) eine Baukastenstückliste
(c) eine Mengenübersichtsstückliste
(d) eine Strukturstückliste

5.6 Erstellung eines Produktionsprogramms

Skizzieren Sie den Arbeitsablauf bei der Erstellung und den groben Inhalt eines Produktionsprogramms.

5.7 Auftragsreihenfolge

Bestimmen Sie die bestmögliche Auftragsreihenfolge nach dem Johnson-Algorithmus für A1 bis A3 Aufträge, die in gleichbleibender Reihenfolge auf den Maschinen M1 bis M3 gefertigt werden sollten. Die Bearbeitungszeiten je Auftrag und Maschine betragen in Minuten

	M1	M2	M3
A1	10	2	7
A2	7	3	5
A3	4	3	8

5.8 Vorwärts- und Rückwärtsterminierung sowie ergänzende Maßnahmen zur optimalen Kapazitätsterminierung

(a) Erläutern Sie die Verfahren der Vorwärts- und Rückwärtsterminierung sowie deren Vor- und Nachteile und ergänzende Maßnahmen zur Optimierung.

(b) Erstellen Sie nach dem Datenblatt auf Seite 256 eine Vorwärts- und eine Rückwärtsterminierung (dabei bleiben Transportzeiten als vernachlässigbar klein unberücksichtigt).

5.9 Bestimmung der wirtschaftlichen Losgröße bei unterschiedlichen Periodenbedarfen

Ermitteln Sie die wirtschaftliche Losgröße für einen Fertigungsauftrag zur Herstellung von Rohteilen auf der Grundlage der folgenden Daten:

- Rüstkosten	250	DM
- Lagerkosten je Stück und Monat	0,60	DM
- Bedarf für die Perioden P1 bis P4		
P1	150	Stück
P2	200	Stück
P3	175	Stück
P4	200	Stück

5.10 Vorlaufverschiebung in der Materialdisposition für mehrstufige Fertigung

Geben Sie eine Kurzerläuterung des Problems und des Verfahrens der Vorlaufverschiebung und definieren Sie die Details der Methode durch eine sorgfältige graphische Darstellung.

5.11 Fertigungskontrolle und Schwachstellenanalyse

Umreißen Sie die Aufgaben einer leistungsfähigen
(a) Fertigungsfortschrittskontrolle und
(b) Schwachstellenanalyse
für ein Unternehmen mit Serienfertigung technischer Geräte.

5.12 Qualitätsmanagement

(a) Definieren Sie den Begriff Qualität und nennen Sie die Hauptelemente von TQM.
(b) Skizzieren Sie den Qualitätskreis mit seinen wichtigsten Elementen.
(c) Erläutern Sie Quality Function Deployment und Simultaneous Engineering
(c) Benennen Sie die Funktionen, die Gegenstand der Zertifizierung nach ISO 9001 sind.

5.13 Computereinsatz in der Fertigung, Computer integrated Manufacturing (CIM)

(a) Stellen Sie den Zusammenhang der verschiedenen CIM-Bausteine in einer allgemein bekannten Graphik dar.
(b) Erläutern Sie Ihre Vorstellung über eine Einführung integrierter EDV-Lösungen in der Fertigung.

6.1 Grundlagen und Rechtsquellen des Arbeitsrechts

Stellen Sie die Rechtsgrundlagen des Arbeitsrechts, die gemeinsam die Rechtslage eines Arbeitsverhältnisses ausmachen, mit Angabe der jeweils beteiligten Institutionen kurz dar (möglichst graphisch).

6.2 Aufgaben des Betriebsrats

Nennen Sie in Kurzform, durchnummeriert
(a) Angelegenheiten, die zwingend der Mitbestimmung unterliegen
(b) Maßnahmen, über die der Betriebsrat vor Beginn der Planungs-Phase zu unterrichten ist.

6.3 Personalkostenbudgetierung

Stellen Sie den Ablauf der Personalkostenbudgetierung dar.

6.4 Vor- und Nachteile innerbetrieblicher und außerbetrieblicher Personalbeschaffung

Stellen Sie die Vor- und Nachteile inner- und außerbetrieblicher Personalbeschaffung in knapper Form gegenüber.

6.5 Arbeitsplatzbewertung

(a) Stellen Sie die Systematik der Arbeitsplatzbewertungsverfahren dar.
(b) Führen Sie eine Bewertung von folgenden Arbeitsplätzen nach dem Genfer Schema durch:
    - Maschinenführer
    - Lagerarbeiter
    - Schreibkraft.

    Dabei kommt es nicht auf die zutreffende Einschätzung der einzelnen Anforderungsarten je Arbeitsplatz an. Diese ist abhängig vom konkreten Fall. Wichtig ist die Anwendung der Analysemethode und das Aufzeigen von Relationen der Arbeitsplätze zueinander.

7.1 Kapitalbedarf zur Finanzierung des Umlaufvermögens

(a) Ermittlung des Kapitalbedarfs zur Finanzierung des Umlaufvermögens nach der elektiven Methode mit folgenden Daten:

10.000 =	durchschn.tgl.Ausgaben	f. Fertigungs-/Hilfsmaterial (Einkauf)
500 =	- „ -	f. Materialbereitstellung (Lager)
25.000 =	- „ -	im Fertigungsbereich (Löhne etc.)
1.500 =	- „ -	f. Fertigproduktlagerung
2.500 =	- „ -	im Vertrieb
3.500 =	- „ -	in sonstigen Bereichen
14 Tage =	durchschnittliche	Materiallagerdauer
4 Tage =	- „ -	Fertigungsdauer
12 Tage =	- „ -	Fertigerzeugnislagerdauer
8 Tage =	- „ -	Vertriebsdauer
12 Tage =	- „ -	Debitorenzieldauer (an Kunden)
10 Tage =	- „ -	Ziel der Kreditoren (von Lieferanten)

(b) Berechnen Sie den Kapitalbedarf mit Hilfe der kumulativen Methode und zeigen Sie deren Nachteil im Vergleich zu der elektiven Methode.

7.2 Vergleich von Kreditkauf und Leasing

Vergleichen Sie Kreditkauf und Leasing:

Anschaffungskosten eines Anlagegutes : 700.000 DM
betriebsgewöhnliche Nutzungsdauer : 7 Jahre
Einnahmen aus der Nutzung des Anlagegutes: 200.000 DM p.a.

Kreditsumme : 700.000 DM
Tilgung : in jährlich gleichbleibenden Raten
Laufzeit : 7 Jahre
Verzinsung : 8 % p.a.

Leasingraten : pro Monat 3 %
Abschlussgebühr: 10 %
Grundmietzeit : 4 Jahre
Anschlussmiete : 20.000 DM p.a.

Beurteilen Sie kurz das Ergebnis.

7.3 Finanzplanung eines Industrieunternehmens

Skizzieren Sie den Zusammenhang der Finanzplanung mit den anderen Teilplänen des Unternehmens nach Vormbaum.

7.4 Schwächen und Kriterien der Investitionsplanung und -entscheidung

(a) Nennen Sie von Blohm/Lüder erkannte übliche Schwächen im Investitionsprozess der Unternehmen.
(b) Formulieren Sie die wichtigsten Anforderungen an sachgerechte Investitionsrechnung und -entscheidung.

7.5 Kapitalwerte bei alternativen Kalkulationszinsfüßen

Ein Investitionsobjekt kostet DM 200.000 und erwirtschaftet jährliche Überschüsse von DM 35.000.

(a) Ist die Investition vorteilhaft, wenn der Kalkulationszinssatz 6 %, 10 %, 14 % beträgt und die Nutzungsdauer auf 8 Jahre begrenzt ist?
(b) Ergänzend ist zu berücksichtigen, dass ein Liquidationserlös von DM 28.500 am Ende des 8. Jahres anfallen wird. Welche Veränderungen der Kapitalwerte und der Vorteilhaftigkeit der Investition folgt daraus?

7.6 Kostenvergleichsrechnung für eine Ersatzinvestition

Führen Sie mit den folgenden Daten eine Kostenvergleichsrechnung durch.

(a) Welches Objekt ist günstiger?

	INVESTITIONS-OBJEKT I	INVESTITIONS-OBJEKT II
Anschaffungskosten	8.000 DM	7.000 DM
Nutzungsdauer	5 Jahre	5 Jahre
Betriebskosten	62.000 DM p.a.	66.000 DM p.a.
kalkulatorische Zinsen	10 %	10 %
Abschreibung linear		

(b) Welche Aspekte werden bei dieser Methode vernachlässigt? (in Stichworten)

7.7 Finanzielle Mobilität

Erklären Sie kurz, was unter finanzieller Mobilität zu verstehen ist, und nennen Sie deren Quellen.

8.1 Ermittlung und Beurteilung des Return on Investment

(a) Berechnen Sie aus den folgenden Unternehmensdaten den Return on Investment und geben Sie
(b) eine kurze Beurteilung aufgrund der vorliegenden Daten und Ihrer Ergebnisse.

Gewinn & Verlust (TDM)	SOLL	HABEN
Umsatzerlöse		2.520
Bestandsmehrung		300
diverse betriebl. Aufwendungen	1.804	/
Abschreibungen	600	/
Zinsen	50	/
Verlust aus Wertpapieren	30	/
Jahresüberschuss	336	/
	2.820	2.820

Aktiva — Bilanz auf den 31.12.19.. (TDM) — Passiva

Aktiva			Passiva		
A: Anlagevermögen			A: Eigenkapital		
I Sachanlagen			Eigenkapital am		
Grundstücke und			01.01.19..	1.316	
Gebäude	900		Gewinn	336	
Maschinen	420		Eigenkapital am		
Betriebs- und			31.12.19..		1.652
Geschäftsausstattung	107				
			B: Verbindlichkeiten		
B: Umlaufvermögen			Verbindlichkeiten		
I Vorräte			gegenüber		
Roh-, Hilfs- und			Kreditinstituten		550
Betriebsstoffe	125		Verbindlichkeiten aus		
unfertige Erzeugnisse	130		Lieferungen und		
Fertigerzeugnisse	320		Leistungen		370(1)
			sonstige		
II Forderungen aus			Verbindlichkeiten		30(1)
Lieferungen und					
Leistungen	420				
III Wertpapiere	50				
IV flüssige Mittel	130				
	2.602				2.602

8.2 Ableitung von Ergebnisplan und Planbilanz aus den Teilplänen der Unternehmensplanung

Das Ablaufdiagramm zur Unternehmensplanung S. 382 dient als Grundlage zur Darstellung der Informationsflüsse, die am Beispiel des Produkts ZUP für das Planjahr 1 (siehe Fallstudie: Drei-Jahresplanung eines mittelständischen EDV-Unternehmens, S. 461) komprimiert wurden.

1.) Die Pfeile zwischen den einzelnen Teilplänen bedeuten Informationsflüsse, d. h. Daten werden übernommen oder Positionen abgestimmt. Geben Sie zu jedem Informationsfluss mindestens ein Beispiel.

(1) zinsfrei

2.) Führen Sie anhand des gegebenen Schemas eine ansatzweise Planung für das Produkt ZUP im Planjahr 1 durch. Hierbei müssen folgende Daten berücksichtigt werden:

a) Das Unternehmen hat 4 Angestellte, deren Jahresgehalt zusammen DM 528.100,- incl. Sozialkosten beträgt.
b) Für die Plotter-Produktionsanlage wird ein Wartungsvertrag abgeschlossen. Kosten hierfür: DM 31.000,- per annum.
c) Neutrale Erträge und neutrale Aufwendungen fallen nicht an.
d) Abschreibungen, Zinsen auf Fremdkapital und erfolgswirksame Bestandsveränderungen bleiben (als Vereinfachung) unberücksichtigt.
e) Die vereinfachte Eröffnungsbilanz im Planjahr 1 weist folgende Werte auf:

Aktiva			Passiva
Anlagevermögen	3.600.000	Eigenkapital	1.886.100
Umlaufvermögen	1.225.000	Fremdkapital	2.938.900
	4.825.000		4.825.000

Im Laufe des Planjahres 1 treten folgende Änderungen ein:
ea) Fremdkapital in Höhe von DM 438.900,- wird getilgt.
eb) Das erzielte Betriebsergebnis wird dem Eigenkapital zugeschlagen.

8.3 Aufgabenteilung zwischen Top- und Middle-Management

Geben Sie einen strukturierten Überblick der Aufgaben des Top- und des Middle-Managements, aus dem zugleich die Inhalte der Aufgaben konkret hervorgehen.

8.4 Aufbauorganisation

(a) Charakterisieren Sie die fünf Grundmuster der Strukturorganisation. Nennen Sie vorher die zwei Hauptgestaltungsprinzipien und die zwei unterschiedlichen Arten von Abteilungen.
(b) Skizzieren Sie ein möglichst vollständiges beispielhaftes Grundschema (Organigramm) für die Strukturorganisation eines mittleren Industrieunternehmens, das nur eine Produktgruppe einheitlicher Technologie produziert.

8.5 Arbeitsablauforganisation

Geben Sie einen kurzen Überblick über die
- widersprechenden Forderungen und die
- sich ergänzenden Forderungen,

die durch eine Ablauforganisation zum Ausgleich gebracht werden müssen.

8.6 Krisenmanagement

(a) Stellen Sie einen Katalog von möglichen Sanierungsmaßnahmen für ein Industrieunternehmen auf.
(b) Skizzieren Sie einen Regelkreis zur Überwachung eines Maßnahmenprogramms.

9.1 Von der Eröffnungsbilanz zur Schlussbilanz

(a) Durch Inventur sind folgende Vermögenswerte und Schulden für den Beginn einer Periode festgestellt worden. Rückstellungen und Rechnungsabgrenzungsposten sind null.

- Gebäude und maschinelle Anlagen	150.000 DM
- Rohstoffe	25.000 DM
- Fertigerzeugnisse	60.000 DM
- Forderungen aus Lieferungen und Leistungen	40.000 DM
- Kassenbestand	5.000 DM
- Bankguthaben	5.000 DM
- Bankverbindlichkeiten	200.000 DM
- Verbindlichkeiten aus Lieferungen und Leistungen	35.000 DM

Erstellen Sie eine Eröffnungsbilanz.

(b) Erstellen Sie die Buchungssätze zu folgenden Geschäftsvorfällen der Periode:
1) Kauf von Rohstoffen für 10.000 DM gegen Banküberweisung.
2) Verkauf von Fertigerzeugnissen, mit einem Fakturenwert von 55.000 DM netto, auf Ziel.
3) Ein Kunde bezahlt Forderungen in Höhe von 30.000 DM per Bank.
4) Wir begleichen 15.000 DM Verbindlichkeiten aus Lieferungen und Leistungen per Bank.
5) Barabhebung vom Bankkonto für die Kasse 3.000 DM.
6) Abschreibungen auf Gebäude und maschinelle Anlagen 5 %.
7) Gehaltszahlung per Bank 5.000 DM.
8) Rohstoffverbrauch 2.000 DM.

(c) Erstellen Sie eine Gewinn- und Verlustrechnung für das Ende der Periode und leiten Sie die Schlussbilanz ab. Zu Ihrer Sicherheit ist es empfehlenswert, gemäß (a) und (b) T-Konten zu führen und diese in (c) auf GuV und Bilanz abzuschließen.
Dabei ist zu beachten, dass aus der Bestandsfortschreibung der Fertigfabrikatebestände für die Periode ein Abgang an Fertigfabrikaten in Höhe von 40.000 DM (im Zusammenhang mit dem Geschäftsvorfall 2)) verzeichnet wurde und ein Zugang an Fertigfabrikaten in Höhe von 15.500 DM gemeldet wird (als Folge der Geschäftsvorfälle 6) bis 7)). Eröffnen Sie dazu ein Erfolgskonto mit dem Namen „Aufwand und Ertrag aus Bestandsveränderungen von Erzeugnissen“ und buchen Sie wie folgt:
9) per Bestandsveränderungen an Fertigerzeugnisse 40.000 DM (Aufwand)
10) per Fertigerzeugnisse an Bestandsveränderungen 15.500 DM (Ertrag).
Dann können Sie mit der Erstellung der GuV beginnen.

9.2 Abgrenzung zwischen Finanzbuchhaltung und Betriebsabrechnung

(a) Stellen Sie Aufwand und Kosten sowie Erträge und Leistung in zwei graphischen Darstellungen mit den zugehörigen Detailbegriffen einander gegenüber.
(b) Grenzen Sie Unternehmensergebnis in der Zeilenfolge der Abgrenzungsrechnung vom Betriebsergebnis ab.
(c) Stellen Sie den Informationsfluss der Betriebsabrechnung graphisch dar.

Lösungen

Lösungen, die bereits im Hauptteil dargestellt wurden, werden im Folgenden nicht wiederholt. Statt dessen wird ein entsprechender Seitenhinweis auf den Hauptteil gegeben.

1.1 Merkmale verschiedener Rechtsformen

Vgl. Aufstellung: Wann welche Rechtsform, Seite 35f. und 38

1.2 Merkmale und Bedeutung der Aktiengesellschaft

Vgl. Pkt. 1.3.4.2 Aktiengesellschaft, Seite 29 und 31.

1.3 Arten von Unternehmenszusammenschlüssen und deren Bedeutung für den Unternehmenserfolg und die volkswirtschaftliche Entwicklung

zu (a) Seite 39 Absatz 1 und 2.
zu (b) Seite 41 oben.
zu (c) Seite 45 und 46 Absatz 1

1.4 Chancen und Risiken von Niedriglohn-Standorten

Punkt 1.5.2 Seite 48 und 49 oben.

1.5 Quantitative Standortanalyse

	Bundesrepublik			
Zeileninhalt	Jahr 1	Jahr 2	Jahr 3	gesamt
(1) Abschreibungen, Fördermaßnahmen				
(1.1) Gebäudeabschreibungen	75.000	75.000	75.000	225.000
(1.2) Maschinenabschreibungen	100.000	100.000	100.000	300.000
Abschreibungen auf Anlagen	175.000	175.000	175.000	525.000
(1.7) Investitionszulage 10 % auf 1,2	50.000	--	--	50.000
(1.8) Lohnkostenzuschuss auf (1.8)	31.450	--	--	31.450
(2) Selbstkosten				
(Fertigungsmenge in Stück)	(1.000)	(1.200)	(1.250)	(3.450)
Fertigungsmaterialkosten	75.000	92.700	99.459	267.159
Materialgemeinkosten	6.000	7.416	7.957	21.373
Materialkosten	81.000	100.116	107.416	288.532
Fertigungslöhne	125.800	155.489	166.827	448.116
Fertigungsgemeinkosten				
- Gemeinkostengehalt (2.2)	18.500	19.055	19.627	57.182
- Abschreibungen auf Anlagen	175.000	175.000	175.000	525.000
Sondereinzelkosten der Fertigung (1.6)	5.000	6.000	6.250	17.250
Herstellkosten	405.300	455.660	475.120	1.336.080
Verwaltungsgemeinkosten	35.000	35.000	35.000	105.000
Vertriebsgemeinkosten	52.000	52.000	52.000	156.000
Selbstkosten	492.300	542.660	562.120	1.597.080
(3) Umsatz				
Absatzmenge	1.000	1.200	1.250	3.450
Stückpreis (netto)	510	500	490	--
Umsatz (netto)	510.000	600.000	612.500	1.722.500
(4) Betriebsergebnis vor Fördermaßnahmen	17.700	57.340	50.380	125.420
Fördermaßnahmen				
- Investitionszulage	50.000	--	--	50.000
- Lohnkostenzuschuss	31.450	--	--	31.450
(5) Betriebsergebnis nach Fördermaßnahmen vor Steuern (1)	99.150	57.340	50.380	206.870
(6) Gewinnsteuern (bei Ausschüttung)	49.575	28.670	25.190	103.435
(7) Gewinn nach Steuer und Fördermaßnahmen	49.575	28.670	25.190	103.435
Kennzahlen (gesamt)				
- Deckungsbeitrag in % v. Umsatz				22,4 %
- Umsatzgewinnrate (nach Steuern)				6,0 %
- Return on Investment (nach Steuern)				5,0 %

(1) Kostensteuern werden wegen ihrer Komplexität hier vernachlässigt. In der Praxis müssen diese berücksichtigt werden.

Zeileninhalt	England Jahr 1	Jahr 2	Jahr 3	gesamt
(1) Abschreibungen, Fördermaßnahmen				
(1.1) Gebäudeabschreibungen	65.000	65.000	65.000	195.000
(1.2) Maschinenabschreibungen	70.000	70.000	70.000	210.000
Abschreibungen auf Anlagen	135.000	135.000	135.000	405.000
(1.7) Investitionszulage 10 % auf 1.2	--	--	--	--
(1.8) Lohnkostenzuschuss auf (1.8)	--	--	--	--
(2) Selbstkosten				
(Fertigungsmenge in Stück)	(1.000)	(1.200)	(1.250)	(3.450)
Fertigungsmaterialkosten	80.000	100.800	110.250	291.050
Materialgemeinkosten	8.000	10.080	11.025	29.105
Materialkosten	88.000	110.880	121.275	320.155
Fertigungslöhne	79.245	102.702	115.539	297.486
Fertigungsgemeinkosten				
- Gemeinkostengehalt (2.2)	10.000	10.800	11.664	32.464
- Abschreibungen auf Anlagen	135.000	135.000	135.000	405.000
Sondereinzelkosten der Fertigung (1.6)	5.000	6.000	6.250	17.250
Herstellkosten	317.245	365.382	389.728	1.072.355
Verwaltungsgemeinkosten	28.000	28.000	28.000	84.000
Vertriebsgemeinkosten	52.000	52.000	52.000	156.000
Selbstkosten	397.245	445.382	469.728	1.312.355
(3) Umsatz				
Absatzmenge	1.000	1.200	1.250	3.450
Stückpreis (netto)	510	500	490	--
Umsatz (netto)	510.000	600.000	612.500	1.722.500
(4) Betriebsergebnis vor Fördermaßnahmen	112.755	154.618	142.772	410.145
Fördermaßnahmen				
- Investitionszulage	--	--	--	--
- Lohnkostenzuschuss	--	--	--	--
(5) Betriebsergebnis nach Fördermaßnahmen vor Steuern	112.755	154.618	142.772	410.145
(6) Gewinnsteuern (bei Ausschüttung)	28.189	38.655	35.693	102.537
(7) Gewinn nach Steuer und Fördermaßnahmen	84.566	115.963	107.079	307.608
Kennzahlen (gesamt)				
- Deckungsbeitrag in % v. Umsatz				37,7 %
- Umsatzgewinnrate (nach Steuern)				17,9 %
- Return on Investment (nach Steuern)				17,9 %

Die Analyse zeigt einen deutlichen Vorteil für England. Eine kritische Würdigung der berücksichtigten Daten und Annahmen legt folgende Anmerkungen nahe:

(a) Folgende Abweichungen in der Praxis könnten das Betriebsergebnis in England mindern:
- Bei gleich hohen Investitionen wie in der Bundesrepublik würden jährlich 40.000 DM zusätzliche Abschreibungen in England erwirtschaftet werden müssen.
- Die in England geringer angesetzte Investitionssumme kann auf arbeitsintensiverer Technologie oder auf teilweisem Einsatz bereits abgeschriebener Anlagen beruhen. Es könnte sich in der Realität herausstellen, dass die mit 0,5 Stunden je Erzeugniseinheit angesetzte zusätzliche Fertigungszeit zu niedrig angesetzt ist, um einen in Kauf genommenen Produktivitätsnachteil voll auszugleichen.
- Bei den Vertriebsgemeinkosten wurde angenommen, dass bei Fertigung in England zusätzliche Transportkosten in Höhe des Lohnkostenvorteils anfallen. Bei dynamischer Absatzentwicklung auf dem Kontinent könnte sich diese Annahme als zu positiv erweisen.

(b) Folgende Annahmen könnten für die Bundesrepublik und England zu günstig angesetzt sein:
- Die Konstanz der Verwaltungs- und der Vertriebsgemeinkosten kann angesichts steigender Personalkosten und steigender Materialkosten nur realisiert werden, wenn in diesen Gemeinkostenbereichen im Planungszeitraum entsprechende Rationalisierungsmaßnahmen verwirklicht werden. In der Praxis wäre der Rationalisierungsbedarf durch eine genaue Kostenanalyse zu ermitteln und wären entsprechende realistische Rationalisierungsmaßnahmen konkret zu planen.

(c) Folgende Chancen zur Verbesserung des Betriebsergebnisses könnten sich in beiden Ländern ergeben:
Im dritten Jahr wird der Produktpreis um 3,3 % zurückgenommen. Zugleich soll der Absatz um 4,2 % gegenüber dem Vorjahr steigen. Durch Marktanalyse und Marketingmaßnahmen könnte der Absatz möglicherweise deutlich gesteigert werden.

(d) Die aufgezeigten Risiken und Chancen rechtfertigen in der Praxis ergänzende Recherchen, deren Ergebnisse so in die Standortanalyse einzubeziehen sind, dass die vorliegende Errechnung des Betriebsergebnisses (auf Basis wahrscheinlicher Werte) um zwei Zusatzrechnungen ergänzt wird, eine mit pessimistischen und eine weitere mit optimistischen Werten. Die Größe der dabei erkennbar werdenden Gesamtabweichungen in positiver und in negativer Richtung ist ein pragmatisches Maß für die Beurteilung von Risiken und Chancen an den jeweiligen Standorten.

(e) Aufgrund der erheblichen Ergebnisvorteile in England ist anzunehmen, dass die diskutierten Abweichungsmöglichkeiten diesen Vorteil nicht zunichte machen. In der Praxis würde ich nicht auf diese Zusatzberechnungen verzichten. Wenn diese Zusatzberechnungen den Vorteil Englands bestätigen, würde ich eine Fertigung in England empfehlen.

2.1 Mindestplanung vor einer Unternehmensgründung

Eine sorgfältige Marktanalyse muss zunächst klären
- die Größe des Marktes
- die Marktanteile von Konkurrenten
- die für uns verbleibenden Marktanteile
- mit Prognose der für uns erzielbaren zukünftigen Absatzmenge und Preise

Daran schließt sich die Erstellung eines Mindest-Unternehmensplans, kurz Miniplan, an.

Erläuterungen zum Miniplan (2)

Erhebungspositionen

Investitionen: Hier werden die betriebsnotwendigen Investitionen erfasst. Dadurch wird der Gründer gezwungen, die Notwendigkeit der von ihm geplanten Investitionen nochmals zu überdenken. Der Ansatz der investierten Beträge erfolgt unter Berücksichtigung des Liquiditätseffektes mit Mehrwertsteuer.
Abschreibungen: Diese Position beinhaltet die Abschreibungen auf die o. g. Sachmittel. Einzelheiten sollten unbedingt mit dem Steuerberater geklärt werden.
Personal: Die einzustellenden Mitarbeiter werden nach Funktion und Einstellzeitpunkt gegliedert. Die Lohnnebenkosten (ca. 30 % ohne freiwillige Sozialleistungen, wie z. B. Pensionskasse oder Werksverpflegung, die in der Gründungsphase in der Regel nicht gewährt werden können) müssen berücksichtigt werden. Der Gründer selbst sollte als Gründergehalt nur den Betrag ansetzen, den er zum Lebensunterhalt unbedingt benötigt. Auf eine Bewertung seiner Tätigkeit wird zunächst verzichtet. Auch hier ist ein Gespräch mit dem Steuerberater angebracht.
Gründungsspezifische Ausgaben: Hier sind die bisher nicht erfassten Einmalausgaben der Unternehmensgründung aufzuführen.
Markteinführungsausgaben: Hierzu gehören besondere Ausgaben, die ihrem Charakter nach einmalig sind. Insbesondere fallen hier Kosten für eine Eröffnungsveranstaltung oder Einführungswerbung an.
Warenerstausstattung: Diese Position beinhaltet die zur Produktion oder zum Handel benötigten Materialien oder Produkte als Anfangsbestand.
Finanzen: Erfassung aller dem Gründer zur Verfügung stehenden Eigen- und Fremdmittel. Der endgültige Finanzbedarf kann jedoch erst nach Abschluss der Liquiditätsrechnung ermittelt werden.
Fremdkapitaltilgung: Hier ist besonders zu beachten, wann exakt mit der Tilgung begonnen werden muss.
Steuern: Erfassung sämtlicher Steuern, die in der Unternehmung laufend anfallen und die nicht bereits unter einer anderen Position berücksichtigt wurden. Auch hier empfiehlt sich ein klärendes Gespräch mit dem Steuerberater.
Umsatz: Der Ansatz erfolgt ohne Umsatzsteuer nach realistischen Schätzungen. Für die aus den Umsätzen resultierenden Einzahlungen sollte das Zahlungsverhalten der Kunden pessimistisch beurteilt werden.
Fixe Kosten / laufende Ausgaben: Bedingt durch den Aufbau des Unternehmens ergeben sich hier sehr unterschiedliche Beträge allgemein mit zunächst ansteigender Tendenz. Nicht genau bekannte Werte sollten nach einer groben Schätzung mit Sicherheitsmargen versehen werden.
Variable Kosten / produktionsbezogene Ausgaben: Diese Position bezieht sich auf die Gesamtmenge der im jeweiligen Quartal produzierten (bzw. im Handelsbetrieb der verkauften) Güter. Auch Kosten für zusätzliches Personal und eventuelle Garantieleistungen müssen hier in die Rechnung einbezogen werden.

Rechnungspositionen

Erfolgsrechnung: Die Erfolgsrechnung erfolgt im Sinne einer knapp erfassten GuV. Sie soll einen ersten Überblick über das zu erwartende Betriebsergebnis liefern. Das Resultat lässt erste Rückschlüsse über die zu erwartende Situation des Gründungsunternehmens zu, sollte jedoch nicht überinterpretiert werden, da das Ergebnis aufgrund von Unschärfen nur ein grober Anhaltspunkt sein kann.
Liquiditätsrechnung: Eine Liquiditätsreserve $\geq$ Null ist für jedes Unternehmen von vitalem Interesse. Sie wird in die Position Finanzmittel für das nächste Quartal übernommen.

---

(2) Nach *Nathusius, K.*, Praxis der Unternehmensgründung, Köln 1983

Miniplan

INVESTITIONEN

	Betrag	Zeitpunkt
Grundstücke und Gebäude		
Anlagen der Produktion		
Büromöbel und Maschinen		
Transportmittel		
Fahrzeuge		
Lagereinrichtungen		
Patente und Lizensen		
Sonstiges		
	(1)	

ABSCHREIBUNGEN	(2)

PERSONAL

Funktion		
:		
:		
:		
Gründergehalt		
	(3)	

GRÜNDERSPEZIFISCHE AUSGABEN

Notar		
Kap. -Verkehrssteuern		
Amtsgericht		
Gründerberatung		
sonstige und bisherige Ausgaben		
	(4)	

FIXE KOSTEN / LAUFENDE AUSGABEN

		Quartale 1	2	3	4	Σ
(3) →	Lohnsumme					
	Mieten (Gebäude)					
	Reinigung					
	Energie					
	Telefon, Telex, Porti					
	Auto (ohne Abschreibung)					
	Wartung (Anlagen)					
	Beiträge, Versicherungen, etc.					
(1) →	Fremdkapitalzinsen					
	Mieten, Leasing (Anlagen)					
	Werbung und Vertrieb					
	Büromaterial					
	Sonstiges					
						(11)

VARIABLE KOSTEN / PRODUKTIONSBEZ. AUSGABEN

		1	2	3	4	Σ
	Rohstoffe					
	Hilfs-und Betriebsstoffe					
	Fremdbauteile					
	Handelswaren					
	Fremdleistungen					
	Fracht und Versand					
(3) →	zusätzliches Personal					
	Garantieleistungen					
	Sonstiges					
						(12)

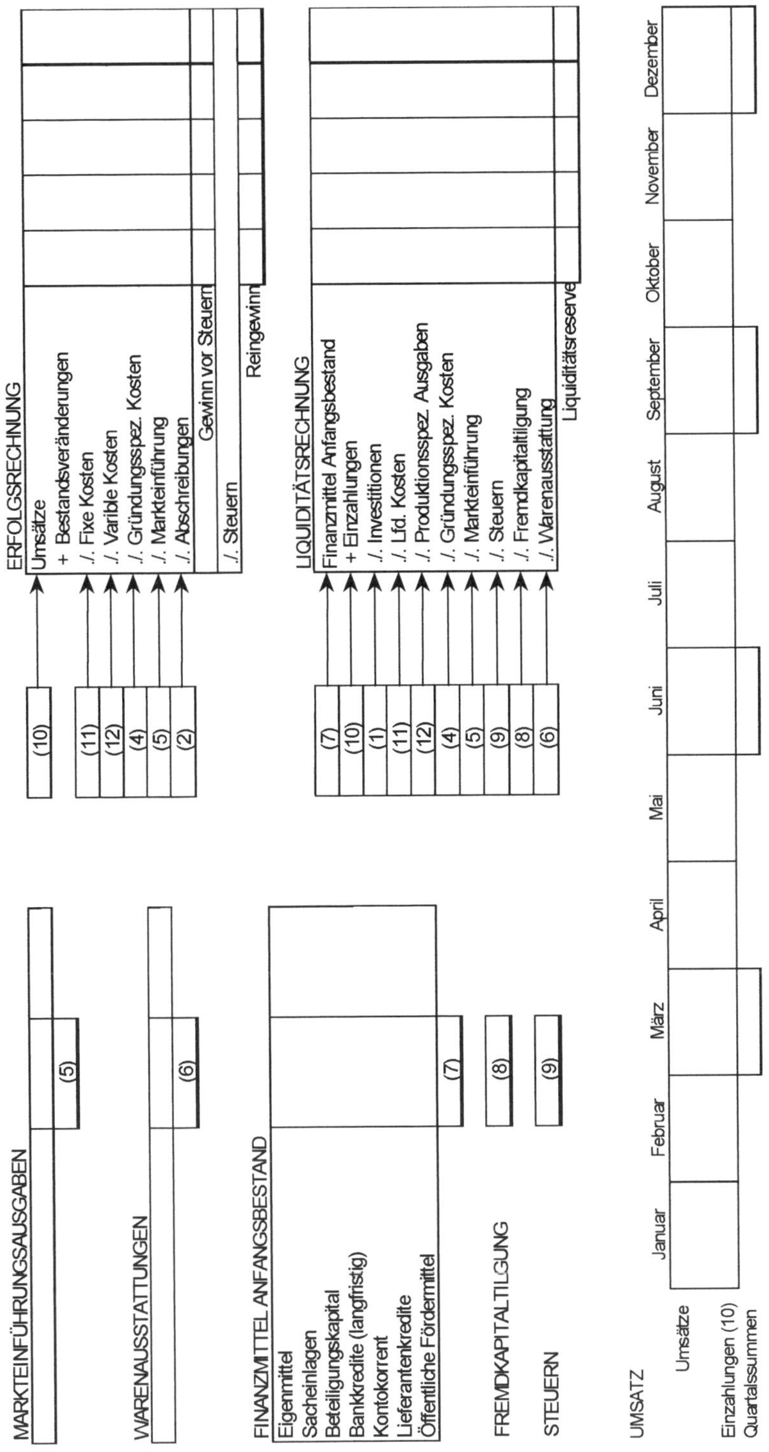
MARKTEINFÜHRUNGSAUSGABEN
(5)
WARENAUSSTATTUNGEN
(6)
FINANZMITTEL ANFANGSBESTAND
Eigenmittel
Sacheinlagen
Beteiligungskapital
Bankkredite (langfristig)
Kontokorrent
Lieferantenkredite
Öffentliche Fördermittel
(7)
FREMDKAPITALTILGUNG
(8)
STEUERN
(9)
UMSATZ
Umsätze
Einzahlungen (10)
Quartalssummen
Januar
Februar
März
April
Mai
Juni
Juli
August
September
Oktober
November
Dezember
ERFOLGSRECHNUNG
(10)
(11)
(12)
(4)
(5)
(2)
Umsätze
+ Bestandsveränderungen
./. Fixe Kosten
./. Varible Kosten
./. Gründungsspez. Kosten
./. Markteinführung
./. Abschreibungen
Gewinn vor Steuern
./. Steuern
Reingewinn
LIQUIDITÄTSRECHNUNG
(7)
(10)
(1)
(11)
(12)
(4)
(5)
(9)
(8)
(6)
Finanzmittel Anfangsbestand
+ Einzahlungen
./. Investitionen
./. Lfd. Kosten
./. Produktionsspez. Ausgaben
./. Gründungsspez. Kosten
./. Markteinführung
./. Steuern
./. Fremdkapitaltilgung
./. Warenausstattung
Liquiditätsreserve

2.2 Erfordernisse der Erfolgssicherung nach der Gründung

Vgl. Punkt 2.3.1 bis 2.3.6, Seite 67 bis 69.

Eine knappe Antwort in Stichworten lautet:
Zur Erfolgssicherung muss eine Unternehmensleitung dafür sorgen, dass insbesondere folgende Teilaufgaben stets gut gelöst werden:
- vorbildliche Selbstorganisation der Geschäftsführung
- optimaler Mitarbeitereinsatz durch richtige Auswahl sowie hohe Motivation durch klare Ziele und Erfolgshonorierung
- Kundenzufriedenheit
- effizientes Controlling
- schnelle strategisch richtige Entscheidungen
- zukunftsorientiertes Leistungsprogramm.

3.1 Entscheidung über den Einsatz eines Handelsvertreters oder eines angestellten Verkäufers

(a) $KOSTEN_{HV} = FIXKOSTEN_{HV} + PROVISIONSSATZ_{HV} * UMSATZ$ p.M.

$KOSTEN_{HV} = 900 + 0{,}035 * 70.000 = 3.350$ DM p.M.

$KOSTEN_{EV} = FIXKOSTEN_{EV} + PROVISIONSSATZ_{EV} * UMSATZ$ p.M.

$KOSTEN_{EV} = 3.800 + 0{,}01 * 70.000 = 4.500$ DM p.M.

(EV = Eigener angestellter Verkäufer)
(HV = HandelsVertreter)

(b)

$$UMSATZ_{kritisch} = \frac{FIXKOSTEN_{EV} - FIXKOSTEN_{HV}}{PROVISIONSSATZ_{HV} - PROVISIONSSATZ_{EV}}$$

$$UMSATZ_{kritisch} = \frac{3.800 - 900}{0{,}035 - 0{,}01} = 116.000 \text{ DM p.M.}$$

(c) Vorteile des Handelsvertretereinsatzes sind:
- nennenswerte Vertriebskosten fallen nur bei Verkaufsabschlüssen an
- Handelsvertreter ermöglichen überregionalen Verkauf auch bei minimalen fixen Vertriebskosten
- man kann in der Regel Handelsvertreter finden, die im interessanten Kundenkreis bereits gut eingeführt sind

Nachteile des Handelsvertreterseinsatzes sind:
- geringere Einflussnahme auf Art und Intensität der Vertriebstätigkeit als bei angestelltem eigenen Verkäufer
- es wird eine Ausgleichszahlung fällig bei Kündigung des Handelsvertretervertrages nach HGB § 89.

3.2 Ermittlung der erforderlichen Anzahl an Verkäufern

$$\text{Anzahl der Verkäufer} = \frac{(500 * 16) + (400 * 12) + (300 * 8) + (50 * 12)}{5 * 200}$$

$$= \underline{15{,}8 \text{ also } 16 \text{ Verkäufer}}$$

Es werden bei den vorliegenden Gegebenheiten 16 Verkäufer benötigt. Es ergibt sich also, dass weitere 3 Verkäufer eingestellt werden sollten. Dieses Ergebnis berücksichtigt lediglich eine durchschnittliche Zahl von Besuchen je Tag. Da städtische und ländliche Regionen unterschiedliche Kundendichte und Reisezeiten aufweisen können und je Kundentyp die Besuchsdauer verschieden sein kann, kann eine entsprechende Verfeinerung je Region und Kundentyp in der Praxis zu einem abweichenden Ergebnis führen.

3.3 Optimierung des Verkäufereinsatzes nach Regionen, Kundenklassen und Verkäuferleistungsmerkmalen

Umsatzpotential in [TDM]			Verkäufer A Umsatz in [TDM]	Verkäufer B Umsatz in [TDM]	Verkäufer C Umsatz in [TDM]
Region I	Kundentyp-A	47500	38000	23750	9500
	Kundentyp-B	500	300	150	250
	Kundentyp-C	0	0	0	0
			38300	23900	9750
Region II	Kundentyp-A	2500	2000	1250	500
	Kundentyp-B	17500	10500	5250	8750
	Kundentyp-C	1000	300	150	700
			12800	6650	9950
Region III	Kundentyp-A	7500	6000	3750	1500
	Kundentyp-B	4800	4800	2400	4000
	Kundentyp-C	75	75	37,5	175
			10875	6187,5	5675

Kundentyp-A = Großkunden Kundentyp-B = Mittlere Kunden Kundentyp-C = Kleinkunden

Optimal ist der Einsatz von Verkäufer A in Region I
Verkäufer B in Region III
Verkäufer C in Region II
um einen maximalen gemeinsamen Gesamtumsatz von 54.437,50 TDM zu erzielen.

Diese Methode ist geeignet, spezielle Fähigkeiten der Verkäufer umsatzoptimierend zu nutzen. Allerdings können in der Praxis einige der folgenden Schwierigkeiten eine ergänzende Berücksichtigung notwendig machen:

- Nicht immer liegen Erfolgskennzahlen für jeden Verkäufer und alle Kundengrößenklassen vor.
- Für viele Kunden ist das Umsatzpotential schwer bestimmbar.
- Die Besetzung der einzelnen Regionen mit Kunden ist mittelfristig nicht konstant.
- Die Mobilität der Mitarbeiter hat Grenzen.

Selbst bei Vervollständigung lückenhafter Daten durch Schätzwerte und Kompromissbereitschaft gegenüber persönlichen Einsatzwünschen einzelner Verkäufer, sichert diese Methode eine systematisch auf Umsatzoptimierung ausgerichtete Verkäufersteuerung und ist deshalb als Instrument der Vertriebssteuerung unverzichtbar.

3.4 Preisfindung siehe S. 662, drei Seiten weiter

3.5 Entwurf eines Faltblatts für ein Ingenieurbüro siehe S. 660 und 661, folgende zwei Seiten

Das ITW bietet Ihnen zur Lösung Ihrer Probleme den zeitweisen Einsatz von mehr als 20 technisch-wissenschaftlichen Fachkräften mit langjähriger Erfahrung auf ihren jeweiligen Arbeitsgebieten.

Für Prüf-, Versuchs- und Entwicklungsaufgaben verfügt das ITW zur Zeit über folgende technische Einrichtungen:

- ☐ CAE-Arbeitsstation für die Entwicklung kundenspezifischer integrierter Schaltungen
- ☐ Mikroprozessor-Entwicklungssystem
- ☐ PROM/PAL Programmierplatz
- ☐ Entwicklungsroboter
- ☐ Universalrechner
- ☐ Grafik-Rechnersysteme
- ☐ PC-Systeme
- ☐ Raster-Elektronenmikroskop
- ☐ Röntgendiffraktometer
- ☐ Chemisches Labor sowie
- ☐ Vielseitige weitere Laborkapazität z. B. für Werkstoffprüfung, Nachrichtentechnik, Regelungstechnik und Strömungsversuche

HALB AUFGEKLAPPT
INNEN RECHTS

Aufgaben des ITW:

- ☐ Produktnahe Forschungs- und Entwicklungsarbeiten
- ☐ Intensiver Transfer von Wissen an Projektauftraggeber
- ☐ Beratung und Weiterbildung
- ☐ Sammeln und Auswerten von Erfahrungen über die Anwendungen neuer Technologien

Wege der Zusammenarbeit:

- ☐ Anfrage
- ☐ Gemeinsame, kostenlose Problemdefinition
- ☐ Unverbindliche und kostenfreie Vorschläge für ein gemeinsames Arbeitsprogramm
- ☐ Auftragserteilung auf Wunsch stufenweise
- ☐ Nach Ihrer Wahl ITW-Unterstützung von der Problemanalyse bis zur Problemlösung

Das ITW sichert streng vertrauliche Behandlung von Firmen-Know-how zu

INSTITUT FÜR ANWENDUNGSNAHE TECHNOLOGIEENTWICKLUNG WEDEL

Feldstraße 150
2000 Wedel/Holstein
Tel. 0 41 03 / 8 24 08

Geschäftsführer: Prof. Dr. D. Harms
Prof. Dr. O. Specht

RÜCKSEITE

- ☐ **Mikroelektronik**
- ☐ **Robotik und Sensorik**
- ☐ **Wirtschaftsinformatik**
- ☐ **Physikalische Technik**

VORDERSEITE

Das ITW wurde gegründet als Partnerinstitut der Fachhochschule Wedel, einer privaten Bildungseinrichtung für Technische Informatik, Wirtschaftsinformatik und Physikalische Technik.

Das ITW versteht sich als Bindeglied zwischen Wirtschaft und Wissenschaft.

In Übereinstimmung mit der Technologiepolitik der Landesregierung will das ITW die Wettbewerbsfähigkeit kleiner und mittlerer Unternehmen sichern und erhöhen, indem es kostengünstig anwendungsnahe Forschungs- und Entwicklungsarbeiten übernimmt. Neben einer eigenen leistungsfähigen Infrastruktur erschließt das ITW das Know-how und die technischen Möglichkeiten der Fachhochschule Wedel zur wirtschaftlichen Nutzung neuer Technologien.

HALB AUFGEKLAPPT
INNEN LINKS

Mikroelektronik

Rechnerunterstützte Schaltungsentwicklung von konventioneller Technik bis zum integrierten Kundenschaltkreis zur Anwendung für:

- ☐ Steuerungssysteme
- ☐ Regelungstechnik
- ☐ Automatisierung
- ☐ Meßwerterfassung und -verarbeitung
- ☐ Kommunikationssysteme

Integrierte Hard- und Software-Lösungen mit Mikrorechnerkomponenten:

- ☐ Mikroprozessor Systementwicklung
- ☐ Realzeit – Systeme
- ☐ Prozeßrechneranwendungen
- ☐ Low-Cost Lösungen mit Single-Chip Prozessoren
- ☐ Schnelle digitale Signalverarbeitung
- ☐ Grafiksysteme

Robotik und Sensorik

Intelligente Sensoren für Aufgaben der automatischen Fertigung und Werkstückhandhabung:

- ☐ Halbleiter-Kameras mit Rechnerauswertung zur Vermessung von Werkstücken
- ☐ Identifizierung von Werkstücken (Sortieraufgaben, Qualitätskontrolle)
- ☐ Optische und taktile Sensoren für hochpräzise Füge- und Fertigungsaufgaben
- ☐ Optische Sensoren für die Aufnahme von Distanzprofilen oder Grenzwertüberwachung

Softwarekomponenten im Bereich Mensch-Maschine-Kommunikation:

- ☐ Anpassung von Steuerprogrammen für Handhabungsabläufe
- ☐ Programmierung von kompletten Fertigungszellen
- ☐ Spezielle Komponenten für Roboter-Betriebs-Software: Editoren, Compiler, Interpreter, Simulatoren

Wirtschaftsinformatik

Unterstützung bei der Anpassung von Soft- und Hardware an die erkennbaren Zukunftsanforderungen von Unternehmen:

- ☐ EDV-Revision, Analyse von Organisations- und Informationsabläufen
- ☐ Planung, Bewertung und Auswahl von EDV-Konzeptionen
- ☐ Individuelle Softwareentwicklung und -anpassung
- ☐ Mitarbeiterschulung
- ☐ Konzipierung von leistungsfähigen Kommunikationssystemen

Entwicklung neuer einsatzfähiger Planungs- und Optimierungsverfahren für:

- ☐ Operatives und strategisches Controlling
- ☐ Erschließung von Leistungsreserven in Vertrieb, Materialwirtschaft und Fertigung
- ☐ Produktprogramm- und Investitionsplanung

Physikalische Technik

Problemlösungen für Qualitäts- und Prozeßüberwachungsaufgaben durch Einsatz der Meß-, Steuer- und Regelungstechnik:

- ☐ Auswahl und Anpassung von Sensoren
- ☐ Entwicklung intelligenter Meßgeräte
- ☐ Optoelektronische Meß- und Prüfverfahren für die Fertigungstechnik
- ☐ Anwendungsnahe Werkstoffprüftechniken (mechanische, akustische, elektronenmikroskopische, magnetische, röntgenographische)

Entwicklung und Untersuchung von Komponenten neuer Energietechnologien

- ☐ Verbesserung des energetischen Wirkungsgrades bei Prozeßabläufen
- ☐ Anpassung verschiedenster Verbraucher an unterschiedliche Energieträger
- ☐ Durchführung von Versuchs- und Demonstrationsvorhaben

INNENSEITEN

3.4 Preisfindung

(a) Außer Kosten sind für die Bildung eines Angebotspreises maßgeblich
- Nachfrage
- Konkurrenzangebot
- Marktform
- Kapazitätsauslastung
- Rechtsvorschriften für öffentliche Aufträge

(b) Kleinserienkalkulation

Kleinserienkalkulation (wahrscheinliche Daten)		
Absatzmenge	(Stück)	1.000
Nettoerlös	(DM/Stück)	1.480
Umsatz	(DM)	1.480.000
Einmalkosten		
Entwicklung	(DM)	30.000
Fertigung	(DM)	280.000
Vertrieb	(DM)	55.000
Einmalkosten ges.	(DM)	365.000
Herstellkosten	(DM/Stück)	750
Gesamtergebnis		
Umsatz gesamt	(DM)	1.480.000
Herstellkosten ges.	(DM)	750.000
Deckungsbeitrag I ges.	(DM)	730.000
Deckungsbeitrag I	(DM/Stück)	(730)
Einmalkosten ges.	(DM)	365.000
Deckungsbeitrag II nach Deckung der Einmalkosten	(DM)	365.000

(1) kritische Menge (KM)

$$KM = \frac{\text{Einmalkosten}}{\text{wahrsch. Deckungsbeitrag I pro Stück}}$$

$$= \frac{365.000}{730} = \underline{500\ \text{Stück}}$$

(2) kritischer Nettoerlös (KNE)

$$KNE = \frac{\text{Einmalkosten}}{\text{wahrsch. Absatzmenge}} + \text{Herstellkosten pro Stück}$$

$$= \frac{365.000}{1.000} + 750 = \underline{1.115\ \text{DM/Stück}}$$

(3) Die kritischen Werte liegen deutlich unter den wahrscheinlich erreichbaren Stückzahlen beziehungsweise Nettoerlösen. Deshalb kann über die Produkteinführung ohne Vorbehalte positiv entschieden werden.

3.5 Entwurf eines Faltblattes für ein Ingenieurbüro siehe vorangehende Seiten 600 und 601.

3.6 Das perfekte Systemangebot

(a) Vgl. Punkt 3.4.1, Seite 150

(b) Praxisbeispiel: Allgemeine Verkaufs- und Lieferbedingungen siehe folgende Seiten 663f..

(b) Praxisbeispiel: Allgemeine Verkaufs- und Lieferbedingungen Syntax EDV-Beratung und Mikrocomputervertrieb GmbH 26121 Oldenburg

syntax EDV-Services Computervertrieb

Software-Entwicklung
Netzwerke
Kommunikation

Allgemeine Verkaufs- und Lieferbedingungen

Allgemeine Bestimmungen, Preise

Unsere Angebote sind freibleibend. Der Vertrag kommt erst durch unsere Auftragsbestätigung oder durch Ausführung des Auftrages zustande.

Abweichungen von diesen Verkaufsbedingungen bedürfen unserer ausdrücklichen schriftlichen Anerkennung.

Alle Preise verstehen sich ab Lager Oldenburg. Die Preise für die Geräte schließen die handelsübliche Verpackung ein. Verpackungs- und Versandkosten für die Lieferung von Ersatzteilen, Zubehör und Verbrauchsmaterial werden gesondert in Rechnung gestellt.

Sollten wir in der Zeit zwischen Vertragsabschluß und Lieferung unsere Preise allgemein ermäßigen oder erhöhen, so sind wir berechtigt, den am Liefertag gültigen Preis anzuwenden. Falls sich der Preis erhöht, ist der Käufer berechtigt, innerhalb von 14 Tagen nach Mitteilung der Preiserhöhung vom Vertrag zurückzutreten.

Soweit Programme (Software) zum Lieferumfang gehören, wird für diese dem Käufer ein einfaches, unbefristetes Nutzungsrecht eingeräumt. Die Programme dürfen weder kopiert noch Dritten zur Nutzung überlassen werden. Ein mehrfaches Nutzungsrecht bedarf einer besonderen Vereinbarung. Bei Verstoß gegen dieses Nutzungsrecht haftet der Käufer in voller Höhe für den daraus entstehenden Schaden.

Die Anlieferung und Aufstellung der Geräte durch uns sowie die Anleitung von Bedienungspersonal erfolgt zu Lasten des Bestellers. Die Berechnung der Aufstellungskosten erfolgt gemäß unserer jeweils gültigen Service-Preisliste.

Anwendungstechnische Beratung geben wir nach bestem Wissen aufgrund unserer Erfahrungen. Alle Angaben und Auskünfte über Eignung und Anwendung unserer Waren sind jedoch unverbindlich und befreien den Käufer nicht von eigenen Prüfungen und Versuchen. Für die Beachtung gesetzlicher und behördlicher Vorschriften bei Verwendung unserer Waren ist der Käufer verantwortlich.

Mängelrügen

Beanstandungen wegen Sachmängel, Falschlieferungen und Mengenabweichungen sind, soweit diese durch zumutbare Untersuchungen feststellbar sind, unverzüglich, spätestens jedoch 14 Tage nach Erhalt der Ware, schriftlich geltend zu machen.

Im Falle von Mängelrügen ist auf unseren Wunsch die beanstandete Ware in Originalverpackung unter Angabe der Beanstandung und ggf. des benutzten Gerätetyps unverzüglich an uns einzusenden.

Bei berechtigten Beanstandungen werden wir Fehlmengen nachliefern und nach unserer Wahl die Ware umtauschen, sie zurücknehmen oder dem Käufer einen Preisnachlaß einräumen.

Gewährleistung

Die Gewährleistung für die Geräte beträgt 6 Monate ab dem Tag der Auslieferung. Unsere Gewährleistung für Mängel bei Geräten ist auf die Nachbesserung beschränkt. Sie verlängert sich nicht dadurch, daß die ursprünglich gelieferte Ware durch eine andere ersetzt wurde. Weitergehende Ansprüche sind ausgeschlosen. Die Gewährleistung erlischt, wenn an der Ware Arbeiten durch fremde Hand vorgenommen wurden, oder wenn die Fabriknummer entfernt oder unkenntlich gemacht wurde. Die Gewährleistung erstreckt sich nicht auf Schäden, die durch falsche Behandlung, unzulässiges Arbeitsmaterial, mangelhafte oder unsachgemäße Wartung, Verunreinigung und außergewöhnliche Anschlüsse oder Transportschäden entstanden sind.

Soweit Programme (Software) zum Lieferumfang gehören, gelten folgende Sonderbestimmungen:

Alle Programme wurden sorgfältig erstellt und geprüft. Sollten sich dennoch Programmfehler zeigen, sind wir innerhalb der Gewährleistungspflicht zur Fehlerbeseitigung verpflichtet. Wir haften jedoch nicht für irgendwelchen, aus falscher oder unvollständiger Programmierung entstehenden Schaden. Die Verpflichtung für uns aus Gewährleistung ist beschränkt auf Fehlerbeseitigung. Jegliche Gewährleistung ist ausgeschlossen, wenn der Käufer oder ein Dritter Veränderungen irgendwelcher Art an der Ware vornimmt oder sie unsachgemäß behandelt.

Lieferverzug

Im Falle des Lieferverzuges hat der Käufer, nachdem er eine angemessene Nachfrist gesetzt hat, das Recht auf Rücktritt. Weitergehende Ansprüche des Käufers, insbesondere Ansprüche auf Ersatz von Folgeschäden sind in jedem Falle ausgeschlossen. Schadensersatzansprüche jeglicher Art, also einschließlich mittelbarer Schäden sind ausgeschlossen.

Kann die Lieferung aus Gründen, die der Käufer zu vertreten hat, nicht erfolgen, so gilt die Lieferfrist bei schriftlicher Versandbereitschaftsmeldung innerhalb der vereinbarten Lieferfrist als eingehalten.

Krieg, Aussperrung, Rohstoff- und Energiemangel, Betriebs- und Verkehrsstörungen, Verfügungen von hoher Hand – auch soweit sie die Durchführung des betroffenen Geschäftes auf absehbare Zeit unwirtschaftlich machen – sowie alle sonstigen Fälle höherer Gewalt, auch bei unseren Lieferanten, befreien für die Dauer der Störung und im Umfang ihrer Auswirkungen von der Verpflichtung zur Lieferung. Solche Ereignisse berechtigen uns, von dem Vertrag ganz oder teilweise zurückzutreten, ohne daß der Käufer ein Recht auf Schadenersatz hat.

Gefahrenübergang

Die Gefahr geht auf den Käufer über, sobald die Ware dem Transportunternehmen übergeben worden ist oder unser Lager verlassen hat. Dies gilt auch dann, wenn wir die Transportkosten tragen. Beanstandungen wegen Transportschäden hat der Käufer unmittelbar gegenüber dem Transportunternehmen innerhalb der vorgesehenen Fristen geltend zu machen. Der Abschluß von Transport- und sonstigen Versicherungen bleibt dem Käufer überlassen.

Zahlungsbedingungen

Maßgebend sind die am Liefertag gültigen Zahlungsbedingungen. Bei Nichteinhaltung der festgesetzten Zahlungstermine kommt der Kunde ohne Mahnung in Verzug.

Bei Zahlungsverzug des Käufers sind wir berechtigt, ab Verzugseintritt Verzugszinsen in Höhe von 5 % über dem jeweiligen Diskontsatz der Deutschen Bundesbank zu berechnen.

Die Aufrechnung mit anderen als unbestritten oder rechtskräftig festgestellten Gegenansprüchen sowie die Ausübung von Leistungsverweigerungs- und Zurückhaltungsrechten gegen Kaufpreisforderungen bedürfen unserer Zustimmung.

Bei Zweifel an der Zahlungsfähigkeit des Käufers, insbesondere bei Zahlungsrückstand, können wir vorbehaltlich weitergehender Ansprüche für weitere Lieferungen Vorauszahlungen oder Sicherheiten verlangen sowie eingeräumte Zahlungsziele widerrufen.

Eigentumsvorbehalt

Wir behalten uns das Eigentum an den gelieferten Waren vor, solange uns noch Forderungen aus den gegenwärtigen und künftigen Geschäftsverbindungen mit dem Käufer zustehen. Der Käufer tritt uns für den Fall der – im Rahmen des ordnungsgemäßen Geschäftsbetriebes zulässigen – Weiterveräußerung oder Vermietung der Vorbehaltsware schon jetzt bis zur Tilgung sämtlicher Forderungen die ihm aus dem Weiterverkauf oder der Vermietung entstehenden künftigen Forderungen gegen seinen Kunden sicherheitshalber ab, ohne daß es späterer Erklärungen bedarf.

Bei der Verarbeitung unserer Waren durch den Käufer gelten wir als Hersteller und erwerben Eigentum an den neu entstehenden Waren. Erfolgt die Verarbeitung zusammen mit anderen Materialien, erwerben wir Miteigentum im Verhältnis des Rechnungswertes unserer Waren zu dem der anderen Materialien.

Ist im Falle der Verbindung unserer Ware mit einer Sache des Käufers diese als Hauptsache anzusehen, geht das Miteigentum im Verhältnis des Rechnungswertes unserer Ware zum Rechnungswert oder mangels eines solchen zum Verkehrswert der Hauptsache auf uns über. Der Käufer gilt in diesen Fällen als Verwahrer. Hat der Käufer auf von uns gelieferten und noch in unserem Eigentum stehenden Datenträgern Daten aufgenommen, so bleibt unser Eigentum davon unberührt.

Bei Zahlungsverzug des Käufers sind wir berechtigt, auch ohne Ausübung des Rücktritts und ohne Nachfristsetzung auf Kosten des Käufers die einstweilige Herausgabe der in unserem Eigentum stehenden Ware zu verlangen. Bei Überschuldung, Zahlungseinstellung oder -verzug oder wenn ein Vergleichs- oder Konkursantrag gestellt ist, sind wir berechtigt, sämtliche noch unter Eigentumsvorbehalt stehende Ware sofort an uns zu nehmen.

Auf unser Verlangen hat der Käufer alle erforderlichen Auskünfte über den Bestand der in unserem Eigentum stehenden Waren, über den Standort der vermieteten Waren und der gemäß dem ersten Absatz dieses Abschnittes an uns abgetretenen Forderungen zu geben sowie seinen Abnehmer von der Abtretung in Kenntnis zu setzen.

Datenspeicherung

Wir sind berechtigt, die bezüglich der Geschäftsbeziehung oder im Zusammenhang mit dieser erhaltenen Daten über den Käufer, gleich ob diese vom Käufer selbst oder von Dritten stammen, im Sinne des Bundesdatenschutzgesetzes zu verarbeiten.

Gerichtsstand

Die Unwirksamkeit einzelner Punkte dieser Bedingungen berührt die Wirksamkeit der übrigen Bestimmungen nicht. An die Stelle der unwirksamen Bestimmung tritt die gültige Bestimmung, die in ihrer wirtschaftlichen Auswirkung der unwirksamen Bestimmung an nächsten kommt.

Erfüllungsort ist Oldenburg i. O.

Gerichtsstand für alle aus diesem Vertragsverhältnis sich ergebenden Streitigkeiten ist für beide Teile Oldenburg, und zwar auch für Klagen im Wechsel- oder Scheckprozeß, soweit nicht gesetzlich eine andere Regelung zwingend vorgeschrieben ist.

Allgemeine Servicebedingungen

1. Unsere sämtlichen Serviceleistungen (z. B. Aufstellung von Geräten, Wartung, Generalüberholung, Reparatur) erfolgen ausschließlich nach diesen Bedingungen, die durch Auftrag oder Abnahme vom Besteller anerkannt werden.

2.1. Der Umfang unserer Leistungspflicht bestimmt sich nach dem (von uns) bestätigten Auftrag und unseren Servicevorschriften.

2.2. Der Besteller hat alle Vorkehrungen zu treffen, die für ungehinderten Beginn und zügige Durchführung unserer Leistung erforderlich sind.

3. Die Preise für unsere Serviceleistungen bestimmen sich nach unserer jeweils gültigen Service-Preisliste.

   Kostenvoranschläge können ohne vorherige Benachrichtigung des Bestellers um 15 % überschritten werden.

4. Unsere Leistung gilt als abgenommen, wenn das betreffende Gerät nach Durchführung der Leistung dem Besteller zum Betrieb übergeben wird.

5. Soweit für Schäden irgendwelcher Art, die im Zusammenhang mit unseren Serviceleistungen entstehen, unsere Haftpflichtversicherung eintritt, werden wir die Auszahlung von Versicherungsbeträgen an den Besteller veranlassen, bzw. bereits empfangene Beträge an den Besteller weiterleiten oder, soweit nach den Versicherungsbedingungen zulässig, unsere Ansprüche gegen die Versicherung an den Besteller abtreten; jede weitere Haftung ist ausgeschlossen.

5.1. Soweit für Schäden irgendwelcher Art, die im Zusammenhang mit unseren Serviceleistungen entstehen, unsere Haftpflichtversicherung nicht eintritt, sind wir ausschließlich haftbar für von uns zu vertretende direkte Schäden an dem bearbeiteten Gerät; die Haftung für indirekte und Folgeschäden ist ausgeschlossen. Jede Haftung ist der Höhe nach begrenzt auf den Zeitwert des Gerätes.

6. Im übrigen gelten für unsere Serviceleistungen sowie die im Zusammenhang damit gelieferten Ersatzteile unsere »Allgemeinen Verkaufs- und Lieferbedingungen«.

3.7 Vertriebs- und Kosteneffekte unterschiedlicher Lösungen für die Fertigfabrikate-Lagerung

(a) Mit zunehmender Zahl dezentraler Lager kann die Intensität der Kundenbetreuung gesteigert und die Lieferzeit verkürzt werden. Gleichzeitig steigen die fixen Kosten der Lagerhaltung, während die Transportkosten für Transporte zu den Lägern zunehmen und die Kosten für Transporte von den Lägern zu den Kunden abnehmen. Die Gesamtkosten aus diesen einzelnen gegenläufigen Kosten müssen minimiert werden. Dabei liegt das Hauptproblem in der Praxis vielfach darin, dass der Lagerbedarf mittelfristig oft nicht konstant ist, eine Lagerinvestition aber über mehrere Perioden amortisiert werden muss.

(b) Einlagerung in eigenen Lägern verursacht höhere Fixkosten als Einlagerung in Fremdlägern. Bei wachsender Inanspruchnahme, Auslastung steigt die Vorteilhaftigkeit von Eigenlägern. Mit sinkender Auslastung nimmt die Vorteilhaftigkeit von Eigenlägern ab, da nicht genutzte Kapazitäten ungenutzte Fixkosten verursachen. Für den Fall rückläufigen Lagerbedarfs ist zu beachten, dass die Fixkosten der Eigenläger nicht einfach abgebaut werden können. Man nennt diesen Sachverhalt Kostenremanenz.

3.8 Entwurf und kritische Diskussion einer Marketing-Organisation

(a) Das entsprechende Organigramm finden Sie auf Seite 91.

(b) Durch die Einführung von „Produktmanagern" je Produktgruppe als Mitglieder des Marketing-Stabes strebt man an, das Ergebnis je Produktgruppe zu optimieren. Die Produktmanager erhalten die Aufgabe, eine Vernachlässigung von Forschung, Entwicklung, Fertigung und Vertrieb in Bezug auf die Produktgruppe, für die sie verantwortlich sind, durch systematische Planung, Beratung und Berichterstattung an die Geschäftsleitung zu vermeiden und durch gute Kooperation mit den Linienverantwortlichen, insbesondere in Produktion, Einkauf und Vertrieb, den Erfolg ihrer Produktgruppe bestmöglich zu entwickeln.

Damit sind Absichten und Vorzüge der skizzierten Marketing-Organisation mit Produktmanagern umrissen. Die Nachteile dieser Organisationsform liegen in der Tatsache, dass die Produktmanager in den Linienabteilungen keinerlei Weisungsrechte haben. Dadurch bleibt ihre Durchsetzungskraft begrenzt und angewiesen auf gute zwischenmenschliche Kommunikation und Zusammenarbeit. Bei extremer Markt- und Technologiedynamik kann diese Organisationsform versagen. Auch menschliche Schwächen können ihr zum Verhängnis werden.

(c) Sobald sich Technologie- und Kapazitätsbedarf unterschiedlicher Produktbereiche sehr weit, schnell und nachhaltig auseinanderentwickeln, kann es notwendig werden, je Produktbereich ein eigenes Management aufzubauen und diesem Verantwortung für die Linienaufgaben einer eigenen Entwicklung, Produktion, Beschaffung und im Vertrieb zu übertragen. Man nennt diese Organisationsform objektorientiert und bezeichnet sie als Divisionalisierung (nach Product-Divisions).

Die Grenzen der Divisionalisierung werden deutlich durch folgende zwei Probleme:

- Erstens ist Divisionalisierung, durch Einführung einer zusätzlichen Management-Ebene teuer und erfordert deshalb erhebliche Umsatz- und Ertragssteigerungen.
- Zweitens kann Divisionalisierung im internationalen Vertrieb aus Kostengründen nicht „lupenrein“ verwirklicht werden, sondern muss Kompromisse durch Unterordnung unter die regionale Organisationsstruktur des Vertriebes eingehen.

4.1 Teilaufgaben der Materialwirtschaft und Reihenfolge ihrer Bearbeitung

Vgl. S. 159 unter dem Stichwort: Arbeitsteilung und Arbeitsablauf der Materialwirtschaft.

4.2 ABC-Analyse, Grundlage optimaler Beschaffungsmethoden

(a) Rangfolge ermitteln:

MAT.NR.	JAHRESBEDARF	PREIS JE DM	JAHRESBEDARF	RANG
a	850 Stk	7,90 DM	6.715	3
b	6.300	0,30	1.890	7
c	5.000	1,30	6.500	4
d	15.000	0,12	1.800	8
e	1.000	6,20	6.200	5
f	750	45,--	33.750	2
g	27.500	0,09	2.475	6
h	150	430,--	64.500	1
i	40.000	0,02	800	9

Wertgruppen ermitteln:

RANG	MAT. NR.	JAHRESBEDARF STÜCK	PREIS JE STÜCK	JAHRESBEDARF DM	%-ANTEIL VOM GESAMTWERT	WERT-GRUPPE
1	h	150	430,--	64.500	51,7	A
2	f	750	45,--	33.750	27,0	A
3	a	850	7,90	6.715	5,4	B
4	c	5.000	1,30	6.500	5,2	B
5	e	1.000	0,20	6.200	5,0	B
6	g	27.500	0,09	2.475	2,0	C
7	b	6.300	0,30	1.890	1,5	C
8	d	15.000	0,12	1.800	1,5	C
9	i	40.000	0,02	800	0,7	C
				124.630	100,0	

Ergebnisdarstellung:

WERT-GRUPPE	MATERIAL-ARTEN	%-ANTEIL AN MATERIALARTEN	%-ANTEIL BEDARFSWERT	DM WERT
A	2	22.2	78.7	98.250
B	3	33.3	15.6	19.415
C	4	44.5	5.7	6.965

(b) Aus der Ergebnisdarstellung ist zu erkennen, dass
- die A-Güter mit 22 % der Materialarten einen Anteil von rd. 79 % am Bedarfswert erreichen, während
- die C-Güter 44,5 % der Materialarten ausmachen und ihr Bedarfswert nur knapp 6 % beträgt.

Diese Strukturdaten machen es notwendig, dem hohen Wert der geringen Anzahl von A-Gütern bei der Beschaffung besondere Aufmerksamkeit zu widmen, um durch Beschaffung möglichst kleiner Mengen in möglichst kurzen Abständen die Kosten der Kapitalbindung zu minimieren. Dies kann durch das Bestellrhythmusverfahren erreicht werden.

Für C-Güter ist es hingegen erforderlich, wegen ihrer großen Zahl und ihres relativ geringen Wertes, darauf zu achten, dass die Kosten der Bestellbearbeitung minimiert werden. Dafür ist das Bestellpunktverfahren geeignet.

Die Eignung der genannten Verfahren hat jedoch die strikte Einhaltung bestimmter Bedingungen zur Voraussetzung. Für B-Güter ist unternehmensindividuell zu entscheiden, ob sie wie A- oder wie C-Güter behandelt werden sollen. Sie rechtfertigen nicht den Einsatz eines speziellen Verfahrens.

4.3 Analyse und Beseitigung von Mängeln in der Materialversorgung

(a) Für die Verursachung von Versorgungsengpässen und Fehlteilen können drei Hauptbereiche verantwortlich sein:

(1) Die Produktion kann (ihrerseits verursacht durch Eil- und Großaufträge aus dem Vertrieb) durch hohe Materialbedarfsschwankungen (die sie der Materialwirtschaft nicht rechtzeitig meldet) Hauptverursacher sein.

(2) Lieferanten (für deren Auswahl und Überwachung der Einkauf verantwortlich ist) können durch Nichteinhaltung von Lieferterminen und/oder Lieferung mangelhafter Materialien (die zwar eintreffen, aber nicht für die Fertigung freigegeben werden können) Versorgungsstörungen auslösen.

(3) Die eigene Dispositionsabteilung (die der Arbeitsvorbereitung oder dem Einkauf zugeordnet sein kann) kann durch Mängel im Dispositionssystem oder durch unzulänglichen Einsatz an sich geeigneter Methoden, Verursacher von falschen Bestellmengen und falschen Bestellterminen sein.

Auf der Grundlage einer Prüfung, bei welchen Teilearten und Lieferanten in den zurückliegenden 1 bis 3 Monaten Versorgungsengpässe (Fehlteile) aufgetreten sind, müssen Gespräche mit den Verantwortlichen der oben genannten 3 Bereiche geführt werden, in denen konkrete Schwachstellen ermittelt werden. Die möglichen Schwächen der Dispositionsabteilung sollen weiter spezifiziert werden.

Sie können sein:
- Unzulänglichkeiten bei der Umwandlung von Primär- in Sekundärbedarf (insbesondere mangelhafte Stücklisten und unvollständig gepflegte Stammdaten)
- Unzulängliche Berücksichtigung von Trends und Saisonschwankungen in der Bedarfsstatistik
- Mangelhafte Vorgaben für Bestellpunkte und Sicherheitsbestände
- Zu große Bestellintervalle
- Ungeeignete Ermittlung der Bestellmengen
- Abweichungen zwischen geplanter und realisierter Bestell- und Lieferzeit

(b) Das geforderte Maßnahmenprogramm zur Lösung des Problems umfasst vier Schritte:
(1) wie oben gesagt: Ermittlung der in der näheren Vergangenheit kritisch gewordenen Artikel und Lieferanten
(2) Prüfung der drei Verantwortungsbereiche gemäß 4.3 (a) in Bezug auf deren mögliche Fehler
(3) Berichterstattung über die festgestellten Ursachen an die Geschäftsführung
(4) Empfehlung und Entscheidungen zur Fehlerbeseitigung. Dabei wird es sich um einen Teil der unter 4.3 (a) als möglich genannten Mängel handeln.
Wir nehmen an, es hätten sich Mängel beim Einsatz des Bestellrhythmus- und des Bestellpunktverfahrens gezeigt und widmen deshalb diesen Verfahren die nächsten zwei Aufgaben.

4.4 Voraussetzungen für eine optimale Beschaffung von A-Gütern mit dem Bestellrhythmusverfahren

(a) Das Bestellrhythmusverfahren schließt Versorgungsengpässe aus, wenn folgende Bedingungen erfüllt sind:
- Zuverlässige Umrechnung des Primärbedarfs brutto in Primärbedarf netto, das erfordert richtige Erfassung und Fortschreibung von Beständen und Lieferobligen für Fertigfabrikate.
- Zuverlässige deterministische Umwandlung von Primärbedarf netto in Sekundärbedarf brutto (das hat einwandfrei Stücklisten und Stücklistenauflösung zur Voraussetzung).
- Einwandfreie Berücksichtigung der zeitlichen Verschiebung der Bedarfe in Abhängigkeit von unterschiedlichen Fertigungsstufen (Vorlaufverschiebung wird erst später behandelt, vgl. 5.4.1.4, Seite 266f.).
- Einwandfreie Umrechnung von Sekundärbedarf brutto in Sekundärbedarf netto durch Berücksichtigung von Beständen, Bestellobligen von Lieferanten und Lieferzusagen an die Fertigung.
- Dazu gehört eine kontinuierliche einwandfreie Verbrauchserfassung und Bestandsfortschreibung.
- Die Intervalle zwischen zwei Bedarfsermittlungen müssen so kurz gewählt werden, dass für unerwartet akzeptierte Kundenaufträge das Material noch rechtzeitig zum Fertigungstermin eingeht (z. B. Disposition wöchentlich).
- Das erfordert entsprechend kurze Lieferzeiten der Lieferanten beziehungsweise entsprechende Länge unserer Lieferzeiten gegenüber unseren Kunden.
(Hier wird deutlich, dass kurze Lieferzeiten gegenüber dem Endkunden bei Auftragsfertigung voll auf die Lieferantenanforderungen durchschlagen.)
- Für Primärbedarf, der ohne vorliegende Kundenaufträge für das Fertigfabrikatelager gefertigt wird, gilt Entsprechendes. Es ist jedoch zu beachten, dass zusätzliche Mengen im Fertigungsprogramm so frühzeitig eingeplant werden müssen, dass die deterministische Umwandlung in Sekundärbedarf netto noch so rechtzeitig erfolgt, dass termingerechte Bestellungen unter Beachtung der Lieferzeiten der Lieferanten möglich sind.

- Einhaltung der zugesagten und in die Dispositionsrechnung eingehenden Lieferzeiten durch die Lieferanten.

Diese Methode bleibt allerdings anfällig gegen Unzuverlässigkeit von Lieferanten, wenn diese längere Lieferzeiten in Anspruch nehmen, als in den Stammdaten je Lieferant für die Planung vorgemerkt ist. Gegen diesen neuralgischen Punkt sollte eine EDV-gestützte laufende Lieferantenbeurteilung eingesetzt werden (wie sie in der Automobilindustrie üblich ist).

(b) Die Anwendung des Bestellrhythmusverfahrens unter Einhaltung der Regeln gemäß (a) stellt sicher, dass jeweils nur bestellt wird, was zur Fertigung periodennah benötigt wird. Durch Kombination kurzer Bestellintervalle und deterministischer Bedarfsermittlung mit kontinuierlicher Bestandsfortschreibung und Beachtung von Bestellobligen und Lieferverpflichtungen wird minimale Kapitalbindung sichergestellt.

4.5 Sicherstellung einer optimalen Beschaffung von C-Gütern mit dem Bestellpunktverfahren

(a) Sicherheitsbestand = Tagesbedarf x vorgegebene Lagerreichweite (Stück/Tag x Tage)
= 7.500 x 10
= 75.000 Stück

(b) Bestellpunkt = Tagesbedarf x Beschaffungszeit + Sicherheitsbestand
(Stück/Tag x Tage + Stück)
= 7.500 x 4 + 75.000
= 105.000 Stück

Die Bestellmenge für C-Güter wird in der Regel durch Differenzbildung zu einem vorgegebenen Höchstbestand ermittelt. Die optimale Bestellmenge kann bei konstantem Periodenbedarf nach der Andler'schen Formel ermittelt werden (vgl. Seite 172). Bei schwankenden Periodenbedarfen kann eine wirtschaftliche Bestellmenge analog zur Ermittlung der wirtschaftlichen Losgröße in der Fertigung errechnet werden. (vgl. dazu Seite 270f.).

Periodenbedarfe an C-Gütern, die sich, einem Trend folgend, ändern, können statistisch durch Berechnung eines gleitenden arithmetischen Mittels oder eines gewichteten gleitenden arithmetischen Mittels sowie durch exponentielle Glättung berücksichtigt werden.

4.6 Arbeitsablauf (Einlagerung und Entnahme) in einem Hochregallager mit Kommissionierung und Freiplatzverwaltung

Vgl. Punkt 4.5.3.2, Seite 178 und 179

4.7 Kanban-System für Just-In-Time-Lieferungen (JIT)

zu (a) vgl. 4.8.4, Seite 192
zu (b) vgl. 4.8.8, Seite 164 Systemzusammenhang möglicher KANBAN-Regelkreise

5.1 Methoden zur Senkung der Herstellkosten

Vgl. Seite 211 und 212ff.

5.2 Arbeitsplanung

Vgl. Seite 222, Skizze: „Ablauf der Arbeitsplanerstellung".

5.3 Merkmale und Eignung betrieblicher Nummernsysteme

(a) Vgl. Seite 225, Skizze: „Betriebliches Nummernsystem".
(b) Vgl. Seite 225, Punkte (1.3) und (1.4)
(c) Vgl. Seite 227, Abschnitte
- Verbund-Nummernsystem
- Parallel-Nummernsystem

5.4 Produktionsverfahren und Informationsflüsse

Zu der Sonderfertigung eines Rennrads ist Folgendes zu erläutern:

(a) In dem Beispiel liegt eine Kombination von Produktionsverfahren vor. Der Fahrradrahmen wird in Einzelfertigung entstehen, da er aufgrund einer speziellen Anforderung des Kunden hergestellt wird. Von den anderen Teilen darf angenommen werden, dass sie aus der Serienfertigung stammen und ab Teilelager verfügbar sind. Die Herstellung des Fahrrads ist der so genannten Auftragsfertigung zuzurechnen, da es aufgrund eines speziellen Kundenauftrages gefertigt wird. Auftragsfertigung erfordert zusätzlich Informationsabläufe im Vergleich zur Programmfertigung.

(b) Zur Fertigung des Rennrads gemäß Kundenauftrag sind folgende Informationen und Arbeiten zu veranlassen:
(1) Der Vertrieb übermittelt den Händlerauftrag an die Arbeitsvorbereitung.
(2) Die Arbeitsvorbereitung erstellt einen Fertigungsplan, aus dem Materialbedarf und Zeitbedarf der Herstellung des bestellten Rades mit allen erforderlichen Einzelheiten hervorgehen.
Als Nächstes fordert die Arbeitsvorbereitung bei der Materialwirtschaft die für die Rahmenherstellung erforderlichen Materialien sowie die übrigen für die Montage erforderlichen Teile an.
(3) Die Materialwirtschaft reserviert am Material- und am Teilelager verfügbare Materialien und Teile und veranlasst für etwa fehlende Materialien und Teile eine Bestellung bei geeigneten Lieferanten.
Sobald alle erforderlichen Lieferungen eingegangen sind, stellt die Materialwirtschaft den gesamten Materialbedarf für die Fertigung des Fahrrads bereit und übermittelt der Arbeitsvorbereitung
(4) eine Materialverfügbarkeitsmeldung.
(5) Die Arbeitsvorbereitung hat inzwischen einen Fertigungsauftrag erstellt und übermittelt diesen jetzt an die Produktion. Damit werden die Rahmenherstellung und die Montage des Fahrrads veranlasst.

(6) Bei Fertigstellung des Fahrrads werden Arbeitsvorbereitung und Vertrieb von der Produktion verständigt. In der Regel wird das Erzeugnis gleichzeitig in ein Fertigfabrikatelager geliefert.

(7) Der Vertrieb veranlasst nun die Auslieferung des Fahrrads. Sichert sich eine Lieferquittung auf einem Lieferschein (bei Übergabe an einen Spediteur oder an den Fachhändler) und erstellt und versendet die Rechnung an den Händler. Gleichzeitig wird die Buchhaltung über die entstandene Forderung informiert. Diese überwacht den Zahlungseingang.

5.5 Stücklistenerstellung

Produkt (P) Rennrad (3) (4)
Baugruppe (B)
B1 Rahmen
B2 Tretvorrichtung
B3 Lenker
B4 Felgenbremse
B5 Vorderrad
B6 Hinterrad
B7 Sattel (5)
B8 Gangschaltung (5)

Teile (T)
mit eindeutiger
Baugruppenzuordnung

zur Tretvorrichtung (B2)
T21 Pedalhebel
T22 Pedale
T23 Mehrgang-Zahnkranz
T24 Achse zur Tretvorrichtung
zum Lenker (B3)
T31 Bremsgriff
T32 Baudenzug-Vorderbremse
T33 Baudenzug-Hinterbremse
T34 Griffband
T35 Abschlussstöpsel

(Fortsetzung Teile)
zur Felgenbremse (B4)
T41 Bremsmechanik (5)
T42 Bremsbelege
zum Vorderrad (B5)
T51 Vorderradnabe
T52 Vorderradspeichen
T53 Vorderradachse
zum Hinterrad (B6)
T61 Hinterradnabe
T62 Hinterradspeichen
T63 Hinterradachse
T64 Mehrgang-Zahnkranz

ohne Baugruppenzuordnung (9)
T91 Gabel
T92 Antriebskette
T93 Schlauch
T94 Mantel

a) Erzeugnisstruktur

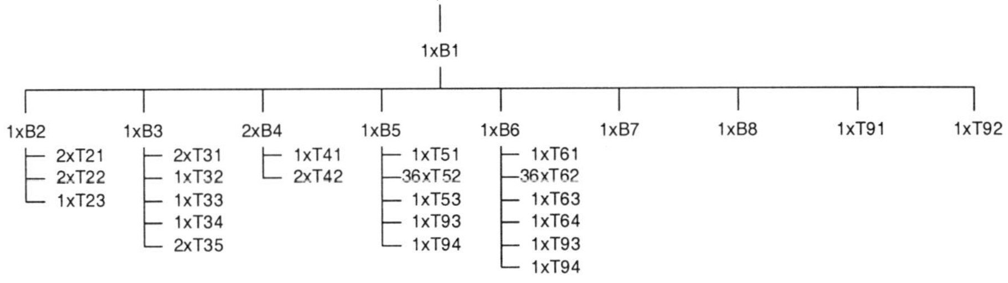

(3) Ohne DIN-Schrauben, Muttern und Koni
(4) Ohne Anspruch auf Vollständigkeit
(5) Zukaufbaugruppe ohne weitere Auflösung

b) Baukastenstückliste

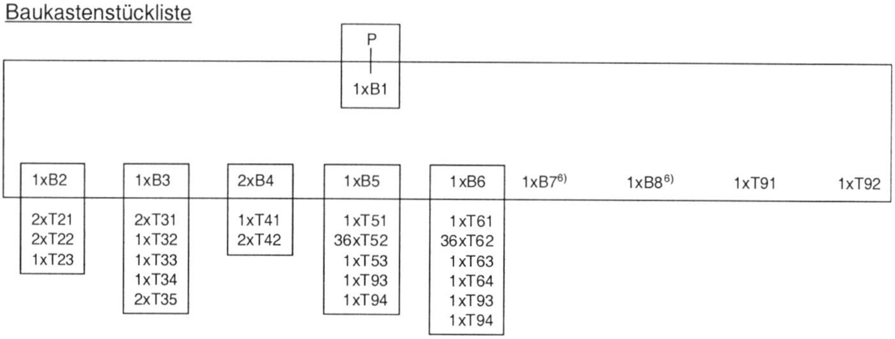

c) Mengenübersichtsstückliste

Produkt P			
Bezeichnung	Menge (Stück)	Bezeichnung	Menge (Stück)
B1	1	T51	1
B2	1	T52	36
T21	2	T53	1
T23	1	B6	1
B3	1	T61	1
T31	2	T62	36
T32	1	T63	1
T33	1	T64	1
T34	1	B7	1
T35	2	B8	1
B4	2	T91	1
T41	2	T92	1
T42	4	T93	2
B5	1	T94	2

d) Strukturstückliste

Produkt P					
Bezeichnung	Stufe	Menge	Bezeichnung	Stufe	Menge
B1	1	1	T51	3	1
B2	2	1	T52	3	36
T21	3	2	T53	3	1
T22	3	2	T93	3	1
T23	3	1	T94	3	1
B3	2	1	B6	2	1
T31	3	2	T61	3	1
T32	3	1	T62	3	36
T33	3	1	T63	3	1
T34	3	1	T64	3	1
T35	3	2	T93	3	1
B4	2	2	T94	3	1
T41	3	1	B7	2	1
T42	3	2	B8	2	1
B5	2	1	T91	2	1
			T92	2	1

(6) Zukauf, ohne Auflösung

5.6 Erstellung eines Produktionsprogramms

Vgl. Seite 239, Skizze „Aufstellung eines Produktionsprogramms“

5.7 Auftragsreihenfolge

Der Lösungsweg kann auf S. 259 Punkt (4) nachgelesen werden. Die optimale Auftragsreihenfolge lautet: A_3, A_1, A_2

5.8 Vorwärts- und Rückwärtsterminierung sowie ergänzende Maßnahmen zur optimalen Kapazitätsterminierung

(a) Vgl. Seite 256 und 257 die Abschnitte
- Vorwärtsterminierung
- Rückwärtsterminierung
- Splitting
- Überlappung
- Übergangszeitenverkürzung

Zu den Vor- und Nachteilen ist Folgendes hervorzuheben:
- Bei Vorwärtsterminierung erhält man die höchste Terminsicherheit als Vorteil, aber man erkauft diesen durch höchste Kapitalbindungskosten.
- Bei der Rückwärtsterminierung werden die Kapitalbindungskosten minimiert durch spätestmöglichen Arbeitsbeginn. Dabei wird auf Zeitreserven verzichtet, d. h. es gehen Sicherheiten für die Termineinhaltung verloren.

(b) Vgl. Seite 257, die Bilder A und B

5.9 Bestimmung der wirtschaftlichen Losgröße bei unterschiedlichen Periodenbedarfen

Der Lösungsweg kann auf der Seite 238 nachgesehen werden. Die wirtschaftliche Losgröße zu den Daten der Aufgabe ergibt sich als Produktionsmenge für 2 Perioden mit 350 Stück. Bei dieser Losgröße betragen die Fertigungsgemeinkosten 1,07 DM/Stück.

Die jeweils höheren Gemeinkosten der alternativ möglichen Losgrößen betragen, bei Fertigung für
- 1 Periode mit 150 Stück 1,97 DM/Stück
- 3 Perioden mit 525 Stück 1,40 DM/Stück
- 4 Perioden mit 725 Stück 1,60 DM/Stück

5.10 Vorlaufverschiebung in der Materialdisposition für mehrstufige Fertigung

Vgl. Seite 266f., Stichwort: „Vorlaufverschiebung“

5.11 Fertigungskontrolle und Schwachstellenanalyse

(a) Vgl. Seite 279, Punkt (1)
(b) Vgl. Seite 279 , Punkt (2)

5.12 Qualitätsmanagement

(a) Vgl. Seite 282, Punkt 5.5.1 und Seite 288, Punkt 5.5.2.5 (2)
(b) Vgl. Seite 290, Punkt 5.5.2.5 (3)
(c) Vgl. Seite 295, Punkt 5.5.3.2 (2.1) und Seite 298, Punkt 5.5.3.2 (2.2)
(d) Vgl. Absatzüberschriften der Seiten 308-314, Punkt 5.5.4.1

5.13 Computereinsatz in der Fertigung, Computer integrated Manufacturing (CIM)

(a) Vgl. Seite 332
(b) Vgl. Seite 333f., Punkt 5.6.3

6.1 Grundlagen und Rechtsquellen des Arbeitsrechts

Vgl. Seite 342, Skizze: „Grundlagen des Arbeitsrechts"

6.2 Aufgaben des Betriebsrats

(a) Vgl. Seite 343, Punkt 6.2.2.2
(b) Vgl. Seite 344, Punkt 6.2.2.4, Ziffer (1)

6.3 Personalkostenbudgetierung

Vgl. Seite 349, „Ablauf der Personalkostenbudgetierung"

6.4 Vor- und Nachteile innerbetrieblicher und außerbetrieblicher Personalbeschaffung

Vgl. Seite 351

6.5 Arbeitsplatzbewertung

(a) Vgl. Seite 353, Graphik: „Methoden der Arbeitsbewertung"
(b) Vgl. Seite 355, Tabelle: „Genfer Schema"

7.1 Kapitalbedarf zur Finanzierung des Umlaufvermögens

(a) Voreilfristen ermitteln:

Einkauf	: 50 - (14/2) - 10*)	= 33 Tage
Materiallager	: 50 - (14/2)	= 43 Tage
Fertigung	: 50 - 14 - (4/2)	= 34 Tage
Lager Fertigerz.	: 50 - 14 - 4 - (12/2)	= 26 Tage
Vertrieb	: 50 - 14 - 4 - 12 - (8/2)	= 16 Tage

*) wegen Lieferantenziel

BEREICH	DURCHSCHN.. TGL.AUSGABEM	VOREIL-FRISTEN	KAPITALBEDARF
Materialeink.	10.000 DM	33 Tage	330.000 DM
Materiallg.	500	43	21.500
Fertigung	25.000	34	850.000
Lager	1.500	26	39.000
Vertrieb	2.500	16	40.000
Sonstiges	3.500	25	87.500
gesamt	43.000 DM		1.368.000 DM

(b) Formel der kumulativen Methode zur Ermittlung des Kapitalbedarfs des Umlaufvermögens:

Umlaufkapitalbedarf = Kapitalgebundenheit (in Tagen) x durchschn.tgl. Ausgaben

Kapitalbedarf = (50 - 10) x 43.000 = 1.720.000 DM

Der Nachteil dieser Methode ist der, dass bei diesem Verfahren der Kaptialbedarf nur sehr ungenau und systematisch zu hoch errechnet wird.
Hier beträgt die Differenz 352.000 DM.

7.2 Vergleich von Kreditkauf und Leasing

		Ausgaben:		kumulierte Überschüsse:	
Jahr	Einnahmen	Kreditkauf	Leasing	Kreditkauf	Leasing
1	200.000	156.000	322.000	44.000	-122.000
2	200.000	148.000	252.000	96.000	-174.000
3	200.000	140.000	252.000	156.000	-226.000
4	200.000	132.000	252.000	224.000	-278.000
5	200.000	124.000	20.000	300.000	- 98.000
6	200.000	116.000	20.000	384.000	82.000
7	200.000	108.000	20.000	476.000	262.000
	1.400.000	924.000	1.138.000		

Die Gesamtausgaben liegen bei Leasing höher. Folglich werden durch Leasing geringere kumulierte Überschüsse erwirtschaftet werden als durch den Kreditkauf, d. h. es kommt zu einer höheren Liquiditätsbelastung.

7.3 Finanzplanung eines Industrieunternehmens

Vgl. Seite 385

7.4 Schwächen und Kriterien der Investitionsplanung und -entscheidung

(a) Zu den wichtigen Schwachstellen im Investitionsbereich gehören:
- Organisations- und Koordinationsmängel in der Planung
- Zeitmangel der Entscheidungsträger
- Unvollständigkeit der Alternativen
- Vernachlässigung steuerlicher Gesichtspunkte
- Mängel in der Investitionsrechnung und
- Unzureichende Rückmeldungen über Projektfortschritte

(b) Die wichtigsten Anforderungen an sachgerechte Investitionsrechnung und -entscheidung sind:
- Die Investitionsentscheidung muss im Einklang mit den langfristigen Unternehmenszielen und nach entsprechenden vorher festgelegten und nachvollziehbaren Kriterien erfolgen.
- Eine statische (Kostenvergleichs- oder Gewinnvergleichsrechnung) kann nur als geeignet angesehen werden, wenn die Investition dem Betrage nach so gering und die Wiedergewinnungszeit so kurz ist, dass eine Vernachlässigung von Zinseszinsen vertretbar ist. Also nur bei Kleininvestitionen, etwa bis zu maximal 10.000,- DM mit einer Wiedergewinnung in bis zu 3 Jahren.
- Kostenvergleichsrechnungen sind nur zulässig, wenn vorgenannte Bedingungen für statische Investitionsrechnung gegeben sind und zusätzlich keine Veränderungen auf der Einnahmenseite von der Investition verursacht werden. Induzierte Einsparungen sind als gleichwertig mit Einnahmen anzusehen.
- Die interne Zinsfußmethode wird vielfach angewandt, um mit ihrer Hilfe Investitionsprogramme nach der Rangfolge der internen Zinsfüße der Einzelinvestitionen aufzustellen. Das Vorgehen vernachlässigt drei Hauptaufgaben sachgerechter Investitionsrechnung:
  - -- die Abstimmung auf die strategischen Ziele der Unternehmung
  - -- die sachliche Begründung der Investitionskriterien und
  - -- die Berücksichtigung des Problems der Differenzinvestition.
- Die Kapitalwertmethode wird den genannten Anforderungen uneingeschränkt gerecht, wenn als Kalkulationszinsfuß die geplante Durchschnittsrentabilität des betriebsnotwendigen Kapitals des investierenden Unternehmens verwandt wird. Ein positiver Kapitalwert gibt dann den Betrag an, der über die geplante Durchschnittsrendite des Unternehmens hinaus erwirtschaftet wird.

7.5 Kapitalwerte bei unterschiedlichen Kalkulationszinsfüßen

(a)

Formel: $K = \left(\sum_{t=1}^{n} NE_t * (1 + i)^{-t}\right) - A_0$

K = Kapitalwert NE = Nettoeinnahmen
A_0 = Kapitaleinsatz n = Nutzungsdauer
t = Periode

Kalkulationszinssatz 6 %: K = 17.343 DM
Die Investition ist vorteilhaft, da der Kapitalwert ≥ 0 ist.

Kalkulationszinssatz 10 %: K = - 13.278 DM
Die Investition ist nicht vorteilhaft, da K ≤ 0 ist.

Kalkulationszinssatz 14 %: K = - 37.640 DM

Die Investition ist noch schlechter als die mit einem Zinssatz von 10 %, da hier der Kapitalwert noch kleiner ist.

Das Beispiel zeigt, dass die Wahl des Kalkulationszinsfußes die Vorteilhaftigkeit der Investition beeinflußt.

(b) Unter Berücksichtigung des Liquidationserlöses erhöht sich die Vorteilhaftigkeit der Investition. Die Kapitalwerte ändern sich wie folgt

bei i = 6 %: K = 35.224 (vorteilhafter)
bei i = 10 %: K = 18 (von unvorteilhaft auf vorteilhaft)
bei i = 14 %: K = - 27.649 (nach wie vor unvorteilhaft)

7.6 Kostenvergleichsrechnung für eine Ersatzinvestition

(a) Das Objekt I ist günstiger.

Jahreskosten		
Kostenart	Investitionsobjekt I	Investitionsobjekt II
Betriebskosten	62.000	66.000
Abschreibungen (Anschaffungskosten : 5)	1.600	1.400
kalkulatorische Zinsen $\frac{\text{Anschk. x 10}}{\text{2 x 100}}$	400	350
Jahreskosten gesamt	64.000	67.750

(b) Folgende Aspekte vernachlässigt die Kostenvergleichsrechnung
- die Wirkung von Zinseszinsen
- die Möglichkeit unterschiedlicher Kosten je Periode
- die Möglichkeit von Auswirkungen auf Einnahmen/Erträge (diese können durch Erweiterung zur Gewinnvergleichsrechnung berücksichtigt werden)
- mögliche Kapazitätsveränderungen (diese können durch Übergang auf Stückrechnung berücksichtigt werden)

7.7 Finanzielle Mobilität

Unter finanzieller Mobilität wird allgemein die Fähigkeit verstanden, auf eine Veränderung des Finanzbedarfs des Unternehmens flexibel zu reagieren.

Quellen der finanziellen Mobilität sind:
- die freien Liquiditätsreserven (Kasse, Bankguthaben, Kreditlinien, veräußerbare Wertpapiere, Kapitalerhöhungsreserven)
- Abbau des „Working Capital“ (Abbau der Vorräte, Reduzierung der Debitoren, Erhöhung der Kreditoren)
- Gemeinkostenreduzierung (Kosten der allgemeinen Verwaltung, Marketing, Forschung, Entwicklung)
- Kürzung von Anlageinvestionen und Dividenden
- Liquidierung von Anlagevermögen (Desinvestition von nichtbetriebsnotwendigen Vermögensgegenständen).

8.1 <u>Ermittlung und Beurteilung des Return on Investment</u>

(a)

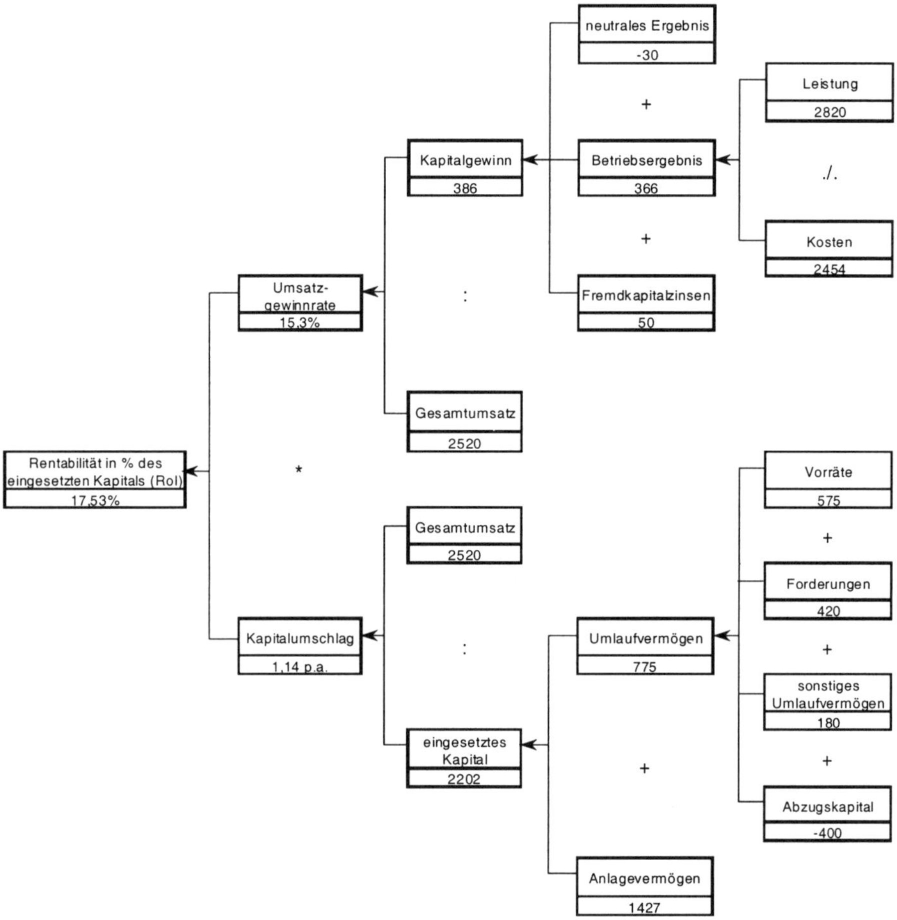

(b) Bilanz, Gewinn- und Verlustrechnung und RoI-Ermittlung erlauben folgende Beurteilung:

- 15,3 % Umsatzrentabilität ist als gut anzusehen, um so mehr, als diese durch ein negatives neutrales Ergebnis gemindert wurde und sonst 16,5 % betragen hätte.
- Der RoI ist mit 17,44 % relativ hoch.
- Allerdings liegt der Kapitalumschlag mit 1,14 eher unbefriedigend. Die „Asset-Optimierung" sollte verbessert werden.
- Die Bilanzstruktur mit optimaler Fristenkongruenz ergibt hohe finanzielle Mobilität. Das Eigenkapital deckt nicht nur das Anlagevermögen, sondern auch den langfristig gebundenen Teil des Umlaufvermögens, nämlich die Vorräte an Roh-, Hilfs- und Betriebsstoffen sowie 77 % der Bestände an unfertigen Erzeugnissen.
- Bei Gewinnausschüttungen wäre darauf zu achten, dass sich diese sehr positive Situation etwas verschlechtern würde und für entsprechende Langfristigkeit angemessener Anteile des Fremdkapitals gesorgt werden müsste.

8.2 Ableitung von Ergebnisplan und Planbilanz aus den Teilplänen der Unternehmensplanung

Planungsschema zur Lösung der Aufgabe

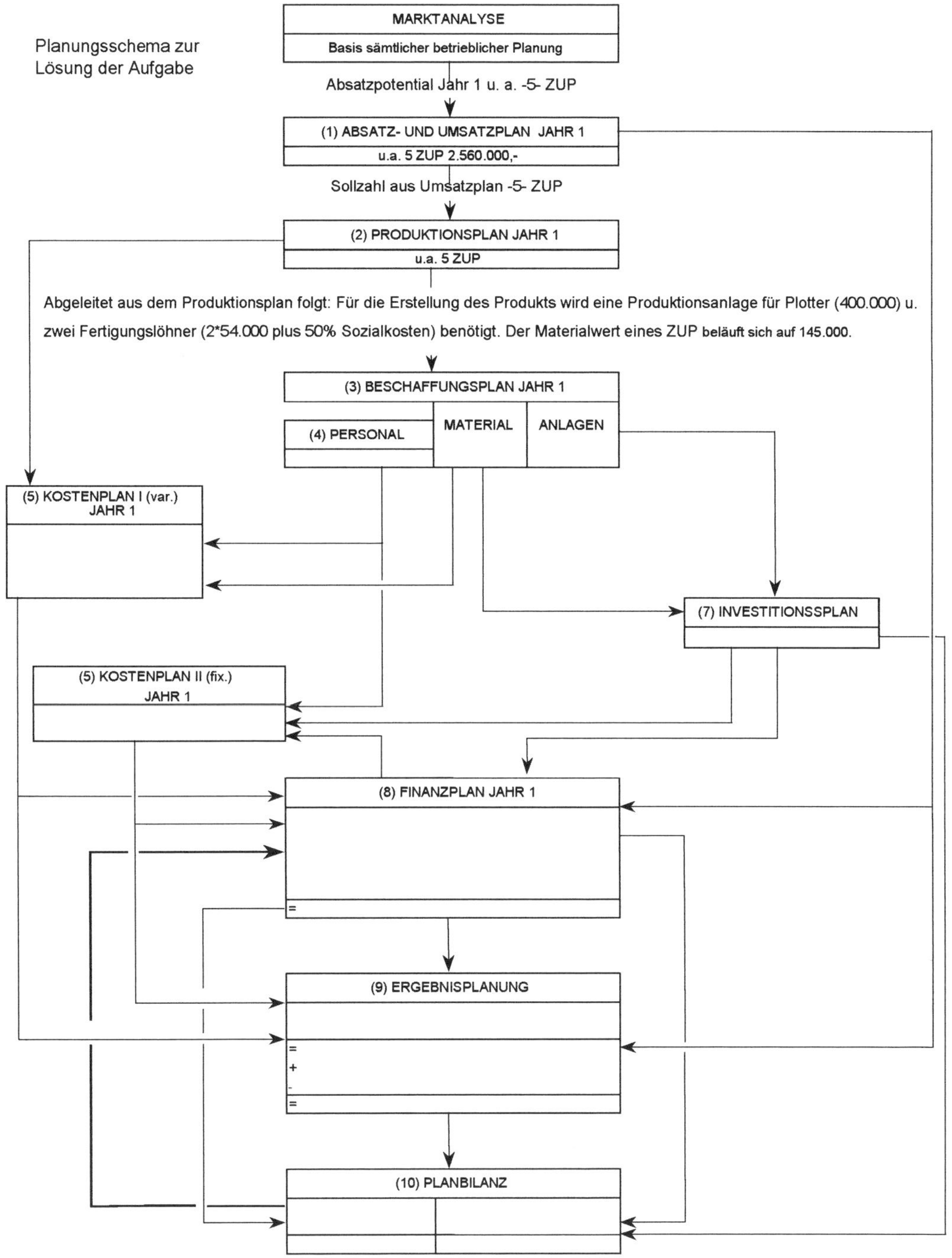

Lösung

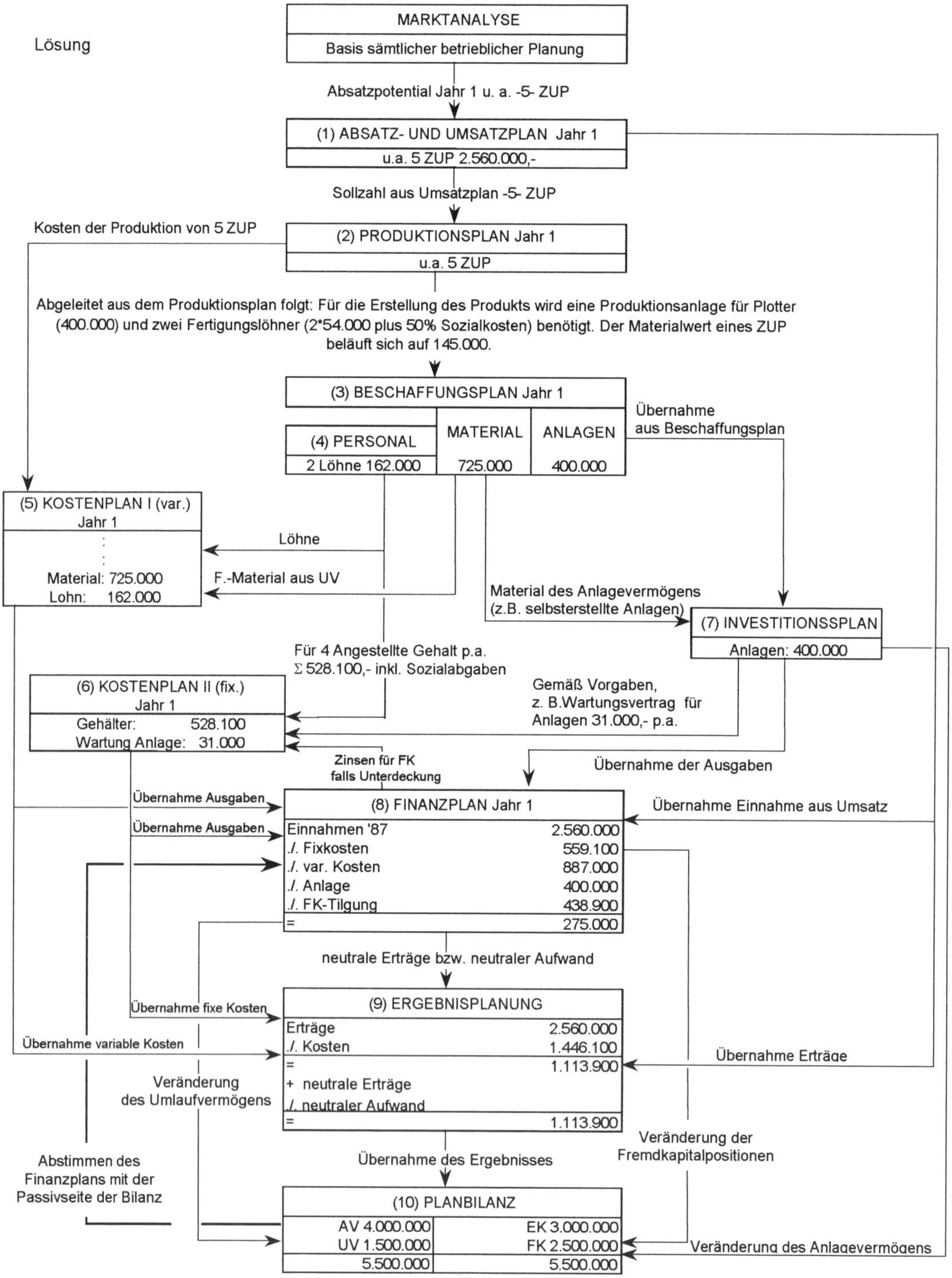
MARKTANALYSE
Basis sämtlicher betrieblicher Planung
Absatzpotential Jahr 1 u. a. -5- ZUP
(1) ABSATZ- UND UMSATZPLAN Jahr 1
u.a. 5 ZUP 2.560.000,-
Sollzahl aus Umsatzplan -5- ZUP
Kosten der Produktion von 5 ZUP
(2) PRODUKTIONSPLAN Jahr 1
u.a. 5 ZUP
Abgeleitet aus dem Produktionsplan folgt: Für die Erstellung des Produkts wird eine Produktionsanlage für Plotter (400.000) und zwei Fertigungslöhner (2*54.000 plus 50% Sozialkosten) benötigt. Der Materialwert eines ZUP beläuft sich auf 145.000.
(3) BESCHAFFUNGSPLAN Jahr 1
(4) PERSONAL
2 Löhne 162.000
MATERIAL
725.000
ANLAGEN
400.000
Übernahme aus Beschaffungsplan
(5) KOSTENPLAN I (var.) Jahr 1
Material: 725.000
Lohn: 162.000
Löhne
F.-Material aus UV
Material des Anlagevermögens (z.B. selbsterstellte Anlagen)
(7) INVESTITIONSSPLAN
Anlagen: 400.000
Für 4 Angestellte Gehalt p.a. Σ 528.100,- inkl. Sozialabgaben
(6) KOSTENPLAN II (fix.) Jahr 1
Gehälter: 528.100
Wartung Anlage: 31.000
Gemäß Vorgaben, z. B.Wartungsvertrag für Anlagen 31.000,- p.a.
Zinsen für FK falls Unterdeckung
Übernahme der Ausgaben
Übernahme Ausgaben
Übernahme Ausgaben
(8) FINANZPLAN Jahr 1
Übernahme Einnahme aus Umsatz
Einnahmen '87 2.560.000
./. Fixkosten 559.100
./. var. Kosten 887.000
./. Anlage 400.000
./. FK-Tilgung 438.900
= 275.000
neutrale Erträge bzw. neutraler Aufwand
Übernahme fixe Kosten
(9) ERGEBNISPLANUNG
Übernahme variable Kosten
Erträge 2.560.000
./. Kosten 1.446.100
= 1.113.900
+ neutrale Erträge
./. neutraler Aufwand
= 1.113.900
Übernahme Erträge
Veränderung des Umlaufvermögens
Veränderung der Fremdkapitalpositionen
Übernahme des Ergebnisses
Abstimmen des Finanzplans mit der Passivseite der Bilanz
(10) PLANBILANZ
AV 4.000.000
EK 3.000.000
UV 1.500.000
FK 2.500.000
5.500.000
5.500.000
Veränderung des Anlagevermögens

8.3 Aufgabenteilung zwischen Top- und Middle-Management

Vgl. Punkt 8.2.2.2 Ziffer (1) und (2) Seite 426f.

8.4 Aufbauorganisation

(a) Vgl. Punkt 8.4.2.1 „Grundformen der Aufbauorganisation“ Seite 454f. zu a) bis zu d).
(b) Vgl. Seite 458 Skizze: „Beispiele für weitere Untergliederung“

8.5 Arbeitsablauforganisation

Vgl. Seite 461, Stichwort: „Das Optimumproblem der Arbeitsablauforganisation“

8.6 Krisenmanagement

(a) Vgl. Seite 429ff., Stichwort: „Katalog von Sanierungsmaßnahmen“
(b) Vgl. Seite 434, Stichwort: „Regelkreis: Maßnahmen-Kontrolle“

9.1 Von der Eröffnungsbilanz zur Schlussbilanz

(a) Eröffnungsbilanz (in DM)

Soll	Eröffnungsbilanz (in DM)		Haben
Gebäude und maschin. Anlagen	150.000	Eigenkapital	160.000
Rohstoffe	25.000	Verbindlichkeiten g. Kreditinst.	100.000
Fertigerzeugnisse	60.000	Verbindlichk. aus Lief. u. Leist.	35.000
Forderungen aus Lief. u. Leist.	40.000		
Guthaben bei Kreditinst.	15.000		
Kasse	5.000		
	295.000		295.000

(b) Die Buchungssätze für die Geschäftsvorfälle der Periode lauten

1) per Rohstoffe an Bank 10.000 DM
2) per Forderungen an Umsatzerlöse 55.000 DM
3) per Bank an Forderungen aus L. u. L. 30.000 DM
4) per Verbindlichk. aus L. u. L. an Bank 15.000 DM
5) per Kasse an Bank 3.000 DM
6) per Abschreibungen an Gebäude u. maschinelle Anlagen 7.500 DM
7) per Gehälter an Bank 5.000 DM
8) per Rohstoffaufwand an Rohstoffe 2.000 DM

(c) Erstellung der Gewinn- und Verlustrechnung und Ableitung der Schlussbilanz

Gewinn- und Verlustrechnung in Staffelform

Umsatzerlöse	55.000 DM
Bestandsminderung an Erzeugnissen	24.000 DM
Rohstoffaufwand	2.000 DM
Gehaltsaufwand	5.000 DM
Abschreibungen	7.500 DM
Periodenüberschuss (Gewinn)	16.000 DM

Das GuV-Konto wird abgeschlossen auf Eigenkapitalkonto. D. h. der Gewinn erhöht das Eigenkapital. Dieser Sachverhalt ist auch aus der Bilanz erkennbar, bei Vergleich der Eröffnungs- und der Schlussbilanz einer Periode.

Schlussbilanz (in DM)

Soll		Haben	
Gebäude und maschin. Anlagen	142.500	Eigenkapital	176.000
Rohstoffe	33.000	Verbindlichkeiten g. Kreditinst.	100.000
Fertigerzeugnisse	35.500	Verbindlichk. aus Lief. u. Leist.	20.000
Forderungen aus Lief. u. Leist.	65.000		
Guthaben bei Kreditinst.	12.000		
Kasse	8.000		
	296.000		296.000

9.2 Abgrenzung zwischen Finanzbuchhaltung und Betriebsabrechnung

(a) Vgl. Seite 525f., beide Skizzen
(b) Vgl. Seite 528, Skizze: „Abgrenzungsrechnung“
(c) Vgl. Seite 527, Skizze: „Informationsfluss der Betriebsabrechnung“